COLLANA DEL DIPARTIMENTO DI GIURISPRUDENZA
UNIVERSITÀ DEGLI STUDI DI BRESCIA
ISSN 2785-5430

Terza Serie – 30

Laura Bugatti

LA PROFESSIONE FORENSE TRA TRADIZIONE E INNOVAZIONE

Un'analisi storico-comparatistica

G. Giappichelli Editore – Torino

VIA PO, 21 - TEL. 011-81.53.111 - FAX 011-81.25.100
http://www.giappichelli.it

ISBN/EAN 978-88-921-4376-0
ISBN/EAN 978-88-921-7346-0 (ebook - pdf)
ISSN 2785-5430

La pubblicazione di questo volume è stata subordinata alla valutazione positiva espressa da due docenti esterni, anonimi, sorteggiati dalla Direzione scientifica all'interno del Comitato editoriale permanente, secondo il modello della "revisione fra pari in doppio cieco". I relativi giudizi sono conservati a cura della Direzione scientifica.

Il presente volume è pubblicato con il contributo del Dipartimento di Giurisprudenza dell'Università degli Studi di Brescia.

Finito di stampare nel mese di agosto 2022

Stampa: Stampatre s.r.l. - Torino

A Federico,
Marisa, Claudio e Silvia

INDICE

PARTE II

I NUOVI SCENARI

CAPITOLO 1

L'AVVOCATURA NEL PROCESSO DI INTEGRAZIONE EUROPEA: LA LIBERA CIRCOLAZIONE DEI PROFESSIONISTI FORENSI

pag.

CAPITOLO 2

IL PROCESSO DI LIBERALIZZAZIONE DELLA PROFESSIONE FORENSE

CAPITOLO 3

LA SVOLTA DIGITALE: L'EMERSIONE DELL'AVVOCATO 4.0

PREFAZIONE

Per numerose e complesse ragioni (in testa, l'afflusso esponenziale di professionisti nella categoria forense, anche a seguito della scelta politica dell''Università di massa'), a partire dagli anni '80 del secolo scorso si è verificato un fenomeno di ibridazione della professione forense e di mutamento nella domanda, che richiede il 'professionista razionale', formato per gestire 'affari', anche da un punto di vista manageriale e contabile. Si è trasformata, perciò, anche la relazione etica tra cliente e il suo legale, ma ancor più incisivo è il mutamento del contesto organizzativo e finanziario nel quale il professionista forense opera. Dall'esercizio individuale della professione forense all'ombra dell'Ordine di stampo corporativo, si è passati allo svolgimento frammentato della stessa professione, all'interno di realtà organizzative multidisciplinari e in forme collettive, che hanno visto l'Ordine professionale forense ingaggiare una battaglia a difesa dei tradizionali tratti identitari: la personalità e l'indipendenza della prestazione legale e la salvaguardia del 'meccanismo premiale della qualità' (in virtù del quale l'aspettativa del reddito di posizione monopolistica si fonda sulla promessa di mantenere alta la qualità del servizio), soprattutto attraverso l'inasprimento delle modalità di selezione in entrata, a difesa della reputazione e a salvaguardia del capitale umano. Tuttavia, la difesa dell'avvocato 3.0 è ostacolata dal fatto che la prestazione intellettuale è difficile da promuovere sul versante della qualità, in quanto pur sempre caratterizzata da una forte asimmetria informativa e dall'impossibilità strutturale per i clienti di testare la qualità del servizio *ex ante*, quasi sempre neanche *ex post*. Il che genera fenomeni di selezione avversa, sia in base al meccanismo del c.d. *market for lemmons* (il cliente non sa esattamente cosa compra, pertanto sceglie di comprare la qualità media del servizio, non quella migliore), oppure a causa del vizio insito nel rapporto mandante/mandatario (poiché il primo non può controllare l'operato del secondo, quest'ultimo è incentivato a comportarsi in maniera non virtuosa). In questo contesto tormentato da *failures* e contraddizioni, l'autoregolamentazione demandata all'Ordine degli Avvocati e la loro battaglia si è rivelata inadeguata (perché basata sul principio neo-weberiano dell'esclusione dalla corporazione e dell'esercizio di monopolio), laddove l'UE ha ampiamente dimostrato – a suon di direttive e raccomandazioni – di preferire meccanismi di mercato e competitivi, disciplinando modalità di erogazione dei servizi dell'avvocato 4.0.: attraverso società di persone, di capitale e cooperative, consentendo l'inserimento anche di soci di capitale non professionisti, nonché di professionisti di diverse competenze purché iscritti a un albo (società multidisciplinari), assicurando la partecipazione societaria degli avvocati per i 2/3 del capitale e dei voti, imponendo un organo di gestione composto solo da soci, anche di capitali, purché in maggioranza avvocati.

Cosa resta dell'antico azzeccagarbugli, quali tutele per i clienti, quale il suo ruolo nelle democrazie occidentali? È giusto parlare di crisi di una vecchia professione, oppure è invece più utile analizzarne gli elementi di mutazione e ipotizzarne i futuri sviluppi? La prestazione professionale dell'Avvocato è ancora personale, in modo da assicurare al cliente indipendenza e imparzialità; personale è anche la responsabilità del professionista che ha eseguito la prestazione nei confronti del cliente, il quale per il risarcimento dei danni eventualmente subìti potrà contare sull'assicurazione (obbligatoria), ma anche sulle tasche più profonde della struttura societaria (e dell'assicurazione obbligatoria di questa), nel caso di servizi multidisciplinari complessi. L'azzeccagarbugli 4.0, forse, non esercita una nuova professione, ma sempre la stessa, antica e nobile, semmai mediante una nuova modalità di esercizio, moderna e specializzata, al comando di una nave digitale che, probabilmente, lo proietterà verso spazi virtuali.

Da queste alluvionali riflessioni ha preso avvio, già molti anni fa, l'accurato lavoro di una giovane comparatista, che ha scelto questo tema – crocevia di percorsi storici, sociologici, economici – per cimentarsi con una figura di giurista depositaria di un sapere antico, custode di una lunga vicenda che affonda le sue radici nella notte dei tempi, e racchiude i segreti dell'evoluzione del professionismo tecnico-giuridico nei diversi sistemi giuridici europei. Questa, è dunque, la chiave di lettura delle pagine che seguono: lasciarsi condurre dalla giovane Autrice nella ricostruzione dei tratti professionali dell'Avvocato in Europa, dalla sua formazione dentro le aule universitarie o tra le mura dei palazzi di Giustizia, all'esercizio della professione al cospetto di sovrani, tiranni, rappresentanti democratici o di Ordini interposti, in nome del popolo o dell'ordine costituito. Da questo vortice di contradditorie vicende, che attraversano la storia e l'Europa di tradizione romanista o di *common law*, in diverse forme e a cavallo dei più disparati modelli giuridici nazionali di riferimento, il lettore vedrà emergere i mille volti del professionista forense, ignavo azzeccagarbugli manzoniano, austero difensore dei diritti civili, o invece leggendaria paladina delle avvocatesse contemporanee. Appena dietro alla figura professionale dell'Avvocato, il comparatista vedrà stagliarsi, come in una sottile filigrana, l'evoluzione e il trionfo della c.d. 'tradizione giuridica occidentale'.

A tutti buon divertimento!

Cristina Amato

INTRODUZIONE

Quando spieghi a certi clienti che gli avvocati non son fatti
per tessere frodi alla giustizia,
ti guardano con aria stupefatta.
A che dunque serve l'avvocato – par che ti domandino –
se non ad assumere su di sé i nostri imbrogli,
per riservare a noi immacolata
la nostra fama di persone per bene?

(P. Calamandrei, *Elogio dei Giudici scritto da un avvocato,*
Le Monnier, Firenze, IV ed., 1959, p. 129)

Nonostante, da oltre un secolo, il fenomeno delle professioni intellettuali abbia attirato l'attenzione di vari studiosi di estrazione diversa (soprattutto giuristi, sociologi, storici ed anche economisti), oggi è tuttavia impossibile rintracciare una definizione di professione liberale che sia universalmente condivisa.

Complice l'incessante evolversi delle libere professioni e la complessità che caratterizza tale fenomeno, strettamente intrecciato alle dinamiche politiche, sociali ed economiche – nazionali e sovranazionali – le antiche qualificazioni, che rimandano ad un'ideale di *'professionista gentiluomo'* [1], disinteressato al profitto e dedito esclusivamente alla realizzazione del bene pubblico, sono oggi di sovente messe in discussione. Per contro, nuove aspirazioni che vogliono il professionista sempre più legato alle logiche economiche e a nuovi modelli di *business,* in un mercato professionale sempre più globale, specializzato e tecnologico, non possono essere ignorate.

Come emerge dall'elaborazione sociologica della metà del Novecento [2], la descrizione del mondo professionale si forgia intorno all'"*immagine*

---

[1] L'espressione è tratta da M. Malatesta, *Professionisti e gentiluomini,* Einaudi, Torino, 2006.

[2] Tra le prime analisi sociologiche relative al mondo professionale si v. A.M. Carr-Saunders, P.A. Wilson, *The Professions,* The Clarendon Press, Oxford, 1933; cfr. T. Parsons, *A Sociologist Looks at the Legal Profession,* in Id., *Essays in Sociological Theory,* Free Press, New York, 1954, p. 382.

ideale del perfetto professionista" [3], ovvero di quel soggetto che, gratificato dal proprio mestiere e dalla connessa posizione sociale, disinteressato al profitto personale e fedele all'ideale del bene pubblico, si pone al servizio esclusivo della collettività, divenendo un insostituibile intermediario tra lo Stato e la società civile [4].

Ed è su tale identità storica che l'avvocatura tradizionale ha costruito la propria legittimazione, siglando, nel corso dell'Ottocento, il patto costituzionale con lo Stato. L'esperienza storica dell'avvocatura fino al Novecento, a cui è dedicata la Parte I del presente studio, è, infatti, caratterizzata, da una forte dialettica tra professione forense e Stato, soprattutto in Europa continentale. I due attori sociali hanno costantemente ricercato un equilibrio nella relazione, in grado di contemperare le opposte esigenze: da un lato, quelle dei pubblici poteri, interessati ad un alleato nella corretta amministrazione della giustizia e ad un intermediario nei con-

[3] M. Malatesta, *Professionisti e gentiluomini*, cit., XI.

[4] Alle luce delle significative indagini sociologiche a partire da metà Novecento, le professione intellettuali sono state identificate come quelle occupazioni in grado di distinguersi nel mercato del lavoro in ragione di particolari attributi caratterizzanti (c.d. *'trait model'*), tra cui capeggiano il possesso di elevate e specifiche conoscenze teorico-pratiche, maturate grazie a percorsi formativi prolungati, l'adesione all'ideale di servizio la cui riconosciuta rilevanza sociale comporta la concessione di privilegi, la sussistenza di codici deontologici, la capacità di creare associazioni, che incarnano i comuni valori e condividono regole e simboli (si v. E. Greenwood, *The Attributes of a Profession*, in *Social Work*, 1957, v. 2, n. 3, p. 45). Nel tempo ulteriori caratteristiche distintive sono state isolate e valorizzate, tra cui il *'commitment to a calling'*, *'service orientation'*, *'autonomy'* (W.E. Moore, *The professions: Roles and Rules*, Russel Sage Foundation, New York, 1976, pp. 5 e 6), *'loyalty to colleagues'* (H. S. Drinker, *The Ethical Lawyer*, in *Univ. Fla. Law Rev.*, 1954, v. 7, n. 4, p. 375), *'absence of a collective direct social control on the professional community* (W.J. Goode, *Community within a Community: the Professions*, in *Am. Sociol. Rev.*, 1957, v. 22, n. 2, p. 194), e così via (G. Millerson, *The Qualifying Associations*, Routledge & Kegan, London, 1964; E.H. Schein, *Professional Education: Some New Directions*, McGraw-Hill, New York, 1970 e D. Belfall, *Creating Value for Members*, Canadian Society for Association Executives, Toronto, 1999). La lettura funzionalistica del mondo professionale è andata successivamente ad arricchire il dibattito, superando la staticità dell'approccio tassonomico e mettendo le professioni in correlazione con la società. Tale approccio mirava, infatti, a garantire un *"more theoretically coherent accounts, seeing a functional relationship between professions and society"* (così M. Saks, *Defining a Profession: The Role of Knowledge and Expertise*, in *Professions & Professionalism*, 2012, v. 2, n. 1, p. 2). A partire dagli anni Settanta tali teorie sono state aspramente criticate: T. Johnson, *Professions and Power*, Macmillan, London, 1972; M. Sarfatti Larson, *The Rise of Professionalism: A Sociological Analysis*, University of California Press, Berkeley, 1977; A.D. Abbott, *The System of Profession: An Essay on the Division of Expert Labor*, University of Chicago Press, Chicago, 1988; A. Witz, *Professions and Patriarchy*, Routledge, London-New York, 1992. Le origini di questo approccio sono spesso ricondotte agli inizi del XX secolo e attribuite al sociologo M. Weber; R.L. Abel, *American Lawyers*, Oxford University Press, Oxford, 1989, spec. pp. 14-39; M. Weber, *Economy and Society: An Outline of Interpretive Sociology*, Bedminster Press, New York, 1968, pp. 342-344. Per una ricostruzione critica si rimanda, su tutti, a D. Munzio e R. Suddaby, *Theoretical Perspectives of the Professions*, in B. Hinings, D. Muzio, J. Broschak e L. Empson, *Oxford Handbook of Professional Service Firms*, Oxford University Press, Oxford, 2015, pp. 26 e 27.

fronti della società che mettesse a disposizione della collettività e del sistema le conoscenze specifiche possedute; dall'altro, quelle dei professionisti forensi alla ricerca di vantaggi e privilegi, soprattutto in termini di *status*, potere e prestigio.

Le cruciali contingenze storiche, quali rivoluzioni, guerre e l'avvento di regimi totalitari, che hanno sconvolto gli assetti sociali e politici dell'Europa occidentale, nonché le importanti crisi economiche che spesso li hanno accompagnati, hanno segnato in maniera determinante e profonda l'incedere della professione forense. Non sono mancati nella storia casi estremi, e al contempo fallimentari, in cui l'avvocatura è stata piegata al volere dello Stato ed asservita esclusivamente alla concezione di giustizia propria del potere politico.

Nonostante tutti gli accidenti storici che hanno ora annientato, ora imbavagliato e ora resuscitato l'avvocatura, la professione forense è comunque riuscita, grazie anche al processo di semplificazione che ha coinvolto la categoria, a conquistare un proprio spazio attraverso l'autoregolamentazione, ovvero quella capacità di fissare le proprie regole, di auto-organizzarsi, di gestirsi e in taluni casi di auto-giudicarsi, così da preservare la propria indipendenza.

Sulla fine del secolo scorso, in tutta l'Europa continentale, l'avvocatura consolida, infatti, due approdi fondamentali, di cui si darà conto nei capitoli che seguono.

In primo luogo, il riferimento è all'intervenuta semplificazione della categoria mediante l'affermazione di un una figura unica di professionista legale. Nel corso della storia le due (nel caso dell'Italia e della Germania) o plurime (come nell'esperienza francese) anime che ne dilaniavano il corpo si sono, infatti, fuse nella figura unica di avvocato (*Rechtsanwalt, avocat*). A tale figura professionale viene riconosciuto il diritto sia alla rappresentanza sia alla difesa del cliente e, per essere all'altezza del ruolo ricoperto, viene imposto il possesso delle più alte credenziali formative garantite da rigorosi percorsi di accesso e obblighi di formazione continua; l'avvocatura non solo soggiace alle regolamentazioni di matrice statale, ma bensì si vincola al rispetto delle regole deontologiche, condivise dai pari, che incarnano lo spirito e l'*ethos* del corpo (Parte I, cap. 1).

Il successo della professione non dipende, infatti, solo dall'affermazione del monopolio sul sapere, bensì anche dalla costruzione di uno *status*, in cui il gruppo si riconosce e che lo rende identificabile all'esterno[5]. Si crea, dunque, un gruppo professionale unico che condivide sia conoscenze specialistiche e competenze tecniche, sia valori e stili di vita. Ed è proprio attorno al "sentire comune" che si erge e consolida la comunità professionale; è nella comunità professionale che i membri rafforzano

[5] M. Sarfatti Larson, *The Rise of Professionalism: A Sociological Analysis*, cit.

l'identità condivisa e sviluppano meccanismi di solidarietà[6], così affermando la propria cultura professionale, fatta di valori, norme e simboli, nei confronti della società, delle istituzioni e delle altre professioni[7].

In secondo luogo, si assiste allo sviluppo di una dimensione legata alla rappresentanza collettiva del ceto, che si consolida grazie all'affermazione e all'agire dei corpi intermedi di natura privata e degli enti pubblici di autogoverno. La sistematizzazione di tale dimensione associativa ed istituzionale ha dapprima conferito voce all'avvocatura e ai suoi interessi dinanzi ai pubblici poteri, per poi garantirne quell'indipendenza che è intrinseca nel carattere liberale delle professioni intellettuali[8], attraverso il meccanismo dell'autoregolamentazione: gli 'Ordini', in alcuni contesti nazionali inglobati nell'ordinamento giuridico, hanno, infatti, consentito di proteggere la specificità della professione rappresentata, salvaguardando i meccanismi di accesso, il monopolio, le condizioni e modalità di esercizio del servizio, definendo, altresì, la dimensione etica della professione forense attraverso la predisposizione di codici deontologici e l'esercizio del controllo disciplinare sulla condotta dei membri.

Sullo sfondo della ricostruzione storica offerta nella Parte I, l'*excursus* dedicato all'esperienza inglese permette di apprezzare le differenze storiche, culturali e strutturali dei sistemi di *civil law* e *common law*, che, alle porte del XXI secolo, hanno consegnato l'avvocatura d'oltremanica ad un destino completamente diverso. L'estraneità della tradizione inglese ad una concezione *étatiste*, la centralità del formante giurisprudenziale, l'antichità e continuità dell'ordinamento inglese sono solo alcuni dei fattori

---

[6] E. Greenwood, *The Attributes of a Profession*, cit.; W.J. Goode, *Community within a Community: the Professions*, cit.; T. Parsons, *The Social* System, Free Press, Glencoe, 1951.

[7] Cfr. la posizione di V. Olgiati, *Self-regulation of legal professions in contemporaney Italy*, in *Int'l J. Legal Prof.*, 1997, v. 4, n. 1-2, p. 89, che sottolinea come la riduzione *ad unicum* delle figure di avvocato e procuratore in Italia "*It has not been enforced to reduce social, cultural and technical fragmentation, but to foster a more general and highly refined policing programme of a political nature about the specific power-knowledge nexus embodied by the group as a whole. In other words, the reform confirms a trend outlined elsewhere as regards process and policy of legal professionalisation in Europe: i.e. that also in Italy—as experienced in France with the abolition of the distinction between avocats and conseil juridiques since 1971, and as it has been tried in England as regards the distinction between barristers and solicitors in 1989-1990—a veritable compulsory reassessment of the legal profession is in progress, to enhance a tighter State political control of both legal practice, as a technostructure, and legal practitioners, as a social class. In fact, by giving up the above distinction, professional autonomy and loyalty cannot but be directly re-orientated towards a unique leading legal source according to the well-known (pre-modern) principle cujus rex, ejus lex: a principle that is typical of western legal pluralism*" (pp. 92 e 93).

[8] Così B. Debosque, *Relazioni: Etica Professionale e responsabilità sociale dell'avvocato europeo*, in G. Alpa e A. Mariani Marini (a cura di), *Etica Professionale e responsabilità sociale dell'avvocato europeo: atti del convegno promosso dal Consiglio Nazionale forense e dalla Scuola Superiore dell'Avvocatura con l'altro patronato del Presidente della Repubblica*, Roma, 15-16 novembre 2012, Pisa University Press, Pisa, 2013, p. 71 ss.

che hanno permesso all'avvocatura di preservare nel corso dei secoli le proprie *'core traditional traits'* [9] e di svilupparsi e prosperare all'insegna di un'autonomia professionale quasi perfetta. Tra i tratti distintivi e peculiari del sistema inglese, nonostante taluni moti di ravvicinamento delle due sfere professionali emersi nel corso nel XX secolo, vi è il permanere di due rami distinti della professione legale, *barristers* e *solicitors*.

Solo nella seconda metà del Novecento la forte propensione inglese verso la regolamentazione decentrata del mercato [10], unitamente a nuove forze globali trainanti il cambiamento in Europa (tra cui l'attenzione europea al mondo delle libere professioni, l'espandersi dell'innovazione tecnologica anche ai servizi esperti, e l'ingresso delle donne nella roccaforte maschile dell'avvocatura) hanno iniziato a produrre significativi cambiamenti sul professionalismo classico e il *self-government* perfetto dell'avvocatura inglese, anticipando alcuni trend evolutivi che, sebbene in forma calmierata, sembrano oggi investire anche le avvocature continentali (Parte I, cap. 2).

La storia delle professioni oggi è, dunque, una storia antica, ma nello stesso tempo inedita: se da un lato, affonda le proprie radici nelle professioni tradizionali, come affermate nel Medioevo e, per certi versi, tramandate dall'Età Antica, delle quali evoca il prestigio sociale e mutua *"leggende, simboli, formule rituali (...), e perfino alcuni vocaboli del gergo professionale"* [11]; dall'altro, essa rappresenta un *"prodotto relativamente recente"* [12], generato dalla messa in discussione dell'identità stessa del professionalismo ad opera di una serie di fenomeni concorrenti che hanno investito il mondo professionale a partire dal XX secolo. La Parte II del presente studio si prefigge di analizzare tali ventate di cambiamento, dando conto di come la professione forense sia entrata in tensione tra istanze di conservazione degli antichi assetti che stridono con il mutato contesto e tentativi di riorganizzazione volti a tradurre i principali fattori di crisi in occasioni di cambiamento.

Nel corso del Novecento uno dei principali elementi di svolta per la professione forense può ravvisarsi nella perdita dell'ancoraggio statale [13].

---

[9] Così H. Sommerlad, A. Francis, J. Loughrey e S. Vaughan, *England and Wales. A Legal Profession in the Vanguard of Professional Trasformation?*, in R.L. Abel, O. Hammerslev, H. Sommerlad e U. Schultz, *Lawyers in 21st Century Societies, Volume I: National Reports*, Hart, Oxford, 2020, p. 89.

[10] F. Viglione, *Lo sviluppo attraverso il diritto ai tempi della crisi: teorie comparatistiche nella costruzione di un ordine giuridico globale*, in *Comp. e dir. civ.*, 2012, con richiamo a P.G. Monateri, *La Costruzione giuridica del globale e lo scontro delle giustizie*, in *Riv. critica dir. civ.*, 2007, p. 690.

[11] W. Tousijn, *Professioni*, in *Enciclopedia delle scienze sociali*, Istituto dell'Enciclopedia Italiana - Treccani, Roma, 1997.

[12] W. Tousijn, *Professioni*, cit.

[13] In questi termini v. S. Cassese, *La riforma degli ordini professionali*, in M. Malatesta (a

La tendenza alla globalizzazione ha proiettato il professionista legale in un ordine sovranazionale ed internazionale che lo vuole partecipe attivo del mercato globale. Nel contesto dell'Unione europea tale processo è stato trainato, quantomeno inizialmente, dall'obiettivo di realizzare un mercato unico, in cui tutti i fattori produttivi (merci, persone, capitali e servizi) potessero circolare liberamente (Parte II, cap. 1). Al canone classico del professionista forense disinteressato che agisce per il bene collettivo e trova nello Stato il proprio agente di regolamentazione, nella duplice forma di controllo e protezione, si sta progressivamente sostituendo il profilo del professionista imprenditore, che confrontandosi con il mercato globale, può trovare in esso la propria nuova identità e legittimazione, rispondendo ad un cliente che assume sempre più i tratti di un generico consumatore. L'ascesa del mercato come fattore di regolamentazione e legittimazione della professione sta conducendo, pertanto, ad un contestuale indebolimento del ruolo dello Stato, che sino a questo momento è stato l'interlocutore privilegiato delle professioni ed unico soggetto in grado di difenderne la posizione di privilegio e di rendita [14]. Le logiche di mercato, penetrando nella regolamentazione e autoregolamentazione delle professioni, impongono significativi ripensamenti sia alla fase di accesso e alle riserve d'attività sia, soprattutto, alle regole di esercizio della professione forense, come attestato dall'evoluzione delle discipline in tema di tariffe, di utilizzo dello strumento pubblicitario ed organizzazione della professione forense, di cui si darà conto nel cap. 2 della Parte II.

Un ulteriore fattore di rottura con il passato è dato dalla rivoluzione tecnologica che sta progressivamente interessando anche il settore dei servizi legali. Le potenzialità di sviluppo delle tecnologie applicate al campo giuridico sono, allo stato, perlopiù futuribili; tuttavia, le attuali embrionali forme di implementazione stanno già determinando una significativa modifica delle competenze e delle culture professionali (Parte II, cap. 3). Lo sviluppo delle conoscenze e l'avvento delle tecnologie, infatti, *"producono nuovi clienti, richiedono nuovi servizi, impongono nuove professioni, costringono a ricorrere a moduli organizzativi diversi"* [15]. L'automazione, garantita dall'impiego di soluzioni tecnologiche, inizia a fare breccia nella pratica del diritto, soprattutto con riferimento ai compiti maggiormente routinari e standardizzati. Nella maggior parte dei casi ad essere *disruptive* non è tanto la tecnologia in sé considerata: è il paradig-

---

cura di), *Corpi e professioni tra passato e futuro*, Giuffrè, Milano, 2002, p. 15.

[14] Cfr. R. Cappello, *Il cappio: perché gli ordini professionali soffocano l'economia italiana*, Rubbettino, Soveria Mannelli, 2010, secondo cui *"I confini degli Stati non corrispondono più a quelli dei mercati, rendendo necessaria l'individuazione di nuove fonti normative condivise per regolare il traffico economico; le corporazioni e i corpi intermedi, quindi, vedono minacciato il loro ruolo di intermediazione e cercano sempre nuove giustificazioni alla loro sopravvivenza"* (p. 186).

[15] S. Cassese, *La riforma degli ordini professionali*, cit., a p. 17.

ma professionale veicolato che risulta del tutto innovato; sempre più spesso efficienza e *affordability* divengono indici della qualità della prestazione, *'more for less'* [16] l'*optimum* al quale ambire, la contaminazione delle competenze un passaggio imprescindibile per abbracciare le sfide future. La tecnologia sembra lentamente ridefinire il campo giuridico, ora ampliando i consueti spazi di operatività dei legali mediante nuove nicchie di specializzazione, ora comprimendo la necessità di ricorso al sapere esperto altamente qualificato, grazie alla trasformazione di una serie di 'servizi' in 'prodotti' giuridici a diretta disposizione dei consumatori. A contribuire a tale trend di erosione, l'invasione di nuove realtà, *in primis* il mondo Legal Tech, destinate ad espandersi nel medio lungo periodo. In tale momento di forte cambiamento, il presente studio si interroga, dunque, sulle sembianze che il nuovo giurista sta progressivamente assumendo al cospetto della svolta tecnologica in atto, che sembra sempre più relegare nell'ombra il canone classico del professionista forense.

Infine, l'ideale storico del professionista forense, rigorosamente uomo e di estrazione borghese, dotato di un alto capitale intellettuale, acquisito grazie ad una elitaria istruzione superiore e messo successivamente al servizio della collettività secondo un'etica altruistica, è stato stravolto dal recente compimento del processo di femminilizzazione del corpo professionale. La possibilità per le donne di acquisire le necessarie credenziali formative di accesso, congiuntamente, alla conquista di una piena capacità, civile e politica, hanno rappresentato i presupposti di quella svolta epocale, perlopiù di matrice legislativa, che ne ha legittimato l'ammissione nell'avvocatura, il *club* maschile per eccellenza. Se è indiscutibile il fatto che la *"roccaforte maschile"* [17] è stata espugnata, tanto che in determinati contesti europei il numero delle donne avvocate è equiparabile, se non addirittura superiore, a quello dei colleghi uomini, si tratta, tuttavia, di capire se le donne siano davvero riuscite ad incidere sul modello maschile della professione legale, così come tramandato nei secoli. Sul permanere di una profonda differenziazione di genere, stante il perpetrarsi di un'esclusione di matrice qualitativa per le avvocate, ci si interrogherà nel capitolo di chiusura di questo studio (Parte II, cap. 4).

---

[16] R. Susskind, *L'avvocato di domani. Il futuro della professione legale tra rivoluzione tecnologica e intelligenza artificiale*, Guerini Next, Milano, 2019.

[17] L'espressione è di M. Malatesta, *Professionisti e gentiluomini*, cit.

Parte I

ALLE ORIGINI DELL'AVVOCATURA

CAPITOLO 1

ALLE PORTE DEL XXI SECOLO: VERSO UN'UNITARIA COMPOSIZIONE DEL CORPO FORENSE

1. *Introduzione*

Storicamente l'avvocatura europea non risulta connotata da compattezza e organicità, essendo il corpo forense composto da categorie differenziate di professionisti legali. In generale, in Europa continentale sono rinvenibili, quasi in ogni dove, almeno due diverse figure distinte per natura, funzione, istruzione e rango: da un lato i procuratori, di formazione eminentemente pratica, essenzialmente dediti alla rappresentanza dei clienti in giudizio e attenti agli aspetti procedurali; dall'altro gli avvocati, giuristi dotti e formati principalmente nelle università di legge, predisposti alla difesa e alla trattazione delle questioni giuridiche, che incarnano il prototipo del giurista per eccellenza.

Tale basilare dicotomia, seppur sotto l'influenza delle molteplici tradizioni giuridiche e il peso delle differenti esperienze locali, si è tramandata costante sino al XIX secolo, periodo in cui inizia a conoscere destini profondamente diversi nei vari contesti nazionali. Nella maggior parte degli ordinamenti giuridici occidentali di *civil law* il pluralismo inizia ad essere ricondotto ad unità: una semplificazione forte del campo giuridico che porta al prevalere di una figura unica di avvocato, dedito alla difesa e alla rappresentanza dei clienti.

Per contro, nella tradizione di *common law* la diversificazione permane netta: ancor oggi nel Regno Unito *barristers* e *solicitors* rappresentano due rami distinti della professione legale, sebbene non siano mancati, soprattutto nel corso del Novecento, tentativi di ravvicinamento delle due branche dell'avvocatura.

2. *Avvocati e procuratori in Italia*

In Italia la suddivisione in procuratori e avvocati risale addirittura al diritto romano [1], per poi arrivare ad affermarsi e strutturarsi definitivamente, sotto l'aspetto della diversa professionalità ed organizzazione in distinti Collegi, alla luce del diritto comune [2].

Nel mondo romano, in origine caratterizzato dal principio del '*nemo alieno nomine agere potest*', il concetto di rappresentanza iniziò, seppur con difficoltà, a farsi strada nel campo processuale con la comparsa nel processo *formulare* dei primi rappresentanti e sostituti, nella veste di *cognitor* o di *procurator* [3]. Il *cognitor*, che poteva intervenire nella fase *in iure*, prima della *litis contestatio*, una volta accettato l'incarico partecipava al giudizio come *alter ego* della parte stessa [4]; se al *reus* poteva essere richiesto dall'*actor* l'impegno di accettare gli effetti del giudicato (*satisdatio iudicatum solvi*), il *cognitor*, nei cui confronti veniva pronunciata la sentenza, aveva il diritto a che le conseguenze e responsabilità derivanti dal processo fossero trasferite in capo al proprio rappresentato [5]. Per contro, la figura del *procurator* [6], dai confini più incerti, inizialmente sembrava con-

---

[1] Cfr. C. Cavagnari e E. Caldara, *Avvocati e procuratori*, in *Digesto it.*, v. IV, II, Torino, 1926, pp. 621-704, spec. p. 625, ove si sottolinea come l'avvocatura divenne una professione nel vero e proprio senso della parola con il sorgere e consolidarsi dell'Impero. J.J. Hogan, *Judicial Advocates and Procurators: An Historical Synopsis and Commentary*, Beard Books, Washington D.C., 2000 (I ed. 1941), spec. p. 7 ss.

[2] V. A. Padoa Schioppa, *Brevi note sull'avvocatura nell'età del diritto comune*, in G. Alpa e R. Danovi (a cura di), *Un progetto di ricerca sulla storia dell'avvocatura*, Il Mulino, Bologna, 2003, p. 41 e spec. p. 44 ss.

[3] L'intervento di rappresentanti non era consentito nel precedente sistema processuale delle *legis actiones*, salvo casi eccezionali e in cui era impossibile la diretta presenza della parte (ovvero quando si agiva *pro tutela, pro populo, pro libertate, ex lege Hostilia*): di questa opinione L. Rossi, *Procuratore alle Liti*, in *Digesto it.*, 1909, pp. 511 e 512; P. Rasi, *Avvocati e procuratori (Diritto romano)*, in *Novissimo Digesto it.*, v. I, t. II, Torino, 1957, p. 1662. Cfr., altresì, E. Costa, *Profilo storico del processo civile romano*, Athenaeum, Roma, 1918, p. 21.

[4] Il *cognitor*, primo rappresentante in giudizio che conobbe il diritto romano, pare precedere l'istituto del procuratore: in questi termini si rinvia a L. Rossi, *Procuratore alle Liti*, in *Digesto it.*, cit., p. 512; F. Eisele, *Cognitur und Procuratur Untersuchungen zur Geschichte der processualen Stellvertretung*, Mohr, Freiburg-Tübingen, 1881, p. 14.

[5] P. Rasi, *Avvocati e procuratori (Diritto romano)*, cit.

[6] Sulla figura del *procurator ad litem* si rinvia, su tutti, a F. Eisele, *Cognitur und Prokuratur. Untersuchungen zur Geschichte der processualen Stellvertretung*, cit.; B. Mecke, *Die Entwicklung des 'procurator ad litem'*, in *SDHI*, XXVIII, 1962, p. 100 ss.; G. Hamza, *Aspetti della rappresentanza negoziale in diritto romano*, in *Index*, IX, 1980, p. 193 ss.; S. Solazzi, *Il «procurator ad litem» e la guerra al mandato*, in Id., *Scritti di Diritto Romano*, v. III, *1925-1937*, Jovene, Napoli, 1960, p. 601 ss.; Id., *«Procurator» ed «institor» in D. 14.3.5.10*, in *SDHI*, IX, 1943, p. 104 e ora in *Scritti di diritto romano*, VI, *Ultimi Scritti – Glosse a Gaio – «Notae»*, Jovene, Napoli, 1972, p. 548 ss. Sulla formazione del concetto di *procurator ad litem* e sulla classicità di tale figura si v., in particolare, O. Paperi, *Considerazioni sull'origine*

fondersi con quella di un sostituto processuale, per poi sovrapporsi nell'evoluzione del procedimento *per formulas*[7] a quella del *cognitor*. A differenza di quanto accadeva per il *cognitor*, che doveva essere nominato per mezzo di *certa et solemnia verba* dalla parte contro e alla presenza dell'avversario[8], non erano richieste particolari formalità per il conferimento del mandato al *procurator*[9]. La figura del *cognitor* andò lentamente dissolvendosi con l'affermazione del procedimento della *extraordinaria cognitio*, sino a scomparire nel diritto giustinianeo. Per contro, la figura del procuratore acquistò maggior spessore e un'individualità propria, e iniziò ad essere regolamentata con più precisione. Il ruolo del procuratore non si confuse mai con quello del *patronus* o *orator* o *advocatus*, *"cui spettò il compito di assistere la parte col consiglio, con lo scritto, con la parola, ma non di rappresentarla"*[10]. In un provvedimento del 368 degli imperatori Valentiniano e Valente emerge la distinzione tra le funzioni dell'avvocato e

---

del «procurator ad litem», in *Canabula Iuris. Studi storico giuridici per Gerardo Broggini*, Giuffrè, Milano, 2022, p. 343 ss., e in *Labeo*, XLVIII, 2002, p. 37 ss.; P. Angelini, *Il «procurator»*, Giuffrè, Milano, 1971, spec. p. 181 ss.; P. Angelini, *Il «procurator»*, Giuffrè, Milano 1971, spec. p. 181 ss.; A. Burdese, *Sul procurator (a proposito del volume di Piero Angelini)*, in *SDHI*, XXXVII, 1971, p. 307 ss.; B. Mecke, *Die Entwicklung des 'procurator ad litem'*, cit.; G. Pugliese, *Il processo civile romano*, II. *Il processo formulare*, Giuffrè, Milano, 1963, p. 329 ss. e, infine, più di recente, P. Angelini, *Il «procurator»*, Giuffrè, Milano 1971, spec. p. 181 ss. *Contra* B. Frese, *Prokurator und negotiorum gestio in römischen Recht*, in *Mélanges de droit romain dédiés à George Cornil*, I, Vanderpoorten-Sirey, Gand-Paris, 1926, p. 325, p. 339, secondo l'opinione del quale il procuratore processuale costituito mediante mandato non sarebbe esistito in epoca classica. Cfr. F. Serrao, *Il Procurator*, Giuffrè, Milano, 1974, p. 14.

[7] Cfr. P. Rasi, *Avvocati e procuratori (Diritto romano)*, cit., p. 1662.

[8] Gaio, IV, 83.

[9] Sulla distinzione fra rappresentanti *in rem suam*, ovvero rappresentanti che conducevano la lite portando un proprio interesse, e *cognitor/procurator rei alienae*, ovvero rappresentanti che non avevano alcun interesse nella causa e agivano esclusivamente in base all'incarico della parte, si rinvia su tutti a L. Rossi, *Procuratore alle Liti*, cit., p. 513. Si v. M. Miceli, *Studi sulla "rappresentanza" nel diritto romano*, Giuffrè, Milano, 2008, spec. p. 151 ss., che, rifacendosi alla testimonianza gaiana e richiamando il passo di Gaio 4.84, sottolinea che *"il mandato era probabilmente la principale forma di costituzione del* procurator ad litem", ma al tempo stesso, *"esso non rivestiva un'importanza determinante ai fini della legittimazione all'azione"* (p. 152).

[10] Così L. Rossi, *Procuratore alle Liti*, cit., p. 514; cfr., altresì, P. Rasi, *Avvocati e procuratori (Diritto romano)*, cit., p. 1663, ove si legge: *"La figura dell'avvocato, detto anche* scholasticus, causidicus, causarum patronus, *si stacca nettamente da quella del* procurator; *la sua funzione non era quella di rappresentare, o meglio sostituire la parte, ma di consigliarla e soprattutto di difenderla davanti al giudice, specie in materia penale:* consulere et postulare". Cfr. C. Chinappi e E. Napolillo, *La promozione della professione forense*, La Tribuna, Piacenza, 2002, a p. 18, che sottolineano il ruolo subalterno dei giureconsulti, associati agli *oratores*, definendoli, attraverso le parole di Quintiliano, *"inservienti come quelli che, seduti ad arculas nelle palestre, porgono i giavellotti agli atleti; ogni tanto suggeriscono qualcosa agli avvocati"*: Quintiliano, XII, 3 in F. Cordero, *Esercizio retorico*, in *Procedura Penale*, Giuffrè, Milano, 2000, p. 592.

quelle del giudice, con conseguente affermazione del divieto di cumulo delle due cariche nel medesimo processo: *"quisquis vult esse causidicus, non idem in eodem negotio sit advocatus et iudex"* [11].

Alla caduta dell'Impero romano, la rappresentanza processuale passò da regola ad eccezione [12]: nelle leggi dei Longobardi [13], così come in quelle

---

[11] C. 2.6.6 pr.-4: Impp. Valentinianus et Valens AA ad Olybrium P.U [a. 368]; si v., inoltre, C. 2.6.6.pr.-6: Impp. Valentinianus et Valens AA ad Olybrium P.U, che facendo riferimento all'esercizio della professione forense nella città di Roma ribadisce il divieto di cumulo tra il il ruolo di causidico e altri uffici, compreso quello del giudice: *"Quisquis igitur ex his, quos agere permisimus, vult esse causidicus, eam solam, quam sumit tempore agendi, sibi sciat esse personam, quousque causidicus est, nec putet quisquam honori suo aliquid esse detractum, cum ipse necessitatem elegerit standi et ipse contempserit ius sedendi. PP. X k. Sept. Valentiniano et Valente AA. II conss. [a. 368]"*. In dottrina, sul divieto del cumulo, v. S. Liva, *Il 'Iudex Pedaneus'nel processo Privato romano. Dalla procedura formulare alla 'cognitio extra ordinem'*, EduCatt, Milano, 2012, spec. p. 82 ss.; S. Sciortino, *Le costituzioni superflue del Codice di Giustiniano secondo Taleleo*, in *Annali del Seminario Giuridico (AUPA)*, Giappichelli, Torino, 2019, p. 219 e spec. pp. 227 e 228. Cfr. A. Palma, *L'ambiguo status del defensor civitatis: soggetto pubblico o privato difensore?*, in A. Trisciuoglio (a cura di), *Tribunado – Poder negativo y defensa de los derechos humanos*, Ledizioni, Milano, 2018, p. 97, che sottolinea come *"Il fatto che il divieto imposto al* iudex *di giudicare in sua causa, obbligando chiunque si accingesse al patrocinio di scegliere tra l'*advocatio *e l'*officium iudicis*, venga espresso in più fonti [CTh. 2.2.1; C. 3.5.1; C. 4.20.10] testimonia la frequente violazione di un simile precetto"* (p. 111). Sulla questione dell'impossibilità di svolgere sia le funzioni di avvocato che quelle di giudice nella medesima causa si rimanda, altresì, a R. Rossi, *Observaciones sobre la figura del abogado en derecho romano*, in *Studi in Onore di Giuseppe Grosso*, III, Giappichelli, Torino 1970, p. 280 ss.; R. Andreotti, *Problemi della constitutio de postulando attribuita all'imperatore Giuliano e l'esercizio della professione forense nel tardo Impero*, in *Revue Internationale des Droits de l'antiquitè*, 1972, n. 19, p. 181 ss.; S. Puliatti, *Officium iudicis e certezza del diritto in età giustinianea*, in S. Puliatti e A. Sanguinetti (a cura di), *Legislazione, cultura giuridica, prassi dell'Impero d'Oriente in età giustinianea tra passato e futuro* (Atti del Convegno, Modena, 21-22 maggio 1998), Giuffrè, Milano, 2000, p. 43 e spec. p. 93 ss.; S. Barbati, *Studi sui* 'iudices' *nel diritto romano tardo antico*, Giuffrè, Milano, 2012, p. 8, nt. 21.

[12] Sul tema della rappresentanza in giudizio nel periodo storico che si snoda dalla caduta dell'Impero romano alla codificazione si rinvia, su tutti, a A. Pertile, *Storia del diritto italiano*, v. VI, parte I, *Storia della procedura*, Unione Tipografico – Editrice Torinese, Torino, 1900, spec. p. 257 ss.; F. Brandileone, *La rappresentanza nei giudizi secondo il diritto medievale italiano*, in *Studi e documenti di storia e diritto*, v. 11, Tipografia Vaticana, Roma, 1890, p. 3 ss.; G. Battaglia, *La difesa nei giudizi in Italia sotto la dominazione dei Longobardi*, Stabilimento Tipografico Virzì, Palermo, 1900, già pubblicato in *Circolo Giuridico*, a. XXXI, v. 31, p. 189, e Id., *La difesa nei giudizi sotto la monarchia dei Franchi*, tip. C. Sciarrino, Palermo, 1900, estr. da *Riv. st. fil. dir.*, 1900, p. 5.

[13] Legge di Rachi, VIII, a. 746: *"Si quis causam alterius agere aut causare presumpserit in presencia regis aud judicis, excepto si rex aud judex licentiam dederit de vidua autorphano, aut de talem homnem, qui causam suam agere non potuerit, componat wirigild suo"*. In dottrina si rimanda a G. Battaglia, *La difesa nei giudizi in Italia sotto la dominazione dei Longobardi*, cit.; F. Brandileone, *La rappresentanza nei giudizi secondo il diritto medievale italiano*, cit., p. 16 e A. Pertile, *Storia del diritto italiano*, cit., p. 258, che sottolinea come *"Di regola le parti dovevano stare in giudizio di persona; il che era conseguenza del sistema probatori del tempo e dell'avversione dei Germani per gli avvocati. Le legge dei Longobardi non permettono*

dei Carolingi [14], vigeva il divieto di farsi rappresentare in giudizio, se non in casi espressamente autorizzati, legati alle particolari condizioni di fragilità delle parti, ovvero nei giudizi in cui era parte la Chiesa [15]. Tuttavia, nel tempo, con l'affermarsi di uno stato di maggior civiltà e con il complicarsi dei rapporti sociali e giuridici, i casi in cui venne ammesso l'agire del rappresentante processuale divennero così numerosi da svuotare di significato gli originali divieti e la rappresentanza processuale, sulla falsa riga di quella affermatasi durante l'Impero romano, ritornò in vigore [16]. Nell'età di mezzo lo stare in giudizio attraverso i procuratori ritornò ad essere la prassi, seppur declinata in modo diverso nei vari statuti comunali: generalmente i procuratori dovevano sottostare alla giurisdizione del Comune, non essere troppo distanti dalla posizione sociale della parte o addirittura esserne pari, non essere macchiati d'infamia o accusati di un crimine capitale; erano inoltre esclusi *"i militi, gli incapaci e nei tribunali civili non erano ammessi i procuratori ecclesiastici"* [17]. Non solo. Nel XII secolo [18], l'affermarsi della nuova scienza del diritto, nata in seno alle università, *in primis* quella di Bologna, ed il conseguente rinascere e diffondersi del diritto romano attraverso le grandi scuole, a partire da quella dei Glossatori [19], imposero la presenza di nuovi tecnici del diritto dotati di una

---

che alle vedove e agli orfani di far trattare le proprie cause da un estraneo, cioè da un avvocato; ed anche a quelli, soltanto dopo averne dato avviso al duca o al guastaldo cui erano soggetti".

[14] *"Le leggi dei Carolingi, tenendo ferma in generale la massima, non esser lecito sostituire altrui in giudizio a sé stesso, allargarono alquanto le eccezioni fatte dai re Longobardi estendendole ai poveri e ai vassi regi, ai quali, se on potevano essere presenti, venne permesso di sostituire in lor vece un avvocato"*: così A. Pertile, *Storia del diritto italiano*, cit., p. 260, che richiama Cap. long. 802.10. *"Ut vassi et austaldi n. in vestris ministeriis, sicut decet, honorem et plenam justitiam habeant, et si presents esse non possunt, suos advocatos habeant, qui eorum res ante comitem defendere possint"*.

[15] L. Rossi, *Procuratore alle Liti*, cit., a p. 514.

[16] Così L. Rossi, *Procuratore alle Liti*, cit., p. 514; A. Pertile, *Storia del diritto italiano*, cit., p. 260 ss., che ricorda come sotto i re nostrali si concesse agli uomini di qualche territorio la facoltà di assumere le cause di coloro che non potevano trattarle personalmente senza bisogno di una particolare licenza; sotto gli Ottoni si iniziò ad ammettere per mero favore a taluno la rappresentanza di un avvocato. In tal modo le eccezioni andarono progressivamente generalizzandosi e la facoltà di farsi rappresentare in giudizio tornò, come nel diritto romano, ad essere la regola.

[17] Così L. Rossi, *Procuratore alle Liti*, in *Digesto it.*, cit., p. 515; così A. Pertile, *Storia del diritto italiano*, cit., pp. 266 e 267, a cui si rimanda anche per i puntuali riferimenti normativi.

[18] Sulla formazione storica del sistema di *civil law*, la cui nascita è fatta risalire alla fine del XI secolo, inizi del XII secolo, in occasione del rinascimento giuridico si rinvia, *ex plurimis* a V. Barsotti e V. Varano, *La tradizione giuridica occidentale*, Giappichelli, Torino, 2010 (VII ed. 2021); P.G. Monateri e A. Somma, *Il modello di civil law*, Giappichelli, Torino, 2009, p. 29 ss.; D. René e J. Spinosi Camille, *I grandi sistemi giuridici contemporanei*, trad. it. a cura di R. Sacco, Cedam, Padova, 2004.

[19] Numerose le scuole di diritto che nel tempo hanno contribuito alla rinascita e alla dif-

cultura giuridica che traeva la propria linfa nei testi del *Corpus Juris Civilis*. Non sorprende, pertanto, che in numerosi processi italiani sia fatta menzione della presenza di difensori, seppur designati con vari appellativi (*advocati, causidici, sapientes, doctores iuris*) che sostenevano la parte in giudizio, sulla base delle fonti romane, mettendo l'argomentazione dotta al servizio della causa, per ottenerne la vittoria [20]. Il sostantivo avvocato, dunque, si specificò e si restrinse sino ad indicare inequivocabilmente l'esperto legale di alto profilo, che offriva al cliente la propria consulenza qualificata e il patrocinio dinnanzi ai giudici [21], forte di una formazione giuridica [22] maturata presso un'università o in scuole locali di diritto [23].

---

fusione del diritto romano, con metodi, approcci al diritto e visioni politiche e sociali differenti; il riferimento è, in particolare, alla scuola dei glossatori, a quella dei canonisti, a quella dei commentatori e a quella degli umanisti. Cfr., sul punto, V. Barsotti e V. Varano, *La tradizione giuridica occidentale*, cit., 109; A. Padoa Schioppa, *Storia del diritto in Europa. Dal medioevo all'età contemporanea*, Il Mulino, Bologna, 2007; Id., *Italia ed Europa nella storia del diritto*, Il Mulino, Bologna, 2003; F. Calasso, *Medioevo del diritto, I: Le fonti*, Giuffrè, Milano, 1954, p. 594. M. Bellomo, *I: Scholae, universitates, studia*, Il Cigno, Roma, 1988; I. Birocchi, *Alla ricerca dell'ordine. Fonti e cultura giuridica nell'età moderna*, Giappichelli, Torino, 2002; P. Grossi, *La cultura del civilista italiano. Un profilo storico*, Giuffrè, Milano, 2002.

[20] A. Padoa Schioppa, *Brevi note sull'avvocatura nell'età del diritto comune*, cit., p. 42 e ivi il richiamo a J. Fried, *Die Entstehung des Juristenstandes im 12. Jahrhundert, zur sozialen Stellung und politishen Bedeutung gelehrter Juristen in Bologna und Modena*, Böhlau Verlag, Köln-Wien, 1974, in part. pp. 247-251. Cfr. altresì P. Fiorelli, *Avvocato (diritto romano ed intermedio)*, in *Enc. dir.*, v. IV, Giuffrè, Milano, 1959, p. 646 ed in part. p. 647: l'A. sottolinea come: "*Il rinascimento giuridico riporta in onore l'avvocatura. Le basi romane e canoniche del nuovo processo, la sua impronta dotta e dottrinale, la sua stessa complessità e duttilità giustificano il sempre più frequente ricorso a difensori esperti nel diritto*". Negli stessi termini anche P. Jannelli, *Avvocati e procuratori*, in *Nuovo dig.*, v. II, Torino, 1937, p. 43 ss., secondo cui: "(...) *col diffondersi dopo il secolo XII, nei tribunali italiani, delle istituzioni giudiziarie romano-canoniche e col rinascere della scienza del diritto, la professione forense risorse ed andò sempre più elevandosi fino ad acquisire nell'epoca del Rinascimento fama e prestigio*" (pp. 44 e 45).

[21] In questi termini v. P. Fiorelli, *Avvocato (diritto romano ed intermedio)*, cit., p. 648.

[22] Valga su tutti l'esempio dello statuto bolognese che nel 1158 iniziò a riservare l'accesso alla professione del giudice o del giurisperito solo a coloro i quali si fossero dedicati agli studi di diritto per cinque anni.

[23] Scarse sono le testimonianze in merito all'esistenza ed al funzionamento delle scuole di diritto locali; in merito all'esperienza milanese si rinvia agli statuti di Milano del 1396: *Statuta iurisdictionum Mediolani*, 1351-1396, *r. 92*, in *Monumenta Historiae Patriae*, XVI/2, c. 1016, nonché, in dottrina, a Bonvesin della Riva, *De Magnalibus Mediolani*, 1288, nell'edizione a cura di P. Chiesa, *Le Meraviglie di Milano (De Magnalibus Mediolani)*, II ed., Fondazione Lorenzo Valla, Arnoldo Mondatori Editore, Torino, 2011, che sottolinea come a Milano, intorno al 1200-1300 vi fossero solo centoventi esperti di diritto civile e canonico (p. 51).

In riferimento alla città di Verona e ai suoi statuti, che inizialmente imponevano ai giudici della città lo studio del diritto romano per tre anni (innalzati nel 1284 a cinque) "extra civitatem", presumibilmente stante l'assenza di scuole locali (così Liber iuris civilis, ed. Veronae 1728, n. 264, p. 195), e successivamente lo studio del diritto presso un *doctor et dominus legum* che risiedeva in città, si rinvia a G. Sandri (a cura di), *Gli statuti veronesi del 1276*, Deputazione di storia patria per le Venezie, Venezia, 1940, I, pp. 123 e 124; C. Carce-

Nel secondo Medioevo, la distinzione tra avvocati e procuratori si radicò non solo nella distinta professionalità e nelle specifiche funzioni, ma anche nella diversa organizzazione delle due categorie professionali: a partire dal XIII secolo venne, infatti, fondata la prima corporazione, il Collegio dei giudici, che accoglieva oltre ai giudici anche gli avvocati difensori [24]. Per contro, i procuratori legali iniziarono ben presto a fare riferimento, quasi esclusivamente, alla diversa corporazione del Collegio dei notai o causidici [25]. L'accesso ai Collegi dei giudici venne ristretto a coloro che avevano frequentato gli studi giuridici per un numero di anni compreso tra tre e sette, a seconda del periodo storico e dello specifico statuto [26] e, spesso, era prescritto un ulteriore requisito consistente nel superamento di un esame volto a testare la conoscenza dei testi giuridici [27]. Dal Trecen-

---

reri de Prati, *Il Collegio dei giudici-avvocati di Verona*, Accademia di Agricoltura Scienze e Lettere di Verona, Verona, 2001.

In generale, sul tema v., *funditus*, A. Padoa Schioppa, *Brevi note sull'avvocatura nell'età del diritto comune*, cit., p. 43; Id., *Storia del diritto in Europa*, cit., spec. p. 137.

[24] Sulla stretta correlazione in capo agli avvocati dell'esercizio delle funzioni di difesa con quelle legate al giudizio, con riferimento soprattutto al 1200, si rinvia a A. Padoa Schioppa, *Storia del diritto in Europa*, cit., spec. p. 138, che sottolinea: *"E quando, dalla metà del secolo XIII per iniziativa degli stessi magistrati cittadini – il podestà, i suoi assessori, i consoli di giustizia, il capitano del popolo – si diffuse largamente nei comuni italiani la pratica di affidare a giurisperiti l'istruzione de' intera causa e la formulazione della sentenza in forma di parere legale (*consilium sapientis iudiciale*), questo compito di natura essenzialmente giudiziaria venne affidato ad uno o più giurisperiti iscritti al Collegio: quei medesimi giurisperiti che operavano nella città in veste di difensori"*.

[25] Tale articolazione prevalente non è invero esclusiva; a titolo esemplificativo si consideri che a Lucca non era presente alcuna bipartizione fra i membri della professione forense, mentre a Venezia esisteva uno specifico collegio per i sollecitatori; sul punto, cfr. A. Romiti e G. Tosi (a cura di), *Statuti e matricole del Collegio dei giudici e notai della città di Lucca 1434, 1483, 1541*, Il Centro di Ricerca, Roma, 1978; R. Ferrante, *Il «governo delle cause»: la professione del causidico nell'esperienza genovese (XV-XVIII secolo)*, in *Riv. storia dir. it.*, 1989, v. 62, p. 252 ss. Dà conto della presenza dei sollecitatori a Venezia anche P. Rasi, *Avvocati e procuratori (Diritto romano)*, cit., spec. p. 1664 descrivendoli come dei collaboratori di avvocati e procuratori, e parificandoli ai più moderni *"sostituti di studio"*.

Non mancarono, tuttavia, procuratori non collegiati; sul punto, si rinvia a R. Ferrante, *"Il governo delle cause": la professione del causidico nell'esperienza genovese (XV-XVII secolo)*, in *Riv. storia dir. it.*, 1989, v. 62, p. 181, spec. pp. 184 e 205 ss., che riconnette alla presenza degli *"extracollegium"* la decadenza del Collegio dei causidici di Genova, verificatasi alla fine del Seicento.

[26] Si considerino, a titolo esemplificativo, gli statuti del Collegio dei giudici presso il Comune di Verona: nel 1228 venivano richiesti tre anni di studi giuridici, nel 1327 cinque anni, nel 1472 sette; cfr, sul punto, C. Carcereri de Prati, *Il Collegio dei giudici-avvocati di Verona*, Accademia di Agricoltura Scienze e Lettere di Verona, Verona, 2001, p. 63. A Brescia, nel 1470, gli anni di studio richiesti erano sette (v. R. Mistura, *I giudici e i loro collegi, ricerche sul territorio veneto*, Cedam, Padova, 1986, p. 126); a Treviso, nel 1308, quattro (v. B. Betto, *Il Collegio dei giudici e dottori di Treviso*, in P. Zerbi (a cura di), *Contributi dell'Istituto di storia medioevale dell'Università Cattolica del S. Cuore*, v. III, Vita e Pensiero, Milano, 1975, p. 29 ss.).

[27] Si v., ad esempio, gli Statuti di Modena del 1337 e di Verona del 1399; sul punto, cfr. U. Meyer-Holz, *Collegia Iudicum: uber die Form sozialer Gruppenbildung durch die gelehrten*

to iniziò ad imporsi il possesso della cittadinanza presso il comune dove era locato il Collegio [28], criterio poi esteso, nei due secoli successivi, anche agli avi dell'aspirante giurista [29]; inoltre, a partire dal XV e XVI secolo, i Collegi iniziarono ad accettare l'iscrizione solo di coloro che risultavano essere patrizi [30]. La svolta patrizia accomuna anche l'appartenenza al diverso Collegio dei procuratori e causidici, tuttavia il relativo accesso era subordinato al possesso di requisiti inferiori [31]. L'età moderna, tra il XVI ed il XVIII secolo, restituisce un quadro delle professioni legali che è particolarmente complesso ed articolato [32]. Fatte salve le diversità e peculiari-

---

Berufsjuristen im Oberitalien des spaten Mittelalters, mit einem Vergleich zu Collegia Doctorum Iuris, Nomos, Baden-Baden, 1989, p. 124 ss.

[28] Sul punto si rinvia a U. Meyer-Holz, *Collegia Iudicum*, cit., p. 114 ss.

[29] A titolo esemplificativo si consideri l'ammissione al collegio dei dottori giuristi di Genova: *"erano esclusi dall'attività di giurisperiti, come dottori collegiati, tutti coloro che provenivano da zone al di là dei confini segnati dal Fiume Deiva a levante, Gesta a ponente e dal passo Parodi per parte di terra. (...) Nel 1548 l'ammissione fu ulteriormente limitata: era necessario che il padre o l'avo del candidato avessero avuto per almeno venticinque anni domicilio in città e che il padre non avesse esercitato arte vile o meccanica"*, così R. Ferrante, *"Il governo delle cause": la professione del causidico nell'esperienza genovese (XV-XVII secolo)*, cit., spec. p. 229.

[30] È ciò che Padoa Schioppa definisce come le *"svolta aristocratica"*, verificatasi nel passaggio dal Medioevo all'Età moderna: così A. Padoa Schioppa, *Brevi note sull'avvocatura nell'età del diritto comune*, cit., p. 48. C.M. Cipolla, *Le professioni nel lungo andare*, in Id., *Le tre rivoluzioni e altri saggi di storia economica e sociale*, Il Mulino, Bologna, 1898, p. 276. La riserva dettata per i patrizi tenderà ad affievolirsi nel corso del Seicento (cfr. L. Tedoldi, *"Occhiali per litiganti", Le professioni legali dagli antichi Stati italiani al Regno d'Italia napoleonico (1750-1815)*, in *Le carte e la storia, anno VII*, 2001, n. 2, p. 35 ss.). Tuttavia, bisognerà attendere le riforme asburgiche affinché l'università torni ad essere l'unica via di formazione ed accesso alla professione: cfr., sul punto, M. Scazzoso, *Le Scuole Palatine a Milano nell'età delle riforme*, in A. De Maddalena, E. Rotelli e G. Barbarisi (a cura di), *Economia, istituzioni, cultura In Lombardia nell'età di Maria Teresa*, Il Mulino, Bologna, 1982, III, p. 887 ss., con specifico riferimento ai piani di riforma della pubblica istruzione in generale e delle Scuole Palatine in particolare; si v., inoltre, M.C. Zorzoli, *La formazione dei giuristi lombardi nell'età di Maria Teresa: il ruolo dell'Università*, in *Materiali per una storia della cultura giuridica*, 1982, v. XII, n. 1, p. 3 ss.

[31] Così A. Padoa Schioppa, *Brevi note sull'avvocatura nell'età del diritto comune*, cit., p. 49. Valga su tutti l'esempio del Collegio dei procuratori e causidici di Genova, ove tra il 1587 e il 1597 si prevedevano requisiti di nascita (a Genova o in altro luogo della Repubblica) e di domiciliazione (almeno per dieci anni nella città – successivamente ridotto a otto); veniva richiesto lo svolgimento di periodo di pratica, dopo il compimento del diciottesimo anno di età, presso un giurisperito, un causidico o notaio (inizialmente il limite temporale era stato fissato a due anni, successivamente innalzato a cinque), e il candidato doveva avere almeno venticinque anni al momento dell'ammissione (sebbene non mancarono deroghe): così R. Ferrante, *"Il governo delle cause": la professione del causidico nell'esperienza genovese (XV-XVII secolo)*, cit., in part. p. 196 ss.

[32] Si rinvia, su tutti, a G.B. De Luca, *Il dottor volgare, ovvero Il compendio di tutta la legge civile, canonica, feudale e municipale*, Firenze, 1843, v. IV, p. 105 ss.: l'Autore e giurista seicentesco traccia un quadro illuminante delle professioni legali e della loro complessa articolazione. In particolare, l'A. descrive la situazione romana ove egli esercitava,

tà che caratterizzavano le varie situazioni locali, continuava comunque a spiccare e perdurare la tradizionale distinzione tra avvocati e procuratori: *"le parti degli avvocati sono di puri giureconsulti, per provare con le regole e con l'autorità, o ragioni legali la buona giustizia del proprio cliente: sicché in niuna maniera si intricano negli atti ordinatori, né vedono processo, o esame di testimoni, o altre scritture, camminando con quei presupposti di fatto, che se gli facciano dai procuratori"* [33]; il procuratore, *"quel causidico giudiziale col quale si facciano gli atti"* [34], si occupava, invece, di accertare i fatti, di raccogliere le testimonianze e le prove, e, più in generale, poneva attenzione a quegli aspetti che concernevano la pratica, più che la teoria, e alle *"cose, le quali riguardano la competenza delle azioni, ovvero delle eccezioni più opportune o profittevoli o veramente circa la buona direzione delle cause, e de' giudizi, con la pazienza nel vedere e nel considerare i processi e le scritture accuratamente"* [35]. Oltre a tali tradizionali professioni legali, e subordinate alle stesse, si trovava traccia, in varie esperienze locali, di ulte-

---

sottolineando come: *"i stili de paesi e de tribunali sogliono essere diversi, quindi segue che si discorre solamente secondo lo stile della curia, mentre da questo si potranno tirare le linee e fare le applicazioni a proporzione delle usanze e dei stili de' paesi de quali si tratta"*. Tuttavia, come rilevato da attenta dottrina, la situazione non pareva essere molto diversa nelle altre situazioni geografiche, come dimostra l'esperienza milanese in cui, similmente a quanto accade a Roma, si riconosce la presenza di giurenconsulti collegiati, avvocati non collegiati, causidici collegiati, causidici cooptati, i sollecitatori, oltre ai notai: così A. Padoa Schioppa, *Brevi note sull'avvocatura nell'età del diritto comune*, cit., p. 46. Per un approfondimento in merito alle categorie professionali rinvenibili a Milano nel XVIII secolo, si segnala il contributo di E. Pagano, *Avvocati ed esercizio della professione legale in Lombardia nel secondo Settecento: i causidici collegiati di Milano*, in *Riv. storia dir. it.*, 2001, v. LXXIV-LXXV, p. 355. Cfr., altresì, M.C. Zorzoli, *Alcune considerazioni sui collegi dei giuristi nella Lombardia d'antico regime*, in *Annali di storia moderna e contemporanea*, 2001, v. 7, pp. 450-475, spec. p. 470 ss.

In generale, sulla situazione delle professioni legali nell'età moderna si v. A. Padoa Schioppa, *Storia del diritto in Europa*, cit., a pp. 292 e 293, Id., *Brevi note sull'avvocatura nell'età del diritto comune*, cit., pp. 45 e 46, e R. Ferrante, *"Il governo delle cause": la professione del causidico nell'esperienza genovese (XV-XVII secolo)*, cit., spec. p. 188 ss., che essenzialmente ripropongono lo schema tracciato da De Luca, con ampi riferimenti all'opera.

Sottolinea l'ambiguità del nome di causidico G. Cosi, *L'avvocato e il suo cliente. Appunti storici e sociologici sulla professione legale*, in *Materiali per una storia della cultura giuridica*, 1986, XVI, n. 1, p. 12 ss., a p. 26: *"il nome di causidico rimane piuttosto ambiguo, indicando secondo i luoghi e i tempi così l'avvocato come il procuratore, ma più comunemente quest'ultimo"*.

[33] G.B. De Luca, *Il dottor volgare, ovvero Il compendio di tutta la legge civile, canonica, feudale e municipale*, cit., a p. 107. Cfr. altresì A. Padoa Schioppa, *Storia del diritto in Europa*, cit., a p. 292, che sottolinea un'ulteriore articolazione del *corpus* degli avvocati, diversificando gli avvocati laureati, ma non appartenenti al patriziato, dai membri dei collegi dei giuriconsulti del patriziato *"cui spettavano le funzioni – di natura giudiziaria, di consulenza, di difesa – più importanti e lucrative"*.

[34] G.B. De Luca, *Il dottor volgare, ovvero Il compendio di tutta la legge civile, canonica, feudale e municipale*, cit., a p. 106.

[35] *Ivi*, p. 108.

riori figure e ruoli, come quelle dei cc.dd. *'sollecitatori'* e *'agenti'*[36], eloquentemente definiti come *"ministri ed operai, esecutori di quello che gli venga ordinato dai principali, e respettivamente dagli avvocati, e dai procuratori, ai quali stia appoggiata la direzione e la difesa delle cause"*[37], nonché di un ampio spettro di ausiliari, nella veste di giovani praticanti o collaboratori: la c.d. *"turba inferiore de' causidici"*[38].

La distinzione tra avvocati e procuratori, che ha accompagnato, sebbene con sfaccettature lievemente diverse nei vari contesti storici e geografici, la professione legale nei secoli, si fa, tuttavia, meno assoluta allorché ci si avvicini alla storia dell'Italia preunitaria. La Penisola della Restaurazione si caratterizzava, infatti, per un mosaico di tradizioni[39]: se, in molti contesti, veniva riproposta la storica bipartizione tra avvocati e procuratori, come a Napoli[40], nello Stato Pontificio[41] e in Piemonte[42], non mancavano, tuttavia, esperienze in cui si affermava l'unità della categoria, come accadde nel Lombardo-Veneto, ove i ruoli di procuratore ed avvocato risultavano unificati, secondo il Regolamento processuale austriaco del 1815, e nel Regno delle Due Sicilie, ove le due funzioni potevano essere cumulate. Inoltre, tale suddivisione, sebben formalmente esistente, tendeva a sfumare nella prassi anche in Toscana, dove i procuratori erano abilitati anche alla difesa persino dinnanzi alla Corte di Cassazione[43]; a Sie-

---

[36] Sollecitatori e agenti insieme ad avvocati e procuratori rappresenterebbero per De Luca i quattro ordini dei causidici curiali: così G.B. De Luca, *Il dottor volgare, ovvero Il compendio di tutta la legge civile, canonica, feudale e municipale*, cit., a p. 106.

[37] G.B. De Luca, *Il dottor volgare, ovvero Il compendio di tutta la legge civile, canonica, feudale e municipale*, cit., a pp. 106 e 107.

[38] *Ivi*, p. 115.

[39] A. Padoa Schioppa, *Storia del Diritto in Europa*, cit., p. 555; P. Jannelli, *Avvocati e procuratori*, cit., spec. pp. 45 e 46.

[40] Seppur a Napoli si riconobbe la possibilità di cumulo facoltativo delle due figure: Prammatica di Ferdinando IV del 6 dicembre del 1770, completata con la successiva legge del 1817.

[41] Cfr. M. Ciani, *Storia dell'avvocatura anconitana 1860-1980*, Il lavoro, Ancona, 1999, pp. 21 e 22: *"Anzitutto era netta la distinzione fra procuratori ed avvocati, diffusa in tutta Italia e rimasta anche dopo l'unificazione"*; P. Jannelli, *Avvocati e procuratori*, cit., spec. p. 45, che sottolinea come: *"Nello Sato pontificio all'avvocato era affidata la funzione di difesa. Il procuratore era escluso dalla trattazione delle cause, non essendo che rappresentante della parte ed esecutore materiale dell'opera di difesa (Editto 17 dicembre 1838 e regolamenti complementari)"*.

[42] Leggi e Costituzioni di Carlo Emanuele III, libro III. La legge 17 aprile 1859 consentì ai procuratori di patrocinare dinnanzi a tutti i gradi di giurisdizione, fatta salva la Cassazione.

[43] *Motu proprio* 2 agosto 1858 e Rescritto 9 novembre 1858.

na[44] e nella parte fiorentina del Granducato, in certi contesti, come Pistoia, le due 'professioni' risultavano addirittura sovrapponibili[45].

Successivamente al raggiungimento dell'Unità nazionale, la differenziazione creatasi sul suolo italiano fu ricondotta ad omogeneità con la legge sull'esercizio delle professioni di Avvocato e Procuratore che vide la luce, dopo anni di discussioni parlamentari, nel 1874[46]. Al centro dell'attenzione non poteva che collocarsi la questione, consegnata dalla storia e dalla tradizione continentale, della presenza dei due rami distinti della professione, nonché le sorti da riservare alla loro perdurante distinzione, stante la forte eredità istituzionale degli Stati preunitari.

Nell'ampio spettro di soluzioni che andavano dalla riunione delle due categorie degli avvocati e dei procuratori alla loro completa separazione, la riforma del 1874 confermò la seconda opzione, propria dell'ordinamento sabaudo, riservando il ruolo della difesa agli avvocati e la rappresentanza in giudizio ai procuratori; tuttavia, evitando di avallare una posizione estrema e di tracciare netti confini, in ossequio a quelle tradizioni locali preunitarie che propendevano per la vicinanza o addirittura per l'unicità della professione[47], venne sancita la possibilità di cumulo delle due professioni[48]. Le

---

[44] F. Colao, *Procuratori e avvocati a Siena nel Settecento*, in *Studi senesi*, suppl. alla centesima annata (1988), II, pp. 630-652, spec. pp. 630-631 e p. 637 ove si legge: "*Nella prassi forense senese la distinzione tra «pratico» o «fattista», e avvocato o «teorico» o «giurista», delineata da De Luca, ma comunemente accettata in Toscana ancora nell'Ottocento, sembra risolversi in un'attività complessa per la quale il procuratore compie determinati atti davanti al giudice, ma nello stesso tempo presenta anche scritture in iure*".

[45] D. Edigati, *L'esame di accesso alla professione di procuratore e di avvocato nella Firenze leopoldina (1777-1784)*, cit., a p. 14.

[46] Legge 8 giugno 1874, n. 1938, che regola l'esercizio delle professioni di Avvocato e Procuratore, in *GU* del 15 giugno 1874, n. 141 e successivo regolamento 27 luglio 1974, n. 2012.

[47] Sul compromesso di tale soluzione, fortemente influenzata dalle tradizioni locali degli Stati preunitari v. G. Maroni, voce *Avvocato e procuratore*, in *Enciclopedia giuridica italiana*, I, parte V, Società Editrice Libraria, Milano, 1904, p. 893, che eloquentemente sottolinea come: "*La legge ha girato la posizione senza risolverla nettamente. Posta frammezzo a due correnti opposte, una perorante la distinzione assoluta, l'altra l'identificazione, la confusione dei due uffizi, la legge ha preferito un mezzo termine:* distinzione e cumulo facoltativo (...) *che a noi sembra abbia finito, come è naturale di un eclettismo impotente, col frustrare la mira già ricordata dell'*unificazione legislativa, *perché ogni regione ha conservato quel sistema che aveva per lo più innanzi; tanto che in pratica vediamo che in Lombardia rarissimo è il caso di vedere la distinzione e nel Piemonte è sempre rarissimo il caso del cumulo; ciò vuol dire che la legge ha lasciato il tempo che ha trovato. Ci si dirà, prevediamo, che questo rispetto della tradizione regionale sia stato saggio; e non lo neghiamo, ma non è men vero sia da deplorare la timidezza che l'ha ispirato, mentre era ed è vieppiù necessario giungere ad un momento in cui da Milano a Torino non si faccia un salto così brusco nella consuetudine forense*". Sottolinea come la scelta del cumulo delle professioni fosse da considerarsi la cartina al tornasole di quanto "*forti fossero spinte localistiche e deboli istanze di nazionalizzazione effettiva*" anche M. Santoro, *Le trasformazioni del campo giuridico*, cit., spec. p. 88.

professioni di procuratore ed avvocato potevano, infatti, ben coesistere nella medesima persona, in presenza del possesso dei requisiti stabiliti dalla legge per entrambe le professioni e la contestuale iscrizione ad ambo gli albi, salvo l'impossibilità per il professionista di percepire un doppio onorario per il medesimo incarico[49]. La distinzione rimase, tuttavia, particolarmente netta con riferimento ai requisiti di istruzione ed al diverso percorso di ammissione: per accedere all'avvocatura era richiesta la laurea in giurisprudenza, data o confermata in una delle Università italiane, successivamente lo svolgimento di un biennio di pratica presso lo studio di un avvocato, la contemporanea partecipazione a udienze civili e penali, nonché il superamento di un esame teorico-pratico, orale e scritto (art. 8). Agli aspiranti procuratori, invece, era imposto il superamento di alcuni esami nelle discipline fondamentali (diritto civile e penale, diritto processuale civile e penale, diritto commerciale), lo svolgimento di un praticantato biennale presso un procuratore esercente, anche in concomitanza con gli ultimi due anni di studio e, infine, il superamento dell'esame teorico-pratico (art. 39). La legge professionale del 1874 imponeva, inoltre, una significativa limitazione territoriale e di competenza per l'attività dei procuratori, i quali erano autorizzati ad esercitare esclusivamente presso il Tribunale e la corte di appello ove risiedevano; tale limite non esisteva per gli avvocati, che oltre a poter espletare le proprie funzioni in qualsiasi luogo, erano altresì ammessi dinnanzi alle giurisdizioni superiori. Nel testo della legge non erano, invece, rintracciabili indicazioni espresse ed organiche circa le funzioni che dovevano continuare a caratterizzare e di-

---

Si v., inoltre, A. Bianchi, *Sull'esercizio delle professioni di avvocato e procuratore. Testo e commento della legge n. 1938, 8 giugno 1874 e del regolamento n. 2012, 26 giugno 1874,* in *Raccolta delle leggi speciali e convenzionali internazionali del Regno d'Italia*, v. II, serie VI, Unione Tip. Ed., Torino, 1886, p. 57 ss.

[48] Tale principio era stato sostenuto, per la prima volta, in sede di approvazione del disegno di legge "*Esercizio della professione di avvocato e procuratore*" nel 1868: cfr. ASR, Leg. X, sess. 1867-1869, Doc., S. n. 3-A, approvato il 19 febbraio 1868 (C. n. 190). Per un'accurata ricostruzione storica dell'affermazione in sede politica di tale principio, si rimanda, su tutti, a F. Tacchi, *Gli avvocati italiani dall'Unità alla Repubblica*, Il Mulino, Bologna, 2002, p. 51 ss. Il tema del cumulo era stato discusso anche durante il primo congresso giuridico italiano (Roma, 1871): cfr. M. Ciani, *Storia dell'avvocatura anconitana 1860-1980*, cit., p. 32 ss. Si v., inoltre, A. Bianchi, *Sull'esercizio delle professioni di avvocato e procuratore. Testo e commento della legge n. 1938, 8 giugno 1874 e del regolamento n. 2012, 26 giugno 1874,* cit., spec. p. 65 ss.; G. Alpa (a cura di), *Atti del primo Congresso giuridico italiano (25 novembre - 8 dicembre 1872)*, Il Mulino, Bologna, 2006.

[49] Art. 2 legge 8 giugno 1874, n. 1938: "*Le due professioni sono distinte, ma possono esercitarsi cumulativamente da chi abbia i requisiti stabiliti dalle leggi tanto per l'una quanto per l'altra, ed adempia agli obblighi che incombono per entrambe.*

Cumulando le due professioni nella stessa causa, non si può esigere che l'onorario di avvocato o di procuratore, secondo la natura dell'atto"; in dottrina si v. A. Meniconi, *La «maschia avvocatura». Istituzioni e professione forense in epoca fascista (1922-1943)*, Il Mulino, Bologna, 2006, spec. p. 112 ss.; M. Malatesta, *Professionisti e gentiluomini*, cit.

versificare le due professioni [50]. Da un lato, le difficoltà interpretative che nascevano nel tentativo di lettura e coordinamento delle prescrizioni legislative sui distinti ruoli di avvocati e procuratori, sparse fra codici e leggi speciali, imponevano alla Cassazione di pronunciarsi spesso in tale ambito [51]; dall'altro lato, nella pratica, la distinzione stessa tra le due professioni si assottigliava, divenendo talvolta quasi impercettibile [52].

Gli anni fascisti andarono ad enfatizzare la vicinanza tra le due professioni. In primo luogo, la legge del 1926 [53] attenuò la marcata discrepanza nella formazione – dotta ed accademica per gli avvocati, eminentemente pratica per i procuratori – estendendo anche a quest'ultimi il requisito del possesso della laurea. La laurea in giurisprudenza unitamente ad un successivo periodo di pratica biennale divennero, infatti, requisiti imprescindibili per accedere al concorso annuale di accesso alla professione [54]. L'intervento legislativo del 1933 [55] si spinse oltre, collegando tra loro i due rami della professione sulla base di un criterio di propedeuticità: se all'avvocato era consentita l'iscrizione di diritto nell'albo dei procuratori (art. 26), i procuratori potevano divenire avvocati dopo aver esercitato "lode-

---

[50] V. M. Santoro, *Le trasformazioni del campo giuridico*, cit., pp. 88 e 89, che sottolinea come non fossero definite nella legge la natura e funzioni delle due professioni, con la conseguenza che *"era così ignorata dalla legge quella che per molti costituiva l'essenza stessa della professione di avvocato, quella funzione di consulenza esperta intorno alla quale si era costituita la gloriosa figura del giureconsulto"*.

[51] Per una puntuale analisi delle stesse, si rinvia, su tutti, a F. Tacchi, *Gli avvocati italiani dall'Unità alla Repubblica*, cit., p. 50 ss.

[52] In questo senso, v. F. Tacchi, *Gli avvocati italiani dall'Unità alla Repubblica*, cit., p. 51 ss.

[53] Legge 25 marzo 1926, n. 453, sull'Ordinamento delle professioni di avvocato e di procuratore, in *GU* del 25 marzo 1926, n. 70.

[54] La legge del 1926 prevedeva, infatti, quale accesso alla professione di procuratore il superamento di un concorso bandito annualmente e per un numero di posti limitato, fissato dal Ministro guardasigilli per ciascun distretto di corte di appello. P. Jannelli, *Avvocati e procuratori*, cit., spec. p. 47: l'A. sottolinea come il nuovo percorso formativo previsto per i procuratori fosse necessario sia per assicurarne l'occorrente capacità nell'esercizio delle funzioni sia per innalzare il prestigio dell'intera categoria.

[55] R.d.l. 27 novembre 1933, n. 1578, Ordinamento delle professioni di avvocato e di procuratore, in *GU* del 5 dicembre 1933, n. 281 convertito in legge 22 gennaio 1934, n. 36: il nuovo intervento legislativo, di pochi anni successivo alla precedente legge professionale, si era reso necessario non solo per bilanciare i rapporti tra Ordine e sindacato in favore di quest'ultimo, ma altresì per risolvere altre questioni concrete, ed in particolare: *"L'osservanza rigorosa del principio di separazione delle due professioni, che hanno invece manifeste interferenze; le limitazioni imposte all'attività dei procuratori, la disciplina della pratica forense, non del tutto soddisfacente ai fini di una completa preparazione professionale; l'impronta di assoluta restrizione da cui appariva regolata l'ammissione all'esercizio professionale, e che si rifletteva nell'applicazione delle relative norme, la sopravvivenza degli Ordini e dei Collegi – questi ultimi forniti anche di personalità giuridica – non compatibile con l'organizzazione sindacale, sempre più progrediente, delle libere professioni (...)"*: così De Francisci, Camera dei Deputati, Ordinamento delle professioni di avvocato, Colombo, Roma, 1934, pp. 15 e 16: In dottrina si v., F. Tacchi, *Gli avvocati italiani dall'Unità alla Repubblica*, cit., p. 473.

volmente" per sei anni la propria professione o aver superato l'Esame di Stato al termine di un biennio di attività (art. 27)[56]. Di fatto, nella maggior parte dei casi, l'esercizio dell'attività come procuratore si traduceva nel primo gradino da affrontare per ascendere alla più nobile professione di avvocato[57]. Caddero, dunque, per il procuratore talune delle limitazioni di competenza e territoriali, che ne avevano segnato le funzioni negli anni precedenti, potendo essi patrocinare dinnanzi alla corte di appello, alle sezioni distaccate e a tutti i tribunali e alle preture del distretto di appartenenza, oltre che nei procedimenti penali[58] (cfr. artt. 5 e 6)[59]. L'avvicinamento delle due professioni legali fu rafforzato ulteriormente nel 1994,

---

[56] Sulle difficoltà che caratterizzavano l'esame di Stato si rinvia a F. Tacchi, *Gli avvocati italiani dall'Unità alla Repubblica*, cit., pp. 474 e 475.

[57] M. Santoro, *Le trasformazioni del campo giuridico*, cit., p. 127; cfr., altresì, P. Jannelli, *Avvocati e procuratori*, cit., spec. p. 52: in particolare, l'A. sottolinea come il nuovo sistema, pur mantenendo la distinzione delle professioni di avvocato e procuratore, si accosti sotto molti profili a quello dell'unificazione, in quanto *"oltre ad ammettere l'esercizio cumulativo delle due professioni, considera anche l'abilitazione alle funzioni di avvocato una normale progressione dell'ufficio del procuratore"*. Definisce questa nuova disciplina come *"la riforma più radicale della nuova legge"*, A. Ascoli, *Ordinamento delle professioni forensi*, in *Riv. dir. civ.*, 1933, spec. p. 600, sottolineando che: *"Le due professioni seguitano, è vero, ad essere distinte, ma poiché, salvo il caso dei funzionari od ex funzionari (...) non si può divenire avvocati se non si è già esercitata la professione di procuratore, è chiaro che la professione di procuratore è divenuta ormai il primo gradino per salire a quella di avvocato. I due albi sono divenuti reciprocamente permeabili. Tutti i procuratori possono divenire avvocati, per semplice anzianità di 6 anni di esercizio o a seguito di esame di Stato dopo 2 soli anni; tutti gli avvocati possono diventare procuratori; né si diventa più avvocati se non attraverso l'esercizio della professione di procuratore, salvo il caso eccezionale degli ex magistrati o avvocati di Stato e dei professori di Università. Evidentemente dunque non ostante che sia ancora proclamata la distinzione delle due professioni, il nuovo sistema tende alla fusione"*. L'A. ritiene sintomatiche della tendenza unificatrice immanente alla legge del 1933 anche il ravvicinamento delle prove di esame di avvocato e procuratore, con l'aggiunta per questi ultimi della prova scritta di diritto e procedura penale (art. 20), in precedenza richiesta solo agli aspiranti avvocati (art. 13 della legge del 1926); nonché il riconoscimento, a seguito dell'abolizione dei collegi di avvocati e di procuratori, di un solo Sindacato degli avvocati e dei procuratori e di un Direttorio unico.

[58] In particolare, i procuratori potevano rappresentare la parte civile nei giudizi penali dinnanzi al tribunale, alla corte di appello e alla corte di assise; potevano, inoltre, difendere l'imputato davanti ai tribunali del distretto della corte di appello e alle sezioni distaccate, nel quale è compreso il tribunale a cui erano stati assegnati (art. 6).

[59] Sottolinea la rilevanza di tali disposizioni P. Jannelli, *Avvocati e procuratori*, cit., p. 53: *"Non può sfuggire l'importanza di queste innovazioni. Esse hanno mutato il sistema tradizionale per quanto riguarda la competenza territoriale dei procuratori, la quale, così per la legge del 1874 come per quella del 1926, era limitata alla circoscrizione del tribunale presso il quale i detti professionisti erano iscritti, ed hanno esteso a tutti i procuratori del distretto la facoltà, prima riservata a quelli esercenti presso il tribunale della sede della Corte d'Appello, di esercitare davanti alla Corte medesima"*. Per gli avvocati, invece, la Legge del '33 riafferma la loro generale competenza a patrocinare dinnanzi a tutti i tribunali, le corti di appello e le preture del Regno (art. 4).

con la parificazione delle tariffe di avvocati e procuratori [60]. Si deve, tuttavia, attendere la fine degli anni Novanta per assistere alla definitiva unificazione dei due rami della professione legale, tramite la soppressione dell'albo dei procuratori e la contestuale iscrizione d'ufficio di tutti i procuratori nell'albo degli avvocati, ad opera della legge 24 febbraio 1997, n. 27 [61]. Con tale intervento legislativo si codificò la situazione di fatto esistente, senza strappi o rotture: l'unificazione della professione passò dall'informale al formale [62] e così ancor oggi si presenta.

3. *L'affermazione del* Rechtsanwalt *nell'ordinamento tedesco*

I professionisti legali che operavano negli Stati di lingua tedesca hanno conosciuto un destino molto simile a quello dei colleghi italiani, anticipandone l'epilogo: la riunificazione in una sola figura, quella del *Rechtsanwalt*, della funzione di rappresentanza e difesa, avvenuta a partire dal Settecento, ha costituito, infatti, il punto di approdo della storia dell'avvocatura tedesca, inizialmente connotata, sebbene con sfaccettature diverse a seconda dei tempi e luoghi di riferimento, dal consueto dualismo *Advokatur/Prokuratur*. Tale divisione, ereditata dai precetti romani del diritto canonico e confermata dal diritto comune [63], vedeva, nella maggior parte dei casi e degli stati, il *Prokuratur* autorizzato ad apparire in giudizio e a perorare la causa, e l'*Advokatur* dedito ad offrire pareri legali ed a strutturare le argomentazioni giuridiche a sostegno delle richieste della parte. Sebbene con notevoli differenze fra le varie realtà statali, le credenziali formative e l'organizzazione delle due professioni risultavano diversificate. Se la necessità di confrontarsi con il diritto dotto dei testi romani imponeva all'avvocato il possesso di un'istruzione adeguata maturata a livello universitario, ciò non era richiesto al procuratore, per il quale una preparazione pratica, conseguita con l'apprendistato, si rivelava sufficiente al fine di rappresentare le ragioni del cliente in giudizio sulla base delle argomentazioni offerte dall'avvocato. Il *Prokuratur* doveva, tuttavia, confrontarsi con il fatto che solo un numero limitato di professionisti, deter-

---

[60] D.m. 5 ottobre 1994, n. 585, in *GU* del 21 ottobre 1994, n. 247.

[61] Legge 24 febbraio 1997, n. 27, in *GU* del 27 febbraio 1997, n. 48.

[62] In questi termini si rinvia anche M. Malatesta, *Professionisti e gentiluomini*, cit.

[63] Così K.F. Ledford, *From General Estate to Special Interest, German Lawyers 1878-1993*, Cambridge University Press, Cambridge, 1996, p. 29; J.L. Halperin, *Avocats et notaires en Europe: les professions judiciaires et juridiques dans l'histoire contemporaine*, L.G.D.J, Paris, 1996, spec. p. 29; H. Huffmann, *Geschichte der rheinischen Rechtsanwaltschaft*, Bohlau, Köln-Wien, 1969, pp. 12 e 13, F. Ostler, *Die deutschen Rechtsanwälte 1871-1971*, Juristischer Verlag W. Ellinghaus, Essen, 1971, p. 5; A. Weißler, *Geschichte der Rechtsanwaltschaft*, C.E. M. Pfeffer, Leipzig, 1905, spec. pp. 110-21, 168-179.

minato dalla corte di appartenenza o a livello ministeriale, risultava ammesso alla pratica (*numerus clausus*). Tale restrizione non vigeva per gli avvocati i quali, se in possesso delle adeguate credenziali di istruzione, potevano svolgere la professione liberamente ed in competizione fra loro [64]. Il distinto grado di formazione, così come il diverso ruolo ricoperto, comportavano anche la consueta differenziazione a livello di *status*: i procuratori, infatti, godevano di un minor prestigio sociale rispetto agli avvocati. La fisionomia della professione, così come tratteggiata, mutò nel corso del Settecento, in parte sulla spinta degli interventi statali volti ad arginare, tramite misure restrittive, la cattiva fama e il discredito pubblico in cui la professione forense iniziava a versare. In Prussia, ad esempio, i drastici interventi di Federico Guglielmo I comportarono la riduzione del numero di avvocati [65], la decurtazione degli onorari e l'imposizione di un sistema formativo basato su esami statali [66]. È in tale perdurante contesto di ostilità verso la categoria forense che la distinzione tra procuratori e avvocati iniziò a vacillare [67], sino alla definitiva ed ufficiale eliminazione della figura del *Prokuratur*, avvenuta per opera del *Codex Fridericianus Marchicus* nel 1748 [68], emanato sotto il dominio del sovrano 'illuminato' Federico II.

---

[64] Sul punto si rinvia a K.F. Ledford, *From General Estate to Special Interest, German Lawyers 1878-1993*, cit., pp. 30 e 31, che giustifica tale differenza in questi termini: "*This fixed number of procurators followed from the notion, with deep roots in the Germanic institution of lay pleader, that pleading before the court was a judicial office, whereas the role of advocate, analysis of the substantive law and preparation of pleadings, was not an official function but rather a private service with which the court did not have to concern itself*". Cfr., altresì, A. Weißler, *Geschichte der Rechtsanwaltschaft*, cit., p. 296 ss.

[65] C. Grahl, *Die Abschaffung der Advokatur unter Friedrich dem Grossen: Prozessbetrieb und Parteibeistand im preussischen Zivilgerichtsverfahren bis zum Ende des 18. Jahrhunderts unter besonderer Berücksichtigung der Materialien zum Corpus Juris Fridericianum von 1781*, Wallstein, Gottingen, 1994, p. 29.

[66] Per un approfondimento sulle riforme avviate da Federico Guglielmo I si rinvia a K.F. Ledford, *From General Estate to Special Interest, German Lawyers 1878-1993*, cit., p. 31 ss.

[67] Invero, con una ordinanza del 16 aprile 1725, emanata con l'intento di accelerare i processi, i procuratori furono di fatto privati della possibilità di comparire in giudizio, con conseguente passaggio in capo agli avvocati del potere di rappresentanza della parte, sebbene l'ufficio del procuratore continuasse formalmente ad esistere: così K. Muscheler, *Die Anwaltschaft in der preußischen Rechtsgeschichte*, Hagen 06. Mai 2009, https://www.ruhr-uni-bochum.de/ls-muscheler/downloads/seminar09/Lukas_Gruszewicz_Die_Anwaltschaft_in_der_preussischen_Rechtsgeschichte.pdf.

[68] In realtà la figura del *Prokurator* era stata formalmente abolita nel 1738, ma successivamente reintegrata nel sistema giuridico. Cfr. K.F. Ledford, *From General Estate to Special Interest, German Lawyers 1878-1993*, cit., pp. 30 e 31; A.W. Wiedemann, *Preußische Justizreformen und die Entwicklung zum Anwaltsnotariat in Altpreußen (1700-1849)*, Verlag Dr.Otto Schmidt, Köln, 2003, p. 13. Sul progetto del *Codex Fridericianus Marchicus*, si rinvia, su tutti, a H. Mohnhaupt, *Das* «Project des Codicis Fridericiani Marchici» *von 1748. Samuel von Coccejid Prozeßgesetz*, in N. Picardi, B. Sassani e F. Treggiari (a cura di), *Diritto e processo. Studi in memoria di Alessandro Giuliani*, Edizioni Scientifiche Italiane, Napoli, 2001, v. III, p. 447 ss. Tale *Codex* fu elaborato essenzialmente grazie all'opera di Samuel von Cocceij,

Alla fine del Settecento si registrarono, inoltre, i primi tentativi di asservimento del ceto forense allo Stato e alla magistratura, come testimonia l'estremo tentativo operato dal Ministro di giustizia Johann Heinrich Casimir von Carmer di sostituire gli avvocati con gli *Assistenzrat*, funzionari statali che entravano nel processo non più come difensori di parte, bensì come ausiliari del giudice con il primario compito di coadiuvare la corte nella ricerca della verità, in un processo che assumeva tratti sempre più inquisitori [69]. Tali funzionari, stipendiati dallo Stato, venivano scelti ed assegnati d'ufficio alle parti [70]. Al di fuori del processo, gli avvocati, che continuavano ad occuparsi di questioni giuridiche non sottoposte al contenzioso e all'elaborazione di pareri legali, presero la qualifica di *Justizkommissar* [71]. Tale parentesi fu breve: l'*Allgemeine Gerichtsordnung* del 1793 [72] ripristinò di fatto il ruolo dell'avvocatura, consentendo ai *Justizkommissar* di rappresentare le parti in giudizio e di esercitare tutte le funzioni da sempre riservate al ceto forense [73] ed abolendo gli *Assistenzrates*. Sebbene il professionista le-

---

che pose, a fondamento del progetto, le nuove idee giusnaturalistiche; per un approfondimento sulle riforme amministrative e giudiziarie di Cocceji e sul pensiero processuale che vi è alla base, si rinvia a S. Cocceji, *Novum systema iustitiae naturalis et romanae*, Halae, 1740, 667 ss. *(De processu naturali inter privatos)*. In dottrina v. H. Rosenberg, *Bureaucracy, Aristocracy, Autocracy. The Prussian Experience, 1660-1815*, Harvard University Press, Harvard, 1958, pp. 123-136; H.C. Johnson, *Frederick the Great and His Officials*, Yale University Press, New Haven, 1975, pp. 106-133.

[69] H. Siegrist, *Public Office or Free Profession? German Attorneys in the Nineteenth and Early Twentieth Centuries*, in G. Cocks e K.H. Jarausch (ed.), *German Professions, 1800-1950*, Oxford University Press, New York-Oxford, 1990, spec. p. 48.

[70] E. Dohring, *Geschichte der deutschen Rechtspflege*, Duncker & Humblot, Berlino, 1953, p. 114. V., altresì, A. Weißler, *Geschichte der Rechtsanwaltschaft*, cit., p. 353, che sottolinea come *"So war denn in Preussen di Advokatur verstaatlicht. Rechtsrat und Rechtsbeistand hat der Bürger nicht mehr bei einem freigewählten Vertrauensmanne, sondern bei dem ihm vom Staate angewiesenen Beamten zu suchen"*; e K.F. Ledford, *From General Estate to Special Interest, German Lawyers 1878-1993*, cit., p. 33, secondo cui: *"Prussia, then, this radical reform abolished the free profession of lawyer and replaced it with a category of state officials; indeed, this measure reduced the representation of parties to an auxiliary function of the judiciary. Parties possessed no influence in the selection of the assistance counsellor; instead, the court assigned one"*.

[71] *Verordnung* 18 dicembre 1780. V.A. Weißler, *Geschichte der Rechtsanwaltschaft*, cit., p. 353; K. Muscheler, *Die Anwaltschaft in der preußischen Rechtsgeschichte*, cit., spec. p. 13; A.W. Wiedemann, *Preußische Justizreformen und die Entwicklung zum Anwaltsnotariat in Altpreußen*, cit., p. 113. Sul riconoscimento ai *Justizkommissaren* nel 1782 di un limitato potere di rappresentanza in tribunale: K. Muscheler, *Die Anwaltschaft in der preußischen Rechtsgeschichte*, cit., spec. p. 14.

[72] *Allgemeine Gerichtsordnung fuïr die preußischen Staaten* (AGO).

[73] Così K.F. Ledford, *From General Estate to Special Interest, German Lawyers 1878-1993*, cit., p. 34; A. Brix, *Organisation der Advokatur in Preufien, Osterreich, Sachsen, Oldenburg, Braunschweig, Baden, Wurttemberg, Mecklenburg-Schwerin und Strelitz, Schweiz, Frankreich und England: nebst einer Einleitung, quellenmdfiig dargestellt*, Braumüller, Vienna, 1868, p. 6 ss.; R. Gneist, *Freie Advocatur. Die erste Forderung aller Justizreform in Preußen*, Springer Berlin Heidelberg, Berlino, 1867, p. 11 ss.

gale fosse tornato ad essere l'uomo di fiducia del cliente, che rappresentava e difendeva proteggendone gli interessi, e da questi, e non più dallo Stato, veniva remunerato, egli continuava, comunque, a vantare uno *status* molto simile a quello del pubblico funzionario [74], decretando quella vicinanza della professione allo Stato che da sempre caratterizza l'esperienza tedesca. Nella prima metà dell'Ottocento, la professione forense aveva assunto un assetto unitario non solo in Prussia, ma anche in Sassonia [75], Austria e in alcuni Stati della Turingia, ove la figura del procuratore aveva smesso di esistere. Per contro in altre realtà territoriali la tradizionale distinzione tra avvocati e procuratori continuava a sussistere. Nella Renania prussiana al fianco di avvocati, dotati di una formazione universitaria e pratica, coesistevano gli *Advokatanwälte*, nominati in numero fisso e chiuso, e a cui veniva riservata la difesa in tribunale [76]. Infine, la figura dei *Justizkommissar* era ancora individuabile nella Frisia Orientale, in Hannover [77]. In generale, il ceto forense continuava ad essere asservito allo Stato e, per certi versi, anche alla magistratura: gli avvocati godevano di uno *status* impiegatizio che imponeva la loro obbedienza al Governo, erano nella maggior par-

---

[74] Tale contraddizione è sottolineata da M. Malatesta, *Professionisti e gentiluomini*, cit., spec. p. 56. In termini simili v. K.F. Ledford, *From General Estate to Special Interest, German Lawyers 1878-1993*, cit., p. 34, secondo cui: *"Although lawyers now received remuneration by fees rather than a fixed salary, and the choice of a representative was returned to the party, in the public mind the close relation to the state apparatus was apparent; if not actually state officials, the justice commissars were clearly stateo fficial-like"*. Cfr., altresì, H. Siegrist, *Public Office or Free Profession? German Attorneys in the Nineteenth and Early Twentieth Centuries*, cit., spec. p. 48.

[75] In Sassonia la fusione tra le due professioni avvenne nel 1776: così L. Halperin, *Avocats et notaires en Europe: les professions judiciaires et juridiques dans l'histoire contemporaine*, cit., p. 30.

[76] J.L. Halperin, *Avocats et notaires en Europe: les professions judiciaires et juridiques dans l'histoire contemporaine*, cit., spec. p. 30: *"La Rhénanie, après avoir connu la dualité* Advokatur/Prokuratur, *avait subi l'influence française pendant la période napoléonienne. De 1798 à 1813 avait été appliqué le système français avec l'introduction de la dualité entre avoués et avocats. En 1813, les coalisés avaient imposé la "germanisation" de l'avoué en* Anwalt. *Puis, en 1819-1820, avait l'été mis en vigueur dans la Prusse rhénane le système de l'*Advokatanwalt*: les* Advokatanwälte, *en nombre limité, étaient des sortes d'avocats-avoués attachés à un tribunal dont l'assistance était obligatoire pour représenter les parties et plaider au civil; les "simple" avocats (*Nur-Advokat*) ne pouvaient se présenter devant le tribunal civil qu'avec l'autorisation d'un* Advokatanwalt *mais pouvaient plaider devant les tribunaux criminels, les justice de paix et les juridictions commerciales. Les* Advokatanwälte *étaient recrutés parmi les avocats et nommés par le ministre de la Justice: ils étaient considérés comme des fonctionnaires"*.

[77] Sulla ricostruzione di tale quadro variegato della professione forense nella prima metà del XIX secolo si rinvia a A. Weißler, *Geschichte der Rechtsanwaltschaft*, cit., p. 424 ss. e K.F. Ledford, *From General Estate to Special Interest, German Lawyers 1878-1993*, cit., p. 35. Con particolare riferimento alla realtà di Hannover si rimanda, altresì, a G.W. Freudentheil, *Zur Geschichte des Advocatenstandes des Königreichs Hannover bis zum Jahre 1837* , Stade, A. Pockwitz, 1903. Si rinvia, altresì, a J.L. Halperin, *Avocats et notaires en Europe: les professions judiciaires et juridiques dans l'histoire contemporaine*, cit., spec. p. 29.

te dei luoghi soggetti al numero chiuso e costretti da un vincolo di territorialità, che consentiva loro l'esercizio dell'attività legale solo presso la corte ove avevano ottenuto l'ammissione e, infine, le tariffe erano quasi ovunque determinate a livello statale. Pur condividendo il percorso formativo con i giudici, essendo ad entrambi richiesto il possesso di un'istruzione universitaria, lo svolgimento di un periodo di pratica e il positivo esito di due esami, gli avvocati continuavano ad occupare un gradino inferiore nella gerarchia del pubblico impiego ed erano spesso sottoposti al controllo della magistratura [78].

La reputazione degli avvocati e la loro rilevanza nel processo erano, tuttavia, destinate ad accrescersi nel corso dell'Ottocento. L'introduzione della procedura orale sulla falsariga del modello francese, insistentemente auspicata dall'avvocatura nel periodo rivoluzionario, non fece altro che aumentare il peso della funzione di difesa e di rappresentanza esercitata degli avvocati all'interno del processo [79], decretando, per converso, la graduale e definitiva eliminazione del *Prokuratur*, laddove tale figura risultava ancora presente [80]. La lotta per instaurare una *'Freie Advokatur'*, sottraendo il professionista forense dal ruolo impiegatizio che gli era proprio, riconoscendogli, per contro, l'indipendenza dinnanzi al potere esecutivo e giudiziario e un ruolo fondamentale nell'amministrazione della giustizia e nella tutela del bene pubblico, caratterizzò la seconda metà dell'Ottocento e vide il suo culmine nell'emanazione della legge professionale del 1878 [81]. Tale legge, estesa a tutto il territorio nazionale, attribuì un assetto unitario all'avvocatura tedesca [82], istituendo la figura unica del *Rech-*

---

[78] *"Oversight and discipline of lawyers rested with the courts, usually the superior courts, and lower-ranked clerks investigated alleged infractions, an affront to the dignity of the university-trained lawyers"*: così F. Ledford, *From General Estate to Special Interest, German Lawyers 1878-1993*, cit., p. 36. Il controllo della magistratura era radicato, inoltre, nell'arbitrario potere dei giudici di ridurre d'ufficio i compensi richiesti dagli avvocati: *"The income of lawyers was adequate but not extremely high and always subject to arbitrary reduction by the courts"* (Id., *From General Estate to Special Interest, German Lawyers 1878-1993*, cit., p. 36). Cfr. M. Malatesta, *Professionisti e gentiluomini*, cit., spec. p. 56; A. Padoa Schioppa, *Storia del diritto in Europa*, cit., spec. p. 554; H. Siegrist, *Public Office or Free Profession? German Attorneys in the Nineteenth and Early Twentieth Centuries*, cit., spec. p. 48.

[79] V. K.F. Ledford, *From General Estate to Special Interest, German Lawyers 1878-1993*, cit., p. 36, che sottolinea come *"Mandatory representation by a lawyer thus was seen as a necessary concomitant of oral civil procedure based upon the French model"*.

[80] Così M. Malatesta, *Professionisti e gentiluomini*, cit., p. 56; L. Halperin, *Avocats et notaires en Europe: les professions judiciaires et juridiques dans l'histoire contemporaine*, L.G.D.J, Paris, 1996, spec. pp. 30 e 31.

[81] Legge 1 luglio 1878, *Rechtsanwaltsordnung* (RAO), in *RGBl.* 1878, S. 177-198.

[82] V. M. Malatesta, *Professionisti e gentiluomini*, cit., pp. 56 e 57, che sottolinea come *"l'assetto unitario della professione forense tedesca non è stato più messo in discussione dall'Impero guglielmino alla nuova Germania unita. Esso ha costituito uno dei punti essenziali della modernizzazione dell'avvocatura germanica che neppure il terzo Reich modi-*

tsanwalt, nelle cui mani vennero ufficialmente unificate le funzioni di rappresentanza e di difesa [83], da esercitarsi in regime di monopolio quasi totale e secondo le regole della libera professione [84]. Tuttavia, il principio di localizzazione rimase intatto [85]: l'avvocato poteva esercitare la propria attività solo nell'ambito di giurisdizione della corte alla quale apparteneva, con la quale formava un'unità [86]. Il sistema delle corti si strutturava su vari livelli [87], prevedendo l'esistenza di corti distrettuali, ove venivano trattate cause civili di modico valore dinnanzi ad un giudice unico [88], di corti regionali, destinatarie delle controversie civili di valore superiore a 300 marchi, nonché dei giudizi in appello delle sentenze delle corti distrettuali [89], di superiori regionali, destinatarie dei giudizi di secondo grado rispetto alle pronunce emesse dalle corti regionali [90] e della corte federale di giustizia [91]. Dinnanzi alle corti regionali e a quelle superiori regionali, ove operavano giudici collegiali, venivano trattate anche le cause penali e per tale ragione le corti erano divise, rispettivamente, in due camere e in due senati [92]. Gli avvocati che esercitavano dinnanzi alle corti distrettuali, ove

---

ficò. Quest'unità ha impedito che all'interno della professione forense si creassero differenze di status e di funzioni analoghe a quelle rinvenibili nella professione forense francese ed inglese".

[83] A. Weißler, *Geschichte der Rechtsanwaltschaft*, cit., p. 597.

[84] Così M. Malatesta, *Professionisti e gentiluomini*, cit., p. 56; A. Padoa Schioppa, *Storia del diritto in Europa*, cit., spec. p. 555.

[85] Alla base di tale scelta il tentativo di garantire il funzionamento del sistema giudiziario: *"In view of existing compulsory representation by attorneys, their continued presence at court was believed to be essential for a quick and efficient litigation"* (in questi termini H. Siegrist, *Public Office or Free Profession? German Attorneys in the Nineteenth and Early Twentieth Centuries*, cit., p. 53).

[86] *Motive zum Entwurf einer Anwaltsordnung*, in *JW*, 1878, p. 38: *"For the conduct of a lawsuit, the bench and bar form, as it were, a unit, a homogeneous whole"*; negli stessi termini v., su tutti, K.F. Ledford, *From General Estate to Special Interest, German Lawyers 1878-1993*, cit., p. 79; M. Malatesta, *Professionisti e gentiluomini*, cit., p. 57. Di norma l'avvocato doveva anche stabilire la propria residenza nel circondariato della corte di appartenenza: cfr. §§ 8 e 18 RAO.

[87] Cfr. *Gerichtsverfassungsgesetz in der Fassung der Bekanntmachung* (GVG), 9 maggio 1975, e, in particolare, per ciò che qui rileva § 12: *"Ordinary jurisdiction shall be exercised by Local Courts (Amtsgerichte), Regional Courts (Landgerichte), Higher Regional Courts (Oberlandesgerichte) and by the Federal Court of Justice (Bundesgerichtshof, the highest federal court for the area of ordinary jurisdiction)"*.

[88] § 22 ss. GVG.

[89] § 59 ss. GVG.

[90] § 115 ss. GVG.

[91] § 123 ss. GVG.

[92] Per i processi penali di particolare gravità, che si svolgevano dinnanzi alle corti regionali, era operante l'istituto della giuria: i tre magistrati venivano coadiuvati da dodici giurati (§§ 79 e 81 ss. GVG). Sul punto cfr. K.F. Ledford, *From General Estate to Special Interest, German Lawyers 1878-1993*, cit., p. 75.

peraltro l'assistenza del professionista forense non era obbligatoria, non potevano operare nelle corti superiori né nei giudizi di appello né nei giudizi in primo grado nelle materie di competenza diretta di tale organo giurisdizionale. Agli avvocati ammessi a patrocinare dinnanzi alle corti regionali era consentito, per contro, esercitare la professione dinnanzi alle corti inferiori, ma ad essi veniva interdetto l'accesso alle corti superiori regionali [93].

Tali limitazioni territoriali non potevano che implicare una differenziazione di *status* all'interno del corpo formalmente unitario dell'avvocatura, creando una stratificazione, anche dal punto di vista gerarchico, tra gli avvocati che operavano nei tre diversi livelli del sistema giudiziario. Peraltro, gli avvocati distrettuali subivano una forte concorrenza non solo da parte dei professionisti legali patrocinanti dinnanzi alle corti superiori, ma potenzialmente anche delle parti stesse, che potevano scegliere di affrontare il giudizio senza farsi rappresentare da alcun professionista forense, nonché dei vari consulenti legali che intervenivano nei procedimenti, coadiuvando le parti, nonostante fossero privi delle credenziali formative idonee per poter fregiarsi del titolo di avvocati (i cc.dd. *Rechts-konsulenten* e *Prozessagenten*) [94]. La possibilità di ottenere l'ammissione simultanea alla corte distrettuale e alla corte superiore di riferimento [95] non si era rivelata, inizialmente, una soluzione dirimente

---

[93] Cfr., tuttavia, K.F. Ledford, *From General Estate to Special Interest, German Lawyers 1878-1993*, cit., pp. 79 e 80, nota 69, che specifica come *"District court lawyers could appear in criminal cases in any court in the empire except for the imperial supreme court and in civil cases before superior courts only as Beistande (who could appear in court in a cause and address the court only in the presence of their client; any person competent to sue and be sued could act as a Beistand) rather than full representatives (§26); they could appear in superior court civil cases as plenipotentiary representative Prozejibevollmdchtigter), but only if a lawyer admitted to the court was retained and deputized the first lawyer to argue the case before the superior court (§27)"*.

[94] V. K.F. Ledford, *From General Estate to Special Interest, German Lawyers 1878-1993*, cit., p. 80, che sottolinea come: *"In addition to competition from superior court lawyers, district court lawyers faced competition from non legally trained lay practitioners, derogatorily referred to as 'etty-foggers' or 'shysters.' While the economic competition was no doubt real, the greater grievance of district court lawyers involved status. They felt professionally demeaned and degraded by being forced to compete with and argue against tradesmen of much lower social origin and educational background than themselves. District court lawyers feared that the public would fail to distinguish carefully between them and the lay practitioners and would forget that district court lawyers had the same educational background as superior court lawyers and were to be afforded the same degree of respect"*. Negli stessi termini Id., *Conflict Within the Legal Profession: Simultaneous Admission and the German Bar, 1903-1927*, in G. Cocks e K.H. Jarausch, *German Professions, 1800-1950*, Oxford University Press, Oxford, 1990, p. 254.

[95] § 9 RAO: *"Der bei einem Amtsgerichte zugelassene Rechtsanwalt kann auf seinen Antrag zugleich bei dem Landgerichte, in dessen Bezirke das Amtsgericht seinen Sitz hat, sowie bei den im Bezirke des Landgerichts befindlichen Kammern für Handelssachen zugelassen werden. Die Zulassung muß erfolgen, wenn sie nach dem übereinstimmenden Gutachten des Oberlandesge-*

del problema: negli Stati maggiori, come in Prussia e Baviera, tale autorizzazione, la cui concessione, in generale, doveva rispecchiare un interesse per la corretta e più efficace amministrazione della giustizia, veniva rilasciata con estrema difficoltà [96]. Tuttavia, la crescente rivalità tra gli intra-gruppi del ceto forense [97], ed il progressivo congestionamento delle

---

richts und des Vorstandes der Anwaltskammer dem Interesse der Rechtspflege förderlich ist". Alla luce di tale disposto normativo, il Ministro di Giustizia aveva il potere di decidere se ammettere o meno un avvocato a patrocinare non solo dinnanzi alla corte locale di appartenenza, ma altresì nella corte regionale nel cui circondario aveva sede la corte distrettuale di riferimento. Tale autorizzazione doveva essere rilasciata laddove la corte superiore regionale congiuntamente al del Consiglio dell'Ordine degli avvocati avessero espresso parere favorevole, ritenendo l'ammissione simultanea nell'interesse dell'amministrazione della giustizia.

[96] Secondo l'interpretazione offerta dall'Associazione degli avvocati della corte distrettuale tedesca (*Verein Deutscher Amtsgerichtsanwalte*), il costante diniego del Governo prussiano alla concessione della simultanea ammissione alle corti distrettuali e regionali, mantenendo la frammentazione del ceto forense in tre gruppi di avvocati corrispondenti ai tre livelli delle corti, si giustificava come tentativo di esercitare un miglior controllo su tale corpo professionale, che, in tal modo, non poteva giovarsi dell'unità di categoria per far sentire la propria voce: così V. Verein Deutscher Amtsgerichtsanwalte (e. V.), ed., *Simultan zulassung: Handbuch zum Reichsgesetz vom 7. März 1927*, Franz Vahlen, Berlin, 1931, spec. p. 45, ripreso in K.F. Ledford, *Conflict Within the Legal Profession: Simultaneous Admission and the German Bar, 1903-1927*, cit., p. 266, nota 14. Nel 1894 il Ministro di giustizia prussiano giustificò tale politica appellandosi alla necessità che l'avvocato ammesso alla Corte distrettuale non fosse costretto a frammentare il proprio lavoro, spostandosi da una Corte all'altra, con il rischio di privare i propri principali clienti della possibilità di avvalersi della sua rappresentanza in giudizio: Prussian Ministry of Justice to Prussian Minister of State, Foreign Minister, and Imperial Chancellor Caprivi, 23 May 1894, G.St.A., I HA Rep. 84a, 71, 223-9, 225-6.

Sul punto, in dottrina, si rinvia a K.F. Ledford, *From General Estate to Special Interest, German Lawyers 1878-1993*, cit., spec. pp. 215 e 216 che rileva la sussistenza di "(...) *concerns by the Prussian and Bavarian governments about delays in judicial proceedings caused by lawyers who appeared in far-removed courthouse towns* (...)" (p. 215). Cfr., altresì, M. Malatesta, *Professionisti e gentiluomini*, cit., che giustifica tale scelta nei seguenti termini: "*La ragione per cui veniva negata era l'idea che un avvocato non dovesse spostarsi dal suo territorio e frammentasse la sua attività, dato che le corti superiori erano dislocate solo nelle grandi città*" (p. 57). Diversa era la politica adottata dagli stati più piccoli, come la Sassonia, Baden, Württemberg, Bremen, Braunschweig, Hamburg, Lippe, Lubeck, Mecklenburg, Oldenburg, che concedevano con semplicità l'autorizzazione a praticare in tutte le corti. Sul punto, v. K.F. Ledford, *Conflict Within the Legal Profession: Simultaneous Admission and the German Bar, 1903-1927*, cit., p. 254 ss. Id., *From General Estate to Special Interest, German Lawyers 1878-1993*, cit., p. 81 e pp. 215 e 216. Più in generale sull'ammissione simultanea, si rinvia a A. Friedlander e M. Friedlander, *Kommentar zur Rechtsanwaltsordnung vom 1. Juli 1878*, 3rd ed., J. Schweitzer, Monaco, 1930, p. 59. V. Verein Deutscher Amtsgerichtsanwalte (e. V.), ed., *Simultanzulassung: Handbuch zum Reichsgesetz vom 7. Marz 1927*, cit., pp. 33-58.

[97] Cfr. K.F. Ledford, *From General Estate to Special Interest, German Lawyers 1878-1993*, cit., pp. 217 e 218 e Id. *Conflict Within the Legal Profession: Simultaneous Admission and the German Bar, 1903-1927*, cit., p. 255, secondo cui, fra i veri motivi, tale rivalità rimase inizialmente latente anche poiché gli avvocati delle corti regionali erano soliti dividersi equamente i compensi con gli avvocati delle corti distrettuali, quando quest'ultimi presentavano un cliente con una questione gravitante nella giurisdizione della Corte superiore o da discu-

corti distrettuali, che nel tempo avevano assistito al crescente innalzamento del numero di avvocati che ivi esercitavano [98], portarono, quest'ultimi, per il tramite anche dell'associazione in cui si unirono nel 1907, a rivendicare con insistenza l'ammissione simultanea a tutte le corti. Nonostante la ferrea opposizione degli avvocati patrocinanti dinnanzi alle corti superiori, interessati a mantenere e difendere il proprio monopolio [99], la battaglia condotta dagli avvocati distrettuali, sempre più numerosi e rappresentati, si concluse nel 1927 mediante il riconoscimento legislativo dell'ammissione simultanea [100]. Durante la seconda guerra mondiale la frammentazione del ceto forense tornò a rivivere nelle regolamentazioni di alcuni *Länder* che, influenzati dall'esperienza dei paesi occupanti, riproponevano una divisione interna all'avvocatura. Tale parentesi si rivelò, tuttavia, breve: nel 1959 la legge federale tedesca (BRAO) [101] riconobbe il regime unitario della professione, riconfermando l'accentramento delle funzioni di rappresentanza e difesa in capo alla sola figura dell'avvocato e limitando il principio di localizzazione alle cause civili dinnanzi alle corti superiori, evitando di scalfire le conquiste degli avvocati distrettuali, i quali mantenevano in tal modo la possibilità di esercitare anche dinnanzi alla corte regionale [102].

---

tere in appello. Tuttavia, nel tempo, si iniziò ad insinuare l'idea che tale prassi fosse da considerarsi deontologicamente non corretta; interpretazione, che, nel 1888, venne ufficialmente avallata dall'Ordine degli avvocati.

[98] Sul punto si rinvia alle statistiche riportate in K.F. Ledford, *From General Estate to Special Interest, German Lawyers 1878-1993*, cit., p. 218 ss. Inizialmente il numero degli avvocati ammessi a patrocinare dinnanzi alle corti distrettuali era così esiguo da impedire l'affermarsi di una forza corporativa: così K.F. Ledford, *Conflict Within the Legal Profession: Simultaneous Admission and the German Bar, 1903-1927*, cit., p. 255 e Id., *From General Estate to Special Interest, German Lawyers 1878-1993*, cit., p. 217.

[99] M. Malatesta, *Professionisti e gentiluomini*, cit., pp. 57 e 58. Anche gli avvocati delle corti superiori si costituirono in associazione nel 1921 al fine di proteggere ed avanzare i propri interessi: come sottolineato da Id., *German Lawyers and the State in the Weimar Republic*, in *Law & Hist. Rev.*, 1995, v. 13, p. 317 e spec. p. 338, lo scopo proclamato dell'Associazione era "*The safeguarding of the special professional interests of the German superior court bar and the protection of its professional relations as well as the promotion of legislation and the administration of justice*". Il richiamo è alla comunicazione in merito all'istituzione di tale associazione inviata al Ministro di giustizia prussiano: Verein Deutscher Landgerichtsanwlllte to Prussian Ministry of Justice, June 2, 1921, G.St.A., I HA Rep. 84a, Nr. 71, 259-261.

[100] Legge sul *Reichstag* 1927, modifica al RAO 23 dicembre 1926.

Per un'attenta analisi delle diverse posizioni in capo alle parti coinvolte nella disputa, si rinvia, su tutti, a F. Ledford, *From General Estate to Special Interest, German Lawyers 1878-1993*, cit., spec. pp. 221-244.

[101] *Bundesrechtanwaltsordung* – BRAO, 1 agosto 1959, in *BGBl.* I 1959, S. 565.

[102] Cfr. artt. 18, 25, e l'ormai abrogato art. 226 del BRAO.

4. *Avvocati francesi: da una marcata eterogeneità alla* 'grande profession'

Se la tendenza alla semplificazione della composizione del corpo professionale ha segnato l'esperienza tedesca fin dal Settecento, per contro, un vero e proprio pluralismo professionale ha caratterizzato la storia dell'avvocatura in Francia, ove diverse tipologie di esperti del diritto si sono contesi e spartiti, nei secoli, il campo giuridico. Sino alla fine del Novecento, infatti, il *"caleidoscopio"* francese, così come definito da autorevole dottrina [103], ha visto alternarsi sulla scena *avocats, avoués, notaires, agréés, agents d'affaires,* nonché *conseils juridiques*: professionisti giuridici, (auto)regolamentati o meno, con specifiche funzioni e distinti campi di esercizio. All'indomani della rivoluzione francese, in modo affine a quanto accadeva negli altri Stati continentali, risultava netta la distinzione tra tre profili professionali: gli *avocats,* i *procureurs* e i *notaires*. Tali gruppi di giuristi agivano in regime di monopolio in distinti settori del diritto: gli *avocats* esercitavano una funzione di assistenza alla parte e di consulenza nelle materie di diritto civile; i *procureurs* curavano l'andamento del processo sul piano formale e procedurale agendo in veste di rappresentanti della parte; i *notaires* si occupavano dell'autenticazione degli atti, delle donazioni *inter vivos*, delle questioni riguardanti le successioni, dei diritti immobiliari, della ricezione delle doti, nonché dell'inventario dei beni caduti in successione e devoluti ai minori [104].

Invero la distinzione tra *avocats* e *procureurs* era di antica data. Sul finire del 1200 la bipartizione tra avvocati e procuratori si consolida e specifica nei giudizi che vedono coinvolta la Corona, ove erano autorizzati ad intervenire i *'procuratori del Re'*, con funzione di rappresentanza, e gli *'avvocati del Re'*, incaricati della difesa. La distinzione di ruolo risultava evidente se si considera che i procuratori dovevano attenersi alle istruzioni ricevute dal Re, mentre era facoltà degli avvocati esprimere liberamente le proprie valutazioni giuridiche [105]. Nei giudizi privati inizialmente le parti erano chiamate a comparire personalmente; tuttavia, da metà del XIII secolo, sulla falsariga di quanto già avveniva nei tribunali ecclesiastici, i procuratori iniziarono a conquistare spazio anche in tali cause. Con il complicarsi delle procedure, la presenza di professionisti qualificati, che agivano in base ai mandati *ad litem* ottenuti da clienti privati, divenne una prassi costante nelle corti,

---

[103] Così J.L. Halperin, *Avocats et notaires en Europe: les professions judiciaires et juridiques dans l'histoire contemporaine*, cit., spec. p. 42. L'espressione è stata ripresa successivamente anche da M. Malatesta, *Professionisti e gentiluomini*, cit., pp. 50 e 52.

[104] J.L. Halperin, *Avocats et notaires en Europe: les professions judiciaires et juridiques dans l'histoire contemporaine*, cit., p. 42.

[105] Così A. Padoa Schioppa, *Storia del diritto in Europa*, cit., pp. 138 e 139, che, altresì, richiama il caratteristico adagio *"la plume est serve, la parole est libre"* (p. 139).

sino a tramutarsi in obbligo nel XVII secolo [106]. Lo *status* dei procuratori era quello di ufficiali regi (*officiés*), il che comportava non solo la necessaria nomina regia, ma altresì la possibilità di acquistare per denaro la carica [107]. Per divenire procuratore non era, quindi, prevista alcuna formazione universitaria. I procuratori godevano di un rango sociale e di una reputazione inferiori rispetto a quella posseduta dal corpo complementare degli avvocati. La costituzione dell'avvocatura risale al Medioevo, quando con un'ordinanza di Philippe de Valois del 1327 venne istituito il primo '*Rolle*'. Non vigeva il principio della venalità ed eredità delle cariche e dal 1537 era imposta la licenza in diritto come requisito necessario per divenire avvocato [108]. Il modello che ha trovato storicamente affermazione era quello dell'avvocato libero ed indipendente, chiamato ad agire anche a tutela degli interessi ultra-individuali e a perseguire strenuamente l'ideale di giustizia [109]. Ciò traspariva dal solenne giuramento di rifiutare i casi ingiusti, affermatosi nel corso del XIV secolo, e si traduceva nell'impossibilità di agire nella veste di rappresentante e di pretendere il pagamento per la prestazione effettuata [110]. Tali assetti erano però destinati a mutare. Già sotto l'*ancien régime* venne preclusa ai *procureurs* la possibilità di agire nei tribunali commerciali; per contro, in tale giurisdizione trovò spazio un altro gruppo professionale, quello degli *agréés,* che si erano imposti, sebbene in assenza di autorizzazione, come rappresentanti, e talvolta anche come difensori, delle parti [111]. L'attività dei procuratori commerciali venne, infatti, ufficialmente riconosciuta, "dotata di rappresentanza autonoma e di poteri disciplinari", solo successivamente, sotto il governo di Vichy [112]. Le funzioni di avvocati e procuratori erano esercitate congiuntamente dagli *avocats aux Conseils* nel caso di giudizi dinnanzi *al Conseil du roi* [113].

---

[106] R. Pound, *Legal Profession in the Middle Ages*, in *Notre Dame Law.*, 1944, v. 19, n. 3, p. 229, e spec. p. 233.

[107] A. Padoa Schioppa, *Storia del diritto in Europa*, cit., p. 293.

[108] *"A person could become an avocat upon fulfilment of the legal requirements as to education, experience, character, etc. without regard to the number of avocats already in practice and without any obligation to buy anybody else's practice"*: P. Herzog e B.E. Herzog, *The Reform of the Legal Professions and of Legal Aid in France*, in *Int. Comp. Law Q.*, 1973, v. 22, n. 3, 1973, p. 462, e spec. p. 470.

[109] *"They [The advocates, ndr] considered themselves the bulwark of justice, which soon came to mean the defenders of the individual's freedom, honor, and property against all tyrannies"*: P.G. Lepaulle, *Law Practice in France*, in *Colum. L. Rev.*, 1950, v. 50, n. 7, p. 945.

[110] C. Amodio, Au nom de la loi*: l'esperienza giuridica francese nel contesto europeo*, Giappichelli, Torino, 2012, p. 121; P.G. Lepaulle, *Law Practice in France*, cit., pp. 945, 949 e 950. *Ordonnance royale* di *Philippe le Hardi*, 1274.

[111] M. Malatesta, *Professionisti e gentiluomini*, cit., p. 52.

[112] *Ibidem.*

[113] J.L. Halperin, *Avocats et notaires en Europe: les professions judiciaires et juridiques dans l'histoire contemporaine*, cit., p. 42.

Il disfavore dei rivoluzionari verso assetti corporativi in generale e l'aspra opposizione nei confronti dei privilegi vantati dal ceto forense, in particolare, determinarono, nel settembre del 1790 [114], la drastica misura della soppressione del corpo degli avvocati e del rispettivo ordine di rappresentanza.

Tuttavia, considerati il tecnicismo della legge e la complessità delle procedure, concreto era il rischio che l'assenza di professionisti legali qualificati incidesse negativamente sul funzionamento della giustizia. Non sorprende, pertanto, che l'Assemblea costituente, valutando le sorti da riservare alla rappresentanza processuale, ripristinò tale funzione demandandola alla nuova figura professionale degli *avoués*. Successori dei *procureurs,* venuti meno con la soppressione della venalità delle cariche ministeriali [115], gli *avoués,* oltre ad ereditare, di fatto, il monopolio della rappresentanza, furono autorizzati dalla legge 29 gennaio-20 marzo 1791 a difendere le parti. In via di principio, nella figura degli *avoués* si andarono assommando tutte le funzioni di rappresentanza e difesa antecedentemente esercitate, in maniera disgiunta, da *avocats* e *procureurs.* Tuttavia, nonostante gli intenti che l'aveva animata, la riforma fallì nel tentativo di compiere un'unificazione delle diverse categorie di esperti giuridici nell'unica figura degli *avoués*. Tale legislazione si è evoluta, infatti, in nesso simpatetico con l'affermazione dell'"*idea che la legge rivestisse un posto decisivo nella formazione della nazione francese*", a cui ha fatto da corollario "*la concezione del cittadino esperto in grado di assumere la propria difesa nel processo*" [116]. Al principio democratico della libertà di difesa [117] ha fatto da contraltare, da un lato, la mancata previsione di un monopolio della difesa in capo agli *avoués,* essendo di fatto tale funzione esercitata anche dagli *avocats,* dall'altro, l'emergere nella prassi di una nuova professione non regolamentata, quella dei *défenseur officieux* (difensori ufficiosi), privi

[114] Art. 10 *loi* 2-11 settembre 1790: "*Les hommes de loi, ci-davant appellés avocats, ne devant former ni ordre ni corporation, n'auront aucun costume particulier dans leurs fonctions*".

[115] H. Leuwers, *La fin des procureurs. Les incertitudes d'une recomposition professionnelle (1790-1791)*, in *Histoire, Économie et Société*, 2014, v. 33, n. 3, *Les Débuts de La Révolution Française*, p. 18 ss.

[116] In questi termini M. Malatesta, *Professionisti e gentiluomini*, cit., a p. 50.

[117] M. Malatesta sottolinea come tale principio accumuni varie esperienze giuridiche europee otto-novecentesche, tra cui quella tedesca, ove alle parti era consentito rappresentarsi e difendersi in giudizio senza avvalersi di un professionista legale, ovvero quella italiana, in cui la legislazione del nuovo Stato unitario aveva imposto il principio della libertà della rappresentanza in giudizio, salvo taluni casi eccezionali (ovvero quando la natura della causa o il grado di giurisdizione imponessero la presenza di un esperto di diritto): M. Malatesta, *Professionisti e gentiluomini*, cit., spec. p. 52. Cfr. Halperin che ritiene che l'abolizione dell'Ordine abbia riguardato esclusivamente la dimensione corporativa e di privilegio e che, per contro, la funzione di difesa in capo all'*avocat* non sia stata mai messa in discussione: J.L. Halperin, *Avocats et notaires en Europe: les professions judiciaires et juridiques dans l'histoire contemporaine*, cit., p. 43.

per lo più di competenze giuridiche, che potevano essere incaricati dalle parti *"pour leur défense, soit verbale, soit par écrit"* [118]. La fisionomia delle professioni legali mutò, dunque, aspetto, articolandosi nel dualismo *avoués* (in cui, di fatto, confluirono gli antichi *procureurs*) e *défenseur officieux* (che annoveravano tra le loro schiere gli *avocats* che non avevano abbandonato la professione o che non erano nel frattempo divenuti giudici) [119]. Tuttavia, un paio di anni più tardi, la figura degli *avoués* venne rimessa in discussione [120], e nel declino della stessa, e in generale nel dissolversi delle professioni legali organizzate, emersero i *fondé de pouvoir,* rappresentanti non qualificati, costituiti anche da cittadini comuni, che agivano a titolo essenzialmente gratuito [121].

L'ostilità dei rivoluzionari nei confronti delle forme associative intermedie tra società e Stato e verso il ceto forense, si è attenuata con l'avvento del regime napoleonico. Per mezzo della legge 18 marzo 1800 (27 ventoso, anno VIII) venne ripristinato il titolo di *avoué*. Tali professionisti legali, reintrodotti in numero fisso presso ciascun Tribunale, non solo possedevano il monopolio della rappresentanza delle parti in giudizio dinnanzi a tutte le corti, ma avevano altresì la facoltà di difenderle, laddove esse non desiderassero provvedervi personalmente. Tuttavia, l'attaccamento dei giuristi alla storica dualità del corpo professionale impedì l'affermarsi di una categoria unica ed esclusiva. La legge del 13 marzo 1804 (22 ventoso, anno XII), in tema di scuole di diritto [122], riammise l'operato degli *avocats,* prevedendo la formazione dei relativi albi presso ciascun Tribunale (art. 29), e il decreto del 14 dicembre 1810 sancì ufficialmente la ricomposizione dell'ordine professionale [123]. L'incompatibilità delle due professioni ricostituite (art. 18, decreto del 14 dicembre 1810), determinò, di fatto, la riviviscenza del corpo professionale bi-

---

[118] J.L. Halperin, *Avocats et notaires en Europe: les professions judiciaires et juridiques dans l'histoire contemporaine*, cit., p. 43.

[119] *Ivi*, pp. 43 e 44. Cfr. M. Malatesta che sostiene che "(...) *nella Francia rivoluzionaria la giustizia continuò a fare il suo corso perché i difensori d'ufficio vennero reclutati tra gli avvocati e i procuratori di antico regime. Queste due categorie formarono il corpo dei magistrati della rivoluzione* (...)": M. Malatesta, *Professionisti e gentiluomini*, cit., spec. p. 51.

[120] Tale figura venne soppressa il 24 ottobre 1793 (*décret du brumaire II*).

[121] J.L. Halperin, *Avocats et notaires en Europe: les professions judiciaires et juridiques dans l'histoire contemporaine*, cit., p. 44 che li qualifica quali *"mandataire gratuite"*.

[122] Con tale intervento normativo venne ripristinata l'*écoles de droit* e il titolo legale di avvocato.

[123] Cfr. C. Amodio, Au nom de la loi*: l'esperienza giuridica francese nel contesto europeo*, cit., che sottolinea come, in realtà, la ricostituzione dell'ordine fosse stata dettata più dalla volontà di enfatizzare il carattere pubblico dell'avvocatura, piuttosto che dall'intento di riconoscere la capacità rappresentativa e l'autonomia professionale dello stesso corpo intermedio (p. 121). V. *Décret impérial* 14 dicembre 1810, *contenant règlement sur l'exercice de la profession d'avocat et la discipline du barreau*, in *Bull.*, 1810, n. 332, 1810, p. 569.

partito [124]. Il monopolio della difesa venne progressivamente ricostituito in capo agli *avocats* [125], che, a partire dal 1822, poterono difendere in tutti i gradi di giudizio e in tutti i tribunali dello Stato in assenza di vincoli territoriali, godendo di una riserva di esercizio dinnanzi alle corti di appello e nei tribunali di prima istanza [126]. Il patrocinio degli *avoués* era obbligatorio nei giudizi civili dinnanzi ai tribunali di prima istanza (anche laddove le parti decidessero di difendersi personalmente) e tali professionisti beneficiavano, altresì, di un monopolio nel campo delle aste giudiziarie di beni immobili [127]. Le riserve di potere degli *avocats* e *avoués* non si estendevano nelle udienze dinnanzi ai giudici di pace, ove le parti comparivano personalmente o per mezzo di un *fondé de pouvoirs*, a cui era stato conferito mandato scritto; nei tribunali di commercio, ove il ministero degli *avoués* continuava ad essere vietato e l'esercizio della difesa riservato ai mandatari delle parti muniti di mandato speciale; e dinanzi a *les prud'hommes* ('probiviri') in cui le parti comparivano in prima persona, come previsto dalla legge 18 marzo 1806 [128]. Inoltre, particolari disposizioni re-

---

[124] Cfr. A. Padoa Schioppa, *Storia del diritto in Europa*, cit., spec. pp. 553 e 554, che rimarca come il dualismo tra le professioni forensi si è affermato con la Restaurazione e consolidato nel successivo secolo e mezzo, sino all'intervento legislativo del 1971.

[125] L'art. 32, legge 22 ventoso, anno XII, consentiva la difesa in giudizio dei litiganti a coloro che possedevano la licenza in diritto ovvero agli *avoués* limitatamente ai casi in cui sussisteva un'espressa autorizzazione del tribunale nell'ipotesi di assenza o di rifiuto da parte degli *avocats* di assumere la difesa della parte. Il *décret* 14 dicembre 1810 autorizzò gli *avocats* iscritti negli albi della corte di appello ad esercitare la difesa dinnanzi a tutte le corti e tribunali di competenza, e quelli ammessi ad un tribunale di prima istanza ad esercitare presso la corte penale e i tribunali *'de tout le département'*. Era necessaria un'autorizzazione ministeriale al fine di esercitare al di fuori della corte di competenza. Infine, il *décret* del 2 luglio 1812 riservò agli *avocats* il monopolio della difesa dinnanzi alle corti di appello (artt. 1 e 2). L'*ordonnance* del 27 febbraio 1822, restrinse ancora più severamente agli *avoués* l'esercizio della *plaidoire:* v. tale ricostruzione in J.L. Halperin, *Avocats et notaires en Europe: les professions judiciaires et juridiques dans l'histoire contemporaine*, cit., p. 45.

[126] M. Malatesta, *Professionisti e gentiluomini*, cit., spec. p. 52. Dinnanzi alla corte d'Assise, gli accusati potevano scegliere quali difensori unicamente gli *avocats* o *avoués* di tale corte, salva autorizzazione espressa del Presidente della corte d'assise (art. 295 C. istr. Crim.): J.L. Halperin, *Avocats et notaires en Europe: les professions judiciaires et juridiques dans l'histoire contemporaine*, cit., p. 46.

[127] Gli *avoués "lavoravano prevalentemente nel campo della procedura civile e godevano del monopolio della difesa nelle aste giudiziarie immobiliari"*: M. Malatesta, *Professionisti e gentiluomini*, cit., spec. p. 52; J.L. Halperin, *Avocats et notaires en Europe: les professions judiciaires et juridiques dans l'histoire contemporaine*, cit., p. 45.

[128] Nonostante la regola generale imponesse agli *avocats* di difendere la parte, parlando in proprio nome e senza vincolare la stessa, essi potevano essere ammessi, in via eccezionale, a svolgere la funzione di rappresentanza in quelle corti ove i formalismo, i ritardi e i costi dovevano essere ridotti al minimo; le giurisdizioni dove tale rappresentanza era ammessa includevano la corte di commercio, il *'Conseil des Prud'hommes'* per le cause tra datore di lavoro e lavoratore, i giudici di pace, le corti amministrative (*'Conseil de Prefecture'*), la corte speciale per le controversie tra proprietari ed affittuari e i *'Référés'*: così P.G. Lepaulle, *Law Practice in France*, cit., spec. p. 949.

golamentavano le liti dinnanzi alla corte di Cassazione e al Consiglio di Stato, ove le parti dovevano essere rappresentate e difese da un particolare avvocato iscritto presso tali corti [129].

Sebbene la Restaurazione abbia cristallizzato, di fatto, l'antico sdoppiamento della figura di avvocato in *avoué* e *avocat*, cui riconoscere funzioni e compiti distinti [130], da esercitarsi nell'ambito di organizzazioni professionali autonome, consuetudini di antica data hanno consentito ad altri gruppi professionali di emergere nel campo giuridico, svolgendo funzioni di consulenza o giudiziarie in quei settori non sottoposti ad alcun regime di monopolio [131]. Gli *agréés* che, come già accennato, si erano imposti durante l'*ancien régime*, nel silenzio della legge sopravvissero alla Rivoluzione e, durante il XIX secolo, continuarono a guadagnare spazio nei tribunali di commercio, ove vennero accolti con particolare favore, e il loro operato, sebbene in origine illegittimo, venne riconosciuto di fatto [132]. A margine delle professioni regolamentate, prosperando grazie allo sviluppo dell'industria e del commercio, emersero anche gli *agents d'affaires* [133], commercianti che, in assenza di (auto)regolamentazione, iniziarono ad occuparsi, dietro corrispettivo, della cura degli affari altrui nella veste di mandatari [134]. Nel XIX secolo essi offrivano consulenze giuridiche e, in

[129] Sulla genesi e sulle prerogative degli avvocati di Cassazione e del Consiglio di Stato si rinvia, su tutti, a J.L. Halperin, *Avocats et notaires en Europe: les professions judiciaires et juridiques dans l'histoire contemporaine*, cit., p. 46. V., inoltre, P.G. Lepaulle, *Law Practice in France*, cit., p. 948.

[130] "*Gli* avoués *sono ufficiali ministeriali incaricati di rappresentare le parti nei giudizi e di fare gli atti di procedura necessari*": così L. Rossi, *Procuratore alle Liti*, cit., a p. 516; "*The avoués do what the advocates do not; they represent their clients, and act as their agents, signing the pleadings in their behalf, making offers in their name, handling money and receiving funds for them, taking care of such matters as service of process, notification, and execution*": P.G. Lepaulle, *Law Practice in France*, cit., p. 948.

[131] R.L. Abel e P. Lewis, *Lawyers in Society: Comparative Theories*, University of California Press, Berkeley-Los Angeles-London, 1989, p. 335 ss.; P.G. Lepaulle, *Law Practice in France*, cit., p. 947 ss.

[132] L'attività degli *agréés* era, tuttavia, circoscritta sul piano geografico: sul punto si rinvia, su tutti, a J.L. Halperin, *Avocats et notaires en Europe: les professions judiciaires et juridiques dans l'histoire contemporaine*, cit., p. 48.

[133] A. Boigeol e Y. Dezalay, *De l'agent d'affaires au barreau: les conseils juridiques et la construction d'un espace professionnel*, in *Genéses*, 1997, v. 27, p. 49 ss.

[134] I professionisti appartenenti alle nuove professioni non regolamentate riuscirono ad inserirsi facilmente nel mondo degli affari, in veste di mandatari, poiché tale spazio non era mai stato conquistato dagli avvocati: l'avvocato francese, per contro, "*aveva, a causa delle divisioni interne al campo giuridico, competenze ristrette e per questo motivo rifiutava tutti gli incarichi che implicavano un mandato*": di questa opinione M. Malatesta, *Professionisti e gentiluomini*, cit., p. 52; similmente v. P.P. Herzog e B.E. Herzog, *The Reform of the Legal Professions and of Legal Aid in France*, cit., che riconducono lo sviluppo delle professioni non regolamentate a "*the rules circumscribing the fields of activities of the various legal professions and by atendency, now much diminished, on the part of many avocats (whose activities were least narrowly defined*

quanto mandatari dei clienti, fornivano un'assistenza a largo spettro, supportando le parti nella vendita ed acquisto di beni immobili, nelle procedure di recupero crediti, nelle procedure per l'ottenimento dei brevetti, nella gestione ed amministrazione di capitali, e così via. Essi arrivarono a rappresentare e difendere le parti davanti alle giurisdizioni che imponevano la presenza di un mandato conferito in forma scritta, ovvero dinnanzi ai giudici di pace e ai tribunali di commercio. Alla fine del XIX secolo, per emergere dal gruppo eterogeneo di mandatari non qualificati e senza titolo che congestionava la scena francese, alcuni professionisti iniziarono a costituirsi in associazioni; tra questi i procuratori commerciali, *agents d'affaires* spesso in possesso di una licenza in diritto che avevano prestato il giuramento da avvocati, che si imposero nei tribunali di commercio con la funzione di patrocinatori e difensori [135] e i *conseils juridiques,* che progressivamente invasero il campo della consulenza legale e fiscale [136], sino a ricevere ufficiale regolamentazione nel 1971 [137].

Per contrastare l'affermazione di tali figure professionali e l'espansione delle relative attività, gli *avocats* si videro costretti a ripensare all'esercizio della propria professione e ad auspicare un superamento dei limiti, di matrice morale oltre che legale, che per lungo tempo li avevano sottratti alle logiche economiche e di profitto, precludendo loro la possibilità di agire nel campo economico e finanziario [138]. Con una serie di interventi legisla-

---

by law) to view themselves mainly as oral advocates, rather than general advisers of their clients" (p. 464).

[135] J.L. Halperin, *Avocats et notaires en Europe: les professions judiciaires et juridiques dans l'histoire contemporaine,* cit., p. 48; M. Malatesta, *Professionisti e gentiluomini,* cit., p. 52; A. Boigeol e D. Yves, *De l'agent d'affaires au barreau: les conseils juridiques et la construction d'un espace professionnel,* cit.

[136] Sull'evoluzione dell'organizzazione dei *conseils juridiques,* tra fenomeni di associazionismo e l'emergere di '*sociétés fiduciaires*' v. J.L. Halperin, *Avocats et notaires en Europe: les professions judiciaires et juridiques dans l'histoire contemporaine,* cit., pp. 49 e 50. V., altresì, P.P. Herzog e B.E. Herzog, *The Reform of the Legal Professions and of Legal Aid in France,* cit., che sottolineano come: "(...) *numerous persons calling themselves usually conseils juridiques (legal counsellors) or agents d'affaires (literally, business agents) had been giving legal advice in France and preparing documents not reserved for the notaires. Such activities were not limited to individuals; especially in the fairly recent past, companies, sometimes with numerous branches, had entered the field, particularly in connection with legal problems affecting business enterprises. These companies are generally known as societes fiduciaires* (...)." (p. 464).

[137] I *conseils juridiques* rimasero legislativamente riconosciuti sino al 1990, anno in cui vennero assorbiti nella professione unica di avvocato: su tale intervento legislativo di fine secolo v. *infra*. J. M. Grimes, *Une Et Indivisible - The Reform of the Legal Profession in France: The Effect on U.S. Attorneys,* in *N.Y.U. J. Int'l L. & Pol.*, 1992, v. 24, n. 4, p. 1757 ss.

[138] *"Until 1954, only the avoués handled clients' funds, since only they were considered as their clients' agents; the avocats did not. Since 1954, the avocats have been allowed to handle clients' funds in some limited situations, in which parties were not required to use avoués but special precautions were taken to protect clients' funds against dangers of misappropriation"*: P.P. Herzog e B.E. Herzog, *The Reform of the Legal Professions and of Legal Aid in France,*

tivi, che videro la luce a partire dal 1889, si cercò di sovvertire la regola generale e consuetudinaria che impediva all'avvocato di essere il mandatario del proprio cliente, così consentendo agli *avocats* di agire, dinanzi ad una serie di giurisdizioni, in concorrenza con gli altri professionisti legali [139]. Nel corso del Novecento il dibattito sul futuro da riservare alle diverse professioni si fece intenso e, fra le varie eventualità, la riunificazione delle diverse categorie che animavano il corpo forense divenne una concreta possibilità [140]. Tale esigenza era acuita dalla necessità avvertita dagli avvocati francesi di fare fronte non solo ai *competitors* interni, ma anche internazionali: l'avvento del Mercato Unico europeo ed il riconoscimento della libertà di esercizio [141] e di stabilimento ai professionisti forensi [142]

---

cit., p. 471, nota 46; cfr. J. Lemaire, *Les règles de la profession d'avocat et les usages du barreau de Paris*, rev. ed., Libraire Générale de droit et de jurisprudence, Paris, 1966, pp. 264-268; C. Amodio, Au nom de la loi*: l'esperienza giuridica francese nel contesto europeo*, cit., p. 121; P.G. Lepaulle, *Law Practice in France*, cit., pp. 945, 949 e 950.

[139] V. J.L. Halperin, *Avocats et notaires en Europe: les professions judiciaires et juridiques dans l'histoire contemporaine*, cit., pp. 50 e 51, che richiama in proposito "*La loi du 22 juillet 1889 sur les conseils de préfecture, la loi du 12 juillet 1905 sur les justice de paix, la loi du 27 mars 1907 sur les conseils de prud'hommes, la loi du 27 mars 1907 sur les conseils de prud'hommes, l'article 96 de la loi du 13 juillet 1911 sur les tribunaux de commerce, la loi du 9 mars 1918 sur les juridictions des loyers et des baux, la loi du 6 novembre 1918 sur les jurys d'expropriation et la loi du 27 avril 1919 pour la juridiction des dommages de guerre autorisérent les avocats à représenter leurs clients et à plaider sans avoir à produire de procuration écrite. La loi du 13 juillet 1911, loi de finance (...) fut considérée par les avocats comme une 'conquéte capitale'*". A. Barthélémy, *Les avocats devant les tribunaux de commerce*, Librairie du recueil Sirey, Paris, 1934.

[140] Già nel 1902 Georges Clèmenceau presentò una proposta al Parlamento francese volta alla fusione degli *avocats* e *avoués*: v. *Special Supplement to (1971) Recueil Dalloz*, n. 18. Peraltro, l'unificazione delle professioni era già stata introdotta nei territori dell'Alsazia-Lorena dopo la conquista tedesca del 1871 e non più messa in discussione, nemmeno successivamente alla riconquista francese nel 1918, dando prova dei suoi vantaggi: in questi termini P.P. Herzog e B.E. Herzog, *The Reform of the Legal Professions and of Legal Aid in France*, cit., pp. 464 e 465, che richiamano, sul punto, P. Herzog e M. Weser, *Civil Procedure in France*, Springer, The Hague, 1967, pp. 50-51; G. Cahn, *Pour les avocats et les avouds d'Alsace la reforme est ddjai faite*, in *Le Monde*, 21-22 giugno 1970, p. 15.

[141] Direttiva 77/249/CEE del Consiglio, del 22 marzo 1977, intesa a facilitare l'esercizio effettivo della libera prestazione di servizi da parte degli avvocati, in *GU* L 78 del 26 marzo 1977, pp. 17-18. Per una dettagliata analisi della Direttiva si rinvia a V. Varano, *Commento alla legge 9 Febbraio 1982, n. 31. Libera prestazione di servizi da parte degli avvocati cittadini degli Stati membri delle Comunità europee*, in *Nuove leggi civ.*, 1983, p. 47 ss.; Id., *La libera circolazione degli avvocati nella Cee e l'ordinamento italiano: problemi e prospettive*, in *Foro it.*, 1981, V, p. 137 ss.; D.B. Walters, *Uncertain steps towards an european legal profession*, in *Eur. Law Rev.*, 1978, p. 265 ss.; M. Panebianco, *La Direttiva sulla prestazione dei servizi 2 Marzo 1977*, in *Dir. com. scambi internaz.*, 1981, pp. 765 ss.; H. Adamson, *Free Moviment of Lawyers*, Butterworths, London-Dublin-Edinburgh-Brussels, 1992, p. 33 ss.; M.P. Belloni, *La libera circolazione degli avvocati nella Comunità Europea*, Cedam, Padova, 1999, p. 55 ss.; B. Nascimbene, *La professione forense nell'unione europea*, Ipsoa, Milano, 2010, p. 29 ss.; F. Ferraro, *L'avvocato comunitario. Contributo allo studio della libertà di circolazione e di concorrenza dei professionisti*, Editoriale Scientifica, Napoli, 2005, p. 62 ss. V. *infra*, Parte II, cap. 1, § 4 e spec. § 4.1.

avevano, infatti, aumentato la concorrenza dei colleghi europei; inoltre, a partire dagli anni Settanta, il mercato francese iniziò ad essere massicciamente invaso dai grandi studi anglo-americani [143]. La legge 31 dicembre 1971, *Réforme de certain professions judiciaires et juridiques*, e il successivo decreto del 9 giugno 1972, rappresentarono una soluzione di compromesso [144] tra il mantenimento della complessità dell'esperienza giuridica francese e la previsione di una completa riunificazione dei vari soggetti professionali. Le categorie degli *agréés*, che esercitavano nei tribunali commerciali, e degli *avoués*, che rappresentavano le parti nei tribunali di prima istanza, vennero fatte confluire nell'unico profilo professionale degli *avocats*, che conquistarono il monopolio della rappresentanza dinnanzi a tutte le giurisdizioni, fatte salve quelle speciali e i tribunali di commercio, ove le parti potevano avvalersi anche di altri consulenti. Gli *avoués* patrocinanti avanti alle corti di appello rimasero esclusi dalla riforma, probabilmente in considerazione della necessità di salvaguardare il buon andamento della giustizia, favorendo il mantenimento di professionisti già esperti e competenti, più che il precipuo interesse di categoria [145]. Simil-

[142] Direttiva 98/5/CE del Parlamento europeo e del Consiglio, del 16 febbraio 1998, volta a facilitare l'esercizio permanente della professione di avvocato in uno Stato membro diverso da quello in cui è stata acquisita la qualifica, in *GU* L 77 del 4 marzo 1998, p. 36. Per un commento si rinvia a R.G. Aloisio, *Diritto di stabilimento degli avvocati "europei"*, in *Riv. dir. priv.*, 1998, n. 4, p. 1; J. Salvemini, *La Direttiva sulla libertà di stabilimento degli avvocati*, in *Riv. it. dir. pubbl. comp.*, 1999, p. 809; H. Adamson, *Free Moviment of Lawyers*, cit., p. 91; E. Adobati, *Gli avvocati comunitari potranno esercitare con il proprio titolo d'origine in tutta l'Unione europea*, in *Dir. com. scambi internaz.*, 1998, p. 577; G. Viciconte (a cura di), *L'Avvocato in Europa*, Giuffrè, Milano, 1999, p. 194; M.P. Belloni, *La libera circolazione degli avvocati nella Comunità europea*, cit., p. 151; F. Ferraro, *L'avvocato comunitario. Contributo allo studio della libertà di circolazione e di concorrenza dei professionisti*, cit., p. 87; B. Nascimbene, *La professione forense nell'unione europea*, cit., p. 49. V. *infra*, Parte II, cap. 1, § 4 e spec. § 4.2.

[143] M. Malatesta, *Professionisti e gentiluomini*, cit., spec. pp. 52 e 53, che, riprendendo le parole di L. Karpik, *Les avocats entre l'Etat, le public et le marché, XIIIe-XXe siècles*, Gallimard, Paris, 1995, cap. *L'enjeu de la reforme*, sostiene come *"La riforma delle professioni giuridiche si ridusse infatti, al di là delle belle parole spese in difesa del cittadino, a* 'una volontà di difesa degli interessi materiali attraverso il controllo del mercato'" (p. 53).

[144] *"La loi de 1971 entérine une semi-réforme. Elle reconnaît le titre de conseil juridique et en réglemente l'accès. Par ailleurs, elle consacre un regroupement partiel des professions juridiques en fusionnant les professions d'avoués (de 1re instance), d'agréés et d'avocat"*: così A. Boigeol e Y. Dezalay, *De l'agent d'affaires au barreau: les conseils juridiques et la construction d'un espace professionnel*, cit., a p. 63. La rinuncia alla fusione completa di tutti i profili professionali, in favore di una portata più limitata dell'intervento normativo è segnata dalla conseguente modifica della rubrica della legge da '*La riforma della professione legale*' a '*La riforma di alcune professioni legali*': P.P. Herzog e B.E. Herzog, *The Reform of the Legal Professions and of Legal Aid in France*, cit., p. 466.

[145] Di questa opinione: P.P. Herzog e B.E. Herzog, *The Reform of the Legal Professions and of Legal Aid in France*, cit., p. 468, che, a giustificazione di tale assunto, fanno riferimento all'organizzazione e al funzionamento delle corti di appello: *"In the first place, the area over which a cour d'appel may have jurisdiction is sometimes quite large; it thus seemed*

mente anche la presenza degli *avocats* dinanzi alle corti superiori (*Conseil d'État* e *Cour de Cassation*) non fu messa in discussione. Nonostante la divisione tra varie categorie professionali fosse da ritenersi anacronistica anche in virtù della stretta connessione ormai esistente tra l'attività di consulenza e quella di rappresentanza [146], la nuova figura di avvocato non riuscì a scalfire la posizione vantata dai *conseils juridiques* nel campo degli affari. Tale categoria di professionisti venne, anzi, per la prima volta ufficialmente riconosciuta e regolamentata [147]. Le riforme degli anni Settanta, seppure nella loro limitata portata, rappresentarono la prima tappa verso l'affermazione di una '*grande profession*'. Con la legge 31 dicembre 1990 si ottenne, infatti, l'effettivo superamento di tali distinzioni di categoria, mediante la fusione delle sottofigure degli *avocats* e dei *conseils juridiques* in un unico profilo professionale [148] e con la legge 25 gennaio 2011, n. 94, '*La reforme de la représentation devant les cours d'appels*', vennero ufficialmente riconosciute in capo agli *avocats* le funzioni di rappresentanza e di difesa anche dinnanzi alle corti di appello, ultimo baluardo dello storico monopolio degli *avoués* i quali vennero, quindi, contestualmente soppressi [149]. Sebbene con notevole ritardo rispetto ai cugini euro-

---

reasonable to leave the accomplishment of procedural formalities to practitioners already established at the seat of the court, rather than requiring others to travel there repeatedly. Furthermore, the procedure before the cours d'appel is complex, since these courts have the power to conduct what amounts to a de novo hearing in which all the procedural complications possible before the courts of first instance (intervention, etc.) may arise; but in addition, the cours d'appel also review the legal correctness of the decisions rendered by the lower courts. This double function of the cours d'appel requires real specialists for effective practice before them, thus providing another reason for leaving the function of the avougs practising before the cours d'appel untouched. In addition, their number is quite small; before the Paris Cour d'Appel which has a very large caseload, only about 50 avouis practise and the number is even smaller for the cours d'appel in the provinces".

[146] P.P. Herzog e B.E. Herzog, *The Reform of the Legal Professions and of Legal Aid in France*, cit., p. 465.

[147] L'introduzione di una regolamentazione specifica per l'attività dei *conseils juridiques* si giustificava sicuramente in un'ottica di protezione del pubblico interesse; essa, inoltre, gettava le basi della "Grande riforma", che avrebbe portato, negli anni Novanta, all'introduzione di una singola professione legale. In questi termini P. Herzog e B. E. Herzog, *The Reform of the Legal Professions and of Legal Aid in France*, cit., p. 477. Per un approfondimento della nuova disciplina applicabile ai *conseils juridiques* si rinvia, su tutti, a P. Herzog e B.E. Herzog, *The Reform of the Legal Professions and of Legal Aid in France*, cit., spec. p. 477 ss.

[148] Tuttavia, tale legge professionale non consentì agli avvocati di estendere la propria riserva di esercizio alla consulenza legale, poiché in tale ambito continuò ad essere consentita l'attività di altre professioni regolamentate, tra cui quella degli *experts-comptables*. *Loi* 31 dicembre 1990, n. 90-1259, *portant réforme de certaines professions judiciaires et juridiques*, in *JORF* del 5 gennaio 1991, n. 0004.

[149] Per un approfondimento di tali riforme si rinvia, su tutti, a K. Berthet, *Évolutions récentes dans la profession d'avocat*, in *Les Cahiers de la Justice*, 2017, v. 4, n. 4, p. 735, https://www.cairn.info/revue-les-cahiers-de-la-justice-2017-4-page-735.htm-.

pei, anche gli avvocati francesi riuscirono, quindi, a ricompattare il corpo professionale, riconducendo ad unità le eterogenee anime che nei secoli lo avevano frastagliato e per certi versi dilaniato.

5. *Una dicotomia che permane:* barristers *e* solicitors *nel Regno Unito*

La semplificazione della struttura dell'avvocatura, mediante riconduzione ad unità delle diverse figure professionali che ne animavano il *corpus*, ha rappresentato, dunque, il comune epilogo dell'evoluzione delle avvocature continentali. Per contro, nel sistema di *common law*, tale modello di razionalizzazione della professione legale non ha mai trovato affermazione, e la distinzione *barrister-solicitor* caratterizza ancora oggi il sistema inglese.

Le origini possono essere ricondotte tra il XII e XIII secolo allorché dinnanzi alle corti iniziarono a comparire gli *attorneys*, che agivano nel ruolo di sostituti della parte, preparando l'azione legale e sbrigando le relative formalità, e i *pleaders* (che andarono successivamente qualificandosi in *narrators* e *serjeants*), i quali, per contro, intervenivano direttamente in giudizio esponendo avanti alla corte i fatti giuridicamente rilevanti [150]. Se

---

[150] È indubbio che gli *attorneys* iniziarono a rappresentare le parti in giudizio sin dal XII secolo e sempre più regolarmente nel corso del XIII secolo. Vari storici hanno documentato l'attività di tali soggetti: cfr., su tutti, R.C. Van Caenegem, *English Lawsuits from William I to Richard I*, v. II, *Henry II and Richard I*, Selden Society, London, 1991, p. 446, che menziona la presenza di un *attorney* come rappresentante dell'Arcivescovo Thomas Becket in un giudizio del 1164; più incerto, invece, è il momento esatto in cui i *pleaders (narrators* e *serjeants)* iniziarono a comparire nelle corti, ma si ha comunque contezza della loro presenza dinnanzi alla *Common Bench* dal 1239: così J. Rose, *The Legal Profession in Medieval England: a History of Regulation*, in *Syracuse Law Rev.*, 1998, v. 48, p. 1 e spec. pp. 8 e 9. L'A. sottolinea come tale riferimento temporale si basi sulle *Chronicle of Metthew Paris*, 1239; nello stesso senso, v. P. Brand, *The Origins of the English Legal Profession*, Blackwell, Oxford-Cambridge, 1992, p. 55. Cfr. J.M. Baker, *The order of serjeants at law: a chronicle of creations, with related texts and a historical introduction*, Selden Society, London, 1984, spec. p. 10 e F. Pollock e F.W. Maitland, *The History of English Law before the time of Edward I*, Lawbook exchange, Union, New Jersey, 1898, pp. 227 e 228, i quali, per contro, pur facendo riferimento alle *Chronicle of Metthew Paris*, richiamano quale data il 1235 e J. Baker, *Introduction to English Legal History*, V ed., Oxford University Press, Oxford, 2019, p. 167, che richiama il 1230, sottolineando come in Metthew Paris si trovi il riferimento a *"the forespeakers of the Bench (*prolocutores banci*), whom we commonly call counters (*narrators*)"*.

Nel diritto antico, peraltro, vigeva il principio della personale comparizione delle parti in giudizio e, dunque, solo in un secondo momento, e grazie all'intervento regio, gli *attorneys* vennero ammessi a rappresentare le parti in giudizio; per contro, la possibilità per i litiganti di ricorrere al consiglio di un terzo durante il processo pare avere un origine più antica: in questi termini, si rinvia, su tutti, a F.W. Maitland e F.C. Montague, *A* inizialmente i primi non erano esperti giuristi, quanto piuttosto amici, vicini, parenti delle parti litiganti che offrivano il proprio sostegno in causa [151], con il tempo taluni di essi iniziarono a comparire di frequente nelle corti, assistendo e/o rappresentando le parti anche in assenza di rapporti personali, sviluppando dall'esperienza le competenze necessarie per esercitare tali servizi e ricevendo riconoscimenti economici per le proprie prestazioni [152]. Durante il Regno di Enrico III (1216-1272), la rappresentanza legale si andò qualificando e istituzionalizzando e, la presenza di 'proto-professionisti' [153], nella figura di *attorneys* e di *narrators/serjeants*, si fece costante nella Corte di *Common Pleas* e nelle altre corti regie [154]. L'inter-

---

Sketch of English Legal History, G.P. Putnam's Sons, New York-London, 1915, p. 94 ss.; F. Pollock e F.W. Maitland, *The History of English Law before the time of Edward I*, cit., pp. 224 e 225. Cfr. J.H. Baker, *Counsellors and Barristers. An Historical Study*, in *Cambridge L. J.*, 1969, v. 27, n. 2, p. 205, che sottolinea come la distinzione tra *'attorney'* e *'pleader'* anticipi la successiva nascita della professione forense: sino al XIII secolo, in assenza di un'organizzazione professionale e del relativo monopolio, i due termini indentificavano funzioni diverse esercitabili dai rappresentanti e non già due distinte professioni, con la conseguenza che chiunque poteva ricoprire, congiuntamente o disgiuntamente, anche entrambi i ruoli.

[151] J. Rose, *The Legal Profession in Medieval England: a History of Regulation*, cit., spec. pp. 9 e 10, che definisce gli amici, parenti, e vicini che assistevano le parti in giudizio come *"'nonlawyer' amateurs"* (p. 9); F. Pollock e F.W. Maitland, *The History of English Law before the time of Edward I*, cit.: *"The attorneys of the period which is now before us do not seem to be in any sense "officers of the court," nor do they as yet constitute a closed professional class. Probably every "free and lawful" person may appear as the attorney of another; even a woman may be an attorney, and a wife may be her husband's attorney. A bishop will appoint one of his clerks, an abbot one of his monks, a baron will be represented by his steward or by one of his knights. Occasionally, however, as we look down the list of attorneys we see the same names repeating themselves, and draw the inference that there are some men who are holding themselves out as ready to represent whoever will employ them. A change comes in Edward I.'s day which gives a new definiteness to the class of attorneys as well as to the class of counsellors"* (p. 226). Talvolta era il coniuge stesso ad apparire in giudizio nella veste di rappresentante: v. R.C. Van Caenegem, *English Lawsuits from William I to Richard I*, cit., pp. 612 e 613; e anche le donne, soprattutto le mogli, potevano rivestire tale ruolo: v. F. Pollock e F.W. Maitland, *The History of English Law before the time of Edward I*, cit., p. 226; F.W. Maitland e F.C. Montague, *A Sketch of English Legal History*, cit., p. 95; A. Harding, *A social history of English law*, Penguin books, London, 1966, p. 170.

[152] P. Brand, *The Origins of the English Legal Profession*, cit., p. 54 ss.; J.M. Baker, *The order of serjeants at law: a chronicle of creations, with related texts and a historical introduction*, Selden Society, London, 1984, pp. 13 e 14. V., altresì, J. Rose, *The Legal Profession in Medieval England: a History of Regulation*, cit., spec. p. 11, che sottolinea come spesso anche i segretari delle corti (Court clerks) fornivano assistenza legale alle parti, sfruttando le conoscenze giuridiche che possedevano al fine di aumentare i propri guadagni; nello stesso senso si rimanda a A. Harding, *England in the thirteenth century*, Cambridge University Press, Cambridge, 1993, pp. 166-169.

[153] La definizione di *"proto-professionals"* è di J. Rose, *The Legal Profession in Medieval England: a History of Regulation*, cit., spec. p. 12.

[154] Cfr. U. Mattei e E. Ariano, *Il modello di Common law*, V ed., Giappichelli, Torino, 2018, p. 34, ove l'emergere di una nuova e ristretta classe di avvocati, chiamati *narrators*, viene ricondotta al 1250, quando il *Common Pleas* fu stabilito come corte principale di

vento di tali soggetti, nel ruolo di assistenti legali delle parti, venne legittimato grazie all'affermarsi di un regime di autorizzazioni e concessioni regie. Gli *attorneys* ottennero il diritto di apparire in corte, sia al fine di rappresentare un cliente in una specifica controversia sia come rappresentanti dotati di procura generale [155]. Nel primo caso, l'autorizzazione concessa dalla parte all'*attorney* veniva annotata nel *plea roll* (registro delle cause); nella seconda evenienza, invece, era un *writ* regio o giudiziale ad attribuire direttamente tale potere al rappresentante legale [156]. Per quanto la ricostruzione storica abbia confini più incerti [157], è dato presumere che anche i *pleaders* (*narrators* e *serjants*) potessero agire in giudizio solo in quanto dotati di un permesso giudiziale [158], così che anche la loro presen-

---

common law. Cfr. P. Brand, *The Origins of the English Legal Profession*, cit.: l'A. sottolinea un incremento della presenza di *professional attorneys* nel *Common Bench* soprattutto dal 1260, riconducendo tale trend a due fattori: 1. all'aumento del contenzioso in particolari aree, con conseguente possibilità per gli *attorneys* di rappresentare un maggior numero di clienti offrendo prestazioni ad un miglior prezzo rispetto agli *"amateur competitor"*; 2. al complicarsi dei processi che comportava la crescente consapevolezza in capo alle parti del vantaggio di avere un'assistenza legale qualificata (p. 69).

[155] Sulla distinzione tra *special attorney* e *general attorney* si rinvia, su tutti, a N. Francis Morgan, *Britton An English Translation with Notes*, John Byrne & Co, Washington, 1901, Chapter X, p. 610 ss.

[156] Così J. Rose, *The Legal Profession in Medieval England: a History of Regulation*, cit., p. 13. V. F. Pollock e F.W. Maitland, *The History of English Law before the time of Edward I*, cit., che, in merito alla presenza di un *attorney* nelle cause dinnanzi alle corti regie, sottolinea come tale intervento fosse da ritenersi eccezionale e nel caso di procura generale sottoposto a concessione regia: *"The litigant must appear before the court in his proper person and must there put someone else in his stead to gain or lose in some particular plea. Whatever is more than this can only be accomplished by means of a royal writ. Thus it is only under a royal writ that a man can have a general prospective power of appointing attorneys to act for him in future litigation. Such writs are by no means matters of course; they usually recite some special reasons why an exceptional boon should be granted: the grantee is going abroad on the king's business, or he is the abbot of a royal monastery and too old or infirm for laborious journeys. In the communal courts a litigant could not appoint an attorney unless he had the king's writ authorizing him to do so"* (p. 226). Negli stessi termini v. F.W. Maitland e F.C. Montague, *A Sketch of English Legal History*, cit.: *"In Henry III.'s (...): a litigant in the king's court may appoint an attorney to represent him in the particular action in which he is for the time being engaged; he requires no special licence for this; but if a man wishes to prospectively appoint a general attorney, who will represent him in all actions, the right to do this he must buy from the king, and he will not get it except for some good cause"* (p. 95). Secondo Padoa Schioppa *"nel 1292 un* writ *del re rivolto ai suoi giudici dispose che gli* attorneys *fossero controllati dal centro, cioè dai giudici stessi"*: A. Padoa Schioppa, *Storia del diritto in Europa*, cit., pp. 215 e 216.

[157] Sul punto si rinvia a J. Rose, *The Legal Profession in Medieval England: a History of Regulation*, cit., p. 13, nota 45, che ritiene che il diverso grado di informazioni relative allo sviluppo storico delle due categorie professionali, *attorneys* e *serjeants*, possa essere ricondotto alla seguente spiegazione pratica: "(...). *Attorneys to manage litigation were a practical necessity, but judges could decide cases without advice from pleaders although their use was advantageous*".

[158] J. Rose, *The Legal Profession in Medieval England: a History of Regulation*, cit., p. 13.

za da prassi informale si tramutò presto in circostanza sottoposta ad un costante controllo della corte di *Common Pleas*. Inoltre, per mezzo dell'intervento legislativo, le formalità e i vincoli che caratterizzavano la possibilità per gli *attorneys* e *pleaders* di partecipare al giudizio si andarono nel tempo allentando [159] e la loro attività nelle corti divenne la norma. Sin dal XIII secolo una serie di *statutes* riconobbero il diritto delle parti di farsi rappresentare ed assistere da un legale [160], così ponendo ufficial-

---

[159] *Ivi*, spec. pp. 13 e 14.

[160] Si rinvia all'approfondita ricostruzione offerta da J. Rose, *The Legal Profession in Medieval England: a History of Regulation*, cit., pp. 14-16, che sottolinea come il riconoscimento del diritto in capo alle parti di avvalersi di un esperto legale si sia rafforzato grazie ad una serie di *statutes* che hanno visto la luce nel corso del XIII, XIV e XV secolo. Il riferimento è, ad esempio, allo *Statute of Merton 1235, chapter* 10 (Statute of Merton, 1235, 20 Hen. III, ch. 10): *"It is provided and granted that every Freeman which oweth Suit to the Country, Trything, Hundred, and Wapentake, or to the Court of his Lord, may freely make his Attorney to do those Suits for him"*; sul punto v. altresì, E.B.V. Christian, *A Short History of Solicitors*, Reeves and Turner, London, 1896, p. 6 ss.; F. Pollock e F.W. Maitland, *The History of English Law before the time of Edward I*, cit., spec. p. 575, secondo cui: *"The privilege of doing his suit by attorney to the courts of the county, the trithing, the hundred and to the seignorial courts was conceded to every freeman by the Statute of Merton in 1236"*. *Contra* H. Brunner, *Early History of the Attorney in English Law*, in *Ill. L. Rev.*, 1908-1909, v. 3, n. 5, p. 257, spec. p. 273 ss., secondo cui in realtà la portata legislative di tale *statute* è stata fraintesa dagli autori inglesi, poiché tale legislazione mirava a riconoscere la possibilità per soggetti estranei al giudizio di prendervi parte non già come rappresentanti delle parti in causa, ma come *"sectatores"* ovvero *"suitors"*); alla *Charter of the city of London* del 1268, che riconobbe tale diritto ai propri cittadini (cfr. H. Cohen, *A History of the english Bar and Attornatus to 1450*, Sweet & Maxwell, London, 1967, pp. 264 e 265), a *The Statute of Westminster II* del 1285, che permise ai *general attorneys* di agire nelle corti della giustizia itinerante in assenza di una specifica concessione regia (*Statute of Westminster II*, 1285, 13 Edw. 1, ch. 10, reprinted in 1 *The Statutes of the Realm*, cit., p. 80). Cfr., tuttavia, V.P. Brand, *The origins of the English legal profession*, in *Law & Hist. Rev.*, 1987, n. 5, p. 31, spec. p. 45, che, invece, riconduce la presenza di una simile legislazione già al Regno di Henry II: *"It was, it seems, only during the reign of Henry II, and perhaps as the result of legislation now lost, that it became possible for a litigant to appoint whomever he wished to act for him as his representative in a single piece of litigation. (...) The legislation of 1234, which allowed the appointment of 'attorneys' in county, hundred and seignorial courts with power to claim for hearing in their principal's court any cases falling within the jurisdiction of that court, and also to act for them in any litigation brought by or against them that was initiated by plaint (rather than writ), probably preserved an existing institution and did not introduce a new one"*. L'importanza di un tale riconoscimento formale è enfatizzata da J. Rose, *The Legal Profession in Medieval England: a History of Regulation*, cit., p. 15: *"it is important not to minimize this official recognition of the right to use attorneys generally in all courts as it reversed a long tradition, and probable requirement, that litigants appear in person"*. Sul fatto che la tradizione imponesse la comparizione personale delle parti, si rinvia, su tutti, a: O.W. Holmes, *Agency. II*, in *Harv. Law Rev.*, 1891, v. 5, n. 1, p. 1, spec. p. 6 ss.: *"The primitive lawsuit was conducted by the parties in person. Counsel, if they may be called so, were very early admitted to conduct the formal pleadings in the presence of the party, who was thus enabled to avoid the loss of his suit, which would have followed a slip on his own part in uttering the formal words, by disavowing the pleading of his advocate. But the Frankish law very slowly admitted the possibility of giving over the conduct of a suit to another, or of its proceeding in the absence of the principals"*; H. Brunner, *Early History of the Attorney in English Law*, cit.

mente fine all'antico principio secondo cui le parti dovessero apparire personalmente in giudizio [161]. Al termine del Regno di Edoardo I, nel 1307 [162], i professionisti legali erano ormai presenti nelle corti a tempo pieno [163] e la demarcazione tra le due categorie professionali appariva sempre più netta.

Gli *attorneys* [164] possedevano il potere di sostituire la parte nel processo, gestendo gli aspetti procedurali della vertenza. Esercitando una vera e

---

[161] Sull'antico principio della personale comparizione delle parti si rimanda, per tutti, a F.W. Maitland e F.C. Montague, *A Sketch of English Legal History*, cit., p. 94 ss.; F. Pollock e F.W. Maitland, *The History of English Law before the time of Edward I*, cit., pp. 224 e 225; J. Rose, *The Legal Profession in Medieval England: a History of Regulation*, cit., p. 15. Parte della dottrina ha ravvisato l'origine di tale requisito nel diritto normanno: in questi termini H. Brunner, *Early History of the Attorney in English Law*, cit., spec. pp. 261 e 267; O.W. Holmes, *Agency. II*, cit., a p. 6 ss.

[162] V. J. Rose, *The Legal Profession in Medieval England: a History of Regulation*, cit., p. 16 ss., secondo cui l'emergere della professione legale inglese deve essere ricondotto a una serie di cambiamenti che hanno interessato l'ordinamento giuridico inglese. Il riferimento è, prima di tutto, alle modifiche subite dal sistema giudiziale inglese, iniziate durante il regno di Henry II (1154-1189) e proseguite nel corso del regno di Edward I (1272-1307) con l'affermazione della *General Eyre* e delle corti regie di *Westminister* e l'istituzione della *Court of Common Pleas*, nonché con l'introduzione di giudici sempre più esperti, che hanno reso auspicabile la presenza in giudizio di professionisti in grado di confrontarsi con le regole e le procedure secondo cui si articolavano i procedimenti dinnanzi a tali corti centrali. Un secondo significativo fattore di cambiamento è stato ravvisato nella crescente complessità dei processi, determinata dall'espandersi del numero dei *writs*, dall'intricarsi delle regole procedurali, dall'introduzione della *"law of essoins"*, ovvero le eccezioni legittimanti l'assenza in giudizio (che potevano, peraltro, con la necessaria abilità, essere usate strategicamente per creare ritardi nel processo) e, più in generale, dall'emergere di sempre nuove eccezioni procedurali. Nello stesso senso v. P. Brand, *The Origins of the English Legal Profession*, cit., p. 14 ss. *Contra* R.C. Palmer, che riconduce lo sviluppo della professione forense alla significativa presenza degli avvocati nelle *county courts* e *local courts* nel corso del XII secolo: R.C. Palmer, *The Origins of the Legal Profession in England*, in *Irish Jurist*, 1976, v. 11, n. 1, p. 126.

[163] V. P. Brand, *The Origins of the English Legal Profession*, cit., che riferendosi all'ultimo quarto del XIII secolo rimarca l'esistenza di una *"nascent English legal profession"* (p. 3); Id., *The origins of the English legal profession*, in *Law & Hist. Rev.*, 1987, n. 5, p. 31, spec. pp. 35 e 40: *"By 1300 a legal profession had come into being in England. There existed by that date a sizeable group of men who were recognised as having specific, professional skills in the representation of litigants and who spent much of their time and derived much of their income from putting those skills at the disposal of litigants. They also, by 1300, constituted a profession in another sense, for by that date they were also subject to special rules governing their professional conduct"* (p. 35); v., altresì, F. Pollock e F.W. Maitland, *The History of English Law before the time of Edward I*, cit., p. 226: *"A change comes in Edward I.'s day which gives a new definiteness to the class of attorneys as well as to the class of counsellors"*.

[164] Inizialmente pare che l'*attorney* fosse identificato con il nome di *responsalis*, termine generico volto a denotare un individuo che appariva in corte per rispondere in sostituzione della parte in causa: sul punto si rinvia a R. de Glanvill, *The Treatise On The Laws And Customs Of The Realm Of England*, Liber XI, capitulo I *"De responsalibus loco dominorum in curia constituendis"*: *"Placita in superioribus exposita super recto quidem et proprietate rei*

propria funzione di rappresentanza processuale, l'attività svolta da tali professionisti era vincolante per i clienti [165]. È in tale gruppo professionale, composto da 'praticoni', che può essere ravvisata l'origine dei *solicitors*. Per contro, i *narrators* (*counters*) intervenivano in giudizio con il compito

---

prodit sunt, que prosequi quis potest sicut et alia quelibet placita civilia tam per se ipsum quam per responsalem loco suo positum ad lucrandum vel perdendum" (cfr., tuttavia, J. Beames, *A translation of Glanville* (R. de Glanvill, *The Treatise On The Laws And Customs Of The Realm Of England*), J. Byrne & co., Washington, 1900, p. 223 ss., che nella sua traduzione del Trattato utilizza il termine *attorney*, con la specifica contenuta in nota 1: "Responsalis. *From some expressions made use of by Bracton and Fleta, it has been conjectured, that an Attorney, an Essoiner, and a* Responsalis, *differed in some respects. (Bracton 121. B. and Fleta, L. 6. C. 11 s. 6. 7.) Of this opinion Lord Coke seems to be. (Co. Litt. 128. Q) Yet, we must be cautious, in applying these distinctions to Glanville; for they may, after all, be the result of a much more recent period. Nor is the reading of Bracton, in the passage alluded to, perfectly free from suspicion*"; F. Pollock e F.W. Maitland, *The History of English Law before the time of Edward I*, cit., pp. 225 e 226: "*Already in Glanvill's day every one who is engaged in civil litigation in the king's court enjoys this right of appointing an attorney, or rather, for the word attorney is hardly yet in use, a* responsalis"; J. Rose, *The Legal Profession in Medieval England: a History of Regulation*, cit., p. 25; P. Brand, *The origins of the English legal profession*, cit., spec. p. 45 e soprattutto nota 52.

Sull'etimologia di *attorney* si rimanda a J. Rose, *The Legal Profession in Medieval England: a History of Regulation*, cit., p. 25, che sottolinea come: "'*Attorney' or attornare derives from the French verb, attorner, meaning to turn or 'to assign or depute for a particular purpose' and the Norman noun,* attornatus, *describing a similar legal representative*". Nello stesso senso, J.L. Halperin, *Avocats et notaires en Europe: les professions judiciaires et juridiques dans l'histoire contemporaine*, cit., p. 25, secondo cui il termine *attorney* "*est dérivé du vieux français "attourner" significant mettre en ordre, arranger*". V., inoltre, F. Pollock e F.W. Maitland, *The History of English Law before the time of Edward I*, cit., spec. p. 225 ove si legge: "*It is otherwise with the attorney, for the attorney represents his principal: he has been appointed, attorned (that is, turned to the business in hand), and for good and ill, for gain and loss (ad lucrandum et perdendum) he stands in his principal's stead*". Cfr., tuttavia, H. Cohen, *A History of the english Bar and Attornatus to 1450*, cit., pp. 126-143, secondo cui l'origine del termine *attornatus* è da ricercarsi nella lingua Latina, ove con *ad turnum* si indicava quando un soggetto prendeva il posto di un altro. Di tale parere anche L.C. Lambdin e R.T. Lambdin (eds.), *Chaucer's Pilgrims: An Historical Guide to the Pilgrims in The Canterbury Tales*, Greenwood Publishing Group, Westport, 1999, p. 118: "*The term* attorney *comes from the Latin verb* attornare, *meaning to appoint*"; P. Brand, *The Origin of the English Legal Profession*, cit., p. 46.

[165] Nel corso del XII e XIII secolo era frequente la presenza in giudizio dei cc.dd. *essoiners*, professionisti legali che agivano in sostituzione della parte con il compito di giustificare l'assenza del litigante. Dal XIII secolo pare che con tale nome non identificasse una categoria distinta di professionisti legali, quanto piuttosto gli *attorneys* che esercitavano tale precipua funzione. In questo senso v. J. Baker, *Introduction to English Legal History*, V ed., Oxford University Press, Oxford, 2019, secondo cui "*An essoiner was employed to make formal excuses for non-apparence in court. In the 13th and 14th centuries the function waned with the real actions and was absorbed into that of the attorney*" (p. 166); cfr. J. Rose, *The Legal Profession in Medieval England: a History of Regulation*, cit., pp. 27 e 28, il quale, pur richiamando la formale separazione tra *attorneys* e *essoiners* nelle corti di Londra avvenuta ad opera della London Ordinance del 1280, conclude negli stessi termini di Baker: "'*essoning' was probably one function of any attorney rather than a separate role for a distinct subgroup*" (p. 28). Per un approfondimento sulla *London Ordinance of 1280*, si rinvia su tutti a Id., *ult. op. cit.*, spec. p. 63 ss. e ai riferimenti ivi contenuti.

di riportare alla corte la fattispecie che aveva determinato la parte ad agire in giudizio, e i profili di fatto sottesi alla pretesa e rilevanti al fine della decisione. Non essendo dei rappresentanti, le loro *narrationes* non vincolavano la parte in causa che poteva, dunque, disconoscere quanto esposto dal professionista [166]. Tuttavia, proprio in virtù dell'intervento del *narrator*, il litigante evitava di compiere errori dettati dall'inosservanza delle regole tecniche della difesa e, al contempo, si assicurava l'utilizzo del linguaggio tecnico, accurato e preciso che il processo richiedeva [167]; tanto bastava per rendere l'intervento del *narrators* desiderabile ed auspicabile [168]. Durante il XIV secolo i *narrators*, o alcuni di essi, presero la qualifica di *serjeants-at-law*, probabilmente in ossequio al loro rapporto di servizio con il re [169]. I *serjeants-at-law*, ben presto si organizzarono in un'istituzione rappresentativa estremamente elitaria [170], l'*Order of the Coif* [171]. Solo un numero ridot-

---

[166] J. Rose, *The Legal Profession in Medieval England: a History of Regulation*, cit., p. 21; R.C. Palmer, *The Origins of the Legal Profession in England*, cit., pp. 126 e 127. V., inoltre, W.S. Holdsworth, *History of English Law*, Methuen & Co., London, 1909, che, a riprova del carattere non vincolante dell'attività del *narrator*, richiama la prassi, diffusa nelle corti regie e locali nel corso del XIII secolo, di chiedere alla parte in causa "*whether he will abide by his pleader's statement*" (pp. 262 e 263).

[167] J. Rose, *The Legal Profession in Medieval England: a History of Regulation*, cit., pp. 21 e 22.

[168] Cfr. l'opinione di F. Pollock e F.W. Maitland, *The History of English Law before the time of Edward I*, cit., secondo cui: "*The professional pleader makes his way into the courts, not as one who will represent a litigant, but as one who will stand by the litigant's side and speak in his favour, subject however to correction, for his words will not bind his client until that client has expressly or tacitly adopted them. Perhaps the main object of having a pleader is that one may have two chances of pleading correctly. Even in the thirteenth century we may see the pleader disavowed*" (pp. 224 e 225). Condivide l'opinione secondo cui l'intervento del *narrator* fosse preferibile in quanto dava una doppia possibilità per il litigante di agire correttamente in giudizio W.S. Holdsworth, *History of English Law*, cit: "*In those days* [Henry I, ndr] *one of the chief advantages of having a pleader to speak for one before the court lay in the fact that it was possible to disavow a mistake made by the pleader, and so avoid losing the action by a verbal slip. The man who employs a pleader has two chances of escaping error. The man who does not has only one chance*" (p. 262).

[169] Di questo parere A. Padoa Schioppa, *A History of Law in Europe: From the Early Middle Ages to the Twentieth Century*, Cambridge University Press, Cambridge, 2017, spec. p. 224; Id., *Storia del diritto in Europa*, cit., p. 216.

[170] Rimarcano il carattere elitario dell'istituzione: U. Mattei e E. Ariano, *Il modello di Common law*, cit., p. 35.

[171] Il nome deriva dal caratteristico copricapo candido di seta (o, a partire dal Seicento, di lino), la cuffia appunto, che il *Chief Justice* del *Common Pleas* consegnava al *serjeants* al momento della cooptazione: U. Mattei e E. Ariano, *Il modello di Common law*, cit., p. 35; J.G. McLaren, *The Brief History of Wigs in the Legal Profession*, in *Int'l J. Legal Prof.*, 1999, v. 6, n. 2, p. 241 e spec. pp. 241 e 242. Sulla forma originaria, la relativa evoluzione e il significato del *coif* si rinvia all'approfondita analisi condotta da A. Pulling, *Order of the Coif*, William Clowes and Sons, London, 1884, p. 13 ss. Basti qui ricordare come il *coif*, al pari dell'elmo, era simbolo di dignità, prestigio e del particolare ed importante *status* del soggetto che lo indossava.

Sul carattere solenne della cerimonia di ingresso dei nuovi membri nell'*Order of the* tissimo di professionisti, scelti annualmente dal re, veniva ammesso all'Ordine[172]. In breve tempo, i *serjeants-at-law* ottennero il monopolio dell'assistenza legale dinnanzi alla Corte di *Common Pleas*. La vasta competenza di tale organo giudiziario, in relazione alle cause appartenenti alla giurisdizione regia, permise ai *serjeants* di incidere profondamente, attraverso la propria attività professionale, sullo sviluppo delle caratteristiche medioevali del *common law*[173]. Una forte osmosi, inoltre, iniziò a contrassegnare il rapporto tra avvocatura e corpo giudicante dal momento che i giudici venivano scelti dal Re attingendo alle fila dei *serjeants* membri dell'*Order of the Coif*, che avevano esercitato la professione in maniera encomiabile per svariati anni[174]. Tale meccanismo di cooptazione non fece altro che rafforzare il monopolio dei *serjeants* sulla giurisprudenza della Corte di *Common Pleas*, creando quel rapporto basato sulla fratellanza e il reciproco rispetto, nonché favorendo quel comune spirito di casta, che ancora oggi contraddistinguono il legame tra *Bench* e *Bar*[175].

Coif, si rinvia, su tutti, a A. Pulling, *Order of the Coif*, cit., spec. p. 35 ss.; J. Baker, *Introduction to English Legal History*, cit., p. 167.

[172] *"The chief justice of the common bench is accustomed, with the counsel and assent of all the justices, to choose, as often as seems to him opportune, seven or eight of the persons of more mature age who have become more proficient in the aforesaid study of the law, and who seem to the justices of the best disposition; and he usually sends their names in writing to the chancellor of England, who thereupon by writ of the king of each of those chosen commands that he shall be before the king at a day assigned by him, to take upon himself the estate and degree of serjeant-at-law"*: Sir John Fortesque, *De Laudibus Legum Angliae*, 1471, Cambridge University Press, Cambridge, (traduzione di S.B. Chrimes), 1949, p. 121. Cfr. U. Mattei e E. Ariano, *Il modello di Common law*, cit., p. 35, secondo cui *"Erano parte di esso* [dell'Order of the Coif, ndr] *i giudici superiori di common law, intorno alla quindicina in tutto quando la giurisdizione dell'*Exchequer *fu completa, più un numero variabile dai quattro ai dieci* serjeants *(o poco più), che venivano cooptati una volta ogni sei-otto anni"*. Cfr. E.H. Warren, *Serjeants-At-Law; the Order of the Coif*, in *Va Law Rev.*, 1941-1942, v. 28, n. 7, p. 911: *"The number of the Brothers of the Coif throughout the centuries was small, very small. I doubt if the number of practising Serjeants-at-law (that is, the total number of members of the Order of the Coif, less those who have been elevated to the bench) averaged through the centuries to be more than a dozen"* (p. 914). Statistiche sulla consistenza numerica dei professionisti legali durante il regno di Edward I sono rinvenibili in P. Brand, *The Origins of the English Legal Profession*, cit., p. 70 ss. e pp. 158-159.

[173] In questi termini U. Mattei e E. Ariano, *Il modello di Common law*, cit., p. 35, che, riprendendo l'importanza della giurisprudenza della Corte di *Common Pleas* nello sviluppo del *common law*, sottolineano come negli *Years Books* siano contenuti praticamente soltanto casi di tale corte, sulla quale l'*Order of the Coif* vantava il monopolio.

[174] *"They were the reservoir from which the Judges of the highest courts were drawn. From a very early date down through the centuries to 1875, no one was made a Chief Justice or other Justice of the King's Bench, or a Chief Justice or other Justice of the Court of Common Pleas, or a Chief Baron of the Court of Exchequer who was not a Brother of the Coif. And some of the Barons of the Court of Exchequer and several of the Chancellors have also been of the Coif"*: E. H. Warren, *Serjeants-At-Law; the Order of the Coif*, cit., spec. p. 913.

[175] A. Padoa Schioppa, *Storia del diritto in Europa*, cit., p. 217; U. Mattei e E. Ariano, *Il modello di Common law*, cit., p. 35.

Pur in presenza di talune prestigiose università, quali quelle di Oxford e Cambridge, ove, sin dal 1200, erano tramandati il diritto romano e il diritto canonico [176], l'educazione del giurista inglese rimase per moltissimo tempo appannaggio delle corti e delle associazioni professionali corporative. I *common lawyers* (*serjeants*, *apprentices* [177], *attorneys*), dal XIV secolo, iniziarono a riunirsi e a risiedere negli *Inns of Courts*: quattro associazioni che in breve tempo si trasformarono da centri di aggregazione e residenza in realtà deputate anche alla formazione e dall'ammissione alla professione (*call to the bar*) degli aspiranti avvocati [178]. È in tale contesto che si è realizzata l'entrata in scena dei *barristers*, attraverso un *"duplice movimento di differenziazione"* [179]: da un lato tali professionisti legali iniziarono a distinguersi dai *serjeants-at-law*, dei quali erano allievi, conquistando il monopolio della difesa; dall'altro affermarono la loro superiorità di *status* rispetto al rango inferiore della professione composto dagli *attorneys*, i quali vennero cacciati dagli *Inns of Court*. Progressivamente allontanati dagli *Inns of Court* a partire dal XVII secolo [180], gli *attorneys* si

---

[176] Tali università avevano stretti legami con quelle dell'Europa continentale e applicavano i medesimi metodi; cfr. A. Gentili, *Lodi delle accademie di Perugia e Oxford*, nella versione italiana con note di G. Ermini, Libreria Universitaria, Perugia, 1968; N. Picardi, *Considerazioni sull'insegnamento del diritto in Italia e Inghilterra*, in *Riv. giur. umbro-abruzz.*, 1957, p. 395 ss.; N. Picardi e R. Martino (a cura di), *L'educazione giuridica*, Cacucci, Bari, 2008, XXIII.

[177] Secondo parte della dottrina la presenza degli *apprentices* può essere fatta risalire alla fine del XIII secolo; si trattava di soggetti che si stavano formando per divenire *Serjeants of the Common Bench*, sotto la supervisione di *senior apprentices* o *serjeants*. Nel corso del XIV secolo pare che gli *apprentices* fossero autorizzati a comparire in corti, diverse dalla *Common Bench*, in difesa di propri clienti. Alcuni di essi, i più competenti e fortunati, potevano aspirare a divenire *serjeants*. Essi sono visti come i predecessori dei *barristers*: in questi termini J. Rose, *The Legal Profession in Medieval England: a History of Regulation*, cit., pp. 22-24. V., altresì, la ricostruzione offerta da J. Baker, *Introduction to English Legal History*, Oxford University Press, Oxford, 2019, p. 168.

[178] *"Le quattro Inns of Court sono la Lincoln's Inn, fondata nel 1422, la Middle Temple fondata nel 1501, la Inner Temple fondata nel 1505 e la Gray's Inn fondata nel 1569. Le date indicate, tuttavia, corrispondono alla formale fondazione, ma la loro esistenza viene fatta risalire già al XIV secolo"*: D. Nitti, *La professione forense in Inghilterra*, in A. Berlinguer, *La professione forense: Modelli a confronto*, Giuffrè, Milano, 2008, p. 97, spec. p. 99; dello stesso parere U. Mattei e E. Ariano, *Il modello di Common law*, cit., che pur sottolineando l'incertezza che contraddistingue l'ascesa temporale degli *Inns* quali centri di formazione, riconducono al XIV secolo la sussistenza di una organizzazione del *Lincoln's Inn* che ne attestava la sua maturità. In generale, sulla genesi, organizzazione e funzionamento degli *Inns of Court* si rinvia, su tutti, a: R.R. Pearce, *A History of the Inns of Court and Chancery: With Notices of Their Ancient Discipline, Rules, Orders, and Customs, Readings, Moots, Masques, Revels, and Entertainments; Including an Account of the Eminent Men of the Four Learned and Honourable Societies,-Lincoln's Inn, the Inner Temple, the Middle Temple, and Gray's Inn, &c*, R. Bentley, London, 1848; J. Baker, *Introduction to English Legal History*, Oxford University Press, Oxford, 2019, p. 168 ss.

[179] Così M. Malatesta, *Professionisti e gentiluomini*, cit., pp. 58 e 59.

[180] H.L. Bellot, *Exclusion of Attorneys from the Inns of Court*, in *Law Q. Rev.*, 1910, v. 26,

radunarono negli *Inns of Chancery* [181]: a tale gesto di esclusione [182] può essere ricondotta la nascita dei *solicitors* [183]. Se inizialmente la divisione tra *attorneys* e *solicitors* è testimoniata dall'esistenza di ruoli distinti presso la corte, ove la loro presenza veniva registrata, nel corso del XVIII secolo il titolo di *solicitor* iniziò ad assumere maggior prestigio e ad imporsi su quello di *attorney*. L'epilogo naturale fu la fusione delle due categorie professionali avvenuta a metà del XIX secolo, con la formazione di un ruolo unico nel 1843, definitivamente consacrata nel 1873 [184].

Alla fine dell'Ottocento la genesi delle due professioni legali inglesi, *barristers* e *solicitors*, può ritenersi ormai compiuta e il dualismo del corpo professionale, che ancor oggi ne caratterizza l'essenza, affermato [185]. I *solicitors*, quantomeno in principio, avevano il compito di mantenere contatti diretti con il cliente, curare la preparazione della causa, che successivamente il *barrister* avrebbe discusso in udienza, fornire consulenza e compiere attività stragiudiziali per i propri clienti, ricoprendo altresì talune funzioni che nel continente sono riservate ai notai, tra cui l'auten-

---

p. 137 ss.: secondo l'A. la definitiva esclusione degli *attorneys* dagli *Inns of Court* è erroneamente fatta risalire a metà del XVI secolo, dal momento che le evidenze storiche attestano la loro presenza come membri delle *greater Houses* fino alla fine del XVIII secolo.

[181] Sull'esclusione degli *attorneys* dagli *Inns of Courts*, si rinvia, su tutti, a H.L. Bellot, *Exclusion of Attorneys from the Inns of Court*, cit., p. 137 ss.; H. *Kirk*, *Portrait of a Profession*: *A History of the Solicitor's Profession, 1100 to the Present Day*, Oyez Publishing, London, 1976.

[182] O *"trauma originario"* come definito da M. Malatesta, *Professionisti e gentiluomini*, cit., p. 59, riprendendo l'espressione di D. Sugarman, *Bourgeois Collectivism, Professional Power and the Boundaries of the State: The Private and Public Life of the Law Society, 1825-1914*, in *Int'l J. Legal Prof.*, 1996, v. 3, n. 1/2, p. 81, a p. 85: *"Viewed retrospectively, expulsion from the inns of court was the traumatic moment in the collective memory of attorneys and solicitors"*.

[183] Così M. Malatesta, *Professionisti e gentiluomini*, cit., p. 59. Cfr. L. Halperin, *Avocats et notaires en Europe: les professions judiciaires et juridiques dans l'histoire contemporaine*, cit., secondo cui, oltre all'esclusione dagli *Inns*, è l'espansione della *Court of Chancery* nel XVI secolo che ha determinato l'affermazione della nuova categoria dei *solicitors* *"qui devaient "solliciter" les services de la Chancellerie Le terme de solicitor était également employé pour des agents propriétaires fonciers de gérer leurs domaine"* (p. 26). Sottolinea come il ruolo dei *solicitors* fosse, inizialmente, quello di *"impiegati che dovevano 'sollecitare' i servizi di cancelleria"* anche M. Malatesta, *Professionisti e gentiluomini*, cit., p. 59.

[184] L. Halperin, *Avocats et notaires en Europe: les professions judiciaires et juridiques dans l'histoire contemporaine*, cit., p. 26.

[185] Cfr. H. Cohen, *The Divided Legal Profession in England and Wales – Can Barrister and Solicitors Ever Be Fused*, in *J. Legal Prof.*, 1987, v. 12, p. 7 e spec. pp. 12 e 13, secondo cui l'effettiva distinzione tra le due categorie professionali dei *barristers* e *solicitors* è relativamente recente, essendo da ricondursi al momento in cui è stato formalmente negato agli *attorneys* il *right of audience* dinnanzi alle corti; l'A. sottolinea come, nel periodo antecedente a tale esclusione, pur essendo tale divisione formalmente esistente, i ruoli venivano nella prassi spesso confusi: *"it has been said that attorneys, serjeants-at-law, barristers were in the same business and that barristers frequently dealt directly with clients and that attorneys appeared for clients in courts"*.

ticazione e la registrazione dei testamenti, la certificazione degli atti pubblici, ovvero dei passaggi di proprietà. Ai *barristers*, per contro, non essendo concesso di intrattenere rapporti direttamente con i clienti laici e agendo su richiesta dei *solicitor* [186], spettava il *right of audience* (ovvero il diritto di patrocinio in udienza pubblica [187]) dinnanzi a tutte le corti, con una esclusività dinnanzi alle giurisdizioni superiori, oltre al compito di fornire pareri giuridici *pro veritate* [188].

Una simile distinzione nelle funzioni ancora oggi permane [189]; tuttavia, la continua *"lotta per il monopolio dei campi di esercizio professionale"* [190]

---

[186] Dal 1989 il *Bar Council* autorizzò altri professionisti, come gli *accountants* e i *surveyors*, a rivolgersi direttamente ai *barristers* per pareri giuridici, senza avvalersi dell'intermediazione dei *solicitors*; tale meccanismo, noto come *Bar Direct*, è stato gradualmente esteso negli anni '90 ad altri professionisti e ai dipendenti delle pubbliche amministrazioni. Dal 2004 l'accesso diretto ai *barristers* è stato riconosciuto anche al pubblico (*Direct Public Access Rules*): A. Boon, *The Ethics and Conduct of Lawyers in England and Wales*, Bloomsbury Publishing, Oxford e Portland, 2014.

[187] Così L. Moccia, *Comparazione giuridica e Diritto europeo*, Giuffrè, Milano, 2005, p. 323.

[188] G. De Berti, *Professione e formazione legali in Inghilterra*, in *Foro it.*, 1973, v. 96, n. 1, p. 27; K. Roger e D. Gwynn, *Reform of the Legal Profession: An Alternative 'Way Ahead'*, in *The Mod. L. Rev.*, 1999, v. 62, n. 6, p. 807 ss.

[189] V. l'opinione di K. Roger e D. Gwynn, *Reform of the Legal Profession: An Alternative 'Way Ahead'*, cit., secondo cui prima del XX secolo (fine XVII e XIX secolo) la distinzione fra le due branche dell'avvocatura non poteva ritenersi determinata solo dalle diverse riserve di potere, ovvero *"access of lay clients, conveyancing, and right of audience"*, dipendendo la stessa fortemente dalle distinte credenziali formative, che determinavano il diverso *status* sociale (*"barristers were in general better educated than, and socially superior to, solicitors"* – p. 808).

[190] M. Malatesta, *Professionisti e gentiluomini*, cit., p. 58. Cfr. M. Burrage, *From a Gentlemen's to a Public Profession: Status and Politics in the History of English Solicitors*, in *Int'l J. Legal Prof.*, 1996, v. 3, n. 1/2, p. 45, spec. p. 55. Secondo l'A., l'affermazione di esclusive aree di esercizio (la gestione dei trasferimenti di proprietà e il contatto diretto con i clienti riconosciuto in capo ai *solicitors*; il *right of audience* dinnanzi alle corti superiori e la possibilità di un accesso diretto alla magistratura per i *barristers*), quantomeno sino al XX secolo, può essere ricondotta ad un *"unwritten, gentlemen's agreement"* tra i due rami della professione, oltre che con lo Stato; pur rimarcando l'ambivalente relazione tra le due branche della professione – *"Solicitors' jurisdiction was worked out both against, and in co-operation with, the bar"* (p. 55) –, l'A. sottolinea come prevalga, nella definizione delle aree di riserva, il rapporto di sostegno reciproco attuato dai due rami della professione, secondo una logica che antepone la conservazione di uno *status* rispettabile e il mantenimento della qualità dei servizi legali al conseguimento degli interessi economici: *"Intermittently through the nineteenth century, there were some such collisions and competition between the two professions, but the more important fact is that the two professions were simultaneously deferring to each other's prerogatives, and sacrificing their immediate economic self-interests in favour of each other. In so doing, they created the institution of 'referral', which, by the early twentieth century, was universally respected by members of both professions without any kind of statutory intervention or enforcement. Perhaps the most curious aspect of this jurisdictional agreement is that the two professions were wholly preoccupied with each other"* (pp. 55 e 56), e, ancora: *"This lends further support to the argument that for both of them status considerations out-*

condotta da entrambe le anime dell'avvocatura ha determinato costanti e profondi cambiamenti negli assetti e le riserve di potere, storicamente conquistate, si sono nel tempo intrecciate e, per certi versi, sovvertite. A partire dalla fine del Novecento, la legittimazione esclusiva dei *barristers* ad esercitare il patrocinio dinnanzi alle corti superiori è stata messa in costante discussione e la continua erosione di tale monopolio *"ha finito per spostare il baricentro a favore dei solicitors"*: il *Supreme Court Act* del 1981 ha concesso ai *solicitors* la possibilità, in casi speciali e salvo autorizzazione del *Lord Chancellor*, di introdurre la vertenza dinanzi alla *Crown Court*, mentre il *Court and Legal Service Act* del 1990 ha ampliato tale riconoscimento, permettendo ai *solicitors*, in possesso di specifica autorizzazione, di patrocinare dinanzi alla *Crown Court*. Infine, al termine del secolo scorso, l'intervento dei *solicitors* nei giudizi è stato definitivamente rafforzato dall'*Access to Justice Act* del 1999, il quale ha introdotto il principio secondo cui tutti i professionisti, con adeguata qualifica professionale e appartenenza ad un'idonea associazione professionale, ivi compresi i *solicitors*, potessero esercitare il *right of audience* (sec. 27), nonché il *right to conduct a litigation* (sec. 28) dinnanzi alle corti superiori [191]. Tuttavia, mentre guadagnavano spazi nelle corti, i *solicitors* stavano perdendo terreno nel campo delle compravendite [192], nel quale, sin dal 1903, si occupavano delle certificazioni dei passaggi di proprietà in un regime di monopolio esclusivo [193]. Tra il 1983 e il 1989 tale settore venne, infatti, invaso e conquistato da altri soggetti autorizzati, tra i quali banche e società immobiliari [194], e solamente nel 1990 venne ripristinato un regime di concorrenza più moderato. Inoltre, sul finire del secolo XX, i *solicitors* persero il loro ruolo di filtro esclusivo e diretto tra clienti laici e *barristers*. Dal 1989

weighed market ones. The quantity of work was a less significant collective concern than its quality" (p. 56). *Contra*, v. M. Malatesta, *Professionisti e gentiluomini*, cit., spec. p. 60 ss., secondo cui *"La divisione tra le due professioni fu perenne motivo di frizione che spinse entrambe a ripetuti tentativi di erodere qualche posizione privilegiata dell'altra e di aggiudicarsi qualche fetta di mercato in più"*.

[191] V. Patanè, voce *Processo penale inglese*, in A. Falzea, P. Grossi, E. Cheli e R. Costi (a cura di), *Enciclopedia del diritto*, v. 2, t. 1, Giuffrè, Milano, 2008, p. 744, a p. 755; Sulla distinzione tra *right of audience* e *right of conduct a litigation* si rinvia a D. Nitti, *La professione forense in Inghilterra*, cit., spec. p. 106, secondo cui con il primo sintagma si fa riferimento al *"diritto di comparire di fronte alla Corte e di svolgere le principali funzioni"* e con il secondo al *"diritto di iniziare un procedimento di fronte ad una Corte e di esercitare le funzioni ausiliare nel procedimento"*.

[192] La dottrina è essenzialmente concorde nel ricondurre alla perdita di potere nel campo dei trasferimenti immobiliari il tentativo dei *solicitors* di conquistare spazio nelle corti, intaccando il monopolio dei *barristers* con riferimento al *right of audience*: v., su tutti, K. Roger e D. Gwynn, *Reform of the Legal Profession: An Alternative 'Way Ahead'*, cit., spec. p. 809.

[193] Benson Report (1979) ch 21: la Commissione Benson aveva sostenuto che il vantaggio del monopolio concesso ai *solicitors* rispondeva all'interesse pubblico.

[194] *The Home Buyers' Bill* (1983); *Administration of Justice Act* (1985); *Bulding Societies Act* (1986).

il *Bar Council* autorizzò altri professionisti, come gli *accountants* e *surveyors*, a rivolgersi direttamente ai *barristers* per richiedere pareri giuridici, senza doversi avvalere dell'intermediazione dei *solicitors*; tale meccanismo, noto come *Bar Direct*, è stato gradualmente esteso negli anni '90 ad altri professionisti e altri soggetti autorizzati dal *Bar Council* sulla base delle competenze possedute (*licensed access clients*). Dal 2004 l'accesso diretto ai *barristers* è stato riconosciuto anche ai clienti laici, ovvero a privati cittadini e enti, di natura pubblica o privata, non qualificabili quali *licensed access clients* (*Direct Public Access Rules*) [195].

Il movimento di convergenza che sta attraversando la professione legale inglese incide, invero, non solo sul piano delle riserve di esercizio, mediante un ravvicinamento, quantomeno formale, di poteri e funzioni dei due rami dell'avvocatura. Anche dal punto di vista dei requisiti formativi le due professioni hanno storicamente conosciuto una sostanziale equiparazione: se in origine, i *barrister* godevano di credenziali formative superiori rispetto a quelle imposte ai *solicitors* [196], a partire dal XX secolo la formazione accademica è divenuta momento distintivo di entrambi i percorsi [197]. Non sorprende che a tale sviluppo sia corrisposto un ravvicina-

---

[195] Sul rapporto *barrister*-cliente e come questo si sia modificato nel tempo si rinvia, su tutti, a A. Boon, *The Ethics and Conduct of Lawyers in England and Wales*, cit.; D. Nitti, *La professione forense in Inghilterra*, cit., p. 119 ss.

[196] "*Even in the 1870s only five per cent of those admitted as solicitors were graduates, in contrast to some seventy per cent of those practicing at the Bar in 1885*": K. Roger e D. Gwynn, *Reform of the Legal Profession: An Alternative 'Way Ahead'*, cit., spec. p. 808.

[197] V. però le profonde modifiche apportate dalla recente riforma del sistema di formazione dei *solicitors*, che paiono rilegale nuovamente ad un piano secondario il ruolo delle Università: SRA, *Statement of Solicitors Competence* (March 2015), https://www.sra.org.uk/solicitors/competence-statement.page; SRA, *Training for Tomorrow: Assessing Competence, Consultation Paper* (7 December 2015), https://www.sra.org.uk/sra/consultations/t4t-assessing-competence.page; SRA, *A New Route to Qualification: The Solicitors Qualifying Examination, Consultation Paper* (25 April 2017), https://www.sra.org.uk/sra/consultations/solicitors-qualifying-examination.page; SRA, *A New Route to Qualification: New Regulations, Consultation Paper* (15 November 2017), https://www.sra.org.uk/sra/consultations/new-regulations.page.

In dottrina si rinvia a R. Fletcher, *Legal education and proposed regulation of the legal profession in England and Wales: a transformation or a tragedy?*, in *Law Teach.*, 2016, v. 50, p. 371; E. Hall, *Notes on the SRA report of the consultation on the Solicitors Qualifying Exam: "Comment is free, but facts are sacred"*, in *Law Teach.*, 2017, v. 51, p. 364; E. Fry e R. Wakeford, *Can we really have confidence in a centralised Solicitors Qualifying Exam? The example of the Qualified Lawyers Transfer Scheme*, in *Law Teach.*, 2017, v. 51, p. 98; C. James e J. Koo, *The EU law "core" module: surviving the perfect storm of Brexit and the SQE*, in *Law Teach.*, 2018, v. 52, p. 68; J. Gibbons, *Policy recontextualisation: the proposed introduction of a multiple-choice test for the entry-level assessment of the legal knowledge of prospective solicitors in England and Wales, and the potential effect on university-level legal education*, in *Int'l J. Legal Prof.*, 2017, v. 24, p. 227; M. Davies, *Changes to the training of English and Welsh lawyers: implications for the future of university law schools*, in *Law Teach.*, 2018, v. 52, p. 100; sia consentito altresì il rinvio a L. Bugatti, *Legal Education in the next future*, in *Int. J. Clin. Leg. Ed.*, 2019, v. 26, n. 3, p. 3.

mento in termini di *status* sociale; oggi permane, dunque, una differenziazione tra i due rami dell'avvocatura, protetta dalle due organizzazioni rappresentative, dettata più da una presunta diversa specializzazione, che non da una ontologica diversità.

Nonostante tale evoluzione, che fa da sfondo e giustifica i costanti dibattiti in merito alla necessità di un'unificazione della professione forense ovvero, per contro, sull'opportunità di mantenere viva tale scissione[198], la realtà attuale continua a presentare quella struttura dicotomica della professione forense che non ha eguali nel continente europeo e che spicca per originalità e autoreferenzialità.

---

[198] H. Cohen, *The Divided Legal Profession in England and Wales – Can Barrister and Solicitors Ever Be Fused*, cit.

CAPITOLO 2
LA PROFESSIONE FORENSE TRA CORPO E STATO

SOMMARIO: 1. La conquista dell'autonomia dei corpi professionali: alle origini delle differenze strutturali tra *common law* e diritti continentali. – 2. La complessa dialettica tra corpi professionali e Stato in Francia, Italia e Germania. Dalla condivisione di un'identità culturale alla costituzione spontanea dell'organizzazione collegiale del ceto forense. – 2.1. Gli Ordini professionali al cospetto dello Stato. La Rivoluzione francese e il periodo napoleonico: dal ripudio dei corpi intermedi all'assorbimento dei corpi professionali nell'organizzazione statale. – 2.2. Lo Stato liberale ottocentesco e l'inaugurazione del sistema professionale italiano. – 2.3. La professionalizzazione dall'alto della classe forense in Germania: dall'avvocato–funzionario al servizio dello Stato alla cultura dell'autogoverno. – 3. La morsa dei regimi autoritari nel corso del Novecento. L'involuzione autoritaria del professionalismo italiano durante il regime fascista. – 3.1. Gli avvocati tedeschi al servizio dello Stato nazista. – 4. Una nuova conquista dell'autonomia degli Ordini nel bilanciamento con lo Stato. Le briglie della magistratura e l'emersione dell'associazionismo forense francese nel Novecento. – 4.1. Il passaggio all'avvocatura repubblicana e la recente legge professionale italiana del 31 dicembre 2012, n. 247 – 4.2. Il ripristino del sistema di rappresentanza dell'avvocatura tedesca a metà del Novecento. – 5. Corpi professionali e autonomia perfetta nel Regno Unito. – 5.1. I *barristers*: un'autonomia dalle origini antiche. – 5.2. I *solicitors*: la conquista dell'autonomia attraverso il supporto legislativo. – 5.3. La precoce deriva verso il mercato e l'erosione del '*pure self-government*' inglese.

1. *La conquista dell'autonomia dei corpi professionali: alle origini delle differenze strutturali tra* common law *e diritti continentali*

La professionalizzazione dell'avvocatura nel continente europeo ha conosciuto sviluppi ed esiti nettamente diversi rispetto a quanto accaduto oltremanica. L'estraneità della tradizione inglese a qualsiasi logica 'statalista', la costruzione prevalentemente giurisprudenziale del sistema, la continuità ed antichità del diritto inglese e, più di recente, il prevalere del mito della regolamentazione decentrata del mercato [1] hanno accompagnato

---

[1] F. Viglione, *Lo sviluppo attraverso il diritto ai tempi della crisi: teorie comparatistiche nella costruzione di un ordine giuridico globale*, in *Comp. e dir. civ.*, 2012, con richiamo a

l'avvocatura inglese, senza grandi cesure, verso la conquista di un'autonomia pressoché perfetta. Per contro, il processo di modernizzazione dell'avvocatura continentale risulta segnato da una profonda dialettica tra corpo professionale e Stato [2], all'insegna di una tradizione giuridica connotata dal costante intervento regolativo pubblico sul sistema professionale [3].

P.G. Monateri, *La Costruzione giuridica del globale e lo scontro delle giustizie*, in *Riv. critica dir. civ.*, 2007, p. 690.

[2] M. Malatesta, *Professionisti e gentiluomini*, cit., p. 62: *"L'autonomia e l'autogestione non si esercitano mai in assenza di agenti esterni di riferimento, quali il potere politico o economico, i soli in grado di creare le condizioni all'interno delle quali le professioni possono sviluppare e regolare la loro attività"*, con richiamo a E. Friedson, *Metodo e contenuto per uno studio comparato delle professioni*, in M. Giannini e E. Minardi, *I gruppi professionali*, FrancoAngeli, Milano, 1999, p. 51.

[3] Nella recente riflessione comparatistica si richiama il filone interpretativo delle *Legal Origins*, che rifacendosi alla tradizionale distinzione tra famiglie giuridiche di *common law* e *civil law*, ne enfatizza le origini storiche ed istituzionali, per giungere a sostenere la quantificabile superiorità efficientistica degli ordinamenti di *common law*. Secondo tale nota teoria, infatti, le caratteristiche distintive dei sistemi di *common law*, incluso il ridotto intervento statalista sul mercato, contribuirebbero a decretare una maggior efficienza del relativo assetto giuridico. Per contro, la famiglia di *civil law* si troverebbe in uno svantaggio comparativo, caratterizzandosi per un ambiente istituzionale storicamente e funzionalmente meno idoneo a favorire l'autoregolamentazione del mercato. Sulla tesi del c.d. *Legal Origins* si v. R. La Porta, F. Lopez-De-Silanes e A. Shleifer, *The Economic Consequences of Legal Origins*, in *J. Econ. Lit.*, 2008, v. 46, n. 2, p. 285-332; *Symposium on Legal Origins*, in *Am. J. Comp. L.*, 2009, v. 57, n. 4, p. 765 e *Symposium on Legal Origins*, in *Toronto L.J.*, 2009, v. 59. Svariate le applicazioni empiriche della *legal origins theory*, tra cui quelle vertenti sul settore della protezione degli investimenti e la relativa incidenza sul mercato dei capitali, sull'ordinamento giudiziario, sul diritto del lavoro, sull'*enforcement* contrattuale; si richiamano, a titolo esemplificativo, i seguenti lavori di ricerca: R. La Porta, F. Lopez-De-Silanes, A. Shleifer e R. Vishny, *Law and Finance*, in *J. Polit. Econ.*, 1998, p. 111; Id., *The Quality of Government*, in *J. Law Econ. Organ.*, 1999, v. 15, p. 222; S. Djankov, R. La Porta, F.C. Lopez de Silanes e A. Shleifer, *The Regulation of Entry*, in *Q. J. Econ.*, 2002, v. 117, p. 1; S. Djankov, R. La Porta, F.C. Lopez de Silanes e A. Shleifer, *Courts*, in *Q. J. Econ.*, 2003, v. 118, p. 453; J.C. Botero, S. Djankov, R. La Porta e F.C. Lopez de Silanes, *The Regulation of Labor*, in *Q. J. Econ.*, 2004, v. 119, p. 1339 S. Djankov, R. La Porta, F. Lopez-De-Silanes, A. Shleifer, *Legal Origin, Juridical Form and Industrialisation in Historical Perspective: The Case of the Employment Contract and the JointStock Company*, Center for Business Research, Cambridge, Working Paper n. 369, 2008; S. Djankov, O. Hart, C. Mc Leish e A. Shleifer, *Debt Enforcement Around the World*, in *J. Polit. Econ.*, 2008, v. 116, p. 1105.

Come noto tale teoria ha ricevuto molta attenzione, nonché notevoli critiche, da parte sia di economisti sia di giuristi, e, tra questi ultimi, soprattutto tra i comparatisti; si v., *ex multis*, a A. Gambaro, *Common law e civil law: evoluzione e metodi di confronto*, in Aa.Vv., *Quaderni della Rivista trimestrale di diritto e procedura civile – Due iceberg a confronto: le derive del Common law e Civil Law*, Giuffrè, Milano, 2009, v. 12, p. 7; R. Michaels, *Comparative Law by Numbers? Legal Origins Thesis, Doing Business Reports, and the Silence of Traditional Comparative Law*, in *Am. J. Comp. L.*, 2009, v. 57, p. 765; K. Pistor, *Rethinking the "Law and Finance" Paradigm*, in *BYU L. Rev.*, 2009, n. 6, p. 1647; M.J. Roe, *Legal Origin and Modern Stock Markets*, in *Harv. L. Rev.*, 2006, v. 120, p. 460; A.J. Kerhue e B. Fauvarque-Cosson, *Is Law an Economic Contest? French reactions to the Doing Business World Bank Reports and Economic Analysis of the Law*, in *Am. J. Comp. L.*, 2009, v. 57, n. 4 p. 817; V. G.

In particolare, nel continente europeo, il ceto forense ha costantemente ricercato la legittimazione da parte del potere politico per assicurarsi un monopolio di azione e accrescere le proprie credenziali [4]. Lo Stato, d'altra parte, riconoscendo la funzione pubblica dell'avvocatura, si è assicurato un importante alleato, nel duplice ruolo di mediatore nei confronti della società civile e di tassello chiave per la corretta amministrazione della giustizia e per l'efficace funzionamento della pubblica amministrazione [5].

Tra Settecento ed Ottocento si è assistito, dunque, alla diffusione progressiva nell'Europa continentale di una tendenza centralizzatrice, che ha contribuito all'"*affermazione del principio secondo il quale i gruppi professionali dovessero essere sottoposti e controllati dall'autorità statale*" [6]; e sotto l'ala dello Stato l'avvocatura ha conquistato autonomia, costruendo la propria identità professionale e istituzionale [7]. Se da un lato, infatti, lo Stato ha saputo imporsi sul ceto forense, soprattutto per mezzo dello strumento legislativo, dall'altro l'avvocatura non ha mancato di influenzare l'operato governativo attraverso le proprie associazioni professionali [8]. Le associazioni forensi, sebbene muovendosi spesso nel campo privato, prive di funzione istituzionale, sono intervenute in diversi frangenti, talvolta in un'ottica di appoggio, talaltra secondo logiche di resistenza [9], con-

---

Curran, *Comparative Law and Legal Origins Thesis: Non scholae sed vitae discimus*, in *Am. J. Comp. L.*, 2009, v. 57, n. 4, p. 863.

[4] V. H. Siegrist, *Professionalization with the Brakes on: the Legal Profession in Switzerland, France and Germany in the Nineteenth and early Twentieth Centuries*, in *Comp. Soc. Res.*, 1986, v. 9, p. 267, spec. p. 269, che richiamando le teorie di M. Sarfatti Larson (ed in particolare Id., *The rise of Professionalism. A Sociological Analysis*, University of California Press, Berkeley, 1977), sottolinea come "*The members of individual professions (...) attempt to combine two aims: namely, control of their market and fields of activity and raising their social and economic status. The profession group ha to succeed in convincing the dominant social groups, the state, and their clients that control of their profession and of the market for their activity or service is best undertaken by the group itself*".

[5] M. Malatesta, *Professionisti e gentiluomini*, cit., p. 62.

[6] Così U. Amoretti, *Forza e debolezza dell'avvocatura italiana*, in M. Bonanni (a cura di), *L'Ordine Inutile? Gli ordini professionali in Italia*, FrancoAngeli, Milano, 1998, p. 129.

[7] Cfr. M. Malatesta, *L'avvocatura europea tra autonomia e regolazione statale (XIX-XX secolo)*, in *Società e storia*, 2005, n. 108, p. 319 ss.: "*La conquista dell'autonomia è una tappa fondamentale nel processo di costruzione di una professione moderna, grazie alla quale essa costituisce la propria identità raggiungendo un livello più o meno elevato di differenziazione rispetto ad altri gruppi professionali e si dota di proprie istituzioni rappresentative*".

[8] V. F. Tacchi, *Gli avvocati italiani dall'Unità alla Repubblica*, cit., p. 305, che annovera l'associazionismo forense "*tra gli elementi fondanti del processo di professionalizzazione del ceto*".

[9] "*Nei regimi totalitari che sconvolsero l'Europa tra le due guerre, il corporativismo spinse gli ordini e le associazioni forensi a difendere le prerogative e le tradizioni della professione, a protestare contro la violazione dei diritti civili. Classificato come apolitico, il corporativismo rivestì in questi contesti estremi una funzione oppositiva che si trasformò in alcuni casi in vera e propria resistenza*": M. Malatesta, *Professionisti e gentiluomini*, cit., a p. 63; L. Israël,

dizionando le scelte governative, con l'intento di garantire la protezione degli interessi di categoria [10].

Tuttavia, non bisogna dimenticare come, nell'Europa continentale, l'intreccio tra logiche politiche e interessi di categoria si snodi lungo un arco temporale caratterizzato da tumultuosi accidenti storici: rivoluzioni, guerre, affermazione e smantellamento di regimi più o meno autoritari [11]. Il patto tra Stato e professione, pur perdurando nel tempo, è stato, dunque, profondamente determinato e modellato da tali avvenimenti, che hanno di volta in volta spostato l'ago del potere ora in un senso, ora nell'altro, talvolta stabilizzandosi in situazioni di equilibrio non conflittuale [12].

Nel quadro comune così tracciato, i vari Paesi dell'Europa continentale hanno, invero, sviluppato dei tratti peculiari in connessione e sotto l'influenza della propria storia nazionale.

Pur nell'evidente difficoltà di incasellare in modelli interpretativi rigidi e predefiniti la complessa dinamica che regola il rapporto tra ceto e Stato nel *"lungo andare delle professioni"* [13], risulta condivisibile la lettura che vede l'esperienza dei paesi di tradizione *étatiste* muoversi lungo un *continuum* ove i due poli sono rappresentati dall'esperienza prussiana, emblema di una professionalizzazione condotta dall'alto, incarnata dalla figura ottocentesca dell'avvocato funzionario, e da quella francese, ove sono ravvi-

---

Robes noires, années sombres. Avocats et magistrats en résistance pendant la Seconde Guerre mondiale, Fayard, Paris, 2005, p.137.

[10] M. Malatesta, *Professionisti e gentiluomini,* cit., p. 63.

[11] M. Malatesta, *L'avvocatura europea tra autonomia e regolazione statale (XIX-XX secolo),* cit., che sottolinea come le avvocature continentali abbiano dovuto affrontare una strada più accidentata e difficile rispetto a quella inglese, che, per contro, si è mossa nella continuità costituzionale che ha permesso alle professioni legali di prosperare *"all'insegna di una cultura dell'autonomia orgogliosamente difesa"* (p. 320).

Sulla capacità delle rivoluzioni e degli altri mutamenti storici di incidere direttamente sulla professione forense v. M. Burrage, *Revolution as a starting point for the comparative analysis of the French, American, and English legal professions,* in R.L. Abel e P.C. Lewis (eds.), *Lawyers in society, III, Comparative theories,* University of California Press, Berkeley-Los Angeles-London, 1989, p. 322. Cfr. V. Olgiati, *Avvocati e notai tra professionalismo e mutamento sociale,* in W. Tousijn, *Le libere professioni in Italia,* Il Mulino, Bologna, 1987, p. 87: *"(..) gli attributi costitutivi delle moderne professioni giuridiche, quali oggi sono a noi note, non riflettono direttamente ed immediatamente processi economici e tecnologici, quanto piuttosto esperienze politiche rivoluzionarie"* (p. 88).

[12] M. Malatesta, *Professionisti e gentiluomini,* cit., p. 62, secondo cui *"L'autonomia e la regolazione statale non si escludono a vicenda: una forte presenza dello Stato non significa necessariamente una minore presenza del corpo forense (...)".* Sostiene la possibile non conflittualità tra autonomia professionale e intervento statale anche Halpérin: L. Halpérin, *Avocats et notaires en Europe. Les professions judiciaires et juridiques dans l'histoire contemporaine,* cit., p. 72.

[13] L'espressione è di L.M. Betri, *Il "lungo andare" delle professioni: pagine di una storia comparata,* in *Passato e presente,* a. XXV, 2007, n. 71, p. 157.

sabili, per contro, significative spinte alla professionalizzazione provenienti dal basso e una marcata autonomia dell'*Ordre* [14]. Pur mantenendo lo Stato come il maggior fattore di identificazione della professione forense, il modello italiano può essere considerato un modello ibrido, una terza via, assumendo una posizione intermedia tra quello francese e quello prussiano [15]. *"La presenza di un apparato centrale appena formato e di élites*

---

[14] H. Siegrist, *Professionalization with the Brakes on: the Legal Profession in Switzerland, France and Germany in the Nineteenth and early Twentieth Centuries*, cit.; M. Malatesta, *I professionisti*, cit., spec. p. XIX; A. Meniconi, *Gli avvocati*, in *Nuova informazione bibliografica*, 2005, n. 1, p. 111, spec. p. 113.

[15] In questo senso muovono i famosi studi di H. Siegrist: H. Siegrist, *Advokat, Bürger und Staat, Sizialgeschichte der Rech Advokat, Buїger und Staat, Sozialgeschichte der Rechtsanwälte in Deutschland, Italien und der Schweiz. 18.-20. Jahrhundert*, 2 voll., Klostermann Verlag, Frankfurt am Main, 1996. Numerosi articoli avevano anticipato tale pubblicazione: H. Siegrist, *Professionalization with the Brakes on: the Legal Profession in Switzerland, France and Germany in the Nineteenth and early Twentieth Centuries*, cit.; Id., *Gli avvocati e la borghesia. Germania, Svizzera e Italia nel XIX secolo*, in J. Kocka e A.M. Banti, *Borghesie europee dell'Ottocento*, Marsilio, Venezia, 1989, p. 357 ss.; Id., *State and Legal Profession. France, Germany, Italy and Switzerland 18th to the Early 20th Centuries*, in *Annali della Facoltà di Giurisprudenza dell'Università degli Studi di Macerata*, 1989/II, *Storia del diritto e teoria politica*, p. 861 ss.; Id., *Professionalization is a Process: Patterns, Progression and Discuntinuity*, in M. Burrage e R. Torstendahl (eds.), *Professions in Theory and History: Rethinking the Study of Professions*, Sage, London, 1990, p. 177 ss.; Id., *Gli avvocati nell'Italia del XIX secolo. Provenienze e matrimoni, titolo e prestigio*, in *Meridiana*, 1992, n. 14, p. 145 ss.; Id., *Profilo degli avvocati italiani dal 1870 al 1930. Omogeneità istituzionalizzata ed eterogeneità reale della professione classica*, in *Polis*, 1994, n. 8, p. 223 ss. Tale teoria è stata successivamente ripresa da vari autori: cfr. N. Antonacci, *Avvocati. Tra Borghesia e Libera Professione*, in *Riv. stor. ital.*, 1999, n. 1, p. 265; F. Tacchi, *Gli avvocati italiani dall'Unità alla Repubblica*, cit.

Per contro v. la ricostruzione proposta da J.L. Halperin: l'A., occupandosi dell'organizzazione professionale dell'avvocatura, ha proposto una lettura della realtà sulla base di tre possibili modelli interpretativi: il modello 'corporativo', il modello 'statale' e il modello 'associativo'. Secondo il modello 'corporativo' gli *"ausiliari della giustizia"* sono raggruppati in Ordini o associazioni collegati ai tribunali presso i quali esercitano la professione. Tali istituzioni hanno il pieno controllo sul reclutamento, sulla disciplina e sulla regolamentazione del ceto, godendo di un'ampia autonomia nei confronti dell'autorità pubblica e, analogamente alle altre corporazioni nell'*ancien régime*, di un monopolio reale a livello locale. Nel modello 'statale', per contro, i giuristi, senza essere considerati come funzionari statali, soggiacciono, tuttavia, alla regolamentazione e al controllo dello Stato, che può disciplinare le condizioni di accesso alla professione (imponendo, ad esempio, il possesso di un diploma statale) e di esercizio (per esempio, disciplinando l'aspetto delle tariffe). Infine, il modello 'associativo' di esercizio della professione si caratterizza per essere completamente libero (senza condizioni legali concernenti l'ammissione o la disciplina): gli avvocati decidono autonomamente di raggrupparsi in associazioni volontarie, di carattere nazionale, che vegliano sul reclutamento dei membri della categoria e sono fonti di deontologia professionale, ovvero di disciplina. Secondo l'A. tali modelli non esistono nella realtà 'allo stato puro', ma ogni tradizione giuridica ha vissuto delle situazioni che, a seconda del periodo storico e della particolare professione di riferimento, si avvicinavano ad uno dei tre modelli ovvero combinavano diversi aspetti caratterizzanti le varie categorie. In Inghilterra nelle professioni giuridiche sarebbe prevalso il modello 'corporativo', sebbene in presenza di taluni elementi del modello 'associativo', in Francia si sarebbe sviluppato principalmente il modello 'corporativo' per gli avvocati ed il modello 'statale' per gli *officiers ministériels*, e, successi-

forti a livello locale favorì la nascita di un modello di professionalismo equilibrato tra Stato e società" [16] e l'Ordine mantenne *"quella duplicità insita nel suo stesso nome, l'essere cioè corpo professionale e al tempo stesso ordinamento"* [17]. È il connubio tra statalismo e autonomia che ha, dunque, caratterizzato il mondo delle professioni italiane, moderne corporazioni e uniche realtà *"cui lo Stato riconosce la piena autonomia di gestione interna ed il potere di disciplina sul proprio corpo"* [18].

La prima parte del presente capitolo si snoda, dunque, tra i processi di professionalizzazione di Francia, Italia e Germania, che rappresentano validi prototipi dei tre modelli ora richiamati, caratterizzandosi per il diverso grado di incidenza dello Stato nella giuridificazione degli enti professionali [19].

La seconda parte dell'analisi è, per contro, dedicata all'esperienza del Regno Unito che, come anticipato, affondando le radici nella continuità della tradizione inglese [20], ha consentito di scrivere una diversa storia per l'evoluzione degli Ordini professionali e la loro autonomia, segnata dapprima da un'autonomia pressoché perfetta, consegnata, però, in un secondo momento, direttamente nelle mani del mercato.

Diversamente da quanto accaduto nel continente, infatti, il processo di professionalizzazione dei *barristers* inglesi non è stato determinato da alcuna intromissione statale. Per contro, sono state le strutture corporative

---

vamente, il modello 'associativo'; in Italia e Germania le professioni giuridiche sarebbero state organizzate principalmente secondo il modello statale, sebbene con commistioni appartenenti agli altri due modelli, quello 'corporativo' e quello 'associativo'; così J.L. Halperin, *Avocats et notaires en Europe: les professions judiciaires et juridiques dans l'histoire contemporaine*, cit., pp. 55 e 56.

[16] A. Meniconi, *Gli avvocati*, cit., a p. 113; in questo stesso senso si v. H. Siegrist, *Professionalization with the Brakes on: the Legal Profession in Switzerland, France and Germany in the Nineteenth and early Twentieth Centuries*, cit.

[17] M. Malatesta, *I professionisti*, cit.; A. Cantagalli, *Professionisti fra tradizione e modernità*, in *Il Mulino*, 2011, f. 6, p. 989.

[18] Così M. Malatesta, *I professionisti*, cit., p. XVII; A. Meniconi, *Gli avvocati*, in *Nuova informazione bibliografica*, 2005, f. 1, p. 111, a p. 113.

[19] Sulla giuridificazione degli ordini si richiama sin d'ora il contributo di A. Fantin, *La giuridificazione degli ordini professionali*, in B. Marchetti e M. Renna, *La giuridificazione, v. III*, in L. Ferrara e D. Sorace, *A 150 anni dall'unificazione amministrativa italiana.*, Firenze University Press, Firenze, 2016, p. 230 ss.

[20] Sull'antichità e continuità dell'ordinamento di *common law* come caratteri fisionomici del diritto inglese, che distinguono quest'ultimo nettamente dagli ordinamenti di *civil law*, si rimanda, su tutti, a G. Criscuoli e M. Serio, *Nuova Introduzione allo studio del diritto inglese. Le fonti*, Giuffrè, Milano, 2021; L. Moccia, *Comparazione giuridica e Diritto europeo*, cit., p. 145 ss.; R.C. van Caenegem, *I signori del diritto. Giudici, legislatori e professori nella storia europea*, a cura di M. Ascheri, trad. di L. Ascheri Lazzari, Giuffrè, Milano, 1991, p. 19 ss.; B. Pasa, voce *Common law*, in R. Sacco (diretto da), *Digesto delle discipline privatistiche, Sezione civile, Aggiornamento*, Utet Giuridica, Torino, 2011, p. 172.

ad assicurare la conquista e il mantenimento dell'autonomia della professione, giovandosi di un contesto di forte stabilità costituzionale. Nonostante la perdita del loro rilievo pubblicistico, verificatasi durante il XIX secolo, i corpi professionali sono riusciti a "*mantenere egualmente intatta la loro funzione di espressione delle 'libertà' della società civile di fronte agli apparati statali*" e alle distorsioni determinate dal libero mercato [21], così definendo in via esclusiva il lungo incedere della professione legale britannica.

I mutamenti degli assetti organizzativi furono pertanto determinati non da forze esogene al corpo professionale: i timidi tentativi operati dal Parlamento di incidere sul sistema corporativo, scontrandosi con la ferrea opposizione della categoria, rimasero allo stadio di mere proposte politiche. Furono semmai i contrasti interni alla professione stessa a modellare il processo di professionalizzazione inglese [22].

Diversamente i *solicitors*, non godendo di una perfetta autonomia professionale come i *barristers*, attuarono un diverso progetto di professionalizzazione che prevedeva la ricerca dell'appoggio del Governo e del Parlamento. Tuttavia, nonostante la massiccia opera legislativa che ha interessato la regolamentazione dei *solicitors*, risulta arduo, se non addirittura fuorviante, intravedere una possibile sovrapposizione tra l'esperienza dei *solicitors* e quella delle avvocature continentali. L'avvocatura inglese, infatti, non si è strutturata secondo un modello statalista, accettando più o meno passivamente il controllo e la regolamentazione imposta dall'alto dai pubblici poteri. I *solicitors* hanno, invece, ricercato, indotto e sfruttato una legislazione di supporto e sostegno per realizzare il proprio ardito progetto di professionalizzazione [23].

---

[21] In questi termini A.M. Banti, *Borghesie delle «professioni». Avvocati e medici nell'Europa dell'Ottocento*, in *Meridiana*, 1993, n. 18, p. 13 e spec. p. 28.

[22] A.M. Banti, *Borghesie delle «professioni». Avvocati e medici nell'Europa dell'Ottocento*, cit., p. 21.

[23] P.J. Corfield, *Eighteenth-Century Lawyers and the Advent of The Professional Ethos*, in P. Chassaigne e J-P. Genet (eds.), *Droit et société en France et Grande Bretagne: Law and Society in France and England*, Sorbonne Publications, Paris, 2003, pp. 103-126. L'A., analizzando l'esperienza Anglo-americana, non ravvisa l'esistenza di un "*process of 'professionalization from above'*", tipico delle esperienze continentali, in quanto "*There was still a role for the state. But it characteristically acted at 'arms-length', providing a legal framework but leaving the implementation to the professionals*". V., inoltre, M. Malatesta, *Professionisti e gentiluomini*, cit., p. 70 ss.; L. Halpérin, *Avocats et notaires en Europe. Les professions judiciaires et juridiques dans l'histoire contemporaine*, cit., che pur sottolinenado la diversa organizzazione delle due professioni – di natura corporativa per i *barristers*, associativa per i *solicitors* – rimarca, come dato comune, fino ai tempi più recenti, "*le prudence des interventions de l'Etat qui contraste, comme nous allons le voir, avec les situations continentales*" (p. 65). Cfr. M. Burrage, *Revolution as a starting Point for the Comparative Analysis of the French, American, and English Legal Professions*, cit.: l'A. sottolinea come i *solicitors*, a differenza dei *barristers*, "*have always depend on statury support*", ma che, in conclusione, nonostante

Grazie al costante dialogo con i pubblici poteri e beneficiando della legislazione di supporto alla categoria, i *solicitors* riuscirono, dunque, ad innalzare le proprie credenziali e a migliorare il proprio *status* e la propria condizione professionale, così da guadagnare, con il tempo, pari dignità rispetto alle altre professioni giuridiche.

La via legislativa e l'opera di *lobbing* dell'associazione professionale di riferimento, la *Law Society*, assicurarono, quindi, ai *solicitors* la progressiva conquista dell'autogoverno e l'affermazione di una forte autonomia nel settore della formazione, ovvero il raggiungimento di quella posizione che i *barrister* possedevano sin dall'origine[24] e che seppero mantenere immutata nei secoli.

Comune ad entrambe le esperienze professionali il contesto di continuità con il quale si sono confrontate nell'arco dei secoli[25]. Il dipanarsi della storia inglese in assenza di grandi rivoluzioni, senza la cesura dettata dall'era della codificazione, in un contesto di forte devozione alla tradizione sassone e alla luce di una mentalità tradizionalista rispettosa dell'ordine costituito[26], non poteva dunque che riservare uno sviluppo peculiare anche alla storia delle professioni giuridiche: un'evoluzione nel segno della continuità.

Solo agli albori del XXI secolo il *'pure self-government'* del ceto forense si rivelò destinato a sfumare in favore dell'affermazione di un modello di *'co-regulation'*. Alla base dell'erosione dei presupposti a fondamento della

---

"their later starts and differing circumstances, they have been remarkably successful in achieving the four goals of professionals action". I quattro *goals* a cui l'A. fa riferimento, considerandoli preminenti e costanti nella storia della professione legale, sono: *"First, lawyers have sought to control admission to, and training for, legal practice. Second, they have tried to demarcate and protect the jurisdiction within which they alone are entitled to practice. Third, they have tried to impose their own rules of etiquette, ethics, or practice on each other. Finally, they have tried to defend and, if possible, enhance, their status"* (p. 361, p. 325).

[24] M. Malatesta, *Professionisti e gentiluomini*, cit., p. 77.

[25] *"Un fondamentale carattere del* Common law, *soprattutto inglese, è la continuità nella tradizione. Una lenta e graduale costruzione di concetti ed istituti ad opera di successive generazioni di giuristi pratici, accomunate dal medesimo atteggiamento rispettoso verso il passato, caratterizza storicamente lo sviluppo di questo sistema giuridico. La tradizione, per il diritto inglese, è l'essenza stessa della sua legittimazione: rompere col passato vorrebbe dire rinunciare alla legittimazione sapienziale che fonda il loro ruolo di custodi della* rule of law": B. Pasa, voce *Common law*, cit., a p. 181.

[26] Si rimanda, su tutti, a G. Criscuoli e M. Serio, *Nuova Introduzione allo studio del diritto inglese. Le fonti*, cit., che riconducono i due tratti fisionomici che distinguono il diritto inglese, ovvero l'antichità e la continuità, ad un duplice fondamento, storico e sociologico. Dal punto di vista storico "(...) *per l'Inghilterra, l'epoca moderna non è separata dal Medio Evo, come nel continente, da una profonda frattura, protraendosi l'intero passato nel presente senza soluzioni di continuità. L'Inghilterra non conosce rivoluzioni, dichiarazioni d'indipendenza o, sul piano strettamente giuridico, codificazioni generali* (...)"; il fondamento di natura sociologica risiede, per contro, "(...) *nel carattere del popolo inglese, che induce al rispetto dell'ordine costituito*".

perfetta autonomia dell'avvocatura inglese si poneva l'affermazione di una ideologia di governo ispirata alla promozione delle libere forze di mercato, che ne favoriva una progressiva penetrazione anche nel peculiare settore delle professioni.

Ai sistemi dell'Europa continentale, contraddistinti dalla forza trainante dello Stato, finiva per contrapporsi dunque un sistema, quello inglese, mosso da logiche ed aspirazioni predominanti diverse: un modello non più caratterizzato da una perfetta autonomia dei corpi professionali, bensì sempre più contaminato dal mercato, dai suoi meccanismi e dalle sue regole [27].

2. *La complessa dialettica tra corpi professionali e Stato in Francia, Italia e Germania. Dalla condivisione di un'identità culturale alla costituzione spontanea dell'organizzazione collegiale del ceto forense*

La dimensione collettiva del ceto forense, che si incarna nell'affermazione delle sue istituzioni rappresentative, e, da ultimo, nell'ascesa degli Ordini, affonda le radici in un passato lontano [28].

Già nella Roma imperiale era possibile rinvenire realtà associative: coloro che svolgevano prestazioni di alto profilo intellettuale erano, infatti, soliti riunirsi in *collegia* sin dai tempi di Costantino [29]. Nel basso Impero Valentiano III, nella *Costitutio de postulando* del 442, esalta il *seminarium dignitatum*, che raccoglieva tutti gli avvocati il cui *officium* viene qualificato come *"tam magnum, tam necessarium et tam sanctum"* [30]. Se da un lato venivano definite le condizioni per l'ingresso nelle corporazioni, dall'altro non mancava il riconoscimento di privilegi ed onori alla categoria. Della *matricula*, antecedente storico del moderno Albo, del foro di Alessandria vi è menzione già nelle leggi degli imperatori Leone e Antemio [31] e, succes-

---

[27] Così F. Tacchi, *Gli avvocati italiani dall'Unità alla Repubblica*, cit., p. 21, nota 43; cfr. S. Cassese, *L'ordinamento delle professioni: problemi italiani e modelli stranieri*, in Id. (a cura di), *Professioni e ordini professionali in Europa. Confronto tra Italia, Francia e Inghilterra*, Il Sole 24 Ore, Milano, 1999, pp. 12 e 13.

[28] F. Tacchi, *Gli avvocati italiani dall'Unità alla Repubblica*, cit., p. 31.

[29] P. Fiorelli, *Avvocato*, cit., p. 647.

[30] Nov. Valent. 2,2,1 del 442; In dottrina v. P. Rasi, *Avvocati e procuratori*, cit., a p. 1663, ripreso, più recentemente, in A. Conte, *Convegni e Congressi. Relazione Introduttiva*, in *Quaderni – Rivista Quadrimestrale dell'Ordine degli Avvicati di Brindisi*, 2005, p. 99 e spec. p. 106; D. Nazzaro, *L'avvocato: storia e postmodernità. L'amministrativista*, in *Prev. Forense*, 2013, p. 177 e spec. p. 178.

[31] Cod., lib. II, tit. VII, *De advocatis diversorum iudiciorum*: *"Petitionem virorum disertis-*

sivamente, emerge l'ineludibile traccia storica dei moderni Ordini nella presenza costante del *Consortium advocatorum* o *Corpus togatorum*, come richiamato nelle Costituzioni imperiali [32].

L'organizzazione dei gruppi professionali era destinata a perpetuarsi nelle corporazioni medioevali che, *"munite di propri poteri a difesa degli interessi del gruppo"* [33] e dell'intera collettività [34], non fecero altro che accrescere ulteriormente la rilevanza politica di tali categorie. In particolare, nel secondo Medioevo, come già richiamato [35], gli avvocati difensori iniziarono a riunirsi nel Collegio dei giudici, mentre i procuratori nel Collegio dei notai o causidici, istituzioni collegiali basate su meccanismi di stretta selezione e logiche di cooptazione, sebbene sulla base di criteri distinti e destinati ad evolversi nel tempo [36]. L'ordinamento corporativo medioevale si caratterizzava, dunque, per essere un sistema completamente auto-regolato, *"in cui gli avvocati scrivevano la loro deontologia, il loro ordinamento professionale, avevano i loro giudici, avevano le loro sanzioni"* [37]. Nel periodo comunale, svariati erano gli Statuti volti a riconoscere i collegi dei giuriconsulti [38], che, seppur nell'eterogeneità delle proprie disposi-

---

simorum advocatorum alexandrinae splendissimae civitatis, quam de fori sui matricula et fisci patrono obtulerunt, merito admittentes hac sanctione decernimus quinquaginta statutos haberi eorumque nomina pro tempore matriculae conficiendae inscribi et eos advocationis officium in iudicio tam viri spectabilis praefecti augustalis quam viri spectabilis ducis aegyptiaci limitis petentibus adhibere, ceteros vero ultra memoratum numerum constitutos apud alios iudices eiusdem alexandrinae civitatis perorare, filiis scilicet statutorum in loco deficientium supernumerariis anteponendis: egredientem autem post biennium fisci patronum contemplatione laborum exconsulari moderatoris provinciae dignitate decorari: licentia facultateque ei non deneganda, cum usus exegerit, tam pro se quam pro filiis parentibus et uxoribus nec non etiam personis ex transverso latere usque ad quartum gradum constitutis patrocinium suum adhibere".

[32] L. 3, *Cod. de Adv.*, II, VII.

[33] Così A. Bonzo, *L'Ordinamento ordinistico forense fra tradizione e rinnovamento*, in G. Alpa (a cura di), *Ventottesimo Congresso nazionale dell'avvocatura italiana. I contributi del Consiglio nazionale forense (Milano, 11-12 novembre 2005; Roma, 22-24 settembre 2006)*, Giuffrè, Milano, 2007, p. 115 ss., e spec. p. 125.

[34] A. Fantin, *La giuridificazione degli Ordini professionali*, cit., spec. pp. 228 e 229.

[35] V. *retro,* Parte I, cap. 1, § 2.

[36] Sui criteri formativi, nonché sulla svolta patrizia di tali istituzioni si v. *retro,* Parte I, cap. 1. § 2.

[37] Così A. Padoa Schioppa, *Uno sguardo al passato di fronte ai problemi d'oggi,* in D. Cerini e F. Scarpelli, *L'avvocato nella società contemporanea*, Giappichelli, Torino, 2015, p. 13, che sottolinea la contrapposizione dell'ordinamento corporativo medioevale rispetto alla disciplina organizzata per ordini professionali: "(...) *il compito di disciplinare tutto quanto, compreso l'ordinamento delle professioni, con la svolta legislativa, pan-legislativa di fine Settecento e per gli ultimi due secoli, è spettato allo Stato cioè al Parlamento, alla legislazione nazionale, e affidato anche, almeno all'inizio e per tutto l'Ottocento, in gran parte alla magistratura*" (p. 15).

[38] V. *retro,* Parte I, cap. 1, § 2.

zioni, condividevano la natura pattizia della disciplina volta a stabilire i criteri di accesso e il comportamento dei membri.

Come si avrà modo di approfondire a breve[39], a fine del Settecento e nel corso dell'Ottocento, la dimensione istituzionale dell'avvocatura italiana era, tuttavia, destinata a mutare aspetto. Le corporazioni professionali persero il proprio potere autoregolamentare e iniziarono a tramutarsi in enti pubblici assoggettati al controllo dello Stato e alla sorveglianza della magistratura[40].

Anche in Francia, la dialettica tra corpo e Stato ha origini antiche: risale al 1274 la prima *ordonnance royale* di *Philippe le Hardi* volta a regolamentare gli avvocati[41] e al Medioevo sono altresì riconducibili talune disposizioni legislative rivolte a procuratori e notai. È nel corso dell'*ancien régime* che le professioni forensi iniziarono ad organizzarsi e a sviluppare la propria autonomia, mediante la costituzione di Ordini. A Parigi vi è traccia della prima associazione professionale del corpo forense nel 1660, allorché vennero istituite le *conférences de discipline* e l'istituzione dell'albo professionale tenuto dal *bâtonnier* (Presidente dell'Ordine) venne riconosciuta dal *Parlement* nel 1693[42]. Inizialmente tali istituzioni non as-

---

[39] V. *infra*, in questo capitolo § 2.2.2.

[40] A. Fantin, *La giuridificazione degli Ordini professionali*, cit., spec. p. 229 ss.; A. Padoa Schioppa, *Uno sguardo al passato di fronte ai problemi d'oggi*, cit.

[41] In particolare, tale ordinanza imponeva agli avvocati di rinnovare il proprio giuramento ogni anno, promettendo di patrocinare solo cause giuste e di non richiedere compensi superiori a trenta *livres*: P. Fuller, *The French Bar*, in *Yale L.J.*, 1907, v. 16, n. 7, pp. 457-470 e spec. p. 459.

[42] J.L. Halperin, *L'avvocatura francese e il mondo degli affari: la costruzione dell'identità professionale tra l'avvocato e il giurista d'impresa*, in M. Malatesta (a cura di), *Corpi e professioni tra passato e futuro*, Giuffrè, Milano, 2002, p. 115. V., inoltre, M. Burrage, *Revolution and the making of the contemporary legal profession: England, France, and the United States*, Oxford University Press, Oxford, 2006, p. 51 ss.: secondo l'A. un primo embrionale indizio della nascita di un *esprit* corporativo in capo agli avvocati di Parigi è da ravvisarsi nel conflitto con il *Parlement* del 1602. L'*Edict of Blois* di Enrico III del 1579 aveva imposto agli avvocati di dichiarare in forma scritta i propri compensi e nel 1602 il *Parlement* aveva deciso di dare esecuzione e seguito a tale disposto normativo. Gli avvocati, tuttavia, avevano ravvisato in tale presa di posizione un attacco diretto alla propria libertà e al proprio onore e circa quattrocento di essi avevano deciso di scioperare, abdicando al proprio ruolo e alle proprie funzioni, piuttosto che sottostare a tale regola che giudicavano iniqua e pregiudizievole; ciò sino all'intervento di mediazione operato da Enrico IV, che pur confermando l'ordine del *Parlement*, aveva contemporaneamente autorizzato gli avvocati ad esercitare la propria professione come avevano sempre fatto. Cfr. M. Yardeni, *L'Ordre des Avocats et la grève du barreau Parisien en 1602*, in *Rev. Hist. Econ. Soc.*, 1966, v. 44, n. 4, p. 481. V., altresì, l'approfondita ricostruzione storica in A. Young, *An Historical Sketch of the French Bar from Its Origin to the Present Day*, Edmonston and Douglas, Edinburgh, 1869. *Contra* G. Maroni, voce *Avvocato e procuratore*, in *Enc. giur.*, I, V/2, Milano, 1904, p. 871, secondo cui *"non si può stabilire con precisione in quale anno sia stato istituito il primo albo di Parigi; certo è che già doveva esserci fino dal 1327 perché in una ordinanza di quell'anno si trova un accenno dell'albo stesso (...). Comunque, il primo albo conosciuto è quello del 1363, il primo che sia*

sunsero il carattere di corporazioni e non operarono all'ombra di un riconoscimento legislativo vantando privilegi concessi dall'alto, ma si costituirono spontaneamente nella forma di associazioni libere e volontarie [43]. Come eloquentemente sottolineato a metà del Settecento dal procuratore generale D'Aguesseau *"gli avvocati sono uniti tra loro dall'esercizio dello stesso ministero: sono individui molteplici che si dedicano tutti alla difesa delle parti, non membri di un unico corpo, se si assume questo termine nel suo significato più esatto. Il nome di professione o di ordine è quello che meglio esprime la condizione o lo stato degli avvocati"* [44]. La disciplina, imposta a tutela della reputazione e dell'onore della categoria, si traduceva, pertanto, in una convenzione accettata dai pari e non in un'imposizione dell'autorità pubblica [45]; i meriti e i vantaggi goduti dalla professione forense erano il frutto dell'attività esercitata con competenza, e non già dirette concessioni del re. Ampia era, pertanto, l'indipendenza di cui godeva l'Ordine, che traeva il proprio prestigio e la propria legittimazione direttamente dalle qualità professionali e morali dei propri membri [46]. L'Ordine, emancipandosi dal *Parlement*, conquistò progressivamente la propria autonomia organizzativa, con la previsione del *batônnier* e del Consiglio dell'Ordine; tra il XVII e XVIII secolo, delegato dal *Parlement*, guadagnò, altresì, il controllo sulla disciplina dei propri membri [47].

Irrilevante, per contro, la disciplina statale che si limitava a prevedere la laurea in diritto, il tirocinio e l'iscrizione all'albo come requisiti di accesso all'avvocatura, a regolamentare i diritti e doveri dei professionisti forensi e ad imporre il giuramento di fedeltà al Re [48].

Il rapporto di equilibrio tra le realtà professionali e i pubblici poteri era destinato, tuttavia, a incrinarsi nel corso della Rivoluzione francese e alla luce della concezione dello Stato liberale ottocentesco [49]. L'ingerenza dello

---

stato stampato è quello del 1680; l'ultimo pubblicato prima della soppressione dell'ordine dovuta alla rivoluzione è dell'8 maggio 1789" (pp. 897 e 898).

[43] M. Malatesta, *Professionisti e gentiluomini*, cit., p. 75; J.L. Halperin, *Avocats et notaires en Europe: les professions judiciaires et juridiques dans l'histoire contemporaine*, cit., p. 66.

[44] Tale citazione è ripresa da M. Malatesta, *Professionisti e gentiluomini*, cit., p. 75, con richiamo a A. Appleton, *Traité de la profession d'avocat (organisation – regles et usages – technique professionnelle)*, Librairie Dalloz, Paris, 1928, pp. 123 e 124.

[45] P. Fuller, *The French Bar*, cit., spec. pp. 457 e 458; M. Malatesta, *Professionisti e gentiluomini*, cit., p. 75.

[46] U. Amoretti, *Forza e debolezza dell'avvocatura italiana*, in M. Bonanni (a cura di), *L'Ordine Inutile? Gli ordini professionali in Italia*, cit., p. 129.

[47] Così M. Malatesta, *L'avvocatura europea tra autonomia e regolazione statale (XIX-XX secolo)*, cit., a p. 330.

[48] C. Fiorenza, *Professioni e ordini professionali in Francia*, in S. Cassese (a cura di), *Professioni e ordini professionali in Europa. Confronto tra Italia, Francia e Inghilterra*, Il Sole-24 ore, Milano, 1999, p. 120, a p. 125.

[49] In questi termini v. A. Fantin, *La giuridificazione degli ordini professionali*, cit., spec. p. 229 ss.

Stato sui corpi professionali iniziava, infatti, ad appalesarsi, dapprima comprimendo l'autonomia e soffocando le aspirazioni degli Ordini, secondo la tendenza generale di ripudio dei corpi intermedi; successivamente, sancendo il riconoscimento delle realtà associative, sebbene ricondotte nell'alveo dell'apparato statale [50]. L'importanza del fenomeno associativo professionale spingeva, infatti, sempre più lo Stato ad abbandonare le logiche del riconoscimento dei corpi professionali, per abbracciare quelle del controllo [51].

2.1. *Gli Ordini professionali al cospetto dello Stato. La Rivoluzione francese e il periodo napoleonico: dal ripudio dei corpi intermedi all'assorbimento dei corpi professionali nell'organizzazione statale*

Come anticipato i primi significativi interventi diretti dello Stato francese nei confronti dell'Ordine, non si tradussero in una regolamentazione del fenomeno associativo esistente, bensì in una totale opposizione delle istituzioni alle corporazioni professionali. La lotta rivoluzionaria contro le realtà sociali intermedie poste tra Stato ed individuo [52] e l'avversione verso

[50] Sulla circostanza che con l'avvento dello Stato liberale si assiste all'assorbimento degli Ordini professionali nell'organizzazione statale si rimanda a G. Manfredi, *Natura delle norme deontologiche e diritti dei cittadini*, in *Jus*, 2008, n. 2-3, p. 565 e spec. p. 567; U. Allegretti, *Profilo di storia costituzionale italiana. Individualismo e assolutismo nello Stato liberale*, Il Mulino, Bologna, 1989, p. 71.

[51] Rileva tale cambio di paradigma del comportamento statale anche A. Fantin, *La giuridificazione degli ordini professionali*, cit.

[52] La legge *Le Chapelier* del 14 giugno del 1791 aveva vietato *"ai cittadini di 'riunirsi e la difesa dei loro interessi comuni' in quanto 'non vi è l'interesse particolare di ciascun individuo e l'interesse generale di tutti' ma solo quello dello Stato, per cui 'non è permesso ad alcuno di ispirare ai cittadini un interesse intermedio, separandoli dalla cosa pubblica con spirito di corporazione'"*: P.L. Petrillo, *Democrazie sotto pressione: parlamenti e lobby nel diritto pubblico comparato*, Giuffrè, Collana Università di Siena, Dipartimento di diritto dell'economia, 2011, p. 24, con richiamo a G. Colavitti, *Rappresentanza ed interessi organizzati. Contributo allo studio dei rapporti tra rappresentanza politica e rappresentanza di interessi*, Giuffrè, Milano, 2005, p. 28, nota 18; Come ricorda l'A. ulteriori provvedimenti seguirono con il fine di sopprimere ogni forma di associazione: il decreto 18 agosto 1792 determinò lo scioglimento delle Università e delle congreghe religiose, il Codice penale del 1810 prevedeva il reato di associazione (artt. 414 e 415), la legge del 15 marzo 1849 ribadiva il divieto di costituire associazioni di lavoratori.

Per un approfondimento sulla legge *Le Chapelier* si rimanda, su tutti, a S. Simitis, *La legge Le Chapelier tra storia e attualità*, in *Giorn. dir. lav. rel. ind.*, 1990, v. 48, p. 743; G. Cazzetta, *Scienza giuridica e trasformazioni sociali. Diritto e lavoro*, in *Italia tra Otto e Novecento*, Giuffrè, Milano, 2007, pp. 360-364; L. Jaume, *Le citoyen sans les corps intermédiaires: discours de Le Chapelier*, in *Les Cahiers du CEVIPOF (Centre de recherches politiques de Sciences Po)*, 2005. Cfr., inoltre, C. Bidegaray e C. Emeri, *La Costitution en France de 1789 à nos jours: études de droit politique et constitutionnel*, A. Collin, Paris, 1997, pp. 37 ss.; K.M. Backer, *Costituzione*, in F. Furet e M. Ozouf (a cura di), *Dizionario Critico della Rivoluzione Francese*, Bompiani, Milano, 1988, p. 474 ss.; P. Colombo, *Governo e costituzione. La tra-*

i sistemi corporativi e di privilegio [53] travolsero anche il mondo professionale, decretando l'abolizione dell'Ordine degli avvocati [54]. La valorizzazione del diritto naturale e l'ostilità per le *"prerogative fondate sul possesso della conoscenza astratta"* comportarono una visione della difesa avulsa dalla competenza professionale, e connessa alla libertà di esercizio di ciascun cittadino, in base al principio secondo cui tutti potevano svolgere una funzione pubblica [55]. Le parti erano legittimate, dunque, ad agire personalmente in giudizio o scegliere liberamente qualsiasi tipo di rappresentante. Nuovi soggetti si affacciarono nelle corti, agendo per conto dei litiganti; tuttavia essi costituivano una categoria priva di disciplina e di moralità. Come sottolineato da un avvocato dell'epoca: *"A case became a prey; the parties to a suit, victims to be sacrificed"* [56].

Il mancato riconoscimento dei corpi intermedi forensi e il possibile avvicendarsi di laici nel processo costituivano una grave minaccia per l'amministrazione della giustizia, che non poteva essere tollerata a lungo.

A fronte di tale insostenibile situazione, nel 1804 Napoleone si vide,

---

sformazione del regime politico nelle teorie dell'età rivoluzionaria francese, Giuffrè, Milano, 1993; E. Rotelli, *Forme di governo delle democrazie nascenti (1689-1799)*, Il Mulino, Bologna, 2005; P. Grossi, *Le comunità intermedie tra moderno e pos-moderno*, a cura di M. Rosboch, Marietti, Genova, 2015, spec. p. 51 ss.

[53] M.P. Fitzsimmons, *The Parisian Order of Barristers and the French Revolution*, Harvard University Press, Cambridge, Mass.-London, 1987, spec. p. 33 ss.

[54] Art. 10 *loi* 2-11 settembre 1790: *"Les hommes de loi, ci-davant appellés avocats, ne devant former ni ordre ni corporation, n'auront aucun costume particulier dans leurs fonctions"*. V. P. Fuller, *The French Bar. II*, in *Yale L.J.*, 1914, v. 23, n. 3, p. 248, che sottolinea come l'abolizione dell'Ordine non determinò il venir meno dello spirito di categoria: *"The bar had not been entirely dispersed by the decree of 1790. Although the order had ceased to exist, a number of the more intrepid had held together in a voluntary association and made it their duty to preserve the excellent traditions of the suspended order, admitting to their comradeship only men of recognized integrity and approved merit and courage. Even in those troublous times these high-minded men concerned themselves with recruiting an instructed bar, and the small band known as 'Avocats du Marais' established a course of study which was kept up until the order was revived, so that in 1810, there was a strong nucleus which labored to recover their prestige and power"* (p. 256).

Anche l'ordinamento italiano non è rimasto immune dalle tendenze francesi concretizzatesi nel divieto di qualsiasi forma di associazionismo: restrizioni simili erano, infatti, rinvenibili sia nel Codice penale sardo sia, successivamente, in svariati interventi normativi italiani. In questi termini v. G. Manfredi, *Natura delle norme deontologiche e diritti dei cittadini*, cit., p. 567 e A. Fantin, *La giuridificazione degli ordini professionali*, cit., a p. 230; per un approfondimento, si rimanda a G. Miele, *Associazione (diritto di)*, in *Nuovo dig.*, Unione Tipografico-editrice Torinese, Torino, 1937, XVI, p. 1016 ss.

[55] M. Malatesta, *L'Ordine professionale, ovvero l'espansione del paradigma avvocatizio*, in *Parole Chiave*, 1995, p. 267, spec. p. 270.

[56] Il riferimento è in P.G. Lepaulle, *Law Practice in France*, in *Colum. L. Rev.*, 1950, v. 50, n. 7, p. 945, a p. 946. V., altresì, H. Siegrist, *Professionalization with the Brakes on: the Legal Profession in Switzerland, France and Germany in the Nineteenth and early Twentieth Centuries*, cit., spec. p. 270; R. Badinter, *Une Autre justice: contributions à l'histoire de la justice sous la Révolution française*, Fayard, Paris, 1989.

dunque, costretto ad ordinare il ripristino della professione forense e della sua connotazione intellettuale e specializzata, mediante la riattivazione delle scuole di diritto. Nel 1810[57] l'Ordine degli avvocati fu ricostituito e il rapporto con lo Stato riscritto[58]. Nell'Ordine degli avvocati napoleonico non erano più ravvisabili i tratti di uno specifico ordinamento autonomo con privilegi particolari, ma emergevano i caratteri di *"una struttura professionale organizzata e inserita nell'ordinamento unitario dello Stato"*[59]. La ricostituzione dell'Ordine, infatti, non rispose tanto all'intento di riconoscere la capacità rappresentativa e l'autonomia professionale di tale corpo intermedio, quanto piuttosto alla volontà di enfatizzare il carattere pubblico dell'avvocatura[60]. In tal modo venne riconosciuta la specificità della professione forense[61], a fronte di una perdurante e generalizzata ostilità verso le formazioni sociali che si frapponevamo tra il singolo cittadino francese e gli organismi istituzionali dello Stato, e il diritto di associazione che ne stava alla base[62].

---

[57] *Décret* 14 dicembre 1810; v. P.G. Lepaulle, *Law Practice in France*, cit., a p. 946, che richiama la prefazione al *Décret* 14 dicembre 1810: *"When we were considering the judicial order and the proper means to insure to our courts the high regard which 'is due to them, a profession, the exercise of which has powerfully influenced the administration of justice, has attracted our attention. We have consequently ordered by the law of Ventose 22, Year 12, the reestablishment of the Registration Board of the Advocates as one of the most fitted means of maintaining the integrity, scrupulousness, disinterestedness, desire of conciliation, love for truth and justice, enlightened zeal for the feeble and the oppressed, essential basis of their condition"*.

Sulla necessità di ricostruire l'Ordine degli avvocati al fine di salvaguardare l'integrità del ceto forense si rinvia, su tutti, a P.G. Lepaulle, *Law Practice in France*, cit., p. 946; v. R. Brotski, *European Community Law and the EC Lawyer's Right to Practice in France after the Enactment of Loi No. 90-1259*, in *Case W. Res. J. Int'l L.*, 1993, v. 25, p. 333, spec. p. 341.

[58] A. Fantin, *La giuridificazione degli ordini professionali*, cit.; si v., altresì, M. Malatesta, *L'ordine professionale, ovvero l'espansione del paradigma avvocatizio*, cit., secondo cui con l'intervento di Napoleone del 1810, *"l'ordre tornava a essere inserito all'interno di un nuovo progetto di corporativizzazione, al cui interno la nozione di «pubblico» veniva ora intesa come regolamentazione e non più come etica"*, in ossequio allo scopo di Napoleone che era quello di *"riattivare l'ordine per esercitare un controllo costante sul ceto forense francese"* (p. 270).

[59] In questi stessi termini: P. Alvazzi Del Frate, *Sulle origini dell'ordine degli avvocati dall'Ancien Régime all'Italia liberale*, in *Panorami, riflessioni, discussioni e proposte sul diritto e l'amministrazione*, VI, Rubbettino, Roma, 1994, pp. 17-31, spec. p. 23. V., altresì, J.L. Halperin, *Avocats et notaires en Europe: les professions judiciaires et juridiques dans l'histoire contemporaine*, cit., p. 69, che sottolinea come: *"La législation consulaire et impériale amena, avec le rétablissement des professions traditionnelles, le retour (et même la généralisation) des communautés et des ordres, mais l'esprit corporatif renaissant dut composer avec un interventionnisme étatique plus pesant que sous l'Ancient Régime"*.

[60] In questi termini v. C. Amodio, Au nom de la loi*: l'esperienza giuridica francese nel contesto europeo*, cit.

[61] M. Malatesta, *Professionisti e gentiluomini*, cit., p. 77.

[62] Il complesso di disposizioni volte a vietare le forme di associazione intermedie (v. *supra* nota 53) verrà smantellato solo nella seconda metà dell'Ottocento, ad opera della legge

I membri del *barreau* si riunirono, pertanto, in un Ordine, costituito secondo l'antica forma di organizzazione professionale e stabilito presso ogni corte di appello e tribunale di prima istanza, demandando al proprio consiglio di disciplina il controllo del codice deontologico[63]. Nondimeno, la delega all'Ordine di provvedere al governo dell'avvocatura fu sottoposta a talune rilevanti limitazioni, in linea con il carattere autoritario della legislazione napoleonica e con la mai sopita avversione verso il corpo forense, considerato pericoloso per la sua faziosità[64]. In particolare, l'Ordine professionale venne assoggettato ad un penetrante controllo dello Stato, esercitato per il tramite della magistratura e del *Grand Juge, Ministre de la Justice*, che possedevano ampi poteri disciplinari sugli avvocati, sino alla facoltà di punire direttamente il professionista che aveva trasgredito: spettava, infatti, alla camera di disciplina dell'Ordine di *"vigilare per la conservazione dell'onore del corpo degli avvocati; di far loro serbare illesi i principi di probità e di rettitudine che sono la base della loro professione; di reprimere, o far punire per via di disciplina le violazioni e le colpe, senza pregiudizio dall'azione che spetta ai tribunali se v'ha luogo (...)"*[65]. La pronuncia del consiglio di disciplina, per le sanzioni più gravi, era appellabile dinnanzi alla corte imperiale, ovvero, in assenza di ricorso, soggetta all'approvazione del primo presidente e del procuratore generale[66]. Nel caso di scritti o esternazioni verbali pronunciate in giudizio contrarie ai principi della monarchia, alle costituzioni dell'Impero, alle leggi e alle autorità stabilite, era potere del tribunale comminare la dovuta sanzione disciplinare[67]. Il potere di ammonire, censurare, riprendere, interdire per un periodo non

---

Ollivier del 25 maggio 1864 volta a sopprimere il reato di associazione e della legge *Waldeck-Rousseau* che legalizzava i sindacati. La legge *Le Chapelier* venne abrogata dalla legge 21 marzo 1884. Inoltre, *"l'ordine rimase una prerogativa degli avvocati fino a che il governo di Vichy lo estese ad altre professioni"*: M. Malatesta, *Professionisti e gentiluomini*, cit., p. 77.

[63] H. Siegrist, *Professionalization with the Brakes on: the Legal Profession in Switzerland, France and Germany in the Nineteenth and early Twentieth Centuries*, cit., spec. p. 270.

[64] J.L. Halperin, *Avocats et notaires en Europe: les professions judiciaires et juridiques dans l'histoire contemporaine*, cit., p. 69; M. Malatesta, *Professionisti e gentiluomini*, cit., p. 77; cfr. P. Fuller, *The French Bar*, cit., p. 463, che descrive l'astio di Napoleone per il corpo forense nei seguenti termini: *"From that Decree to the measure of 1810 was another large step, which we may be sure only a sense of necessity induced Napoleon to make, for in answer to the pleading and pressure exercised by Cambaceres for the re-establishment of the Order of the Barristers, Napoleon wrote: "As long as I wear a sword by my side, I shall not sign such a decree, I want to be at liberty to cut out the tongue of the lawyer who uses it against the Government"*.

[65] Art. 23 *décret* 14 dicembre 1810, in J.L. Locré, *Commentario e compimento dei codici francesi: 16: Tavola alfabetica generale*, G. Cioffi, Napoli, 1843, p. 87.

[66] Art. 29 *décret* 14 dicembre 1810, in J.L. Locré, *Commentario e compimento dei codici francesi: 16: Tavola alfabetica generale*, cit., p. 88.

[67] Art. 39 *décret* 14 dicembre 1810, in J.L. Locré, *Commentario e compimento dei codici francesi: 16: Tavola alfabetica generale*, cit., p. 89.

superiore all'anno, escludere o cancellare dall'albo [68] un avvocato trasgressore spettava anche al *Grand Juge, Ministre de la Justice*, che poteva esercitarlo secondo la sua autorità e in base alle circostanze [69].

Anche la struttura dell'Ordine e la sua organizzazione erano regolamentate in maniera puntigliosa: l'assemblea generale era priva di potere deliberante ed eventuali trasgressioni risultavano penalmente punibili in base all'art. 293 del codice penale, rubricato *'Intorno alle associazioni o adunanze illecite'* [70]. Il consiglio di disciplina, ove previsto [71], era nominato dal Procuratore generale presso la corte di appello, a cui spettava anche la nomina del *bâtonnier*, selezionato dai membri del consiglio di disciplina [72].

Nel giuramento l'avvocato non solo si obbligava ad agire in maniera conforme alle leggi, ai regolamenti, ai buoni costumi, alla sicurezza dello Stato ed alla pubblica tranquillità e a non consigliare e difendere una causa considerata ingiusta, ma professava altresì la propria fedeltà all'imperatore e la propria obbedienza alle costituzioni dell'Impero, con l'impegno *"di non dimenticare mai il rispetto dovuto ai tribunali e alle pubbliche autorità"*. Veniva così sancito il nuovo accordo tacitamente concluso tra il corpo professionale e le istituzioni statali, in cui si riconosceva la supremazia di queste ultime e si legittimava la relativa tendenza centralizzatrice [73].

Se da un lato, quindi, il provvedimento del 1810 aveva avuto il merito di *"resuscitare l'avvocatura, al tempo stesso la imbavagliava"* [74].

---

[68] Tali erano le pene espressamente previste dall'art. 25 del decreto del 14 dicembre 1810, richiamate agli artt. 39 e 40: art. 25 del decreto del 14 dicembre 1810, in J.L. Locré, *Commentario e compimento dei codici francesi: 16: Tavola alfabetica generale*, cit., p. 87.

[69] Art. 40 *décret* 14 dicembre 1810, in J.L. Locré, *Commentario e compimento dei codici francesi: 16: Tavola alfabetica generale*, cit., p. 89.

[70] Secondo l'art. 33 *décret* 14 dicembre 1810: *"il corpo degli avvocati non potrà riunirsi se non sia convocato dal suo presidente, o non debba eleggere canditati alla camera di disciplina, siccome si è detto all'art. 10. – Il presidente non permetterà che si deliberi su qualsivoglia altro oggetto (...)"*. J.L. Locré, *Comemntario e compimento dei codici francesi: 16: Tavola alfabetica generale*, cit., p 88.

[71] L'art. 1, comma 2, *décret* 14 dicembre 1810 prevedeva che *"in tutte le città in cui gli avvocati oltrepassano il numero di venti, si formerà una camera di disciplina"*; la disciplina delle camere di disciplina era contenuta nel successivo titolo III, artt. 19-32: J.L. Locré, *Commentario e compimento dei codici francesi: 16: Tavola alfabetica generale*, cit., p. 85.

[72] P. Alvazzi Del Frate, *Sulle origini dell'ordine degli avvocati dall'Ancien Régime all'Italia liberale*, cit., spec. p. 22 ss.

[73] Art. 14, decreto del 14 dicembre 1810, in J.L. Locré, *Commentario e compimento dei codici francesi: 16: Tavola alfabetica generale*, cit., p. 86.

[74] Così A. Damien, *Avocats*, in J. Toulard (sous la direction de), *Dictionnaire Napoleon*, Fayard, Paris, 1989, p. 147.

2.2. *Lo Stato liberale ottocentesco e l'inaugurazione del sistema professionale italiano*

Il regime napoleonico influenzò anche l'esperienza italiana[75]: i collegi vennero soppressi per poi essere ricostruiti[76]. Durante gli anni della dominazione, infatti, le professioni forensi vennero organizzate secondo il modello francese, seppure uno spettro eterogeneo di soluzioni legislative caratterizzassero gli Stati italiani, taluni dei quali mantennero in vigore la legislazione francese, tal altri, come il Regno di Sardegna, segnati da un ritorno all'*ancien régime*. Similmente a quanto accaduto in Francia, lo Stato iniziò a restringere l'autonomia delle corporazioni attraverso un controllo esercitato per il tramite della magistratura[77]. Con la restaurazione si

---

[75] A. Cavanna, *L'influence juridique française en Italie au XIXe siècle*, in *Rev. hist. fac. droit et sc. jurid.*, 1994, n. 15, p. 87 ss. (in italiano, *Influenze francesi e continuità di aperture europee nella cultura giuridica dell'Italia dell'Ottocento*, in Id., *Scritti (1968-2002)*, II, Jovene, Napoli, 2007, p. 1185 ss. Si v. anche F. Tacchi, *Gli Avvocati dall'Unità alla Repubblica*, cit., pp. 32 e 33, che in riferimento alla dimensione collegiale dell'avvocatura, sottolinea come *"il sistema fu rivoluzionato con l'introduzione degli ordinamenti napoleonici, successivi all'applicazione nel Regno Italico, fin dall'aprile del 1806, del* Code civil". Sulla dominazione del *Code civil* francese del 1804 sulla penisola italica si rinvia, *ex multis*, a G. Astuti, *Il* code Napoléon *in Italia e la sua influenza sui codici degli Stati italiani successori*, in *Annali di storia del diritto*, 1970-1973, n. 14-17, p. 60 ss.; A. Padoa Schioppa, *Dal* Code Napoléon *al codice civile del 1942*, in *Il codice civile, Atti del Convegno del cinquantennio*, Bardi, Roma, 1994, ampliato in Id., *Italia ed Europa nella storia del diritto*, Il Mulino, Bologna, 2003, p. 500 ss.; R. Ferrante, *Il problema della codificazione*, in *Enciclopedia Italiana. Il Contributo italiano alla storia del Pensiero – Diritto*, Istituto della Enciclopedia Italiana - Treccani, Roma, 2012, p. 277: *"Il* Code civil *del 1804 costituisce immediata fonte giuridica italiana a partire dai dipartimenti della nostra penisola che la Francia via via integra nel suo territorio statuale: i territori piemontesi dal 1802, la Liguria nel 1805, il Principato di Lucca e Piombino nel 1806, Parma e Piacenza tra il 1806 e il 1808, la Toscana nel 1808, Umbria e Lazio dal 1809. Ugualmente avviene nel Regno d'Italia e nel Regno di Napoli, entrambi indipendenti dalla Francia solo formalmente"* e Id., *Codificazione e cultura giuridica*, II ed., Giappichelli, Torino, 2011, p. 91 ss.; G. Cazzetta, *Codice civile e identità giuridica nazionale: percorsi e appunti per una storia delle codificazioni moderne*, II ed., Giappichelli, Torino, 2018, spec. p. 8 ss., secondo cui *"La dominazione francese non diede all'Italia una forma di governo unitario, ma l'ondata napoleonica operò per un breve periodo una sostanziale uniformazione delle condizioni legislative esistenti"*; tuttavia, tale quadro unitario era destinato a scomporsi *"in un mosaico variegato e complicato di fonti"* durante la Restaurazione.

[76] E. Bersanti, *Prefazione*, in Collegio degli avvocati e dei procuratori di Firenze, *Legge Forense*, Stabilimenti Tipografici di A. Vallecchi, Firenze, 1926, p. 5, a p. 12.

[77] Così P. Alvazzi del Frate, *Appunti di storia degli ordinamenti giudiziari. Dall'assolutismo francese all'Italia repubblicana*, cit., spec. p. 91 ss., che sottolinea come *"Il modello francese aveva mostrato ai governi italiani, da un lato, l'importanza di una organizzazione professionale, quale l'Ordine, ma, dall'altro, l'utilità politica di una subordinazione delle professioni forensi alla magistratura"* (pp. 91 e 92). L'unificazione italiana portò, infatti, l'estensione dell'ordinamento del Regno di Sardegna (ad eccezione del diritto penale) a tutta la Penisola; in proposito l'A. ricorda come *"Relativamente alla professione di avvocato, le Costituzioni piemontesi del 1770 erano ancora in vigore, all'indomani dell'unificazione. Non esisteva un*

assistette, dunque, al fiorire di nuove disposizioni legislative, volte a disciplinare l'avvocatura, ivi compresa la dimensione collegiale della stessa[78]. Come sottolineato da attenta dottrina, ciò comportò un significativo cambiamento all'insegna della *"giuridificazione in chiave pubblicistica degli ordini professionali"*; infatti, *"[l]e vecchie categorie di professionisti, organizzate secondo regole di diritto privato, che godevano fino a quel momento dell'esclusiva giurisdizione sui propri aderenti, del potere di fissare nei propri statuti le norme di comportamento, di giudicare le vertenze tra gli associati, vengono trasformate attraverso un provvedimento legislativo o amministrativo statale, in enti pubblici, sotto la sorveglianza dello Stato*[79]*. (...) gli ordini professionali diventano, d'ora in avanti, vere e proprie strutture inserite nella organizzazione unitaria dello Stato"*[80].

È, tuttavia, con la legge professionale del 1874[81] che nel giovane Stato

---

Ordine e dunque la disciplina professionale era affidata alla magistratura. Per i procuratori la legge 17 aprile 1859 aveva abolito il numerus clausus *e istituito Collegi elettivi di procuratori e le Camere di disciplina"* (p. 92).

[78] In Toscana, ad esempio, venne introdotto un ruolo unico in tutto il Granducato, e conferito il potere disciplinare ad un'unica Camera di disciplina con sede a Firenze. L'iscrizione all'albo risultava subordinata al superamento di esami *ad hoc* e, nel caso dei procuratori, oltre all'esercizio di pratiche legali per quattro anni e all'esito positivo del relativo esame, l'ingresso era connesso, altresì, alla sussistenza di posti vacanti, attesa la presenza del numero chiuso per tale categoria. In entrambi i casi la nomina richiedeva l'intervento della Consulta (ovvero la Cassazione): legge 17 ottobre 1814. In dottrina, per un approfondimento sulle disposizioni volte a regolare gli avvocati ed i procuratori in Toscana durante la Restaurazione, si rimanda a E. Bersanti, *Prefazione*, cit., spec. pp. 12 e 13; F. Tacchi, *Gli avvocati italiani dall'Unità alla Repubblica*, cit., p. 37.

[79] Il richiamo è a F. Teresi, *Ordini e Collegi professionali*, in *Dig. pubbl.*, X, Utet, Torino, 1997, p. 449, a p. 451; P. Piscione, *Ordini e collegi professionali*, Giuffrè, Milano,1959, a p. 1041.

[80] A. Fantin, *La giuridificazione degli ordini professionali*, cit., pp. 230 e 231. Cfr. V. Belloni, *L'avvocatura lombarda nell'età della Restaurazione: un ceto in assoluto declino?*, Giuffrè, Milano, 2012, p. 15 ss.

[81] Legge 8 giugno 1874, n. 1938, che regola l'esercizio delle professioni di Avvocato e Procuratore, in *GU* del 15 giugno 1874, n. 141.

Che sia stata una decisione di governo a segnare e direzionare la storia professionale dell'avvocatura non stupisce: a differenza di quanto accaduto in altre professioni, tra cui quella sanitaria, nel panorama dell'avvocatura italiana non si è imposta alcuna istituzionalizzazione dal basso del principio di rappresentanza collettiva del ceto. Le esperienze di associazionismo nel campo giuridico sono rimaste frammentate (cfr. F. Tacchi, *Gli avvocati italiani dall'Unità alla Repubblica*, cit., p. 307: *"Se ancora non si tratta di vere e proprie organizzazioni di rappresentanza corporativa degli interessi, alcuni elementi sono già presenti, come ad esempio la mutua solidarietà tra i soci, regolata da dettagliati statuti"*). In proposito basti pensare agli innumerevoli circoli giuridici con connotazione perlopiù culturale, sorti nella seconda metà dell'Ottocento come centri di incontro, confronto e dibattito per gli esperti di diritto, strettamente connessi alle singole facoltà di diritto (F. Tacchi, *Gli avvocati italiani dall'Unità alla Repubblica*, cit., p. 307 ss., che richiama l'esistenza del Circolo giuridico di Palermo fondato nel 1867 (con riferimento bibliografico a: *Il circolo giuridico*, 3 (1872), v. 3, pp. 5-14; L. Sampaolo, *Per la inaugurazione della nuova legge sede del Circolo* si *"inaugura il sistema professionale italiano"* [82]: dopo l'unificazione del Regno d'Italia, avvocati e procuratori sono, infatti, i primi professionisti a ricevere l'attenzione dello Stato in forma di regolamentazione dell'attività professionale e della rappresentanza, e ad essere, quindi, dallo stesso ufficialmente riconosciuti, anche da un punto di vista sociale e politico [83].

---

giuridico. Discorso letto il 7 febbraio 1886, Tip. Virzì, Palermo, 1886), Roma (1870, nuovamente rifondato nel 1899), l'Aquila (1872); Macerata (1874, con riferimento a *Bollettino*, 1, 1874, n. 1-2, pp. 1-16); Pisa (1879, con richiamo a: Seminario storico-giuridico di Pisa, *Statuto*; Circolo giuridico Pisano, *Statuto approvato dall'Adunanza generale del dì 3 aprile 1897*, Nistri, Pisa, 1897, art. 1, p. 3), Siena (1880), Modena (1880), Firenze e Napoli (1890; con riferimento a: Circolo giuridico di Firenze, *Statuto*, Tip. Niccolai, Firenze, 1890; Il Circolo Nomotecnico di Napoli: *Progresso giuridico*, 1, 1896, n. 1, pp. 33-40; *Il foro napoletano*, 1, 1897, fasc. 1, pp. 27-33; *Rivista del Circolo giuridico napoletano*, 1, 1901.

Molti di tali circoli giuridici, che rispecchiavano le varie tradizioni giuridiche delle Università a cui erano annessi, vennero eretti ad enti morali in virtù della legge sulle opere pie (1890) e vissero perlopiù grazie alle quote associative, agli abbonamenti alle pubblicazioni e alle donazioni private, sebbene non mancassero talvolta sovvenzioni statali. In tali circoli giuridici *"L'aspetto culturale era preponderante, ma si guardava anche alla 'pratica'"*, come testimoniato dalle esercitazioni promosse del circolo di Palermo, che offriva ai futuri avvocati una sorta di "clinica giudiziaria" e che seppe esercitare una certa influenza anche all'estero (ad esempio, sulla Scuola Pratica di diritto di Bordeaux): così F. Tacchi, *I circoli giuridici*, in M. Malatesta (a cura di), *Atlante delle Professioni*, Bononia University Press, Bologna, 2009, pp. 61 e 62). Il riferimento è inoltre alle associazioni forensi, fondate negli anni '60 e '70 dell'Ottocento che operavano, nella veste di enti morali, esclusivamente in realtà locali; si v. F. Tacchi, *Gli avvocati italiani dall'Unità alla Repubblica*, cit., spec. p. 309 ss., con richiamo alle associazioni forensi di Venezia, Padova, Verona, Vicenza, Bari, Milano e Napoli. V. E. Schiavo e E. Bertagnoni, *L'avvocatura a Vicenza. Cenni storici*, Consiglio dell'ordine degli avvocati e dei procuratori, Vicenza, 1974; A. Liva, *Le professioni liberali e i loro collegi: gli avvocati*, in C. Morelli e R. Pavoni (a cura di), *Milano fin de siècle e il caso Bagatti-Valsecchi. Memoria e progetto per la metropoli italiana*, Guerini, Milano, 1991, p. 320 e spec. p. 321 ss.

[82] A. Cantagalli, *Professionisti fra tradizione e modernità*, cit., p. 989.

[83] La legge del 1874, rappresentando, infatti, la prima legge professionale del Regno d'Italia, ha esercitato una forte influenza sulle altre professioni intellettuali, costituendo il modello per le successive regolamentazioni pubbliche in materia: così M. Malatesta, *Professionisti e gentiluomini*, cit., p. 85, che sottolinea, altresì, come: "(...) *dal momento che per più di trent'anni restò l'unica legge professionale, creò una gerarchia delle libere professioni al vertice del quale stavano quelle giuridiche*"; secondo l'A. in Italia il moderno professionalismo si è realizzato all'interno di un progetto statalista, secondo il modello continentale. Tuttavia, a seguito dell'istituzionalizzazione della professione forense e il riconoscimento della sua pubblica utilità da parte dello Stato grazie alla legge professionale del 1874, anche le altre professioni iniziarono ad ambire all'ascesa sociale. Ciò segnò il passaggio ad una nuova fase caratterizzata da forti spinte provenienti dal basso. A parere dell'A., *"questa è la ragione per cui la prima fase del processo di professionalizzazione italiana, ossia quella realizzata nel periodo liberale, non va considerata esclusivamente come il prodotto di spinte provenienti dall'alto, ma come il risultato di un incrocio tra l'intervento dello Stato e le iniziative emerse all'interno dei corpi professionali"*: così M. Malatesta, *L'ordine professionale, ovvero l'espansione del paradigma avvocatizio*, in *Parolechiave*, 1995, 7/8, p. 272, spec. pp. 276 e 277. V., altresì, V. Olgiati e V. Pocar, *The Italian Legal Profession: An Institutional Dilemma*, in R. Abel e P.S.C. Lewis (ed.), *The Civil Law World, Lawyers in Society, v. II*, University of California Press, Berkeley-Los Angeles-London, 1988, p. 341. Cfr. A. Cantagalli, *Professionisti*

Sebbene la tradizione professionale italiana sia stata, spesso, definita da interventi dettati dall'alto, la professione forense non è rimasta priva di voce dinnanzi all'affermazione dell'associazionismo 'istituzionale' imposto dallo Stato. La legge professionale del 1874 [84], che ben si innestava e traeva linfa dal più ampio progetto di nazionalizzazione giuridica [85], è stata, infatti, fortemente influenzata dagli uomini di legge che, soprattutto nel ruolo di deputati, ne discussero la portata per oltre otto anni [86]. Tra gli

---

fra tradizione e modernità, cit., a p. 990, che oltre a rimarcare come "*La normativa del 1874 è stata base e matrice delle successive leggi di riconoscimento professionale che hanno costellato il periodo liberale: nel 1875 i notai, nel 1906 i ragionieri e nel 1910 i medici, che ottengono con il riconoscimento giuridico il sospirato 'monopolio' professionale*", si preoccupa di tracciarne anche le differenze. Sul tema della giuridificazione in chiave pubblicistica degli Ordini professionali cfr. A. Fantin, *La giuridificazione dello sport e degli ordini professionali – la giuridificazione degli ordini professionali*, in *Giur. it.*, 2016, n. 2, p. 484, secondo cui "*si assiste con l'avvento dello Stato liberale ottocentesco ad un fenomeno di vero e proprio assorbimento degli ordini professionali nell'organizzazione statale. (...) Si assiste dunque, a partire da questo momento, ad una vera e propria entificazione pubblicistica di tali ordinamenti particolari con la precisa finalità di garantire allo Stato la regolazione e il controllo sugli stessi. È in tale contesto che dopo l'unificazione del Regno d'Italia si procede alla regolamentazione di tutte le principali professioni a cominciare da quella di avvocato e procuratore legale attuata con la L. 8 giugno 1874, n. 1938 e relativo regolamento R.D. 27 luglio 187*". Cfr., altresì, V. Olgiati, *Avvocati e notai tra professionalismo e mutamento sociale*, cit., spec. pp. 99 e 100.

[84] Legge 8 giugno 1874, n. 1938.

[85] M. Malatesta, *Professionisti e gentiluomini*, cit., p. 84; Id., *L'avvocatura europea tra autonomia e regolazione statale (XIX-XX secolo)*, cit., a p. 336; Id., *Gli ordini professionali e la nazionalizzazione in Italia*, in M. Meriggi e P. Schiera (a cura di), *Dalla città alla nazione. Borghesie ottocentesche in Italia e in Germania*, in *Annali dell'Istituto storico italo-germanico*, Quaderno 36, Il Mulino, Bologna, 1993, p. 165. V., altresì, E. Proni, *Bologna la nascita dell'Ordine degli Avvocati e Procuratori, Storia dell'Ordine degli Avvocati di Bologna 1874-1945, Fondazione forense bolognese*, Grafiche A&B, Bologna, 2006: "*Nella formulazione di tale testo normativo [legge forense del 1874, ndr.], ed in particolare nella formulazione dell'istituto dell'ordine, possono essere rintracciati quantomeno due diversi progetti professionali. Il primo promosso dal ceto forense ed orientato a superare l'impostazione corporativa, e quindi le finalità essenzialmente privatistiche, del precedente associazionismo professionale; il secondo promosso dal legislatore, orientato anch'esso in quella direzione, ma con l'ulteriore intento di realizzare anche una sorta di allineamento del ceto forense al programma politico dell'unificazione nazionale*" (p. 14) e ancora "*Per le professioni giuridiche prevalse, comunque, la spinta dall'alto, determinata dalla necessità di completare l'unificazione giuridica con una regolamentazione dell'avvocatura e del notariato che superasse le differenze ereditate dagli stati preunitari*" (p. 19). Cfr. A. Meniconi, *La storia degli avvocati: primi bilanci e prospettive di ricerca*, in *Le Carte e la Storia*, 2004, f. 2, p. 57, che pur richiamando l'interpretazione in un primo momento avanzata dagli storici, che vedeva nella legge professionale del 1874 "*il tentativo dello Stato unitario di "nazionalizzare" gli Ordini professionali, vale a dire di eliminare i particolarismi e uniformare le regole dei singoli Ordini locali*", propone una spiegazione alternativa della normativa, considerandola come "*il tentativo (...) di operare un controllo sui corpi intermedi della società, importanti come gli Ordini professionali, dotandoli di autonomia, ma, al tempo stesso, inserendoli nel circuito dell'ordinamento statale da cui fino ad allora erano stati esclusi*", così da creare le basi culturali del controllo più pervasivo successivamente attuato dal regime fascista (p. 58).

[86] V. M. Santoro, *Le trasformazioni del campo giuridico*, in M. Malatesta (a cura di), *I pro-*

aspetti critici non vi era solo il destino da riservare alla perdurante distinzione tra avvocati e procuratori [87]; al centro del dibattito si collocava, altresì, il progetto di istituzione dell'Ordine, attorno al quale aleggiavano opposti timori [88]. Da un lato, si paventava il rischio di una presa di potere dello Stato sul ceto forense, a danno della liberalità della professione [89]; dall'altro emergeva il sospetto di una possibile riviviscenza delle antiche corporazioni e dei privilegi ad esse connesse, che appartenevano ad un periodo storico, quello dell'*ancien régime*, ormai definitivamente superato dallo Stato Liberale [90].

---

fessionisti, cit., p. 79, e spec. p. 94 che sottolinea come "(...) *la legge forense fu fatta anche dagli avvocati perché costoro, attraverso i congressi e le associazioni professionali locali, e soprattutto la loro egemonia sui meccanismi della rappresentanza politica, erano riusciti a far giunger in parlamento la voce della categoria e a influenzare i lavori legislativi* (...)".

[87] Ove, come visto, prevalse la soluzione di compromesso, con mantenimento della separazione delle funzioni di rappresentanza e difesa, ma con possibilità di cumulo: v. *retro*, Parte I, cap. 1, § 2.

[88] M. Malatesta, *L'ordine professionale, ovvero l'espansione del paradigma avvocatizio*, cit., p. 272.

[89] Era di questo avviso F. Carrara, *Il passato, il presente e l'avvenire degli avvocati in Italia*, in *Opuscoli di diritto criminale*, Tipografia di B. Canovetti, Lucca, 1876, VI (I ed. 1874), p. 51, che definì la nuova legge "*improvvida*", "*impolitica*", e "*illiberale*" (p. 55 ss. e p. 81); richiamando la missione dell'Ordine ("(...) *antica quanto il primo patrono che sorse ad impedire che col pretesto del diritto si violasse il diritto. Missione sociale che consiste nel frenare gli abusi del potere esecutivo e servire di appoggio al potere giudiziario nella eterna lotta che si è agitata fra queste due forze vivificatrici della società civile*"), l'A. conclude per la necessità che gli avvocati "*siano costituiti in corpo*", "*che questo corpo sia tale per numero e dignità da imporre rispetto*", e che "*sia indipendente dagli organi di Governo*", per poter vantare una "*potenza valevole a resistere alla perpetua tendenza invasiva del potere esecutivo*" (pp. 83 e 84). Sul punto, in dottrina, si rinvia a M. Malatesta, *Professionisti e gentiluomini*, cit., p. 84; A. Meniconi, *Gli avvocati*, cit., spec. p. 112 ss.

[90] P. Alvazzi Del Frate, *Sulle origini dell'ordine degli avvocati dall'Ancien Régime all'Italia liberale*, cit., spec. p. 26 ss. Esemplificative le parole dell'onorevole Portis alla Camera: "*Io non so perché si abbia ad andare a formare questi corpi, e, come dice la relazione, a resuscitare le antiche corporazioni*" (Atti Parlamentari, Camera dei deputati, Sessione del 1873-1874, *Discussione sul progetto di legge riguardante l'esercizio delle professioni di avvocato e procuratore*, p. 2580, così come richiamato in M. Malatesta, *L'Ordine professionale, ovvero l'espansione del paradigma avvocatizio*, cit., p. 272. V., altresì, la posizione del deputato Luigi Tegas, che ravvisava nella costituzione dell'Ordine "*l'imitazione di un'istituzione francese e nulla più*", un intervento legislativo non necessario e, dunque, una limitazione della libertà del tutto arbitraria; *contra* v. la replica dell'onorevole Gian Battista Varè, avvocato veneziano: "*Credo che l'onorevole Tegas abbia detto delle cose molto giuste e molto serie, ma che ne abbia esagerata l'importanza. Se quella costituzione di quell'ordine dovesse avere unicamente l'intento al quale egli ha accennato, e se si trattasse di costituire quasi una specie di corporazione alla foggia antica, io sarei perfettamente dell'avviso suo, e mi opporrei in nome dei principii della moderna società. Ma sono d'avviso che alcuno dei doveri dell'avvocato e dei servizi che interessano al pubblico, più facilmente sarà adempiuto allorquando vi sarà costituito un nucleo intorno al quale tutti possano essere congiunti*": Atti Parlamentari, Discussioni Camera dei deputati, Legisl. XI, sess. 1873-74, 24 marzo 1974, pp. 2607 e 2608.

La componente maggioritaria delle forze politiche si schierò, tuttavia, in favore dell'istituzione dell'Ordine degli avvocati [91]. Dalla rilevanza pubblica dell'avvocatura, baluardo nella difesa dei diritti dei cittadini e complemento indispensabile per la corretta amministrazione della giustizia [92], nasceva la necessità di *"una rappresentanza, la quale giudichi se in un candidato concorrano le condizioni richieste per l'iscrizione nell'albo, la quale giudichi se un avvocato inscritto nell'albo debba esserne cancellato, la quale giudichi se chi vi è inscritto, disimpegni il suo ministero nell'interesse della società, nell'interesse dei particolari, nel riflesso del decoro dell'ordine"*, non dovendo tale corpo essere lasciato *"in balìa (...) del caso"* ovvero sotto *"un'ingerenza di un'altra classe diversa della società, di altri pubblici ufficiali, perché in questo modo, se ne lederebbe quell'autonomia e quella indipendenza che sono necessarie per la libera esplicazione dei diritti della professione"* [93]. In un governo liberale, tale rappresentanza non poteva che essere esercitata dalla classe stessa, *"giudice e regolatrice dei suoi doveri, della sua dignità e della sua disciplina"* [94]. In favore della costituzione di Collegi si espresse, altresì, il primo Congresso giuridico italiano nel 1872 [95].

---

[91] Cfr. P. Alvazzi Del Frate, *Sulle origini dell'ordine degli avvocati dall'Ancien Régime all'Italia liberale*, cit., p. 26, secondo cui la corrente che auspicava l'istituzione dell'Ordine degli avvocati, ritenuto un *"elemento fondamentale per la difesa dei diritti dei cittadini"*, era costituita da forze liberali favorevoli ad un certo interventismo statale; in tale prospettiva *"l'autonomia e l'organizzazione degli avvocati erano ritenute strumenti indispensabili per l'affermazione dell'autonomia e della indipendenza della magistratura"*. Tali posizioni favorevoli erano state ampiamente espresse nel Congresso giuridico italiano tenutosi a Roma nel 1872; G. Alpa (a cura di), *Atti del primo Congresso giuridico italiano (25 novembre-8 dicembre 1872)*, Il Mulino, Bologna, 2006, p. 441.

[92] Si rimanda altresì alle eloquenti parole del relatore Oliva, che, concordando sull'opportunità dell'istituzione dell'Ordine, sottolineava come in ragione della funzione sociale della classe forense *"la legge deve provvedere affinché quella funzione trovi il suo organo speciale, si esplichi ed agisca con indipendenza e autonomia. È questo il sistema della libertà politica, ed è questo il pensiero della Commissione, pensiero che essa ha tradotto e attuato nelle modifiche introdotte al progetto ministeriale, colle quali ha cercato di eliminare dalla economia amministrativa e disciplinare dell'ordine degli avvocati qualunque ingerimento esterno, che potesse far supporre una dipendenza o una inferiorità gerarchica dell'ordine stesso da qualunque altro potere costituito. A lato dell'ordine giudiziario, a lato del pubblico Ministero, che rappresenta presso i tribunali il potere esecutivo, sorge l'ordine degli avvocati, collettivamente rappresentato, autonomamente costituito. Egli rimane signore del suo albo, della sua disciplina, indipendente da ogni ingerenza amministrativa di altra estranea autorità, soggetto solo alla legge comune regolatrice"*: Così il Relatore Oliva in Atti Parlamentari, Discussioni Camera dei deputati, Legisl. XI, sess. 1873-74, 24 marzo 1974, pp. 2614 e 2615.

[93] Così il Deputato Della Rocca in Atti Parlamentari, Discussioni Camera dei deputati, Legisl. XI, sess. 1873-74, 24 marzo 1974, p. 2610 e 2611.

[94] Così Paolo Onorato Vigliani, Ministro di Grazia e Giustizia in Atti Parlamentari, Discussioni Camera dei deputati, Legisl. XI, sess. 1873-74, 24 marzo 1974, p. 2612.

[95] V., nello specifico, G. Alpa (a cura di), *Atti del primo Congresso Giuridico italiano (25 novembre – 8 dicembre 1872)*, cit., p. 391 ss. In dottrina, si rinvia, su tutti, a F. Tacchi, *Gli*

Con la legge dell'8 giugno 1874, n. 1938[96] furono, pertanto, istituiti presso ogni corte di appello e tribunale i Collegi degli avvocati e dei procuratori (Consiglio dell'Ordine degli avvocati e Consiglio di Disciplina per i procuratori)[97], a cui venne riconosciuto lo *status* giuridico di enti pubblici[98]. Innestato sul tronco dell'esperienza francese[99], di cui condivideva non solo l'appellativo[100] ma altresì la collegialità dell'istituzione, l'Ordine italiano se ne distanziava, tuttavia, in termini di limitazione dell'autonomia.

La peculiarità del modello organizzativo inaugurato con la legge professionale italiana risiedeva nel fatto che l'Ordine, oltre a rappresentare l'intero corpo professionale degli avvocati e procuratori, era *"un'istituzione a cui lo Stato delegava il governo dell'avvocatura, intesa come un corpo sociale autonomo e indipendente"*[101]. Tale interpretazione traspare, lu-

---

avvocati italiani dall'Unità alla Repubblica, cit., p. 61; M. Malatesta, *Professionisti e gentiluomini*, cit., p. 84.

[96] Legge 8 giugno 1874, n. 1938.

[97] Cfr. F. Tacchi, *Gli avvocati italiani dall'Unità alla Repubblica*, cit., che intravede un legame tra la soluzione adottata del decentramento, stante la mancata istituzione di un Ordine unico, e la rilevanza delle posizioni delle esistenti associazioni forensi, come quella dell'associazione dei legali milanesi, che si oppose fermamente alla rappresentanza ufficiale dell'avvocatura a livello nazionale (p. 310).

[98] V. U. Amoretti, *Forza e debolezza dell'avvocatura italiana*, cit., p. 130, secondo cui l'attribuzione agli Ordini dello *status* giuridico di enti pubblici rispondeva ad una doppia esigenza: da un lato garantire la tutela dell'interesse pubblico, sottoponendo l'avvocatura a regolamentazione, dall'altro tutelare l'interesse privato della categoria (con riferimento sia al corpo, sia ai singoli membri), assicurando alla classe forense l'esercizio esclusivo della professione.

[99] Riconduce la nascita dell'Ordine al modello francese, *ex multis*, J. Mazzuca, *L'arte del difendere. Prospettive storiche e ricostruttive della figura di avvocato*, in *TIGOR*, 2021, n. 1. p. 64, a p. 67; F. Tacchi, *Gli avvocati italiani dall'unità alla Repubblica*, cit., p. 36.

[100] Il termine Ordine richiama evidentemente l'*Ordre* francese. In realtà l'origine del termine è ben più antica: già Giustiniano indicò il collegio dei giureconsulti come *Ordo*: così M. Malatesta, *I professionisti*, cit., p. XVII.

[101] Così M. Malatesta, *L'avvocatura europea tra autonomia e regolazione statale (XIX-XX secolo)*, cit., pp. 338 e 339; si rinvia, più diffusamente, a M. Malatesta, *L'ordine professionale, ovvero l'espansione del paradigma avvocatizio*, cit., p. 273 ss., ove si mette in luce anche il contrasto dell'interpretazione di Giuseppe Zanardelli rispetto alla posizione di Francesco Carrara, già richiamata. Sul punto si rinvia, altresì, a V. Olgiai, *Diritto Positivo e autoregolamentazione professionale nei "Discorsi sull'Avvocatura" di Giuseppe Zanardelli*, in Id., *Saggi sull'avvocatura. L'avvocato italiano tra diritto, potere e società*, Giuffrè, Milano, 1990, pp. 95-129. Cfr. L. Paolini, *Organizzazione della professione legale, tariffe e mercato: spunti giurisprudenziali*, in *Rivista di economia, cultura e ricerca sociale*, 2020, p. 451, che rinviene nella formulazione della legge professionale *"una 'doppia anima': l'una, che incarna il progetto voluto dalla classe forense, orientato a superare l'antica impostazione corporativa; l'altra, individuabile nel progetto promosso dal legislatore, volto anch'esso al superamento degli angusti confini privatistici ed orientato verso un più ampio programma politico di unificazione nazionale. Proprio in questi termini, dunque, si pone la 'questione professionale', con particolare riferimento alla entificazione dell'Ordine, inteso al contempo quale organo istitu-*

cida e puntuale, nel discorso pronunciato il 15 febbraio 1875 da Giuseppe Zanardelli [102] durante la prima adunanza annuale dell'Ordine degli avvocati di Brescia, di cui era Presidente: *"Noi non siamo una società, non siamo una corporazione che goda di alcun privilegio; noi siamo, secondo le parole che ereditammo dalle tradizioni romane, un Ordine, composto per l'esercizio di un suo stesso ministero"* [103]. L'accettazione e l'accentuazione del carattere istituzionale dell'Ordine, a cui riconoscere il compito di tutela degli obblighi e diritti dell'avvocatura [104], lo allontanava dall'esperienza francese, per conferirgli il carattere di *"esecutore e garante della legge"* [105]. La discrezionalità dell'Ordine veniva, infatti, compressa dallo Stato, che definiva, per mezzo della legge, il profilo della professione forense e il suo mercato. Lungi dall'essere *maître de son tableau* [106], nonostante i proclami contenuti

---

zionale, integrativo della funzione pubblica e destinato al perseguimento dei fini propri della ragion di Stato, nonché quale garante dei principi dell'autonomia e dell'indipendenza proclamati dalla classe forense" (pp. 454 e 455). Sul punto si rimanda, altresì a V. Olgiati, *Saggi sull'avvocatura. L'avvocato italiano tra diritto, potere e società*, Giuffrè, Milano, 1990, p. 108, ed ivi, in particolare, a *Avvocati e notai tra professionalismo e mutamento sociale*, p. 1 ss., e spec. p. 14 ss.

[102] Per un'analisi degli scritti di Zanardelli cfr. *Diritto positivo e autoregolazione professionale nei "Discorsi sull'Avvocatura" di Giuseppe Zanardelli*, in V. Olgiati, *Saggi sull'avvocatura. L'avvocato italiano tra diritto, potere e società*, cit., pp. 95-129; V. Olgiati, *L'ordinamento professionale forense nel pensiero di Giuseppe Zanardelli*, in R. Chiarini (a cura di), *Giuseppe Zanardelli*, FrancoAngeli, Milano, 1985, p. 361, e spec. p. 363 ss.

[103] G. Zanardelli, *L'avvocatura. Discorsi (con alcuni inediti)*, Giuffrè, Milano, 2003, p. 7. Cfr. S. Satta, voce *Avvocato e procuratore (Il procuratore; L'ordinamento professionale degli avvocati e dei procuratori)* in *Enc. dir.*, IV, Milano, 1959, p. 649 ss.: "*(...) l'ordine non è né una società, né un'associazione (non esistono rapporti giuridici tra i singoli iscritti), e tanto meno è un organo amministrativo, anzi dell'organo amministrativo esso è la autentica negazione. L'ordine, come dice la parola, è un ordinamento, cioè una istituzione, nella quale si realizza, in piena autonomia, la normativa professionale. Autonomia significa che l'ordine, pur essendo nello Stato, non si identifica con esso, anzi, in quanto autonomo, gli si oppone; vale a dire, poiché questo è in definitiva quello che conta, sono gli stessi appartenenti all'ordine quelli che lo realizzano. Ciò non esclude naturalmente che vi possa essere una diretta ingerenza dello Stato, non solo nell'ordine, ma nella professione, così come non esclude, anzi richiede, per le ragioni che vedremo, che la normativa che si realizza nell'ordine si inserisca nel generale ordinamento dello Stato*".

[104] V. G. Zanardelli, *I Meriti dell'avvocatura*, Discorso di inaugurazione, pronunciato il 15 febbraio 1875, nella prima adunanza annuale del Collegio degli avvocati di Brescia, Discorso Primo: "(...) *in mezzo alle dispute che sorsero intorno alla legge che diede vita alla nostra istituzione, io, pur riconoscendo gli inconvenienti di alcune sue restrizioni e d'alcune sue norme speciali, nel concetto generale vivamente applaudo alla istituzione medesima che ci ha costituiti in ordine legale e autonomo, destinato a tutelare con uguale sollecitudine i nostri obblighi e i nostri diritti*": G. Zanardelli, *L'avvocatura. Discorsi (con alcuni inediti)*, cit., pp. 6 e 7.

[105] Così M. Malatesta, *L'ordine professionale, ovvero l'espansione del paradigma avvocatizio*, cit., p. 275.

[106] C. Cavagnari e E. Caldara, *Avvocati e procuratori*, cit., spec. p. 697. V. le critiche mosse alla legge professionale da G. Zanardelli, *L'avvocatura. Discorsi (con alcuni inediti)*, cit.

nella Relazione parlamentare sul progetto di legge, i Consigli degli avvocati e procuratori si limitavano, nella prassi, a certificare la sussistenza dei requisiti per l'iscrizione all'albo previsti a livello legislativo (art. 10): il possesso del titolo di studio universitario (per i procuratori l'aver frequentato e sostenuto gli esami stabiliti dalle discipline universitarie per lo studio del diritto civile e penale, commerciale, della procedura civile e penale), l'assolvimento della pratica professionale, l'esito positivo dell'esame di abilitazione [107], la mancanza di condanne penali, nonché, per i procuratori, il possesso della cittadinanza dello Stato e della maggiore età (artt. 8 e 39) [108]. Spettava ai Consigli anche la revisione e la rinnovazione dell'albo, mediante l'inserimento e le aggiunte risultate necessarie (artt. 6 e 38). Considerato il tenore oggettivo dei requisiti da certificare, nell'esercizio di tale compito non vi era alcun spazio per la discrezionalità: l'attività dell'Ordine, esclusivamente materiale, era sintomatica dell'esercizio di un mero potere esecutivo [109].

Ulteriore aspetto di distinzione – non solo rispetto all'avvocatura francese, ma anche a quella anglosassone – era la scarsa incidenza dell'Istituzione forense sul percorso di accesso alla professione degli aspiranti avvocati [110]. Con la legge professionale forense del 1874 il legislatore dell'Italia unitaria aveva tentato di ricondurre ad omogeneità le molteplici disposizioni regionali [111], ribadendo la necessità di una laurea universitaria e subordinando l'accesso alla professione legale all'avvenuto svolgimento del tirocinio professionale biennale e al superamento di un esame teorico-pratico. In tale sistema formativo, l'operato degli Ordini e delle scuole pri-

---

[107] Non erano richiesti né la pratica né il superamento dell'esame agli avvocati che chiedevano di essere iscritti all'albo dei procuratori avendo esercitato la professione legale per più di due anni: art. 37 legge 8 giugno 1874, n. 1938.

[108] Così M. Malatesta, *L'ordine professionale, ovvero l'espansione del paradigma avvocatizio*, cit., p. 275; Id., *L'avvocatura europea tra autonomia e regolazione statale (XIX-XX secolo)*, cit., ove si ribadisce, altresì, come per tutto il periodo liberale la funzione dell'albo fosse meramente accertativa (da qui il motivo dei frequenti abusi del titolo); solo a partire dal fascismo l'iscrizione all'albo diverrà condizione obbligatoria per l'esercizio della professione e per la tutela del titolo di avvocato (p. 339). Sottolinea la "*natura burocratica*" dell'Ordine: A. Cantagalli, *Professionisti fra tradizione e modernità*, cit., spec. p. 989.

[109] Cfr. C. Cavagnari e E. Caldara, *Avvocati e procuratori*, in *Digesto it.*, cit., spec. pp. 695 e 696.

[110] Cfr. M. Malatesta *L'avvocatura europea tra autonomia e regolazione statale (XIX-XX secolo)*, cit., a p. 339: l'A. sottolinea altresì come tale aspetto consenta di avvicinare l'esperienza italiana a quella tedesca.

[111] Per una puntuale ricostruzione delle normative emanate nel Lombardo-Veneto, nel Gran Ducato di Toscana, nel Regno di Sardegna, nel Regno delle Due Sicilie, a Parma e Modena nel periodo della Restaurazione si rinvia, su tutti, a S. Parini Vincenti, Ad Auxilium Vocatus. *Studi sul praticantato da Napoleone alla Legge professionale del 1874: l'esperienza normativa*, in A. Padoa Schioppa (a cura di), *Avvocati e avvocatura nell'Italia dell'Ottocento*, Il Mulino, Bologna, 2009, p. 674 ss.

vate professionali non poteva che passare in secondo piano, in favore dell'attività delle Università, uniche istituzioni titolate al rilascio dei titoli accademici e degli studi professionali e delle aule di tribunale, nelle cui stanze si svolgeva la pratica forense. Gli Ordini, tuttavia, recuperarono terreno sul piano degli esami di accesso alla professione: l'esecuzione degli stessi veniva demandata dalla legge ad una Commissione composta da due magistrati (un consigliere delegato dal Presidente della corte di appello e un sostituto del Procuratore generale nominato da esso) e tre membri del Consiglio dell'Ordine (compreso il Presidente)[112]. Nella prassi tale esame di abilitazione, sebbene puntualmente regolamentato dalla legge, si era tradotto, invero, in una formalità deferita principalmente alla gestione dell'Ordine, divenendo in tal modo *"mezzo di cooptazione più che di selezione"*[113].

La funzione di autogoverno propria dei Consigli dell'Ordine e di Disciplina si radicava nell'autonomia ad essi riconosciuta in tema di organizzazione e gestione interna: il Consiglio direttivo era composto esclusivamente da professionisti forensi eletti, in adunanza generale e a maggioranza assoluta dei voti segreti, da tutto il corpo degli avvocati e procuratori che esercitavano nel distretto della corte di appello[114] (artt. 18-49); spettava esclusivamente al Consiglio, e non già all'intero ceto forense, l'elezione del Presidente, del Segretario e del Tesoriere (artt. 19-49). Tale corpo di pari avrebbe dovuto godere di ampia autonomia in tema di esercizio della funzione disciplinare. Come emerso dalle discussioni parlamentari[115], l'Ordine era chiamato ad essere *"signore della sua discipli-*

---

[112] Art. 8 legge 8 giugno 1874, n. 1938.

[113] Così N. Antonacci, *Avvocati. Tra borghesia e libera professione*, cit., spec. p. 271. Condivide l'opinione secondo cui il controllo sugli esami, sebbene diffusamente regolamentato, rimanesse di fatto una mera formalità demandata alla gestione autonoma dell'Ordine A. Meniconi; secondo l'A. anche tale aspetto è da ritenersi sintomatico dell'impossibilità di individuare nel caso dell'avvocatura italiana una netta professionalizzazione dall'alto, stante la commistione continua tra controllo pubblico e autogoverno della professione (A. Meniconi, *La storia degli avvocati: primi bilanci e prospettive di ricerca*, cit., spec. p. 58).

[114] Per una lettura critica del requisito della segretezza, che venne, nella pratica, di sovente esteso anche alle riunioni del Consiglio (salvo quelle in tema di reclami elettorali o quelle vertenti su questioni di pubblico interesse), v. F. Tacchi, *Gli avvocati italiani dall'Unità alla Repubblica*, cit., pp. 79 e 80.

[115] V. Atti Parlamentari, Discussioni Camera dei deputati, Legisl. XI, sess. 1873-74, 24 marzo 1974, p. 2605 ss.; in particolare, sul punto, si rinvia, su tutti, alle eloquenti parole di Paolo Onorato Vigliani, Ministro di Grazia e Giustizia: *"Se si vuole una disciplina, non vi sono che due sistemi i quali si possono seguire in questa riforma. O attribuire alla magistratura l'azione disciplinare, perché la eserciti sull'ordine degli avvocati, o deferirla agli avvocati stessi per esercitarla come una specie di giurati sopra i loro colleghi. E qui io vi domando: l'enunciare questi due sistemi non è egli risolvere la questione? In un Governo liberale, in un Governo che si fonda sopra franchigie costituzionali, non è egli manifesto che il solo sistema che si raccomanda per la sua liberalità, è quello che costituisce la classe stessa degli avvocati*

na" [116]. Tuttavia, similmente a quanto accaduto per l'enunciazione di principio secondo cui l'Ordine avrebbe dovuto essere *"signore del suo albo"*, anche nel campo disciplinare la legge forense tradì, quantomeno parzialmente, le aspettative di piena indipendenza ed autonomia dell'Ordine [117]. Il disposto normativo, infatti, investì formalmente i Consigli dell'Ordine e i Consigli di Disciplina di tale compito: nello specifico venne previsto che i primi fossero titolati a reprimere *"in via disciplinare, gli abusi e le mancanze di cui gli avvocati si rendessero colpevoli nello esercizio della loro professione"* (art. 24); i secondi a vegliare *"all'osservanza delle leggi e dei regolamenti ed al mantenimento della disciplina fra i procuratori, affinché il loro ministero venga esercitato con probità e delicatezza"*, nonché a pronunciare *"i provvedimenti disciplinari"* e a promuovere *"quelli che sono di competenza delle Corti e dei Tribunali"* (art. 50). Nonostante ciò, la legge si rivelò, in ultima battuta, incapace di *"coordinare il lavoro degli organi collegiali con quello della magistratura"* [118]. Innanzitutto, la completa indipendenza dei Consigli dagli organi giudicanti era negata laddove era stata prevista la possibilità per l'indagato di ricorrere dinnanzi alla corte di appello avverso il provvedimento disciplinare adottato dal Consiglio (art. 31, esteso ai procuratori dall'art. 51). L'intervento della magistratura poteva altresì essere sollecitato dal Pubblico Ministero, a cui la legge riconosceva il diritto di impugnare le deliberazioni favorevoli all'accusato, nei casi di sospensione o cancellazione dall'albo prescritta dalla legge ovvero di nuova iscrizione nei casi previsti dalla normativa, sebbene limitatamente alle sole ipotesi di violazione della legge. La decisione della corte di appello, adottata in camera di consiglio, era soggetta a possibile ricorso in Cassazione. Nondimeno, la legge professionale si era aggiunta, senza espressamente abrogarle, a quelle disposizioni del codice di procedura civile e penale che, in determinati specifici casi, prevedevano il potere disciplinare in capo all'autorità giudiziaria [119]. In assenza di un quadro legislativo chiaro, l'opera ermeneutica conduceva dottrina e giurisprudenza talvolta a riconoscere l'esclusiva giurisdizione disciplinare ai Consigli, in virtù dell'ampia e generale formulazione del testo legislativo, delle posizioni di principio emerse durante i lavori parlamentari,

---

giudice e regolatrice dei suoi doveri, della sua dignità e della sua disciplina? La cosa mi pare così manifesta che crederei per verità far torto a quest'Assemblea se mi distendessi più a lungo a dimostrarla" (p. 2612).

[116] La nota espressione è tratta da G. Zanardelli, *L'avvocatura. Discorsi (con alcuni inediti)*, cit., p. 133 (Discorso Secondo, § 112).

[117] Sul contrasto tra gli intenti proclamati durante le discussioni parlamentari e la lettera della legge si rinvia, su tutti, a C. Cavagnari e E. Caldara, *Avvocati e procuratori*, cit., p. 697 ss.; G. Zanardelli, *L'avvocatura. Discorsi (con alcuni inediti)*, cit., p. 133 ss.

[118] Così F. Tacchi, *Gli avvocati italiani dall'Unità alla Repubblica*, cit., p. 83.

[119] Il riferimento è essenzialmente alle disposizioni che attribuivano all'autorità giudiziaria l'esercizio della funzione disciplinare in caso di violazioni commesse dagli avvocati e dai procuratori in udienza.

nonché in base a ragioni di opportunità morale e sociale [120]; talaltra a propendere per l'inderogabilità delle disposizioni speciali contenute nei codici, mai abrogate nemmeno tacitamente dalla legge professionale, ritenuta di natura generale [121]. Le decisioni delle corti assunsero pertanto valore normativo [122] e "*come accadde in Francia, anche le sentenze della magistratura italiana ora limitavano ora estendevano il potere disciplinare del consiglio*" [123].

2.3. *La professionalizzazione dall'alto della classe forense in Germania: dall'avvocato-funzionario al servizio dello Stato alla cultura dell'autogoverno*

Seppur con le necessarie cautele [124], non sembra azzardato affermare

---

[120] G. Zanardelli, *L'avvocatura. Discorsi (con alcuni inediti)*, cit., p. 133 ss. (Discorso Secondo, § 112); F. Faranda, *Ancora sulla giurisdizione disciplinare dei Consigli dell'Ordine*, in *Temi Zanclea*, 1875, 5, n. 7, p. 50; C. Ferretti, *Procedimento disciplinare contro il sig. avv. Cesare Ferretti, imputato di contravvenzione all'art. 340 del regolamento generale giudiziario, Ai miei Colleghi*, Cappelli, Poggibonsi-Siena, 1885. Consiglio dell'Ordine di Roma, 22 dicembre 1874; Consiglio dell'Ordine di disciplina di Rossano, 15 luglio 1875; Consiglio di disciplina di Napoli, 19 luglio 1875, in *Rivista penale*, 1875, III, pp. 50-53; Consiglio dell'Ordine di Messina, 22 dicembre 1874, in *Temi Zanclea*, 1874, n. 17; Consiglio dell'Ordine di Roma, 28 giugno 1875, in *Giorn. trib.*, IV, n. 179.

[121] "*La legge del 1874, osserva, una legge generale, la quale, inspirata dal fine di mantenere il decoro e la dignità dell'ordine dell'avvocatura, attribuisce ai Consigli dell'ordine i poteri occorrenti per reprimere le mancanze e gli abusi dei quali gli avvocati possono rendersi colpevoli nelle tante e svariate incombenze, nelle quali il loro ministero si esercita e si esplica. Le disposizioni del codice di procedura penale costituiscono, invece, una legge speciale, la quale, ispirata dal fine di mantenere il decoro e la dignità dell'autorità giudiziaria, attribuisce ai Tribunali gli occorrenti poteri per reprimere gli abusi che si commettono innanzi a loro e contemplati dagli art. 633 e seg. codice procedura penale. Laonde è chiaro che tutto ciò che di diverso nelle due leggi si trova ... può giuridicamente e legittimamente coesistere*": Cass. Firenze, 24 luglio 1875, in *Giur. it.*, 1875, I, 1, p. 939. Propendono per l'assenza di una giurisdizione disciplinare esclusiva dei Consigli anche: Assise di Viterbo, 10 maggio 1875, in *Mon. Trib.*, 1875, p. 586; Cassazione Napoli, 3 maggio 1875, in *Giur. it.*, 1875, I, 1, p. 747; Cassazione Roma, 27 gennaio 1876, in *Giur. it.*, 1876, I, 1, p. 899; Cassazione Roma, 12 dicembre 1879, in *Giur. it.*, 1880, I, 1, p. 614; Cassazione Torino, 21 giugno 1881, *Giur. it.*, 1882, I, 2, p. 71. In dottrina, a sostegno della tesi interpretativa secondo cui la legge professionale del 1874 non poteva intendersi come derogativa della competenza disciplinare dell'autorità giudiziaria per le violazioni commesse dagli avvocati e procuratori in udienza v. C. Cavagnari e E. Caldara, *Avvocati e procuratori*, cit., p. 697 ss. e ivi la conclusione enunciata a p. 699.

[122] F. Tacchi, *Gli avvocati italiani dall'Unità alla Repubblica*, cit., p. 83.

[123] In questi stessi termini v. M. Malatesta, *Professionisti e gentiluomini*, cit., p. 87. Su tale contrasto ermeneutico si rinvia, su tutti, a C. Cavagnari e E. Caldara, *Avvocati e procuratori*, in *Digesto it.*, cit., spec. pp. 697 ss.; F. Tacchi, *Gli avvocati italiani dall'Unità alla Repubblica*, cit., p. 83 ss.

[124] Il riferimento è alle spinte dal basso che in taluni frangenti storici seppero condizionare le scelte legislative, così influenzando il corso della storia dell'avvocatura tedesca; si v.

che il modello affermatosi in Germania costituisce per l'Europa continentale il prototipo della professionalizzazione condotta dall'alto, i cui tratti salienti sono dettati dall'assoggettamento degli avvocati a un forte inquadramento statale e gerarchico [125].

Le ragioni della forte influenza dello Stato nel mondo professionale sono, ancora una volta, legate al passato e da ricercarsi nella storia [126]. Assumendo a modello la Prussia, in ragione dell'egemonia dalla stessa detenuta sino alla costituzione nel 1871 dell'Impero tedesco, già nel corso del Settecento si ravvisano i primi sintomi della forte tendenza centralizzatrice dello Stato, testimoniata dall'avvenuta sostituzione degli avvocati con gli *Assistenzrat*, funzionari assegnati d'ufficio alle parti, con il primario compito di assistere i giudicanti nella ricerca della verità, e non già di difendere il litigante, e dall'introduzione della figura dei *Justizkommissar* [127], commissari di giustizia dediti alla consulenza e all'assistenza in questioni non contenziose, titolati a svolgere altresì funzioni notarili.

Gli avvocati erano pertanto equiparati ai funzionari pubblici, considerati dei veri e propri servitori dello Stato [128]. Inoltre, pur contribuendo alla corretta amministrazione della giustizia, tali professionisti versavano in una situazione di subordinazione rispetto alla magistratura, sia per il ruolo svolto, sia, soprattutto, in ragione del minor prestigio sociale goduto [129].

Tra Settecento e Ottocento, la forte dipendenza dell'avvocato tedesco dallo Stato non si esplicava solamente nella condizione impiegatizia che imponeva agli avvocati obbedienza al governo e asservimento alle corti; giocava in favore della peculiarità del modello statalista tedesco anche la

---

infra, in particolare, l'operato delle associazioni di categoria all'indomani dell'unificazione politica e, nello specifico, l'influenza esercitata della *Deutscher Anwaltverein (DAV)* nella redazione della legge professionale forense (RAO) del 1878.

[125] F. Tacchi, *Gli avvocati italiani dall'Unità alla Repubblica*, cit., p. 39.

[126] A. Weißler, *Geschichte der Rechtsanwaltschaft*, cit.; W. Bleek, *Von der Kameralausbildung zum Juristenprivileg*, Colloquium, Berlin, 1972; G. Harstang, *Der Deutsche Rechtsanwalt. Rechhtsstellung und Funktion in Vergangenheit und Gegenwart*, CFMüller, Heidelberg, 1986.

[127] V. *retro*, cap. 1, § 3.

[128] H. Siegrist, *Public Office or Free Profession? German Attorneys in the Nineteenth and Early Twentieth Centuries*, cit., spec. p. 48. Cfr. A.A. Cassi, *Il bravo funzionario absburgico tra Absolutismus e Aufklärung. La vita e l'opera di K. A. von Martini (1726-1800)*, Giuffrè, Milano, 1999.

[129] "*Within the* Juristenstand *during the eighteenth and nineteenth centuries, prestige varied in relation to the proximity to power. The position of judge ranked first, for the judiciary in our German fatherland is counted among the most prestigious of professions*" [il richiamo è a V. Berufswahlfürer, *Der Jurist: Eine Übersicht über sämtliche auf Grund des juristischen Studium ergreifbaren Berufe innerhalb und au ßerhalb des Staatsdienstes*, Stuttgart, 1907, p. 35]. V., inoltre, L. O'Boyle, *The Democratic Left in Germany, 1848*, in *J. Mod. Hist.*, 1961, v. 33, n. 4, p. 374 e spec. p. 378: "*The system, moreover, limited the lawyer's effectiveness by depriving him of independence vis-a-vis the judges in court. There was too great a gulf between the judges and the lawyers; the former were overestimated, the latter underestimated' [F. List, "Advokat", Das Staats-Lexikon, I, 354.]*".

presenza di ulteriori condizioni che, sebbene non esclusive della tradizione professionale germanica, ivi si presentavano in maniera congiunta decretandone in tal modo la particolarità [130]. In primo luogo, lo Stato esercitava un profondo controllo sulla formazione e l'accesso dell'aspirante avvocato. La formazione accademica, storicamente condizione imprescindibile per l'accesso alla professione forense, venne integrata, già dal XVIII secolo, da esami di Stato: sempre la Prussia introdusse il controllo statale sull'accesso a partire dal 1755, mentre la Baviera si avvalse del sistema per concorsi pubblici dal 1799. Nel corso del XIX secolo ulteriori Stati condivisero tale scelta, consentendo una capillare diffusione degli esami in tutto il territorio tedesco [131]. Oltre alla conoscenza, nel momento dell'ammissione veniva valutata l'integrità morale del candidato e la sua affidabilità politica, nonché, prima dell'esercizio della professione, era imposto un giuramento tramite il quale l'avvocato dichiarava solennemente la propria fedeltà allo Stato, secondo solo a Dio [132].

Gli avvocati tedeschi soffrivano, inoltre, l'assenza di un organo di rappresentanza collettiva a cui fosse rimesso il potere disciplinare, poiché tale supervisione era demandata dallo Stato alle corti [133].

Infine, i professionisti legali erano, nella maggior parte delle realtà territoriali, soggetti a un *numerus clausus* controllato dallo Stato [134] e legati alle corti dal principio di territorialità; anche le tariffe erano, quasi in ogni dove, imposte a livello statale [135].

---

[130] In questo senso, v. M. Malatesta, *L'avvocatura europea tra autonomia e regolazione statale (XIX-XX secolo)*, cit., p. 345.

[131] Cfr. R. Caponi, *La formazione del giurista in Germania*, in V. Cerulli Irelli e O. Roselli (a cura di), *La riforma degli studi giuridici*, Edizioni Scientifiche Italiane, Napoli, 2005, p. 330, che sottolinea come fin dal XIX secolo l'interesse del potere politico verso la formazione degli avvocati si fosse concretizzato in Germania tramite il controllo sugli studi universitari, sia attraverso gli esami di Stato per l'accesso alla professione sia mediante l'autorizzazione alla creazione di nuove cattedre (p. 331).

[132] In riferimento a tale giuramento v. H. Siegrist, *Public Office or Free Profession? German Attorneys in the Nineteenth and Early Twentieth Centuries*, cit.: *"God, the king, duty, wisdom, and conscience—in that order—were the authorities to which the attorney swore to adhere"* (p. 50).

[133] H. Siegrist, *State and legal profession, France, Germany, Italy and Switzerland 18th to early 20th centuries*, in *Università degli Studi di Macerata, Annali della Facoltà di Giurisprudenza*, 1989, II, p. 869.

[134] In Prussia, il numero degli avvocati venne limitato già nel 1713: U. Schultz, *Germany. Regulated Deregulatio*, in W.L.F. Felstiner (ed.), *Reorganisation and Resistance. Legal Professions Confront a Changing World*, Hart Publishing, Portland, Or., 2005, p. 93, spec. p. 99.

[135] V. *retro*, *sub* cap. 1. Sul punto si v. H. Siegrist, *State and legal profession, France, Germany, Italy and Switzerland 18th to early 20th centuries*, cit., p. 869. V., inoltre, L. O'Boyle, *The Democratic Left in Germany, 1848*, cit., p. 378, che rimarca la circostanza in questi termini: *"Their fees were regulated by ad- ministrative decision and were fre- quently revised. "Out of twelve lawyers eleven die poor" [Dr. Hecker, "Advokat," Das Staats-Lexikon, I, 357]"*.

Il movimento verso una *'Freie Advokatur'* [136] iniziò ad emergere nelle prime decadi dell'Ottocento. L'insofferenza dell'avvocatura al ruolo di funzionario, assoggettato ai poteri pubblici e giudiziari, e la spinta verso riforme che potessero migliorare lo *status* dei professionisti forensi, la loro indipendenza e il loro prestigio, nell'interesse della collettività e del bene pubblico [137], si intrecciarono con l'emersione dell'ideologia liberista del tardo Ottocento, combinata con i movimenti di sistematizzazione e codificazione del diritto [138]. Il cambiamento della professione legale si innestò, pertanto, in un progetto nazionale ben più ampio, ruotante intorno ai cardini dell'unificazione del diritto e della riforma del sistema giudiziario e del diritto processuale [139]. La pressante richiesta di pubblicità e oralità dei processi [140], per arginare l'arbitrarietà delle decisioni dello Stato e delle sue corti, la sempre più avvertita esigenza di protezione degli individui anche di fronte allo Stato, la promozione dell'unità nazionale, la spinta verso il mercato e il libero associazionismo, furono solo alcune delle sfide che lo Stato prussiano, burocratico ed accentratore, si trovò a fronteggiare sul finire del XIX secolo e che ebbero significative ripercussioni nel mondo dell'avvocatura. La riforma della professione forense era, infatti, considerata non solo come una premessa necessaria per giungere ad una riforma legislativa nazionale, ma altresì ritenuta un tassello imprescindibile per realizzare l'auspicata razionalizzazione dell'organizzazione delle corti e l'innovazione delle procedure [141], nonché per garantire un'effettiva libertà politica [142].

---

[136] L'espressione *'Freie Advokatur'* è tratta dalla celebre pubblicazione di R. Gneist, *Freie Advocatur. Die erste Forderung aller Justizreform in Preußen*, cit.

[137] Per un approfondimento si rinvia a K.F. Ledford, *From General Estate to special Interest: German Lawyers 1878-1933*, cit., p. 37 ss. e ivi il richiamo a W.B. von Ramdohr, *Ueber die Organisation des Advocatenstandes*, 1801; S.F. Gans, *Von dem Amteder Fürsprecher vor Gericht*, 1820.

[138] H. Siegrist, *State and legal profession, France, Germany, Italy and Switzerland 18th to early 20th centuries*, cit., p. 870.

[139] M. Malatesta, *L'avvocatura europea tra autonomia e regolazione statale (XIX-XX secolo)*, cit., p. 345; K.F. Ledford, *From General Estate to special Interest: German Lawyers 1878-1933*, cit., spec. pp. 25-26; 37.

[140] K.F. Ledford, *From General Estate to special Interest: German Lawyers 1878-1933*, cit., spec. p. 40, secondo cui l'oralità e pubblicità dei processi non era solo un mezzo per proteggere i cittadini dall'arbitrarietà intrinsecamente connessa alla tradizionale procedura, scritta e segreta, ma altresì una parte fondamentale del progetto volto alla costruzione di una *"political 'public sphere' for the expression of a 'public opinion' on matters of political import"* e una misura necessaria per promuovere *"the ends of efficiency, clarity, and certainty in procedure"*. Sull'impossibilità per gli avvocati di crearsi una reputazione ed immagine pubblica attraverso i processi, stante i principi della segretezza e non oralità che animavano la procedura v., altresì, L. O'Boyle, *The Democratic Left in Germany, 1848*, cit., p. 378.

[141] C.J.A. Mittermaier, *Die künftige Stellung des Advokatenstandes*, in *AcP*, 1832, v. 15, p. 138, spec. pp. 138 e 139.

[142] *"For both liberals and democrats the case of the lawyers became the focus of wider polit-*

Il processo di professionalizzazione condotto dall'alto, ritagliato sulla unica figura dell'avvocato-funzionario al servizio dello Stato, iniziò ad essere contaminato dalla presenza di movimenti associativi sempre più significativi [143], fortemente influenzati dall'ideale della *'Freie Advokatur'*.

Le esperienze locali e regionali, sorte tra il 1830 e il 1840, si intrecciarono con i tentativi di estendere l'associazionismo forense a livello nazionale, al fine di promuovere una riunificazione giuridica nazionale [144]. Tuttavia, il libero associazionismo venne strenuamente represso dallo Stato prussiano [145] che, per contro, promuoveva i particolarismi locali, accettando all'interno dei propri confini la presenza di varie leggi regionali e molteplici consuetudini locali [146], rigettando le forme di sociabilità nel timore che potessero perseguire finalità politiche [147].

A testimonianza della forte opposizione statale ai movimenti associativi sorti tra gli anni '30 e '40 del XIX secolo, si ricorda il fallimento di tutti i primi passi mossi dall'avvocatura tedesca nel corso della rivoluzione del 1848 [148], al fine di promuovere l'affermazione di un regime di autogoverno

---

ical considerations. An improvement in the lawyer's status was seen as inseparable from the extension of political liberty. Only in a free society, one subject to law rather than to official caprice, could the legal profession play its proper role. Oral proceedings, trial by jury, free press cover-age, would give the lawyer significance in the eyes of the public. Conversely, only an honored and independent legal profession could teach the public the meaning of government under law. The lawyers came to be regarded by many not only as possible but as necessary allies in the struggle for free government": L. O'Boyle, *The Democratic Left in Germany, 1848*, cit., a p. 379.

[143] L'opposizione degli avvocati era particolarmente significativa nella Renania, ove i codici francesi erano stati mantenuti successivamente all'annessione alla Prussia e ove *"a record of a professional 'self-organization' for advokates from Napoleonic times has survived"*: così H. Siegrist, *State and legal profession, France, Germany, Italy and Switzerland 18th to early 20th centuries*, cit., p. 870.

[144] M. Malatesta, *L'avvocatura europea tra autonomia e regolazione statale (XIX-XX secolo)*, cit., p. 345.

[145] C.E. Mc Clelland, *The German experience of professionalization. Modern learned professions and their organizations from the early nineteenth century to the Hitler era*, Cambridge University press, Cambridge, 1991, pp. 57 e 58.

[146] H. Siegrist, *State and legal profession, France, Germany, Italy and Switzerland 18th to early 20th centuries*, cit., p. 870.

[147] M. Malatesta, *L'avvocatura europea tra autonomia e regolazione statale (XIX-XX secolo)*, cit., p. 345; L. O'Boyle, *The Democratic Left in Germany, 1848*, cit., p. 378, secondo cui i governi tedeschi *"distrusted the lawyers, seeing in them a discontented and potentially revolutionary group"*; tale considerazione rendeva comprensibile non solo l'opposizione dello Stato al libero associazionismo forense, ma più in generale il *"consistent effort on the part of the state authorities to keep the legal estate subordinate, its strength dispersed, to deny it the rights of state officials while at the same time burdening it with all the duties of officials* [tale citazione è ripresa da: Conversations-Lexikon der Gegenwart, I, 57]".

[148] Come noto nel 1848, dopo i primi cenni si rivolta in Italia, la rivoluzione scoppiò in Francia, per poi incendiare l'intera Europa. Le insurrezioni si estesero, dunque, anche alla Pussia e ai paesi sotto il dominio dell'Impero austriaco (Ungheria e Italia settentrionale),

e autoregolamentazione. In particolare, il tentativo di organizzare un primo Congresso degli avvocati tedeschi (*Deutscher Anwaltag*) nel 1844 a Mainz fallì miseramente, stante l'opposizione di diversi governi, tra cui quello prussiano e bavarese, che di fatto impedirono la partecipazione dei propri professionisti. Un secondo tentativo venne condotto un paio di anni più tardi, nel 1846, ma la forte ostilità ancora in essere fu testimoniata dal fatto che il Congresso si tenne nella città libera di Hamburg dal momento che numerosi altri Stati si erano rifiutati di accogliere tale evento. Anche l'incontro successivo del 1847, a cui parteciparono circa centocinquanta professionisti, ebbe luogo nella medesima città. Durante il successivo congresso del 1848, tenutosi a Dresda, venne costituita l'Associazione degli avvocati tedeschi, *Deutscher Anwaltverein – DAV*, la quale, tuttavia, non sopravvisse all'ondata reazionaria successiva [149]. Come eloquentemente e provocatoriamente sottolineato da Weißler, la frammentazione tedesca rappresentava un mito: la Germania era completamente unita contro il terribile pericolo dei congressi degli avvocati [150].

In Prussia la reazione alle nuove istanze professionali, tese alla valorizzazione dell'autogoverno e della rappresentanza del ceto proveniente dall'alto, si concretizzò nella creazione di corti d'onore, *Ehrenrate*, chiamate a vigilare sui comportamenti degli avvocati [151]. Il compromesso di tale soluzione, adottata nel 1847, era evidente se si considera che le decisioni assunte da tali organi, composti da avvocati e pubblici funzionari, potevano essere annullate dai magistrati [152]. Tuttavia, non è azzardato intravedere in

animate dalla volontà di ottenere il riconoscimento di libertà politiche e l'unità nazionale. In dottrina si rinvia, su tutti, a S. Stern, *Storia del popolo tedesco negli anni 1848 e 1849 in dodici lezioni (tenute in Berlino)*, Tipografia della Svizzera italiana, Lugano, 1851; V. Valentin, *Geschichte der deutschen Revolution 1848-49*, Ullstein, Berlino, 1930-1931; E. Sestan, *La Costituente di Francoforte*, Istituto storico italiano per l'età moderna e contemporanea, Roma, 1986.

[149] M. Malatesta, *L'avvocatura europea tra autonomia e regolazione statale (XIX-XX secolo)*, cit., p. 345.

[150] Così A. Weißler, *Geschichte der Rechtsanwaltschaft*, cit., a p. 517. Per un approfondimento si rinvia a C.E. McClelland, *The German Experience of Professionalization: Modern Learned Professions and Their Organizations from the Early Nineteenth Century to the Hitler Era*, cit., spec. p. 57 ss.; si veda anche M. Malatesta, *L'avvocatura europea tra autonomia e regolazione statale (XIX-XX secolo)*, cit., p. 345; M. John, *Between estate and profession: lawyers and the development of the legal profession in nineteenth century Germany*, in D. Blackbourn e R.J. Evans, *The German bourgeoisie: essays on the social history of the German middle class from the late eighteen to the early twentieth centuries*, Routledge, London, 1991, pp. 170-173.

[151] Cfr. H. Siegrist, *Public Office or Free Profession? German Attorneys in the Nineteenth and Early Twentieth Centuries*, cit., che rinviene l'antecedente storico delle Corti d'onore prussiane nelle associazioni forensi e nei consigli disciplinari istituiti durante l'Impero Napoleonico in Renania, i quali "*Though weakened after 1815, they had the right to impose at least moral sanctions (reprimands) on members of the profession*" (p. 58).

[152] M. Malatesta, *L'avvocatura europea tra autonomia e regolazione statale (XIX-XX seco-*

tale misura l'ultimo passaggio di un processo di professionalizzazione esclusivamente condotto dall'alto, e al contempo il segnale del desiderio, avvertito dall'avvocatura, o almeno di parte di essa, di giungere all'affermazione di un sistema di autogoverno [153]. Al di fuori dei confini prussiani un cambiamento di tale tenore era già in atto. Negli Stati più liberali, come Baden, Hannover, Sachsen e Wüttemberg [154] si registrava una più spiccata tendenza all'associazionismo volontario e una maggior diffusione della cultura dell'autogoverno, che si era tradotta, a partire dagli anni '50 dell'Ottocento, nella costituzione di *Anwaltskammern*, Ordini forensi più vicini alla concezione liberale francese. Attraverso i componenti eletti, tali Ordini esercitavano il controllo disciplinare sul ceto forense ed alcuni di essi esercitavano un ruolo consultivo sull'ammissione degli avvocati [155] e, per ciò che qui maggiormente rileva, tali istituzioni agivano come organi rappresentativi degli interessi di categoria [156].

A partire dal 1860, l'associazionismo forense iniziò a prendere maggiormente forma con la costituzione, nel 1861, del *Deutscher Juristag*, un'organizzazione mista che raggruppava avvocati, giudici e professori, e con la nascita, nello stesso anno, delle *Anwaltsvereine* prussiana e bavarese, confluite, dieci anni più tardi, nella unica e potente *Deutscher Anwaltsverein* (DAV).

Le istanze di liberalizzazione del foro e di affermazione di logiche di

---

lo), cit., p. 346; cfr. H. Siegrist, *Professionalization with the Brakes on: the Legal Profession in Switzerland, France and Germany in the Nineteenth and early Twentieth Centuries*, cit., p. 276, che sottolinea come l'istituzione del *Ehrenrat* ad opera del Re di Prussia nel 1847 non rispondeva nella realtà alla domanda di autonomia corporativa avanzata dagli avvocati della Prussia Renania, rappresentando piuttosto uno strumento chiamato ad operare '*repressively and preventively*', dal momento che sottoponeva il comportamento degli avvocati a supervisione disciplinare. Per un approfondimento sulle *Ehrenräte* si rimanda altresì a A. Weißler, *Geschichte der Rechtsanwaltschaft*, cit., p. 371.

[153] In questi stessi termini v. H. Siegrist, *State and legal profession, France, Germany, Italy and Switzerland 18th to early 20th centuries*, cit., p. 871, che definisce tale intervento come "*both the final step of a professionalisation from above and a signal that at least parts of the Prussian advocates wished more self-government*".

[154] In tali Stati si era, inoltre, assistito alla divisione, salvo possibilità di cumulo nella stessa persona, della professione forense in *Anwälte*, rappresentanti della parte in giudizio, strettamente controllati dallo Stato in ragione del delicato ruolo esercitato nella procedura, e in *Advokaten* che agivano con maggiori libertà come consulenti della parte o esperti legali dinnanzi alle corti; sul punto si rinvia, su tutti, a H. Siegrist, *State and legal profession, France, Germany, Italy and Switzerland 18th to early 20th centuries*, cit., p. 871.

[155] H. Siegrist, *State and legal profession, France, Germany, Italy and Switzerland 18th to early 20th centuries*, cit., p. 871; Id., *Professionalization with the Brakes on: the Legal Profession in Switzerland, France and Germany in the Nineteenth and early Twentieth Centuries*, cit., p. 277.

[156] H. Siegrist, *Public Office or Free Profession? German Attorneys in the Nineteenth and Early Twentieth Centuries*, cit., p. 58; Id., *Professionalization with the Brakes on: the Legal Profession in Switzerland, France and Germany in the Nineteenth and early Twentieth Centuries*, cit., p. 276.

autogoverno [157] trovarono parziale pacificazione nella legge professionale del 1878, il *Rechtsanwaltordung* (RAO) [158], che dettava una disciplina unica, con valenza nazionale, per l'avvocatura tedesca. L'affermazione della figura unica del *Rechtsanwalt* [159], che assommava in sé le funzioni sia di rappresentanza che di difesa, era accompagnata dalla previsione di un libero accesso alla professione, che non dipendeva più dalla programmazione statale, bensì si basava sulla mera volontà espressa dal candidato. Al termine di un percorso di accesso ormai parificato a quello per divenire giudice [160] era, infatti, facoltà dell'aspirante avvocato chiedere l'ammissione al foro dello Stato ove aveva superato il secondo esame di Stato e in quello degli stati federati ove intendesse esercitare la professione [161].

Sul piano dell'autogoverno, la nuova legge professionale sancì la nascita definitiva, presso ogni corte di appello, di istituzioni di rappresentanza del ceto forense con valenza pubblicistica, le cc.dd. *Anwaltkammern*. Tali Ordini forensi, istituiti presso ogni corte di appello e il cui organo esecutivo era composto da un numero variabile di membri, da nove a quindici, eletti direttamente dai pari, avevano il primario compito di controllare l'accesso alla professione e l'esercizio della stessa, anche da un punto di vista disciplinare, nonché di rappresentare gli interessi corporativi dinnanzi ai pubblici poteri [162].

---

[157] Cfr. M. Malatesta *L'avvocatura europea tra autonomia e regolazione statale (XIX-XX secolo)*, cit., che qualifica la liberalizzazione del foro e la creazione di organi di autogoverno, a cui demandare la disciplina del corpo, come *"le due questioni fondamentali per la modernizzazione della professione forense"* (p. 346).

[158] Sulla genesi di tale riforma, si rinvia, su tutti, a F. Ledford, *From general Estate to Special Interest, German Lawyers 1878-1993*, cit., p. 59 ss.; v., inoltre, Id., *Lawyers, Liberalism, and Procedure: The German Imperial Justice Laws of 1877-79*, in *Cent. Eur. Hist.*, 1993, v. 26, p. 165 ss.

[159] V. *retro*, Parte I, cap. 1, § 3.

[160] Il percorso, similmente a quanto accade oggi, prevedeva un periodo di studi univeristari di almento tre anni, di cui almeno tre semestri frequentati presso un'università tedesca, seguito da un primo esame di Stato (*Erste Staatsprüfung* o *Referendarprüfung*). L'esito positivo dello stesso conferiva il diritto all'aspirante avvocato di accedere ad un periodo di pratica (*Referendariat*) di almeno tre anni, al termine del quale era previsto il secondo esame di Stato (*Große Staatsprüfung* o *Assessorprüfung*), il cui superamento determinava la possibilità per il candidato di accedere alla magistratura ovvero al foro. Per un approfondimento si rinvia a F. Ledford, *From general Estate to Special Interest, German Lawyers 1878-1993*, cit., pp. 75-77.

[161] §§ 2 e 4 RAO; in dottrina v. F. Ledford, *From general Estate to Special Interest, German Lawyers 1878-1993*, cit., p. 59 ss.; A. Friedländer e M. Friedländer, *Kommentar zur Rechtsanwaltsordnung vom 1. Juli 1878*, cit., p. 27 ss.

[162] K.H. Jarausch, *The German Professions in History and Theory*, in G. Cocks e K.H. Jarausch (eds.), *German Professions 1800-1950*, Oxford University Press, New York, 1990, p. 15; cfr. M. Malatesta, *L'avvocatura europea tra autonomia e regolazione statale (XIX-XX secolo)*, cit., p. 347; K.C.H. Willig, *The Bar in the Third Reich*, in *Am. J. Legal Hist.*, 1976, v. 20, n. 1, p. 1, spec. a p. 2. Per un'analisi più specifica in merito ai compiti attribuiti dal RAO a tali

L'affermazione di un'autonomia più marcata del ceto forense, esercitata attraverso tali istituzioni autogovernative, non riuscì, tuttavia, a scardinare completamente quelle logiche di subordinazione che storicamente legavano l'avvocatura alla magistratura e allo Stato. Il potere disciplinare rimaneva, infatti, condiviso con i giudici [163]. Il Consiglio disciplinare, eletto dall'Ordine e composto da cinque membri, aveva innanzitutto il compito di ricevere i reclami e svolgere un giudizio preventivo sulla necessità di sottoporre l'accusato a procedimento disciplinare. Il diniego di procedere con le indagini era appellabile dal pubblico ministero, mentre in caso di giudizio favorevole il caso veniva sottoposto ad un giudice inquirente della corte di appello. L'udienza si svolgeva dinnanzi al consiglio disciplinare, alla presenza dell'accusato e del suo difensore, nonché del pubblico ministero. L'appello veniva demandato ad un Consiglio disciplinare superiore (c.d. *Ehrengerichtshof*) composto da tre giudici della Corte suprema imperiale e tre avvocati patrocinanti dinnanzi alla stessa [164].

Lo Stato, inoltre, continuava a esercitare un controllo diretto sul sistema tariffario [165], nonché a condividere con le *Anwaltkammern* la gestione del percorso di accesso e dell'ammissione degli avvocati [166]; tuttavia, la scelta legislativa di abolire il *numerus clausus*, in favore del libero accesso alla professione, aveva di fatto comportato una drastica riduzione del potere di controllo dello Stato [167].

---

ordini forensi si rinvia, su tutti, a F. Ledford, *From general Estate to Special Interest, German Lawyers 1878-1993*, cit., p. 82 ss.

[163] Cfr. M. Malatesta, *L'avvocatura europea tra autonomia e regolazione statale (XIX-XX secolo)*, cit., pp. 347 e 348, secondo cui la mancata opposizione del ceto forense a tale dipendenza non derivava soltanto dalla *"radicata cultura che riconosceva ai giudici una posizione di dominio all'interno del campo giuridico"*, bensì anche dal fatto che *"il nuovo sistema disciplinare gratificava l'élite degli avvocati, che veniva chiamata a far parte delle corti d'onore"*.

[164] F. Ledford, *From general Estate to Special Interest, German Lawyers 1878-1993*, cit., p. 83.

[165] F. Ledford, *From general Estate to Special Interest, German Lawyers 1878-1993*, cit., pp. 83-85; H. Siegrist, *Professionalization with the Brakes on: the Legal Profession in Switzerland, France and Germany in the Nineteenth and early Twentieth Centuries*, cit., p. 277.

[166] Il Ministro di giustizia era titolato ad ammettere un aspirante professionista forense all'avvocatura, sentito il parere del consiglio della *Kammer*. L'ammissione al foro doveva essere rifiutata in determinati casi previsi dalla legge (§ 5 RAO), come, ad esempio, nell'evenienza che un candidato non fosse idoneo, fisicamente o intellettualmente, ad esercitare la professione, ovvero fosse ritenuto colpevole di una violazione della dignità della professione, ovvero condannato per un reato. In altre circostanze, il rifiuto poteva dipendere da una scelta discrezionale del Ministro, sentito il parere del consiglio della *Kammer* (§ 6). Sul punto, per un'analisi approfondita, si rinvia, su tutti, a F. Ledford, *From general Estate to Special Interest, German Lawyers 1878-1993*, cit., pp. 77 e 78; v., inoltre, A. Friedländer e M. Friedländer, *Kommentar zur Rechtsanwaltsordnung*, cit., p. 30 ss.; M. Malatesta, *L'avvocatura europea tra autonomia e regolazione statale (XIX-XX secolo)*, cit., p. 347.

[167] Per un approfondimento di tali aspetti, comprese le ragioni dell'abolizione del numero chiuso, si rinvia su tutti a H. Siegrist, *Professionalization with the Brakes on: the Legal*

La rappresentanza pubblica dell'avvocatura, così come istituzionalizzata dalla legge professionale del 1878, continuava ad essere accompagnata da spinte provenienti dal basso. Le associazioni di categoria, ed in particolare la DAV, che avevano giocato un ruolo rilevante nell'elaborazione del RAO, diventarono importanti portavoci delle istanze corporative dell'avvocatura [168]. La DAV possedeva, infatti, una forte capacità rappresentativa di tutto il ceto forense, come attestava l'alto tasso di adesione degli avvocati, che nei primi decenni del Novecento si aggirava sull'80% [169].

Il doppio binario di rappresentanza, pubblico e privato, rimasto in sostanziale equilibrio durante il secondo Reich [170], era, tuttavia, destinato ad incrinarsi nel corso del Novecento, a causa delle fratture che iniziavano a dilaniare il campo professionale.

Il principio di localizzazione, confermato nelle disposizioni della legge professionale del 1878, che impediva agli avvocati di poter esercitare la propria professione presso tutti i gradi di giurisdizione in ragione del

---

Profession in Switzerland, France and Germany in the Nineteenth and early Twentieth Centuries, cit., pp. 277 e 278.

[168] F. Tacchi, *Gli avvocati italiani dall'Unità alla Repubblica*, cit., p. 26, con richiamo a H. Siegrist, *Advokat, Bürger und Staat, Sozialgeschiste der Rechtsanwälte in Deutschland, Italien und Sweiz (18-20 Jahrundert)*, Klostermann, Frankfurt am Main, v. 1, pp. 379-84, "(...) *la Deutscher Anwaltverein (DAV, 1871) ha giocato infatti un ruolo determinante nell'elaborazione della legge professionale del 1878, facendo sì che il controllo dello Stato sulla categoria – comunque rigido, al punto che gli avvocati erano equiparati, come i notai, ai pubblici ufficiali – si combinasse con le istanze corporative espresse 'dal basso'*"; H. Siegrist, *Public Office or Free Profession? German Attorneys in the Nineteenth and Early Twentieth Centuries*, cit., pp. 46-65. V., inoltre, K.H. Jarausch, *The Unfree Profession. German Lawyers, Teachers, and Engineers, 1900-1950*, Oxford University Press, New York-Oxford, 1990, secondo cui la rappresentanza privata (DAV), seppe incarnare "*the interests of the legal profession as a whole in order to 'advance legal service and legislation of the Reich'.*"; per contro le *Rechtsanwaltskammer* non furono in grado di realizzare una "*effective general leadership*", poiché i relativi membri erano solamente "*notables*" (p. 11).

[169] K.F. Ledford, *From general Estate to Special Interest, German Lawyers 1878-1993*, cit., tab. 4.1; Id., *German Lawyers and the State in the Weimar Republic*, in *Law & Hist. Rev.*, 1995, v. 13, p. 317 e spec. p. 326; M. Malatesta, *L'avvocatura europea tra autonomia e regolazione statale (XIX-XX secolo)*, cit., p. 348; C.E. McClelland, *The German experience of professionalization modern learned professions and their organizations from the early nineteenth century to the Hitler era*, cit., p. 158.

[170] Sul punto si v. M. Malatesta, *L'avvocatura europea tra autonomia e regolazione statale (XIX-XX secolo)*, cit., p. 348, secondo cui tale equilibrio era garantito dal fatto che i "*vertici di entrambe erano in mano all'élite dell'avvocatura tedesca, composta da quegli avvocati che patrocinavano nelle corti superiori e che incarnavano il modello dell'avvocato della Belle Époque, ossia il professionista-notabile*". Cfr K.C.H. Willigs, *The Bar in the Third Reich*, cit., p. 1 ss., secondo cui "(...) *the Bar prospered in Imperial Germany and the early years of the Weimar Republic. Republic. One of the primary reasons for the continuing success of the legal profession was the large degree of professional stability found in the period.* (...) *The relatively stagnant social structure of the Bar was, however, intrinsically dependent upon the general economic and political stability of the nation, as was shown all too clearly in the late twenties*" (p. 2).

vincolo territoriale a cui erano sottoposti, costituiva un terreno di profondo scontro tra gli avvocati delle corti inferiori, che aspiravano all'ammissione simultanea a tutte le corti, e gli avvocati delle corti superiori, interessati, per contro, a mantenere il proprio monopolio dinnanzi alle stesse [171].

Gli avvocati delle corti inferiori, oltre a cercare l'appoggio nell'associazione nazionale di categoria (la DAV), si organizzarono nel 1909 in un'autonoma associazione nazionale, c.d. *Verein Deutscher Amtsgerichtsanwälte*, ritenuta maggiormente idonea a proteggere gli interessi particolari di tale sottogruppo professionale, e ad avanzare istanze direttamente nei confronti dello Stato e della DAV [172]. Per contro, gli avvocati delle corti superiori, oltre a richiedere alla DAV, all'indomani della prima guerra mondiale, di istituire una commissione in seno all'associazione per lo studio critico della questione, si premurarono, nel 1921, di unirsi anch'essi in un'associazione privata, c.d. *Verein Deutscher Landgerichtsanwälte*, per perorare con maggior efficacia la propria causa. Dal 1922 entrambe le associazioni, portavoce dei sotto-interessi di categoria, si rivolsero ripetutamente direttamente ai Ministri di giustizia della Prussia e del Reich invocando un intervento legislativo in supporto alla propria posizione. Lo Stato, e non gli organi di rappresentanza dell'avvocatura tedesca, ritornò, dunque, ad essere l'interlocutore diretto ed immediato dei professionisti forensi. Di fronte all'incapacità della DAV di risolvere il conflitto in seno al ceto forense, coniugando e mediando istanze di categoria così polarizzate, e in ragione della posizione non neutrale degli Ordini professionali, personificati per lo più da avvocati appartenenti alle corti superiori [173], gli avvocati, infatti, *"viewed the state as the ultimate and legitimate arbiter that could be called upon to settle the issue"* [174]. L'aspra battaglia si concluse nel 1927 a spese dell'autonomia professionale degli avvocati, allorché l'ammissione simultanea, espressione delle istanze esclusive degli avvocati delle corti distrettuali, venne imposta dall'alto mediante lo strumento legislativo [175].

---

[171] V. *retro, sub* cap. 1, § 3.

[172] F. Ostler, *Deutsche Rechtsanwälte, 1871-1971*, II ed., Juristischer Verlag W. Ellinghaus, Essen, 1982, p. 75.

[173] M. Malatesta, *L'avvocatura europea tra autonomia e regolazione statale (XIX-XX secolo)*, cit., p. 348.

[174] K.F. Ledford, *German Lawyers and the State in the Weimar Republic*, cit., p. 339; si v., inoltre, l'approfondita ricostruzione storica offerta dall'A. in Id., *Conflict Within the Legal Profession: Simultaneous Admission and the German Bar, 1903-1927*, cit., spec. p. 254 ss.; Id., *From general Estate to Special Interest, German Lawyers 1878-1993*, cit., p. 213 ss.

[175] In questi termini v. K.F. Ledford, *Conflict Within the Legal Profession: Simultaneous Admission and the German Bar, 1903-1927*, cit., p. 263. Come peraltro evidenziato da F. Ostler, *Deutsche Rechtsanwälte*, cit., p. 183, la pace forzata dettata dal legislatore nel 1927 avrebbe potuto essere ottenuta molto prima come pace negoziata.

Un altro fattore di rottura era rappresentato dall'abolizione del numero chiuso: tale soluzione legislativa, che inizialmente aveva trovato il favore delle correnti liberiste che vedevano in essa una cristallizzazione delle proprie aspirazioni, divenne, per alcuni, un nemico da combattere, tacciato di aver provocato un peggioramento nell'avvocatura, sia in termini quantitativi [176] sia, soprattutto, sotto un profilo qualitativo. Le proposte avanzate dal Ministro di giustizia prussiano sul finire dell'Ottocento, volte alla chiusura del corpo, non ebbero, tuttavia, seguito [177]. La DAV si oppose strenuamente a tale possibilità, intravedendo in una limitazione imposta dallo Stato un rischio per il liberismo economico [178], nonché un mezzo di controllo politico [179]. Tale posizione fu condivisa anche nei congressi forensi del 1894 e del 1911 e dai consigli degli avvocati di molti distretti [180]. Le istanze favorevoli al ripristino del numero chiuso vennero tuttavia riproposte al termine della Grande Guerra, come rimedio all'avvertito acuirsi del fenomeno del sovraffollamento degli albi e al connesso peggio-

[176] E. Blankenburg e U. Schultz, *German Advocates: A Higly Regulated Profession*, in R. L. Abel e P. S. C. Lewis, *Lawyers in Society: An Overview*, University of California Press, Berkeley, 1995, p. 92 e spec. p. 118 ss.; M. John, *Between estate and profession: Between estate and profession: lawyers and the development of the legal profession in nineteenth century Germany*, cit., p. 180; M. Malatesta, *L'avvocatura europea tra autonomia e regolazione statale (XIX-XX secolo)*, cit., p. 349. Per una ricostruzione dell'aumento degli avvocati tedeschi dopo il 1879 si rinvia, su tutti, a K.F. Ledford, *General Estate to Special Interest*, cit., p. 249 ss.

[177] K.F. Ledford, *German Lawyers and the State in the Weimar Republic*, cit., p. 339; Id., *General Estate to Special Interest*, cit., p. 250 ss.: come sottolineato dall'A. la mancata azione legislativa è da ricondursi agli esiti contradditori dell'indagine condotta dal Ministro di giustizia presso i Presidenti di ciascuna corte di appello nel 1885; a titolo esemplificativo vengono richiamate le risposte discordanti offerte dal Consiglio dell'Ordine di Celle: se per taluni avvocati non vi era nessuna ragione per introdurre una limitazione sul numero degli accessi, anche in considerazione della straordinaria importanza rivestita dall'indipendenza del ceto per il successo della professione forense, per talaltri un sovraffollamento della classe si stava verificando in Hannover e, pertanto, una chiusura si rendeva necessaria (*Vorsitzender der Anwalts-Kammer Celle to OLG Präsident*, 1 July 1885, N.H.St.A., Hann. 173, Acc. 30/87, 312, 6-8). La mancata azione del Ministro di giustizia, nonostante la preoccupazione nutrita per l'aumento del numero di avvocati, era altresì da ricondursi alla tendenza dei giovani avvocati di lasciare le grandi città in favore dell'ammissione in distretti più ridotti e meno affollati. Il Ministro favoriva tale fenomeno di decentralizzazione, consentendo agli avvocati praticanti nelle città più piccole la possibilità di *'appointment to the office of the notary'* in tempi più brevi.

[178] Liberismo economico definito come *"free path to talent"* in K.F. Ledford, *German Lawyers and the State in the Weimar Republic*, cit., p. 343; v., inoltre, Id., *General Estate to Special Interest*, cit., p. 246 ss.

[179] M. Malatesta, *L'avvocatura europea tra autonomia e regolazione statale (XIX-XX secolo)*, cit., p. 348; K.F. Ledford, *General Estate to Special Interest*, cit., p. 246 ss.; Id., *German Lawyers and the State in the Weimar Republic*, cit., spec. p. 343.

[180] K.F. Ledford, From *General Estate to Special Interest*, cit., cap. 8; Id., *German Lawyers and the State in the Weimar Republic*, cit., p. 343.

ramento delle condizioni economiche dei professionisti [181]. Non mancò l'opinione di chi intravedeva nella possibilità di inasprire la selezione statale degli aspiranti avvocati non solo una legittima possibilità, bensì, addirittura, un dovere per la nuova Repubblica social-democratica, che così agiva a tutela dell'interesse pubblico [182]. Il continuo fermo dissenso espresso dalla DAV non rappresentava più, dunque, la voce unanime dell'avvocatura. Secondo taluni avvocati la strenua opposizione al numero chiuso incarnava la sola posizione dei 'professionisti-notabili': avvocati dell'*'upper class'* [183] che, versando in una situazione anche economica più stabile, controllando le associazioni e le istituzioni forensi (la DAV, il Consiglio esecutivo degli Ordini degli avvocati, le Commissioni disciplinari) e non temendo il libero mercato, potevano continuare a professare gli ideali della *'Freie Advokatur'*, influenzando e condizionando la politica in questo senso, a discapito dei colleghi più vulnerabili [184]. Tale circostanza comportò un'ulteriore frattura all'interno del corpo stesso, che le istituzioni forensi non seppero ricucire: gli organi rappresentativi, impossibilitati nel farsi portavoce di interessi omogenei di categoria ed indeboliti dai gruppi di pressione autonomi, si limitarono a tamponare la critica situazione con l'introduzione nel 1930 di un numero chiuso per il periodo di praticantato e a sancire nel 1932 il blocco delle ammissioni in vista di un possibile futuro ripristino di forme di limitazione all'accesso, senza riuscire a strutturare ed implementare alcun intervento risolutivo. Come accaduto per la questione dell'ammissione simultanea, ancora una volta il corpo forense, di-

---

[181] Cfr. Le statistiche contenute in K.C.H. Willing, *Bar in the Third Reich*, cit., p. 4 ss.: se tra il 1923 e il 1929 la crescita media annua era di 445 avvocati, negli anni a seguire, tra il 1929 e il 1933, essa aumentò, attestandosi a circa 672 nuovi professionisti all'anno. La combinazione tra espansione del numero di professionisti e riduzione della domanda di servizi legali determinò un peggioramento della situazione economica degli avvocati, come conferma un sondaggio condotto un anno dopo l'entrata in vigore del nuovo regime: il 37% dei 12.000 avvocati che costituivano il ceto forense affermò di guadagnare compensi annuali di 3.000 RM o meno, 4.500 avvocati dichiararono compensi pari a 1.500 RM o meno, e 2.480 sostennero di non aver alcun introito economico. Di conseguenza, quando Hitler prese il potere, i tre quarti dell'avvocatura tedesca soffriva il peggioramento delle proprie condizioni economiche.

[182] S. Feuchtwanger, *Die freien Berufe. Im besonderen: Die Anwaltschafl. Versuch einer allgemeinen Kulturwirtschaftslehre*, Derlag von Duncker & Humblot, Munich-Leipzig, 1922, pp. 150-151; K.F. Ledford, *German Lawyers and the State in the Weimar Republic*, cit., p. 344.

[183] Così K.F. Ledford, *General Estate to Special Interest*, cit., p. 246 ss.; Id., *German Lawyers and the State in the Weimar Republic*, cit., p. 344. V., inoltre, M. Malatesta, *L'avvocatura europea tra autonomia e regolazione statale (XIX-XX secolo)*, cit., p. 348., che sottolinea come *l'élite* dell'avvocatura tedesca, risultava *"composta da quegli avvocati che patrocinavano nelle corti superiori e che incarnavano il modello dell'avvocato della Belle Epoque, ossia il professionista-notabile"*.

[184] K.F. Ledford, *General Estate to Special Interest*, cit., p. 246 ss.; Id., *German Lawyers and the State in the Weimar Republic*, cit., p. 344.

laniato al proprio interno, e arena di perenne conflitto, dovette affidare la riconciliazione nelle mani dello Stato [185].

3. *La morsa dei regimi autoritari nel corso del Novecento. L'involuzione autoritaria del professionalismo italiano durante il regime fascista*

Il culmine dell'intervento statale sugli Ordini professionali si ebbe nelle svolte totalitarie che sconvolsero sia l'Italia sia la Germania nel corso del Novecento.

In particolare, in Italia, l'assorbimento dei corpi intermedi all'interno dell'apparato statale si acuì nel periodo fascista: durante il regime si assistette, infatti, a un'involuzione autoritaria del professionalismo [186], mediante il progressivo esautoramento degli Ordini a vantaggio dei sindacati fascisti, fino alla loro definitiva capitolazione ad opera dell'intervento legislativo del 1933 [187]. La logica degli interventi fascisti consisteva in una progressiva esasperazione del carattere pubblico ed istituzionale della professione, a discapito dell'autonomia e dell'autogoverno dei ceti professionali, mediante l'*"eliminazione di ogni aspetto privatistico connesso all'idea di professione come corpo"* [188]. Il professionista forense aveva diritto di esistenza nello Stato fascista in quanto *"elemento fondante del Regime"*: collaborando per la corretta amministrazione della giustizia, l'avvocatura

[185] K.F. Ledford, *German Lawyers and the State in the Weimar Republic*, cit., p. 345 ss.; M. Malatesta, *L'avvocatura europea tra autonomia e regolazione statale (XIX-XX secolo)*, cit., p. 349. V. anche K.H. Jarausch, *The Unfree Profession. German Lawyers, Teachers, and Engineers, 1900-1950*, spec. p. 125: *"On February 8 [1933], lawyers met with the Minister of Justice Franz Gürtner to discuss 'an effective admission stop and a subsequent* numerus clausus *for attorneys' as well as other relief measures"*.

[186] E. Proni, *Bologna la nascita dell'Ordine degli Avvocati e Procuratori*, cit.: *"Il progetto professionale fascista fu elaborato all'insegna di un'evidente ripresa dell'iniziativa dall'alto, che mirava al cuore dell'autonomia e dell'autogoverno dei ceti professionali, i cui limiti erano stati indicati nella legge sull'avvocatura del 1874. L'obiettivo principale era politico, controllare cioè una categoria, quella degli avvocati, ancora restia alla sindacalizzazione, cercando di escludere dall'esercizio della professione forense tutti coloro che, in un modo o nell'altro, avevano dimostrato la loro avversione al regime"* (p. 14).

[187] R.d.l. 27 novembre 1933, n. 1578, Ordinamento delle professioni di avvocato e procuratore, in *GU* del 5 dicembre 1933, n. 281 e convertito in legge, con modificazioni, dalla legge 22 gennaio 1934, n. 36, in *GU* del 30 gennaio 1934, n. 2.

[188] Così M. Malatesta, *L'ordine professionale, ovvero l'espansione del paradigma avvocatizio*, cit., p. 277; Id., *Professionisti e gentiluomini*, cit., p. 88: *"La filosofia fascista consistette nell'accentuare quella componente pubblica delle professioni già presente nella legge del forense del 1874. Fu aumentato il controllo dello stato ed eliminato l'autogoverno dei corpi professionali inserendoli nel sistema corporativo"*.

faceva propria la missione dello Stato, garantendo, di fatto, anche la fedeltà al regime fascista [189].

L'intervento normativo del 1926 [190] iniziò a tradurre sul piano istituzionale la concezione pubblicistica propria del regime [191]. La legge del 25 marzo 1926, n. 453 fu, infatti, la prima testimonianza della volontà di rafforzare il controllo dello Stato sul ceto forense [192], sebbene il testo licenziato rappresentasse, come sottolineato dal Ministro di giustizia Alfredo Rocco, il "*meno fascista*" tra quelli presentati al Parlamento [193]. L'intento della nuova disciplina emergeva chiaro sin dalle relative discussioni parlamentari: i cambiamenti si sposavano con "*la necessità di restringere al massimo grado l'autonomia dell'ordine ... e riportare la professione forense sotto il controllo dello Stato*" [194], al fine di impedire che "*la classe forense possa mai costituire qualche cosa al di fuori e al di sopra, e tanto meno in antitesi, allo Stato*" [195].

Al nuovo rispondeva, innanzitutto, l'imposizione del giuramento per tutti gli avvocati, anche per quelli già iscritti, a cui era richiesto di impegnarsi ad "*adempiere ai loro doveri professionali con lealtà, onore e diligen-*

---

[189] Sottolinea in questi termini la concezione pubblicistica alla base degli interventi legislativi M. Santoro, *Le trasformazioni del campo giuridico*, cit., spec. pp. 128 e 129; che il fine del fascismo fosse quello di trasformare l'avvocatura in una missione di Stato, al fine di condurre gli avvocati a manifestare fedeltà allo Stato fascista, viene rilevato, altresì, da A. Meniconi, *Gli avvocati*, cit., p. 118.

[190] Legge 25 marzo 1926 n. 453. Per i numerosi tentativi di riforma, che hanno preceduto l'adozione della legge richiamata, si rinvia, su tutti, a A. Meniconi, *La «maschia avvocatura». Istituzioni e professione forense in epoca fascista (1922-1943)*, cit., p. 106 ss.

[191] Cfr. P. Jannelli, *Avvocati e procuratori*, cit.: "*Può dirsi che la legge del 1926 poggiava, nelle sue linee fondamentali, sul concetto che il ministero forense dovesse essere considerato, oltre la sfera dei privati rapporti che ad esso ineriscono, sotto il più alto aspetto della funzione di pubblico interesse che gli avvocati e i procuratori adempiono quali indispensabili elementi integratori dell'amministrazione della giustizia: talché, pur riconoscendosi il principio dell'autonomia della classe, questa non potesse intendersi sottratta ad una rigida disciplina e ad un efficace controllo dello Stato*" (p. 47).

[192] "*In particolare, la funzione di mediazione politica degli avvocati dell'età liberale si poneva in contrasto strutturale con l'autoritarismo del regime fascista, che non poteva tollerare una rappresentanza – sia pur tecnica – di interessi o di bisogni, che non fosse riconducibile allo Stato– partito*": S. Vinci, *Una regola per i* 'paglietta'. *L'esercizio della professione forense durante il fascismo*, in *Annali della Facoltà di giurisprudenza di Taranto*, anno I n. 2, Cacucci, Bari, 2008, pp. 525-546; pubblicato anche in AA.VV., *Spomenica Valtazara Bogisica o stogodisnjici njegove smrti*, a cura di L. Breneselovic, JP Sluzbeni glasnik, Belgrado, 2011, v. 2, p. 119-140, a p. 119.

[193] Atti Parlamentari, Camera dei Deputati, Leg. XXVII, I sess., 21 novembre 1925, p. 4523.

[194] G. Scarselli, *Sul Ruolo e La Funzione Del Consiglio Nazionale Forense*, in *Foro it.*, 2010, v. 133, II, c. 37, e in part. c. 39, che a sua volta richiama A. Meniconi, *La «maschia avvocatura». Istituzioni e professione forense in epoca fascista (1922-1943)*, cit., p. 120.

[195] Relatore Morelli, Atti Parlamentari, Camera dei Deputati, Leg. XXVII, I sess., 21 novembre 1925, p. 4519.

za per i fini superiori della giustizia" [196]; a tale finalità vennero accostati, con decreto di coordinamento tra le leggi professionale e sindacale – r.d. 6 maggio 1926, n. 747 – *"gli interessi superiori della Nazione"* [197]. Dietro ad una formulazione vaga e non particolarmente compromettente [198], soprattutto se rapportata a quanto disposto per gli impiegati statali obbligati a uniformare il proprio comportamento *"alle generali direttive politiche del governo"*, si celava il chiaro intento di identificare gli interessi della nazione con gli interessi del regime [199]. Il nuovo giuramento unitamente all'espresso disposto dell'art. 1 del r.d. 6 maggio 1926, n. 747, che prevedeva l'impossibilità di iscrizione negli albi degli avvocati e procuratori ovvero la cancellazione di coloro che avessero *"svolto una pubblica attività in contraddizione con gli interessi della Nazione"*, si tradussero, pertanto, ben presto, in un espediente per epurare l'albo dai professionisti forensi non in linea con l'ideologia dominante [200].

---

[196] Art. 10 legge 25 marzo 1926, n. 453; anche il giuramento dei procuratori, già previsto dalla normativa del 1874, venne pertanto modificato con l'introduzione dei riferimenti all'*"onore"* e ai *"fini superiori della giustizia"*. V. A. Meniconi, *La «maschia avvocatura». Istituzioni e professione forense in epoca fascista (1922-1943)*, cit., p. 124.

[197] Art. 2 r.d. 6 maggio 1926, n. 747, Norme per il coordinamento della legge 3 aprile 1926, n. 563, sulla disciplina giuridica dei rapporti collettivi del lavoro, con la legge 25 marzo 1926, n. 453, sulla professione di avvocato e procuratore, in *GU* del 10 maggio 1926, n. 108.

[198] M. Malatesta, *L'avvocatura europea tra autonomia e regolazione statale (XIX-XX secolo)*, cit., p. 341.

[199] Agli avvocati era pertanto richiesto di essere *"fedeli alla giustizia e mirare come ultimo fine al bene della patria"*: *Il giuramento degli avvocati e procuratori*, in *Cronache forensi*, 1926, 3, suppl. al n. 11-12, p. 144. F. Tacchi, *Gli avvocati*, cit., p. 438; M. Santoro, *Le trasformazioni del campo giuridico*, cit., p. 449, che richiama il fatto che *"Onde evitare equivoci, comunque, in molti auspicarono una formulazione più ossequiosa all'ideologia dominante – sulla falsariga di quella imposta, appunto, agli impiegati statali e agli insegnanti medi – in modo da ammettere negli albi solo chi avesse assunto* «pubblicamente una responsabilità civile e politica ancor più specifica ed incisiva»" (p. 450); il richiamo è a E. Sciaccaluga, *Albo, albi e preferenze*, in *Rassegna del Sindacalismo Forense*, 1935, p. 66. Secondo C. Schwarzenberg il fatto che la formula del giuramento fosse vaga solo in apparenza era testimoniato dalla circolare inoltrata dal ministro Rocco ai procuratori generali presso le corti di appello con cui veniva chiarito che *"l'obbligo di prestare giuramento secondo la formula stabilita dall'art. 2 del regio decreto del 6 maggio 1926 n. 747 incombe anche agli avvocati già iscritti, i quali pur prestarono a suo tempo il giuramento secondo l'antica formula. La rinnovazione del giuramento deve essere fatta entro tre mesi dall'entrata in vigore del regolamento"*: C. Schwarzenberg, *La professione forense in Italia dal 1874 al 1944*, in *Studi in onore di Pietro Agostino d'Avack*, IV, Giuffrè, Milano, 1976, p. 630.

[200] Cfr. G. Salvemini, *Sotto la scure del fascismo*, in *Scritti sul fascismo*, Feltrinelli, Milano, 1974, pp. 80 e 81, secondo cui nel 1927 furono radiati per tale motivo più di 2000 iscritti. Si v., inoltre, F. Tacchi, *Gli avvocati italiani dall'Unità alla Repubblica*, cit., spec. pp. 450 e 451; G. Turi, *La presenza del fascismo e le professioni liberali*, in *Belfagor*, 1986, v. 41, n. 2, p. 143, a p. 157; A. Meniconi, *La «maschia avvocatura». Istituzioni e professione forense in epoca fascista (1922-1943)*, cit., p. 126 ss. Cfr. A. Aquarone, *L'Organizzazione dello Stato totalitario*, Einaudi, Torino, 1965, rist. 2003, p. 89, secondo cui il potere di escludere dall'albo tutti

La legge introdusse, inoltre, una nuova prerogativa per l'iscrizione all'albo integrata dalla necessaria "*condotta, sotto ogni rapporto, specchiatissima e illibata*" dell'aspirante avvocato[201]; per la prima volta l'iscrizione all'albo veniva subordinata al possesso di un requisito di carattere morale, la cui verifica era rimessa all'Ordine[202]. Ciò che doveva essere, a parere del Ministro Rocco, un "*criterio obbiettivo e ben chiaro*"[203] si tradusse nella prassi in un ulteriore *escamotage* per escludere dalla professione gli avvocati sgraditi al regime[204]. Tra le disposizioni transitorie vi era la remissio-

---

gli avvocati che avessero dimostrato la propria avversione al regime venne utilizzato con moderazione, come testimoniato dalla presenza tra gli esercenti di professionisti non simpatizzanti con l'ideologia fascista; in questi termini v. inoltre C. Schwarzenberg, *La professione forense in Italia dal 1874 al 1944*, cit., p. 630; E. Sciaccaluga, *Albo, albi e preferenze*, cit., p. 64. V., altresì, F. Tacchi, *Il fascismo e le professioni liberali*, cit., p. 100, che pur richiamando la moderazione delle Commissione nell'epurazione degli albi, sottolinea l'evidente scopo perseguito dal legislatore: "*si cercava con ogni mezzo di sfoltire gli albi professionali dalle vecchie «cricche di avvocati liberali» per favorire un ricambio generazionale con l'immissione di avvocati meglio disposti ad accogliere il verbo fascista*". Secondo l'A., era di natura politica anche la scelta finale compiuta sull'annosa questione del mantenimento dell'albo aperto degli avvocati ovvero dell'introduzione di una chiusura dello stesso. Il definitivo stralcio, nel testo legislativo del 1926, della proposta dell'"albo limitato" (art. 13), rispondeva, infatti, alla necessità di non limitare l'ingresso dei nuovi laureati, che meglio sposavano l'ideologia fascista: sul punto v., più diffusamente, F. Tacchi, *Gli avvocati italiani dall'Unità alla Repubblica*, cit., spec. pp. 443 e 444. Sulla questione della limitazione degli albi e la relativa discussione parlamentare si rinvia, su tutti, a A. Meniconi, *La «maschia avvocatura». Istituzioni e professione forense in epoca fascista (1922-1943)*, cit., p. 122 ss.

[201] Art. 12, n. 3, legge 25 marzo 1926, n. 453. Tra i nuovi requisiti veniva annoverato, altresì, il pieno esercizio dei diritti civili (art. 12, n. 2, legge 25 marzo 1926, n. 453).

[202] Come premesso la legge professionale del 1874, all'art. 10, si limitava a prevedere, rispetto alla moralità, il requisito del non essere incorsi in condanne a pena maggiore della reclusione o detenzione sino a cinque anni o in quella dell'interdizione speciale dall'esercizio della professione; tanto che non erano mancate in dottrina critiche all'omessa previsione in capo ai Consigli del potere di ostacolare l'iscrizione di quei membri che potevano compromettere il decoro dell'Ordine: "*È triste conclusione che i Consigli dell'ordine*, spinte o sponte, *dovranno sempre iscrivere gli aspiranti avvocati che vantino tutti i requisiti di legge, anche se alla coscienza loro apparirà che permettendo talune iscrizioni essi vengano a mancare il dovere di vegliare al decoro dell'ordine*": C. Cavagnari e E. Caldara, *Avvocati e procuratori*, cit., p. 661. *Contra* v. G. Zanardelli, che aveva ritenuto che solo un'interpretazione estensiva e non letterale dell'art. 10 della legge professionale avrebbe consentito di salvaguardare il disposto dell'art. 24, volto a riconoscere come una delle funzioni principali dei Consigli quella di vegliare alla conservazione del decoro del Collegio; scrive l'A: "*Per quanto monca ed improvvida nella sua lettera la legge io credo che i Consigli dell'ordine in questo caso dovrebbero rammentarsi che essa espressamente prescrive loro di* vegliare alla conservazione del decoro del Collegio, *e collocando il proprio codice più in alto degli altri codici, da questo decoro soltanto e dai grandi fini che il proprio ministero deve proporsi, trarre l'ispirazione e gli impulsi*": G. Zanardelli, *L'avvocatura. Discorsi (con alcuni inediti)*, cit., pp. 132 e 133.

[203] Atti Parlamentari, Camera dei Deputati, Leg. XXVII, I sess., 21 novembre 1925, p. 4535.

[204] A. Meniconi, *La «maschia avvocatura». Istituzioni e professione forense in epoca fascista (1922-1943)*, cit., p. 124. V., inoltre, F. Tacchi, *Gli avvocati italiani dall'Unità alla Repub-*

ne ai Consigli della revisione straordinaria degli albi, entro tre mesi dall'entrata in vigore della legge, per verificare il possesso dei nuovi requisiti in capo agli iscritti.

Sul piano dell'autogoverno, la legge conservò il carattere elettivo dei Consigli degli Ordini degli avvocati e dei procuratori, presenti in seno a ogni Collegio degli avvocati e dei procuratori presso ciascuna corte di appello e ciascun tribunale civile e penale [205]. Tuttavia, fu riconosciuto al Ministro il potere di scioglierli, con decreto reale e sentito il Consiglio di Stato, *"qualora, richiamati all'osservanza della legge, persistano nel violarla"* [206]. Tale nuova prerogativa fu avvertita dalla categoria come inutile ed ingiustificata, contemplando un'ipotesi mai verificata in mezzo secolo di funzionamento delle istituzioni forensi, oltre che un oltraggio alla professione, sottintendendo l'eventualità che i Consigli professionali potessero tramutarsi in un *"covo di ribelli alla legge"* [207]. Lo sdegno dell'avvocatura dimorava, in ogni caso, nella chiara consapevolezza che tale disposizione poteva facilmente tramutarsi in un ulteriore bavaglio a danno della discrezionalità dei Consigli dell'Ordine, a cui sarebbe stato di fatto *"impedito di protestare per i casi di strazio di quei diritti fondamentali del cittadino"* [208]. La posizione dei Consigli era destinata a peggiorare rapidamente: l'art. 7, comma 1, del r.d. 6 maggio 1926, n. 747 prevedeva, infatti, lo scioglimento con regio decreto dei Consigli dell'Ordine in carica, in favore della nomina di Commissioni Reali straordinarie [209]. A tali Commissioni venivano rimesse tutte le funzioni demandate ai Consigli dell'Ordine, nonché il compito di revisione straordinaria degli albi, in attesa dell'istituzione dei nuovi Consigli [210]. In realtà, la ricostruzione degli Ordini non eb-

---

blica, cit., p. 450 ss.; M. Malatesta, *L'avvocatura europea tra autonomia e regolazione statale (XIX-XX secolo)*, cit., p. 341.

[205] Titolo V, art. 26 ss., legge 25 marzo 1926, n. 453.

[206] Art. 38 legge 25 marzo 1926, n. 453.

[207] *Relazione della Commissione per l'esame del progetto di legge professionale forense*, in *Boll. forense*, 1925, 4, n. 3, pp. 1-4. In dottrina si rinvia, su tutti, a F. Tacchi, *Il fascismo e le professioni liberali: il caso degli avvocati negli anni Venti*, cit., spec. pp. 98 e 99.

[208] In questi termini F. Tacchi, *Il fascismo e le professioni liberali: il caso degli avvocati negli anni Venti*, cit., p. 99.

[209] *"Questo fondamentale, e veramente rivoluzionario, decreto imponeva che, entro un mese dalla data della sua pubblicazione, fossero disciolti i vecchi Consigli dell'Ordine, i quali erano giunti all'anno quarto dell'Era Fascista come* spersi nel mezzodì notturni uccelli*; e stabiliva, in luogo di ciascun Consiglio, per ciascun Collegio, la nomina di Commissioni reali straordinarie (...)"*: E. Sciaccaluga, *Albo, albi e preferenze*, cit., p. 63.

[210] V. E. Sciaccaluga, *Albo, albi e preferenze*, cit., che sottolinea il fine politico della straordinaria revisione degli albi demandata dal r.d. 747/1926 alle Commissioni reali, ovvero "(...) *quello non solamente di giungere alla cancellazione dall'albo di tutti coloro che, in qualunque modo, fossero per risultare di condotta incompatibile colla dignità della toga; ma, soprattutto, di giungere alla radiazione dalla nostre file di tutti coloro che fossero colpevoli di avere svolto "una pubblica attività in contraddizione con gli interessi della Nazione". Ci si pro-*

be mai luogo, stante la progressiva emersione della nuova associazione del Sindacato Forense Fascista, riconosciuta come l'unico rappresentante legale della classe forense dal r.d. dell'1 luglio 1926, n. 1130, ed il successivo definitivo spostamento delle competenze degli Ordini in capo ai sindacati.

L'impronta autoritaria dello Stato nella legge del 1926 emerse, infine, in tutta la sua evidenza, nella costituzione del Consiglio Superiore forense[211]. Tale istituzione, se da un lato rispondeva alla necessità dell'avvocatura di dotarsi di una rappresentanza organizzata a livello nazionale[212], dall'altro contribuiva al progetto di limitazione dell'autogoverno e dell'autonomia dell'Ordine, prevedendo un'ingerenza diretta dello Stato nella selezione dei componenti[213]. I trentadue membri che costituivano tale Consiglio erano, infatti, solo per metà eletti uno per ciascuno dei distretti di corte di appello del Regno, tra gli avvocati patrocinanti in Cassazione e dinnanzi alle altre giurisdizioni superiori a seguito di votazione dei Consigli di distretto; l'altra metà era nominata, sempre tra gli avvocati iscritti nell'albo speciale, con decreto reale su proposta del Ministro di giustizia[214].

Il Consiglio Superiore aveva il compito di approvare i bilanci preventivi e consuntivi dei Collegi, di decidere sui conflitti di competenza dei vari Consigli locali, di fornire parere, se richiesto dal Ministro di giustizia, sui progetti di legge e regolamenti che interessavano la professione forense e la loro interpretazione, di procedere annualmente alla revisione e alla pubblicazione dell'albo speciale dei cassazionisti[215]. A tale or-

---

poneva, adunque, la risoluzione definitiva e radicale d'ogni problema relativo alla composizione dell'albo, sia dal punto di vista morale che da quello politico; di maniera che l'omogeneità e la compattezza ne risultassero definitivamente stabilite per l'avvenire" (pp. 63 e 64).

[211] F. Tacchi, *Il fascismo e le professioni liberali: il caso degli avvocati negli anni Venti*, cit., p. 98; per un approfondimento su tale organo centrale dell'avvocatura, si rinvia, su tutti, a A. Meniconi, *La «maschia avvocatura». Istituzioni e professione forense in epoca fascista (1922-1943)*, cit., e, in particolare, p. 140 ss.

[212] M. Malatesta, *L'avvocatura europea tra autonomia e regolazione statale (XIX-XX secolo)*, cit., p. 341; F. Tacchi, *Gli avvocati italiani dall'Unità alla Repubblica*, cit., p. 438; M. Santoro, *Le trasformazioni del campo giuridico*, cit., p. 126.

[213] Cfr. G. Scarselli, *Sul Ruolo e La Funzione Del Consiglio Nazionale Forense*, cit., che rimarca come a differenza dei Consigli degli Ordini, *"espressione dell'indipendenza e del l'autonomia della categoria, interamente rimessi alla determinazione degli avvocati appartenenti ad essi"*, il CNF rappresenti uno *"strumento governativo se non di repressione, quanto meno di uniformazione della classe forense"* (c. 41); ciò consente di comprendere l'origine più recente dell'Organo centrale (1926) rispetto a quella dei Consigli dell'Ordine: "(...) *un consiglio forense centrale rispetto a più consigli locali, intanto si giustifica in quanto lo Stato contrapponga la periferia al centro e ritenga necessario altresì un controllo di un organo centrale sull'operato di quelli periferici. Questa contrapposizione tra centro e periferia, e questa esigenza che il centro controlli la periferia, non matura in tutta la storia dell'avvocatura, dal basso medioevo sino ai moderni stati sorti dopo la rivoluzione francese, ed è fenomeno nemmeno preso in considerazione nell'Italia liberale"* (c. 38).

[214] Art. 41 legge 25 marzo 1926 n. 453.

[215] Art. 44 legge 25 marzo 1926 n. 453. Sul funzionamento del Consiglio v. artt. 56-75 r.d.

gano vennero, infine, trasferiti i poteri giurisdizionali in via di ricorso, già spettanti alle corti di appello [216], in materia di tenuta degli albi (iscrizioni e cancellazioni) e di disciplina [217].

Il nuovo Consiglio Superiore forense, così come concepito dalla legge del 1926, non entrò mai in funzione, in quanto sostituito, ad opera del r.d. 6 maggio 1926, n. 747, da una Commissione Reale Straordinaria, composta da soli quindici membri, avvocati cassazionisti, di esclusiva nomina ministeriale (art. 7), che avrebbe svolto i compiti del Consiglio sino al 1929. La privazione della possibilità per gli avvocati di eleggere, sebbene anche solo in parte, i propri rappresentanti era sintomo dell'intento, non troppo celato, di inasprire il controllo statale sulla categoria forense mediante l'attività di un organo centralizzato.

La morsa sulle professioni si strinse ulteriormente un paio di anni più tardi, per mezzo del r.d.l. del 22 novembre 1928, n. 2580 [218], che perfezionò il cambiamento istituzionale dell'avvocatura avviato nel 1926 volgendo verso le richieste dei sindacati fascisti, che in ragione dell'intervenuta riorganizzazione interna e di una sempre maggiore rappresentatività, auspicavano un coinvolgimento superiore nel controllo della categoria forense. Come sottolineato nelle discussioni parlamentari, il sistema inaugurato con la legislazione del 1926, *"se poteva rispondere ad un'organizzazione sindacale iniziata appena, non si adattava più a quella notevolmente progredita del momento attuale, e soprattutto non era consono al concetto e all'ordinamento giuridico-sociale dello Stato fascista, in quanto che faceva dei consigli degli Ordini una pretta emanazione di classe, lasciando lo Stato spettatore spesso impotente perfino ad esplicare efficacemente quel potere di vigilanza che la legge gli attribuisce"* [219].

---

26 agosto 1926, n. 1683, Approvazione del regolamento per l'esecuzione della legge 25 marzo 1926, n. 453, sull'ordinamento delle professioni di avvocato e di procuratore, in *GU* del 9 ottobre 1926, n. 235.

[216] Il venire meno della parziale ingerenza dello Stato nella formazione degli albi, mediante l'eliminazione della facoltà di ricorso all'autorità giudiziaria in tema di iscrizioni e provvedimenti disciplinari come prevista dalla precedente legge professionale del 1874, consentiva, secondo il Ministro di giustizia Rocco, di attuare il principio secondo cui l'Ordine doveva ritenersi *"signore e padrone del proprio albo"*: A. Rocco, Atti Parlamentari, Camera dei Deputati, Leg. XXVII, I sess., 21 novembre 1925, p. 4523.

[217] C. Schwarzenberg, *La professione forense in Italia dal 1874 al 1944*, cit., p. 629; A. Meniconi, *La «maschia avvocatura». Istituzioni e professione forense in epoca fascista (1922-1943)*, cit., p. 147 ss.

[218] R.d.l. 22 novembre 1928, n. 2580 (convertito in legge 24 dicembre 1928, n. 29), Modificazione delle norme vigenti sui consigli dei collegi degli avvocati e dei procuratori e sulle rispettive assemblee, nonché sul consiglio superiore forense, in *GU* del 30 novembre 1928, n. 279. Tale decreto venne definito dalla dottrina come la *"tappa intermedia nel processo di fascistizzazione"*: M. Santoro, *Le trasformazioni del campo giuridico*, cit., p. 127.

[219] Atti Parlamentari, Camera dei Deputati, Leg. XXVII, Documenti, v. XXXV, n. 2272, seduta del 3 dicembre1928, pp. 1 e 2; C. Schwarzenberg, *La professione forense in Italia*

I Consigli locali non furono ricostituiti bensì sostituiti da Commissioni reali divenute permanenti, costituite da membri scelti in parte dal Re su proposta del Ministro per la giustizia e in parte dal Governo, tra i nominativi forniti dal sindacato fascista [220]. Tali commissioni avevano, pertanto, la chiara *"impronta di organi direttivi dello Stato"* [221]. Anche le assemblee generali degli Ordini, ancora formalmente in vita, vennero legislativamente abolite: con il venire meno dell'ultima possibilità di riunione collegiale, l'Ordine perdeva ogni funzione di rappresentanza del ceto [222].

Il secondo fondamentale intervento mirava a rinnovare il Consiglio Superiore forense. Il numero dei componenti venne portato da trentadue a ventiquattro, compreso il Presidente; tutti i membri erano di esclusiva nomina ministeriale e revocabili, ad opera del Ministro di giustizia, se ciò fosse risultato necessario per *"il migliore funzionamento di esso ovvero per il decoro e la dignità del medesimo consiglio e dell'ordine forense"* [223]. Come previsto dal r.d.l. del 22 novembre 1928, n. 2580, nel 1929 il Ministro procedette con la composizione del nuovo Consiglio Superiore [224], che, con mutamenti minimi, rimase in carica sino al 1934 [225].

Nel frattempo, il ruolo del Sindacato fascista si era rafforzato notevolmente grazie alle progressive attribuzioni riconosciute dalla legge nel biennio 1926-1928, l'organizzazione interna era stata rivista per essere

---

dal 1874 al 1944, cit., p. 631; F. Tacchi, *Gli avvocati italiani dall'Unità alla Repubblica*, cit., p. 467.

[220] Art. 1 r.d.l. 22 novembre 1928, n. 2580. In dottrina si rinvia, su tutti, a G. Scarselli, *Sul Ruolo e La Funzione Del Consiglio Nazionale Forense*, cit., c. 39; C. Schwarzenberg, *La professione forense in Italia dal 1874 al 1944*, cit., p. 631, che sottolinea come tale misura comportasse un'ulteriore mortificazione dell'autonomia della professione; F. Tacchi, *Il fascismo e le professioni liberali: il caso degli avvocati negli anni Venti*, cit., p. 100; A. Meniconi, *La «maschia avvocatura». Istituzioni e professione forense in epoca fascista (1922-1943)*, cit., p. 130. Cfr. P. Jannelli, *Avvocati e procuratori*, cit., p. 47, che riconosce alle Commissioni Reali *"l'impronta di organi diretti dello Stato"*.

[221] F. Tacchi, *Gli avvocati italiani dall'Unità alla Repubblica*, cit., p. 466.

[222] Art. 6 r.d.l. 22 novembre 1928, n. 2580. In dottrina v. F. Tacchi, *Il fascismo e le professioni liberali: il caso degli avvocati negli anni Venti*, cit., p. 466: secondo l'A, con il decreto del 1928, che oltre a istituire le commissioni permanenti, eliminava anche l'ultima occasione di riunione collegiale del ceto, mediante l'abolizione delle assemblee annuali dei Consigli (art. 6), *"il controllo sulla categoria da parte dello stato diventava schiacciante"* (p. 100); A. Meniconi, *La «maschia avvocatura». Istituzioni e professione forense in epoca fascista (1922-1943)*, cit., p. 130.

[223] A. Meniconi, *La «maschia avvocatura». Istituzioni e professione forense in epoca fascista (1922-1943)*, cit., p. 130; G. Scarselli, *Sul Ruolo e La Funzione Del Consiglio Nazionale Forense*, cit., c. 39.

[224] Sulla nomina del nuovo Consiglio Superiore forense si v., su tutti, A. Meniconi, *La «maschia avvocatura». Istituzioni e professione forense in epoca fascista (1922-1943)*, cit., p. 151 ss.

[225] G. Scarselli, *Sul Ruolo e La Funzione Del Consiglio Nazionale Forense*, cit., c. 40.

adeguata ai nuovi compiti [226], e le adesioni al Sindacato erano cresciute progressivamente [227]. Il residuo dualismo tra le Commissioni locali, che erano competenti nella tenuta degli albi e nei procedimenti disciplinari, e i Sindacati, che possedevano la rappresentanza legale della categoria [228], era destinato a volgere al termine. La sindacalizzazione degli avvocati era aumentata a tal punto da permettere la definitiva cancellazione dei tradizionali Ordini [229], in quel progetto volto a *"unificare gli organi di rappresentanza e di tutela della «classe» forense nel sindacato"* [230]. Con r.d.l. 27 novembre 1933, n. 1578 gli Ordini e le Commissioni reali vennero soppresse e la custodia degli albi professionali [231], l'esercizio del potere disciplinare [232] e la determinazione degli onorari [233] vennero trasferiti in capo al Sindacato, tramite l'operato dei direttòri [234]. In tal modo il Sindacato ottenne il tanto

---

[226] Sul punto v., diffusamente, F. Tacchi, *Gli avvocati italiani dall'Unità alla Repubblica*, cit., p. 462 ss. Il riferimento è allo Statuto del Sindacato Nazionale Avvocati e Procuratori, consultabile in *Annuario delle Associazioni sindacali fasciste di avvocai e procuratori delle Tre Venezie*, 1928, 1, p. 55 ss.; successivamente venne adottato un nuovo Statuto, approvato con r.d. 24 luglio 1930, n. 1313: il testo dello statuto è consultabile in R. Crespolani, *Codice delle professioni di avvocato e di procuratore,* Morpurgo, Roma, 1931, pp. 167-172.

[227] A. Meniconi, *La «maschia avvocatura». Istituzioni e professione forense in epoca fascista (1922-1943)*, cit., pp. 130 e 131 e la tabella riassuntiva, riportata a p. 132, relativa agli avvocati iscritti al sindacato nelle maggiori città (Torino, Milano, Firenze, Roma, Napoli e Palermo), tratta da F. Orlandi e F. Tacchi, *Appendice*, in G. Turi (a cura di), *Le libere professioni e il fascismo*, FrancoAngeli, Milano, 1994, p. 227 ss.; secondo tale ricostruzione la percentuale di avvocati iscritti al sindacato quasi raddoppiò tra il 1926 e il 1930, passando dal 24,8% del 1926 al 46,9% del 1930. V. diffusamente sullo sviluppo del Sindacato forense: Id., *ult. op. cit.*, p. 178 ss.

[228] A. Meniconi, *La «maschia avvocatura». Istituzioni e professione forense in epoca fascista (1922-1943)*, cit., p. 170.

[229] Così M. Malatesta, *Professionisti e gentiluomini*, cit., p. 88. Ciò che era stato posticipato dal Ministro di giustizia Rocco, restio a devolvere anche la funzione giurisdizionale ai Sindacati, dovendo, in base alla sua concezione statalista, essere riservata alle Commissioni, che possedevano ormai una connotazione di organi statali, venne realizzato da Pietro de Francisci, il Ministro di giustizia subentrato a Rocco nel 1932, secondo cui, per contro, l'unità della professione doveva realizzarsi sotto l'elegia degli organismi sindacali: sul punto v. diffusamente A. Meniconi, *La «maschia avvocatura». Istituzioni e professione forense in epoca fascista (1922-1943)*, cit., p. 170 ss. V. anche F. Tacchi, *Gli avvocati italiani dall'Unità alla Repubblica*, cit., p. 471 secondo la quale: *"Le cose cambiarono davvero, non per caso, quando cambiò il guardasigilli, ovvero nel luglio del '32, quando a Rocco subentrò Pietro De Francisci"*; G. Scarselli, *L'Ordinamento giudiziario e forense*, Giuffrè, Milano, 2013, p. 460.

[230] A. Meniconi, *La «maschia avvocatura». Istituzioni e professione forense in epoca fascista (1922-1943)*, cit., p. 169; G. Scarselli, *Sul Ruolo e La Funzione Del Consiglio Nazionale Forense*, cit., c. 40.

[231] Art. 16 r.d.l. 27 novembre 1933, n. 1578.

[232] Artt. 38 ss. r.d.l. 27 novembre 1933, n. 1578.

[233] Artt. 57 ss. r.d.l. 27 novembre 1933, n. 1578.

[234] R.d.l. 27 novembre 1933, n. 1578. Sui motivi della scelta della decretazione d'urgenza si rinvia a A. Meniconi, *La «maschia avvocatura». Istituzioni e professione forense in epoca fascista (1922-1943)*, cit., p. 173. V. anche il regolamento attuativo della riforma del 1933: r.d. 22

agognato controllo totalitario sulla categoria, creando una "*simbiosi tra le strutture del sindacalismo fascista e quelle degli antichi Ordini professionali forensi*" [235]. Il controllo statale sull'avvocatura venne mantenuto anche mediante la costituzione di una 'Commissione Centrale per gli avvocati e i procuratori' [236], in sostituzione del Consiglio Superiore Forense, composta da quindici avvocati iscritti nell'albo dei cassazionisti, sottoposta all'approvazione totale del governo [237]. Tale commissione era un vero e proprio organo giurisdizionale competente a conoscere dei ricorsi presentati dagli interessati o dal pubblico ministero contro le delibere dei direttòri dei sindacati forensi periferici e di quello nazionale [238].

Solo nel 1940 la 'Commissione Centrale per gli avvocati e i procuratori' tornerà all'antica denominazione di 'Consiglio Superiore forense', mantenendo comunque inalterata la composizione numerica e il meccanismo di nomina [239]. La sottoposizione del ceto forense al controllo politico fu estremizzata, inoltre, dalla nuova possibilità di radiazione degli avvocati autori di scritti o atti politici che costituissero "*una manifestazione di attività contraria agli interessi della Nazione*" [240]. Il sindacato era ormai titolare

---

gennaio 1934, n. 37, Norme integrative e di attuazione del R.D.L. 27 novembre 1933, n. 1578, sull'ordinamento della professione di avvocato e di procuratore, contenente le disposizioni relative all'iscrizione nei registri dei praticanti e negli albi professionali, al funzionamento in concreto dei Direttori e della Commissione centrale, alle caratteristiche dei procedimenti disciplinari dinnanzi a quest'ultima e alle sezioni unite della Corte di Cassazione, in *GU* del 30 gennaio 1934, n. 24.

[235] In questi termini v. C. Schwarzenberg, *La professione forense in Italia dal 1874 al 1944*, cit., p. 632.

[236] Sull'assimilazione dei sindacati ad organi statali si rinvia, su tutti, a A. Meniconi, *La «maschia avvocatura». Istituzioni e professione forense in epoca fascista (1922-1943)*, cit., p. 177; M. Santoro, *Le trasformazioni del campo giuridico*, cit., p. 127.

[237] Spettava al Ministro di giustizia la scelta dei 15 componenti dalla rosa di trenta nomi indicati dal Sindacato; sulla prima composizione della Commissione Centrale si rinvia, su tutti, a A. Meniconi, *La «maschia avvocatura». Istituzioni e professione forense in epoca fascista (1922-1943)*, cit., p. 203 ss.

[238] Art. 52 ss. r.d.l. 27 novembre 1933, n. 1578. A. Meniconi, *La «maschia avvocatura». Istituzioni e professione forense in epoca fascista (1922-1943)*, cit., pp. 173 e 174 e p. 203 ss.; C. Schwarzenberg, *La professione forense in Italia dal 1874 al 1944*, cit., p. 632.

[239] L. 23 marzo 1940, n. 254, Modificazioni all'ordinamento forense, in *GU* del 23 aprile 1940, n. 96. G. Scarselli, *Sul ruolo e la funzione del Consiglio Nazionale Forense*, cit., c. 40; Id., *L'Ordinamento giudiziario e forense*, cit., p. 462.

[240] Come ribadito da F. Tacchi, *Il fascismo e le professioni liberali: il caso degli avvocati negli anni Venti*, cit., p. 103, in tal modo si affermava il "*sano principio della preminenza assoluta degli interessi della Nazione su tutti gli altri*"; il richiamo è a: Camera dei Deputati, *Ordinamento delle professioni di avvocato e procuratore*, Colombo, Roma, 1933, pp. 48 e 49. Cfr. M. Malatesta, secondo cui la legge del 1933 ebbe un'indiscussa portata istituzionale, proteggendo il titolo di avvocato ed elevandone le credenziali mediante un esame maggiormente selettivo, nonché limitando il numero dei procuratori; "*La perdita dell'autonomia fu così compensata con l'introduzione di quel principio maltusiano, vecchio cavallo di battaglia del corpo forense, riproposto con martellante insistenza negli anni della crisi postbellica*": M. Malatesta, Professionisti e gentiluomini, cit., p. 89; Id., *L'avvocatura europea tra autonomia*

di *"vere e proprie funzioni di ordine pubblico"* [241], che gli permettevano di controllare l'avvocatura *"a quel modo istesso che gli organi amministrativi dello Stato vigilavano e tutelavano la categoria di funzionari dipendenti e censuravano e reprimevano le loro infrazioni"* [242].

3.1. *Gli avvocati tedeschi al servizio dello Stato nazista*

Come anticipato, anche per la Germania l'avvento del regime nazista inasprì ulteriormente il controllo statale sul corpo forense. Tra i primi incisivi interventi figurano quelli rivolti a porre fine al problema del sovrannumero della categoria. A differenza di quella che aveva rappresentato la risposta del governo durante il periodo di Weimar [243], concretizzatasi nella limitazione delle iscrizioni alle varie università [244], il nazismo mise a tacere il problema del sovraffollamento dell'avvocatura imponendo – in coerenza con l'ideologia ormai dominante – la selezione razziale e di genere. La lotta antisemita, condotta anche sul presupposto che l'influenza economica ed intellettuale di elementi stranieri nella vita nazionale indebolisse l'unità spirituale e il potere nazionale delle persone tedesche e dello Stato [245], portò, con l'adozione nell'aprile del 1933 della legge contro il sovraffollamento delle scuole e delle università tedesche [246], alla limitazione

e regolazione statale (XIX-XX secolo), cit., p. 342. V., inoltre, M. Santoro, *Le trasformazioni del campo giuridico*, cit., p. 127.

[241] S. Vinci, *Una regola per i* 'paglietta'. *L'esercizio della professione forense durante il fascismo*, cit., p. 123.

[242] E. Borselli, *Verso i maggiori compiti del sindacato*, in *Rass. sind. for.*, 1936, f. V, p. 219, a p. 221: l'A. sottolinea, richiamando la pronuncia della Corte di Appello di Napoli, 3-15 luglio 1935, causa Forno-Tramontano, la natura amministrativa e discrezionale, e non di giurisdizione, del potere dei sindacati nell'adozione dei "provvedimenti opportuni" di cui all'art. 14: "(...) *l'esplicazione della rappresentanza, la tutela degli interessi morali ed economici degli iscritti, il potere censorio e repressivo ecc. hanno il loro svolgimento nel campo assolutamente amministrativo*" (p. 221).

[243] Come noto con 'Repubblica di Weimar' ci si riferisce al regime politico instaurato in Germania dopo la prima guerra mondiale, tra il 1919 e il 1933. Il nome venne mutuato dalla città di Weimar, in cui, all'indomani della sconfitta tedesca, si tenne l'assemblea nazione con l'intento di creare una Costituzione. La repubblica di Weimar, che ha rappresentato un primo tentativo di instaurare un regime democratico in Germania, era, tuttavia, destinata a crollare con l'ascesa del nazismo. Per uno spaccato sulla riflessione storiografica critica relativa alla vicenda di Weimar, si rinvia, su tutti, di recente, a C. Cornelissen e G. D'Ottavio (a cura di), *La Repubblica di Weimar: democrazia e modernità*, Il Mulino, Bologna, 2021.

[244] M. Malatesta, *L'avvocatura europea tra autonomia e regolazione statale (XIX-XX secolo)*, cit., p. 349.

[245] K.H. Jarausch, *The Unfree Profession. German Lawyers, Teachers, and Engineers, 1900-1950*, cit., p. 126.

[246] *Gesetz gegen die Uberfüllung deutscher Schulen und Hochschulen*, 25 aprile 1933, in *RGBl*, I, p. 225. V. A.G. von Olenhusen, *Die 'nicht-arischen' Studenten an den deutschen Hochschulen, Zur nationalsozialistischen Rassenpolitik 1935-1945*, in *Vierteljahrshefte für*

del numero degli studenti ebrei al 5% degli iscritti in ogni facoltà; ciò provocò la drastica riduzione di circa due terzi degli studenti ebrei e, per quanto riguarda l'università giuridica, alla rinuncia ad ambire alla professione forense per circa il 7,3% degli ebrei [247]. Il numero chiuso non colpì solamente gli studenti non ariani, bensì anche le donne, che potevano essere ammesse agli studi universitari nel limite del 10% rispetto alla presenza maschile. La logica misogina e la paura di competere con donne competenti e capaci, portò all'esclusione dalle facoltà di circa il cinquanta per cento delle donne che aspiravano ad essa [248].

Infine, gli studenti diplomati poco dotati dovevano essere scoraggiati dal proseguire gli studi; sebbene non potesse essere negata loro, ufficialmente, la possibilità di iscriversi all'università, essi venivano privati di qualsiasi supporto finanziario e, al termine di tre semestri, sottoposti ad un esame, dal cui esito positivo dipendeva la possibilità di continuare il percorso universitario [249].

La politica dell'esclusione non trovò applicazione solo a livello di studi universitari: anche l'avvocatura e i suoi membri vennero colpiti direttamente.

Il *Gesetz über die Zulassung zur Rechtsanwaltschaft*, del 7 aprile 1933 [250], vietava l'accesso al foro agli aspiranti avvocati di origine ebraica e imponeva a quelli già ammessi di presentare una nuova richiesta, con l'eccezione di coloro che erano stati accettati prima del 1914 (*Altanwälte*) o che avevano combattuto in prima linea durante il primo conflitto mondiale (*Frontkämpfer*) [251]. L'epurazione investì nella sua ferocia anche

---

Zeitgeschichte, 1966, v. 14, p. 175 ss.; J. Haupt, *Neuordnung im Schulwesen und Hochschulwesen*, in *Das Recht der nationalen Revolution*, 5, Heymann, Berlino 1933, p. 24; cfr. U.D. Adam, *Judenpolitik im Dritten Reich*, Helmute Schwanen, Düsseldorf, 1972, p. 69 ss.; K.H. Jarausch, *Deutsche Studenten 1800-1980*, Suhrkamp, Frankfurt am Main, 1984, p. 176 ss.

[247] Così K.H. Jarausch, *The Unfree Profession. German Lawyers, Teachers, and Engineers, 1900-1950*, cit., p. 126 ss., con richiamo a Rust orders of June 16, and Sept. 25, 1933, ZstA Me, Rep. 76, Va, Sekt. 1, Tit. 1, No. 7, Vol. II; Id. *The Perils of Professionalism: Lawyers, Teachers, and Engineers in Nazi Germany*, cit., a p 162 ss.; M. Malatesta, *L'avvocatura europea tra autonomia e regolazione statale (XIX-XX secolo)*, cit., p. 349.

[248] Cfr. J. Stephenson, *Girls' Higher Education in Germany of the 1930s*, in *J. Contemp. Hist.*, 1975, v. 10, n. 1, p. 41 ss.

[249] K.H. Jarausch, *The Unfree Profession. German Lawyers, Teachers, and Engineers, 1900-1950*, cit., p. 126; M. Malatesta, *L'avvocatura europea tra autonomia e regolazione statale (XIX-XX secolo)*, cit., p. 349.

[250] *Gesetz über die Zulassung zur Rechtsanwaltschaft*, 7 aprile 1933, in *RGBl* 1933 I, S. 188.

[251] K.C.H. Willing, *Bar in the Third Reich*, cit., spec. a p. 5; K.H. Jarausch, *The Unfree Profession. German Lawyers, Teachers, and Engineers, 1900-1950*, cit., p. 128 ss., ove si sottolinea come anche gli avvocati di origine ebraica non ufficialmente allontanati, finivano di fatto per essere esclusi con mezzi indiretti: "*the BNSDJ formalized the exclusion of Jews from the lawyers' professional association, depriving them of a collective voice and of listing in the*

i comunisti, o coloro che furono indicizzati come tali [252].

Una sorte simile toccò anche ai consulenti in brevetti (*Patentanwälte*): con un intervento normativo del luglio del 1933 veniva prevista la non ammissione ovvero la cancellazione dei consulenti in brevetti di discendenza non ariana dal rispettivo elenco gestito dal Reich (*Liste der Patentanwälte*) [253]. Era negata l'iscrizione all'esame o l'accesso alla Lista anche ai professionisti ritenuti comunisti [254].

L'anno seguente venne preclusa agli avvocati impiegati in aziende la possibilità di svolgere funzioni di rappresentanza negli arbitrati e nelle cause civili [255]. La posizione delle donne, già di per sé critica, si aggravò ulteriormente: l'arbitraria chiusura del foro a coloro che non davano certezza, in considerazione della propria personalità e del comportamento pregresso, di uniformarsi agli standard etici della categoria, introdotta con la legge dell'ottobre del 1934, si tradusse, di fatto, in una esclusione diretta delle avvocatesse [256].

---

annual directory, thereby consigning them to inferior status. Formally still free to practice, the surviving Jewish lawyers were, like Horst Berkowitz, squeezed out economically. 'In this manner thousands of professional men ... together with their families and their employees, were faced with certain ruin" (p. 129; con il richiamo, tra gli altri, a A. Apfel, *Behind the Scenes of German Justice*, John Lane, London, 1935, p. 172; U. Beer, *Versehrt, Verfolgt, Versohnt: Horst Berkowitz*, Jur. Fachbuchverl, Essen, 1979, p. 55 ss.; F. Grubel, *"Martin Drucker," Festschrift Martin Drucker*, Scientia, Aalen, 1983, p. xii ss.; F. Ostler, *Rechtsanwalte in der NS-Zeit*, in *Anwaltsblatt*, 1983, p. 52 ss.). Sull'impatto dell'epurazione degli ebrei sulla consistenza numerica dell'avvocatura tedesca, si rinvia sempre a K.H. Jarausch, *The Unfree Profession. German Lawyers, Teachers, and Engineers, 1900-1950*, cit., p. 128 ss.: tra il 1933 e 1934 l'11,5% degli avvocati ebrei venne definitivamente escluso dall'avvocatura (tab. 5.1, p. 128), con un impatto più incisivo nelle piccole realtà; nel 1935, solamente 2552 su 4500 avvocati ebrei vennero autorizzati ad esercitare la professione legale (v. nota n. 79, p. 303). Cfr., tuttavia, K.C.H. Willing, *Bar in the Third Reich*, cit., che, prendendo in considerazione come caso esemplificativo la situazione di Berlino, realtà connotata dall'alta presenza di avvocati ebrei, giunge alla conclusione secondo cui, almeno fino al 1938, *"while the Bar was certainly reduced, it cannot be said to have been successfully 'purified'"* (p. 5).

[252] Art. 3, *Gesetz über die Zulassung zur Rechtsanwaltschaft*. In dottrina si rinvia a K.H. Jarausch, *The Unfree Profession. German Lawyers, Teachers, and Engineers, 1900-1950*, cit., pp. 128 e 129, che sottolinea, altresì, come, a seguito della denuncia di fanatici nazisti della presenza di persone di spicco della SPD e del KPD tra le fila dei *notary public*, diverse autorità locali esclusero tali presunti comunisti, sebbene le informazioni spesso si rivelarono infondate; K.C.H. Willing, *Bar in the Third Reich*, cit., p. 5.

[253] Artt. 1 e 2, *Verordnung zur Durchführung der Gesetze über die Zulassung zur Rechtsanwaltschaft und zur Patentanwaltschaft.*

[254] Art. 3, *Verordnung zur Durchführung der Gesetze über die Zulassung zur Rechtsanwaltschaft und zur Patentanwaltschaft.*

[255] *Gesetz zur Änderung der Rechtsanwaltsordnung*, 20 dicembre,1934, in *RGBl.* I, S. 1258.

[256] K.H. Jarausch, *The Unfree Profession. German Lawyers, Teachers, and Engineers, 1900-1950*, cit., p. 131; M. Malatesta, *L'avvocatura europea tra autonomia e regolazione statale (XIX-XX secolo)*, cit., p. 350. Sul processo di femminilizzazione del corpo forense, v. *infra*, Parte II, cap. 4.

Anche il percorso forense di accesso alla professione venne rivisto dal regime nel 1935 [257], in un'ottica di chiusura del mercato, con la previsione di un altro periodo di praticantato, consistente in un anno di tirocinio nello studio di un avvocato, a cui facevano seguito tre anni come *Anwaltassessor* [258], figura retribuita, ma in maniera modesta, che esercitava in modo semi-indipendente [259]. A partire dalla fine del 1935 l'ammissione alla professione forense non potrà più considerarsi un diritto dell'individuo acquisito grazie al superamento delle barriere di accesso, quanto piuttosto un privilegio concesso dallo Stato ai sostenitori del regime [260].

La chiusura del mercato giovò principalmente agli *"strati tradizionali dell'avvocatura"* [261], che si videro stabilizzare il campo professionale, mediante una drastica riduzione della concorrenza interna conseguente alla strategia dell'esclusione, e, al contempo, estendere il potere di esercizio in ambiti che sino a quel momento erano stati loro preclusi, come attesta la loro ammissione, agli inizi del 1934, nelle Corti del lavoro [262].

L'epurazione e la nazificazione non risparmiarono nemmeno le forme associative e le istituzioni forensi.

Il tentativo del regime di 'coordinare' lo Stato con il Reich, ovvero di nazificare tutti gli aspetti della vita e della società [263], si realizzò, infatti,

---

[257] Per una puntuale ricostruzione si v. M. Malatesta, *L'avvocatura europea tra autonomia e regolazione statale (XIX-XX secolo)*, cit., p. 350.

[258] K.H. Jarausch, *The Unfree Profession. German Lawyers, Teachers, and Engineers, 1900-1950*, cit., p. 159; L. Halperin, *Avocats et notaires en Europe: les professions judiciaires et juridiques dans l'histoire contemporaine*, cit., p. 106; M. Malatesta, *L'avvocatura europea tra autonomia e regolazione statale (XIX-XX secolo)*, cit., p. 350.

[259] K.H. Jarausch, *The Perils of Professionalism: Lawyers, Teachers, and Engineers in Nazi Germany*, cit., a p. 163, che sottolinea come il tirocinio così concepito, più oneroso in termini di tempo, più competitivo e mal retribuito, si prestava a scoraggiare gli aspiranti professionisti.

[260] In questi termini si rinvia a K. Loewenstein, *Law in the Third Reich*, in *Yale L.J.*, 1936, v. 45, p. 780 e spec. p. 806.

[261] M. Malatesta, *L'avvocatura europea tra autonomia e regolazione statale (XIX-XX secolo)*, cit., p. 350.

[262] K.H. Jarausch, *The Unfree Profession. German Lawyers, Teachers, and Engineers, 1900-1950*, cit., p. 132. V., inoltre, C. E. McClelland, *The German experience of professionalization modern learned professions and their organizations from the early nineteenth century to the Hitler era*, cit., p. 223: per quanto attiene alla riduzione numerica dei professionisti, essi passarono da 19.500 agli inizi del 1933 a circa 16.000 all'indomani della seconda guerra mondiale; per quanto concerne la loro situazione economica, i salari annui crebbero da circa 6.500 marchi (1933) a circa 11.000 marchi (1938).

[263] Il riferimento è alle misure legali, riconducibili alla c.d. *'Gleichschaltung'* – ovvero a quel percorso di 'sincronizzazione', 'coordinamento', 'allineamento' –, le quali, pur non abrogando formalmente la Costituzione di Weimar, *"aprirono in breccia le garanzie costituzionali in tema di democrazia, libertà e diritti"*: così V. di Porto, *Il 1938 in Italia e Germania. Spunti per una comparazione*, in La *Rassegna Mensile di Israel*, 2007, v. 73, n.2, p. 225 ss. e

anche grazie all'imposizione di un controllo sociale sulle infrastrutture non politiche[264]. La DAV, ufficialmente scioltasi nel 1933, venne formalmente assorbita nel *Bund Nationalsozialisticher Deutscher Juristen* (BNSDJ), associazione retta sull'ideologia nazionalsocialista che aveva visto la luce nel 1928[265] e che aveva lentamente guadagnato consenso tra i professionisti giuridici[266]; la stessa sorte toccò anche alle associazioni forensi minori, che confluirono nella BNDJ ovvero si sciolsero[267]. La BNSDJ, rimasta la sola associazione volontaria di categoria, guadagnò il controllo sull'intera rappresentanza del ceto, mediante il potere di scelta dei membri degli organi direttivi delle istituzioni forensi[268].

Le *Kammern* che sopravvissero formalmente al regime vennero completamente nazificate e private della personalità giuridica e dell'autogoverno. La scelta dei Presidenti, che era sempre stata il frutto dell'elezione spettante ai pari, venne rimessa all'esclusiva decisione del Ministro di giustizia, mentre la nomina dei consiglieri demandata alla *Reichsrech-*

---

spec. p. 226, nt. 4; cfr. K.H. Jarausch, *The Perils of Professionalism: Lawyers, Teachers, and Engineers in Nazi Germany*, in *Hist. Soc. Res.*, 2012, n. 24, p. 157 ss., a p. 160, che richiamando la *Gleichschaltung* come primo obiettivo della *policy* professionale nazista, la qualifica come forma di 'controllo' sulle organizzazioni occupazionali.

[264] K.H. Jarausch, *The Unfree Profession. German Lawyers, Teachers, and Engineers, 1900-1950*, cit., p. 116 ss.: *"For the professions, Gleichschaltung meant the takeover of national and local associations and their incorporation into larger Nazi fronts"* (p. 117).

[265] La *Bund Nationalsozialisticher Deutscher Juristen* (BNSDJ) rimarrà in vita sino al 1936, quando verrà sostituita dalla *Nationalsozialistischer Rechtswahrerbund* (NSRB).

[266] I 29 membri che la componevano in origine (1928) divenirono 233 nel 1930, 701 nel 1931, 1.374 nel 1932, 1.629 nel 1933: così a K.H. Jarausch, *The Unfree Profession. German Lawyers, Teachers, and Engineers, 1900-1950*, cit., pp. 97 e 138; L. Halperin, *Avocats et notaires en Europe: les professions judiciaires et juridiques dans l'histoire contemporaine*, cit., p. 103; sulla crescita del consenso e le relative ragioni, si rimanda, altresì, a K.C.H. Willing, *The Bar in the Third Reich*, cit., p. 3 ss.

[267] Per un approfondimento sull'ascesa della BNSDJ e il declino della DAV e delle altre realtà locali si rinvia, su tutti, a K.H. Jarausch, *The Unfree Profession. German Lawyers, Teachers, and Engineers, 1900-1950*, cit., p. 116 ss. V., inoltre, M. Malatesta, *Professionisti e gentiluomini*, cit., p. 68 ss.; Id., *L'avvocatura europea tra autonomia e regolazione statale (XIX-XX secolo)*, cit., p. 350; L. Halperin, *Avocats et notaires en Europe: les professions judiciaires et juridiques dans l'histoire contemporaine*, cit., p. 103. V. anche M. Lippman, *They shoot lawyers don't they?: Law in the Third Reich and the Global Threat to the Independence of the Judiciary*, in *Cal. West. Int. L. J.*, 1993, v. 23, n. 2, p. 257 e spec. p. 275. C.E. McClelland, *The German experience of professionalization modern learned professions and their organizations from the early nineteenth century to the Hitler era*, cit., pp. 222 e 223, che descrive il declino oltre che della DAV, anche della sua influente rivista *Juristische Wochenschrift*, che fu dapprima arianizzata e poi definitivamente eliminata. *Contra* v. K.H. Jarausch, *The Perils of Professionalism: Lawyers, Teachers, and Engineers in Nazi Germany*, cit., a p. 161, che sostiene che in riferimento alle associazioni forense locali e alla rivista *Juristische Wochenschrift* sopravvisse il vestigio dell'antica autonomia.

[268] M. Malatesta, *L'avvocatura europea tra autonomia e regolazione statale (XIX-XX secolo)*, cit., p. 350.

tsanwaltskammer (RRAK)[269]. Tale organo superiore di rappresentanza nazionale dell'avvocatura, composto da esponenti del nazionalsocialismo[270], venne istituito con un'ordinanza del 18 marzo 1933[271] . Nonostante l'avvocatura avesse ambito sin dagli inizi del Novecento ad un'istituzione di rappresentanza nazionale, la *Reichsrechtsanwaltskammer* non rappresentò l'agognata conquista in termini di autonomia e autogoverno: in quanto organo centralizzato, essa ben si prestava, infatti, all'esercizio di un controllo diretto da parte del regime sulla categoria forense[272]. L'autodisciplina, attraverso le corti d'onore, venne gradualmente politicizzata: le corti di prima istanza, istituite a livello regionale, erano composte dal Presidente del relativo Ordine e da quattro membri da quest'ultimo scelti; le decisioni potevano essere appellate alla Corte d'onore nazionale, costituita da quattro avvocati, scelti direttamente dal Presidente della RRAK, e da tre giudici, scelti dal presidente della Corte Suprema tra una lista di afferenti al BNSDJ. La fedeltà al regime era assicurata non solo dalla composizione dei giudicanti, bensì anche dalle tipologie di condotte passibili di sanzione, che potevano determinare perfino l'espulsione del professionista e che contemplavano, tra le altre, il mancato saluto hitleriano o il rifiuto di votare nelle elezioni e nei plebisciti organizzati dal *Führer*[273].

Nel 1936 la legge volta a regolamentare la professione forense del 1878 venne abrogata in favore di una nuova legge professionale, il *Reichsrechtsanwaltsordnung* (RRAO)[274] che, riunendo i precedenti interventi legislativi[275], completava l'asservimento dell'avvocatura e delle sue istituzioni alla dottrina nazionalsocialista[276]. L'ideologia dominante finì, dunque, per

---

[269] *Ibidem*.

[270] La legge del 13 dicembre del 1935 prevedeva che il presidente della *Reichsrechtsanwaltskammer* fosse nominato dal Ministro della giustizia in accordo con il presidente della BNSDJ e che rimanesse in carica per cinque anni: L. Halperin, *Avocats et notaires en Europe: les professions judiciaires et juridiques dans l'histoire contemporaine*, cit., p. 105 ss.

[271] *Verordnung des Reichspräsidenten über Maßnahmen auf dem Gebiete der Finanzen, der Wirtschaft und der Rechtspflege*, 18 marzo 1933, in *RGBl*, I, S. 119.

[272] K.H. Jarausch, *The Unfree Profession. German Lawyers, Teachers, and Engineers, 1900-1950*, cit., pp. 137 e 138; L. Halperlin, *Avocats et notaires en Europe: les professions judiciaires et juridiques dans l'histoire contemporaine*, cit., p. 105 ss.

[273] L. Halperin, *Avocats et notaires en Europe: les professions judiciaires et juridiques dans l'histoire contemporaine*, cit., p. 106; K.C.H. Willing, *The Bar in the Third Reich*, cit., pp. 7 e 8; I. Muller, *Furchtbare Juristen: die unbewaltigte Vergangenheit unserer Justiz*, Kindler, München, 1987, pp. 74 e 75. V., inoltre, *Gesetz zur Änderung der Vorschriften über die Ehrengerichtsbarkeit der Rechtsanwaltschaft*, 28 marzo1934, in *RGBl*, I, S 252.

[274] *Reichsrechtsanwaltsordnung* (RRAO), 21 febbraio 1936, in *RGBl*, I, 1936, S. 107 ss.

[275] L. Halperin, *Avocats et notaires en Europe: les professions judiciaires et juridiques dans l'histoire contemporaine*, cit., p. 106.

[276] Così a K.C.H. Willing, *The Bar in the Third Reich*, cit., p. 6 ss. Cfr. L. Halperin, *Avocats*

insinuarsi e caratterizzare ogni stadio del divenire del professionista e del suo essere: la formazione e il praticantato fortemente politicizzati, l'ammissione subordinata al giuramento di fedeltà al *Führer*, l'esercizio della professione secondo la nuova concezione del diritto volta ad anteporre l'interesse della collettività e dello Stato a quello del cliente, e la deontologia a servizio del regime tramite l'operato delle corti d'onore, sono solo alcuni indici di una trasformazione ormai compiuta.

Come sottolineato da attenta dottrina, al termine del terzo *Reich* il regime aveva definitivamente risolto il problema di come gestire gli avvocati tedeschi: essi non erano più dei servitori della legge, quanto piuttosto dei servitori dello Stato, ed in particolare dello Stato nazista[277], portatori di un'identità che spesso si fondeva con quella dei leader politici del nazional socialismo. Gli avvocati, dotati non solo di competenze sostanziali, tecniche specialistiche, ma altresì custodi di qualifiche ideologiche e politiche[278], si posero come paladini della nuova concezione del diritto e portatori di un nuovo senso di giustizia, che anteponeva il bene comune sacrificando i diritti individuali[279] e proteggeva le ingiustizie legalizzate, *in primis* quelle alla base della politica dell'esclusione.

---

et notaires en Europe: les professions judiciaires et juridiques dans l'histoire contemporaine, cit., p. 107, che sottolinea come l'asservimento dell'avvocatura allo Stato nazista sia dipeso non soltanto dai poteri dittatoriali dello Stato nazista, ma soprattutto dalla rassegnazione dell'avvocatura, disposta ad accettare la perdita della propria autonomia in campio di un miglioramento delle condizioni economiche della categoria, nonché dalla generale predisposizione ad accettare l'interventismo statale, stante la tradizione storica tedesca connotata dal continuo asservimento delle professioni allo Stato.

[277] K.C.H. Willing, *Bar in the Third Reich*, cit., p. 14.

[278] "*In the Third Reich, recognition of the irreplaceability of a profession depended upon its fusion of National Socialism and technical expertise*": così K.H. Jarausch, *The Perils of Professionalism: Lawyers, Teachers, and Engineers in Nazi Germany*, cit., a p. 178.

[279] K.H. Jarausch, *The Perils of Professionalism: Lawyers, Teachers, and Engineers in Nazi Germany*, cit., spec. pp. 163, 176 e 178: "(...) *jurists developed a conception of deutsches Volksrecht as a 'typical instrument of order.' In sharp contrast to the individualistic legal tradition, law now became 'the fulfillment of the idea of community: What guarantees the existence of a people is just.' Such a recasting of both criminal and civil law in accord with the racial, biological, and communitarian values of NS Weltanschauung required the creation of a new type of attorney, 'not as representative of the interests of his client, but as participant in the finding of justice in each particular case.' Only lawyers who possessed 'a certain ideological-political as well as substantive qualification' could function in such a conciliatory rather than adversary role*" (p. 163).

4. *Una nuova conquista dell'autonomia degli Ordini nel bilanciamento con lo Stato. Le briglie della magistratura e l'emersione dell'associazionismo forense francese nel Novecento*

La ricostituzione dell'effettiva autonomia dell'Ordine, mediante l'affermazione dell'autogoverno dell'istituzione e la progressiva riacquisizione delle antiche prerogative, iniziò con la Restaurazione, consolidandosi durante la Monarchia.

Nel corso dell'Ottocento l'Ordine cercò di riappropriarsi del potere di scegliere i membri dirigenti e il *bâtonnier*, che l'intervento napoleonico aveva, per contro, avocato allo Stato, per mezzo dell'intervento del procuratore generale [280]. Con una *ordonnance* del 27 agosto 1830 l'assemblea generale si vide riconosciuto il diritto di eleggere annualmente sia il consiglio di disciplina che il *bâtonnier* (artt. 5-21); tuttavia, tale importante *'conquête libérale'* fu rimessa in discussione durante il periodo autoritario del secondo Impero, allorché il decreto del 22 marzo 1852 trasferì al consiglio di disciplina, i cui membri dovevano avere una certa anzianità, il potere di eleggere il *bâtonnier* [281]. Tale nomina diretta tornò tra le facoltà di decisione dell'assemblea generale di tutti avvocati iscritti presso una corte di appello nel 1870 [282] e, salvo la parentesi delle due guerre mondiali in cui le elezioni vennero sospese (decreto 16 ottobre 1914 e decreto 13 ottobre 1939), tale regola rimase immutata nel successivo intervento normativo del 27 luglio 1944.

Per lungo tempo l'Ordine difese la propria sovranità nella gestione dell'albo e del relativo diritto di scegliere chi ammettere e chi rifiutare, considerando tale potere come *"discrétionnaire et absolu"* [283]. L'Ordine, *maître de son tableau*, poteva pertanto operare scelte "in base a giudizi morali o politici", ovvero in ossequio a *"regole introdotte dal consiglio dell'ordine per restringere l'accesso alla professione"* [284].

Tra le prerogative dell'Ordine vi era anche il potere normativo. L'*ordo-*

---

[280] V. Fuller, *The French Bar*, cit., p. 463.

[281] J.-L. Gazzaniga, *Le barreau de Tarbes aux XIXe-XXe siècles*, in *Études d'histoire de la profession d'avocat: Défendre par la parole et par l'écrit*, Presses de l'Université Toulouse, Toulouse, 2004, spec. p. 81 ss.; M. Garçon, *De l'indépendance de l'avocat*, in *Revue Des Deux Mondes (1829-1971)*, 1961, p. 321 ss.

[282] Decreto 10 marzo 1870.

[283] In questi termini J.L. Halperin, *Avocats et notaires en Europe: les professions judiciaires et juridiques dans l'histoire contemporaine*, cit., p. 76, con richiamo a A. Mollot, *Règles de la profession d'avocat*, II ed., Durand, Paris, 1866, t. II, pp. 110 e 136. Gli Ordini possono essere considerati *maître de son tableau* a partire dal 1822: così S. Defois, *Les avocats nantais au XXe siècle: Socio-histoire d'une profession*, Presses universitaires de Rennes, Rennes, 2007, p. 305.

[284] In questi termini si v. M. Malatesta, *Professionisti e gentiluomini*, cit., p. 78.

nnance del 20 novembre 1820 aveva accordato, infatti, rilevanza agli usi locali relativi ai diritti e ai doveri degli avvocati nell'esercizio della loro professione, e tali *usages* rivestirono un ruolo predominante nella definizione della deontologia professionale [285]. Le decisioni e i pareri del Consiglio di disciplina, in materia di usi, si trasformarono, infatti, in una sorta di giurisprudenza diffusa dai manuali sulla professione forense, idonea ad influenzare anche gli Ordini di provincia [286]. Ampio era, altresì, il potere disciplinare dell'Ordine, le cui decisioni erano appellabili dinnanzi alla corte solo nel caso di sanzioni più gravi, così come sancito dall'art. 24 dell'*ordonnance* del 20 novembre 1822 [287].

Gli Ordini possedevano, inoltre, un notevole controllo sul sistema di formazione degli avvocati [288]: per l'accesso alla professione era obbligatorio per legge il possesso della laurea in diritto conseguita presso un'*école de droit*, divenuta successivamente Università dello Stato [289]; all'Ordine era riservato il monopolio dello *stage post lauream* [290].

Tuttavia, tali prerogative, recuperate dall'*ancien régime*, seppur stre-

---

[285] S. Defois, *Les avocats nantais au XX*[e] *siècle: Socio-histoire d'une profession*, cit., spec. p. 306.

[286] V. M. Malatesta, *Professionisti e gentiluomini*, cit., pp. 78 e 79, che richiamando il potere normativo degli Ordini, come una delle loro prerogative, sottolinea come nel corso del XIX secolo esso consisteva negli usi locali concernenti i diritti e doveri del professionista forense, *"che svolsero un ruolo fondamentale nella definizione della professione e si trasformarono in una sorta di giurisprudenza diffusa dai manuali dell'epoca sulla professione di avvocato. Questa tradizione normativa sfociò nell'elaborazione dei codici deontologici. Gli ordini di oggi hanno perduto questa prerogativa, che lo stato ha avocato a sé (...)"*; negli stessi termini v. J.L. Halperin, *Avocats et notaires en Europe: les professions judiciaires et juridiques dans l'histoire contemporaine*, cit., pp. 71 e 72, che sottolineando l'idoneità di tale giurisprudenza ad influenzare gli Ordini provinciali, ribadisce l'indipendenza di quest'ultimi che "(...) *pouvait très bien avoir ses propes usages"*.

[287] M. Malatesta, *Professionisti e gentiluomini*, cit., p. 79; J.L. Halperin, *Avocats et notaires en Europe: les professions judiciaires et juridiques dans l'histoire contemporaine*, cit., p. 77 ss.; D. Dalloz, A. Dalloz, E. Dalloz, G. Griolet, C. Koehler e C. Vergé, *Supplemént au Répertoire méthodique et alphabétique de législation, de doctrine et de jurisprudence en matiére de droit civil, commercial, criminel, administratif, de droit des gens et the droit public*, Au Bureau de la jurisprudence générale, Paris, 1887, v. I, p. 713 ss.

[288] V. M. Malatesta, *L'avvocatura europea tra autonomia e regolazione statale (XIX-XX secolo)*, cit., che, rimarcando la sussistenza di una forte autonomia dell'Ordine forense francese, nonostante le alterne vicende nel rapporto con i pubblici poteri, sottolinea come l'Ordine Francese abbia posseduto *"per lungo tempo due prerogative che sono riscontrabili nella tradizione britannica piuttosto che in quella continentale: il controllo sull'apprendistato e sull'ingresso nella professione"* (p. 332).

[289] *Loi* 13 marzo 1804 (22 ventoso, anno XII).

[290] Cfr. M. Malatesta, *Professionisti e gentiluomini*, cit., p. 79, che sottolinea come il vero scopo dello *stage* fosse quello di selezionare le future *élite*, parte delle quali erano destinate alla carriera politica. In tal modo, dunque, l'Ordine contribuì in maniera significativa alla selezione della futura classe dirigente. P. Fuller, *The French Bar*, 1907, cit., p. 464; Id., *The French Bar*, 1913, cit., spec. p. 117 ss.

nuamente difese dall'avvocatura durante la Seconda Repubblica (1852) e il Secondo Impero (1870), furono lentamente erose, osteggiate dalla legislazione e dalle pronunce giurisprudenziali del tempo.

La pretesa dell'Ordine di essere l'esclusivo *maître de son tableau* iniziò ad essere considerata una *"prétention exorbitante"*[291]: a partire dal 1860 la *Cour suprême* riconobbe, a poco a poco, il diritto della corte di appello di controllare le decisioni dell'Ordine con cui veniva rifiutata l'ammissione dell'aspirante avvocato allo *stage* ovvero all'albo[292]; tale supervisione venne estesa, in base ad una pronuncia della Corte di Appello d'Aix del 18 giugno 1878, a tutte le decisioni del Consiglio di disciplina che rappresentavano un ostacolo per il libero esercizio della professione di avvocato[293]. Gli Ordini, restii ad accettare acriticamente tale perdita di indipendenza, manifestarono in diversi modi la loro opposizione a questa forma di controllo giudiziario[294]; tuttavia, il diritto di ricorrere avverso le decisioni del consiglio di disciplina in materia di iscrizione all'albo fu definitivamente confermato in via legislativa a partire dal 1920[295]. Il controllo della magistratura sul potere disciplinare dell'Ordine, limitato nel corso dell'Ottocento ai casi più gravi di sospensione temporanea o di radiazione dal-

[291] V. J.L. Halperin, *Avocats et notaires en Europe: les professions judiciaires et juridiques dans l'histoire contemporaine*, cit., p. 77, ed ivi il richiamo a Cass. 29 jullet 1867, in *DP*, 1867, 1, p. 332.

[292] Cfr. A. Boigeol, *The French Bar: The Difficulties of Unifying a Divided Profession*, in R.L. Abel e P.C. Lewis (eds.), *Lawyers in society, Civil Law*, University of California press, Berkeley-Los Angeles-London, 1989, p. 258: secondo l'A. il potere di controllo sull'accesso alla professione di ciascun Ordine dipendeva anche dalla dimensione dello stesso: gli Ordini più ristretti tendevano ad attuare indirizzi maggiormente protezionistici sia controllando il mercato professionale, rendendo in tal maniera difficoltoso l'accesso per i nuovi avvocati, sia esercitando il loro potere sui tirocini, in modo da dissuadere i candidati indesiderati (p. 272).

[293] D. Dalloz, A. Dalloz, E. Dalloz, G. Griolet, C. Koehler e C. Vergé, *Supplemént au Répertoire méthodique et alphabétique de législation, de doctrine et de jurisprudence en matière de droit civil, commercial, criminel, administratif, de droit des gens et the droit public*, cit., p. 718, richiamato anche in J.L. Halperin, *Avocats et notaires en Europe: les professions judiciaires et juridiques dans l'histoire contemporaine*, cit., p. 77; S. Defois, *Les avocats nantais au XXe siècle: Socio-histoire d'une profession*, cit., p. 305 ss.; Dalloz, *Répertoire*, cit., 1911, t. II, p. 37.

[294] L'opposizione degli Ordini al potere di controllo riconosciuto alla magistratura venne ad esempio manifestata attraverso il rifiuto di iscrivere nuovamente nell'albo un avvocato che era stato radiato dal consiglio di disciplina, sebbene tale decisione fosse stata annullata dalla Corte di appello: v. *Registre des délibérations du Conseil de l'Ordre de Lyon*, 29 giugno 1875, 7 maggio 1913 e 19 luglio 1937. Risponde a tale logica di opposizione anche la nota resistenza degli Ordini ad ammettere allo *stage* gli *agents d'affaires*, che avevano abbandonato la loro occupazione, sebbene ciò fosse in netto contrasto con l'ordinanza del 1822 e il decreto del 1920 in tema di incompatibilità: così J.L. Halperin, *Avocats et notaires en Europe: les professions judiciaires et juridiques dans l'histoire contemporaine*, cit., p. 77.

[295] Si v., in particolar modo: Decreto 20 giugno 1920, art. 17; Legge 26 giugno 1941, art. 17; decreto 9 giugno 1972, art. 21. In dottrina v. S. Defois, *Les avocats nantais au XXe siècle: Socio-histoire d'une profession*, 2007, spec. p. 307; Dalloz, *Répertoire*, cit., 1911, t. II, p. 37.

l'albo [296], fu esteso nel 1954 anche alle sanzioni disciplinari meno gravi, determinando una compressione significativa del potere di disciplina del corpo intermedio, sino a quel momento pressoché assoluto [297].

Il potere normativo dell'Ordine venne esteso nel 1920, con la previsione dell'obbligo di redigere e pubblicare il Regolamento interno; tale previsione sarà ripresa anche dagli interventi normativi successivi, che non solo ribadiranno il requisito della conformità del Regolamento alla legge, ma anche la possibilità di censura da parte della corte di appello, a seguito di ricorso da parte del procuratore generale [298] e, successivamente, di qualsiasi avvocato che si ritenesse pregiudicato [299].

Agli albori del Novecento ebbe inizio il movimento associativo dell'avvocatura francese con la creazione, nel 1902, della *Conférence des bâtonniers,* un'organizzazione volta a rappresentare i vari Ordini e non già direttamente i professionisti forensi [300]. Tale associazione rifletteva essenzialmente le aspirazioni dei *barreaux* di provincia, facendo da contrappeso all'Ordine di Parigi [301], geloso del suo rango di primo Ordine di Francia e consapevole della sua specificità [302].

Alla fine del primo conflitto mondiale nuove esperienze associative, con protagonisti direttamente gli avvocati, presero vita in vari *barreau,* mediante la formazione di Unioni di giovani avvocati (*Unions des Jeunes avocats – UJA*). Sebbene tali realtà vennero spesso guardate con sospetto dal resto della categoria, stante il cameratismo che ne stava alla base e il carattere rivoluzionario che incarnavano [303], esse riuscirono nel tempo a

---

[296] V. la già richiamata *ordonnance* 20 novembre 1822, art. 24.

[297] Art. 38 Décret del 1954. In dottrina v. S. Defois, *Les avocats nantais au XXe siècle: Socio-histoire d'une profession,* cit., spec. p. 307.

[298] Art. 46 Décret 1920.

[299] Art. 12 Décret 9 giugno 1972.

[300] Tuttavia, tale *Conférence* venne avvertita da taluni avvocati come un attacco all'indipendenza dei singoli Ordini: in tal senso, si rinvia, su tutti, a S. Defois, *Les avocats nantais au XXe siècle: Socio-histoire d'une profession,* cit., spec. p. 318; J.L. Halperin, *Avocats et notaires en Europe: les professions judiciaires et juridiques dans l'histoire contemporaine,* cit., p. 79.

[301] A. Boigeol, *The French Bar: The Difficulties of Unifying a Divided Profession,* cit., spec. p. 273; V., inoltre, S. Defois, *Les avocats nantais au XXe siècle: Socio-histoire d'une profession,* cit., spec. p. 315 ss., che rimarca come la missione della *Conférence* fosse quella di *"étudier «les questions intéressant la profession d'avocat [et] assurer la défense des intérêts des ordres»"* (p.317); il richiamo è a J.-B. Sialelli, *Les avocats de 1920 à 1987: L'Association Nationale des Avocats, La Conféderation Syndicale des Avocats,* Litec, Paris, 1987, pp. 17-44.

[302] Così J.L. Halperin, *Avocats et notaires en Europe: les professions judiciaires et juridiques dans l'histoire contemporaine,* cit., p. 79.

[303] *"L'Union des jeunes avocats est quelque chose en marge de la légalité pour la satisfaction de jeunes ambitions; et il est inconcevable que le conseil de l'ordre pactise avec ce groupement"*: ADLA, 83J113, lettre de Me Bachelot-Villeneuve au conseil de l'ordre, 30 mars 1953, richiamata in S. Defois, *Les avocats nantais au XXe siècle: Socio-histoire d'une profession,* 2007, p.

strutturarsi, dando vita, nel 1944, alla *Fédération Nationale des Unions des Jeunes avocats*, volta a perseguire gli interessi e promuovere le istanze degli avvocati sotto i quarant'anni.

È all'inizio degli anni '20 del Novecento che l'associazionismo forense francese acquisì una dimensione nazionale e una connotazione sindacalista, con la creazione a Lione, grazie all'opera di Jean Appleton, dell'*Association nationale des avocats* (ANA)[304]. Tra le due guerre l'ANA raggruppava circa un terzo degli avvocati francesi[305] e offriva un'immagine dinamica della professione forense[306], che seppe ispirare le successive leggi di riforma. In particolare, l'Associazione era favorevole alla previsione di un *nouvel avocat*, rappresentante del cliente dinnanzi a tutte le giurisdizioni, secondo il principio dell'unità della difesa e della sua esclusività a favore degli avvocati[307]; auspicava una riforma del sistema di *stage* secondo un'ottica maggiormente professionalizzante[308]; si schierò in favore

---

322. V., altresì, J.L. Halperin, *Avocats et notaires en Europe: les professions judiciaires et juridiques dans l'histoire contemporaine*, cit., p. 80.

[304] *Loi* 12 marzo 1920. Inizialmente l'ANA era composta da una quarantina di avvocati e dal rispettivo consiglio direttivo. Successivamente al settennato di Appleton, l'elezione del presidente avveniva ogni due anni e, seppure in assenza di una regola ufficiale, vigeva l'alternanza alla presidenza di un parigino e di un provinciale. Ogni anno veniva organizzato il congresso annuale dell'associazione: un momento importante che dava la possibilità anche alla base di esprimersi. In dottrina si rinvia, su tutti, a J.L. Halperin, *Avocats et notaires en Europe: les professions judiciaires et juridiques dans l'histoire contemporaine*, cit., p. 80. Sebbene Appleton sostenne che l'ANA non avesse alcuna intenzione di competere con gli Ordini o, a maggior ragione, di metterne in discussione l'autorità, essendo essi *"l'armature nécessaire de nos barreaux"*, fu ben presto evidente che l'Associazione aveva una diversa posizione in merito agli interessi della professione e a come gli stessi dovessero essere perseguiti; per l'ANA l'esercizio della professione forense doveva essere considerata un'occupazione come altre, impegnata a sopravvivere in competizione con le altre. In questi stessi termini v. M. Burrage, *Revolution and the making of the contemporary legal profession: England, France, and the United States*, cit., p. 247 ss.; v., altresì, J.-B. Sialelli, *Les avocats de 1920 à 1987: L'Association Nationale des Avocats, La Conféderation Syndicale des Avocats*, Litec, Paris, 1987, p. 27.

Sul rapporto tra UJA e ANA si rinvia, su tutti, a S. Defois, *Les avocats nantais au XXe siècle: Socio-histoire d'une profession*, cit., spec. p. 321 ss., che sottolinea come le due associazioni avessero spesso linee comuni in tema di riforma dei sistemi di formazione professionale e modernizzazione della professione, tanto che spesso gli avvocati afferenti alle UJA raggiunta la soglia dei 40 anni si iscrivevano all'ANA.

[305] Tra il 1922 e il 1923 l'ANA raggruppava circa il 12% degli avvocati e praticanti in Francia, nel 1926 circa il 21%; nel 1938 aveva reclutato circa un terzo dei professionisti forensi, percentuale che si innalzò al 50% nel 1957: tali dati sono tratti da M. Burrage, *Revolution and the making of the contemporary legal profession: England, France, and the United States*, cit., p. 147.

[306] J.L. Halperin, *Avocats et notaires en Europe: les professions judiciaires et juridiques dans l'histoire contemporaine*, cit., p. 80 ss.

[307] *Ivi*, pp. 80 e 81; M. Malatesta, *Professionisti e gentilomini*, cit., pp. 79 e 80.

[308] J.L. Halperin, *Avocats et notaires en Europe: les professions judiciaires et juridiques dans l'histoire contemporaine*, cit., p. 81. M. Malatesta, *Professionisti e gentiluomini*, cit., p. 80.

dell'obbligatorietà del tirocinio presso uno studio legale privato e sotto la responsabilità di un avvocato anziano; si dichiarò favorevole all'introduzione del numero chiuso per accedere allo *stage* al fine di combattere il sovraffollamento della categoria e sollevò il dibattito sulla possibilità di ammettere la nuova forma organizzativa dell'associazione tra gli avvocati per l'esercizio della professione [309].

Le posizioni dell'ANA ebbero una notevole influenza sugli interventi legislativi di riforma dell'avvocatura. Il decreto del 15 novembre 1930 rese obbligatorio il tirocinio di durata annuale presso un avvocato, un *avoué*, un notaio o la procura di un tribunale [310]. Il controllo del numero degli avvocati si sposò con le tendenze xenofobe del tempo e si concretizzò nella legge 19 luglio 1934 che consentiva all'avvocato straniero di iscriversi all'albo trascorsi almeno dieci anni dalla naturalizzazione. Successivamente, durante il regime di Vichy, tale condizione venne inasprita con la previsione volta ad imporre, con efficacia retroattiva, la nascita da padre francese come requisito per l'iscrizione all'albo [311]. Nello stesso contesto storico vide la luce anche l'intervento legislativo del 1941 che riservava agli ebrei solo la quota del 2% del numero totale degli avvocati iscritti all'albo [312]. L'accesso alla professione venne ulteriormente limitato attraverso l'introduzione del CAPA, *Certificat d'Attitude à la Profession d'Avocat* [313], che poteva essere ottenuto solo al termine di un percorso universitario di durata annuale e il superamento del relativo esame [314]. Risalgono, altresì, al regime di Vichy le disposizioni volte a riconoscere il titolo di avvocato solo a quei professionisti che esercitavano la professione dopo aver

---

[309] J.L. Halperin, *Avocats et notaires en Europe: les professions judiciaires et juridiques dans l'histoire contemporaine*, cit., p. 81.

[310] M. Malatesta, *Professionisti e gentiluomini*, cit., p. 80.

[311] *Loi* 10 settembre 1940, *Ation de L'acces au Barreau*, in *JORF* dell'11 settembre 1940, p. 4958.

[312] Decreto 16 luglio 1941. Per approfondimenti in merito agli interventi di riordino della professione forense attuati dal regime di Vichy si rinvia, su tutti, a v. S. Defois, *Les avocats nantais au XXe siècle: Socio-histoire d'une profession*, cit., spec. p. 308; J.L. Halperin, *Avocats et notaires en Europe: les professions judiciaires et juridiques dans l'histoire contemporaine*, cit., pp. 82 e 83; Id., *La legislation de Vichy relative aux avocats et aux droits de la défesense*, in *Rev. Historique*, 1991, pp. 143-156; M. Malatesta, *Professionisti e gentiluomini*, cit., pp. 80 e 81. Attenta dottrina ha sottolineato come tali interventi del regime, come anche il ritorno al riferimento al *"respect dû à la Justice et aux autorités de l'État français"* nel giuramento degli avvocati (che, per contro, aveva perso qualsiasi connotazione politica nel 1848) attestano *"les limites de l'auto-régulation et l'interventionnisme possible de l'État"*: così S. Defois, *Les avocats nantais au XXe siècle: Socio-histoire d'une profession*, cit., p. 305 ss.

[313] *Loi* 26 giugno 1941, n. 2691, *instituant le certificat d'aptitude à la profession d'avocat*, in *JOEF* del 28 luglio 1941.

[314] Cfr. M. Malatesta, *Professionisti e gentiluomini*, cit., p. 80, che sottolinea come tale previsione si giustificasse, nel momento della sua emanazione, con l'intento di *"escludere i francesi naturalizzari attraverso la selezione linguistica"*.

conseguito la laurea in legge e aver effettuato l'iscrizione all'albo o allo *stage*[315].

L'ANA collaborò altresì con la *Conférence des bâtonniers* alla creazione della prima cassa pensioni per avvocati, dapprima presso ciascun *barreau* e successivamente, nel 1938, a livello nazionale con l'istituzione della *Caisse centrale de retraite des barreaux français*[316]. Nell'immediato dopoguerra la difesa sociale della professione rimase tra le priorità delle associazioni professionali. Con la legge 11 novembre 1948 il regime pensionistico per gli avvocati divenne obbligatorio e la *Caisse centrale* si trasformò in *Caisse nationale du Barreau français*[317].

Il progetto dell'ANA, volto ad estendere il campo di azione dell'attività degli *avocats*, rimase, invece, inizialmente inascoltato, dovendosi confrontare negli anni Trenta con la ferrea opposizione della *Conférence des bâtonniers*, contraria alla soppressione degli *avoués*[318]. Trovando l'appoggio dell'Ordine di Parigi, tale rivendicazione si concretizzerà solo in un secondo momento e progressivamente, traducendosi dapprima, negli anni Settanta, nella *petite fusion* e successivamente, negli ultimi anni del Novecento, nella *grande fusion*[319].

Peraltro, l'agitazione della professione forense all'indomani della *petite réforme* del 1971 stimolò la nascita di nuove associazioni, talune scese in campo per promuovere la difesa di particolari interessi di categoria, altre mosse dall'intento più generale di opporsi alla riforma, in via di principio[320]. Gli antichi *avoué*s divenuti *avocats* crearono una propria associazione sindacale, il *Rassemblement des nouveaux avocats de France* (RNAF)[321]. L'*Association professionnellle des avocats* (APA), fondata nel 1972, rappresentava, per contro, quegli avvocati contrari ad una riforma generale della professione e favorevoli a rivendicare l'esclusivo ruolo di *pleaders* degli avvocati e all'eliminazione delle restrizioni territoriali imposte per la rappresentanza[322]. Nel 1972-1973 entrò in scena anche il *Syndicat des avocats de*

---

[315] M. Malatesta, *Professionisti e gentiluomini*, cit., p. 80.

[316] J.L. Halperin, *Avocats et notaires en Europe: les professions judiciaires et juridiques dans l'histoire contemporaine*, cit., p. 81.

[317] J.L. Halperin, *Avocats et notaires en Europe: les professions judiciaires et juridiques dans l'histoire contemporaine*, cit.; M. Malatesta, *Professionisti e gentiluomini*, cit., p. 83.

[318] J.L. Halperin, *Avocats et notaires en Europe: les professions judiciaires et juridiques dans l'histoire contemporaine*, cit., pp. 81 e 82; M. Malatesta, *Professionisti e gentiluomini*, cit., pp. 82 e 83. Sulla figura degli *avoués* si v. *retro*, Parte I, cap. 1.

[319] V. *retro*, cap. 1, § 4.

[320] A. Boigeol, *The French Bar: The Difficulties of Unifying a Divided Profession*, cit., spec. p. 274 ss.

[321] J.-B. Sialelli, *Les avocats de 1920 à 1987*, cit., pp. 180-191.

[322] Per una puntuale ricostruzione delle plurime realtà associative dell'avvocatura francese si rimanda, su tutti, a J.L. Halperin, *Avocats et notaires en Europe: les professions judiciaires et*

France (SAF)[323], i cui fondatori erano principalmente esponenti della corrente politica di sinistra, che appoggiavano il programma comune siglato dal partito comunista e da quello socialista nel 1972[324]. Il SAF si innestò nel più generale processo di sindacalizzazione che gradualmente investì l'avvocatura francese: nel 1977 il *Rassemblement des nouveaux avocats de France* (RNAF) si fuse con l'ANA dando origine alla *Confédération syndicale des avocats* (CSA)[325]; la connotazione sindacale venne progressivamente scelta anche dalle associazioni dei giovani avvocati che facevano capo alla FNUJA[326].

Il fermento dei movimenti associativi e la crescita del sindacalismo forense, che seppero difendere gli interessi di categoria dando voce alle istanze degli avvocati francesi dinnanzi ai pubblici poteri, nonché la presenza del *Barreau* di Parigi, che esercitava una indiscussa influenza anche sugli ordini provinciali rivestendo, di fatto, il ruolo di rappresentante dell'intera avvocatura francese[327], relegarono in secondo piano la necessità di un organismo di rappresentanza e di coordinamento a livello nazionale[328]. Non stupisce, pertanto, il ritardo con cui gli avvocati fran-

---

juridiques dans l'histoire contemporaine, cit., p. 80 ss. e a A. Boigeol, *The French Bar: The Difficulties of Unifying a Divided Profession*, cit., p. 273 ss. e tabella esplicativa n. 7.6 a p. 287.

[323] A. Boigeol, *The French Bar: The Difficulties of Unifying a Divided Profession*, cit., p. 274; J.L. Halperin, *Avocats et notaires en Europe: les professions judiciaires et juridiques dans l'histoire contemporaine*, cit., p. 82.

[324] S. Defois, *Les avocats nantais au XXe siècle: Socio-histoire d'une profession*, cit., p. 322; J.L. Halperin, *Avocats et notaires en Europe: les professions judiciaires et juridiques dans l'histoire contemporaine*, cit., p. 82; A. Boigeol, *The French Bar: The Difficulties of Unifying a Divided Profession*, cit., spec. p. 274; J.-P. Tonneau, *Les avocats d'extrême-gauche dans les années 1968 du Mouvement d'Action Judiciaire au Syndicat des Avocats des France*, in *Revue d'histoire des facultés de droit et de la culture juridique*, 2018, n. 38 p. 637 ss.

[325] J.-B. Sialelli, *Les avocats de 1920 à 1987*, cit., pp. 180-191.

[326] In questi termini si rimanda, su tutti, a A. Boigeol, *The French Bar: The Difficulties of Unifying a Divided Profession*, cit., spec. p. 274 ss., che avanza, altresì, diverse giustificazioni all'affermazione e allo sviluppo del sindacalismo forense, richiamando i cambiamenti nella connotazione demografica della professione forense, che hanno inciso in maniera significativa sia sulle posizioni politiche dei membri sia sul mercato dei servizi professionali; le altre esperienze di sindacalismo nel campo delle professioni, e in particolare l'affermazione del fenomeno dei sindacati nella magistratura; il diverso ruolo assunto dallo Stato nei confronti dell'avvocatura, ivi compreso il suo divenire 'datore di lavoro' dei professionisti forensi (*l'État patron*).

[327] Cfr. M. Malatesta, *Professionisti e gentiluomini*, cit., p. 82, che argomentando sul ruolo esercitato dall'Ordine di Parigi e sulla sua centralità nella rappresentanza dell'avvocatura francese, sottolinea: *"le regole professionali che mise a punto nel XIX e XX secolo entrarono nei manuali sulla professione di avvocato e si irradiarono su tutto il territorio nazionale; era consultato dagli altri ordini su questioni di ammissione, incompatibilità, ecc.; infine, dato che molti degli avvocati membri del governo o del Parlamento erano iscritti al foro parigino, rivestì un ruolo politico eccezionale ed esercitò una mediazione tra le esigenze della professione forense e il governo non dissimile da quello della Law Society"*.

[328] In questi termini v. M. Malatesta, *Professionisti e gentiluomini*, cit., p. 82 ss.

cesi si dotarono di un organismo centrale di rappresentanza, rispetto a quanto avvenuto in altre esperienze dell'Europa continentale, tra cui quella italiana. Il *Conseil nationale des barreaux* fu fondato nel 1990[329] come ente di utilità pubblica volto a rappresentare l'avvocatura dinnanzi al governo e a vigilare sulle regole e gli usi della professione forense[330].

Dal quadro sin d'ora tratteggiato emerge con evidenza come l'avvocatura francese non sia stata risparmiata dall'interventismo statale, che ha inciso sul governo dell'avvocatura, sebbene con gradi di influenza diversi a seconda del periodo storico di riferimento. L'imposizione del controllo della magistratura sulle decisioni dei Consigli di disciplina concernenti l'ammissione o la condotta dei membri, la natura legislativa e regolamentare (e non autoregolamentare) delle riforme sul governo degli ordini, la menzione nel giuramento dell'avvocato della fedeltà prima al re e successivamente, sino al 1990[331], all'"*autorità dello Stato francese*" sono solo alcuni degli indizi del ruolo esercitato dallo Stato nel governo della professione nel corso del tempo[332].

Sebbene modellandosi sul rapporto con lo Stato, in un'ottica di confronto e bilanciamento di poteri, l'Avvocatura francese riuscì costantemente a far sentire la propria voce, soprattutto durante la Terza Repubblica, grazie all'attività delle associazioni di categoria e dei sindacati e alla partecipazione degli avvocati al mondo della politica[333]. Forti spinte dal basso determinarono, dunque, la professionalizzazione dell'avvocatura francese[334]. Pur pagando, probabilmente, in termini di debolezza, l'assen-

---

[329] *Loi* 31 dicembre 1990, n. 90-1259.

[330] C. Bessy e B. Bastard, *France. The Reconfiguration of a Profession*, in R.L. Abel, O. Hammerslev, H. Sommerlad e U. Schultz, *Lawyers in 21st-Century Societies, Volume I: National Reports*, cit., p. 192 ss., i quali sottolineano come il *Conseil nationale des barreaux* divenne *"the main interlocutor for the government with respect to projects to reform law practice"* (p. 193).

[331] È con la *loi* 31 dicembre 1990 che il giuramento perse il riferimento alla fedeltà ai pubblici poteri, vincolando l'avvocato ad esercitare la professione *"con dignità, coscienza, indipendenza, probità e umanità"*: J.L. Halperin, *Avocats et notaires en Europe: les professions judiciaires et juridiques dans l'histoire contemporaine*, cit., p. 72; A. Padoa Schioppa, *Storia del diritto in Europa*, cit., p. 554.

[332] A. Padoa Schioppa, *Storia del diritto in Europa*, cit., p. 554.

[333] J.L. Halperin, *Avocats et notaires en Europe: les professions judiciaires et juridiques dans l'histoire contemporaine*, cit., p. 83. *"Tra le avvocature continentali, quella francese costituisce un caso estremo. Nella storia della sua organizzazione emerge in modo esemplare quell'intreccio tra il condizionamento esercitato dalle congiunture politiche e dai pubblici poteri e il peso della tradizione, quella dialettica tra corpi e stato che rappresenta uno degli aspetti più affascinanti della storia d'Europa"*: così M. Malatesta, *L'avvocatura europea tra autonomia e regolazione statale (XIX-XX secolo)*, cit., a p. 329.

[334] H. Siegrist, *Professionalization with the Brakes on: the Legal Profession in Switzerland, France and Germany in the Nineteenth and early Twentieth Centuries*, cit., p. 267; M. Malatesta, *I professionisti*, cit., spec. p. XIX; Meniconi, *Gli avvocati*, cit., p. 111, spec. p. 113.

za di una rappresentanza centralizzata[335], stante la molteplicità dei movimenti associativi e la frammentarietà nell'operato degli Ordini, il corpo forense incise in maniera significativa sulle scelte del governo, spesso influenzando, se non addirittura spronando, le riforme legislative e la regolamentazione che lo coinvolgevano. L'avvocatura francese si rivelò, quindi, in ultima battuta, in grado di preservare il delicato equilibrio tra l'affermazione di un sistema di autoregolamentazione, sintomatico del carattere liberale della professione e della sua imparzialità, e l'accettazione di una regolamentazione, necessaria per formalizzare il riconoscimento della professione forense da parte dello Stato[336]. Gli Ordini, pur muovendosi in un contesto statalizzato, definendosi in rapporto con lo Stato e la sua politica[337], hanno comunque mantenuto un ruolo preminente nella definizione della dimensione etica della professione e nella formazione dei futuri avvocati. Anche in seguito alla riforma del 1971, che ha istituito i centri di formazione presso ogni corte di appello, elevando lo *stage* a due anni, *"l'ordine non è stato estromesso perché i contratti di collaborazione tra i praticanti e gli studi legali sono sottoposti al suo controllo"*[338]. L'avvocatura francese si distingue, dunque, nel confronto con le altre esperienze dell'Europa continentale per aver conservato *"un carattere spiccatamente corporativo e di aver contemperato le spinte dall'alto con una forte autogestione"*[339].

4.1. *Il passaggio all'avvocatura repubblicana e la recente legge professionale italiana del 31 dicembre 2012, n. 247*

La regolamentazione della professione forense rimase invariata sino alla caduta del regime fascista. Con il passaggio all'avvocatura repubblicana, il nastro degli eventi venne riavvolto in un'ottica di ripristino dell'autonomia storicamente goduta dal ceto forense e di riaffermazione della tradizionale libera avvocatura[340]. Con i decreti luogotenenziali del

---

[335] In questi termini v. J.L. Halperin, *Avocats et notaires en Europe: les professions judiciaires et juridiques dans l'histoire contemporaine*, cit., p. 82.

[336] Sulla necessità di un tale bilanciamento si rinvia, su tutti, a S. Defois, *Les avocats nantais au XXe siècle: Socio-histoire d'une profession*, cit.

[337] J.L. Halperin, *Avocats et notaires en Europe: les professions judiciaires et juridiques dans l'histoire contemporaine*, cit., p. 83.

[338] M. Malatesta, *Professionisti e gentiluomini*, cit., p. 83.

[339] In questi stessi termini, v. M. Malatesta, *L'avvocatura europea tra autonomia e regolazione statale (XIX-XX secolo)*, cit., p. 336; Id., *Professionisti e gentiluomini*, cit., p. 83.

[340] M. Malatesta, *Professionisti e gentiluomini*, cit., p. 91; Id., *L'avvocatura europea tra autonomia e regolazione statale (XIX-XX secolo)*, cit., p. 342, secondo cui non vi era stato nessun cambiamento radicale durante il passaggio alla Repubblica, poiché fu applicato *"un criterio improntato a una duplice continuità, che consistette nel ripristinare l'autonomia che*

1944[341] si giunse, infatti, alla naturale reviviscenza degli Organi rappresentativi dell'avvocatura, con la ricostituzione degli Ordini e dei Collegi[342], e alla contestuale soppressione delle associazioni sindacali locali e nazionali[343]. Venne, invece, mantenuto l'organo centrale di rappresentanza e giurisdizione della categoria, con il nuovo nome di Consiglio Nazionale Forense (CNF), con invariate funzioni e competenze[344], ma con diverse regole di nomina e revoca dei membri[345]. Tali poteri passarono, infatti, dal governo nelle mani degli avvocati stessi, che avevano la possibilità di eleggere i componenti del CNF, tutti appartenenti alla categoria forense ed afferenti alle varie corti di appello[346].

---

aveva guidato l'avvocatura nell'età liberale e in base ad esso furono corrette le leggi fasciste". V., inoltre, M. Santoro, *Le trasformazioni del campo giuridico*, cit., p. 137.

[341] D.lgs.lgt. 23 novembre 1944, n. 382, Norme sui Consigli degli Ordini e Collegi e sulle Commissioni centrali professionali, in *GU* del 23 dicembre 1944, n. 98. V., inoltre, d.lgs.p. 21 maggio 1946, n. 6, Modificazioni agli ordinamenti professionali, in *GU* del 28 giugno 1946, n. 142 e d.lgs.C.P.S. 28 maggio 1947, n. 597, Norme sui procedimenti dinanzi al Consigli degli ordini forensi ed al Consiglio nazionale forense, in *GU* del 10 luglio 1947, n. 155.

[342] Tali organi rappresentativi dovevano essere eletti, con metodo democratico, entro un breve lasso di tempo, dalla categoria forense stessa: C. Schwarzenberg, *La professione forense in Italia dal 1874 al 1944*, cit., p. 634; sulla ricostituzione dei vari Ordini si v. A. Meniconi, *La «maschia avvocatura». Istituzioni e professione forense in epoca fascista (1922-1943)*, cit., p. 338 ss.

Sebbene gli Ordini erano tornati ad essere il centro del sistema professionale forense, nella prassi ciò non aveva eliminato la difficoltà per gli avvocati di riconoscersi ed esprimersi attraverso tali organi di autogoverno. Gli Ordini non sembravano in grado, similmente a quanto era successo nell'età liberale, di creare un'effettiva *"sociabilità professionale"* (M. Malatesta, *Professionisti e gentiluomini*, cit., p. 91.). Al fallimento delle proposte provenienti dall'interno, volte a rinnovare il sistema di rappresentanza degli interessi della classe forense, nel tentativo di *"aumentare la rappresentatività"* degli Ordini e di *"sburocratizzarli"* (M. Malatesta, *L'avvocatura europea tra autonomia e regolazione statale (XIX-XX secolo)*, cit., p. 343), aveva fatto da contraltare il fermento associativo degli avvocati; tali associazioni agli inizi del Novecento acquisirono una fisionomia sindacale: sul punto, si rinvia, su tutti, a F. Tacchi, *Gli avvocati italiani dall'Unità alla Repubblica*, cit., p. 305 ss.; M. Malatesta, *Professionisti e gentiluomini*, cit., p. 91 ss.; F. e G. Berti Arnoaldi Veli, *La storia dei sindacati forensi*, in *Rass. forense*, 1997, n. 1, p. 87.

[343] D.lgs.lgt. 23 novembre 1944, n. 369, Soppressione delle organizzazioni sindacali fasciste e liquidazione dei rispettivi patrimoni, in *GU* del 16 dicembre 1944, n. 95.

[344] La previsione dell'intervento del PM presso la Corte di Cassazione venne mantenuta; per una critica a tale scelta legislativa v., su tutti, C. Schwarzenberg, *La professione forense in Italia dal 1874 al 1944*, cit., p. 635: secondo cui l'intervento del PM *"se storicamente poteva giustificarsi un regime totalitario e poliziesco che nell'esecutivo vedeva il suo braccio forte e secolare, suona offensivo per la nostra classe forense in un regime di democrazia e di libertà, perché, come giustamente ha scritto Umberto Azzolina, avvocatura e libertà hanno costituito e dovranno sempre costituire un binomio inscindibile"*; il richiamo è a U. Azzolina, *L'avvocatura nella giurisprudenza*, Cedam, Padova, 1974, p. 4.

[345] Art. 21 d.lgs.lgt. 23 novembre 1944, n. 382.

[346] G. Scarselli, *Sul Ruolo e La Funzione Del Consiglio Nazionale Forense*, cit., c. 40 ss., che traccia, in un quadro conclusivo di sintesi, le principali differenze che intercorrono fra

L'avvocatura era tornata una professione libera, ma non per questo la nuova concezione trovava estrinsecazione in una innovata legge forense. Non erano mancate, nel dopoguerra, le voci di coloro che auspicavano una riforma dell'ordinamento professionale: pensiero espresso dalla categoria forense sin dal primo Congresso Nazionale Forense, nel 1947. La proposta di riforma aveva assunto tratti maggiormente concreti con l'elaborazione, da parte di una commissione composta da rappresentanti dei ventitré Ordini distrettuali e presieduta da Piero Calamandrei (l'allora Presidente del CNF), dello *"schema di riforma dell'ordinamento delle professioni di avvocato e procuratore"*. Tale progetto, teso a rivendicare una maggiore autonomia dell'Ordine e un più efficiente sistema di controllo degli accessi, venne presentato durante il terzo Congresso Nazionale Giuridico di Trieste del 1955 e approvato, con modifiche, dalle rappresentanze della professione al Congresso di Bologna del 1957. Tuttavia, nonostante il forte appoggio della categoria, la proposta si arenò in Parlamento [347].

Gli avvocati rimasero pertanto governati, per lunghi anni, dalla legge fascista del 1933, nonostante l'impronta autoritaria che l'aveva animata [348].

La strada della continuità [349], intrapresa mediante il mantenimento della disciplina degli anni Trenta, epurata solamente delle disposizioni più profondamente impregnate dall'ideologia fascista, è stata interrotta solo recentemente, allorché la tanto auspicata riforma [350] dell'ordinamento fo-

---

Consigli degli Ordini e Consiglio Nazionale Forense: *"a) I Cdo e il Cnf hanno origine e storia diverse, i primi trovando un loro precedente addirittura nel Consortium advocatorum della Roma imperiale, mentre il Cnf trovando origine solo nel corso del secolo appena concluso, e in seno alla legislazione fascista. b) I Cdo sorgono come espressione dell'indipendenza e del l'autonomia della categoria, interamente rimessi alla determinazione degli avvocati appartenenti ad essi, mentre origine diversa ha il Cnf, il quale, quanto meno nella sua prima esperienza e fino alla Repubblica, è organo di nomina governativa, interamente assoggettato al ministro della giustizia e al governo. c) Diverse, in origine, sono anche le finalità che perseguono le due istituzioni. I Cdo assolvono la funzione, come bene ebbe a sottolineare lo Zanardelli (Zanardelli, L'avvocatura. Discorsi, Brescia, 1875), di indipendenza, se non addirittura di autosufficienza, dell'avvocatura; tutto al contrario il Cnf assolve una funzione di controllo, e in origine si rende strumento governativo se non di repressione, quanto meno di uniformazione della classe forense. d) Sotto questo profilo va altresì sottolineato che le leggi e decreti che si susseguono alla legge n. 453 del 1926 modificano ora il nome dell'organismo, ora il numero dei componenti, ora le modalità di nomina degli stessi, ma mai le competenze, le quali, fissate per la prima volta con la 1. 453/26, restano nel tempo invariate, e tutto al più vengono ribadite nelle successive leggi con irrilevanti modifiche attinenti solo alla forma"*.

347 M. Santoro, *Le trasformazioni del campo giuridico*, cit., p 139 ss.; A. Meniconi, *La «maschia avvocatura». Istituzioni e professione forense in epoca fascista (1922-1943)*, cit., p. 342 ss.

348 *Ivi*, pp. 345 e 346.

349 *Ivi*, p. 346.

350 G. Scarselli, *Note sulla nuova disciplina dell'ordinamento della professione forense*, in *Corriere giur.*, 2013, n. 3, p. 301: *"È un risultato fortemente voluto dal Consiglio nazionale fo-*

rense ha visto la luce[351]. La nuova legge forense del 31 dicembre 2012, n. 247, riconferma la scelta del modello ordinistico per la regolamentazione della professione forense, mediante l'articolazione dell'Ordine professionale, costituito dagli iscritti negli albi degli avvocati (art. 24), negli Ordini circondariali (capo II) e nel CNF (capo III)[352]. Dalla definizione di Ordine professionale offerta dalla legge (art. 24) traspare nuovamente la duplicità insita nel concetto stesso di Ordine: l'elemento personale, tramite il richiamo a tutti gli iscritti (comma 1), si fonde con la componente istituzionale di governo rappresentata, a livello locale, dagli Ordini circondariali e, a livello nazionale, dal CNF[353]. La marcata autonomia riconosciuta

---

rense e da gran parte dell'avvocatura, se si pensa che all'ultimo congresso nazionale forense, tenuto a Bari il 22 novembre 2012, i delegati congressuali hanno votato a stragrande maggioranza una mozione per l'approvazione del testo di legge di riforma della professione così come era, e nei tempi più rapidi possibili. Si pensi che ben 12 unioni territoriali e 144 ordini forensi ai quali sono iscritti quasi 190.000 avvocati hanno assunto delibere formali perché il Parlamento approvasse il testo di riforma senza ritardi e senza modifiche. Così è stato, visto che questa legge è una delle ultimissime che il nostro Senato ha approvato prima dello scioglimento delle Camere".

[351] Legge 31 dicembre 2012, n. 247, Nuova disciplina dell'ordinamento della professione forense, in *GU* del 18 gennaio 2013, n. 15. La riforma dell'ordinamento forense è stata approvata, dopo un *iter* durato quattro anni, nel mese di dicembre 2012 ed è entrata in vigore il 2 febbraio 2013. Tale legge speciale deroga alle disposizioni del codice civile e alla normativa sulle professioni in vigore (legge 14 settembre 2011, n. 148, art. 3, comma 5 e d.P.R. 7 agosto 2012, n. 137, Regolamento recante riforma degli ordinamenti professionali), riformando organicamente e in maniera settoriale la disciplina della professione forense.

Per un parere critico sulla proposta di legge, in un'ottica tesa a valorizzare la liberalizzazione dei servizi professionali, v. Autorità Garante della Concorrenza e del Mercato, AS974 – *Nuova disciplina dell'ordinamento della professione forense*, 9 agosto 2012, relativo alla proposta di legge recante *"Nuova disciplina dell'ordinamento della professione forense"* (AC 3900, XVI Legislatura), nel testo licenziato, l'11 giugno 2012, dalla Commissione Giustizia della Camera per l'esame dell'Aula; Autorità Garante della Concorrenza e del Mercato, AS602 *"Riforma della professione forense"* del 18 settembre 2009, in *Bollettino*, 2009, n. 35.

Per un approfondimento sull'ordinamento forense si rimanda, *ex multis*, a U. Azzolina, *L'avvocatura*, cit.; E. Ricciardi, *Lineamenti dell'ordinamento professionale forense*, Giuffrè, Milano, 1990; M. De Tilla, *La professione di avvocato*, Giuffrè, Milano, 1998, II ed., 2 voll.; G. Orsoni, *L'ordinamento professionale forense*, Cedam, Padova, 2005; G. Scarselli, *Ordinamento giudiziario e forense*, cit.

[352] G. Colavitti e G. Cambogi, *Riforma forense*, Giuffrè, Milano, 2013, p. 61.

[353] Il concetto di *"ente pubblico non economico a carattere associativo"*, di cui all'art. 24, comma 3, "(...) *consente di comprendere ... la natura unitaria del concetto di ordine, sulla base degli strumenti forniti dalla scienza giuridica pubblicistica, ove si suole distinguere, sul piano concettuale, l'elemento personale dal livello istituzionale. Da un lato, dunque, l'ordine si configura come ente pubblico, istituito e previsto dalla legge, con funzioni da questa determinate (art. 29); dall'altro si valorizza il profilo personale, in quanto allo stesso tempo si pone quale associazione obbligatoria di coloro che esercitano la medesima professione. (...) L'ordine professionale viene costruito, pertanto, come una comunità di soggetti qualificata professionalmente, sia a livello locale che nazionale, "ordinata" secondo diritto ed organizzata secondo un modello di autogoverno, con organismi esponenziali che risultano espressione della stessa categoria"*: G. Colavitti e G. Cambogi, *Riforma forense*, cit., p. 62.

dalla riforma agli Ordini viene assoggettata esclusivamente alla vigilanza del Ministero della giustizia.

La legge conferma il ruolo preminente del CNF come organo apicale e centrale della categoria forense, a cui viene riservata, in via esclusiva, la rappresentanza istituzionale dell'Avvocatura a livello nazionale, nonché riconosciuta una significativa potestà regolamentare per l'attuazione di numerose previsioni legislative[354] e per disciplinare il proprio funzionamento interno o, se necessario, quello degli ordini circondariali[355]. La legge si articola prevedendo un forte legame di collaborazione con il Ministero della giustizia[356], con l'Ordinamento giudiziario[357] e con gli Ordini territoriali[358]. Al CNF spetta il potere normativo deontologico in via esclusi-

---

[354] La legge professionale contiene, infatti, numerose norme che necessitano di attuazione in sede regolamentare. Tra i regolamenti di competenza diretta del CNF vi sono quelli volti a regolamentare le associazioni forensi specialistiche maggiormente rappresentative; lo Sportello del Cittadino, la riscossione dei tributi, il funzionamento dell'Osservatorio Permanente sull'esercizio della giurisdizione, le scuole forensi, la formazione continua, i corsi per l'iscrizione all'Albo speciale per il patrocinio davanti alle giurisdizioni superiori, il procedimento disciplinare e l'elezione dei consigli distrettuali di disciplina. Tra i decreti legislativi e regolamenti del Ministro di giustizia attuativi della riforma, si richiamano quelli volti a regolamentare i parametri per la liquidazione dei compensi professionali, le polizze assicurative a copertura della responsabilità civile e degli infortuni derivanti dall'esercizio della professione, i corsi di formazione per l'accesso alla professione di avvocato, il praticantato, anche presso gli uffici giudiziari, l'esame di Stato per l'accesso all'avvocatura, il conseguimento e il mantenimento del titolo di avvocato specialista, i criteri di accertamento dell'esercizio della professione forense, le modalità di costituzione delle camere arbitrali, di conciliazione degli organismi di risoluzione alternativa delle controversie, a riordinare la disciplina della difesa d'ufficio, ad individuare le categorie di liberi professionisti che possono partecipare alle associazioni tra avvocati, a disciplinare la tenuta e l'aggiornamento di albi, elenchi e registri da parte dei Consigli dell'ordine degli avvocati, nonché le forme di pubblicità del Codice deontologico e dei suoi aggiornamenti emanati dal Consiglio Nazionale Forense.

[355] Art. 35 legge 247/2012. V. G. Scarselli, *Note sulla nuova disciplina dell'ordinamento della professione forense*, cit., p. 301, sulla minor estensione del potere regolamentare riconosciuto al CNF dalla legge 247/2012 rispetto a quello previsto dal disegno di legge originario.

[356] Il riferimento è, ad esempio, all'art. 35, comma 1, lett. q), che prevede che il CNF *"esprime, su richiesta del Ministro della giustizia, pareri su proposte di legge che, anche indirettamente, interessino la professione forense e l'amministrazione della giustizia"*; all'art. 1, comma 3, che impone il *"previo parere del CNF"* in merito all'adozione dei regolamenti ministeriali di attuazione della legge professionale; al potere di proposta del CNF in relazione all'adozione del decreto legislativo sulle società tra avvocati (art. 5) e di quello recante i parametri per la determinazione del compenso dell'avvocato (art. 13, comma 6).

[357] Si pensi, a titolo esemplificativo, alla previsione dell'istituzione, presso il CNF, dell'Osservatorio permanente sulla giurisdizione, che, *ex* art. 35, comma 1, lett. r), *"raccoglie dati ed elabora studi e proposte diretti a favorire una più efficiente amministrazione della giustizia"*.

[358] *Ex* art. 35, comma 1, lett. f), il CNF promuove *"attività di coordinamento e di indirizzo dei Consigli dell'Ordine circondariali al fine di rendere omogenee le condizioni di esercizio della professione e di accesso alla stessa"*. *"Tale generale funzione di indirizzo e coordinamento si*

va[359], nonché il potere giurisdizionale[360] che si esplica nelle decisioni dei reclami proposti avverso i provvedimenti disciplinari, in materia di albi, elenchi e registri e rilascio di certificati di compiuta pratica e, ancora, delle controversie attinenti alle elezioni dei Consigli dell'Ordine e dei conflitti di competenza tra Ordini circondariali. Il CNF esercita le funzioni disciplinari, altresì, nei confronti dei propri componenti, a seguito dell'apertura del procedimento disciplinare ad opera del Consiglio distrettuale di disciplina. La riforma forense ha, pertanto, riconosciuto una forte autonomia all'Avvocatura, la cui gestione è stata, tuttavia, quasi esclusivamente rimessa al CNF, che, in maniera del tutto eccezionale, riesce ad accorpare in sé funzioni normative, amministrative e giudiziarie[361].

---

riverbera, peraltro, in una serie di ambiti che vanno dalla vigilanza sul tirocinio e sul corretto svolgimento dell'esame di Stato (artt. 41 e 46 ss.), alla formazione professionale (cfr. l'art. 11, comma 3, che affida al CNF la definizione delle modalità di assolvimento dell'obbligo formativo), alla vigilanza sull'acquisizione del titolo di specialista (cfr. art. 9), al riconoscimento delle associazioni forensi maggiormente rappresentative, fino all'adozione del Codice Deontologico forense (art. 3)": così CNF, *Il Consiglio Nazionale Forense: posizione istituzionale e funzioni nella l. n. 247/12*, Roma, 2013.

[359] Artt. 3 e 35, comma 1, lett. d), legge 247/2012.

[360] Art. 36 legge 247/2012; artt. 59-65 r.d. 22 gennaio 1934, n. 37: dal richiamo espresso alle normative previgenti, riproposto in più articoli della nuova disciplina (artt. 34, comma 1 e comma 6; 35, comma 1, lett. c); 36 comma 1; 37, comma 1) emerge la *"preoccupazione di perdere – con la nuova disciplina – la funzione giurisdizionale"*; l'ancoraggio alle norme previgenti consente, infatti, di affermare *"che non si tratta di una giurisdizione speciale oggi costituita (come tale radicalmente illegittima e incostituzionale), ma dello stesso organo giurisdizionale che è stato legittimamente istituito ed è stato riconosciuto esistente, senza rilevanza essendo eventuali difformità sulla composizione dello stesso"*: così R. Danovi, *La nuova legge professionale forense*, Giuffrè, Milano, 2014, p. 17. Negli stessi termini v., altresì, L. Paladin, *Legittimità costituzionale della modifica del Consiglio Nazionale Forense*, in *Rass. forense*, 1994, p. 227. Come noto, infatti, la giurisdizione speciale del CNF è sopravvissuta sebbene la Costituzione italiana avesse imposto la revisione di tutti gli organi di giurisdizione speciale entro cinque anni dalla sua entrata in vigore (VI disp. Transitoria): per un approfondimento di tale aspetto si rinvia, su tutti, a R. Danovi, *Il procedimento disciplinare e il giusto processo*, in *Rass. forense*, 2003, pp. 15 e 18.

[361] V. G. Scarselli, *Note sulla nuova disciplina dell'ordinamento della professione forense*, cit., p. 301, per una critica alla mancata previsione di una gestione maggiormente democratica e partecipativa all'interno della professione forense dell'autonomia che la riforma forense ha indubbiamente riconosciuto all'avvocatura e che è stata demandata, per contro, in via semi-esclusiva, al CNF. Oltre all'assommarsi dei poteri regolamentari, amministrativi e giurisdizionali in capo al CNF, l'A. richiama altresì le modalità di elezione dei membri del CNF (rimessa ai Consigli degli Ordini e non all'elezione diretta con diritto al voto dei singoli avvocati) e il mancato riconoscimento di poteri al Congresso nazionale forense, massima assise dell'avvocatura italiana, convocabile solo ogni tre anni, come ulteriori indici dell'assenza di una gestione partecipativa dell'autonomia della professione. Infine, secondo l'A. "(...) *v'è una centralizzazione del sistema prima non così forte, se si pensa che per l'art. 35 'Il CNF ha la rappresentanza esclusiva istituzionale dell'avvocatura'; l'art. 33 autorizza il CNF a chiedere al Ministero lo scioglimento di un Consiglio dell'Ordine e ha il potere di nominare il commissario; sempre per l'art. 35 il CNF coordina e dà indirizzo ai Consigli dell'Ordine al fine di rendere omogenee le condizioni di esercizio della professione; e soprattutto il CNF istituisce e disciplina con apposito regolamento l'elenco delle associazioni specialistiche maggiormente rappresentative*".

Sul piano territoriale "*per garantire il rispetto dei principi previsti dalla legge e delle regole deontologiche, nonché con finalità di tutela della utenza e degli interessi pubblici connessi all'esercizio della professione forense e al corretto svolgimento della funzione giurisdizionale*"[362] operano gli Ordini circondariali, costituiti presso ogni circoscrizione di tribunale e composti da tutti gli avvocati aventi il principale domicilio professionale nel circondario (artt. 24-33, legge 247/2012). Centri istituzionali di riferimento del ceto forense a livello locale, gli Ordini operano, nella loro veste di enti pubblici non economici a carattere associativo, nell'interesse collettivo della categoria per il perseguimento delle finalità di interesse generale determinate dalla legge, tra cui spicca la storica funzione di custodia degli albi[363], promuovendo i rapporti con le istituzioni e le pubbliche amministrazioni. Con la nuova legge forense, se il Consiglio ha guadagnato il compito di vigilare sulla corretta applicazione, nell'ambito del circondario, delle norme dell'ordinamento giudiziario, segnalando agli organi competenti le violazioni ed incompatibilità eventualmente rilevate, ha contestualmente perso una delle sue competenze principali, ovvero quella disciplinare[364]. Le funzioni meramente amministrative degli Ordini sono state, infatti, scisse da quelle disciplinari e quest'ultime trasferite ai Consigli distrettuali di disciplina[365], organi terzi rispetto agli iscritti, mag-

---

[362] Art. 24, comma 3, legge 247/2012.

[363] Nello specifico, a norma dell'art. 29 legge 247/2012, sono demandati al Consiglio degli Ordini numerosi compiti, tra cui la tenuta degli albi, dei registri e degli elenchi, la vigilanza sul tirocinio forense, l'organizzazione di eventi per la formazione continua degli iscritti, corsi e scuole di specializzazione, comprese le scuole forensi. Il Consiglio dell'Ordine vigila, altresì, sulla condotta degli iscritti, controllando la continuità dell'esercizio professionale e l'assolvimento dell'obbligo di formazione continua, tutelando l'indipendenza e il decoro professionale della categoria, nonché garantendo pari opportunità tra donne e uomini nell'accesso e nell'esercizio della professione. Il Consiglio fornisce pareri sulla liquidazione dei compensi (c.d. opinamento delle parcelle) ed interviene nelle contestazioni insorte tra gli iscritti o tra costoro ed i clienti in dipendenza dell'esercizio professionale, esercitando una funzione conciliativa. L'Ordine ha, altresì, la facoltà di costituire camere arbitrali, di conciliazione ed organismi di risoluzione alternativa delle controversie, nonché la possibilità di costituire unioni regionali o interregionali. All'Ordine è attribuita la potestà regolamentare, mediante il riconoscimento del potere di approvare i regolamenti interni, nonché quelli in materie non disciplinate dal CNF, ovvero di integrazione a questi ultimi. A seguito delle modifiche della struttura degli Organi del procedimento disciplinare, spetta agli Ordini trasmettere le informazioni relative a violazioni di norme deontologiche commesse dagli avvocati al Consiglio distrettuale di disciplina. L'Ordine gode di un'ampia autonomia gestionale e finanziaria, che gli conferisce il potere di riscuotere un contributo annuale o contributi straordinari a carico di tutti gli iscritti agli albi, elenchi e registri, oltre ai contributi per il rilascio di certificati, copie e tessere e pareri per i compensi.

[364] G. Scarselli, *Ordinamento giudiziario e forense*, cit., p. 445.

[365] Sulla composizione e funzionamento dei Consigli distrettuali di disciplina e sulla regolamentazione del procedimento disciplinare si rimanda alla disciplina di cui al Titolo V, artt. 50 ss. legge 247/2012.

giormente in grado di assicurare l'indipendenza e l'effettività dell'azione disciplinare[366].

4.2. *Il ripristino del sistema di rappresentanza dell'avvocatura tedesca a metà del Novecento*

Dopo il periodo di incertezza legislativa che fece seguito alla fine della seconda guerra mondiale, a cavallo degli anni '50 e '60 del Novecento, il sistema di rappresentanza dell'avvocatura tedesca venne ripristinato, in parte mediante la riviviscenza delle antiche associazioni ed istituzioni. Gli Ordini, sopravvissuti al regime sebbene esautorati, vennero denazificati. Tra il 1948 ed il 1949, la DAV riemerse nella Germania dell'Ovest come confederazione di associazioni locali e, favorevole al cambiamento e alla modernizzazione della classe forense, seppur senza possedere il ruolo di egemonia vantato durante la Repubblica di Weimar, ritornò ad essere un interlocutore attivo nei confronti del Governo[367]. Oggi la DAV, mantenendo il suo carattere di associazione volontaria, rappresenta più di 62.000 avvocati[368].

L'evoluzione delle strutture rappresentative è stata regolamentata definitivamente nel 1959 con l'adozione del *Bundesrechtsanwaltsordung* (BRAO)[369] che, se da un lato si pone in linea con il passato, confermando l'essenza degli Ordini degli avvocati (*Rechtsanwaltskammern*) quali enti di diritto pubblico, stabiliti nelle giurisdizioni territoriali delle corti d'appello (*Oberlandesgericht*)[370], dall'altro se ne discosta con la previsione di una nuova Camera federale, la *Bundsrechtsanswaltkammer* (BRAK)[371]. Tale

---

[366] Sulla necessità di dividere le funzioni meramente amministrative degli Ordini rispetto a quelle disciplinari al fine di assicurare all'organo disciplinare terzietà rispetto agli iscritti cfr. G. Scarselli, *L'avvocato e il giusto processo disciplinare*, in *Foro it.*, 2009, I, c. 1548.

[367] Nel 1989 la DAV raggruppava 193 associazioni locali, riunendo circa il 57% degli avvocati (ovvero 31.371 su 54.555 professionisti forensi), principalmente operanti nelle piccole città e appartenenti agli strati più anziani della categoria. La DAV, favorevole al cambiamento e alla modernizzazione della classe forense, seppur senza possedere il ruolo di egemonia vantato durante la Repubblica di Weimar, ritornò ad essere un interlocutore attivo nei confronti del governo: così L. Halperin, *Avocats et notaires en Europe: les professions judiciaires et juridiques dans l'histoire contemporaine*, cit., p. 107.

[368] Per maggiori informazioni si rinvia al sito ufficiale della DAV: https://dav-international.eu/en/about-us/about-the-dav. Si v., altresì, M Kilian e U. Schultz, *Germany. Resistance and Reactions to Demands of Modernisation*, in R.L. Abel, O. Hammerslev, H. Sommerlad e U. Schultz, *Lawyers in 21st-Century Societies*, Volume I: National Reports, cit., p. 209 ss.

[369] *Bundesrechtsanwaltsordnung* (BRAO), 1 ottobre 1959, in *BGBl*, I, S. 565.

[370] § 60 ss. BRAO.

[371] La riunificazione della Germania nel 1990 non ebbe effetti sul sistema di rappresentanza dell'avvocatura in quanto gli stati della Germania dell'Ovest semplicemente si unirono a quelli della Repubblica federale tedesca, accettandone di fatto il sistema legale: così M Kilian e U. Schultz, *Germany. Resistance and Reactions to Demands of Modernisation*, cit., a p. 211.

istituzione partecipa all'elaborazione della deontologia professionale adottando regole di condotta[372]. Il valore giuridico del codice di condotta è stato, tuttavia, messo in discussione dalla Corte Costituzionale tedesca nel 1987, stante l'assenza di una delega legislativa che potesse legittimare la BRAK ad adottare tale atto normativo[373].

Il potere disciplinare non risiede nelle mani degli organi di rappresentanza, bensì è esercitato dalle Corti d'onore – oggi Corti disciplinari degli avvocati (BRAO, § 92 ss.)[374]. In primo grado operano i tribunali d'onore (c.d. *Ehrengericht*, oggi *Anwaltsgerichte*), presso il distretto di ogni Ordine, composti da tre avvocati nominati dal Ministro di giustizia, su proposta dell'Ordine stesso, che rimangono in carica per quattro anni. L'appello viene demandato ad una sezione della Corte d'appello per gli avvocati (c.d. *Ehrengerichtshof*, oggi *Anwaltsgerichtshöfe*) composta da due magistrati e tre avvocati patrocinanti dinnanzi alla stessa, nominati dal Ministro di giustizia regionale per cinque anni. L'ultima istanza è esercitata da un collegio presso la Corte federale di giustizia (c.d. *Anwaltssenat*) costituito da quattro magistrati e tre avvocati nominati dal Ministro federale di giustizia[375]. L'aumento del grado di autogoverno dell'avvocatura, seppur significativo, risulta ancora una volta calmierato dalla presenza dei giudici, il cui numero si fa più consistente parallelamente al crescere della gerarchia degli organi di disciplina: anche tale scelta conferma il rapporto che da sempre lega i due corpi e che pone la magistratura come fattore di regolamentazione dell'avvocatura[376].

[372] F. Wooldridge, *The German Rules Governing the Professional Conduct of Rechtsanwälte*, in *ICLQ*, 1990, v. 39, n. 3, p. 683, spec. p. 684 ss.; L. Halperin, *Avocats et notaires en Europe: les professions judiciaires et juridiques dans l'histoire contemporaine*, cit., p. 108 ss.

La versione inglese dell'attuale codice professionale – *Berufsordnung für Rechtsanwälte* (BORA) è reperibile al link: https://brak.de/w/files/02_fuer_anwaelte/berufsrecht/bora_01_01_2015_en.pdf.

[373] R. Danovi, *Il codice deontologico degli avvocati*, in *Foro it.*, 1997, v. 120, X, c. 333 e spec. p. 334; Id., *Il fondamento della potestà disciplinare nell'ordinamento deontologico*, in Id., *L'indipendenza dell'avvocato*, Giuffrè, Milano, 1990, p. 23; J. Mauro, *La déontologie des avocats allemands très secouée*, in *Gaz. Pal.*, 31 gennaio-2 febbraio 1988, p. 5; F. Wooldridge, *The German Rules Governing the Professional Conduct of Rechtsanwälte*, cit.; L. Halperin, *Avocats et notaires en Europe: les professions judiciaires et juridiques dans l'histoire contemporaine*, cit., p. 109; K. Jessnitzer, *Bundesrechtsanwaltsordnung, Kommentar*, C. Heymanns, Köln, 1990, p. 90.

[374] La composizione e il funzionamento di questi organi sono disciplinati in dettaglio nel § 92 e seguenti del BRAO.

[375] U. Schultz e P. K. Source, *The Practicing Lawyer in the Federal Republic of Germany*, in *Int. Lawyer*, 1980, v. 14, n. 3, p. 531 e spec p. 540; F. Wooldridge, *The German Rules Governing the Professional Conduct of Rechtsanwälte*, cit., p. 684; L. Halperin, *Avocats et notaires en Europe: les professions judiciaires et juridiques dans l'histoire contemporaine*, cit., pp. 108 e 109; V. Sangiovanni, *La professione forense in Germania*, in A. Berlinguer, *La professione forense: modelli a confronto*, Giuffrè, Milano, 2008, p. 75 ss.

[376] M. Malatesta, *L'avvocatura europea tra autonomia e regolazione statale (XIX-XX seco-*

5. *Corpi professionali e autonomia perfetta nel Regno Unito*

A differenza di quanto accaduto nel continente, nel Regno Unito l'autonomia non è stata storicamente concessa ai corpi professionali da un ente sovrano, con le consuete correlate limitazioni, bensì da quest'ultimo meramente riconosciuta [377]. La modernizzazione è stata determinata dal basso, dal ceto forense che ha affermato ed esercitato la propria autonomia senza doversi confrontare con gli scossoni, le rivoluzioni e l'impeto dei regimi politici che hanno condizionato la storia dell'Europa continentale, bensì prosperando in un contesto di continuità costituzionale [378].

Pur muovendosi nell'uguale contesto storico, l'affermazione del *self-government* da parte delle due branche dell'avvocatura inglese, quelle dei *barristers* e dei *solicitors*, ha conosciuto sviluppi diversi.

La genesi dell'autonomia dei *barristers* è da ricondursi al Medioevo e all'affermazione degli *Inns of Courts*: l'esercizio del potere di disciplina, l'esclusivo controllo sulla formazione e sull'accesso, nonché l'organizzazione della sociabilità professionale sono state demandate in via esclusiva alla categoria stessa, che ha potuto consolidare nei secoli il proprio dominio, grazie alla mancanza di un Ministro di giustizia deputato alla vigilanza sul ceto, nonché, soprattutto, in virtù dell'assenza di intromissioni da parte dei pubblici poteri.

L'autonomia dei *solicitors*, per contro, ha rappresentato una conquista del corpo professionale più recente, maturata nei secoli attraverso la definitiva emancipazione dal controllo giudiziale a cui gli avvocati erano, almeno inizialmente, soggetti, e per il tramite di una ritrovata voce espressa attraverso l'azione di *lobby* della *Law Society*, recepita da una costante legislazione di adesione e supporto alle istanze di categoria.

5.1. *I* barristers*: un'autonomia dalle origini antiche*

Come già accennato nelle pagine che precedono gli *Inns of Court* rappresentarono un nodo focale per lo sviluppo e l'ascesa dei *barristers*, soprattutto allorché si tramutarono da luoghi di mera residenza ed aggrega-

---

lo), cit., pp. 350 e 351; L. Halperin, *Avocats et notaires en Europe: les professions judiciaires et juridiques dans l'histoire contemporaine*, cit., pp. 108 e 109.

[377] Sulla contrapposizione tra il processo di professionalizzazione tipico dell'Europa continentale, segnato dall'intervento dello Stato, e quello anglosassone, caratterizzato da una modernizzazione proveniente dal corpo professionale, si v. *retro*, in questo stesso capitolo, § 1.

[378] M. Malatesta, *L'avvocatura europea tra autonomia e regolazione statale (XIX-XX secolo)*, cit., p. 319 ss.; G. Criscuoli e M. Serio, *Nuova Introduzione allo studio del diritto inglese. Le fonti*, cit.; L. Moccia, *Comparazione giuridica e Diritto europeo*, cit.; R.C. van Caenegem, *I signori del diritto. Giudici, legislatori e professori nella storia europea*, cit.; B. Pasa, voce *Common law*, cit.

zione[379] a istituzioni deputate alla formazione e all'ammissione degli aspiranti giuristi e delegate, in via esclusiva, all'esercizio di un forte potere di controllo sulla categoria[380].

L'ascesa degli *Inns* è stata favorita dal contesto storico di riferimento. Nel corso del 1400, infatti, si è assisto ad una forte delegazione di potere da parte del governo centrale ai corpi intermedi[381], che ha permesso a quest'ultimi di prosperare al riparo dalle interferenze statali, condividendo il potere con la Corona e il Parlamento[382].

---

[379] "(...) *the increase in volume and importance of litigation and the clause of the Magna Carta fixing the law courts at Westminster, all acted together to call forth an ever increasing body of lay lawyers and students, who congregated in and about London and Westminster to practise and study. It will be remembered that this was the age of the Guilds and it was most natural that these professors, practitioners and students of the developing common law should group themselves together in a type of professional guild the center of which was some inn or tavern where these early lawyers ate, slept and discussed and studied the law*": così W.A. Rosebraugh, *The English Inns of Court*, in *Or. L. Rev.*, 1926, v. 5, n. 2, p. 125, a p. 127.

[380] D. Maxwell-Fyfe, *Inns of Court and the Impact on the Legal Profession in England*, in *Sw. L. J.*, 1950, n. 4, p. 391, spec. p. 392. Cfr. U. Mattei e E. Ariano, *Il modello di Common law*, cit., spec. p. 32 ss. secondo i quali *"lo sviluppo di un'alternativa all'università nell'educazione del giurista è probabilmente il dato più importante fra i molti che determinarono il grande divorzio fra common law e civil law, all'interno della tradizione giuridica occidentale"*.

[381] *"From the fifteenth century or earlier England was characterised by political unity and institutional pluralism"*: così D. Sugarman, *Bourgeois Collectivism, Professional Power and the Boundaries of the State – The Private and Public Life of the Law Society, 1825 to 1914*, cit., spec. a p. 83. Con specifico riferimento ai corpi professionali intermedi è noto come *"the Glorious Revolution of 1688 having affirmed the autonomy of many professional, chartered and local bodies, including the Bar, as 'little republics' (Burrage, 1997; Sugarman, 1996). This contributed to an assumption of immunity from state interference (Weber, 1978) bolstered by the proposition that the rule of law hinged on the capacity and inclination of the judiciary to hold public officials, including Ministers, to account in the exercise of their powers (Dicey, 1962)"*: in questi stessi termini A. Boon, *Professionalism under the Legal Services Act 2007*, in *Int'l J. Legal Prof.*, 2010, v. 17, n. 3, pp. 195-232; il richiamo è a M. Burrage, *Ms Thatcher against the—little republics: ideology, precedents and reactions*, in T.C. Halliday e L. Karpik (eds.), *Lawyers and the rise of western political liberalism*, Clarendon Press, Oxford, 1997, pp. 125-165; D. Sugarman, *Bourgeois collectivism, professional power and the boundaries of the State. the private and public life of the Law Society*, cit.; M. Weber, *Economy and law (sociology of law)*, in G. Roth e C. Wittich (eds.), *Economy and Society*, University of California Press, Berkeley, 1978; A.V. Dicey, *Introduction to the Study of the Law of the Constitution*, Macmillan, London, 1962.

[382] In questi termini D. Sugarman, *Bourgeois Collectivism, Professional Power and the Boundaries of the State – The Private and Public Life of the Law Society, 1825 to 1914*, cit., spec. p. 83 ss., che sottolinea altresì come questo equilibrio era costretto a cambiare nel corso del XVII secolo: *"For in the seventeenth century, the Stuart monarchy sought to extend its powers to regulate political and economic freedom including those bodies that had previously enjoyed a significant degree of independence. Tensions between central and local governance were exacerbated by Charles I's levying of taxes, Cromwell's impositions of major-generals and the interference of both Charles II and James II in local government by the process of quo warrento. In defiance of royal absolutism, Chief Justice Coke asserted in the celebrated case of Proclamations (1610) "That the king hath no prerogative but that which the law of the land allows him"* (p. 84).

Oltre all'assenza di interventi dello Stato, gli *Inns of Court* hanno vissuto, inoltre, al riparo da intromissioni dell'apparato giudicante. Pur in assenza di riconoscimenti ufficiali nella forma di statuti regali (*royal charters*), che ponessero le regole di ammissione ed esercizio della professione, i giudici hanno riconosciuto il diritto esclusivo degli *Inns* di determinare e sovraintendere ai requisiti di formazione ed accesso dei propri membri, nonché il potere di questi ultimi di esercitare il controllo sulla disciplina [383].

L'educazione del professionista forense inglese nasce, pertanto, come prodotto della professione legale e non già dell'Università [384]. Nonostante la presenza di talune prestigiose università, quali quelle di Oxford e Cambridge [385], ove, sin dal 1200, venivano tramandati il diritto romano e il diritto canonico [386], gli *Inns of Court* si assunsero la responsabilità primaria della formazione della categoria, promuovendo l'insegnamento del diritto inglese *"per via forense, cioè in contatto con la professione"* [387]. Per tale ra-

[383] M. Malatesta, *Professionisti e gentiluomini*, cit., p. 68 ss.; L. Halperin, *Avocats et notaires en Europe: les professions judiciaires et juridiques dans l'histoire contemporaine*, cit., p. 56. Cfr. U. Mattei e E. Ariano, *Il modello di Common law*, cit., p. 33 e J.P. Dawson, *The Oracles of the Law*, University of Michigan Law School, Westport Ct., 1968, p. 1, che sottolineano il grande legame tra avvocati e giudici, tra *Bench* e *Bar*.

[384] Da ciò deriva le difficoltà nello sviluppo della cultura giuridica accademica, nonché nella diffusone di cattedre universitarie di *English Law*; cfr. L. Barton, *The study of Civil Law before 1380*, in T.H. Aston, *The History of the University of Oxford: The Early Oxford Schools*, Claredon Press, Oxford, 1984, p. 519 e spec. p. 521; J.B. Mullinger e D.R. Leader, *A History of the University of Cambridge. Volume I: The University to 1546*, Cambridge University Press, Cambridge, 1988, p. 192; P. Brand, *Courtroom and Schoolroom: The Education of Lawyers in England Prior to 1400*, in *Hist Res.*, 1987, v. 60, n. 142, p. 147; U. Mattei, *Common law. Il diritto anglo-americano*, V ed., Giappichelli, Torino, 2018; F. Treggiani, *'Pericle e l'idraulico'. La formazione e la professione del giurista nelle giurisdizioni anglofone*, in O. Roselli (a cura di), *Osservatorio sulla formazione giuridica 2006*, Edizioni Scientifiche Italiane, Napoli, 2007, p. 153. V. anche M. Malatesta, *Professionisti e gentiluomini*, cit., p. 64, che sottolinea la scarsa considerazione nutrita da avvocati e giudici nei confronti dei professori di diritto: *"Ancora negli anni Venti del Novecento questi ultimi [i professori di diritto, ndr] erano considerati come l'ultimo gradino della scala sociale del diritto, dei falliti nel campo professionale che avevano ripiegato sull'insegnamento"*; il rimando è a B. Abel-Smith e R. Stevens, *Lawyers and the Courts: A Sociological Study of the English Legal System 1750-1965 (1967)*, Heinemann Educational, London, 1967, p. 184.

[385] Tali università avevano stretti legami con quelle dell'Europa continentale e applicavano i medesimi metodi; cfr. A. Gentili, *Lodi delle accademie di Perugia e Oxford*, cit.; N. Picardi, *Considerazioni sull'insegnamento del diritto in Italia e Inghilterra*, cit.; N. Picardi e R. Martino (a cura di), *L'educazione giuridica*, cit., XXIII.

[386] *"Legal education was no longer academic – the universities had nothing to do with it, they could only make canonists and civilians – it was scholastic"*: F.W. Maitland e F.C. Montague, *A Sketch of English Legal History*, cit., p. 110; J. Rose, *The Legal Profession in Medieval England: a History of Regulation*, cit., spec. a p. 31 ss.

[387] M. Malatesta, *Professionisti e gentiluomini*, cit., p. 64, che definisce gli *Inns of Court* come *"la terza università d'Inghilterra"*, ove il diritto inglese veniva insegnato *"in modo non accademico, ma per via forense, cioè in contatto con l'esercizio della professione"*. In merito

gione, il sistema di insegnamento della *common law* risultava essere altamente informale e contraddistinto da un approccio al diritto, preminentemente ma non esclusivamente, pratico [388]. Gli aspiranti professionisti fo-

---

all'appellativo di *"Third University"*, usato informalmente durante la dinastia dei Tudor per indicare gli *Inns of Court* e il ruolo da quest'ultimi assunto nella formazione giuridica, v. E. Coke, *Preface to 3rd Report*, 1602: *"All these Inns of Court and Chancery make the most famous university for the profession of the law only, or of any one human science, that is in the world, and advanceth itself before all others quantum inter viburna cupressus"*; W. Harrison, *The Description of England, 1577*, ed. G. Edelen, Ithaca, 1968, pp. 65 e 66: *"In my time there are three noble universities in England, to wit, one at Oxford, the second at Cambridge, and the third in London... [where] the laws of the real are only read and learned"*; W. Blackstone, *Commentaries on the Laws of England in four Books*, I, 23-25, 1765.

V., altresì, J. Fortescue, *De Laudibus Legum Anglie 1468-1471*, (ristampa Wm. W. Gaunt, Holmes Beach, 1986), Cambridge University Press, Cambridge, 1942, p. 117, secondo cui gli *Inns of Court* rappresentavano uno *studium pubblicum* particolarmente adatto per l'apprendimento del diritto inglese, in considerazione sia della qualità dell'insegnamento, sia dell'adeguata collocazione geografica: *"For this academy is situated near the king's courts, where these laws are pleaded and disputed from day to day, and judgments are rendered in accordance with them by the judges, who are grave men, mature, expert and trained in these laws. So those laws are read and taught in these courts as if in public schools, to which students of the law flock every day in term-time. That academy, also, is situated between the site of those courts and the City of London, which is the richest of all the cities and towns of that realm in all the necessaries of life. And that academy is not situated in the city, where the tumult of the crowd could disturb the students' quiet, but is a little isolated in a suburb of the city, and nearer to the aforesaid courts, so that the students are able to attend them daily at pleasure without the inconvenience of fatigue";* si v. altresì le osservazioni di Selden a J. Fortescue, *De Laudibus Legum Anglie, ed. John Selden, London,* 1616, capitolo 17, p. 54: *"Indeed, the study of the common law hath not place in our universities of Oxford or Cambridge, because another university (the Inns of Courts) is appointed for it.";* W.R. Prest, *The Inns of Court under Elizabeth I and the early Stuarts 1590-1640*, Longman, London, 1972, p 115; J.H. Baker (ed.), *The Reports of Sir John Spelman*, Selden Society, London, 1977-1978, v. 94, p. 129; J.H. Baker, *The Third University of England,* Selden Soc. lecture, 1990, 1 e in J. Backer, *Collected Papers on English Legal History,* Cambridge University Press, Cambridge, 2013, cap. 7.

[388] Emblematiche, a tal proposito, le parole di un'autorevole dottrina secondo la quale *"Far into the 19th century, in America as in England, law was regarded as a craft. Like carpentry, masonry, medicine, school craft or state craft, skill in law craft was acquired by doing. (...) The pratical and really essential part of training in the law was supplemented by what was known as 'reading in the law'"*: così M. Rheinstein, *The case method of Legal Education: the First One-Hundred Years,* in N. Picardi e R. Martino (a cura di), *L'educazione giuridica,* cit., v. I, p. 15 ss., a p. 16.

Il successo degli *Inns of Court* si estendeva, dunque, oltre il loro ruolo di scuole giuridiche: molti giovani inglesi, nel corso del XVI e XVII secolo, frequentavano gli *Inns* senza ambire alle professioni forensi; il successo del modello formativo adottato dagli *Inns* risiedeva, infatti, nello stretto legame tra formazione pratica e formazione accademica, in grado di garantire allo studente oltre a conoscenze giuridiche, un bagaglio culturale adeguato per un giovane dell'alta società inglese: sul punto si rinvia, su tutti, a V.E. Ariano e U. Mattei, *Il modello di common law*, cit., spec. pp. 37 e 38, e, ivi, la conclusione secondo cui se gli *Inns*, negli anni del proprio splendore, riuscirono nell'ardua impresa di escludere le università dal sistema di educazione giuridica in quanto l'educazione da loro offerta era percepita come *"una cultura, una grande cultura"*, in origine non riducibile a *"meri meccanismi di cooptazione di praticoni investiti di un monopolio"* come, invece, divenne in seguito (p. 38). V., inrensi, istruiti dai membri più anziani ed esperti della professione, erano chiamati a frequentare gli *Inns*, partecipare ai processi presso le corti, interagire con avvocati e giudici [389] e, a partire dal XV e XVI secolo, anche a frequentare talune *lectures* [390]. Emblematica della connotazione pratica-professionale dell'insegnamento inglese risulta essere anche l'adozione dei c.d. *moots* e *mock trials*, ovvero dei processi simulati svolti, in origine, dinnanzi agli *Inns of Court*, durante i quali i discenti, guidati da un avvocato esperto, erano chiamati a partecipare attivamente assumendo i ruoli delle parti e dei professionisti.

La forte osmosi tra membri anziani ed aspiranti *barristers* si estendeva oltre l'attività di formazione, per abbracciare momenti di convivialità, la consumazione di pasti in comune [391], la condivisione di esperienze di vita [392]. Gli *Inns of Court* costituivano, infatti, il vero e proprio *"centro della sociabilità forense e il nucleo ideale dell'identità dei* barristers*"* [393]. Il tutto

---

oltre, J. Backer che, riferendosi agli studenti dell'*Inner Temple* ribadisce: *"The majority of students were the sons of country gentlemen, not intended for the legal profession"* (J. Baker, *Inner Temple History*, https://www.innertemplelibrary.org.uk/inner-temple/history/); più in generale, si rinvia a W.W. Boulton, *The Legal profession in England: Its Organization, History and Problems*, in *ABA J.*, 1957, v. 43, n. 6, p. 507: *"In effect the Inns were residential colleges, similar to a university, for the study of the common law; but in addition to law, tuition was given in other subjects also such as music, history and dancing, and it was customary for the sons of wealthy families to be sent there for a polite and useful education even though they did not intend to practice law"* (p. 508).

[389] A tale proposito, è stato rilevato come *"This collegial and pedagogical drawing together of the judges, lawyers and students was of great importance in an age when law reports and legal letterature were in an embyronic stage of development"*; così R.M. Stein, *The Path of Legal Education from Edward I to Langdell: a History of Insular Reaction*, cit., p. 431.

[390] Da ciò ne consegue l'affermazione anche in Inghilterra della metodologia didattica del *case method* volta a porre il discente dinnanzi a casi concreti, obbligandolo ad assumere un atteggiamento critico e problematico e ad interagire in maniera attiva al fine di scoprire il principio di diritto applicabile al caso proposto. Per un approfondimento su tale metodologia, introdotta nel 1870 nelle *Law Schools* americane da Christopher Columbus Langdell, allora preside di Harward, si rinvia, su tutti, a M. Rheinstein, *The case method of Legal Educazion: the First One-Hundred Years*, cit., p. 15 ss.

[391] P. Goodrich, *Eating Law: Commons, Common Land, Common law*, in *J. Legal Hist.*, 1991, v. 12, n. 3, p. 246 ss.

[392] W.W. Boulton, *The Legal Profession in England: Its Organization, History and Problems*, cit., spec. p. 508 ove vi è il riferimento alla *"communal life"* vissuta dai membri degli *Inns*. Per una ricostruzione delle antiche tradizioni si rinvia all'articolo di stampo giornalistico: *Old Inns of Court Customs*, in *Green Bag*, March 1889, v. 1, n. 3, pp. 121-122. Cfr. J. Baker, *Inner Temple History*, cit.: *"Besides the academical and vocational exercises required of candidates for the Bar, there have always been social duties to be performed. The custom of eating together in Hall helps to foster a sense of community and continuity, at all levels of the society"*.

[393] In questi termini M. Malatesta, *Professionisti e gentiluomini*, cit., p. 68; Id., *L'avvocatura europea tra autonomia e regolazione statale (XIX-XX secolo)*, cit., pp. 321 e 322. V., altresì, D. Maxwell-Fyfe, *Inns of Court and the Impact on the Legal Profession in England*, cit.: *"The Inns were not in earlier times, as they are now, inhabited merely during the daytime*

veniva agevolato, in origine, dalla dimensione elitaria dell'istituzione in grado di garantire un legame personale e stretto tra i membri[394].

L'identità di categoria passava anche dall'identificazione urbana[395]: gli *Inns of Court* sorsero, infatti, in un quartiere centrale di Londra, e su tale circoscritto spazio urbano i *barristers* seppero esercitare la propria egemonia. Tale accentramento sicuramente fu favorito dalla storica centralizzazione dell'amministrazione della giustizia presso le Corti regie[396] con conseguente concentrazione presso la capitale delle maggiori attività forensi[397]. La giustizia regia, esercitata per il tramite delle corti di *Exchequer, Common Pleas* e *King's* o *Queen's Bench*[398], trovò successivamente estensione in tutto il Regno non mediante la costituzione di corti decentrate locali, bensì in virtù dell'affermazione di un sistema di giustizia itinerante. I giudici appartenenti alle corti centrali londinesi venivano inviati dal sovrano, con cadenza regolare, nelle *assizes*, ovvero nelle periferie, a rendere giustizia e ciò determinava anche il conseguente spostamento nelle province dei *barristers* operanti a Londra[399].

---

by lawyers and students who dispersed in all directions to their homes every night. They were close communities, and their members not only observed their customs, accepted their discipline and owed them loyalty (all of which things they still do) but actually lived their lives within the precincts" (p. 391).

[394] Ciò che D. Duman definisce come una "(...) *intimate face-to-face relationships between practitioners*": così D. Duman, *Pathway to Professionalism: The English Bar in the Eighteenth and Nineteenth Centuries*, in *J. Soc. Hist.*, 1980, v. 13, n. 4, p. 615, e spec. p. 618.

[395] V. M. Malatesta, *Professionisti e gentiluomini*, cit., p. 68; Id., *L'avvocatura europea tra autonomia e regolazione statale (XIX-XX secolo)*, cit., p. 321: l'A. annovera il dominio sullo spazio urbano tra i fattori che hanno permesso il consolidamento dell'autonomia dell'avvocatura inglese.

[396] La centralizzazione della giustizia rappresentò, dunque, uno dei tratti distintivi dell'organizzazione della giustizia inglese; per una ricostruzione sull'affermazione delle Corti regie si rinvia, su tutti, a G. Criscuoli, *Introduzione allo studio del diritto inglese. Le fonti*, Giuffrè, Milano, 2000, p. 113 ss. e, più recentemente, a G. Criscuoli e M. Serio, *Nuova Introduzione allo studio del diritto inglese. Le fonti*, cit.; V. Varano, *Organizzazione e garanzie della giustizia civile nell'Inghilterra moderna*, Giuffrè, Milano, 1973, p. 11 ss.

Rispondeva alla logica della centralizzazione della giustizia anche la giurisdizione di *equity* sviluppatasi a partire dal XIV secolo; La *Court of Chanchery*, ulteriore *"manifestazione della prerogativa regia di amministrare la giustizia"*, aveva, a sua volta, sede a Londra: in questi termini v. A. De Luca, *Una rivoluzione all'inglese. La giustizia a dieci anni dal Costitutional Reform Act*, Giappichelli, Torino, 2016, p. 3.

[397] D. Duman, *Pathway to Professionalism: The English Bar in the Eighteenth and Nineteenth Centuries*, cit., che definisce i *barristers* come la *"England's most centralized profession"* (p. 618).

[398] La giustizia regia trovò affermazione a discapito dell'espansione delle corti locali di origine anglosassone e delle corti feudali; per un approfondimento si rimanda a G. Criscuoli, *Introduzione allo studio del diritto inglese. Le fonti*, cit., p. 87 ss.

[399] Il sistema delle *assize courts*, introdotto durante il regno di Entico II (1154-1189), venne consolidato dallo *Statute of Westminster II* del 1285. Per un approfondimento sulla nascita ed evoluzione della giustizia itinerante e sul suo contributo nello sviluppo della *common law* si rinvia, su tutti, a G. Criscuoli, *Introduzione allo studio del diritto inglese. Le*

Tuttavia, anche allorché trovò affermazione la giustizia itinerante e, successivamente, si diede luogo alla divisione dell'Inghilterra in vari circuiti che comprendevano diverse contee, i *barristers* legati ad uno specifico *circuit* ricrearono delle comunità locali di appartenenza (c.d. *messes*). In quest'ultime venivano riproposte le condizioni di vita e le abitudini proprie degli *Inns*, inclusa la dimensione della socialità e convivialità con la consumazione in comune delle cene al termine del lavoro in corte. Tali comunità locali, pur in assenza di un vero e proprio potere disciplinare riconosciuto, furono in grado di garantire standard rigorosi di condotta, la cui osservanza rispondeva piuttosto a un criterio di pressione sociale[400].

Gli *Inns of Court* non erano delle vere e proprie corporazioni, quanto piuttosto delle *"voluntary societies"*[401], la cui organizzazione e gestione

---

fonti, cit., p. 126 ss. V., inoltre, V. Varano, *Organizzazione e garanzie della giustizia civile nell'Inghilterra moderna*, cit., pp. 17 e 18.

[400] W.W. Boulton, *The Legal Profession in England: Its Organization, History and Problems*, cit., pp. 508 e 509; R.C.J. Cock, *Sentencing at the Bar*, in *Kingston L. Rev.*, 1981, v. 11, n. 3, p. 332 e spec. p. 337; D. Duman, *The English and Colonial Bars in the Nineteenth Century*, Croom Hell, London, 1983, p. 37; Id., *Pathway to Professionalism: The English Bar in the Eighteenth and Nineteenth Centuries*, cit., che sottolinea: *"Outside the metropolis, during the twice yearly peregrinations of the bar on circuit, the circuit messes were the guardians of the profession's honor and dignity. In fact, the messes were probably the institutions which were most actively engaged in shaping the day-to-day etiquette of the bar in the nineteenth century. They were voluntary associations which were democratically governed by their members. In 1795, according to the Law List, they ranged in size from 50 members on the Oxford circuit to a mere 15 on the Midland. By tradition the messes established the standards of professional conduct in the assize courts and played a leading role in the integration and socialization of the novice barrister. Not surprisingly, these small clubs did not have formal statutes or coercive powers. Etiquette was based upon consensus, and sanctions were limited to social pressure, and in the case of gross violations, to exclusion from the mess, though not from the assize courts. While this professional boycott would probably not have affected the prospects of a leading barrister, A.V. Dicey has suggested that it could spell disaster for the man with a career to make, who "would probably soon find that any advantage gained by defying the social code of the circuit was dearly purchased by incurring the disapprobation and tacit opposition of the members of his profession"* [il riferimento è a A.V. Dicey, *Legal Etiquette*, in *Fortn. Rev.*, n.s. 2, 1867, p. 175]" (p. 618).

Sul ruolo dei *bar messes* si rinvia, altresì, a R. Cocks, *The Bar at Azzizes: Barristers on Three Nineteenth Century Circuits*, in *Kingston L. Rev.*, 1976, v. 6, p. 36; D. Lemmings, *Ritual, Majestry and Mystery: Collective Life and Culture among English Barristers, Serjants and Judges, c 1500-c1830*, in W. Pue e D. Sugarman (ed.), *Lawyers and Vampires: Cultural Histories of Legal Profession*, Hart, Oxford, 2003, pp. 58-62.

[401] In questi termini J.L. Halperin, *Avocats et notaires en Europe: les professions judiciaires et juridiques dans l'histoire contemporaine*, cit., spec. p. 56; R.R. Pearce, *A History of the Inns of Court and Chancery: With Notices of Their Ancient Discipline, Rules, Orders, and Customs, Readings, Moots, Masques, Revels, and Entertainments; Including an Account of the Eminent Men of the Four Learned and Honourable Societies,-Lincoln's Inn, the Inner Temple, the Middle Temple, and Gray's Inn, &c*, cit., a p. 51; *The Province of the Bar in England*, in *Law Review, and Quarterly Journal of British and Foreign Jurisprudence*, 1858, v. 9, n. 1, p. 89; W.A. Rosebraugh, *The English Inns of Court*, cit., che definisce gli *Inns* come *"voluntary, unchartered and unincorporated societies"* (p. 126); J.H. Backer, *The Inns of Court and Chancery as voluntary association*, in *Quaderni fiorentini – Itinerari moderni della persona giuridi-*

erano essenzialmente nelle mani dei *benchers* [402], scelti per cooptazione tra i membri più in vista della categoria, soprattutto tra coloro che avevano occupato un'alta carica nel sistema giudiziario [403]. In assenza di regole precise che ne determinassero il numero, le specifiche competenze e i criteri di gerarchia, i *benchers* finirono per divenire una piccola oligarchia che esercitava le proprie funzioni direttive in maniera indipendente e senza confrontarsi con la base [404].

Fino al XIX secolo l'autolegittimazione dell'avvocatura non fu mai contrastata e gli *Inns of Court* poterono esercitare un'autorità senza limiti sui propri membri: rimanevano gli unici titolati a conferire il titolo di *barrister* [405] e ad esercitare il potere disciplinare sulla categoria, con facoltà di sanzionare i propri membri, responsabili di non avere adempiuto ai doveri professionali, sino a pronunciarne, nei casi più gravi, la radiazione [406].

---

ca, Tomo I, Giuffè, Milano, 1982/1983, 11/12, p. 9 ss.; *"The original institution of the Inns of Court nowhere precisely appears; but it is certain that they are not corporations and have no charter from the crown. They are voluntary societies, which for ages have submitted to a government analogous to that of the seminaries of learning"*. Lord Mansfield, case of the King v. Gray's Inn, Dough. 354. Cfr. F.W. Maitland e F.C. Montague, *A Sketch of English Legal History*, cit., p. 110, ove gli *Inns*, in considerazione della loro complessa natura, sono definiti nei seguenti termini: *"They were associations of lawyers which had about them a good deal of the club, something of the college, something of the trade-union"* (p. 110).

[402] Pare che i *benchers* costituissero sin dall'origine l'organo di controllo degli *Inns of Court*: in tal senso si v. W. Holdsworth, *History of English Law*, cit., p. 423; J. Douglas Walker e R. Roxburgh (eds.), *Records of the Honorable Society of Lincoln's Inn. The Black Books*, vol. I, 1422-1586, Lincoln's Inn, London, 1897, I, p. V; *Contra* A.W.B. Simpson, *The Early Constitution of the Inns of Court*, in *The Cambridge L. J.*, 1970, v. 28, n. 2, p. 241; Id., *Legal theory and legal history: essays on the common law*, The Hambledon Press, London-Ronceverte, 1987; Commander Flynn, *The Background to the Inns of Court*, in *Bracton L. J.*, 1969, v. 5, n. 2, p. 60 e spec. p. 62 ss.

[403] V. Varano, *Organizzazione e garanzie della giustizia civile nell'Inghilterra moderna*, cit., p. 73. Nel XIX secolo i *benchers* venivano essenzialmente scelti fra i membri con maggiore anzianità che avevano ottenuto il titolo di *Queen's Counsel:* J.L. Halperin, *Avocats et notaires en Europe: les professions judiciaires et juridiques dans l'histoire contemporaine*, cit., p. 57; D. Duman, *The English and Colonial Bars in the Nineteenth Century*, cit., pp. 34 e 35.

[404] J.L. Halperin, *Avocats et notaires en Europe: les professions judiciaires et juridiques dans l'histoire contemporaine*, cit., p. 57 ss.

[405] Solo nel 1837 venne riconosciuta all'aspirante *barrister*, che si vedeva rifiutare l'ammissione al *Bar* da parte dell'*Inns*, la facoltà di appellare tale decisione davanti al tribunale: v. J.L. Halperin, *Avocats et notaires en Europe: les professions judiciaires et juridiques dans l'histoire contemporaine*, cit., p. 57 e ivi il richiamo a R. Cocks, *Foundations of the Modern Bar*, Sweet & Maxwell, London, 1983, p. 22; B. Abel-Smith e R. Stevens, *Lawyers and the Courts: a Sociological Study of the English Legal System 1750-1965*, cit., p. 64.

[406] Cfr. J.L. Halperin, *Avocats et notaires en Europe: les professions judiciaires et juridiques dans l'histoire contemporaine*, cit., p. 57, che rileva come tale potere disciplinare fosse raramente esercitato, stante il carattere vago ed incerto delle regole professionali non codificate; v., inoltre, D. Duman, *Pathway to Professionalism: The English Bar in the Eighteenth and Nineteenth Centuries*, cit., pp. 618 e 619 e Id., *The English and Colonial Bars in the Nineteenth Century*, cit., p. 37, secondo cui, a fronte di un potere disciplinare esercitato dai *ben-*

Nel corso dell'Ottocento, tuttavia, l'organizzazione degli *Inns of Court* e il potere dei *benchers* furono messi in discussione. Il sistema formativo britannico iniziò a subire pesanti attacchi[407] e ad essere vittima di talune trasformazioni, sulla spinta dalla maturata consapevolezza della necessità di formalizzare il percorso formativo degli aspiranti avvocati e di dotare i futuri avvocati anche di una formazione che contemplasse il diritto come scienza giuridica. Trovando l'appoggio di parte della categoria forense, soprattutto tra le fila dei *barristers* appartenenti alla corrente progressista, il Parlamento cavalcò la ventata riformatrice, istituendo delle Commissioni deputate ad indagare lo stato della formazione giuridica d'oltremanica[408]. Nel 1846 una prima Commissione governativa (*Select Committee on Legal Education*)[409] segnalò *"the inefficiency of the present system, the*

---

chers solo nei casi più estremi, erano i *circuit messes* e *"il general sentiment of the profession"* a determinare la *"day-to-day discipline of the bar"*.

Nel 1837, tuttavia, venne conferito il potere ai giudici di decidere sugli appelli proposti, avverso le decisioni dei *benchers*, dagli aspiranti *barristers* che si erano visti rifiutare l'ammissione: v. J.L. Halperin, *Avocats et notaires en Europe: les professions judiciaires et juridiques dans l'histoire contemporaine*, cit., p. 59; B. Abel-Smith e R. Stevens, *Lawyers and the Courts: A Sociological Study of the English Legal System 1750-1965*, cit., pp. 63-64; T.G. Lund, *The Legal Profession in England and Wales*, in *Journal of the American Judicature Soc.*, 1952, v. 35, p. 134 e in Association of American Law Schools, *Selected Readings on the Legal Profession*, West Publishing Co., St. Paul, 1962, p. 39: *"The Inns have, however, agreed to joint regulations governing the admission of students and call to the bar and although in all these matters the Benchers are outside the jurisdiction of the ordinary Courts their decisions are subject to an appeal to the Lord Chancellor and the High Court judges sitting as a domestic tribunal"* (p. 40).

[407] V. M. Malatesta, *Professionisti e gentiluomini*, cit., a p. 65, che ribadisce come *"dagli anni Trenta dell'Ottocento la formazione giuridica britannica entrò nel mirino dell'opinione pubblica"*, e, in ragione di ciò, vennero elaborati progetti di riforma, volti a promuovere *"la creazione di una facoltà di legge, la revisione del* pupillage *e il controllo dell'accesso alla professione"*.

[408] M. Malatesta, *Professionisti e gentiluomini*, cit., p. 65; C.W. Brooks e M. Lobban, *Apprenticeship or Academy? The Idea of a Law University, 1830-1860*, in J.A. Bush e A. Wijffels (eds.), *Learning the Law. Teaching and Transforming of Law in England 1150-1900*, The Hambledon Press, London-Rio Grande, 1999, p. 353, e, in particolare, p. 365 ss. Sullo scontro tra le due anime dell'avvocatura, una riformista e l'altra conservatrice, si rinvia, su tutti, a D. Duman, *Pathway to Professionalism: The English Bar in the Eighteenth and Nineteenth Centuries*, cit., spec. pp. 621 e 622.

[409] Cfr. Select Committee appointed to inquire into the present State of Legal education in England and Ireland, and the Means for its further Improvement and Extension, *Report from the select Committee on Legal Education*, in *Parliamentary Papers*, n. 686, London, 1846; *Report on Legal Education*, in *Law Magazine: Or Quarterly Review of Jurisprudence*, 1847, v. 7, n. 1, pp. 31-45. V. P. Stein, *Legal Theory and the Reform of Legal Education in Mid-Nineteenth Century England*, in A. Giuliani e N. Picardi, *L'Educazione giuridica II: profili storici*, Cacucci, Bari, 2008, pp. 185-206, p. 539 ss.; D. Freda, Stare Decisis? *Il giudice assediato nell'Inghilterra dell'Ottocento*, in *Giudici e giuristi. Il problema del diritto giurisprudenziale fra Otto e Novecento – Quaderni Fiorentini*, t. I, Giuffrè, Milano, 2011, p. 469 e spec. p. 539 ss.; B. Abel-Smith e R. Stevens, *Lawyers and the Courts: A Sociological Study of the English Legal System 1750-1965*, cit., pp. 64-65.

injuriuous consequences wich have resulted from its continuance, and the urgent necessity of immediate alteration" [410], proponendo la divisione del percorso formativo giuridico in due fasi, l'una accademica, deputata a fornire al futuro avvocato un'educazione di base, l'altra affidata alle associazioni professionali, con una connotazione prettamente pratico-professionale. Il Rapporto governativo elaborato in seno alla predetta Commissione rappresentò il primo tentativo volto a scalfire il secolare monopolio delle categorie professionali nel settore dell'educazione giuridica, in favore di una crescente collaborazione fra realtà universitaria e mondo professionale. Sebbene utilizzando toni maggiormente indulgenti nei confronti alla formazione giuridica inglese, a conclusioni simili giunse anche la Commissione parlamentare istituita nel 1854, al fine di indagare il sistema formativo degli *Inns of Court* e *Chancery* [411]. Pur non sottovalutando il valore del *"system of practical study in Barrister's Chambers, which must be admitted to be very efficient in fitting the Student for the actual duties of his profession"*, la Commissione rimarcava la criticità dettata dall'assenza di uno studio che coinvolgesse *"the scientific branches of Legal Knowledge"* [412], suggerendo che *"if the four Inns like four Colleges constituted one Legal University, and someone at head of it acted as Dean of Faculty in Scotland, it would be beneficial"* [413]. Tali indi-

---

Le raccomandazioni contenute nel rapporto appena menzionato sono state successivamente ribadite nel *Report of the Commissioners Appointed to Enquire into the Arrangements in the Inns of Court and Inns of Chancery for Promoting the Study of Law and Jurisprudence*, n. 1988, London, 1855.

[410] Tale Commissione governativa si espresse in maniera estremamente critica nei confronti della formazione giuridica inglese, definendola non solo inferiore rispetto a *"all the more civilized States of Europe and America"*, ma giungendo alla lapidaria conclusione secondo cui *"no Legal Education, worthy of the name, of a pubblic nature, is at this moment to be had in either country [England and Ireland]"*: Select Committee appointed to inquire into the present State of Legal education in England and Ireland, and the Means for its further Improvement and Extension, *Report from the select Committee on Legal Education*, in *Parliamentary Papers*, n. 686, cit., p. lvi.

[411] *Report of the Commissioners appointed to inquire the Arrangements in the Inns of Court and Inns of Chancery for promoting the study of law and jurisprudence*, printed for G.E. Eyre and W. Spottiswoode, for H.M. Stationery off., 1855, https://archive.org/details/reportcommissio00jurigoog; cfr. *The Inns of Court Commission*, in *Law Magazine: Quarterly Review of Jurisprudence*, 1855, v. 23, n. 3, p. 76 e in 1856, v. 24, p. 76.

In dottrina si rinvia, su tutti, a R. Cocks, *Foundation of the Modern Bar*, Sweet & Maxwell, London, 1983, p. 95 ss.

[412] *Report of the Commissioners appointed to inquire the Arrangements in the Inns of Court and Inns of Chancery*, cit., a p. 15.

[413] Cfr. *Report of the Commissioners appointed to inquire the Arrangements in the Inns of Court and Inns of Chancery*, cit., spec. pp. 55 e 307. V. A.M. Carr-Saunders e P.A. Wilson, *The professions*, Oxford Clarendon Press, Oxford, 1933: *"The Commissioners therefore made no recommendation beyond suggesting that they thought the Inns might suitably be incorporated as the colleges of a legal university with power to grant degrees in law"* (p. 49).

rizzi di riforma saranno ripresi costantemente nel corso di tutto il Novecento[414].

---

[414] Il riferimento è, in particolare, a: *Report of the Legal Education Committee*, Cmd. 4663 (London, HMSO, 1934) ('Atkin Committee'); *Report of the Committee Appointed by the Prime Minister under the Chairmanship of Lord Robbins*, Cmnd. 2154 (London, HMSO, 1963) ('Robbins Report'); *Report of the Committee on Legal Education*, Cmnd. 4595 (London, HMSO, 1971) ('Ormrod Report'); *Royal Commission on Legal Services, Final Report*, Cm. 7648 (London, HMSO, 1979) ('Benson Report'); *A Time for Change: Report of the Committee on the Future of the Legal Profession* (London, General Council of the Bar/The Law Society, 1988) ('Marre Committee'); Lord Chancellor's Advisory Committee on Legal Education and Conduct, *First Report on Legal Education and Training* (London, ACLEC, 1996) ('ACLEC'); *Review of the Regulatory Framework for Legal Services in England and Wales*, 2004 ('Clementi Report'); *Legal Education and Training Review, The Future of Legal Services Education and Training Regulation in England and Wales*, June 2013, http://www.letr.org.uk/the-report.

In particolare al *Report of the Committee on Legal Education*, che ha visto la luce nel 1971 ad opera della *Ormorod Committee*, si deve il merito di aver ribadito la necessità di creare una formazione giuridica armonica e strutturata in tre fasi: la prima accademica, presso le Università, che consente di ottenere un *Law Degree* o una laurea equivalente; una seconda fase vocazionale, volta a ricomprendere sia *institutional training* sia esperienze pratiche condotte sotto la supervisione di un avvocato esperto, ed infine un *continuing stage*, idoneo a permettere al professionista di mantenere un aggiornamento costante. Per maggiori approfondimenti si v. *Report of the Committee on Legal Education*, Cmnd. n. 4595 (1971). Tale *Committee*, che ha preso il nome dal suo Presidente, Sir. Roger Ormorod, Giudice della *High Court*, avrebbe dovuto costituire una commissione permanente di consulenza del *Lord Chancellor* in tema di formazione giuridica. Sulle proposte e raccomandazioni elaborate da tale Commissione si rinvia, su tutti, a A.T. Philip e G.M. Mungham, *English Legal Education: A Commentary on the Ormrod Report*, cit., e G. Morley, *Legal Education in England and Wales*, in N. Picardi e R. Martino (a cura di), *L'educazione giuridica*, cit., p. 365 ss., pp. 375 e 376. In senso critico, v. H. Arthurs, *The Ormrod Report: A Canadian reaction*, in *Mod. L. Rev.*, 1971, v. 34, p. 642; G. P. Wilson, *Some Reflection on the Ormrod Report*, in *Mod. L. Rev.*, 1971, v. 34, p. 635; R. Stevens, *American Legal Education: Reflection in the light of Ormrod*, *Mod. L. Rev.*, 1972, v. 35, p. 242; B. Hepple, *The renewal of the Liberal liberal Law Degree*, in *Cambridge L. J.*, 1996, v. 55, p. 470. Cfr. J. Flood, *Legal Education in the Global Context. Challenges from Globalization, Technology and Changes in Government Regulation*, U. of Westminster School of Law Research Paper No. 11-16., 2011, p. 2: "*Nevertheless with control of legal education, after Ormrod, divided between the academy and the profession, an uneasy alliance held. Law schools subscribed to core subjects prescribed by joint statements on qualifying law degrees while academic law became embedded in universities with the concomitant evolution of research and a proliferation of postgraduate law degrees, most notably LLMs and the PhD*".

Il suggerimento contenuto nell'*Ormorod Report* veniva positivamente accolto nel mondo anglosassone e il dibattito ripreso anche in successivi interventi. Infatti, le conclusioni del *Benson Report* del 1979 non divergevano di molto da quelle dell'*Ormrod Report*; veniva ribadito il fatto che il *Law Degree* costituisse ormai una delle modalità di accesso alla professione forense e particolare enfasi veniva posta sulla caratterizzazione sia del *Law Degree*, sia del *Vocational Training*. Il *Report* elaborato dalla *Lord Chancellor's Advisory Committee* (*ACLEC*) nel 1996 a sua volta riprendeva e riesaminava criticamente i diversi aspetti della formazione giuridica anglosassone, in considerazione dei cambiamenti che avevano caratterizzato il XXI secolo, rimarcando, comunque, come "*the future of legal education and training cannot be separated from that of higher education in general*" e come "*the law must essentially continue to be a graduate profession*" (ACLEC, *First Report on Legal Education and Training*, London, ACLEC, 1996, e spec. pp. 18 e 43).

Le Università, *in primis* quelle di Oxford, Cambridge[415] e Londra, risposero in maniera entusiasta a tale prospettiva, pur tuttavia omettendo completamente di adottare un'impostazione conforme alla necessità di preparare i discenti al concreto esercizio della professione legale, limitandosi ad insegnare il diritto come un'arte liberale. Le associazioni profes-

---

Anni dopo, nel 2013, l'importanza *del Qualifying Law Degree (QLD) e del Graduate Diploma in Law (GDL)* veniva ulteriormente ribadita, riconoscendo gli stessi come *"important foundation for professional training"* (Legal Education and Training Review, *The Future of Legal Services Education and Training Regulation in England and Wales*, cit., p. xiv: *"A number of recommendations are made in respect of the Qualifying Law Degree (QLD) and Graduate Diploma in Law (GDL). These continue to provide an important pathway into the legal services sector for a range of authorised persons, and thus constitute an important foundation for professional training"*.

Tale indirizzo di pensiero è rimasto il prevalente, sino all'ultima riforma introdotta dalla Solicitors Regulation Authority (SRA), tesa alla sostituzione del corrente percorso di accesso alla professione con un sistema centralizzato di esami – *Solicitors Qualifying Exam* (SQE), a partire dal 2021.

[415] Nel 1753 Blackstone e Viner iniziarono ad introdurre lo studio della *Common law* all'interno dell'Università di Oxford, prima caratterizzata per l'esclusivo insegnamento del Diritto Romano; tale sforzo venne replicato anche all'Università di Cambridge nel 1800. Nel 1826 venne fondata *l'University College London*, definita da G. Morley come the first *modern university law school*, e nel 1831 venne creato il *King's College*. Nel 1908 erano presenti nel Regno Unito ben otto università. Cfr. G. Morley, *Legal Education in England and Wales*, cit., pp. 365 e 366. A partire dal 1909 si può, dunque, affermare che *"a clear demarcation between academic and professional education was becoming established"*: così A. Boon e J. Webb, *Legal Education and Training on England and Wales: Back to the Future?*, cit., p. 86. Il peso delle Università continuò a crescere; emblematiche sul punto le parole di A.T. Philip e G.M. Mungham: *"The first point which stands out is that the demand for legal education is growing. Some elementary figures are confirmation enough: between 1964-66 and 1970-71, the number of first year students admitted to university law degree programs increased from 1,571 to 2,288. Significantly, the number of applicants for places in university law schools rose more shaply still, from 3,324 to 6,205 during the years cited. In other words, inside the universities, demand has increasingly outstripped the supply of places available"* (così A.T. Philip e G.M. Mungham, *English Legal Education: A Commentary on the Ormrod Report*, in *Val. U. L. Rev.*, 1972, v. 7, p. 108). Tuttavia, diversi autori sottolineano come tali cambiamenti non furono dettati da una scelta in tal senso proveniente dal mondo professionale, ma da ragioni sociopolitiche. Interessanti, a tal proposito, le parole di A. Boon e J. Webb: *"That the law become a graduate –and predominantly law graduate – profession was not due to professional policy, but reflected the extent to which entrants to the profession increasingly saw value in a university education as the stepping stone to a legal career. Indeed, as Schwarz argues, the attitude of the profession served as a significant block on the expansion, particularly of the newer provincial universities until the 1950s. Only in the context of the enormous changes in state higher education policy that followed World War II could such aspirations be realized. The underlying point of our historical tour is that the value of a university education long remained questionable to those who regulated the profession. The central position the academy has achieved in initial legal education and training has been primarily the result of socio-political, rather than profession-inspired, change from the 1950s onwards. The construction of the British welfare state heralded in a range of policies that led to a massive expansion in higher education provision"*, A. Boon e J. Webb, *Legal Education and Training on England and Wales: Back to the Future?*, cit., p. 88.

sionali, d'altro canto, restie ad operare in sinergia con il mondo accademico e contrarie alla creazione di percorsi formativi comuni per i due rami della professione, si attivarono prontamente per formalizzare l'educazione dei futuri avvocati[416], istituendo corsi di diritto, rafforzando il praticantato ed introducendo degli esami *ad hoc*[417]. Di fatto veniva a cristallizzarsi un doppio binario di accesso alla professione: da un lato emergevano le università, attraverso lo sviluppo di cattedre e diplomi di diritto; dall'altro troneggiavano le associazioni professionali che, non riconoscendo l'utilità e il valore di un'educazione accademica per il concreto esercizio della professione, perpetuavano lo storico controllo sulla categoria[418]. I diversi percorsi formativi, nonostante le indicazioni di miglioramento avanzate dalle Commissioni governative, rimanevano, pertanto, autonomi e difficilmente comunicanti.

Gli *Inns* manifestarono un atteggiamento di avversione al cambiamento, non solo rifiutando, nella prima metà dell'Ottocento, i suggerimenti di riforma sul terreno della formazione giuridica, ma, altresì, esercitando una forte resistenza passiva nei confronti dei disegni di legge, che videro la luce negli anni '60 e '70 dell'Ottocento[419], volti a ridimensionare il potere dei *benchers*[420] e riconoscere al *barrister* il diritto di pretendere il pagamento delle proprie prestazioni e renderlo responsabile direttamente nei confronti dei clienti[421]. I *barristers* continuarono a difendere strenuamente

---

[416] Gli *Inns of Court* hanno fondato nel 1852 il *Concil of Legal Education*, mentre la *Law Society* ha creato una propria *Law School* nel 1903.

[417] Per quanto attiene agli aspiranti *barristers*, negli anni '50, è stato istituito un esame facoltativo; il *Bar examination* è divenuto obbligatorio a partire dal 1872. La gestione di tale esame era demandata al *Council of Legal Education*, fondato nel 1852. Cfr. J.L. Halperin, *Avocats et notaires en Europe: les professions judiciaires et juridiques dans l'histoire contemporaine*, cit., p. 58, che sottolinea come l'esame obbligatorio per gli aspiranti *barristers* rappresentò l'unica concessione fatta dai *benchers*.

Esami preliminari ed intermedi sono stati introdotti anche per i *solicitors* nel 1860. La responsabilità di tali esami è stata demandata, a partire dal 1877, alla *Law Society*. Con il controllo sulla selezione, mediante la previsione di esami di accesso obbligatori interamente gestiti dall'associazione, con commissioni composte da soli pari, la *Law Society* continuò a garantirsi un controllo sulla formazione (v. *infra*). V. M. Malatesta, *Professionisti e gentiluomini*, cit., p. 66.

[418] M. Malatesta, *Professionisti e gentiluomini*, cit., spec. p. 66.

[419] Le iniziative condotte attraverso tali disegni di legge, seppur trovando l'appoggio degli avvocati deputati appartenenti alla corrente riformista, furono, infatti, affossate dalla resistenza passiva opposta dalla corrente conservatrice, *"appoggiata dalla classe politica, che riteneva la loro intoccabilità un principio sacro"*: così M. Malatesta, *Professionisti e gentiluomini*, cit., p. 70; Id., *L'avvocatura europea tra autonomia e regolazione statale (XIX-XX secolo)*, cit., p. 323 ss.

[420] *Bill presented by Sir. George Bowyer*, in *Hansard*, House of Commons, 1862, Volume 167 (https://hansard.parliament.uk/Lords/1862-06-25/debates/b3d5365c-35b4-4f7b-b7a2-dee11781f04a/InnsOfCourtGovernmentBill).

[421] V. *Barristers and Advocates Fee Bill*, in *Hansard*, House of Commons, 1875, Volume

la loro tradizione di perfetto *self-government,* sostenendo che le procedure disciplinari e i codici di condotta adottati rispondevano ad una esigenza di tutela dell'interesse pubblico, ed eventuali interventi legislativi non solo erano da considerarsi superflui, ma potevano addirittura rivelarsi controproducenti e dannosi [422].

L'atteggiamento conservatore degli *Inns of Court* decretò, pertanto, il fallimento di qualsiasi azione riformatrice condotta dall'esterno [423]. Tuttavia, sul finire del XIX secolo, il cambiamento si rendeva inevitabile per consentire ad una struttura corporativa ormai arcaica di adattarsi alle mutate esigenze, al fine di mantenere il monopolio sulla categoria perpetrandone l'autonomia. Non solo la pressione politica, ma anche il dilagare, internamente [424] ed esternamente al corpo professionale, di un certo scetticismo e disaffezione nei confronti delle regole autoimposte dalla categoria, portarono il *Bar* a dover riflettere sulla necessità di rimodernare le proprie istituzioni.

Dopotutto, la fisionomia del *Bar,* a cavallo tra il XVIII e XIX secolo, stava profondamente mutando: il carattere elitario e oligarchico della categoria veniva gradualmente compromesso da una crescita esponenziale dei membri. Tra fine Settecento e inizio Ottocento il numero dei *barristers* quasi quintuplicò: in particolare, dai 379 membri del 1785 si passò ai 1835 del 1840. Tale trend evolutivo era destinato a confermarsi negli anni successivi: tra il 1835 e il 1885 si assistette, infatti, a un tasso di crescita della categoria pari al 300% [425]. Il considerevole incremento numerico non po-

---

226 e 1876, Volume 229. In particolare, tale proposta legislativa interpretava il compenso del *barrister* non più come un onorario, bensì come una retribuzione: come immediato corollario discendeva il diritto per il *barrister* di convenire in giudizio il cliente, nel caso in cui quest'ultimo non avesse corrisposto quanto dovuto; nel contempo, tuttavia, il *barrister* poteva essere citato in giudizio dal proprio cliente nei casi in cui non fosse comparso in corte o avesse esercitato in maniera negligente le proprie funzioni.

Per approfondimenti si rinvia, *ex plurimis,* a D. Duman, *The English and Colonial Bars in the Nineteenth Century,* cit., p. 60 ss.

[422] D. Duman, *Pathway to Professionalism: The English Bar in the Eighteenth and Nineteenth Centuries,* cit., p. 619.

[423] "*La professione del* barrister *arrivò nel XX secolo senza che nulla al suo interno fosse cambiato in modo significativo e per questo è ritenuta dagli studiosi una sfida alle teorie della professionalizzazione. Nel periodo in cui le altre professioni innalzavano le loro credenziali e mutavano l'organizzazione, il* Bar *restò squisitamente arcaico, guardando con disprezzo alla modernizzazione professionale e continuando a trarre autorevolezza e legittimazione dall'immutato sistema di* self-government": così M. Malatesta, *Professionisti e gentiluomini,* cit., p. 70.

[424] Così, eloquentemente, negli anni '60 dell'Ottocento, si esprimeva un *barrister* in una lettera destinata alla stampa: "*It would be a very difficult matter to say what the rules of the bar are, or what is their sanction, and probably no two members of the profession would give the same account of them*": Pall Mall Gazette, V, 17 maggio 1867, richiamato da D. Duman, *Pathway to Professionalism: The English Bar in the Eighteenth and Nineteenth Centuries,* cit., p. 619.

[425] Tali statistiche sono riprese da D. Duman, *Pathway to Professionalism: The English*

teva che ripercuotersi direttamente sul numero di *barristers* operanti nei diversi circuiti: se nel 1785 solo 133 *barristers* potevano essere annoverati tra le fila di coloro che praticavano nei sei *circuits* d'Inghilterra, nel 1900 tale numero era salito a 1998 [426].

Tale espansione numerica rendeva inappropriata la tradizionale struttura degli *Inns*, la quale rinveniva la propria ragione d'esistenza e di sopravvivenza nel forte spirito di casta, nell'osservanza di precetti consuetudinari, nel rispetto di valori comuni, nella condivisione della quotidianità, nonché nello sviluppo di rapporti personali – oltre che professionali [427].

Non solo l'incremento di categoria, ma anche il processo di decentralizzazione della giustizia contribuì a minare la connotazione degli *Inns*, storicamente legata all'accentramento delle corti a Londra e radicata nel monopolio urbano tra Holborn e la City.

Sul finire dell'Ottocento, lo sviluppo della rete ferroviaria e la riorganizzazione dei circuiti condussero ad un declino lento e graduale del ruolo dei *bar messes* [428]. Per contro, l'istituzione delle *county courts* nel 1846 [429] e il progressivo ampliamento della rispettiva giurisdizione [430], e, ancor più,

---

Bar in the Eighteenth and Nineteenth Centuries, cit., pp. 619 e 620, che richiama la *Law List – i.e. Register of practices barristers*-- per il primo periodo e J. Foster, *Man-at-the-Bar*, Hazell, Watson, and Viney, London, 1880 e J. Whishaw, *A Synopsis of the Members of the English Bar*, Stevens and Sons, London, 1835, per le considerazioni sul secondo.

[426] Tali statistiche sono riprese da D. Duman, *Pathway to Professionalism: The English Bar in the Eighteenth and Nineteenth Centuries*, cit., p. 620 e dall'A. ricavate da *"the circuits list in the the Law list"* degli anni presi in considerazione.

[427] D. Duman, *Pathway to Professionalism: The English Bar in the Eighteenth and Nineteenth Centuries*, cit., pp. 619 e 620.

[428] Sul declino dei *messes* v. Duman, *Pathway to Professionalism: The English Bar in the Eighteenth and Nineteenth Centuries*, cit., p. 623; J.L. Halperin, *Avocats et notaires en Europe: les professions judiciaires et juridiques dans l'histoire contemporaine*, cit., pp. 58 e 59.

[429] *County Courts Act 1846*. Con tale intervento legislativo venne istituito un sistema di corti locali capillarmente diffuse su tutto il territorio: in particolare, Inghilterra e Galles vennero divisi in circa 500 distretti, raggruppati in 60 circuiti, a capo dei quali venne posto un giudice scelto tra i *barrister* con significativa esperienza e ove le parti potevano essere rappresentate e difese da *solicitors, attorneys* o *barristers*: M. Blacksell e C. Fussell, *Barristers and the Growth of Local Justice in England and Wales*, in *Transactions of the Institute of British Geographers*, 1994, v. 19, n. 4, p. 482 e spec. p. 489; D. Duman, *Pathway to Professionalism: The English Bar in the Eighteenth and Nineteenth Centuries*, cit., p. 620; V. Varano, *Organizzazione e garanzie della giustizia civile nell'Inghilterra moderna*, cit., p. 38 ss.

Sul punto, cfr. A. De Luca, *Una rivoluzione all'inglese. La giustizia a dieci anni dal Costitutional Reform Act*, cit., p. 4 e relativa nota n. 13: l'A. sottolinea come tale riforma non rispondesse ad una logica di ampliamento dell'accesso alla giustizia per i meno abbienti, traducendosi, per contro, in un beneficio per la piccola e media borghesia imprenditoriale e commerciale, che era posta in condizione di recuperare in maniera più celere e con costi più contenuti crediti anche di modico valore, per i quali sarebbe risultato antieconomico adire le corti centrali londinesi. Nello stesso senso, v. V. Varano, *Organizzazione e garanzie della giustizia civile nell'Inghilterra moderna*, cit., p. 41.

[430] Nel 1850 la giurisdizione venne estesa da controversie di valore non superiore a 20 £

la successiva emanazione dei *Judicature Acts* del 1873-1875 [431], che rivoluzionarono l'assetto delle corti superiori inglesi, condussero a una biforcazione del *Bar* rendendo necessaria l'adozione di nuove forme organizzative per preservare la coesione della categoria [432]. Tali riforme, infatti, non solo riportarono i *barristers* a lavorare in provincia, ma anche a risiedervi in maniera permanente, esercitando di rado o non esercitando affatto la professione presso le corti londinesi [433]. L'emersione e lo sviluppo di *local bars*, di modesta entità ma di *'distinct character'*, costituì una conseguenza scontata di tale riorganizzazione della giustizia. Sul finire del secolo i *local bars* costituivano delle realtà non trascurabili: quelli di Manchester e Liverpool, da sempre i più numerosi, raccoglievano rispettivamente 99 e 95 *local barristers*, seguiti da quelli di Birmingham, Leeds e Bristol, a cui appartenevano rispettivamente 22, 20 e 19 *barristers* [434]. L'emersione e l'affermazione dei *local bars* generavano il fondato timore di ripercussioni negative sulla disciplina e l'*'etiquette'* dei *barristers*, su cui gli *Inns* faticavano ormai a mantenere una forma di controllo centralizzata [435].

a controversie di valore non superiore 50 £, con conseguente aumento dei casi decisi presso tali corti, in provincia: M. Blacksell e C. Fussell, *Barristers and the Growth of Local Justice in England and Wales*, cit., p. 489.

[431] R. Cocks, *Foundations of the Modern Bar*, cit., p. 135 ss.; B. Abel-Smith e R. Stevens, *Lawyers and the Courts: A Sociological Study of the English Legal System 1750-1965 (1967)*, cit., p. 211 ss.; M. Blacksell e C. Fussell, *Barristers and the Growth of Local Justice in England and Wales*, cit., p. 489; G. Criscuoli, *Introduzione allo studio del diritto inglese. Le fonti*, cit., p. 261 ss.; V. Varano, *Organizzazione e garanzie della giustizia civile nell'Inghilterra moderna*, Giuffrè, Milano, 1973, cit., p. 45 ss.

[432] Così W. Cornish, S. Banks, C. Mitchell, P. Mitchell e R. Probert, *Law and Society in England 1750-1950*, Hart Publishing, Oxford-Chicago, Ill., 2019, p. 60.

[433] In particolare, il *Bar* temeva che le *County Courts* avrebbero sottratto lavoro alle più antiche giurisdizioni, soprattutto alle *assizes*, e che gli *attorneis*, che avevano il diritto di patrocinare dinnanzi alle corti locali, potessero prenderne il monopolio a discapito dei *barristers*; la risposta del *Bar* era, dunque, quella di *"'localise' itself"*: molti *barristers* si trasferirono stabilmente vicino a tali corti e ivi svilupparono la propria professione. Tale soluzione non era, tuttavia, scevra di rischi per l'autonomia e l'autolegittimazione dell'intera categoria: *"The centralised Bar, based on Westminster, which only went into the provinces for relatively short period of the Circuits would gradually break up. It would be replaced by local men who knew little of the world at large and who were not subject to the social constraints of the London Bar"*: R. Cocks, *Foundations of the Modern Bar*, cit., spec. pp. 56 e 57.

[434] Tali statistiche sono riprese da D. Duman, *Pathway to Professionalism: The English Bar in the Eighteenth and Nineteenth Centuries*, cit., p. 620.

[435] D. Duman, *Pathway to Professionalism: The English Bar in the Eighteenth and Nineteenth Centuries*, cit., pp. 620 e 621. Tali timori riecheggiavano anche nella stampa del tempo; da un articolo pubblicato dal *Law Times* nel 1883, che si poneva in aperta opposizione al tentativo di creare corti provinciali permanenti in sostituzione dell'*'azzise system'*: *"To mediocrity, which of course is the characteristic of seventenths of the Bar, the prospect of decentralisation is doubtless attractive. What are now called local barristers would then practise continually before High Court judges instead of before the County Courts. More barristers would get work and smaller incomes would be made. Circuit life with all its social advantages*

La risposta ai problemi esogeni ed endogeni che iniziavano a minare la struttura centralizzata, arcaica e oligarchica degli *Inns*, e la correlata autorità, arrivò dalla professione stessa: il malcontento manifestato dall'opinione pubblica e i tentativi di riforma della classe politica non riuscirono a scalfire la perfetta autonomia e i privilegi della categoria, ma fu il *Bar* a porsi, ancora una volta, come *"the final arbiter of the best interest of the barristers"* [436].

Nel 1883 venne fondato, su iniziativa di 257 *barristers*, il *Bar Committee* [437], il cui fine era quello di *"collect and express the opinion of members of the Bar upon matters affecting the profession and to take such action as may be deemed expedient"* [438]. La portata innovatrice di tale istituzione si rivelò, tuttavia, ben presto, modesta: a solo un anno dalla costituzione meno di 747 *barristers* votarono nelle elezioni e 200 ne pagarono la quota di iscrizione, a fronte di 4.000 *practicing barristers* [439]. Il fallimento pareva connesso all'incapacità rappresentativa di tale organo, eloquentemente descritto nel 1893 come un gruppo di *gentlemen* che costituivano *"a head without a body"*, che operavano nell'assenza di una *"spinal column connecting them with the Profession"* e che per tali ragioni non agivano – e non avrebbero potuto agire – come portavoce del *Bar* [440]. L'esperienza, per quanto fallimentare, fu in grado di spianare la strada alla costituzione, qualche anno più tardi, di una vera e propria associazione nazionale di rappresentanza della categoria. Nel 1894 il *Bar Committee* si trasformò nel *General Council of the Bar* (*Bar Council*): i relativi compiti e le aree di influenza furono spartite in concerto con gli *Inns*. La modernizzazione sul piano istituzionale non portò, dunque, ad una sovversione della tradizionale struttura professionale: gli *Inns of Court*, infatti, continuarono a

would be a thing of the past; the Inns of Court would lose half the little influence which they now exercise; and generally the Bar would sink down from the atmosphere, pure, bracing, and invigorating, through which they now rise to eminence into a lower sphere when the struggle for existence would be greater and the competition keener for diminished business": *The future of the Profession*, in *Law Times*, 74, 24 febbraio 1883, pp. 294 e 295.

[436] D. Duman, *Pathway to Professionalism: The English Bar in the Eighteenth and Nineteenth Centuries*, cit., p. 625.

[437] B. Abel-Smith e R. Stevens, *Lawyers and the Courts: A Sociological Study of the English Legal System 1750-1965 (1967)*, cit., p. 215.

[438] M. Hatcher, *The General Council of the Bar: A Note on its History*, in *Leg. Inf. Manag.*, 2019, v. 19, p. 16, spec. p. 19.

[439] *"There are 8000 barristers upon the books of the Inns of Court; 4000 of those hold the selves out for practice in England. Yet the Bar Committee receive only 200 half-guinea subscriptions, and when the election of members took place last June only 747 out of the 4000 active barristers voted. Would such a state of things be possible if the Bar considered they were electing their mouthpiece?"*: *Interview with Mr. Crump, Q.C.*, in *Law Times*, 13 maggio 1893, n. 95, p. 30; cfr., altresì, *The Annual Meeting of the Bar*, in *Law Times*, 13 maggio 1893, cit., pp. 29 e 30.

[440] *Interview with Mr. Crump, Q.C.*, cit., p. 30.

mantenere il controllo sulla disciplina dei membri, mentre il *Bar Council* diventò *"l'istituzione preposta alla difesa degli interessi degli avvocati di primo livello e alla consulenza sulle regole della condotta professionale"* [441]. Il *Bar Council*, raccogliendo e pubblicando la maggior parte di tali consulenze in raccolte annuali (*annual statements*), intraprese una sorta di opera di codificazione dei precetti deontologici [442]. Gli assetti organizzativi così definiti rimasero immutati per quasi un secolo. L'autorità del *Bar Council* nella definizione delle regole e degli standard etici e il controllo dei *benchers* sulla disciplina dei propri membri terminarono solo nel 1974, allorché il neocostituito *Senate of the Inns of Court and the Bar* [443] avocò a sé tali prerogative. Il nuovo organo di autogoverno si poneva come finalità quelle di preservare gli standard, l'onore e l'indipendenza del *Bar*, migliorare i servizi offerti dal *Bar*, rappresentando l'intera categoria dinnanzi alle altre istituzioni e facendosi così portavoce delle istanze di classe nei confronti del potere esecutivo e giudiziario.

Per ciò che qui rileva, è evidente come il *Bar* si affacciò alle porte del XX secolo senza grandi stravolgimenti, perpetuando la propria struttura arcaica e traendo linfa e sostegno dalla storica autorevolezza e dalla per-

---

[441] Così M. Malatesta, *Professionisti e gentiluomini*, cit., p. 70.

[442] Per un approfondimento si rinvia a G. Coldstream, *Professional Standards, Ethics and Discipline in England*, in *ABA J.*, 1970, v. 56, n. 3, p. 237, che rimarca la completezza di tali *Statements*: *"They are very comprehensive and cover such matters as the general duty of a barrister to his client; the defence of prisoners (for example, how a barrister should behave when there has been a confession of guilt); the duties of counsel for the prosecution the relations between barristers and solicitors both in contentious and noncontentious business; the conduct of barristers before courts and tribunals, including such matters as the wearing of robes. Then there are the rules relating to general and special retainers, as to counsel's fees (including the controversial relationship between the fees payable to a Queen's Counsel and the junior appearing with him) rules relating to advertising, touting and publicity, to the engagement by members of the Bar in supplementary activities and occupations, and regulations governing chambers and pupilage. The most important rulings will be found in Conduct and Etiquette at the Bar, by W. W. Boulton, the Secretary of the Bar Council (fourth edition, Butterworths, London, 1965)"* (p. 238).

[443] Il *Senate* venne fondato nel 1966 al fine di coordinare le attività degli *Inns of Court*. Tra le funzioni demandate a tale istituzione, vi era l'esercizio del potere disciplinare nei confronti dei *barristers*. Il *Senate* era composto da 38 membri, inclusi sei rappresentanti dei *benchers* per ciascun *Inn*, sei rappresentanti del *Bar Council*, i *Tresureas* degli *Inns*, l'*Attorney General*, il *Solicitor General*, *il Chairman* del *Bar Council* e quello del *Council of Legal Education*. I ricorsi disciplinari erano valutati da una Commissione interna al *Senate* (nota come *Complaints Committee*), e, nel caso di fondatezza dell'accusa, il caso veniva rimesso alla decisione di una *Disciplinary Committee*, composta da almeno cinque membri del *Senate*, quattro dei quali dovevano essere *practicing barristers*. Se ritenuto colpevole, il *barrister* poteva essere radiato, sospeso, condannato alla rinuncia o alla restituzione del compenso o soggetto a rimprovero. Era, tuttavia, consentito il diritto d'appello avverso le decisioni di condanna dinnanzi all'organo giudiziario. Per ulteriori approfondimenti si rimanda, su tutti, a G. Coldstream, *Professional Standards, Ethics and Discipline in England*, cit., spec. pp. 239 e 240. Nel 1974 esso diventò l'organo di governo della professione; The Monopolies and Merges Commission, *Barristers' Services*, London, July 28, 1976, p. 4.

fetta autonomia professionale, in grado di scoraggiare qualsiasi tentativo di riforma proveniente dall'esterno.

Tale organizzazione non fu scalfita nemmeno dall'ampliamento del mercato dei servizi legali come conseguenza dell'espansione dello Stato sociale nel Novecento.

L'introduzione nel 1949 del *Legal Aid and Advice Act* [444] determinò la nascita di un nuovo rapporto tra professione e Stato [445]. Sempre più *barristers*, infatti, specialmente tra le fila dei più giovani, iniziarono a ricevere ed accettare incarichi direttamente dallo Stato mediante l'istituto del gratuito patrocinio nelle cause penali. I dati sono eloquenti: nel 1977 il 30% dei redditi derivava da attività di gratuito patrocinio [446], mentre nel 1983 era circa il 40% [447]. Il budget destinato al gratuito patrocinio che ammontava a 94,7 milioni di sterline nel 1980 venne incrementato raggiungendo l'importo di 259 milioni di sterline nel 1984 [448]. Ciò comportò la necessità di aprire nuovi canali di dialogo tra la categoria professionale e l'apparato statale, basti pensare alla necessità di trovare un accordo nella determinazione delle tariffe [449].

La dipendenza dallo Stato si rafforzò, inoltre, in virtù dell'impiego di un numero sempre maggiore di *barristers* direttamente nell'apparato burocratico statale, tra ministeri e pubblica amministrazione. L'ufficio centralizzato della pubblica accusa, il *Crown Prosecution Center*, fondato nel 1968 in ampliamento della precedente struttura, garantì l'assunzione con posizione di dipendenza di ben 1.700 *barrister* nel 1990, a fronte degli originali 80 del 1868 [450].

La crescita del peso dell'autorità statale sul mondo professionale, pur determinando una riscrittura di alcuni tratti del *Bar* secondo logiche di

---

[444] B. Abel-Smith e R. Stevens, *Lawyers and the Courts: A Sociological Study of the English Legal System 1750-1965*, cit., pp. 325 e 326.

[445] L. Halperin, *Avocats et notaires en Europe: les professions judiciaires et juridiques dans l'histoire contemporaine*, cit., p. 61; M. Malatesta, *Professionisti e gentiluomini*, cit., p. 73.

[446] H. Brooke, *The History of Legal Aid 1945 to 2010*, Bach Commission on Access to Justice, September 2017, p. 8; tra il 1975 e il 1976 il gratuito patrocinio rappresentava circa il 7% dei compensi totali dei solicitors: *ult. op. cit.*, p. 8. Cfr., inoltre, E.A. Krause, *Death of the Guilds: Professions, States, and the Advance of Capitalism, 1930 to the present*, Yale University press, New Haven-London, 1996, p. 107.

[447] R.L. Abel, *The Legal Profession in England and Wales*, Blackwell, Oxford, 1988, p. 116, che sottolinea come "*(...) 40 per cent of barrister income came from public founds in 1983 (...)*".

[448] Per ulteriori approfondimenti sull'espansione del gratuito patrocinio si rimanda agli interessanti dati statistici richiamati in R.L. Abel, *The Legal Profession in England and Wales*, cit., p. 116 ss.

[449] B. Abel-Smith e R. Stevens, *Lawyers and the Courts: A Sociological Study of the English Legal System 1750-1965*, cit., p. 325; L. Halperin, *Avocats et notaires en Europe: les professions judiciaires et juridiques dans l'histoire contemporaine*, cit., p. 61.

[450] M. Malatesta, *Professionisti e gentiluomini*, cit., p. 73.

mediazione degli interessi e sulla base di un legame di maggior dipendenza radicato nelle assunzioni stipendiate, non determinò comunque alcun significativo indebolimento delle istituzioni intermedie, che si rivelarono, ancora una volta, in grado di rispondere a tali cambiamenti con soluzioni idonee a preservare gli interessi di categoria.

L'erosione delle fondamenta della perfetta autonomia dell'avvocatura inglese può essere, per contro, ricondotta all'ideologia politica di alcuni governi del Novecento inglese, a partire da quello di Margaret Tatcher, radicalmente favorevoli non solo all'accentramento statale, bensì, soprattutto, alla promozione di un regime di libero mercato, auspicando la penetrazione delle forze economiche anche nel mondo delle professioni [451]. Tale profilo verrà tratteggiato più diffusamente *infra*, Parte II, cap. 2.

5.2. *I* solicitors*: la conquista dell'autonomia attraverso il supporto legislativo*

Come anticipato, la storia dell'altro ramo della professione forense, rappresentato dai *solicitors,* ha conosciuto una sorte diversa rispetto a quella dei *barristers*, che ha condotto, tuttavia, ad approdi simili sotto la prospettiva dell'autonomia e della legittimazione del corpo professionale.

A seguito dell'espulsione degli *attorneys* dagli *Inns of Court*, a partire dal XVII secolo [452], la differenziazione dei due rami prese vita, consacrando definitivamente ed inevitabilmente l'inferiorità di *status* dei *solicitors* nei confronti dei *barristers*. Al contempo, come conseguenza di questo "*trauma originario*" [453], i *solicitors* furono privati della possibilità di accedere alla formazione giuridica elitaria erogata dalla terza Università del Regno Unito, ovvero dagli *Inns*, e furono relegati, per contro, ad un'educazione 'meccanica' ed informale basata sulla logica dell'apprendistato.

A partire dal 1729, il Parlamento si ritenne competente a regolamentare la professione e un proliferare di leggi, generalmente note come *Solicitors' Acts*, coinvolse l'avvocatura tra il XVIII e XX secolo. Con il primo intervento legislativo, il Parlamento concretizzò la posizione di sudditanza

---

[451] L. Speranza, *Professioni e professionalismo*, in M. Bonanni (a cura di), *L'Ordine Inutile? Gli ordini professionali in Italia*, cit., spec. p. 24 ss.; M. Malatesta, *Professionisti e gentiluomini*, cit., pp. 73-75.

[452] Vedi *retro*, Parte I, cap. 1, § 5.

In merito al rapporto intercorrente tra l'intervenuta esclusione dei *solicitors* dagli *Inns* e il conseguente sviluppo del loro progetto di professionalizzazione, v. M. Burrage, *From a Gentlemen's to a Public Profession: Status and Politics in the History of English Solicitors*, cit.; M. Birks, *Gentlemen of the Law*, Stevens & Son, London, 1960, pp. 145-147.

[453] M. Malatesta, *Professionisti e gentiluomini*, cit., p. 59; D. Sugarman, *Bourgeois Collectivism, Professional Power and the Boundaries of the State: The Private and Public Life of the Law Society, 1825-1914*, cit.

dei *solicitors* dinnanzi alla magistratura, demandando ai giudici sia il controllo sull'accesso alla professione forense sia il potere disciplinare sui *solicitors* ammessi a patrocinare nelle corti in rappresentanza delle parti [454]. In particolare, con l'*Act* del 1729, *For the Better regulation of Attorneys and Solicitors*, fu definito il meccanismo di selezione dei *solicitors* mediante la previsione di un esame condotto da un giudice, teso a verificare il possesso da parte dell'aspirante *solicitor* di un '*good character*' e di un'esperienza quinquennale come praticante [455]. In tale modo l'esercizio della professione venne limitato agli *enrolled solicitors* a cui era, altresì, imposto di prestare il giuramento di agire *"truly and honestly"* e con competenza [456].

In realtà l'esame, sebbene formalizzato nei termini della legge, era inidoneo ad incidere in maniera sostanziale sul percorso di accesso alla professione in quanto condotto in maniera superficiale e con, conseguente, esito casuale. I giudici, infatti, non traevano alcuna forma di gratificazione o incentivo da tale compito, né di natura economica (non essendo prevista alcuna formale remunerazione per lo svolgimento di tale mansio-

---

[454] V. L. Halpérin, *Avocats et notaires en Europe. Les professions judiciaires et juridiques dans l'histoire contemporaine*, cit., che richiamando la sottomissione dei *solicitors* ai giudici, considerati alla stregua di *"officers of the Court"*, sottolinea come tuttavia essi non furono mai soggetti ad alcun numero chiuso (*numerus clausus*) e non arrivarono mai a costituire un *"office"* (p. 62). A tal proposito, si ricorda come i tentativi di riforma promossi ad inizio del Settecento (1701 e 1706) volti a regolare e limitare il numero dei *solicitors* e *attorneys* fallirono: D. Sugarman, *Bourgeois Collectivism, Professional Power and the Boundaries of the State – The Private and Public Life of the Law Society, 1825 to 1914*, cit., a p. 86.

[455] 2 Geo. II, ch. 23, 1729, *An Act for the better Regulation of Attorneys and Solicitors*, modificato ed ampliato nel 1739 (12 Geo. II, ch. 39) e nel 1750. In dottrina si rinvia a G.S. Holmes, *Augustan England: Professions, State and Society 1680-1730*, Allen & Unwin, London, 1982, pp. 152-156; H. Horwitz e L. Bonfield, *The 'Lower Branches" of the Legal Profession: A London Society of Attorneys and Solicitors of the 1730s and its "Moots"*, in *Cambridge L. J.*, 1990, v. 49, n. 3, p. 461 e spec. p. 462 ss.; M. Birks, *Gentlemen of the Law*, cit., pp. 131, 135-140; C.W. Brooks, *Interpersonal Conflict and Social Tension: Civil Litigation in England, 1640-1830*, in A.L. Beier, D. Cannadine e J.M. Rosenheim, *The First Modem Society. Essays in English History in Honour of Lawrence Stone*, Cambridge University Press, Cambridge, 1989, p. 357, spec. pp. 370-80; R. Robson, *The Attorney in Eighteenth-Century England*, Cambridge University Press, Cambridge, 2013 (prima ed. 1959); E.B.V. Christian, *A Short History of Solicitors*, cit., p. 111 ss.; J.L. Maute, *Alice's Adventures in Wonderland: Preliminary Reflections on the History of the Split English Legal Profession and the Fusion Debate (1000-1900 A.D.)*, in *Fordham L. Rev.*, 2003, v. 71, n. 4, p. 1357 e spec. p. 1360 ss.

[456] E.W. Ridges, *Constitutional law of England*, Stevens and Sons, London, 1905, p. 250. Il giuramento recitava: *"I, A.B. do swear, That I will truly and honestly demean myself in the Practice of an Attorney [or Solicitor] according to the best of my Knowledge and Ability. So help me God"*: p. 76. V. Corfield che rileva come nonostante il Parlamento rivendicasse, in termini generali, la propria competenza in tema di regolamentazione dei *solicitors*, *"the assessment of basic professional competence was not considered a matter for the state but for the law courts"*: P.J Corfield, *Eighteenth-Century Lawyers and the Advent of The Professional Ethos*, cit.

ne)[457] né sotto il profilo pratico (non dovendo assumere direttamente avvocati al loro servizio, non vi era interesse diretto al buon funzionamento del sistema di reclutamento[458]).

Non stupisce, pertanto, che in assenza di meccanismi di controllo effettivi la reputazione della professione stentasse a decollare[459]. Numerosi scandali, infatti, colpirono il mondo dell'avvocatura, minando l'immagine dell'intera categoria professionale anche dinnanzi all'opinione pubblica. Basti ricordare che molti *attorneys* incarcerati furono scoperti ad esercitare la professione dalla prigione: in un celebre caso riportato nel 1757 un carceriere della prigione del *King's Bench* si era addirittura accordato con un avvocato per reperire clienti tra i prigionieri[460].

Tuttavia, nonostante la posizione di svantaggio iniziale e la cattiva fama in cui versava per certi versi la professione, i *solicitors* seppero ridefinire i rapporti con i pubblici poteri e sfruttarono l'associazionismo per conquistare un adeguato grado di autonomia e legittimità. Nel 1700, in un contesto di fioritura di diverse realtà di aggregazione nelle più svariate forme[461], in un clima di ricostruzione della cultura della classe media borghese[462] e di sviluppo di una sfera pubblica giuridica[463], la *Society of*

---

[457] Sul tale rilievo si rimanda a P.J. Corfield, *Power and the Professions in Britain 1700-1850*, Routledge, London, 1995, p. 77; D. Sugarman, *Bourgeois Collectivism, Professional Power and the Boundaries of the State – The Private and Public Life of the Law Society, 1825 to 1914*, cit., a p. 86.

Eloquente la descrizione fornita da W. Hickey in merito al proprio esame di accesso condotto da un giudice "... *at the judge's own house, over the judge's breakfast of French rolls and muffins; the admission was so far as examination was concerned limited to an enquiry as to how he liked the law and how long he had been out of his clerkship*": citato da H. Kirk, *Portrait of a Profession: A History of the Solicitors Profession 1100 to the Present Day*, Oyez Publishing, London, 1976, p. 53; tale anedotto è ripreso anche in P. J. Corfield, *Power and the Professions in Britain 1700-1850*, cit., p. 77.

[458] P.J Corfield, *Eighteenth-Century Lawyers and the Advent of The Professional Ethos*, cit.

[459] Cfr. R. Robson, *The Attorney in Eighteenth-Century England*, cit., p. 134 ss.

[460] P.J. Corfield, *Power and the Professions*, cit., p. 77; D. Sugarmann, *Bourgeois Collectivism, Professional Power and the Boundaries of the State – The Private and Public Life of the Law Society, 1825 to 1914*, cit., a p. 86.

[461] Per quanto attiene alle realtà giuridiche, "*Several law clubs existed by the early eighteenth century, meeting in the many coffee houses and taverns in and around Chancery Lane. They became an essential forum within which legal principles and practice were learned and debated*": così D. Sugarmann, *Bourgeois Collectivism, Professional Power and the Boundaries of the State – The Private and Public Life of the Law Society, 1825 to 1914*, cit., a p. 88 ss. V., altresì, M. Birks, *Gentlemen of the Law*, cit., p. 145; J. Timbs, *Clubs and Club Life of London*, John Camden Hotten, London, 1872; H. Horwitz e L. Bonfield, *The "Lower Branches" of the Legal Profession: A London Society of Attorneys and Solicitors of the 1730s and its "Moots"*, cit., spec. p. 464 ss.

[462] D. Sugarmann, *Bourgeois Collectivism, Professional Power and the Boundaries of the State – The Private and Public Life of the Law Society, 1825 to 1914*, cit., spec. p. 88 ss.

[463] M. Malatesta, *Professionisti e gentiluomoni*, cit.

Gentlemen Practisers vide la luce, divenendo un *club* giuridico particolarmente autorevole ed elitario (1739)[464]. Raggruppando non più di duecento professionisti, rappresentanti l'*élite* del foro, fu la prima associazione di *attorneys* e *solicitors* nata con l'intento di promuovere gli interessi di categoria e di innalzare il grado di qualità della professione, al fine di costruirne la rispettabilità[465]. L'associazione seppe esercitare, sebbene in maniera informale, talune azioni di *lobby* nei confronti dei pubblici poteri – parlamento, governo e magistratura – non solo nell'interesse di classe, ma anche al fine di proteggere il pubblico interesse[466]; inoltre, iniziò a mettersi in contrapposizione rispetto a quelle distinte professionalità che cercavano di erodere il campo di esercizio dell'avvocatura, tra cui *scriveners, barristers, clerks of court, parliamentary agents*[467]. Ancora, nella consapevolezza dei riflessi diretti e positivi di comportamenti professionali corretti sulla pubblica reputazione della professione stessa e sullo *status* dei membri, l'associazione si propose l'ulteriore compito di controllare la condotta dei *solicitors*[468], sebbene nella prassi, nonostante le intenzioni,

---

[464] Per un approfondimento sull'origine, l'organizzazione e l'attività della *Society of Gentlemen Practisers* si rinvia, su tutti, a R. Robson, *The Attorney in Eighteenth-Century England*, cit., p. 20 ss.

[465] Eloquente in tal senso il nome stesso dell'associazione, con l'omissione del termine *attorneys* e la sua sostituzione con l'espressione *"gentlemen practisers"*: P.J Corfield, *Eighteenth-Century Lawyers and the Advent of The Professional Ethos*, cit.

[466] Cfr. D. Sugarmann, *Bourgeois Collectivism, Professional Power and the Boundaries of the State – The Private and Public Life of the Law Society, 1825 to 1914*, cit., che, a riprova di tale assunto, richiama la *"resurrection in 1748 of earlier legislation against vexatious arrests was the result of a private bill promoted entirely by the Practisers, who ensured that a group of its members saw the bill through parliament"* (p. 88).

[467] In questi termini v., più diffusamente, D. Sugarmann, *Bourgeois Collectivism, Professional Power and the Boundaries of the State – The Private and Public Life of the Law Society, 1825 to 1914*, cit., p. 88 ss. A titolo esemplificativo si richiamano le battaglie condotte nei confronti degli *Scrivens* e dei *barristers* a metà del Settecento: *"Limited as were its powers, it had already won two important demarcation disputes in the mid-eighteenth century. These victories strengthened the position of the "lower branch" and accordingly heightened the Society's prestige. The first issue brought it into conflict with the City of London Scriveners' Company in the 1750s, over rights to lucrative property conveyancing within the City of London. The Society brought a series of text cases, and finally won in 1760, with the help of a number of London barristers who gave their services free. The second demarcation dispute was a matter within the legal profession itself. It was a matter of convention rather than of law in England and Wales, that barristers had a monopoly of addressing the courts, while the attorneys had a monopoly of dealing directly with the clients. That would allow the two branches to work harmoniously side by side. In the mid-eighteenth century, however, a number of barristers were de facto challenging this rule. In 1761, therefore, the Society of Gentlemen Practisers decided firmly that they would prosecute all offenders. Considerable argument followed this declaration; but, again, the Society triumphed. The convention remained intact and was later upheld in a test case in 1846 as a convention (though still not a rule of law). The attorneys" had staked out their professional terrain and established their rights successfully"*: così P.J Corfield, *Eighteenth-Century Lawyers and the Advent of The Professional Ethos*, cit.

[468] Tra gli obiettivi proclamati dalla *Society of Gentlemen Practioner* vi era, dunque, quello

l'incidenza di tale opera di sorveglianza fu irrilevante[469]. Tali propositi erano alla base anche delle numerose *Law Societies* locali che iniziarono a costituirsi a partire dalle ultime decadi del Settecento[470], a testimonianza di un movimento professionale collettivo sempre più esteso.

Tuttavia, presto si radicò la consapevolezza che per incidere in maniera effettiva sulla regolamentazione della professione e garantire la buona condotta dei membri, il rapporto con lo Stato doveva essere riscritto. All'assunzione da parte dei gruppi intermedi della responsabilità di sovraintendere alla dimensione etica della professione e garantirne l'effettività, doveva fare da contraltare una considerazione legislativa che, ponendosi in supporto alla categoria, recependo ed avallando le proposte di regolamentazione avanzate dal corpo professionale, riconoscesse, al contempo, la rispettabilità del secondo ramo dell'avvocatura[471]. Tale progetto professionale iniziò a prendere forma in seguito alla costituzione della *Law Society* nel 1823 ed ebbe il suo ufficiale riconoscimento pubblico con *royal charter* nel 1831.

La *Law Society*, sin dalla sua nascita, si dotò di un immobile imponente e di nuova costruzione in *Chancery Lane*[472], in considerazione della forte e simbolica connessione di tale area urbana con il diritto. Come centri focali di tale *'suitable public building'* furono previsti una *hall*, sala di incontro per i *solicitors*, una biblioteca, con una collezione completa di testi giuridici e di discipline affini, uffici privati, che potevano essere affittati per appuntamenti e non mancava lo spazio per organizzare cene e altri mo-

---

di garantire la *"moral elevation of its members"*, i quali erano posti *"under the constant observation of the whole body, the least tendency to ungentlemanly conduct or dishonorable or illiberal practice will be immediately noticed and checked.."*: v. M. Birks, *Gentlemen of the Law*, cit.; così anche M. Burrage, *From a Gentlemen's to a Public Profession: Status and Politics in the History of English Solicitors*, in *Int'l J. Legal Prof.*, cit., spec. p. 49.

[469] V. D. Sugarmann, *Bourgeois Collectivism, Professional Power and the Boundaries of the State – The Private and Public Life of the Law Society, 1825 to 1914*, cit., "*(...) the most important feature of its work [the work of the Society of Gentlemen Practioner, ndr] was its effort to act as a moral police force, trying tocenforce the legislation of 1729 and subsequent statutes governing the profession. (...) Despite its robust pronouncements, however, it rarely had attorneys struck off for conduct that was neither criminal nor illegal*" (spec. p. 88).

[470] Il riferimento è alle *Law Societies* provinciali di Bristol (1770), Yorkshire (1786), Somerset (1796), Sunderland (1800), Leeds (1805), Devon and Exeter (1808), Manchester (1809), Plymouth (1815), Gloucester (1817), and Birmingham, Hull and Kent (1818): così D. Sugarmann, *Bourgeois Collectivism, Professional Power and the Boundaries of the State – The Private and Public Life of the Law Society, 1825 to 1914*, cit., pp. 88 e 89; v. anche P.J Corfield, *Eighteenth-Century Lawyers and the Advent of The Professional Ethos*, cit.

[471] M. Burrage, *From a Gentlemen's to a Public Profession: Status and Politics in the History of English Solicitors*, cit., spec. p. 49 ss.; W. Holdsworth, *History of English Law*, cit., pp. 63-75.

[472] Sul processo di creazione della sede della *Law Society* in *Chancery Lane* e la sua relativa strutturazione v., più diffusamente, D. Sugarmann, *Bourgeois Collectivism, Professional Power and the Boundaries of the State – The Private and Public Life of the Law Society, 1825 to 1914*, cit., p. 90 ss.

menti di convivialità[473]. Risulta evidente come la *Law Society* tentò essenzialmente di riprodurre il modello degli *Inns "che si basava sulla fusione tra sociabilità e corporazione professionale"*. L'aspirazione finale era quella di provvedere alla costruzione di una nuova identità collettiva, in grado di attrarre gli avvocati più in vista, uomini di 'carattere' e di cultura, responsabili e soprattutto rispettabili che potevano ambire ad essere considerati anche come dei *'gentlemen'*[474], così da *"impress the Public with a higher opinion than it at present entertains of the weight and respectability of the profession at large..."*[475].

Tuttavia, nonostante il riconoscimento pubblico ottenuto nel 1831, una decina di anni più tardi la forma giuridica propria della *Law Society* fu messa in discussione e ritenuta non adatta *"to the high character and station, and to the important subjects since brought within its control"*[476], soprattutto in considerazione del suo fondamentale ruolo di controllo dell'osservanza, da parte dei membri, delle disposizioni introdotte con l'obiettivo di preservare la rispettabilità della categoria. La *Law Society* si trasformò definitivamente in ente professionale nel 1841, consolidato con la *royal charter* del 1845, e l'ammissione dei membri fu subordinata al pagamento di una quota. Come sottolineato da attenta dottrina, tale passaggio decretò la fine della *"notion of the Society as a private club, that is, as a permanent meeting place available to members"*, acquistando le definitive sembianze di un *"independent, proactive body, continuously servicing the affairs of the profession, with some (albeit ill-defined) public responsibilities"*[477].

La *Law Society* nel lento incedere verso l'affermazione della propria autonomia e di un perfetto grado di autogoverno, a partire dal 1829 si assicurò progressivamente il controllo sulla formazione e l'accesso degli aspiranti *solicitors*. Mediante la previsione di esami scritti obbligatori (1860) condotti da commissioni interamente gestite da pari, senza più interferenze della magistratura (dal 1877), l'ente professionale riuscì a garantirsi

---

[473] *Prospectus of a Law Institution to be Established in or near Chancery Lane*, London, 25 September 1823, p. 9.

[474] In questi termini v. Sugarmann, *Bourgeois Collectivism, Professional Power and the Boundaries of the State – The Private and Public Life of the Law Society, 1825 to 1914*, cit., p. 91 ss., che sottolinea, altresì, come *"Membership of the Society was an important means by which individuals could affirm their respectability, their position and their public reputation, thereby, conferring upon "refined" practitioners the coveted status of a "gentleman"*.

[475] Questi gli intenti direttamente proclamati dalla *Law Society*, ripresi e citati in M. Birks, *Gentlemen of the Law*, cit., p. 156. Si inserisce in tale progetto di ricostruzione di una nuova identità, basata sul prestigio e la rispettabilità, anche la definitiva imposizione del titolo di *solicitor* su quello di *attorney*, con la formazione di un ruolo unico nel 1843 e una definitiva fusione delle due categorie consacrata nel 1873: sul punto, v. *retro*, cap. 1, § 1.4.

[476] LSCR 5, (1841) 15 July, 22 para. 11.

[477] D. Sugarman, *Bourgeois Collectivism, Professional Power and the Boundaries of the State – The Private and Public Life of the Law Society, 1825 to 1914*, cit., p. 92.

un controllo esclusivo sui meccanismi di selezione del corpo professionale. Dal 1843, il potere della *Law Society* fu esteso, altresì, alla gestione diretta dell'albo professionale. Più lento, ma altrettanto di successo, si rivelò il cammino verso la conquista del potere di disciplina. La *Law Society* si vide riconosciuto: nel 1874 il diritto di comparire nei procedimenti disciplinari volti alla radiazione di un *solicitor*, nel 1888 il potere di condurre indagini in caso di denunce per cattiva condotta coinvolgenti *solicitors* e di riferire alla corte in merito; nel 1897 la possibilità di essere destinataria di fondi governativi per sostenere le spese di questi procedimenti. Nel 1919 conquistò la gestione esclusiva della procedura disciplinare, fatta salva la possibilità di appello davanti alle corti. Nel 1933, un altro significativo passo verso l'affermazione del pieno autogoverno, si concretizzò nel riconoscimento in capo alla *Law Society* del potere di adottare regole di disciplina e stilare codici di condotta (1936)[478]. Nel 1941 venne previsto il diritto della *Law Society* di tassare i propri membri al fine di creare un fondo destinato a compensare i clienti vittime di comportamenti negligenti o frodi posti in essere dai *solicitors*. Nel 1949 il governo affidò alla *Law Society* un ruolo fondamentale nell'amministrazione e nella distribuzione dei fondi pubblici destinati al gratuito patrocinio[479]. A metà del Novecento, i *solicitors* avevano ormai raggiunto un perfetto *self-government*[480].

Appare evidente come, lo sviluppo dell'autogoverno dei *solicitors* sia stato assicurato dal costante intervento dello Stato, declinato in quel susseguirsi di atti normativi volti a regolamentare diversi aspetti dell'accesso e dell'esercizio della professione legale e a definire ed estendere le funzioni, i poteri e le responsabilità dell'ente professionale di riferimento. Così facendo, nell'arco di circa cento anni, tra il XIX e XX secolo, i *solicitors*, soprattutto grazie all'operato della *Law Society*, riuscirono a raggiungere una legittimazione e un'autonomia simile a quella goduta dai *barristers* e dagli *Inns* per remota costituzione. Sebbene taluni minori differenze continuavano a segnare le due tradizioni, tra cui l'assoggettabilità delle decisioni disciplinari della *Law Society* alla revisione delle corti e la possibilità per i *solicitors* di essere citati

---

[478] M. Birks, *Gentlemen of the Law*, cit., p. 275.

[479] Tale riconoscimento statale è stato definito da attenta dottrina come *"one of the most remarkable milestones in the history of professional self-government"*: così M. Burrage, *Revolution as a starting Point for the Comparative Analysis of the French, American, and English Legal Professions*, cit., p. 363 ss.

[480] In generale, sulle diverse tappe legislative che hanno garantito alla *lower branch* della professione forense di conquistare, tra Ottocento e Novecento, un perfetto *self-government*, si rinvia, su tutti, a M. Burrage, *Revolution as a starting Point for the Comparative Analysis of the French, American, and English Legal Professions*, cit., p. 363 ss.; M. Malatesta, *Professionisti e gentiluomini*, cit., p. 71 ss.; L. Halpérin, *Avocats et notaires en Europe. Les professions judiciaires et juridiques dans l'histoire contemporaine*, cit., p. 62 ss.; D. Sugarman, *Bourgeois Collectivism, Professional Power and the Boundaries of the State – The Private and Public Life of the Law Society, 1825 to 1914*, cit.; H. Kirk, *Portrait of a Profession: A History of the Solicitors Profession 1100 to the Present Day*, cit., pp. 97-105.

per negligenza, le similitudini superavano di gran lunga le diversità: la capacità delle professioni legali inglesi di mantenere il controllo sulla categoria, e addirittura di accrescerlo, durante un arco temporale che ha attraversato i secoli, l'assenza di proteste esterne o interne ai corpi professionali idonei ad incidere sull'autonomia e la legittimazione del ceto, e la prudenza con cui lo Stato si è rapportato al mondo legale costituiscono, infatti, aspetti peculiari e unici, che non hanno conosciuto eguali nel continente[481].

5.3. *La precoce deriva verso il mercato e l'erosione del* 'pure self-government' *inglese*

L'erosione dei presupposti a fondamento della perfetta autonomia dell'avvocatura inglese può essere, per contro, ricondotta all'affermazione, con grande anticipo rispetto al resto dell'Europa, di un'ideologia di governo favorevole all'applicazione delle regole di concorrenza nel settore delle professioni liberali[482]. Risalgono, infatti, addirittura agli anni '70 del XX secolo i primi studi della *Monopolies Commission* (rinominata *Monopolies and Mergers Commission,* dopo il 1973) diretti all'analisi delle maggiori restrizioni caratterizzanti l'offerta di servizi professionali[483], dalle cui con-

---

[481] M. Burrage, *Revolution as a starting Point for the Comparative Analysis of the French, American, and English Legal Professions*, cit., p. 363 ss.

[482] Eloquente l'affermazione in F. Tacchi, *Gli avvocati italiani dall'Unità alla Repubblica*, cit., p. 21, nota 43: *"I sistemi francese e tedesco sono oggi assimilati, con quello italiano, al modello contraddistinto dalla forza trainante dello stato, in contrapposizione a quello anglosassone, dominato dal mercato"*. G. Hanlon e J.D. Jackson, *Last Orders at the Bar? Competition, Choice and Justice for All: The Impact of Solicitor-Advocacy*, in *Oxf. J. Leg. Stud.*, 1999, v. 19, n. 4, p. 555 ss.; F. Stephen, *Lawyers, Markets and Regulation*, Edward Elgar, Cheltenham, UK-Northampton, Mass., 2013; cfr. J. Webb che rileva come il Legal Services Act 2007 rifletta il sorgere di un *"post-regulatory competition state"*: J. Webb, *Regulating Lawyers in a Liberalized Legal Services Market*, in *Stan. L. & Pol'y Rev.*, 2013, v. 24, p. 533, a p. 535; J. Webb, *Turf Wars and Market Control: Competition and Complexity in the Market for Legal Services*, in *Int'l J. Legal Prof.*, 2004, v. 11, p. 81 ss.

[483] Cfr. Monopolies and Mergers Commission, *Report on the general effect on the public interest of certain restrictive practices so far as they prevail in relation to supply of professional services* (1970); Monopolies and Mergers Commission, *Advocate's services. A report on the supply by Senior Counsel alone of their services* (1976); Monopolies and Mergers Commission, *Barristers'service. A report on the supply by Her Majesty's Counsel alone of their services* (1976); Monopolies and Mergers Commission, *Advocates' services. A report on the supply of advocates' services in relation to restrictions on advertising* (1976), Monopolies and Mergerrs Commission, *Barristers' services. A Report on the supply of barristers' services in relation to restrictions on advertising* (1976). V., inoltre, National Board for Prices and Incomes Board, *Report on the Remuneration of Solicitors*, Report n. 54, CMND. n. 3529 (1968); National Board for Prices and Incomes Board, *Standing Reference on the Remuneration of Solicitors, firts Report,* Report n. 134, Cmnd. 4217 (1969); National Board for Prices and Incomes Board, *Standing Reference on the Remuneration of Solicitors, Second Report*, Report n. 164, CMND. n. 4624 (1971); National Board for Prices and Incomes Board; *Solicitors Act 1974*; Royal Commission on Legal Services

clusioni emergeva un giudizio critico in riferimento all'utilizzo di tali misure nella regolamentazione dei professionisti. Le limitazioni presenti nel settore dei servizi legali (ad eccezione del divieto di pubblicità previsto per i *barrister*[484]) venivano reputate non solo ingiustificate, ma addirittura contrarie all'interesse pubblico[485].

Durante lo Stato *tacheriano*, che auspicava la liberalizzazione delle attività economiche in virtù dell'affermazione del libero mercato e, al contempo, il rafforzamento del controllo statale a discapito anche dell'autonomia dei corpi professionali intermedi[486], un nuovo vento di cambiamento sembrò soffiare sulle professioni legali inglesi facendo vibrare le basi che, da tempo immemore ed ininterrotto, costituivano l'origine e la giustificazione del perfetto *self-government* britannico.

Nel 1989, tre *Green Papers*, eloquentemente rubricati *"The work and organization of the legal profession"*, *"Conveyancing by Authorised Practicioners"*, e *"Contingency Fees"*[487], auspicavano una riforma dell'avvocatura, idonea a garantire ai clienti servizi professionali più efficienti, efficaci ed accessibili a prezzi più convenienti, fatta salva la competenza e l'integrità dei professionisti. Tra le varie proposte di riforma vi erano quelle volte alla rimozione o rivisitazione delle regole considerate anticompetitive, comprese quelle tese a limitare la formazione di studi associati, multidisciplinari

(the Benson Committee), Report 1979, Cmnd. 7648; *Administration of Justice Act 1985*; *Courts and Legal Services Act 1990*; Lord Chancellor's Department (1998), *White paper Modernising Justice*, Cmnd. 4155; *Access to Justice Act 1999*.

[484] I *barristers* non necessitavano di avvalersi del mezzo pubblicitario in quanto, in origine, venivano in contatto con i clienti tramite i *solicitors*; cfr., sul punto, Monopolies and Mergers Commission, *Barrister Services: A Regulation on the supply of Barristers' Services in Relation to Restrictions on Advertising*, 1976, n. 559, pp. 21-24.

[485] Cfr. R. Van den Bergh, *Self-regulation of the Medical and Legal Professions: remaining Barriers to Competition and EC-Law*, Universities of Hamburg, Antwerpen and Utrecht, Paper prepared for the Conference *"Pressure Groups, Self-Regulation and Enforcement Mechanisms"*, Milano, 10-11 gennaio 1997, https://feem-media.s3.eu-central-1.amazonaws.com/wp-content/uploads/NDL1997-031.pdf.

[486] G. Hanlon e J.D. Jackson, *Last Orders at the Bar? Competition, Choice and Justice for All: The Impact of Solicitor-Advocacy*, cit.; M. Burrage, *Mrs. Thatcher against the "Little Republics": Ideology, Precedents, and Reactions*, in L.C. Halliday e L. Karpik (eds.), *Lawyers and the Rise of Western Political Liberalism: Europe and North America from the Eighteenth to Twentieth Centuries*, Clarendon press, Oxford, 1997, p. 149, e spec. p. 154.

[487] Lord Chancellor's Department, *The Work and Organisation of the Legal Profession*, Cm. 570 (1989) ("The Legal Profession Paper"); *Contingency Fees*, Cm. 571 (1989) ("The Contingency Fees Paper"); *Conveyancing by Authorised Practitioners*, Cm. 572 (1989) ("The Conveyancing Paper").

Per una ricostruzione degli antecedenti storici che hanno condotto all'elaborazione dei tre *Green Papers*, partendo dall'adozione da parte della Royal Commission on Legal Services, del c.d. Benson Report nel 1979 (Royal Commission on Legal Services, *Report*, 1979, CMND. No. 7648), si rivia, su tutti, a M. Zander, *The Thatcher Government's Onslaught on the Lawyers: Who Won?*, in *Int. Lawyer*, 1990, v. 24, n. 3, p. 753 ss. In dottrina si rimanda, altresì, a R. Smith, *Reports. The Green Papers and Legal Services*, in *The Mod. L. Rev.*, 1989, p. 527 ss.

e/o multinazionali, a restringere la possibilità per i *barrister* di avvalersi dello strumento pubblicitario e di avere contatti diretti con i clienti, a escludere l'utilizzo di forme particolari di determinazione del compenso (*Contingency Fees*). Inoltre, vi erano previsioni volte ad aumentare il controllo sulla professione legale mediante l'introduzione di un *Legal Service Ombudsman* e ad incrementare il ruolo del Governo nella regolamentazione della professione, prevedendo un coinvolgimento dello stesso nella determinazione dei principi deontologici, nel controllo sugli organi professionali autorizzati ad ammettere professionisti, nonché sul regime delle specializzazioni[488].

Invero, l'ambizioso progetto di riforma cadde sotto l'opposizione di entrambe le categorie professionali[489], tramutandosi in una legge calmierata in cui gli interessi di *barristers* e *solicitors* trovarono comunque tutela[490]. In particolare, con il *Legal and Services Act* del 1990 i *solicitors* conquistarono il *right of audience* nelle *higher courts* e, per contro, i *barristers* accettarono con entusiasmo la possibilità di intrattenere rapporti diretti con i clienti laici, in assenza di un'opera di intermediazione condotta dai *solicitors*[491]. Sebbene riequilibrati formalmente i ruoli dei due rami della professione, inizialmente, nella prassi forense, poco cambiò[492]. Tuttavia, la reale rivoluzione del periodo risiedeva nell'introduzione della *"competition as the policy of choice"*[493], a cui si sarebbe affiancato, a breve, lo specifico obiettivo di tutelare non solo il pubblico interesse, bensì anche i consumatori[494]. A partire dal 2001, infatti, un'altra ondata di liberalizzazione ha colpito il settore dei servizi legali inglesi; a seguito di numerosi Reports, è stato emanato, successivamente al *Draft Service Bill 2006*, il *Legal Service Act 2007*[495] che, fra

---

[488] M. Zander, *The Thatcher Government's Onslaught on the Lawyers: Who Won?*, cit., p. 753 ss.; J.L. Maute, *Global continental shifts to a new governance paradigm in lawyer regulation and consumer protection: riding the wave*, in R. Mortensen, F. Bartlett e K. Tranter, *Alternative Perspectives on Lawyers and Legal Ethics: Reimagining the Profession*, Routledge, London-New York, 2011.

[489] Per una disamina delle reazioni dell'avvocatura e della magistratura rispetto alle proposte avanzate nei *Green Papers* v. M. Zander, *The Thatcher Government's Onslaught on the Lawyers: Who Won?*, cit., spec. p. 763 ss.

[490] Cfr. E. Krause, *Death of the guilds. Professions, states, and the advance of capitalism, 1930 to the present*, cit., p. 108 ss.

[491] *Courts and Legal Services Act 1990*, ch. 41 (Eng.); In dottrina, si rinvia a M. Schwarzschild, *Class, National Character, and the Bar Reforms in Britain: Will There Always Be an England?*, in *Conn. J. Int'l L.*, 1994, v. 9, p. 185 ss., e spec. p. 223.

[492] A. Boon, *Professionalism under the Legal Services Act 2007*, cit.

[493] *Ibidem*.

[494] Cfr. U.K. Ministry of Justice, *Legal Services Act 2007*, *'Regulatory Objectives'*.

[495] Cfr Office of Fair Trading, *Competition in the Professions, A Report by the Director General of Fair Trading*, OFT 328, 2001; *Government Conclusions, Competition and regulation in the legal services market. A report following the consultation "In the public interest?"*, 2003, http://webarchive.nationalarchives.gov.uk+/http://www.dca.gov.uk/consult/general/oftreptconc.ht; David Clementi, *Review of the Regulatory Framework for Legal Services in Eng-*

le varie innovazioni[496], ha comportato anche modifiche significative alla struttura regolamentare dei *solicitors* e dei *barrister* e ai meccanismi di controllo delle categorie. In tal senso, risulta particolarmente significativa la creazione del *Legal Services Board*, un'agenzia governativa con il potere di regolamentare i servizi legali e incaricata della supervisione delle autorità deputate ad ammettere e vigilare sui professionisti legali, così da assicurare il raggiungimento degli obiettivi regolamentari definiti dalla legge[497], nonché di un ufficio per i *Legal Complaints*[498], volto a raccogliere le lamentele dei consumatori, entrambi composti per la prevalenza da soggetti non appartenenti alla categoria degli avvocati[499]. Inoltre, netta appare oggi la separazione tra funzioni rappresentative e di regolamentazione: la *Solicitors Regulation Authority* (SRA), ovvero l'organismo di regolamentazione della condotta dei *solicitors*, risulta connessa ma indipendente rispetto alla *Law Society*, che rimane l'organismo di rappresentanza della categoria. I *barristers* già nel 2006 avevano sperimentato l'introduzione del *Bar Standards Board*, come organo indipendente di regolamentazione, distinto dallo storico organo di rappresentanza, il *General Council of the Bar*[500].

---

land and Wales – Final Report, 2004, http://webarchive.nationalarchives.gov.uk/+/http://www.legal-services-review.org.uk/content/report/index.htm; U.K. Department of Constitutional Affairs, *The Future of Legal Services: Putting Consumers First*, 2005, http://webarchive.nationalarchives.gov.uk/+/http://www.dca.gov.uk/legalsys/folwp.pdf; U.K. Department of Constitutional Affairs, *Draft Legal Services Bill*, 2006, http://www.official-documents.gov.uk/document/cm68/6839/6839.pdf; U.K. Ministry of Justice, Legal Services Act 2007, http:// www.legislation.gov.uk/ukpga/2007/29/contents.

Per un'approfondita ricostruzione sulla genesi del *Legal Services Act 2007* e le sue ripercussioni si rinvia, su tutti, a J. Flood, *Will there be fallout from Clementi? The repercussions for the Legal Profession after the Legal Services Act 2007*, in *Mich. St. L. Rev.*, 2012, p. 537 ss. In dottrina si rinvia, inoltre, a S.M. Cone III, *International Legal Practice Involving England and New York Following Adoption of the United Kingdom Legal Services Act 2007*, in *Nw. J. Int'l L. & Bus.*, 2008, v. 28, p. 415; J. Goldsmith, *The Core Values Of The Legal Profession For Lawyers Today And Tomorrow*, in *Nw. J. Int'l L. & Bus.*, 2008, v. 28, p. 441; J.L. Maute, *Bar Associations, Self-Regulation And Consumer Protection: Whither Thou Goest?*, in *J. prof. Lawyer*, 2008, p. 53; L.S. Terry, *The European Commission Project Regarding Competition in Professional Services*, in *Nw. J. Int'l L. & Bus.*, 2009, v. 29, n. 1, p. 1; G. Alpa, *Il dibattito sulla riformadella disciplina delle professioni legali in Inghilterra e nel Galles*, in *Rass. forense*, 2004, p. 620 ss.

[496] *In primis* ci si riferisce all'introduzione delle *Alternative Business Structures*, ovvero società con presenza di soci di capitale. V., *infra*, Parte II, cap. 2, § 3.4.

[497] LSA s. 2. "*The LSB was unambiguously a government agency but was required to pursue statutory objectives; striking a balance between respecting government policy while avoiding undue government influence*": A. Boon, *England and Wales: Cocktails of Logics—Reform of Legal Services Regulation in England and Wales*, in Id. (a cura di), *International Perspectives on the Regulation of Lawyers and Legal Services*, Bloomsbury-Hart Publishing, Oxford-Portland, Oregon, 2017, p. 220.

[498] LSA s. 114.

[499] Per un approfondimento, si rinvia su tutti a A. Boon, *England and Wales: Cocktails of Logics—Reform of Legal Services Regulation in England and Wales*, cit., p. 209 ss.

[500] Cfr. H. Sommerlad, A. Francis, J. Loughrey e S. Vaughan, *England and Wales. A Legal*

Nonostante gli obiettivi regolamentari previsti dal *Legal Services Act 2007* tendano a garantire un equilibrio tra *professionalism* e *consumerism*, la nuova politica legislativa inglese ha comportato una svolta decisiva per l'avvocatura inglese. L'attenzione sempre più rivolta ai meccanismi di mercato, la nuova enfasi riposta sulla dimensione societaria della professione, il prevalere sul mercato delle grandi *Law Firms*, il proliferare degli attori dediti alla tutela e alla regolamentazione della categoria e la conseguente diminuzione di responsabilità degli Ordini professionali tradizionali, sembrano portare sempre più la professione forense verso la deriva della *"corporate bureaucracy"* [501], a cui fa da sfondo una marcata tendenza alla deprofessionalizzazione [502].

Profession in the Vanguard of Professional Trasformation?, in R.L. Abel, O. Hammerslev, H. Sommerlad e U. Schultz, *Lawyers in 21st-Century Societies. Volume I: National Reports*, cit., p. 89, che sottolineano come *"the dissolution of solicitors' and barristers' associations as autonomous, self-regulating entities was formalized by the LSA 2007, which effectively reduced the Law Society and Bar Council to representatives bodies"* (p. 95). Più in generale, la frammentazione del corpo professionale inglese ha determinato l'emersione di nuove forme di regolamentazione privata dell'avvocatura, incluse le grandi *Law Firms*, che divengono sempre più *"the primary site of normative control"*, anche grazie all'istituzione dei *"Compliance Officers for Legal Practice"* (p. 96). Il riferimento è, altresì, a L. Loughrey, *Accountability and the Regulation of the Large Law Firm Lawyer*, in *Mod. L. Rev.*, 2014, v. 77, p. 732; S. Aulakh e J. Loughrey, *Regulating the Law Firms from the Inside: The Role of Compliance Officers for Legal Practice in England and Wales*, in *J.L.&Soc.*, 2018, v. 45, n. 2, p. 254.

[501] A. Boon, *England and Wales: Cocktails of Logics—Reform of Legal Services Regulation in England and Wales*, cit., p. 209 ss. Già qualche anno prima l'A. aveva precognizzato il cambiamento che il *Legal Services Act* avrebbe arrecato al professionalismo legale: sul punto si rinvia a Id., *Professionalism under the Legal Services Act 2007*, cit., ove si legge: *"On one hand, competition and a more explicit external focus will reinvigorate legal professionalism. Therefore, the LSA may allow lawyers to reconstruct as a liberal profession (Flood, 2010), or operate as a corrective to professional failings (Maute, 2010), build a new version of professionalism on a responsive form of regulation (Parker, 1999, Webb, 2004). On the other hand, the purpose of the LSA is to compromise or destroy professionalism, at least as a mechanism of occupational control. Therefore, the LSA represents the interests of the state and private capital in controlling professional work (Freidson 1988), or a process of capitalist concentration and rationalisation reflecting political faith in market mechanisms and a rhetorical assault on justice as a public good (Sommerlad, 2010) or, according to Lord Neuberger, Master of the Rolls, a threat the rule of law from 'consumer fundamentalism' (Legal Futures, 2010a). The reality may lie between these extremes, but, assuming it survives, the LSA will redefine legal professionalism"*. Si rinvia, altresì, a N. Sample, *Legal Services Regulation at the Crossroad. Justitia's Legions*, Edward Elgar, Cheltenham, UK-Northampton, Mass., 2015, che rileva come l'Inghilterra, diversamente dal Nord America, si stia allontanando dalla *"professionalist-indipendent tradition"* per abbracciare *"the competitive-consumerist mode of reform"*.

[502] Eloquenti, a tal proposito, le parole di H. Sommerlad, A.Francis, J. Loughrey e S. Vaughan, *England and Wales. A Legal Profession in the Vanguard of Professional Trasformation?*, cit.: *"Because a key characteristic of traditional professionalism was the coherent, single-discipline, self-regulating associations, their displacement by the complex costellation of representative bodies, regulators, specialist sections, campaigning organisations and large law firm private regulation is one of the most obvious manifestations of 'post-professionalism'"* (p. 98).

Parte II

I NUOVI SCENARI

Capitolo 1

L'AVVOCATURA NEL PROCESSO DI INTEGRAZIONE EUROPEA: LA LIBERA CIRCOLAZIONE DEI PROFESSIONISTI FORENSI

1. *La professione forense a confronto con l'ordinamento europeo*

La creazione di un nuovo spazio economico europeo, caratterizzato dall'assenza di frontiere interne e dalla libera circolazione di tutti i fattori produttivi, non solo ha comportato una notevole intensificazione degli scambi commerciali, ma ha altresì inciso direttamente sulla domanda di servizi professionali. L'ampliamento del mercato nel quale poter fornire servizi e la richiesta sempre più incalzante, soprattutto proveniente dalle grandi imprese, di servizi transfrontalieri ha spinto gli avvocati ad offrire le proprie prestazioni professionali prescindendo dagli angusti confini nazionali e a confrontarsi e competere, nella nuova realtà globalizzata, con colleghi appartenenti a Stati membri diversi.

Il professionista forense, al pari degli altri operatori economici che esercitano un'attività transnazionale, è stato, dunque, ben presto, investito dall'irreversibile fenomeno delle liberalizzazioni europee. Il cammino verso la sua effettiva libera circolazione all'interno dell'Unione europea è stato, tuttavia, particolarmente lento e travagliato.

Tra le principali cause di natura generale figura l'iniziale interpretazione restrittiva delle norme del Trattato relative al diritto di stabilimento e alla libera circolazione di servizi che portava ad escludere il riconoscimento di una portata immediatamente precettiva di tale disciplina, con conseguente necessità di attendere la formulazione da parte del Consiglio di un programma generale e di direttive specifiche; queste ultime, tuttavia, tardarono ad essere adottate [1].

La non inclusione dell'attività dell'avvocato nel novero di quelle da liberalizzare veniva, inoltre, giustificata alla luce della presunta partecipazione della professione forense all'esercizio dei pubblici poteri, stante la stretta correlazione tra avvocatura e funzione giudiziaria; si riteneva che tale circostanza potesse essere idonea ad escludere automaticamente e a priori l'applicabilità ai professionisti forensi delle disposizioni relative al diritto di stabilimento, alla luce dell'art. 51 Trattato sul Funzionamento dell'Unione europea (TFUE) che prevede un'espressa deroga limitatamente a quelle attività che in uno Stato partecipano, seppur occasionalmente, all'esercizio dei pubblici poteri [2] (v. *infra*).

L'armonizzazione risultava tradita, altresì, dalle profonde divergenze esistenti all'interno degli ordinamenti in tema di formazione accademica, accesso alla professione ed esercizio dell'attività forense [3]; le differenze, infatti, risultavano così profonde da non consentire l'adozione di normative europee di settore condivise, o quantomeno condivisibili, dalla maggior parte degli Stati.

L'atteggiamento marcatamente protezionista degli Ordini professionali ha, inoltre, contribuito al forte rallentamento del processo di armonizzazione nel settore dei servizi legali: l'ostilità manifestata dagli organi rappresentativi dell'avvocatura, almeno sino agli anni Ottanta, ad accogliere nel mercato locale professionisti stranieri, non solo non permetteva di intavolare alcun dialogo costruttivo con le Istituzioni europee, ma rappresentava uno dei maggiori ostacoli al riconoscimento comunitario della nuova connotazione transfrontaliera del professionista forense. Al particolare contesto regolamentare ed istituzionale, si univano gli impedimenti di carattere meramente tecnico: la lingua locale, veicolo fondamentale dell'attività legale, costituiva spesso un profondo limite per l'avvocato straniero che intendeva prestare i propri servizi o stabilirsi in uno Stato

---

[1] Si v. *infra*, in questo capitolo, § 3.

[2] In dottrina si v., su tutti, M.P. Belloni, *La libera circolazione degli avvocati nella Comunità Europea*, cit., spec. p. 2 ss.

[3] Diverso il caso di altre professioni intellettuali, come, ad esempio, quella dei medici e paramedici; grazie alla sostanziale convergenza delle regole di formazione previste nei diversi Stati membri, è stato possibile adottare, senza particolari difficoltà, normative settoriali. Mediante il reciproco riconoscimento dei diplomi si è facilitato sia il diritto di stabilimento sia la libera prestazione di servizi. Cfr. R. De Rosa, *Le professioni liberali: le attività mediche, paramediche e farmaceutiche*, in A. Tizzano (a cura di), *Professioni e servizi nella CEE*, Cedam, Padova, 1985, p. 277 ss.

membro diverso da quello di appartenenza. Non solo. Il carattere ancora marcatamente nazionale del diritto rende tutt'oggi i servizi professionali, in massima parte, monopolio dei professionisti locali.

Nonostante ciò, il professionista forense non poteva rimanere a lungo ai margini dei processi di liberalizzazione ed integrazione europea. Il progressivo interessamento dell'ordinamento europeo al mondo delle professioni regolamentate, in un'ottica di apertura al mercato, ha avuto un effetto dirompente sul tradizionale modo di intendere ed interpretare la professione forense, soprattutto nelle realtà giuridiche come quelle dell'Europa continentale, refrattarie a valorizzare logiche economiche e di mercato nella regolamentazione dei servizi professionali [4]. Sebbene l'Unione europea abbia riconosciuto, in diversi frangenti, la specificità che connota le professioni liberali, forte è rimasta la spinta ad inserire sempre più marcatamente i professionisti nel mercato comune, progressivamente estendendo agli stessi la disciplina della libera circolazione, nella duplice forma della libera prestazione di servizi e della libertà di stabilimento e, successivamente, spingendo i professionisti a confrontarsi con la realtà della libera concorrenza, secondo un approccio marcatamente liberista. Da ultimo, l'Unione europea ha reso le professioni oggetto di valutazione congiunta, ponendo contemporanea attenzione sia al profilo della libera circolazione delle persone, sia alla libertà di concorrenza [5].

2. *La libera circolazione del professionista forense nell'Unione europea*

Il processo di integrazione europea ha conosciuto la sua massima espressione nella realizzazione del mercato interno, ovvero nella creazione di uno spazio senza frontiere e barriere commerciali, in cui risulta garantita la circolazione delle merci, delle persone, dei servizi e dei capitali.

In vista della realizzazione del mercato unico, l'eliminazione degli ostacoli alla libera circolazione delle persone e dei servizi fra gli Stati membri ha costituito uno degli obiettivi primari della Comunità europea sin dal suo Trattato istitutivo del 1957 (art. 3 [6]). Successivamente l'Atto

---

[4] Sulle differenze strutturali tra *common law* e *civil law*, ed in particolare sulla maggior propensione dell'ordinamento inglese ad accogliere le logiche di mercato, si veda *retro*, Parte I, cap. 1, soprattutto §§ 1 e 3.3.

[5] Così B. Nascimbene, *Professionisti e ordini professionali nel diritto dell'Unione Europea*, in *Eurojus*, 2019, f. 3, p. 221.

[6] In particolare, occorre richiamare l'art. 3, lett. c), del Trattato di Roma che annovera tra gli scopi primari dell'Unione europea *"l'eliminazione fra gli Stati membri degli ostacoli alla libera circolazione di merci, persone, servizi e capitali"*, nonché l'art. 7 che impone

Unico europeo nel febbraio del 1986 ha segnato l'avvio del 'mercato interno'[7], da completarsi entro il 1992, così consolidando la nozione di mercato comune coniata in seno alla giurisprudenza comunitaria: "*La nozione di mercato comune (...) mira ad eliminare ogni intralcio per gli scambi intracomunitari al fine di fondere i mercati nazionali in un mercato unico il più possibile simile ad un vero e proprio mercato interno*"[8]. All'Unione europea è stato, dunque, consegnato il potere di adottare misure idonee a permettere il funzionamento del mercato interno, conformemente alle disposizioni dei Trattati, così da garantire lo sviluppo di uno spazio senza frontiere nel quale fosse assicurata la circolazione di tutti i fattori produttivi (art. 26 TFUE).

L'affermazione del mercato interno ha pertanto determinato, tra le altre, la possibilità per i cittadini di muoversi all'interno degli spazi europei e le condizioni per poter esercitare, in maniera stabile od occasionale, nell'ambito di un lavoro subordinato ovvero nel contesto di un lavoro autonomo, la propria attività in uno Stato membro diverso da quello di origine.

Il Trattato non detta una disciplina specifica per le professioni intellettuali; tuttavia, in assenza di norme esclusivamente dedicate ai professionisti intellettuali, nella dicotomia riconosciuta nei Trattati tra lavoro dipendente e attività autonome, i servizi legali risultano pacificamente assimilati a queste ultime[9].

---

espressamente il principio di non discriminazione in base alla nazionalità. In dottrina, si v. V. Varano, *La Libera Circolazione Degli Avvocati Nella Cee e l'ordinamento Italiano: Problemi e Prospettive*, in *Foro it.*, 1981, v. 104, V, c. 137 ss.

[7] Il dibattito politico sul commercio intra-europeo aveva, infatti, ripreso vigore dopo alcune pronunce della Corte di giustizia degli anni Settanta, che, dichiarando illegittime le limitazioni alle importazioni che avevano un effetto equivalente alle restrizioni di tipo quantitativo, avevano di fatto introdotto il principio del reciproco riconoscimento, secondo cui, in linea di massima, prodotti venduti in uno Stato membro non possono essere ritenuti vietati in un altro Paese dell'Unione europea: si v. Corte di giustizia, sentenza dell'11 luglio 1974, *Procureur du Roi contro Benoît e Gustave Dassonville*, C-8/74, EU:C:1974:82 e Corte di giustizia, sentenza del 20 febbraio 1979, *Rewe-Zentral AG contro Bundesmonopolverwaltung für Branntwein (Cassis De Dijon)*, C-120/78, EU:C:1979:42.

[8] Corte di giustizia, sentenza del 5 maggio 1982, *Gaston Schul Douane Expediteur BV contro Ispettore dei tributi d'importazione e delle imposte di consumo di Roosendaal*, C-15/81, EU:C:1982:135. In dottrina v. C.L. Ortoleva e T. Grechi, *L'evoluzione della normativa e della giurisprudenza europea con specifico riguardo all'esercizio della professione forense nel contesto europeo*, in F. Locatelli, *Gli avvocati oggi, tra U.E., studi di genere, A.D.R. e P.C.T.*, Pacini Giuridica, Pisa, 2018, p. 27 e spec. p. 31.

[9] A livello europeo non esiste alcuna definizione normativa né di professionista, né di lavoratore. La nozione di lavoratore è stata elaborata dalla Corte di giustizia: cfr., *ex plurimis*, Corte di giustizia, sentenza del 19 marzo 1964, *Unger*, C-75/63, EU:C:1964:19; Corte di giustizia, sentenza del 23 marzo 1982, *Levin*, C-53/81, EU:C:1982:105; Corte di giustizia, sentenza del 3 luglio 1986, *Lawrie-Blum*, C-66/85, EU:C:1986:284; Corte di giustizia, sentenza del 3 giugno 1986, *Kempf*, C-139/85, EU:C:1986:223; Corte di giustizia, sentenza del 26 gennaio 1992, *Bernini*, C-3/90, EU:C:1992:89. La definizione di professionista intellettuale è sta-

Agli avvocati risultano, pertanto, applicabili le norme contenute nel Titolo IV, capi II e III del TFUE, che disciplinano la liberà di circolazione dei lavoratori non dipendenti, rispettivamente nelle forme della libertà di stabilimento e della libera prestazione di servizi [10]. In particolare, la libertà di stabilimento consente al professionista di esercitare in modo permanente e continuo la propria attività in uno Stato membro che non sia quello di appartenenza (artt. 49-55 TFUE); la libera prestazione di servizi legittima il professionista forense ad esercitare la propria opera, in maniera occasionale e temporanea, in uno Stato membro diverso da quello di origine (art. 56 TFUE).

Le due situazioni, pur distinguendosi per le diverse modalità d'esercizio, l'una caratterizzata da un connotato di stabilità, l'altra dal requisito della temporaneità [11], prevedono l'applicazione del principio del trattamento nazionale: sia ai professionisti stabiliti che ai prestatori di servizi debbono, infatti, essere garantite le stesse condizioni che lo Stato ospitante prevede per i propri cittadini, evitando discriminazioni basate sulla nazionalità ovvero sulla residenza (art. 49, paragrafo 2, TFUE per lo stabilimento; art. 57, paragrafo 3, TFUE per la libera prestazione di servizi).

---

ta, invece, ricostruita, senza non poche difficoltà, dalla dottrina, la quale ha enfatizzato alcuni elementi tradizionalmente e storicamente caratterizzanti la figura del libero professionista: formazione di elevato livello, esercizio di un'attività in cui l'impiego di cultura ed intelletto è prevalente rispetto all'uso di lavoro manuale, alto grado di autonomia e discrezionalità nello svolgimento dell'incarico, personalità della prestazione, appartenenza ad un albo e conseguentemente presenza di un codice deontologico. La Corte di giustizia ha successivamente costretto ad un ripensamento di tale definizione, arrivando a compiere un'assimilazione tra professionista ed imprenditore. Ciò che rileva, infatti, è la possibilità di espletare un'attività economica all'interno del mercato unico europeo; nessuna importanza viene attribuita allo *status* giuridico e alle modalità di finanziamento delle diverse entità (cfr. Corte di giustizia, sentenza del 23 aprile 1991, *Höfner e Elsen*, C-41/90, EU:C:1991:161). V., *infra*, Parte II, cap. 2.

[10] L'art. 50 TCE, ora 57 TFUE, ci consegna una definizione in negativo di servizi: "*ai sensi dei trattati, sono considerate come servizi le prestazioni fornite normalmente dietro retribuzione, in quanto non siano regolate dalle disposizioni relative alla libera circolazione delle merci, dei capitali e delle persone*". Tra i servizi vengono espressamente ricomprese le attività delle libere professioni, oltre alle attività di carattere industriale, alle attività di carattere commerciale e alle attività artigiane.

[11] V. M. Condinanzi e B. Nascimbene, *La libera prestazione dei servizi e delle professioni in generale*, in A. Tizzano (a cura di), *Il Diritto privato nell'Unione Europea*, Giappichelli, Torino, 2000, p. 283, p. 288 (II edizione, 2006, p. 330 ss.). Gli autori propongono una nozione ampia di "prestazione di servizi", che contempla, oltre al caso tradizionale in cui il prestatore si sposta temporaneamente nello Stato membro destinatario della prestazione, altre due fattispecie: 1. il destinatario della prestazione si sposta nello Stato di appartenenza del professionista; 2. nessuno dei due soggetti si sposta, ma è la prestazione resa in uno Stato a trovare il proprio destinatario in un altro (es. consulenza legale).

2.1. *Eccezioni al principio di parità di trattamento e deroghe alla libera circolazione: motivi di ordine pubblico, di pubblica sicurezza, di sanità pubblica e motivi imperativi di interesse generale*

Le norme del Trattato concedono poche deroghe ai principi della libera prestazione di servizi e della libertà di stabilimento all'interno dell'Unione europea. Tra le restrizioni che gli Stati membri possono imporre alla libera circolazione dei lavoratori all'interno dell'Unione europea, limitando in maniera legittima il principio della parità di trattamento, vi sono quelle attinenti a motivi di ordine pubblico, di pubblica sicurezza e di sanità pubblica (artt. 52 e 62 TFUE). In tali specifici casi, infatti, rimane *"impregiudicata l'applicabilità delle disposizioni legislative, regolamentari e amministrative che prevedano un regime particolare per i cittadini stranieri"* (art. 52 TFUE).

Peraltro, tali esclusioni, costituendo una deroga ad un principio fondamentale del Trattato e un potenziale ostacolo alla realizzazione del mercato interno, ne hanno imposto un'interpretazione in senso restrittivo. La portata di tali eccezioni tipiche è stata definita in più occasioni dalla Corte di giustizia, che ha condotto all'affermazione dei seguenti principi: i. la restrizione alla libera circolazione, per essere legittima, deve porsi nei confronti dello scopo da perseguire in un rapporto diretto, risultando necessaria per il raggiungimento dell'obiettivo di interesse generale che ne ha giustificato l'adozione (sia esso coincidente con la protezione dell'ordine pubblico, della sicurezza pubblica ovvero della sanità pubblica); ii. la misura restrittiva, oltre ad essere necessaria ed efficace, non deve risultare eccessiva rispetto a quanto necessario per il raggiungimento dello scopo perseguito [12] e iii. non deve sussistere, al contempo, alcuna soluzione alternativa e meno restrittiva capace di garantire ugualmente il soddisfacimento del fine [13].

---

[12] Il principio di proporzionalità è stato richiamato in più pronunce della Corte di giustizia; a titolo esemplificativo si vedano: Corte di giustizia, sentenza del 30 novembre 1995, *Gebhard*, C-55/94, EU:C:1995:411, punto 37 e Corte di giustizia, sentenza del 26 novembre 2002, *Aitor Oteiza Olazabal*, C-100/01, EU:C:2002:712, punto 43.

[13] Cfr. M.P. Belloni, *La libera circolazione degli avvocati nella Comunità Europea*, cit., p. 40 ss., che richiama i principi di *"causalità"*, *"proporzionalità"* e *"sostituzione"* come fondamento giustificativo di eventuali restrizioni alla libera circolazione. Cfr. Corte di giustizia, sentenza del 21 aprile 2005, *Commissione c. Grecia*, C-140/03, EU:C:2005:242, ove la Corte ha ritenuto non proporzionata rispetto alla necessità di garantire la sanità pubblica la normativa greca che vietava agli ottici diplomati di gestire più di un negozio di ottica. Partendo dal presupposto argomentativo secondo cui un provvedimento adottato a livello statale il quale, anche se applicabile senza discriminazioni in base alla nazionalità, risulta potenzialmente idoneo ad ostacolare o scoraggiare l'esercizio da parte dei cittadini dell'Unione europea delle libertà fondamentali garantite dal Trattato può ritenersi giustificato alla luce dei motivi imperativi d'interesse generale solo se *"sia atto a garantire il raggiungimento dello scopo perseguito e non vada oltre quanto necessario al raggiungimento di tale scopo"*, la Corte di giustizia ha concluso

La giurisprudenza comunitaria e alcuni strumenti di diritto derivato, in assenza di definizioni all'interno dei Trattati, hanno offerto importanti indici interpretativi anche in relazione alle nozioni di ordine pubblico, pubblica sicurezza e sanità pubblica, tentando di limitare la portata di deroghe che rischiavano, in ragione dell'indeterminatezza di tali concetti, di tramutarsi in strumenti nelle mani degli Stati idonei ad ostacolare la libera circolazione intra-europea.

Pur riconoscendo che l'individuazione dei motivi di ordine pubblico e pubblica sicurezza rientra nelle prerogative degli Stati membri, che mantengono un certo potere discrezionale, entro i limiti imposti dai Trattati, stante la forte dipendenza di tali nozioni con elementi che variano da Stato a Stato e da epoca a epoca [14], la Corte di giustizia ha ripetutamente sottolineato come la nozione di ordine pubblico debba essere intesa in senso restrittivo: la sua portata non può essere determinata unilateralmente dagli Stati membri in assenza di un obiettivo controllo delle istituzioni comunitarie [15]. L'elaborazione della Corte di giustizia ha, comunque, sancito l'impossibilità di ricondurre gli obiettivi di natura economica a motivi di ordine pubblico [16].

---

che *"Nel caso di specie è sufficiente constatare che l'obiettivo di protezione della sanità pubblica invocato dalla Repubblica ellenica può essere raggiunto attraverso misure meno restrittive della libertà di stabilimento sia delle persone fisiche sia delle persone giuridiche, ad esempio attraverso il requisito della presenza di dipendenti o soci che siano ottici diplomati in ogni negozio di ottica, attraverso norme applicabili in materia di responsabilità civile per fatto altrui, nonché norme che impongano un'assicurazione di responsabilità professionale"* (si v. spec. punti 31-36). Si v. altresì Corte di giustizia, sentenza del giugno 1996, *Commissione c. Italia*, C-101/94, EU:C:1996:221, ove è stata giudicata in contrasto con gli artt. 52 e 59 del Trattato, in quanto non giustificata dalla necessità di garantire la tutela di perseguire obiettivi di ordine pubblico, la disciplina italiana che vietava agli operatori comunitari l'attività di intermediazione mobiliare esercitata attraverso una succursale o agenzia.

[14] Cfr. Corte di giustizia, sentenza del 4 dicembre 1974, *Van Duyn*, C-41/74, EU:C:1974:133; Corte di giustizia, sentenza del 28 ottobre 1975, *Rutili*, C-36/75, EU:C:1975:137, punto 27; Corte di giustizia, sentenza del 27 ottobre 1977, *Boucherau*, C-30/77, EU:C:1977:172, punto 33; Corte di giustizia, sentenza del 19 gennaio 1999, *Calfa*, C-348/96, EU:C:1999:6, punto 23; Corte di giustizia, sentenza del 29 aprile 2004, *Orfanopoulos* e *Oliveri*, cause riunite C-482/01 e C-493/01, EU:C:2004:262, punti 64 e 65.

[15] Corte di giustizia, sentenza del 4 dicembre 1974, *Van Duyn*, C-41/74, cit., spec. punto 18.

[16] *"Obiettivi di natura economica non possono costituire motivi di ordine pubblico ai sensi dell'art. 46 CE (v., in particolare, sentenza 14 novembre 1995, causa C-484/93, Svensson e Gustavsson, Racc. pag. I-3955, punto 15)"*: così Corte di giustizia, sentenza del 16 gennaio 2003, *Commissione c. Italia*, C-338/01, EU:C:2003:30, punto 19. V., inoltre, Corte di giustizia, sentenza del 26 aprile 1988 *Bond van Adverteerders*, C-352/85, EU:C:1988:19. Tale interpretazione trova conferma anche nelle fonti di *hard law*; basti considerare, a titolo esemplificativo, la Direttiva 2004/38/CE del Parlamento e del Consiglio, del 29 Aprile 2004, relativa al diritto dei cittadini dell'Unione (ivi compresi ovviamente i lavoratori) e dei loro familiari di circolare e di soggiornare liberamente nel territorio degli Stati membri: nel titolo IV, all'art. 27, rubricato *'Principi generali'*, si esclude che le restrizioni possano essere legittimamente utilizzate dai Paesi membri per il soddisfacimento di fini economici (Direttiva

L'elenco delle giustificazioni che possono essere invocate a livello nazionale a sostegno dell'adozione di misure restrittive non discriminatorie della libera circolazione dei servizi è stato ampliato in via giurisprudenziale con l'elaborazione della categoria dei *"motivi imperativi di interesse generale"* [17]. A differenza delle deroghe tipizzate nei Trattati, idonee a giustificare qualsiasi restrizione, anche se discriminatoria, il ricorso ai motivi imperativi di interesse generale consente di giustificare solamente norme limitative indistintamente applicabili, ma non discriminatorie [18]. Traducendosi in una limitazione alle libertà sancite dal Trattato, vige anche per tali limitazioni la condizione del necessario rispetto del principio di proporzionalità, che impone che la misura nazionale *"sia idonea a garantire, in modo coerente e sistematico, la realizzazione dell'obiettivo perseguito e non ecceda quanto necessario per conseguirlo"* [19].

I motivi imperativi costituiscono una categoria poliedrica [20], il cui contenuto si è progressivamente arricchito grazie allo stratificarsi delle sentenze della Corte di giustizia, mantenendo quale base comune la necessità di accordare protezione a interessi ritenuti superiori. La Direttiva 123/2006/CE, al considerando 40, facendo espresso richiamo all'interpretazione offerta dalla Corte di giustizia, esplicitamente riconduce nell'alveo dei 'motivi imperativi di interesse generale' *"l'ordine pubblico, la pubblica sicurezza e la sanità pubblica ai sensi degli articoli 46 e 55 del Trattato, il mantenimento dell'ordine sociale, gli obiettivi di politica sociale, la tutela dei destinatari di servizi, la tutela dei consumatori, la tutela dei lavoratori, compresa la protezione sociale dei lavoratori, il benessere degli animali, la salvaguardia dell'equilibrio finanziario del regime di sicurezza sociale, la prevenzione della frode, la prevenzione della concorrenza sleale, la protezione dell'ambiente e dell'ambiente urbano, compreso l'assetto territoriale in ambito urbano e rurale, la tutela dei creditori, la salvaguardia della sana amministrazione della giustizia, la sicurezza stradale, la tutela della proprietà intellettuale, gli obiettivi di politica culturale, compresa la salvaguardia della libertà di espressione dei vari elementi presenti nella società e, in particolare, dei valori sociali,*

2004/38/CE del Parlamento europeo e del Consiglio, del 29 aprile 2004, che modifica il Regolamento n. 1612/68 ed abroga le direttive 64/221/CEE, 68/360/CEE, 72/194/CEE, 73/148/CEE, 75/34/CEE, 75/35/CEE, 90/364/CEE, 90/365/CEE e 93/96/CEE, in *GU* L 158 del 30 aprile 2004, p. 77; testo ripubblicato in rettifica *in GU* L 229 del 29 giugno 2004, p. 35).

[17] V. Hatzopoulos, *Recent developments of the case law of the ECJ in the field of services*, in *Common Mark. Law Rev.*, 2000, v. 37, n. 1, p. 43.

[18] In questo senso v. S. Battini e G. Vesperini, *I limiti globali ed europei alla disciplina nazionale dei servizi*, Giuffrè, Milano, 2008, spec. p. 274 ss.

[19] Così Corte di giustizia, sentenza del 17 dicembre 2020, *Adina Onofrei contro Conseil de l'ordre des avocats au barreau de Paris, Bâtonnier de l'ordre des avocats au barreau de Paris, Procureur général près la cour d'appel de Paris*, C-218/19, EU:C:2020:1034.

[20] E. Mauri, *Motivi imperativi di carattere generale quali ostacoli alla libera circolazione nell'Unione europea e strumenti di tutela della salute*, in *Corti supreme e salute*, 2019, n. 3, p. 563, spec. p. 570.

culturali, religiosi e filosofici, la necessità di assicurare un elevato livello di istruzione, il mantenimento del pluralismo della stampa e la politica di promozione della lingua nazionale, la conservazione del patrimonio nazionale storico e artistico, e la politica veterinaria" [21]. Con particolare riferimento all'esercizio delle professioni giuridiche, dunque, tra le deroghe tacite introdotte della Corte di giustizia rientrano evidentemente la necessità di proteggere i destinatari dei servizi legali, nonché l'esigenza di salvaguardare la corretta amministrazione della giustizia [22].

Per contro, la Corte di giustizia ha espressamente stabilito che gli obiettivi di natura puramente economica non possono costituire ragioni imperative di interesse generale idonee a giustificare una limitazione di una libertà fondamentale garantita dal Trattato [23].

---

[21] Direttiva 2006/123/CE del Parlamento europeo e del Consiglio, del 12 dicembre 2006, relativa ai servizi del mercato interno, in *GU* L 376 del 27 dicembre 2006, cons. 40. In dottrina, sullo specifico tema dei limiti di interesse generale con particolare riferimento alla Direttiva servizi, si rinvia a B. Nascimbene, *Le eccezioni ai principi. Interesse generale di ordine pubblico*, in F. Bestagno e L. G. Radicati Di Brozolo (a cura di), *Il mercato unico dei servizi*, Giuffrè, Milano, 2007, p. 41 ss.; D. Nitti, *Autorizzazioni e limiti alla prestazione* di *servizi nel mercato interno: i motivi imperativi di interesse generale*, in *Contr. e impr. eur.*, 2007, p. 1050 ss.

[22] Recentemente v. Corte di giustizia, sentenza del 17 dicembre 2020, *Adina Onofrei contro Conseil de l'ordre des avocats au barreau de Paris, Bâtonnier de l'ordre des avocats au barreau de Paris, Procureur général près la cour d'appel de Paris*, C-218/19, cit., ove la Corte ha ritenuto contrarie agli artt. 45 e 49 del TFUE le disposizioni francesi che riservavano il beneficio dell'esonero dai requisiti inerenti alla formazione professionale e dal possesso del certificato di idoneità alla professione forense previsti, in linea di principio, per l'accesso alla professione forense, in presenza di tre requisiti cumulativi, vale a dire: 1. provenire dal pubblico impiego francese; 2. aver esercitato in Francia come agente della pubblica amministrazione; 3. avere pratica del diritto francese. Al contempo escludeva da tale beneficio i funzionari, gli agenti o ex agenti della funzione pubblica dell'Unione europea che, in tale qualità, avevano operato in seno a un'Istituzione europea e al di fuori del territorio francese, nonostante avessero comunque esercitato attività giuridiche nel settore del diritto nazionale. In tale sentenza, con riferimento alla legittimità di eventuali restrizioni alla libera circolazione, la Corte ribadisce che: *"Una restrizione alla libertà di circolazione può essere ammessa solo a condizione, in primo luogo, di essere giustificata da un motivo imperativo di interesse generale e, in secondo luogo, di rispettare il principio di proporzionalità, il che implica che essa sia idonea a garantire, in modo coerente e sistematico, la realizzazione dell'obiettivo perseguito e non ecceda quanto necessario per conseguirlo"* (il richiamo è alla sentenza del 17 novembre 2009, *Presidente del Consiglio dei Ministri*, C-169/08, EU:C:2009:709, punto 42 e alla giurisprudenza ivi citata, nonché alla sentenza del 6 ottobre 2020, *Commissione/Ungheria (Istruzione superiore)*, C-66/18, EU:C:2020:792, punto 178 e alla giurisprudenza ivi richiamata).

[23] Si v., in particolare, Corte di giustizia, sentenza del 9 marzo 2017, *Piringer*, C-342/15, EU:C:2017:196 (v. *infra*, nota 51); Corte di giustizia, sentenza del 6 giugno 2000, *Verkooijen*, C-35/98, EU:C:2000:294, punto 48; Corte di giustizia, sentenza del 16 gennaio 2003, *Commissione c. Italia*, C-338/01, punto 22.

2.1.1. *Impieghi nella pubblica amministrazione*

La possibilità riconosciuta ai cittadini europei di muoversi liberamente nello spazio europeo trova legittimi limiti non solo nei motivi di ordine pubblico, pubblica sicurezza e sanità pubblica; l'art. 45, paragrafo 4, TFUE, esclude, infatti, l'applicabilità delle disposizioni relative alla libera circolazione dei lavoratori anche agli impieghi nella pubblica amministrazione.

In assenza, nel Trattato, di una definizione di 'impiego nella pubblica amministrazione', la scelta di rifarsi di volta in volta ai concetti nazionali non poteva rappresentare una soluzione interpretativa accettabile. La grande eterogeneità che caratterizza le strutture amministrative a livello nazionale avrebbe, infatti, comportato l'impossibilità di rinvenire, nel contesto europeo, una nozione univoca e condivisa di pubblico impiego, con il conseguente rischio di legittimare gli Stati a sottrarre discrezionalmente alla libera circolazione tutti gli impieghi nella pubblica amministrazione, anche se non incidenti sulla necessità di proteggere interessi fondamentali dello Stato. L'art. 45 TFUE costituendo un'eccezione ai principi fondamentali della libera circolazione e della parità di trattamento dei lavoratori, imponeva, per contro, di dover ricavare la nozione di 'impiego nella pubblica amministrazione' solo in senso lato e residuale in relazione alla situazione giuridica nazionale, dovendosi prediligere una definizione restrittiva coniata in una prospettiva europea, tenuto conto delle esigenze del diritto comunitario.

Per assicurare un'interpretazione della portata derogatoria della disposizione conforme ai principi del Trattato, garantendo, al contempo, una certa uniformità interpretativa all'interno del contesto europeo, la Corte di giustizia è intervenuta, sin dagli anni Settanta, sottraendo la definizione di 'pubblica amministrazione' agli Stati membri, ed individuando, per contro, una nozione comunitaria di 'impiego nella pubblica amministrazione'[24]. Alla luce della costante elaborazione giurisprudenziale, gli Stati

---

[24] Cfr. Corte di giustizia, sentenza del 12 febbraio 1974, C-152/73, *Sotgiu*, in *Racc.*, 1974, 153, ove si legge: *"la Commissione sostiene che la nozione di "impieghi nella pubblica amministrazione", quale è contemplata dall'art. 48, n. 4, del Trattato CEE, è una nozione di diritto comunitario, e non fa rinvio al diritto degli Stati membri. Essa dev'essere interpretata nel senso che vanno escluse dalla sfera d'applicazione dell'art. 48, le attività che sono in relazione diretta o indiretta con l'esercizio dei pubblici poteri, il che avviene sempre quando le attività riguardano un segreto di Stato o la sicurezza nazionale. La natura giuridica dei rapporti d'impiego può, in questo contesto, fornire elementi di valutazione rilevanti, ma non può costituire, di per sé stessa, un fattore decisivo"*; Corte di giustizia, sentenza del 17 dicembre 1980, *Commissione c. Belgio*, C-149/79, C:1980:297; Corte di giustizia, sentenza del 26 maggio 1982, *Commissione c. Belgio* C-149/79, EU:C:1982:195; Corte di giustizia, sentenza del 3 giugno 1986, *Commissione c. Francia*, C-307/84, EU:C:1986:222; Corte di giustizia, sentenza del 3 luglio 1986, *Lawrie-Blum*, C-66/85, cit.; Corte di giustizia, sentenza del 16 giugno 1987, *Commissione c. Italia*, C-225/85, EU:C:1987:284; Corte di giustizia, sentenza del 30 maggio 1989, *Pilar Allué e Carmel Mary Coonan c. Università degli studi di Venezia*, C-33/88,

membri risultano legittimati a prevedere deroghe alla libera circolazione ai sensi dell'art. 45, paragrafo 4, TFUE, solo con riferimento agli impieghi pubblici che comportano l'esercizio diretto o indiretto di un pubblico potere e che sono volti a salvaguardare gli interessi generali dello Stato o di altri enti pubblici [25].

EU:C:1989:222; Corte di giustizia, sentenza del 27 novembre 1991, *Bleis*, C-4/91, EU:C:1991:448; Corte di giustizia, sentenza del 2 luglio 1996, *Commissione c. Lussemburgo*, C-473/93, EU:C:1996:263; Corte di giustizia, sentenza del 2 luglio 1996, *Commissione c. Belgio*, C-173/94, EU:C:1996:264; Corte di giustizia, sentenza del 2 luglio 1996, *Commissione c. Grecia*, C-290/94, EU:C:1996:265; Corte di giustizia, sentenza del 31 maggio 2001, *Commissione c. Italia*, C-283/99, EU:C:2001:307; Corte di giustizia, sentenza del 30 settembre 2003, *Colegio de Oficiales de la Marina Mercante Española c. Administración del Estado*, C-405/01, EU:C:2003:515; Corte di giustizia, sentenza del 30 settembre 2003, *Albert Anker, Klaas Ras e Albertus Snoek c. Bundesrepublik Deutschland*, C-47/0, in *Racc.* 2003, I-10447; Corte di giustizia, sentenza del 11 marzo 2008, *Commissione delle Comunità europee c. Repubblica francese*, C-89/07, EU:C:2008:154; Corte di giustizia, sentenza del 11 settembre 2008, *Commissione delle Comunità europee c. Repubblica italiana*, C-447/07, EU:C:2008:502; Corte di giustizia, sentenza del 20 novembre 2008, *Commissione delle Comunità europee c. Regno di Spagna*, C-94/08, EU:C:2008:648; Corte di giustizia, sentenza del 10 dicembre 2009, *Commissione europea c. Repubblica ellenica*, C-460/08, EU:C:2009:774. In dottrina, *ex multis*, si rinvia a L. Valentino, *La vigilanza dello Stato membro in settori particolari non è senza limiti: su di essa "vigila" la Commissione*, in *Dir. pubbl. comp. eur.*, 2001, p. 1489; S. Cassese, *La nozione comunitaria di pubblica amministrazione*, in *Giorn. dir. amm.*, 1996, p. 920; E. Adobati, *Pubblica amministrazione nazionale e accesso all'impiego di cittadini di altri Stati membri (II)*, in *Dir. com. scambi internaz.*, 1996, p. 586; M. Orlandi, *L'accesso al pubblico impiego di uno "straniero comunitario" e discriminazioni in base alla cittadinanza: la fine della controversia concernente i lettori di lingua straniera*, in *Giur. merito*, 1996, n. 3, v. 4, p. 544; A. Sciortino, *Qualche osservazione sulla nozione di pubblica amministrazione nell'ordinamento comunitario (art. 48.4 Trattato Cee)*, in *Riv. it. dir. pubbl. comp.*, 1994, n. 2, p. 388; D.M. Traina, *Libertà di circolazione nella Comunità economica europea e pubblico impiego in Italia*, in *Riv. trim. dir. pubb.*, 1991, n. 2, p. 329; J. Handoll, *Article 48(4) EEC and Non-National Access to Public Employment*, in *Eur. Law Rev.*, 1988, p. 223; R. White, *A Round-up of Cases on Free Movement of Workers*, in *Eur. Law Rev.*, 1987, p. 147; G. Druesne, *La liberté de circulation des personnes dans la Cee et les emplois dans l'administration publique*, in *Rev. trim. droit eur.*, 1981, n. 1, p. 287; G. Lyon-Caen, *Un arrêt d'une interpretation difficile: l'arrêt de la Cour de justice dans l'affaire des "chemins de fer belges" confronté au droit français*, in *Mélanges Teitgen*, Paris, 1984, p. 271; L. Dubouis, *La notion d'emplois dans l'Administration publique (art. 48.4 traité Cee) et l'acces des ressortissants communautaires aux emplois publics*, in *Rev. fr. droit adm.*, 1987, n. 6, p. 949. Si v., inoltre, M.P. Belloni, *La libera circolazione degli avvocati nella Comunità Europea*, cit., a p. 32 ss., che sottolinea come la Corte abbia privilegiato una definizione funzionale della nozione di pubblica amministrazione, rigettando in tal modo l'interpretazione di natura istituzionale volta a definire il concetto di pubblica amministrazione esclusivamente *"con riferimento al modello di organizzazione dei pubblici poteri negli Stati membri"*.

[25] La Commissione europea considera con favore l'atteggiamento restrittivo adottato dalla Corte e si sforza di promuovere attivamente l'accesso alla funzione pubblica; cfr. COM(2010)373 def.: Comunicazione della Commissione al Consiglio, al Parlamento europeo, al Comitato Economico e Sociale europeo e al Comitato delle Regioni, del 13 luglio 2010, Ribadire la libera circolazione dei lavoratori: diritti e principali sviluppi, 11; COM(2002) 694 def.: Comunicazione della Commissione, dell'11 dicembre 2002, Libera circolazione dei lavoratori – realizzarne pienamente i vantaggi e le potenzialità.

2.1.2. *La partecipazione all'esercizio dei pubblici poteri*

L'art. 51 TFUE (già art. 45 TCE) prevede un'ulteriore deroga alla libera circolazione intra-UE. In particolare, la norma delimita in senso negativo l'ambito di applicazione delle disposizioni relative al diritto di stabilimento, escludendo espressamente dall'applicabilità delle norme del capo II le attività che partecipano, sia pure occasionalmente, all'esercizio dei pubblici poteri. L'operatività di tale disposizione è estesa anche alla libera prestazione di servizi, mediante l'espresso richiamo operato dall'art. 62 TFUE.

Similmente a quanto dedotto per le altre deroghe, anche in riferimento alla limitazione in questione si impone un'interpretazione restrittiva, che ne limiti la portata a *"quanto è strettamente necessario per tutelare gli interessi che la stessa norma permette agli Stati di proteggere"* [26]. È, infatti, nella sensibilità di talune attività rispetto agli interessi nazionali, che richiedono al lavoratore *"la manifestazione di obblighi e fedeltà verso lo Stato che solo nel legame con la cittadinanza possono trovare fondamento"*, che la limitazione scorge il proprio fondamento giustificativo [27].

La stretta correlazione tra le attività dei professionisti legali e la corretta amministrazione della giustizia aveva lasciato sorgere margini di dubbio, nei primi anni di interpretazione dei Trattati, sulla possibilità di intravedere una partecipazione della professione all'esercizio di pubblici poteri, con conseguente sottrazione della professione forense alle regole della libera circolazione. La Corte, chiamata a pronunciarsi sulla questione, nella nota sentenza *Reyners* ha tuttavia escluso espressamente tale possibilità. A parere della Corte, la deroga alla libertà di stabilimento contemplata dall'art. 51 TFUE deve essere interpretata in modo restrittivo, limitandone l'applicazione a ciò che risulta essere *"strettamente necessario per tutelare gli interessi che la giustificano"* [28], ovvero la salvaguardia dell'interesse dello Stato. Ne consegue che l'eccezione di cui all'art. 51 TFUE non può essere invocata per giustificare l'esclusione *in toto* di una particolare professione dalla sfera di applicazione della libertà di stabilimento; l'operatività della deroga deve, per contro, essere limitata a quelle particolari attività che, in sé considerate, costituiscono una partecipazione diretta e specifica all'esercizio di pubblici poteri [29]. Con particolare riferimento

---

[26] R. Mastroianni, *La libera prestazione di servizi*, in G. Strozzi, A. Adinolfi e R. Baratta (a cura di), *Diritto dell'Unione Europea*, Giappichelli, Torino, 2017, p. 241, a p. 273.

[27] M. Condinanzi, *La libertà di stabilimento*, in G. Strozzi, A. Adinolfi e R. Baratta (a cura di), *Diritto dell'Unione Europea*, cit., p. 175 e spec. p. 195.

[28] Cfr. Corte di giustizia, sentenza del 30 marzo 2006, *Servizi Ausiliari Dottori Commercialisti Srl c. Giuseppe Calafiori*, C-451/03, EU:C:2006:208, punto 45.

[29] Cfr. Corte di giustizia, sentenza del 30 marzo 2006, *Servizi Ausiliari Dottori Commercialisti Srl c. Giuseppe Calafiori*, C-451/03, cit., punto 46; Corte di giustizia, sentenza del 21 giugno 1974, *Jean Reyners c. Stato Belga*, C-2/74, EU:C:1974:68, punto 45; Corte di

alla professione forense, la Corte di giustizia, passando in rassegna espressamente le attività più tipiche della professione forense, quali la consulenza, l'assistenza legale, la difesa e la rappresentanza in giudizio, ha escluso che le stesse possano essere considerate come partecipazione diretta e specifica ai pubblici poteri [30].

3. *Il contributo della giurisprudenza della Corte di giustizia*

L'effettiva realizzazione della libera circolazione dei professionisti all'interno dell'Unione europea si è dimostrata sin da subito poco agevole. La liberalizzazione doveva essere attuata in modo progressivo, grazie all'intervento delle istituzioni comunitarie, al fine di non alterare bruscamente il tessuto economico sociale dei diversi Stati membri [31].

Innanzitutto, gli artt. 53 e 62 della versione originaria del Trattato CE

---

giustizia, sentenza del 13 luglio 1993, *Thijssen*, C-42/92, EU:C:1993:304, punto 8; Corte di giustizia, sentenza del 29 ottobre 1998, *Commissione c. Spagna*, C-114/97, EU:C:1998:519, punto 35; Corte di giustizia, sentenza del 31 maggio 2001, *Commissione c. Italia*, C-283/99, cit., punto 20.

La Corte di giustizia, in riferimento alla professione di notaio, ha statuito che: *"le attività notarili, come attualmente definite negli Stati membri in questione [Belgio, Francia, Lussemburgo, Austria, Germania, Grecia causa C-61/08 e Portogallo, n.d.r.] non partecipano all'esercizio dei pubblici poteri ai sensi dell'art. 45 del Trattato CE. Pertanto, il requisito di cittadinanza previsto dalla normativa di tali Stati per l'accesso alla professione di notaio costituisce una discriminazione fondata sulla cittadinanza vietata dal Trattato CE. (...) Il fatto che l'attività dei notai persegua un obiettivo di interesse generale, ossia quello di garantire la legalità e la certezza del diritto degli atti conclusi tra privati, non è sufficiente, di per sé, a far considerare tale attività come partecipazione diretta e specifica all'esercizio dei pubblici poteri"*; e ancora, più in generale: *"le attività svolte nell'ambito di diverse professioni regolamentate comportano di frequente l'obbligo, per le persone che le compiono, di perseguire un obiettivo del genere, senza che dette attività rientrino per questo nell'ambito dell'esercizio di pubblici poteri"*; cfr. Corte di giustizia, sentenze del 24 maggio 2011, *Commissione europea c. Belgio*, C-47/08, EU:C:2011:334; *Commissione europea c. Francia*, C-50/08, EU:C:2011:335; *Commissione europea c. Lussemburgo*, C-51/08, EU:C:2011:336; *Commissione europea c. Portogallo*, C-52/08, EU:C:2011:337; *Commissione europea c. Austria*, C-53/08, EU:C:2011:338; *Commissione europea c. Germania*, C-54/08, EU:C:2011:339 e *Commissione europea c. Grecia*, C-61/08, EU:C:2011:340. In dottrina, sul tema, v. G. Heinz e T. Ritter, *Deutsche Notare und Europäische Grundrechte – Grenzüberschreitende notarielle Dienstleistungen vor dem Durchbruch*, in *Europäische Zeitschrift für Wirtschaftsrecht*, 2009, pp. 599-603; A. Bruns, *Die Zukunft des Notariats in Europa – Dienstleistung oder vorsorgende Rechtspflege?*, in *Europäische Zeitschrift für Wirtschaftsrecht*, 2010, pp. 247-251; H. Ofner, *Staatsangehörigkeitserfordernis für den Notarberuf EU-widrig?*, in *Zeitschrift für Rechtsvergleichung, internationales Privatrecht und Europarecht*, 2010, V, p. 193.

[30] Corte di giustizia, sentenza del 21 giugno 1974, *Jean Reyners c. Stato Belga*, C-2/74, cit., punti 51-55.

[31] M. Condinanzi e B. Nascimbene, *I Servizi*, in A. Tizzano (a cura di), *Il Diritto privato nell'Unione Europea*, Giappichelli, Torino, 1999, p. 307.

prevedevano un meccanismo negativo, tradotto nella clausola di *standstill*: agli Stati membri, cioè, era fatto divieto di introdurre nuove misure restrittive idonee a compromettere il grado di liberalizzazione presente al momento dell'entrata in vigore del Trattato. A ciò si accompagnava la previsione di alcuni interventi positivi, che dovevano tradursi nella soppressione delle esistenti restrizioni al diritto di stabilimento e alla libertà di prestazione (artt. 54 e 63 Trattato di Roma), nel reciproco riconoscimento di diplomi, certificati e altri titoli e nell'adozione di misure di coordinamento e armonizzazione delle normative nazionali relative all'accesso e all'esercizio delle attività non salariate (artt. 57 e 66 Trattato di Roma). In ragione di ciò, il 18 dicembre 1961 vennero adottati due programmi generali [32] che imponevano l'adozione, entro un periodo transitorio il cui termine di scadenza era fissato al 31 dicembre 1969, di direttive volte ad eliminare le restrizioni che ancora comprimevano il diritto di stabilimento e la libera prestazione di servizi [33]. A causa dell'ostilità manifestata da molti Stati, riluttanti ad accogliere professionisti stranieri nel mercato locale [34], ma anche in considerazione della complessità dell'originario procedimento decisionale, basato sulla regola dell'unanimità, il progetto non fu portato a termine entro il periodo transitorio, ma vennero adottate, durante gli anni Sessanta, solo talune direttive settoriali [35].

Alla Corte di giustizia va il merito di avere supplito alle carenze e ai ritardi del legislatore europeo, e di avere sancito principi fondamentali ispiratori della successiva normativa, agevolando, in tal modo, il concretizzarsi della libera circolazione degli avvocati all'interno dello spazio euro-

---

[32] *Programma generale per la soppressione delle restrizioni sulla libera prestazione di servizi* e *Programma generale per la soppressione delle restrizioni alla libertà di stabilimento*, in *GU* del 15 gennaio 1962, 2, p. 32 ss.

[33] In considerazione della natura legislativa delle varie disposizioni nazionali che disciplinano l'esercizio delle attività professionali e dell'esistenza di molteplici differenze tra diversi ordinamenti giuridici in tale ambito, Sinagra sottolinea l'adeguatezza dello strumento elastico della Direttiva; v. A. Sinagra, *Attività forense e libera prestazione di servizi nella Comunità Europea*, in *Dir. com. scambi internaz.*, 1983, pp. 110-111.

[34] Cfr. A. Tizzano, *Stabilimento e prestazione dei servizi nella giurisprudenza comunitaria*, in *Foro it.*, 1977, v. 100, V, c. 345 ss. e spec. p. 349, secondo cui: "(...) *le istituzioni comunitarie non erano riuscite nel corso del periodo transitorio a superare le molteplici difficoltà connesse alla piena attuazione delle due libertà: difficoltà derivanti, in particolare, dalle diversità esistenti nelle legislazioni degli Stati membri quanto alle condizioni di accesso e di esercizio delle attività non salariate; dalle conseguenze di natura politica ed economica che si ricollegavano alla liberalizzazione di alcune di queste; e anche dalle remore di vario tipo provenienti da organizzazioni professionali qualificate da un geloso spirito d'indipendenza e da salde tradizioni corporative*".

[35] Tali direttive (oggi confluite nella Direttiva 1999/42/CE, in *GU* n. L 201 del 31 luglio 1999, 0077-0093) riguardavano, ad esempio, il settore dell'agricoltura, dell'artigianato, delle banche, delle assicurazioni. Per un elenco completo si rinvia a L. Lezzi, *Principio di equivalenza, mutuo riconoscimento e libertà di circolazione delle professioni dell'unione europea*, in *Dir. com. scambi internaz.*, 2003, p. 410, nota 103.

peo[36]. Con storiche sentenze pronunciate a partire dagli anni Settanta del secolo scorso, la Corte di giustizia ha, *in primis,* sfatato la diffusa convinzione che gli artt. 52 e 59 del Trattato di Roma (ora artt. 49 e 56 TFUE), in assenza di direttive di coordinamento *ad hoc,* avessero una mera valenza programmatica. In particolare, nella sentenza *Reyners* del 21 giugno 1974[37] i giudici europei si sono pronunciati per la diretta applicabilità dell'art. 52 del Trattato, relativo alla libertà di stabilimento, prescrivendo lo stesso *"un obbligo di risultato preciso, il cui adempimento doveva essere facilitato, ma non condizionato dall'attuazione di un programma di misure graduali".* Di conseguenza, dopo la cessazione del periodo transitorio, la norma in questione era da considerarsi *self-executing,* direttamente azionabile dai cittadini degli Stati membri che riscontrassero discriminazioni alla libertà di stabilimento basate sulla nazionalità. L'orientamento emerso nella sentenza *Reyners* è stato successivamente confermato nella pronuncia *Van Binsbergen*[38], in riferimento alla libera prestazione di servizi. In tale occa-

[36] Per un commento alle diverse pronunce della Corte di giustizia, si vedano, fra gli altri: L. Antoniolli Deflorian, *La libera circolazione delle professioni liberali: il caso degli avvocati,* in *Lav. dir.*, 1997, XI, n. 3, p. 403; H. Adamson, *Free Moviment of Lawyers,* cit., p. 26.

[37] Corte di giustizia, sentenza del 21 giugno 1974, *Jean Reyners c. Stato Belga,* C-2/74, cit. Per un commento alla sentenza, v. A. Trabucchi, *L'esercizio dell'avvocatura non subordinato in Europa alla cittadina nazionale,* in *Riv. dir. civ.*, 1974, II, p. 317; A. Tizzano, *Stabilimento e prestazione dei servizi nella giurisprudenza comunitaria,* cit.; E. Graziadei, *La condizione della professione legale nella Cee: un passo avanti,* in *Foro it.*, 1974, IV, c. 243; P.J. Schutzmann, *La libera circolazione delle persone e la professione dell'avvocato. Una fondamentale sentenza della Corte di Giustizia delle Comunità europee,* in *Temi rom.*, 1974, VI, pp. 505-508; G. Morse, *Direct Applicability of Main Treaty Provisions and Scope of Safeguard Clauses,* in *Eur. Law Rev.*, 1975, pp. 67-69; V. Constantinesco, *La libre circulation des personnes et des services,* in *JDI*, 1976, pp. 221-225. Il sig. Reyners, cittadino olandese, era nato e cresciuto in Belgio, ove aveva conseguito il titolo di *docteur en droit.* In ragione di ciò egli aveva chiesto l'iscrizione all'albo degli avvocati in Belgio, ma senza successo: la legislazione belga ammetteva alla professione forense solo i propri cittadini, salvo che l'ordinamento del Paese di provenienza del professionista forense prevedesse una condizione di reciprocità di trattamento per i cittadini belgi, nel caso di specie mancante. Il sig. Reyners aveva presentato ricorso al *Conseil d'Etat de Belgique,* richiedendo l'annullamento della relativa disposizione nazionale, in quanto incompatibile con gli artt. 52, 54, 55, 57 del Trattato di Roma. Il Consiglio di Stato belga, III sezione amministrativa, aveva dunque sospeso il procedimento e a norma dell'art. 177 del Trattato CEE aveva investito la Corte di giustizia di due questioni pregiudiziali riguardanti l'interpretazione degli artt. 55, paragrafo 1 e 52, paragrafo 2 del Trattato.

[38] Corte di giustizia, sentenza del 3 dicembre 1974, *Van Binsbergen,* C-33/74, EU:C:1974:131. V. G. Morse, *Direct Applicability of Main Treaty Provisions and Scope of Safeguard Clauses,* cit.

Il tribunale olandese, *il Central Raad van Beroep,* aveva contestato la legittimazione del rappresentante *ad litem* del sig. Van Binsbergen, certo avvocato Kortmann, a svolgere il proprio mandato in quella sede, avendo questi trasferito, durante il processo, la propria residenza in Belgio. Secondo la legislazione olandese, infatti, tale mandato poteva essere conferito solo a persone residenti nei Paesi Bassi. Stante l'opposizione dell'avvocato Kortmann il tribunale decideva di sospendere il processo e investire la Corte di giustizia delle questioni

sione, i giudici europei hanno stabilito che "*gli artt. 59, 1) comma, e 60, 3) comma, hanno efficacia diretta e possono essere fatti valere dinanzi ai giudici nazionali, almeno nella parte in cui impongono la soppressione di tutte le discriminazioni che colpiscono il prestatore di un servizio a causa della sua nazionalità o della sua residenza in uno stato diverso da quello in cui il servizio stesso viene fornito*" e ciò anche in assenza delle direttive previste dagli artt. 57 e 63 del Trattato [39].

Nelle sentenze *Reyners* e *Van Binsbergen* ora richiamate, il carattere discriminatorio delle restrizioni era palese: esse erano giustificate da ragioni meramente formali (cittadinanza e residenza [40]). Con la successiva sentenza *Thieffry* [41] la Corte di giustizia europea ha ulteriormente ridotto l'importanza delle direttive di coordinamento, ricomprendendo nel novero delle ingiustificate discriminazioni alla libertà di stabilimento anche le restrizioni basate su una apodittica affermazione di inadeguatezza della formazione professionale. In tale occasione, i giudici europei hanno ritenuto contrastante con il diritto comunitario la disposizione nazionale

---

pregiudiziali relative alla efficacia degli artt. 59, paragrafo 1 e 60, paragrafo 3, del Trattato di Roma.

[39] Tale orientamento è stato confermato subito dopo nella sentenza della Corte di giustizia del 12 dicembre 1974, *Walrave*, C-36/74, EU:C:1974:140. In tale caso, espressamente riferito alle discriminazioni fondate sulla cittadinanza, la Corte di giustizia ha avuto modo di affermare che: "l'art. *59 prescrive fra l'altro, per quanto attiene alla prestazione di servizi, l'abolizione di qualsiasi discriminazione fondata sulla cittadinanza del prestatore. Tale norma, nel settore specifico della prestazione di servizi, concretizza il principio programmatico di non discriminazione sancito dall'art. 7 riguardo al complesso delle materie disciplinate dal Trattato e dall'art. 48 per quanto concerne il settore del lavoro subordinato. Come questa Corte ha già affermato per diritto (sentenza 3 dicembre 1974 nella causa 33-74, Van Binsbergen), l'art. 59 vieta in maniera categorica che, alla scadenza del periodo di transizione, gli ordinamenti giuridici interni degli stati membri possano infrapporre alla prestazione di servizi – almeno nei confronti dei cittadini dei paesi della comunità – qualsiasi ostacolo o limitazione fondata sulla cittadinanza del prestatore. Se ne deve concludere che l'art. 59, 1) comma, prescrivendo l'abolizione di qualsiasi discriminazione fondata sulla cittadinanza, attribuisce ai singoli, a decorrere dalla scadenza del periodo di transizione, diritti soggettivi che il giudice nazionale e tenuto a tutelare*".

[40] Cfr., altresì, Corte di giustizia, sentenza del 14 luglio 1988, *Commissione c. Grecia*, C-28/87, in *Racc.*, 1988, 4415, ove la Corte ha dichiarato inadempiente la Grecia per avere mantenuto norme subordinanti l'accesso e l'esercizio della professione forense al possesso della cittadinanza nazionale.

[41] Corte di giustizia, sentenza del 28 aprile 1977, *Thieffry*, C-71/76, EU:C:1977:65. Cfr. C.A. Crisham, *Case Law*, in *JDI*, 1978, p. 359.

Un cittadino belga, il sig. Thieffry, dopo aver conseguito la laurea all'Università di Lovanio e essersi iscritto al foro di Bruxelles, decideva di stabilirsi a Parigi. Nel 1974 otteneva dall'Università di Parigi I l'equiparazione del *doctorat* conseguito in Belgio alla *licence en droit* rilasciata dall'università francese e successivamente l'Università di Parigi II gli rilasciava un *certificat d'aptitude à la profession d'avocat*. Nonostante ciò, il sig. Thieffry si vedeva rifiutare l'iscrizione all'albo degli avvocati di Parigi poiché la normativa francese subordinava tale iscrizione al conseguimento di una *licence* o *doctorat en droit* presso università francesi. In ragione di ciò il sig. Thieffry adiva la Corte di appello di Parigi, la quale rimetteva la questione alla Corte di giustizia *ex* art. 177 del Trattato.

francese che impediva il riconoscimento, ai fini dell'abilitazione professionale, del titolo di studio conseguito dal professionista nel proprio paese d'origine e successivamente dichiarato equivalente dall'autorità accademica competente del paese di stabilimento. La Corte ha nuovamente ribadito che gli Stati membri, trascorso il periodo transitorio, anche in assenza dei provvedimenti contemplati dagli artt. 54, n. 2 e 57, n. 1, erano comunque chiamati ad applicare integralmente ed incondizionatamente l'art. 52, essendo la disposizione direttamente efficace. La libertà di stabilimento, integrando una delle finalità del Trattato, doveva essere garantita, in assenza di interventi di diritto europeo, mediante le azioni di ciascuno Stato, essendo i Paesi membri tenuti, a norma dell'art. 5 del Trattato, ad adottare tutte le misure di carattere generale o particolare idonee ad assicurare l'esecuzione degli obblighi comunitari ed al contempo ad astenersi *"da qualsiasi misura che rischi di compromettere la realizzazione degli scopi del presente Trattato"*. Spetta, dunque, alle autorità nazionali competenti *"garantire che leggi o prassi vengano applicate conformemente all'obiettivo definito dalle disposizioni del Trattato relative alla libertà di stabilimento"*, e, di conseguenza, permettere il riconoscimento *"nella misura più ampia compatibile con il rispetto delle esigenze professionali"*.

Un ulteriore sviluppo della giurisprudenza in tema di diritto di stabilimento dei professionisti forensi e di riconoscimento dei diplomi si riscontra nella sentenza *Vlassopoulou* del 7 maggio 1991 [42]. In tale occasione la Corte ha dettato alcuni precisi parametri a cui gli Stati membri devono fare riferimento allorché, ricevuta una domanda di autorizzazione all'esercizio della professione forense, si prestino a considerare i titoli accademici e professionali posseduti dal richiedente. Sullo stato ospitante grava, infatti, l'obbligo di valutare in quale misura le conoscenze e le qualifiche at-

---

[42] Corte di giustizia, sentenza del 7 maggio 1991, *Vlassopoulou*, C 340/89, EU:C:1991:193. In dottrina, v. J. Shaw, J. Lonbay, S. Wheeler e T. Hartley, *The Common Market*, in *Eur. Law Rev.*, 1991, 501; T. Stein, nota a sentenza, in *Common Mark. Law Rev.*, 1992, p. 625; E. Adobati, *Laurea ed accesso alla libera professione nell'Unione Europea*, in *Dir. com. scambi internaz.*, 1995, n. 1, p. 91; S. Neri, *Rassegna di giurisprudenza della Corte di Giustizia delle Comunità Europee*, in *Riv. dir. eur.*, 1992, p. 114.

La sig.ra Vlassopoulou, cittadina greca e avvocato in Atene, aveva conseguito un diploma di laurea in giurisprudenza in Germania presso l'Università di Tubingen e aveva successivamente esercitato la professione di consulente giuridico per cinque anni presso uno studio di avvocati tedeschi. La sig.ra Vlassopoulou aveva dunque chiesto al Ministero della giustizia di Baden-Württemberg l'autorizzazione all'esercizio della professione forense in Germania, ma senza successo. Il diniego all'ammissione all'albo degli avvocati in Germania era basato sulla circostanza che la sig.ra Vlassopoulou non soddisfaceva le condizioni attitudinali previste dalla legge federale tedesca (art. 4 del BRAO, 1959, in *BGBl*, S. 565), la quale impone, oltre al conseguimento in Germania della laurea in legge, anche il superamento di due esami di Stato, il secondo effettuato dopo lo svolgimento di un periodo di *stage*. In questo caso non aveva trovato applicazione la Direttiva 89/48/CEE, relativa ad un sistema generale di riconoscimento dei diplomi di istruzione superiore che sanzionano formazioni professionali di una durata minima di tre anni, poiché non ancora recepita dagli Stati in causa.

testate dai diplomi, certificati e altri titoli posseduti dall'interessato siano conformi a quelle previste dalla propria normativa nazionale e, qualora la corrispondenza risulti essere solo parziale, predisporre misure compensative idonee a permettere all'interessato di acquisire, o dimostrare di possedere, le conoscenze necessarie per svolgere correttamente la professione forense. Tale analisi non può essere effettuata in modo aprioristico, ma deve essere svolta caso per caso, in modo obiettivo, secondo una procedura capace di garantire le esigenze del diritto comunitario. Il provvedimento deve dunque essere motivato ed essere suscettibile di controllo giurisdizionale per poterne verificare la legittimità rispetto al diritto europeo. Anche in questa pronuncia i giudici, richiamando il precedente orientamento espresso nelle sentenze *Patrick*[43] e *Thieffry*[44], sottolineano come l'art. 52 del Trattato, che prevede la realizzazione della libertà di stabilimento per la fine del periodo transitorio, *"prescrive un preciso obbligo di risultato, il cui adempimento doveva essere facilitato, ma non condizionato, dall'attuazione di un programma di misure graduali"*.

Il concetto di diritto di stabilimento si amplia nella giurisprudenza della Corte fino a ricomprendere le c.d. discriminazioni indirette, ovvero quelle situazioni che pur formalmente conformi al principio di equiparazione tra i cittadini dello Stato ospitante e i professionisti stabiliti, di fatto ledono le libertà garantite dal Trattato. Si consideri, a titolo esemplificativo, il caso *Klopp*[45], in cui la Corte ha ritenuto contrastanti con l'art. 52 del Trattato le norme legislative e deontologiche francesi che impedivano ad un cittadino straniero di accedere ed esercitare la professione di avvocato in Francia, mantenendo contemporaneamente un domicilio professionale in un altro Stato membro. L'imposizione dell'unicità del domicilio, sebbene prevista indistintamente per gli avvocati francesi e per quelli stabiliti, è stata ritenuta contraria alla normativa europea sullo stabilimento, che, per contro, ga-

---

[43] Corte di giustizia, sentenza del 28 giugno 1977, *Patrick*, C-11/77, EU:C:1977:113, punto 10.

[44] Corte di giustizia, sentenza del 28 aprile 1977, *Thieffry*, C-71/76, cit., punti 16-18.

[45] Corte di giustizia, sentenza del 22 luglio 1984, *Kloop*, C-107/83, EU:C:1984:270. In dottrina, v. W. Rawlinson, *Lawyers and Foreign Offices*, in *Int. Fin. Law Rev.*,1984, p. 54; L. Gormley, *Freedom to Practise at the Bar in More than One Member State*, in *Eur. Law Rev.*, 1984, p. 439; R. Scarpa, *Libertà di stabilimento e professione forense*, in *Giust. civ.*, 1985, I, pp. 1266-1268.

Il sig. Klopp, cittadino tedesco e avvocato in Dusserdoff, aveva chiesto l'autorizzazione ad iscriversi all'albo degli avvocati di Parigi, pur conservando l'iscrizione e lo studio professionale in Germania. Il Consiglio dell'Ordine degli avvocati di Parigi aveva rifiutato la richiesta poiché il sig. Klopp, pur possedendo le caratteristiche personali e i diplomi idonei all'esercizio della professione in Francia, non rispondeva alle previsioni degli artt. 83 del decreto 72-468 (in *Gazz. Uff. della Repubblica Francese*, 11 giugno 1972) e 1 del Regolamento Professionale del Foro di Parigi, in virtù dei quali l'avvocato può avere un solo domicilio professionale, nel circondario del *Tribunal de Grande Instance* presso il quale è incardinato. La Corte di appello di Parigi annullava il provvedimento del consiglio dell'Ordine, il quale ricorreva in Cassazione. La Corte di Cassazione sospendeva il giudizio e rinviava la questione alla Corte di giustizia.

rantisce ai professionisti la libertà di fissare uno o più centri d'affari all'interno dell'Unione. La nozione di stabilimento è stata in tal modo ufficialmente estesa dalla giurisprudenza europea, sino a ricomprendere le ipotesi di stabilimento c.d. secondario, riferito a quelle situazioni in cui un professionista, pur stabilendosi in uno Stato membro diverso dal proprio, continua a mantenere un saldo collegamento con lo Stato di origine. Specularmente, nella sentenza *Gebhard*[46], la Corte di giustizia ha ritenuto compatibile con la nozione di prestazione di servizi la predisposizione nello Stato ospitante di una determinata infrastruttura (ufficio o studio), qualora necessaria per l'espletamento dell'attività professionale. Con il diversificarsi delle modalità di esercizio della libera prestazione di servizi e del diritto di stabilimento, la linea di discrimine fra le due libertà garantite dal Trattato è divenuta, in molte situazioni concrete, di difficile individuazione[47]. La Cor-

---

[46] Corte di giustizia, sentenza del 30 novembre 1995, *Gebhard*, C-55/94, cit. In dottrina, si rinvia, su tutti, a F. Toriello, *Libertà di prestazione di servizi legali, interessi degli utenti e compiti del legislatore nazionale*, in *Nuova Giur. civ. comm.*, 1996, I, pp. 440-448; E. Adobati, *Differenza tra libera prestazione di servizi e libertà di stabilimento per l'esercizio della professione forense secondo la sentenza della Corte di Giustizia nel caso "Gebhard"*, in *Dir. com. scambi internaz.*, 1996, pp. 293-300; A. Barani, *Il caso "Gebhard": un avvocato tedesco in Italia*, in *Dir. com. scambi internaz.*, 1996, pp. 301-310; J. Lonbay, *Case C-55/94 Reinhard Gebhard v. Consiglio dell'ordine degli Avvocati e Procuratori di Milano*, in *Common Mark. Law Rev.*, 1996, v. 33, pp. 1073-1087; M. Condinanzi, *L'avvocato comunitario tra...Corte di Giustizia e Corte Costituzionale*, in *Corr. giur.*, 1996, p. 1216; L. Daniele, *L'ordinamento forense italiano tra Corte di Giustizia comunitaria e Corte costituzionale*, in *Diritto dell'Unione Europea*, 1997, pp. 183-190; V. Carbone, *Avvocati e procuratori*, in *Corr. giur.*, 1999, n. 6, p. 690; E. Bergamini, *Avvocati e disciplina della professione nel diritto dell'Unione europea: il caso italiano*, in *Studi sull'integrazione europea*, 2018, p. 299 ss.; B. Nascimbene, *Avvocati e abogados. Norme di diritto UE e norme nazionali a confronto*, in *Riv. it. dir. pubb. com.*, 2018, n. 2, p. 491 ss. e Id., *La professione forense nell'Unione europea*, cit., p. 12 ss.

Il Consiglio dell'Ordine di Milano aveva sospeso dall'esercizio dell'attività forense per sei mesi l'avvocato tedesco Gebhard, prestatore di servizi in Italia, in quanto aveva ritenuto che questi avesse violato la legge attuativa della Direttiva 77/249/CEE/CE ed in particolare l'art. 2 della legge 31/1982. Secondo il Consiglio l'avvocato Gebhard non si era limitato a prestare i propri servizi in maniera occasionale e saltuaria, come legislativamente prescritto, ma aveva esercitato l'attività professionale in forma stabile facendo uso del titolo italiano di avvocato (e non già quello tedesco di *Rechtsanwalt*) e istituendo addirittura un proprio studio permanente nel territorio dello Stato ospitante. L'avvocato Gebhard aveva proposto ricorso avverso tale decisione innanzi al CNF, chiedendo in via principale la disapplicazione dell'art. 2 della legge n. 31 del 1982 nella parte in cui impedisce ad un avvocato appartenente ad uno Stato membro l'apertura in Italia di uno studio legale. In subordine aveva chiesto che fosse adita la Corte di giustizia, *ex* art. 177 del Trattato, affinché i giudici comunitari risolvessero la questione relativa alla legittimità del comportamento degli Stati membri che vietano all'avvocato di altro Stato membro l'apertura di una sede principale o secondaria, nel periodo in cui le norme nazionali non avevano ancora attuato le direttive sul riconoscimento reciproco dei diplomi e sulla integrazione delle conoscenze professionali attraverso la prova attitudinale. Il CNF, per contro, aveva chiesto che fossero esplicitati i criteri indicativi del carattere di temporaneità.

[47] Così M. Condinanzi e B. Nascimbene, *La libera prestazione dei servizi e delle professioni in generale*, cit., p. 285 ss.

te di giustizia nel caso *Gebhard*, non ha comunque perso l'occasione per ribadire come la libertà di stabilimento implichi "*la possibilità, per il cittadino comunitario, di partecipare in maniera stabile e continuativa alla vita economica di uno Stato membro diverso dal proprio Stato di origine e di trarne vantaggio, favorendo così l'interpenetrazione economica e sociale nell'ambito della Comunità nel settore delle attività indipendenti*"; e come, viceversa, la libertà di prestazione di servizi si traduca in una attività esercitata in un altro Stato membro con un carattere di temporaneità, da valutarsi facendo riferimento ai parametri di durata, frequenza, periodicità o continuità.

4. *Gli strumenti di diritto derivato: libera prestazione di servizi, libertà di stabilimento e riconoscimento delle qualifiche professionali*

I principi espressi dai giudici comunitari nelle sentenze richiamate sono alla base dei successivi interventi di coordinamento e armonizzazione delle istituzioni europee, che hanno permesso, seppure in maniera tardiva, un effettivo sviluppo della mobilità degli avvocati nel contesto dell'Unione. È, infatti, grazie ai successivi interventi specifici del legislatore europeo che la possibilità per gli avvocati di circolare all'interno del mercato interno si è concretamente realizzata.

In particolare, l'adozione della Direttiva 77/249/CEE del Consiglio, del 22 marzo 1977, concretizzando e sostanziando i principi fondamentali di cui agli artt. 56-62 TFUE, ha permesso di facilitare l'esercizio effettivo della libera prestazione di servizi da parte degli avvocati, ovvero la possibilità per i professionisti forensi di prestare in maniera occasionale e saltuaria i propri servizi in uno Stato diverso da quello in cui sono stabiliti senza necessità di trasferire la propria attività in maniera permanente nello Stato in cui la prestazione viene erogata (v. *infra* § 4.1). Una ventina di anni più tardi, anche la libertà di stabilimento, di cui agli artt. 49-55 TFUE, ha ricevuto l'attenzione del legislatore europeo. Tramite la Direttiva 98/5/CE [48]

---

[48] Direttiva 98/5/CE del Parlamento europeo e del Consiglio, del 16 febbraio 1998, volta a facilitare l'esercizio permanente della professione di avvocato in uno Stato membro diverso da quello in cui è stata acquisita la qualifica, in *GU* L 77 del 4 marzo 1998, 36. Per un commento si rinvia a R.G. Aloisio, *Diritto di stabilimento degli avvocati "europei"*, in *Riv. dir. priv.*, 1998, n. 4, p. 1 ss.; J. Salvemini, *La Direttiva sulla libertà di stabilimento degli avvocati*, cit.; H. Adamson, *Free Moviment of Lawyers*, cit., p. 91; E. Adobati, *Gli avvocati comunitari potranno esercitare con il proprio titolo d'origine in tutta l'Unione Europea*, cit.; G. Viciconte (a cura di), *L'Avvocato in Europa*, cit.; M.P. Belloni, *La libera circolazione degli avvocati nella Comunità Europea*, cit., p. 151; F. Ferraro, *L'avvocato comunitario. Contributo allo studio della libertà di circolazione e di concorrenza dei professionisti*, cit., p. 87; B. Nascimbene, *La professione forense nell'Unione europea*, cit., p. 49.

è stata, infatti, definitivamente dettagliata la disciplina volta a regolamentare l'esercizio della professione forense, su base permanente, in uno Stato membro diverso da quello di appartenenza (v. *infra* § 4.2).

Tale processo legislativo è stato accompagnato dalla necessità di armonizzare anche il settore della formazione professionale per facilitare la circolazione intra-europea degli avvocati e soprattutto per garantirne il diritto di stabilimento. L'esercizio di tale diritto risultava, invero, spesso ostacolato dagli Stati a fronte delle difficoltà di riconoscere i titoli e i diplomi posseduti dal professionista intenzionato a prestare la propria opera in maniera stabile in un diverso Stato, stante le divergenze presenti fra i vari sistemi formativi nazionali. Le istituzioni europee hanno, pertanto, dapprima adottato la Direttiva 89/48/CEE, destinata a tutte le professioni regolamentate non disciplinate già da direttive specifiche, ivi compresa quella forense, e basata sul mutuo riconoscimento dei diplomi e delle qualifiche professionali, salva la possibilità per lo Sato di porre in essere, qualora necessario, meccanismi compensativi, quali la prova di idoneità e/o il tirocinio di adattamento, prima di ammettere il professionista ad operare in maniera stabile nel proprio contesto nazionale (v. *infra* § 4.2); successivamente la Direttiva 89/48/CEE è stata abrogata dalla Direttiva 2005/36/CE, come modificata ed integrata, in un secondo momento, dalla Direttiva 2013/55/CE, che ha ulteriormente semplificato il regime di riconoscimento delle qualifiche professionali (v. *infra* § 4.3).

4.1. *La prestazione di servizi occasionale*

La prestazione di servizi, a titolo occasionale e saltuario, da parte del professionista forense all'interno dell'Unione europea, è stata disciplinata dalla Direttiva 77/249/CEE del Consiglio, del 22 marzo 1977, la quale, al contempo, ha rinviato la concretizzazione della libertà di stabilimento a successivi interventi legislativi [49].

---

[49] Direttiva 77/249/CEE del Consiglio, del 22 marzo 1977, intesa a facilitare l'esercizio effettivo della libera prestazione di servizi da parte degli avvocati, in *GU* L 78 del 26 marzo 1977, 17-18. Per una dettagliata analisi della Direttiva si rinvia a V. Varano, *Commento alla legge 9 Febbraio 1982, n. 31. Libera prestazione di servizi da parte degli avvocati cittadini degli Stati membri delle Comunità europee*, cit.; Id., *La libera circolazione degli avvocati nella Cee e l'ordinamento italiano: problemi e prospettive*, in *Foro it.*, 1981, V, c. 137; D.B. Walters, *Uncertain steps towards an european legal profession*, cit.; M. Panebianco, *La Direttiva sulla prestazione dei servizi 2 marzo 1977*, in *Dir. com. scambi internaz.*, 1981, n. 4, pp. 765-786; H. Adamson, *Free Moviment of Lawyers*, cit., p. 33 ss.; M.P. Belloni, *La libera circolazione degli avvocati nella Comunità Europea*, cit., p. 55 ss.; B. Nascimbene, *La professione forense nell'Unione europea*, cit., p. 29 ss.; F. Ferraro, *L'avvocato comunitario. Contributo allo studio della libertà di circolazione e di concorrenza dei professionisti*, cit., p. 62 ss.

Diversi Autori hanno sottolineato la portata modesta della Direttiva rispetto ai precedenti interventi giurisprudenziali (così V. Varano, *Commento alla legge 9 Febbraio 1982, n. 31. Libera prestazione di servizi da parte degli avvocati cittadini degli Stati membri delle Comunità europee*,

Dal punto di vista soggettivo, dopo un generico richiamo alla figura dell'"avvocato', l'art 1, paragrafo 2, elenca dettagliatamente le qualifiche professionali nazionali che ricadono nel campo di applicazione della Direttiva, riportando le denominazioni utilizzate nei diversi Stati membri [50]. La Direttiva attribuisce ai Paesi membri la facoltà di riservare ad altre figure professionali le attività che riguardano la compilazione di atti autentici che abilitano all'amministrazione dei beni di persone defunte o che riguardano la costituzione o il trasferimento di diritti reali immobiliari [51]. Escluse tali attività, ai professionisti forensi è consentito prestare tutti i rimanenti servizi legali; in particolar modo, la Direttiva ricomprende nel proprio ambito di applicazione oggettivo la prestazione di attività sia stragiudiziali (consulenza), sia giudiziali (rappresentanza e difesa in giudizio o davanti alle autorità pubbliche). Seppur in assenza di un'indicazione precisa del limite temporale che la prestazione professionale deve avere, la Direttiva, all'art. 2, ribadisce la necessità che la stessa sia svolta in maniera occasionale. La temporaneità, come già sottolineato in precedenza, co-

---

cit., p. 49) e la sua inadeguatezza, essendosi limitata a dettare la disciplina relativa alla libera prestazione di servizi, senza nulla prescrivere in merito al diritto di stabilimento e al reciproco riconoscimento di diplomi e titoli di studio (in tal senso, S.M. Carbone, *Diritto di stabilimento e liberta di prestazione di servizi degli operatori del diritto: esigenza di una loro preparazione e qualificazione omogenea programmata a livello europeo*, in *Riv. dir. eur.*, 1978, pp. 496-497). Cfr., in particolare, il secondo considerando della Direttiva 77/249/CEE/CE: "*considerando che la presente Direttiva riguarda soltanto le misure destinate a facilitare l'esercizio effettivo dell'attività di avvocato a titolo di prestazione di servizi e che, per facilitare l'esercizio effettivo del diritto di stabilimento, sarà necessaria l'elaborazione di misure maggiormente perfezionate*".

[50] Vengono contemplati, nell'originario art. 1, paragrafo 2, della Direttiva 77/249/CEE per il Belgio: *Avocat / Advocaat*; per la Danimarca: *Advokat*; per la Germania: *Rechtsanwalt*; per la Francia: *Avocat*; per l'Irlanda: *Barrister* e *Solicitor*; per l'Italia: Avvocato; per il Lussemburgo: *Avocat-avoué*; per i Paesi Bassi: *Advocaat*; per il Regno Unito: *Advocate, Barrister* e *Solicitor*; sono successivamente stato aggiunti, in ragione delle nuove adesioni: per la Grecia: *Δικηγόρος*; per la Spagna: *Abogado*; per il Portogallo: *Advogado*; per l'Austria: *Rechtsanwalt*; per la Finlandia: *AsianajajaAdvokat*; per la Svezia: *Advokat*; per la Repubblica ceca: *Advokát*; per l'Estonia: *Vandeadvokaat*; per Cipro: *Δικηγόρος*; per la Lettonia: *Zvērināts advokāts*; per la Lituania: *Advokatas*; per l'Ungheria: *Ügyvéd*; per Malta: *Avukat/Prokuratur Legali*; per la Polonia: *Adwokat/Radca prawny*; per la Slovenia: *Odvetnik/Odvetnica*; per la Slovacchia: *Advokát/Komerčný právnik*; per la Bulgaria: Адвокат; per la Romania: *Avocat*.

[51] Nella maggior parte degli Stati tali attività vengono riservate ai notai (*notaio* in Italia, *notaire* in Francia, *notar* in Germania), esclusi ai sensi dell'art. 1 dalla Direttiva; in Irlanda e Regno Unito sono, invece, esercitate esclusivamente dai *solicitors*.

Sulla compatibilità della riserva di determinate attività ai notai rispetto al principio fondamentale della libera circolazione nel mercato interno v., più di recente, Corte di giustizia sentenza del 9 marzo 2017, *Piringer*, C-342/15, cit. In tale occasione la Corte di giustizia ha ritenuto conforme al diritto europeo, non sulla base della deroga di cui all'art. 1, paragrafo 2, della Direttiva 77/249/CEE, bensì alla luce delle eccezioni alla libera circolazione codificate nei Trattati (art. 56 TFUE), la normativa austriaca che riserva l'attività delle trascrizioni immobiliari ai notai e ai tribunali. Per un commento si v., su tutti, M. Manfredi, *La libera circolazione dei servizi legali nell'Unione Europea: note a margine del caso* Piringer, in *DPCE online*, 2017, p. 713; V. Capuano, *Attività notarile e libera circolazione dei servizi giuridici. Brevi note a margine della sentenza Piringer*, in *Osservatorio Europeo*, 2017.

stituisce, infatti, uno dei requisiti fondamentali della libera prestazione di servizi. A norma dell'art. 3 l'avvocato prestatore deve fare *"uso del proprio titolo professionale espresso nella lingua o in una delle lingue riconosciute nello Stato membro di provenienza, con indicazione dell'organizzazione professionale cui appartiene o della giurisdizione presso la quale è ammesso in applicazione della legislazione di tale Stato"*, secondo il principio del mutuo riconoscimento dell'abilitazione all'esercizio della professione. Tale disposizione permette, fondamentalmente, di tutelare adeguatamente il consumatore, il quale è posto nella condizione di riconoscere il prestatore, senza correre il rischio di confonderlo con un professionista locale[52]. A norma dell'art. 7 lo Stato ospitante può altresì chiedere al prestatore di servizi di documentare la propria qualità di avvocato.

La Direttiva non trascura la rilevanza per il professionista forense delle regole deontologiche, ma introduce una distinzione basata sul tipo di attività che il prestatore intende svolgere nel Paese ospitante. Nel caso di attività stragiudiziali l'avvocato rimane soggetto alle norme del proprio Stato di provenienza[53], fatto salvo il rispetto delle norme, qualunque sia la loro fonte, che disciplinano la professione nello Stato membro ospitante, in particolare di quelle riguardanti l'incompatibilità fra l'esercizio delle attività di avvocato e quello di altre attività, il segreto professionale, il carattere riservato dei rapporti tra colleghi, il divieto per uno stesso avvocato di assistere parti che abbiano interessi contrapposti e la pubblicità (art. 4, paragrafo 4). Tali norme trovano applicazione soltanto allorché esse possano essere osservate da un avvocato non stabilito nello Stato membro ospitante e nella misura in cui la loro osservanza sia giustificata oggettivamente per garantire in tale Stato il corretto esercizio delle attività di avvocato, la dignità della professione e il rispetto delle incompatibilità[54].

Le attività giudiziali risultano essere, per converso, maggiormente regolamentate, *in primis*, grazie all'introduzione del principio del cumulo delle regole professionali, o "doppia deontologia". Il prestatore che esercita le attività relative alla rappresentanza e difesa in giudizio o dinanzi alle autorità pubbliche, soggiace alle condizioni che lo Stato ospitante prevede per gli avvocati stabiliti in questo Stato, ad esclusione di ogni condizione di residenza o d'iscrizione ad un'organizzazione professionale nello stesso Stato[55].

---

[52] Così F. Ferraro, *L'avvocato comunitario. Contributo allo studio della libertà di circolazione e di concorrenza dei professionisti*, cit., p. 64.

[53] Sarebbe particolarmente difficoltoso imporre al prestatore che rende una singola consulenza occasionale l'osservanza delle norme deontologiche del Paese ospitante e applicare le relative sanzioni nel caso di mancato rispetto delle regole. Così V. Varano, *Commento alla legge 9 Febbraio 1982, n. 31. Libera prestazione di servizi da parte degli avvocati cittadini degli Stati membri delle Comunità europee*, cit., p. 53.

[54] Non è, tuttavia, arduo ipotizzare che l'intrecciarsi delle diverse disposizioni nazionali rendano particolarmente difficile individuare la disciplina da applicare.

[55] Per una recente interpretazione dell'art. 4 della Direttiva 77/249/CEE, v. Corte di giusti-

Nell'esercizio di tali attività l'avvocato è tenuto, tuttavia, non solo al rispetto delle regole professionali dello Stato membro ospitante, bensì anche agli obblighi deontologici previsti dal proprio Stato di provenienza (art. 4, paragrafo 2). Tale disposizione potrebbe dare luogo a significativi problemi qualora le regole deontologiche dei due Stati risultassero in contrasto fra loro. Si può ragionevolmente ritenere che in tale evenienza debba trovare applicazione la disposizione nazionale maggiormente restrittiva [56], e ciò al fine di evitare il verificarsi di ipotesi discriminatorie fra i diversi professionisti forensi. Nel caso in cui il prestatore di servizi non adempia agli obblighi vigenti nello Stato membro ospitante, l'autorità competente di quest'ultimo ne determina, in base alle proprie norme di diritto e di procedura, le conseguenze e ne fornisce comunicazione all'autorità competente dello Stato membro di provenienza (art. 7).

La maggior severità della disciplina prevista per le attività giudiziali emerge, inoltre, dal disposto dell'art. 5, il quale consente ai singoli Stati di imporre agli avvocati-prestatori di essere introdotti presso il Presidente della giurisdizione e, eventualmente, presso il Presidente dell'Ordine degli avvocati competente nello Stato membro ospitante, nonché di agire di concerto con un avvocato locale. Il successivo art. 6 pone un ulteriore limite alla prestazione di servizi prevedendo la facoltà per gli Stati membri di escludere gli avvocati dipendenti, legati da un contratto di lavoro ad un ente pubblico o privato, dall'esercizio delle attività di rappresentanza e di difesa in giudizio di questo ente nella misura in cui gli avvocati stabiliti in detto Stato non siano autorizzati ad esercitare tali attività.

Ex art. 8, la Direttiva avrebbe dovuto essere recepita dagli Stati destinatari entro due anni dall'avvenuta notifica, ovvero entro il 25 marzo 1979; la maggior parte dei Paesi membri non solo ha provveduto ad effettuare il recepimento dopo la scadenza del termine, ma ha altresì sfruttato le maglie larghe dello strumento di diritto derivato per insistere in discrimina-

---

zia, sentenza del 18 maggio 2017, *Jean-Philippe Lahorgue c. Ordre des avocats du barreau de Lyon e a.*, C-99/16, EU:C:2017:391, secondo cui "*Il rifiuto di fornire un dispositivo di accesso al réseau privé virtuel des avocats (rete privata virtuale degli avvocati), emesso dalle autorità competenti nei confronti di un avvocato debitamente iscritto ad un ordine forense di un altro Stato membro, per il solo motivo che tale avvocato non è iscritto presso un foro del primo Stato membro in cui intende esercitare la sua professione in qualità di libero prestatore di servizi, nei casi in cui l'obbligo di agire di concerto con un altro avvocato non è imposto dalla legge, costituisce una restrizione alla libera prestazione di servizi ai sensi dell'articolo 4 della Direttiva 77/249/CEE del Consiglio, del 22 marzo 1977, intesa a facilitare l'esercizio effettivo della libera prestazione di servizi da parte degli avvocati, in combinato disposto con l'articolo 56 TFUE e con l'articolo 57, terzo comma, TFUE. Spetta al giudice del rinvio verificare se tale rifiuto, alla luce del contesto in cui è opposto, risponda realmente agli obiettivi di tutela dei consumatori e di buona amministrazione della giustizia, che possono giustificarlo, e se le conseguenti restrizioni non appaiano sproporzionate rispetto a tali obiettivi*".

[56] In tal senso si v. M.P. Belloni, *La libera circolazione degli avvocati nella Comunità Europea*, cit., p. 59; F. Ferraro, *L'avvocato comunitario. Contributo allo studio della libertà di circolazione e di concorrenza dei professionisti*, cit., p. 65.

zioni occulte o per adottare interpretazioni restrittive della normativa. Basti qui citare il caso italiano: il nostro Paese ha recepito la Direttiva 77/249/CEE con quasi tre anni di ritardo (legge 9 febbraio 1982, n. 31)[57], allorché era già stata avviata a suo carico una procedura di infrazione. Dalla lettura della legge 9 febbraio 1982, n. 31 appare evidente, oltre ad una certa superficialità nel recepimento[58], come il legislatore italiano abbia inteso adottare un atteggiamento particolarmente protezionista, introducendo disposizioni tali addirittura da rendere difficoltosa la libera prestazione di servizi. A titolo esemplificativo si considerino gli articoli 9 e 10 della nostra legge, i quali travalicano, palesemente, i confini delineati dagli artt. 3 e 7, paragrafo 1, della Direttiva. A norma dell'art. 9, al prestatore di servizi è richiesto, indipendentemente dall'attività svolta, di rendere al presidente dell'Ordine della circoscrizione in cui intende operare una dichiarazione in italiano estremamente particolareggiata e dettagliata, tale da ricomprendere, per le attività giudiziali, l'ostica indicazione della "durata dell'attività da svolgere". Il successivo art. 10 prevede, in aggiunta, che il Presidente dell'Ordine, quando lo reputi opportuno e comunque sempre quando si tratti di attività giudiziali, è autorizzato a chiedere al professionista di fornire ulteriore documentazione idonea ad attestare il possesso della qualifica professionale. È evidente come il dovere di fornire così numerose e specifiche informazioni in lingua italiana costituisca per il prestatore un ostacolo, che si pone in palese contrasto con gli obiettivi di liberalizzazione europei.

In taluni casi le norme di recepimento sono tali da pregiudicare, addirittura, la conformità della legge nazionale italiana alla disciplina europea. L'art. 4 della legge 9 febbraio 1982, n. 31, ad esempio, ponendosi in contrasto con l'art. 4 della Direttiva, non prevede alcuna distinzione fra attività giudiziali e stragiudiziali e di conseguenza sottopone tutti i prestatori, indipendentemente dall'attività da essi svolta, alle regole deontologiche dello Stato ospitante, ossia quello italiano, senza operare alcuna menzione delle norme professionali dello Stato di provenienza. Anche la disposizione di cui all'art. 2, comma 2, che vietava al prestatore di servizi di stabilire nello Stato ospitante italiano uno studio o una sede principale o secondaria, sollevava notevoli perplessità. Nel 1995, con la citata sentenza *Gebhard*[59], i giudici europei hanno ritenuto una previsione come quella italiana incompatibile con il diritto comunitario, poiché il collocamento nello Stato ospitante di infrastrutture necessarie allo svolgimento della prestazione occasionale non

---

[57] Legge 9 febbraio 1982, n. 31, Libera prestazione di servizi da parte degli avvocati cittadini degli Stati membri delle Comunità europee, in *GU* del 12 febbraio 1982, n.42.

[58] Il legislatore italiano, ignorando che la Grecia era entrata nell'allora Comunità europea a tutti gli effetti dall'1 gennaio 1981, aveva omesso di integrare l'elenco delle qualifiche professionali nazionali di cui all'art. 1 con gli avvocati greci.

[59] Corte di giustizia, sentenza del 30 novembre 1995, *Gebhard*, C-55/94, cit.

può considerarsi contrario alla libera prestazione di servizi. Nonostante ciò, l'Italia ha atteso sino alla condanna riportata a seguito del procedimento per inadempimento *ex* art. 226 TCE [60] per modificare la propria normativa mediante l'abrogazione del comma 2 dell'art. 2 [61].

La Corte di giustizia è intervenuta anche in altre occasioni per sottolineare i limiti delle leggi di recepimento di diversi stati membri, e per tentare di fornire adeguate linee interpretative della Direttiva 77/249/CEE. Nel noto caso *Gullung* [62], i giudici europei hanno dichiarato l'irrilevanza, ai fini dell'applicabilità delle norme relative alla libera prestazione di servizi, del fatto che il professionista possegga la cittadinanza dello Stato ospitante, qualora questi risieda in un diverso Stato membro del quale è parimenti cittadino. Conseguentemente, il cittadino di due Stati dell'Unione europea, che esercita stabilmente la professione forense in uno di essi, può prestare i propri servizi nell'altro Stato ai sensi della Direttiva 77/249/CEE, qualora, ovviamente, ne ricorrano i presupposti per l'applicazione e qualora l'accesso alla professione forense in tale Stato non gli sia già stato negato per motivi di dignità, rispettabilità e correttezza. La Corte, successivamente, è stata chiamata a pronunciarsi sull'interpretazione dell'obbligo di concertazione, adottato da quasi tutte le leggi di recepimento nazionali, nonostante la Direttiva lasciasse agli Stati membri la facoltà di decidere se imporlo o meno agli avvocati prestatori di servizi [63]. Nella sentenza *Commissione delle Comunità europee*

---

[60] Corte di giustizia, sentenza del 7 marzo 2002, *Commissione delle Comunità Europee c. Repubblica Italiana*, C-145/99, EU:C:2002:142, punto 57. In dottrina, v. S. Bastianon e B. Nascimbene, *Avvocati, diritto comunitario e diritto nazionale: recenti orientamenti della Corte di Giustizia*, in *Corr. giur.*, 2002, p. 602; M. Gnes, *Le professioni intellettuali tra tutela nazionale e concorrenza*, in *Giorn. dir. amm.*, 2002, pp. 611-619; F. Ferraro, *Avvocati: cronaca di una condanna da tempo annunciata per l'Italia*, in *Dir. pubb. comp. eur.*, 2002, pp. 1270-1284.

[61] Il comma 2 dell'art. 2 è stato abrogato dall'art. 18 della legge 3 febbraio 2003, n. 14, Disposizioni per l'adempimento di obblighi derivanti dall'appartenenza dell'Italia alle Comunità europee. Legge comunitaria 2002, in *GU* del 7 febbraio 2003, n. 31– Supplemento Ordinario n. 19.

[62] Corte di giustizia, sentenza del 19 gennaio 1988, *Gullung*, C-292/86, EU:C:1988:15. V. J. Lonbay, *Free Movement for Professionals*, in *Eur. Law Rev.*, 1988, p. 275; R. Baratta, *Recenti sviluppi normativi e giurisprudenziali in tema di stabilimento e di servizi da parte degli avvocati*, in *Giust. civ.*, 1989, I, p. 1972. Tale principio è stato ripreso ed esteso nella sentenza *Commissione delle Comunità Europee contro Repubblica Francese*: i giudici comunitari hanno sottolineato l'obbligo di riconoscere in Francia come prestatori di servizi anche i cittadini francesi abilitati all'esercizio della professione forense in uno Stato membro diverso da quello francese, secondo una delle denominazioni elencate all'art. 1, paragrafo 2, della Direttiva 77/249/CEE. Cfr. Corte di giustizia, sentenza del 10 luglio 1991, *Commissione delle Comunità Europee contro Repubblica Francese*, C-294/89, EU:C:1991:302, punto 11.

[63] La necessità di garantire al prestatore l'appoggio professionale di un avvocato maggiormente esperto del diritto dello Stato ospitante e il desiderio di limitare la concorrenza nel mercato locale di professionisti stranieri a causa delle pressioni protezioniste esercitate dagli Ordini professionali, costituiscono due delle ragioni che hanno spinto gli Stati a scegliere di adottare la regola del concerto. In tal senso, v. A. Sinagra, *Attività forense e libera*

contro Repubblica Federale di Germania [64], i giudici europei hanno ritenuto la legge di recepimento tedesca incompatibile con gli obblighi imposti dagli articoli 59 e 60 del Trattato CEE e dalla Direttiva 77/249/CEE, sotto molteplici profili. In particolar modo, hanno considerato contrarie al diritto europeo le norme tedesche che: 1. impongono agli avvocati prestatori di agire sempre in concerto con un avvocato stabilito in Germania, anche nei casi in cui il diritto nazionale tedesco non preveda l'obbligatorietà dell'assistenza del difensore; 2. richiedono all'avvocato tedesco con il quale il prestatore agisce in concerto di essere a sua volta mandatario *ad litem* o difensore nell'ambito della causa; 3. prescrivono all'avvocato prestatore di intervenire in udienza solo se accompagnato dall'avvocato tedesco con cui ha scelto di agire in concerto; 4. impongono per la prova della concertazione modalità ingiustificate; 5. consentono all'avvocato prestatore di visitare un detenuto solo se accompagnato dall'avvocato tedesco e di corrispondere con tale cliente solo tramite il professionista tedesco; 6. sottopongono gli avvocati prestatori di servizi alla norma dell'esclusività territoriale prevista dall'art. 52, n. 2, della *Bundesrechtsanwaltsordnung*. La Corte ha ribadito la propria interpretazione restrittiva dell'art. 5 della Direttiva anche nella successiva sentenza *Commissione delle Comunità europee contro Repubblica Francese* [65]. Sono state, infatti, giudicate incompatibili con lo strumento di diritto derivato le norme francesi che imponevano all'avvocato prestatore di servizi di agire in concerto con un professionista locale per l'esercizio di attività dinnanzi ad autorità ed organi non giurisdizionali e nei casi in cui la legge francese non prevede alcuna assistenza legale obbligatoria. Allo stesso modo è stata ritenuta non conforme alle disposizioni europee la previsione secondo la quale un avvocato prestatore di servizi patrocinante dinanzi ad un *Tribunal de Grande Instance*, doveva ricorrere ad un professionista iscritto all'albo di tale Tribunale, o abilitato a patrocinare dinnanzi ad esso, al fine di patrocinare o di esperire gli atti processuali. Chiaro risulta essere l'intento liberalizzatore che anima la giurisprudenza comunitaria, restringendo i limiti entro cui un avvocato straniero può essere obbligato ad agire in concerto con un professionista

prestazione di servizi nella Comunità Europea, cit., p. 105; R. Giuffrida, *La professione forense in Europa: la libera prestazione di servizi*, in *Temi rom.*, 1982, n. 3-4, p. 542; F. Liguori, *Verso la figura dell'avvocato europeo? L'attuazione della Direttiva 89/48/CEE relativa al reciproco riconoscimento dei diplomi e la sua influenza sulla professione legale*, in *Dir. comm. internaz.*, 1992, II, p. 371.

[64] Corte di Giustizia, sentenza del 25 febbraio 1988, *Commissione delle Comunità Europee contro Repubblica Federale di Germania*, C-427/85, EU:C:1988:98. In dottrina cfr. Z. Rüdiger, *Freier Dienstleistungsverkehr der Rechtsanwälte, Umsetzung der Richtlinie 77/249/EWG in innerstaatliches Recht*, in *Europarecht*, 1988, pp. 186-190; J. Lonbay, *Cross-frontier Provision of Services by Lawyers*, in *Eur. Law Rev.*, 1988, p. 347.

[65] Corte di Giustizia, sentenza del 10 luglio 1991, *Commissione delle Comunità Europee contro Repubblica Francese*, C-294/89, cit. In dottrina, v. F. Capelli, *Liberalizzate nella CEE le prestazioni dei professionisti*, in *Dir. com. scambi internaz.*, 1991, pp. 383-384.

abilitato all'esercizio della professione forense nello Stato ospitante, si evita che il prestatore di servizi venga ridotto ad un mero assistente dell'avvocato locale [66].

Nel dicembre 2003, la Corte di giustizia è intervenuta dichiarando incompatibile con il processo di armonizzazione nel settore della libera prestazione di servizi la prassi giurisprudenziale tedesca che prevedeva, nel caso di concerto tra un avvocato prestatore di servizi e un professionista locale, la rimborsabilità delle sole spese legali del professionista forense straniero [67]. La parte vittoriosa possiede, invero, il diritto ad ottenere il rimborso di tutte le spese processuali sostenute e, dunque, sia di quelle dell'avvocato transfrontaliero, che si è occupato della sua difesa, sia di quelle dell'avvocato locale, che ha esercitato la propria attività innanzi all'Autorità giudiziaria. La soluzione contraria, giustificata sulla base dell'assunto che le spese dell'avvocato che esercita dinanzi al giudice adito sono escluse in quanto non necessarie [68], avrebbe, infatti, il deleterio effetto di dissuadere il cliente a ricorrere alla prestazione transfrontaliera di servizi, pregiudicando in tal modo la libera prestazione dei servizi professionali.

Con la Direttiva 77/249/CEE e la relativa giurisprudenza comunitaria è stata garantita, dunque, ai professionisti forensi la possibilità di spostarsi, senza grandi ostacoli, all'interno dell'Unione europea per prestare i propri servizi: tale mobilità si caratterizza, tuttavia, per la sua temporaneità e occasionalità e per il fatto che l'avvocato migrante è tenuto a conservare l'uso del titolo professionale del Paese d'origine.

4.2. *La regolamentazione del diritto di stabilimento*

Raggiunto tale primo risultato, si avvertiva comunque la necessità di introdurre specifiche disposizioni atte a regolamentare e rendere effettivo anche il diritto di stabilimento, in ragione della diretta applicabilità del-

[66] Così F. Ferraro, *L'avvocato comunitario. Contributo allo studio della libertà di circolazione e di concorrenza dei professionisti*, cit., p. 67.

[67] Corte di Giustizia, sentenza del 11 dicembre 2003, *AMOK Verlags GmbH contro A & R Gastronomie GmbH*, C-289/02, EU:C:2003:669. In dottrina cfr. A. Jannarelli e N. Scannicchio (a cura di), *Recentissime dalle Corti Europee (pt. I) (Rassegna di giurisprudenza)*, in *Giur. it.*, 2004, n. 1, pp. 29-32.

[68] Tale argomentazione, sostenuta dalla parte soccombente per poter effettuare un rimborso solo parziale delle spese processuali alla parte vittoriosa, appare *ictu oculi* poco convincente. La Direttiva 77/249/CEE e la maggior parte delle leggi nazionali di recepimento prevedono l'obbligo per il prestatore di servizi di agire in concerto con un avvocato locale. Ne consegue che la costituzione in giudizio dell'avvocato locale, che esercita dinanzi al giudice adito, è un imperativo dettato dalle misure di armonizzazione e non una scelta del cliente: le spese relative all'attività del professionista locale sono, dunque, necessarie proprio ai fini di una legittima rappresentanza in giudizio della parte che ha scelto di ricorrere alla prestazione di servizi di un professionista straniero.

l'art. 52 del Trattato, sancita con la sentenza *Reyners,* nonché del sempre più crescente interesse dimostrato dai professionisti a spostarsi definitivamente in uno Stato membro diverso da quello di appartenenza e ivi esercitare stabilmente la propria attività. Inizialmente, a partire dagli anni '70, le istituzioni comunitarie hanno intrapreso, in tale settore, un ambizioso processo di armonizzazione, adottando talune direttive verticali. Con riferimento ad alcune particolari professioni intellettuali, quali quelle mediche e paramediche, è stato possibile introdurre, senza grandi difficoltà, normative settoriali, in ragione di una sostanziale convergenza delle regole di formazione previste nei diversi Stati membri. Ben presto tale approccio ha, però, manifestato tutti i propri limiti. Per molte professioni regolamentate, ivi compresa quella forense, sussistono divergenze tra Stato e Stato in tema di *curricula* universitari, e i Paesi membri si dimostrano spesso restii a modificare la propria politica educativa, soprattutto nei settori legati ad un principio di identità nazionale. Anche il pericolo delle c.d. 'discriminazioni a rovescio' ha costituto un freno all'uniformazione delle normative nazionali disciplinanti la formazione professionale: l'armonizzazione di tale settore mediante l'individuazione degli *standard* minimi comuni a tutti i Paesi membri pregiudicherebbe, infatti, i cittadini appartenenti ad uno Stato che adotti sistemi educativi più qualificati, poiché questi sarebbero costretti a percorsi formativi più gravosi rispetto ai cittadini degli altri Stati dell'Unione.

Per superare tale situazione di stallo, le Istituzioni europee hanno deciso di abbandonare il processo di armonizzazione delle formazioni professionali e di ricorrere al principio del riconoscimento dei diplomi in ragione della fiducia reciproca *"che devono nutrire, nelle rispettive formazioni, Stati che, come quelli membri della CE, hanno un livello equivalente di sviluppo economico, sociale e politico"* [69]. Tale scelta ha permesso di accelerare il processo di creazione di un mercato unico regolamentato, e al contempo di riconoscere e tutelare le differenze culturali, fonte di ricchezza per l'Europa [70]. La Direttiva 89/48/CEE [71], successivamente abrogata dalla

---

[69] Così V. Scordamaglia, *La Direttiva CEE sul riconoscimento dei diplomi,* in *Foro it.,* 1990, IV, c. 393.

[70] In tal senso, C. Zilioli, *L'apertura delle frontiere intracomunitarie ai professionisti: la Direttiva 89/48/CEE,* in *Dir. com. scambi internaz.,* 1989, p. 422.

[71] Direttiva 89/48/CEE del Consiglio, del 21 dicembre 1988, relativa ad un sistema generale di riconoscimento dei diplomi di istruzione superiore che sanzionano formazioni professionali di una durata minima di tre anni, in *GU* L 19 del 24 gennaio 1989, 16. Per un commento alla Direttiva, si rinvia a V. Scordamaglia, *La Direttiva CEE sul riconoscimento dei diplomi,* cit.; C. Zilioli, *L'apertura delle frontiere intracomunitarie ai professionisti: la Direttiva 89/48/CEE,* cit.; F. Ferraro, *L'avvocato comunitario. Contributo allo studio della libertà di circolazione e di concorrenza dei professionisti,* cit., p. 74 ss.; D. Fisichella, *Il riconoscimento dei titoli professionali nell'Unione Europea,* Cacucci, Bari, 1996; M.P. Belloni, *La libera circolazione degli avvocati nell'Unione Europea,* cit., p. 90 ss.; B. Nascimbene, *La professione forense nell'Unione europea,* cit., p. 33 ss.; F. Liguori, *Verso la figura dell'avvocato europeo?*

Direttiva 2005/36/CE [72], che ne ha per massima parte recepito il contenuto, si basava sul principio del mutuo riconoscimento dei diplomi di istruzione superiore che sanzionano formazioni professionali di una durata minima di tre anni e aveva portata generale, in quanto trovava applicazione con riferimento a tutte le professioni regolamentate non disciplinate da direttive specifiche, ivi compresa quella forense.

Secondo la definizione racchiusa nell'art. 1, si intendeva per professione regolamentata una professione il cui accesso ed esercizio era subordinato al possesso di un diploma, ovvero di un titolo conseguito dopo un percorso di studi universitari almeno triennale e di una formazione professionale ulteriore [73]. Il titolare che possedeva detti requisiti poteva accedere ed esercitare la propria professione nel Paese di origine; tuttavia, qualora lo l'avesse richiesto, avrebbe dovuto, altresì, essere ammesso ad esercitare la professione regolamentata equivalente in un altro Stato membro. Lo Stato ospitante, accertati i requisiti, eventualmente prescritti, dell'onorabilità, della moralità, dell'assenza di dichiarazione di fallimento, di gravi mancanze professionali o di condanne per delitti penali, nonché l'idoneità fisica o psichica del richiedente (art. 6), doveva, infatti, permettere al professionista, a norma dell'art. 7, di fregiarsi del titolo professionale equivalente dello Stato membro ospitante e del legittimo titolo dello Stato di provenienza o della sua abbreviazione, nella lingua originaria, eventualmente seguito dal nome e dal luogo dell'istituto o della commissione che lo ha rilasciato. Tale riconoscimento non era, tuttavia, automatico. Non essendo prevista un'armonizzazione, neppure minima, coinvolgente la durata e il contenuto della formazione o l'attività e le competenze specifiche che il professionista doveva apprendere, nel caso fossero state presenti particolari divergenze fra le formazioni professionali previste dagli Stati membri, era consentito allo Stato ospitante di avvalersi di meccanismi compensativi, quali la prova di idoneità e/o il tirocinio di adattamento [74].

L'attuazione della Direttiva 89/48/CEE relativa al reciproco riconoscimento dei diplomi e la sua influenza sulla professione legale, cit.; R. Baldi, *La liberalizzazione della professione forense nel quadro della Direttiva comunitaria 21 Dicembre 1988 (89/48/CEE)*, in *Riv. dir. internaz. priv. proc.*, 1991, p. 345 ss.; R. Malcom, *Freedom of establishment and freedom to provide services. Mutual recognition of professional qualifications*, in *Eur. Law Rev.*, 1984, p. 162.

[72] V. *infra*, § 3.4.

[73] Il 'diploma' non coincide con quello accademico, ma corrisponde all'insieme di titoli necessari per ottenere l'abilitazione all'esercizio della professione regolamentata. Per l'ordinamento italiano, ad esempio, esso sarà composto da: laurea in giurisprudenza, periodo di tirocinio, esame di Stato. Per tale ragione la legge di recepimento italiana (d.lgs. 27 gennaio 1992, n. 115, in *GU* del 18 febbraio 1992, n. 40) ha tradotto l'espressione 'diploma' con il sintagma *"titoli di formazione professionale"*.

[74] In particolare, se la durata degli studi del richiedente era inferiore di almeno un anno rispetto a quella prevista dallo Stato ospitante, quest'ultimo poteva semplicemente richiedere la prova del possesso di un'esperienza professionale adeguata, la quale non avrebbe comunque potuto eccedere i quattro anni. Qualora, invece, fossero state presenti

Tuttavia, la Direttiva 89/48/CEE non rispondeva in maniera adeguata all'esigenza degli avvocati di spostarsi in uno Stato membro diverso da quello di origine ed ivi esercitare, in maniera permanente, la propria professione. Ciò, *in primis*, perché la stessa si limitava a disciplinare il riconoscimento delle diverse formazioni professionali, senza nulla statuire in merito all'effettivo esercizio del diritto di stabilimento; *in secundis*, in ragione del fatto che le modalità di svolgimento della prova attitudinale, prevista quale misura compensativa, venivano lasciate alla discrezionalità degli Stati membri: le divergenze rinvenibili nei diversi ordinamenti si traducevano, spesso, in discriminazioni, ostacolanti la libertà di stabilimento [75]. Si avvertiva dunque l'esigenza, al fine di concretizzare la libertà garantita dall'art. 43 del Trattato (ora art. 49 TFUE) e permettere, *de facto*, la piena realizzazione della figura dell'avvocato europeo, di introdurre, a livello europeo, una regolamentazione specifica del diritto di stabilimento. Tale traguardo è stato raggiunto grazie all'adozione, dopo un complesso *iter* formativo durato quasi tre anni [76], della Direttiva 98/5/CE [77], tesa, appunto, a facilitare l'esercizio stabile della

differenze riguardanti il contenuto della formazione o coinvolgenti le attività e competenze esercitate dal professionista, lo Stato ospitante poteva imporre al professionista una prova attitudinale o un tirocinio di adattamento per un periodo massimo di tre anni. La scelta tra le due misure compensative era lasciata alla discrezionalità del professionista, ad eccezione di quelle professioni *"il cui esercizio richiede una conoscenza precisa del diritto nazionale e nelle quali la consulenza e/o l'assistenza per quanto riguarda il diritto nazionale costituisce un elemento essenziale e costante dell'attività"* per le quali la decisione era rimessa allo Stato ospitante (sul punto è singolare notare come, nei casi lasciati alla loro discrezionalità, gli Stati membri, ad esclusione della Danimarca, abbiano preferito subordinare l'abilitazione al superamento di una prova attitudinale). A tutela del richiedente l'art. 8 prevedeva che la procedura d'esame dovesse svolgersi rapidamente e concludersi con una pronuncia motivata entro quattro mesi dalla presentazione della documentazione. Avverso la decisione negativa o in mancanza di decisione era ammesso il ricorso giurisdizionale di diritto interno. La Direttiva disciplinava anche la procedura di riconoscimento (art. 9): gli Stati erano chiamati a designare le autorità abilitate a ricevere e ad esaminare le richieste e ad informarne gli altri Stati membri e la Commissione. Tra le autorità competenti il Paese membro doveva individuare un coordinatore idoneo ad assicurare l'applicazione uniforme della Direttiva, facente parte di un gruppo di coordinamento istituito presso la Commissione con funzione consultiva e di raccolta delle informazioni fornite dagli Stati membri.

[75] J. Jarvis, *Freedom of establishment and freedom to provide services. Lawyers on the move?*, in *Eur. Law Rev.*, 1996, p. 252, ad esempio, definisce la prova attitudinale *"stringent"* ed in alcuni casi addirittura *"insuperable"*; di tale parere anche F. Ferraro, *L'avvocato comunitario. Contributo allo studio della libertà di circolazione e di concorrenza dei professionisti*, cit., p. 89; M.P. Belloni, *La libera circolazione degli avvocati nella Comunità Europea*, cit., p. 154.

[76] Sul travagliato processo che ha condotto all'approvazione della Direttiva 98/5/CE si rinvia a J. Salvemini, *La Direttiva sulla libertà di stabilimento degli avvocati*, cit.

[77] Direttiva 98/5/CE del Parlamento europeo e del Consiglio, del 16 febbraio 1998, volta a facilitare l'esercizio permanente della professione di avvocato in uno Stato membro diverso da quello in cui è stata acquisita la qualifica, in *GU* L 77 del 4 marzo 1998, 36. Per un commento si rinvia a R.G. Aloisio, *Diritto di stabilimento degli avvocati "europei"*, cit.; J. Salve-

professione forense in uno Stato membro diverso da quello di appartenenza[78]. Lo scopo della Direttiva 98/5/CE, come emerge dal disposto dell'art. 1, è, dunque, quello di facilitare l'esercizio stabile della professione di avvocato, sia come libero professionista sia come lavoratore subordinato[79], in uno Stato membro diverso da quello in cui è stata ottenuta la qualifica professionale. L'avvocato migrante, almeno inizialmente, è chiamato a esercitare la professione avvalendosi del proprio titolo d'origine, espresso nella lingua o nelle lingue ufficiali del proprio Paese[80], previa iscrizione presso l'autorità competente dello Stato di stabilimento[81]. A tal fine, l'avvocato straniero dovrà presentare un documento

---

mini, *La Direttiva sulla libertà di stabilimento degli avvocati*, cit.; H. Adamson, *Free Movement of Lawyers*, cit., p. 91; E. Adobati, *Gli avvocati comunitari potranno esercitare con il proprio titolo d'origine in tutta l'Unione Europea*, cit.; G. Viciconte (a cura di), *L'Avvocato in Europa*, cit.; M.P. Belloni, *La libera circolazione degli avvocati nella Comunità Europea*, cit., p. 151; F. Ferraro, *L'avvocato comunitario. Contributo allo studio della libertà di circolazione e di concorrenza dei professionisti*, cit., p. 87; B. Nascimbene, *La professione forense nell'Unione europea*, cit., p. 49.

[78] Come emerge dai 15 considerando, tra le ragioni sottese all'approvazione della Direttiva viene ricompresa la necessità di garantire all'avvocato interessato un metodo più rapido e snello di integrazione, ma non solo. La normativa di cui alla Direttiva 98/5/CE risponde, altresì, al bisogno di clienti ed operatori del diritto di ottenere consulenze attinenti anche al diritto straniero, internazionale e comunitario, stante l'intensificarsi degli scambi commerciali transfrontalieri. Infine, la predisposizione di una disciplina uniforme in tale settore consente di eliminare le restrizioni alla libera circolazione, nonché le esistenti discriminazioni: in alcuni Stati membri, infatti, l'attività di consulenza non era riservata ai professionisti locali e, dunque, era permesso l'esercizio della stessa da parte di avvocati stranieri, con l'uso del titolo d'origine, anche con modalità non inquadrabili nella libera prestazione di servizi, seppure con alcune limitazioni; in altri Paesi, per contro, tale attività veniva riservata ai professionisti iscritti agli albi nazionali. Tale situazione causava, evidentemente, distorsioni nella circolazione dei professionisti, pregiudicando il meccanismo della concorrenza. Per un'analisi più dettagliata del fenomeno, si rinvia a J. Salvemini, *La Direttiva sulla libertà di stabilimento degli avvocati*, cit., p. 817 ed in particolare nota 14.

[79] L'art. 8 prevede, infatti, la possibilità per gli avvocati di stabilirsi come lavoratori subordinati di un altro professionista forense, di un'associazione o società di avvocati, di un ente pubblico o privato, qualora lo Stato membro ospitante lo consenta ai propri avvocati locali.

[80] Il diritto di stabilimento si basa, dunque, sul principio dell'*home country control;* così J. Lonbay, *Lawyers bounding over the borders: the draft directive on lawyer's establishment*, cit.; L. Antoniolli Deflorian, *La libera circolazione delle professioni liberali: il caso degli avvocati*, cit., p. 412.

[81] In Italia la Direttiva 98/5/CE ha trovato applicazione tramite il d.lgs. 2 febbraio 2001, n. 96, Attuazione della Direttiva 98/5/CE volta a facilitare l'esercizio permanente della professione di avvocato in uno Stato membro diverso da quello in cui è stata acquisita la qualifica professionale, in *GU* n. 79 del 4 aprile 2001 – Suppl. Ordinario n. 72. Tale normativa consente l'esercizio permanente in Italia della professione di avvocato ai cittadini degli Stati membri in possesso di un titolo corrispondente a quello di avvocato, conseguito nel paese di origine. Il professionista che voglia esercitare in Italia deve iscriversi alla sezione speciale, potendo così esercitare sia pur con alcune limitazioni. Unica condizione è che il professionista sia iscritto presso la competente organizzazione professionale dello Stato d'origine. Successivamente,

dopo tre anni di esercizio regolare ed effettivo nel paese ospitante, l'avvocato può iscriversi all'albo degli avvocati ed esercitare la professione di avvocato senza alcuna limitazione. Nonostante la procedura basata sulla Direttiva n. 98/5/CE, anche alla luce dei chiarimenti forniti dalla Corte nel caso *Wilson*, è fondata su un meccanismo pressoché automatico di riconoscimento, che impone all'interessato ai fini dell'iscrizione alla Sezione Speciale esclusivamente l'onere di produrre un attestato di iscrizione all'organizzazione professionale dello Stato di origine, dodici Consigli degli Ordini degli avvocati (Chieti, Roma, Milano, Latina, Civitavecchia, Tivoli, Velletri, Tempio Pausania, Modena, Matera, Taranto e Sassari) hanno imposto agli avvocati abilitati in Spagna che intendevano avvalersi della procedura prevista dal d.lgs. 96/2001 ulteriori requisiti non richiesti dalla normativa di riferimento (prova del superamento di una prova attitudinale corrispondente a quella italiana, e/o lo svolgimento di un consistente percorso formativo e lavorativo nel Paese di provenienza e/o il superamento di un test attitudinale di diritto italiano e di una prova di lingua spagnola, oltre al pagamento di tasse di iscrizione alla Sezione Speciale manifestamente sproporzionate). Tali richieste sembravano costituire un ingiustificato ostacolo per tali professionisti che intendevano esercitare in maniera permanente in Italia. In ragione di ciò l'Autorità Garante della Concorrenza e del Mercato (AGCM) ha avviato un'istruttoria per verificare se effettivamente i dodici Ordini degli avvocati stessero ostacolando l'esercizio della professione in Italia da parte di colleghi qualificati in un altro Stato dell'Unione europea, arrecando pregiudizio al commercio tra Stati membri, integrando intese restrittive della concorrenza, in violazione dell'art. 101 TFUE. Cfr. Autorità Garante della Concorrenza e del Mercato, I745 – *Consigli degli ordini degli avvocati/diniego all'esercizio di avvocato, Provvedimento n. 23116*, in *Bollettino*, n. 52, 2012 (termine di chiusura del procedimento prorogato al 31 marzo 2013; cfr. Autorità Garante della Concorrenza e del Mercato, I745, *Consigli degli Ordini degli Avvocati/Diniego all'esercizio di avvocato, Provvedimento n. 24041*, in *Bollettino*, n. 45, 2012).

Il 30 gennaio 2013, il CNF ha effettuato un rinvio pregiudiziale alla Corte di giustizia, al fine di stabilire se integra un'ipotesi di abuso del diritto, vietato dall'art. 4, paragrafo 2, TUE (norma gerarchicamente sovraordinata alle disposizioni della Direttiva 98/5/CE), la condotta di chi, conseguita la laurea in Italia, si trasferisce in Spagna per acquisire il titolo di *Abogado* e, successivamente, torna in Italia richiedendo l'iscrizione automatica nell'elenco speciale degli avvocati stabiliti. In particolare, le questioni pregiudiziali rimesse alla Corte di giustizia erano le seguenti: "*Se l'art. 3 della Direttiva 98/5/CE del Parlamento europeo e del Consiglio, del 16 febbraio 1998, volta a facilitare l'esercizio permanente della professione di avvocato in uno Stato membro diverso da quello in cui è stata acquistata la qualifica, alla luce del principio generale del divieto di abuso del diritto e dell'art. 4, paragrafo 2, TUE relativo al rispetto delle identità nazionali, debba essere interpretato nel senso di obbligare le autorità amministrative nazionali ad iscrivere nell'elenco degli avvocati stabiliti cittadini italiani che abbiano realizzato contegni abusivi del diritto dell'Unione, ed osti ad una prassi nazionale che consenta a tali autorità di respingere le domande di iscrizione all'albo degli avvocati stabiliti qualora sussistano circostanze oggettive tali da ritenere realizzata la fattispecie dell'abuso del diritto dell'Unione, fermi restando, da un lato, il rispetto del principio di proporzionalità e non discriminazione e, dall'altro, il diritto dell'interessato di agire in giudizio per far valere eventuali violazioni del diritto di stabilimento, e dunque la verifica giurisdizionale dell'attività dell'amministrazione; 2. In caso di risposta negativa al quesito sub 1), se l'art. 3 della Direttiva Direttiva 98/5/CE, così interpretato, debba ritenersi invalido alla luce dell'art. 4, paragrafo 2, TUE nella misura in cui consente l'elusione della disciplina di uno Stato membro che subordina l'accesso alla professione forense al superamento di un esame di Stato laddove la previsione di siffatto esame è disposta dalla Costituzione di detto Stato e fa parte dei principi fondamentali a tutela degli utenti delle attività professionali e della corretta amministrazione della giustizia*": v. CNF, *Ordinanza di rimessione alla Corte di Giustizia dell'Unione Europea, Seduta del 29 settembre 2012*, depositata presso la Segreteria del CNF il 30 gennaio 2013. A parere della Corte di Giustizia la condotta di un soggetto che, una volta ottenuta una laurea in giurisprudenza in uno Stato membro, si rechi in un altro Stato membro allo scopo di acquisirvi il titolo di avvocato, per poi fare immediatamente ritorno nel pri-

attestante la propria iscrizione ad un albo professionale nello Stato di provenienza. L'obbligo di iscrizione, non previsto per gli avvocati prestatori di servizi, risponde, evidentemente, alla necessità di permettere al competente organismo professionale la verifica del rispetto da parte dell'avvocato migrante delle norme deontologiche dello Stato ospitante. L'avvocato stabilito, a norma dell'art. 6 paragrafo 1, è, infatti, tenuto al rispetto delle regole professionali dello Stato ospitante *"indipendentemente dalle regole professionali e deontologiche cui è soggetto nel proprio Stato membro di origine"* [82]; nonostante la formulazione poco felice,

---

mo Paese membro al fine di ivi svolgere la professione forense, non integra un abuso del diritto ed in particolare: "(...) *lo scopo della Direttiva 98/5 consiste nel facilitare l'esercizio permanente della professione di avvocato in uno Stato membro diverso da quello nel quale è stata acquisita la qualifica professionale. tale riguardo, si deve considerare che il diritto dei cittadini di uno Stato membro di scegliere, da un lato, lo Stato membro nel quale desiderano acquisire il loro titolo professionale e, dall'altro, quello in cui hanno intenzione di esercitare la loro professione è inerente all'esercizio, in un mercato unico, delle libertà fondamentali garantite dai Trattati (v., in tal senso, sentenza Commissione/Spagna, C-286/06, EU:C:2008:586, punto 72). Pertanto, il fatto che un cittadino di uno Stato membro che ha conseguito una laurea in tale Stato si rechi in un altro Stato membro al fine di acquisirvi la qualifica professionale di avvocato e faccia in seguito ritorno nello Stato membro di cui è cittadino per esercitarvi la professione di avvocato, con il titolo professionale ottenuto nello Stato membro in cui tale qualifica è stata acquisita, costituisce uno dei casi in cui l'obiettivo della Direttiva 98/5 è conseguito e non può costituire, di per sé, un abuso del diritto di stabilimento risultante dall'articolo 3 della Direttiva 98/5. Inoltre, il fatto che il cittadino di uno Stato membro abbia scelto di acquisire un titolo professionale in un altro Stato membro, diverso da quello in cui risiede, allo scopo di beneficiare di una normativa più favorevole non consente, di per sé, come rilevato dall'avvocato generale ai paragrafi 91 e 92 delle conclusioni, di concludere nel senso della sussistenza di un abuso del diritto*": Corte di giustizia, sentenza del 17 luglio 2014, *Angelo Alberto Torresi e Pierfrancesco Torresi contro Consiglio dell'Ordine degli Avvocati di Macerata*, cause riunite C-58/13 e C-59/13, EU:C:2014:2088, spec. punti 47 ss.

In dottrina v. G. Colavitti, *Accesso alla professione forense e libertà di concorrenza: gli abogados italiani tra abuso del diritto europeo e libertà di stabilimento*, in *Rass. forense*, 2013, n. 3-4, p. 729; F. Capotorti, Abogados *senza limiti?*, in *Riv. dir. int.*, 2014, p. 1175; Id., *La vicenda degli abogados e l'incerto confine tra abuso del diritto e legittimo qualification shopping con riferimento alla Direttiva 98/5*, in *Studi sull'integrazione europea*, 2014, p. 177 ss.; R. Mastroianni e A. Arena, *Free movement of lawyers and the Torresi judgment: a bridge too far?*, in *Eur. Const. Law Rev.*, 2015, v. 11, p. 373; A. Iermano, *Il favor della Corte di Giustizia dell'Unione europea per gli abogados italiani: note a margine della sentenza Torresi del 17 luglio 2014*, in *Studi sull'integrazione europea*, 2015, n. 1, p.135; G. Di Federico, *La libera circolazione degli avvocati nell'unione europea, tra abuso del diritto e identità nazionale. Il caso degli Abogados dinanzi alla Corte di Giustizia*, in *Dir. com. scambi internaz.*, 2014, p. 553; M. Kilian, *Konzentration der Berufsgerichtsbarkeit der regulierten Freiberufe bei den Verwaltungsgerichten?*, in *Neue juristische Wochenschrift*, 2016, p. 137; M. Henssler, *Glindemann, Jan: Berufsrecht: Eintragung im Anwaltsverzeichnis in anderem EU-Mitgliedstaat bei kurzer Anwaltszulassung kein Rechtsmissbrauch*, in *Europäische Zeitschrift für Wirtschaftsrecht*, 2014, p. 785; B. Nascimbene, *Avvocati e* abogados. *Norme di diritto UE e norme nazionali a confronto*, cit.

[82] A seguito del rinvio pregiudiziale proposto dal Giudice di pace di Cortona il 19 giugno 2009, chiamato a decidere il caso *Joanna Jakubowska Edyta contro Alessandro Maneggia* (causa C-225/09: Domanda di pronuncia pregiudiziale proposta dal Giudice di pace di Cortona (Italia) il 19 giugno 2009), i giudici europei si sono pronunciati statuendo la compatibilità della disci-

emerge chiaramente l'intento di prevedere, anche nel caso di esercizio della libertà di stabilimento, il c.d. 'cumulo delle regole professionali' [83].

La Direttiva enfatizza, altresì, il ruolo di cooperazione che devono assumere gli organismi professionali nazionali allorché sia avviato un procedimento disciplinare a carico dell'avvocato migrante: qualora vengano violate le norme professionali dello Stato ospitante, la relativa autorità competente deve darne comunicazione allo Stato di provenienza, il quale coopererà per tutto lo svolgimento del procedimento, presentando le proprie osservazioni e decidendo, secondo le proprie norme sostanziali e procedurali, quali siano le conseguenze delle decisioni prese dall'autorità competente dello Stato membro ospitante nei confronti dell'avvocato stabilito. Tale procedura trova applicazione anche nel caso contrario, ovvero qualora il procedimento disciplinare venga avviato dall'autorità competente dello Stato d'origine. L'eventuale revoca temporanea o definitiva dell'abilitazione all'esercizio della professione disposta dall'autorità competente dello Stato membro di appartenenza comporta automaticamente l'applicazione di un'uguale misura nello Stati ospitante.

L'art. 5 definisce il campo di attività che l'avvocato stabilito può esercitare, prevedendo che a questi sia concesso il diritto di esercitare tutte le attività professionali proprie degli avvocati locali: egli sarà autorizzato a fornire consulenza legale sul diritto del proprio Stato di origine, sul diritto comunitario, sul diritto internazionale e sul diritto dello Stato membro ospitante [84]. Sono, tuttavia, previste alcune limitazioni: qualora il Paese ospitante riservi a particolari categorie di avvocati o ad altre figure professionali (come i notai) la redazione di atti che conferiscono il potere di amministrare i beni dei defunti o riguardanti la costituzione o il trasferimento di diritti reali immobiliari, gli avvocati stabiliti possono essere esclusi da tali attività (art. 5, par 2); per l'esercizio delle attività relative al-

---

plina italiana (legge 25 novembre 2003, n. 339, Norme in materia di incompatibilità dell'esercizio della professione di avvocato, in *GU* dell'1 dicembre 2003, n. 279) con il diritto europeo primario e derivato, laddove la stessa prevede il divieto di contemporaneo esercizio della professione forense da parte di dipendenti pubblici part time abilitati, disponendone la cancellazione dall'albo degli avvocati o alternativamente la cessazione del rapporto di pubblico impiego. L'avvocato che esercita con il proprio titolo professionale d'origine in uno Stato membro ospitante è, infatti, assoggettato alle stesse regole professionali e deontologiche cui sono soggetti gli avvocati che esercitano col corrispondente titolo professionale di tale Stato membro. Cfr. Corte di giustizia, sentenza del 2 dicembre 2010, *Jakubowska*, C-255/09, EU:C:2010:729.

[83] Tale interpretazione emerge anche dalla pronuncia della Corte di giustizia, sentenza del 7 novembre 2000, *Granducato di Lussemburgo/Parlamento Europeo e Consiglio dell'Unione Europea*, C-168/98, EU:C:2000:598.

[84] Alcuni Autori hanno ritenuto eccessivo permettere all'avvocato stabilito di prestare consulenza, sin da subito, sul diritto dello Stato ospitante, in assenza di una preventiva formazione in tal settore ovvero di una prodromica valutazione. In tal senso, cfr. M.P. Belloni, *La libera circolazione degli avvocati nella Comunità Europea*, cit., p. 159; J. Lonbay, *Lawyers bounding over the borders: the draft directive on lawyer's establishment*, in *Eur. Law Rev.*, 1996, p. 50.

la rappresentanza ed alla difesa di un cliente in giudizio lo Stato membro ospitante può richiedere all'avvocato stabilito di agire di concerto con un avvocato che eserciti dinanzi alla giurisdizione adita. Agli Stati membri viene altresì concessa la facoltà di dettare norme *ad hoc* per l'accesso alle Corti supreme (art. 5, par 3 [85]).

La Direttiva 98/5/CE, oltre a facilitare l'esercizio stabile della professione forense in uno Stato membro diverso da quello di provenienza, mediante l'utilizzo del titolo professionale d'origine, permette la definitiva e completa integrazione dell'avvocato straniero nel Paese ospitante. La Direttiva introduce, infatti, la figura del c.d. avvocato 'integrato' o 'assimilato', identificandosi come tale l'avvocato che, già in possesso del titolo professionale ottenuto nel Paese d'origine, acquista automaticamente il titolo dello Stato membro del paese ospitante. *In primis,* la Direttiva permette all'avvocato stabilito di divenire avvocato 'integrato' o 'assimilato' mediante la sostituzione delle misure di compensazione previste prima dalla Direttiva 89/48/CEE, e attualmente dalla Direttiva 2005/36/CE, con un meccanismo di assimilazione progressiva delle conoscenze e competenze garantito dall'esperienza professionale. In particolare, a norma dell'art. 10, l'esercizio effettivo e regolare dell'attività professionale, ovvero *"l'esercizio reale dell'attività senza interruzioni che non siano quelle dovute agli eventi della vita quotidiana"* [86], per almeno tre anni, facendo applicazione del di-

---

[85] Tale disposizione è stata oggetto di recente interpretazione da parte della Corte di giustizia che, chiamata a decidere sulla compatibilità dell'obbligo imposto all'avvocato prestatore di agire in concerto con un avvocato locale codificato nel diritto irlandese, nell'ambito di un procedimento in cui una parte ha il diritto di provvedere essa stessa alla propria difesa, così ha statuito: *"L'articolo 5 della Direttiva 77/249/CEE del Consiglio, del 22 marzo 1977, intesa a facilitare l'esercizio effettivo della libera prestazione di servizi da parte degli avvocati, dev'essere interpretato nel senso che: – esso non osta, in quanto tale, in considerazione dell'obiettivo della buona amministrazione della giustizia, a che a un avvocato, prestatore di servizi di rappresentanza del suo cliente, venga imposto di agire di concerto con un avvocato che eserciti dinanzi al giudice adito e che sarebbe in caso di necessità responsabile nei confronti di tale giudice, nell'ambito di un sistema che impone agli avvocati obblighi deontologici e procedurali come quelli di sottoporre al giudice adito qualsiasi elemento giuridico, legislativo o giurisprudenziale, ai fini del regolare svolgimento del procedimento, dai quali il singolo è dispensato qualora decida di provvedere egli stesso alla propria difesa; – non è sproporzionato, in considerazione dell'obiettivo della buona amministrazione della giustizia, l'obbligo per un avvocato prestatore di agire di concerto con un avvocato che eserciti dinanzi al giudice adito, in un sistema in cui entrambi gli avvocati hanno la possibilità di definire i propri rispettivi ruoli, ove l'avvocato che esercita dinanzi al giudice adito è, in generale, chiamato soltanto ad assistere l'avvocato prestatore al fine di consentirgli di garantire l'adeguata rappresentanza del cliente e la corretta esecuzione dei suoi obblighi nei confronti di tale giudice; – un obbligo generale di agire di concerto con un avvocato che eserciti dinanzi al giudice adito, che non consenta di tenere conto dell'esperienza dell'avvocato prestatore, andrebbe oltre quanto è necessario per conseguire l'obiettivo della buona amministrazione della giustizia"* (Corte di giustizia, sentenza del 10 marzo 2021, *VK c. An Bord Pleanála*, C-739/19, EU:C:2021:185).

[86] L'utilizzo dell'aggettivo 'regolare', anziché 'permanente', com'era invece previsto nella proposta di Direttiva, appare coerente con l'orientamento espresso dalla Corte di giustizia nella sentenza *Klopp* (Corte di giustizia, sentenza del 22 luglio 1984, *Kloop*, C-107/83, cit.): il

ritto dello Stato ospitante e di quello comunitario, consente all'avvocato stabilito di ottenere un riconoscimento automatico nel Paese di stabilimento, senza doversi sottoporre ad alcuna misura di compensazione[87]. Spetterà all'avvocato provare all'autorità competente di avere esercitato in maniera continuativa la professione, presentando idonea documentazione che attesti il numero e la natura dei casi giuridici trattati, eventualmente fornendo precisazioni supplementari, oralmente o per iscritto. Nel caso in cui l'autorità competente non ritenga di poter concedere la dispensa alle misure compensative prima previste dalla Direttiva 89/48/CEE e attualmente riportate nell'art. 14, comma 1, della Direttiva 2005/36/CE, dovrà motivare il proprio provvedimento, il quale rimarrà soggetto a ricorso giurisdizionale di diritto interno. Qualora l'avvocato stabilito abbia esercitato la professione nello Stato ospitante per un periodo di almeno tre anni, ma si sia occupato del diritto dello Stato ospitante per una durata inferiore, questi avrà, invece, diritto al riconoscimento automatico solo qualora dimostri di avere partecipato a corsi o seminari attinenti al diritto dello Stato di stabilimento, all'ordinamento della professione e alla deontologia e sia in grado di provare, nel corso di un colloquio dinnanzi all'autorità competente, la propria capacità di proseguire l'attività professionale nello Stato ospitante.

In ogni caso l'avvocato integrato, una volta iscritto all'albo dello Stato ospitante, avrà il diritto di utilizzare sia il titolo professionale dello Stato ospitante, sia di quello d'origine.

---

diritto di stabilimento consente all'avvocato migrante di mantenere anche più di un centro di attività nel territorio europeo. *Contra*, v. F. Ferraro, *L'avvocato comunitario. Contributo allo studio della libertà di circolazione e di concorrenza dei professionisti*, cit., p. 100, il quale ritiene che con gli aggettivi *"effettiva e regolare"* e con l'espressione *"l'esercizio reale dell'attività senza interruzioni che non siano quelle dovute agli eventi della vita quotidiana"*, il legislatore abbia optato per precludere all'avvocato stabilito la possibilità di svolgere la professione forense nel Paese d'origine almeno per tutto il triennio.

[87] La Corte di giustizia ha recentemente sottolineato come l'avvocato che intende stabilirsi in uno Stato membro diverso da quello di origine abbia la possibilità di accedere alla professione forense nello Stato membro ospitante e di esercitarla con il titolo professionale conferito da quest'ultimo o comprovando, *ex* art. 10, nn. 1 e 3, della Direttiva n. 98/5/CE, un'attività effettiva e regolare per almeno tre anni nello Stato membro ospitante oppure ai sensi della Direttiva n. 89/48/CEE (tale disciplina era applicabile *ratione temporis* alla causa principale oggetto del *decisum* della Corte di giustizia), nel rispetto delle condizioni di cui all'art. 4, n. 1, lett. b); cfr., in tal senso, Corte di Giustizia, sentenza del 3 febbraio 2011, n. 359, in *Corr. giur.*, 2011, p. 454, con nota di R. Conti e R. Foglia, *Esercizio della professione di avvocato in uno Stato membro diverso da quello in cui è stata acquisita la qualifica*; e in *Lavoro nella giur.*, 2011, p. 728, con nota di C. Spinelli, *Condizioni per l'accesso alla professione in altro Stato membro*. Sulla possibilità per lo Stato ospitante di richiedere una prova attitudinale all'avvocato proveniente da uno Stato membro diverso nel caso in cui le conoscenze di tale professionista relative al diritto nazionale non siano state colmate nel corso dell'esperienza professionale, cfr. Corte di giustizia, sentenza del 22 dicembre 2010, *Koller*, C-118/09, EU:C:2010:805, punti 38 e 39.

4.3. *Il riconoscimento dei titoli e l'"accesso parziale' alle professioni regolamentate*

L'esigenza di estendere e rafforzare la possibilità per il professionista forense di esercitare anche al di fuori del proprio Stato di appartenenza con il titolo professionale d'origine ha avuto ricadute anche sui meccanismi per il riconoscimento dei titoli. Il sistema generale di riconoscimento disciplinato nella Direttiva 89/48/CEE, dopo una prima semplificazione effettuata dalla Direttiva 2001/19/CE, è stato definitivamente abrogato (con decorrenza dal 20 ottobre 2007) e riformulato dalla Direttiva 2005/36/CE [88], del Parlamento europeo e del Consiglio, del 7 settembre 2005, relativa al riconoscimento delle qualifiche professionali, a sua volta modificata dalla Direttiva 2013/55/UE [89]; quest'ultima introduce novità rilevanti tra cui l'introduzione della tessera professionale europea [90] e la possibilità di accesso

---

[88] Direttiva 2005/36/CE del Parlamento europeo e del Consiglio, del 7 settembre 2005, relativa al riconoscimento delle qualifiche professionali, in *GU* L 255 del 30 settembre 2005, p. 22. Per un commento si rinvia a E. Bigi (a cura di), *Direttiva 2005/36/CE del Parlamento europeo e del Consiglio relativa al riconoscimento delle qualifiche professionali*, in *Contr.*, 2005, n. 12, p. 1175; B. Nascimbene, *La professione forense nell'Unione europea*, cit., p. 36 ss.; A. Mari, *La nuova Direttiva sul riconoscimento delle qualifiche professionali*, in *Giorn. dir. amm.*, 2006, n. 4, p. 398.

[89] Direttiva 2013/55/UE del Parlamento europeo e del Consiglio, del 20 novembre 2013, recante modifica della Direttiva 2005/36/CE relativa al riconoscimento delle qualifiche professionali e del Regolamento (UE) n. 1024/2012 relativo alla cooperazione amministrativa attraverso il sistema di informazione del mercato interno ("Regolamento IMI"), in *GU* L 354 del 28 dicembre 2013, p. 132.

Sulla notevole difficoltà di recepimento della nuova normativa da parte della maggioranza degli Stati membri si rinvia a Commissione europea, Relazione della Commissione al Parlamento Europeo, al Consiglio, al Comitato Economico e Sociale Europeo e al Comitato delle Regioni relativa all'attuazione di alcuni nuovi elementi introdotti dalla Direttiva 2013/55/UE del Parlamento europeo e del Consiglio, del 20 novembre 2013, recante modifica della Direttiva 2005/36/CE relativa al riconoscimento delle qualifiche professionali e del Regolamento (UE) n. 1024/2012 relativo alla cooperazione amministrativa attraverso il sistema di informazione del mercato interno ("Regolamento IMI"), COM(2020) 191 final, dell'11 maggio 2020, spec. p. 8 ss.

[90] Cfr. artt. 4 *bis*-4 *sexies* della Direttiva 2013/55/UE. In particolare, per garantire ai lavoratori una circolazione più agevole all'interno dell'Unione europea, è stata prevista l'introduzione della tessera professionale europea per talune professioni individuate dalla Commissione europea attraverso atti di esecuzione, associata a una procedura di riconoscimento telematico connesso al sistema IMI. Con riferimento a tali specifiche professioni il titolare della qualifica può optare per richiedere il rilascio della tessera professionale europea, così da poter godere di un riconoscimento semplificato della propria facoltà di prestare la propria attività, a titolo occasionale oppure in via permanente, in uno Stato membro diverso da quello di origine. La professione legale è stata, tuttavia, sin dall'origine, sottratta al meccanismo delle tessere professionali: v. considerando 4 della Direttiva 2013/55/UE: "(...) *Non è necessario introdurre la tessera professionale europea per le professioni legali per le quali sono già state introdotte tessere professionali nel quadro del sistema previsto dalla Direttiva 77/249/CEE del Consiglio, del 22 marzo 1977, intesa a facili-*

parziale[91], oltre a modifiche in tema di riconoscimento del tirocinio professionale effettuato in un altro Stato membro[92] e un nuovo meccanismo di riconoscimento automatico basato su principi comuni di formazione[93].

La Direttiva 2005/36/CE, raccogliendo le raccomandazioni del Consiglio europeo riunito a Stoccolma nel 2001, che richiedeva alla Commissione di predisporre un regime più uniforme, trasparente e flessibile al fine di realizzare gli obiettivi della strategia di Lisbona[94], consolida in un unico testo le tre direttive relative al regime generale di riconoscimento delle qualifiche professionali[95], nonché le dodici direttive settoriali[96].

---

tare l'esercizio effettivo della libera prestazione di servizi da parte degli avvocati e dalla Direttiva 98/5/CE del Parlamento europeo e del Consiglio, del 16 febbraio 1998, volta a facilitare l'esercizio permanente della professione di avvocato in uno Stato membro diverso da quello in cui è stata acquistata la qualifica". Per un approfondimento su tale aspetto di innovazione si rinvia, su tutti, a E. Ambrosini, *La nuova Direttiva sul riconoscimento delle qualifiche professionali*, in *Dir. Un. eu.*, 2014, n. 1, p. 47, spec. p. 53 ss.

[91] V, *infra*, in questo stesso §.

[92] In particolare, le nuove disposizioni impongono agli Stati membri di riconoscere anche i tirocini professionali svolti in altri Paesi dell'Unione europea, laddove tale periodo di tirocinio sia obbligatorio per accedere a una professione regolamentata (nuovo art. 55 *bis*, introdotto dalla Direttiva 2013/55/UE, art. 1, p. 42). Come sottolineato dalla dottrina, tale innovazione consente di apprezzare *"l'approccio di più ampio respiro della nuova Direttiva, che cerca di andare oltre il solo regolamento della figura del professionista pienamente qualificato che abbia deciso di esercitare all'estero, dando la possibilità ai giovani diplomati di beneficiare del mercato interno pure nella fase del tirocinio"*: così F. Capotorti, *La nuova Direttiva sul riconoscimento delle qualifiche professionali tra liberalizzazione e trasparenza*, in *Riv. dir. int. priv. e proc.*, 2015, n. 1, p. 79 ss., a p. 96. Cfr. E. Ambrosini, *La nuova Direttiva sul riconoscimento delle qualifiche professionali*, cit., a p. 57, che rileva come tale innovazione si basi sulla circostanza che sempre più giovani *"si spostano sul territorio dell'Unione per intraprendere esperienze formative – tendenza caldeggiata, inoltre, anche dalle istituzioni europee"*, così che diviene urgente *"garantire una parità di trattamento, a tutti i livelli, per chi intenda svolgere parte del proprio percorso professionale in un Paese diverso da quello di origine"*.

[93] V, *infra*, in questo stesso §.

[94] V. Conclusioni della Presidenza, Consiglio europeo di Stoccolma, 23 e 24 marzo 2001, punto 15, http://www.consilium.europa.eu/uedocs/cms_data/docs/pressdata/it/ec/00100-r1.%20ann-r1.i1.html.

[95] Tali direttive riguardavano, in particolare, il riconoscimento dei diplomi, dei certificati e dei titoli conseguiti al termine dell'insegnamento superiore prolungato (89/48/CEE), il riconoscimento dei diplomi, dei certificati e dei titoli diversi da quelli rilasciati al termine di un altro tipo di istruzione e formazione professionale (92/51/CEE) e il meccanismo di riconoscimento delle qualifiche per l'artigianato, il commercio ed alcuni servizi (99/42/CEE).

[96] Il riferimento è alle direttive riguardanti le professioni di infermiere (77/452/CEE e 77/453/CEE), dentista (78/686/CEE e 78/687/CEE), veterinario (78/1026/CEE e 78/1027/CEE), ostetrica (80/154/CEE e 80/155/CEE), architetto (85/384/CEE), farmacista (85/432/CEE e 85/433/CEE) e medico (93/16/CEE). V., sul punto, E. Ambrosini, *La nuova Direttiva sul riconoscimento delle qualifiche professionali*, cit., ove si afferma che *"nel 2005 le istituzioni europee optano per una normativa che possa offrire un quadro coerente alla materia, adottando un approccio orizzontale con ambizioni di completezza. Le normative allora esistenti sono consolidate e sostituite da un unico strumento normativo: la Direttiva 2005/36/CE sul riconoscimento delle qualifiche professionali. La semplificazione degli strumenti normativi esistenti*

Il novellato sistema di riconoscimento delle qualifiche professionali, che si applica a tutti i cittadini dell'Unione europea che esercitano una professione regolamentata, dopo una prima parte di carattere generale (titolo I), distingue la fattispecie della libera prestazione di servizi (titolo II) dall'esercizio del diritto di stabilimento (titolo III). Nella prima ipotesi, infatti, il professionista [97] opera occasionalmente in uno Stato membro ospitante facendo uso del proprio titolo professionale d'origine, senza necessità di chiedere il riconoscimento delle qualifiche possedute. Eventualmente lo Stato ospitante può richiedere al prestatore, che si sposta per la prima volta da un Paese membro all'altro, di rendere una dichiarazione, con qualsiasi mezzo, da rinnovare annualmente, contenente le informazioni riguardanti la copertura assicurativa. In casi particolari, lo Stato membro ospitante può richiedere informazioni supplementari, tra cui documenti che attestino la nazionalità del prestatore, che il titolare è legalmente stabilito in uno Stato membro per esercitare le attività in questione e che non gli è vietato esercitarle, anche su base temporanea, i titoli e le qualifiche professionali possedute, l'esercizio dell'attività per almeno un anno negli ultimi dieci se la professione non è regolamentata nello Stato membro di stabilimento [98], per le professioni nel settore della sicurezza, l'assenza di sospensioni temporanee o definitive dall'esercizio della professione o di condanne penali per le professioni inerenti all'istruzione dei minori, e nel settore della sanità e in quello della sicurezza, qualora lo Stato membro lo richieda per i propri cittadini, la conoscenza della lingua dello Stato ospitante per le professioni che hanno implicazioni con la sicurezza dei pazienti. Per le professioni regolamentate che hanno ripercussioni in materia di pubblica sicurezza e sanità pubblica e che non beneficiano del riconoscimento automatico, è ammessa, all'atto della prima prestazione di servizi, un'indagine preliminare dello Stato ospitante atta a verificare le qualifiche professionali possedute dal prestatore, nel caso tale indagine sia necessaria all'esclusivo fine di evitare gravi danni alla salute o sicurezza del destinatario del servizio. Qualora dovessero sussistere particolari differenze tra le qualifiche del prestatore e la formazione prevista nello Stato ospitante, tali da nuocere la pubblica sicurezza o la sanità

---

vuole facilitare il diritto all'accesso e all'esercizio della professione in uno Stato membro diverso da quello in cui si è ottenuta la relativa qualifica professionale" (pp. 48 e 49).

[97] In particolare, ai sensi dell'art. 5 della Direttiva 2005/36/CE, come da ultimo modificata nel 2013, la libera prestazione di servizi non può essere impedita al professionista che *"è legalmente stabilito in uno Stato membro per esercitarvi la stessa professione"* oppure *"in caso di spostamento del prestatore, se questi ha esercitato tale professione in uno o più Stati membri per almeno un anno nel corso dei dieci anni che precedono la prestazione di servizi, se la professione non è regolamentata nello Stato membro di stabilimento. La condizione che esige un anno di esercizio della professione non si applica se la professione o la formazione che porta alla professione è regolamentata"*.

[98] La condizione che esige un anno di esercizio della professione non si applica se la professione o la formazione che porta alla professione è regolamentata (art. 5, paragrafo 1, lett. b).

pubblica, il prestatore può dimostrare, attraverso una prova attitudinale, di avere acquisito le competenze mancati (art. 7). Lo Stato membro ospitante può, altresì, prevedere un'iscrizione temporanea ed automatica o esigere un'iscrizione *pro forma* presso l'Ordine o il Collegio professionale, purché tale iscrizione o adesione non comporti oneri per il prestatore e non complichi o ritardi la prestazione di servizi (art. 6), oltre a chiedere alle autorità competenti dello Stato membro di stabilimento, ove sussistano giustificati dubbi, di fornire qualsivoglia informazione pertinente circa la legalità dello stabilimento del prestatore, la sua buona condotta, nonché l'assenza di sanzioni disciplinari o penali di natura professionale (art. 8).

Infine, nel caso in cui la prestazione venga effettuata con il titolo professionale dello Stato membro di appartenenza o con il titolo di formazione del prestatore, lo Stato membro ospitante può imporre al prestatore un obbligo informativo in favore della collettività: il professionista sarà tenuto a fornire le informazioni riguardanti la propria copertura assicurativa, gli eventuali estremi dell'iscrizione ad un registro commerciale o pubblico, l'ordine professionale di appartenenza, il nominativo dell'eventuale autorità di vigilanza, i propri titoli professionali e lo Stato in cui sono stati conseguiti, le garanzie relative alla partita IVA (art. 9).

La Direttiva 2013/55/UE, recependo le indicazioni ermeneutiche della Corte di giustizia sul punto [99], ha, inoltre, introdotto l'istituto dell'accesso parziale, consentendo al professionista, in presenza di determinate condizioni e fatta salva la tutela dell'interesse generale, di esercitare la propria attività in uno Stato membro diverso da quello di origine, limitatamente al settore equivalente a quello per il quale è abilitato nello Stato di appartenenza, qualora nello Stato ospitante l'analoga professione abbia un campo di attività più esteso [100].

Nel caso, invece, di esercizio del diritto di stabilimento, la Direttiva

---

[99] Corte di giustizia, sentenza del 19 gennaio 2016, *Colegio de Ingenieros de Caminos, Canales y Puertos*, C-330-03, EU:C:2006:45, punti 31-22; Corte di giustizia, sentenza del 27 giugno 2013, *Eleftherios-Themistoklis Nasiopoulos contro Ypourgos Ygeias kai Pronoias*, C-575/11, ECLI:EU:C:2013:430, punti 28-35, in cui, con riferimento alla professione di fisioterapista, trova enunciazione il seguente principio: "*L'articolo 49 TFUE deve essere interpretato nel senso che esso osta a una normativa nazionale che nega l'accesso parziale alla professione di fisioterapista, regolamentata nello Stato membro ospitante, a un cittadino di questo stesso Stato il quale abbia conseguito in un altro Stato membro un titolo, come quello di massaggiatore-idroterapista, che gli consente di esercitare, in tale secondo Stato membro, una parte delle attività riconducibili alla professione di fisioterapista, quando le differenze tra gli ambiti di attività siano così rilevanti che sarebbe in realtà necessario seguire una formazione completa per accedere alla professione di fisioterapista*".

[100] V. art. 4 *septies* della Direttiva 2013/55/UE. Tale innovazione si inserisce nel solco dell'elaborazione giurisprudenziale: Corte di giustizia, sentenza del 19 gennaio 2006, *Colegio de ingenieros de caminos, canales y puertos contro Administración del Estado*, C-330/03, cit.; Corte di giustizia, sentenza 27 giugno 2013, *Eleftherios-Themistoklis Nasiopoulos contro Ypourgos Ygeias kai Pronoias*, C-575/11, cit. Cfr. artt. 4 e 4-*septies* Direttiva 2005/36/CE, come modificata dalla Direttiva 2013/55/UE.

prevede tre distinti regimi di riconoscimento: un regime generale di riconoscimento dei titoli di formazione per le professioni regolamentate (Titolo III, Capo I), un regime speciale di riconoscimento automatico sulla base dell'esperienza professionale per alcune attività industriali, commerciali e artigianali (Titolo III, Capo II), un secondo regime speciale di riconoscimento in base al coordinamento delle condizioni minime di formazione per le qualifiche di medico, infermiere, odontoiatra, veterinario, ostetrica, farmacista ed architetto (Titolo III, Capo III).

Per quanto riguarda la professione forense, è evidente come la stessa trovi collocazione nella disciplina generale di cui al Titolo III, capo I, della Direttiva 2005/36/CE, come da ultimo modificata dalla Direttiva 2013/55/UE [101]. Tale normativa ricalca, sotto numerosi aspetti, l'abrogata Direttiva 89/48/CEE, soprattutto per quanto riguarda la scelta di applicare il principio del riconoscimento reciproco delle qualifiche professionali, prevedendo che il richiedente sia in possesso dell'attestato di competenza o del titolo di formazione ovvero abbia esercitato a tempo pieno la professione per un anno negli ultimi dieci in un altro Stato membro che non regolamenta la professione e che abbia uno o più attestati di competenza o uno o più titoli di formazione rilasciati da un altro Stato che non regolamenta tale professione [102]. Viene, comunque, fatta salva la possibilità (qualora sussistano notevoli differenze fra la formazione posseduta dal richiedente e quella prevista dallo Stato ospitante in termini di contenuto sostanziale, in termini di conoscenze, competenze ed abilità, o nel caso in cui la professione regolamentata nello Stato ospitante includa una o più attività ulteriori e la formazione richiesta riguardi materie sostanziali diverse da quelle oggetto dell'attestato di competenza o del titolo di formazione del richiedente) di ricorrere a misure compensative, quali il tirocinio di adattamento o l'esame attitudinale (scelta, nella maggior parte dei casi, rimessa all'interessato [103]) [104]. Quando in uno Stato

---

[101] In dottrina si rinvia, su tutti, a E. Ambrosini, *La nuova Direttiva sul riconoscimento delle qualifiche professionali*, cit.; L. Di Giambattista, *La Direttiva 2013/55/Ue: novità legislative in materia di riconoscimento delle qualifiche professionali e casi pratici*, in *Ist. fed.*, 2015, n. 1, p. 145 ss., e spec. p. 154 ss.; F. Capotorti, *La nuova Direttiva sul riconoscimento delle qualifiche professionali tra liberalizzazione e trasparenza*, cit.; E. Bergamini e B. Nascimbene, *Libere professioni, servizi e concorrenza. Norme nazionali e diritto UE a confronto*, in *Dir. comm. internaz.*, 2019, n. 1, p. 14 ss.; E. Bergamini, *Avvocati e disciplina della professione nel diritto dell'Unione europea: il caso italiano*, in *Studi sull'integrazione europea*, 2018, n. 2, p. 299.

[102] L'anno di esperienza professionale non può essere richiesto se i titoli di formazione posseduti dal richiedente sanciscono una formazione e un'istruzione regolamentata (v. art. 13).

[103] Tra le eccezioni tipizzate, l'art. 14, paragrafo 3, Direttiva 2005/36/CE, prevede che: "*Per quanto riguarda le professioni il cui esercizio richieda una conoscenza precisa del diritto nazionale e per le quali la prestazione di consulenza e/o assistenza in materia di diritto nazionale costituisca un elemento essenziale e costante dell'attività professionale, lo Stato membro ospitante può, in deroga al principio enunciato nel paragrafo 2, che lascia al richiedente il diritto di scelta, prescrivere un tirocinio di adattamento o una prova attitudinale*".

[104] Con l'espressione 'tirocinio di adattamento' la Direttiva fa riferimento all'"*esercizio di*

membro ospitante l'accesso e l'esercizio di una professione regolamentata sono subordinati al possesso di determinate qualifiche professionali, le Autorità di tale Stato dovranno, dunque, permettere l'accesso e l'esercizio della professione forense, alle medesime condizioni previste per i propri cittadini, all'avvocato richiedente, qualora questi sia in possesso delle idonee qualifiche professionali [105]. Una delle maggiori novità introdotte dalla

---

una professione regolamentata nello Stato membro ospitante sotto la responsabilità di un professionista qualificato, accompagnato eventualmente da una formazione complementare", le cui modalità e la cui valutazione sono determinati dalle autorità competenti dello Stato membro ospitante (art. 3, lett g). Con 'prova attitudinale' si intende, invece, *"una verifica riguardante le conoscenze, le abilità e le competenze professionali del richiedente, effettuata o riconosciuta dalle autorità competenti dello Stato membro ospitante allo scopo di valutare l'idoneità del richiedente a esercitare in tale Stato membro una professione regolamentata"*. L'autorità competente dovrà predisporre un elenco di materie che non sono comprese nella formazione del richiedente. Inoltre *"La prova attitudinale deve tener conto del fatto che il richiedente è un professionista qualificato nello Stato membro d'origine o di provenienza. Essa verte su materie da scegliere tra quelle che figurano nell'elenco e la cui conoscenza è essenziale per poter esercitare la professione in questione nello Stato membro ospitante. Tale prova può altresì comprendere la conoscenza delle regole professionali applicabili alle attività in questione nello Stato membro ospitante. Le modalità dettagliate della prova attitudinale nonché lo status di cui gode, nello Stato membro ospitante, il richiedente che desidera prepararsi alla prova attitudinale in detto Stato membro sono determinate dalle autorità competenti di detto Stato membro"* (art. 3, lett. h).

105 La Direttiva, codificando alcuni principi di matrice giurisprudenziale, prevede che lo Stato ospitante compia un confronto effettivo tra i titoli posseduti dal richiedente e quelli previsti dalla propria normativa, al fine di valutarne l'equivalenza, prima di applicare le misure di compensazione (art. 14, paragrafo 5). Qualora la corrispondenza sia solo parziale, il tirocinio o l'esame dovrà vertere solo sulle conoscenze e competenze mancanti (così Corte di giustizia, sentenza del 7 maggio 1991, *Vlassopoulou*, C-340/89, cit.). Cfr., inoltre, il caso *Morgenbesser*, attinente alla circolazione dei praticanti avvocati: in tale occasione la Corte ha affermato che osta alla libera circolazione garantita dal Trattato il rifiuto automatico dello Stato ospitante di iscrivere nell'albo dei praticanti avvocati il soggetto richiedente in ragione del fatto che egli sia in possesso di un diploma universitario rilasciato da un altro Stato membro. Nell'impossibilità di applicare la Direttiva 89/48/CEE, i giudici comunitari hanno richiamato i principi già affermati nella sentenza *Vlassopoulou*. Le autorità nazionali competenti sono chiamate a verificare *"se e in quale misura si debba ritenere che le conoscenze attestate dal diploma rilasciato in un altro Stato membro e le qualifiche o l'esperienza professionale ottenute in quest'ultimo, nonché l'esperienza ottenuta nello Stato membro in cui il candidato chiede di essere iscritto, soddisfino, anche parzialmente, le condizioni richieste per accedere all'attività di cui trattasi"*. Solo se da tale procedura comparativa emergono divergenze tra le conoscenze e le qualifiche attestate dal diploma rilasciato dallo Stato d'origine e quelle richieste dallo Stato ospitante, quest'ultimo sarà legittimato a pretendere che l'interessato dimostri di aver maturato le conoscenze e le competenze mancanti. Corte di giustizia, sentenza del 13 novembre 2003, *Morgenbesser*, C-313/01, EU:C:2003:612. Per un commento alla sentenza si rinvia, su tutti, a S. Bastianon, *La Corte di Giustizia e il riconoscimento dei diplomi: recenti sviluppi*, in *Corr. giur.*, 2004, p. 741; A. Mari, *Commento al caso Morgenbesser*, in *Giorn. dir. amm.*, 2003, p. 1041; C. Tuo, *La "professione" del praticante avvocato secondo la Corte di Giustizia: alcuni rilievi sul caso Morgenbesser*, in *Dir. comm. Internaz.*, 2005, p. 435; E. Bergamini, *La posizione del praticante legale nel diritto comunitario fra riconoscimento accademico e riconoscimento professionale*, in *Dir. com. scambi internaz.*, 2006, p. 265; C. Fioravanti, *L'esercizio delle professioni legali in Italia nell'ottica del diritto comunitario*, in *Nuove leggi civ.*, 2004, n. 1-2, p. 3.

Direttiva nel 2005, confermata nel 2013, consiste, infatti, nella previsione di cinque distinti livelli di qualifiche professionali, in ragione della durata della formazione, che fungono da punti di riferimento per la comparazione delle qualifiche professionali, ed in particolare: a) attestato di competenza rilasciato da un'autorità competente dello Stato membro d'origine attestante una formazione non facente parte di un certificato o un diploma, o un esame specifico non preceduto da una formazione, o un'esperienza professionale in uno Stato membro di tre anni, oppure una formazione generale a livello d'insegnamento primario o secondario, comprovante il possesso di conoscenze generali; b) certificato che attesti il compimento di un ciclo di studi secondario generale, completato da un ciclo di studi o formazione professionale e/o dal tirocinio o dalla pratica professionale, oppure comprovante il compimento di un ciclo di studi secondario tecnico, professionale, completato eventualmente da un ciclo di studi o di formazione professionali e/o dal tirocinio o dalla pratica professionale; c) diploma che sancisca una formazione a livello dell'insegnamento post-secondario, della durata minima di un anno, di cui una delle condizioni di accesso è, di norma, il completamento del ciclo di studi secondari richiesto per accedere all'insegnamento universitario o superiore ovvero il completamento di una formazione scolastica equivalente al secondo ciclo di studi secondari, nonché la formazione professionale eventualmente richiesta oltre al ciclo di studi post-secondari oppure un diploma che attesti il compimento di una formazione o un'istruzione regolamentata oppure, nel caso delle professioni regolamentate, una formazione professionale a struttura particolare, con competenze che vanno oltre quanto previsto al livello b, se tale formazione conferisce un analogo livello professionale e prepara a un livello analogo di responsabilità e funzioni, a condizione che detto diploma sia corredato da un certificato dello Stato membro di origine; d) diploma che sancisca una formazione a livello dell'insegnamento superiore o universitario, della durata minima di tre anni e inferiore a quattro anni; e) diploma che attesti una formazione a livello di studi post-secondari, della durata minima di almeno quattro anni.

Costituiva un ulteriore elemento innovatore dell'intervento legislativo del 2005 il ruolo più incisivo attribuito alle associazioni professionali, alle quali era conferito il potere di contribuire alla definizione delle c.d. 'piattaforme comuni', ossia *"una serie di criteri che permettono di colmare la più ampia gamma di differenze sostanziali che sono state individuate tra i requisiti di formazione in almeno due terzi degli Stati membri, inclusi tutti gli Stati membri che regolamentano la professione in questione. Tali criteri potrebbero ad esempio includere requisiti quali una formazione complementare, un tirocinio di adattamento, una prova attitudinale o un livello minimo prescritto di pratica professionale, o una combinazione degli stessi"* [106], adottabili con provve-

---

[106] Così considerando 16 della Direttiva 2005/36/CE.

dimento della Commissione [107]. In realtà tale progetto, che mirava a stabilire i "criteri delle qualifiche professionali che attestano un livello di competenza adeguato all'esercizio di una certa professione" [108], al fine di livellare le differenze tra gli Stati membri e permettere ai richiedenti in possesso di detti requisiti di vedersi riconosciuto automaticamente il proprio titolo, senza necessità di sottoporsi alle misure di compensazione tipiche, è stato progressivamente abbandonato [109], in favore dell'introduzione a cura della Direttiva 2013/55 di *"principi comuni di formazione"* (capo III *bis*), con l'intento di aumentare il numero di professioni a riconoscimento automatico (considerando 25) [110]. Il riferimento è al "quadro comune di formazione" (art. 49 *bis*), ovvero un insieme di conoscenze, abilità e competenze minime necessarie per lo svolgimento di una data professione, che introduce un ulteriore meccanismo di riconoscimento automatico per le qualifiche non soggette a riconoscimento generale o per le specializzazioni relative ad una professione regolamentata soggetta a riconoscimento automatico, nonché alla "prova di formazione comune" (art. 49 *ter*), ovvero una prova attitudinale standardizzata il cui superamento comporta l'abilitazione all'esercizio della professione nello Stato ospitante alle stesse condizioni dei cittadini dello stesso con pari qualifica professionale. In tale rinnovato contesto è stato conferito nuovamente rilievo all'operato delle organizzazioni professionali di rappresentanza, a cui spetta il potere di avanzare proposte, di introdurre quadri comuni di formazione o prove di formazione comune [111].

---

[107] V. M. Condinanzi, A. Lang e B. Nascimbene, *Cittadinanza dell'Unione e libera circolazione delle persone*, Giuffrè, Milano, 2006, p. 180; F. Capotorti, *La nuova Direttiva sul riconoscimento delle qualifiche professionali tra liberalizzazione e trasparenza*, cit., spec. p. 85 e pp. 97-99.

[108] Così Proposta di Direttiva del Parlamento europeo e del Consiglio relativa al riconoscimento delle qualifiche professionali, COM/2002/0119 def. – COD 2002/0061, in *GU* n. 181 E del 30 luglio 2002, pp. 0183-0257.

[109] V. F. Capotorti, *La nuova Direttiva sul riconoscimento delle qualifiche professionali tra liberalizzazione e trasparenza*, cit., pp. 97 e 98, che richiama tra le ragioni della mancata attuazione delle piattaforme comuni, la difficoltà di effettuare il confronto della formazione, in termini di durata e contenuti, in due terzi dei Paesi membri, di individuare un denominatore comune per introdurre un'armonizzazione nel settore, nonché la vaghezza della disciplina con riferimento all'attivazione di tale strumento. Sull'insuccesso di tale progetto si v., altresì, Commissione europea, *Evaluation of professional qualifications directive (Directive 2005/36/EC)*, 5 luglio 2011, spec. p. 39 ss.

[110] In dottrina si rinvia, su tutti, a E. Ambrosini, *La nuova Direttiva sul riconoscimento delle qualifiche professionali*, cit.; F. Capotorti, *La nuova Direttiva sul riconoscimento delle qualifiche professionali tra liberalizzazione e trasparenza*, cit.

[111] Il Regolamento delegato (UE) 2019/907 della Commissione, del 14 marzo 2019, che istituisce una prova di formazione comune per i maestri di sci ai sensi dell'art. 49 ter della Direttiva 2005/36/CE del Parlamento europeo e del Consiglio relativa al riconoscimento delle qualifiche professionali (in *GU* L 145 del 4 giugno 2019, p. 7), rappresenta il primo caso di utilizzo del nuovo strumento per l'emanazione di regolamenti delegati (v. COM(2020)

Infine, il 2 dicembre 2006 è stata approvata la Direttiva 2006/123/CE (nota come Direttiva *Bolkestein*) [112], relativa ai servizi nel mercato interno, la quale completa il quadro delle norme europee che consentono la piena e la libera circolazione dei prestatori di servizi. Tale intervento non pregiudica, tuttavia, la piena applicazione della Direttiva sulle qualifiche professionali e delle Direttive 77/249/CEE e 98/5/CE. L'art. 3 statuisce, infatti, espressamente, che qualora le disposizioni della Direttiva 2006/123/CE siano confliggenti *"con le disposizioni di altri atti comunitari che disciplinano aspetti specifici dell'accesso ad un'attività di servizi o del suo esercizio in settori specifici o per professioni specifiche, le disposizioni di questi altri atti comunitari prevalgono e si applicano a tali settori o professioni specifiche"*. Le disposizioni che invece rilevano anche per i servizi professionali legali concernono il diverso aspetto della qualità del servizio e segnatamente: i) i profili delle assicurazioni e garanzie di responsabilità professionale (art. 23), con il conferimento agli Stati membri del potere di imporre ai prestatori di servizi la stipula di assicurazioni di responsabilità professionale; ii) l'uso delle comunicazioni commerciali (art. 24), con il riconoscimento della possibilità di svolgere pubblicità informativa, fatte salve le limitazioni giustificate dalla necessità di garantire "l'indipendenza, la dignità e l'integrità della professione nonché il segreto professionale"; iii) l'esercizio dell'attività in forma societaria, con particolare riferimento alle realtà multidisciplinari (art. 25), ove sono consentite solamente le restrizioni connesse a garantire il rispetto di norme di deontologia" e ad assicurare l'indipendenza della professione [113].

---

191 final, cit., p. 13). Sono stati, inoltre, avviati due studi per valutare la possibilità di sviluppare quadri comuni di formazioni per gli assistenti sociali (2015-2016: *Core competences of Healthcare Assistants in Europe* (CC4HCA) - Competenze fondamentali degli assistenti sanitari in Europa, https://op.europa.eu/it/publication-detail/-/publication/1f0bf873-1784-11e8-9253-01aa75ed71a1/language-en) e per gli ingegneri (2016-2017, non edito). Per ulteriori approfondimenti si rinvia nuovamente a COM(2020) 191 final, cit., pp. 14 e 15.

[112] Cfr. Direttiva 2006/123/CE, cit. In dottrina, senza pretesa di esaustività, si rinvia a S. D'Acunto, *Direttiva Servizi (2006/123/CE): genesi obiettivi e contenuto*, Giuffrè, Milano, 2009; F. Bestagno e L.G. Radicati Di Brozolo (a cura di), *il mercato unico dei servizi*, Giuffrè, Milano, 2007; T. De La Quadra-Salcedo Janini, *¿Quo Vadis, Bolkestein? ¿Armonización o mera dersregulación de la prestación de servicios?*, in *Rev. Esp. Der. Eur.*, 2007, p. 237 ss.; J. Pelkmans, *The internal service market: between economics and political economy*, in *EIPAscope*, 2007, p. 9; U. Neergaard, R. Nielsen e L.M. Roseberry, *The Services Directive – Consequences for the Welfare State and the European Social Model*, Djøf Forlag, Copenhagen, 2008; G. Colavitti, *La Direttiva Bolkestein e la liberalizzazione dei servizi professionali*, in *Rass. forense*, 2009, p. 481.

[113] In questi termini v., anche, E. Bergamini e B. Nascimbene, *Libere professioni, servizi e concorrenza. Norme nazionali e diritto UE a confronto*, cit.

CAPITOLO 2

IL PROCESSO DI LIBERALIZZAZIONE DELLA PROFESSIONE FORENSE

1. *L'ampia nozione europea di impresa*

Grazie ai principi di diritto primario, agli strumenti di diritto derivato e all'incessante attivismo della Corte di giustizia, l'obiettivo della libera circolazione dei professionisti all'interno del territorio europeo può considerarsi, in massima parte, raggiunto. Nonostante l'*iter* particolarmente lento e travagliato, cartina al tornasole delle resistenze degli Stati membri e delle profonde differenze caratterizzanti la figura dell'avvocato all'interno dei vari ordinamenti giuridici, è oggi possibile per il professionista forense spostarsi all'interno dell'Unione europea e fornire i propri servizi nel mercato interno senza eccessivi ostacoli [1]. Il dibattito europeo è migra-

[1] In tempi più recenti la Commissione è tornata a focalizzarsi sul tema della libera circolazione dei professionisti, sebbene secondo un angolo prospettico diverso: nel mirino non vi sono più le *"restrizioni legislative al riconoscimento dei titoli professionali stranieri"* quanto piuttosto le *"restrizioni all'accesso al mercato dei professionisti, anche stranieri, derivante*

to, dunque, dai temi della libera prestazione di servizi e della libertà di stabilimento alla necessità di inserire anche i professionisti forensi nelle logiche della libera concorrenza. L'Unione europea considera, infatti, la competitività uno strumento di stimolo per la libertà d'iniziativa e per l'innovazione, nonché un fattore promotore del progresso tecnologico ed economico. Inserire anche i servizi professionali nel circuito delle tendenze spontanee di mercato dovrebbe comportare, dunque, secondo la visione europea, positive ripercussioni sull'economia in generale, ma anche indubbi vantaggi per le categorie professionali e per il pubblico degli utenti.

Alla fine degli anni '90, l'Unione europea è intervenuta a più riprese affermando la necessità di riconoscere l'applicabilità del diritto comunitario della concorrenza anche al settore dei servizi legali, inizialmente non contemplato dalla *competition policy* dell'Unione europea[2], sollevando dubbi circa la proporzionalità e congruità di talune misure restrittive nazionali rispetto al fine ultimo di apprestare un'idonea tutela alla società nel suo complesso.

La premessa che rende legittimo l'assoggettamento del comparto dei servizi legali alle norme antitrust risiede nella possibilità di qualificare i professionisti come imprenditori. La nozione di 'impresa' non trova alcuna esplicita definizione nelle norme del Trattato, ma può essere facilmente desunta dalla costante elaborazione giurisprudenziale della Corte di giustizia, registratasi a partire dagli anni '80, nonché da un'interpretazione sistematica e funzionale del diritto europeo, in relazione agli scopi e ai principi espressi dal Trattato[3]. Tale nozione prescinde dai concetti desumibili dalle varie legislazioni nazionali e si focalizza sull'aspetto funzionale dell'attività economica[4]. In particolare, per il diritto europeo 'im-

---

spesso da un esercizio dei poteri di autoregolamentazione spettanti agli Ordini professionali, non rispettoso del principio di proporzionalità": in questi termini v. E. Bergamini e B. Nascimbene, *Libere professioni, servizi e concorrenza. Norme nazionali e diritto UE a confronto*, cit.; si v. *infra*, in questo stesso capitolo.

[2] Sull'evoluzione del sistema comunitario della concorrenza si rinvia a D.J. Gerber, *Transformation of European Community Competition Law*, in *Harv. Int'l L.J.*, 1994, v. 1, p. 97.

[3] Tale nozione ampia e dinamica ha soppiantato, a partire dalla fine degli anni '80, quella coniata in seno alla CECA, ove per imprese si intendevano semplicemente gli enti che *"esercitano un'attività di produzione nel campo del carbone e dell'acciaio nell'interno dei territori indicati dall'art. 7"* (art. 80 Trattato CECA, 1951). Anche nel Trattato EURATOM (1957) era rinvenibile una definizione di impresa; in particolare, l'art. 196 designava come impresa *"ogni impresa o istituzione che svolge interamente o in parte le sue attività alle stesse condizioni, quale che sia il suo stato giuridico, pubblico o privato"*.

V., sul punto, A. Berlinguer, *La liberalizzazione delle professioni legali*, in F. Pammolli, C. Cambini e A. Giannaccari (a cura di), *Politiche di liberalizzazione e concorrenza in Italia*, Il Mulino, Bologna, 2007, p. 368 ss. e C. Castronovo e S. Mazzamuto, *L'impresa e la società*, in Id., *Manuale di diritto privato europeo*, III, Giuffrè, Milano, 2007.

[4] In questi termini v. L. Paolini, *Organizzazione della professione legale, tariffe e mercato: spunti giurisprudenziali*, in *Studi Urbinati, A – Scienze giuridiche, politiche ed economiche*,

presa' è una qualsiasi entità che esercita un'attività economica, indipendentemente dallo *status* giuridico (pubblico o privato) della stessa e dalle relative modalità di finanziamento[5]. A nulla rilevano, dunque, i caratteri peculiari di una determinata attività (che per i professionisti forensi si possono sostanziare nella intellettualità, autonomia, indipendenza, discrezionalità, personalità della prestazione)[6], né tantomeno le forme organizzative o il tipo di rapporto giuridico-formale tra l'attività economica esercitata e il soggetto giuridico che la esercita[7]. Tra le molteplici affermazioni di tali assunti a livello europeo, si segnala la decisione della Commissione 93/438/CEE, del 30 giugno 1993, relativa al Consiglio Nazionale degli spedizionieri doganali[8]: in tale occasione la Commissione ha

---

2000, v. 51, n. 4, p. 460, ed ivi il richiamo ad alcuni precedenti della Corte di giustizia a cavallo tra gli anni Settanta e Ottanta: *"viene attribuita natura di impresa agli* '... artisti che facciano, ancorché isolatamente e non sistematicamente, un'utilizzazione commerciale delle proprie rappresentazioni' *(Decisione 15 giugno 1978 Rai/Unitel – G.U.C.E., Serie L, n. 157/1978), nonché alle* '... persone fisiche che non possono inquadrarsi nella figura dell'imprenditore, né svolgono attività economica in forma organizzata, quando esse compiano un atto di natura economica suscettibile di restringere la concorrenza' *(Decisioni 2 dicembre 1975, Aoip/Beyrard – G.U.C.E., Serie L, n. 6/1976; 21 dicembre 1976, Theal/Watts – G.U.C.E., Serie L, n. 39/1977; 10 gennaio 1979, Vaessen/Moris – G.U.C.E., Serie L, n. 19/1979). Infine, e più in generale,* 'è da intendersi impresa, per il diritto comunitario della concorrenza, ogni entità impiegata in attività commerciali' *(si veda, ad esempio, Decisione 23 aprile 1986, Polipropilene – G.U.C.E., Serie L, n. 230/1986)*" (p. 460, nota 28).

[5] V. Corte di giustizia, sentenza del 23 aprile 1991, *Höfner ed Elser c. Macroton*, C-41/90, cit., in cui la Corte di giustizia ha definito impresa *"qualsiasi entità che esercita un'attività economica a prescindere dal suo stato giuridico e dalle sue modalità di finanziamento"*; cfr., inoltre, Corte di giustizia, sentenza del 16 luglio 1987, *Commissione c. Italia*, C-118/85, EU:C:1987:283.

In dottrina cfr. G. Guizzi, *Il concetto d'impresa tra diritto comunitario, legge antitrust e codice civile*, in *Riv. dir. comm.*, 1993, I, p. 277; L. Scudiero, *La nozione di impresa nella giurisprudenza della Corte di Giustizia*, in *Foro it.*, 1994, IV, c. 113; A. Grisoli, voce *Impresa comunitaria*, in *Enc. giur. Treccani*, Roma, 1989, p. 4.; V. Afferni, *La nozione di impresa comunitaria*, in F. Galgano (diretto da), *Trattato di diritto commerciale e diritto pubblico dell'economia*, II, Cedam, Padova, 1978, p. 134; A. Spadafora, *La nozione d'impresa nel diritto comunitario*, in *Giust. civ.*, II, 1990, p. 284; L. Di Via, *L'impresa*, in N. Lipari (a cura di), *Diritto privato Europeo*, Cedam, Padova, 1997, p. 252; Id., *Brevi note sul criterio di economicità e l'impresa rilevante per il diritto della concorrenza nella recente giurisprudenza della Corte di Giustizia*, in *Foro it.*, 1994, IV, c. 297; Id., *Ancora sul principio di solidarietà e la nozione di impresa rilevante per il diritto comunitario della concorrenza*, in *Foro it.*, 1996, IV, c. 67; A. Guarino, *I contenuti della nozione di impresa*, in *Conc. Merc.*, 1995, p. 303; F. Galgano, *Professioni intellettuali, impresa, società*, in *Contr. e impr.*, 1991, p. 4; Id., *Le professioni intellettuali e il concetto comunitario d'impresa*, in *Contr. e impr. Europa*, 1997, p. 3.

[6] La natura intellettuale del servizio non è perciò idonea ad escludere l'applicabilità delle regole antitrust; cfr. Corte di giustizia, sentenza del 9 febbraio 1994, *Commissione c. Italia*, C-119/92, EU:C:1994:46, punto 38.

[7] Cfr. A. Tizzano, *Professioni e servizi nella CEE. Profili generali*, in Id. (a cura di), *Professioni e servizi nella CEE*, Cedam, Padova, 1985, p. 1225.

[8] 93/438/CEE: Decisione della Commissione, del 30 giugno 1993, *Consiglio nazionale degli spedizionieri doganali*, in *GUCE* L 203 del 13 agosto 1993, p. 27. Tale decisione è stata

sancito l'irrilevanza, ai fini della qualificazione degli spedizionieri doganali come imprese, della circostanza che la relativa attività venga considerata nell'ordinamento italiano esercizio di una libera professione[9]. Anche nella decisione 95/118/CEE, del 30 gennaio 1995, nota come caso COAPI[10], la Commissione ha ribadito che risulta del tutto ininfluente il fatto che gli agenti della proprietà intellettuale costituiscano una professione regolamentata per il diritto interno spagnolo e che le relative prestazioni abbiano carattere intellettuale, tecnico o specializzato e siano fornite su base personale, al fine di riconoscere, alla relativa attività, natura economica.

Alla frammentarietà delle nozioni nazionali, l'Unione europea sostituisce, dunque, una definizione ampia di impresa, identificando l'attività economica con qualsiasi attività che consiste nell'offrire beni o servizi in un determinato mercato[11]. Ciò che assume rilievo è un mero elemento esogeno, ovvero l'astratta idoneità di un determinato soggetto a porre in essere comportamenti in grado di incidere sul mercato. In ragione di ciò, la nozione europea di 'impresa' risulta in grado di ricomprendere le attività più variegate e a rendere destinatari della disciplina antitrust una molteplicità di soggetti a prescindere dalle particolari qualificazioni giuridiche nazionali[12], ivi compresi, dunque, i professionisti forensi[13].

---

successivamente impugnata dal Consiglio nazionale degli spedizionieri doganali dinnanzi al Tribunale di primo grado CE (T-513/93).

[9] Tale assunto è stato ribadito dalla Corte di giustizia, pronunciatasi al termine di un'azione di accertamento promossa contro l'Italia dalla Commissione ai sensi dell'art. 258 TFUE, *ex* art. 226 del Trattato; cfr. Corte di giustizia, sentenza del 18 giugno 1998, C-35/96, *Commissione c. Italia*, EU:C:1998:303. In dottrina, si rinvia a S. Beeser, *Gebührenordnung für italienische Zollspediteure unzulässig – Verstoss ist Italien zurechenbar*, in *Eur. Law Rep.*, 1998, p. 316; E. Traversa, *Arrêt important de la Cour de justice sur l'application des articles 5 et 85 du traité aux barêmes des honoraires des ordres professionnels*, in *Competition Policy Newsletter*, 1998, III, p. 17; S. Poillot-Peruzzetto, *Droit européen des affaires*, in *Rev. trim. dr. com.*, 1998, p. 984; F. M. Dore, *Professioni e impresa tra diritto interno e comunitario: il problema delle tariffe*, in *Corr. giur.*, 1999, p. 45; A. Bertolotti, *Una pronuncia della Corte di Giustizia: lo spedizioniere doganale, libero professionista, esercita attività di impresa*, in *Giur. it.*, 1999, p. 555; F. E. González Díaz, *Algunas reflexiones sobre las recientes sentencias del Tribunal de Justicia en los asuntos Ladbroke y Comisión contra Italia*, in *Gaceta Jurídica de la C.E. y de la Competencia – Serie B*, 1999, 200, p. 81; U. B. Neergaard, *State Action and European Competition Rules: A New Path?*, in *Maastricht JECL*, 1999, p. 380.

[10] Cfr. 95/188/CEE: Decisione della Commissione, del 30 gennaio 1995, *COAPI (Colegio Oficial de Agentes de la Propiedad Industrial)*, in *GUCE* n. L 122 del 2 giugno 1995 ed in *Dir. ind.*, 1996, p. 131, con nota di V. G. Catelli, *Le tariffe professionali come accordo di prezzo*.

[11] Cfr., a titolo esemplificativo, Corte di giustizia, 11 dicembre 1997, *Job Centre coop. a r.l*, C-55/96, EU:C:1997:603, punto 21; Corte di giustizia, 18 giugno 1998, *Commissione c. Italia*, C-35/96, cit., punto 36. V. A. Grisoli, voce *Impresa comunitaria*, cit., p. 4.

[12] Sul punto si pensi alla possibilità di qualificare come imprese anche le persone fisiche, che deficiano dei requisiti necessari per essere inquadrate nella figura dell'imprenditore e che non svolgono alcuna attività economica organizzata, nel caso in cui esse compiano un atto suscettibile di restringere la concorrenza. Si vedano, a titolo esemplificativo, Decisione della Commissione, del 2 dicembre 1975, in *GUCE* n. L 6 del 13 gennaio 1976, p. 8; Decisio-

Tra gli assunti ormai consolidati nell'*acquis* comunitario, oltre alla possibilità di sussumere la professione forense nella nozione di impresa, emerge la qualificabilità dei loro enti rappresentativi come associazioni di imprese *ex* art. 101, paragrafo 1, TFUE; le delibere adottate dagli Ordini professionali, o da essi proposte ai Governi nazionali, rappresentano, quindi, 'decisioni di associazioni di imprese'.

Nel diritto europeo non sussiste, analogamente a quanto accade per il concetto d'impresa, alcuna definizione esplicita della nozione di 'associazione di imprese'; tuttavia, l'indeterminatezza dell'espressione e la conseguente idoneità della stessa a ricomprendere associazioni giuridiche di varia natura, e, pertanto, anche gli Ordini professionali, trova conferma nella costante giurisprudenza comunitaria [14] e nelle decisioni della Commissione. Non osta, pertanto, alla possibilità di qualificare gli Ordini professionali come associazioni di imprese l'eventuale *status* giuridico pubblico posseduto dagli stessi, come espressamente statuito dalla giurisprudenza della Corte di giustizia: esemplificativa la decisione 95/118/CEE, del 30 gennaio 1995 [15], ove viene espressamente affermato che il *Colegio Oficial de Agentes de la Propiedad Industrial* costituisce un'associazione di imprese, nonostante per il diritto spagnolo il suo *status* giuridico sia quello di una cooperazione di diritto pubblico. Allo stesso modo, il regolamento adottato dagli agenti della proprietà intellettuale riuniti in assemblea costituisce una decisione d'associazione di imprese, a nulla rilevando il fatto che le stesse possono essere impugnate dinnanzi alla giurisdizione amministrativa. Ciò che incide ai fini della configurabilità di un'associazione di impresa è, dunque, la mera presenza di un'organizzazione corporativa – indipendentemente dalla sua forma giuridica e da eventuali funzioni di interesse pubblico alla stessa riconnesse – che abbia il potere di adottare decisioni unilaterali collegiali o raccomandazioni [16] idonee a vincolare giuridicamente i partecipanti legati all'associazione.

---

ne della Commissione, del 21 dicembre 1976, in *GUCE* 1977 n. L 39 del 19 febbraio 1977, p. 10; Decisione della Commissione del 10 gennaio 1979, in *GUCE* 1979 n. L 19 del 26 gennaio 1979, p. 32.

[13] In giurisprudenza, *ex multis*, cfr. Corte di giustizia, sentenza del 19 febbraio 2002, *Wouters e altri v. Algemene Raad van de Nederlandse Orde van Advocaten*, C-309/99, EU:C:2002:98, che ha affermato: "*Gli avvocati svolgono un'attività economica e, pertanto, costituiscono imprese ai sensi degli artt. 85, 86 e 90 del Trattato (divenuti artt. 81 CE, 82 CE e 86 CE)*".

[14] Cfr. F. Ferraro, *Professioni e concorrenza nel diritto comunitario*, in *Riv. dir. impr.*, 2000, p. 81 ss.

[15] Decisione 95/188/CEE della Commissione, del 30 gennaio 1995, *COAPI*, cit.

[16] Sul punto si precisa come anche mere raccomandazioni non vincolanti, idonee comunque ad uniformare il comportamento delle 'imprese' che ad essa fanno riferimento, in quanto idonee a pregiudicare i meccanismi di mercato, sono valutabili *ex* art. 101 TFUE; cfr. Corte di giustizia, sentenza del 8 novembre 1983, cause riunite C-96-102, 104, 105, 108 e 110/82, *IAZ*, in *Racc.*, 3369, punto 20; Corte di giustizia, sentenza del 27 gennaio 1987, *Verband der Sachversicherer c. Commissione*, C-45/85, EU:C:1987:34.

Ne consegue che anche l'Ordine degli avvocati, nonostante la sua eventuale natura giuridica pubblica, similmente agli enti rappresentativi delle altre professioni intellettuali, costituisce un'associazione di imprese quando emana atti di interesse, rispettati pedissequamente dalla categoria degli iscritti. Tali decisioni sono, dunque, assimilabili a 'deliberazioni di un'associazione di imprese', suscettibili, pertanto, di essere sindacate ai sensi del diritto antitrust [17].

Sancita l'assimilabilità dei professionisti legali alle imprese e degli Ordini professionali forensi alle associazioni di imprese, è con riferimento all'attività dei primi e alle deliberazioni dei secondi che trova pacifica e diretta applicazione il diritto della concorrenza, ed in particolare gli articoli 101 e 102 TFUE (già artt. 81 e 82 TCE).

1.1. *L'avvocato-imprenditore e le logiche della disciplina della concorrenza*

Com'è noto, l'art. 101 TFUE vieta gli accordi tra imprese, le decisioni di associazioni di imprese e le pratiche concordate che posseggono effetti anticoncorrenziali, effettivi o potenziali, idonei a pregiudicare il commercio tra gli Stati membri dell'Unione europea. La norma *de qua* può essere derogata, *ex* art. 101, paragrafo 3, TFUE, solo nel caso in cui tali accordi contribuiscano ad incrementare l'efficienza del sistema economico, determinando un aumento della produzione o della distribuzione dei prodotti, ovvero promuovendo il progresso tecnico o economico. Tali restrizioni devono, tuttavia, garantire agli utilizzatori una congrua parte dell'utile che ne deriva, essere indispensabili per raggiungere gli obiettivi che li legittimano e al contempo non devono escludere *tout court* la concorrenza per una parte sostanziale dei prodotti di cui trattasi. L'art. 102 TFUE sancisce, invece, il divieto per le imprese di abusare di una posizione dominante all'interno del mercato globale o in una sua parte rilevante.

Invero, non tutte le decisioni degli Ordini professionali, idonee *prima facie* a pregiudicare la competitività nel mercato dei servizi professionali, costituiscono per ciò stesso una violazione dell'art. 101 TFUE. Come sottolineato nel caso *Wouters* (punto 97, in richiamo della formula *Cassis de Dijon* [18]) [19], e ribadito dalla costante elaborazione giurisprudenziale della

---

[17] Cfr. Corte di giustizia, sentenza del 18 giugno 1998, *Commissione c. Italia*, C-35/96, cit.; Corte di giustizia, sentenza del 12 settembre 2000, cause riunite da 180/98 a 184/98, *Pavlov ed altri*, EU:C:2000:428; Corte di giustizia, sentenza del 19 febbraio 2002, *Arduino*, C-35/99, EU:C:2002:97; Corte di giustizia, sentenza del 19 febbraio 2002, *Wouters e altri v. Algemene Raad van de Nederlandse Orde van Advocaten*, C-309/99, cit.; Corte di giustizia, sentenza del 5 dicembre 2006, *Cipolla-Macrino*, cause riunite C-94/04 e C-202/04, EU:C:2006:758.

[18] Corte di giustizia, sentenza del 20 febbraio 1979, *Rewe-Zentral AG contro Bundesmonopolverwaltung für Branntwein* (*Cassis De Dijon*), C-120/78, cit.

[19] Cfr. Corte di giustizia, sentenza del 19 febbraio 2002, *Wouters e altri v. Algemene Raad van de Nederlandse Orde van Advocaten*, C-309/99, cit.

Corte di giustizia, talune misure, sebbene restrittive, possono essere giustificate dalla necessità di tutelare gli interessi pubblici riconnessi all'esercizio della professione forense. Applicando il test di proporzionalità, tali regole che, pur costituendo una deroga alla normativa europea antitrust, risultano necessarie e proporzionate al raggiungimento dello scopo perseguito, devono ritenersi in sintonia con il diritto della concorrenza.

L'incompatibilità con le regole di concorrenza di taluni accordi o decisioni proposte dagli Ordini professionali, in apparenza sproporzionati, viene, tuttavia, spesso ricondotta direttamente alla sussistenza di normative statali idonee a legittimarle ed a sottrarle al giudizio di compatibilità con il diritto antitrust. In realtà, la disciplina della concorrenza non si limita ad investire direttamente i comportamenti delle imprese e delle relative associazioni, ma può incidere anche sull'attività degli Stati membri, laddove questi provochino delle alterazioni nel meccanismo della libera competitività a cui il mercato unico si ispira. Nonostante il campo di applicazione degli artt. 101 e 102 TFUE faccia esclusivo riferimento alle imprese e alle associazioni di imprese e non sia, dunque, idoneo a sottrarre ai governi nazionali la propria competenza in materia di politica economica, gli Stati membri non possono pregiudicare l'effetto utile della normativa antitrust legittimando, mediante interventi normativi interni, le imprese ad agire in violazione del diritto della concorrenza di matrice europea. Dal combinato disposto degli artt. 101 TFUE, dell'art. 4, paragrafo 3, TUE (già art. 10 TCE [20]), che impone un generale dovere di cooperazione e leale collaborazione tra Unione europea e Stati membri ai fini di conseguire gli obiettivi del Trattato, e, in senso lato, dell'art. 3, n. 3, TUE, che sancisce il principio della concorrenza libera e non falsata all'interno del mercato comune, emerge, infatti, in tutta chiarezza l'obbligo per gli Stati di non adottare o mantenere in vigore provvedimenti, anche legislativi o regolamentari, in grado di pregiudicare l'applicazione alle imprese delle regole di concorrenza [21]. Tale ipotesi si verifica non solamente quando lo Stato impone o agevola la conclusione di accordi anticoncorrenziali tra le imprese o rafforza gli

---

[20] Articolo 10 TCE: *"Gli Stati membri adottano tutte le misure di carattere generale e particolare atte ad assicurare l'esecuzione degli obblighi derivanti dal presente Trattato ovvero determinati dagli atti delle istituzioni della Comunità. Essi facilitano quest'ultima nell'adempimento dei propri compiti.*

Essi si astengono da qualsiasi misura che rischi di compromettere la realizzazione degli scopi del presente Trattato".

[21] Tale assunto trova riscontro nella costante giurisprudenza della Corte di giustizia; v., sul punto, Corte di giustizia, sentenza del 21 settembre 1988, *Van Eycke*, C-267/86, ECLI:EU:C:1988:427, punto 16; Corte di giustizia, sentenza del 17 novembre 1993, *Bundesanstalt für den Güterfernverkehr* c. *Reiff*, C-185/91, EU:C:1993:886, punto 14; Corte di giustizia, sentenza del 9 giugno 1994, *Delta Schiffahrts-und Speditionsgesellschaft*, C-153-93, EU:C:1994:240, punto 14.

effetti di quelli preesistenti, ma anche allorché questi attribuisca ad organismi privati la responsabilità di adottare decisioni in materia economica, così rinunciando alla propria potestà legislativa [22].

L'assoggettabilità dell'esercizio delle professioni liberali alle regole antitrust ha condotto l'Unione europea a rivalutare il grado di competitività presente nel mercato europeo dei servizi legali e ad auspicare una maggiore liberalizzazione di tale settore. In particolare, il processo di riforma delle professioni, in una prospettiva di valorizzazione della concorrenza, si è inizialmente inserito nella più ampia Strategia di Lisbona del 2000, rispecchiante gli intenti delle massime istituzioni comunitarie, segnatamente il Consiglio europeo e la Commissione europea, di imprimere un nuovo corso allo sviluppo socio-economico europeo. Tale piano strategico, diretto a trasformare l'economia europea tra le più competitive entro il 2010, ha riconosciuto un ruolo fondamentale ai servizi nel processo di miglioramento della concorrenza del mercato interno, in ragione del loro rilevante peso economico [23]. Anche il Parlamento euro-

---

[22] Si veda a titolo esemplificativo la pronuncia della Corte di giustizia, sentenza del 18 giugno 1998, *Commissione c. Italia,* C-35/96, cit., in cui la Corte ha affermato che: *"occorre ricordare che, anche se, di per sé, l'art. 85 del Trattato riguarda esclusivamente la condotta delle imprese e non le disposizioni legislative o regolamentari emanate dagli Stati membri, è pur vero che detto articolo, in combinato disposto con l'art. 5 del Trattato, fa obbligo agli Stati membri di non adottare o mantenere in vigore provvedimenti, anche di natura legislativa o regolamentare, che possano rendere praticamente inefficaci le regole di concorrenza applicabili alle imprese. (...) Ricorre in particolare siffatta ipotesi allorquando uno Stato membro imponga o agevoli la conclusione di accordi in contrasto con l'art. 85, o rafforzi gli effetti di siffatti accordi, ovvero qualora privi la propria normativa del carattere statuale che le è proprio, demandando la responsabilità di adottare decisioni d'intervento in materia economica ad operatori privati"*, concludendo *"Adottando e mantenendo in vigore una legge che, nel conferire il relativo potere deliberativo, impone al Consiglio nazionale degli spedizionieri doganali (CNSD) l'adozione di una decisione d'associazione di imprese in contrasto con l'art. 85 del Trattato CE, consistente nel fissare una tariffa obbligatoria per tutti gli spedizionieri doganali, la Repubblica italiana venuta meno agli obblighi impostile dagli artt. 5 e 85 dello stesso Trattato"*.

Cfr., altresì, Corte di giustizia, sentenza del 21 settembre 1988, *Van Eycke*, C-267/86, cit., punto 16; Corte di giustizia, sentenza del 17 novembre 1993, *Reiff*, C-185/91, cit., punto 14; Corte di giustizia, sentenza del 9 giugno 1994, *Delta Schiffahrts-und Speditionsgesellschaft*, C-153/93, cit., punto 14.

[23] Council of The European Union, *European Council Presidency Conclusions*, 22-23 March 2005, http://www.consilium.europa.eu/uedocs/cms_data/docs/pressdata/en/ec/84335.pdf.

Per avvalorare l'assunto secondo cui i servizi professionali giocano un ruolo chiave nell'economia, la Commissione ha, invece, riportato dei significativi dati statistici: *"nel 2001 emerge che i "servizi legati alle imprese" hanno generato un fatturato superiore a 1 281 miliardi di euro, pari a circa l'8% del fatturato totale dell'UE. Nel 2001 sono stati generati in tal modo più di 660 miliardi di euro di valore aggiunto. Circa un terzo di tale cifra può essere attribuita ai "servizi professionali". L'autorità irlandese garante della concorrenza, ad esempio, ha calcolato che nel 2001 in Irlanda la spesa per i servizi legali abbia da sola raggiunto la cifra di 140 milioni di euro pari a quasi l'1% dell'PNL. In termini di occupazione nei "servizi legati alle imprese" lavoravano quasi 12 milioni di persone nel 2004, cifra che corrisponde al 6,4% dell'occupazione totale, rispetto al 5,7% del 2002"*: Comunicazione della Commissione al Consiglio, al Parlamento europeo, al Comitato economico e sociale

peo[24], intervenendo con la Risoluzione del 16 dicembre 2003[25], ha ribadito il ruolo basilare che le libere professioni svolgono nella nostra società. Pur riconoscendo l'importanza delle associazioni professionali, dei loro codici deontologici e, quindi, di una regolamentazione adeguata a garantire l'etica professionale, la qualità dei servizi e l'interesse pubblico, il Parlamento ha sottolineato come tutto ciò debba essere conciliato con l'obiettivo di promuovere la concorrenza, la quale costituisce un vantaggio e una necessità per i professionisti stessi.

La Commissione europea, a sua volta, dopo aver ribadito in più occasioni che la politica europea volta ad implementare il grado di concorrenza nel mercato dei servizi si estende anche ai professionisti liberali, riconducibili al più ampio *genus* dei servizi e qualificabili come imprese, ha iniziato a sottolineare l'esigenza di rimuovere gli ostacoli al mercato interno idonei a pregiudicare il processo di integrazione in tale segmento di mercato[26].

Inizialmente, per delineare un panoramica puntuale dello stato delle diverse normative interne e dei relativi effetti economici, la Commissione ha affidato al centro di ricerca viennese, *Istitut für Höhere Studien – IHS*[27], lo svolgimento di uno studio sistematico volto a raccogliere informazioni strutturate ricognitive della legislazione, della regolamentazione e dei codici di condotta di diversi Paesi membri disciplinanti l'accesso e l'esercizio di talune professioni intellettuali, ed in particolare gli avvocati, i notai, i commercialisti, gli architetti, gli ingegneri e i farmacisti[28].

---

europeo e al Comitato delle regioni – I servizi professionali – Proseguire la riforma – Seguito alla relazione sulla concorrenza nei servizi professionali, COM(2004) 83 del 9 febbraio 2004 (SEC(2005) 1064), COM(2005) 405 def., 5 settembre 2005, https://eur-lex.europa.eu/legal-content/it/ALL/?uri=CELEX%3A52005DC0405.

[24] Il Parlamento europeo ha invitato più volte la Commissione a promuovere la concorrenza nel settore delle professioni intellettuali; cfr., a titolo esemplificativo, *XIX Relazione sulla politica della concorrenza*, par. 9, punto iii, in *GUCE* C 48 del 25 febbraio 1991, p. 168; *Risoluzione sulla XX Relazione sulla politica della concorrenza*, par. 38, in *GUCE* C 13 del 20 gennaio 1992, p. 472. In un secondo momento, tuttavia, il Parlamento europeo ha adottato una posizione più cauta, in ragione della specificità degli ordinamenti professionali; cfr., sul punto, Risoluzione 5 aprile 2001, B5-0247/2000, in *GUCE* C 21 del 24 gennaio 2002, p. 364; Risoluzione 16 dicembre 2003, in *GUCE* C 91 del 15 aprile 2005, p. 126; Risoluzione 23 marzo 2006 e 12 ottobre 2006, in *Rass. forense*, 2006, p. 1817 ss.

[25] Risoluzione del Parlamento europeo sulle regolamentazioni di mercato e le norme di concorrenza per le libere professioni, P5_TA(2003)0572, 16 dicembre 2003, https://www.europarl.europa.eu/doceo/document/TA-5-2003-0572_IT.pdf?redirect.

[26] Relazione della Commissione al Consiglio e al Parlamento europeo – *Lo stato del mercato interno dei servizi (presentata nell'ambito della prima fase della strategia per il mercato interno dei servizi)*, COM(2002)441def., 30 luglio 2002, http://eur-lex.europa.eu/LexUriServ/LexUriServ.do?uri=COM:2002:0441:FIN:IT:PDF.

[27] V. Report on the Economic Impact of the of Liberal Professionals in Different Member States, Invitation to Tender, Open Procedure, 2001.

[28] Cfr. I. Paterson, M. Fink e A. Ogus, *Economic impact of Regulation in the Field of the*

Con specifico riferimento alla professione forense, è emersa una situazione estremamente eterogenea nel contesto europeo; prendendo come riferimento una scala di valori da 0 a 12, ove 12 indica il massimo livello di regolamentazione, per le professioni legali l'indice varia da 0.3 della Finlandia a 9.5 della Grecia. Tra i Paesi con normative più stringenti e protezionistiche figuravano Austria, Italia, Lussemburgo, Germania e Grecia, mentre i Paesi di *common law* e quelli scandinavi mostravano una maggior apertura al mercato [29]. Nonostante lo studio non avesse tra gli obiettivi quello di suggerire linee d'azione e di riforma, esso ha comunque formulato alcune considerazioni di politica economica. Partendo dal presupposto che negli Stati maggiormente regolamentati non si registravano livelli ottimali dal punto di vista dello sviluppo dell'economia nel suo complesso e della tutela dei consumatori in particolare, e che, per converso, una maggior creazione di ricchezza complessiva si registrava nei mercati più liberalizzati, gli studiosi austriaci hanno sostenuto che i modelli economici più deregolamentati avrebbero potuto essere implementati nei paesi maggiormente restrittivi, senza pregiudizio per la qualità dei servizi professionali.

I risultati dell'indagine condotta dall'IHS sono stati resi pubblici nel marzo 2003 [30], durante il discorso di Mario Monti, al tempo Commissario europeo alla concorrenza, al *BRAK* (*Bundesanwaltskammer*) [31]. In tale occasione è stato, altresì, annunciato l'inizio dello '*Stocktaking Exercise*' e le parti interessate sono state invitate a presentare osservazioni sullo stato e sugli effetti delle proprie regolamentazioni interne nell'ambito dei servizi professionali. Numerose risposte sono pervenute alla Commissione e i relativi risultati sono stati pubblicati sul sito dell'Unione europea.

Lo studio predisposto dall'IHS, il lavoro di rassegna che ne ha fatto seguito, nonché l'analisi del mercato dei servizi professionali condotta dal-

---

Liberal Professions in Different Member States: Regulation of Professional Services, Institut für Höhere Studien (IHS), Vienna, 2003.

[29] I. Paterson, M. Fink e A. Ogus, *Economic impact of Regulation in the Field of the Liberal Professions in Different Member States: Regulation of Professional Services*, cit., p. 43 ss.

[30] Tali risultati sono stati peraltro aspramente criticati: cfr. M. Henssler e M. Kilian, *Position Paper on the Study carried out by the Institute for Advanced Studies, Vienna, Economic Impact of Regulation in the Field of Liberal Professions in Different Member States*, commissioned by the Hans-Soldan-Stiftung, Institute for Employment and Business Law of the University of Cologne, Institute for the Law of the Legal Profession at the University of Cologne, Cologne, 2003; RBB Economics, *Economic Impact of Regulation in Liberal Professions: a critique of the IHS Report*, 2003, https://www.ccbe.eu/fileadmin/speciality_distribution/public/documents/COMPETITION/CPT_Position_papers/EN_CPT_20030909_CCBE_further_submission_with_regard_to_the_European_Commission_questionnaire_on_regulation_in_liberal_professions_and_its_effects.pdf.

[31] Cfr. M. Monti, *Competition in Professional Services: New Light and New Challenges*, Berlin, 21 marzo 2003, http://ec.europa.eu/competition/speeches/text/sp2003_070_en.pdf.

l'*Organization of Economic Cooperation and Development* (OECD)[32] hanno costituito il fondamento teorico dell'azione delle Istituzioni europee. Sui risultati di tali indagini la Commissione ha, infatti, innestato i propri successivi interventi volti all'attuazione della disciplina europea della concorrenza e alla realizzazione della integrazione del Mercato Interno.

Nel febbraio 2004, tramite il *Report on Competition in Professional Services*[33], la Commissione ha iniziato la sua opera di *advocacy*, nel tentativo di sensibilizzare gli Stati sulla necessità di intervenire per modernizzare le regolamentazioni nazionali disciplinanti il settore delle professioni in un'ottica pro-concorrenziale[34]. In particolare, la Commissione ha identificato come i maggiori ostacoli alla liberalizzazione del settore dei servizi legali le regolamentazioni che prevedono: barriere all'accesso; riserve di particolari attività a determinate professioni; vincoli posti all'esercizio dell'attività dei prestatori di servizi forensi, risultanti soprattutto nell'imposizione o nella raccomandazione di tariffe prestabilite, nella fissazione di limiti all'esercizio in forma societaria dell'attività, nonché nella previsione di restrizioni all'uso di mezzi pubblicitari per diffondere informazioni circa le caratteristiche della propria attività. Pertanto, è proprio con riguardo a tali aspetti che la Commissione ha invitato gli Stati membri a ripensare le proprie normative e regolamentazioni ponendo il principio della concorrenza quale valore fondante la rivisitazione delle norme esistenti.

---

[32] *Competition in Professional Services*, febbraio 2000. Più in generale, sull'attività dell'OECD v. *infra*, in questo stesso cap., § 1.1.1., nota 46.

[33] Comunicazione della Commissione, del 9 febbraio 2004, Relazione sulla concorrenza dei servizi professionali, COM(2004) 83 def., https://eur-lex.europa.eu/LexUriServ/LexUriServ.do?uri=COM:2004:0083:FIN:IT:PDF.

[34] L'analisi è stata successivamente estesa anche ai Paesi entrati a far parte dell'Unione in un secondo momento, ovvero a Cipro, Lettonia, Estonia, Lituania, Ungheria, Malta, Polonia, Slovacchia, Slovenia: cfr. cfr. Commissione europea, DG Competition, *Stocktaking Exercise on Regulation of Professional Service. Overview of Regulation in the New EU Membre States*, COMP/D3/MK/D(2004), http:/ec.europa.eu/competition/sectors/professional_services/studies/overview_of_regulation_in_the_eu_professions.pdf. Con precipuo riferimento all'esercizio della professione forense nei 'nuovi' Stati UE, è emerso che tutte le regolamentazioni interne prevedono barriere all'accesso, in quanto richiedono ai futuri avvocati un complesso percorso di formazione, tendenzialmente articolato in cinque anni di studi universitari, due anni e mezzo di pratica professionale, superamento di un esame selettivo ed iscrizione all'albo. Alle barriere all'entrata si aggiungono vincoli all'esercizio dell'attività dei prestatori di servizi forensi che si concretizzano soprattutto nell'imposizione di una soglia minima delle tariffe, nella fissazione di limiti all'esercizio in forma societaria dell'attività, nonché nella previsione di eccessive restrizioni all'uso di mezzi pubblicitari per diffondere informazioni circa le caratteristiche della propria attività.

1.1.1. *Il rilancio della regolamentazione professionale all'insegna della tutela della concorrenza: il test di proporzionalità e gli indirizzi della Commissione europea*

Le politiche europee, seppur fortemente orientate alla liberalizzazione di tale settore, non hanno, tuttavia, trascurato la peculiare natura delle prestazioni professionali e le relative possibili carenze del mercato (problemi informativi, esternalità negative e protezione dei beni pubblici), imponendo una totale deregolamentazione. L'Unione europea ha optato, infatti, per una '*better regulation*', richiedendo agli Stati membri di rivedere le proprie regolamentazioni al fine di preservare unicamente le norme oggettivamente necessarie per garantire l'interesse pubblico, nonché il buon andamento della professione e, in senso più lato, della giustizia, eliminando, per converso, le pratiche restrittive superflue pregiudizievoli per il mercato unico. Il compito di rimuovere gli ostacoli allo sviluppo dei servizi coincide, dunque, non con una liberalizzazione unica ed indiscriminata, ma con la necessità di assicurare la qualità di una regolazione o autoregolazione mirata e ponderata.

In particolare, al fine di trovare un punto di equilibrio tra la tutela della concorrenza potenzialmente distorta dalle restrizioni normative nazionali e la salvaguardia degli interessi pubblici riconnessi all'attività libero professionale che la regolazione interna mira a proteggere, è stato proposto il c.d. 'test di proporzionalità'[35]. Esso consiste in un'analisi della regolamentazione professionale che riconosce la possibilità di introdurre o mantenere vincoli nazionali alla libera iniziativa economica, ove necessario per il perseguimento di esigenze di interesse pubblico, purché proporzionati al fine perseguito. In altri termini, le misure adottate devono essere le uniche idonee a garantire tale obiettivo, non potendo lo stesso essere assicurato in alcun modo meno restrittivo; al contempo esse non devono comportare oneri eccedenti rispetto allo scopo prefissato. Va da sé che tale giustificazione, che legittima l'introduzione di una regolamentazione professionale nazionale alla luce della necessità di accordare protezione ai beni pubblici, non dovrebbe essere sottoposta ad un'interpretazione estensiva e discrezionale. In particolare, per quanto attiene alla professione forense, il richiamo alla necessità di proteggere la corretta amministrazione della giustizia e di assicurare la qualità del servizio offerto, utile per definire i limiti di un intervento regolatore correttivo, non dovrebbe trasformarsi in un modo per eludere *tout court* l'applicabilità della disciplina della concorrenza nel settore delle libere professioni.

È sulla base di tali principi che la Commissione ha successivamente in-

---

[35] Corte di giustizia, 19 febbraio 2002, *Wouters e altri v. Algemene Raad van de Nederlandse Orde van Advocaten*, C-309/99, cit.

vitato le autorità di regolamentazione degli Stati membri e gli organismi professionali, in collaborazione con le Autorità antitrust nazionali, ad un lavoro di revisione della regolazione esistente, mediante la rivisitazione di quelle regole che, seppur *prima face* giustificate da esigenze economiche, ad un'analisi più approfondita e scevra da preconcetti si rivelavano, in realtà, sproporzionate, potendo la qualità del servizio essere assicurata con strumenti diversi e meno distorsivi, maggiormente in linea con le prescrizioni del diritto della concorrenza.

Da una prima analisi dei progressi degli Stati membri [36], compiuta a più di un anno di distanza dalla pubblicazione della Comunicazione del 2004 [37], la Commissione ha potuto rilevare una maggior propensione alla rivisitazione delle regole professionali da parte dei Paesi maggiormente deregolamentati, che già possedevano programmi strutturati di riforma miranti ad incrementare il livello di competitività dei servizi legali (il riferimento è, in particolare, a Danimarca, Paesi Bassi e Regno Unito) [38], l'avvio di programmi di analisi funzionali ad una riforma delle professioni o piccole riforme in quindici Paesi membri [39] e una sostanziale inattività da parte degli altri sette Stati [40]. Questo risultato ha incentivato l'Unione europea ad insistere nel sollecitare gli Stati membri all'introduzione di meccanismi maggiormente competitivi nel settore dei servizi professionali.

Dopo un periodo di inattività in tale opera di *advocacy*, nel 2013, in vista dell'entrata in vigore della Direttiva riveduta sulle qualifiche professionali [41], la Commissione ha esortato gli Stati membri ad iniziare a rivedere a livello nazionale i requisiti relativi alle qualifiche imposti sulle professioni regolamentate e il campo delle attività riservate [42]. A tal fine, la

---

[36] COM(2005) 405 def., cit.

[37] COM(2005) 405 def., cit.; a tale documento ha fatto seguito il Report: Commission Staff Working Document, Progress by Member States in Reviewing and eliminating Restrictions to Competition in the area of Professional Services {COM(2005) 405 final}, SEC (2005) 1064 fin., 5 settembre 2005. Cfr., altresì, N. Kroes, *Better Regulation of Professional Service*, Speech/05/711, Brussels 21 novembre 2005.

[38] Sul punto cfr., altresì, *Baroness Ashton's speech to the Conference on "Better Regulation of Professional Services"*, Brussels 21 Novembre 2005.

[39] *"Piccole riforme | Austria, Lettonia, Slovenia, Portogallo, Ungheria, Estonia | Lavoro di analisi in corso | Belgio, Italia, Lussemburgo, Polonia | Piccole riforme e lavoro di analisi | Slovacchia, Francia, Germania, Irlanda, Lituania"*: COM(2005) 405 def., cit.

[40] Il riferimento è a Repubblica Ceca, Cipro, Finlandia, Grecia, Malta, Spagna, Svezia: COM(2005) 405 def., cit.

[41] Art. 59 Direttiva 2005/36/CE, come modificato dalla Direttiva 2013/55/CE (v. *retro*, parte II, cap. 1, § 4.3).

[42] Comunicazione della Commissione al Parlamento europeo, al Consiglio e al Comitato Economico e Sociale europeo, Valutazione delle regolamentazioni nazionali sull'accesso

Commissione ha predisposto un piano di lavoro per migliorare la trasparenza delle regolamentazioni nazionali disciplinanti i servizi professionali, valutando la giustificazione e la proporzionalità di tali regole (c.d. esercizio di trasparenza e di valutazione reciproca). In particolare, a partire dal 2014, gli Stati membri sono stati invitati a compilare un *database* riguardante le professioni regolamentate, specificando tutte le restrizioni esistenti nella regolamentazione di ciascuna professione presa in considerazione, interrogandosi sulla proporzionalità di tali restrizioni, riesaminando l'impatto di tali misure e la loro tenuta in termini di tutela dei legittimi interessi pubblici [43].

Nella stessa occasione, la Commissione ha presentato lo *Staff Working Document on legal forms, shareholding requirements and tariffs*, connesso alla Direttiva Servizi (Direttiva 2006/123/EU) e focalizzato, in particolare, sulle possibili restrizioni all'esercizio della professione [44].

Al termine di questo percorso, nel 2015, la Commissione ha annunciato il proprio intento di guidare gli Stati membri nel processo di riforma delle regolamentazioni dei servizi professionali [45]. Sulla base dei dati emersi dal '*trasparency and mutual evaluation exercise*' condotto da ciascun Stato membro, la Commissione è giunta a formulare puntuali raccomandazioni

alle professioni, COM(2013) 676 fin., 2 novembre 2013, https://eur-lex.europa.eu/legal-content/IT/TXT/PDF/?uri=CELEX:52013DC0676&from=EN.

[43] Entro il 18 gennaio 2016, gli Stati erano chiamati ad elaborare un '*National Action Plan*' (NAP), volto a giustificare qualsiasi decisione finalizzata a mantenere ovvero a modificare tali regolamentazioni. Solamente Cipro, Grecia, Irlanda, Malta, Slovenia, Spagna e Ungheria non hanno provveduto a trasmettere i loro piani d'azione nazionali prima della scadenza. La lista aggiornata dei NAPs è rinvenibile al seguente link: https://ec.europa.eu/docsroom/documents/31943.

[44] Commission Staff Working Document on the outcome of the peer review on legal form, shareholding and tariff requirements under the Services Directive Accompanying the document Communication from the Commission to the European Parliament, the Council and the European Economic and Social Committee on Evaluating national regulations on access to professions, SWD/2013/0402 final, https://eur-lex.europa.eu/legal-content/EN/TXT/?uri=CELEX:52013SC0402.

In dottrina si v. D. Heremans e T. Heremans, *Towards Evidence-based Professional regulation*, in M. Faure, W. Schreuders e L. Visscher, *Don't Take It Seriously. Essays in Law and Economics in honour of Roger Van den Bergh*, Intersentia, Cambridge-Antwerp-Portland, 2018, p. 167, e spec. pp. 178 e 179, che sottolineano come l'Unione europea, sebbene costantemente mossa dall'obiettivo di promuovere la riforma dei servizi professionali, abbia, tuttavia, modificato tattica abbandonando il sentiero del diritto antitrust e abbracciando quello della libertà di movimento, mediante l'ancoraggio alla Direttiva Servizi e alla riforma della Direttiva sulle qualifiche professionali.

[45] Comunicazione della Commissione al Parlamento europeo, al Consiglio, al Comitato economico e sociale europeo e al Comitato delle regioni, Migliorare il mercato unico: maggiori opportunità per i cittadini e per le imprese, COM(2015) 550 final, 28 novembre 2015, https://eur-lex.europa.eu/legal-content/IT/TXT/?uri=COM%3A2015%3A550%3AFIN. Si v., inoltre, la relazione sulla strategia per il mercato unico del Parlamento europeo 2015/2354(INI), in cui il Parlamento ha sostenuto l'iniziativa della Commissione.

anche con riferimento alle discipline nazionali volte a regolamentare le professioni legali [46].

---

[46] Comunicazione della Commissione al Parlamento europeo, al Consiglio, al Comitato Economico e Sociale europeo e al Comitato delle Regioni, relativa alle raccomandazioni di riforma per la regolamentazione dei servizi professionali, {SWD(2016) 436 final}, COM(2016)820 final, 10 gennaio 2017, https://ec.europa.eu/transparency/regdoc/rep/1/2016/IT/COM-2016-820-F1-IT-MAIN-PART-1.

Nell'ambito del 'Pacchetto Servizi' lanciato dalla Commissione nel gennaio 2017 (v. *infra*, nota successiva) ha trovato spazio anche l'elaborazione del *"New Restrictiveness Indicator for Professional Services"*, ovvero di indicatori quantitativi, che, adeguatamente associati ad analisi qualitative delle regolamentazioni esistenti e all'applicazione del test di proporzionalità, possono fornire indicazioni fondamentali circa l'intensità delle restrizioni presenti nelle normative nazionali disciplinanti le professioni regolamentate, con particolare riferimento sia ai criteri di accesso sia alle modalità di esercizio dei servizi professionali. V. COM(2016) 820 fin., cit., pp. 8 e 9 e SW(2016) 436 fin., cit., Allegato V (pp. 154-170), documento di accompagnamento a COM(2016) 820 fin. Per maggiori informazioni, si rinvia a J. Pelkmans, Directorate General For Internal Policies Policy Department A: Economic And Scientific Policy, *The New Restrictiveness Indicator for Professional Services: An Assessment, STUDY*, settembre 2017, https://www.europarl.europa.eu/RegData/etudes/STUD/2017/607349/IPOL_STU(2017)607349_EN.pdf.

Gli Indicatori creati dall'Unione europea si innestano nell'esperienza elaborata in seno all'OECD, che ha portato allo sviluppo, già nel 1998, di *"Indicators of product market regulation"*, anche noti con l'acronimo PMR, al fine di misurare l'incidenza delle restrizioni nazionali sul regime di concorrenza e monitorare, nel tempo, i progressi conseguenti all'implementazione di riforme. Tali indicatori, regolarmente aggiornati ogni cinque anni sino al 2013, sono stati sostanzialmente modificati nel 2018. I PMR sono composti da un indicatore economico generale (*"economic-wide PMR indicator"*) e da un gruppo di indicatori settoriali (*"PMR sector indictors"*). In quest'ultima categoria rientrano gli indicatori nel settore dei servizi, che contemplano sei professioni (ovvero commercialisti, architetti, ingegneri civili, agenti immobiliari, avvocati e notai) oltre a due settori della distribuzione al dettaglio (commercio al dettaglio in generale e vendita al dettaglio di medicinali). Gli indicatori dei servizi professionali concernono informazioni che riguardano sia i requisiti di accesso sia le limitazioni all'esercizio. Per un approfondimento sulla metodologia utilizzata per l'elaborazione dei PMR si rinvia a C. Vitale, C. Moiso e I. Wanner, *Product Market Regulation. A detailed explanation of the methodology used to build the OECD PMR indicators*, OECD, ECO/WKP(2020)00, http://www.oecd.org/competition/reform/A%20detailed%20explanation%20of%20the%20methodology%20used%20to%20build%20the%20OECD%20PMR%20indicators_FINAL.pdf.

I PMR e la relativa documentazione sono reperibili al link: https://www.oecd.org/economy/reform/indicators-of-product-market-regulation/.

Il legame tra l'attività dell'OECD e le iniziative dell'Unione europea è in realtà molto più profondo. Il tentativo europeo di giungere all'applicabilità del diritto della concorrenza anche ai servizi professionali fa, infatti, seguito ad una tendenza già emersa a livello internazionale. L'OECD, alla quale la stessa Unione europea prende parte, già nel 1985 aveva pubblicato un *Report* (OECD, *Competition Policy and the Professions*, 1985) per sottolineare l'alto grado di regolamentazione presente nel comparto dei servizi professionali e, per converso, la necessità di rimuovere gli ostacoli concernenti l'accesso, le tariffe, le forme pubblicitarie e le strutture organizzative, mantenendo in vigore, quali eccezioni al principio di libera concorrenza, le sole restrizioni necessarie per assicurare il perseguimento del pubblico interesse. In particolare, veniva proposta la conservazione di meccanismi idonei a regolare l'accesso solo se oggettivi ed equi, il mantenimento dei soli limiti concernenti il sistema pubblicitario conformi all'obiettivo di fornire informazioni sufficienti ai consumatori, l'adozione

In modo complementare all'iniziativa di fornire orientamenti di riforma specifici per Stato membro e per professione, si è posta la strategia per il mercato unico volta a delineare un quadro analitico per il test di proporzionalità. Tale secondo intervento, tradottosi nella Direttiva

di nuove forme societarie per la fornitura di servizi professionali, nonché l'eliminazione di un sistema tariffario il cui rispetto fosse obbligatorio. Tale orientamento è stato ripreso e approfondito nel 2000, in occasione della pubblicazione della comunicazione dal titolo "*Competition in Professional Services*" (OECD, *Competition in Professional Services*, DAF-FE/CLP(2000)2, 2002, http://www.oecd.org/regreform/liberalisationandcompetitioninterventioninregulatedsectors/1920231.pdf.), ove l'OECD, confermando la circostanza che le professioni soffrono di un eccesso di regolazione, riguardante le condizioni di accesso e le modalità di svolgimento dell'attività, ha ribadito la necessità, nonostante la presenza di potenziali disfunzioni di mercato, di aprire anche il settore delle professioni intellettuali alla concorrenza mediante la rimozione delle barriere normative e amministrative sproporzionate ed ingiustificate.

Con particolare riferimento alla professione forense e all'esigenza di deregolamentazione della stessa, la posizione dell'OECD, così come emerge dal *Report Competitive Restrictions in Legal Professions* (OECD, *Competitive Restrictions in Legal Professions*, DAF/COMP(2007)39, 27 aprile 2009, https://www.oecd.org/regreform/sectors/40080343.pdf), è del tutto simile a quella adottata dall'Unione europea e rispecchia, in parte, quella statunitense, della quale richiama alcuni approdi giurisprudenziali (cfr. caso *Goldfarb v. State Bar of Virginia*, 421 U.S. 773 (1975), in cui la Corte statunitense ha espressamente sancito l'assoggettabilità dei professionisti alle regole antitrust; nonché il caso *Bates v. State Bar of Arizona*, 433 U.S. 350 (1977), nel quale è stata affermata l'incostituzionalità della norma che vietava agli avvocati di avvalersi del mezzo pubblicitario in quanto contraria al primo emendamento alla Costituzione americana volto a garantire la libertà di espressione. Con riferimento allo sviluppo giurisprudenziale statunitense, si v. C.J. Gawley, *Protecting Professionals from Competition: the Necessity of a Limited Antitrust Exemption for Professionals,* in *SDL Rev.*, 2002, v. 47, p. 233). Salva una conclusiva puntuale analisi della regolazione presente nei diversi paesi del mondo, in generale il *Report* ha richiamato i diversi argomenti di teoria economica da sempre addotti a sostegno delle restrizioni normative e autoregolamentari; pur convenendo che un mercato dei servizi legali completamente liberalizzato sarebbe inadeguato, stante le note disfunzioni di mercato (asimmetria informativa, esternalità negativa, carenza di offerta di beni pubblici) e i conseguenti rischi di selezione avversa e '*moral hazard*', nondimeno l'OECD ha ritenuto talune misure restrittive eccedenti rispetto allo scopo di tutelare i consumatori, in particolare, e l'interesse pubblico, in generale. Tali conclusioni teoriche sono state testate empiricamente in diverse occasioni, prendendo in considerazione casi isolati, ma i risultati dedotti da tali circoscritte analisi si sono rivelati spesso ambigui; a titolo esemplificativo si considerino le limitazioni imposte al sistema pubblicitario: l'evidenza fattuale dimostra che le stesse sono associate ad un aumento dei prezzi dei servizi, ma non è del tutto chiaro il loro impatto sulla qualità delle prestazioni. Tuttavia, un'analisi giuridica ed economica della regolazione e dell'autoregolazione presente in questo specifico settore, condotta in modo comparato, si rivela idonea ad individuare le *best practices* da cui trarre adeguate conclusioni di *policy*. In particolare, l'indagine comparatistica dimostra che la regolazione dovrebbe essere adeguata e ponderata, idonea bilanciare l'esigenza di aprire i servizi legali al mercato con la necessità di tutela dell'interesse pubblico e che gli interventi regolatori dovrebbero focalizzarsi sui particolari segmenti di mercato e sui suoi fallimenti piuttosto che sulla professione in quanto tale. Un'analisi costi-benefici potrebbe rivelarsi, inoltre, utile a giudicare la proporzionalità delle regolamentazioni adottate.

2018/958/UE[47], agendo in maniera preventiva, mira a dotare gli Stati membri di un insieme di criteri generali, idonei a guidarli in una valutazione approfondita delle motivazioni e delle esigenze connesse alla predisposizione di una nuova disciplina delle professioni oppure nella rivisitazione di regole esistenti, al fine di "*garantire il corretto funzionamento del mercato interno, garantendo nel contempo la trasparenza e un elevato livello di tutela dei consumatori*"[48].

2. *La regolamentazione dei servizi legali secondo le teorie economiche*

Nella tendenza liberista applicata al mercato dei servizi professionali, l'identità del professionista forense e la sua funzione sociale paiono, in un primo momento, deformarsi e il cliente sembra assumere il volto del consumatore[49]. Relegate nell'ombra le peculiarità delle prestazioni intellettuali, tra cui la personalità e il contenuto altamente qualificato, il benessere del cliente che si avvale di un servizio legale sembra tendenzialmente sovrapporsi a quello di un qualsiasi consumatore che conclude una tran-

---

[47] Direttiva (UE) 2018/958 del Parlamento europeo e del Consiglio, del 28 giugno 2018, relativa a un test della proporzionalità prima dell'adozione di una nuova regolamentazione delle professioni, in *GU* L 173 del 9 luglio 2018, pp. 25–34. V., inotre, Commission Staff Working Document, Impact assessment, accompanying the document Proposal for a Directive of the European Parliament and of the Council on a proportionality test before adoption of new regulation of professions [COM(2016) 822 final] [SWD(2016) 462 final], SWD(2016) 463 fin., 10 gennaio 2017, https://eur-lex.europa.eu/LexUriServ/LexUriServ.do?uri=SWD:2016:0463:FIN:EN:PDF; Proposta di Direttiva del Parlamento europeo e del Consiglio relativa a un test della proporzionalità prima dell'adozione di una nuova regolamentazione delle professioni, COM(2016) 822 final, 10 gennaio 2017, https://eur-lex.europa.eu/legal-content/IT/TXT/?uri=CELEX%3A52016PC0822.

Tale intervento è ricompreso nel cosiddetto 'Pacchetto servizi', promosso a partire dal gennaio 2017, che contemplava anche altri due interventi orizzontali, ovvero la proposta di una Carta elettronica europea dei servizi, volta a semplificare le forniture transfrontaliere, nonché la proposta di una procedura di notifica dei regimi di autorizzazione e dei requisiti relativi ai servizi; il riferimento è a COM(2016) 824: Proposta di regolamento del Parlamento europeo e del Consiglio che introduce una carta elettronica europea dei servizi e le relative strutture amministrative; COM(2016) 823: proposta di Direttiva che definisce gli aspetti da attuare, dagli Stati membri; COM(2016) 821: proposta di Direttiva del Parlamento europeo e del Consiglio concernente l'applicazione della Direttiva 2006/123/CE relativa ai servizi nel mercato interno, che istituisce una procedura di notifica dei regimi di autorizzazione e dei requisiti relativi ai servizi, e che modifica la Direttiva 2006/123/CE e il regolamento (UE) n. 1024/2012 relativo alla cooperazione amministrativa attraverso il sistema di informazione del mercato interno.

[48] Cfr., in particolare, il considerando 7 della Direttiva (UE) 2018/958, cit.

[49] M. Trebilcock e L. Csorgo, *Multi-Disciplinary Professional Practices: A Consumer Welfare Perspective*, in *Dalhousie L.J.* 2001, v. 24, p. 1; N. Semple, *Legal services regulation at the Crossroads: Justitia's Legionis*, Edward Elgar, Cheltenham, 2015, spec. p. 20; K. Hadfield Gillian, T*he Cost of Law: Promoting Access to Justice through the (un)corporate Practice of Law*, in *Int'l Rev. L. & Econ.*, 2014, v. 38, p. 43.

sazione commerciale: in entrambi i casi, l'interesse del 'compratore' si riversa nel trinomio scelta, prezzo e qualità [50]. L'*optimum* al quale il mercato aspira si concretizza, pertanto, nel garantire al consumatore una possibilità di scelta sufficientemente ampia, prezzi concorrenziali e tendenzialmente bassi, nonché una qualità dei servizi adeguata [51].

Tuttavia, nel caso del mercato dei servizi professionali, la tutela dei clienti non è mai stata consegnata alla *"mano invisibile"* evocata da Adam Smith [52]: il libero esplicarsi delle forze economiche ha ceduto il passo, nei diversi ordinamenti nazionali, a forme di regolamentazione ed autoregolamentazione, più o meno stringenti, che riguardano tanto l'accesso quanto l'esercizio della professione forense (v. *infra* in questo capitolo).

Se tradizionalmente la solida roccaforte regolamentare di cui gode la professione legale è stata legittimata sulla base del forte legame tra servizio giuridico e interesse pubblico, che impone al professionista un agire personalmente disinteressato al riparo dalle dinamiche competitive del mercato e regolato dalle logiche di una relazione fiduciaria e non commerciale, diversa è l'interpretazione offerta dalla letteratura economica

---

[50] N. Semple, *Legal services regulation at the Crossroads: Justitia's Legionis*, cit. Più in generale, in riferimento alla definizione di benessere del consumatore rinvenibile in economia, si v. B.Y. Orbach, *The Antitrust Consumer Welfare Paradox*, in *J. Compet. Law Econ.*, 2011, v. 7, p. 133 e spec. p. 138: *"'consumer welfare' means the buyer's well-being: the benefits a buyer derives from the consumption of goods and services"*.

[51] Come sottolineato da attenta dottrina, nel settore dei servizi forensi la qualità del servizio può essere parametrata sia alla sua efficacia nel raggiungere il risultato auspicato, sia alla sua capacità di rispondere non solo agli interessi strettamente giuridici ed economici del cliente, ma anche ai suoi bisogni più personali. Con riferimento specifico al primo rilievo si rimanda a N. Hamilton e V. Monson, *The Positive Empirical Relationship of Professionalism to Effectiveness in the Practice of Law*, in *Geo. J. Legal Ethics*, 2011, v. 24, p. 139, e spec. pp. 157 e 158; M. Barendrecht, J. Mulder e I. Giesen, *How to Measure the Price and Quality of Access to Justice?*, 2006, SSRN: https://ssrn.com/abstract=949209 o http://dx.doi.org/10.2139/ssrn.949209. In relazione al secondo aspetto si rinvia, invece, a N. Zimerman e T.R. Tyler, *Between Access to Counsel and Access to Justice: A Psychological Perspective*, in *Fordham Urb. L.J.*, 2010, v. 37, p. 473; N.A. Elbers, K.A.P.C. van Wees, A.J. Akkermans, P. Cuijpers e D.J. Bruinvels, *Exploring Lawyer-Client Interaction: A Qualitative Study of Positive Lawyer Characteristics*, in *Psychol Inj. Law*, 2012, v. 5, n. 1, p. 89.

In letteratura la qualità dei servizi legali è stata, altresì, ancorata alle seguenti tre dimensioni: *"integrità (imparzialità e fiducia), qualità legale (opportunità dei suggerimenti, adeguatezza dell'azione di rappresentanza processuale, qualità degli atti notarili) e qualità commerciale (trattamento del cliente)"*: così R. Van Den Bergh, *Verso una migliore regolazione delle professioni legali nell'Unione Europea*, in *Mercato Concorrenza Regole*, 2008, n. 1, p. 41; il richiamo è a P. Plug, A Dekker., S. van der Hurk, B. Baarsma e F. Felsö, *Mededinging versus domeinmonopolie en ministerieplicht. Over de gevolgen van marktwerking in het notariaat*, Berenschot/SEO, Den Haag, 2003.

[52] A. Smith, *An Inquiry into the Nature and Causes of the Wealth of Nations*, R.H. Campbell, A. S. Skinner e W.B. Todd (eds.), Oxford University Press, Oxford, 1976; A. Smith, *Un'indagine sulla natura e le cause della ricchezza delle Nazioni*, Mondadori, Milano, 1977, Libro IV, cap. II, pp. 442-444.

(ed in particolare dagli studi di *Law and Economics*)[53] riguardo la presenza di tali restrizioni caratterizzanti il campo professionale. Ed è su tali ricostruzioni teoriche che l'Unione europea ha basato gran parte del proprio progetto diretto ad aumentare la competitività del mercato dei servizi legali.

In particolare, le teorie dell'interesse pubblico alla regolazione ritengono tali stringenti discipline normative ed etiche giustificate in ragione delle imperfezioni insite nel funzionamento del mercato dei servizi professionali. Queste imperfezioni impongono l'adozione di correttivi regolamentari volti a garantire un'allocazione efficiente delle risorse, così da tutelare l'interesse dei clienti e massimizzare il benessere sociale[54].

La forte asimmetria informativa che caratterizza il rapporto tra il professionista e il cliente risulta essere una delle principali cause di potenziale fallimento del mercato dei servizi professionali[55]. La prestazione resa dall'avvocato implica il possesso di un bagaglio conoscitivo e tecnico altamente specializzato, che raramente si riscontra in capo al cliente che di tali servizi si avvale. Alla consapevolezza del professionista circa il valore della prestazione che sta fornendo fa da contraltare, dunque, l'impossibi-

---

[53] D. Heremans e T. Heremans, *Towards Evidence-based Professional regulation*, cit.

[54] F.H. Stephen, *Regulation of the Legal Professions or Regulation of Markets for Legal Services: Potential Implications of the Legal Services Act 2007*, in *Eur. Bus. Law Rev.*, 2008, v. 19, p. 1130, e spec. p. 1131; F.H. Stephen e J.H. Love, *5860: Regulation of the Legal Profession*, in B. Bouckaert and G. De Geest (eds.), *Encyclopedia of Law and Economics, Volume V: The Regulation of Contracts*, Edward Elgar, Cheltenham, 2000, p. 987; M. Faure, J. Finsinger, J. Siegers e R. Van den Bergh (eds.), *Regulation of Professions*, Antwerp, Maklu 1993; C.-D. Ehlermann e I. Atanasiu, *European Competition Law Annual 2004: The Relationship Between Competition Law and the (Liberal) Professions*, Hart Publishing, Oxford - Portland, 2006.

[55] Cfr., su tutti, M. Faure, J. Finsinger, J. Siegers e R. Van den Bergh (eds.), *Regulation of Professions*, cit.; F.H. Stephen e J.H. Love, *5860: Regulation of the Legal Profession*, cit., spec. 989; F.H. Stephen, *The Market Failure Justification for the Regulation of Professional Service Markets and the Characteristics of Consumers*, in C.D. Ehlermann e I. Atanasiu, *European Competition Law Annual 2004: The relationship between Competition Law and the (Liberal) Professions*, cit., p. 143 ss.; R. Van den Bergh, *Towards Efficient Self-Regulation in Markets for Professional Services*, in C.D. Ehlermann e I. Atanasiu, *European Competition Law Annual 2004: The relationship between Competition Law and the (Liberal) Professions*, cit., p. 155 ss.; R.G. Evans and M.J. Trebilcock, *Lawyers and the Consumer Interest*, Butterworths, Toronto, 1982; R.C.O. Matthews, *The Economics of professional Ethics: Should the Professions Be More like Businesses?*, in *Econ. J.*, 1991, v. 101, n. 407, p. 737; R. Van den Bergh, *Towards Better Regulation of The Legal Professions In The European Union*, Rile Working Paper Series, N. 2008/7; R. Van den Bergh, *Verso una migliore regolazione delle professioni legali nell'Unione Europea*, cit.; A. Sterlacchini, *La regolamentazione delle professioni in Italia: evidenze empiriche e proposte di modifica*, in *L'industria*, 2002, n. 4, p. 745, spec. p. 748 ss.

Con particolare riferimento alla figura del notaio, si rimanda a R. Van den Bergh e Y. Montangie, *Competition in Professional Services Markets: Are Latin Notaries Different?*, in *J. Compet. Law Econ.*, 2006, v. 2, p. 189, e spec. pp. 193 e 194; B. Arruñada, *The Economics of Notaries*, in *Eur. J. Law Econ.*, 1996, n. 3, p. 5.

lità per il cliente di sondare la conformità della soluzione giuridica prospettata dall'avvocato alle necessità che ne hanno mosso la richiesta. La maggior parte dei servizi legali assume, così, i connotati di un *'credence good'*: il cliente non solo ha difficoltà, *ex ante,* ad identificare il tipo di prestazione che può condurre alla soluzione del proprio problema e, conseguentemente, a valutare l'abilità del professionista nella risoluzione dello stesso, ma egli non è in grado di giudicare la qualità della prestazione neppure al termine del rapporto professionale[56]. La relazione che si istaura tra professionista e cliente è, dunque, di matrice puramente fiduciaria.

Il vizio insito nel rapporto professionista-cliente può generare fenomeni di selezione avversa, secondo il noto meccanismo del c.d. *'market for lemmons'*[57]. L'impossibilità strutturale per il consumatore di testare la

[56] Si v. M.R. Darby e E. Karni, *Free Competition and the Optimal Amount of Fraud*, in *J. L. & Econ.*, 1973, v. 16, p. 67: gli A., riprendendo la distinzione introdotta da Phillip Nelson (1970) tra *"'search' and 'experience' qualities of a good"*, estendono l'analisi alle cc.dd. *"credence qualities"* di un bene (cfr. P. Nelson, *Information and Consumer Behaviour,* in *J. Polit. Econ.*, 1970, v. 78, p. 311). A. Ogus, *Regulation: Legal Form and Economic Theory*, Clarendon Press, Oxford, 1994, p. 216; A. Woolley, *Imperfect Duty: Lawyers'Obligation to Foster Access to Justice*, in *Alta. Law Rev.*, 2008, v. 45, p. 107, spec. p. 121 ss.

[57] Per la teorizzazione di tale analisi si v. G. Akerlof, *The Market for Lemons: Quality Uncertainty and the Market Mechanism*, in *Q. J. Econ.*, 1970, v. 84, p. 488: il noto studio di Akerlof esemplifica l'analisi delle conseguenze dell'asimmetria informativa prendendo in considerazione il mercato delle automobili. Nel mercato sono presenti automobili nuove ed usate, di buona e cattiva qualità; i venditori conoscono il valore dei veicoli di seconda mano, mentre gli acquirenti non sono in grado di valutarne *ex ante* la qualità e di capire se si tratta di 'affari' o 'bidoni' (*"lemons"*, appunto). A cagione dell'asimmetria informativa esistente, che non consente ai compratori di scegliere consapevolmente la qualità desiderata e pagarne il giusto prezzo, essi saranno disposti a versare un prezzo inferiore medio, così da compensare la probabilità di trovarsi inconsapevolmente dinnanzi ad un veicolo scadente. Il prezzo che i consumatori sono inclini a pagare per un'autovettura di media qualità risulta, tuttavia, inferiore al prezzo richiesto dai venditori per automobile di buona qualità. La domanda e l'offerta per le automobili di buona qualità non sono, dunque, destinate ad incontrarsi e ciò determina l'esclusione dal mercato delle auto migliori, con conseguente detrimento della qualità media dei beni presenti sul mercato. Tale effetto distorsivo non è destinato ad esaurirsi: i consumatori, avvertendo che la qualità dei veicoli offerti sul mercato si è ridotta, riterranno opportuno pagare un prezzo 'medio' sempre inferiore, così comportando l'uscita dal mercato di altri beni e determinando, in ultima istanza, il permanere solo di auto scadenti. Cfr. il richiamo alla Legge di Greshman, secondo cui *"la moneta cattiva scaccia quella buona"*: quando ancora il valore delle monete era dettato dal contenuto di oro e argento, accadeva che esse, a causa dell'uso ripetuto o, più comunemente, per il tramite della pratica della tosatura, potessero perdere nel tempo parte del metallo prezioso del quale erano costituite, con l'ovvia conseguenza che il valore intrinseco di tali monete non rispecchiava più quello nominale; a parità di valore nominale, le monete con potere di acquisto minore finivano per comportare l'uscita dal mercato delle altre, le quali invece di essere preferibilmente utilizzate per effettuare pagamenti sul mercato venivano principalmente fuse, conservate o esportate. Tuttavia, come sottolineato dallo stesso Akerlof (p. 490), l'analogia con la Legge di Greshman non può ritenersi perfetta, dal momento che nel caso contemplato da Greshman sia il compratore che il venditore sono in grado di riconoscere le monete 'buone' da quelle 'cattive', mentre il mercato delle autovetture usate è caratterizzato da una forte asimmetria informativa tra venditori e compratori.

prestazione professionale sul versante della qualità, lo induce, nella maggior parte dei casi, ad ancorare la propria scelta all'unica variabile osservabile, ovvero quella economica. Se la qualità costituisce una caratteristica imponderabile del servizio e il prezzo il parametro essenziale di selezione, il cliente, che non sa esattamente cosa sta comprando, opterà per un esborso contenuto. Ne consegue che i prezzi di mercato andranno a riflettere la qualità media del servizio con conseguente valorizzazione dei professionisti di qualità scarsa, che in ragione del proprio ridotto investimento formativo e/o professionale saranno in grado di ottenere profitti praticando prezzi contenuti. Per converso, gli avvocati più qualificati saranno disincentivati a continuare ad offrire i propri servizi, non sussistendo alcuna corrispondenza tra il compenso medio prospettato dal mercato ed il valore del capitale umano da loro impiegato: l'alternativa per questi ultimi si risolverà nell'adeguarsi alla qualità media oppure, con più probabilità, nell'abbandonare il mercato. Non solo i professionisti più qualificati non avranno alcun incentivo nell'offrire beni di qualità superiore, non ricevendo adeguata gratificazione economica per tale servizio, ma, come sottolineato dagli economisti, tale circostanza risulta idonea ad innescare un circolo vizioso che comporta, nel tempo, un costante decadimento della qualità dell'attività professionale con conseguente diminuzione del compenso che i consumatori sono disposti a riconoscere per essa. La presenza sul mercato di professionisti meno preparati, il detrimento della qualità del servizio offerto e la costante riduzione della remunerazione media costituiscono, pertanto, in assenza di interventi correttivi, l'effetto ultimo della concatenazione di eventi generati dall'asimmetria informativa insita nel rapporto professionista-cliente.

In secondo luogo, il professionista, sfruttando la carenza informativa del cliente, può essere incentivato ad adottare comportamenti non virtuosi o addirittura opportunistici, perseguendo i propri fini a spese (anche) del cliente[58]. L'azzardo morale del professionista può tradursi nell'offerta di un servizio il cui prezzo non ne riflette la modica qualità o, al contrario,

Cfr., altresì, G.E. Hoffer e M.D. Pratt, *Used vehicles, lemons markets, and Used Car Rules: Some empirical evidence*, in *J. Consum. Policy*, 1987, v. 10, p. 4; H.E. Leland, *Quacks, Lemons, and Licensing: A Theory of Minimum Quality Standards*, in *J. Polit. Econ.*, 1979, v. 87, n. 6, p. 1328; I. Paterson, M. Fink e A. Ogus, *Economic Impact of Regulation in the Field of the Liberal Professions in Different Member States: Regulation of Professional Services*, European Network of Economic Policy Research Institutes Working Paper 52/February 2007, p. 17, https://www.ceps.eu/ceps-publications/economic-impact-regulation-field-liberal-professions-different-member-states/.

[58] R. Van den Bergh e Y. Montangie, *'Competition in Professional Services Markets: Are Latin Notaries Different?*, cit., pp. 193 e194; E. Shinnick, F. Bruinsma e C. Parker, *Aspects of Regulatory Reform in the Legal Profession: Australia, Ireland and the Netherlands*, in *Int'l J. Legal Prof.*, 2003, v. 10, p. 237; I. Paterson, M. Fink e A. Ogus, *Economic Impact of Regulation in the Field of the Liberal Professions in Different Member States: Regulation of Professional Services*, cit.

nell'erogazione di una prestazione di qualità eccessivamente elevata rispetto ai bisogni del cliente (con conseguente maggior costo per quest'ultimo)[59], sino a sconfinare nell'offerta di prestazioni non necessarie (secondo il fenomeno conosciuto come *'supplier-induced demand'*)[60]. Dipendendo la formulazione della domanda – entro certi limiti – dall'offerta del professionista, quest'ultimo risulta in grado di incidere direttamente sulle scelte di consumo del cliente e, adottando atteggiamenti opportunistici, di generare una domanda 'non congrua' o 'patologica'. Forme di intervento dei poteri pubblici nelle relazioni tra domanda ed offerta appaiono, dunque, giustificate anche in ragione della necessità di ridurre il rischio di comportamenti opportunistici (*'moral hazard'*) della parte più informata.

Il *gap* informativo tra professionista e cliente – e con esso le correlate disfunzioni di mercato – tendono, tuttavia, ad affievolirsi nelle situazioni di consumo ripetuto. Il riferimento è essenzialmente ai cc.dd. *'professional*

---

[59] C. Decker e G. Yarrow, *Understanding the Economic Rationale for Legal Services Regulation (A report for the Legal Services Board)*, Regulatory Policy Institute, 2010, p. 31, https://www.legalservicesboard.org.uk/Projects/rationalising_scope_of_regulation/pdf/economic_rationale_for_Legal_Services_Regulation_Final.pdf.

[60] Sul punto si v. l'analisi di F.H. Stephen e J.H. Love che, riprendendo l'elaborazione di Quinn del 1982, sottolineano la distinzione tra la funzione di diagnosi – *agency function* – (ovvero l'attività del professionista volta ad identificare i bisogni del cliente e ad identificare la strategia giuridica da seguire nel caso concreto) e la prestazione vera e propria del servizio legale – *service function* – (ove il professionista utilizza le proprie competenze per attuare la strategia scelta). Dal momento che nella maggior parte delle ipotesi lo stesso avvocato ricopre entrambe le funzioni, il professionista legale durante la fase di diagnosi sarà incentivato a proporre soluzioni più costose, essendo chiamato, in un secondo momento, ad offrirle: così F.H. Stephen e J.H. Love, *5860: Regulation of the Legal Profession*, cit., spec. p. 989; il richiamo è a J. Quinn, *Multidisciplinary Services and Preventive Regulation*, in R.M. Evans e M.J. Trebilcock (eds.), *Lawyers and the Consumer Interest*, Butterworths, Toronto, 1982. Negli stessi termini, v., successivamente, F.H. Stephen, J.H. Love e N. Rickman, *Regulation of the Legal Profession*, in R. Van den Bergh e A.M. Paces, (eds.), *Regulation and Economics*, Edward Elgar, Cheltenham, 2012, p. 647, spec. p. 649 e F.H. Stephen, *Lawyers, Markets and Regulation*, cit., p. 14; J. Webb, *Regulating Lawyers in a Liberalized Legal Services Market: The Role of Education and Training*, cit., spec. p. 541.

Più in generale, in riferimento al fenomeno della *supplier-induced demand* nel settore dei servizi legali, si rinvia a R. Van Den Bergh, *Towards Better Regulation of The Legal Professions in The European Union*, cit., spec. p. 3; R. Van den Bergh e Y. Montangie, *Competition in Professional Services Markets: Are Latin Notaries Different?*, cit.

Con particolare riferimento alla componente indotta della domanda di giustizia si rinvia a A. Carmignani e S. Giacomelli, *Too many lawyers? Litigation in Italian civil courts*, Temi di discussione n. 745, Banca d'Italia, 2010, https://www.bancaditalia.it/pubblicazioni/temi-discussione/2010/2010-0745/en_tema_745.pdf?language_id=1 e a P. Buonanno e M.M. Galizzi, *Advocatus, et non latro? Testing the Supplier-Induced-Demand Hypothesis for Italian Courts of Justice*, in *Rev. Law Econ.*, 2014, v. 10, n. 3, p. 285 ss. Il fenomeno della *supplier-induced demand* è stato maggiormente indagato nel settore della sanità: per un richiamo ai principali contributi sul tema, con particolare attenzione al contesto americano, v. P. Fenn, Al. Gray e N. Rickmanz, *Standard fees for legal aid: an empirical analysis of incentives and contracts*, in *Oxford Economic Papers*, 2007, v. 59, n. 4, p. 662, spec. p. 665.

buyers', ovvero a quei clienti che si servono regolarmente dell'opera di professionisti legali [61]. In tali casi, il cliente pur continuando, in genere, a non essere in grado di giudicare la competenza del professionista prima che la prestazione sia erogata, è tuttavia nella condizione di farlo *ex post*, a conclusione del rapporto contrattuale. L'esperienza maturata attraverso la personale reiterazione della richiesta di tali servizi legali permette al cliente di confrontare il risultato ottenuto con le prestazioni ricevute nelle precedenti occasioni e valutare di conseguenza, sulla base di tale parametro comparativo, il lavoro del professionista. Una maggior consapevolezza si può riscontrare anche in capo ai clienti, solitamente imprese medio-grandi, che sono nella posizione di avvalersi di competenze legali interne [62]. In questi casi, il servizio professionale assume, di fatto i tratti di un '*experience good*' [63]. L'asimmetria informativa tra cliente e professionista, se esiste, appare debole e di conseguenza, i fenomeni ad essa correlati – *in primis* quello della selezione avversa – sono destinati, nel medio-lungo periodo, a ridursi, o addirittura a scomparire. Il professionista, consapevole della possibilità che il cliente replichi la richiesta di servizi professionali, è incentivato ad offrire prestazioni di qualità adeguata per costruirsi una reputazione che gli consenta di essere nuovamente scelto. La reputazione, e non il (solo) prezzo, costituisce, pertanto, una risorsa fondamentale che il professionista può utilizzare al fine di aumentare la propria competitività sul mercato [64].

---

[61] R. Van den Bergh e Y. Montangie, *Competition in Professional Services Markets: Are Latin Notaries Different?*, cit., p. 194.

[62] In una simile posizione si trovano le grandi imprese che *"hanno la possibilità di accedere ad* expertise *legale interna"*: così R. Van Den Bergh, *Verso una migliore regolazione delle professioni legali nell'Unione Europea*, cit., spec. p. 45. Cfr., altresì, F.H. Stephen, *Lawyers, Markets and Regulation*, cit., p. 13; A. Woolley, *Imperfect Duty: Lawyers' Obligation to Foster Access to Justice*, cit., spec. pp. 122 e 123; F.H. Stephen, *The Market Failure Justification for the Regulation of Professional Service Markets and the Characteristics of Consumers*, in C.D. Ehlermann and I. Atanasiu, *European Competition Law Annual 2004: The relationship between Competition Law and the (Liberal) Professions*, cit., spec. p. 149 ss.

[63] Per una prima teorizzazione della distinzione tra *"search goods"* and *"experience goods"* si v. P. Nelson, *Information and Consumer Behaviour*, cit. È stato, altresì, sostenuto che in determinate circostanze i servizi legali possono essere addirittura qualificati come *"search goods"*: il riferimento è a tutti quei casi in cui il cliente è in grado di valutare la qualità anche prima di avvalersi dell'opera professionale; in particolare come sottolineato da C. Decker e G. Yarrow, *Understanding the economic rationale for legal services regulation (A report for the Legal Services Board)*, cit., spec. p. 31: *"the same type of service may warrant different categorisations (credence, experience, search) according to the type of customer"*.

[64] B. Bortolotti, *Quale regolazione per le libere professioni?*, in *PEJEP*, 2000, n. 2, p. 223, spec. pp. 226 e 227; F.H. Stephen e J.H. Love, *5860: Regulation of the Legal Profession*, cit., pp. 649 e 650. Cfr., altresì, C.G. Veljanovski, *Economic Principles of Law*, Cambridge University Press, Cambridge, 2007 e C.G. Veljanovski e C.J. Whelan, *Professional Negligence and the Quality of Legal Services. An Economic Perspective*, in *Mod. L. Rev.*, 1983, v. 46, n. 6, p. 700, spec. p. 705.

Nonostante la diversità di posizioni soggettive rinvenibili in capo ai consumatori, appare, tuttavia, arduo ipotizzare una rimodulazione dell'intervento pubblico nell'economia al variare del quantitativo di informazioni di cui il cliente dispone e al conseguente livello di consapevolezza [65]. Tale soluzione non solo risulta difficilmente attuabile sotto un profilo pratico; anche laddove risultasse, infatti, possibile valorizzare il diverso grado di conoscenza riscontrabile in capo al singolo consumatore, la previsione di regolamentazioni differenziate si rivelerebbe miope rispetto agli interessi più generali, ascrivibili ai terzi e alla collettività.

La necessità di tutelare i clienti che si avvalgono dell'opera di professionisti da meccanismi di selezione avversa – generati, come si è visto, dal meccanismo del c.d. *'market for lemmons'* e da fenomeni di azzardo morale, riconducibili a comportamenti non virtuosi da parte di professionisti – in realtà, non è l'unica ragione addotta dagli economisti a sostegno della regolamentazione del settore dei servizi professionali. Raramente il servizio professionale erogato esaurisce i propri effetti nei soli riguardi del cliente che si è avvalso dell'opera intellettuale: più frequentemente, l'azione del professionista trascende il singolo cliente per investire terzi estranei al rapporto e, più in generale, la collettività [66].

Servizi carenti, inadeguati o viziosi possono, invero, generare esternalità negative, fonte di danno per terze parti. Si pensi al caso del medico che, seguendo la scelta pienamente informata e consapevole del paziente di non sottoporsi a trattamenti sanitari per la cura della malattia contagiosa di cui è affetto, non interviene esponendo la società al rischio di contagio [67]. Oppure all'avvocato che consiglia una strategia dilatoria che, seppur nell'interesse del cliente, incide negativamente sui tempi della giustizia, a danno della controparte oltre che dell'intero meccanismo processuale [68].

---

[65] A. Sterlacchini, *La regolamentazione delle professioni in Italia: evidenze empiriche e proposte di modifica*, cit., p. 749: "(...) *emerge la necessità della regolamentazione la quale, tuttavia, dovrebbe essere più forte in presenza di credence goods e di consumatori occasionali e meno pressante nei restanti casi*".

[66] R.N.M. Graham, *Legal Ethics: Theories, Cases, and Professional Regulation,* 3rd ed., Emond Montgomery Publications, Toronto, 2014; F.H. Stephen e J.H. Love, *5860: Regulation of the Legal Profession*, cit., p. 989; R. Van den Bergh e Y. Montangie, *Competition in Professional Services Markets: Are Latin Notaries Different?*, cit.; R. Van Den Bergh, *Towards Better Regulation of The Legal Professions in The European Union*, cit., p. 4 ss.; I. Paterson, M. Fink e A. Ogus, *Economic impact of Regulation in the Field of the Liberal Professions in Different Member States: Regulation of Professional Services*, cit.; N. Semple, *Legal services regulation at the Crossroads: Justitia's Legionis*, cit.

[67] K.B. Leffler, *Physician Licensure: Competition and Monopoly in American Medicine*, in *J. L. & Econ.*, 1978, n. 21, p. 165, spec. p. 174.

[68] Per quanto attiene ai servizi legali, come sottolineato in letteratura, possono cagionare esternalità negative anche un testamento redatto con superficialità, un accordo di separazione preparato in maniera frettolosa o l'opera di un avvocato troppo zelante: "*A cheap, quickly prepared will which is ambiguous or incoherent might be perfectly acceptable to a fully*

Si pensi ancora al costruttore che, in base a indicazioni di contenimento di spesa del suo cliente, costruisce un edificio in base a standard qualitativi discutibili, così mettendo a repentaglio la sicurezza pubblica, oppure al revisore che non controlla in maniera adeguata i conti, così fuorviando gli investitori o i risparmiatori [69].

In taluni casi il cliente può avvalersi del servizio ignaro delle conseguenze negative per i terzi, che pure possono essere riconducibili ad esso. In altri, invece, può scegliere consapevolmente il servizio giudicandolo comunque confacente ai propri bisogni e alle personali aspettative [70]. Ciò che non varia, in entrambe le ipotesi, è l'inefficacia dello strumento contrattuale come meccanismo di protezione dalle ricadute negative dell'attività professionale che investono la sfera giuridica di terzi [71]. La predisposizione di una regolamentazione specifica per le professioni intellettuali trae, dunque, legittimazione dall'ulteriore obiettivo di precludere il verificarsi di tali conseguenze negative.

L'attenzione normativa e auto-regolamentare si riversa non solo sulle possibili esternalità negative dell'attività intellettuale, per prevenirle ed evitarle. Talune funzioni pubbliche vengono delegate dallo Stato ai professionisti. Ciò vale, ad esempio, per il medico che, con la propria opera

---

informed client. A testator might visit a drafting solicitor's office only because they wish to see that a certain bequest is made. They might care little about the residue of the estate, given that they will not be around to see what happens to it. However, the slapdash will which results can subject the beneficiaries to many painful and expensive years of personal strife and litigation. Parenting agreements between separating parents offer another example, insofar as they can have very dire consequences for the children in question. Opposing parties in litigation are other third parties who might require regulatory protection from overzealous legal service provision. In this case the client might actively demand a 'scorched earth' litigation strategy. Legal services regulation can be justified as a way to protect third parties from clients who instruct their counsel with illegitimate motives" (così N. Semple, *Legal services regulation at the Crossroads: Justitia's Legionis*, cit., p. 28). Nello stesso senso, cfr. N. Semple, *Judicial Settlement-Seeking in Parenting Cases: A Mock Trial*, in *J. Disp. Resol.*, 2013, p. 301, spec. pp. 303-305; B. Hoorn Barton, *Why Do We Regulate Lawyers: An Economic Analysis of the Justifications for Entry and Conduct Regulation*, in *Ariz. State Law J.*, 2001, v. 33, p. 430, e spec. p. 470 ss.; R. Van den Bergh Roger, *Towards Efficient Self-Regulation in Markets for Professional Services*, cit., p. 155. V, altresì, F. Zacharias, *Lawyers as Gatekeepers*, in *San Diego L. Rev.*, 2004, v. 41, p. 1387, e spec. pp. 1394 e 1395. Sulle possibili ricadute del comportamento negligente del professionista sui diritti dei terzi, con conseguente incidenza negativa sul sistema giustizia e sui relativi costi, si rinvia, su tutti, a C. Amato, *Affidamento e responsabilità*, Giuffrè, Milano, 2012, spec. p. 212 e ivi, in particolare, si v. il richiamo al caso White v. Jones, [1995] 2 AC 207, in cui la colpevole inerzia dell'avvocato aveva cagionato danni economici ai terzi eredi.

[69] Così COM(2004) 83 def., cit., punto 26.

[70] Cfr. P.G. Russell, N. Semple e R.N. Knake, *A Taxonomy of Lawyer Regulation*, in *Legal Ethics*, 2014, v. 16, n. 2, p. 258; N. Semple, *Legal services regulation at the Crossroads: Justitia's Legionis*, cit., p. 30.

[71] G. Olivieri, *La responsabilità del professionista – imprenditore tra concorrenza e regolamentazione*, in *Analisi Giuridica dell'Economia*, 2005, n. 1, p. 67, spec. p. 72 ss.

finalizzata alla cura del paziente, assicura al contempo la tutela della salute pubblica; come per l'avvocato che, assistendo gli interessi del proprio cliente, concorre alla corretta amministrazione della giustizia e alla certezza del diritto [72].

Il rilievo pubblicistico del servizio offerto da taluni professionisti, tra cui gli avvocati, impone di preservare ed incentivare le conseguenze positive connesse alla buona condotta professionale al fine di favorire la messa a disposizione della collettività di beni pubblici, soddisfacenti sotto un profilo sia quantitativo sia qualitativo. Il libero esplicarsi delle forze di mercato determina una sotto-produzione di beni pubblici, naturale conseguenza della circostanza che il consumo anche da parte di beneficiari estranei al rapporto contrattuale, e per questo non paganti, disincentiva i prestatori nell'erogazione [73]. A ciò si aggiunge il fatto che i clienti generalmente operano scelte di consumo idonee a massimizzare esclusivamente il proprio benessere personale [74], non facendosi carico di garantire il li-

---

[72] Così F.H. Stephen, *Regulation of the Legal Professions or Regulation of Markets for Legal Services: Potential Implications of the Legal Services Act 2007*, cit., spec. p. 1131.

Sul punto scriveva eloquentemente Calamandrei: "*Finché nel processo si scorgeva soltanto un conflitto fra due interessi privati, [...] l'avvocato si trasformava, poiché il suo cliente vincesse, in azzeccagarbugli; ma oggi, quando si pensa che anche il processo serve a riaffermare nella sentenza l'autorità dello Stato, l'esistenza dei professionisti legali non si giustifica più se non quando si veda in essi dei collaboratori, anziché dei mistificatori del giudice, ufficio dei quali non tanto è quello di battersi per il cliente quanto quello di battersi per il diritto*" (P. Calamandrei, *Troppi avvocati!*, in *La Voce – Firenze*, Quaderno 46, serie Quarta, 1921, p. 9). In termini simili, si rinvia ad A. Ogus, *Regulation: Legal Form and Economic Theory*, cit., p. 217: "*lawyers have an overriding duty to the courts, and other institutions of the administration of justice, which on occasions must prevail over the interests of cliets*". Si v., inoltre, F.H. Stephen, *Lawyers, Markets and Regulation*, cit., pp. 15 e 16: L'A. richiama, quali esempi delle possibili concrete esternalità positive generate dai servizi legali, il positivo contributo dell'opera degli avvocati al processo di riforma legislativa (il rinvio è a L.E. Ribstein, *Lawyers as Lawmakers: A Theory of Lawyer Licensing*, in *Mo. L. Rev.*, 2004, v. 69, p. 299), i benefici per la società insiti nell'azione di dissuasione dell'avvocato compiuta nei riguardi di un cliente intenzionato a compiere azioni fraudolente (sul punto, cfr. F. Zacharias, *Lawyers as Gatekeepers*, cit.), nonché l'incidenza dell'attività legale nella creazione di precedenti giurisprudenziali di qualità e nell'elaborazione di raffinate argomentazioni giuridiche. Cfr., altresì, R. Van den Bergh e Y. Montangie, *Competition in Professional Services Markets: Are Latin Notaries Different?*, cit., spec. p. 191: gli A., disquisendo delle esternalità positive riconducibili al ruolo dei notai, sottolineano come: "*i notai contribuiscono alla certezza del diritto attraverso l'autenticazione dei trasferimenti proprietari. La regolazione dei trasferimenti (conveyancing services) assicura certezza dei titoli proprietari e agevole (i.e. poco costosa) protezione degli stessi*".

[73] R. Van den Bergh e Y. Montangie, *Competition in Professional Services Markets: Are Latin Notaries Different?*, cit., pp. 195 e 196.

[74] A sostegno dell'assunto secondo cui gli operatori economici agiscono esclusivamente scegliendo, sotto un profilo sia qualitativo che quantitativo, i servizi che consentono di massimizzare il loro benessere personale, cfr. P.G., Russell, N. Semple e R.N. Knake, *A Taxonomy of Lawyer Regulation*, cit.; N. Semple, *Legal services regulation at the Crossroads: Justitia's Legionis*, cit., p. 30.

vello ottimale del servizio anche sotto un profilo sociale[75]. Il compito di salvaguardare gli interessi della collettività, in presenza di esternalità, i cui costi e benefici per definizione non entrano nel calcolo dei soggetti contrattuali, è demandato, quindi, ancora una volta, all'intervento pubblico e privato nell'economia.

Una regolamentazione accuratamente concepita può, pertanto, assicurare un livello minimo di qualità dei servizi legali, contribuire a ricostruire la fiducia nella figura dei professionisti legali e creare incentivi per internalizzare le esternalità positive e negative. Tuttavia, nonostante la particolarità del settore dei servizi professionali imponga l'adozione di regolamentazioni in grado di arginare i fallimenti di mercato, non tutte le regole esistenti sono state giudicate legittime alla luce di tale obiettivo. Talune restrizioni normative e autoregolamentari, sottraendo le professioni intellettuali alle libere dinamiche di mercato, paiono integrare, infatti, delle forme di ingiustificato monopolio[76]. Il riferimento è a quei casi in cui la

---

[75] F.H. Stephen, *Lawyers, Markets and Regulation*, cit., pp. 15 e 16. Cfr., altresì, F.H Stephen, *Regulation of the Legal Professions or Regulation of Markets for Legal Services: Potential Implications of the Legal Services Act 2007*, cit., spec. p. 1132: "*To the extent that there are externalities that could not be internalised (even in the absence of the information problem) there is a public goods problem remaining. Those arguing that this is a further justification for regulation appear to be suggesting that under regulation the professional will have an incentive to provide a level of service which satisfies the needs of the direct client and also generates the appropriate level of the public good. This presumably implies that the client pays for both the private good and the public good. Consequently the price paid by the consumer will be higher. Such a higher price may discourage some clients from undertaking the transaction or at least from using the services of the legal professional. Paradoxically such an attempt to impose the cost of providing the public good on the client may actually have the perverse effect of diverting some transactions outside the legal system*".

[76] Sulla distinzione tra '*public interest theory*' (secondo cui le ragioni della regolamentazione sono da ricercarsi nella necessità di proteggere gli interessi pubblici) e '*private interest theory*' (secondo cui la regolamentazione è il frutto di comportamenti di *lobbing* e si sostanza in esclusivi benefici per i gruppi di pressione) si rinvia, su tutti, a R.A. Posner, *Theories of Economic Regulation*, in *Bell J. Econ. Manage. Sci.*, 1974, v. 5, n. 2., p. 335; M.G. Faure, J. Fisinger, J. Siegers e R. Van den Bergh, *Regulation of Professions*, cit.; J. Den Hertog, *General Theories of Regulation*, in B. Bouckaert e G. De Geest (ed.), *Encyclopedia of Law and Economics*, v. III, *The Regulation of Contracts*, Edward Elgar, Cheltenham, 2000, p. 223; N.J. Philipsen, *Regulation of and by Pharmacists in the Netherlands and Belgium: an Economic Approach*, Intersentia, Antwerpen-Groningen, 2003. Per un approccio critico, cfr. P. Göran e T. Hägg, *Theories on the Economics of Regulation: A Survey of the Literature from a European Perspective*, in *Eur. J. Law Econ.*, 1997, v. 4, p. 337: l'A., rigettando l'operazione ermeneutica volta a presentare le due teorie come contrapposte, sottolinea come "*The public interest approach and the special interest approach are better viewed to mirror two distinct historical phases in the economic research, emphasising the corrective and the redistributive impact of public regulation respectively*" (p. 356). Si v., altresì, G.L. Priest, *The Origins of Utility Regulation and the Theories of Regulation Debate*, in *J. L. & Econ.*, 1993, v. 36, p. 289. Si rimanda, infine, a M. Hantke-Domas, *The Public Interest Theory of Regulation: Non-Existence or Misinterpretation?*, in *Eur. J. Law Econ.*, 2003, v. 15, p. 165, per l'interessante parallelismo tra '*public interest theory*' e '*welfare economics*' e le rispettive logiche.

regolamentazione si spinge ben oltre il dichiarato intento di salvaguardare la dimensione pubblicistica connessa all'impatto sociale provocato dall'attività dei professionisti forensi, in relazione all'affidamento dei clienti, dei terzi e degli interessi generali coinvolti, primi fra tutti, la corretta amministrazione della giustizia e la salvaguardia dei diritti. Di conseguenza, la regolamentazione pare motivata solo alla luce degli interessi di categoria sottostanti.

Ad esempio: spesso a giustificazione delle esistenti restrizioni vi è il richiamo alla necessità di mantenere alti livelli qualitativi nel mercato dei servizi professionali. Tuttavia, nella maggior parte dei casi, risulta problematico determinate una corrispondenza univoca tra la misura regolamentare restrittiva adottata e il mantenimento della qualità esistente nel settore dei servizi giuridici. Come noto, infatti, la regolamentazione delle professioni difficilmente si sostanzia nella definizione di standard diretti di qualità, integrando piuttosto delle forme di regolamentazione della qualità di tipo indiretto, che mirano a controllare determinate variabili presumibilmente connesse con la qualità; ciononostante, anche tali presunzioni si dimostrano spesso labili. Ne consegue che, nonostante vi siano studi teorici ed analisi empiriche aventi ad oggetto la regolamentazione dei servizi professionali, non è sempre chiaro stabilire un bilanciamento tra i benefici correlati alla prevenzione dei fallimenti di mercato e i costi associati alle limitazioni al funzionamento del mercato stesso. Aperta è, dunque, la discussione sulle modalità e i limiti con cui contemperare la regolamentazione concepita per la salvaguardia dell'interesse pubblico con la tutela delle esigenze private dei beneficiari delle prestazioni professionali, che di un meccanismo concorrenziale potrebbero giovarsi.

In agguato vi è sempre il dubbio che una regolamentazione di tipo correttivo prenda in realtà le sembianze di una disciplina di natura anticompetitiva, utile a fini meramente 'redistributivi' ad esclusivo vantaggio dei gruppi professionali. Come denunciato dalle teorie dell'interesse privato, infatti, la stringente regolamentazione delle professioni intellettuali può essere interpretata come il risultato di comportamenti di *lobbing* e *rent-seeking* posti in essere dai gruppi professionali. Nella teoria dell'interesse privato echeggiano assunti di diverse teorie economiche[77]. In primo luogo, il richiamo è alla *'capture theory'* che, affondando le proprie radici nelle scienze politiche, ha messo in luce l'intervento dei gruppi portatori di interessi di categoria nella creazione della regolamentazione della *public policy*. In particolare, le agenzie pubbliche di regolamentazione, create per agire nell'interesse generale, dopo un primo periodo fi-

---

[77] T. Haremans, *Professional Services in the EU Internal Market. Quality Regulation and Self-regulation*, Hart Publishing, Oxford-Portland, Or., 2012, p. 43 ss.; N. Philipsen, *Regulation of and by Pharmacists in the Netherlands and Belgium: An Economic Approach*, cit., p. 23 ss.

niscono per proteggere gli interessi dell'industria che sono chiamati a regolamentare, assicurandogli la stabilità dei cartelli e consistenti rendite economiche [78].

In secondo luogo, il riferimento è alla *'Public Choice Theory'* [79] che connette la sfera politica ad un mercato rilevante in cui gli individui tendono a massimizzare i propri profitti. In tale quadro, i politici sono disposti a sostenere legislativamente gli interessi di categoria a fronte di

---

[78] Teoria descritta inizialmente da Bentley (A.F. Bentley, *The Process of Government*, University of Chicago Press, Chicago, 1908) e Truman (D.B. Truman, *The Government Process: Political Interests and Public Opinion*, Knopf, New York, 1951), essa conosce il maggior sviluppo tra gli anni Cinquanta e Sessanta, sulla scorta di una serie di studi empirici volti a testare l'influenza dell'attività di *lobbing* sulla regolamentazione pubblica statunitense. A titolo esemplificativo si v. gli studi di M. Bernstein, *Regulating Business by Independent Commission*, Princeton University Press, Princeton, 1955, ove l'A. sostiene che in U.S. le Commissioni indipendenti, raggiunto un certo grado di maturità, sono portate a mantenere lo *status quo* e a proteggere l'industria che in teoria sarebbero chiamate a regolamentare nell'interesse della comunità; G. Kolko, *Railroads and Regulation, 1877-1916*, Princeton University Press, Princeton, 1965, ove l'A., occupandosi della regolamentazione dell'industria delle ferrovie arriva ad approdi simili, concludendo che la regolamentazione adottata serve principalmente gli interessi dei proprietari della ferrovia. V., inoltre, S.P. Huntington, *The Marasmus of the ICC: The Commission, the Railroads, and the Public Interest*, in P. Woll (ed.), *Public Administration and Policy: Selected Essays*, Harper & Row, New York, 1966; A. Leiserson, *Interest Groups in Administration*, in F. Morstein Marx (ed.), *Elements of Public Administration*, Prentice-Hall, New York, 1946; H. Ziegler, *Interest Groups in American Society*, N.J. Prentice-Hall, Englewood Cliffs, 1964; D. McKay, *American Politics & Society*, III ed., Blackwell, Cambridge, Mass., 1993, pp. 244 e 245. Parte della dottrina ha, tuttavia, aspramente criticato il *deficit* di fondamento di tale teoria: v., su tutti, R.A. Posner, *Theories of Economic Regulation*, cit., spec. pp. 341-343; cfr., inoltre, P. Hägg, *Theories of Economic Regulation, A Survey of the Literature from a European Perspective*, in *Eur. J. Law Econ.*, 1997, v. 4, p. 4, p. 337, e spec. pp. 342 e 343 e J. A. Den Hortog, *General Theories of Regulation*, Discussion Paper Series n. 10-18, Utrecht School of Economics, 2010, spec. p. 18 ss.

[79] D.W. Mueller, *Public Choice III*, Cambridge University Press, Cambridge, 2003; R. Van den Bergh e M. Faure, *Self-Regulation of the Professions in Belgium*, in *Int'l Rev. L. & Econ.*, 1991, v. 11, pp. 165-182. Tale teoria è stata principalmente sviluppata dalla c.d. *'Virginia School'*. A. Di Majo e A. De Chiara, *Il mutar delle metodologie nelle scienze sociali: il caso delle analisi economiche delle scienze pubbliche*, Working Paper n. 616, Società Italiana di Economia Pubblica, 2009, ove gli A. affermano che gli studiosi della *'Public Choice'* hanno rivoluzionato lo studio delle scelte economiche, mossi dall'insoddisfazione crescente per l'Economia del Benessere e dalla necessità di addivenire ad un'analisi più approfondita del processo politico: *"le scelte pubbliche erano analizzate, per tutta la prima metà del Novecento, come il risultato di un processo di massimizzazione del benessere sociale posto in essere dal "governo", considerato come un'unica entità decisionale il cui interesse racchiudeva le preferenze di ognuno degli individui che componevano la collettività. In questo approccio, il processo politico democratico veniva lasciato in disparte, o enormemente semplificato, con accenni ai problemi posti dalla circolarità delle maggioranze, dalla prevalenza delle decisioni dell'elettore mediano e altri ancora, ma poi l'attenzione veniva unicamente volta alle condizioni di equilibrio, emerse nel corso dell'operazione di ottimizzazione, che avrebbero garantito il raggiungimento di determinati obiettivi di efficienza e, con ulteriori ipotesi e limiti, di equità"* (p. 3).

voti o riconoscimenti in termini economici o di prestigio [80]. Le restrizioni alla concorrenza sono, pertanto, connesse a rendite politiche, che rendono non appetibile apportare modifiche alla regolamentazione in essere. Non necessariamente tale situazione implica una forma di corruzione dei pubblici uffici: il legislatore è spesso chiamato a confidare nell'attendibilità del quadro informativo offerto dai destinatari delle regole; questi ultimi, tuttavia, tendono ad abusare dell'asimmetria informativa esistente per salvaguardare norme anticompetitive sproporzionate, che si risolvono a vantaggio degli interessi privati della categoria stessa [81].

Infine, forte è l'eco della teoria coniata da Stigler nel 1971 [82], che ha dato avvio a ciò che alcuni autori hanno definito come *'the Economic Theory of Regulation'* [83] e altri come *'The Chicago Theory of Government'* [84]. L'assunto centrale della speculazione di Stigler è che *"as a rule, regulation is acquired by the industry and is designed and operated primarily for its benefit"* [85]. Ogni monopolio, pertanto, è garantito dal supporto legislativo, che dipende, a sua volta, dalla 'cattura dei regolatori' da parte di interessi particolari [86]. Il potere coercitivo dello Stato viene utilizzato per conferire vantaggi a individui o gruppi particolari. I poli della domanda e della fornitura di una regolamentazione protettiva sono, pertanto, integrati, rispet-

---

[80] T. Haremans, *Professional Services in the EU Internal Market. Quality Regulation and Self-regulation*, cit., p. 43.

[81] Così R. Van Den Bergh, *Verso una migliore regolazione delle professioni legali nell'Unione Europea*, cit., spec. a p. 48; cfr., altresì, T. Haremans, *Professional Services in the EU Internal Market. Quality Regulation and Self-regulation*, cit., pp. 43 e 44, che definisce come *'rent-seeking hypothesis'*, la branca della *'Public Choice Theory'* che focalizza l'attenzione sul processo (e sulle conseguenze pregiudizievoli dello stesso) e che consente ai gruppi portatori di interessi privati, grazie dell'adozione di una regolamentazione restrittiva, di ridurre la competizione al fine di ottenere delle rendite falsate maggiori. Il richiamo è a J.M. Buchanan e G. Tullock, *The Calculus of Consent*, University of Michigan Press, Ann Arbon, 1962; J.M. Buchanan, R.D. Tollison e G. Tullock, *Toward a Theory of the Rent-seeking Society*, Texas A&M University Press, College Station, Texas, 1980.

[82] G.J. Stigler, *The Theory of Economic Regulation*, in *Bell J. Econ. Manage. Sci.*, 1971, v. 2, n. 1, p. 3 ss. C. Carrigan e C. Coglianese, *George J. Stigler, "The Theory of Economic Regulation"*, in M. Lodge, E.C. Page e S.J. Balla, *The Oxford Handbook of Classics in Public Policy and Administration*, Oxford University Press, Oxford, 2015, p. 287 ss.

[83] R.A. Posner, *Theories of Economic Regulation*, cit., p. 343.

[84] R.G. Noll, *Economic Perspectives on the Politics of Regulation*, in R. Schmalensee e R.D. Willing (eds.), *Handbook of Industrial Organisation II*, Elsevier, Amsterdam, 1989, p. 1253 ss.

[85] G.J. Stigler, *The Theory of Economic Regulation*, cit.

[86] A.M. Pacces e R. Van den Bergh, *An introduction to the law and economics of regulation*, in A.M. Pacces e R. Van den Bergh (eds.) *Regulation And Economics: Second Edition Encyclopedia of Law And Economics*, Rotterdam Institute of Law and Economics (RILE) Working Paper No. 2011/03, Elgar, Cheltenham, 2012.

tivamente, dall'industria e dal governo[87]. Come successivamente suggerito da Posner l'industria è tanto più incline a richiedere una disciplina restrittiva laddove il meccanismo dei cartelli risulta essere impossibile o troppo costoso da realizzare. La legislazione protettiva tende, dunque, a sostituirsi agli accordi collusivi specialmente quando le imprese risultano essere eterogenee e disperse, come nel caso dei servizi professionali[88].

I servizi legali, strutturati in associazioni ed Ordini, circoscritti, adeguatamente organizzati e portatori di interessi di categoria, ben integrerebbero il profilo degli attori in grado di porre in essere azioni di *lobbing* per piegare la legislazione in senso protettivo e anticompetitivo. Il paventato rischio che determinate restrizioni servano solo gli interessi di categoria, senza ulteriori benefici, conferisce fondamento alla necessità di una rilettura delle esistenti regolamentazioni professionali, così come auspicato dall'Unione europea, per giungere ad una revisione di quelle regolamentazioni che nell'interesse privato trovano esclusiva cittadinanza.

3. *Le principali restrizioni in tema di accesso all'esercizio della professione forense e gli effetti del processo di liberalizzazione europeo in atto*

Nonostante la peculiarità del settore dei servizi professionali abbia legittimato, nel tempo, il consolidamento di un mercato delle professioni altamente regolamentato, di recente il fondamento di molte regolamenta-

[87] G.J. Stigler, *The Theory of Economic Regulation*, cit.; T. Haremans, *Professional Services in the EU Internal Market. Quality Regulation and Self-regulation*, cit., p. 44.

[88] R.A. Posner, *Theories of Economic Regulation*, cit., p. 344 ss: "*The foregoing analysis suggests that while the characteristics that predispose an industry to successful cartelization may also help it to obtain favorable government regulation, one characteristic that discourages cartelization-a large number of parties whose cooperation is necessary to create and maintain the cartel-encourages regulation. Large numbers have voting (and, potentially, coercive) power and also increase the likelihood of an asymmetry of interests that will encourage broad participation in the coalition seeking regulation. In addition, large numbers, and other factors that discourage private cartelization, increase the demand for protective legislation. The economic theory can thus be used to explain why we so often observe protective legislation in areas like agriculture, labor, and the professions, where private cartelization would hardly be feasible*" (p. 347).

Sui principali sviluppi della *'Chicago Theory'* v. S. Peltzman, *Toward a More General Theory of Regulation"*, in *Bell J. Econ. Manage. Sci.*, 1976, v. 19, p. 211; G.S. Becker, *A Theory of Competition Among Pressure Groups for Political Influence*, in *Q. J. Econ.*, 1983, v. 98, n. 3, p. 371. Per un approfondita ricostruzione sullo sviluppo della *'Chicago Theory'* si rinvia, su tutti, a P.G.T. Hägg, *Theories of Economic Regulation*, cit.; T. Haremans, *Professional Services in the EU Internal Market. Quality Regulation and Self-regulation*, cit., p. 42 ss.

zioni è stato, dunque, messo in discussione e le relative restrizioni travolte dal corrente processo di liberalizzazione.

Come già anticipato, sulla base degli studi e delle indagini condotte, già all'inizio del secolo in corso l'Unione europea ha individuato varie regolamentazioni, tipicamente presenti nel settore dei servizi professionali, potenzialmente idonee a provocare restrizioni alla concorrenza, senza generare benefici per la collettività. Il riferimento è alle barriere in accesso e alle riserve di particolari attività a determinate professioni (*infra*, § 3.1), nonché ai vincoli posti all'esercizio dell'attività, derivanti, in particolar modo, dall'imposizione o raccomandazione di tariffe fisse (*infra*, § 3.2), dalla previsione di restrizioni all'uso di mezzi pubblicitari (*infra*, § 3.3), nonché dalla fissazione di limiti all'esercizio in forma societaria dell'attività (*infra*, § 3.4). A parere dell'Unione europea tali restrizioni, nonché l'impatto sul mercato delle stesse e i relativi costi, in molti casi non risultano giustificati dalla necessità di assicurare la correttezza degli operatori e la qualità dei servizi legali offerti. Pertanto, più in generale, tali misure non sono idonee ad arginare i fallimenti di mercato e ad assicurare la tutela di esigenze di interesse collettivo.

La spinta europea ha innescato un processo di liberalizzazione dei servizi legali che ha inciso profondamente sulle regolamentazioni dei diversi Stati membri sebbene con lentezze, incertezze e discrepanze discendenti dalla complessità del settore e dalle peculiarità che connotano i vari ordinamenti statali. Senza pretesa di esaustività, di seguito sarà presentata una panoramica delle principali evoluzioni nazionali che hanno comportato un rilassamento delle restrizioni storicamente presenti nel campo dei servizi legali, al fine di tracciare delle linee di sviluppo a livello europeo.

3.1. *Restrizioni all'accesso e attività riservate*

Il primo ordine di restrizioni che caratterizzano la professione legale, al fianco delle limitazioni all'esercizio, è dato dalle c.d. 'barriere di accesso'[89].

Storicamente, come emerso anche dalle pagine che precedono, uno dei modi più diretti ed efficaci per limitare il numero di avvocati e rafforzarne il relativo monopolio consisteva nell'imposizione di un numero chiuso, ad opera dello Stato o degli Ordini forensi. Tale meccanismo si conciliava, come dimostrato dall'esperienza prussiana e tedesca, con la figura dell'avvocato-funzionario, incardinato nel sistema burocratico statale, ovvero, come attestano l'esperienza italiana[90] e quella francese prima dell'avvento

---

[89] COM(2004) 83 def., cit.

[90] P. Alvazzi del Frate, *Appunti di storia degli ordinamenti giudiziari. Dall'assolutismo francese all'Italia repubblicana*, Aracne Editrice, Roma, 2009, spec. pp. 87 e 92.

dell'ordine napoleonico [91], con la struttura delle corporazioni degli avvocati, laddove queste rivestivano ancora il carattere di ordinamenti autonomi e privilegiati, basati su forme di accesso ispirate a sistemi di cooptazione, prima della loro trasformazione, nel corso dell'Ottocento, in strutture professionali organizzate e innestate nell'ordinamento unitario dello Stato. Anche nel Regno Unito esperienze di questa portata sono legate al carattere estremamente elitario di talune istituzioni rappresentative, come nel caso dell'*Order of the Coif* a cui, nel XIV secolo, potevano accedere solo un numero estremamente ridotto di *serjeants-at-law* di scelta regia [92]. L'antitesi del *numerus clausus* con la concezione della libera avvocatura e, più di recente, con l'ideologia liberista e la correlata penetrazione delle logiche della concorrenza nel mondo professionale, hanno, tuttavia, determinato il progressivo abbandono di tale meccanismo di restrizione all'accesso, decretandone l'obsolescenza [93].

Relegati ai tempi bui della storia risultano, inoltre, quegli ulteriori meccanismi di chiusura che restringevano in maniera discriminatoria l'ammissione al foro in base al possesso di determinate caratteristiche. Il rimando non è solo all'esclusione delle donne, le grandi assenti del campo giuridico sino al XX secolo [94] e ammesse, con fortune altalenanti, nel periodo successivo. In particolari frangenti storici, perlopiù legati alle derive autoritarie, il controllo del numero di avvocati si è incardinato, infatti, sulle politiche dell'esclusione, ove razza, genere, religione, nazionalità o inclinazioni ideologiche e politiche hanno rappresentato un discrimine tra il potere divenire o meno avvocato. Si pensi alla Germania nazista, che fronteggiò il fenomeno del sovraffollamento dell'avvocatura imponendo la selezione razziale e di genere; all'Italia fascista, che tramite vari *escamotage* riuscì ad epurare l'albo dai professionisti forensi non in linea con l'ideologia dominante [95]; o, ancora, alla Francia, nelle prime decadi del Novecento, che ostacolò l'accesso degli stranieri richiedendo che fossero trascorsi dieci anni dalla naturalizzazione e, successivamente, imponendo la nascita da padre francese, oltre a limitare la quota riservata agli ebrei al 2% del numero totale degli avvocati iscritti all'albo [96].

Inoltre, a differenza di quanto accade per altre professioni, tra cui quella dei notai e farmacisti, ove in alcuni Stati permangono limitazioni nu-

---

[91] V. *retro,* Parte I, cap. 1. R.L. Abel, *Compatative Sociology of Legal Professions,* in Id., *Lawyers in Society. Comparative Theories,* University of California Press, Berkeley-Los Angeles-London, 1989, spec. pp. 84 e 85.

[92] V. *retro,* Parte I, cap. 1.

[93] R.L. Abel, *Compatative Sociology of Legal Professions,* cit., spec. p. 85.

[94] V. *infra,* Parte II, cap. 4.

[95] V. *retro,* Parte I, cap. 2. Il riferimento è, in particolare, al r.d. 6 maggio 1926, n. 747; all'art. 1 del r.d. 6 maggio 1926, n. 747; all'art. 12, n. 3, legge 25 marzo 1926, n. 453.

[96] Legge 19 luglio 1934; legge 10 settembre 1940; decreto 16 luglio 1941. Per un approfondimento si rimanda alla Parte I, cap. 2.

meriche basate su criteri geografici o demografici, attualmente il contesto dell'avvocatura europea non si caratterizza più per la diffusione di restrizioni territoriali, volte ad imporre al professionista forense di esercitare esclusivamente nel distretto della sede dell'Ordine di appartenenza o presso la Corte ove è iscritto, come, per contro, accadeva nel recente passato dell'avvocatura tedesca e di quella francese [97].

Abbandonati i meccanismi di chiusura discriminatori e le restrizioni quantitative pure, il controllo all'ingresso continua comunque a caratterizzare i diversi ordinamenti giuridici nazionali, in ossequio al carattere regolamentare della professione forense.

Le misure attualmente diffuse per disciplinare l'accesso all'avvocatura sono legate al percorso formativo e professionalizzante imposto ai futuri avvocati. Nonostante la formazione continui a rappresentare una competenza esclusiva degli Stati membri, il percorso di accesso alla professione forense si è strutturato, nel tempo, in maniera molto simile nel panorama europeo, prevedendo una formazione accademica, un periodo di praticantato, il superamento di almeno un esame di accesso e l'iscrizione all'albo. L'ordinamento spagnolo, che costituiva una profonda eccezione al percorso di accesso così strutturato, consentendo ai laureati in giurisprudenza la diretta assunzione del titolo di *abogado*, è stato riformato nel 2011 ed allineato alle altre discipline nazionali con la previsione di un periodo professionalizzante e di un esame di accesso [98].

Per quanto armonizzati, i percorsi di accesso risentono, comunque, di talune differenze che coinvolgono la durata, la strutturazione specifica, i contenuti, nonché i soggetti responsabili delle diverse fasi della formazione.

Il maggior discrimine sul percorso, se complessivamente considerato, è la durata che generalmente si attesta sui sei anni, ma che in alcune esperienze nazionali può raggiungere anche gli otto o nove anni. Gli studi universitari si articolano in percorsi che possono durare dai tre ai cinque anni, e ciò anche a seguito dell'impatto che ha avuto il c.d. "Processo di Bologna" sui sistemi formativi nazionali [99]. L'esperienza professionalizzante,

---

[97] V. *retro*, Parte I, cap. 2; sulle restrizioni geografiche v., inoltre, F. H. Stephen, *Lawyers, Markets and Regulation*, cit., spec. p. 24, che sottolinea altresì come alcuni cantoni svizzeri continuino a mantenere rigorose limitazioni per l'accesso e l'esercizio del patrocinio dinnanzi alle corti civili e penali.

[98] Real Decreto 775/2011, de 3 de junio, por el que se aprueba el Reglamento de la Ley 34/2006, de 30 de octubre, sobre el acceso a las profesiones de Abogado y Procurador de los Tribunales, in *BOE*, n. 143, 16 giugno 2011, 61762.

[99] Il processo di Bologna, avviato con la Dichiarazione di Bologna nel 1999, aveva quale scopo principale quello di introdurre un sistema che potesse rendere i sistemi di istruzione superiore in Europa più comparabili, compatibili e coerenti. Gli Stati aderenti si sono riuniti successivamente ogni biennio per la valutazione degli sviluppi del Processo e per formulare eventuali ulteriori strategie; alla dichiarazione di Bologna (1999) sono seguiti il Comunicato di Praga "*Verso lo Spazio europeo dell'Istruzione Superiore*" del 2001, la Conferenza di

per contro, varia da Stato a Stato, sia in termini di durata, con la previsione di tirocini che variano dai diciotto mesi ai cinque anni [100] sia, soprattutto, per le modalità con cui è strutturata e per il contenuto della forma-

---

Berlino del 2003 intitolata *"Realizzare lo Spazio europeo dell'Istruzione Superiore"*, il Comunicato di Bergen del 2005 intitolato *"L'Area europea dell'Istruzione Superiore – Conseguire gli Obiettivi"*, la dichiarazione di Londra del 2007 *"Verso lo spazio europeo dell'istruzione superiore: rispondere alle sfide di un mondo globalizzato"*, l'incontro a Leuven *"Lo Spazio europeo dell'Istruzione Superiore nel prossimo decennio"* nel 2009, le conferenze di Budapest e Vienna nel 2010, la riunione ministeriale in Romania nel 2012, in Armenia nel maggio 2015 e in Francia nel 2018. Tra le strategie ideate per garantire l'integrazione europea nell'ambito dell'istruzione superiore, per ciò che qui rileva, figura l'adozione di un'organizzazione universitaria articolata in due cicli, ovvero un primo ciclo di studi di durata triennale, seguito da un secondo livello di durata biennale. Inoltre, è grazie al Processo di Bologna che si è assistito alla valorizzazione di tutte le componenti pedagogiche che caratterizzano i percorsi formativi, ovvero conoscenze, competenze ed abilità, come sostanziate in termini di risultati di apprendimento attesi (*learning outcomes*) secondo i Descrittori di Dublino. Si v. in particolare, Raccomandazione 2008/C 111/01/CE del Parlamento europeo e del Consiglio, sulla costituzione del Quadro europeo delle qualifiche per l'apprendimento permanente, EQF (*European Qualifications Framework for lifelong learning*) e Raccomandazione del Consiglio del 22 maggio 2017 sul quadro europeo delle qualifiche per l'apprendimento permanente, che abroga la raccomandazione del Parlamento europeo e del Consiglio, del 23 aprile 2008, sulla costituzione del quadro europeo delle qualifiche per l'apprendimento permanente (2017/C 189/03), in *GU* C 189/15 del 15 giugno 2017. I Descrittori di Dublino sono costruiti sui seguenti elementi: conoscenza e capacità di comprensione (*knowledge and understanding*); conoscenza e capacità di comprensione applicate (*applying knowledge and understanding*); autonomia di giudizio (*making judgements*); abilità comunicative (*communication skills*); capacità di apprendere (*learning skills*). In particolare, il 'Quadro dei titoli italiani', in linea con 'Quadro dei titoli per lo Spazio europeo dell'istruzione superiore' (*Qualifications Framework for the European Higher Education Area – QF for the EHEA*), prevede, come conoscenze e competenze attese al termine del secondo ciclo (lauree magistrali o specialistiche), che gli studenti: *"abbiano dimostrato conoscenze e capacità di comprensione che estendono e/o rafforzano quelle tipicamente associate al primo ciclo e consentono di elaborare e/o applicare idee originali, spesso in un contesto di ricerca; siano capaci di applicare le loro conoscenze, capacità d i comprensione e abilità nel risolvere problemi a tematiche nuove o non familiari, inserite in contesti più ampi (o interdisciplinari) connessi al proprio settore di studio; abbiano la capacità di integrare le conoscenze e gestire la complessità, nonché di formulare giudizi sulla base di informazioni limitate o incomplete, includendo la riflessione sulle responsabilità sociali ed etiche collegate all'applicazione delle loro conoscenze e giudizi; sappiano comunicare in modo chiaro e privo di ambiguità le loro conclusioni, nonché le conoscenze e la ratio ad esse sottese, a interlocutori specialisti e non specialisti; abbiano sviluppato quelle capacità di apprendimento che consentano loro di continuare a studiare per lo più in modo auto-diretto o autonomo"*. Sul Processo di Bologna, in dottrina si rinvia, su tutti, a L. S. Terry, *The Bologna Process and its Impact in Europe: It's So Much More Than Degree Changes*, in *Vanderbilt J. Transant'l L.*, 2008, v. 41, p. 107.

[100] 18 mesi: Italia; Grecia, 2 anni: Germania, Lituania, Lussemburgo, Portogallo, Romania; 3 anni: Repubblica Ceca, Belgio, Danimarca, Estonia, Croazia; Ungheria; Paesi Bassi, Svezia; 4 anni: Slovenia, Finlandia; 5 anni: Lettonia, Austria, Slovacchia. In Spagna l'esperienza pratica è ridotta a sei mesi e accompagnata ad un corso di formazione specializzata post-laurea.

Informazioni principalmente tratte da Europa E-Justice, *Sistemi di formazione per gli avvocati negli Stati membri*, https://e-justice.europa.eu/content_lawyers__training_systems_in_the_member_states-407-it.do.

zione imposta. In taluni sistemi, infatti, l'attività sul campo, sia essa effettuata presso lo studio di un avvocato, un tribunale, un notaio, un'autorità amministrativa e/o una società [101], è integrata da un articolato piano formativo, da svolgersi prima o durante il tirocinio, che postula la frequenza di corsi teorici e/o di taglio pratico. Spesso durante la formazione postlaurea l'accento è posto su quegli aspetti della professione che non ricevono debita considerazione durante gli studi universitari, tra cui la deontologia forense e le abilità e competenze più spiccatamente professionali [102].

---

[101] Generalmente gli Stati, anche laddove prevedono un percorso particolarmente lungo o articolato, impongono che almeno una parte del tirocinio sia svolta presso un avvocato; in Finlandia, ad esempio, l'aspirante avvocato è soggetto ad un lungo periodo di tirocinio pari ad "*almeno quattro (4) anni nel campo dell'amministrazione giudiziaria o nell'espletamento di compiti equiparabili che richiedano una formazione legale, ma, in ogni caso, per almeno due (2) anni come assistente avvocato, avvocato presso un ufficio pubblico di assistenza legale o avvocato indipendente o in altre mansioni che portino a trattare un numero comparabile di questioni legali*". Il sistema austriaco impone che almeno tre dei cinque anni di praticantato vengano svolti presso uno studio legale, sotto la supervisione dello studio legale e dell'Ordine competente (art. 2 – *Rechtsanwaltsordung* (RAO), in *RGBl.* n. 96/1868 come da ultimo modificato dalla legge *Änderung des Rechtspraktikantengesetzes, des Richter- und Staatsanwaltschaftsdienstgesetzes, des Beamten-Dienstrechtsgesetzes 1979, der Rechtsanwaltsordnung, des Rechtsanwaltsprüfungsgesetzes und der Notariatsordnung*, in *BGBl.* I n. 39/2016). In Germania gli aspiranti avvocati che superano positivamente l'esame di Stato possono iniziare a svolgere un periodo biennale di pratica, che si articola in *stage* (*Stationen*), di durata variabile, presso uffici giudiziari civili e penali, autorità amministrative e professionisti forensi autorizzati. La riforma dell'11 luglio 2002, ha tentato di incrementare il peso della pratica presso gli studi legali aumentandone la durata da quattro a nove mesi, con contestuale riduzione della durata degli altri *stage* a tre mesi ciascuno. V. *Deutsches Richtergesetz* (DriG), legge federale 8 settembre 1961, § 5b, che disciplina il periodo di pratica, lasciando ai Länder la possibilità di dettare regole di dettaglio. In dottrina si rinvia, su tutti, a V.P. Krause, *Geschichte der Justiz- und Verwaltungsausbildung in Preußen und Deutschland*, in C. Baldus, T. Finkenauer e T. Rüfner, *Juristenausbildung in Europa zwischen Tradition und Reform*, Mohr Siebeck, Tübingen, 2008, p. 95; A. Von Preuschen, *La formazione dell'avvocato in Germania: qualità professionale, deontologia e mercato*, in G. Alpa e A. Mariani Marini (a cura di), *La formazione dell'avvocato in Europa*, Plus, Pisa, 2009, p. 110 ss.; R. Caponi, *La Formazione del giurista in Germania*, in V. Cerulli Irelli e O. Roselli (a cura di), *La riforma degli studi giuridici*, Edizioni Scientifiche Italiane, Napoli, 2005, p. 331; J. Riedel, *The Reform of Legal Education in Germany*, in *Eu. J. of Legal Educ.*, 2001, v. 3, p. 3; P. Pederzoli, *Selezione e formazione delle professioni legali in Germania*, Cedam, Padova, 1992, p. 58.

[102] In Danimarca, ad esempio, il tirocinio risulta articolato in una parte di praticantato svolto sotto la supervisione di uno studio legale, in una formazione legale con uno specifico programma comune a tutti i praticanti avvocati e in una formazione sulle competenze professionali legali (v. capitolo 12, *Bekendtgørelse af lov om rettens pleje* (legge sull'amministrazione della giustizia), in *LBK* n. 1008 del 24 ottobre 2012). Anche il tirocinio in Repubblica Ceca ha una struttura simile: esso contempla il praticantato sotto la supervisione di uno studio privato, la formazione su competenze professionali non giuridiche e la formazione su competenze professionali giuridiche (artt. 5, 31 e 38, legge 85/1996 del 13 marzo 1996 ss.mm. sulla professione legale). In Belgio, il praticantato sotto la supervisione di uno studio legale, si combina con un sistema di formazione che prevede una formazione giuridica con un programma specifico comune per tutti i praticanti avvocati, una formazione su

Nella maggior parte degli Stati, la responsabilità della formazione durante il tirocinio è demandata a Ordini forensi e studi professionali [103], talvolta

---

competenze professionali non giuridiche (tra cui comunicazione, gestione di un ufficio, ecc.), e, infine, una formazione su competenze giuridiche (ad esempio, redazione degli atti introduttivi, attività con i clienti, ecc.); nella parte di competenza *dell'Ordre des Barreaux Francophones et Germanophones* è, altresì, imposta la partecipazione ad almeno un processo simulato (*"exercice de plaidoirie"*) e a mansioni di gratuito patrocinio (*"participation aux permanences d'aide juridique"*) (art. 3.13 del codice deontologico forense). Anche in Lettonia è prevista, in maniera cumulativa, lo svolgimento di un tirocinio sotto la supervisione di uno studio legale e la supervisione dell'ordine, una formazione giuridica con un programma specifico comune per tutti i praticanti avvocati e una formazione su competenze professionali giuridiche. In particolare, sussistono *"Obblighi specifici per i praticanti (previsti nella legge sulla professione forense e nei regolamenti/decisioni del Consiglio degli avvocati giurati): – durante tutti gli anni – partecipazione alle attività di formazione con cadenza mensile (1 ora e mezza), – durante il 1° anno – pubblicazione di un articolo/paper su tematiche di carattere legale, contribuire al lavoro del Consiglio lettone degli avvocati giurati, – durante il 2° anno – seguire un certo numero di pratiche penali, amministrative e civili con l'autorizzazione del dominus, – dopo il 2° anno – seguire un certo numero di pratiche penali, amministrative e civili in modo indipendente, – superare un esame dopo il 1°, il 2° e il 5° anno"*. In Ungheria durante il tirocinio i praticanti avvocati devono seguire corsi di formazione per un periodo complessivo di 42 giorni, la cui organizzazione è affidata agli Ordini degli avvocati locali; il contenuto della formazione è disciplinato dai competenti Ordini a livello regionale (v. 1998. évi XI. törvény – az ügyvédekről, 97 § (3) – Articolo 97, paragrafo 3, della legge XI del 1998 sugli avvocati). In Slovacchia durante il praticantato l'Ordine degli avvocati slovacchi organizza un programma di seminari, comune a tutti gli aspiranti avvocati, sotto forma di lezioni tenute da avvocati esperti, docenti universitari esterni, giudici o da altri soggetti che operano nel settore giuridico, in diversi ambiti del diritto, sostanziale e processuale, incluse le norme relative alla professione legale, tra cui la deontologia forense.

Per maggiori approfondimenti si rinvia alle schede informative Europa E-Justice, *Sistemi di formazione per gli avvocati negli Stati membri,* reperibili al link: https://e-justice.europa.eu/content_lawyers__training_systems_in_the_member_states-407-it.do.

Per contro, estremamente vago è il requisito della formazione pratica per gli aspiranti avvocati in Bulgaria, che oltre alla laurea in giurisprudenza, al superamento di esame di accesso, al possesso di qualità professionali ed etiche e di competenze adeguate, deve avere fornito servizi legali per due anni. In particolare: *"Any capacitated Bulgarian national may become an attorney-at-law, provided he or she satisfies to the following conditions:1. have a higher degree in law;2. have competency to practice law; 3. have at least two years of legal service record; 4. have successfully taken the exam, as provided for in this Act, except for cases falling under Article 6, Paragraph 3; 5. exhibit the required ethical and professional qualities to exercise the legal profession"*: art. 4, comma 1, *Bulgarian Bar Act*. V. anche E-Justice, *Sistemi di formazione per gli avvocati negli Stati membri, Scheda informativa: Bulgaria,* https://e-justice.europa.eu/content_lawyers__training_systems_in_the_member_states-407-it.do, da cui risulta l'assenza di un tirocinio obbligatorio come parte del percorso di accesso; in dottrina, cfr. L. Penchev, *Bulgarian Legal Education – History and Nowadays*, in *Revista Jurídica de Investigación e Innovación Educativa*, 2012, n. 6, p. 47.

[103] In Repubblica Ceca, ad esempio, l'Ordine degli avvocati è incaricato di organizzare corsi di formazione obbligatoria per praticanti legali, mentre lo studio legale o una società nazionale o straniera, devono garantire una formazione professionale al praticante (sotto la supervisione di un avvocato) che gli consenta di acquisire competenze ed esperienze nel settore della professione legale. La responsabilità condivisa tra Ordini e studi legali si rinviene anche in Danimarca.

alle corti [104] o al Ministero della giustizia [105]. In alcuni ordinamenti, anche le Università risultano potenzialmente coinvolte nel processo di formazione post-laurea, con competenza, ad esempio, nell'attivazione di 'corsi di perfezionamento' [106] o nell'istituzione di Scuole per le specializzazioni legali [107].

---

[104] Germania le strutture responsabili dell'organizzazione della formazione durante il tirocinio sono l'"*Ordine (collabora con la Corte d'appello nell'organizzare la parte relativa alla professione dell'avvocato)*" e l'"*Autorità pubblica (le Corti d'appello organizzano il periodo di tirocinio di due anni dopo il 1° esame di Stato)*": così Europa E-Justice, *Sistemi di formazione per gli avvocati negli Stati membri, Scheda informativa: Germania*, https://e-justice.europa.eu/content_lawyers__training_systems_in_the_member_states-407-it.do.

[105] Come nel caso della Grecia: Europa E-Justice, *Sistemi di formazione per gli avvocati negli Stati membri, Scheda informativa: Grecia*, https://e-justice.europa.eu/content_lawyers__training_systems_in_the_member_states-407-it.do.

[106] In Spagna la formazione post-laurea richiede il conseguimento di 90 ECTS divisi in 60 ETCS di master di formazione (11 mesi) e 30 ECTS di tirocinio (tra 6 e 7 mesi): Real Decreto 775/2011.

[107] A titolo esemplificativo si consideri l'esperienza italiana, ove le scuole di specializzazione post-laurea sono state introdotte con la legge 15 maggio 1997, n. 127 (Misure urgenti per lo snellimento dell'attività amministrativa e dei procedimenti di decisione e di controllo, in *GU* del 17 maggio 1997, n. 113 - Suppl. Ordinario n. 98) e parzialmente disciplinate con il decreto legislativo 17 novembre 1997, n. 398 (Modifica alla disciplina del concorso per uditore giudiziario e norme sulle scuole di specializzazione per le professioni legali, a norma dell'articolo 17, commi 113 e 114, della legge 15 maggio 1997, n. 127, in *GU* del 18 novembre 1997, n. 269). Tali Scuole di Specializzazione per le Professioni Legali, istituite dai Dipartimenti di Giurisprudenza, sono a numero selettivo e comuni a tutti coloro che intendono prepararsi all'accesso alla carriera forense, giudiziaria o notarile. Esse rappresentano, negli intenti legislativi, un punto di incontro tra il mondo accademico e quello professionale poiché mirano a fornire al laureato un insegnamento professionalizzante, affiancando all'approfondimento teorico esperienze pratiche. La didattica, gestita congiuntamente da professori, avvocati, magistrati e notai, si articola, infatti, in lezioni frontali, seminari, esercitazioni; sono altresì previste prove intermedie e finali. Al termine di un anno di corso comune a tutti i frequentanti, il percorso formativo si articola in due indirizzi, uno giudiziario-forense ed uno notarile. Concluso positivamente il biennio l'aspirante avvocato ottiene il diploma di specializzazione che lo esonera dal dover svolgere parte della pratica legale tradizionale. Tali Scuole non devono essere confuse con le Scuole forensi, che trovano, invece, fondamento normativo nell'art. 3 del DPR 10 aprile 1990, n. 101 (Regolamento relativo alla pratica forense per l'ammissione all'esame di procuratore legale, in *GU* del 4 maggio 1990, n. 102). Si tratta di corsi facoltativi e a numero chiuso organizzati dagli Ordini degli avvocati, a volte d'intesa con Associazioni di avvocati o con Istituti di formazione o con le Facoltà universitarie di Giurisprudenza, ad integrazione della pratica forense tradizionale. Le lezioni e le esercitazioni tenute da avvocati, magistrati e docenti universitari si svolgono solitamente nell'arco di un anno (in casi particolari, di un biennio) e sono programmate in modo tale da permettere al praticante di continuare a frequentare lo studio legale ove svolge il tirocinio tradizionale.

In dottrina cfr. M. Scudiero, *Le scuole di specializzazione per le professioni legali al secondo anno di attività*, in *Notariato*, 2003, p. 5; G. Laurini, *Al "via" le scuole comuni per le professioni legali*, in *Notariato*, 2000, p. 5; A. Dondi, *Il regolamento istitutivo delle scuole forensi*, in *Dir. pen. e processo*, 2000, p. 800; P. Schlesinger, *Le scuole forensi*, in *Corr. giur.*, 1999, p. 797; G. Verde, *Le scuole forensi*, in *Legalità e giustizia*, 2001, p. 102; B. Giangiaco-

Un ulteriore elemento di discrimine fra le discipline nazionali è rappresentato dall'organizzazione degli esami di selezione. La soluzione maggiormente diffusa depone per la necessità del superamento di un unico esame d'accesso, generalmente al termine del periodo di praticantato, come avviene in Italia con la previsione di un esame, scritto ed orale, a conclusione dei diciotto mesi di pratica forense [108]. Non mancano, tuttavia, esperienze come quella tedesca [109] e polacca in cui l'esame da sostenere prima dell'iscrizione all'albo si somma a quello previsto al termine degli studi universitari, prima di accedere al mondo del praticantato, secondo una formula di doppio sbarramento. In alcune regolamentazioni il momento della verifica è anticipato durante l'esperienza pratica: in Belgio, ad esempio, è un previsto uno *stage* pratico della durata di tre anni e la valutazione del candidato viene prevista durante i primi due anni di tirocinio [110]. In Slovenia, dopo il superamento dell'esame di Stato per l'accesso

---

mo, *Scuole di specializzazione per le professioni legali: bilancio e prospettive*, in *Questioni giustizia*, 2004, p. 663; G. Cananea, *Diplomi di specializzazione e accesso alla professione forense*, in *Giorn. dir. amm.*, 2004, p. 869; G. Colavitti, *Pratica forense e diploma di specializzazione*, in *Rass. forense*, 2005, p. 1367.

Anche l'Estonia contempla tra le strutture responsabili dell'organizzazione della formazione durante il praticantato l'"*Ordine – mediante le Scuole di pratica forense*". In particolare, "*L'Ordine deve concludere un accordo con almeno un'università al fine di garantire il soddisfacimento dei requisiti legali relativi a competenza professionale, adeguatezza o qualificazioni e qualifiche degli insegnanti. L'Ordine è responsabile dell'organizzazione quotidiana della formazione nel periodo di tirocinio. (Università (pubbliche o private). Le università possono erogare servizi di formazione stipulando un accordo con almeno un Ordine, al fine di garantire il periodo di stage durante il tirocinio (praticantato). L'università è responsabile della gestione ordinaria della formazione nel periodo di tirocinio. (Università (pubbliche o private) insieme agli Ordini mediante le Scuole di pratica forense. L'Ordine, la scuola di pratica forense e l'Università sono responsabili della gestione ordinaria della formazione nel periodo di tirocinio*": così Europa E-Justice, *Sistemi di formazione per gli avvocati negli Stati membri, Scheda informativa: Estonia*, https://e-justice.europa.eu/content_lawyers_training_systems_in_the_member_states-407-it.do.

[108] V. legge 247/2012, capo II, '*Esame di Stato per l'abilitazione all'esercizio della professione di avvocato*', artt. 46-49. Si noti, tuttavia, che, recentemente, stante l'emergenza sanitaria Covid-19 sono state adottate misure straordinarie per lo svolgimento dell'esame di abilitazione alla professione forense, che prevedono l'articolazione dell'esame di Stato in due prove entrambe orali. v. decreto del Ministro della Giustizia 13 aprile 2021, in *GU* n. 89 del 14 aprile 2021.

[109] Il modello formativo tedesco si articola in due fasi, che si concludono entrambe con un complesso esame, ed in particolare: a) quattro anni di educazione accademica presso la facoltà di giurisprudenza al termine della quale i laureati sono chiamati ad affrontare il primo esame giuridico, l'*Erste Juristische Prüfung*; b) un praticantato di durata biennale, il *Referendardienst*, suddiviso in vari *stage* (*Stationen*) a conclusione del quale i candidati possono sostenere l'esame di Stato, il *Zweite Juristische Staatprüfung*.

[110] Per quanto attiene agli avvocati franco-tedescofoni, ove l'istituzione rappresentativa di riferimento è l'*Ordre des Barreaux Francophones et Germanophones*, si v. art. 434 del Codice giudiziario belga e codice deontologico forense, Titolo 3 "*stage et formation*" (*Code de déontologie de l'avocat*); per quanto riguarda il Belgio neerlandofono, ove

alla professione legale, l'aspirante avvocato deve intraprendere un ulteriore anno di pratica (a completamento del periodo di praticantato di complessivi quattro anni, svolto presso un avvocato o uno studio legale, il tribunale, l'ufficio del procuratore di Stato, l'ufficio del procuratore generale o un notaio, come dipendente in forza di un contratto di lavoro a tempo pieno) cui segue un secondo esame, organizzato dall'Ordine degli avvocati al termine della pratica, che risulta, invece, volto a verificare la conoscenza della legge che disciplina la professione legale, gli onorari da avvocato e il codice deontologico [111].

Infine, in alcuni Stati il controllo si articola anche in esami periodici durante la formazione pratica post-laurea, come accade in Polonia, ove gli aspiranti avvocati sono chiamati a frequentare lezioni pratiche e teoriche durante il tirocinio, gestito dagli Ordini, mentre la verifica delle conoscenze è demandata a degli esami scritti [112]. In Lettonia diritto civile e diritto processuale civile, diritto amministrativo e diritto processuale amministrativo, diritto societario e diritto del lavoro sono oggetto di un primo esame programmato al termine del primo anno di praticantato; la conoscenza del diritto penale e della procedura penale è demandata ad un secondo esame a conclusione del secondo anno di tirocinio; conclusa l'esperienza pratica di cinque anni l'aspirante avvocato è chiamato a sostenere l'esame definitivo per l'accesso alla professione [113].

L'organizzazione degli esami in taluni ordinamenti è affidata all'Ordine degli avvocati, in altri allo Stato e, in alcuni casi, viene gestita in concerto dalle due istituzioni. La componente universitaria risulta tendenzialmente

---

l'Ordine di riferimento è *l'Orde van Vlaamse Balies* (OVB), si rimanda, oltre al Codice giudiziario Belga (art. 434), al *Reglement betreffende de stage* (OVB Regolamento sulla formazione (praticantato) dei praticanti avvocati del 7 maggio 2008) e al *Reglement betreffende de beroepsopleiding* (Regolamento OVB sul sistema di formazione professionale dei praticanti legali del 25 marzo 2009). Per un approfondimento si rinvia a Europa E-Justice, *Sistemi di formazione per gli avvocati negli Stati membri, Scheda informativa: Belgio*, https://e-justice.europa.eu/content_lawyers__training_systems_in_the_member_states-407-it.do.

[111] Art. 25 della legge professionale, in *Gazzetta Ufficiale della Repubblica di Slovenia*, n. 18-817/1993, del 9 aprile 1993, *Gazzetta Ufficiale della Repubblica di Slovenia*, n. 24-1465/1996, del 10 maggio 1996 ss.mm.; Decisione della Corte Costituzionale, nella *Gazzetta Ufficiale della Repubblica di Slovenia*, n. 24-1455/2001, 5 aprile 2001, *Gazzetta Ufficiale della Repubblica di Slovenia*, n. 54/08, 2 giugno 2008, nella *Gazzetta Ufficiale della Repubblica di Slovenia*, n. 35/09, 8 Maggio 2009. Cfr. Europa E-Justice, *Sistemi di formazione per gli avvocati negli Stati membri, Scheda informativa: Slovenia*, https://e-justice.europa.eu/content_lawyers__training_systems_in_the_member_states-407-it.do.

[112] Europa E-Justice, *Sistemi di formazione per gli avvocati negli Stati membri, Scheda informativa: Polonia*, https://e-justice.europa.eu/content_lawyers__training_systems_in_the_member_states-407-it.do.

[113] Cfr. Europa E-Justice, *Sistemi di formazione per gli avvocati negli Stati membri, Scheda informativa: Lettonia*, https://e-justice.europa.eu/content_lawyers__training_systems_in_the_member_states-407-it.do.

ristretta alla presenza di accademici all'interno delle commissioni esaminatrici, come accade in Italia [114]; tuttavia, in alcuni ordinamenti, l'incidenza dell'università nell'effettivo accesso dell'aspirante avvocato può essere superiore, come accade in Germania, ove, al fine di bilanciare l'eccessiva ingerenza dello Stato nel percorso di accesso alle carriere giuridiche [115], la riforma del *Richtergesetz* del 2002 [116] ha attribuito all'Università il controllo del 30% del primo esame di Stato [117].

Generalmente il percorso in entrata risulta riservato a coloro che aspirano ad accedere alle fila dell'avvocatura. Agli antipodi di tale modello si collocano, tuttavia, l'esperienza tedesca e quella inglese. In Germania, la maggior peculiarità del sistema di accesso è quella di prevedere un percorso comune a tutte le professioni giuridiche, con una differenziazione di ruoli esclusivamente al termine del periodo di formazione. Soltanto coloro che diventano potenziali magistrati ordinari, infatti, risultano qualificati per esercitare la professione forense, per divenire funzionari amministrativi qualificati, ovvero intraprendere una qualsiasi altra professione giuridica [118]. Scopo del sistema formativo tedesco è, infatti, quello di creare un giurista unico, un *'Einheitsjurist'*, che al contempo sia un giurista completo, un *'Volljurist'*, in grado di prestare la propria opera in qualsiasi campo del diritto [119]. Per contro, nel Regno Unito ai due rami dell'avvocatura, ovvero *barristers* e *solicitors*, sono riservati percorsi di accesso

---

[114] Art. 47, comma 1, legge 247/2012.

[115] J. Riedel, *The Reform of Legal Education in Germany*, cit.

[116] *Gesetz zur Reform der Juristenausbildung vom 11.07.2002*, in *BGBl.* I, S. 2592. V. J. Münch, *Die Neue Juristenausbildung. Chancen Perspektiven und Risiken*, Boorberg, Stuttgart, 2004, 87; M. Greßmann, *Die Reform der Juristenausbildung: Einführung, Texte, Materialien*, Bundesanzeiger, Köln, 2002.

[117] Cappelletti, nel 1974, anticipando il contenuto della riforma, aveva proposto con riferimento al primo Esame di Stato: "*si potrebbe anche pensare se non sia un errore che il primo dei due esami giuridici continui ancora oggi ad essere un esame "di Stato" – come invece cominciò ad essere ai tempo in cui le università si facevano la concorrenza, con scapito della loro serietà – e se non sarebbe preferibile rimettere invece quest'esame assai più integralmente di quanto già oggi non sia alle Università. Ciò potrebbe scongiurare il pericolo che lo studente si venga a trovare, nel corso dei suoi studi accademici, dinnanzi all'incertezza della sua validità, agli effetti pratici di esame, dell'impostazione di questi studi, specie quand'essi abbiano un'impronta più squisitamente scientifica; e si scongiurerebbe fors'anche quell'ulteriore pericolo che le facoltà giuridiche si avviino ad assumere una funzione non più essenzialmente scientifica, ma immediatamente professionale, cose che anche a mio avviso è senz'altro necessario evitare*" (così M. Cappelletti, *L'educazione del giurista e la riforma dell'Università (studi, polemiche, rapporti)*, cit., pp. 112-113).

[118] Cfr. J. Riedel, *The Reform of Legal Education in Germany*, cit.

[119] Cfr. H.A. Wolff, *Bar Examinations and Cram Schools in Germany*, in *Wisc. Int'l L .J.*, 2006, v. 24, p. 110; E. Kern, *Gerichtsverfassungsrecht*, C.H. Beck, München-Berlin, 1954, p. 105 ss.; W. Kohleiss e K. Henn, *Verordnung über die Ausbildung der Juristen (JAO) für Baden- Württenberg*, Kohlhammer, Stuttgart, 1956, p. 13.

autonomi regolamentati da distinte autorità [120] e destinati a non incrociarsi nemmeno a seguito delle recenti riforme. L'attuale percorso di accesso

---

[120] Prima della recente riforma (v. *infra,* nota successiva), il percorso formativo per i membri delle due categorie risultava essere distinto, pur possedendo una struttura organizzativa simile articolata in tre tappe: *Academic Stage, Vocational Stage* e periodo di pratica professionale (*Training contract* per i *solicitors*, *Pupilage* per i *barrister*). In particolare, la fase accademica, praticamente identica per le due professioni, prevedeva il conseguimento di un *Qualifying Law Degree* al termine di un corso universitario in materie giuridiche di durata triennale. In alternativa al *Qualifying Law Degree* era prevista la possibilità per l'aspirante giurista di conseguire una laurea non in giurisprudenza e, successivamente, frequentare un corso integrativo di durata annuale (biennale se svolto in part-time), superando il *Common Professional Examination* (CPE). Il percorso formativo dei *barristers* e dei *solicitors* si differenziava a partire dalla seconda tappa, il *Vocational Stage*, e tale divergenza si manteneva con riferimento al successivo periodo di praticantato forense. I *solicitors* erano chiamati a frequentare il *Legal Practice Course*, ovvero un corso di formazione teorico-pratica di durata annuale, organizzato da varie università ed istituti di formazione post-universitaria, volto a dotare il futuro avvocato degli strumenti idonei per esercitare concretamente la professione. Al termine del corso, superati gli esami previsti, lo studente otteneva il *Diploma in Legal Practice* e risultava qualificato per iniziare il praticantato biennale (*Training Contract*), retribuito, durante il quale l'aspirante *solicitor* doveva frequentare il *Professional Skills Course* (*PSC*). Al termine del descritto percorso formativo l'aspirante avvocato doveva presentare alla *Law Society* un documento atto a certificare il positivo svolgimento del *Training contract* e del *Professional Skills Course,* di norma a firma dell'avvocato che aveva assunto il ruolo di supervisore durante la pratica, al fine di ottenere il titolo di *solicitor* ed essere iscritto nel relativo albo. Coloro i quali, invece, aspirano alla professione di *barrister,* una volta terminata la formazione accademica e antecedentemente all'inizio della fase di formazione professionale, dovevano richiedere l'ammissione ad uno degli *Inns of Court* (*Gray's Inn, Lincoln's Inn, Inner Temple* e *Middle Temple*). Successivamente, i laureati iscritti ad uno degli *Inns of Court* erano tenuti a frequentare il *Bar Professional Training Course* per un anno, al fine di acquisire le conoscenze e le abilità pratiche necessarie per affrontare il successivo periodo di tirocinio; superato con successo il *Vocational Stage,* l'aspirante *barrister* doveva, infatti, iniziare il tirocinio pratico (c.d. *Pupillage*) di durata annuale, retribuito, sotto la guida e la supervisione di un *barrister.* Il primo semestre era dedicato principalmente alla formazione teorica; al termine del primo semestre il *barrister supervisor* certificava il regolare e proficuo completamento del tirocinio teorico, così permettendo al proprio *pupil* di ottenere il *Provisional Qualifications Certificate* e di essere chiamato al *Bar.* Seguivano sei mesi di formazione esclusivamente pratica: durante tale periodo il *pupil* poteva iniziare, con il consenso del *barrister supervisor,* a prestare servizi legali e ad esercitare il *right of audience.* Terminato positivamente anche il secondo semestre il *pupil* otteneva il *Full Qualification Certificate,* divenendo un *barrister* a tutti gli effetti.

Per un approfondimento sulla formazione giuridica nel Regno Unito e la relativa evoluzione, prima delle attuali riforme, si rinvia, su tutti, a: A. Boon e J. Webb, *Legal Education and Training in England and Wales: Back to the Future?,* in *J. of Legal Educ.,* 2008, v. 58, p. 79; D. Nitti, *La professione forense in Inghilterra,* in A. Berlinguer, *La professione forense. Modelli a Confronto,* Giuffrè, Milano, 2008, p. 97 ss.; C. Gilligan, *La formazione dell'avvocato in Inghilterra e Galles: qualità professionale, deontologia e mercato,* in G. Alpa e A. Mariani Marini (eds.), *La formazione dell'avvocato in Europa,* cit., p. 113 ss.; B. Nascimbene, *La professione forense nell'Unione europea,* cit., p. 233 ss.; R.M. Stein, *The Path of Legal Education from Edward I to Langdell: a History of Insular Reaction,* in *Chi. Kent L. Rev.,* 1981, p. 429; D. Nitti, *Come cambia la professione forense inglese: spunti per una comparazione,* in *Contr. e impr. Europa,* 2006, p. 280 ss.; R. Crespi, *Le professioni legali in Inghilterra e Galles da* per i *solicitors* è stato, infatti, sostituito a partire da settembre 2021 con un nuovo sistema centralizzato di esami (SQE) [121], mentre il percorso di accesso per i *barristers*, pur non rinunciando alla presenza delle tre componenti fondamentali (*academic learning, vocational learning* e *pupillage* o *work-based learning*) ha subito una parziale rivisitazione [122].

Le restrizioni di accesso di tipo qualitativo sono, nella maggior parte dei casi, strettamente connesse con i *"diritti esclusivi di prestazione di ta-*

Edoardo I al Court and Legal Service Act, in *Le carte e la Storia*, 2005, p. 126; P. Purpidge, *La formazione professionale in Inghilterra e nel Galles*, in *Rass. Forense*, 1995, p. 399.

[121] Il nuovo percorso di accesso per divenire *solicitors*, attuato a partire da settembre 2021, richiede il possesso da parte del candidato di una qualsiasi laurea, non necessariamente in giurisprudenza, ovvero, in alternativa, l'aver frequentato un tirocinio (c.d. *solicitor apprenticeship*) che combina formazione ed esperienza lavorativa. In entrambi i casi, l'aspirante *solicitor* deve superare due esami (*Solicitor Qualifying Examinations* – SQE), il primo volto a valutare le conoscenze giuridiche (SQE1), il secondo anche le abilità pratiche del candidato (SQE2). Segue un'esperienza di lavoro qualificata per due anni, al termina della quale il candidato, per essere ammesso all'albo dei *solicitors*, deve dare prova di possedere i c.d. *"character and suitability requirements"*, superando la relativa valutazione.

Per la ricostruzione del percorso di riforma del sistema di accesso dei *solicitors*, si rimanda, da ultimo, a SRA, *Solicitors Qualifying Examination (SQE) Briefing*, Agosto 2020. Si v., inoltre, SRA, *Statement of Solicitors Competence*, marzo 2015; SRA, *Training for Tomorrow: Assessing Competence, Consultation Paper*, 7 dicembre 2015; SRA, *A New Route to Qualification: The Solicitors Qualifying Examination, Consultation Paper*, 25 aprile 2017; SRA, *A New Route to Qualification: New Regulations, Consultation Paper*, 15 novembre 2017.

In dottrina, per un approfondimento sulle iniziative della SRA, si rinvia, *ex multis*, a R. Fletcher, *Legal education and proposed regulation of the legal profession in England and Wales: a transformation or a tragedy?*, cit.; E. Hall, *Notes on the SRA report of the consultation on the Solicitors Qualifying Exam: "Comment is free, but facts are sacred"*, cit.; E. Fry e R. Wakeford, *Can we really have confidence in a centralised Solicitors Qualifying Exam? The example of the Qualified Lawyers Transfer Scheme'*, cit.; J. Gibbons, *Policy recontextualisation: the proposed introduction of a multiple-choice test for the entry-level assessment of the legal knowledge of prospective solicitors in England and Wales, and the potential effect on university-level legal education*, cit.; C. James e J. Koo, *The EU law "core" module: surviving the perfect storm of Brexit and the* SQE, cit.; M. Davies, *Changes to the training of English and Welsh lawyers: implications for the future of university law schools'*, in *Law Teach.*, 2018, v. 52, p. 100; E. Kirton-Darling e A. Layard, *The Solicitors Qualifying Examination: Perspectives on the Proposed Changes to Legal Qualification*, SLSA, Kent Acedemic Repository (KAR id:83160), 2020; J. Koo, *Non-law graduates: an uncommon route to qualification?*, in *Law Teach.*, 2020, v. 54, n. 2, p. 222; A. Nicholson, *The value of a law degree – part 2: a perspective from UK providers*, in *Law Teach.*, 2020, p. 1; N. Niamh Dunne, *Liberalisation and the legal professions in England and Wales*, in *Cambridge L. J.*, 2021 v. 80, n. 2, p. 274.

[122] A seguito di un processo di riforma noto come *"Future Bar Training Programme* (FBT)", il *Bar Standards Board* ha implementato, con decorrenza 2019, un nuovo percorso di accesso, che, pur non rinunciando alla previsione delle tre componenti fondamentali (*academic learning, vocational learning* e *pupillage* o *work-based learning*), ha riproposto una rivisitazione delle fasi di tale percorso. V. D. Capps, V. Stec, M. Tighe e H. Tinkler, *Training for the Bar: educational (r)evolution*, in *Law Teach.*, 2018, v. 52, n. 4, p. 499.

luni servizi" [123]. Una volta penetrato nel mercato professionale, l'avvocato gode di un monopolio nella prestazione dei servizi legali o di una parte significativa degli stessi che gli permette di essere ripagato dell'investimento, economico ed umano, effettuato durante il lungo percorso d'accesso. Le regolamentazioni nazionali tendono, infatti, a riconoscere esclusivamente in capo agli avvocati il diritto di rappresentare un cliente in giudizio, salve rare eccezioni, tendenzialmente legate al modico valore della controversia, ove le parti sono autorizzate a comparire personalmente in giudizio, senza l'obbligo dell'assistenza legale [124]. La Finlandia costituiva una nota di diversità nel panorama europeo non prevedendo una tale riserva di attività per i professionisti legali [125]; tuttavia, recentemente, sono state implementate maggiori restrizioni, tra cui la possibilità solo per gli iscritti all'Ordine finlandese [126] di rappresentare i clienti dinnanzi alle corti in ambito penale [127].

In molte giurisdizioni la riserva di attività degli avvocati si estende anche alla consulenza in campo giuridico; solo talvolta tale prestazione professionale risulta espressamente condivisa con altre specifiche categorie di operatori del diritto [128].

Assumendo la prospettiva della tutela dell'interesse pubblico, la combinazione delle restrizioni qualitative e delle riserve di attività è finalizzata all'obiettivo di preservare la qualità dei servizi professionali [129]. Determinare i requisiti minimi di capitale umano che devono essere posseduti dal professionista forense per appartenere alla categoria e assicurare che gli individui con adeguate credenziale formative siano gli unici autorizzati a prestare la propria opera nel mercato dei servizi professionali dovrebbe, infatti, permettere agli Stati di raggiungere l'obiettivo di assicurare una

---

[123] Così COM(2004) 83 def., cit., p. 15. F.H. Stephen, *Lawyers, Markets and Regulation*, cit., che sottolinea come: "(...) *restrictions on entry to a profession can only be effective in generating economic rents if they are accompanied by monopoly rights for the profession*" (p. 25).

[124] Bar Association, *IBA Global Cross-Border Legal Services in the EU and EFTA Report 2019*, cit.; COM(2016) 820 fin., cit., p. 19.

[125] I. Paterson, M. Fink e A. Ogus, *Economic impact of Regulation in the Field of the Liberal Professions in Different Member States: Regulation of Professional Services*, cit.; R. Mullerat, *Law Practice in a Globalized World: The European Experience*, Miami-Florida European Union Center of Excellence, 2013, v. 13 n. 7, spec. p. 10.

[126] Il titolo di *Asianajaja* è riservato a coloro che risultano iscritti all'Ordine finlandese.

[127] F.H. Stephen, *Lawyers, Markets and Regulation*, cit., spec. p. 25 e relativa nota n. 12 e p. 78.

[128] I. Paterson, M. Fink e A. Ogus, *Economic impact of Regulation in the Field of the Liberal Professions in Different Member States: Regulation of Professional Services*, cit., p. 43 ss. ed in particolare *Table 3-7 Legal Services (Lawyers): Scope of Activities* a p. 47; F.H. Stephen, *Lawyers, Markets and Regulation*, cit., spec. p. 25.

[129] D. Heremans e T. Heremans, *Towards Evidence-based Professional regulation*, cit., p. 171.

qualità minima dei servizi legali offerti sul mercato, consentendo di arginare le conseguenze più estreme dell'*"adverse selection'* e di evitare comportamenti opportunistici (*'moral hazard'*), oltre a fornire un'adeguata tutela ai consumatori nonostante la sussistenza, soprattutto nel mercato dei *'credence goods'*, di forti asimmetrie informative [130]. Il controllo anticipato rispetto all'erogazione del servizio, vertente sugli *input* (formazione e tirocinio) e non sugli *output* (prestazione professionale), si basa, infatti, sul presupposto che esista una forte correlazione fra investimenti in capitale umano (*input*) e qualità dei servizi erogati (*output*) [131]. Impedendo l'ingresso nel mercato a professionisti che non posseggono qualifiche e competenze adeguate, si istaura di fatto un livello minimo di qualità, con conseguente incremento della qualità generale dei servizi disponibili sul mercato [132].

Tuttavia, anche le limitazioni qualitative e le riserve di attività sono entrate nel mirino della Commissione europea, stante la loro potenziale incidenza negativa sul regime di libera concorrenza e traducendosi, di fatto, in un minor numero di prestatori in grado di fornire la propria opera e di competere sul mercato [133]. Il timore è che eccessive restrizioni possano de-

---

[130] C. Shapiro, *Investment, Moral Hazard, and Occupational Licensing*, in *Rev. Econ. Stud.*, 1986, v. 53, p. 843; così T. Heremans, *Professional Services in the EU Internal Market: Quality Regulation and Self-Regulation*, Hart Publishing, Oxford, 2012, spec. p. 49.

[131] Così T. Heremans, *Professional Services in the EU Internal Market: Quality Regulation and Self-Regulation*, cit.; R. Van den Bergh, *Verso una migliore regolamentazione delle professioni legali nell'Unione Europea*, cit., spec. p. 46; S. Svorny, *Licensing, Market Entry Regulation*, in B. Bouckaert e G. De Geest (ed.), *Encyclopedia of Law and Economics. Volume III. The Regulation of Contracts*, cit., p. 296, spec. pp. 309-314.

[132] Cfr. COM(2013) 676 fin., cit., che considera le regolamentazioni all'accesso delle professioni idonee a: "*2.1.1 Aiutare il consumatore a giudicare la qualità di un servizio. I consumatori possono incontrare difficoltà nel valutare le qualifiche dei prestatori di servizi, elemento essenziale per l'erogazione di servizi di alta qualità. Tale asimmetria di informazioni non consente ai consumatori di effettuare scelte informate circa i prestatori di servizi. Per ovviare al rischio di possibili lacune del mercato, l'adozione di regolamentazioni che chiariscano le conoscenze e le competenze tecniche che i professionisti sul mercato devono possedere potrebbe rassicurare adeguatamente i consumatori. 2.1.2 Sostenere il buon funzionamento dell'economia nei singoli Stati membri. Tutelare i consumatori e l'interesse pubblico. Le professioni possono essere regolamentate per motivi sanitari e di sicurezza, per evitare incidenti causati da errori professionali o da prodotti difettosi. Ad esempio, per la maggior parte delle professioni del settore sanitario sono necessarie qualifiche adeguate, compresi tirocini. Vi sono anche servizi che sono considerati di interesse pubblico perché apportano valore alla società in generale. Detti servizi possono essere regolamentati in modo da garantirne la disponibilità e la qualità. Effetti esterni su terzi I servizi professionali possono avere effetti su terzi. La loro regolamentazione può garantire che i fornitori di servizi tengano debitamente conto dell'impatto delle loro attività anche al di là di coloro che pagano per i loro servizi. Ad esempio, la contabilità di una società può richiedere una revisione legale dei conti perché ciò è nell'interesse della comunità degli investitori – che devono potersi fidare – e non solo della società che remunera il revisore*". H.E. Leland, *Quacks, Lemons, and Licensing: A Theory of Minimum Quality Standards*, cit., spec. pp. 1335 e 1337.

[133] I. Paterson, M. Fink e A. Ogus, *Economic impact of Regulation in the Field of the Lib-*

terminare, dunque, una riduzione della scelta per il consumatore e un aumento dei prezzi causato dall'assenza di competitività nel settore, senza che a tale incremento corrisponda una migliore qualità dei servizi legali [134]. L'iniziale invito mosso dalla Commissione agli Stati membri è stato, dunque, quello di interrogarsi sulla necessità di mantenere tali restrizioni d'accesso, alla luce del criterio della proporzionalità e, laddove risultassero eccessive, promuovere dei cambiamenti sotto una triplice prospettiva. In primo luogo, ridurre i requisiti di accesso qualora siano non proporzionati rispetto alla complessità delle funzioni professionali; in secondo luogo, restringere le attività esclusive di una professione, condividendo con altri profili professionali i compiti meno complessi; infine, sopprimere i diritti esclusivi nei casi in cui vi siano meccanismi meno restrittivi per garantire la qualità, quali certificazioni o controlli di qualità indipendenti [135].

Il tema rimane controverso: estremamente scarna è l'evidenza empirica di matrice europea sull'efficacia di tali misure restrittive dell'accesso nel garantire la qualità nello specifico settore dei servizi legali, senza che il peso economico di tale regolamentazione risulti eccessivo.

Negli Stati Uniti varie ricerche sono state condotte per indagare l'impatto delle restrizioni all'accesso sul mercato occupazionale e perlopiù hanno confermato le previsioni elaborate in seno agli studi di *'Law and Economics'*: l'esistenza di misure restrittive all'ingresso determina una crescita più lenta, un incremento dei prezzi, oltre a compensi e remunerazioni più alti e una efficienza allocativa peggiore. Tali studi possono giovarsi del fatto di essere stati intrapresi in un 'laboratorio naturale' come quello americano, che permette di valutare l'impatto di particolari forme di regolamentazione comparando le differenti scelte normative implementate nei vari Stati federati e i relativi effetti [136]. Per contro, la realtà europea si caratterizza per l'eterogeneità delle regolamentazioni statali e i particolarismi nazionali, che spesso incidono non solo sulle discipline adottate bensì anche sull'impatto economico delle stesse. Gli studi europei più approfonditi in tema di regolamentazioni all'accesso dei servizi professionali tendono, pertanto, a ridursi all'analisi dell'esperienza di un singolo

---

eral Professions in Different Member States: Regulation of Professional Services, cit., p. 43 ss.; COM(2004) 83 def., cit., pp. 15-17; COM(2016) 820 fin., cit.

[134] *"Offrire al consumatore una scelta più ampia a un prezzo migliore"* e *"Promuovere la competitività e l'occupazione a livello nazionale"* costituiscono, a parere della Commissione, i principali vantaggi connessi all'apertura dell'accesso alle professioni: così COM(2013) 676 fin., cit.

[135] COM(2004) 83 def., cit., p. 16. In dottrina, sull'alternativa delle certificazioni e sui possibili risvolti critici derivanti dall'implementazione di tale meccanismo, si rinvia a T. Heremans, *Professional Services in the EU Internal Market: Quality Regulation and Self-Regulation*, cit., a pp. 51 e 52.

[136] Così D. Heremans e T. Heremans, *Towards Evidence-based Professional regulation*, cit., p. 172.

Stato che ha riformato nel tempo il proprio sistema, senza, tuttavia, offrire un quadro d'insieme più strutturato. Tale, ad esempio, è il caso dell'analisi condotta nel Regno Unito, successivamente alla perdita da parte *solicitors* del monopolio nel campo dei trasferimenti immobiliari (*conveyancing services*) a seguito dell'ingresso, a partire dagli anni Ottanta, di altri professionisti autorizzati a prestare la propria opera in tale campo (*licensed conveyancers*)[137]. I primi studi condotti, prendendo come riferimento il 1989 e basati sulla comparazione delle realtà in cui operavano solo *solicitors* con le aree geografiche in cui il mercato aveva registrato un forte ingresso dei *licensed conveyancers*, sembravano confermare l'esistenza di una correlazione tra il regime di monopolio e i compensi elevati degli avvocati[138]; uno studio di qualche anno più tardi, analizzando la situazione nel 1992, pur mantenendo le stesse zone di riferimento, giungeva, tuttavia, a conclusioni meno nette, registrando un aumento delle tariffe dei *solicitors* nel campo dei servizi immobiliari, anche laddove l'attività risultava svolta in concorrenza con i *licensed conveyancers*, ed un crescente allineamento dei compensi richiesti dai *licensed conveyancers* rispetto a quelli dei *solicitors*[139]. Tali analisi ha spinto parte della dottrina a sostenere che la minaccia dell'ingresso di nuovi professionisti era in grado di condizionare il comportamento dei *solicitors* in maniera maggiore rispetto all'effettiva e concreta condivisione di un settore di attività[140].

Come già anticipato, nel 2013, in vista della riforma della Direttiva sulle qualifiche professionali, i requisiti relativi alle qualifiche imposti sulle professioni regolamentate e il campo delle attività riservate sono tornati al centro dell'attenzione della Commissione europea, come emerge dal c.d. esercizio di trasparenza e di valutazione reciproca[141]. A conclusione di tale indagine comparativa, la sostanziale omogeneità sussistente tra i percorsi di accesso alla professione forense, così come previsti a livello nazionale, è stata riconosciuta anche dalla Commissione europea che ha sottolineato come "*In termini di qualifiche, il titolo di istruzione superiore è richiesto nella maggior parte degli Stati membri (una laurea in giurisprudenza è obbligatoria), seguito da un tirocinio obbligatorio e/o da un'esperienza professionale supplementare e dall'esame di abilitazione all'esercizio della professione*"[142]. Con riferimento alle restrizioni in entrata, le criticità da

---

[137] Sul punto v. *retro*, Parte I, cap. 1, § 5.

[138] D. Gillanders, J. Love, A. Paterson e F. Stephen, *Spatial Aspects of Deregulation in the Market for Legal Services*, in *Reg. Stud.*, 1992, v. 26, p. 127.

[139] F.H. Stephen, J.H. Love e A. Paterson, *Deregulation of Conveyancing Markets in England and Wales*, in *Fiscal Studies*, 1994, v. 15, n. 4, p. 102.

[140] Così F.H. Stephen, J.H. Love e N. Rickman, *Regulation of the Legal Profession*, cit., a p. 656.

[141] V. *retro*, Parte II, cap. 1.

[142] COM(2016) 820 fin., cit., pp. 19 e 20.

ultimo rilevate dalla Commissione non riguardano, dunque, il percorso così come delineato dai diversi Stati nazionali, bensì aspetti più circoscritti. In primo luogo, il riferimento è all'esperienza maturata all'estero dagli aspiranti avvocati. In particolare, tra le raccomandazioni rivolte agli Stati membri, spicca l'invito rivolto all'Italia e alla Grecia di assicurare che la *"formazione e l'esperienza acquisite all'estero siano debitamente prese in considerazione in modo che gli avvocati possano avere accesso ai tirocini, in linea con la sentenza nella causa C-313/01"* [143]. Particolare attenzione risulta, altresì, riservata alle regolamentazioni nazionali che limitano l'esercizio dinnanzi agli organi di giurisdizioni superiori, imponendo ulteriori requisiti, qualifiche o esperienze professionali supplementari, ovvero particolari autorizzazioni a coloro che intendono prestare i propri servizi presso tali corti. In secondo piano sembra scivolare il problema dell'eventuale assenza di proporzione tra tali misure e l'obiettivo che intendono conseguire: solamente accennato con riferimento alla normativa francese e belga [144] e maggiormente dettagliato per la normativa tedesca, che impone limiti di età all'esercizio della professione dinanzi alla Corte di giustizia federale [145]. Per contro, tra le maggiori preoccupazioni emerge la necessità di assicurare trasparenza di condizioni per gli avvocati che provengono da altri Stati membri, affinché risultino chiare *"le norme applicabili agli avvocati europei"* [146]. A tale regime di trasparenza e chiarezza si lega anche la raccomandazione rivolta alla Spagna, a seguito dell'introduzione del nuovo regime di qualificazione, per cui risultano necessari, a parere della Commissione, chiarimenti in merito alla registrazione dei laureati che hanno iniziato i loro studi prima dell'entrata in vigore della riforma [147].

---

[143] COM(2016) 820 fin., cit., p. 22.

[144] COM(2016) 820 fin., cit.: *"Belgio, Francia e Germania dovrebbero (…) riesaminare la proporzionalità delle norme in materia di accesso per gli avvocati che intendono esercitare dinanzi alle rispettive corti supreme (…)"* (p. 22).

[145] Il caso tedesco, infatti, porta la Commissione a formulare la seguente raccomandazione: *"La Germania dovrebbe rivedere la necessità di mantenere limiti di età per l'esercizio della professione dinanzi alla Corte di Giustizia federale (Bundesgerichtshof) rispetto a misure che sembrano più adatte per conseguire gli obiettivi perseguiti, come l'esperienza professionale"*; così COM(2016) 820 fin., cit., p. 22.

[146] V. COM(2016) 820 fin., cit.: *"In alcuni di questi paesi, come ad esempio Belgio, Francia e Germania, gli avvocati che patrocinano dinanzi alle corti supreme sono inoltre soggetti a ulteriori obblighi di autorizzazione e le condizioni di accesso per gli avvocati provenienti da altri Stati membri che esercitano con il proprio titolo d'origine rimangono poco chiare"* (p. 20); da qui la specifica Raccomandazione della Commissione: *"Belgio, Francia e Germania dovrebbero introdurre maggiore trasparenza e riesaminare la proporzionalità delle norme in materia di accesso per gli avvocati che intendono esercitare dinanzi alle rispettive corti supreme e in particolare chiarire le norme applicabili agli avvocati europei"* (p. 22).

[147] V. COM(2016) 820 fin., cit., spec. p. 20 e la raccomandazione formulata a p. 22: *"La Spagna dovrebbe inoltre emanare chiari orientamenti e istruzioni relativi all'iscrizione degli avvocati dopo l'entrata in vigore del nuovo sistema di qualificazione"*.

Per quanto attiene, invece, alle attività riservate, dato per assodato che la riserva agli avvocati sulla rappresentanza in giudizio costituisce un tratto ormai comune ai diversi ordinamenti europei, la Commissione avanza dubbi, in concreto, sul *"modo in cui tale attività è effettivamente svolta"*, e il fatto che la rappresentanza risulti talvolta *"condivisa con altre professioni forensi"*, senza che tuttavia vi sia effettiva chiarezza su tale aspetto. Tale è, ad esempio, il caso della Spagna che riserva esclusivamente ai *procuratores* determinate attività, tra cui la rappresentanza tecnica dei clienti o la comunicazione di documenti alle autorità giudiziarie, escludendo in maniera apparentemente arbitraria ed ingiustificata gli *abogados*, nonostante questi ultimi siano ugualmente qualificati per svolgere tali prestazioni professionali e condividano con i *procuratores* analoghe norme di condotta professionale [148]. Anche per quanto attiene alla riserva di attività nell'ambito della consulenza legale, presente nella maggior parte delle regolamentazioni nazionali, la criticità rilevata dalla Commissione risiede nella mancanza di chiarezza in merito ai contenuti di tale riserva [149]; da qui la raccomandazione rivolta a tutti gli Stati membri di chiarirne la portata dei servizi di consulenza *"in modo da facilitarne la prestazione da parte di avvocati o di altri prestatori, in particolare per quanto riguarda i servizi online"*.

3.2. *Vincoli all'esercizio dell'attività forense. Lo strano caso delle tariffe obbligatorie*

Per quanto attiene ai prezzi delle prestazioni legali, è indubbio che la loro libera determinazione rappresenti uno dei modi essenziali in cui si manifesta il regime di libera concorrenza. L'importanza di tale variabile economica è confermata, *in primis*, dal disposto dell'art. 101 TFUE, laddove, nell'enunciare le ipotesi esemplificative delle fattispecie vietate, riserva il primo posto proprio alla fissazione dei prezzi [150]. L'efficacia anti-

---

[148] COM(2016) 820 fin., cit., p. 19; da qui la raccomandazione specifica formulata dalla Commissione allo Stato spagnolo: *"La Spagna dovrebbe riesaminare la portata delle attività riservate ai* procuradores *e, in particolare, valutare se certe attività come la rappresentanza tecnica o la comunicazione di documenti alle autorità giudiziarie possano essere condivise con gli* abogados" (p. 22).

[149] *"La consulenza è riservata agli avvocati in vari Stati membri, come Francia, Germania, Ungheria, Polonia, Portogallo, Romania, e Slovacchia. In tale contesto, la mancanza di chiarezza sull'esatto contenuto di tale attività riservata può causare difficoltà in ambiti quali la prestazione di consulenze online e la digitalizzazione di documenti da parte di chi non è avvocato. Anche se gli sviluppi tecnologici hanno ridotto in certa misura l'asimmetria informativa tra avvocati e clienti, grazie all'ampia disponibilità in Internet di informazioni giuridiche come la legislazione e la giurisprudenza, in Bulgaria un disegno di legge del 2015 propone di riservare agli avvocati le consulenze e la rappresentanza dinanzi a una serie di autorità amministrative"*: COM(2016) 820 fin., cit., a p. 19.

[150] Cfr. art. 101, paragrafo 1, lett. a), TFUE.

concorrenziale delle pratiche di imposizione autoritativa dei prezzi, indipendentemente dalle modalità prescelte e dal fine perseguito, è stata altresì confermata dalla giurisprudenza comunitaria. Nella sentenza *Vereniging ter Bevordering van het Vlaamsche Boekwezen (VBVB) e Vereeniging ter Bevordering van de Belangen des Boekhandels (VBBB)* [151], concernente l'accordo tra l'Associazione per la promozione del libro fiammingo (VBVB) e l'Associazione per la promozione degli interessi del commercio librario (VBBB), relativo ad un sistema di prezzi imposti ai rivenditori per i libri in lingua olandese nel commercio tra Belgio e Paesi Bassi, la Corte di giustizia ha sottolineato che anche qualora si provi che la fissazione dei prezzi minimi rappresenti una garanzia contro pratiche sleali, essa non costituisce comunque una ragione sufficiente per sottrarre un intero mercato all'applicazione delle regole di concorrenza. L'incompatibilità dell'assenza di una libera contrattazione dei prezzi con il diritto antitrust è stata altresì ribadita dalla Corte di giustizia nella pronuncia *BNIC-Clair* [152]; in tale occasione la Corte di giustizia ha affermato, senza mezzi termini, che l'accordo che fissa un prezzo minimo per un prodotto (nel caso di specie per il cognac), al cui rispetto devono attenersi tutti gli operatori economici del relativo mercato, *"ha per oggetto di alterare il gioco della concorrenza sul mercato stesso"*.

Con riguardo alla regolazione dei prezzi nella prestazione dei servizi professionali, stante l'impossibilità di censurare qualsiasi pratica di fissazione, diretta o indiretta, delle tariffe sulla base della particolarità del settore, la Corte di giustizia è intervenuta a più riprese sul tema, vagliando, caso per caso, la compatibilità di tale sistema con le norme dei Trattati e ribadendo la necessità che eventuali restrizioni siano giustificate dal bisogno di tutelare l'interesse generale applicando il test di proporzionalità per il perseguimento di tale fine [153].

---

[151] Cfr. Corte di giustizia, sentenza del 17 gennaio 1984, *VBVB e VBB* cause riunite C-43/82 e C-63/82, EU:C:1984:9.

[152] Cfr. Corte di giustizia, sentenza del 30 gennaio 1985, *BNIC-Clair,* C-123/83, EU:C:1985:33; in dottrina si rinvia a Y. Galmot e J. Biancarelli, *Les réglementations nationales en matière de prix au regard du droit communautaire*, in *Revue trimestrielle de droit européen*, 1985, p. 269; D. Denis, *A propos de l'arrêt du 30 janvier 1985 de la Cour de justice des Communautés européennes. Valeur des accords interprofessionnels dans le secteur des AOC*, in *Rev. dr. rur.*, 1985, p. 155; R. Saint-Esteben, *Développements du droit communautaire de la concurrence*, in *Droit pratique comm. internat.*, 1985, p. 681; K. Hendry, *Quasi-administrative Bodies and the High Price of Cognac*, in *ELR*, 1986, p. 150; M.C. Bergerès, *L'organisation viti-vinicole française et le traité de Rome*, in *Rev. dr. rur.*, 1986, p. 153; M. Brealey, *Fixed Minimum Prices and Article 85*, in *J. Bus. L.*, 1986, p. 414; B. Vilà Costa, *Jurisprudencia del Tribunal de Justicia de las Comunidades Europeas*, in *Rev. Jur. Catlunya*, 1987, p. 250.

[153] Si consideri, a titolo esemplificativo, la nota sentenza del 18 giugno 1998, C-35/96, *Spedizionieri doganali*, cit., in cui la Corte di giustizia prendendo in considerazione il potere del Consiglio Nazionale degli Spedizionieri Doganali (CNSD), associazione rappresentativa degli interessi degli operatori economici del settore, di fissare una tariffa unica e inderoga-

Nel settore dei servizi legali la predisposizione di tariffe fisse ha costituito uno dei tratti comuni di molte regolamentazioni nazionali. Gli Stati membri hanno solitamente optato per la previsione di una scala di prezzi facendo ricorso a diversi criteri per la determinazione degli importi, tra i quali il valore dell'oggetto del contendere, il tempo impiegato per la risoluzione della controversia ovvero la tipologia dei documenti giuridici redatti, utilizzati in esclusiva o in combinazione tra loro. In talune realtà giuridiche la determinazione del tariffario era rimessa allo Stato, in altre agli Ordini professionali e in altre ancora tale competenza era esercitata congiuntamente dai due organi [154].

A giustificazione di tali restrizioni tariffarie, con evidente eco alle teorie dell'interesse pubblico, è stato fatto di sovente richiamo alla necessità di mitigare i problemi di selezione avversa, di assicurare la qualità dei servizi legali, di proteggere i clienti dalla richiesta di compensi eccessivi e al contempo consentire loro di avere contezza delle tariffe medie praticate per dati servizi legali, nonché di ridurre i costi di transazione connessi alla negoziazione dei compensi nei casi più complicati [155]. Tuttavia, tali misu-

---

bile, resa pubblica da un intervento del tutto formale del Ministero delle Finanze, ha statuito che la decisione con la quale il CNSD imponeva ai propri membri l'osservanza di tale tariffa era da ritenersi in contrasto con l'art. 101 TFUE (*ex* art. 81 TCE), in quanto idonea a limitare la concorrenza e ad arrecare pregiudizio agli scambi intracomunitari. Per converso i giudici hanno escluso che la decisione adottata da tale associazione di imprese potesse trovare giustificazione sul terreno dell'interesse pubblico, anche atteso il fatto che il prezzo delle operazioni poste in essere dagli Spedizionieri doganali non è generalmente ancorato al parametro della qualità della prestazione o alla tipologia del servizio offerto, ma rispecchia il valore delle merci o del relativo peso.

Recentemente si v. Corte di giustizia, 4 luglio 2019, *Commissione europea* contro *Repubblica federale di Germania*, C-377/17, EU:C:2019:562, sulla compatibilità delle tariffe obbligatorie per architetti ed ingegneri alla Direttiva 2006/123/CE del Parlamento europeo e del Consiglio del 12 dicembre 2006, relativa ai servizi nel mercato interno, cit., art. 15, paragrafo 1, paragrafo 2, lettera g), e paragrafo 3, che legittima la previsione di tariffe obbligatorie minime e/o massime se giustificate da motivi imperativi di interesse generale, nel rispetto delle condizioni di necessità, proporzionalità e non discriminazione. In tale pronuncia la Corte, pur ammettendo come le tariffe fisse tedesche non siano né direttamente né indirettamente discriminatorie e pur ritenendole astrattamente volte a garantire obiettivi di interesse generale (tra cui *"qualità delle prestazioni di progettazione"*, *"la tutela dei consumatori"*, nonché la *"salvaguardia della cultura architettonica e di costruzione ecologica"*, collegate a più ampi obiettivi imperativi di interesse generale, ossia alla *"conservazione del patrimonio culturale e storico"*, nonché alla *"protezione dell'ambiente"*), si spinge oltre con la propria la valutazione, ritenendo l'imposizione delle tariffe illegittima, in quanto non idonea, in concreto, al raggiungimento degli annunciati obiettivi. Per un commento si rinvia a G. Donzelli, *Le tariffe professionali alla luce dei "motivi imperativi di interesse generale" nella giurisprudenza della Corte di Giustizia*, in *Nuova giur. civ.*, 2019, n. 6, p. 1234 ss.

[154] F.H. Stephenson, *Lawyers, Markets and Regulation*, cit., spec. p. 29. Sulle competenze degli Ordini si v. *retro*, Parte I, cap. 2.

[155] R. Van Den Bergh, *Verso una migliore regolazione delle professioni legali nell'Unione Europea*, in *Mercato conc. reg.*, cit., spec. p. 59 ss.; F.H. Stephenson, *Lawyers, Markets and Regulation*, cit., p. 29 ss.

re, e soprattutto le tariffe minime inderogabili, sono state giudicate come potenzialmente deleterie per i clienti i quali, seppur potendo trarre benefici dal ridotto livello di incertezza dell'offerta, non potrebbero accedere a tariffe più vantaggiose che un ambiente maggiormente competitivo sarebbe in grado di garantire. Altrettante criticità sono state evidenziate in riferimento ai massimi inderogabili delle tariffe che, se *prima facie* potrebbero essere lette come un meccanismo predisposto nell'esclusivo interesse dei clienti, protetti in tal modo dalle richieste di parcelle eccessive, nascondono in realtà il rischio di un livellamento dei prezzi intorno ai livelli massimi consentiti. Infine, perplessità sono state sollevate anche sulla auspicabilità della previsione di tariffe raccomandate, potenzialmente idonee a tradursi in un'agevolazione per il coordinamento dei prezzi da parte dei professionisti forensi, in grado di produrre, similmente alle tariffe massime, l'affermazione di un equilibrio collusivo [156]. Pertanto si è insinuato il dubbio che dietro la parvenza di una regolamentazione necessaria per il bene comune, si celasse in realtà un meccanismo predisposto per l'esclusivo, o quantomeno preminente, interesse della categoria professionale.

Il fenomeno dell'imposizione di tariffe forensi inderogabili è stato sottoposto in diverse occasioni al vaglio della Corte di giustizia europea che l'ha giudicato potenzialmente idoneo a falsare il gioco della concorrenza, ma non necessariamente, per ciò stesso, contrario al diritto europeo. Il meccanismo di imposizione della tariffa tramite una normativa di carattere statale è fatto salvo laddove lo Stato non deleghi ad operatori privati la responsabilità di prendere decisioni di intervento nel settore economico e conservi il proprio potere di decisione in ultima istanza, garantendo, nella salvaguardia dell'interesse pubblico, la conformità della normativa ai criteri di necessità e proporzionalità.

In particolare, nel giudicare la compatibilità con gli artt. 4, paragrafo 3, TUE e 101 TFUE (*ex* artt. 10 e 81 TCE) dei minimi tariffari degli avvocati imposti dalla previgente regolamentazione italiana (caso *Arduino*) [157], la

---

[156] Così R. Van Den Bergh, *Verso una migliore regolazione delle professioni legali nell'Unione Europea*, cit.; T. Heremans, *Professional Services in the EU Internal Market. Quality Regulation and Self-Regulation*, cit., p. 58 ss.

[157] Cfr. Corte di giustizia, sentenza del 19 febbraio 2002, *Arduino*, C-35/99, cit. La controversia trae origine da un procedimento penale instaurato a carico del sig. Arduino, imputato per la violazione della normativa relativa alla circolazione stradale. Il giudice di primo grado, il Pretore di Pinerolo, liquidando le spese sostenute dalla parte civile costituitasi in giudizio, ha disapplicato la tariffa professionale emanata con d.m. 5 ottobre 1994, n. 585 (in *GU* n. 247 del 21 ottobre 1994), recante approvazione della delibera del CNF 12 giugno 1993, modificata il 29 settembre 1994. La Corte di Cassazione, adita con ricorso, ha considerato illegittima la disapplicazione di detta tariffa e, annullata la sentenza in punto di spese, ha rinviato la causa nuovamente dinnanzi al Pretore di Pinerolo. Quest'ultimo ha rilevato la sussistenza di due tendenze opposte nell'interpretazione del tariffario forense: se si considera la fissazione della tariffa forense il frutto di una decisione di associazione di im-

Corte di giustizia ha ribadito che è configurabile la violazione di dette disposizioni nel caso in cui uno Stato membro imponga o agevoli la conclusione di accordi in contrasto con l'art 101 TFUE o ne rafforzi gli effetti, ovvero privi la propria normativa del carattere pubblico delegando ad operatori privati il potere di adottare decisioni in materia economica. Tali fattispecie non ricorrono qualora lo Stato si limiti a richiedere ad un'organizzazione di categoria l'elaborazione di una tariffa, mantenendo un controllo sostanziale sull'adozione della stessa: in tal caso la tariffa non perde, infatti, il carattere di normativa statale. Ciò era quanto previsto dal previgente sistema tariffario italiano, oggetto di giudizio: il CNF, infatti, su richiesta dello Stato, si limitava a proporre ogni due anni un progetto di tariffa privo di forza vincolante; tale sistema tariffario, per entrare in vigore, necessitava dell'approvazione del Ministro della giustizia, il quale conservava

---

prese, in quanto direttamente imputabile al CNF, che nel procedimento formativo della stessa non tiene conto di interessi generali, il giudice potrebbe disapplicare la tariffa nazionale determinata in violazione dell'art 81 TCE (ora 101 TFUE), analogamente a quanto accaduto con riguardo al sistema tariffario degli Spedizionieri doganali; viceversa, se si riconosce un ruolo primario dello Stato nell'applicazione del sistema tariffario, la tariffa forense non potrebbe essere qualificata come una decisione operata da associazione di imprese in violazione dell'art. 81 TCE. In ragione di ciò il Pretore di Pinerolo ha deciso di sospendere il procedimento e di sottoporre alla Corte le seguenti questioni pregiudiziali: "*a) Se rientri nel campo di operatività del divieto di cui all'art. 85, n. 1, del Trattato CE la deliberazione del CNF, approvata con d.m. 585/94, con cui sono state fissate le tariffe inderogabili relative all'attività professionale degli avvocati. b) Nel caso di risposta affermativa al quesito sub a), se, tuttavia, l'ipotesi rientri nella previsione di inapplicabilità del divieto statuita dall'art. 85, n. 3, del Trattato*".

In dottrina si rinvia a B. Nascimbene e S. Bastianon, *Avvocati, diritto comunitario e diritto nazionale: recenti orientamenti della Corte di Giustizia*, in *Corr. giur.*, 2002, p. 602 ss.; S. Bastianon, *Due pronunce, tanti problemi, nessuna soluzione: ovvero, gli avvocati e l'antitrust secondo la Corte di Giustizia*, in *Foro it.*, 2002, c. 188; A. Bertolotti, *La Corte di Giustizia si (ri)pronuncia sulle tariffe professionali: nuove riflessioni sul tema*, in *Giur. it.*, 2002, p. 769; M. Gnes, *Le professioni intellettuali tra tutela nazionale e concorrenza*, cit., p. 611; R. Baratta, *In tema di tariffe professionali e diritto comunitario*, in *Giust. civ.*, 2002, p. 538; V. Vigoriti, *Wouters, Arduino, Nova II, Tesco: professione legale e concorrenza*, in *Rass. forense*, 2002, p. 775; G. Scassellati Sforzolini e C. Rizza, *La tensione fra le regole di concorrenza comunitarie e regole professionali e deontologiche nazionali*, in *Giur. comm.*, 2003, p. 8; G. Frezza, *Tariffe professionali forensi fra ordinamento interno e ordinamento comunitario*, in *Giust. civ.*, 2002, p. 1139; J. Rodríguez Rodrigo, *Aplicación del Derecho de la competencia a los baremos de honorarios de abogados: Arduino y Cipolla*, in A.L. Calvo Caravaca e E. Castellano Ruiz (eds.), *La Unión Europea ante el derecho de la globalización*, Madrid, 2008, pp. 433-468; F. Marcos, *Los precios de abogados y procuradores frente al derecho de la competencia: ¿un formalismo excesivo?*, IE Working Paper / Derecho, AJ8-104, 2003. Per approfondimenti in generale sul tema delle tariffe, cfr. S.M. Carbone e A. Taramasso, *Libera prestazione di servizi, tariffe professionali e professione di avvocato*, in *Dir. comm. internaz.*, 2005, p. 231 ss.; A. Berlinguer, *La* vexata quaestio *delle tariffe professionali forensi*, in *Mercato conc. reg.*, 2011, p. 65 ss.; G. Donzelli, *La legittimità delle tariffe minime nella giurisprudenza della Corte di Giustizia*, in *Nuova giur. civ.*, 2018, v. 5, p. 620 ss.; Id., *La legittimità delle tariffe minime nella giurisprudenza della Corte di Giustizia: tra libera concorrenza e tutela del lavoro autonomo*, in *Cult. dir. per una Formazione Giuridica*, 2018, n. 1/2, p. 169 ss.; Id., *Le tariffe professionali alla luce dei "motivi imperativi di interesse generale" nella giurisprudenza della Corte di Giustizia*, cit.

il potere di chiederne la modifica e l'obbligo di ottenere il previo parere di due organi pubblici, segnatamente il Consiglio di Stato ed il Comitato interministeriale dei prezzi (CIP). La procedura di determinazione delle tariffe minime e massime inderogabili per gli avvocati con la previsione della decisione di ultima istanza in capo allo Stato, si rivelava, dunque, idonea a recidere il nesso di causalità tra la proposta dell'associazione di imprese e l'imposizione della tariffa accordando alla misura carattere statale e così escludendo la violazione degli artt. 4, paragrafo 3, TUE e 101 TFUE (*ex* artt. 10 e 81 TCE) [158].

Successivamente la Corte di giustizia, pronunciandosi nelle cause riunite *Cipolla e Macrino* [159], ha affrontato nuovamente la questione delle ta-

---

[158] La Corte così conclude: "*Gli artt. 5 e 85 del Trattato CE (divenuti artt. 10 CE e 81 CE) non ostano all'adozione da parte di uno Stato membro di una misura legislativa o regolamentare che approvi, sulla base di un progetto stabilito da un ordine professionale forense, una tariffa che fissa dei minimi e dei massimi per gli onorari dei membri dell'ordine, qualora tale misura statale sia adottata nell'ambito di un procedimento come quello previsto dal regio decreto legge 27 novembre 1933, n. 1578, come modificato*".

[159] Corte di giustizia, sentenza del 5 dicembre 2006, *Cipolla e Macrino*, cause riunite C-94/04 e C-202/04, cit. Cfr., altresì, Ordinanza di rinvio della Corte d'Appello di Torino del 4 febbraio 2004, *Cipolla- Portolese*, n. C-94/04, in *GUUE* C 94 del 17 aprile 2004, 28; la controversia ha origine nel rifiuto di un cliente di corrispondere la somma a titolo di saldo richiesta dal proprio avvocato, sul presupposto che quanto già versato antecedentemente all'introduzione del giudizio fosse comprensivo dell'intera remunerazione spettante al legale, stante l'accordo di remunerazione forfettaria concluso con il professionista. La somma versata risultava, tuttavia, inferiore rispetto ai minimi stabiliti dalla tariffa professionale. La Corte di appello di Torino, con ordinanza 4 febbraio 2004, ha sollevato una questione pregiudiziale interpretativa relativa alla validità di tale patto alla luce del diritto di concorrenza e del diritto alla libera prestazione di servizi. In particolare, la Corte d'appello avevo proposto alla Corte le seguenti questioni pregiudiziali: "1*) Se il principio della concorrenza del diritto comunitario, di cui agli artt. 10 [CE], 81 [CE] e 82 (...) CE si applichi anche all'offerta dei servizi legali; 2) Se detto principio comporti, o meno, la possibilità di convenire fra le parti la remunerazione dell'avvocato, con effetto vincolante; 3) Se comunque detto principio impedisca, o meno, l'inderogabilità assoluta dei compensi forensi; 4) Se il principio di libera circolazione dei servizi, di cui agli artt.10 CE e 49 (...) CE, si applichi anche all'offerta dei servizi legali; 5)In caso positivo, se detto principio sia, o meno, compatibile con la inderogabilità assoluta dei compensi forensi*". Si v., inoltre, Ordinanza Tribunale di Roma, 7 aprile 2004, in *Rass. forense*, 2004, p. 1068; la vicenda trae origine dalla determinazione dall'importo degli onorari spettanti ad un avvocato per una prestazione stragiudiziale svolta sulla base delle tariffe forensi; l'assistenza fornita dal legale non costituiva, però, attività riservata agli avvocati. Con rinvio pregiudiziale alla Corte di giustizia europea il Tribunale di Roma ha a sua volta posto alla Corte una questione relativa alla compatibilità con gli artt. 10 CE e 81 CE di un altro aspetto della medesima normativa nazionale. In particolare, il Tribunale di Roma ha chiesto alla Corte "*Se gli artt. 5 e 85 del Trattato CE (divenuti artt. 10 CE e 81 CE) ostino all'adozione da parte di uno Stato membro di una misura legislativa o regolamentare che approvi, sulla base di un progetto stabilito da un ordine professionale forense, una tariffa che fissa dei minimi e dei massimi per gli onorari dei membri dell'ordine con riferimento a prestazioni aventi ad oggetto attività (c.d. stragiudiziali) non riservate agli appartenenti all'ordine professionale forense ma che possono essere espletate da chiunque*".

riffe dei professionisti forensi, ma questa volta in riferimento alla compatibilità delle stesse con il diritto di libera prestazione di servizi intra-UE. In tale occasione la Corte di giustizia è stata, altresì, chiamata a sondare l'applicabilità, alla luce del diritto antitrust, delle tariffe imposte alle prestazioni stragiudiziali. Richiamando il precedente *Arduino*, la Corte di giustizia ha negato la sussistenza, nella procedura di determinazione delle tariffe forensi, di una rinuncia da parte dello Stato italiano *"ad esercitare il proprio potere delegando ad operatori privati la responsabilità di prendere decisioni di intervento nel settore economico"*, ed ha sottolineato come il sistema tariffario basato sulla semplice proposta del CNF ed emanato con decreto da parte del Ministro di giustizia, nell'esercizio di un proprio potere, non possa di per sé essere giudicato in contrasto con il diritto della concorrenza, né per le tariffe minime previste per le attività riservate, cioè per l'attività giudiziale, né per le tariffe previste per le attività libere, quali l'attività stragiudiziale. La Corte di giustizia ha riconosciuto, tuttavia, il potenziale effetto lesivo della normativa italiana, in quanto il divieto di derogare ai minimi tariffari può rendere più difficile l'ingresso nel mercato italiano dei servizi legali degli avvocati stabiliti in uno Stato membro diverso. Gli avvocati stranieri risultano, pertanto, ostacolati nell'esercizio delle loro attività nello Stato italiano e, conseguentemente, la scelta per gli utenti risulta limitata. Ciononostante, i giudici hanno ritenuto che la previsione di tariffe minime sia da ritenersi giustificata se necessaria a garantire la tutela dei consumatori e il buon andamento della giustizia, purché proporzionata per il raggiungimento di tali fini. La Corte di giustizia ha demandato al giudice nazionale il compito di valutare se l'inderogabilità di tali limiti tariffari, concretizzantesi in una restrizione alla libera prestazione dei servizi, dovesse ritenersi giustificata in concreto sul terreno dell'interesse pubblico, anche in considerazione dall'alto numero di avvo-

---

In dottrina, v. J. Rodríguez Rodrigo, *Aplicación del Derecho de la competencia a los baremos de honorarios de abogados: Arduino y Cipolla*, cit.; A. Bertolotti, *Le libere professioni tra Corte di Giustizia e Decreto Bersani: luci ed ombre (o, meglio, più ombre che luci)*, in *Giur. it.*, 2007, p. 3; M. Amorese, *Cases C-94/04, Cipolla & Macrino: The emergence of a political approach to the regulation of professionals in Europe?*, in *Colum. J. of Eur. L.*, 2007, p. 733 ss.; C. Perlat-Lopes, *Honoraires d'avocats: la réglementation des tarifs en Italie. À propos de l'arrêt Cipolla et Macrino (CJCE, 5 décembre 2006)*, in *Gazette du Palais*, 2006 n. 351-353 II Doct. p. 2 ss.; P. Quaia, *Avvocati: Qualità o prezzo? In margine alla sentenza della Corte di giustizia in cause riunite N. C-94/04 e n. C-202/04*, in *Dir. com. scambi internaz.*, 2006, p.701 ss.; P. Mailänder, *Anwaltliches Gebührenrecht im europarechtlichen Aufwind*, in *Neue juristische Wochenschrift*, 2007, p. 883 ss.; C. Kern, *Zur Vereinbarkeit verbindlicher Anwaltsgebühren mit dem europäischen Wettbewerbsrecht und der Dienstleistungsfreiheit*, in *Zeitschrift für europäisches Privatrecht*, 2008 p. 411 ss.; M. Illmer, *Lawyers'Fees and Access to Justice – the Cipolla and Macrino judgment of the ECJ (Joined Cases C-94/04 and C-202/04)*, in *Civil Justice Quarterly*, 2007, p. 301 ss.; V. Cuocci, *Libera concorrenza e libera prestazione di servizi: le tariffe forensi italiane al vaglio del diritto comunitario*, in *Nuova giur. civ. comm.*, 2007, p. 944 ss.; A. Mari, *La disciplina comunitaria delle tariffe nazionali per i servizi legali*, in *Giorn. dir. amm.*, 2008, p. 20 ss.

cati italiani e delle "*norme di organizzazione, di qualificazione, di deontologia, di controllo e di responsabilità*" relative alla professione di avvocato vigenti nell'ordinamento nazionale [160].

---

[160] Le pronunce della Corte di giustizia *Arduino, Cipolla e Macrino* sono state da alcuni lette come una piena ed incondizionata legittimazione alla predisposizione di tariffe fisse minime, costituendo le stesse una misura inevitabile per garantire idonea tutela all'interesse pubblico riconnesso all'attività legale; in realtà, come sottolineato da autorevole dottrina, in tali casi, non è ravvisabile alcun giudizio di merito sulla compatibilità delle restrizioni tariffarie italiane con il diritto europeo della concorrenza (Cfr. A Berlinguer, *La professione forense. Modelli a confronto*, cit., p. 188). Il sistema tariffario inderogabile per gli avvocati, nei suoi massimi e minimi, non essendo frutto di una decisione imputabile all'Ordine forense, quale associazione di imprese, non può essere giudicato ai sensi e per gli effetti dell'art. 101 TFUE. Nel contempo, tale misura sfugge all'applicazione del combinato disposto degli artt. 101 TFUE e 4, paragrafo 3, TUE. Tale ultima disposizione costituisce, infatti, una mera norma di chiusura, cha letta in combinazione con l'art. 101 TFUE o 102 TFUE, consente di punire condotte che si caratterizzano per l'intervento statale e che non sarebbero, pertanto, riconducibili direttamente ed esclusivamente nell'alveo delle due citate norme antitrust. Cfr. conclusioni dell'Avvocato Generale Tesauro nella causa *Meng* (Corte di giustizia, sentenza del 17 novembre 1993, *Meng*, C-2/91, EU:C:1993:885, paragrafo 18): "*In definitiva, a me sembra che la richiamata giurisprudenza possa essere così sintetizzata: l'effetto utile delle norme sulla concorrenza rischia di essere pregiudicato solo in presenza di misure statali che consentano alle imprese private di sottrarsi ai vincoli di cui all'art. 85, misure che siano dunque manifestamente elusive, vuoi perché a) offrono una copertura legale a comportamenti altrimenti vietati, vuoi perché b) rendono inutili tali comportamenti per il fatto di lasciare agli stessi operatori interessati il compito di... regolamentare il mercato, con la conseguenza che l'azione di tali operatori potrà essere analizzata, in buona sostanza, come comportamento d'impresa ai sensi dell'art. 85*"; tuttavia, l'esigenza di protezione dell'effetto utile del diritto della concorrenza non può prescindere dall'esistenza di una condotta dei privati, siano esse imprese o associazioni di imprese. La possibilità di qualificare gli interventi pubblici quali "*misure statali di effetto equivalente ad un'intesa restrittiva*" (o ad un abuso di potere di mercato), così come ipotizzate dagli Avvocato Generali Jacobs e Léger, rispettivamente, nelle conclusioni *Pavlov* e *Arduino*, non trovano, infatti, riscontro nel diritto europeo della concorrenza. Lo Stato italiano, nei casi citati, non ha imposto o consentito agli ordini professionali di agire in violazione delle norme di concorrenza, autorizzandoli a compire scelte economiche autonome, ma ha introdotto il sistema tariffario direttamente con un provvedimento autoritativo pubblico. Gli obiettivi imperativi di interesse pubblico, concretizzantesi nella tutela, da un lato, dei destinatari dei servizi forniti da professionisti operanti nel settore della giustizia, e, dall'altro, della buona amministrazione della giustizia possono giustificare una restrizione della libera prestazione dei servizi e al diritto di concorrenza, alla duplice condizione che il provvedimento nazionale sia idoneo a garantire la realizzazione dell'obiettivo perseguito e non vada oltre quanto necessario per raggiungerlo. Anche l'Autorità Garante del Mercato e della Concorrenza ha sin da subito sottolineato come la sentenza *Arduino* si limiti a negare le presenza di una delega da parte dello Stato italiano ad operatori privati, ed in particolare al CNF, per lo svolgimento di pubbliche funzioni, senza tuttavia esprimersi sulla compatibilità delle tariffe con l'obiettivo di tutelare l'interesse generale; l'Autorità ha invitato, dunque, il Governo italiano a non trarre da tale sentenza principi generali in materia di tariffe (v. Autorità Garante della Concorrenza e del Mercato, *Relazione sull'attività svolta nel biennio 2004/2005 per la promozione della liberalizzazione dei servizi professionali*, AS316, 2005, punto 58). V., inoltre, COM/2004/83 final, cit., spec. p. 11 ss.; in dottrina si rinvia a S. De Waele, *Liberal Professions and Recommended Prices: The Belgian Architects Case*, Competition Policy Newsletter, 2004, p. 3; Organisation for Economic Co-operation and Development (OECD), *Reviews of Regulatory Reform: Italy 2009 Better Regulation to Strengthen Market Dynamics*, OECD Publishing, 2010.

La cautela che impone il vaglio del singolo caso concreto, per stabilire se l'imposizione di una tariffa minima sia giustificata e proporzionata rispetto alla necessità di tutelare gli interessi generali, ha segnato anche lo scrutinio della compatibilità con il diritto europeo della legge bulgara che, da un lato, vieta all'avvocato di pattuire con il proprio cliente un onorario d'importo inferiore al minimo stabilito da un regolamento adottato da un'organizzazione di categoria dell'ordine forense (il *Vissh advokatski savet*, ovvero il Consiglio superiore dell'Ordine forense, Bulgaria), a pena di procedimento disciplinare a carico del professionista legale; dall'altro, non consente al giudice di disporre la rifusione degli onorari d'importo inferiore a quello minimo [161]. La Corte, pur qualificando la normativa in questione come decisione di un'associazione di imprese, in quanto adottata direttamente dal Consiglio dell'Ordine bulgaro, e pur ritenendola potenzialmente idonea a falsare il gioco della concorrenza nel mercato interno, ha tuttavia ritenuto di non possedere elementi di valutazione sufficienti per stabilire se tale normativa, alla luce delle sue concrete modalità applicative, rispondeva alla necessità di realizzare obiettivi legittimi e se tali restrizioni erano limitate a quanto necessario per garantire l'attuazione di tali legittimi obiettivi, rimettendo, pertanto, al giudice del rinvio tale analisi [162].

All'attenzione della Corte di giustizia è stata portata anche la questione dell'imposizione di tariffe fisse massime, con particolare riferimento alle previgenti tariffe forensi italiane che prevedevano l'inderogabilità del limite massimo imposto dal tariffario [163]. La vicenda rinviene la propria origi-

---

[161] Corte di giustizia, sentenza del 23 novembre 2017, *CHEZ Elektro Bulgaria AD v. Yordan Kotsev and FrontEx International EAD v. Emil Yanakiev*, cause riunite C-427/16 e C-428/16, ECLI:EU:C:2017:890 e in *Guida dir.*, 2018, f. 1, p. 96 ss., con nota di M. Castellaneta, *È contrario alla concorrenza il sistema di determinazione delle tariffe minime dei legali senza controllo pubblico*. In dottrina si rinvia, inoltre, a M. Zuliani, *Professioni intellettuali ed equo compenso: che cosa viola il principio di concorrenza?*, in *Resp. civ. prev.*, 2019, f. 5, p. 1747 ss.; G. Donzelli, *La legittimità delle tariffe minime nella giurisprudenza della Corte di Giustizia*, cit.

[162] Cfr. Corte di giustizia, sentenza del 4 luglio 2019, *Commissione europea contro Repubblica federale di Germania*, C-377/17, cit.; in dottrina v. G. Donzelli, *Le tariffe professionali alla luce dei "motivi imperativi di interesse generale" nella giurisprudenza della Corte di Giustizia*, cit.

[163] Corte di giustizia, sentenza del 29 marzo 2011, *Commissione c. Italia*, C-565/08, EU:C:2011:188. In dottrina, cfr. B. Nascimbene, *Tariffe degli avvocati e Corte di Giustizia: un conflitto risolto?*, in *Corr. giur.*, 2011, p. 1041; M. Henssler, *Höchstsätze für Rechtsanwaltsgebühren a Marktzugangsbeschränkung*, in *Neue juristische Wochenschrift*, 2011, p. 1577; P. De Luca e M. Puglia, *Cronache della giurisprudenza dell'Unione europea (gennaio-giugno 2011)*, in *Dir. Un. eu.*, 2011, p. 781; E. Bergamini, *La Corte di Giustizia e le tariffe (massime) degli avvocati: ultime evoluzioni o ultimo round?*, in *Dir. comun. scambi internaz.*, 2011, p. 491; L. Pace e F. Lorenzo, *Corte di Giustizia dell'Unione europea, 29 marzo 2011, C-565/08*, in *Europa dir. priv.*, 2011, p. 1227; W. Ferrante, *La Corte di Giustizia salva le tariffe forensi massime*, in *Rass. avv. Stato*, 2011, III, p. 64.

ne nel ricorso proposto dalla Commissione [164] sulla base della presunta incompatibilità delle tariffe massime forensi previste a tutela degli utenti, fatte salve dall'art. 2, comma 2, del c.d. Decreto Bersani, con il diritto di libera prestazione di servizi e con la libertà di stabilimento. La Commissione ha sostenuto che la previsione di un tariffario massimo obbligatorio, imposto indipendentemente dalla qualità della prestazione e dalla complessità e onerosità del lavoro svolto, costituiva un disincentivo per gli avvocati degli altri Stati membri a stabilirsi o a prestare occasionalmente i propri servizi legali in Italia. Tali avvocati avrebbero dovuto, infatti, impiegare risorse per adattarsi al sistema di calcolo italiano, rinunciare a richiedere onorari maggiori rispetto a quelli previsti in Italia, nonché a contrattare liberamente con i clienti i propri onorari, non potendo fare offerte *ad hoc* in determinate situazioni e/o a clienti particolari. La Corte di giustizia ha, tuttavia, respinto il ricorso, ritenendo non provato l'effetto restrittivo di tali tariffe massime inderogabili: da un lato la sussistenza di norme diverse rispetto a quelle previste negli Stati membri non è di per sé sufficiente al fine di poter ritenere integrata una violazione della disciplina in tema di libera circolazione, dall'altro, le norme italiane devono ritenersi flessibili, laddove consentono di aumentare gli onorari sino al doppio delle tariffe massime applicabili, per le cause di particolare importanza, complessità o difficoltà, o fino al quadruplo per le cause di straordinaria importanza, o anche oltre nell'ipotesi di sproporzione manifesta tra la prestazione dell'avvocato e la tariffa massima prevista per legge, così da garantire sempre un adeguato compenso al professionista. Le tariffe massime italiane non costituiscono, dunque, a parere della Corte di giustizia, alcun ostacolo all'accesso degli avvocati provenienti dagli altri Stati membri al mercato italiano.

In talune premesse argomentative della Corte di giustizia e nelle conclusioni degli Avvocati generali [165] è possibile talvolta ravvisare un giudi-

---

[164] La Commissione, ravvisando una possibile incompatibilità delle disposizioni sulle tariffe massime obbligatorie rimaste in vigore anche a seguito dell'approvazione del Decreto Bersani con gli artt. 43 e 49 CE, aveva avviato un procedimento di infrazione nei confronti dell'Italia. Ritenendo non soddisfacenti le spiegazioni fornite dallo Stato italiano, la Commissione aveva successivamente proposto ricorso alla Corte di giustizia. Cfr. G. Rossolillo, *Ricorso proposto dalla Commissione contro la Repubblica italiana il 19 dicembre 2008, causa C-565/08*, in *Obbl. e Contr.*, 2009, n. 5, p. 469.

[165] Si considerino, a titolo esemplificativo, le conclusioni dell'Avvocato generale Poiares Maduro, che nel procedimento *Cipolla-Macrino* suggeriva di dichiarare ingiustificata *tout-court* la restrizione della libera circolazione dei servizi determinata dalla predisposizione di minimi tariffari inderogabili. Seppur l'Avvocato generale ammetteva la legittimità di un tariffario forense, se sottoposto ad un effettivo controllo da parte dello Stato, non riteneva, nel caso di specie, la disciplina giustificata dall'esigenza di tutelare obiettivi generali di interesse pubblico. V. *Conclusioni dell'Avvocato Generale M. Poiares Maduro,* cause riunite C-94/04 e C-202/04, EU:C:2006:76. Si v. M. Gnes, *Le professioni intellettuali tra tutela nazionale e concorrenza*, cit., nota 61: l'A. sottolinea l'importanza nell'interpretazione ed evoluzio-

zio critico: un meccanismo imposto di determinazione delle tariffe, soprattutto riguardante i limiti minimi, risulta potenzialmente idoneo a pregiudicare la competitività del mercato dei servizi professionali e incide in maniera negativa soprattutto sulla libera prestazione di servizi nel mercato nazionale da parte di avvocati degli altri Stati membri, senza risultare, per converso, automaticamente funzionale al perseguimento di interessi generali.

Tuttavia, gli obiettivi imperativi di interesse pubblico, tra cui la tutela dei destinatari dei servizi forniti da professionisti del diritto e la buona amministrazione della giustizia, possono giustificare una restrizione della libera prestazione dei servizi legali e una compromissione della concorrenza, alla duplice condizione che il provvedimento nazionale sia idoneo a garantire la realizzazione degli obiettivi perseguiti e non vada oltre quanto necessario per realizzarli.

Sul piano politico, anche il Parlamento europeo si è dichiarato favorevole ad una maggiore liberalizzazione del comparto dei servizi professionali, in ragione del forte peso economico di quest'ultimi, ma senza trascurare la necessità di modulare gli interventi di apertura al mercato alla particolare natura e specificità di ciascuna professione. Con particolare riferimento al tema delle tariffe professionali obbligatorie ha, pertanto, ribadito la necessità di ammettere talune forme di regolamentazione, contemperando l'effetto distorsivo della concorrenza di detti interventi normativi con l'interesse pubblico che si intende salvaguardare [166]. In particolare, la predisposizione di tariffe obbligatorie può, a parere del Parlamento, ritenersi compatibile con il diritto antitrust nel caso in cui *"gli Stati membri controllino attivamente l'intervento di operatori privati nel procedimento decisionale"* [167] e tale misura sia, in ultima analisi, adeguata e proporzionata rispetto all'obiettivo di proteggere la collettività, e non risulti, per contro, pura espressione degli interessi di categoria [168]. Tuttavia, il Parlamento non ha mancato di rilevare l'uso spesso pretestuoso dei 'motivi imperativi di interesse generale' fatto dagli Stati membri per proteggere e favorire i mercati interni a discapito di quello comune, concludendo, nel 2013, con un giudizio estremamente negativo sulle tariffe: *"le tariffe fisse creano ostacoli ingiustificati a un efficiente stabilimento in altri Stati membri, danneggiando altresì il mercato interno dei servizi"* [169].

---

ne della giurisprudenza comunitaria delle conclusioni degli Avvocati generali della Corte di giustizia, i cui contenuti si rivelano spesso anticipatori dei successivi trend giurisprudenziali.

[166] Cfr. Risoluzione 5 aprile 2001, cit.

[167] Cfr. Risoluzione del Parlamento europeo sulle professioni legali e l'interesse generale nel funzionamento dei sistemi giuridici, P6 TA(2006)0108, 23 marzo 2006, cit.

[168] Risoluzione del Parlamento europeo sul seguito alla relazione sulla concorrenza nei servizi professionali (2006/2137(INI)), 12 ottobre 2006.

[169] In questi termini: Risoluzione del Parlamento europeo dell'11 settembre 2013 sul

I dichiarati effetti anticoncorrenziali derivanti dall'imposizione di tariffe inderogabili e il bisogno, nel particolare settore delle professioni regolamentate, di cercare incessantemente un giusto equilibrio tra le esigenze del mercato ed altri valori socialmente meritevoli di tutela, fanno da *leitmotiv* anche alle iniziative di *competition advocacy* della Commissione europea. La posizione della Commissione, rispetto a quella della Corte di giustizia, risulta più netta: il fitto coacervo di norme restrittive della concorrenza idonee ad incidere sul sistema tariffario stentano a trovare giustificazione sul terreno dell'interesse pubblico e, in ragione di ciò, dovrebbero essere riviste ed adattate [170]. I prezzi fissi o prezzi minimi vengono addirittura qualificati dalla Commissione come gli strumenti normativi più deleteri per la concorrenza, in quanto in grado di eliminare o ridurre sensibilmente i vantaggi che possono derivare agli utenti dai mercati competitivi. Tali misure restrittive, a parere della Commissione, non solo non garantiscono una riduzione dei costi delle prestazioni, ma non possono nemmeno essere ritenute idonee a proteggere la qualità dei servizi: esse, infatti, non impediscono a professionisti meno qualificati di offrire servizi sul mercato, né tutelano i consumatori da eventuali comportamenti opportunistici posti in essere dai professionisti [171]. Nel mirino della

mercato interno dei servizi: situazione attuale e prossime tappe (2012/2144(INI)), in *GU*, C 93 del 9 marzo 2016, pp. 84-89.

[170] Cfr. COM(2004) 83 def., cit., p. 11, punto 31.

[171] COM(2004) 83 def., cit., pp. 11 e 12. Tali assunti sono stati ribaditi anche in E. Canton, D. Ciriaci e I. Solera, *The Economic Impact of Professional Services Liberalisation*, in *Economic Papers*, 533, European Union, 2014: "*Regulated fees may be established above competitive levels, resulting in higher profits. Among restrictions on conduct, restrictions on pricing are potentially highly damaging for competition*" (p. 7).

V., inoltre, COM(2012) 752 final: Relazione della Commissione al Parlamento Europeo, al Consiglio, alla Banca Centrale Europea, al Comitato Economico e Sociale Europeo, al Comitato delle regioni e alla Banca Europea per gli investimenti – Stato dell'integrazione del mercato unico 2013, 28 novembre 2012, in cui la Commissione, riferendosi in generale al settore dei servizi ed in particolare alle professioni regolamentate, ha rilevato la presenza di normative nazionali che pregiudicano la concorrenza nel mercato interno, ponendo ostacoli all'accesso (tra cui la riserva di determinate attività ai titolari di qualifiche specifiche) e/o ostacoli di condotta (ovvero restrizioni attinenti l'esercizio di attività professionali, quali, ad esempio, i requisiti riguardanti la forma giuridica o la proprietà del capitale delle società). Ancora una volta, tuttavia, la Commissione si esprime in modo estremamente critico con riferimento alle norme nazionali di alcuni Stati membri (BG, CY, DE, PL, SK, SI, SE) che impongono tariffe a determinate professioni (ad es. ingegneri/architetti, contabili, consulenti fiscali e di brevetti, veterinari). Pur ribadendo la necessità di contemperare l'apertura al mercato con la tutela dell'interesse pubblico, la Commissione sottolinea l'eterogeneità della mercato interno delle professioni e l'insufficiente grado di competitività raggiunto, ed in ragione di ciò indica nuovamente tra le priorità d'azione degli Stati membri l'adozione di un approccio più ambizioso, con particolare riferimento all'attuazione della Direttiva sui servizi, riesaminando la "*necessità e proporzionalità dei requisiti ancora in essere, in particolare quelli che fissano le tariffe di determinate professioni e quelli che limitano le strutture societarie e la proprietà del capitale*", nonché richiedendo agli Stati membri di "*valutare la motivazione dei requisiti che limitano l'accesso alle professioni rego-*

Commissione permangono anche le tariffe raccomandate, giudicate, al pari delle tariffe fisse, idonee a pregiudicare i meccanismi di libera concorrenza. Tra i rischi rilevati dalla Commissione vi è la possibilità di facilitare, attraverso parametri raccomandati, il coordinamento dei prezzi tra prestatori e di trarre in inganno i consumatori su quali siano i livelli ragionevoli dei costi del servizio [172].

Nonostante le carenti evidenze empiriche a sostegno dell'invito mosso agli Stati membri dalla Commissione europea in favore della revisione dei sistemi tariffari, soprattutto in riferimento alle tariffe raccomandate [173], e nonostante l'orientamento della giurisprudenza europea che ha fatto sostanzialmente salve le tariffe inderogabili laddove giustificate da motivi imperativi di interesse generale, nel rispetto dei criteri di necessità, proporzionalità e non discriminazione, l'abbandono delle tariffe forensi fisse minime e/o massime in favore di compensi concordati tra professionista e cliente ha rappresentato uno dei primi e principali trend europei nella liberalizzazione dei servizi professionali degli ultimi decenni [174]. Attualmente, la regola maggiormente diffusa nei diversi contesti nazionali depone per la possibilità per avvocati e clienti di concludere liberi accordi sul compenso, generalmente in forma scritta [175].

---

lamentate e il loro svolgimento, compreso il ruolo degli ordini professionali, sopprimere o allentare questi requisiti laddove siano ingiustificati" (p. 14).

[172] V. COM(2004) 83 def., cit., spec. p. 13 ss.

[173] Così F.H. Stephen, J.H. Love e N. Rickman, *Regulation of the Legal Profession*, cit., spec. pp. 660 e 661; T. Heremans, *Professional Services in the EU Internal Market. Quality Regulation and Self-Regulation*, cit., pp. 58-60; R. Van Den Bergh, *Verso una migliore regolazione delle professioni legali nell'Unione Europea*, cit.

[174] M. Henssler, *The Organisation of Legal Professions*, in M. Schauer e B. Verschraegen (eds.), *General Reports of the XIXth Congress of the International Academy of Comparative Law Rapports Généraux du XIXème Congrès de l'Académie Internationale de Droit Comparé. Ius Comparatum—Global Studies in Comparative Law*, Springer, Dordrecht, 2017, v. 24, p. 261 e spec. p. 268.

[175] L'affermazione del principio consensualistico nella determinazione del compenso degli avvocati in Francia precede il trend di liberalizzazione dei servizi legali sollecitato dall'Unione europea: la legge professionale francese n. 1130 del 31 dicembre 1971 (art. 10) prevede, infatti, che gli onorari per le consultazioni, l'assistenza, la consulenza, la redazione di atti giuridici di natura privata e di difesa siano fissati d'accordo con il cliente e, in assenza di pattuizioni contrattuali, secondo gli usi, in funzione della situazione patrimoniale del cliente, della difficoltà dell'affare, delle spese sostenute dall'avvocato, della sua notorietà e delle procedure svolte. Il principio della libera determinazione del compenso forense trova conferma anche nel *Règlement Intérieur National de la profession d'avocat* (RIN) del *Conseil national des barreaux* (CNB) di Francia. I tariffari non vincolanti (*barèmes* o *raccomandations*) proposti nel tempo da taluni Ordini professionali francesi (tra cui l'Ordine forense presso la Corte di Parigi (1982), l'Ordine forense di Terascona, di Rennes (1988), di Nizza (1990 e 1994) e di Bordeaux) sono stati sistematicamente condannati dal *Conseil de la Concurrence* come pratiche lesive della concorrenza. Per un approfondimento sul tema si rinvia a M. Chiarelli, *Decoro e libera determinazione del compenso professionale: ordinamento francese ed italiano a confronto*, in *Rass. forense*, 2012, n. 1-2, p. 89 ss.; R. Danovi, *Il patto quota*

In Italia, il d.l. 223/2006 (c.d. Decreto Bersani), convertito con legge 248/2006, epilogo di numerosi disegni di legge e proposte legislative volte a modernizzare il settore dei servizi professionali e rimasti tuttavia senza alcun esito [176], aveva portato una prima apertura in tal senso [177] con l'abrogazione delle disposizioni legislative e regolamentari che prevedevano, con riferimento alle attività libero professionali e intellettuali, *"l'obbligatorietà di tariffe fisse o minime ovvero il divieto di pattuire compensi parametrati al raggiungimento degli obiettivi perseguiti"*. Erano fatte comunque salve le eventuali tariffe massime imposte a tutela degli utenti e il riferimento alle tariffe predefinite in caso di liquidazione giudiziale e gratuito patrocinio [178]. Il processo di riforma legislativa degli ordinamenti profes-

---

lite e l'onorario di risultato nella giurisprudenza francese, in R. Danovi (a cura di), *Compenso professionale e patto quota lite*, Giuffrè, Milano, 2009, p, 129 ss.; B. Nascimbene, *La professione forense nell'Unione europea*, cit., p. 138; M. Benichou, *L'Europe, les avocats & la concurrence*, in *Rass. forense*, 2007, p. 197 ss.

[176] Cfr., sul punto, E. Bergamini, *La concorrenza dei professionisti nel mercato interno dell'Unione europea*, Editoriale Scientifica, Napoli, 2005, p. 274.

[177] Tale intervento legislativo si inserisce nel solco dell'opera di *advocacy* svolta a livello nazionale dall'Autorità antitrust italiana (Autorità Garante della Concorrenza e del Mercato – AGCM). Un significativo contributo ai tentativi di apertura della professione forense alle regole di mercato è stato, infatti, offerto dall'AGCM, la quale, recependo l'orientamento europeo, ha nel tempo condotto analisi sistematiche nel settore fornendo linee guida per incrementare la competitività nei servizi professionali. L'Autorità italiana ha sottolineato, infatti, a più riprese, l'opportunità di procedere ad una riforma in senso pro-concorrenziale di tale comparto, al fine di rimuovere gli ostacoli allo sviluppo economico ancora presenti; a tal fine ha auspicato il mantenimento delle sole regolamentazioni restrittive, di matrice normativa o pattizia, che trovano legittimo fondamento nella sussistenza di un rapporto oggettivo di necessarietà e proporzionalità tra la misura limitativa della concorrenza e la tutela dell'interesse pubblico riconnesso all'esercizio di particolari professioni. In particolare, nell'"*Indagine conoscitiva sugli ordini e collegi professionali*", del 1997, finalizzata a verificare l'adeguatezza della regolamentazione in vigore in relazione all'obiettivo di consentire un consono sviluppo delle attività professionali, l'Autorità ha delineato il carattere marcatamente restrittivo della regolamentazione italiana rispetto a quelle in vigore nella maggior parte degli altri Stati membri. Con particolare riferimento alle tariffe, l'AGCM ha sottolineato l'assenza di un nesso eziologico tra tariffe predeterminate ed imposte e qualità dei servizi legali offerti sul mercato, sostenendo che quest'ultima potrebbe, in realtà, essere garantita da misure diverse e meno restrittive, quali le condizioni di accesso alla professione ovvero meccanismi di responsabilità professionale. Così Autorità Garante della Concorrenza e del Mercato, IC15, *Settore degli ordini e collegi professionali*, 9 ottobre 1997.

[178] G. Scarselli, *Il decreto Bersani e le tariffe forensi*, in *Foro it.*, 2007, v. 130, I, c. 23 ss.; A. Bertolotti, *Le libere professioni tra Corte di Giustizia e Decreto Bersani: luci ed ombre (o, meglio, più ombre che luci)*, cit.

L'OECD nel *Report Competitive Restrictions in Legal Professions*, DAF/COMP(2007)39, 28 gennaio 2008, p. 299, menziona la riforma italiana introdotta con il Decreto Bersani tra i cambiamenti più significativi operati dagli Stati membri sotto l'influenza del diritto europeo ed in particolare: "*There have been some very exciting developments in EU Member States during 2006 where Governments themselves have taken action to reform anti-competitive legal services regulation and it shows the increasing impact of the European Commission's and national competition authorities' work to reform this sector. These in-*

sionali in generale, e di quello forense in particolare, non si è arrestato: con la legge 27/2012 di conversione del d.l. 1/2012 [179] il sistema per la determinazione del compenso per l'attività professionale ha subito un'ulteriore trasformazione. In particolare, l'art. 9 ha statuito l'abrogazione, in via generale, di tutte le tariffe previste per le professioni regolamentate, stabilendo contestualmente l'implicita abrogazione delle norme che rinviano ai sistemi tariffari per la determinazione del compenso professionale. Il criterio principale per la determinazione del compenso è diventato, dunque, l'accordo tra cliente e professionista, in assenza del quale subentra la liquidazione in sede giudiziale, secondo i parametri normativi introdotti dal d.m. 140/2012 [180]. La nuova legge professionale forense 247/2012 [181] ha, infine, introdotto un sistema speciale di determinazione e liquidazione del compenso per gli avvocati. Il compenso deve essere generalmente concordato per iscritto al momento del conferimento dell'incarico, e può essere pattuito secondo diverse modalità, ovvero a *forfait*, a tempo, per convenzione su uno o taluni affari, in base all'assolvimento e ai tempi di erogazione della prestazione, per singole fasi, prestazioni o per l'intera attività, a percentuale sul valore dell'affare o di quanto si prevede possa giovarsene il cliente, anche a prescindere da un profilo meramente economico, indipendentemente dall'effettivo esito o risultato raggiunto. La norma reintroduce il divieto di patto quota lite [182], precedentemente abrogato con la

---

clude: The package of deregulation measures adopted in summer 2006 by the Italian Parliament in professional services is a land mark development (based on the so-called "Bersani" decree) (...)".

[179] Legge 24 marzo 2012, n. 27, Conversione in legge, con modificazioni, del decreto-legge 24 gennaio 2012, n. 1, recante disposizioni urgenti per la concorrenza, lo sviluppo delle infrastrutture e la competitività, in *GU* n. 71 del 24 marzo 2012 – Suppl. Ordinario n. 53.

[180] Per un commento sul d.P.R. 7 agosto 2012, n. 137 sulla riforma degli ordinamenti professionali e il d.m. 20 luglio 2012, n. 140 sui parametri per la liquidazione dei compensi si rinvia a G. Scarselli, *Note sulla riforma degli ordinamenti professionali e sui parametri per la liquidazione dei compensi forensi*, in *Corr. giur.*, 2013, v. 1, p. 66 ss.

[181] Legge 31 dicembre 2012, n. 247, Nuova disciplina dell'ordinamento della professione forense, in *GU* del 18 gennaio 2013, n. 15.

[182] La possibilità di ammettere il patto quota lite nel contesto italiano e la relativa compatibilità di tale modalità di determinazione del compenso con i valori fondamentali della professione forense sono stati a lungo oggetto di dibattito: *ex multis*, si rinvia a A. D'Adda, *Nullità parziale e tecniche di annullamento del contratto*, Cedam, Padova, 2008; G. Scarselli, *Il Decreto Bersani e le Tariffe forensi*, cit.; P. Schlesinger, *La nuova disciplina dei compensi professionali per gli avvocati*, in *Corr. giur.*, 2007, p. 449; L. Dittrich, *Profili applicativi del patto quota lite*, in *Riv. dir. proc.*, 2007, p. 1141; G. Ponzanelli, *La responsabilità civile. Profili di diritto comparato*, Il Mulino, Bologna, 1992.

Per contro, nel Regno Unito, i *solicitor* godono da sempre di maggiori margini per accordarsi con i clienti prevedendo forme particolari di retribuzione, quali, ad esempio, le *contingency fees* e le *conditional fees*. In particolare, il *Contingency fee agreement* è l'accordo tramite il quale il compenso professionale viene ancorato al risultato dell'opera prestata, in quanto calcolato come percentuale della somma ottenuta dal cliente. Il *Conditional fee agreement* si basa, invece, su una *speculative uplift fee*: in caso di vittoria il legale ha diritto

riforma Bersani: dovranno, dunque, essere dichiarati nulli i patti che prevedono che il compenso consista *"in tutto o in parte in una quota del bene oggetto della prestazione o della ragione litigiosa"* [183]. È previsto l'obbligo di

---

ad un compenso maggiore rispetto a quello ordinario mediante il riconoscimento di una *success fee*, mentre in caso di insuccesso il professionista non riceve alcun compenso per l'opera prestata, secondo la nota formula *'no win, no fee'* ovvero un compenso minore all'ordinario. In particolare, il *Conditional fee agreement* viene definito dalla s. 58 del *Court and Legal Service Act 1990* (come modificato dall'art. 27 dell'*Access to Justice Act 1999*) come l'accordo stipulato con un soggetto in grado di fornire un'assistenza o un patrocinio legale che prevede che le spese sostenute per la causa e i compensi per l'attività svolta debbano essere pagati dall'assistito solo in specifiche circostanze (cfr. *Court e Legal Services Act 1990*, s. 58 (2)). Inizialmente ai *solicitors* non era consentito avvalersi del *Contingency fee agreement* per calcolare il compenso per l'attività giudiziale svolta. Cfr., a titolo esemplificativo, Wallersteiner v. Moir (n.2) [1975] QB 373 (52); cfr., altresì, *Solicitors Practice Rules 1990*, Rule 8 (1) – Contingency fees, ove è statuito: *"A solicitor who is retained or employed to prosecute or defend any action, suit or other contentious proceeding shall not enter into any arrangement to receive a contingency fee in respect of that proceeding, save one permitted under statute or by common law"*. Anche il *Solicitors' Code of Conduct 2007*, nella versione in vigore sino al mese di novembre 2011, vietava espressamente la conclusione di *Contingency Fee Agreements*, con riferimento al compenso dovuto per l'attività giudiziale; cfr. *Solicitors' Code of Conduct 2007*, § *'Contingency Fees'*, 2.04: *"(1) You must not enter into an arrangement to receive a contingency fee for work done in prosecuting or defending any contentious proceedings before a court of England and Wales, a British court martial or an arbitrator where the seat of the arbitration is in England and Wales, except as permitted by statute or the common law. (2) You must not enter into an arrangement to receive a contingency fee for work done in prosecuting or defending any contentious proceedings before a court of an overseas jurisdiction or an arbitrator where the seat of the arbitration is overseas except to the extent that a lawyer of that jurisdiction would be permitted to do so"*. Il *Contingency Fee Agreement* era, invece, consentito nell'attività stragiudiziale; v. *Solicitors' Code of Conduct 2007*, Guidance to rule 2 – Client relations, § 45: *"It is acceptable to enter into a contingency fee arrangement for noncontentious matters (see section 87 of the Solicitors Act 1974 for the definition of "noncontentious business") but you should note that to be enforceable the arrangement must be contained in a non-contentious business agreement"*. Nella sentenza *Thai Trading Co. v. Taylor* è stato, tuttavia, affermato che non sussistono ragioni ostative di ordine pubblico alla possibilità per i *solicitors* di assumersi il rischio di non essere retribuiti in caso di insuccesso (Thai Trading Co. v. Taylor [1998] QB 781). Nel 2013 sono stati introdotti i cc.dd. *damages-based agreements* (DBA), che conferiscono oggi ai *solicitors* la possibilità di essere remunerati con una percentuale del risarcimento ottenuto dal cliente, anche nei giudizi civili (v. section 45 of the *Legal Aid, Sentencing and Punishment of Offenders Act 2012* – "LASPO" e *Damages-Based Agreements Regulations 2013*). Un approccio più liberale era stato adottato a partire dagli anni '90, mediante la legalizzazione degli onorari basati sul successo nella forma delle *Conditional Fees*. È, infatti, con il *Court and Legal Service Act 1990* che è stata disciplinata la possibilità per il *solicitor* di avvalersi di detta tipologia di accordi (Il *Court and Legal Service Act 1990*, in materia di *conditional fee agreement*, è stato successivamente modificato *dall'Access to Justice Act 1999* ed integrato da *The Conditional Fee Agreements Regulations 2000* (cfr. *The Conditional Agreement Order 2000*, SI 2000/823). Tuttavia, tale *Regulation* e gli ulteriori *Statutory instruments* che regolavano la materia sono stati abrogati dal *Fee Agreement (Revocation) Regulations 2005*. Ulteriori modifiche sono state introdotte nel 2013: si v., in particolare, *Legal Aid, Sentencing and Punishment of Offenders Act 2012* – "LASPO"; *The Conditional Fee Agreements Order 2013*, SI 2013/689).

[183] F. Bottoni, *Il ritorno del morto presunto. Considerazioni sul divieto del patto di quota lite alla luce della nuova disciplina dell'ordinamento professionale*, in *Rass. forense*, 2013, v. 1, p. 27 ss.

comunicare, in forma scritta, la prevedibile misura del costo della prestazione, distinguendo tra oneri, spese e compenso professionale [184]. In capo all'avvocato grava il dovere di fornire al cliente informazioni sulla complessità dell'incarico e sugli oneri ipotizzabili dal conferimento dell'incarico alla conclusione dello stesso. Nei casi di assenza di pattuizione scritta, determinazione consensuale, liquidazione giudiziale dei compensi o ancora quando la prestazione professionale è resa nell'interesse dei terzi oppure per prestazioni officiose previste dalla legge trovano applicazione i parametri ministeriali, adottati con decreto, su proposta del CNF, ogni due anni, *ex* art. 1, comma 3, legge 247/2012 [185]. Sdoganata l'inderogabilità delle tariffe minime (ora parametri), il legislatore italiano, sollecitato dall'Avvocatura, con un ribaltamento di prospettiva ha accordato una nuova tutela ai prestatori dei servizi legali, mediante l'introduzione dell'equo compenso e il divieto di clausole vessatorie. Gli avvocati, da contraenti forti (in ragione dell'importante asimmetria informativa che caratterizza il mercato dei servizi legali), rivendicano la potenziale qualifica di soggetti deboli dinanzi alle c.d. imprese forti (il riferimento è alle imprese bancarie e assicurative, nonché alle imprese non rientranti nelle categorie delle microimprese o delle piccole o medie imprese). Pertanto, nel caso di convenzioni unilateralmente predisposte da queste ultime, l'art. 13 *bis* della legge

---

[184] Sull'obbligo di preventivo scritto si v. L. Crotti, *Il preventivo dell'avvocato e il patto sul compenso. Il mandato e la procura* ad litem, in *Contr.*, 2019, v. 5, p. 568.

[185] I parametri richiamati nella legge 247/2012 non coincidono con i parametri di cui al D.m. n. 140/2012, adottato in forza dell'art. 9 del d.l. n. 1/2012 convertito in legge 27/12; le fonti sono distinte e si caratterizzano per un diverso procedimento di approvazione: solo nel caso di tariffe forensi, infatti, è prevista la previa consultazione con il CNF. In dottrina, v. L. Carbone, *Passaggio dalla tariffa forense ai parametri: le problematiche della disciplina transitoria*, in *Corr. giur.*, 2012, v. 11, p. 1319; Id., *La parcella dell'avvocato: i parametri ministeriali*, in *Foro it.*, 2012, v. 5, c. 254 ss.; Id., *La nuova parcella degli avvocati e i parametri per la liquidazione*, Ipsoa, Milano, 2012; G. Scarselli, *I parametri ministeriali per la liquidazione dei compensi forensi al tempo della crisi*, in *Foro it.*, 2012, v. 5, c. 257 ss.; Id., *I compensi professionali forensi dopo il decreto sulle liberalizzazioni*, in *Corr. giur.*, 2012, p. 71 ss.; B. Mozzi, *Le tariffe professionali: che cosa rimane?*, in *Lavoro Diritti Europa*, 2021, n. 4, p. 2.

I parametri per gli avvocati sono stati introdotti con il d.m. 10 marzo 2014, n. 55 (in *GU* del 2 aprile 2014, n. 77) e successivamente modificati dal d.m. 8 marzo 2018, n. 37, Regolamento recante modifiche al decreto 10 marzo 2014, n. 55, concernente la determinazione dei parametri per la liquidazione dei compensi per la professione forense, ai sensi dell'articolo 13, comma 6, della Legge 31 dicembre 2012, n. 247 (in *GU* del 26 aprile 2018, n. 96). Tra le varie modifiche è stata introdotta la possibilità di un aumento dei compensi (che di regola è consentito fino all'80%) di un ulteriore 30% quando *"gli atti depositati con modalità telematiche siano redatti con tecniche informatiche idonee ad agevolarne la consultazione"*. È stata prevista, inoltre, la facoltà di diminuzione dei compensi *"in ogni caso non oltre il 50%"* in materia civile, penale o stragiudiziale e *"non oltre il 70%"* per l'attività istruttoria civile. Non è mancata in dottrina la voce di chi ha intravisto nel limite massimo entro cui la riduzione del compenso è consentita la riproposizione indiretta di una tariffa minima: cfr. R. Danovi, *L'onorario dell'avvocato tra parametri ed equo compenso*, in *Corr. giur.*, 2018, v. 5, p. 589 ss.

professionale [186], da un lato, riconosce all'avvocato il diritto all'"equo compenso', ovvero ad un compenso *"proporzionato alla quantità e alla qualità del lavoro svolto, nonché al contenuto e alle caratteristiche della prestazione legale, e conforme ai parametri.."*; dall'altro, richiamando la nota disposizione di cui all'art. 33, comma 1, codice del consumo, stabilisce la vessatorietà e nullità di eventuali clausole contrattuali che determinino "un significativo squilibrio contrattuale a carico dell'avvocato".

Lo Stato italiano non è l'unico ad avere attuato un processo di riforma in un'ottica di liberalizzazione del comparto dei servizi professionali, incidendo anche sul sistema tariffario forense: il Governo greco con la legge 3919/2011 ha dato avvio ad un piano di riforme strutturali contenente, fra le altre, misure tese alla deregolamentazione di alcune professioni chiave. In linea con tale processo di apertura al mercato, la nuova legge forense greca (legge 4194/2013) ha disposto la rimozione dell'inderogabilità delle tariffe, conferendo agli avvocati la libertà di determinare il compenso tramite un accordo scritto con il cliente [187]. Simile destino hanno conosciuto anche le tariffe fisse spagnole [188], allorché nel 2009 è stato sancito il divieto per le associazioni professionali e le loro organizzazioni collegiali di stabilire linee guida, orientamenti, raccomandazioni, norme o regolamenti sugli onorari professionali, salva la possibilità per i Collegi di elaborare criteri orientativi *"a los exclusivos efectos de la tasación de costas y de la jura de cuentas de los abogados"* validi anche in caso di assistenza giuridica gratuita [189].

---

[186] Articolo inserito dall'art. 19 *quaterdecies*, comma 1, d.l. 16 ottobre 2017, n. 148, convertito, con modificazioni, dalla legge 4 dicembre 2017, n. 172. L'estensione dell'applicabilità delle previsioni di cui al presente articolo anche ad altri casi è prevista dall'art. 19 *quaterdecies*, commi 2 e 4 *bis* del medesimo d.l. 148/2017, come modificato dall'art. 1, comma 488, legge 27 dicembre 2017, n. 205.

[187] Per un approfondimento si rinvia a E. Athanassiou, A. Kotsi, E. Nitsi, I. Cholezas, R. Karagiannis, A. Koutroulis, V. Lychnaras, S. Papaioannou e T. Tsekeris, *Structural Reforms in Greece, 2010-2018 – Final Report*, Centre for Planning and Economic Research (KEPE), Atene, 2019, spec. p. 71; E. Athanassiou, N. Kanellopoulos, R. Karagiannis, e A. Kotsi, *The Effects of Liberalization of Professional Requirements in Greece*, Centre for Planning and Economic Research (KEPE), Atene, 2015, p. 14; F. Stolfi e N. Papamakariou, *Border clashes: the distributive politics of professional liberalisation in Greece, 2010-2018*, in *J. Public Policy*, 2021, v. 41, n. 1, p. 90; K. Makridou, *Lawyers' Fees in Greece at a Turning Point: Recent Legislative Changes in Litigation Costs*, in M. Reimann (eds.), *Cost and Fee Allocation in Civil Procedure: A Comparative Study*, Springer Netherlands, Dordrecht, 2011, p. 163, spec. p. 168 ss.

[188] V. art. 14 legge 2/1974, come modificata dalla legge 22 dicembre 2009, n. 25 *de modificación de diversas leyes para su adaptación a la Ley sobre el libre acceso a las actividades de servicios y su ejercicio*, in *BOE* del 23 dicembre 2009, n. 308, p. 108507. Si v. P.F. Lopez Sìmo e J.A. Torres Lana, *The System of Costs in Spanish Civil Procedure*, in M. Reimann (eds.), *Cost and Fee Allocation in Civil Procedure: A Comparative Study: A Comparative Study*, cit., p. 259, spec. 263.

[189] Art. 14 legge 2/1974 e art. 44 (*'En relación a honorarios profesionales'*) *Real Decreto* 22

Estesa la libertà contrattuale anche alla determinazione dei compensi, le tariffe predisposte dagli Ordini professionali sono divenute, dunque, in molte realtà nazionali, dei meri riferimenti suppletivi o integrativi a cui ricorrere in situazioni particolari, come nel caso di assenza di accordo sul compenso tra avvocato e cliente o di condanna alle spese di controparte [190]. Oltre ai casi già citati, si pensi anche al sistema austriaco in cui è prevista la negoziazione privata dei compensi (v. *Rechtsanwaltsordnung*); tuttavia, in assenza di accordo tra le parti, ovvero in caso di determinazione del compenso dovuto all'avvocato di controparte in caso di soccombenza in giudizio, il *Rechtsanwaltstarifgesetz* (RATG) e l'*Allgemeine Honorar-Kriterien für Rechtsanwälte*, predisposto dall'Ordine forense austriaco (*"Österreichischer Rechtsanwaltskammertag"* – ÖRAK) costituiscono i riferimenti per la determinazione di un onorario adeguato [191].

In tale panorama, fortemente liberalizzato mediante il riconoscimento dell'autonomia contrattuale delle parti, è ormai residuale la presenza in Europa di tariffe di riferimento, fisse nel minimo, a cui è consentito derogare solo per eccesso con un accordo tra avvocato e cliente. Tale rimane, ad esempio, la scelta operata dalla Germania, ove l'affermazione di un sistema dualistico ha comportato la completa liberalizzazione, a partire dal 2006, delle tariffe in caso di prestazioni professionali stragiudiziali [192], e il mantenimento di un tariffario forense determinato per legge (*Rechtsanwaltsvergütungsgesetz* – RVG) per gli altri servizi legali. In tale seconda ipotesi i minimi tariffari risultano inderogabili, salvo casi eccezionali (tra cui una condizione di straordinaria povertà del cliente che renda auspicabile una riduzione di parcella) [193].

Non sorprende, pertanto, come nelle raccomandazioni da ultimo elaborate dalla Commissione europea per la liberalizzazione dei servizi legali non vi sia più alcuna menzione al sistema tariffario forense o, più in generale, alla modalità di determinazione dei compensi professionali [194], come

---

giugno 2001, n. 658, *por el que se aprueba el Estatuto General de la Abogacía Española*, in *BOE* del 10 luglio 2001, n. 164.

[190] M. Henssler, *The Organisation of Legal Professions*, cit., p. 268; M. Reimann (eds.), *Cost and Fee Allocation in Civil Procedure: A Comparative Study*, cit., spec. p. 26 ss.

[191] Cfr. B. Spiegelfeld, *Country Report: Austria*, in J. Albert, *Study on the Transparency of Costs of Civil Judicial Proceedings in the European Union*, Hoche, Brussels, 2007, p. 33 ss.; M. Roth, *Litigating in Austria – Are Costs and Fees Worth It?*, in M. Reimann (eds.), *Cost and Fee Allocation in Civil Procedure*, cit., p. 69, spec. p. 72 ss.

[192] *Rechtsanwaltsvergütungsgesetz* (RVG), S. 4.

[193] *Bundesrechtsanwaltsordnung* (BRAO), spec. § 49b, e RVG. In dottrina si rinvia a B. Hess e R. Huebner, *Cost and Fee Allocation in German Civil Procedure*, in M. Reimann (eds.), *Cost and Fee Allocation in Civil Procedure*, cit., spec. pp. 155 e 156; B. Brezovnik, Ž.J. Oplotnik e F. Mlinarič, *Attorneys and Attorney Tariff in Slovenia*, IntechOpen, 2018.

[194] COM(2016) 820 def., cit., pp. 17-21.

aspetti sui quali intervenire per aumentare la competitività nel comparto dei servizi legali.

3.3. *Pubblicità e dignità delle professioni. Dalle interpretazioni del Trattato alla Direttiva 2006/123/UE*

Il divieto o la limitazione per il professionista di ricorrere allo strumento pubblicitario rappresentano una seconda tipologia di restrizioni che spesso caratterizzano i codici etici e le discipline delle professioni regolamentate.

Già sul finire del secolo scorso, l'Europa ha iniziato ad interrogarsi sulla legittimità di tali vincoli, stante la loro diretta incidenza sul funzionamento del mercato dei servizi professionali.

Inizialmente, la Commissione UE è stata chiamata a vagliare la compatibilità con il diritto della concorrenza, ed in particolare con l'art. 101 TFUE (*ex* art. 81 CE), delle norme deontologiche in tema di pubblicità previste nel codice etico predisposto dall'Istituto dei mandatari abilitati (IMA), l'Ordine professionale che rappresenta, a livello europeo, tutti i mandatari abilitati presso l'Ufficio europeo dei Brevetti [195]. In particolare, tale codice di condotta, sebbene autorizzi la pubblicità in generale purché veritiera, oggettiva e conforme ai principi essenziali, tra cui la lealtà e il rispetto del segreto professionale, precludeva ai membri dell'IMA la possibilità di effettuare pubblicità comparativa. La Commissione, pur considerando le norme del codice deontologico, nel loro complesso, conformi al diritto della concorrenza, in quanto necessarie per garantire l'imparzialità, la competenza, l'integrità e la responsabilità dei professionisti, per evitare i conflitti di interesse e la pubblicità ingannevole, nonché per tutelare il segreto professionale e garantire l'attività efficace dell'Ufficio europeo dei brevetti [196], ha ritenuto ingiustificatamente restrittive le clausole che vietano ai membri dell'IMA di farsi pubblicità comparativa e di avvicinare utenti che erano già stati clienti di un altro mandatario abilitato [197].

---

[195] 1999/267/CE: Decisione della Commissione, del 7 aprile 1999, in *GUCE* L 106 del 23 aprile 1999.

[196] V., in particolare, Decisione 1999/267/CE, cit., punto 38.

[197] Art. 2, lettera b), punti 1) e 3) del codice di condotta dell'Istituto dei mandatari abilitati ("IMA"), nella versione del 30 settembre e del 3 ottobre 1997, che vieta ai membri dell'IMA la pubblicità comparativa, e, rispettivamente, "*1) la comparazione delle prestazioni professionali di un membro con quelli di un altro membro*" e "*3) la menzione del nome di un'altra entità professionale, salvo accordo scritto di collaborazione tra il membro e detta entità*", nonché art. 5, lett. c), nella misura in cui tale disposizione vieta e rende più difficile l'offerta di servizi agli utenti che siano già stati clienti di altri mandatari per un caso specifico ("*c) Un membro deve evitare qualsiasi scambio di opinioni su un caso specifico che sappia o sospetti essere o essere stato trattato da un altro membro, con il cliente interessato, a meno che quest'ultimo non manifesti il desiderio di avere un parere indipendente o di cambiare mandatario. Il membro può informare l'altro membro unicamente se il cliente è d'accordo*").

Di conseguenza, la Commissione europea, nell'interesse degli utenti, ha imposto all'IMA il passaggio da un assetto di mercato caratterizzato da un divieto quasi assoluto di pubblicità comparativa ad un regime più concorrenziale, concedendo all'Istituto un'esenzione di durata triennale (sino al 23 aprile 2000), per permettere un transito maggiormente graduale verso regole maggiormente liberali.

Tale decisione è stata oggetto di annullamento parziale ad opera della sentenza del Tribunale dell'Unione europea 28 marzo 2001 [198]. Detto organo giudicante ha condiviso, in massima parte, l'orientamento interpretativo alla base della decisione della Commissione europea. Fatta salva la possibilità per gli Stati membri, anche mediante l'operato di organismi rappresentativi, ai sensi dell'art. 7, comma 5, della Direttiva 97/55/CE [199], relativa alla disciplina della pubblicità comparativa non ingannevole, di introdurre o mantenere limitazioni o divieti dell'uso della pubblicità comparativa nel settore delle professioni, il Tribunale ha sottolineato il necessario rispetto delle disposizioni del Trattato: in ossequio alla gerarchia delle fonti la Direttiva non consente, dunque, alcuna deroga alle norme di rango primario, ivi compreso all'art. 81 TCE (attuale 101 TFUE) [200]. Contrariamente a quanto sostenuto dal ricorrente, il Tribunale non ha ritenuto possibile ravvisare una ragione utile per sottrarre le norme che disciplinano una professione alla sfera di applicazione dell'art. 81 TCE (oggi 101 TFUE) [201]; neanche avuto riguardo

---

[198] Tribunale, sentenza del 28 marzo 2001, *Istituto dei mandatari abilitati presso l'Ufficio europeo dei brevetti/Commissione*, T-144/99, in *Racc.* II-1087, in cui l'organo giudicante ha annullato l'art. 1 della decisione della Commissione 7 aprile 1999, 1999/267/CE, relativa ad un procedimento a norma dell'art. 85 del Trattato CE [IV/ 36147 – Codice di condotta dell'IMA (UEB)] nella parte in cui riguarda l'art. 2, lett. b), comma 3, e l'art. 5, lett. c), del codice di condotta dell'Istituto dei mandatari abilitati presso l'Ufficio europeo dei brevetti e ha respinto gli altri motivi di ricorso, confermando che il divieto di pubblicità comparativa di cui all'art. 2, lett. b), comma 1, viola i principi antitrust.

[199] Direttiva 97/55/CE del Parlamento europeo e del Consiglio, del 6 ottobre 1997, che modificava la Direttiva 84/450/CEE relativa alla pubblicità ingannevole al fine di includervi la pubblicità comparativa, in *GU* L 290 del 23 ottobre 1997, pp. 0018-0023, ed in particolare art. 7, comma 5: "*nessuna disposizione della presente Direttiva impedisce agli Stati membri, nel rispetto delle disposizioni del Trattato, di mantenere o introdurre divieti o limitazioni dell'uso della pubblicità comparativa riguardante servizi professionali, imposti direttamente o da un ente o un'organizzazione incaricati, a norma della legislazione degli Stati membri, di disciplinare l'esercizio di un'attività professionale*". Tale Direttiva è stata successivamente tacitamente abrogata dalla Direttiva 2006/114/CE del Parlamento europeo e del Consiglio, del 12 dicembre 2006, concernente la pubblicità ingannevole e comparativa, in *GU* L 376 del 27 dicembre 2006, pp. 21-27, e il contenuto dell'art. 7, comma 5, della Direttiva 97/55/CE, cit., trasfuso, senza alcuna modifica, nell'art. 8, comma 4, della Direttiva 2006/114/CE.

[200] V., nello specifico, Tribunale, sentenza del 28 marzo 2001, *Istituto dei mandatari abilitati presso l'Ufficio europeo dei brevetti/Commissione*, T-144/99, cit., punti 49-55.

[201] V. Tribunale, sentenza del 28 marzo 2001, *Istituto dei mandatari abilitati presso l'Ufficio europeo dei brevetti/Commissione*, T-144/99, cit., punto 64: "*A questo proposito non può ammettersi che norme le quali disciplinano l'esercizio di una professione sfuggano per*

alla loro natura deontologica, né in considerazione dell'interesse generale ad esse sotteso.

In ragione di ciò, il Tribunale è giunto a confermare il contrasto con l'art. 81 TCE (oggi 101 TFUE) della disposizione di cui all'art. 2, lett. b, punto 1), del codice di condotta, volta a vietare *"la comparazione delle prestazioni professionali di un membro con quelli di un altro membro"*, in quanto tale norma costituisce un vero e proprio divieto di pubblicità comparativa, che limita ingiustificatamente *"la possibilità dei mandatari più validi di sviluppare i loro servizi"*.

Per contro, a differenza di quanto sostenuto dalla Commissione, a parere del Tribunale la diffusione di informazioni aventi ad oggetto la menzione del nome di un'altra entità professionale, in assenza di accordo scritto di collaborazione tra il membro dell'IMA e detta entità (art. 2, lett. b), punto 3, del codice di condotta), non costituisce una pubblicità comparativa e non rappresenta una misura idonea a limitare la concorrenza: il divieto di menzionare il nominativo di un'altra entità professionale risulta, infatti, meramente finalizzato ad impedire che un mandatario si avvalga indebitamente di relazioni professionali. Il Tribunale ha concluso, pertanto, per la legittimità di tale previsione, in quanto non integrante alcuna violazione delle norme sulla concorrenza.

A prescindere dal giudizio del caso concreto, la pronuncia ha rappresentato per i giudici europei l'occasione di esprimersi sull'importanza dello strumento pubblicitario in un sistema concorrenziale: essi hanno rilevato come la pubblicità costituisca un fattore determinante per lo stato di competitività del mercato, in quanto, se effettuata in modo leale e con modalità adeguate, consente la valutazione dei meriti degli operatori, la qualità delle prestazioni e il loro costo, e conferisce agli utenti la possibilità di scegliere consapevolmente il professionista al quale rivolgersi. Per converso, il divieto di pubblicità comparativa costituisce un limite allo sviluppo dell'offerta dei servizi, con conseguente cristallizzazione della clientela di ciascun professionista all'interno del mercato [202].

L'eco di tale linea interpretativa risuona nella comunicazione della Commissione europea in tema di concorrenza nei servizi professionali (COM(2004) 83 def.): sulla base di un generico richiamo alla 'teoria economica', tra i vantaggi nell'utilizzo dello strumento pubblicitario la Commissione europea rimarca il fatto che "(...) *la pubblicità può agevolare la concorrenza informando i consumatori in merito ai diversi prodotti e consentendo loro di prendere decisioni di acquisto più informate. Le re-*

---

principio alla sfera di applicazione dell'art. 81, n. 1, CE per il solo fatto di essere qualificate come 'deontologiche' dagli enti competenti" e successivi punti 65-68, nei quali viene sviscerato il ragionamento argomentativo alla base di tale affermazione di principio.

[202] Tribunale, sentenza del 28 marzo 2001, *Istituto dei mandatari abilitati presso l'Ufficio europeo dei brevetti/Commissione*, T-144/99, cit., punti 72-74.

strizioni in materia di pubblicità possono pertanto ridurre la concorrenza rendendo più costosa l'acquisizione di informazioni in merito ai diversi prodotti e rendendo più difficile per i consumatori ricercare la qualità e il prezzo che meglio si adatta alle loro necessità" [203], e giunge a qualificare la pubblicità, in generale, e la pubblicità comparativa, in particolare, come *"uno strumento di concorrenza fondamentale per le nuove imprese che fanno il loro ingresso nel mercato e per le imprese esistenti che lanciano nuovi prodotti"* [204].

Il giudizio della Commissione sull'adeguatezza delle restrizioni pubblicitarie nell'arginare i fallimenti di mercato legati all'asimmetria informativa rimane, pertanto, estremamente critico; per contro, a parere della Commissione, potrebbe rivelarsi maggiormente utile autorizzare un flusso di informazioni veritiere ed obiettive tra il professionista e il cliente, che consentano a quest'ultimo di scegliere in maniera più informata e consapevole, similmente a quanto già accade, in alcuni Stati membri, per le professioni contabili e tecniche, che risultano esercitate in maniera efficiente seppur in assenza di restrizioni pubblicitarie specifiche.

In realtà l'evidenza empirica richiamata dalla Commissione a sostegno della tesi adottata, secondo cui le restrizioni in ambito pubblicitario possiedono un'incidenza negativa sul mercato dei servizi professionali, risulta, per certi aspetti, ancora debole e frammentaria. Una serie di studi, condotti anche con ricorso ad indagini sul campo, ha dato prova dell'esistenza di una correlazione tra libertà pubblicitaria e decremento delle tariffe: le restrizioni alla pubblicità, elevando i costi di informazione dei potenziali clienti, vengono infatti associate alla richiesta di tariffe più elevate. Per contro, le posizioni della dottrina economica sull'effetto positivo di una politica più liberista in ambito pubblicitario sul livello di qualità dei servizi professionali non sono univoche. Come già anticipato, il variare della qualità delle prestazioni intellettuali è di difficile misurazione e, pertanto, scarne sono le evidenze pratiche che consentono di inferire, con assoluta certezza, un rapporto diretto tra liberalizzazione del sistema pubblicitario e miglioramento del livello qualitativo delle prestazioni rese nel mercato dei servizi professionali [205].

Appare, tuttavia, condivisibile l'opinione per cui la pubblicità, quantomeno nei limiti in cui essa si risolve in una informazione al pubblico veritiera, oggettiva e corretta, sia uno strumento necessario per l'operatività della professione forense e un mezzo utile per il consumatore per aumentare le proprie possibilità di effettuare scelte consapevoli, soprattutto din-

---

[203] COM(2004) 83 def., cit., p. 14.

[204] COM(2004) 83 def., cit., p. 14, ove viene fatto esplicito richiamo alla Direttiva 97/55/CE, cit., che aveva modificato la Direttiva 84/450/CEE relativa alla pubblicità ingannevole includendovi la pubblicità comparativa.

[205] F.H. Stephen e J.H. Love, *Regulation of the Legal Profession*, cit.

nanzi ad una realtà sempre più globalizzata, caratterizzata da nuovi modelli organizzativi e funzionali e in un mercato sempre più basato, sull'economia dell'informazione anche in ragione delle nuove potenzialità tecnologiche e digitali.

Effetto, peraltro, abbastanza dirimente sull'ammissibilità della pubblicità commerciale nel contesto delle professioni liberali è da imputarsi alla Direttiva 2006/123/CE relativa ai servizi nel mercato interno [206]. Specificatamente, l'art. 24 della medesima ha introdotto nell'ordinamento europeo l'obbligo in capo agli Stati membri di sopprimere qualsivoglia divieto di effettuare comunicazioni commerciali imposto alle professioni regolamentate [207], ivi compresa, dunque, quella forense. L'espressa richiesta rivolta ai Paesi membri di eliminare ogni divieto di pubblicità risulta comunque temperata dall'imposizione di una conformità del messaggio alle regole professionali, tenuto conto della specificità della professione, nonché dell'esigenza di tutela dell'indipendenza, della dignità e del segreto professionale (art. 24, comma 2) [208].

---

[206] Direttiva 2006/123/CE del Parlamento europeo e del Consiglio, del 12 dicembre 2006, cit. Il primo intervento normativo europeo che ha riconosciuto la possibilità per i componenti delle professioni regolamentate (con esclusione delle attività dei notai e della rappresentanza e difesa processuali) di utilizzare le comunicazioni commerciali, seppur nei limiti delle previsioni deontologiche, è costituito dalla Direttiva 2000/31/CE, art. 8: "*1. Gli Stati membri provvedono affinché l'impiego di comunicazioni commerciali che costituiscono un servizio della società dell'informazione o ne sono parte, fornite da chi esercita una professione regolamentata, siano autorizzate nel rispetto delle regole professionali relative, in particolare, all'indipendenza, alla dignità, all'onore della professione, al segreto professionale e alla lealtà verso clienti e colleghi. 2. Fatta salva l'autonomia delle associazioni e organizzazioni professionali, gli Stati membri e la Commissione le incoraggiano a elaborare codici di condotta a livello comunitario che precisino le informazioni che possono essere fornite a fini di comunicazioni commerciali, nel rispetto del paragrafo 1. 3. Nell'elaborare proposte di iniziative comunitarie eventualmente necessarie per il buon funzionamento del mercato interno relativamente alle informazioni di cui al paragrafo 2, la Commissione tiene in debito conto i codici di condotta applicabili a livello comunitario, e agisce in stretta cooperazione con le pertinenti associazioni e organizzazioni professionali. 4. La presente Direttiva integra le direttive comunitarie concernenti l'accesso alle attività delle professioni regolamentate e il loro esercizio*": Direttiva 2000/31/CE del Parlamento europeo e del Consiglio, dell'8 giugno 2000, relativa a taluni aspetti giuridici dei servizi della società dell'informazione, in particolare il commercio elettronico, nel mercato interno (Direttiva sul commercio elettronico), in *GUCE* L 178 del 17 luglio 2000, pp. 0001-0016 (successiva rettifica in *GUCE* L 285 del 23 ottobre 2002).

[207] Cfr., altresì, il considerando n. 100 della Direttiva 2006/123/CE: "*occorre sopprimere i divieti totali in materia di comunicazioni commerciali per le professioni regolamentate, revocando non i divieti relativi al contenuto di una comunicazione commerciale bensì quei divieti che, in generale e per una determinata professione, proibiscono una o più forme di comunicazione commerciale, ad esempio il divieto assoluto di pubblicità in un determinato o in determinati mezzi di comunicazione. Per quanto riguarda il contenuto e le modalità delle comunicazioni commerciali, occorre incoraggiare gli operatori del settore ad elaborare, nel rispetto del diritto comunitario, codici di condotta a livello comunitario*".

[208] Già nella disciplina europea di cui alla Direttiva 2000/31/CE (Direttiva sul commercio

Conformemente al disposto legislativo, la Corte di giustizia europea, a seguito di una domanda di pronuncia pregiudiziale vertente sull'interpretazione dell'art. 24 della Direttiva servizi, ha sottolineato la contrarietà al disposto della Direttiva di una norma nazionale che vieti totalmente agli esercenti una professione regolamentata, quale quella di dottore commercialista ed esperto contabile, di effettuare atti di promozione commerciale diretta e *ad personam* dei propri servizi (cc.dd. atti di *démarchage*)[209]. Come anticipato, la Direttiva preclude, infatti, agli Stati dell'Unione la possibilità di introdurre divieti assoluti, volti ad escludere *tout court* la possibilità di effettuare comunicazioni commerciali (tra le quali si annoverano pubblicità, marketing diretto e sponsorizzazioni), poiché tali divieti integrano una restrizione alla libera prestazione dei servizi transfrontalieri. I Paesi membri sono, per contro, legittimati semplicemente a fissare eventuali limiti al contenuto ovvero alle modalità delle comunicazioni commerciali, purché tali restrizioni siano giustificate e proporzionate ri-

---

elettronico) veniva espressamente richiesto agli Stati membri di provvedere affinché l'impiego di comunicazioni commerciali che costituiscono un servizio della società dell'informazione o ne sono parte, fornite da chi esercita una professione regolamentata, fossero autorizzate, sebbene fatto salvo il "*rispetto delle regole professionali relative, in particolare, all'indipendenza, alla dignità, all'onore della professione, al segreto professionale e alla lealtà verso clienti e colleghi*": Direttiva 2000/31/CE, cit.

[209] Corte di giustizia, 5 aprile 2011, *Société fiduciaire nationale d'expertise comptable*, C-119/09, EU:C:2011:208. La vicenda rinviene la propria origine in una controversia sorta tra una società di professionisti contabili e il Ministro Francese; in particolare, l'associazione professionale richiedeva l'annullamento parziale di una normativa francese nella parte in cui prevedeva un divieto assoluto per i dottori commercialisti ed esperti contabili di porre in essere atti di *démarchage*. Il Consiglio di Stato francese proponeva rinvio pregiudiziale alla Corte di giustizia, la quale, con la pronuncia del 5 aprile 2011, deduce l'incompatibilità di tale divieto con l'art. 24 della Direttiva servizi: il divieto imposto dal Ministro francese è assoluto in quanto coinvolge qualsiasi atto di promozione commerciale diretta e *ad personam*, a prescindere dalla forma, contenuto o mezzi impiegati; gli atti di *démarchage* rientrano, infatti, nella nozione di comunicazione commerciale poiché rappresentano una forma di *marketing* diretto e, in quanto tali, non possono essere completamente vietati da una norma nazionale. Si rammenta che ai sensi della Direttiva deve intendersi come "*comunicazione commerciale*": "*qualsiasi forma di comunicazione destinata a promuovere, direttamente o indirettamente, beni, servizi, o l'immagine di un'impresa, di un'organizzazione o di una persona che svolge un'attività commerciale, industriale o artigianale o che esercita una professione regolamentata. Non costituiscono, di per sé, comunicazioni commerciali le informazioni seguenti: a) le informazioni che permettono l'accesso diretto all'attività dell'impresa, dell'organizzazione o della persona, in particolare un nome di dominio o un indirizzo di posta elettronica, b) le comunicazioni relative ai beni, ai servizi o all'immagine dell'impresa, dell'organizzazione o della persona elaborate in modo indipendente, in particolare se fornite in assenza di un corrispettivo economico*" (art. 4, punto 12).

In dottrina si rinvia a M. Bosio, *Prima applicazione della Direttiva servizi e prime difficoltà interpretative*, in *Dir. com. scambi internaz.*, 2011, p. 691 ss.; E. Chiti e S. Screpanti, *Libera prestazione di servizi*, in *Giorn. dir. amm.*, 2011, p. 650 ss.; G. Tassoni, *La pubblicità commerciale tra autogoverno degli ordini professionali e regole del mercato dei servizi*, in *Riv. dir. ind.*, 2011, p. 200 ss.

spetto all'obiettivo di garantire l'indipendenza, la dignità, l'integrità della professione, nonché il segreto professionale.

3.3.1. *Molto prima dell'Europa: pubblicità per* solicitors *e* barristers

L'indirizzo promosso dall'Unione europea nel senso di un ripensamento delle restrizioni in ambito pubblicitario, in un'ottica maggiormente liberista, si inserisce in realtà in una linea di sviluppo già intrapresa da vari ordinamenti europei. Tra i precursori il Regno Unito, ove, come già anticipato [210], la *competition policy* ha guidato, sin dall'origine, le principali riforme nel settore delle libere professioni. Risalgono addirittura agli anni '70 i primi studi della *Monopolies Commission* (rinominata, dopo il 1973, *Monopolies and Mergers Commission*) diretti all'analisi delle maggiori restrizioni caratterizzanti l'offerta di servizi professionali [211], dalle cui conclusioni emergeva un giudizio critico in riferimento all'utilizzo di tali misure nella regolamentazione dei professionisti: le limitazioni presenti nel settore dei servizi legali (ad eccezione del divieto di pubblicità previsto per i *barrister* [212]) venivano reputate non solo ingiustificate, ma addirittura contrarie all'interesse pubblico [213]. Con particolare riferimento alla pubblicità, la *Monopolies and Mergers Commission* ne auspicava una liberalizzazione, al fine di agevolare l'ingresso nel mercato dei nuovi professionisti, di aumentare l'efficienza nel settore, di migliorare la varietà e le caratteristiche delle prestazioni offerte sul mercato. Il settore dei servizi legali si caratterizzava, infatti, per un atteggiamento marcatamente protezionista. La *Law Society*, nel 1934, aveva introdotto un generale divieto, per i membri della categoria, di avvalersi del mezzo pubblicitario, soprattutto al fine di impedire ipotesi di accaparramento di clientela mediante la promozione di tariffe competitive. Tale imposizione era successivamente confluita, seppur con dei temperamenti e ulteriori specificazioni, nella "*Guide to Professional Conduct*" del 1974 [214]: ai *solicitors*, seppur rimaneva vietato promuovere l'economicità del servizio offerto, era consentito for-

---

[210] V. *retro*, Parte I, cap. 2, § 5.3.

[211] Monopolies Commission, *A Report on the General Effect on the Public Interest of Certain Restrictive Practices so far as they prevail in the Supply of Professional Services*, October 1970, Cmnd 4463. Cfr., in dottrina, J.B. Attanasio, *Lawyer Advertising in England and the United States*, in *The Am. J. Comp. L.*, 1984, v. 32, p. 493.

[212] I *barrister* non necessitavano di avvalersi del mezzo pubblicitario in quanto, in origine, venivano in contatto con i clienti tramite i *solicitors*; cfr., sul punto, Monopolies and Mergers Commission, *Barrister Services: A Regulation on the supply of Barristers' Services in Relation to Restrictions on Advertising*, 1976, n. 559, 21-24.

[213] Cfr. R. Van den Bergh, *Self-regulation of the Medical and Legal Professions: remaining Barriers to Competition and EC-Law*, cit.

[214] Law Society, *A Guide to the Professional Conduct of Solicitors*, Law Society, London, 1974.

nire ai clienti alcune informazioni basilari, tra cui inserire i propri nominativi o quelli dello studio legale nella rubrica telefonica, indicare sulla stampa diversi eventi, tra cui il cambio di orario del proprio studio, nonché inserire, nelle pubblicazioni di settore, *'advice for work'*.

Nel 1976 la *Monopolies and Mergers Commission*[215], occupandosi specificatamente del tema della pubblicità dei *solicitors*, giudicava non convincenti gli argomenti addotti dalla *Law Society* a difesa delle limitazioni dalla stessa imposte al sistema pubblicitario. L'associazione rappresentativa dei *solicitors* riteneva inaffidabili le informazioni fornite dal professionista aventi ad oggetto l'esperienza, i successi lavorativi, la specializzazione, e giudicava maggiormente efficienti, e nello stesso tempo, comunque accessibili, le informazioni diffuse indirettamente a mezzo di clienti e conoscenti. Per contro, non condividendo tali assunti, la *Monopolies and Mergers Commission* sosteneva l'idoneità della pubblicità effettuata direttamente dai *solicitors* ad offrire al pubblico una gamma di informazioni particolarmente ampia, così da garantire ai possibili clienti una consapevolezza maggiore dei servizi legali presenti sul mercato e, al contempo, a generare conseguenti vantaggi sotto i profili della competitività, efficienza ed innovazione. Alla luce di ciò la *Monopolies and Mergers Commission* raccomandava di informare al principio di libertà il sistema pubblicitario, impedendo solamente la pubblicità ingannevole e comparativa, nonché la diffusione di informazioni idonee a gettare discredito sulla professione forense[216]. Nel 1978 anche la *Royal Commission on Legal Services* ribadiva l'esigenza di accordare ai *solicitors* la possibilità di pubblicizzare i propri servizi ai terzi, poiché intravedeva in tale misura il corretto strumento per garantire sia alti livelli qualitativi delle prestazioni legali sia prezzi ragionevoli[217]. Nel contempo, al fine di evitare i possibili effetti distorsivi connessi all'utilizzo indiscriminato del mezzo pubblicitario, suggeriva di includere tra le informazioni consentite solo nominativi, indirizzi, numeri telefonici, qualifiche, diplomi, orari dello studio legale, lingue straniere conosciute, nonché tariffe fisse. Tali raccomandazioni sono state successivamente riprese e condivise anche nell'opinione espressa dal Governo inglese in risposta al *Report* elaborato dalla *Royal Commission on Legal Services*[218]. È, dunque, sulla spinta di tali iniziative che, nell'ottobre del 1984,

---

[215] Monopolies and Mergers Commission, *Services of Solicitors in England and Wales: A report on the supply of Services of Solicitors in England and Wales in Relation to Restrictions on Advertising*, 1976, n. 558.

[216] Cfr. Monopolies and Mergers Commission, Services of Solicitors in England and Wales: *A report on the supply of Services of Solicitors in England and Wales in Relation to Restrictions on Advertising*, cit., pp. 39-41, par. 134-138.

[217] Cfr. *Royal Commission on Legal Services*, Cmnd. n. 7648, 1978, p. 370.

[218] Cfr. *The Goverment Response to the Report of the Royal Commission on Legal Service*, Cmnd. n. 9077, 1983, p. 24: in particolare, si richiedeva alla *Law Society* di rivedere e ri-

la *Law Society* giungeva alla completa abolizione delle limitazioni relative alla pubblicità [219], mediante il riconoscimento ai *solicitors* della possibilità di diffondere informazioni riguardanti la propria attività, ad esclusione, ma solo inizialmente, dell'utilizzo del mezzo televisivo.

Il governo inglese, in un secondo momento, decideva di intervenire nuovamente nel dibattito e di rivedere *"the fundamental issues of what activities require the services of lawyers and on what basis such services ought ideally to be provided"* [220]; a seguito di ciò, nel 1989, adottava tre *Green Papers*, riguardanti molteplici aspetti della regolamentazione della professione forense [221], e in tale occasione analizzava, altresì, il rapporto tra i *barristers* e il sistema pubblicitario. Nei *Green Papers* veniva proposto di rivedere, similmente a quanto già effettuato per i *solicitors*, i limiti imposti ai *barristers*, permettendo agli stessi di avvalersi della pubblicità che potesse definirsi *"legal, decent, honest, and truthful"*. Seguiva un *White Paper* [222], che attenuava alcune posizioni contenute nei *Green Papers* e che avrebbe fatto da base al successivo intervento legislativo, il *Courts and Legal Services Act* del 1990 [223]. Tale ultimo documento, tuttavia, non faceva menzione del tema della pubblicità; di tale aspetto si occupava, invece, un ulteriore *White Paper* pubblicato nel 1989, nel quale le limitazioni al sistema pubblicitario venivano qualificate come anticompetitive [224]. In ragione di ciò il *Bar of England and Wales*, nel Codice del 31 marzo 1990, provvedeva a rimuovere il divieto per i *barrister* di avvalersi del sistema pubblicitario. Nel 1990, inoltre, veniva promulgato il *Solicitors' Publicity Code*, in cui si vietava la pubblicità che *"may reasonably be regarded as being in bad taste"* o che fosse *"inaccurate or misleading in any way"* e si prevedeva una serie di limitazioni concernenti le modalità di diffusione del messaggio pubblicitario, tra cui la possibilità di comparare i propri servizi con quelli offerti da altri colleghi [225].

---

muovere le restrizioni che ancora caratterizzavano il sistema pubblicitario forense, in linea con quanto suggerito dagli interventi precedenti.

[219] V. Law Society, *Note by Law Society Staff on Advertising by Solicitors*, in *Law Soc'y Gaz*, 1984, n. 81, p. 1266.

[220] Cfr. L.L. Hill, *Publicity Rules of the Legal Professions within the United Kingdom*, in *Ariz. j. int. comp. law*, 2003, v. 20, p. 323.

[221] V. *retro*, Parte I, cap. 2, § 5.3.

[222] V. M. Zander, *The Thatcher Government's Onslaught on the Lawyers: Who Won?*, cit., a p. 776.

[223] Courts and Legal Services Act, 1990, ch. 41 (Eng.). In dottrina, si rinvia a M. Schwarzschild, *Class, National Character, and the Bar Reforms in Britain: Will There Always Be an England?*, cit., spec. p. 223.

[224] Cfr. M.J. Quinn, *Reform of the Legal Profession in England and Wales*, in *NYLS J. Int'l & Comp. L.*, 1991, v. 12, n. 1, p. 277.

[225] Law Society, *The Guide To Professional Conduct of Solicitors*, Law Society, London, 1990, nella ristampa S. Hammett, P.A. Verdin, C.W. Hughes e N. Taylor, *The Guide To Pro-*

Tali restrizioni venivano, tuttavia, rimosse nel successivo *Solicitors' Publicity Code*, entrato in vigore il 16 novembre 2001. La disciplina deontologica relativa al sistema pubblicitario, inizialmente contenuta nel *Solicitors' Code of Conduct 2007, rule* 7[226], è stata successivamente trasfusa nel *SRA Solicitors' Code of Conduct 2011* che prevedeva, quale limite di portata generale, il riferimento al fatto che la pubblicità non dovesse risultare ingannevole o inaccurata[227] e, quali prescrizioni dettagliate, il divieto di contattare telefonicamente o a domicilio potenziali clienti, l'obbligo di fornire informazioni circa il compenso in maniera trasparente, indicando se le imposte dirette si intendono incluse o meno, nonché il dovere di non utilizzare nomi per lo studio legale che risultino ingannevoli. La finalità delle disposizioni normative volte a regolamentare il sistema pubblicitario era, peraltro, espressamente dichiarata nella *Guidance to rule 7*: esse, garantendo alla collettività di poter accedere ad adeguate informazioni relative al professionista e al suo studio legale e, al contempo, eliminando la possibilità che la pubblicità potesse risultare inappropriata o ingannevole, consentivano di porre rimedio all'asimmetria informativa tra clienti ed avvocati[228]. A seguito della recente significativa riforma dell'impianto regolamentare della professione legale[229], la disciplina in materia di pubblicità è stata trasfusa nei due codici adottati dalla SRA, *SRA Code for solicitors 2019 (paragraphs 8.6-8.11)* e *SRA Code for firms 2019 (paragraph 7.1)*, da leggersi alla luce dei principi più generali contenuti nelle *SRA Transparency Rules 2018*. Oltre a prevedere la chiarezza, completezza, non ingannevolezza delle informazioni rese in merito ai servizi regolamentati, ai relativi prestatori, ai prezzi e

---

fessional Conduct of Solicitors, Law Society, London, 1993, pp. 223 e 224; cfr., altresì, N. Taylor, *The Guide to the Professional Conduct of Solicitors*, Law Society, London, 1999.

[226] Il *Solicitors' Code of Conduct 2007*, entrato in vigore il primo luglio 2007, emendando in tal modo le regole contenute nel *Solicitors' Practice Rules 1990*, è stato sostituito dal *SRA Handbook and Code of Conduct 2011*, entrato in vigore il 6 ottobre 2011, non più in vigore a seguito dell'adozione di nuove regolamentazioni nel 2019 (v. *infra*). Cfr., in particolare, *SRA Code of Conduct 2011*, sesta versione, 1 gennaio 2013, *chapter 8 – Publicity*. La *Solicitors Regulation Autority* (SRA), succeduta alla *Law Society Regulation Board* nel 2007, è l'organismo competente per le questioni regolamentari e disciplinari dei *solicitors*; annovera fra i suoi vari compiti l'individuazione degli standard per l'accesso alla professione, la supervisione dell'attività delle organizzazioni coinvolte nella formazione dei futuri *solicitors*, l'adozione del Codice deontologico, la tenuta dell'albo, la diffusione presso la collettività delle informazioni riguardanti la categoria dei *solicitors*, la vigilanza sui *solicitors*, potendoli, in casi particolari, deferire ad una commissione disciplinare indipendente (*Solicitors Disciplinary Tribunal*) e così via.

[227] In particolare: "*The overriding concern is that publicity is not misleading and is sufficiently informative to ensure that clients and others can make informed choices*"; *SRA Code of Conduct 2011*, VI versione, 1 gennaio 2013, *chapter 8 – Publicity*, cit.

[228] Cfr. *Guidance to rule 7 – Publicity, General*, 2.

[229] V. *retro*.

alle forme di protezione spettanti al cliente (*'regulatory protections'*), particolare attenzione è stata riposta nel divieto di effettuare pubblicità mirate a soggetti specifici, che potrebbero essere avvertite dai potenziali destinatari come pratiche invadenti ed intrusive [230].

3.3.2. *Il progressivo abbandono dei divieti pubblicitari. Il caso dell'Italia*

L'abbattimento dei divieti e l'allentamento delle restrizioni in tema di promozione pubblicitaria nel mercato dei servizi legali si sono verificati, soprattutto sul finire degli anni Ottanta e durante gli anni Novanta del XX secolo anche in altri sistemi giuridici, tra cui Finlandia, Norvegia, Svezia, Danimarca, Olanda [231]. Tuttavia, nonostante tali spiragli di apertura verso l'ammissibilità di talune forme pubblicitarie, agli inizi del nuovo millennio la situazione fotografata dallo studio dell'IHS (2003) [232], alla base dell'opera di *advocacy* della Commissione europea, restituiva un quadro caratterizzato ancora da numerose restrizioni al sistema pubblicitario forense presenti in diversi Stati membri, tra cui Austria, Francia, Italia, Irlanda (con riferimento ai *solicitors*) e Spagna, e addirittura casi di divieto assoluto per gli avvocati di avvalersi della pubblicità, come in Grecia, Portogallo e Irlanda (per i *barristers*).

Alla base di queste preclusioni si intravede, come intuibile, l'intento comune degli ordinamenti di apprestare, tramite restrizioni e divieti, una tutela più incisiva al cliente che, versando notoriamente in una situazione di svantaggio informativo, poteva venire pregiudicato da pubblicità ingannevoli o manipolatorie, preservando, al contempo, l'onore e il decoro della professione, valori ritenuti a rischio nell'adozione di pratiche pubblicitarie considerate ontologicamente connesse alla mercificazione dell'opera intellettuale.

Tuttavia, negli ultimi anni, la situazione regolamentare descritta dallo studio dell'IHS è ulteriormente mutata, anche sulla spinta delle raccomandazioni elaborate in seno alla Commissione europea in tema di *'better regulation'* dei servizi professionali e alla luce del pervasivo approccio liberista alla base delle stesse.

In tale contesto di deregolamentazione si colloca, ad esempio, lo svi-

---

[230] *"You do not make unsolicited approaches to members of the public, with the exception of current or former clients, in order to advertise legal services provided by you, or your business or employer"*: *SRA Code for Solicitors 2019, paragraph 8.8,* la cui applicazione vale anche in riferimento alla pubbicità effettuata dalle *Firms,* in virtù del richiamo applicativo di cui al paragrafo 7.1 del *SRA Code for firms 2019.*

[231] C. Chinappi e E. Napolillo, *La promozione della professione forense*, cit., p. 87 ss.; R.J. Goebel, *Lawyers in the European Community: Progress Towards Community-wide Rights of Practice,* in *Fordham Int'l L.J.*, 1992, v. 15, p. 556, e spec. p. 561 ss.; L.L. Hill, *Publicity Rules of the Legal Professions within the United Kingdom*, cit.

[232] V. *retro,* in questo capitolo, § 1.1.

luppo della disciplina, non solo normativa ma anche deontologica, italiana in merito alla possibilità per l'avvocato di dare informazioni e pubblicizzare la propria attività. Nell'ordinamento italiano, le restrizioni alla facoltà per gli avvocati di avvalersi della pubblicità erano, infatti, particolarmente stringenti. Tradizionalmente, era addirittura preclusa ai professionisti forensi la possibilità di pubblicizzare la propria attività ai terzi, sull'assunto che tale promozione risultava in evidente contrasto con la natura e le caratteristiche fondamentali della professione forense, in quanto idonea ad incidere negativamente sulla dignità, discrezionalità, riservatezza, lealtà e correttezza dell'avvocato [233].

Il CNF, in ossequio a tali valori, aveva in un primo tempo censurato con rigore assoluto qualsiasi comportamento imputabile ai propri membri che, anche latamente, potesse configurarsi come violazione del divieto di pubblicità, spesso posto in correlazione con l'ulteriore divieto di accaparramento di clientela [234]. Nella decisione del 23 aprile 1991, n. 56, relativa alla diffusione di uno stampato autoelogiativo, era giunto addirittura ad affermare che *"il ripudio di mezzi pubblicitari di ogni genere costituisce tradizione e vanto dell'Avvocatura italiana, che nel corso di decenni ha sempre confermato il rifiuto di forme di emulazione diverse da una dignitosa gara di meriti dimostrati attraverso le opere e lo studio"*. A tali principi si atteneva, altresì, il Codice Deontologico Forense del 1997, ove era rinvenibile un categorico divieto di qualsiasi forma di pubblicità dell'attività professionale, fatta salva la mera possibilità per l'avvocato di indicare i propri particolari settori di operatività e le proprie specializzazioni, di fornire informazioni, a colleghi e clienti, sull'organizzazione dell'ufficio e sull'attività professio-

---

[233] Cfr. E. Ricciardi, *Lineamenti dell'ordinamento professionale forense*, cit., p. 350; A. Berlinguer, *Professione forense, impresa e concorrenza*, Giuffrè, Milano, 2003, p. 69; G. Scarselli, *Ordinamento giudiziario e forense*, cit., p. 452.

[234] In molteplici occasioni, sin dagli anni '50, il CNF era intervenuto sanzionando professionisti forensi che si erano avvalsi del mezzo pubblicitario e, in particolare, di avvisi economici su giornali (avvertimento, 13 settembre 1956), di reiterata pubblicazione di avvisi economici (radiazione, 31 dicembre 1954), di uno stampato di tenore auto-elogiativo (censura, 23 aprile 1991), dell'edizione e diffusione presso aziende di un periodico (avvertimento, 16 marzo 1968), dell'esposizione del recapito in una trasmissione TV (avvertimento, 28 giugno 1980). Anche negli anni '90 il CNF, nei propri interventi sanzionatori, aveva continuato a ribadire i principi attinenti il divieto di pubblicità; in particolare, nella decisione del 28 dicembre 1992, n. 121 si legge: *"Il professionista che usi carta intestata portante dicitura da riferire più ad attività commerciale che professionale, così dimostrando di voler reclamizzare il proprio studio, tiene un comportamento non conforme alla dignità e al decoro"*; e, ancora, nella pronuncia del 4 luglio 1995, n. 72: *"L'avvocato che nel corso di una apparizione televisiva effettui un tentativo, anche se blando, di far conoscere l'esistenza di un suo studio professionale, viola il precetto che sancisce il divieto di pubblicità degli esercenti la professione legale"*; nella pronuncia 30 ottobre 1996, n. 144, il CNF si era espresso nei seguenti termini: *"L'avvocato che a mezzo di interviste e comunicazioni rese agli organi di stampa enfatizzi sé, la sua professionalità e le tecniche processuali e di difesa, pone in essere un comportamento disciplinarmente rilevante"*.

nale, nonché di utilizzare il nome di un avvocato defunto, che avesse fatto parte dello studio, se tale professionista a suo tempo o per testamento lo avesse espressamente consentito, ovvero se fosse presente il consenso unanime degli eredi. L'attività di informazione ammessa doveva, in ogni caso, essere attuata in conformità al canone della verità e nel rispetto dei doveri di dignità e decoro. L'esclusione totale per gli avvocati di avvalersi del mezzo pubblicitario aveva, tuttavia, incontrato il dissenso di molti [235] i quali ritenevano tale misura eccessivamente restrittiva e difficilmente giustificabile, soprattutto alla luce delle esperienze di altri Paesi e, successivamente, delle nuove esigenze dettate da un mondo sempre più globalizzato.

Con delibera 16 ottobre 1999 e successiva novella del 2002 [236], il CNF riformulava il testo dell'art. 17 cod. deont., concedendo ai professionisti forensi la possibilità di dare informazioni relative alla propria attività professionale, *"secondo correttezza e verità, nel rispetto della dignità e del decoro della professione e degli obblighi di segretezza e riservatezza"* [237]. All'introduzione del concetto di pubblicità informativa, faceva seguito una descrizione puntuale delle modalità attraverso le quali le informazioni consentite potevano essere fornite ai terzi, nonché i divieti concernenti i contenuti delle stesse [238].

---

[235] Si v. A. Visco, *L'Avvocato nell'ordinamento professionale e nel processo civile e penale*, Leonardo da Vinci, Bari,1957; G.C. Hazard, R. Perce e J. Stempel, *Perché agli avvocati dovrebbe essere consentito l'uso della pubblicità*, in *Riv. dir. civ.*, 1986, II, p. 277.

[236] Con la modifica del 1999 si è passati dalla previsione del divieto di pubblicità alla regolamentazione del diritto di fornire informazioni sull'attività formale; la successiva delibera del CNF, datata 26 ottobre 2002, ha dettato un'ampia disciplina relativa ai contenuti e alle modalità dell'informazione pubblicitaria.

[237] Cfr., sul punto, R. Danovi, *La pubblicità, la doppia deontologia e le modifiche al codice deontologico forense*, in *Rass. forense*, 2000, p. 41; L. D'auria, *Avvocati e pubblicità*, in *Prev. Forense*, 2000, p. 26; L.G. Scassellati Sforzolini, *La pubblicità degli avvocati nella UE*, in *Prev. forense*, 2000, p. 14.

[238] In particolare, era permesso l'utilizzo di mezzi ordinari (carta da lettere, biglietti da visita, targhe), *brochures* informative (opuscoli, circolari) inviate anche a mezzo posta a soggetti determinati, annuari professionali, rubriche, riviste giuridiche, repertori e bollettini con informazioni giuridiche, rapporti con la stampa (secondo quanto stabilito dall'art. 18 del codice deontologico forense), siti *web* e reti telematiche (Internet), purché propri dell'avvocato o di studi legali associati o di società di avvocati, previa segnalazione al Consiglio dell'Ordine. Erano, invece, da considerarsi vietati i mezzi televisivi e radiofonici (televisione e radio), i giornali (quotidiani e periodici) e gli annunci pubblicitari, i mezzi di divulgazione anomali e contrari al decoro, le sponsorizzazioni, le telefonate di presentazione e le visite a domicilio non specificatamente richieste, l'utilizzazione di Internet per l'offerta di servizi e consulenze gratuite. Venivano consentiti seminari e convegni organizzati direttamente dagli studi professionali, salva la previa approvazione dal Consiglio dell'Ordine, nonché la consulenza attraverso la rete internet e il sito *web*, nel rispetto di taluni obblighi (indicazione dei dati anagrafici, Partita Iva e Consiglio dell'Ordine di appartenenza; impegno espressamente dichiarato al rispetto del codice deontologico, con la riproduzione del testo, ovvero con la precisazione dei modi o mezzi per consentirne il reperimento o la consultazione; indicazione della persona responsabile;

Sebbene con tali modifiche deontologiche era stato abrogato l'originario divieto di pubblicità ed era stata introdotta la possibilità per l'avvocato di dare informazioni sulla propria attività professionale, le novelle del 1999 e del 2002 erano evidentemente ispirate a prudenza. La portata limitata dell'innovazione emergeva, in prima battuta, già dalla rubrica della nuova norma che, anziché fare direttamente riferimento alla 'pubblicità', si avvaleva del sintagma *'informazioni sull'attività professionale'*; sul piano sostanziale essa, inoltre, implicitamente rafforzava la distinzione tra *pubblicità*, con scopo meramente promozionale, da ritenersi incompatibile con la professione, e *informazione*, finalizzata all'esternalizzazione dell'attività professionale, solo con fini promozionali indiretti [239].

A seguito delle iniziative europee dirette alla liberalizzazione del comparto dei servizi legali, nonché delle sollecitazioni dall'AGCM [240], il CNF, mediante la delibera 27 gennaio 2006, ha modificato ulteriormente il disposto dell'art. 17 cod. deont., prevedendo la possibilità per i professionisti forensi di fornire informazioni sui titoli conseguiti e sui diplomi di

---

specificazione degli estremi dell'eventuale polizza assicurativa, con copertura riferita anche alle prestazioni online e indicazione dei massimali; indicazione delle vigenti tariffe professionali per la determinazione dei corrispettivi). La norma deontologia stabiliva, inoltre, il divieto di diffondere informazioni relative ai dati di terzi, ai nomi dei clienti, alle specializzazioni, ai prezzi delle prestazioni, alle percentuali di cause vinte o all'esaltazione dei meriti, al fatturato individuale o dello studio, alle promesse di recupero.

[239] Cfr. G.P. Zancan, *Pubblicità e informazione*, in *Prev. Forense*, 2000, p. 18; D. Condello, *L'informazione pubblicità dell'avvocato italiano mediante le reti telematiche*, in *Temi rom.*, 2000, p. 172.

[240] Tale intervento legislativo ha recepito in parte i principi concorrenziali affermati dall'AGCM nell'"*Indagine conoscitiva sugli ordini e collegi professionali*" del 1997 finalizzata a verificare l'adeguatezza della regolamentazione in vigore in relazione all'obiettivo di consentire un consono sviluppo delle attività professionali; in materia di pubblicità, l'AGCM aveva, infatti, affermato la necessità di rimuovere qualsivoglia divieto, poiché una pubblicità priva di vincoli, anche di carattere comparativo e diffusa con qualsiasi mezzo di comunicazione, consente di colmare le lacune informative che caratterizzano i rapporti tra professionisti e clienti; quest'ultimi, edotti sulle caratteristiche delle prestazioni professionali, potrebbero orientarsi nella scelta dei servizi di cui necessitano con maggior consapevolezza. AGCM, IC15, *Settore degli ordini e collegi professionali*, 9 ottobre 1997. Tuttavia, l'AGCM, nella seconda indagine avviata nel 2007 e conclusasi nel 2009, intrapresa al fine di valutare il grado con cui tali nuove disposizioni erano state recepite nei codici deontologici di talune professioni, tra cui quella forense, ha registrato una certa ritrosia da parte degli Ordini professionali ad adeguare i propri codici ai principi antitrust. Per ciò che qui rileva, la disciplina relativa alla pubblicità è stata definita particolarmente stringente per quel che attiene al divieto di pubblicizzare i compensi e di svolgere pubblicità comparativa, nonché alla previsione di un potere di controllo dei contenuti dei messaggi da diffondere sul *web* e del potere di autorizzare, in via preventiva, la possibilità per gli iscritti di tenere o curare rubriche su organi di stampa (art. 18, comma 3). Cfr. AGCM, IC34, *Indagine conoscitiva riguardante il settore degli ordini e collegi professionali*, 2009. In dottrina cfr. A. Stanchi, *La professione forense, come lavoro intellettuale nel sistema costituzionale ed i principi della concorrenza tra imprese*, in *Lav. giur.*, 2009, p. 459.

specializzazione e ha introdotto l'art. 17 *bis*, rubricato *'Mezzi di informazione consentiti'*, diretto a disciplinare le modalità con cui le informazioni potevano essere fornite.

L'entrata in vigore del c.d. decreto Bersani, d.l. 223/2006, convertito dalla legge 248/2006, con conseguente abrogazione di tutte le regole deontologiche dirette a proibire o limitare la pubblicità informativa riguardante i titoli e le specializzazioni professionali, le caratteristiche del servizio offerto, nonché il prezzo e i costi complessivi delle prestazioni, effettuata secondo criteri di trasparenza e veridicità del messaggio il cui rispetto è verificato dall'ordine, e imposizione di un adeguamento dei codici deontologici entro l'1 gennaio 2007, ha determinato il CNF a rivedere ulteriormente le proprie regole professionali. In particolare, con la novella del 14 dicembre 2006, è stata rielaborata la materia, mediante abrogazioni ed aggiunte all'art. 17, come già novellato nel gennaio 2006, ed un'integrale riformulazione dell'art. 17 *bis*.

Con tale intervento la logica della norma è stata profondamente rivista, nel senso di una generale affermazione del diritto in capo all'avvocato di diffondere informazioni relative ai propri servizi, con i mezzi più idonei, salva la coerenza del contenuto e della forma scelti con la finalità della tutela dell'affidamento della collettività e la corrispondenza ai criteri di trasparenza e veridicità. In tal modo il fondamento della pubblicità e dei suoi limiti non è più solo rinvenibile nei principi dell'onore e del decoro[241], ma altresì nella protezione di un interesse pubblico riferibile alla generalità indistinta dei cittadini.

I canoni secondo e terzo dell'art. 17, che prevedevano rispettivamente il divieto di offrire le proprie prestazioni professionali al domicilio degli utenti, nei luoghi di lavoro, di riposo, di svago e, in generale, in luoghi pubblici o aperti al pubblico e il divieto di offrire, in assenza di specifica richiesta, una prestazione ad una persona determinata, sono confluiti nell'art. 19, dedicato al divieto di accaparramento di clientela.

L'art. 17 *bis* non contemplava più le limitazioni relative ai mezzi pubblicitari utilizzabili (da qui il mutamento della rubrica da *'Mezzi di informazione consentiti'* a *'Modalità dell'informazione'*), ma indicava le informazioni specifiche che il professionista aveva l'obbligo di fornire al cliente, al fine di agevolarlo nella scelta dell'avvocato; il riferimento è all'indicazione

---

[241] La Corte di Cassazione ha ritenuto l'offerta di prestazioni al domicilio degli utenti e, in generale, in luoghi pubblici o aperti al pubblico non conforme alla correttezza e al decoro; in particolare, cfr. Cass., 18 novembre 2010, n. 23287 (in *Guida dir.*, 2010, p. 34), di conferma della sanzione disciplinare irrogata dal CNF ad avvocati che avevano attirato la clientela con insegne e offerte non consone al decoro e alla dignità; Cass., Sez. Un., 10 agosto 2012, n. 14368 (in *Corr. giur.*, 2012, p. 1152, con nota di V. Carbone, *Illecito disciplinare dell'avvocato*) in cui i giudici di legittimità hanno condannato un avvocato che aveva aperto uno studio a piano strada definendolo 'negozio', indicandone gli orari di chiusura ed apertura come una qualsiasi attività commerciale e reclamizzando tariffe *a forfait* a mezzo di vetrofania.

della sede, dei recapiti (indirizzo, numeri telefonici, fax, e-mail e del sito *web*, se attivato), dell'Ordine di iscrizione, del luogo di esercizio, dei titoli, delle specializzazioni, dei settori di attività prevalente, della struttura e della composizione dello studio. Risultavano, invece, facoltative le informazioni concernenti i titoli accademici, i diplomi di specializzazione conseguiti presso gli istituti universitari, l'abilitazione a esercitare avanti alle giurisdizioni superiori, i settori di esercizio dell'attività professionale e, nell'ambito di questi, eventuali materie di attività prevalente, le lingue conosciute, il logo dello studio, gli estremi della polizza assicurativa per la responsabilità professionale e l'eventuale certificazione di qualità dello studio.

Un ulteriore rilassamento delle norme deontologiche in materia pubblicitaria è intervenuto nel 2008, allorché il CNF ha approvato un'ulteriore modifica dell'art. 17 *bis*, comma secondo, mediante la previsione dell'obbligo di previa tempestiva comunicazione del contenuto del sito *web* a sostituzione dell'obbligo di previa comunicazione, nonché l'imposizione di una previa comunicazione, anziché il parere favorevole dell'Ordine, per la partecipazione a rubriche fisse, trasmissioni televisive o radiofoniche o presso organi di stampa (art. 18, canone terzo, cod. deont.).

La nuova legge forense, ponendosi nel solco di tale linea evolutiva, ha contemplato il profilo della pubblicità, *rectius* delle 'comunicazioni al pubblico', sancendo la libertà di pubblicità informativa, con ogni mezzo, avente ad oggetto l'attività professionale, le specializzazioni, i titoli professionali, la struttura dello studio e i compensi (art. 10, legge 247/2012). Sul piano deontologico l'indirizzo legislativo è stato recepito nel nuovo codice deontologico, adottato nel 2014[242], che attualmente permette all'avvocato, nell'interesse della collettività, di diffondere pubblicamente, con qualunque mezzo, anche informatico, informazioni sulla propria attività professionale, sull'organizzazione e struttura dello studio, sulle eventuali specializzazioni e titoli scientifici e professionali posseduti[243]. I parametri di ri-

---

[242] Codice Deontologico Forense, approvato dal CNF il 31 gennaio 2014, in attuazione della legge 31 dicembre 2012, n. 247 recante Nuova disciplina dell'ordinamento della professione forense, e pubblicato sulla *GU* n. 241 del 16 ottobre 2014, in vigore dal 16 dicembre 2014. In particolare, il riferimento è agli artt. 17 (*'informazioni sull'esercizio dell'attività professionale'*) e 35 (*'dovere di corretta informazione'*), come da ultimo modificati nel 2016 (v. CNF, Decisione 22 gennaio 2016, che ha apportato modifiche all'art. 35 (*'dovere di corretta informazione'*), all'esito delle procedure di consultazione di cui all'art. 35, comma 1, lett. d) della legge 31 dicembre 2012, n. 247, pubblicata nella *GU* n. 102 del 3 maggio 2016, pp. 23 e 24). Tali nuove disposizioni hanno comportato la modifica dell'art. 17 nella sua previgente formulazione e l'abrogazione dell'art. 17 *bis* cod. deont.

[243] Ai sensi dell'art 35, comma 2, cod. deont. non è consentito all'avvocato veicolare informazioni che concernono titoli, funzioni o incarichi non inerenti all'attività professionale. In ogni caso l'avvocato, nel fornire informazioni, deve sempre indicare il proprio titolo professionale, la denominazione dello studio e l'Ordine di appartenenza (art. 35, comma 3); il praticante avvocato deve, invece, usare esclusivamente e per esteso il titolo di *'praticante*

ferimento che integrano il "*dovere di corretta informazione*", informazione che, nello specifico, deve riguardare esclusivamente l'attività professionale, continuano a risiedere, in primo luogo, nel rispetto dei doveri di verità, correttezza, trasparenza, segretezza e riservatezza. Le regole deontologiche si applicano a prescindere dai mezzi scelti per veicolare il messaggio: l'aggiunta all'art. 35 cod. deont. della specificazione "*quali che siano i mezzi utilizzati per rendere le stesse [informazioni]*", e l'abrogazione dei commi 9 e 10 della medesima disposizione[244], frutto di una delibera del CNF del 2016[245] resa al termine di un estenuante confronto con l'AGCM[246], è indi-

---

avvocato' eventualmente, se abilitato, seguito dal sintagma '*abilitato al patrocinio*' (art. 35, comma 5).

[244] I commi 9 e 10 dell'art. 35 cod. deont. prevedevano limitazioni all'utilizzo dei siti internet ed in particolare: "*9. L'avvocato può utilizzare, a fini informativi, esclusivamente i siti web con domini propri senza reindirizzamento, direttamente riconducibili a sé, allo studio legale associato o alla società di avvocati alla quale partecipi, previa comunicazione al Consiglio dell'Ordine di appartenenza della forma e del contenuto del sito stesso*". "*10. L'avvocato è responsabile del contenuto e della sicurezza del proprio sito, che non può contenere riferimenti commerciali o pubblicitari sia mediante l'indicazione diretta che mediante strumenti di collegamento interni o esterni al sito*".

[245] CNF, delibera del 22 gennaio 2016, cit.

[246] Il riferimento è, in particolare, alla contestazione mossa dall'AGCM di cui al provvedimento 27 maggio 2015, n. 25487 di inottemperanza al precedente provvedimento n. 25154 del 22 ottobre 2014, per non aver il CNF ritirato il parere 48/2012 reso nell'ambito della vicenda nota come '*Amica Card*', sull'uso ritenuto vietato di piattaforme digitali di terzi per la promozione dei propri servizi professionali, in quanto integranti potenziali forme di accaparramento di clientela, giudicato dall'AGCM alla stregua di un illecito anticoncorrenziale. Nel mirino dell'AGCM anche le disposizioni dell'art. 35 del cod. deont. allora in vigore, che "*ripropongono sostanzialmente quanto contenuto nel parere n. 48/2012, giungendo a ritenere, al pari del parere, deontologicamente scorretto – pertanto sanzionabile disciplinarmente – l'utilizzo di piattaforme digitali messe a disposizione degli avvocati da soggetti terzi per veicolare informazioni relative all'attività professionale, in tal modo "limitando l'utilizzo di un canale promozionale e informativo attraverso il quale si veicola anche la convenienza economica della prestazione*" (provvedimento 27 maggio 2015, n. 25487, in *Bollettino dell'Antitrust* n. 21 del 15 giugno 2015). A tale provvedimento aveva fatto seguito un lungo contenzioso, durante il quale la pesante sanzione pecuniaria irrogata dall'AGCM, che sfiorava il milione di euro, era stata, in primo grado, annullata parzialmente dal TAR Lazio, che aveva escluso la natura anticoncorrenziale della ripubblicazione della circolare e rimesso al CNF la rideterminazione in misura ridotta della sanzione (Tar Lazio, sentenza del 1 luglio 2015, n. 8778) e successivamente, in appello, ove la sanzione era stata ripristinata nel suo originaria ammontare dal Consiglio di Stato, con provvedimento del 22 marzo 2016 n. 1164. Nelle more del procedimento pendente il giudizio dinnanzi al TAR, l'AGCM aveva sollecitato il CNF ad adempiere, adottando delle misure idonee a porre termine all'infrazione. Con il provvedimento n. 25487/2015, richiamato, l'AGCM aveva avviato un procedimento per inottemperanza, con riferimento al provvedimento n. 25124/2014. Nonostante le difese del CNF, che precisava di aver ottemperato al provvedimento avendo già fornito un'interpretazione autentica del parere e modificato il disposto dell'art. 35 cod. deont. nel senso del riconoscimento della libertà dei mezzi comunicativi, l'AGCM con delibera 10 febbraio 2016, n. 25868 aveva accertato la mancata ottemperanza del CNF e ritenendo persistente la violazione dell'art. 101 TFUE, aveva irrogato al CNF una nuova sanzione amministrativa pecuniaria di

ce della possibilità per l'avvocato oggi di avvalersi, fra i vari strumenti a disposizione, anche di siti *web* con o senza re-indirizzamento, dei *social media* e delle piattaforme in linea con una realtà sempre più digitalizzata. In ogni caso i mezzi, come le modalità, devono essere scelti sempre nel rispetto dei principi etici della dignità e del decoro (art. 35, comma 9)[247]. In secondo luogo, nel nuovo codice deontologico vengono mantenuti ed esplicitati, in linea con il contenuto anche di altre discipline specifiche, i divieti di forme distorte di informativa che vanno dalla pubblicità ingannevole ed equivoca, alla pubblicità denigratoria, alla pubblicità suggestiva, sino alla pubblicità comparativa con altri professionisti (art. 17 e art. 35, comma 2, cod. deont.)[248].

912.536,40 euro. Il CNF aveva impugnato nuovamente il provvedimento dell'AGCM dinnanzi al TAR Lazio che, accogliendo il ricorso, aveva annullato il provvedimento e la relativa sanzione (TAR Lazio, sentenza 11 novembre 2016, n. 11169). Tale sentenza è stata successivamente confermata in appello (Consiglio di Stato, sentenza 30 aprile 2020, n. 2764). In dottrina, per un commento, si rinvia a M. Chiarelli, *Consiglio nazionale forense e Autorità garante della concorrenza e del mercato Il Consiglio di Stato conferma l'insussistenza dell'inottemperanza*, in *Amm. in Cammino*, 2020, p. 1; D. Granara, *Tutela della concorrenza e tutela della professione forense nell'ordinamento italiano: divergenza o coincidenza con il diritto europeo? (a margine della sentenza del Consiglio di Stato, Sez. VI, 30 aprile 2020 n. 2764)*, in *Federalismi.it*, 2020, n. 30, p. 119.

[247] Ad esempio, secondo la consolidata giurisprudenza del CNF è vietato offrire prestazioni professionali a costi molto bassi, determinati forfettariamente senza alcuna proporzione con l'attività svolta, in quanto contrario alla dignità ed al decoro della professione: in tal senso si v., *ex multis*, CNF, sentenza del 24 novembre 2016, n. 349 (Nel caso di specie trattavasi di box pubblicitario in un quotidiano, con evidenza riservata in via pressoché esclusiva e palesemente suggestiva al costo della prestazione offerta, consistente in due pareri all'anno, per tre anni, verso un corrispettivo, invariabile e modesto, prefissato a *forfait*); CNF, sentenza del 24 settembre 2015, n. 142 (Nel caso di specie trattavasi di box pubblicitario in un quotidiano, con evidenza riservata in via pressoché esclusiva e palesemente suggestiva al costo della prestazione offerta).

[248] Sul punto si v. anche la pronuncia del CNF n. 208/2017, ove è stata considerata contraria alle previsioni deontologiche, ed in particolare al divieto di pubblicità elogiativa e comparativa, la condotta dell'avvocato che mediante affissione di manifesti pubblicitari nelle vie della città e pubblicazioni sui principali giornali cittadini, aveva diffuso il messaggio contenente la frase *"un grande studio legale fa infortunistica stradale SERIAMENTE"*; tale testo risultava essere, infatti, *"una chiara, anche se indiretta, affermazione del fatto che quello studio a differenza di altri opera seriamente"*, in quanto tale contrario al *"canone di correttezza per cui la pubblicità non deve contenere informazioni volte a screditare mediante comparazioni altri professionisti"*. Integra perciò un'ipotesi di comunicazione comparativa non solo il confronto 'diretto' con un altro avvocato o un altro studio legale specificatamente individuati, bensì anche l'esaltazione della propria attività e professionalità rispetto all'operato del resto di tutta la categoria forense, genericamente considerata.

Nella giurisprudenza disciplinare la pubblicità comparativa è spesso associata a forme di pubblicità autocelebrativa, che, a parere del CNF, devono ritenersi egualmente vietate in quanto esulano dal fine conoscitivo ed informativo ontologicamente connesso alla pubblicità dell'avvocato: *"L'informazione sull'attività professionale, ai sensi degli artt. 17 e 35 n.c.d.f. (già artt. 17 e 17 bis cod. prev.), deve essere rispettosa della dignità e del decoro professionale e quindi di tipo semplicemente conoscitivo, potendo il professionista provve-*

Risulta, inoltre, preclusa all'avvocato la possibilità di indicare nominativi di professionisti e di terzi non organicamente o direttamente collegati con lo studio (art. 35, comma 6)[249]; di menzionare il nome di avvocati defunti, che abbiano fatto parte dello studio, in assenza di un consenso da quest'ultimi espressamente manifestato in vita (art. 35, comma 7); o di divulgare i riferimenti personali dei propri clienti o delle parti assistite, nemmeno in presenza del consenso delle parti interessate (art. 35, comma 8).

Tale rinnovato impianto regolamentare e autoregolamentare ha avuto indubbi riflessi sulla giurisprudenza disciplinare del CNF che ha dimostrato negli ultimi anni una nuova sensibilità nella valutazione delle condotte afferenti all'attività pubblicitaria dell'avvocato[250].

---

dere alla sola indicazione delle attività prevalenti o del proprio curriculum, ma non deve essere mai né comparativa né autocelebrativa"; in questi termini si v. CNF, sentenza del 9 marzo 2017, n. 8, concernente il caso del professionista che aveva garantito il *"pieno successo"* degli incarichi affidatigli, peraltro in materie in cui non aveva alcuna competenza professionale; CNF, sentenza del 29 aprile 2017, n. 49, in riferimento alla condotta dell'avvocato che in una pagina del proprio sito *web* si era definito come *"specialista assoluto"*, così enfatizzando le proprie doti professionali e implicitamente negandole alla parte restante della categoria professionale; CNF, sentenza 11 novembre 2015, n. 163, in cui è stata sanzionata la condotta dell'avvocato che in un'intervista ad un quotidiano aveva affermato di potersi distinguere dagli altri colleghi, che, a suo parere, non erano altrettanto informati e documentati; cfr., altresì, CNF, sentenza del 19 dicembre 2014, n. 194 e CNF, sentenza del 15 ottobre 2012, n. 152.

[249] Integra violazione dell'art. 35 codice deont. la condotta dell'avvocato che, fornendo informazioni sulla propria attività professionale, vanta di avvalersi dell'ausilio di prestigiosi colleghi all'insaputa degli stessi; in particolare, nel caso di specie, gli asseriti collaboratori venivano definiti come *"altamente specializzati nei vari rami del diritto e domiciliati nell'intero arco del territorio italiano"*: così CNF, sentenza del 24 novembre 2016, n. 349.

[250] Particolarmente significativo del nuovo atteggiamento nei confronti dell'utilizzo dello strumento pubblicitario da parte degli avvocati, così come disciplinato nella legge professionale e nell'attuale codice deontologico, come da ultimo modificato, risulta essere un'articolata vicenda conclusasi con la sentenza del CNF n. 243/2018. In particolare, il COA di Monza con decisione 18 gennaio 2010 aveva sanzionato con la sospensione di due mesi un avvocato per essersi avvalso di un box pubblicitario, che recava in caratteri grandi la scritta *"SEPARAZIONI E DIVORSI da EURO 800,00"* e in caratteri ridotti l'indicazione dell'indirizzo del sito *web* e il recapito telefonico dell'avvocato. Sul fondo i nomi dei componenti dello Studio, gli Ordini di appartenenza e l'indirizzo. Tale illecito deontologico era stato confermato dal CNF in sede di appello, con sentenza n. 34/2012 seppur con riduzione della sanzione a quella dell'avvertimento e dalla Corte di Cassazione con la sentenza n. 19705/12. Lo stesso avvocato, successivamente a tali eventi, aveva riproposto una pubblicità del tutto simile alla prima e per tale motivo era stato nuovamente condannato dal COA di Monza e dal CNF con sentenza 142/2015. Secondo il CNF doveva ritenersi vietato offrire prestazioni professionali a costi molto bassi, determinati forfettariamente senza alcuna proporzione con l'attività svolta, in quanto tale pratica doveva ritenersi contraria alla dignità ed al decoro della professione. Il disvalore deontologico risiedeva nel fatto che l'attività promozionale posta in atto dall'avvocato integrava, nella sostanza, un mero slogan commerciale e non un messaggio di informazione professionale: *"la tecnica di redazione dell'avviso pubblicitario contestato nel caso di specie, la sua collocazione, l'evidenza riservata in via pressoché esclusiva*

L'evoluzione normativa e autoregolamentare italiana rappresenta un caso paradigmatico dell'evoluzione occorsa negli ultimi anni nel settore della pubblicità forense. Come vedremo nel successivo paragrafo, tale approccio risulta peraltro condiviso anche da altri Stati membri.

---

e palesemente suggestiva al costo della prestazione offerta, consentono di ribadire la violazione dei generali principi di probità e decoro e dello specifico divieto di accaparramento della clientela con mezzi non idonei a fornire ogni adeguata informazione a soggetti non necessariamente consapevoli della natura e del valore della prestazione offerta".

Tuttavia, il CNF, con la sentenza del 28 dicembre 2018, n. 243, testé menzionata, accogliendo il l ricorso presentato dall'avvocato avverso la decisione del COA di Monza, ha cambiato indirizzo e ha annullato la decisione di quest'ultimo, sottolineando come, sulla scorta dell'evoluzione normativa in tema e della conseguente nuova sensibilità richiesta al CNF nella valutazione delle condotte afferenti all'attività pubblicitaria dell'avvocato, *"non può (più) considerarsi contrario al decoro ed alla correttezza un messaggio pubblicitario che contenga tutti gli elementi richiesti dalla norma deontologica (qui l'art. 17 bis C.D. previgente) e che solo enfatizzi (come indubbiamente fa il contenuto del box pubblicitario pubblicato dal ricorrente e di cui al capo di incolpazione) quello del corrispettivo che, tra l'altro, come noto, costituisce un elemento contrattuale di interesse primario per il cliente e, quindi, un elemento fondamentale per un'informazione pubblicitaria professionale corretta e completa. Per di più nel caso di specie l'importo indicato nel messaggio pubblicitario ('da euro 800,00') risulta congruo in quanto proporzionato all'impegno qualitativo e quantitativo richiesto dalla prestazione ('separazioni e divorzi contrattuali con accordo già raggiunto') cui lo stesso si riferisce".*

Il riflesso applicativo a livello disciplinare delle attuali norme deontologiche dedicate alla pubblicità dell'avvocato emerge in maniera chiara e completa anche nella più recente ed articolata decisione del CNF del 23 aprile 2019, n. 281/15 R.G. RD n. 23/19, con cui è stata condannata la condotta di un avvocato che in una *brochure* dal titolo *"risarcimento danni medici"* e nel sito denominato *"risarcimento danni medici"* aveva inserito la promessa di prestazioni professionali *"senza anticipi, senza spese, senza rischi e, soprattutto, in tempi brevissimi"* e di definizione *"entro 240 giorni invece di attendere i soliti 4-5- 6 anni!"*, nonché la previsione del pagamento del compenso legato al risultato ottenuto, senza alcun corrispettivo per l'ipotesi di mancato ottenimento del risarcimento. Il CNF ha censurato tale condotta per contrarietà ai doveri deontologici, in quanto: *"promettere la 'definizione della vertenza entro 240 giorni' si pone in contrasto con i precetti di correttezza e veridicità, atteso che, come è evidente, nessuna garanzia e/o certezza può esservi circa il fatto che una qualsiasi pratica contenziosa possa sicuramente definirsi entro il termine pubblicizzato", "Non solo, ma risulta altresì evidente la natura elogiativa e comparativa del messaggio informativo laddove la promessa di definizione entro 240 giorni è posta a confronto con i termini di 4-5-6 anni normalmente occorrenti (secondo il messaggio implicito, ma chiaro, contenuto nella brochure) agli altri avvocati. Ed ancora risulta violato il criterio di correttezza e trasparenza dal momento che i riferimenti a detti termini di durata rimangono del tutto privi di una qualche giustificazione"*, il disvalore deontologico dell'offerta di prestazioni *"senza anticipi, senza spese, senza rischi"* comporta altresì la violazione agli obblighi deontologici di informazione. Significativa, la conclusione in cui è stata ravvisata la contrarietà alla dignità ed al decoro della professione forense non nell'aver svolto una pubblicità professionale alla ricerca di clientela (attività da ritenersi legittima nel suo aspetto informativo e promozionale), bensì nell'aver veicolato un *"messaggio pubblicitario di natura meramente commerciale e teso a suggestionare la potenziale clientela con evidenti sottolineature esclusivamente del dato economico"*, nonché *"per l'indulgere ad autoreferenzialità con l'enfatizzazione dell'attività dello studio e per l'utilizzare mezzi suggestivi ed auto elogiativi volti ad attirare l'attenzione degli utenti non particolarmente avveduti".*

3.3.3. *La caduta dei divieti negli Stati membri 'irriducibili' (Francia, Spagna, Grecia, Slovenia, Irlanda)*

In Francia solo a partire dalla fine degli anni Novanta del secolo scorso, gli avvocati sono stati autorizzati a ricorrere alla pubblicità, ma con l'esclusiva finalità di procurare informazioni al pubblico[251]. La severità con cui l'ordinamento francese si volgeva allo strumento pubblicitario, nel dichiarato intento di salvaguardare la dignità della professione, traspariva nitida dalla previsione del 1971 che qualificava addirittura come reato la violazione dei limiti imposti all'informazione pubblicitaria. Tale scenario è stato progressivamente rivisto e smantellato, anche alla luce della Direttiva 2006/123/CE e della relativa produzione giurisprudenziale. Nel 2014, la legge 2014-344, nota come legge *Hamon*, ha modificato l'art. 3 della legge 71-1130 del 31 dicembre 1971, riconoscendo all'avvocato la possibilità di utilizzare sia la pubblicità sia le sollecitazioni personali e rimettendo ad un decreto del Consiglio la definizione delle relative condizioni. Tale legge, unitamente all'*Ordonnance* 2016-1809 del 22 dicembre 2016, ha inoltre sottratto gli avvocati all'applicabilità delle sanzioni previste dal codice di consumo (due anni di reclusione e 150.000 euro di multa) come conseguenza di una attività di *démarchage* effettuata al fine di fornire servizi legali (art. 66-4 della legge 71-1130). Il *Conseil d'État*, con decreto n. 2014-1251 del 28 ottobre 2014 ha, dunque, disciplinato le modalità con cui gli avvocati possono ricorrere allo strumento pubblicitario e alle sollecitazioni personali, abrogando l'art. 5 del *décret* n. 72-785 del 25 agosto 1972 che prevedeva l'applicazione di una contravvenzione alle condotte riconducibili al *démarchage*. Inoltre, è stato modificato l'art. 15 del codice deontologico degli avvocati del 12 luglio 2005, che ora prevede la possibilità di effettuare pubblicità e sollecitazioni personalizzate in cui vengono fornite informazioni veritiere sulla natura dei servizi offerti e con modalità che rispettano i valori fondanti la professione[252]. Continuano ad essere vietata la pubblicità dal contenuto comparativo o denigratorio. Con pronuncia del 9 novembre 2015, il *Conseil d'État* ha ribadito, infatti, che il divieto di pubblicità comparativa o denigratoria e di sollecitazioni personali

---

[251] B. Nascimbene, *La professione forense nell'Unione europea*, cit., p. 137.

[252] "*La sollicitation personnalisée prend la forme d'un envoi postal ou d'un courrier électronique adressé au destinataire de l'offre de service, à l'exclusion de tout message textuel envoyé sur un terminal téléphonique mobile. Elle précise les modalités de détermination du coût de la prestation, laquelle fera l'objet d'une convention d'honoraires. Ces dispositions excluent ainsi les démarches physiques ou téléphoniques, y compris les SMS, les MMS et les messages vocaux envoyés sur le répondeur téléphonique par le biais d'un automate d'appel. Enfin, le texte procède à une actualisation, à droit constant, de l'article 24 du décret du 12 juillet 2005 afin de rendre le dispositif outre-mer de ce décret plus lisible*": Conseil National des Barreaux, Commission des règles et usages, *Vademecum de la communication des avocats*, II ed., Paris, 2020, a p. 10.

realizzate mediante l'invio di un SMS sono da ritenersi compatibili con la Direttiva 2006/123/CE. Per contro, ha giudicato non conforme alla normativa comunitaria, ed in particolare all'art. 4 della Direttiva 2006/123/CE, la norma deontologica volta a vietare la pubblicità effettuata mediante volantini, manifesti, film, radio o televisione (art. 15, comma 2, cod. deont.), in quanto non giustificata da un motivo imperativo di interesse generale [253]. Tale disposizione è stata, pertanto, modificata conformemente a tale indirizzo interpretativo e il *Conseil national des barreaux*, con la decisione di carattere normativo n. 2014-001, ha provveduto alla riforma dell'art. 10 del RIN, relativo alla pubblicità degli avvocati, prevedendo l'abolizione del divieto di pubblicità personale degli avvocati condotta per mezzo di volantini, manifesti, film, trasmissioni cinematografiche, radiofoniche o televisive [254]. Successivamente tale norma (art. 10.1) è stata ulteriormente modificata con l'aggiunta di una disposizione relativa alla disciplina della denominazione degli studi legali [255]. Da ultimo il *Conseil national des barreaux*, con decisione n. 2019-005, ha riconosciuto la possibilità di effettuare la medesima comunicazione a prescindere dal supporto/strumento utilizzato, senza distinguere tra quanto rientra nella pubblicità personale e ciò che invece attiene all'informazione professionale [256]. L'attuale formulazione dell'art. 10 del RIN, rubricato *'Communication'*, consente dunque all'avvocato di fornire informazioni, tra cui quelle relative alle specializzazioni, alle qualifiche specifiche e ai settori giuridici in cui viene svolta l'attività legale. Rimangono vietate le pubblicità fuorvianti o non veritiere, nonché i riferimenti comparativi e denigratori. Inoltre, è disciplinata la sollecitazione personalizzata che consiste in un messaggio esclusivo quale che sia la forma di comunicazione impiegata, di persona o telefonica, escluso l'invio di SMS (art. 10.3) [257]. Qualsiasi pubblicità, come l'eventuale

[253] Conseil d'État, sentenza del 9 novembre 2015, n. 386296, ECLI:FR:XX:2015:386296.20151109; negli stessi termini v. Conseil d'État, sentenza del 13 dicembre 2013, n. 361593, ECLI:FR:CESSR:2013:361593.20131213.

[254] Assemblée générale du Conseil national des barreaux, *Décision à caractère normatif* 10 ottobre 2014, n. 2014-001 e relativa *Décision* 13 novembre 2014, *portant réforme du règlement intérieur national (RIN) de la profession d'avocat (art. 21-1 de la loi du 31 décembre 1971 modifiée)*, in *JORF* del 5 dicembre 2014, n. 0281.

[255] Assemblée générale du Conseil national des barreaux, *Décision à caractère normatif* 21 novembre 2015, n, 2015-002 e relativa *Décision* 14 gennaio 2016, *portant réforme du règlement intérieur national (RIN) de la profession d'avocat (art. 21-1 de la loi du 31 décembre 1971 modifiée)*, in *JORF* del 16 febbraio 2016, n. 0039.

[256] Assemblée générale du Conseil national des barreaux, *Décision à caractère normatif* 3 aprile 2020, n, 2019-005 e relativa *Décision* 28 maggio 2020, *portant réforme du règlement intérieur national (RIN) de la profession d'avocat (art. 21-1 de la loi du 31 décembre 1971 modifiée)*, in *JORF* del 13 giugno 2020, n. 0144.

[257] In particolare l'art. 10.3 del RIN, rubricato *'Publicité et Sollicitation Personnalisée'*, così dispone: *"La publicité et la sollicitation personnalisée sont permises à l'avocat si elles pro-*

costituzione o modifica sostanziale di siti *web* (che devono avere un dominio riconducibile all'avvocato o allo studio), va comunque comunicata senza indugio e in via preventiva al Consiglio dell'Ordine.

Similmente a quanto accaduto in Italia e Francia, anche l'evoluzione della regolamentazione spagnola si è caratterizzata per il passaggio dal divieto assoluto per gli avvocati di pubblicizzare i propri servizi legali, contenuto nello *Estatuto General de la Abogacía* del 1982 [258], al riconoscimento espresso della libertà di pubblicizzazione dei servizi legali nel 2021.

Il *Reglamento de Publicidad de Abogados Españoles* del 1998 aveva segnato il primo passo in tale direzione, seguito dal *Reglamento de Publicidad* adottato dall'Ordine degli Avvocati di Barcellona il 21 giugno 1998. In un secondo momento, l'introduzione nel 2001 del nuovo codice deontologico spagnolo aveva rappresentato l'ulteriore occasione per introdurre, in via generalizzata, attraverso il suo art. 25, una normativa deontologica maggiormente permissiva in tale settore [259]. Recentemente, il nuovo *Estatuto General de la Abogacía Española*, approvato con decreto n. 135/2021, ha accordato un'attenzione rinnovata alla disciplina della pubblicità degli avvocati, tanto da dedicarvi un autonomo Titolo (Capítulo III, Título II, artt. 19 e 20, cod. deont., rubricato *'Publicidad'*). Tale disciplina deontologica si schiude con l'enunciazione diretta del principio generale della libera pubblicità dei servizi legali (art. 19 cod. deont.) [260]. Il perimetro di liceità è dettato, oltre che dal rispetto delle normative in materia di pubblicità, diritto antitrust e concorrenza sleale e dei connessi dettami etici, dalla salvaguardia dei valori fondanti la professione, quali l'indipendenza, la libertà, la dignità e l'integrità, nonché la tutela del segreto professionale. Diversamente dalla disciplina precedente non vi è diretta menzione alla necessità che la pubblicità sia dignitosa, leale, veritiera e rispettosa della dignità delle persone. Tuttavia, anche a tali principi risultano ispirati i divieti delle pratiche

---

curent une information sincère sur la nature des prestations de services proposées et si leur mise en œuvre respecte les principes essentiels de la profession.

La sollicitation personnalisée prend la forme d'un message exclusif de toute démarche physique ou téléphonique. Sont exclus les messages textuels envoyés sur un terminal téléphonique mobile.

Il est interdit à l'avocat d'utiliser les services d'un tiers dans le but de contourner ces interdictions.

La sollicitation personnalisée précise les modalités de détermination du coût de la prestation laquelle fera l'objet d'une convention d'honoraires.

Toute publicité doit être communiquée sans délai au conseil de l'Ordre".

[258] Art. 31, lett. a), *Estatuto General de la Abogacía* del 1982.

[259] Nuovo *Estatuto General de la Abogacía Española* – approvato con il Real Decreto 2 marzo 2021, n. 135/2021, in *BOE* del 24 marzo 2021, n. 71.

[260] Il riferimento è, in particolare, all'art. 19 del codice deontologico, rubricato *'Principio de publicidad libre'*: *"El profesional de la Abogacía podrá realizar libremente publicidad de sus servicios, con pleno respeto de la legislación sobre publicidad, defensa de la competencia y competencia desleal, así como del presente Estatuto General y de los Códigos deontológicos que resulten aplicables"*.

pubblicitarie specificatamente elencati nella seconda parte dell'art. 20, che riprendono con poche variazioni il contenuto della disciplina previgente [261]. Tra essi figura l'impedimento alla diffusione di informazioni che ledono il segreto professionale, il divieto di istigazione alla litigiosità, il divieto di offerta diretta ed immediata di servizi professionali alle vittime di incidenti, disgrazie, catastrofi, calamità o altri eventi che abbiano prodotto un numero elevato di vittime, a meno che ciò non sia espressamente richiesto dall'interessato, il divieto di promettere risultati che non dipendono esclusivamente dall'azione del professionista, il divieto di fare riferimento in assenza di autorizzazione ai clienti, nonché il divieto di utilizzo di simboli ed emblemi istituzionali o collegiali che possono generale confusione.

Pur nel rispetto della peculiarità della professione forense, l'apertura dell'avvocatura a forme pubblicitarie sta progressivamente interessando anche quei sistemi giuridici che hanno trascinato, sino a tempi molto più recenti, forme di esplicito e totale divieto di ricorrere allo strumento pubblicitario nel settore dei servizi legali.

Caso emblematico è costituito dalla Grecia che nell'ultimo decennio ha conferito agli avvocati la facoltà di promuovere la propria attività legale, nel rispetto della dignità e del decoro della professione, eliminando il divieto di pubblicità contenuto nella recente legge 3919/2011 [262].

Nel 2005, in Slovenia il divieto per gli avvocati di avvalersi del mezzo pubblicitario è stato giudicato illegittimo e contrario ai principi costituzionali e il Codice deontologico è stato riformato di conseguenza con il riconoscimento della facoltà per i professionisti forensi di fornire informazioni sulla propria attività [263].

Più recentemente anche la totale resistenza dei *barristers* irlandesi all'utilizzo degli strumenti pubblicitari è capitolata, essendo divenuti, parimenti ai *solicitors* [264], destinatari diretti delle norme in materia di pub-

---

[261] Il riferimento è allo schema delineato dall'art. 25, comma 2, del previgente codice deontologico, che viene ripreso con alcune differenze nella formulazione. L'unica variazione sostanziale è data dall'introduzione nel nuovo Codice deontologico del divieto, prima non contemplato, di menzionare le attività svolte dal professionista che risultano incompatibili con l'avvocatura. Infine, un comma specifico è dettato in tema di pubblicità sulle specializzazioni: "*Las menciones que a la especialización en determinadas materias incluyan los profesionales de la Abogacía en su publicidad deberán responder a la posesión de títulos académicos o profesionales específicos sobre las materias de que se trate, a la superación de cursos formativos de especialización profesional oficialmente homologados o a una práctica profesional que las avalen*" (art. 20, comma 3, cod. deont.).

[262] Legge 4038/2012, art. 6 e legge 4194/2013, art. 40. In tale riforma liberalizzatrice è stata introdotta anche la possibilità di utilizzare un sito internet professionale, salvo previa comunicazione al rispettivo Ordine forense.

[263] Corte Costituzionale della Repubblica della Slovenia, sentenza del 24 novembre 2005, n. U-I-212/03-14. In dottrina si v. M. Henssler, *The Organisation of Legal Professions*, cit., spec. a p. 268.

[264] La nuova regolamentazione in tema di pubblicità dei servizi legali, di competenza

blicità dei servizi legali fissate dalla *Legal Services Regulatory Authority* (LSRA)[265]. Pertanto, è da ritenersi legittima la pubblicità effettuata dal professionista forense, nel rispetto delle limitazioni di forma e contenuto imposte dalla legge, tra cui si annoverano la necessità che non venga compromessa la reputazione della categoria, che la pubblicità non sia di cattivo gusto, falsa o fuorviante, denigratoria rispetto ad un collega o esposta in luoghi inappropriati[266].

3.3.4. *La tenuta dei limiti alla promozione pubblicitaria: l'avvocato-provocatore tedesco*

Il trend di liberalizzatore del sistema pubblicitario degli avvocati ha attraversato anche l'ordinamento tedesco, in questo caso grazie alla spinta decisiva del formante giurisprudenziale[267]. Si deve, infatti, ad un intervento della Corte Costituzionale del 14 luglio 1987 la messa in discussione delle norme deontologiche che facevano largo divieto agli avvocati di pubblicizzare i propri servizi giuridici. Con due sentenze note sia per il riferimento temporale, sia per il carattere rivoluzionario del *decisum*, come *"Bastille Beschlüssen"*[268], la Corte tedesca ha ritenuto illegittimo tale divieto, in quanto contrario al principio costituzionale di occupazionabilità (art. 12[269]), e ha

---

della *Legal Services Regulatory Authority* (LSRA) ed in vigore dal 18 dicembre 2020, risulta, infatti, vincolante sia per i *barristers*, che in tal modo divengono per la prima volta soggetti ad una disciplina in tale settore, sia per i *solicitors*. La nuova normativa abroga, pertanto, le *Solicitors Advertising Regulations 2019*, che erano state da ultimo emanate dalla *Law Society* per regolamentare la pubblicità dei *solicitors* irlandesi.

[265] *The Legal Services Regulation Act 2015* (Number 65 of 2015); *Legal Services Regulation Act 2015 (Advertising) Regulations 2020* (S.I. No. 644 of 2020, 17 dicembre 2020) entrato in vigore il 18 dicembre 2020; v., inoltre, *Legal Services Regulation Act 2015 (Commencement of Certain Provisions) Order 2020*; *Legal Services Regulation Act 2015 (Section 218) (Commencement) Order 2020* (S.I. No. 604 of 2020). cfr., infine, l'art. 6.13. del *Code of Conduct for the Bar Of Ireland 2020*, in vigore dal 28 gennaio 2021.

[266] Disposizioni particolari risultano, altresì, dettate in tema di: *"Other information that may be contained in an advertisement"*, *"Advertisements in respect of contentious business/personal injuries"*, *"Advertisements and costs relating to legal services in respect of contentious business"*, *"Advertisements in respect of the success rates of legal practitioners"*, *"Limitations in relation to electronically accessible advertisement"*, *"Communication to give information on the law"*: per un approfondimento si rinvia a *Legal Services Regulation Act 2015 (Advertising) Regulations 2020*, cit.

[267] Sulla forza trainante delle pronunce delle corti, ed in particolare della Corte Costituzionale, nella riforma della regolamentazione della professione legale si rinvia, su tutti, a M. Kilian, *Germany: The Costitutional Court as the Driver of Change in the Regulation of Legal Profession*, in A. Boon (ed.), *International Perpectives on the Regulation of Lawyers and Legal Services*, Hart Publishing, Oxford-Portland, Or., 2017, p. 185.

[268] BVerfG, Beschluss v. 14.7.1987, 1BvR 537/81 u. 195/87, 76 BVerfGE 171 in *Neue Juristische Wochenschrift* 1988,191 e BVerfG, Beschluss v. 14.7.1987, 1BvR 362/79, 76 BVerfGE 196, in *Neue Juristische Wochenschrift* 1988, 94.

[269] *Grundgesetz für die Bundesrepublik Deutschland*, art. 12: "*(1) Alle Deutschen haben das*

imposto una rivisitazione della disciplina deontologica, al fine di permettere agli avvocati di informare in maniera oggettiva il pubblico circa i servizi legali offerti. Trascorsi sette anni da tale intervento giurisprudenziale il *Bundesrechtsanwaltsordnung* (BRAO, o legge professionale per l'avvocatura) è stato modificato, con l'introduzione di una sezione espressamente dedicata alla disciplina della pubblicità forense. Secondo la vigente normativa l'avvocato può fornire informazioni veritiere ed oggettive sulla propria attività (§ 43b BRAO, *'Werbung'*[270]). In aggiunta, il § 6 del *Berufsordnung für Rechtsanwälte* (BORA), rubricato *'Werbung'*, riconosce al professionista forense il diritto di fornire informazioni personali e sui servizi offerti, in modo oggettivo e nei limiti dell'attinenza con l'attività professionale svolta. La pubblicità sui successi professionali e sul fatturato, invece, non è ammessa e il riferimento a casi e nominativi può essere effettuato solo previo esplicito consenso dei clienti.

Recentemente l'interpretazione di tali norme è stata posta ripetutamente all'attenzione della giurisprudenza e dell'Ordine forense, grazie all'intraprendenza dell'avvocato Riemer, proveniente dalla piccola città tedesca di Brühl, il quale, ideando una serie di azioni pubblicitarie alquanto inedite, ha sondato ripetutamente la legittimità e i limiti della disciplina tedesca in tema di pubblicità forense[271]. In primo luogo, l'avv. Riemer ha richiesto all'Ordine forense di Colonia un parere preventivo sulla possibilità di distribuire una serie di tazze da caffè riportanti alcune pubblicità provocatorie: sulla prima tazza vi era l'immagine di una ragazzina sculacciata con un cucchiaio di legno sulle natiche nude da una donna, accompagnata dalla scritta: *"le punizioni corporali sono vietate ai sensi del §1631, para. 2, codice civile"* e dall'indicazione dei contatti dell'avv. Riemer; sulla seconda tazza i riferimenti allo studio legale erano associati all'immagine di una giovane donna, seduta a terra, con la pistola puntata alla testa nel tentativo di suicidarsi, congiuntamente all'invito *"Non esitare – chiedi all'avvocato Riemer"*; infine, la terza tazza raffigurava una donna spaventata frustata da un uomo e riportava la scritta: *"Sei stata vittima di un reato?"*, seguita dai contatti professionali dell'avvocato. Come prevedibile, l'Ordine diffidava l'avv. Riemer dal distribuire le tazze, stante il netto contrasto di tale pubblicità con il di-

Recht, Beruf, Arbeitsplatz und Ausbildungsstätte frei zu wählen. Die Berufsausübung kann durch Gesetz oder auf Grund eines Gesetzes geregelt werden. (2) Niemand darf zu einer bestimmten Arbeit gezwungen werden, außer im Rahmen einer herkömmlichen allgemeinen, für alle gleichen öffentlichen Dienstleistungspflicht. (3) Zwangsarbeit ist nur bei einer gerichtlich angeordneten Freiheitsentziehung zulässig".

[270] In particolare: *"Werbung ist dem Rechtsanwalt nur erlaubt, soweit sie über die berufliche Tätigkeit in Form und Inhalt sachlich unterrichtet und nicht auf die Erteilung eines Auftrags im Einzelfall gerichtet ist"* (§ 43b BRAO).

[271] Per un commento si rinvia, su tutti, a M. Kilian, *Germany: don't mess with Dr R – a Bar's living nightmare*, in *Legal Ethics*, 2015, v. 18 n. 2, p. 203 ss.

sposto del § 43b BRAO. L'avv. Riemer, non condividendo la posizione dell'Ordine, ne impugnava il relativo parere preventivo, ma le corti chiamate a decidere la questione ribadivano la contrarietà di tale pubblicità alle norme deontologiche [272]. Non ancora soddisfatto, l'avv. Riemer decideva di adire la Corte Costituzionale lamentando una compromissione dei suoi diritti costituzionali (art. 5.1 libertà di espressione; art. 5.3 libertà d'arte; art. 12.1 libertà di occupazione) da parte dell'Ordine forense. La Corte Costituzionale non solo si pronunciava in termini estremamente rapidi, ma, pur giudicando il ricorso inammissibile, affrontava ugualmente nel merito la questione ritenendo le limitazioni previste dal BRAO legittime e conformi al dettato costituzionale in considerazione del ruolo e delle funzioni proprie dell'avvocato: la posizione dell'avvocato, come soggetto indipendente che concorre all'amministrazione della giustizia, risulta, infatti, distinta da quella dell'imprenditore, e su tale presupposto trova giustificazione il diverso trattamento che riconosce la possibilità solo per l'imprenditore commerciale e non per il professionista di avvalersi anche di forme di pubblicità così provocatorie [273].

Nel frattempo, lo stesso avvocato aveva iniziato a distribuire 40.000 *vouchers* utilizzabili per ricevere un parere legale iniziale gratuito in casi attinenti al settore assicurativo e al diritto del lavoro, oltre a pubblicare un annuncio sul giornale locale con annessi buoni sconti. Diffidato dall'Ordine di appartenenza, l'avv. Riemer si rivolgeva alla magistratura sostenendo che i requisiti imposti dal sistema tedesco per ricevere la qualifica di specialista erano particolarmente severi e che il suo tentativo rispondeva all'esigenza di maturare il numero minimo di casi imposti dalla legge per poter richiedere l'accreditamento come specialista (nella specie, 80 casi nel diritto delle assicurazioni, 100 in quello del lavoro nell'ultimo triennio). Senza prendere posizione sull'opportunità di cambiare il sistema di accreditamento, stante le implicazioni politiche di una tale scelta, ed evitando di esprimersi in favore del divieto di offrire consulenze gratuite, in considerazione dell'impatto di una pronuncia di tal contenuto sull'opi-

---

[272] Anwaltsgerichtshof Nordrhein-Westfalen, 9 settembre 2013, Sentenza n. 2 AGH 3/13; [2013] 44(6) BRAK-Mitteilungen 285; Bundesgerichtshof, 27 ottobre 2014, Sentenza n. AnwZ (Brfg) 67/13; [2015] 46(1) BRAK-Mitteilungen 45.

[273] Bundesverfassungsgericht, 5 marzo 2015, Sentenza n. 1 BvR 3362/14; [2015] 46(3) BRAK-Mitteilungen 144. In particolare, l'avv. Riemer, nelle proprie argomentazioni, aveva dedotto la necessaria estensione anche alla pubblicità forense del principio sancito dalla Corte Costituzionale nel 2001 nel noto caso Benetton, secondo cui doveva ritenersi legittimo l'utilizzo di pubblicità *shock*. In particolare, in tale occasione, la Corte costituzionale tedesca aveva ritenuto legittima la pubblicità posta in essere da Benetton attraverso la diffusione di immagini totalmente avulse dalla propria attività commerciale, con un evidente esclusivo intento provocatorio (si trattava nello specifico di bambini sfruttati come lavoratori, di animali coperti di petrolio, di detenuti nel braccio della morte, di soggetti sieropositivi con un tatuaggio sull'HIV).

nione pubblica, la Corte giungeva a censurare il comportamento del ricorrente sempre attraverso il richiamo al § 43b BRAO e al divieto in esso contenuto di effettuare pubblicità ingannevole. La pubblicità come formulata lasciava, infatti, intendere la volontà e l'abilità dell'avv. Riemer di offrire una consulenza in prima persona a tutti i potenziali clienti in possesso del *voucher*; ciò, tuttavia, non corrispondeva al vero poiché il piano dell'avv. Riemer prevedeva il necessario coinvolgimento di altri collaboratori, avvocati e assistenti legali [274].

Nel 2013, in occasione delle festività natalizie, l'avv. Riemer aveva progettato un'ulteriore iniziativa promozionale: comprata una serie di calendari raffiguranti giovani donne discinte, vi aveva aggiunto i propri contatti professionali e li aveva distribuiti in dono presso varie autofficine. Alla contrarietà manifestata dall'Ordine aveva fatto seguito il tradizionale ricorso all'autorità giudiziaria [275] la quale aveva ravvisato, anche in questo caso, una violazione del disposto del § 43b BRAO: nella pubblicità oggetto di giudizio non era, infatti, presente il carattere di obiettività imposto dalla legge professionale, in quanto l'attenzione veniva catturata dalle foto delle modelle pin-up e i riferimenti allo studio legale risultavano relegati in secondo piano.

Nonostante la liberalizzazione del sistema pubblicitario forense in Germania, risulta evidente, dunque, anche dalla corrente interpretativa ora richiamata, la tenuta delle norme deontologiche tedesche rispetto ai tentativi di ravvicinamento e sovrapposizione della disciplina forense con le regole generali disciplinanti la pubblicità commerciale.

3.3.5. *Pubblicità informativa e non promozionale, a tutela del decoro e onore dell'avvocato e dei clienti*

Dall'*excursus* ora tracciato si possono delineare alcune linee di comune sviluppo delle varie regolamentazioni nazionali in tema di pubblicità dell'avvocato. L'evoluzione di tali discipline normative e autoregolamentari è indice, infatti, di un trend di liberalizzazione nel settore, che tuttavia rimane ancorato ad un generale contesto di cautela ispirato alla necessità di continuare a preservare i valori fondanti la professione; da qui il richiamo, nella quasi totalità delle regolamentazioni statali, al decoro, all'onore ed al segreto professionale, come limiti invalicabili nell'utilizzo dello strumento pubblicitario ad opera dei professionisti forensi. L'ancoraggio a tali valori extraeconomici permette di mantenere talune limitazioni alla concorrenza fondate su base etica, che legittimano uno statuto autonomo per la professione forense.

---

[274] Anwaltsgerichtshof Nordrhein-Westfalen, 9 maggio 2014, Case No. 1 AGH 3/14; [2014] 45(4) BRAK-Mitteilunge 207.

[275] Anwaltsgericht, Colonia, 10 novembre 2014, Decisione n. 10 EV 490/14; [2015] 46(2) BRAK-Mitteilungen 102.

Anche se in maniera più o meno esplicita, con limiti talvolta più netti e talvolta più sfumati a seconda dei contesti, emerge il primato della funzione informativa della pubblicità forense su quella promozionale, o meglio puramente commerciale[276]. Pur non rinnegando la potenzialità dello strumento pubblicitario nel reperimento di nuova clientela, le regolamentazioni nazionali denotano il chiaro intento di non giungere ad una mercificazione della professione, attraverso un appiattimento indiscriminato della regolamentazione professionale su quella commerciale[277].

Tale approccio si pone in linea con un fine complesso, che non è più solo quello di proteggere la professione e i propri valori, ma che contempla anche la necessità di fornire adeguata tutela ai terzi, potenziali destinatari delle prestazioni forensi, dotandoli di un bagaglio informativo che consenta loro di operare scelte maggiormente consapevoli e al contempo ponendoli al riparo da pratiche intrusive o dal rischio di essere tratti in errore o confusi in ragione del messaggio ricevuto. Non sorprende, dunque, il costante richiamo nelle leggi e nei codici deontologici nazionali ai canoni della chiarezza, oggettività, correttezza, non ingannevolezza a cui devono conformarsi i messaggi informativi veicolati dagli avvocati o a prescrizioni più puntuali, estrinsecazioni di detti principi, tra cui il divieto di promettere risultati che non sono nella completa disponibilità dell'avvocato poiché non dipendono esclusivamente dalle azioni di quest'ultimo[278],

---

[276] Si pensi al caso italiano in cui il codice deontologico, come già rilevato, ammette la pubblicità a patto che questa possegga un carattere esclusivamente informativo; cfr. l'ordinamento deontologico francese, ed in particolare art. 10 del RIN, in base al quale "*La publicité fonctionnelle est destinée à faire connaître la profession d'avocat et son organisation. Elle relève de la compétence des institutions représentatives de la profession. La communication de l'avocat s'entend de sa publicité personnelle et de son information professionnelle. La publicité personnelle s'entend de toute forme de communication destinée à promouvoir les services de l'avocat (...)*".

[277] A. Fusaro, *La pubblicità degli avvocati. Linee di un'analisi comparata*, in Id., *Tendenze di diritto privato in prospettiva comparatista*, Giappichelli, Torino, 2015, spec. p. 560.

[278] Si consideri, a titolo esemplificativo, la normativa deontologica spagnola testé richiamata (art. 20, comma 2, lett. d) *Estatuto General de la Abogacía Española*). Anche il codice deontologico portoghese contiene un simile divieto: "*São, designadamente, atos ilícitos de publicidade: (...) d) A promessa ou indução da produção de resultados*" – art. 94 dello *Estatuto da Ordem dos Advogados*, come da ultimo approvato dalla legge 9 settembre 2015, n. 145. Più in generale, il Portogallo nelle disposizioni del codice deontologico del 2015 permette agli avvocati e alle rispettive società di divulgare informazioni circa la propria attività professionale in modo obiettivo, veritiero, dignitoso, nel rispetto dei doveri deontologici, del segreto professionali e delle norme giuridiche in tema di pubblicità e concorrenza. Figurano nell'elenco delle forme di pubblicità da ritenersi illecite, tra le altre, la diffusione di contenuti persuasivi, autocelebrativi, ideologici e comparativi, nonché di informazioni errate o fuorvianti; risulta inoltre illegittima la pubblicità diretta non richiesta. Per un elenco completo si rimanda all'art. 94, comma 4, dello *Estatuto da Ordem dos Advogados*. Un elenco delle informazioni da considerarsi lecite è, invece, contenuto nel comma 3 del medesimo articolo. Il codice specifica, inoltre, in che cosa consiste l'"*informação objetiva*", mediante un elenco esemplificativo che contempla: a) l'identificazione personale dell'avvocato o dello

il divieto di utilizzo di simboli ed emblemi istituzionali o collegiali che possono generale confusione[279], il divieto di pubblicità persuasive o autocelebrative e così via.

A tale obiettivo risultano spesso ispirati anche i divieti o restrizioni alle sollecitazioni personali non richieste ad avvalersi dei servizi legali[280], che continuano a caratterizzare la maggior parte delle discipline nazionali e che spesso risultano funzionalmente connesse, come nel caso italiano, all'ipotesi più generale ed articolata dell'accaparramento di clientela. Tale situazione risulta esacerbata nel caso in cui le prestazioni professionali vengano offerte in determinati luoghi (al domicilio, nei luoghi di lavoro, di riposo, di svago e, in generale, in luoghi pubblici o aperti al pubblico[281]) ovvero in occasione e nell'immediatezza di incidenti, catastrofi, calamità che possono portare il potenziale cliente a compiere una scelta non totalmente libera e consapevole[282].

Altro aspetto delicato è dato dall'ammissibilità della pubblicità comparativa. Nonostante la Direttiva 2006/114/CE e la successiva elaborazione della Corte di giustizia europea abbiano chiarito che tale forma di pubblicità deve ritenersi corretta quando mira a promuovere beni o servizi mettendoli a confronto con quelli dei concorrenti in modo oggettivo, e illegittima quando scredita i concorrenti o risulta fuorviante per i consumatori, creando confusione tra servizi concorrenti, si riscontra una permanente ritrosia del mondo forense a permettere tale forma di pubblicità. Come già rilevato, la pubblicità comparativa continua, infatti, ad essere vietata dalla maggior parte dei codici deontologici degli avvocati.

---

studio legale; b) il numero della tessera professionale dell'avvocato o dell'iscrizione dello studio legale; c) l'indirizzo della sede principale e gli indirizzi degli uffici secondari presenti in altre località; d) la denominazione, il logo o altro segno distintivo dell'ufficio; e) i settori di competenza; f) la specializzazione posseduta, nei termini ammessi al comma 3 dell'art. 70; g) gli incarichi ricoperti nell'Ordine degli Avvocati; h) i collaboratori effettivamente integrati nello studio legale; i) il numero di telefono, di fax, l'indirizzo di posta elettronica e gli altri contatti; j) l'orario di apertura dello studio; k) le lingue, parlate o scritte; l) l'eventuale sito *web*; m) il posizionamento, fuori dall'ufficio, di una targa o di un cartello che ne identifica l'esistenza.

[279] Si v., a titolo esemplificativo, la disposizione del codice deontologico spagnolo già menzionata: art. 20, comma 2, lett. f) *Estatuto General de la Abogacía Española*.

[280] Per contro v. la disciplina francese che espressamente consente le sollecitazioni personalizzate a patto che esse forniscano informazioni sincere sulla natura dei servizi offerti e che siano conformi ai principi e valori essenziali della professione: v. *retro*, art. 10.3 RIN.

[281] Così art. 37 cod. deont. forense italiano, rubricato *'Divieto di accaparramento di clientela'*.

[282] Cfr. il relativo espresso divieto contemplato nel codice deontologico spagnolo, già menzionato (art. 20, comma 2, lett. c) *Estatuto General de la Abogacía Española*).

3.4. *Organizzazione ed esercizio in comune della professione*

Nello stesso periodo in cui sono stati avanzati dubbi sul sistema tariffario forense, anche il tema dell'esercizio in comune della professione è stato posto all'attenzione della Corte di giustizia [283]. Il *Raad van State* (Consiglio di Stato olandese) aveva, infatti, adito in via pregiudiziale la Corte di giustizia affinché si pronunciasse sulla compatibilità con il diritto europeo della disposizione del regolamento dell'Ordine degli avvocati olandese volta a vietare agli avvocati di instaurare forme di collaborazione integrata con i revisori dei conti [284].

La Corte, con un approccio ermeneutico simile a quello adottato per la questione dei minimi tariffari forensi, ha riconosciuto il possibile effetto restrittivo della regolamentazione olandese sulla tutela della libera concorrenza, nonché sul diritto di stabilimento e sulla libera prestazione di servizi. Tuttavia, ha ritenuto tale disciplina non censurabile, in quanto necessaria ad assicurare il corretto e *"buon esercizio della professione di avvocato"*, non eccedente rispetto a tale legittimo scopo. La normativa olandese, infatti, si inserisce nella più ampia facoltà riconosciuta agli Stati membri di disciplinare l'esercizio dell'attività dell'avvocato nel proprio territorio, nel rispetto della *"necessità di concepire norme in tema di organizzazione, di qualificazione, di deontologia, di controllo e di responsabilità, che forniscano la necessaria garanzia di integrità e di esperienza ai consumatori finali dei servizi legali e alla buona amministrazione della giustizia"*; misure che, ovviamente, devono risultare proporzionate rispetto alla realizzazione di tali obiettivi. Seguendo il solco di tale linea argomentativa, le restrizioni presenti nelle regolamentazioni nazionali alle associazioni multidisciplinari tra avvocati ed altri professionisti sono da ritenersi legittime laddove rispondano ad obblighi deontologici forensi, consentendo, ad esempio, di evitare qualsiasi rischio di conflitto di interesse, di salvaguardare l'indipendenza del professionista o di tutelare il rispetto di un rigoroso segreto professionale.

Seppur salvate dal sindacato della giurisprudenza europea, le misure limitative dell'esercizio in comune delle professioni sono entrate, ad inizio del secolo, al centro della riflessione economica sulla regolamentazione dei servizi professionali, sollecitata dall'Unione europea, stante il loro riconosciuto potenziale negativo per la concorrenza.

---

[283] Corte di giustizia, sentenza del 19 febbraio 2002, *Wouters e altri v. Algemene Raad van de Nederlandse Orde van Advocaten*, C-309/99, cit. In dottrina v. B. Nascimbene, *Professionisti e ordini professionali nel diritto dell'Unione europea*, cit., spec. pp. 225 e 226; L.S. Terry, *The European Commission Project Regarding Competition in Professional Services*, cit.

[284] Art. 4 *Samelverkingsverordening* (SWV) del 1993, adottato dal *Nederlandse Orde van Advocaten* (NovA).

Lo studio affidato all'*Istitut für Höhere Studien* e pubblicato nel 2003 [285] restituiva una fotografia molto rigida delle discipline forensi in tema di collaborazioni professionali multidisciplinari ed esercizio della professione in forma societaria, ed una netta opposizione degli Ordini all'adozione di un approccio maggiormente liberale in tali campi: "*Lawyers in Luxembourg, Greece, Belgium and Germany are not allowed to open branch offices, and lawyers in France and Austria may do so only after fulfilling specific preconditions. Incorporation is forbidden in several countries: this is true for Greece, Italy, Ireland, Germany, Belgium, Portugal, Spain as well as England & Wales (Barristers only). Additionally in several countries registered lawyers are not allowed to work together with other professions in a joint firm. In many cases they may not incorporate with members of other professions*" [286].

Evidenti i motivi di interesse generale idonei a giustificare l'atteggiamento marcatamente protezionista degli Stati: le limitazioni all'assetto societario rispondono alla necessità di garantire la personalità della prestazione del professionista, anche in termini di responsabilità, nei confronti dei clienti onde evitare conflitti di interesse. Inoltre, rappresentano una garanzia per l'indipendenza del professionista, suscettibile di essere compromessa dall'influenza di soci non avvocati, legati a proprie regole deontologiche, e dall'ingerenza esterna di soci non professionisti, tendenzialmente mossi da valori e priorità non condivise con il mondo professionale e, nel peggiore dei casi, allo stesso antitetiche.

La Commissione europea, pur consapevole di tali interessi pubblici in gioco, con un ribaltamento di prospettiva, ha evidenziato, tuttavia, anche i rischi connessi a tali restrizioni, giudicandole idonee ad "*impedire lo sviluppo di servizi innovativi e di modelli aziendali efficaci sotto il profilo dei costi*" [287]. Ad esempio, l'inattuabilità per avvocati e revisori contabili dell'esercizio in comune della professione rende impossibile offrire al cliente una consulenza integrata, anche laddove il caso richiederebbe un'analisi congiunta sotto il duplice profilo contabile e legale, con l'onere per il consumatore/cliente di doversi rivolgere ai due professionisti in ma-

---

[285] I. Paterson, M. Fink e A. Ogus, *Economic impact of Regulation in the Field of the Liberal Professions in Different Member States: Regulation of Professional Services,* cit.; si v. *retro*, in questo stesso capitolo, § 1.1.

[286] I. Paterson, M. Fink e A. Ogus, *Economic impact of Regulation in the Field of the Liberal Professions in Different Member States: Regulation of Professional Services,* cit., spec. pp. 48 e 49. Per una ricostruzione in tema di regolamentazione delle società professionali multidisciplinari in Europa alle porte del 2000 e del relativo approccio degli Ordini professionali, incluso il CCBE, si rinvia, su tutti, a R. Mullerat, *The Multidisciplinary Practice of Law in Europe*, in *J. of Legal Educ.*, 2000, v. 50, n. 4, p. 481, e specialmente p. 484 ss.; G.C. Nnona, *Multidisciplinary Practice in the International Context: Realigning the Perspective on the European Union's Regulatory Regime*, in *Cornell Int. Law J.*, 2004, v. 37, n. 1, p. 115 ss.

[287] COM(2004) 83 def., cit.

niera distinta per sottoporre la medesima questione, con un probabile aumento dei costi. D'altro canto, tra le conseguenze dirette del divieto di costituzione in società dei professionisti può annoverarsi una riduzione nell'accesso al capitale nei mercati dei servizi professionali [288]. Dubbi vengono sollevati, altresì, in merito all'incidenza negativa delle regole relative all'organizzazione aziendale sull'indipendenza del professionista: la compromissione di tale valore, come di altri standard etici, potrebbe, infatti, presentarsi con intensità diversa, sino ad annullarsi nel caso di collaborazione tra i membri della medesima professione. In tale ultimo caso, dunque, l'imposizione di regole limitative sulla struttura aziendale risulterebbe, a parere della Commissione, difficilmente accettabile.

Il rischio di un pregiudizio per gli obblighi deontologici dell'avvocato potrebbe sfumare nel caso di realtà multidisciplinari caratterizzate dalla presenza di soggetti appartenenti ad altre categorie professionali, laddove questi condividano standard etici simili. Tuttavia, ciò non garantisce una completa eliminazione di possibili interferenze negative. Tornando al caso della pratica integrata tra professionisti legali e revisori contabili, questi ultimi potrebbero non essere soggetti allo stesso rigoroso obbligo di segreto professionale imposto ai professionisti forensi, ed essere chiamati, durante l'attività di controllo e certificazione dei conti, a rivelare informazioni anche con pregiudizio della tutela legale del cliente e del suo avvocato [289].

In ragione di ciò, è stato rimesso agli Stati membri il compito di verificare se le restrizioni nazionali in tema di organizzazione in comune della professione siano applicate in concreto in maniera compatibile con le sot-

---

[288] COM(2004) 83 def., cit., p. 17.

[289] La legittimità di un eventuale cumulo tra attività di controllo legale dei conti e attività di consulenza (soprattutto legale) aveva, peraltro, già attirato l'attenzione della Commissione europea, sebbene in tale specifico caso l'unione di funzioni non dipendesse da una pratica integrata, bensì dallo svolgimento di entrambe le attività da parte di un'unica persona, il revisore dei conti: v. Libro Verde della Commissione 96/C 321/01, dal titolo *"Il ruolo, la posizione e la responsabilità del revisore legale dei conti nell'Unione europea"*, in *GU*, 1996, C 321, p. 1 e, in particolare, i punti da 4.12 a 4.14; si v., inoltre,. il richiamo anche in Corte di giustizia, 19 febbraio 2002, *Wouters.*, C-309/99, cit., punto 106; B. Nascimbene, *La professione forense nell'Unione europea*, cit., p. 78.

In Europa la previsione di società *multidisciplinary*, come di altre forme di *Alternative Business Structures*, ha conosciuto la ferma opposizione del CCBE: v. Council of Bars and Law Societies of Europe, *Position of CCBE on Integrated Forms of Co-Operation between Lawyers and Persons outside the Legal Profession*, 1999; cfr. Council of Bars and Law Societies of Europe, *CCBE Position on Multi-Disciplinary Partnerships (Mdps)*, 2005, e riferimenti citati *infra*, nota 324.

In dottrina v. L.L. Hill, *Alternative Business Structures for Lawyers and Law Firms: A View from the Global Legal Services Market*, in *Or. Rev. Int. Law*, 2017, v. 18, p. 135 e, in particolare, sulla prospettiva del CCBE, cfr. p. 142 ss. M.C. Daly, *Choosing Wise Men Wisely: The Risks and Rewards of Purchasing Legal Services from Lawyers in a Multidisciplinary Partnership*, in *Geo. J. Legal Ethics*, 2000, v. 13, p. 217, a p. 238.

tostanti esigenze di tutela dell'interesse pubblico generale, nel rispetto del test di proporzionalità.

L'esercizio in comune della professione forense è una modalità di svolgimento della professione sempre più diffusa in Europa, anche in ragione dell'evoluzione dei mercati professionali, progressivamente divenuti più complessi e globali.

Tra i vantaggi legati all'adozione di una struttura organizzativa articolata vi è la possibilità di aumentare l'efficienza ed affidabilità del lavoro reso ai clienti, di diversificare i servizi erogabili, di investire risorse maggiori o di raggiungere un grado di specializzazione più sofisticato per prestazioni professionali altamente qualificate, di distribuire i costi e i rischi connessi all'esercizio professionale, così da raggiungere economie di scala o di scopo [290]. L'esercizio in comune della professione consente, infatti, agli avvocati di potersi specializzare in un particolare settore giuridico, abbattendo i costi del servizio offerto al cliente, e, al contempo, di operare senza la preoccupazione dell'eventuale andamento altalenante del giro di affari connesso all'area legale prescelta, dipendente dal trend del mercato professionale, atteso che il rischio della fluttuazione dei compensi è condiviso con gli altri professionisti appartenenti al gruppo. Infine, economie di scopo possono combinarsi con economie di specializzazione nel caso in cui il problema giuridico di un cliente coinvolga diverse aree di specializzazione ovvero laddove il cliente possegga svariati bisogni giuridici che richiedono l'intervento di avvocati con specializzazioni differenti presenti all'interno della stessa organizzazione. Effetto che si amplifica in caso di realtà multidisciplinari che permettono l'erogazione di servizi integrati, secondo la nota formula del *"one stop shopping"* [291].

La tipologia di organizzazione non è neutra rispetto all'attuazione di tali potenzialità. Eppure, il quadro europeo si fa estremamente variegato allorché l'attenzione si sposta sul tipo di società ammessa e sulle relative limitazioni, ovvero sulle caratteristiche che la compagine sociale deve possedere, inclusa l'eventuale incompatibilità con altre professioni e/o attività. Comune alle diverse regolamentazioni risulta l'obiettivo di garantire soprattutto l'indipendenza dell'avvocato e la sua personale responsabilità; tuttavia, eterogenee sono le scelte compiute dagli Stati nella regolamenta-

---

[290] Così C. Toms, *Associations of Lawyers in the European Union*, in *Eur. Bus. Law Rev.*, 2005, v. 1, p. 113; v., altresì, F.H. Stephenson, *Lawyers, Markets and Regulation*, cit., spec. p. 35 ss.; S. Mayson, *Making Sense of Law Firms - Strategy, Structure & Ownership*, Blackstone Press Limited, London, 1997, p. 124. Come noto, con l'espressione economie di scala si fa riferimento al risparmio derivante da una crescita dei costi proporzionalmente inferiore all'aumento della produzione; le economie di scopo possono, per contro, realizzarsi grazie alla differenziazione dei campi di attività: il risparmio si radica, dunque, nello sfruttamento di una stessa organizzazione per produzioni finali distinte.

[291] F.H. Stephen, J.H. Love e N. Rickman, *Regulation of the Legal Profession*, cit., p. 663 ss.

zione della professione in forma collettiva per salvaguardare tali valori intrinsechi all'avvocatura.

Gli Stati membri, muovendosi all'interno della propria cornice normativa e mutuando generalmente i modelli commerciali ivi presenti, seppur adattandoli allo specifico contesto professionale, hanno compiuto scelte autonome e distinte in ordine ai tipi societari ammessi per l'esercizio in comune della professione forense.

In generale, molte legislazioni nazionali riconoscono agli avvocati la possibilità di organizzarsi avvalendosi di associazioni o società prive di personalità giuridica (*partnership*)[292]. Non mancano, tuttavia, Stati che hanno incluso tra le tipologie societarie a cui gli avvocati possono ricorrere anche le società organizzate su base capitalistica[293]. In Italia, ad esempio, la legge 4 agosto 2017, n. 124 ha aperto la strada alla società di avvocati organizzata nella forma della società per azioni. A differenza di quanto previso dal d.lgs. 96/2001, di attuazione della Direttiva del Parlamento europeo e del Consiglio n. 98/5/CE del 16 febbraio 1998, ove la società di avvocati rinveniva la propria matrice nella società in nome collettivo, la nuova normativa consente, infatti, di costituire una società tra avvocati (STA) come società di persone, società di capitali oppure società cooperativa, similmente a quanto previsto dalla legge 183/2011 in ordine alle Società tra Professionisti diverse da quelle tra avvocati[294].

---

[292] Cfr. COM(2016) 820 fin., cit., p. 21, che richiama tra i modelli maggiormente diffusi in UE la società di persone, e sottolineala la possibilità in molti Stati di ricorrere alla società semplice professionale.

[293] G. Bertolotti, *Società tra professionisti e società tra avvocati*, Giappichelli, Torino, 2013, p. 38, ove vengono rimarcate le criticità connesse ai tipi sociali organizzati su base capitalistica per il contrasto con il principio di esecuzione personale della prestazione che connota i servizi professionali.

[294] Si rammenta, infatti, che il d.lgs. 2 febbraio 2001, n. 96, attuativo della Direttiva 98/5/CE, aveva autorizzato l'esercizio in comune della professione forense in virtù di uno schema organizzativo mutuato dalla società in nome collettivo, la cui regolamentazione veniva mitigata con la previsione di disposizione *ad hoc*, tra cui la personalità della prestazione, la facoltà di scelta del cliente in merito al professionista, la responsabilità personale ed illimitata dell'avvocato, la tutela della sua indipendenza, la qualifica di avvocato in capo a tutti i partecipanti, esercenti la professione legale, la non ammissione di amministratori non soci, l'iscrizione della società tra avvocati nella sezione del registro delle imprese dedicata alle società tra professionisti, oltre che nell'albo degli avvocati, e così via. Tra i primi commenti sulle società tra avvocati introdotte dal d.lgs. 96/2001 si v. O. Cagnasso, *La disciplina residuale del modello "società tra avvocati*, in *Società*, 2001, p. 1180 ss.; M.S. Richter jr., *Prime riflessioni su costituzione, modificazione e nullità di società tra avvocati*, in *Foro it.*, 2001, V, c. 332 ss. e in *Studi e Materiali del Consiglio nazionale del notariato*, 2/2002, p. 384 ss.; P. Montalenti, *La società tra avvocati*, in *Società*, 2001, n. 10, p. 1169 ss.; E. Minervini, *La società tra avvocati nel d.lg. 2 febbraio 2001, n. 96*, in *Società*, 2001, n. 9, p. 1029 ss.; E. Codazzi, *Alcuni brevi commenti al Decreto legislativo 2 febbraio 2001, n. 96 in tema di società di avvocati*, in *Giur. comm.*, 2001, n. 3, p. 303; F. Fezza, *Alcuni brevi commenti al Decreto legislativo 2 febbraio 2001, n. 96 in tema di società di avvocati*, in *Giur. comm.*, 2001, n. 3, p. 290 ss.; S. Ronco, *Una forma societaria per l'esercizio della professione di avvocato*, in *Socie-*

tà, 2001, n. 6, p. 736; S. Bastianon, *D.LGS. n. 96/2001: avvocati stabiliti, avvocati integrati e società tra professionisti*, in *Corr. giur.*, 2001, n. 5, p. 602; L. De Angelis, *Noterelle (in libertà) sulle società tra professionisti, ed in particolare sulle società tra avvocati*, in *Riv. dir. impr.*, 2002, n. 3, p. 513 ss.; P. Spada, *La società tra avvocati (d.lg. n. 96/2001)*, in *Dir. form.*, 2002, n. 11, p. 1511 ss.; E. Minervini, *Conferimento, esecuzione ed inadempimento dell'incarico professionale nella nuova disciplina della società tra avvocati*, in *Contr. e impr.*, 2002, n. 2, p. 617 ss.; C. Montagnani, *Il "tipo" della società tra professionisti, denominato società tra avvocati*, in *Riv. soc.*, 2002, n. 4, p. 974 ss.; D. Latella, *Le norme per l'esercizio della professione forense e la costituzione di società tra avvocati: brevi note di commento al d.lg. 2 febbraio 2001, n. 96*, in *Dir. form.*, 2002, n. 3, p. 325.

Successivamente, il legislatore italiano è intervenuto con la legge 183/2011 con cui ha disciplinato la società tra professionisti, autorizzando l'esercizio in forma collettiva *"di attività professionali regolamentate nel sistema ordinistico"*, secondo uno dei modelli previsti dai Titoli V e VI del Libro V del codice civile, ovvero secondo modelli organizzativi riconducibili alle società di persone, alle società di capitali oppure alle società cooperative. L'art. 10, comma 11, della legge 183/2011 ha comportato l'abrogazione della legge 1815/1939, che disciplinava l'esercizio in forma associata delle professioni regolamentate, tra cui anche quella forense. Per un approfondimento sulla società di professionisti prevista dalla legge 183/2011 si rinvia, su tutti, a E. Codazzi, *La società tra professionisti: l'oggetto sociale*, in *Società*, 2012, n 5, pp. 5-14; M. Zaccheo, *Società tra professionisti e professioni protette*, in *Società*, 2012, p. 15 ss.; L. Toffoletti, *Società tra professionisti e diritto della concorrenza*, in *Società*, 2012, p. 55; A. Toffoletto, *Società tra professionisti*, in *Società*, 2012, n. 1, p. 30; O. Cagnasso, *Soggetti ed oggetto della società tra professionisti*, in *Nuovo dir. soc.*, 2012, n. 3, p. 9 ss.; C. Ibba, *Le società tra professionisti: ancora una falsa partenza?*, in *Riv. notariato*, 2012, n. 1, p. 1 ss.; M. Cian, *La nuova società tra professionisti. Primi interrogativi e prime riflessioni*, in *Nuove leggi civ. comm.*, 2012, n. 1, p. 3 ss.; G. Marasà, *I confini delle società tra professionisti*, in *Società*, 2012, n. 4, p. 398; E. Codazzi, *La società tra professionisti e il regime di responsabilità dei soci per l'esercizio dell'attività professionale. Qualche considerazione sul tema alla luce dei principi sulle liberalizzazioni dei servizi professionali*, in *Dir. civ. cont.*, 2013, n. 2, p. 313 ss.; F.G. Nardone, *Prime note sulle società tra professionisti*, in *St. e Mat.*, 2012, n. 4, p. 1134 ss.

La legge forense 247/2012 ha modificato il quadro di riferimento per gli avvocati, conferendo all'art. 5 la delega al Governo per la disciplina dell'esercizio della professione forense in forma societaria; tale articolo è stato successivamente abrogato ad opera della legge 4 agosto 2017, n. 124 (art. 1, comma 141, lett. c), che ha previsto il nuovo art. 4 *bis* della legge professionale forense (art. 1, comma 141, lett. b), rubricato *'Esercizio della professione forense in forma societaria'*, successivamente integrato dall'art. 1, comma 443, legge 27 dicembre 2017, n. 205, conferendo la possibilità agli avvocati di costituire società di persone, società di capitali o società cooperative iscritte in un'apposita sezione speciale dell'albo tenuto dall'Ordine territoriale nella cui circoscrizione ha sede la stessa società, nei limiti previsti dalla stessa disciplina speciale. Più di recente, per un approfondimento in tema di associazioni e società tra avvocati in Italia si rinvia, su tutti, a C. Masieri, *Associazione tra avvocati, società tra avvocati e responsabilità professionale nel diritto italiano e comparato*, cit., p. 629 ss.; R. Guercio Rossella, *La società tra avvocati di cui all'art. 4 bis della L. n. 247/2012*, in *Giur. it.*, 2020, n. 5, p. 1271 ss.; M. Cavanna, *La gestione collettiva dell'attività professionale: un quadro normativo*, in *Giur. it.*, 2020, n. 5, p. 1247 ss.; E. Codazzi, *Le società per l'esercizio della professione forense: questioni aperte e prospettive*, in *Società*, 2019, n. 11, p. 1195 ss.; M. Paccoia, *La società tra avvocati tra evoluzione normativa e prassi concreta*, in *Nuovo dir. soc.*, 2019, n. 2, p. 165; M. Avagliano, *La "nuova" società tra avvocati, alla luce della legge 4 agosto 2017, n. 124, e della Cassazione a sezioni unite 19 luglio 2018, n. 19282*, in *Riv. dir. comm. e dir. gen. obbl.*, 2019, n. 1, p. 47 ss.; G. Marasà, *Società e associazioni forensi dopo le modifiche introdotte dall'art. 1, comma 141, l. 4 agosto 2017, n. 124: prime considerazioni e interrogativi*, in *Giur. comm.*, 2018, n. 1, p. 28 ss.; E. Desana, *Società fra professionisti – l'impervio cammino delle società fra professionisti*, in *Giur.*

Un simile approccio si rinviene altresì in Germania che ammette – oltre al modello della *Partnership* professionale (*Partnerschaftsgesellschaft,* PartGG) – l'esercizio in comune della professione forense attraverso società di persone (*Gesellshaft bürgerlichen Rechts* – GbR)[295], società a responsabilità limitata tra avvocati (*Rechtsanwaltsgesellschaft mit beschränkter Haftung,* nota comunemente come *Anwalts-GmbH*)[296] ed, infine, per estensione giurisprudenziale, anche società per azioni (*Aktiengesellshaft* – AG)[297]. Anche la Spagna, oltre a consentire l'adozione di modelli societari a base personalistica, prevede il possibile esercizio in comune della professione nella forma della società di capitali – cc.dd. *Sociedades de capitales* (legge 2/2007 *de sociedades profesionales,* come modificata dalla legge 25/2009)[298].

---

it., 2018, n. 8-9, p. 1925 ss.; M. Cian, *Il cantiere aperto delle società "tra professionisti": prime note sulle novità nella legge sulla concorrenza (legge n. 124 del 2017).* in *Studium iuris*, 2017, n. 11, p. 1257 ss.; M. Salazar, *Le associazioni e le società tra avvocati dopo la legge 31 dicembre 2012, n. 247, di riforma dell'ordinamento forense: realtà e prospettive*, in *Rass. forense*, 2013, n. 3-4, p. 745 ss.; P. Montalenti, *Società tra professionisti, società tra avvocati, associazioni professionali: Much Ado about Nothing?*, cit.; Id., *Società tra professionisti, società tra avvocati, associazioni professionali: la montagna e il topolino*, in *Giur. comm.*, 2014, parte II, p. 268 ss.; O. Cagnasso, *L'oggetto sociale della società tra professionisti e della società tra avvocati*, in *Giur. comm.*, 2014, I, p. 297 ss.; G. Verna, *La disciplina sulle società professionali: novità, conferme, osservazioni critiche*, in *Giur. comm.*, 2014, n. 4, parte I, p. 724. In giurisprudenza sulla nuova società di avvocati v. Cass. civ., 19 luglio 2018, n. 19282, in *Società*, 2018, p. 1119, con nota di A. Busani, *Società multi-professionali legittime, ma con profonde contraddizioni*.

[295] § 705 ss. BGB.

[296] § 59 c-m BRAO. In dottrina v. V. Sangiovanni, *La società a responsabilità limitata tra avvocati nel diritto tedesco*, in *Riv. soc.*, 1999, n. 4, p. 914.

[297] V. A. Fusaro, *Le società per l'esercizio di attività professionali in Italia e all'Estero*, in *Riv. trim. dir. proc. civ.*, 2013, n. 3, p. 69, spec. p. 99; C. Masieri, *Associazione tra avvocati, società tra avvocati e responsabilità professionale nel diritto italiano e comparato*, cit., p. 648, a cui si rimanda anche per un approfondimento circa l'evoluzione della legislazione tedesca in materia di Partenariato – *Partnerschaftgesellshaft* – strumento introdotto nel 1994 in riferimento all'esercizio comune delle professioni a cui anche gli avvocati sono autorizzati a ricorrere. Si v., altresì, M. Kilian, *Imitation is the Sincerest Form of Flattery – The New German LLP*, in *Legal Ethics,* 2013, v. 1, n. 16, p. 232; G. Bertolotti, *Le società tra avvocati,* cit., p. 39. Cfr., M Kilian e U. Schultz, *Germany. Resistance and Reactions to Demands of Modernisation*, in R.L. Abel, O. Hammerslev, H. Sommerlad e U. Schultz, *Lawyers in 21st Century Societies, Volume I: National Reports*, cit., p. 209 ss., che descrivono in questi termini l'attuale scenario tedesco: *"The majority of firms are still organised as general partnership (*Gesellschaften bürgerlichen Rechts*) (...). In 2018, 893 firms were incorporated as private limited companies (GmbH or UG) and 24 as public limited companies (*Aktiengesellschaften*). 2,699 were limited partnership (*Partnerschaftsgeesellschaften*), 1,983 limited liability partnerships (*Partnerschaftsgeesellschaft mit beschränkter Berufshaftung*) and 145 UK/US LLPs"* (p. 219); M. Cian, *Le "nuove" società tra professionisti,* cit.

[298] P. Montalenti, *Società tra professionisti, società tra avvocati, associazioni professionali: Much Ado about Nothing?*, cit., spec. p. 801 ss.; P. Yanes Yanes, *Comentario a la Ley de Sociedades Profesionales,* Tirant lo Blanch, Valencia, 2007; G. Ortega Reinoso, *Modificaciòn de la composiciòn de una sociedad profesional de abogados, a la vista de la Ley 2/2207, de 15 marzo, de sociedades professionales,* in *Revista jurídica del notariado*, 2007, p. 223 ss.

La normativa spagnola, a prescindere dalla scelta del tipo societario, è attenta nell'at-

In Francia l'esercizio in forma associata della professione legale risulta espletabile attraverso diversi tipi societari che vanno dalla Società civile di esercizio professionale (*Societè civile professionnelle* - SCP), che prevede una responsabilità illimitata e solidale degli avvocati che esercitano in comune la professione [299], alla Società di esercizio liberale (SEL) [300], ovvero una società di capitali a cui possono partecipare solo professionisti forensi [301]. Nel 2011 è stata introdotta la società di partecipazione finanziaria delle professioni liberali (SPFPL) che consente, attraverso una holding finanziaria, l'ingresso di professionisti non giuristi [302] nel limite del 50% del capitale sociale.

La costituzione di società su base capitalistica è consentita anche in Belgio: se inizialmente agli avvocati era consentito esclusivamente il ri-

---

tribuire un peso preponderante ai soci professionisti; in particolare, nelle società professionali spagnole a base non capitalistica i professionisti devono essere in maggioranza numerica e devono possedere la maggioranza del capitale sociale; nelle società di capitali i soci professionisti oltre a possedere la maggioranza del capitale devono avere la maggioranza dei diritti di voto in assemblea. In ogni caso, anche il consiglio di gestione deve essere composto per la maggioranza dei soci professionisti e le deliberazioni di tale organo richiedono il voto favorevole della maggioranza dei soci professionisti per l'adozione: v. art. 4, legge 2/2007 *de sociedades profesionales*, come modificata dalla legge 25/2009: *"Como mínimo, la mayoría del capital y de los derechos de voto, o la mayoría del patrimonio social y del número de socios en las sociedades no capitalistas, habrán de pertenecer a socios profesionales"*. In dottrina si rinvia, su tutti, a P. Montalenti, *Società tra professionisti, società tra avvocati, associazioni professionali: Much Ado about Nothing?*, cit., spec. p. 801 ss.; G. Bertolotti, *Le società tra avvocati*, cit., pp. 36 e 37.

[299] Così P. Montalenti, *Società tra professionisti, società tra avvocati, associazioni professionali: Much Ado about Nothing?*, cit., a p. 802; v., inoltre, C. Masieri, *Associazione tra avvocati, società tra avvocati e responsabilità professionale nel diritto italiano e comparato*, in *Riv. trim. dir. proc. civ.*, 2020, n. 2, p. 629, spec. p. 644, che, pur richiamando la natura di società di persone della *Societè civile professionnelle*, ne sottolinea la vicinanza alle società a responsabilità limitata.

[300] P. Montalenti, *Società tra professionisti, società tra avvocati, associazioni professionali: Much Ado about Nothing?*, cit., spec. p. 801 ss.

[301] Cfr. C. Bessy e B. Bastard, *France. The Reconfiguration of a Profession*, in R.L. Abel, O. Hammerslev, H. Sommerlad e U. Schultz, *Lawyers in 21st Century Societies, Volume I: National Reports*, cit.: *"in 2012, 43.6 per cent of group practices were* Société d'Exercice Liberal à Responsabilité Limitée *(SELARL) (independent limited professional company) and 34.0 per cent a SCP (civil professional society); just 12.6 per cent took the form of partnership (19.2 per cent in 1997). This is a dramatic change from 1997, when only 12.8 per cent of groups practiced as SELARS, while 61.1 per cent practiced as SCP. This expansion of the SELARL demonstrates the law firms' shift towards commercial forms of organization and business model (...)"* (p. 199).

[302] A seguito della liberalizzazione iniziata ad opera della c.d. riforma Macron nel 2015, la legge francese prevede che il 50% della quota di capitale riservata ai giuristi possa essere detenuta da soggetti del campo legale titolati ad esercitare attività diverse. In particolare: *"Pour le sociétés ayant pour objet l'exercice d'une profession juridique ou judiciaire, plus de la moitié du capital et des droits de vote peut aussi être détenue par personnes, (..) exerçant l'une quelconque des professions juridiques ou judiciaires"*: *loi* 31 dicembre 1990, n. 90/1258, come modificata dalla *loi* "Macron" 6 agosto 2015, n. 2015-990.

corso alla società a responsabilità limitata [303], dal 2020 la nuova normativa consente l'adozione di qualsiasi tipo sociale previsto dalla legislazione belga o dall'ordinamento di uno altro Stato membro, con il limite che uno dei soci sia avvocato nello Stato da cui si mutua il tipo sociale [304]. Tuttavia, in caso di società anonime (s.p.a.) sussistono ulteriori restrizioni, sia sul piano della *governance*, con la partecipazione all'organo di gestione di soli soci avvocati, sia in termini di disciplina, con il prevalere delle norme che regolano l'avvocatura su eventuali disposizioni statutarie confliggenti [305].

La possibilità per gli avvocati di costituire società a responsabilità limitata è, dunque, oggi ampiamente riconosciuta da vari Paesi membri, tra cui Austria, Cipro, Finlandia, Francia, Germania e Belgio [306]. Taluni Stati, tuttavia, continuano a prediligere il requisito della responsabilità illimitata [307], come l'Ungheria, ove gli avvocati possono costituire società che non rientrano nel modello di società a responsabilità limitata disciplinato dal codice civile [308].

Nel contesto europeo si registra una parziale apertura verso l'esercizio in comune dell'attività tra avvocati e professionisti appartenenti ad altre categorie professionali regolamentate, secondo il modello delle società multidisciplinari (cc.dd. *Multi-Disciplinary Partnerships* – MDPs). In tali casi, indipendentemente dall'elezione del tipo societario concreto tra quelli ordinariamente disposti dalla legge, non è raro rinvenire nelle legislazioni nazionali limiti e condizioni per assicurare che

---

[303] *Réglement* 18 giugno 2003 relativo all'esercizio in comune della professione forense.

[304] *Réglement* 20 gennaio 2020 relativo alla società di avvocati, che modifica il nuovo codice deontologico congiunto degli Ordini francofono e germanofono, del 25 febbraio 2020.

[305] G. Bortolotti, *Le Società tra avvocati*, Giappichelli, Torino, 2020, pp. 30-32.

[306] COM(2016) 820 fin., cit., p. 21.

[307] Sul punto, si v. F.H. Stephen, *Lawyers, Markets and Regulation*, cit., p. 36 ss., che, dopo aver richiamato gli studi condotti da Fama e Jensen (E.F. Fama e M.C. Jensen, *Separation of Ownership and Control*, in *J. L. & Econ.*, 1983, v. 26, p. 301; Id., *Agency Problems and Residual Claims*, in *J. L. & Econ.*, 1983, v. 26, p. 327) volti a sostenere la *partnership* con responsabilità limitata come forma ottimale di organizzazione per l'esercizio in comune della professione di avvocato e le critiche a tale assunto rinvenibili in Carr and Mathewson (J.L. Carr and G.F. Mathewson, *Unlimited Liability as a Barrier to Entry*, in *J. Polit. Econ.*, 1988, v. 6, n. 4, p. 766), segnala come trend il passaggio verso forme societarie con responsabilità limitata e conclude: "(...) *the adoption of limited liability status whether as partnerships or as corporations suggests either that the signalling role interpretation of unlimited liability is not empirically valid or the private benefits to lawyers from it are outweighed by the tax benefits of incorporation and limited liability regardless of the signalling benefits to client*".

[308] SWD(2016) 436 fin., cit., p. 77. Si v. anche Bar Association, *IBA Global Cross-Border Legal Services in the EU and EFTA Report 2019*, 2019, a p. 82: "*There is no mention in the Act of the different forms a lawyer may work in. However, Chapter VII on law firms mentions that 'the attorney who causes the damage bears unlimited liability with his own assets' (Article 69 (3) of the Act) which suggests that limited liability legal entities are not possible for lawyers*".

l'esercizio in comune della professione non vanifichi il rispetto dei principi deontologici forensi.

A tal fine, taluni ordinamenti avevano inasprito, in favore degli avvocati, le limitazioni che incidono su vari aspetti, tra cui: la proprietà del capitale sociale o delle quote societarie, il diritto al voto, la composizione dell'organo di gestione, e così via. Tale era il caso delle *Rechtsanwalt GmbH* tedesche, composte da soci avvocati e soci professionisti appartenenti ad altri specifici Ordini [309], per le quali la legge imponeva che la maggioranza delle quote di partecipazione e dei relativi diritti di voto spettassero ai professionisti forensi, che erano chiamati, altresì, a gestire la società [310]. Tuttavia, nel 2014 la Corte Costituzionale tedesca ha sancito la contrarietà con l'art. 12 del *Grundgesetz* delle normative professionali, come quella degli avvocati e quella degli esperti della proprietà industriale, che riservavano le quote di maggioranza agli iscritti del medesimo Ordine [311].

Inoltre, le realtà multidisciplinari, laddove autorizzate, scontano spesso restrizioni sulla tipologia di professionisti che possono offrire servizi integrati. In Belgio, ad esempio, è vietato agli avvocati l'esercizio della professione in comune con notai, giudici e ufficiali giudiziali ed è soggetta a limitazione la collaborazione integrata con altri professionisti laddove conflitti di interesse possono sorgere. In Polonia [312] e Olanda gli avvocati hanno la facoltà di creare società multidisciplinari solo con un numero ristretto di categorie professionali, tra cui figurano gli esperti in brevetti e i consulenti in materia tributaria [313]. In Estonia, gli avvocati possono partecipare alla gestione di un'impresa solo laddove la loro presenza sia compatibile con le attività legali e la partecipazione non pregiudichi l'indipendenza dell'avvocato [314]. La legislazione tedesca prevedeva la possibilità di includere solo altri avvocati, esperti di brevetti o professionisti contabili (tra cui *Steuerberater* e *Steuerbevollmächtigte*) tra i soci [315]; tuttavia, il di-

---

[309] Per una ricostruzione dell'introduzione delle MDPs nel mercato tedesco dei servizi legali si rinvia, su tutti, a L. S. Terry, *German MDPs: Lessons to Learn*, in *Minn. L. Rev.*, 2000, v. 84, p. 1547 e spec. p. 1560 ss.

[310] Art. 59e e 59f BRAO. In dottrina si rinvia, su tutti, a L.S. Terry, *German MDPs: Lessons to Learn*, cit.; L.L. Hill, *Alternative Business Structures for Lawyers and Law Firms: A View from the Global Legal Services Market*, cit., spec. p. 174 ss.

[311] 1BvR 2998/11 del 14 gennaio 2014.

[312] *Act* 4 marzo 2010 *on the provision of services in Poland*.

[313] In particolare, in Olanda: *"lawyers may only enter into a partnership with a closed list of professions such as registered notaries, tax advisers, patent attorneys and members of the tax registry"*. In Polonia: *"[a]dvocates and legal advisers can create multidisciplinary companies only with patent agents, tax advisers and foreign lawyers"*: così SWD(2016) 436 fin., cit., pp. 112 e 117.

[314] COM(2016) 820 fin., cit., p. 20.

[315] Art. 59 (a) BRAO.

vieto per gli avvocati di creare *partnership* con medici e farmacisti è stato giudicato incostituzionale [316].

In ogni caso, non mancano ordinamenti giuridici in cui permane il divieto assoluto di costituire realtà multidisciplinari come accade, ad esempio, in Repubblica Ceca, Lettonia, Lituania e Romania [317]. Anche in Lussemburgo solamente i professionisti forensi possono partecipare a società tra avvocati, considerate società civili, e l'effettività della regola risulta rafforzata dalla composizione del relativo capitale, rappresentato da titoli nominativi di cui sono titolari soltanto avvocati. Anche l'amministrazione di tale realtà societaria viene riservata agli avvocati, gli unici a poter comporre il relativo organo di gestione [318].

Il panorama europeo è, inoltre, estremamente disomogeneo anche per quanto attiene alla possibile partecipazione del socio non professionista in una società di avvocati. Come noto, l'ordinamento inglese, recependo le indicazioni del Clementi Report (2004) [319], ha aperto le porte a tale presenza riconoscendo, con il *Legal Service Act* (2007), la facoltà agli avvocati di costituire *Alternative Business Structures* (ABS) possedute anche interamente da soggetti estranei al mondo professionale, in generale, e all'avvocatura, in particolare [320]. Nel 2012 la *Solicitors Regulation Authority* (SRA) ha conferito la prima licenza per un'ABS e oggi se ne regi-

---

[316] Bundesverfassungsgericht, 1 BvL 6/13 del 12 gennaio 2016. Per una puntuale ricostruzione della vicenda che ha dato adito alla pronuncia della Corte Costituzionale tedesca si rinvia, su tutti, a M. Kilian, *All hail the MDP: the German FederalConstitutional Court paves the way for multidisciplinary service firms*, in *Legal Ethics*, 2016, v. 19, n. 1, p. 163 ss.

[317] Cfr. SWD(2016) 436 fin., cit., in in cui si sottolinea come in Repubblica Ceca *"lawyers cannot team-up with other professions within the same company. Only lawyers may hold shares in law firms"* (p.41); in Lettonia *"sworn advocates must practice individually or in collaboration exclusively with other sworn advocates. Sworn advocates may establish offices of sworn advocates, registered in the Latvian Council of Sworn Advocates"* (p. 93); in Lituania *"Joint practices of advocates and other professionals are not allowed"* (p. 99); in Romania *"joint exercise of professions is prohibited"* (p. 129). Sul punto si rimanda, altresì, a International Bar Association, *IBA Global Cross-Border Legal Services in the EU and EFTA Report 2019*, cit., spec. p. 39 (Repubblica Ceca), p. 52 (Lettonia), p. 118 (Lituania).

[318] G. Bortolotti, *Le Società tra avvocati*, cit., pp. 32 e 33; U. Perfetti, *Deontologia dell'avvocato, ordinamento forense, amministrazione della Giustizia*, Giappichelli, Torino, 2013, p. 207. *"The profession can be exercised through a legal person. However, shares can only be held by lawyers"*: così SWD(2016) 436 fin., cit.

[319] D. Clementi, *Review of the Regulatory Framework for Legal Services in England and Wales*, 2004, spec. p. 105 ss.

[320] Sullo sviluppo nelle ABS nel Regno Unito si rinvia, *ex multis*, a H. Sommerlad, A. Francis, J. Loughrey e S. Vaughan, *England and Wales. A Legal Profession in the Vanguard of Professional Trasformation?*, cit., spec. p. 95; N. Semple, *Legal Services Regulation at the Crossroads*, cit., spec. p. 65 ss.; A. Boon, *Professionalism under the Legal Services Act 2007*, cit.; J.A. McMorrow, *UK Alternative Business Structures for Legal Practice: Emerging Models and Lessons for the US*, in *Geo. J. Int'l L.*, 2016, v. 47, n. 2, p. 665; F. Bell e F.M. Legg, *Artificial Intelligence and the Legal Profession*, Hart, Oxford, 2020, spec. p. 63.

stra una netta diffusione[321]. Tale liberalizzazione è stata tuttavia accolta, almeno inizialmente, con estremo scetticismo dalla maggioranza degli Stati continentali[322]. In testa ai più fermi oppositori il Governo tedesco che, all'indomani dell'adozione delle ABS in Inghilterra, sottolineava come la pratica di avvocati tedeschi ed eventuali *solicitors* e *barristers* stabiliti organizzati in Germania nella forma delle ABS si sarebbe posta in netto contrasto con le norme deontologiche nazionali. La Germania, infatti, pur ammettendo diversi tipi societari, con l'intento di difendere l'indipendenza della classe forense, consentiva la pratica integrata solo tra avvocati o tra avvocati e professionisti liberali con regole di condotta simili, imponeva che tutti i *partners* o i soci esercitassero personalmente l'attività e, in ogni caso, che tali entità collettive operassero sotto la diretta responsabilità degli avvocati, a cui era riservata la maggioranza nell'organo di gestione[323].

Il *Council of Bars and Law Societies of Europe* (CCBE) ha fatto da cassa di risonanza europea a tali critiche[324], ribadendo come *"Non-lawyers, who*

---

[321] J. Weberstaedt, *English Alternative Business Structures and the European single market*, in *Int'l J. Legal Prof.*, 2014, v. 21, n. 1, p. 103 ss.; J.R. Reardon, *Alternative Business Structures: Good for the Public, Good for the Lawyers*, in *St. Mary's J. Legal Mal. & Ethics*, 2017, n. 7, p. 304 e spec. p. 330 ss.

[322] Per quanto riguarda, invece, le esperienze extra-europee, si riscontra una resistenza simile negli Stati Uniti, mentre, per contro, le *Alternative Business Structures* risultano già ammesse in Australia e in via di introduzione in Canada. Per un approfondimento si rinvia a J.A. McMorrow, *UK Alternative Business Structures for Legal Practice: Emerging Models and Lessons for the US'*, cit.; R. Dinovitzer e M. Dawe, *Canada: Continuity and Change in a Modern Legal Profession*, in R.L. Abel, O. Hammerslev, H. Sommerlad e U. Schultz, *Lawyers in 21st-Century Societies. Volume I: National Reports*, cit., p. 65 e spec pp. 82 e 83; Canadian Bar Association, *Futures: Transforming the Delivery of Legal Services in Canada*, August 2014; The Law Society of Upper Canada, *Alternative Business Structures and the legal profession in Ontario: A Discussion Paper*, 2014, p. 27, e *Report of the Alternative Business Structures Working Group*, 2017; American Bar Association, *For Comment: Issues Paper Regarding Alternative Business Structures*, 2016.

[323] *Memorandum by Dr Bernhard Dombek, President, BRAK-German Federal Bar (Ev 70)*, in House of Lords and the House of Commons, *Draft Legal Services Bill. Volume II: Evidence*, The Stationery Office Limited, London, 2006, p. 289.

In dottrina v. L.L. Hill, *Alternative Business Structures for Lawyers and Law Firms: A View from the Global Legal Services Market*, cit., p. 48 ss.; E.L. Martin, *Liberalization and Cravathism: how liberalization triggered the reorganization of the legal profession in Germany and Japan*, in *Stan. J. Int'l L.*, 2007, v. 43, n. 1, p. 169; J. Weberstaedt, *English Alternative Business Structures and the European single market*, cit., che sottolinea anche la fragilità delle argomentazioni offerte dal Governo tedesco a sostegno della propria opposizione all'ingresso nel mercato tedesco dei servizi legali delle ABS. Tra le voci critiche della dottrina tedesca si rinvia a W. Ewer, *Anwaltliche Unabhangigkeit zwischen Interessenvertretung und Gemeinwohlorientierung*, in *Anwaltsblatt*, 2009, n. 10, p. 657 ss. e spec. p. 659; J. Keller, *Alternative business structures bieten keine Alternative*, in *BRAK-Mitteilungen*, 2012, n. 1, p. 17 e spec. p. 19; H. Weil, *Schon wieder: englische ABS*, in *BRAK Mitteilungen*, 2013, n. 2, p. 54 e spec. p. 55.

[324] V. CCBE *response to the Legal Services Board's consultation on a regulatory regime for*

do not practice as regulated professionals themselves, constitute additional risks to clients and the due administration of justice. The public's perception of their participation as investors, or Heads of Legal Practice, or both, could compromise the integrity of the business structure as a whole. The way in which legal services are delivered has effects not only on the clients themselves but also on the judiciary and third parties. It is of utmost importance that not only clients but also courts, the public sector, and even the adverse party in a conflict can rely on the lawyer's integrity. Lawyers in most jurisdictions are obliged to accept instructions that, from a purely economic perspective, are not profitable e.g. legal aid. The client needs to be confident that its case, even under these circumstances, is given the necessary attention. Where mere economic aspects seem to prevail, doubts will arise whether the defence of clients' rights is taken more seriously than other interests, even where the regulation stipulates that the company's duty to the court will prevail over all other duties, and the duties to its clients will prevail over the duty to the shareholders".

Nonostante l'iniziale opposizione dell'Europa continentale alla penetrazione delle ABS nel mercato dei servizi legali, l'ammissione del socio non professionista nella compagine sociale risulta essere una realtà in via di diffusione. Tuttavia, anche in riferimento a questa possibilità, diverse sono le cautele adottate dagli Stati membri con il comune obiettivo di restringere il ruolo del socio non professionista a quello di mero finanziatore, così da limitare il rischio che tale presenza extra-forense si trasformi in una compromissione dei valori etici sui quali l'avvocatura si fonda.

La disciplina italiana, ad esempio, per arginare la possibilità di eterodirezione della società da parte dei soggetti esterni prevede che i soci che rappresentano almeno due terzi del capitale sociale e dei diritti di voto de-

---

alternative business structures, 4 September 2009, https://www.ccbe.eu/fileadmin/speciality_distribution/public/documents/DEONTOLOGY/DEON_Postion_Papers/EN_DEON_20090904_CCBE_response_to_the_Legal_Services_Boards_consultation_on_a_regulatory_regime_for_alternative_business_structures.pdf; CCBE *response to the Solicitors Regulation Authority's consultation on new forms of practice and regulation for alternative business structures*, 4 September 2009, http://www.ccbe.eu/fileadmin/user_upload/NTCdocument/EN_CCBE_Response_to_1_1253696350.pdf. L'anno successivo il medesimo parere del CCBE è stato nuovamente inoltrato al Legal Service Board, con una diversa presentazione introduttiva: CCBE *response to the Legal Services Board's consultation on a regulatory regime for alternative business structures*, 25 January 2010, http://www.ccbe.eu/fileadmin/user_upload/NTCdocument/100125_CCBE_letter_t1_1264511673.pdf. V., inoltre, CCBE *Position on Non-Lawyer Owned Firms*, 2005. Più di recente v. CCBE, *Guidelines for Bars & Law Societies on Free Movement of Lawyers within the European Union,* 2016, https://www.ccbe.eu/fileadmin/speciality_distribution/public/documents/EU_LAWYERS/EUL_Guides___recommendations/EN_FML_2016_Guide.pdf, che riassume la propria posizione sulle ABS in questi termini: *"The CCBE ... considers that the investment of third party capital (equity) in law firms, and certainly a majority interest, may constitute a severe danger to the proper practice of the legal profession and thus to the sound administration of justice, as well as citizens' access to justice"* (p. 20).

vono essere avvocati, che i componenti dell'organo di gestione non possono essere estranei alla compagine sociale, che i soli soci professionisti possono rivestire la carica di amministratori e che la maggioranza dei membri dell'organo di gestione deve essere composta da soci avvocati [325]. La proprietà di società in capo a soggetti non professionisti, privi del titolo di avvocato, è ammessa anche dall'ordinamento spagnolo, con lo specifico limite del 25%, e in Danimarca, con un limite ridotto al 10% [326].

A differenza di quanto accaduto per le tariffe e la pubblicità, oggetto di una forte e condivisa spinta liberalizzatrice, l'esercizio in forma comune della professione continua a rimanere al centro dell'attenzione delle Istituzioni europee [327]. In particolare, la Commissione, nella sua '*Comunicazione relativa alle raccomandazioni di riforma per la regolamentazione dei servizi professionali*', chiarisce come l'"indicatore del carattere restrittivo della regolamentazione delle professioni' [328] si moduli, fra gli altri, anche in base ai requisiti relativi all'esercizio della professione, in cui trovano esplicita menzione le *"restrizioni alla forma societaria, requisiti in materia di partecipazione azionaria"* oltre alle *"restrizioni all'esercizio di più professioni, incompatibilità di attività ecc."*. La Commissione, in tale comunicazione, non manca di rilevare la possibile criticità connessa al permanere di regolamentazioni nazionali che impongono limitazioni all'esercizio in comune della professione forense, con particolare riferimento alla forma giuridica e alla compagine azionaria, nonché incompatibilità e restrizioni multidisciplinari, e, in ragione di ciò, conclude rinnovando l'invito agli Stati membri a valutare accuratamente tali requisiti *"tenendo conto della proporzionalità di tali restrizioni rispetto ai principi fondamentali, per esempio l'indipendenza della professione, e alle corrispondenti disposizioni in materia di vigilanza"*, nonché prestando particolare attenzione al possibile effetto cumulativo di tali misure, soprattutto nel caso in cui siano già previste ampie riserve di attività per gli avvocati.

Le regolamentazioni nazionali in tema di organizzazione delle attività professionali potrebbero, dunque, rivelarsi sensibili a futuri ulteriori sviluppi, anche sulla spinta di nuove esigenze dettate dall'incessante progresso tecnologico, che spingono verso clienti diversi, bisogni mutati e modelli organizzativi inediti (v. *infra* Parte II, cap. 3).

---

[325] Art. 4-*bis* legge 247/ 2012.

[326] COM(2016) 820 fin., cit., p. 21; J. Weberstaedt, *English Alternative Business Structures and the European single market*, cit., p. 123.

[327] Cfr. COM(2013) 676 fin., cit.

[328] COM(2016) 820 fin., e annesso documento di lavoro SWD(2016) 436 fin., cit.

Capitolo 3

LA SVOLTA DIGITALE: L'EMERSIONE DELL'AVVOCATO 4.0

1. *La svolta digitale: una premessa*

Alla mercantilizzazione della professione forense, frutto della retorica neoliberista che ha *"prodotto pressioni per l'apertura dei mercati del lavoro professionale"* [1] (v. *retro*, Parte I, cap. 2), si somma, con un effetto altrettanto dirompente, la svolta digitale che, infiltrandosi anche nel campo giuridico, sta lentamente investendo sia gli avvocati, intesi come singoli professionisti e nella loro essenza di corpo, sia i clienti.

Invero, la rivoluzione digitale in atto costituisce un fenomeno estre-

[1] A. Bellini e A. Tonarelli, *Studi legali digitali. Una «rivoluzione silenziosa», informale e dal basso*, in *Quad. Rass. Sind. – Lav.*, 2008, n. 2, p. 121 e spec. a p. 122.

mamente pervasivo che coinvolge, in maniera sempre più invadente, molteplici ambiti dell'economia e della società [2].

Tra i primi effettivi sviluppi si è assistito alla digitalizzazione, con la conversione dell'analogico in digitale, attraverso la trasformazione degli atomi in *bit*: le informazioni codificate in una sequenza di zero e di uno divengono leggibili e processabili dalle macchine. Ulteriore chiave di volta l'avvento della 'datizzazione' (meglio nota con il neologismo inglese *'datafication'*), ossia il procedimento di commutazione delle informazioni digitalizzate in dati. Quest'ultimo fenomeno è andato intensificandosi anche grazie alla crescita esponenziale della capacità di calcolo dei computer, chiamati a registrare, misurare e processare tali dati [3]. La sussistenza di

---

[2] Sulla qualifica del processo di trasformazione in atto per effetto delle tecnologie digitali come vera e propria 'rivoluzione digitale o informatica' cfr., *ex multis*, M. Palazzo, *Informatica e diritto. Un dialogo necessario*, in *Notariato*, 2019, v. 5, p. 497; A. Quarta e G. Smorto, *Diritto privato dei mercati digitali*, Le Monnier Università, Firenze, 2020, p. 1. In particolare, secondo gli A. la Quarta rivoluzione è caratterizzata *"dalla diffusione capillare di internet e della sua crescente 'portabilità' grazie a smartphone e GPS* (...). *In essa giocano un ruolo sempre maggiore l'intelligenza artificiale e il machine learning, i computer quantici, le nanotecnologie e l'ubiqua presenza di sensori* (...)" (p. 2).

[3] G.E. Moore, *Cramming More Components onto Integrated Circuits*, in *Electronics*, 1965, v. 38, p. 114: secondo la Legge di Moore, concepita dal suo A. a metà degli anni Sessanta e basata sull'osservazione empirica di quanto avvenuto nel decennio precedente, il numero dei componenti elettronici di un microprocessore è destinato a raddoppiare ogni dodici-ventiquattro mesi, fino almeno al 2029. La legge di Moore si è dimostrata accurata, prevedendo l'esponenziale sviluppo della microelettronica, che ha favorito l'affermazione di computer sempre più capaci, veloci ed affidabili. In dottrina v. A. Quarta e G. Smorto, *Diritto privato dei mercati digitali*, cit., p. 11; S.V. Schoonmaker IV, *Withstanding Disruptive Innovation*, in *Fam. L.Q.*, 2017, v. 51, n. 2, p. 133 e spec. p. 136 ss. A ciò si aggiunge la legge di Kryder, che ha previsto con un rapporto inversamente proporzionale all'aumentare del numero di *transitor* contenuti in un chip la riduzione dei costi di conservazione dei dati: G. Lusardi, *Esperimenti di tecnologie avanzate nella professione legale*, in G. Ziccardi e P. Perri, *Tecnologia e Diritto, vol II, Informatica Giuridica. Data Governance, protezione dei dati e GDPR, mercato unico digitale, blockchain, Pubblica Amministrazione digitale*, Giuffrè, Milano, 2019, p. 409, spec. p. 410; J.O. McGinnis e R.G. Pearce, *The Great Disruption: How Machine Intelligence Will Transform the Role of Lawyers in the Delivery of Legal Services*, in *Fordham L. Rev.*, 2014, v. 82, p. 3041, e spec. pp. 3043 e 3044; R. Susskind e D. Susskind, *The Future of the Professions: How Technology Will Transform the Work of Human Experts*, Oxford University Press, Oxford, 2015, p. 157.

Per un'analisi più generale dell'impatto della realtà computazionale sulla società si rinvia a M. Durante, *Potere computazionale: l'impatto delle ICT su diritto, società e sapere*, Meltemi, Milano, 2019.

Al metodo computazionale classico, basato sul sistema binario, si inizia ad affiancare il *computing* quantistico; benché ancora agli albori, i riflettori sono ormai puntati, infatti, sullo sviluppo dei *computer* quantistici (o quantici), che sfruttando le leggi della fisica e della meccanica quantistica e basandosi sul *bit* quantistico o *qubit* per codificare le informazioni (le unità dell'informazione quantistica sono definiti dallo stato quantistico in cui si trova una particella o un atomo che può assumere i valori di zero o uno, o entrambi allo stesso tempo, anche con combinazione variabile) potrebbero aprire nuovo orizzonti per lo sviluppo dell'intelligenza artificiale (in particolare si v. *'Ibm Q System One'*, che rappresenta the *"world's first integrated quantum computer system"*: https://research.ibm.com/interactive/system-one/).

una grande quantità di dati funge da premessa per lo sviluppo di innovativi sistemi di intelligenza artificiale i quali sono in grado di introdurre nuovi modelli di produzione automatica della conoscenza [4].

L'avvento di internet, prima, e del *web*, poi, hanno impresso un'ulteriore accelerazione verso tale cambio di paradigma: il riferimento è, dunque, sia all'"*infrastruttura tecnologica che consente la trasmissione di dati, ossia un sistema globale di interconnessione tra nodi di una rete che utilizzano per comunicare il protocollo comune TCP/IP*" [5], sia, soprattutto, alla sottorete di Internet la quale riunisce i siti che permettono un sistema di navigazione ipertestuale, accessibile da ogni computer connesso alla rete per mezzo di appositi programmi software (detti *browser*). La rilevanza è da attribuirsi non solo all'innovazione tecnologica in sé considerata, bensì anche al modo con cui gli utenti si sono rapportati ad essa. Nel *web*, infatti, il ruolo dell'utente è progressivamente mutato, amplificando le potenzialità insite in tale innovazione tecnologica: da destinatario e spettatore passivo di contenuti presenti in rete, l'utente del *web* 2.0 ha iniziato ad essere coinvolto e a partecipare attivamente alla costruzione di contenuti e creazione di servizi, generando una costante sovrapposizione tra creatori e fruitori [6]. Lo sviluppo naturale di tale processo è rappresentato dall'emergere della realtà delle piattaforme [7], luoghi privilegiati di intermediazione e scambio, ove l'interazione fra utenti attivi può avverarsi in uno spazio dematerializzato. Il mondo dei *social networks*, le piattaforme di servizi, quali quelle di *streaming* musicale e video o quelle di servizi *cloud*, le piattaforme di *e-commerce* ovvero le piattaforme connesse alla *sharing economy*, di cui *Airbnb* e *Uber* rappresentano le più significative realizza-

---

[4] A titolo esemplificativo, per quanto riguarda la datizzazione con particolare riferimento al settore legale, si rinvia al progetto italiano *Lexdatification*, condotto dal CIRSFID dell'Università di Bologna in cooperazione con l'Istituto Poligrafico e Zecca dello Stato, il CELI – Language Technology, il Comitato di Indirizzo di Normattiva e l'Università di Bari, volto ad esplorare la conoscenza giuridica, trasformando in Akoma Ntoso le fonti normative contenute in Normattiva e le sentenze della Corte costituzionale. La conoscenza giuridica, trasformata in modo da essere leggibile e processabile dalle macchine, costituisce la base per lo sviluppo di applicativi di *legal data analytics* che sono in grado di agevolare professionisti e cittadini nel reperimento di informazioni legali: per un approfondimento si rinvia a M. Palmirani, *Lexdatafication: Italian Legal Knowledge Modelling in Akoma Ntoso*, in V. Rodríguez-Doncel, M. Palmirani, M. Araszkiewicz, P. Casanovas, U. Pagallo e G. Sartor (eds.), *AI Approaches to the Complexity of Legal Systems XI-XII. Lecture Notes in Computer Science*, v. 13048, Springer, Cham, 2021, p. 31 ss.

[5] Così A. Quarta e G. Smorto, *Diritto privato dei mercati digitali*, cit., p. 13.

[6] Si pensi a titolo esemplificativo agli utenti che decidono di contribuire alla creazione di risorse on-line condivise, come nel caso di *Wikipedia* o *YouTube*, o di condividere e comunicare informazioni, opinioni, preferenze, ad esempio attraverso *social networks* e *blogs*: R. Susskind, *L'avvocato di domani. Il futuro della professione legale tra rivoluzione tecnologica e intelligenza artificiale*, cit., p. 33.

[7] E. Bargelli e V. Calderai (a cura di), *A Contract Law for the Age of Digital Platform?*, Pacini Editore, 2022; D. Tapscott, *Platform Revolution*, Barlow Publishing, Toronto, 2021.

zioni, sono solo alcune delle sembianze attraverso cui tale modello economico si sta via via concretizzando. La presenza di una connettività di massa ed ininterrotta, appannaggio ormai dei molti [8], funge da presupposto per l'amplificarsi delle potenzialità della rete.

Più d recente nuovi fenomeni, basati su una logica decentralizzata, stanno prendendo piede traghettando il *web* verso nuove frontiere: nel sintagma *web3* [9], di recente conio, confluisce la visione di una realtà futura in cui gli utenti di Internet potranno interagire tra loro senza passare da realtà intermediarie, grazie all'uso *di blockchain*, criptovalute e *non-fungible tokens* (NFTs) [10].

Oltre alla revisione del rapporto tra utenti e rete in un'ottica partecipativa e collaborativa e all'affiorare di inediti modelli di organizzazione e di impresa, quali le piattaforme digitali, ulteriori tecnologie stanno emergendo e guadagnando spazio nella società. L'introduzione sul mercato di hardware digitali maggiormente economici e con capacità computazionali superiori, dal *pc* agli *smartphone*, lo sviluppo di algoritmi sempre più sofisticati, l'emergere e il diffondersi di tecnologie digitali dirompenti legate all'implementazione dell'intelligenza artificiale e del *machine learning*, la sempre più stretta interazione e connessione tra tecnologia, beni e persone con l'espansione dell'*Internet of Things* e dell'*Internet of Bodies*, l'emersione dell'*Internet of Money* [11], nonché il successo del sistema di *blockchain* e delle sue eterogenee applicazioni, sono solo alcuni dei più recenti fenomeni che stanno guidando la svolta digitale in atto [12].

---

[8] Cfr. R. Susskind, *L'avvocato di domani. Il futuro della professione legale tra rivoluzione tecnologica e intelligenza artificiale*, cit., p. 31, che considera, grazie al *cloud computing*, la disponibilità di informazioni e la potenza di elaborazione risorse ormai disponibili al pari di beni pubblici primari, quali l'acqua e l'elettricità.

[9] Il termine è stato coniato nel 2014 dal co-fondatore di Ethereum Gavin Wood, il quale faceva riferimento a un *"decentralized online ecosystem based on blockchain"*, ma solo di recente l'idea ha attirato l'attenzione dei molti.

[10] Per un approfondimento sul *web3* si rinvia, su tutti, a U.W. Chohan, *Web 3.0: The Future Architecture of the Internet?*, 2022, SSRN: https://ssrn.com/abstract=4037693 or http://dx.doi.org/10.2139/ssrn.4037693; M. Fenwick e P. Jurcys, *The Contested Meaning of Web3 and Why it Matters for (IP) Lawyers*, 2022, http://copyrightblog.kluweriplaw.com/2022/01/27/the-contested-meaning-of-web3-why-it-matters-for-ip-lawyers/; S. Voshmgir, *Token Economy: How the Web3 reinvents the Internet*, Token Kitchen, Berlino, 2020, che definisce il *web1* (*information economy*) come *'read'*, il *web2* (*platform economy*) come *'Read'* e *'write'* e il *web3* (*Token Economy*) come *'Read'*, *'write'* e *'execute'*. Cfr. Ethereum, *Introduction to Web3*, https://ethereum.org/en/web3/: *"Web1 was read-only, Web2 is read-write, Web3will be read-write-own"*.

[11] Si rimanda, tra i molti, a A.M. Antonopoulos, *The Internet of Money*, I-III, Merkle Bloom LLC, Atlanta, 2016-2019; S. Capaccioli, *Criptovalute e bitcoin: un'analisi giuridica*, Giuffrè, Milano, 2015; S. Voshmgir, *Token Economy: How the Web3 reinvents the Internet*, cit.; D. Tapscott e A. Tapscott, *Blockchain Revolution. How the Technology Behind Bitcoin is Changing Money, Business, and the World*, Porfolio, London, 2018 (I ed. 2016).

[12] M. Fenwick e E.P.M. Vermeulen, *The Lawyer of the Future as "Transaction Engineer":*

Peraltro, è evidente come il cammino intrapreso sia in continua evoluzione: ogni tecnologia ha *in nuce* infinite potenzialità di sviluppo e applicazione e tale capacità risulta, inoltre, amplificata dalla connessione fra le diverse tecnologie, che operano tra loro rinforzandosi e accelerandosi a vicenda [13].

Che la tecnologia stia costantemente e progressivamente cambiando la nostra realtà economica e sociale sembra, dunque, un dato incontrovertibile. In tale processo pare utopico pensare che il settore dei servizi legale non ne sarà contaminato [14].

2. *L'introduzione delle nuove tecnologie nel settore legale*

L'incessante sviluppo di soluzioni tecnologiche, unitamente all'avvento della pandemia Covid-19 che ha reso ancora più urgente l'adozione di soluzioni virtuali per sopperire alle paralisi fisiche derivanti da restrizioni e *lockdown*, ha determinato una svolta decisiva nel settore legale nel senso di una maggiore digitalizzazione ed innovazione dello stesso [15].

Il mondo tradizionale dell'avvocatura, sebbene con un'incidenza più significativa nei sistemi di *common law* [16], sta, infatti, già sperimentando gli effetti nella pratica del diritto determinati dall'introduzione di nuove tecnologie nel settore legale [17]. Tra queste, fra le più *disruptive*, possono an-

---

Digital Technologies and the Disruption of the Legal Profession, in M. Corrales, M. Fenwick, e H. Haapio, *Legal Tech, Smart Contracts and Blockchain*, Springer, Singapore, 2020, p. 254.

[13] M. Fenwick e P.M. Vermeulen, *eTechnology and Corporate Governance: Blockchain, Crypto, and Artificial Intelligence*, ECGI Working Paper Series in Law, Working Paper n. 424/2018, 2018, p. 7 e ivi il grafico esplicativo dell'"*Exponential Growth of Tecnology*", considerando un arco temporale che va dal 1980 sino alla previsione futura del 2025.

[14] R. Susskin, *L'avvocato di domani. Il futuro della professione legale tra rivoluzione tecnologica e intelligenza artificiale*, cit., spec. p. 31 ss.

[15] C.A. Suarez, *Disruptive Legal Technology, COVID-19, and Resilience in the Profession*, in *S. C. Law Rev.*, 2020, v. 72, n. 2, p. 393 ss.

[16] Per contro in Italia si registra un ritardo nello sviluppo e nell'adozione di tecnologie in ambito legale. Tra i fattori determinanti tale immobilismo possono annoverarsi il calo costante dei redditi che impedisce ai professionisti di investire risorse economiche in tecnologia e in capitale umano competente nel settore delle nuove tecnologie, l'assetto degli studi per la maggior parte strutturati come *'boutique legali'*, l'assenza di cambio generazionale: in questi stessi termini v. G. Vaciago, *Opportunità e cambiamenti dei servizi legal tech all'interno dei contesti italiano ed europeo*, in G. Cassano e S. Previti (a cura di), *Il Diritto di Internet nell'Era Digitale*, Giuffrè, Milano, 2020, p. 241 e spec. p. 248.

[17] L'uso dell'intelligenza artificiale nel settore dei servizi legali seppur modesto risulta attualmente in rapida crescita; sul punto si rinvia, su tutti, a T.S. Clay e E.A. Seeger, *2018 Law Firms in Transition: an Altman Weil Flash Survey*, Altman Weil, Willow Grove, PA, 2018; Id., *2020 Law Firms in Transition: an Altman Weil Flash Survey*, Altman Weil, Willow Grove, PA, 2020; M. Sako, J. Armour e R. Parnham, *Lawtech Adoption and Training: Fin-*

noverarsi: l'avvento della realtà Legal Tech, l'applicazione dell'intelligenza artificiale e del *machine learning* nel campo giuridico, la diffusione dell'automatizzazione legale e delle *big data applications* e lo sviluppo delle ipotesi applicative della tecnologia *blockchain*, soprattutto con riferimento allo strumento degli *smart contract*. Ad incidere sul profilo della professionalità del giurista e sulla pratica del diritto non vi sono solo le nuove soluzioni *high tech* ideate per specifiche tipologie di servizi legali e che attengono alla dimensione dei software. La nascita di *networks* di comunicazione a livello globale e l'evolversi dei servizi *cloud* di conservazione e condivisione di dati e, più in generale, l'avvento dell'economia di piattaforma anche nel settore legale, hanno scardinato le logiche del tradizionale rapporto tra cliente e professionista, creando spazi inediti di incontro e collaborazione [18].

Come si dirà a breve, in taluni casi i confini del campo giuridico degli avvocati si sono allargati, sia per accogliere quella fetta di clientela che in passato non si rivolgeva all'opera del professionista legale per ragioni economiche o di scarsa consapevolezza dei propri diritti; sia in ragione di nuovi ruoli ritagliati sui bisogni generati direttamente dall'avanzamento tecnologico. In altre situazioni, per contro, l'avvocato ha conosciuto una compromissione del proprio campo d'azione: da un lato, in favore dell'avvento di automatismi tecnologici o della c.d. *'commodification'* dei servizi legali, che hanno comportato l'automazione di una serie di attività giuridiche e la trasformazione di taluni servizi in beni di consumo fungibili, direttamente accessibili da parte del cliente; dall'altro, in ragione dell'ingresso nel merca-

---

dings from a Survey of Solicitors in England and Wales, Oxford Univeristy, Oxford, 2020; J. Amour, R. Parnham e M. Sako, *Unlocking the potential of AI for English Law*, in *Int'l J. Legal Prof.*, 2021, v. 29, n. 1, p. 65.

[18] Cfr. F. Rackwitz e F. Corveleyn, *The Legal Innovation Matrix*, 2015, https://legalinnovationmatrix.com/2015/11/14/11/: secondo gli ideatori di tale matrice, composta dai quattro quadranti *"Platform"*, *"Network"*, *"Software"* e *"Know How"*, il mondo dei servizi legali si sta lentamente disgregando ed in tale momento di cambiamento i nuovi *providers* legali tendono a concentrarsi e a sviluppare una sola delle dimensioni della matrice. Alcuni *providers* si sono concentrati sullo sviluppo di piattaforme ove si incontrano professionisti legali e clienti (questo è il caso, tra gli altri, di *Neulexa*, *Lawkick* o *Ask-a-Lawyer section di Rocket Lawyer*). Altri, per contro, hanno valorizzato l'aspetto tecnologico e l'impatto di tali innovazioni sul modo di fornire servizi giuridici (il riferimento è, ad esempio, a *"Legal contract management systems, document building engines, e-discovery tools, legal data management tools, and quantitative legal prediction software"*). Non mancano nel mercato soggetti che si sono focalizzati sullo sviluppo di soluzioni legate alla dimensione dei *networks*, grazie al coinvolgimento di avvocati secondo modalità flessibili, o 'a chiamata' (*Obelisk Legal Support*, iniziative come *Berwin Leighton Paisner's lawyer's on demand*, *Eversheds Agile*, *Allen & Overy's Peerpoin*). Infine, importanti realtà (tra cui *Thompson Reuters*, *Wolters Kluwer*, *Bloomberg Law*) hanno investito risorse nella gestione, creazione e fornitura di *template* e *know how*, attività che, combinata alla crescente implementazione di soluzioni software altamente tecnologiche, si fa sempre più sofisticata e mette a dura prova il limite tra essere fornitore per il mondo dell'avvocatura ed essere un diretto concorrente della stessa, offrendo soluzioni giuridiche direttamente ai destinatari ultimi, ovvero i clienti.

to di nuove professionalità che, pur non necessariamente in possesso dell'abilitazione all'esercizio della professione forense, sono dotate di profili che risultano più in linea con le richieste emergenti nel mercato del lavoro attinente al settore Legal Tech. Gli avvocati tradizionali si trovano, infatti, a confrontarsi con nuovi attori, intervenuti alla guida del cambiamento tecnologico attraverso il modello delle start-up Legal Tech, siano essi giuristi o professionisti appartenenti ad altri settori, *in primis* quelli tecnologico ed imprenditoriale, prestati all'area giuridica.

Infine, ad incidere profondamente *"nelle mente, nell'habitus e nel lavoro di tutti gli operatoti giuridici"* si pongono sia la crescente digitalizzazione del processo, che assume sempre più i connotati di un vero e proprio *"processo telematico"*[19], sia, soprattutto, l'affermazione delle procedure di risoluzione alternativa delle controversie, molte delle quali si svolgono secondo modalità completamente dematerializzate e, in alcuni casi, automatizzate (il riferimento è alle *Online Dispute Resolution*, 'ODR') e che stanno sempre più penetrando direttamente nella giustizia ordinaria.

Se non sembra possibile, dunque, revocare in dubbio la contaminazione tra servizi legali e tecnologia, l'interrogativo aperto è di più ampio respiro e riguarda il futuro stesso dell'avvocatura. In risposta alla svolta digitale, sarà sufficiente per il professionista forense riorganizzarsi e ridefinirsi, similmente a quanto successo in risposta all'avvento di un mercato sempre più europeo e globalizzato (v. *retro*, soprattutto Parte II, cap. 2), ove gli studi legali, proiettati in logiche sovranazionali e complesse, hanno risposto con nuove organizzazioni, ridefinizione di ruoli e conquista di nuovi settori? O piuttosto, come preconizzato da alcuni Autori, l'avvocato è ormai destinato a ibridarsi, fino a tramutarsi in un professionista diverso e nuovo, per non soccombere all'ineluttabile destino?

2.1. *Quale tecnologia per l'avvocato?*

L'utilizzo dei *personal computer* per redigere documenti, la comunicazione con colleghi e clienti attraverso e-mail semplici o certificate, la consultazione sistematica delle banche dati digitali, come altri primi assaggi delle potenzialità delle macchine e della rete, sino a pochi anni fa sembravano sfide tecnologiche di alto livello per avvocati abituati a destreggiarsi tra macchine da scrivere prima e programmi di videoscrittura poi, servizi postali e fax, abbonamenti a riviste cartacee, pagine di monografie, raccolte di leggi ed archivi fisici. In pochi anni, strumenti informatici e a supporto delle innovazioni digitali sono divenuti gli attrezzi base ed imprescindibili per lo svolgimento della professione, in un processo di mi-

[19] C. Carmellino, *Brevi note sulle interazioni tra la* artificial intelligence *e la classe forense*, in D. Dalfino (a cura di), *Scritti dedicati a Maurizio Converso*, RomaTre-Press, Roma, 2016, p. 77.

glioramento costante delle modalità di esercizio dell'attività legale.

Con l'evolversi della tecnologia, la pratica del diritto continua ad arricchirsi incorporando nuove soluzioni innovative applicate in svariati ambiti, secondo un processo che al momento pare inarrestabile e il cui punto di arrivo è difficilmente tracciabile. La capacità computazionale centuplicata delle macchine, lo sviluppo di algoritmi sempre più evoluti, congiuntamente al perfezionamento dei sistemi di raccolta, gestione, analisi di dati, la cui crescita e disponibilità diviene esponenziale [20], fungono da premesse per lo sviluppo di tecnologie sempre più sofisticate, che si pongono talora in supporto al professionista forense nello svolgimento delle proprie attività, talaltra addirittura in sostituzione dello stesso [21].

Dapprima si è assistito alla crescente penetrazione nel campo giuridico di tecnologie avanzate con impostazione deterministica, tradotta nel gergo informatico nel sintagma *"if this, then that"* [22], ove le variabili di ingresso (*input*) e i risultai attesi (*output*) risultano predeterminati nel programma [23]. A ciò si sono aggiunti, più di recente, i sistemi basati sull'in-

---

[20] G. Lusardi, *Esperimenti di tecnologie avanzate nella professione legale*, cit., spec. p. 410.

[21] M. Legg e F. Bell, *Artificial Intelligence and the Legal Profession: Becoming the AI Enhanced Lawyer*, in *Univ. Tasman. Law Rev.*, 2019, v. 38, n. 2, p. 34.

[22] Invero, sebbene la struttura tipica per illustrare il funzionamento dell'algoritmo venga genericamente tradotta nella formula omnicomprensiva *"if this, then that"*, la realtà risulta più complessa, in quanto *"un algoritmo ha alla base una o più delle seguenti strutture: prima A, poi B (sequenza); se A, allora B, ma se A1, allora B1 (selezione, c.d. «if... then»); se B, allora ripeti A (ciclo-iterazione, c.d. «while... do»)"*: così M.F. Campagna, *Gli scambi attraverso algoritmi e il problema del linguaggio. Appunti minimi*, in *An. giur. Econ.*, 2019, v. 1, p. 153 e spec. p. 154, con richiamo al teorema di C. Böhm e G. Jacopini, *Flow Diagrams, Turing Machines, and Languages with Only Two Formation Rules*, in *Communications of the ACM*, 1966, v. 9, n. 5, p. 336 ss.

[23] Sulla definizione di algoritmo v. M.F. Campagna, *Gli scambi attraverso algoritmi e il problema del linguaggio. Appunti minimi*, cit., p. 154, secondo cui: *"L'algoritmo può essere considerato come un insieme di istruzioni definite in tutti i passaggi, in modo tale da poter essere eseguite meccanicamente, e strutturate in modo da produrre un determinato risultato"*.

Sull'applicazione in campo giuridico di sistemi esperti, che hanno avuto un notevole successo negli anni Ottanta, v. N. Blodgett, *Artificial Intelligence Comes of Age*, in *ABA J.*, 1987, v. 73, p. 68; R. Susskind, *Expert Systems in Law a Jurisprudential Inquiry*, Oxford University Press, Clarendon, 1987. Per una definizione di sistemi esperti legali si rinvia, su tutti, a M. Bues e E. Matthaei, *LegalTech on the Rise: Technology Changes Legal Work Behaviours, But Does Not Replace Its Profession*, in K. Jacob, D. Schindler e R. Strathausen, *Liquid Legal. Transforming Legal Into a Business Savvy, Information Enabled and Performance Driven Industry*, Springer, New York, 2016, p. 89: *"A legal expert system is a computer system that emulates the decision-making ability of a human expert in the field of law. Legal expert systems employ a rule/knowledge base and an inference engine to accumulate reference and produce expert knowledge. Expert system builders gather expertise and knowledge from (legal) experts. They then incorporate the knowledge and expertise into a software application in order to make the expertise and knowledge easily replicable"* (pp. 91 e 92), che sottolineano, altresì, la rilevanza odierna di tali sistemi, dopo il periodo di diffidenza e critica registratorsi durante gli anni Novanta: *"Today, legal expert systems (sometimes also referred to as decision support systems) still play an important role by standardizing, formalizing and modelling expert*

telligenza artificiale[24]: lo sviluppo dell'intelligenza artificiale, intesa come branca della tecnologia che tenta di replicare le abilità cognitive umane e punta a divenire soggetto pensante[25], ha subito, infatti, negli ultimi anni

---

knowledge. Nowadays, however, the aim is not to eliminate the human factor but to build expert systems that augment and facilitate the decision making process of lawyers." (p. 92). Cfr. M. Legg e F. Bell, *Artificial Intelligence and the Legal Profession: Becoming The AI_Enhanced Lawyer*, cit., secondo cui i sistemi esperti sono *"knowledge representation systems which are programmed to process a series of steps to arrive at an answer, modelling human expertise"* (p. 39); in questi termini v., inoltre, L. Bennett Moses e J. Chan, *Using Big Data for Legal and Law Enforcement Decisions: Testing the New Tools*, in *U.N.S.W. Law Journal*, 2014, v. 37, n. 2, p. 643: *"..computer programs which perform complex tasks at a level which is at or near the level expected of a human expert"*.

[24] Numerosi Autori hanno identificato nell'intelligenza artificiale e in particolare in quella *self-learning* il motore della nuova rivoluzione industriale. In questi termini si rinvia, su tutti, a U. Ruffolo, *Per i fondamenti di un diritto della robotica self-learning; dalla machinery produttiva all'auto driverless: verso una "responsabilità da algoritmo"?*, in P. Perri e G. Ziccardi, *Dizionario Legal Tech. Informatica giuridica, protezione dei dati, investigazioni digitali, criminalità informatica, cybersecurity e digital transformation law*, Giuffrè, Milano, 2020, p. 1. Cfr., tuttavia, K. Schwab, *The Fourth Industrial Revolution*, World Economic Forum, Ginevra, 2016, p. 58: *"while the third industrial revolution saw the emergence of purely digital platforms, a hallmark of the fourth industrial revolution is the appearance of global platforms intimately connected to the physical world. The platform strategy is both profitable and disruptive"*.

[25] Negli anni Cinquanta, l'*incipit* provocatorio nel saggio a firma di Alan Turing *"Can machines think?"* segnava l'essenza della teoria che è diventata successivamente nota come *"legge di Turing"*: se un *digital computer* inteso come *thinking machine*, sottoposto al 'gioco dell'imitazione', fosse stato in grado di fuorviare il proprio intervistatore sulla propria natura e questi, tratto in inganno, avrebbe creduto di relazionarsi con un essere umano, allora la macchina poteva dirsi intelligente: così A.M. Turing, *Computer Machinery and intelligence*, in *Mind*, 1950, v. 49, n. 236, p. 433; si v. in proposito anche la ricostruzione, in chiave bibliografica, di D. Leavit, *L'uomo che sapeva troppo*, Codice edizioni, Torino, 2016, e spec. p. 178 ss. Se la definizione di intelligenza artificiale fornita da Turing risulta ormai riduttiva, è altresì vero che non esiste oggi una definizione di intelligenza artificiale univoca e convenzionalmente condivisa e spesso il concetto si presta ad essere declinato in maniera generica stante la *"multiforme varietà e la veloce evoluzione dei sistemi di AI"*: così F. Vincenzi, *Intelligenza Artificiale, Machine Learning, Deep Learning*, in G. Ziccardi e P. Perri, *Tecnologia e Diritto*, v. II, *Informatica Giuridica. Data Governance, protezione dei dati e GDPR, mercato unico digitale, blockchain, Pubblica Amministrazione digitale*, Giuffrè, Milano, 2019, p. 397; negli stessi termini v. A. D'Aloia, *Il diritto verso "il mondo nuovo". Le sfide dell'Intelligenza Artificiale*, in *BioDiritto*, 2019, p. 3, a p. 8; L. Rodio, *Brevi riflessioni sul funzionamento e potenzialità dell'intelligenza artificiale in ambito giudiziario*, in *Amministrazione in Cammino*, 2020, p. 1 e spec. p. 2. A livello europeo, per autorevolezza, si rinvia alla definizione contenuta nella Comunicazione della Commissione a Parlamento europeo, al Consiglio, al Comitato Economico e Sociale europeo e al Comitato Delle Regioni, *L'intelligenza artificiale per l'Europa*, {SWD(2018) 137 final}, COM(2018) 237 final: *"'Intelligenza artificiale' (IA) indica sistemi che mostrano un comportamento intelligente analizzando il proprio ambiente e compiendo azioni, con un certo grado di autonomia, per raggiungere specifici obiettivi. I sistemi basati sull'IA possono consistere solo in software che agiscono nel mondo virtuale (per esempio assistenti vocali, software per l'analisi delle immagini, motori di ricerca, sistemi di riconoscimento vocale e facciale); oppure incorporare l'IA in dispositivi hardware (per esempio in robot avanzati, auto a guida*

uno scatto evolutivo significativo [26], con conseguente generazione di sistemi tecnologici sempre più autonomi nella produzione degli *output* e

---

autonoma, droni o applicazioni dell'Internet delle cose)". In dottrina, sulla definizione di intelligenza artificiale, cfr. *ex plurimis*: G. Comandé, *Intelligenza artifciale e responsabilità tra liability e accountability*, in *An. giur. Econ.*, 2019, 1, p. 169; M.A. Boden, *Artificial Intelligence: a very Short Introduction*, Oxford University Press, Oxford, 2018; F. Donati, *Intelligenza Artificiale e giustizia*, in *Rivista AIC*, 2020, n. 1, p. 415. Sull'abuso attuale nell'utilizzo del termine intelligenza artificiale, v. G.F. Italiano, *Le sfide interdisciplinari dell'intelligenza artificiale*, in *An. giur. econ.*, 2019, f. 1, p. 9 e spec. p. 12 ss.

Per una ricostruzione delle diverse fasi di sviluppo dell'intelligenza artificiale si rinvia, su tutti, a G.F. Italiano, *Intelligenza artificiale: passato, presente, futuro*, in F. Pizzetti (a cura di), *Intelligenza artificiale, protezione dei dati personali e regolazione*, Giappichelli, Torino, 2018, p. 207 ss.; D. Heaven (a cura di), *Macchine che pensano. La nuova era dell'intelligenza artificiale*, Edizioni Dedalo, Bari, 2018; L. Carlucci Aiello e M. Dapor, *Intelligenza artificiale: i primi 50 anni*, in *Mondo Digitale*, 2004, n. 2, p. 3, che ne tracciano l'evoluzione, tra estati ed inverni, sin dall'esordio della disciplina negli anni '50 allorché John McCarthy, considerato uno dei padri fondatori dell'intelligenza artificiale, durante il suo noto seminario in tema di intelligenza artificiale organizzato a Dartmouth, New Hampshire, USA, nel 1956, definì l'oggetto di studio nei seguenti termini: *"The study is to proceed on the basis of the conjecture that every aspect of learning or any other feature of intelligence can in principle be so precisely described that a machine can be made to simulate it. An attempt will be made to find how to make machines use language, form abstractions and concepts, solve kinds of problems now reserved for humans, and improve themselves"* (J. McCarthy, M. Minsky, N. Rochester e C. Shannon, *Proposal for the Dartmouth Summer Research Project on Artificial Intelligence*, 1955, http://jmc.stanford.edu/articles/dartmouth/dartmouth.pdf). Lo stesso J. McCarthy aveva definito l'intelligenza artificiale come *"the science and engineering of making intelligent machines, especially intelligent computer programs. It is related to the similar task of using computers to understand human intelligence, but AI does not have to confine itself to methods that are biologically observable"* (J. McCarthy, *What is Artificial Intelligence?*, Stanford University, Stanford, 2007, p. 2).

Con richiamo all'interesse della scienza giuridica per l'intelligenza artificiale, inizialmente in termini di cibernetica applicata al diritto, ovvero di giurimetria, concernente l'uso degli elaboratori elettronici nel diritto: A. D'Aloia, *Intelligenza Artificiale e diritto. Come regolare un nuovo mondo*, FrancoAngeli Edizioni, Milano, 2021. V. N. Wiener, *La cibernetica. Controllo e comunicazione nell'animale e nella macchina*, Giuffrè, Milano, 1968: a Wiener, padre fondatore della cibernetica, va il merito di aver iniziato ad ipotizzarne lo sfruttamento delle tecniche elettroniche per affrontare e risolvere i problemi giuridici; si v., inoltre, il successivo contributo di L. Loevinger, *Jurimetrics. The next step forward*, in *Minn. Law Rev.*, 1949, p. 455 ss., che sviluppò l'intuizione di Wiener. Con riferimento alla dottrina italiana, nel senso di un superamento, anche terminologico, della teoria loevingeriana v. M.G. Losano, *Giuscibernetica. Macchine e modelli cibernetici nel diritto*, Einaudi, Torino,1969 e Id., *Cibernetica, diritto e società*, Giuffrè, Milano, 1968, il quale propose di sostituire il termine giurimetria con 'giuscibernetica'; V. Frosini, *La giuritecnica: problemi e proposte*, in *Inf. dir.*, 1975, n. 1, con la proposta del nuovo termine di 'giuritecnica'.

[26] Sulla pervasività dell'intelligenza artificiale si rinvia a G.F. Italiano, *Intelligenza artificiale: passato, presente, futuro*, cit., a pp. 216 e 217, secondo cui *"L'opinione comune è che oggi stiamo vivendo in un mondo sempre più dominato dall'Intelligenza Artificiale [...] grazie alla proliferazione di tecniche di Intelligenza Artificiale che riescono a imparare molto velocemente ed efficacemente, come gli algoritmi di* machine learning*, le tecniche di* mining *e i sistemi predittivi, che sembrano promettere un livello senza precedenti, e forse anche un po' spaventoso, di IA nella nostra vita e nelle nostre società"*; L. Floridi, *What the Near Future of Artificial Intelligence Could*

una crescente imprevedibilità delle soluzioni generate da tali macchine[27]. Uno degli effetti maggiormente dirompenti in campo legale si annida attualmente nell'aggiuntiva propensione della macchina all'apprendimento, grazie allo sviluppo di processi di *machine learning* (ML), ove il sistema agisce non generando risposte partendo dalle regole, bensì si avvale di metodi matematico-computazionali per apprendere informazioni direttamente dai dati, agendo mediante un approccio induttivo[28]. In tali sistemi

---

Be, in *Phil. & Tech.*, 2019, v. 32, n. 1, p. 1 e spec. p. 3 ss.; v. J. Kaplan, *Intelligenza artificiale. Guida al futuro prossimo*, II ed., Luiss University Press, Roma, 2018, p. 81 ss. e p. 193 ss.; M.C. Carrozza, *I Robot e noi*, Il Mulino, Bologna, 2017, p. 3 ss., con particolare riferimento alla nuova era robotica e alla relativa rivoluzione industriale.

[27] Così F. Vincenzi, *intelligenza Artificiale, Machine Learning, Deep Learning*, cit., spec. p. 398. Sul passaggio nel settore Legal Tech dall'approccio deduttivo a quello induttivo *"data driven"* v. M. Bues e E. Matthaei, *LegalTech on the Rise: Technology Changes Legal Work Behaviours, But Does Not Replace Its Profession*, cit., spec. p. 91.

[28] *"Although computational algorithms include those that encode simple mathematical functions, the excitement surrounding Big Data is largely attributable to sophisticated machine learning algorithms, fed by massive (and often unstructured) data sets, that operate computationally and depart from traditional techniques of statistical modelling (...) machine learning does not require a priori specification of functional relationships between variables. Rather, the algorithms operate by mining the data using various techniques to identify patterns and correlations between the data, which are used to establish a working model of relationships between inputs and outputs. This model is gradually improved by iterative 'learning' that is, by testing its predictions and correcting them when wrong, until it identifies something like what is understood in conventional statistics as a 'line of best fit' to generate a model that provides the strongest predictive relationship between inputs and outputs"*: K. Yeung, *Algorithmic regulation: A critical interrogation*, in *Regulation and Governance*, 2018, v. 12, n. 4, p. 505, a p. 506. Sul ML si rinvia, su tutti, a S. Russell e P. Norvig, *Artificial Intelligence. A Modern Approach*, Fourth Ed., Global Edition, Pearson, UK, 2021, spec. p. 669 ss.; M. Legg e F. Bell, *Artificial Intelligence and the Legal Profession*, Hart Publishing, Oxford, 2020, spec. p. 28 ss.; L. Floridi, *What the Near Future of Artificial Intelligence Could Be*, cit., spec. p. 3 ss.; R. Calo, *Artificial Intelligence Policy: a Primer and a Roadmap*, in *Univ. Bol. L. Rev.*, 2018, v. 3, n. 2, p. 180 e spec. p. 185 ss.; H. Surden, *Machine Learning and Law*, in *Wash. L. Rev.*, 2014, v. 89, n. 1, p. 87 ss. e spec. p. 89 ss. Cfr. la definizione proposta da: *Council of Bars and Law Societies of Europe* (CCBE) e *European Lawyer Foundation* (ELF), *Guide on the use of Artificial Intelligence-based tools by lawyers and law firms in the EU*, Council of Bars and Law Societies of Europe-European Lawyer Foundation, Brussels-The Hague, 2022: "*'Machine learning' is itself also a composite term which encompasses any procedure (including algorithms) designed so that the procedure changes itself based on the values of a set of examples (this set is called the training data, training set or the dataset). In other words, certain parameters of the procedure change, based on the examples provided during the training activity, and these adapted parameters are used for future runs of the procedure. The procedure is thus expected to provide better results than would have been achieved by the procedure without training. The results of the training (which could be e.g. a simple decision tree) is often called the 'trained model'*" (pp. 10 e 11).

Più in generale, per una esemplificazione grafica delle diverse soluzioni tecnologiche disponibili e di come esse si classifichino e si collochino in relazione ai parametri *"A.I. Paradigms"* (asse delle ascisse) e *"A.I. Problem Domains"* (asse delle ordinate) si rimanda a F. Corea, *AI knowledge map: how to classify AI technologies, a sketch of a new AI technology landscape*, in *Medium – artificial intelligence*, 2018, https://medium.com/@Francesco_AI/aiknowledge-map-how-to-classify-ai-technologies-6c073b969020.

si assiste, dunque, al definitivo passaggio[29] dall'informatica basata su software-algoritmi predeterminati, in cui la macchina si limita ad eseguire

[29] Tale passaggio è stato favorito, oltre che dal progresso della ricerca, da due fattori concorrenti: *"da un lato, il recente, impressionante aumento delle capacità computazionali, grazie alle quali oggi disponiamo di computer sempre più veloci, potenti, con capacità di memoria (e, quindi, tra l'altro, di archiviazione dati) straordinariamente grandi; dall'altro lato, il recente, impressionante aumento di dati digitali, raccolti anche grazie a sensori ad alta definizione e a basso costo: dati provenienti dalla digitalizzazione di documenti o generati da ognuno di noi scattando foto, facendo video o inviando messaggi tramite le reti sociali o altri strumenti di messaggistica, come Whatsapp, Messenger, etc. (c.d. dati people-to-people); oppure dati raccolti da istituzioni pubbliche o soggetti privati, inerenti i cittadini o gli utenti, come dati fiscali, sanitari, ricerche sul web, transazioni commerciali, bancarie (c.d. dati people-to-machine); infine, dati di tipo machine-to-machine, generati, automaticamente e indipendentemente dall'intervento di esseri umani, da dispositivi fisici, come ad esempio vari tipi di sensori, dispositivi di geo-localizzazione, werables, smart devices, tra di loro connessi nell'Internet delle Cose"*: così F. Basile, *Intelligenza artificiale e diritto penale: quattro possibili percorsi di indagine*, in *Dir. Pen. e Uomo*, 2019. I sistemi di intelligenza artificiale si basano, infatti, su algoritmi complessi di apprendimento che necessitano di dati per imparare; in assenza di tali dati, o in presenza di un *data set* di qualità insufficiente o scarsa, i sistemi di ML sono pertanto privi di utilità: J. Armour, R. Parnham, M. Sako, *Augmented Lawyering*, ECGI Working Paper Series in Law, Working Paper n. 558/2020, 2020, p. 17; A. Halevy, P. Norvig e F. Pereira, *The unreasonable effectiveness of data*, in *IEEE Intell. Syst.*, 2009, v. 24, n. 2, p. 8; G. Finocchiaro, *Intelligenza Artificiale e protezione dei dati personali*, in *Giur. it.*, 2019, v. 7, p. 1557; A. Agrawal, A. Goldfarb e J. Gans, *Prediction Machines: The Simple Economics of Artificial Intelligence*, Harvard Business Review Press, Boston, 2018, spec. cap. 5 (*'Data is the New oil'*); T.C. Redman, *If Your Data is Bad, Your Machine Learning Tools are Useless*, in *Harv. Bus. Rev., online*, 2018; v., altresì, M. Legg e F. Bell, *Artificial Intelligence and the Legal Profession: Becoming The AI_Enhanced Lawyer*, cit., p. 40, che giudicano il quantitativo sufficiente di dati più importante dell'algoritmo usato.

Invero, le tecniche di apprendimento sono varie e tra esse possono annoverarsi: l'apprendimento supervisionato (*supervised*), non supervisionato (*unsupervised*), parzialmente supervisionato (*semi-supervised*), l'apprendimento per rinforzo, o, ancora, il *General Adversarial Networks* (GANs, Rete Generativa Avversaria). In dottrina, sulla distinzione, anche da un punto di vista tecnico, tra i principali sistemi di apprendimento nel ML si rinvia, *ex pluribus*, a M. Alloghani, D. Al-Jumeily, J. Mustafina, A. Hussaine e A.J. Aljaaf, *A systematic Review on Supervised and Unsupervised Machine Learning Algorithms for Data Science*, in M.W. Berry, A. Mohamed e B. Wah Yap (eds.), *Supervised and Unsupervised Learning for Data Science*, Springer, Cham, 2020, p. 3 e spec. p. 4; T. Jo, *Machine Learning Foundations. Supervised, Unsupervised, and Advanced Learning*, Springer, Cham, Svizzera, 2021; G.F. Vincenzi, *intelligenza Artificiale, Machine Learning, Deep Learning*, cit., pp. 399 e 400; I. Salian, *Supervize Me: What's the difference between supervised, unsupervised, semi-supervised and reinforcement learning?*, in *blogs.nvidia.com*, 2018; U. Ruffolo, *Intelligenza artificiale e diritto – Intelligenza artificiale,* machine learning *e responsabilità da algoritmo*, in *Giur. it.*, 2019, v. 7, p. 1689; M. Legg e F. Bell, *Artificial Intelligence and the Legal Profession: Becoming The AI_Enhanced Lawyer*, cit., p. 40. Sulla una maggiore diffusione dei modelli di apprendimento supervisionato si rinvia a D. Lehr e P. Ohm, *Playing with the Data: What Legal Scholars Should Learn About Machine Learning*, in *U.C. Davis L. Rev.*, 2017, v. 51, p. 653: *"learning algorithms other than supervised ones are generally of the least legal salience, at least for the time being. The literature to which we are responding has focused almost exclusively on supervised algorithms because it is these algorithms driving many legally consequential decisions — risk assessment, predictive policing, credit scoring, employment processes, etc."* (p. 676); J. Armour, R. Parnham e M. Sako, *Augmented Lawyering*, cit., p. 17, nota 73, che sotistruzioni preimpostate, a sistemi in cui la macchina *"apprende con l'esperienza e ri-orienta progressivamente la propria azione, acquisendo così spazi di determinazione autonoma rispetto ai comandi inizialmente impressi dal programmatore"* [30]. Mediante l'auto-apprendimento la macchina pos-

tolineano come attualmente il 95% delle applicazioni di ML in uso si avvalga dell'apprendimento supervisionato; tuttavia, gli A. prevedono nel prossimo futuro una forte diffusione di sistemi basati sull'apprendimento non supervisionato o per rinforzo, ritenendo, infine, particolarmente promettente l'apprendimento semantico che combina gli approcci *'top down'* e *'bottom up'* (il richiamo è a M. Ford, *Architects Of Intelligence: The Truth about AI from the People building it,* Packt, Birmingham, 2018, a p. 186: in tale intervista, A. Ng – CEO, *Landing AI & General Partner, AI Fund Adjunct Professor Computer Science, Stanford* – pur dando atto del preminente sviluppo dell'apprendimento supervisionato, auspica ulteriori sviluppi nel campo dell'intelligenza artificiale: *"The rise of supervised learning has created a lot of opportunities in probably every major industry. Supervised learning is incredibly valuable and will transform multiple industries, but I think there is a lot of room for something even better to be invented"*; M.J. Wooldridge, *The Road to Conscious Machines: the Story of AI*, Pelican, London, 2020. Sul fatto che attualmente l'apprendimento supervisionato sia il modello di ML maggiormente diffuso anche per le attività legali, si v. M. Legg e F. Bell, *Artificial Intelligence and the Legal Profession: Becoming The AI_Enhanced Lawyer,* cit., p. 40.

[30] In questi termini si v. D. Marongiu, *L'intelligenza artificiale "istituzionale": limiti (attuali) e potenzialità*, in *ERDAL*, 2020, v. 1, nn. 1-2, p. 37, a p. 38, ed ivi, altresì, il richiamo, con riferimento alla distinzione fra algoritmo tradizionale e intelligenza artificiale, al contributo di R. Angelini, *Intelligenza artificiale e governance. Alcune riflessioni di sistema*, in F. Pizzetti (ed.), *Intelligenza artificiale, protezione dei dati personali e regolazione*, Giappichelli, Torino, 2018, p. 294. Come eloquentemente sottolineato da D. Marongiu (*L'intelligenza artificiale "istituzionale": limiti (attuali) e potenzialità*, cit.) con tale evoluzione si supera il periodo a cavallo tra anni '80 e '90 del secolo scorso caratterizzato dal persistente scollamento tra aspettative teoriche e realtà applicative dell'intelligenza artificiale e definito eloquentemente da taluna dottrina come uno degli *"inverni"* dell'intelligenza artificiale. Il rinvio è, altresì, a R. Kurzweil, *La singolarità è vicina*, Maggioli, Rimini, 2014, p. 258, che rimarca come: *"Negli anni Settanta è nata una gran quantità di aziende di IA ma, quando non si sono materializzati i profitti previsti, c'è stato uno sgonfiamento negli anni Ottanta, quello che è stato chiamato 'l'inverno dell'IA'"*; A. Caselli, *Dagli artifici dell'intelligenza all'intelligenza artificiale*, in F. Pizzetti (ed.), *Intelligenza artificiale, protezione dei dati personali e regolazione*, Giappichelli, Torino, 2018, p. 201.

Sull'eterogeneità delle possibili applicazioni dell'intelligenza artificiale si rinvia, su tutti, a A.C. Amato Mangiameli, *Informatica giuridica,* Giappichelli, Torino, 2015, a pp. 68 e 69, nota 24, che richiama tra le principali: *"1) rappresentazione della conoscenza (con le sue due più importanti metodologie: linguaggi formali e alberi di decisione; 2) apprendimento automatico, sistemi che si basano su osservazioni o esempi come dati per la sintesi di nuova conoscenza e che sono da distinguere in apprendimento non supervisionato (algoritmi:* clustering, *regole di associazione), supervisionato (algoritmi: albero di decisione, apprendimento* bayesiano, *sistemi esperti), per rinforzo (algoritmi: reti neurali, algoritmi genetici, sistemi a classificatori); 3) programmazione logico induttiva, ossia apprendimento automatico con uso della programmazione logica come linguaggio di rappresentazione di esempi e concetti; 4) elaborazione del linguaggio neurale, suddivisa in analisi lessicale, grammaticale, sintattica, semantica; 5)* visual retrieval, *sistemi (con differenti modalità: semantica, formale, strutturale, coloristica, parametrica) per indicizzare, archiviare, ricercare, documenti visivi digitali; 6) visione artificiale, l'insieme dei processi che permettono di acquisire, registrare ed elaborare immagini, per varie finalità (classificazione, controllo selezione, ...); 7) problema di soddisfacimento di vincoli, ovvero tecniche di risoluzione di problemi di pianificazione, allocazione delle risorse, ecc."*.

siede, dunque, la capacità di auto-perfezionarsi, auto-modificarsi e auto-evolversi, potenzialmente anche di auto-replicarsi, spingendosi ben oltre non solo alle possibilità umane, bensì anche a quanto immaginabile e prevedibile [31]. Sottocategoria del ML è quella del c.d. *deep learning*, o appren-

---

[31] G. Corasaniti, *Intelligenza artificiale e diritto: il nuovo ruolo del giurista*, in P. Perri e G. Ziccardi, *Dizionario Legal Tech. Informatica giuridica, protezione dei dati, investigazioni digitali, criminalità informatica, cybersecurity e digital transformation law*, Giuffrè, Milano, 2020, p. 395: *"Le macchine si determinano autonomamente in modo senziente o se si vuole "percettivo" e si adattano perciò all'ambiente che le circonda sempre di più facendo a meno dell'intervento umano di controllo e sempre meno governabili perciò da un operatore esterno"* (p. 397). Vari sono i fenomeni di distorsione connessi all'intelligenza artificiale *self-learning*, ovvero dell'intelligenza artificiale che si evolve in funzione dell'esperienza dalla quale è in grado di apprendere direttamente. Come noto il rischio principale risiede nel fatto che l'intelligenza artificiale dotata di sistema di autoapprendimento e generata per fini nobili possa trascendere in *malware* (*malicious software*) a causa dell'addestramento ricevuto o delle esperienze registrate nel corso della sua operatività. Nel noto caso del *Chat Bot Tay* di Microsoft il modello implementato per consentire alla macchina di apprendere attraverso l'interazione con gli utenti e implementarne il linguaggio ha portato il sistema di intelligenza artificiale a sviluppare, in breve tempo, un linguaggio grossolano, misogino e razzista: H. King, *After Racist Tweets, Microsoft Muzzles Teen Chat Bot Tay*, CNN, Mar. 24, 2016; P. Lee, *Learning from Tay's Introduction*, in *Official Microsoft Blog*, Mar. 25, 2016; H.A. McKee e J.E. Porter, *Professional Communication and Network Interaction. A Rhetorical and Ethical Approach*, Routledge, New York, 2017, p. 154; J. Millar, *Social Failure Modes in Technology and the Ethics of AI: An Engineering Perspective*, in M.D. Dubber, F. Pasquale e S. Das (eds.), *The Oxford Handbook of Ethics of AI*, Oxford University Press, Oxford, 2020, p. 459.

Come dimostrato da divere applicazioni pratiche, la fallibilità dell'intelligenza artificiale può altresì derivare da una serie di *bias* insite nell'addestramento e che possono essere incorporate, anche non intenzionalmente, dalla macchina; la probabilità dell'avveramento di tale rischio aumenta nel caso di sistemi di intelligenza artificiale basati su *dataset* non rappresentativi ovvero utilizzati in modo autonomo (così L. Rodio, *Brevi riflessioni sul funzionamento e potenzialità dell'intelligenza artificiale in ambito giudiziario*, cit., pp. 10 e 11): si pensi al noto caso del sistema COMPAS (*Correctional Offender Management Profiling for Alternative Sanction*), ideato, ai fini della determinazione della pena e delle misure di sorveglianza, per calcolare la probabilità di recidiva in base al reato per il quale il soggetto era stato condannato; tale sistema aveva ritenuto, erroneamente, gli imputati neri più a rischio di recidiva rispetto agli imputati bianchi a causa dei presupposti discriminatori sui quali si basava l'algoritmo. Similmente l'algoritmo utilizzato dall'Ospedale *St. George's* nel Regno Unito per il reclutamento del personale, basandosi sulle passate ammissioni, aveva replicato la logica discriminatoria alla base delle precedenti scelte umane, che incarnavano un forte pregiudizio nei confronti delle donne e delle minoranze etniche. Per un approfondimento si rinvia, su tutti, a A.J. Larson, S. Mattu e L. Kirchne, *Machine Bias: There's Software Used Across the Country to Predict Future Criminals. And It's Biased Against Blacks*, in *Propublica*, 2016; A.J. Larson, S. Mattu e L. Kirchne, *How We Analyzed the COMPAS Recidivism Algorithm*, in *ProPublica*, 2016; S. Barocas e A.D. Selbst, *Big Data's Disparate Impact*, in *Cal. L. Rev.*, 2016, v. 104, p. 671; G. Vaciago *Opportunità e cambiamenti dei servizi legal tech all'interno dei contesti italiano ed europeo*, cit., p. 243; A. Simoncini, *L'algoritmo incostituzionale: intelligenza artificiale e il futuro delle libertà*, in *BioDiritto*, 2019, n. 1, p. 63 e spec. p. 71 ss.; S. Tommasi, *Algoritmi e nuove forme di discriminazione: uno sguardo al diritto europeo*, in *Rev. Dir. Bras.*, 2020, v. 27, n. 10, p. 112, che richiama, come esempi di discrimina-

dimento profondo: modelli di apprendimento automatici e gerarchici che si ispirano alla struttura del cervello biologico e si basano su reti neurali artificiali il cui funzionamento prescinde, dunque, da un intervento codificato dell'uomo e che rappresentano uno degli approdi più promettenti per i sistemi di intelligenza artificiale [32].

Al momento, tuttavia, l'intelligenza artificiale applicata nei metodi di apprendimento automatico diffusisi nel campo giuridico consiste nella c.d. intelligenza artificiale debole. Lungi dall'essere in presenza di un soggetto dotato di emozioni e coscienza paragonabili a quelle proprie dell'essere umano (c.d. intelligenza artificiale forte), i sistemi di intelligenza artificiale debole si dimostrano in grado di applicare comportamenti intelligenti per risolvere problemi complessi [33].

---

zione algoritmica, anche i casi di associazioni di parole con stereotipi: *"Ad esempio, se digito 'lei è un ingegnere, lui è un insegnante' in Google Traduttore e lo traduco in turco neutrale rispetto al genere e poi di nuovo in inglese, la traduzione ci dà 'Lui è un ingegnere, lei è un insegnante'"* (il richiamo è a A. Caliskan, J. Brysone e A. Narayanan, *Semantics derived automatically from language corpora contain human-like biases*, in *Science*, 2017, p. 183); le distorsioni possono derivare anche dallo strumento utilizzato: emblematico è il caso verificatosi nel 2011 a Boston ove si impiegò *"un sistema di intelligenza artificiale per raccogliere informazioni sulla presenza di gravi irregolarità nel manto stradale della rete viaria cittadina attraverso gli smartphone degli automobilisti: nei quartieri più degradati – dove le strade versavano generalmente in condizioni peggiori ma gli abitanti erano in larga parte sprovvisti di smartphone – le segnalazioni inviate risultarono numericamente inferiori a quelle registrate nei quartieri abitati dalle classi più abbienti; di conseguenza il sistema privilegiò gli interventi di manutenzione nei quartieri nei quali la qualità delle strade risultava generalmente migliore"* (così P. Zuddas, *Intelligenza artificiale e discriminazioni*, in *Consulta online*, 2020, p. 1 e spec. p. 10).

[32] Sul sistemi *deep learning* si v. J. Schmidhuber, *Deep learning in neural networks: An overview*, in *Neural Networks*, 2015, v. 61, p. 85 ss.; S. Russell e P. Norvig, *Artificial Intelligence: A Modern Approach*, cit., p. 801 ss.; M. Wooldridge, *The Road to Conscious Machines: the Story of AI*, cit. Per una possibile applicazione dei sistemi di *deep learning* nel campo legale si v., a titolo esemplificativo, D. Anand e R. Wagh, *Effective deep learning approaches for summarization of legal texts*, in *J. King Saud Univ. - Comput. Inf. Sci.*, 2019. La complessità di tali sistemi genera, tuttavia, il problema dell'opacità del processo: tali macchine vengono considerate delle *black boxes* in quanto i processi che conducono alla generazione di determinati *outputs* non risultano intellegibili: "(...) *gli algoritmi di machine learning sono come una scatola chiusa, una black box, che non può essere aperta molto facilmente. Non è realmente chiaro come fa una macchina a riconoscere le immagini. Si costruisce un suo modello, e ovviamente può anche fare errori. Anche se una macchina può ottenere risultati confrontabili a quelli di un essere umano, il suo modo di operare, la sua logica è completamente diversa da quella di un essere umano. Può riconoscere un'immagine o fare un errore, ma per motivi completamente diversi da quelli di un essere umano*" (così G.F. Italiano, *Le sfide interdisciplinari dell'intelligenza artificiale*, cit., p. 13).

[33] V. M. Bues e E. Matthaei, *LegalTech on the Rise: Technology Changes Legal Work Behaviours, But Does Not Replace Its Profession*, cit., p. 93; gli A. rimarcano la differenza tra algoritmi di ML molto avanzati, già presenti sul mercato (come *IBM Watson*, noto per essersi aggiudicato la vittoria contro un umano nel *quiz show* americano *'Jeopardy!'*), e *computer* con una intelligenza di livello umano, che allo stato non risultano esistenti. L'intelligenza artificiale diffusa nel settore legale è la c.d. 'intelligenza debole': *"AI used in LegalTech is*

Nel processo di affinamento delle tecniche di ML, anche i progressi compiuti nel campo del *Natural Language Processing* (NLP) [34] stanno avendo un notevole impatto nel mondo giuridico, che nasce, si struttura ed opera grazie al linguaggio scritto e parlato. Con NLP ci si riferisce, infatti, alla capacità della macchina di accedere direttamente al contenuto semantico del testo analizzato e di provvedere così ad un'elaborazione automatica del linguaggio naturale, senza necessità di previa conversione in linguaggio computazionale [35].

2.1.1. *La tecnologia al servizio della pratica quotidiana del diritto*

Grazie allo sviluppo di tali tecnologie e alla loro crescente applicazione nel comparto dei servizi giuridici, le macchine hanno iniziato a supportare o sostituire gli esperti legali in un numero sempre maggiore di attività [36]. Se il punto di inizio è stato segnato dall'automazione di compiti rou-

---

commonly referred to as "weak" (or "shallow") AI. It seems intelligent, but it still has defined functions. It has no self-awareness. Weak AI has to be distinguished from "strong" AI, also known as artificial general intelligence (AGI) or "deep" AI. Strong AI would match or exceed human intelligence which is often defined as the ability "to reason, represent knowledge, plan, learn, communicate in natural language and integrate all these skills toward a common goal". In order to achieve strong AI status, a system has to be able to carry out these abilities. Whether or when strong AI will emerge is highly contested in the scientific community". Sulla distinzione fra intelligenza artificiale debole e forte v. G. Lusardi, *Esperimenti di tecnologie avanzate nella professione legale* cit., p. 414.

[34] F. Turchi, *Natural Language Processing: modelli e applicazioni in ambito giuridico*, in G. Peruginelli e M. Ragona (a cura di), *L'informatica giuridica in Italia. Cinquant'anni di studi, ricerche ed esperienze*, Collana ITTIG-CNR, Serie "Studi e documenti", n. 12, Edizioni Scientifiche Italiane, Napoli, 2014, p. 521; M. Bues e E. Matthaei, *LegalTech on the Rise: Technology Changes Legal Work Behaviours, But Does Not Replace Its Profession*, cit., p. 96; G.E. Marchant, *Artificial Intelligence and the Future of Legal Practice*, in *ABA SciTech Lawyer*, 2017, v. 14, n. 1, p. 20, spec. p. 21; M. Legg e F. Bell, *Artificial Intelligence and the Legal Profession: Becoming The AI_Enhanced Lawyer*, cit., p. 41 ss.; K.D. Ashley, *Automatically Extracting Meaning from Legal Texts: Opportunities and Challenges*, in *Ga. St. U. L. Rev.*, 2019, v. 35, n. 4, p. 1117; R. Dale, *Law and Word Order: NLP in Legal Tech*, in *Natural Language Engineering*, 2018, v. 25, n. 1, p. 211.

[35] "(...) *il contesto del* Natural Language Processing, *intendendo per tale quel campo della ricerca interdisciplinare che abbraccia l'informatica, ma anche la linguistica. Si tratta di algoritmi in grado di analizzare e comprendere il linguaggio naturale in modo simile, ma tendenzialmente più performante, di quanto non avvenga tra gli uomini che quel linguaggio utilizzano nella vita di tutti i giorni. In particolare, il* Natural Language Processing *è capace di procedere all'analisi semantica lessicale e frasale ed altresì analizzare la struttura sintattica del testo, associando alle singole parole le categorie morfologiche ad esse relative, identificando le dipendenze sintattiche e, dunque, relazionando il significato al contesto ed alle modalità di utilizzo dei vocaboli"*: F. Ferrari, *La pesca di Frodo. Riflessioni critiche in materia di prova esplorativa*, Giappichelli, Torino, 2020, p. 210.

[36] J. Amour, R. Parnham e M. Sako, *Unlocking the potential of AI for English Law*, cit.; J. Armour, R. Parnham e M. Sako, *Augmented Lawyering*, cit., che riconducono il grado di successo del ML in taluni ambiti del mercato dei servizi legali a meccanismi di economia di scala: *"Labelling data will generally require human professional expertise, which is costly.*

tinari e a scarso valore aggiunto, che pur sempre richiedono un alto monte ore di lavoro umano per essere compiute, il punto di arrivo è difficilmente futuribile [37].

In una prima fase, la tecnologia si è inserita nel mondo giuridico facilitando il giurista nello svolgimento di taluni compiti specifici. L'applicazione delle capacità computazionali della macchina e il potenziamento delle possibilità comunicative, grazie all'accesso diffuso a costi ridotti a strumenti hardware e software e allo sviluppo di una connettività globale, hanno consentito ai professionisti di adempiere alle medesime prestazioni secondo un sistema più efficiente ed efficace [38]. Si pensi, a titolo esemplificativo, al *document management*, ossia ai software che consentono l'archiviazione di documenti legali in base a specifici mandati di classificazione e l'ulteriore possibilità di un loro successivo agevole recupero; oppure, in una prospettiva più ampia, all'informatica gestionale legale, che permette l'automazione di una serie di mansioni lavorative, tra le quali

---

However, once the system is up and running, it can make automated predictions at lower cost and greater accuracy than would be the case for a human professional decision-maker. Consequently, economically viable use-cases will depend on there being a sufficiently large number of potential applications of a trained model, for which the training data are representative, and across which the start-up costs of labelling can be amortized".

[37] Taluni Autori propendono nel ritenere che nell'imminente futuro saremo chiamati ad assistere ad una diffusa sostituzione degli avvocati con le machine, sino ad un'inevitabile perdita di monopolio da parte della professione forense: v. R. Susskind, *Transforming the Law: Essays on Technology, Justice and the Legal Marketplace*, Oxford University Press, Oxford, 2000; Id., *The end of lawyers? Rethinking the nature of legal services*, Oxford University Press, Oxford 2008; Id., *Tomorrow's Lawyers: An Introduction to your Future*, Oxford University Press, Oxford, 2013; R. Susskind e D. Susskind, *The Future of the Professions: How Technology will Transform the Work of Human Experts*, cit.; R. Susskind, *L'avvocato di domani. Il futuro della professione legale tra rivoluzione tecnologica e intelligenza artificiale*, cit.; D.M. Katz, *The Mit School Of Law? A Perspective on Legal Education in the 21st Century*, in *Univ. Ill. L. Rev.*, 2014, p. 1431. Cfr. J. McGinnis e R. Pearce, *The Great Disruption: How Machine Intelligence Will Transform the Role of Lawyers in the Delivery of Legal Services*, cit., a pp. 3065 e 3066: *"the disruptive effect of machine intelligence"* will *"trigger the end of lawyers' monopoly"*; per contro, altra parte della dottrina, più cautamente, pur non negando il crescente impatto della tecnologia nel settore dei servizi legali, sottolinea come la maggior parte delle attività giuridiche non risultino allo stato automatizzabili (v. anche *infra*, in questo capitolo, § 2.3): D. Remus e F. Levy, *Can robots be lawyers? Computers, lawyers, and the practice of law*, in *Geo. J. Legal Ethics*, 2017, v. 30, n. 3, p. 501: *"Even where automation has made significant progress, its impact has been less than the headlines would have us believe."*; cfr. G.E. Marchant, *Artificial Intelligence and the Future of Legal Practice*, cit., secondo cui: *"The use of AI in law will thus be an evolution, not a revolution"* (p. 21); M. Legg e F. Bell, *Artificial Intelligence and the Legal Profession: Becoming The AI_Enhanced Lawyer*, cit.: *"(...) much of what lawyers currently do, such as providing judgement, guidance and human interaction, will continue"* (p. 36).

[38] In questi termini si v. M. Fenwick, W.A. Kaal e E.P.M. Vermeulen, *Legal Education in the Blockchain Revolution*, in *Vand. J. Ent. & Tech. L.*, 2017, v. 20, p. 351.: *"At first, Legal Tech made law firms and lawyers more efficient in performing their activities. Examples include automated billing, document storage, practice management, and accounting software"* (a p. 357).

rientra la possibilità di devolvere ad un software la gestione integrata dei casi e delle pratiche. In particolare, la vita di un fascicolo, dalla sua apertura alla sua archiviazione, può essere gestita e controllata in maniera del tutto automatizzata tramite la capacità del programma gestionale di raccogliere, registrare, integrare ed elaborare informazioni (tra cui contatti e rubriche, agende, appuntamenti, attività compiute e *timesheet*); di procedere alla corretta archiviazione di documenti, atti e messaggi; di giungere, infine, alla parcellazione, grazie all'elaborazione dei dati immessi combinati ai criteri di calcolo del compenso. Tali programmi gestionali consentono normalmente il collegamento ai servizi online del processo telematico ovvero collegamenti integrati alle banche dati; possono essere, inoltre, corredati da funzionalità aggiuntive, come il calcolo automatico degli interessi, dei termini processuali e dei danni contrattuali ed extracontrattuali [39]. Grazie all'implementazione di tali sistemi tecnologici di supporto ai processi, l'efficienza dell'amministrazione dello studio legale e dell'organizzazione dei flussi di lavoro ne risultano potenziati.

L'aumentata capacità di utilizzo di risorse informatiche e l'ampliamento delle modalità di erogazione di servizi in un contesto virtuale ed interconnesso hanno conosciuto una significativa espansione grazie all'emersione del *cloud-computing* [40]. Sempre più applicazioni utilizzate nel settore legale sfruttano la tecnologia *cloud* e le piattaforme di *cloud management* hanno riscontrato un crescente apprezzamento nell'avvocatura, tanto da spingere il CCBE all'elaborazione di Linee Guida volte a sensibilizzare gli avvocati in merito ai vantaggi e ai rischi derivanti dallo sfruttamento di tale tecnologia, anche in considerazione della sensibilità dei dati giudiziari trattati [41].

2.1.2. *La c.d. tecnologia* disruptive *affiora negli studi legali*

A fianco ai casi in cui l'innovazione tecnologica dota i professionisti di nuovi strumenti per lavorare in maniera migliore e più efficiente, si pone la svolta digitale che, tendendo ad un orizzonte più ambizioso, punta alla sostituzione del lavoro umano mediante l'utilizzo di algoritmi ed intelli-

---

[39] M. Ballerini, A. Clerici, M. De Pra, B. Indovina e G. Pedrazzini (a cura di), *Informatica Giuridica*, Egea, Milano, 2019, spec. pp. 7 e 8.

[40] Sul punto si rinvia alla catalogazione di M. Corrales, M. Fenwick e H. Haapio, *Digital Technologies, Legal Design and the Future of Legal Profession,*, in M. Corrales, M. Fenwick e H. Haapio, *Legal Tech, Smart Contracts and Blockchain*, cit., p. 2, che distinguono tra *"enabler technologies"*, tra cui sono ricompresi i sistemi di archiviazione *cloud*, che consentono di facilitare l'accesso ai dati giuridici e aumentano le possibilità di contatto con gli avvocati, permettendo così lo sviluppo di una migliore competitività nella ricerca giuridica e nel mercato legale; e strumenti di *"support process"*, tra cui figurano sistemi di *"back-office"* e di gestione delle pratiche, che, per contro, massimizzano il potenziale dell'organizzazione e amministrazione degli studi legali.

[41] CCBE, *Guidelines on the Use of Cloud Computing Services by Lawyers*, 2012.

genza artificiale. Spesso ad essere *disruptive* non è, dunque, il tipo di tecnologia impiegata, quanto piuttosto l'impatto che l'utilizzo della stessa determina nel modo classico di esercitare la professione forense. In tale caso, infatti, la tecnologia non si limita a semplificare, automatizzare e informatizzare processi ed azioni umane reputate inefficienti, ma mira ad innovare, trasformare in modo profondo i convenzionali metodi di lavoro e scoprire nuove vie per la pratica del diritto [42].

L'enfasi si sposta, dunque, dal potenziale organizzativo, alla base del paradigma efficientista, a quello cognitivo dell'innovazione, che consente un miglioramento qualitativo del *modus operandi* del giurista [43].

2.1.2.1. *L'automazione documentale.* – Un ambito in cui la tecnologia è penetrata nel campo giuridico con un discreto successo è quello dell'automazione documentale, ovvero della redazione di documenti e contratti dal contenuto più o meno standard (si pensi, a titolo esemplificativo, a contratti di lavoro o ai contratti di locazione). A monte del processo di automazione dei documenti si pone, in prima battuta, una fase di progettazione per la creazione di *templates* che sappiano riconoscere e porre in relazione elementi fissi di testo con clausole destinate a variare in ragione di fattori esterni che dipendono da specifiche circostanze e condizioni del caso concreto. In secondo luogo, si collocano le informazioni fornite dall'utente, su richiesta del sistema, tramite la compilazione di un questionario o altra modalità di importazione dei dati, nel momento in cui questi intenda generare uno specifico documento. Il sistema provvede, dunque, ad elaborare ed inserire tali informazioni nella struttura docu-

---

[42] M. Bues e E. Matthaei, *LegalTech on the Rise: Technology Changes Legal Work Behaviours, But Does Not Replace Its Profession*, cit.: "*In its more basic form, technology automates processes that once required significant human effort. (...) The change to work brought about by this technology is not radical but will transform the work of lawyers in many different ways. But sometimes technology does more than (just) automate; sometimes it innovates. This occurs when technology creates a completely new way of handling the same task, even though the actual impact might be small in the beginning*" (pp. 96 e 97); M. Fenwick, W.A. Kaal e E. P. M. Vermeulen, *Legal Education in the Blockchain Revolution*, cit., pp. 357 e 358, secondo cui "*In the early 2010s, Legal Tech became more advanced and started to include technology that assisted legal professionals in due diligence and e-discovery processes. Since 2015, Legal Tech has continued to evolve in unprecedented ways. Multiple startup companies and their investors have started to capitalize on technologies, and their applications are already replacing some junior lawyers and disrupting the existing parameters for the practice of law*".

[43] Cfr. D. Piana e L. Verzelloni, *Intelligenze e garanzie. Quale Governance della conoscenza nella giustizia digitale?*, in *Quad. scienza pol.*, 2019, n. 3, p. 349: gli A. evidenziano tale evoluzione in riferimento al tema dell'interazione fra l'innovazione tecnologica e il sistema di giustizia, ove l'introduzione di strumenti tecnologici nel settore giustizia è stata dapprima principalmente interpretata come via per garantire l'efficienza del sistema e una riduzione dei costi e, successivamente, letta come possibile "*mutazione qualitativa del modus operandi di tribunali e procure, nonché della avvocatura nella sua interazione con il cittadino e con il sistema giudiziario*", con la valorizzazione del potenziale cognitivo dell'innovazione.

mentale, più o meno predefinita, generando in tal modo una prima stesura del documento richiesto, anche grazie all'operatività di alcune correlazioni automatiche programmate nel *template*[44]. Questo è, ad esempio, uno dei servizi offerti dalla *web-based platform* ceca *Legito* (https://www.legito.com/US/en): attraverso un '*template automation software*' l'utente è in grado di creare i propri contratti intelligenti. Come esemplificato nella presentazione del servizio[45], l'utente che abbia necessità di redigere un contratto di finanziamento, accedendo al *template* attraverso la piattaforma, sarà in grado di visionare le parti modificabili e sarà chiamato ad inserire le informazioni richieste – selezionandole tra variabili preimpostate (es. per quanto concerne le modalità di restituzione del finanziamento la scelta potrà avvenire tra le opzioni preimpostate 'pagamento tramite bonifico bancario' o 'pagamento in contanti') o digitandole direttamente in campi preimpostati (es. qualora sia stato scelto il 'pagamento tramite bonifico bancario', l'utente dovrà inserire il numero di conto corrente e il nominativo della banca di appoggio). La possibilità di personalizzare il *template* si struttura anche sulla facoltà dell'utente di definire le condizioni (es. facendo comparire i campi riferiti al numero di conto corrente e

---

[44] R. Susskind, *L'avvocato di domani. Il futuro della professione legale tra rivoluzione tecnologica e intelligenza artificiale*, cit., p. 63; M. Bues e E. Matthaei, *LegalTech on the Rise: Technology Changes Legal Work Behaviours, But Does Not Replace Its Profession*, cit., p. 99; G. Lusardi, *Esperimenti di tecnologie avanzate nella professione legale*, cit., p. 419, secondo cui il contratto generato dal sistema non dovrebbe richiedere particolari revisioni prima della sottoscrizione. Sul funzionamento dell'automazione documentale v. altresì R. Dale, *Law and Word Order: NLP in Legal Tech*, cit., p. 216: "*These systems typically work by gathering relevant data from the user, either via form-filling or via a question-and-answer session (...). The accumulated data is then used in a rule-based manner to craft a tailored document, via a combination of conditional document assembly and template slot-filling*". Cfr. A. Cunningham, A.D. James, P. Taylor e B. Tether, *Disruptive Technologies & Legal Service Provision in the UK: A Preliminary Study*, cit., pp. 34 e 35, che distinguono l'automazione documentale in tre categorie a seconda del grado di sofisticatezza: "*Simple. The automation generation of the standard elements of formal/informal legal documents. Modularity of contractual clauses etc. is already used quite extensively in legal service provision (it makes little sense to rewrite standard Terms and Conditions every time they are needed), mostly in this fashion. Intermediate. Code-based contracts automatically generated using, e.g. object orientated code. The benefit of such code-based contracts is the transactional efficiency of being able to automatically generate contracts based on agreed-upon patterns and syntax. Not only does this reduce overall drafting time and negotiation, but it is arguably the first step towards a system where many routine legal documents can be autonomously created with little, or in some cases, no human involvement. Complex. Automated contract generation as above combined with 'smart' document existence, i.e. documents which have an active, practical existence and which in essence can effect themselves*".

Tra le principali realtà Legal Tech che forniscono questo servizio vi è *Legal Zoom*, società con sede negli USA, *Thomson Reuters' Contract Express, Rocket Lawyer, Neota Logic*. Per quanto riguarda il contesto italiano si v. la piattaforma ideata dalla start-up *Rokh* (https://www.rokh.it/it/home) per automatizzare la creazione, la negoziazione, la gestione e l'archiviazione dei documenti, con un focus particolare sulla contrattualistica.

[45] Legito, *How does smart document drafting work?*, https:/ /www.legito.com/US/en.

all'istituto bancario solo nel caso in cui sia stata previamente selezionata l'opzione 'pagamento tramite bonifico bancario' e non 'pagamento in contanti'), di impostare l'eventuale ripetizione di alcune variabili (es. qualora sia stato scelto un pagamento rateale, il campo sulle modalità di rimborso della rata – importo/scadenza – sarà da ripetersi per il numero totale di rate previsto dall'accordo), di sfruttare la correlazione tra determinate clausole (es. la penale prevista in caso di violazione dell'obbligo riservatezza potrà comparire solo se l'utente a monte ha inserito una clausola di riservatezza) o di prevedere il richiamo di elementi fissi (es. connettendo tramite un *link* il campo del nome delle parti contrattuali con quello delle firme in calce al documento), così, in sintesi, specificando tutti gli aspetti e le dipendenze logiche che andranno a definire il documento finale.

Sebbene attualmente l'applicazione dell'automazione documentale risulti circoscritta a contratti ove la creatività e il genio del giurista cedono il passo a contenuti standard facilmente replicabili, vi è chi, con uno sguardo al futuro, non esclude la possibile estensione del campo di operatività di tali sistemi anche alla redazione di atti più complessi. Il costante incremento della potenza di calcolo delle macchine, combinato con lo sviluppo sempre più avanzato di tecniche di ML, *predictive analytics* e NLP, potrebbe condurre sino alla possibile elaborazione di atti giudiziari e pareri, o quantomeno alla stesura di una prima bozza degli stessi, modificabile e adattabile al caso concreto dal professionista che, a differenza della macchina, potrà sempre contare nell'opera di perfezionamento del risultato sulle proprie competenze e sul proprio discernimento professionale[46].

2.1.2.2. *L'analisi documentale.* – A partire dagli anni Duemila, la revisione documentale e l'estrazione di informazioni sono ulteriori operazioni in cui tecnologie avanzate hanno trovato terreno fertile di sviluppo anche nel settore legale. Gli avvocati si trovano, infatti, di sovente a confrontarsi con una gran mole di documenti la cui analisi richiede tempo ed attenzione. Peraltro, l'affidabilità dell'operato umano nel compiere tale operazione non sempre è ineccepibile: può accadere che i tempi contingentati impongano indagini a campione, ovvero che la noia e la stanchezza di fronte alla vastità della produzione documentale da scrutinare rendano irriconoscibili criticità rilevanti, con conseguente detrimento della qualità della presta-

---

[46] In questi stessi termini v. G. Lusardi, *Esperimenti di tecnologie avanzate nella professione legale*, cit., pp. 420 e 421. Cfr. CCBE e ELF, *Guide on the use of Artificial Intelligence-based tools by lawyers and law firms in the EU*, cit., p. 23 ss.: nella sezione dedicata ai "*Tools for turning legal data and knowledge bases into text*", qualificati come sottocategoria dei "*Drafting support tools*", si sottolinea come: "*Similar to generating text automatically from weather data, a tool could create a human readable description of electronic evidence, or a series of events or even create convincing and to-the-point arguments based on the facts and intentions recorded. ... A rich database related to a single case can be used to generate complete court documents or important parts of them, with appropriate information in the required format and structured data*" (p. 24).

zione[47]. Per contro, le macchine hanno dato prova di un elevato standard di precisione. La parziale automazione di tale attività si presta ad essere impiegata in diversi frangenti dell'attività professionale dell'avvocato con un alto grado di affidabilità nei risultati[48]: dall'analisi della documentazione in una fase precontenziosa (c.d. *e-discovery*), soprattutto nei sistemi di *common law*; alle attività di *due diligence* in occasione di operazione societarie, quali quelle di *M&A*[49]; alle attività di *compliance*, ad esempio in materia di trattamento dei dati personali.

Allo stato, una forma basilare di revisione documentale informatizzata prevede una prima selezione dei testi grazie all'utilizzo di parole chiave e all'applicazione della logica booleana[50]; partendo da un campione ristretto identificato in maniera automatizzata, l'operatore del diritto sarà chiamato, mediante la propria opera di discernimento, a scrutinare l'effettiva rilevanza e il valore di tali documenti preselezionati. A supporto della revisione documentale, a fianco degli algoritmi che permettono ricerche per parole chiave, si pongono strumenti più sofisticati di analisi (*analytics*) che, grazie ad algoritmi di elaborazione del linguaggio naturale e di ML, consentono la ricerca concettuale in un testo non strutturato, identificando idee e concetti simili all'interno di una gamma di documenti analizzati[51]. Si assiste così all'avvento nel campo legale, soprattutto nei

---

[47] G. Lusardi, *Esperimenti di tecnologie avanzate nella professione legale*, cit., p. 418.

[48] V. M.R. Grossman e G.V. Cormack, *Technology-Assisted Review in E-Discovery Can Be More Effective and More Efficient Than Exhaustive Manual Review*, in *Rich. J.L. & Tech.*, 2011, v. 17, n. 3, p. 1, che dimostrano la sussistenza di un maggior grado di precisione nei casi in cui ai professionisti viene richiesto di analizzare solo una porzione ridotta di documenti, grazie all'implementazione di un procedimento di revisione tecnologicamente assistito, rispetto al caso in cui essi sono chiamati a revisionare, senza assistenza informatica, l'intera raccolta di documenti; Id., *Technology-Assised-Review in Eletronic Discovery*, in E. Walters (ed.), *Data Analysis in Law*, Taylor & Francis Group, Abingdon, 2017: "*Manual review is an expensive, burdensome, and error-prone process. Scientific evidence suggests that certain TAR methods offer not only reduced effort and cost, but also improved accuracy, when compared to manual review*"; cfr. Duke University e Bloch Judicial Institute, *Technology Assisted Review (TAR) Guidelines*, 2019: "*(...) the standard in discovery is reasonableness, not perfection. Traditional linear or manual review, in which teams of lawyers billing clients review boxes of paper or countless online documents, is an inefficient method. Problems with high cost, exorbitant time to complete review, fatigue, human error, disparate attorney views regarding document substance, and even gamesmanship are all associated with manual document review. Studies have shown a rate of discrepancy as high as 50% among reviewers who identify relevant documents by linear review*". E. Nissan, *Computer Tools and Techniques for Lawyers and the Judiciary*, in *Cybern. Syst.*, 2018, v. 49, n. 4, p. 201 e spec. p. 212.

[49] Per un approfondimento sul funzionamento di tali tecnologie nelle attività di *Due Diligence* si rinvia a G. Lusardi, *Esperimenti di tecnologie avanzate nella professione legale*, cit., pp. 417 e 418.

[50] Come noto, la logica booleana si basa sull'utilizzo degli operatori AND (congiunzione), OR (disgiunzione), NOT (negazione).

[51] G. Lusardi, *Esperimenti di tecnologie avanzate nella professione legale* cit., p. 417, il quale sottolinea come tali algoritmi possano altresì consentire il raggruppamento dei do-

paesi di *common law*, dei TAR (*Technology Assisted Review*)[52], ovvero alla codifica predittiva gestita dall'intelligenza artificiale[53]. I software vengono allenati per il riconoscimento di documenti rilevanti, partendo da un '*seed set*' di documenti in precedenza identificati e manualmente classificati grazie all'opera di un *team* di esperti. Appresi i criteri di classificazione, il software analizza i campioni di documenti per determinarne la rilevanza, per poi ricevere dall'uomo un *feedback* sul grado di accuratezza dell'operazione eseguita al fine di permettere un miglioramento costante nell'attendibilità dei risultati sino a portare il software all'autonomia di azione[54]. La macchina, allenata dall'uomo, è così in grado di assistere fat-

---

cumenti selezionati in base a correlazioni nascoste e, comunque, non ovvie (*clustering*). V., inoltre, R. Dale, *Law and Word Order: NLP in Legal Tech*, cit., p. 214: "*Contract review may be at the level of the individual contract, or—say, in the case of due diligence for a corporate acquisition—it may involve reviewing thousands of contracts on file. In the latter case, the technology begins to also incorporate aspects of what has become known as legal analytics, aggregating information across the data set to detect anomalies and outliers, and producing charts or tables that make it easy to compare across documents*". Per una ricostruzione più ampia delle '*legal-text analytic techniques*', con particolare riferimento a ML, *network diagrams, question answering* (QA), nonché alle relative applicazioni nel settore legale si rinvia, su tutti, a K.D. Ashley, *Automatically Extracting Meaning from Legal Texts: Opportunities and Challenges*, cit. Sulla distinzione tra "*classification*" e "*information extraction*" nell'analisi documentale e sulla loro combinazione per la comprensione e l'analisi documentale si v. nel dettaglio CCBE e ELF, *Guide on the use of Artificial Intelligence-based tools by lawyers and law firms in the EU*, cit., p. 24 ss.

[52] Nel 2019 la *Duke Law School* congiuntamente al *Bloch Judicial Insitute* hanno elaborato delle linee guida volte a tracciare delle regole di condotta per l'utilizzo dei TAR, per un'ampia comprensione del fenomeno e una corretta adozione di tale tecnologia in modo che l'accuratezza del processo non sia messa in discussione (*Technology Assisted Review (TAR) Guidelines*, cit.). In tal contesto essi hanno definito i TAR come "*Technology assisted review (referred to as "TAR," and also called predictive coding, computer assisted review, or supervised machine learning) is a review process in which humans work with software ("computer") to train it to identify relevant documents. The process consists of several steps, including collection and analysis of documents, training the computer using software, quality control and testing, and validation. It is an alternative to the manual review of all documents in a collection*".

[53] F. Ferrari, *La pesca di Frodo. Riflessioni critiche in materia di prova esplorativa*, cit., p. 210.

[54] "*By computer-assisted coding, I mean tools (different vendors use different names) that use sophisticated algorithms to enable the computer to determine relevance, based on interaction with (i.e., training by) a human reviewer. Unlike manual review, where the review is done by the most junior staff, computer-assisted coding involves a senior partner (or [small]team) who review and code a "seed set" of documents. The computer identifies properties of those documents that it uses to code other documents. As the senior reviewer continues to code more sample documents, the computer predicts the reviewer's coding (Or, the computer codes some documents and asks the senior reviewer for feedback.). When the system's predictions and the reviewer's coding sufficiently coincide, the system has learned enough to make confident predictions for the remaining documents*": da Silva Moore v. Publicis Groupe *et al.*, No. 1:2011cv01279 – Document 96 (S.D.N.Y. 2012), pp. 4-5 (*opinion* Giudice A.J. Peck). Quest'ultimo rappresenta il primo caso in US in cui la tecnologia TAR è stata approvata nell'ambito di un procedimento giudiziario. Si è assistito all'apertura delle corti all'utilizzo del TAR anche nel Regno Unito (Pyrrho Investments Ltd v MWB Property Ltd [2016] EWHC 256 (Ch); David Brown v BCA Trading

tivamente gli esperti giuridici nella selezione e revisione di documenti, automatizzando parte delle procedure di *e-discovery* o agevolando gli avvocati nelle attività di *due diligence* o *compliance* [55].

La revisione parzialmente automatizzata ha trovato margini di espansione, dunque, anche in materia contrattuale [56], soprattutto al cospetto di contratti standardizzabili. Se, infatti, clausole sofisticate e personalizzate nella maggior parte dei casi sfuggono alla capacità di valutazione dei software e richiedono l'opera del giurista esperto, dinnanzi a contenuti prevedibili gli algoritmi impiegati per la revisione del contratto consentono di decomporre il documento nelle sue diverse previsioni di volontà negoziale e di valutarle per estrarre informazioni rilevanti oppure per compararle con quelle presenti in modelli contrattuali di riferimento, talvolta frutto di elaborazione dello stesso studio legale che si avvale della tecnologia di revisione.

Come anticipato, il successo di tali tecnologie non si radica solo nel contenimento dei costi e dei tempi. Non mancano evidenze empiriche circa l'affidabilità, anche in termini qualitativi, dei risultati ottenuti tramite l'implementazione di soluzioni basate sull'intelligenza artificiale nel settore documentale. Nel 2018 la start-up Legal Tech *LawGeex*, ha, infatti, testato il proprio sistema di intelligenza artificiale nel campo dell'analisi e revisione di accordi standard di riservatezza, comparandolo con le capacità di venti avvocati statunitensi esperti del settore nell'analizzare i rischi contenuti in alcuni *non-disclosure agreements* (NDAs). L'esperimento ha decretato un superiore tasso di successo della macchina, in termini sia di tempo che di precisione: rispetto all'opera dei professionisti, che avevano svolto l'attività in 92 minuti con un'affidabilità dell'85%, il sistema di intel-

---

[2016] EWHC 1464 (Ch), in Irlanda (Irish Bank Resolution Corporation Ltd & Ors v Quinn & Ors [2015] IEHC 175) ed in Australia (McConnell Dowell Constructors (Aust) Pty Ltd v Santam Ltd & Ors (No 1) [2016] VSC 734 (2 December 2016). In dottrina si rinvia, su tutti, a A. Cunningham, A.D. James, P. Taylor e B. Tether, *Disruptive Technologies & Legal Service Provision in the UK: A Preliminary Study*, 7 dicembre 2018; M. Bues e E. Matthaei, *LegalTech on the Rise: Technology Changes Legal Work Behaviours, But Does Not Replace Its Profession*, cit., pp. 97 e 98; cfr. R. Dale, *Law and Word Order: NLP in Legal Tech*, cit., che menziona tra le start-up di settore maggiormente rilevanti: *Exterro*, *DIISCO*, *Everlaw*,

[55] A titolo esemplificativo si v. la soluzione *e-Brevia* – destinata ad approdare nel mercato italiano grazie all'accordo siglato con *NexumStp s.p.a.* (https://nexumstp.it/): sfruttando soluzioni basate sull'intelligenza artificiale permette l'estrazione dettagliata di informazioni da documenti e contratti, supportando il professionista nel processo di revisione ed analisi (per maggiori informazioni si rinvia al sito: https://www.dfinsolutions.com/products/ebrevia).

[56] R. Dale, *Law and Word Order: NLP in Legal Tech*, cit.; A. Cunningham, A.D. James, P. Taylor e B. Tether, *Disruptive Technologies & Legal Service Provision in the UK: A Preliminary Study*, cit., pp. 30-32.

Tra i principali attori nel settore v. *Kira Systems* (https://kirasystems.com/), *Seal Software* (https://www.legalgeek.co/startup-map/seal-software/), *LawGeex* (https://www.lawgeex.com/).

ligenza artificiale aveva portato a termine i medesimi compiti in 26 secondi con un tasso di successo del 94% [57].

2.1.2.3. *La ricerca legale intelligente.* – Altro settore promettente per lo sviluppo di nuove tecnologie applicate ai servizi legali è costituito dalla 'ricerca legale intelligente'. La consultazione di banche dati giuridiche digitali mediante tecnologie di *information retrieval* è ormai la quotidianità per gli operatori del diritto. Le nuove tecnologie, però, permettono di superare un metodo di ricerca limitato al funzionamento delle *keywords*, a cui si accompagna l'insito rischio di risultati falsati dalla presenza della parola cercata in testi non pertinenti o, al contrario, dall'assenza della stessa in documenti rilevanti. Il sistema di intelligenza artificiale, pur non possedendo ad oggi piena capacità di comprensione semantica, è già in grado di processare il linguaggio umano [58] spingendosi all'analisi della sintassi, all'individuazione della ricorrenza dei termini [59], del loro ordine o della loro vicinanza all'interno di una frase, sino a cogliere e identificare correlazioni e collegamenti concettuali tra parole e periodi [60]. La dottrina

---

[57] Law Geex, *Comparing the Performance of Artificial Intelligence to Human Lawyers*, in *Review of Standard Business Contracts*, 2018.

[58] La piattaforma *ROSS INTELLIGENCE* rappresenta un lampante esempio di tale evoluzione: essa non si limita a consentire una ricerca determinata dall'utilizzo di parole chiave e connettori booleani, bensì implementa tecnologie che permettendo di ottenere risultati attraverso l'analisi di domande formulate dall'utente in linguaggio naturale. Il sistema ROSS è in grado, inoltre, di generare automaticamente un riassunto sulla base dei risultati derivanti dalla ricerca effettuata: N. Yamane, *Artificial Intelligence in the Legal Field and the Indispensable Human Element Legal Ethics Demands*, in *Geo. J. Legal Ethics*, 2020, v. 33, p. 877, spec. a pp. 879 e 880; per maggiori dettagli sul funzionamento del sistema di ricerca implementato da ROSS si rinvia a S. Anastasiadis, *How is Natural Language Search Changing The Face of Legal Research?*, ROSS INTELLIGENCE BLOG, 2019 https://blog.rossintelligence.com/post/how-natural-language-search-changing-face-of-legal-research.

[59] Sulla frequenza di occorrenza di un termine come indice di importanza per caratterizzarne il contenuto, v. M.T. Sagri, T. Agnoloni e L. Bacci, *Tecniche di estrazione terminologica e classificazione automatica di corpora giurisprudenziali*, in *Inf. dir.*, 2014, v. 23, n. 1, p. 41 e spec. p. 46.

[60] G. Lusardi, *Esperimenti di tecnologie avanzate nella professione legale*, cit., p. 413 ss. Con riferimento al costante perfezionalmeto delle tecniche di ricerca in campo giuridico si v., inoltre, R. Dale, *Law and Word Order: NLP in Legal Tech*, cit., pp. 212 e 213, secondo cui *"a number of newer players have captured some market share by offering smarter technologies that aim to improve the precision and recall of searches, beyond what can be achieved using 'traditional techniques', which here amount to good old-fashioned Boolean search and hand-constructed indexes"*; il riferimento è a realtà come *CaseText* e *CaseMine*, le quali *"provide interfaces that let you find related material by uploading a passage or even an entire brief that provides context for the search, thus supporting 'query by document'. In each case, this functionality is augmented by a range of neat UI features that facilitate the search task. As well as sidestepping the need to labour over appropriately-detailed search queries, this also increases the likelihood that additional relevant material not found by typical queries will be located"* (p. 121). Diverso l'approccio, infine, di altri sistemi come *Ross Intelligence* o *vLex* (e il relativo

non ha mancato di rilevare come la vera svolta nel settore della ricerca legale intelligente si radicherà, tuttavia, nella possibilità delle macchine di accedere anche al piano semantico; tale eventualità pare sempre più futuribile attesi i promettenti sviluppi delle tecniche di intelligenza artificiale in questo settore [61]. Tali innovazioni daranno accesso al sapere giuridico in una maniera inedita, anche per i professionisti legali. A titolo esemplificativo si consideri il portale diritto.io [62], elaborato dalla start-up *Law Engineering Systems Srl* (LES) [63], che si avvale di una combinazione di euristica e ML/NLP per trasformare documenti giuridici (e, in particolare, legislazione e giurisprudenza) in formato *machine-readable* ed arricchire il testo, individuando automaticamente riferimenti normativi e giurisprudenziali in modo da creare un grafo di conoscenza giuridica che permette di esplorare il sapere in maniera innovativa e sbloccare nuovi schemi di conoscenza. Al contempo il sistema si basa sull'utilizzo di reti neurali per creare c.d. *word embeddings* su misura per determinare correlazioni automatiche fra concetti e norme, al fine di migliorare la ricerca [64].

---

prodotto '*Vincent*'), che offrono interfacce di *query* in linguaggio natutale in modo che "*you can pose your research questions like you're talking to another lawyer*" (p. 213). Per una comparazione in merito alle maggiori piattaforme americane e le relative tecnologie di ricerca si rimanda a C.A. Suarez, *Disruptive Legal Technology, COVID-19, and Resilience in the Profession*, cit., spec. pp. 401-403.

[61] Cfr. M. Bues e E. Matthaei, *LegalTech on the Rise: Technology Changes Legal Work Behaviours, But Does Not Replace Its Profession*, cit., pp. 98 e 99, secondo cui, in tema di "*legal search*": "*The major step was the change from keywords to semantics. Semantic search is normally defined "as a kind of data searching technique in which a search query aims to not only find keywords matches [...] to determine the contextual [and intent] meaning" of words (Marios Polycarpou et al., Hybrid Artificial Intelligence Systems, 2014, 540). By understanding and connecting intention and context, semantic search engines are able to understand the different motivation and expectation behind queries. A lawyer may input a query in natural language, and the search engine is still able to make sense of it*"; cfr. J. McGinnis e R. Pearce, *The Great Disruption: How Machine Intelligence Will Transform the Role of Lawyers in the Delivery of Legal Services*, cit.: "*Semantic search will allow lawyers to input natural language queries to computers, and the computers will respond semantically to those queries with directly relevant information. If one searches for assumption of risk, the search may bring up cases that did not use these words but nevertheless deployed the same concept. We are already beginning to see startups bring more structure to the data comprised in a case, focusing on the matters relevant to legal issues. This winnowing of data is a step toward semantic search, because it makes cases conceptually tractable. Just as Watson has effectively used pattern recognition to make use of concepts rather than words, so will machine intelligence exploit deeper pattern recognition to provide a kind of semantic search. LexisNexis is already taking steps in this direction. But other search engines are starting to compete in this space as well*" (p. 3049)

[62] Il portale *diritto.io* è per ora in versione prototipale e disponibile su betazero.diritto.io.

[63] https://ingegneriadeldiritto.it/.

[64] La stessa tecnologia di base è usata anche da un altro prototipo di LES, *Giuribot*, un bot per la ricerca giuridica disponibile sull'applicazione chat Telegram: https://t.me/les_giuribot.

Figura 1. Risultati della ricerca *'responsabilità avvocato'* e relativi grafi condotta attraverso il portale sviluppato da *Law Engineering Systems Srl* (LES) diritto.io, per ora disponibile in versione prototipale su betazero.diritto.io.

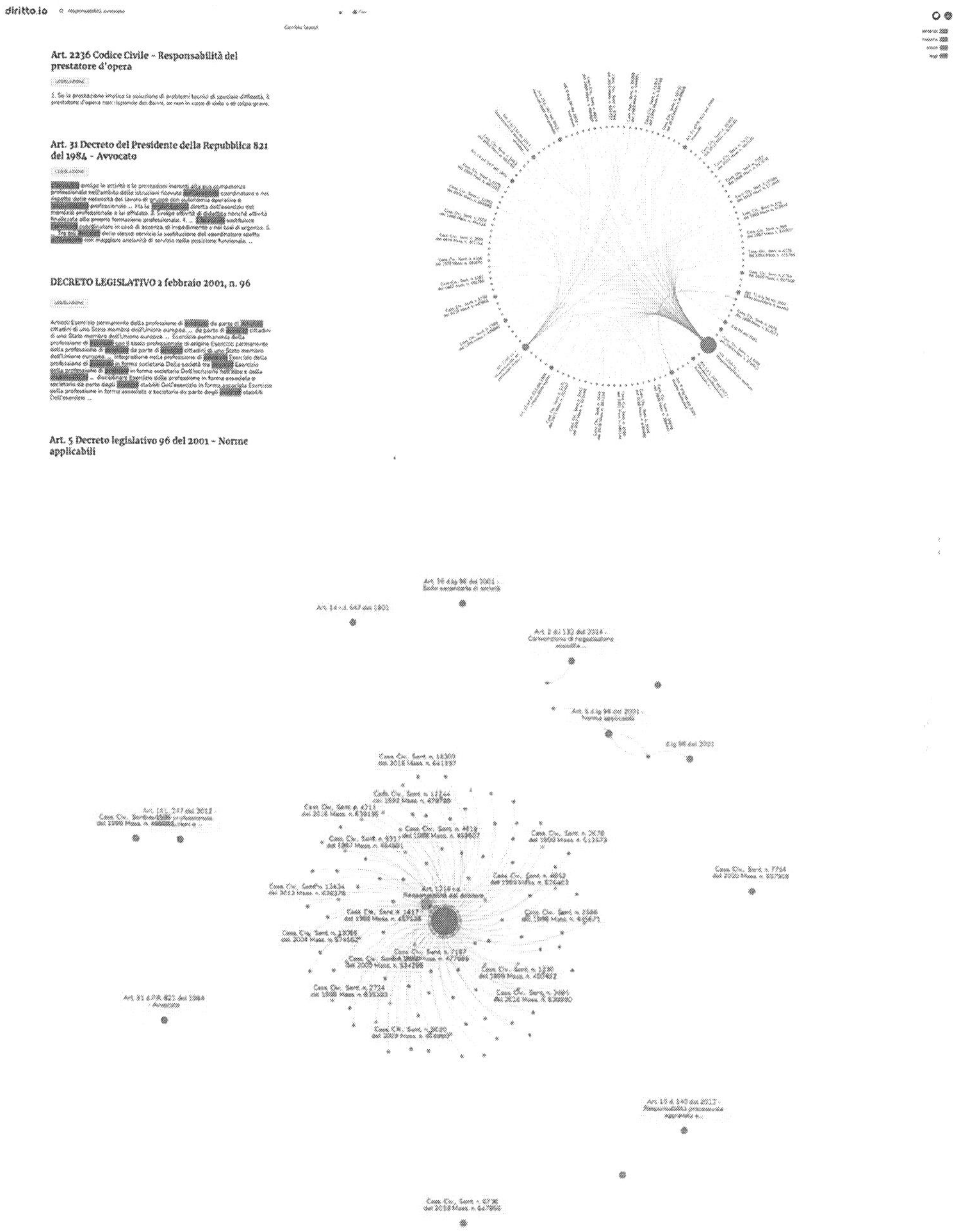

2.1.2.4. *L'analisi predittiva.* – La presenza nel diritto di una quantità elevata di dati, contenuti in fonti normative, pronunce giurisprudenziali ed elaborazioni dottrinali che si stratificano nel tempo e che risultano sempre più disponibili in forma digitalizzata, fungono, inoltre, da premessa per la crescente applicazione di algoritmi di ML con finalità predittiva[65]. Le tecnologie di *predictive analysis*, infatti, partendo dall'analisi di grandi masse di dati (*big data*) ne individuano correlazioni e schemi ricorrenti, scoprendo tendenze e formulando predizioni di eventi ancora non verificatisi e, pertanto, ignoti[66]. Nel campo della pratica forense, l'applicazione di tale tecnologia permette, ad esempio, di prevedere gli esiti di un giudizio secondo un'inferenza probabilistica sulla base di eterogenee informazioni, tra cui le precedenti pronunce giurisprudenziali in tema, il tasso di successo degli avvocati coinvolti, la corte competente e l'identità del giudice chiamato a decidere[67].

A differenza di una valutazione prognostica effettuata dall'avvocato,

---

[65] Cfr. CCBE e ELF, *Guide on the use of Artificial Intelligence-based tools by lawyers and law firms in the EU*, cit., p. 29 ss., in cui vengono distinti tre livelli di *legal analytics*: i. "*informative justice*": "*More and more information is searchable besides the keywords in the text. This includes such information as the court making the decision, legal areas, results of the decision or the date of decision. Relations between decisions are presented, so that one can follow the path of a judgement through appeals, see how many other judgements have cited this exact decision and whether they yielded the same results or not*" (si v. altresì il rimando a Conseil National de Barreaux, *Assemblée générale du 9 octobre 2020 Groupe de travail Legaltech* (n 25) 63); ii. "*analytical justice*" che si basa sulla possibilità di estrarre una serie di '*quantifiable data*' (tra cui il *quantum* dei risarcimenti riconosciuti dalle corti, l'ammontare degli assegni di mantenimento nel diritto di famiglia, le sanzioni irrogate dalle autorità garanti e così via), su cui successivamente basare altre ricerche di informazioni correlate (es. la tipologia di danni maggiormente riconosciuti in predefiniti casi di responsabilità aquiliana); iii. '*predictive justice*', laddove strumenti di intelligenza artificiale consentono di fare stime o previsioni in relazioni a decisioni future su aspetti quantificabili (es. prevedere l'ammontare del risarcimento dei danni riconosciuto ad un danneggiato tenuto conto del tipo di evento occorso e l'importo che il danneggiato sarebbe disposto ad accettare dalla compagnia assicurativa).

[66] A. Cunningham, A.D. James, P. Taylor e B. Tether, *Disruptive Technologies & Legal Service Provision in the UK: A Preliminary Study*, cit., pp. 36 e 37; R. Susskind, *L'avvocato di domani. Il futuro della professione legale tra rivoluzione tecnologica e intelligenza artificiale*, cit., pp. 70 e 71; G. Lusardi, *Esperimenti di tecnologie avanzate nella professione legale*, cit., p. 412 ss.; G.E. Marchant, *Artificial Intelligence and the Future of Legal Practice*, cit., p. 22; M. Bues e E. Matthaei, *LegalTech on the Rise: Technology Changes Legal Work Behaviours, But Does Not Replace Its Profession*, cit., p. 100.

[67] Oltreoceano si v. l'impresa *Lex Machina* che offre un servizio di *analytics* nel campo brevettuale; in particolare, "*The Lex Machina program, a project begun by Professor Mark Lemley and colleagues at Stanford University, initially focused on predicting patent-infringement cases. It predicted outcomes of IP claims based on a corpus of all IP lawsuits in a ten-year-plus period. An early paper reported an accuracy of 64%. The program applies a statistical learning model (logistic regression) to predict outcomes of new cases based on litigation participant-and-behavior information extracted from the corpus of IP decisions. It employs features of cases concerning the identity of litigation participants and their behav-*

ior, including the parties to lawsuits, attorneys and law firms, judges assigned to a case, and the districts where complaints were filed. The program makes predictions based on information such as the counts of participation in past cases in any role, the past win rates of nonjudicial or district participants, and the ratio of cases assigned to a judge or district in which the plaintiffs won. Analysis indicated that the identities of the judge and plaintiff's law firm contributed most to predictive accuracy, followed by the defendant's identify, the district where the case was filed, the defendant's law firm, and the defendant's attorney": così K.D. Ashley, *Automatically Extracting Meaning from Legal Texts: Opportunities and Challenges*, cit., p. 1123 con richiamo a M. Surdeanu, R. Nallapati, G. Gregory, J. Walker e C.D. Manning, *Risk Analysis for Intellectual Property Litigation, 2011. Risk analysis for intellectual property litigation*, in *Proceedings of the 13th International Conference on Artificial Intelligence and Law (ICAIL '11)*, Association for Computing Machinery, New York, 2011, p. 116 ss. Con riferimento al contesto europeo si richiama il *software* francese *Prédictice* (https://predictice.com/fr), nota piattaforma francese di giustizia predittiva, che, basandosi su una massa di dati relativi a sentenze della corte di appello e della Corte di Cassazione, mira a prevedere l'esito giudiziario di una nuova controversia e l'eventuale *quantum* risarcitorio (in dottrina si rinvia, su tutti, a L. Larret-Chahine, *La Justice Prédictive*, in E. Calzolaio (a cura di), *La decisione nel prisma dell'intelligenza artificiale*, Cedam, Padova, 2020, p. 161 ss.). Testata in due corti di appello, quella dei Rennes e quella di Douai, la piattaforma ha, tuttavia, generato esiti inattendibili ed erronei (per un commento si v. T. Oustet, *L'utilisation de l'outil Predictice déçoit la cour d'appel de Rennes*, in *Dalloz actualité*,16 oct. 2017; S. Durox, *Des robots testés à la place des juges dans les cours d'appel de Rennes et Douai*, in www.leparisien.fr, 2017). Peraltro, l'app *Prédictice* ha attirato anche l'attenzione del legislatore francese in ragione dei rischi connessi alla tutela dei dati personali dei magistrati: la *Loi* 23 marzo 2019, n. 2019-222 *de programmation 2018-2022 et de reforme pour la justice*, in *JORF* del 24 marzo 2019, ha, infatti, previsto il divieto (art. 33) di raccogliere e analizzare i dati riguardanti i nominativi dei giudici, partendo da pronunce giurisprudenziali, al fine di valutare, raccogliere, analizzare e prevedere le loro decisioni: *"Les données d'identité des magistrats et des membres du greffe ne peuvent faire l'objet d'une réutilisation ayant pour objet ou pour effet d'évaluer, d'analyser, de comparer ou de prédire leurs pratiques professionnelles réelles ou supposées. La violation de cette interdiction est punie des peines prévues aux articles 226-18,226-24 et 226-31 du code pénal, sans préjudice des mesures et sanctions prévues par la loi n° 78-17 du 6 janvier 1978 relative à l'informatique, aux fichiers et aux libertés"* (art. 33). In dottrina si rinvia a M. Fasan, *L'intelligenza artificiale nella dimensione giudiziaria. Primi profili giuridici e spunti dall'esperienza francese per una disciplina dell'AI nel settore della giustizia*, in A. Lo Calzo, L. Pace, G. Serges, C. Siccardi e P. Villaschi (a cura di), *Diritto e nuove tecnologie tra comparazione e interdisciplinarità. Atti del seminario di diritto comparato – 26 marzo 2021*, in *Gruppo di Pisa*, Quaderno n. 3, 2021, p. 325 ss.; L. Grimaldi, *Giustizia Predittiva e garanzie del giusto processo*, in A. Lo Calzo, L. Pace, G. Serges, C. Siccardi e P. Villaschi (a cura di), *Diritto e nuove tecnologie tra comparazione e interdisciplinarità. Atti del seminario di diritto comparato – 26 marzo 2021*, cit., p. 353 e spec. p. 361 ss.; A. Valsecchi, *La spersonalizzazione della funzione giudicante: un primo sguardo sulla giustizia algoritmica*, in A. Lo Calzo, L. Pace, G. Serges, C. Siccardi e P. Villaschi (a cura di), *Diritto e nuove tecnologie tra comparazione e interdisciplinarità. Atti del seminario di diritto comparato – 26 marzo 2021*, cit., p. 625 ss.; cfr. L. Cadiet, *L'open data des décisions de justice, rapport de la Mission d'étude et de préfiguration sur l'ouverture au public des décisions de justice*, Ministère de La Justice, 2017, http://www.justice.gouv.fr/publication/open_data_rapport.pdf.

Con riferimento all'applicazione dell'intelligenza artificiale nei procedimenti e processi e, più in generale, alla c.d. giustizia predittiva e ai rischi insiti nell'imprevedibilità dello sviluppo della macchina e delle sue capacità si rinvia, su tutti, a F. Camillieri, *Gli algoritmi predittivi alla luce dei principi delineati nella European Ethical Charter*, in A. Lo Calzo, L. Pace, G. Serges, C. Siccardi e P. Villaschi (a cura di), *Diritto e nuove tecnologie tra compara-*

passibile di essere influenzata da intuizioni soggettive, da esperienze personali limitate e dal coinvolgimento nella posizione del cliente, *"The advantage of predictive analytics is that it provides a mechanism both to access a vast amount of information and systematically mine that information to understand the likely outcome of the case at hand"*, avvalendosi di *"fact pat-*

---

zione e interdisciplinarità. Atti del seminario di diritto comparato – 26 marzo 2021, cit., p. 313; U. Ruffolo, *Giustizia predittiva e machina sapiens quale "ausiliario" del giudice umano*, in *Astrid*, 2021, n. 8; E. Battelli, *Giustizia predittiva, decisione robotica e ruolo del giudice*, in *Giust. civ.*, 2020, n. 2, p. 281 ss.; P. Benanti, *Machina sapiens. Intelligenze artificiali e sfide tecniche*, in *Gnosis – Riv. ital. Intellig.*, 2019, n. 2, p. 26 ss.; R. Bichi, *Intelligenza Artificiale tra 'calcolabilità' del diritto e tutela dei diritti*, in *Giur. it.*, 2019, v. 7, p. 1773; A. Carleo (a cura di), *Decisione robotica*, Il Mulino, Bologna, 2019; Id., *Il vincolo giudiziale del passato – I precedenti*, Il Mulino, Bologna, 2018; Id., *Calcolabilità giuridica*, Il Mulino, Bologna, 2017; K.D. Ashley, *Artificial Intelligence and Legal Analytics – New Tools for Law Practice in the Digital Age*, Cambridge University Press, Cambridge, 2017; N. Irti, *Il tessitore di Goethe (per la decisione robotica)*, in *Riv. dir. proc.*, 2018, nn. 4-5, p. 1177 ss.; Id., *Un diritto incalcolabile*, Giappichelli, Torino, 2016. Per una critica all'uso della giustizia predittiva, si rinvia, su tutti, a S. Delacroix, *Computer systems fit for the legal profession?*, in *Legal Ethics*, 2018, v. 21, n. 2, p. 119 e spec. p. 128 ss.

I sistemi di giustizia predittiva sono stati già testati in ambito giudiziario prendendo come riferimento le pronunce di alcune corti, tra cui la Corte europea dei diritti dell'Uomo, la *Supreme Court* americana e la *Court de Cassation* francese. Con riferimento all'esperimento condotto presso la Corte europea dei Diritti dell'Uomo, ove il sistema predittivo ha dato prova di una grande accuratezza (79%), v. N. Aletras, D. Tsarapatsanis, D. Preoţiuc-Pietro e V. Lampos, *Predicting Judicial Decisions of the European Court of Human Rights: A Natural Language Processing Prospective*, in *PeerJ Comput. Sci.*, 2016, v. 2, p. 93; C. O'Sullivan e J. Beel, *Predicting the Outcome of Judicial Decisions made by the European Court of Human Rights*, in *arXiv*, 2019, https://arxiv.org/abs/1912.10819; per quanto attiene alla previsione delle decisioni della *Supreme Court* americana si v. D.M. Katz, M.J. Bommarito II e J. Blackman, *A general approach for predicting the behavior of the Supreme Court of the United States*, in *PloS One*, 2017, v. 12, n. 4; per quanto riguarda la previsione delle pronunce della *Court de Cassation* francese v. O.M. Sulea, M. Zampieri, M. Vela e J. van Genabith, *Predicting the law area and decisions of french supreme court cases*, in *Proceedings of the International Conference Recent Advances in Natural Language Processing*, INCOMA, Varna, 2017, p. 716. Anche in Italia sono in corso interessanti progetti sulla giustizia predittiva: si v., in particolare, il progetto bresciano *"Giustizia predittiva di Brescia"*, nato dalla collaborazione fra Corte d'Appello di Brescia, Tribunale di Brescia e Università degli Studi di Brescia (https://giustiziapredittiva.unibs.it/; C. Castelli, *Giustizia Predittiva*, in *Quest. giust.*, online, 2022; C. Castelli e D. Piana, *Giustizia Predittiva. La qualità della giustizia in due tempi*, in *Quest. giust.*, online, 2018; Id., *Giusto processo e intelligenza artificiale*, Maggioli Editore, Santarcangelo di Romagna, 2019); il progetto promosso dalla Corte d'Appello di Venezia con l'Università Ca' Foscari e la società Deloitte (https://www.Corteappello.venezia.it/index.php/giurisprudenza-predittiva-per_198.htm); il progetto *"Prevedibilità delle decisioni"* gestito dalla Corte di Appello di Bari (https://www.Corteappello.bari.it/buone_prassi_4.aspx); il progetto *"Giustizia semplice"* del Tribunale di Firenze (M. Rizzo, *L'intelligenza artificiale e la predittività nella risoluzione delle controversie*, in S. Faro, T.E. Frosini e G. Peruginelli (a cura di), *Dati e algoritmi. Diritto e diritti nella società digitale*, Il Mulino, Bologna, 2020); nonché il progetto *"Giustizia predittiva"* condotto dal Lider-Lab dell'Università S. Anna di Pisa in collaborazione con i Tribunali di Genova e Pisa (https://www.predictivejurisprudence.eu/).

terns and precedent to predict a case's outcome, thereby better equipping lawyers to assess the likely result of litigation" [68].

2.1.3. *Nuovi spazi per nuovi avvocati: il caso paradigmatico degli* smart legal contract

Se fino a questo punto si è accennato a tecnologie di supporto per i professionisti (revisione e automazione documentale; estrazione di informazioni, ricerca intelligente, analisi predittiva [69]), che pur trasformando la pratica del diritto, talvolta anche in termini particolarmente drastici, non elidono la necessità dell'intervento esperto, non può essere sottovalutato il potenziale trasformativo di alcuni fenomeni di recente emersione. Questi ultimi, se da un lato ambiscono ad annullare il ruolo di intermediazione tradizionalmente svolto dai professionisti [70], dall'altro conferiscono all'avvocato, adeguatamente preparato, la possibilità di ritagliarsi innovativi margini di azione.

Tra queste realtà troneggia lo sviluppo degli *smart legal contract* [71], as-

---

[68] J. McGinnis e R. Pearce, *The Great Disruption: How Machine Intelligence Will Transform the Role of Lawyers in the Delivery of Legal Services*, cit., p. 3052.

[69] V. *retro*, in questo stesso capitolo, §§ 2.1.2.1-2.1.2.4.

[70] Sul punto si v. A. Stazi, *Automazione contrattuale e "contratti intelligenti". Gli smart contracts nel diritto comparato*, Giappichelli, Torino, 2019, secondo cui: *"(...) uno degli scopi dei "contratti intelligenti" appare effettivamente quello di emancipare gli utilizzatori da intermediari tradizionali, o "terze parti fidate", che includono gli operatori del diritto quali giudici, avvocati, etc."* (p. 109). Negli stessi termini: G. O. B. Jaccard, *Smart Contracts and the Role of Law*, in *Jusletter IT*, 2017, p. 23. Più in generale sulla possibilità delle Tecnologie di registro distribuito (DLT) di ridurre i costi di intermediazione in un ambiente di fiducia tra le parti di una transazione e di consentire gli scambi di valore tra pari *"suscettibili di rafforzare l'autonomia dei cittadini, destrutturare i modelli tradizionali, migliorare i servizi e ridurre i costi lungo le catene del valore in un'ampia gamma di settori chiave"*: Parlamento europeo, Tecnologie di registro distribuito e blockchain: creare fiducia attraverso la disintermediazione, P8_TA(2018)0373; Risoluzione del Parlamento europeo del 3 ottobre 2018 sulle tecnologie di registro distribuito e blockchain: creare fiducia attraverso la disintermediazione (2017/2772(RSP)), in *OJ* C 11 del 13 gennaio 2020, p. 7. V. altresì *infra, sub* nota 72.

[71] Non esiste attualmente una definizione universalmente accettata di *smart contract*. Il concetto di *smart contract* è stato introdotto per la prima volta da Nick Szabo (1994), che l'ha definito nei seguenti termini: *"A smart contract is a computerized transaction protocol that executes the terms of a contract. The general objectives of smart contract design are to satisfy common contractual conditions (such as payment terms, liens, confidentiality, and even enforcement), minimize exceptions both malicious and accidental, and minimize the need for trusted intermediaries. Related economic goals include lowering fraud loss, arbitration and enforcement costs, and other transaction costs. Some technologies that exist today can be considered as crude smart contracts, for example POS terminals and cards, EDI, and agoric allocation of public network bandwidth"*: N. Szabo, *Smart Contract*, 1994, https://www.fon.hum.uva.nl/rob/Courses/InformationInSpeech/CDROM/Literature/LOTwinterschool2006/szabo.best. vwh.net/smart.contracts.html. Si v., inoltre, Id., *Formalizing and Securing Relationships on Public Networks*, in *First Monday*, 1997; Id., *The idea of Smart contracts*, 1997, https:// www.fon.hum.uva.nl/rob/Courses/InformationInSpeech/CDROM/Literature/LOTwin terschool2006/szabo.best.vwh.net/idea.html e Id., *Secure property Titles with Owner Authori-*

sociati soprattutto all'utilizzo della tecnologia *blockchain*[72]. Secondo la

ty, 1998, https://www.fon.hum.uva.nl/rob/Courses/InformationInSpeech/CDROM/Literature/LOTwinterschool2006/szabo.best.vwh.net/securetitle.html. Per Szabo, dunque, *"lo* Smart Contract *non era un contratto era solo un* code *idoneo a dare esecuzione al contratto"* (così M. Maugeri, *Smart Contracts e disciplina dei contratti,* Il Mulino, Bologna, 2021, a p. 30). Il primo modello teorizzato da Szabo è il noto caso della *vending machine*: la macchina distributrice di bevande opera il trasferimento di una data quantità di prodotto a fronte del versamento di una certa somma: la bevanda viene dispensata in esecuzione di un algoritmo. N. Szabo, *Smart Contracts Building Blocks for Digital Markets,* in *EXTROPY: The Journal of Transhumanist Thought,* 1996, v. 18, n. 2, p. 16.

Di più recente emersione è la distinzione ricorrente in letteratura tra *'smart contract code'* e *'smart legal contract'*: *"'Smart contract code' refers to computer code which, when executed, uses conditional logic to assess whether one or more pre-defined conditions are met and, if so, automatically executes specific tasks. This process is sometimes referred to as "if/then" logic or "if this then that" or "IFTTT" programming (the "this" being the conditions or triggers and the "that" being the tasks which are then performed)". 'Smart legal contract', by contrast, refers to legal contracts which are partly or wholly represented and/or performed by software (in other words, the contractual obligations of a party to the contract are discharged through the automated performance of the software)"*: v. European Bank for Reconstruction and Development, Clifford Chance, *Smart Contracts: Legal Framework and Proposed Guidelines for Lawmakers,* 2018, p. 6, https://www.ebrd.com/documents/legal-reform/pdf-smart-contracts-legal-framework-and-proposed-guidelines-for-lawmakers.pdf. Per un ulteriore approfondimento di stampo definitorio si rinvia a A.U. Janssen e F.P. Patti, *Demistificare gli smart contracts,* in *Dir. civ. comm.,* 2020, v.1, p. 31 ss.

Nel presente paragrafo il riferimento è a quegli accordi che girano sulla *blockchain* o sono basati su altre tecnologie di registro distribuito (DLT) e che permettono la conclusione e l'esecuzione di accordi tra le parti, assumendo in tal modo un'indubbia rilevanza per il diritto privato.

[72] La *blockchain,* basata sulla filosofia anarco-capitalista volta a costruire un sistema decentralizzato, di rifiuto dell'intervento del potere centrale, subordinato ad una base consensuale maggioritaria e all'affermazione mercato libero (i presupposti ideologici di questo movimento sono più antichi e provengono, fra gli altri, dal pensiero di Rothbard: M.N. Rothbard, *For a New Liberty: The Libertarian Manifesto,* Fox & Wilkes, San Francisco, 2006; M. N. Rothbard, *Potere e mercato. Lo Stato e l'economia*, trad. it., IBL libri, Torino, 2017: si v. sul punto C. Salvi, *Capitalismo e diritto civile. Itinerari giuridici dal Code civil ai Trattati europei,* Il Mulino, Bologna, 2015; C. Gamba, *La smaterializzazione della giustizia e la demolizione del rituale del processo,* in *Soc. dir.,* 2021, n. 11, p. 102, spec. p. 115 ss.), pur essendosi inizialmente sviluppata in ambito monetario, in relazione al sistema *bitcoin* (tra i primi riferimenti alla possibilità di condurre transazioni monetarie in assenza di un sistema centralizzato: S. Nakamoto, *Bitcoin: A peer-to-peer electronic cash system,* 2008, https://bitcoin.org/bitcoin.pdf), ha successivamente conosciuto ulteriori margini applicativi, contribuendo anche all'espansione degli *smart contract.* In particolare, il punto di svolta per gli *smart contracts* può essere ravvisato nel 2013 allorché Vitalik Buterin pubblicò il *White Paper* di *Ethereum,* sistema derivato da Bitcoin, divenuta successivamente la piattaforma di riferimento per lo sviluppo dei contratti intelligenti: *"Ethereum. The intent of Ethereum is to create an alternative protocol for building decentralized applications, providing a different set of tradeoffs that we believe will be very useful for a large class of decentralized applications, with particular emphasis on situations where rapid development time, security for small and rarely used applications, and the ability of different applications to very efficiently interact, are important. Ethereum does this by building what is essentially the ultimate abstract foundational layer: a blockchain with a built-in Turing-complete programming language, allowing anyone to write smart contracts and decentralized applications where they can create their own arbitrary rules*

definizione più accreditata, i contratti intelligenti sono dei "*protocolli informatici che eseguono operazioni pre-programmate dalle parti coinvolte in una transazione e che interagiscono con il mondo ordinario grazie alle nuove funzionalità offerte dagli oggetti connessi*"[73]. Negli *smart legal contract* il contratto diviene, dunque, un accordo ad esecuzione automatica e automa-

---

for ownership, transaction formats and state transition functions. A bare-bones version of Namecoin can be written in two lines of code, and other protocols like currencies and reputation systems can be built in under twenty. Smart contracts, cryptographic "boxes" that contain value and only unlock it if certain conditions are met, can also be built on top of the platform, with vastly more power than that offered by Bitcoin scripting because of the added powers of Turing-completeness, value-awareness, blockchain-awareness and state": V. Buterin, *Ethereum White Paper, A Next-Generation Smart Contract and Decentralized Application Platform*, 2013, spec. p. 13, ethereum.org. Oggi sono diverse le *blockchain* che permettono di implementare gli *smart contract*. Sullo stretto connubio tra *smart contract* e *blockchain* si rinvia, su tutti, a E. Labella, *Gli smart contract: riflessioni sulle prestazioni "autoesecutive" nel sistema di blockchain*, in *MediaLaws – Rivista del diritto dei media*, 2020, v. 3 p. 31, ove si rinviene la definizione di *smart contract* in termini di "*prodotto giuridico della forza espansiva*" della *blockchain* (p. 33) e G. Rinaldi, *Smart contract: meccanizzazione del contratto nel paradigma della blockchain*, in G. Alpa (a cura di) *Diritto e intelligenza artificiale*, Pacini Giuridica, Pisa, 2020, che sottolinea come la materia degli *smart contract* si unisca in "*un binomio quasi inscindibile con il tema delle architetture blockchain, anche con riferimento agli studi condotti nell'ambito del panorama scientifico-accademico ed in relazione ai modelli di normazione adottati o proposti dai legislatori nazionali*" (p. 346); M. Giaccaglia, *Considerazioni su blockchain e smart contracts (oltre le criptovalute)*, in *Contr. e impr.*, 2019, v. 3, p. 941; G. Finocchiaro, *Il contratto nell'era dell'intelligenza artificiale*, cit.; L. Piatti, *Dal Codice Civile al codice binario: "blockchains" e "smart contracts"*, in *Cib. dir.*, 2016, v. 17, n. 56, 3, p. 325 e spec. p. 334 ss.; M. Giuliano, *La blockchain e gli smart contracts nell'innovazione del diritto nel terzo millennio*, in *Dir. inform. inf.*, 2018, f. 6, p. 989 ss.; L. Parola, P. Merati e G. Gavotti, *Blockchain e smart contract: questioni giuridiche aperte*, in *Contr.*, 2018, n. 6, p. 681 ss.; M. Chierici, *La blockchain: una lettura giuridica per uno sguardo verso il futuro*, in *Cib. dir.*, 2018, n. 3, p. 385 e spec. p. 413 ss.

Sull'attenzione manifestata dalle Istituzioni europee in merito a *blockchain* e *smart contract* si richiama: P. Boucher, S. Nascimento e M. Kritikos, *How Blockchain Technology Could Change Our Lives. In-depth Analysis*, European Parliamentary Research Service, Scientific Foresight Unit, Brussels, 2017. Si v., inoltre, Risoluzione del Parlamento europeo, del 16 febbraio 2017, recante raccomandazioni alla Commissione concernenti norme di diritto civile sulla robotica, (2015/2103(INL)), 2018/C 252/25, in *OJ* C 252 del 18 luglio 2018, p. 239; Risoluzione del Parlamento europeo, del 3 ottobre 2018, sulle tecnologie di registro distribuito e blockchain: creare fiducia attraverso la disintermediazione (2017/2772(RSP)), cit.; *EU Blockchain Observatory and Forum*: https://www.eublockchainforum.eu/ e il recente report T. Lyons, L. Courcelas e K. Timsit (European Union Blockchain Observatory & Forum), *Legal and regulatory framework of blockchains and smart contracts*, 2019: https://www.eublockchainforum.eu/sites/default/files/reports/report_legal_v1.0.pdf. Si v., inoltre, l'esperienza della *European Blockchain Partnership (EBP)*, fondata nel 10 aprile 2018: https://digital-strategy.ec.europa.eu/en/policies/blockchain-partnership. Per quanto attiene ai numerosi progetti sul tema della *blockchain* che hanno ricevuto finanziamenti europei si rimanda all'*Overview of EU-funded blockchain-related projects* consultabile al link https://digital-strategy.ec.europa.eu/en/news/overview-eu-funded-blockchain-related-projects.

[73] Così A. Garapon e J. Lasségue, *La giustizia digitale. Determinismo tecnologico e libertà*, Il Mulino, Bologna, 2021, a p. 121 (ed. originale: *Justice digitale. Révolution graphique et rupture anthropologique*, Presses Universitaires de France, Paris, 2018).

tizzabile: la volontà negoziale delle parti è tradotta in termini informatici e trasfusa in un protocollo informatico che è in grado di auto eseguirsi al verificarsi di terminate condizioni, da esso riscontrabili in maniera automatica, accertabili matematicamente o attraverso il ricorso a fonti ed informazioni esterne (cc.dd. 'oracoli'[74]). Attraverso l'adozione di una logica condizionale *"if this, then that"*, il sistema informatico, il cui codice contiene le istruzioni e i dati per l'esecuzione della volontà contrattuale delle parti, una volta verificato l'avveramento delle variabili preimpostate (il c.d. *'trigger event'*), è in grado di eseguire la prestazione in maniera automatica, rendendo dunque le pattuizioni delle parti *self-enforcing* e *self-executing*.

La connessione degli *smart contract* con la tecnologia *blockchain* amplifica le potenzialità applicative dei contratti intelligenti. La *blockchain*, infatti, in quanto database digitale decentralizzato, basato sul consenso distribuito, reso stabile da validazioni crittografiche, soppianta il ruolo degli intermediari classici[75] ed assicura che l'esecuzione delle volontà del-

---

[74] L'esecuzione automatica ha luogo, infatti, al verificarsi di una condizione che può essere rappresentata da un evento specifico già codificato nello *smart contract* (es. lo scadere di un termine) oppure dipendere da un *input* esterno previsto dalle parti e ritenuto da queste affidabile. In tale ultimo caso è, dunque, un oracolo che fornisce alla *blockchain* le informazioni relative al mondo reale che integrano la condizione dedotta nel codice informatico al verificarsi della quale l'esecuzione dello *smart contract* deve avere luogo. Gli oracoli possono dipendere da una fonte *software* (*Big Data*), laddove sono connessi a fonti di informazioni online, quali *database* o *server* (si pensi alla polizza aerea che prevede un rimborso in caso di ritardo del volo gestito tramite *smart contract*: il *trigger event* – cioè il ritardo dell'aereo – viene registrato da banche dati pubbliche gestite da terzi imparziali) oppure da fonti hardware (*Internet of Things*), nel caso in cui interagiscano con il mondo fisico, generalmente attraverso dei sensori (es. utilizzo dello scanner di codici a barre al momento della consegna di un bene, così da sbloccarne il relativo pagamento; sensori di movimento). Tale *input* esterno può essere più o meno affidabile a seconda dell'oggettività del parametro da misurare e dall'imparzialità dei terzi che gestiscono le informazioni rilevanti (es. soggetti pubblici ed imparziali). Tuttavia, l'estraneità degli oracoli, che rappresentano servizi di terze parti, alla *blockchain* li sottrae dai meccanismi di sicurezza dell'infrastruttura stessa. Sui rischi connessi al ricorso agli oracoli nei casi di *smart contract* associati alla *blockchain* si rinvia, *ex plurimis*, a C. Poncibò, *Il diritto comparato e la blockchain*, Memorie del Dipartimento di Giurisprudenza dell'Università di Torino, Edizioni scientifiche italiane-Università degli Studi di Torino, Napoli-Torino, 2020, spec. p. 171 ss. In generale, sugli *oracles*, si v. L. Parola, P. Merati e G. Gavotti, *Blockchain e smart contract: questioni giuridiche aperte*, cit., p. 684, secondo cui l'oracolo *"è una fonte di dati affidabile e certificata che fornisce supporto per l'esecuzione (e non la esecuzione) dello smart contract trasmettendo al blockchain informazioni relative al mondo reale che concernono circostanze dedotte nel codice quali presupporti per l'esecuzione del contratto"*; sulle diverse tipologie di *oracles* cfr. E. Tjong Tjin Tai, *Force Majeure and Excuses in Smart Contracts*, in *ERPL*, 2018, v. 26, n. 6, p. 787 e spec. pp. 791 e 792, che distingue tra *"automated oracles"* (ad esempio, un parametro rilevato tramite un sensore), *"trusted third party (TTP) oracles"* (basati sull'intervento umano, come, ad esempio, il corriere che registra l'avvenuta consegna di un pacco), ed *"expert oracles"* (che implicano una valutazione, come, ad esempio, una verifica della qualità dei beni consegnati).

[75] A. Pajno, M. Bassini, G. De Gregorio, M. Macchia, F.P. Patti, O. Pollicino, S. Quattrocolo, D. Simeoli e P. Sirena, *AI: profili giuridici Intelligenza artificiale: criticità emergenti e sfide per il giurista*, in *BioDiritto*, 2019, v. 3: *"Chi compie una transazione su una piattaforma*

le parti così come codificata nell'algoritmo non possa più essere messa in discussione attraverso ripensamenti unilaterali, inadempimenti o inesatti adempimenti. La fase dell'accordo e l'esecuzione dello stesso si fondono nel protocollo informatico: nel momento in cui la transazione nella *blockchain* viene condivisa e replicata da tutti i nodi, l'interruzione dell'adempimento per volontà dei contraenti non è più possibile. L'esecuzione delle prestazioni dedotte in contratto risulta completamente emancipata dall'azione della parte contraente e automatizzata attraverso il funzionamento dell'algoritmo [76].

Nella realtà applicativa degli *smart contract* sono numerosi i casi – soprattutto legati all'esecuzione di transazioni semplici e standardizzate, tra cui *in primis* figurano le transazioni degli operatori finanziari basate sullo scambio di criptovalute – in cui le parti scelgono *a priori*, per ragioni economiche o ideologiche, di rinunciare a qualsiasi forma di intermediazione, compresa quella del consulente legale, per affidarsi completamente alla piattaforma [77].

---

blockchain generalmente non conosce l'altro contraente, il suo affidamento concerne soltanto il funzionamento della piattaforma".

[76] *"Blockchains collapse agreement and execution. Because a smart contract both is the agreement and executes it"*: H. Diedrich, *Ethereum: Blockchains, Digital Assets, Smart Contracts, Decentralized Autonomous Organizations*, Wildfire, London, 2016, p. 3; negli stessi termini v. C. Amato, *Dal diritto europeo dei contratti 1.0 agli smart contracts*, in R.E. Cerchia (a cura di), *Percorsi di diritto comparato*, Milano University Press, Milano, 2021, p. 33 e spec. p. 52; G. Rinaldi, *Smart contract: meccanizzazione del contratto nel paradigma della blockchain*, cit., p. 353 ss.

[77] Non si deve, infatti, sottovalutare come, almeno nella concezione originaria, gli *smart contract "enable transactions between untrusted parties without any intermediary charge, the third-party dependence and the need for mutual interaction directly of the counter-parties"* (così W. Nordberg, *A Systematic Mapping Study on Development of Blockchain-Based Smart Contracts*, Master Thesis Mälardalen University, 2021, https://www.diva-portal.org/smash/get/diva2:1563233/FULLTEXT01.pdf). Il Sistema degli *smart contract* è stato, infatti, definito come *"trustless trust"*: sul punto si v. K. Werbach, *Trust, But Verify: Why the Blockchain Needs the Law, in Berkeley Tech. L.J.*, 2018, v. 33, p. 489 ss. e spec. p. 497 ss., con richiamo a R. Hoffman, *Why the Blockchain Matters*, in *WIRED*, 2015. Per tale ragione, come attenta dottrina ha già avuto modo di sottolineare, gli *smart contract* combinati con la tecnologia *blockchain* mettono a dura prova la la professionalità dell'avvocato e la natura fiduciaria del rapporto con quest'ultimo: *"Blockchain may have slightly different consequences than most of the other technologies mentioned in that it while it involves automation it also arguably goes beyond mere automation of tasks/skills – or even the idea of undertaking heavy cognitive lifting – and potentially impacts on the equally important role the lawyer of being a trusted third party i.e. the lawyer's fiduciary status. Blockchain is therefore potentially a much more radical disruptor for lawyers/law firms than some other technological innovations, and, as a result some more detailed exploration of its nature and potential application is required (...) The 'smart' contract builds on automation of legal documents and adds this radical twist, especially in the context of blockchain technology – not only can you automate the generation of documents such as contracts (so that, for example, there are technical standards for legal terminology consistent across legal disciplines/jurisdictions) but you can also subsequently execute/enforce that contract. Such smart contracts, combined with the blockchain, challenge the skilled and trusted*

Inoltre, per rendere il sistema degli *smart contract* (che allo stato impone una certa dimestichezza con il funzionamento delle nuove tecnologie) sempre più accessibile agli utenti 'laici', varie start-up con competenze in tema di tecnologia *blockchain* stanno cercando di offrire servizi diretti ai beneficiari, sino a permettere anche all''uomo di strada' di programmare il proprio contratto intelligente [78], rendendo così apparentemente superfluo il ricorso all'opera professionale degli avvocati, quantomeno in relazione a specifiche transazioni *smart* [79].

Tuttavia, tali piattaforme non possono essere considerate, nella realtà dei fatti, succedanee ai professionisti intellettuali, soprattutto in uno scenario in cui l'impiego degli *smart legal contract* è destinato ad estendersi e ad investire un numero sempre maggiore di relazioni contrattuali. Si pensi a un contratto di compravendita di una vettura usata interamente gestito con *smart contract* e registrato su una *blockchain*.

La gestione di tali nuove tecnologie, nel momento in cui esse vengono impiegate per incidere in maniera diretta nella sfera giuridica delle parti che decidono di vincolarsi tramite un programma per elaboratore operante su tecnologie basate su registri distribuiti, non può basarsi *a priori* su un principio di esclusione del sapere esperto del giurista [80]. La relazione inevitabile tra il codice dello *smart legal contract* e il mondo reale conti-

---

nature of the lawyer explicitly, and this, arguably, is the more radical challenge posed by this technological innovation": A. Cunningham, A.D. James, P. Taylor e B. Tether, *Disruptive Technologies & Legal Service Provision in the UK: A Preliminary Study*, cit., pp. 37-39. *Contra* si v. il condivisibile rilievo di M. Giaccaglia, *Gli smart contracts. Vecchi e nuovi(?) paradigmi contrattuali nella prospettiva della protezione dei consumatori*, in *DIMT*, 2020, p. 1, secondo cui: *"sebbene molti abbiano salutato tali evoluzioni tecnologiche come un mezzo per poter costruire un futuro (utopico/distopico?) nel quale non ci sia bisogno dell'operato di avvocati o notai, la cruda realtà appalesa come per l'utilizzo di uno smart contract su blockchain sia necessario l'intervento di vari soggetti"* (p. 5, nota 11). Cfr. B. Di Stefano, N. Pocher e M. Zichichi, *MOATcoin: Exploring Challenges and Legal Implications of Smart Contracts Through a Gamelike DApp Experiment*, in *CryBlock '20: Proceedings of the 3rd Workshop on Cryptocurrencies and Blockchains for Distributed Systems*, 2020, p. 53 e spec. p. 55.

[78] A.U. Janssen e F.P. Patti, *Demistificare gli smart contracts*, cit.

[79] Si pensi alla gestione di pratiche di indennizzo in caso di ritardo di voli aerei già appannaggio dell'attività di alcune start-up e ad eventuali polizze connesse che ben sembrano prestarsi ad essere gestite tramite *smart contract* (si v. *infra*, in questo paragrafo). In dottrina, cfr. C. Poncibò, *Smart Contract: un breve viaggio nel futuro dei diritti dei consumatori*, in *Annuario di Diritto Comparato e di Studi Legislativi*, Edizioni Scientifiche Italiane, Napoli, 2020, p. 1 ss.

[80] S. Templin, *Blocked-Chain: The Application of the Unauthorized Practice of Law to Smart Contracts*, in *Geo. J. Legal Ethics*, 2019, v. 32, p. 957, spec. p. 972: *"it's vital that lawyers get involved in advising on how smart contract logic is coded"* by being involved in the process with engineers. *Instead of alienating advancements in legal technology that provide services at a low cost to consumers, the legal profession should embrace technology, especially smart contracts, to provide cheaper and better legal services for consumers"*.

nua, infatti, ad essere governata dai sistemi di diritto tradizionali [81], benché i peculiari risvolti interpretativi e applicativi connessi a tali soluzioni tecnologiche spesso portino l'interprete ad interrogarsi sulla rilevanza e sulla tenuta delle regole classiche del diritto contrattuale nel disciplinare la nuova realtà ovvero sulla necessità di un loro ripensamento in un'ottica quantomeno adeguatrice [82]. Nonostante, infatti, la comune reinterpretazione della seducente espressione coniata da Lessing *"Code is law"* [83], nel senso dell'affermazione di un primato del linguaggio informatico sull'incertezza della legge, in realtà i contratti sebbene eseguiti in codice continuano ad essere subordinati alla legge che li governa [84]. Identificare la cor-

---

[81] M. Clément, *Smarts Contract and the Courts*, in L.A. DiMatteo, M. Cannarsa e C. Poncibò, *The Cambridge Handbook of Smart Contracts, Blockchain Technology and Digital Platform*, Cambridge University Press, Cambridge, 2020, p. 271 ss. Cfr., tuttavia, l'ambizione di alcuni programmatori di escludere completamente, grazie all'adozione degli *smart contract*, l'operatività del diritto: *"Secondo la visione più estrema, il codice dovrebbe prendere il posto del diritto, poiché è proprio il codice computerizzato – in queste ricostruzioni – a fungere da 'diritto'*. In modo provocatorio Savelyev ha osservato inoltre che gli *smart contract* rappresentano *"l'inizio della fine del diritto contrattuale"* (A. Pajno, M. Bassini, G. De Gregorio, M. Macchia, F.P. Patti, O. Pollicino, S. Quattrocolo, D. Simeoli e P. Sirena, *AI: profili giuridici Intelligenza artificiale: criticità emergenti e sfide per il giurista*, cit., p. 20). Il richiamo è, in particolare, a A. Savelyev, *Contract Law 2.0: «Smart» Contracts as the Beginning of the End of Classic Contract* Law, Higher School of Economics Research Paper n. WP BRP 71/LAW/2016, 2016, SSRN: https://ssrn.com/abstract=2885241 or http://dx.doi.org/10.2139/ssrn.2885241.

[82] Per contro si v. la posizione di taluni Autori che rinvengono nelle caratteristiche tecniche degli *smart contract* una ragione di esclusione della possibilità di applicare le norme generali dei contratti a tale realtà: S. Savelyev, *Contract Law 2.0: «Smart» Contracts As the Beginning of the End of Classic Contract Law*, cit: *"Smart contracts don't have a need in a legal system to exist: they may operate without any overarching legal framework. De facto, they represent a technological alternative to the whole legal system. Apart from conclusions already mentioned above, it means that there is no need in conflict of laws provisions, since there are no collisions of various legal systems. Mathematics is universal human language. Thus, Smart contracts are truly transnational and executed uniformly regardless of the differences in national laws. It is a perfect example of new type of regulator governing relations in cyberspace – Reidelberg's lex informatica or Lessig's "code is law"* (p. 21). Per contro s. v. M. Maugeri, *Smart Contracts e disciplina dei contratti*, cit., 2021, la quale sostiene la tesi secondo cui seppur il diritto dei contratti debba *"adeguarsi, per quanto possibile, ai nuovi fenomeni, riformulando le regole che appaiono distoniche o poco "efficaci" rispetto al funzionamento delle nuove tecnologie"* non risponde al vero che *"l'intero diritto dei contratti abbia perso senso rispetto al modello di circolazione della ricchezza che si avvale delle nuove tecnologie"* (p. 54).

[83] L. Lessing, *Code and Other Laws of Cyberspace*, Basic Books, New York, 1999.

[84] In questi termini si v., *ex multis*, F. Rampone, *Giuristi e informatici: the code is NOT law*, in *Cib. dir.*, 2020, n. 21, p. 2. Conf. si v. E. Mik, *Smart contracts: Terminology, technical limitations and real world complexity*, in *Law Innov. Technol.*, 2017, v. 9, n. 2, p. 269 e spec. p. 283: *"Some blockchain enthusiasts may have misinterpreted the statement "code is law" as implying that code can supersede the law or that decentralized networks create their own legal regimes. Code may guarantee contractual performance or facilitate the transacting process but the instructions it executes must remain within the confines of the law"*. Si v., inoltre, C. Pon-

retta portata dei predicati normativi, da tradurre in linguaggio di programmazione e da eseguire all'interno della *blockchain*, è, dunque, un compito che rimane nell'alveo di competenza del giurista. Il ruolo dell'operatore del diritto che si trova a confrontarsi con la realtà degli *smart legal contract* deve estendersi, pertanto, all'analisi dei profili giuridici connessi all'accordo codificato per assicurare che la semplificazione spesso imposta dai sistemi informatici non infici la volontà delle parti, compromettendo inaspettatamente la costituzione e l'esecuzione dell'accordo. Il giurista, inoltre, è nella posizione di spingersi sino al vaglio di meritevolezza dello specifico *smart legal contract*, a garanzia che i valori giuridici dell'ordinamento non vengano traditi nella contrattazione automatizzata [85]. La circostanza che le clausole contrattuali siano incluse in un codice informatico non le sottrae, infatti, come già anticipato, dall'applicazione del diritto imperativo [86]. In caso di dispute tra le parti, l'avvocato che ha redatto il contratto, seppur nella versione intelligente dello stesso, deve

---

cibò, *Il diritto comparato e la* blockchain, cit., spec. p. 19 ss. Cfr. P. De Filippi e S. Hassan, *The Expansion of Algorithmic Governance: From Code is Law to Law is Code*, in *Field Actions Science Reports*, Special Issue 17, 2017, p. 88 ss.: "*The digital environment opens up the doors to a new form of regulation — by private actors — which might try to impose their own values by embedding them into a technological artefact. As stated by Lessig (1999), "Code is Law": code is ultimately the architecture of the Internet, and — as such — is capable of constraining an individual's actions via technological means (...) Software ultimately ends up stipulating what can or cannot be done in a specific online setting, more frequently than the applicable law, and possible also much more effectively*".

[85] Laddove, per ipotesi, il contratto fosse nullo, in quanto contrario ad interessi ritenuti fondamentali dall'ordinamento giuridico (ad esempio in caso di illiceità della causa, contratto in frode alla legge e così via), l'azione programmata nello *smart contract* risulterebbe comunque destinata ad essere automaticamente eseguita al verificarsi delle condizioni prestabilite dal codice: lo *smart contract*, una volta inserito nella *blockchain*, diviene, infatti, irrevocabile, non potendo più essere annullato, modificato o rimosso. Più in generale sul giudizio di meritevolezza del contratto algoritmico cfr. R. Trezza, *Il contratto nell'era del digitale e dell'intelligenza artificiale*, in *Dir. econ.*, 2021, v. 2, n. 105, p. 287: "*È sicuramente noto a tutti che le parti, nell'esplicazione della loro autonomia, non possano determinare un contenuto del tutto contrario a norme imperative, ordine pubblico e buon costume, n. tanto meno possano scegliere un contratto non tipizzato se questo non sia conforme ai principi dell'ordinamento giuridico vigente. Tale argomentazione va spesa anche in riferimento alla nuova categoria del "contratto algoritmico". Quest'ultimo, infatti, deve necessariamente superare il vaglio di liceità, ma specie quello di meritevolezza*"; da qui la necessità di estendere il vaglio di meritevolezza anche ai contratti che regolano le attività dei sistemi intelligenti: "*Non va sottaciuto, in tale sede, che i valori giuridici su cui si fonda il nostro ordinamento giuridico (primo fra tutti la tutela della persona umana e della sua dignità) debbano essere introiettati – di solito dal programmatore – all'interno dei sistemi intelligenti, costruiti sulle c.d. "variabili algoritmiche", le quali, pur nel rischio di poter essere affette da bias (pregiudizi), vanno corrette proprio in virtù dell'iniezione valoriale. In definitiva, è necessario che un sistema intelligente, e di conseguenza i contratti che lo regolano o che abbiano esso come loro oggetto, venga costruito* ab initio *secondo i valori giuridici di riferimento (etica by design) e venga poi vagliato durante la sua attività e sino alla fase conclusiva (etica by default)*" (pp. 291 e 292).

[86] A.U. Janssen e F.P. Patti, *Demistificare gli smart contracts*, cit.

poter garantire la validità e la tenuta giuridica dell'accordo [87].

Tuttavia, il ruolo del legale nella contrattazione tradizionale, come figura che istilla fiducia nelle relazioni negoziali intervenendo nella fase di negoziazione, di stesura ed interpretazione degli accordi ed eventualmente offrendo supporto in fase di esecuzione dei vincoli contrattuali, soprattutto laddove si verificano ipotesi di mancato o inesatto adempimento, nella contrattazione automatizzata esige dei ripensamenti. L'attività di intermediazione, infatti, non necessariamente si elide, come auspicato dall'avvento della *blockchain*, ma laddove mantenuta muta e cambia aspetto [88]. Il giurista esperto ed adeguatamente formato nell'utilizzo di tali nuove tecnologie, eventualmente inserito in un adeguato ambiente multidisciplinare che lo pone a stretto contratto con altre figure professionali, tra cui *in primis* i programmatori informatici, inizia ad assumere nuovi compiti nell'assistere le parti che intendano avvalersi di questi innovativi strumenti tecnologici e che, nella maggior parte dei casi, non possiedono le conoscenze tecniche per gestire tale tipo di contrattazione.

Negli *smart contract, "il contratto, e quindi il diritto, è contenuto in una formula algoritmica"* [89]: il giurista a confronto con i contratti intelligenti si trova, dunque, in prima battuta, dinnanzi ad un nuovo linguaggio e a dover affrontare un problema di 'traduzione' [90]. Il cambiamento non è di poco conto: la capacità di accedere al significato semantico dell'accordo codificato rappresenta la premessa affinché l'avvocato possa continuare a rappresentare un valore aggiunto anche nella contrattazione automatizzata, conservando il proprio ruolo di garante della validità legale e della conformità degli accordi contrattuali alla volontà delle parti, pur nel rispetto

---

[87] O. Borgogno, *Usefulness and dangers of Smart Contracts in Consumer Transactions*, M. Martin, *Postscript: Smart Contracts and Lawyers*, in L.A. DiMatteo, M. Cannarsa e C. Poncibò, *The Cambridge Handbook of Smart Contracts, Blockchain Technology and Digital Platforms*, cit., spec. pp. 306 e 307. V., inoltre, B. Werthmann, *Legal Drafting and Automation*, in L.A. Di Matteo, A. Janssen, P. Ortolani, F. De Elizalde, M. Cannarsa e M. Durovic, *The Cambridge Handbook of Lawyering in the Digital Age*, Cambridge University Press, Cambridge, 2021, p. 57 ss.: *"Building a smart contract within the relevant legal frameworks or simply being aware of potential legal frameworks and reflecting all these eventualities requires the assistance of legal professionals, for better or for worse"* (a p. 60).

[88] B. Di Stefano, N. Pocher e M. Zichichi, *MOATcoin: Exploring Challenges and Legal Implications of Smart Contracts Through a Gamelike DApp Experiment*, cit., spec. p. 55. Si v., inoltre, A. Walch, *In Code(rs) We Trust: Software Developers as Fiduciaries in Public Blockchains*, in P. Hacker, I. Lianos, G. Dimitropoulos e S. Eich, *Regulating Blockchain: Techno-Social and Legal Challenges*, Oxford University Press, Oxford, 2019.

[89] Così A. Garapon e J. Lassègue, *La giustizia digitale. Determinismo tecnologico e libertà*, cit., p. 132.

[90] C. Poncibò, *Il diritto comparato e la blockchain*, cit., soprattutto p. 104 ss. Si v., inoltre, E. Mik, *Smart contracts: Terminology, technical limitations and real world complexity*, cit., che rileva come allo stato tale traduzione non possa essere demandata a sistemi di intelligenza artificiale.

dell'autonomia contrattuale di queste ultime [91]. Per altro verso, tali rinnovate competenze rappresentano ovviamente la condizione *sine qua non* affinché le parti possano continuare a fidarsi e, di conseguenza, affidarsi alla professionalità di un legale riconoscendone il valore aggiunto.

La capacità di trasporre il linguaggio naturale in linguaggio informatico e viceversa, direttamente o per il tramite di consulenti informatici o *team* multidisciplinari, si pone innanzitutto a garanzia della corretta trasfusione delle volontà negoziali nel protocollo informatico [92]. Il momento è particolarmente delicato: è in questa fase che le modifiche e le correzioni sono ancora concesse; non appena il contratto intelligente viene inserito nella *blockchain* esso diviene immodificabile e la sua esecuzione automatizzata non può essere bloccata, a meno che ciò non sia stato previsto in sede di scrittura del protocollo informatico [93].

---

[91] Cfr. R. Trezza, *Il contratto nell'era del digitale e dell'intelligenza artificiale*, cit., p. 287, che interpreta in maniera critica il recupero nel processo di traduzione dell'attività di intermediazione demandata a terze persone: "(...) *L'uomo, insomma, in tal caso il "programmatore", dovrà sempre intervenire, su impulso delle parti e degli operatori del diritto a modificare le variabili qualora possano portare ad un'alterazione del sinallagma* (...) *Detta attività se da un lato impatta l'utilizzo di questa tecnologia, in quanto l'intermediazione andrebbe a compromettere in ragione dei costi che le parti si troverebbero ad affrontare – l'incentivo economico a ricorrere a tale strumento tecnologico, dall'altro finisce per comprimere anche il nuovo concetto di fiducia, che, si troverebbe nuovamente delegata nelle mani di un soggetto terzo rispetto alle parti interessate dalla contrattazione*" (p. 309). Si v., altresì, R. Trezza, *Diritto e intelligenza artificiale. Etica, Privacy, Responsabilità, Decisione*, Pacini, Pisa, 2020, p. 27, ivi richiamato. V. M. Corrales, M. Fenwick, H. Hapio e E.P.M. Vermeulen, *Tomorrow's Lawyer Today? Platform-Driven LegalTech, Smart Contracts & the New World of Legal Design*, in *Journal of Internet Law*, 2019, p. 3: "(...) *in the context of the digital transformation, an understanding of code is going to be crucial for the lawyer of the future to perform this transaction engineer function effectively. More and more businesses and industries will revolve around code-based products or services, so facilitating transactions—i.e., being an active transaction engineer—will inevitably involve coding to some degree. Such coding will require multidisciplinary teams working in collaboration and the capacity of lawyers to actively participate in such teams will be crucial to their success as legal professionals. The development of Blockchain technologies and smart contracts are particularly relevant in this regard*" (p. 5).

[92] Cfr., tuttavia, l'opinione di chi ritiene che l'intervento congiunto del giurista e dell'informatico non elida comunque il rischio di discrepanza tra la volontà delle parti e il codice: "*while it could be argued that the aforementioned problems of interpreting or supplementing contractual language may be solved by lawyers and coders co-operating in the translation of legal documents into executable code, it must be acknowledged that despite such co-operation neither the parties, nor their lawyers are able to ascertain whether the code of the smart contract correctly reflects the originating legal document. Assuming that the smart contract should mirror this document in all its nuances, there is potential for discrepancies between what was agreed and what was implemented. Such discrepancies are particularly unsettling given that once the smart contract commences self-enforcement, it cannot be stopped or amended*". Da qui la necessità che gli avvocati imparino a redigerei contratti direttamente in codice oppure, stante la scarsa propensione a divenire programmatori, che imparino a concepire i contratti secondo la logica condizionale degli *smart contract*: così E. Mik, *Smart contracts: Terminology, technical limitations and real world complexity*, cit., p. 269.

[93] C. Poncibò, *Il diritto comparato e la blockchain*, cit., alla quale si rinvia, altresì, per

Evidentemente, la soluzione migliore per evitare ambiguità e discrepanze tra i diversi formanti linguistici imporrebbe la redazione diretta del contratto in *code* e questo spingerebbe l'avvocato ad inserire nella propria cassetta degli attrezzi anche gli strumenti del programmatore. Peraltro, laddove l'avvocato intervenisse direttamente nella stesura in linguaggio informativo dello *smart legal contract*, l'obbligazione dallo stesso assunta potrebbe dilatarsi, sino a comprendere non solo il corretto *encoding* delle clausole contrattuali, bensì anche il corretto funzionamento tecnico dell'algoritmo, al fine di impedire che *bugs* di sistema inficino l'auto-esecuzione dell'accordo secondo i termini pattuiti. Imputando alla responsabilità del professionista forense non solo 'la perfezione giuridica' degli accordi contrattuali, bensì anche 'la perfezione tecnica' del codice, la figura del legale impegnato nell'elaborazione dei contratti intelligenti parrebbe mutare e assumere dei nuovi tratti: l'avvocato diventerebbe anche un *"developer and editor of smart contract software solutions"*. In tal modo il campo giuridico dell'azione del professionista legale potrebbe estendersi sino ad inglobare la fornitura sia di contratti intelligenti standard, basati su pacchetti software prestabiliti e testati, sia di *smart contract* più complessi, che implicano una componente di personalizzazione in base alle esigenze contrattuali specifiche delle parti [94].

Appare, tuttavia, più verosimile che, quantomeno nel corto-medio termine, il professionista forense decida di intervenire nella redazione 'intelligente' degli accordi negoziali avvalendosi della collaborazione di un informatico. L'unione delle due *expertise* nella redazione dello *smart contract* non elide completamente il rischio di incongruenze tra la sostanziale volontà delle parti e l'accordo come codificato. Tuttavia, più la comprensione l'uno del linguaggio tecnico dell'altro si affina e la comunicazione tra i due mondi professionali si fa effettiva, più il rischio di discrepanze ed incomprensioni si riduce. Per aumentare il tasso di affidabilità di tale operazione congiunta, il professionista forense, ove decidesse di ricorrere ad uno *smart contract* per regolamentare i rapporti negoziali del proprio cliente, dovrebbe acquisire, dunque, dimestichezza con un nuovo modo di redigere il contenuto degli accordi, anche laddove ciò avvenga attraverso

---

l'analitica descrizione dei quattro cicli di vita del funzionamento dei contratti intelligenti: *"la creazione, il blocco, l'esecuzione e la finalizzazione"* (si v. spec. p. 104 ss.). Si v. inoltre S. A. Cerrato, *Appunti su smart contract e diritto dei contratti*, in *Banca borsa, tit. cred.*, 2020, v. 3, p. 370 ss. e spec. p. 375 ss.

Sottolinea come l'importanza preminente della fase di redazione del contratto dovrebbe comportare una rivisitazione giuridica del diritto contrattuale M.K. Woebbeking, *The Impact of Smart Contracts on Traditional Concepts of Contract Law*, in *JIPITEC*, 2019, n. 10, p. 106, spec. p. 112; in particolare, secondo l'A. gli *smart contract "will place the legal protection ex ante before the legal protection ex post. Western contract laws, however, are based on the opposite premise. This increasing importance of the drafting stage of a contract should be reflected accordingly by the law"*.

[94] M. Martin, *Postscript: Smart Contracts and Lawyers*, cit., p. 307.

il linguaggio naturale. La standardizzazione o replicabilità delle clausole contrattuali non è necessariamente indice della facile adattabilità del disposto contrattuale alla codifica secondo logiche condizionali [95]. Il linguaggio naturale, per sua stessa natura, tende ad accogliere la complessità del reale e si presta a includere e valorizzare, attraverso sfumature interpretative, le circostanze del caso concreto e il contesto storico in cui l'accordo viene stipulato. Nello *smart contract*, per contro, sia la proposizione principale (*if this*) sia quella che ne consegue (*then that*) rispondono a una semantica 'rigida', *"ove il testo non è influenzato dal contesto e non è soggetto ad interpretazione, ma solo ad esecuzione in un determinato ambiente hardware e software"* [96]. Il giurista, consapevole della possibile flessibilità interpretativa del linguaggio naturale ed edotto delle logiche di codificazione algoritmica, dovrebbe cercare di esprimere la volontà negoziale in un modo che risulti più facilmente riversabile nel codice, dettagliando, ad esempio, in maniera strutturata le obbligazioni delle parti e prevedendo condizioni oggettive e misurabili al verificarsi delle quali l'automatica esecuzione deve avverarsi [97].

Inoltre, il professionista forense potrebbe assumere un ruolo rilevante non solo nella codifica degli accordi negoziali, bensì anche in un'eventuale loro traduzione o nella verifica dell'aderenza al protocollo informatico di una traduzione generata da altri. Sebbene lo *smart legal contract* rinvenga il proprio linguaggio nativo nel *code*, possono verificarsi situazioni in cui le parti decidano di avvalersi di una traduzione scritta in linguaggio naturale dell'algoritmo, da affiancare allo *smart contract* [98], oppure casi in cui

---

[95] E. Mik, *Smart contracts: Terminology, technical limitations and real world complexity*, cit.

[96] In questi termini R. Rampone, *Giuristi e informatici: the code is NOT law*, cit.

[97] E. Mik, *Smart contracts: Terminology, technical limitations and real world complexity*, cit.: *"Smart contracts should thus be written by lawyers in a 'controlled legal natural language' that is logical, clear, unambiguous, and comprehensible to programmers"*. Cfr. F. Al Khalil. M. Ceci, L. O'Brien e T. Butle, *A Solution for the Problems of Translation and Transparency in Smart Contracts*, Government Risk and Compliance Technology Center - RCTC, 2017, n. 3, pp. 8, 9: *"more attention should be paid to bridging the gap between a smart contract's legal semantics, business semantics and regulatory semantics and its denotational semantics and ensuring provenance, while guaranteeing the empirical fidelity of the operational semantics. Simply put, it is the lawyers and financial professionals and not computer programmers who should be creating smart contracts"*.

[98] Cfr. M. Maugeri, *Smart Contracts e disciplina dei contratti*, cit., spec. p. 59 ss., la quale analizza anche i diversi riflessi di tale scelta a seconda che si sia in presenza di rapporti negoziali *Business to Consumer* (B2C) ovvero di contratti *Peer to Peer* – P2P (Business to Business o tra due non professionisti). Nell'incertezza circa il trattamento giuridico degli *smart contract* vi è chi sostiene che saranno gli avvocati stessi a proporre di *"redigere un tradizionale contratto cartaceo idoneo a funzionare come una «confezione giuridica» (*legal wrapper*) dello smart contract"*: così A.U. Janssen e F.P. Patti, *Demistificare gli smart contracts*, cit., pp. 43 e 44; e J.G. Allen, *Wrapped and Stacked: «Smart Contracts» and the Interaction of Natural and Formal Language*, in *Eur. Rev. Contract Law*, 2018, v. 14, p. 307, spec. p. 330 ss.

nell'interfaccia utente sia riportata una traduzione in linguaggio naturale *user friendly*, senza tuttavia che ne sia garantita la corrispondenza al codice [99]. L'intervento esperto del giurista dovrebbe allora eliminare il rischio di errori nella traduzione stessa, assicurando la coincidenza tra quanto previsto nel *code* e la prosa legale allegata. Ciò non solo consentirebbe alle parti una maggior facilità di accesso al contenuto semantico dell'accordo, ma andrebbe, altresì, a ridurre l'incertezza e i potenziali problemi giuridici che dalla mancata comprensione della regolamentazione degli assetti contrattuali possono inevitabilmente discendere. I problemi di intellegibilità dello *smart contract* da parte dei contraenti, soprattutto nel caso in cui questi non siano in grado di capire il codice informatico per carenza di competenze, può, infatti, destare dubbi riguardo alla validità del consenso prestato dalle parti e aprire uno spiraglio per l'applicazione della disciplina dei vizi della volontà [100].

Il ruolo di avvocato come consulente delle parti che valutano di affidarsi a meccanismi di contrattazione automatizzata può, inoltre, acquistare valore anche in una fase di valutazione prodromica circa la convenienza e l'opportunità di avvalersi di un algoritmo basato sulla logica del '*if this, then that*' per la gestione degli specifici rapporti contrattuali e, in caso di fattibilità, sull'opportuna estensione di tale dipendenza e sulle concrete modalità ed alternative di realizzazione. Per come l'operatività degli *smart legal contract* è attualmente concepita, non può sottovalutarsi come le relazioni più suscettibili di digitalizzazione siano quelle che si verificano su larga scala, utilizzando flussi di transazioni standardizzabili che dipendono da variabili ed eventi noti o conoscibili, suscettibili di automatizzazione ed eventualmente si avvalgono di 'oracoli' provenienti da fonti attendibili e che si prestano a processi di codifica. Si pensi al con-

---

[99] M. Maugeri, *Smart Contracts e disciplina dei contratti*, cit., spec. p. 32. Cfr. G. Rinaldi, *Smart contract: meccanizzazione del contratto nel paradigma della blockchain*, cit., a cui si rinvia per un approfondimento sul sistema *Ricardian smart contract*, che richiama l'idea elaborata da I. Grigg, *The ricardian contract*, in *Proceedings of the First IEEE international workshop on electronic contracting*, 2004, pp. 25-31, doi: 10.1109/WEC.2004.1319505; si v. inoltre, Id., *On the intersection of Ricardian and smart contracts*, 2015, https://iang.org/papers/intersection_ricardian_smart.html. Sulla nozione di '*Intelligible Contract*' si v. L. Cervone, M. Palmirani e F. Vitali, *The Intelligible Contract*, in *Proceedings of the 53rd Hawaii International Conference on System Sciences*, 2020, p. 1780.

[100] G. Rinaldi, *Smart contract: meccanizzazione del contratto nel paradigma della blockchain*, cit., spec. p. 357; L. Piatti, *Dal Codice Civile al Codice binario: Blockchain e smart contracts*, cit., pp. 337 e 338: "*Il nostro legislatore si occupa del tema della lingua del contratto solo in alcune norme di settore [in nota: Così ad esempio gli artt. 9 e 72 del Codice del Consumo e gli artt. 2 e 3 del D. Lgs n. 427/1998 (in tema di multiproprietà)] e nell'ordinamento notarile, mentre nulla dispone in parte generale nel Codice Civile, lasciando che siano le parti a operare la scelta più adeguata, con la salvaguardia della pronuncia di annullabilità ex art. 1429 c.c. per vizio della volontà, e cioè errore di comprensione del contenuto dell'accordo. La questione, quindi, attiene non tanto all'aspetto formale dell'accordo, ma alla valida espressione della volontà*".

tratto di fornitura di energia elettrica, in cui la fatturazione e l'erogazione può dipendere direttamente dai parametri rilevati dal contatore; alla polizza che prevede un indennizzo in caso di ritardi nel trasporto, ove il *quantum* viene automaticamente corrisposto allorché il ritardo viene registrato nella banca dati pubblica di riferimento; e, ancora, alle polizze assicurative che determinano il premio sulla base del comportamento del conducente registrato attraverso appositi sensori installati sul veicolo [101]. L'applicazione degli *smart contract* trova margini applicativi nel caso in cui a fronte di un inadempimento sia previsto un indennizzo automatico: in particolare, tra le principali applicazioni degli *smart contract* vi è il caso relativo agli indennizzi per cancellazione o ritardo dei voli aerei ai sensi del Regolamento 261/2004 [102]. Con tutta evidenza si tratta di compensazioni che riguardano un numero elevato di utenti, il cui importo è relativamente limitato e che dipendono dal verificarsi di condizioni predeterminate ed oggettivamente verificabili attraverso degli 'oracoli' esterni. Tuttavia, il caso riportato, nella sua apparente semplicità, consente di assaporare la fragilità insita nell'automatismo del rimedio: il Regolamento prevede, infatti, l'esonero della responsabilità della compagnia aerea nel caso in cui il ritardo o la cancellazione del volo siano dipese da "*circostanze eccezionali che non si sarebbero comunque potute evitare anche se fossero state adottate tutte le misure del caso*" (art. 5). L'astrattezza e indeterminatezza del criterio che funge da giustificazione dell'inadempimento mal si presta ad essere codificato nel protocollo informatico, revocando in dubbio la possibilità che il contratto possa essere eseguito del tutto automaticamente [103].

Del pari, esistono accordi che non si prestano ad essere tradotti in enunciati di tipo logico-matematico poiché la flessibilità interpretativa, lungi dal costituire un ostacolo, rappresenta una risorsa e un valore aggiunto nella regolamentazione degli interessi contrattuali delle parti. La necessità di ricorrere – per la regolamentazione dell'assetto delle volontà

---

[101] M. Durovic e A. Janssen, *The Formation of Blockchain-based Smart Contracts in the Light of Contract Law*, in *ERPL*, 2019, n. 6, p. 754 ss., e spec. p. 759.

[102] Regolamento (CE) n. 261/2004 del Parlamento europeo e del Consiglio, dell'11 febbraio 2004, che istituisce regole comuni in materia di compensazione ed assistenza ai passeggeri in caso di negato imbarco, di cancellazione del volo o di ritardo prolungato e che abroga il Regolamento (CEE) n. 295/91, in *GU* L 046 del 17 febbraio 2004.

[103] A.U. Janssen e F.P. Patti, *Demistificare gli smart contracts*, cit., p. 37 ss. Cfr. C. Amato, *Dal diritto europeo dei contratti 1.0 agli smart contracts*, cit., la quale ritiene che tali deviazioni possano comunque essere tradotte in linguaggio informatico così da bloccare l'automatismo dell'indennizzo (spec. pp. 53 e 54, nota 61). A tali A. si rinvia anche per una ricostruzione delle principali applicazioni degli *smart contract*. Sui casi d'uso si v. inoltre W. Prinz e A.T. Schulte (hrsg.), *Blockchain und Smart Contracts: Technologien, Forschungsfragen und Anwendungen*, Fraunhofer Gesellschaft, Sankt Augustin, 2017, p. 22 ss.; M.K. Woebbeking, *The Impact of Smart Contracts on Traditional Concepts of Contract Law*, cit., p. 106.

negoziali – a formule ed istituiti giuridici (tipicamente, le clausole generali) che implicano un certo grado di discrezionalità, quali, ad esempio, il principio di buona fede nei paesi *civilian* o il concetto di *equity* nei paesi di *common law*, escludono *ab origine* la possibilità di ricorrere ad un protocollo di transazione computerizzato. Come anticipato, infatti, il protocollo informatico può essere condizionato solo da variabili gestibili da un punto di vista informatico: anche laddove la fattispecie concreta implichi il ricorso a 'oracoli' esterni (come la registrazione dell'atterraggio in ritardo di un aereo), tali variabili devono essere oggettivamente verificabili, matematicamente gestibili e codificabili. Non solo. Vi sono casi in cui per le parti conservare un certo margine di azione nella fase di esecuzione può essere importante tanto quanto agire liberamente nella fase di conclusione del contratto. Per ipotesi, in talune circostanze potrebbe essere nell'interesse della parte, ad esempio, più che assicurarsi l'adempimento contrattuale, liberarsi dal vincolo negoziale esercitando il diritto di recesso nei termini previsti dalla legge, cedere il proprio contratto oppure domandare la risoluzione del contratto per eccessiva onerosità sopravvenuta [104]. In tutti questi casi, l'automatismo insito del contratto intelligente inficia il volere della parte che potrà recuperare valore solo in punto di esercizio dei rimedi restitutori [105]. In tali ipotesi, l'automatismo nell'esecuzione imposto dal contratto intelligente non consente né ripensamenti, né eccezioni, né considerazione delle eventuali sopravvenienze e quindi mal si concilia con l'interesse delle parti.

Sta, dunque, alla sensibilità del giurista, sostenuta dalla consapevolezza della complessità del diritto, sapere cogliere in una valutazione preliminare le fattispecie che si prestano ad essere codificate in contratti intelligenti, con tutti i vantaggi e i rischi connessi all'utilizzo di tali strumenti, e quelle che, per contro, meritano di continuare ad essere regolamentate attraverso gli strumenti classici del diritto contrattuale tradizionale.

In conclusione, quindi, lo scenario distopico che prevede la soccombenza dei professionisti legali dinnanzi all'inarrestabile affermazione degli *smart contract* combinati con la tecnologia *blockchain* è lungi dal tradursi in una prospettiva concreta [106]. La tecnologia a registro distribuito e le relative applicazioni, come altre forme di sviluppo tecnologico, incluso l'evolversi dell'*Internet of Things*, pur non incidendo direttamente sulla pratica del diritto, sono del pari idonee a ridefinire il mondo professionale

---

[104] Si pensi al caso dell'eccessiva onerosità sopravvenuta *ex* art. 1467 c.c., il *Wegfall der Geschäftsgrundlage*, *ex* § 313 c.c. tedesco o, ancora, all'*imprévision* del diritto francese: sul punto, si rimanda a A.U. Janssen e F.P. Patti, *Demistificare gli smart contracts*, cit., e a T.F.E. Tjong Tjin Tai, *Force Majeure and Excuses in Smart Contracts*, cit.

[105] M. Brignardello, *Prospettive di utilizzo degli smart contracts per la tutela dei diritti dei passeggeri in caso di cancellazione o ritardo del volo*, in *Riv. dir. navig.*, 2019, p. 443.

[106] M. Giaccaglia, *Gli smart contracts. Vecchi e nuovi(?) paradigmi contrattuali nella prospettiva della protezione dei consumatori*, cit.

forense. L'espandersi dell'utilizzo di tali tecnologie nella società determina, infatti, inevitabilmente la necessità dell'avvento sul mercato di un 'tech lawyer', ovvero di un giurista esperto e specializzato in Tecnologia e Diritto che, comprendendo il funzionamento di tali nuove tecnologie e il relativo impatto sul diritto, sappia guidare i clienti nel loro utilizzo. Come efficacemente esemplificato nella *"Guide on the use of Artificial Intelligence-based tools by lawyers and law firms in the EU"*, recentemente pubblicata dal CCBE e dall'ELF (*European Lawyer Foundation*): *"Many clients expect lawyers working for individuals to understand how the most popular crypto-assets infrastructure works in practice, because the lawyer is expected to give advice on such everyday matters as inheritance or divorce where a crypto-asset is involved"* e ancora *"As soon as a specific decentralised application of a DLT becomes socially important, and is used by a large number of people, e.g. consumers, banks, companies etc., people start to have a need to enforce existing rules and regulations in relation to these technologies as well. One may store a crypto asset anonymously, but as soon as people want to buy a house or a car or jewellery with the value of the asset, it will become subject to the same anti-money laundering rules and taxation etc. as with any traditional asset"* [107].

2.2. *Dall'asimmetria informativa alla valutazione diffusa dell'efficienza e sostenibilità economica della prestazione legale*

Lo spaccato offerto sulle principali applicazioni dei sistemi di intelligenza artificiale nel settore legale, seppur non esaustivo, permette di assaporare il potere trasformativo della tecnologia, la cui accelerazione esponenziale costante consente di ritenere plausibile anche l'avveramento di quelle potenzialità che allo stato, seppur intuibili, rimangono ancora inespresse. Ciò che è *disruptive* in tali innovazioni non è solo la tecnologia in sé considerata: è il paradigma professionale veicolato a risultare del tutto innovato.

Vacillano i caratteri classici dell'attività forense, dei quali si è detto nelle pagine precedenti. L'erogazione di un servizio altamente intellettuale per il quale è richiesta una preparazione universitaria e una formazione professionale continua; la personalità della prestazione, l'autonomia ed indipendenza del professionista; la dimensione pubblica e costituzionale del servizio offerto; il necessario rispetto dei principi etici e delle regole deontologiche; la *"prevalenza dell'interesse per la prestazione ottimale rispetto a quello per il massimo guadagno"* [108].

---

[107] CCBE e ELF, *Guide on the use of Artificial Intelligence-based tools by lawyers and law firms in the EU*, cit., p. 13.

[108] In questi termini v. A. Tonarelli, *Organizzare la professione: lo studio legale nel mutamento*, in A. Bellini, F. Alacevich e A. Tonrelli, *Una professione al plurale. Il caso dell'avvocatura fiorentina*, Firenze University Press, Firenze, 2017, p. 133, a p. 137.

L'utilizzo dell'innovazione tecnologica incomincia a fare breccia nel modo di offrire servizi al pubblico e i parametri dell'efficienza e del contenimento dei prezzi entrano a far parte del lessico quotidiano dell'avvocato. Quest'ultimo, infatti, supportato dalla tecnologia, è in grado prestare la propria opera intellettuale in maniera più efficiente e a costi ridotti, così da incontrare gli interessi di una clientela sempre più sofisticata, orientata ad ottenere sempre più e a spendere sempre meno (*"More for less"*, secondo la nota espressione coniata da Susskind [109]).

I clienti più strutturati e abituati a ricorrere al mercato dei servizi legali (il riferimento è *in primis* alle realtà economiche e commerciali di medie e grandi dimensioni) si fanno sempre più sofisticati e sempre meno disposti a spendere per determinate prestazioni professionali di cui non riconoscono il valore aggiunto. In fin dei conti, è proprio con riferimento a questo segmento di domanda che l'asimmetria informativa tra professionista e cliente si assottiglia, stante la ripetitività/ripetibilità dell'accesso ai servizi legali (v. *supra*). Tale situazione rispecchia, invero, un trend più generale: l'innalzamento del livello culturale, la maggior semplicità nell'accesso alle informazioni grazie alla rete, la capacità di comparare servizi simili online, nonché la possibilità di utilizzo diretto di taluni servizi legali grazie all'avanzamento tecnologico portano la clientela ad essere sempre più critica e diffidente verso le prestazioni ricevute e meno deferente nei confronti del professionista [110].

Per quanto attiene al parametro economico, l'interesse dei clienti inizia, dunque, a slittare dalla trasparenza delle tariffe al contenimento delle spese. I meccanismi adottati per rispondere alla prima esigenza, tra cui spicca soprattutto la previsione dei compensi su base oraria [111], mostrano la propria intrinseca debolezza di fronte alla necessità di riduzione dei costi [112]. Ed è in riferimento a tale rinnovata esigenza che l'implementazione tecnologica si rivela un valido alleato per l'avvocato.

Ecco che allora la valutazione della qualità del servizio si fa più complessa, andando a coinvolgere non solamente la soddisfazione del cliente,

---

[109] Così, da ultimo, R. Susskind, *L'avvocato di domani. Il futuro della professione legale tra rivoluzione tecnologica e intelligenza artificiale*, cit., a p. 25 ss. Cfr. A. Smith e N. Spencer, *Do Lawyers Need to Learn to Code? A Practitioner Perspective on the 'Polytechnic' Future of Legal Education*, in C. Denvir (ed.), *Modernizing Legal Education*, Cambridge University Press, Cambridge, 2020, p. 18 e spec. p. 26, che collegano alla generale *"dissatisfaction with the way of legal services have traditionally been delivered"* manifestata dai clienti l'emergere di tre fenomeni: *"increasing cost pressure, a need to minimize legal fees and to demand 'more for less' from external law firms"*.

[110] Così A. Tonarelli, *Organizzare la professione: lo studio legale nel mutamento*, cit., spec. p. 135.

[111] V. *retro*, Parte II, cap. 2, § 3.2.

[112] A.H. Yoon, *The Post-Modern Lawyer: Technology and the democratization of Legal Representation*, in *Univ. Tor. L. J.*, 2016, v. 66, n. 4, p. 456 e spec. p. 458.

ovvero la corrispondenza della prestazione ricevuta ai bisogni manifestati, nonché l'impatto dell'intervento professionale nella e sulla società, in virtù delle esternalità positive connesse al servizio reso; la bontà dell'opera professionale svolta si identifica, altresì, nei parametri dell'efficienza e dell'*affordability* [113].

Con riferimento ai compiti ripetitivi e standardizzabili il valore della prestazione non risiede più, pertanto, solo nella creatività del professionista o nell'applicazione di una sua particolare competenza, bensì anche nel modo in cui il servizio legale viene gestito ed erogato, anche in termini di efficienza e contenimento dei costi. Tale contesto decreta il successo della tecnologia e dell'intelligenza artificiale nel settore legale, che permette l'automatizzazione di compiti legali di *routine*, fornendo risultati più rapidi e precisi in tali compiti circoscritti.

2.3. *L'artigiano del diritto dalle capacità aumentate*

L'altro aspetto completamente nuovo della professionalità forense risiede, dunque, nell'esigenza di reinterpretare la conoscenza e la competenza

---

[113] N. Semple, *Measuring Legal Service Value*, in *U.B.C. Law Review*, 2019, v. 52, n. 3, p. 943 ss., che nel proporre un innovativo modello per la valutazione della qualità dei servizi legali prende in considerazione quattro parametri di base ovvero: 1) "*Effectiveness in accomplishing clients' legal goals and protecting clients' legal interests*" (pp. 952 e 953); 2) "*Affordability*" la quale deriva "*not only from prices that are low in absolute terms, but also from prices that are structured in an affordable way*" (pp. 953 e 954); 3) "*Client experience*" – e.g. "*timeliness*"; "*communication*"; "*transparency*" (pp. 955-958) "*Third party effects*" (pp. 958-960). Secondo l'A. ciascun *provider* di servizi legali possiede punti di forza e debolezza diversi rispetto ai quattro elementi summenzionati; decidendo di privilegiare lo sviluppo di una dimensione del valore, inevitabilmente il professionista sarà portato a cercare compromessi, se non addirittura a sacrificare le altre. Pertanto, diventa fondamentale per il cliente non la ricerca utopica del professionista che eccelle rispetto a tutti e quattro le dimensioni del valore, ma la possibilità di scegliere con consapevolezza il professionista che possiede le caratteristiche maggiormente idonee alle proprie esigenze e più in linea con la propria gerarchia di valori. Per esemplificare tale modello teorico, l'A. provvede, altresì, all'elaborazione di quattro archetipi ipotetici di studi legali, che si pongono a quattro estremi in ragione della priorità accordata alle diverse sfere valoriali: "*The 'All About Results' firm is the best of the four at getting the job done (high effectiveness value). The 'No Frills' firm offers great affordability but modest scores on the other three elements of value. The third firm is 'Service First' – its effectiveness and affordability are mediocre but it offers an outstanding client experience. Finally, the 'Model Citizen' firm offers wonderful contributions to social goals backed by solid, if unspectacular, results on the other three elements of value*" (p. 962).

Non stupisce, pertanto, che anche nel settore legali si sia insinuata la cultura del *reporting*, volta a misurare ed ottimizzare le prestazioni forensi, anche mediante il ricorso agli 'indicatori chiave di prestazione' ('*Key Performance indicators*' – KPIs), mutuando così paradigmi propri della cultura aziendale. In dottrina, si v. C. Pauleau, C. Collard e C. Roquilly, *Key performance Indicators (KPIs): Run Legal with Business Metrics: Will the Legal of the Future Measure Everything It Does?*, in K. Jacob, D. Schindler e R. Strathausen, *Liquid Legal. Transforming Legal Into a Business Savvy, Information Enabled and Performance Driven Industry*, cit., p. 11.

degli avvocati. Sino ad un passato non troppo lontano, gli avvocati, al pari di altri professionisti intellettuali, venivano considerati i depositari esclusivi di un sapere specialistico che solo loro, grazie all'alta formazione e all'abilitazione possedute, erano in grado di maneggiare ed applicare a situazione concrete, in modo da concorrere, con la propria attività, alla corretta amministrazione della giustizia. Tale assunto è oggi revocato in dubbio; alla base dell'implementazione di nuovi modelli derivanti dall'applicazione tecnologica, vi è, infatti, la consapevolezza che il servizio offerto dall'avvocato sia scomponibile in varie attività e compiti, alcuni dei quali, soprattutto in ragione della loro ripetitività intrinseca e dello scarso valore intellettuale, possono essere standardizzati e sistematizzati [114]. Non tutti questi sottoservizi richiedono l'intervento dell'avvocato tradizionale, artigiano del diritto; al contrario, come emerge dall'analisi che precede, molte di tali attività, rutinarie e standardizzabili, possono essere automatizzate e gestite con più facilità ed efficienza attraverso il ricorso a nuove soluzioni tecnologiche.

Il nodo focale, tuttavia, rimane l'individuazione di quelle attività giuridiche che stanno divenendo delle '*commodities*', e che per ciò stesso potranno essere suscettibili di standardizzazione e replicabilità, anche attraverso l'utilizzo degli strumenti tecnologici: è possibile ravvisare delle aree di intervento giuridico da considerarsi totalmente routinarie? Sarebbe astrattamente possibile definire la redazione di tutti i contratti di locazione come attività di routine, standardizzabili secondo la logica del '*one fit for all*'? I processi di *due diligence* possono considerarsi replicabili automaticamente? [115]

Tracciare confini tra compiti delegabili alle macchine e azioni che postulano l'imprescindibile intervento professionale umano, definendo limiti invalicabili, non è un'operazione di poco conto.

Le attuali applicazioni della tecnologia, che gettano luce sulle potenzialità dell'innovazione nel campo legale, e la costante opera di discernimento del giurista, consentono oggi di decretare la definitiva automazione di specifiche e circoscritte attività quali, ad esempio, la gestione documentale e delle pratiche, la contabilità e la fatturazione, in considerazione del loro alto grado di ripetitività e standardizzazione, nonché di prevedibilità e di controllo. Altri compiti quali, ad esempio, le attività di *due diligence,* di produzione di documenti e contratti, di analisi e di ricerca legale, stanno vivendo una fase di informatizzazione crescente. Allo stato sono solo in parte automatizzabili, in quanto continuano a postulare, in qualche misura, l'intervento del professionista, prima, durante e/o successivamente all'operare del sistema tecnologico, in fase di controllo e perfezionamento degli *outputs*. Altre innovazioni, quale la diffusione degli *smart contract*

---

[114] R. Susskind, *L'avvocato di domani. Il futuro della professione legale tra rivoluzione tecnologica e intelligenza artificiale*, cit., ed in particolare p. 46 ss.

[115] Così V. Martinez, *Innovation and future of law firm*, in M. Benichou (a cura di), *Innovation and Future of the Legal Profession in Europe*, Bruyland, Bruxelles, 2017, pp. 98 e 99.

connessi alla tecnologia *blockchain*, possono addirittura ampliare gli spazi di operatività di quei giuristi disposi ad uscire dalla propria zona di *confort* e affinare nuove competenze.

Stiamo vivendo in una fase di cambiamento e di passaggio, e mentre tale fotografia viene scattata i dettagli già diventano sfocati. La velocità e la pervasività con cui l'intelligenza artificiale e il ML si stanno sviluppando continuano a mettere in discussione, sino talvolta a revocare in dubbio, gli assunti su quali compiti ed attività possano ritenersi completamente automatizzabili e quali, per contro, non possano prescindere dalla professionalità e sensibilità umana [116], in un continuo movimento di avvicinamento dei secondi verso i primi [117].

Il comune denominatore di tali innovazioni è, comunque, l'asservimento degli strumenti tecnologici al genio dell'avvocato. In questi casi, infatti, la tecnologia si pone al servizio del diritto, o meglio, del suo esercizio quotidiano. L'avvocato continua a detenere il suo primato d'azione, ad essere custode della legge, della sua interpretazione ed applicazione. La tecnologia, tuttavia, gli permette di svolgere il consueto lavoro con tempi e costi ridotti. La capacità dell'avvocato non è dunque sostituita bensì, in qualche maniera, aumentata [118].

Allo stato attuale, considerando il grado di sofisticatezza delle soluzioni tecnologicamente sviluppate nel settore legale, il lavoro e la competenza dell'avvocato non sono in discussione nel momento in cui il professionista è comunque chiamato a supervisionare e guidare i sistemi di intelligenza artificiale nell'apprendimento, a verificare gli *outputs* generati dalle macchine, a provvedere all'elaborazione della strategia o ad occuparsi della rappresentanza e difesa delle parti fuori e dentro il processo [119].

Vi sono, infatti, ambiti della professione ove la tecnologia, allo stato di sviluppo odierno, non risulta in grado di scalzare, sostituire e replicare le prestazioni intellettuali più proprie del professionista forense, quali le "*manifestazioni di volontà, di giudizio, di creatività e di consapevolezza*" [120] oltre che di intelligenza emozionale e sociale [121]. Gli attuali algoritmi di in-

---

[116] M. Bues e E. Matthaei, *LegalTech on the Rise: Technology Changes Legal Work Behaviours, But Does Not Replace Its Profession*, cit., spec. p. 105.

[117] "*Technological advances mean that the set of tasks capable of automation is increasing over time*": così J. Armour, R. Parnham e M. Sako, *Augmented Lawyering*, ECGI Working Paper Series in Law, Working Paper N. 558/2020, 2020, p. 13.

[118] J. Armour, R. Parnham e M. Sako, *Augmented Lawyering*, cit.

[119] C. Lemke, *Conclusion*, in M. Benichou (a cura di), *Innovation and Future of the Legal Profession in Europe*, cit., p. 82. M. Bues e E. Matthaei, *LegalTech on the Rise: Technology Changes Legal Work Behaviours, But Does Not Replace Its Profession*, cit., p. 105 ss.

[120] D. Marongiu, *L'intelligenza artificiale "istituzionale": limiti (attuali) e potenzialità*, cit.

[121] M. Bues e E. Matthaei, *LegalTech on the Rise: Technology Changes Legal Work Behaviours, But Does Not Replace Its Profession*, cit., p. 105.

telligenza artificiale non riescono ad emulare processi cognitivi avanzati, quali *"logical reasoning, comprehension, meta-cognition or contextual perception of abstract concepts"*, pur indispensabili ed imprescindibili nell'agire nel contesto legale [122].

Più le consulenze sono sofisticate, più esse richiedono un alto grado di personalizzazione. In tali casi, dunque, la competenza umana rimane imprescindibile; l'avvocato continua ad essere chiamato a vagliare e scrutinare soluzioni legali distinte, ad individuare e consigliare, ponderati i benefici e i rischi, la soluzione migliore per il cliente, a giustificare la preferibilità di una particolare soluzione legale rispetto alle alternative, non potendo, in questi casi particolari, permettersi di richiamare la mera operatività di un algoritmo. Anche laddove ci si trovi al cospetto di soluzioni generate grazie alla tecnologia e all'intelligenza artificiale, rimane, comunque, riservata all'avvocato la capacità strategica di filtrare e selezionare gli *outputs* prodotti dai software migliori, più semplici, più strategici, più convenienti per il cliente [123] e, eventualmente, rielaborarli in funzione del risultato ultimo perseguito dal cliente stesso [124]. Similmente, nell'ambito della difesa in giudizio, sembra arduo ipotizzare nell'imminenza una possibile rinuncia all'*"eloquio dell'avvocato in carne e ossa"* [125]. A ciò si somma l'aspetto fiduciario che connota la relazione tra avvocato e cliente che, per un'ampia fascia di bisogni giuridici e per una significativa parte di clientela, non può dirsi allo stato sacrificabile [126]. Anche l'interazione e la comunicazione con i clienti, che comportano l'utilizzo di un alto livello di intelligenza sociale, non paiono allo stato differibili all'intelligenza artificiale [127]. Impossibile per i sistemi di ML, a causa dell'assenza di un quantitativo sufficiente di dati su cui basare l'apprendimento, cimentarsi nel-

---

[122] *Ivi*, pp. 93 e 94.

[123] G. Vaciago *Opportunità e cambiamenti dei servizi legal tech all'interno dei contesti italiano ed europeo*, cit., p. 247.

[124] Sulla possibilità di delegare all'intelligenza artificiale solo la fase di *'prediction'* salvo poi riservare agli avvocati il *'judgement'* v. M. Legg e F. Bell, *Artificial Intelligence and the Legal Profession: Becoming The AI_Enhanced Lawyer*, cit., che offrono un'ampia definizione di quest'ultimo concetto: *"In terms of the lawyer's role, judgement is the capacity to make sensible or good decisions to achieve an outcome that is beneficial, or at least less harmful, for a client from a range of possible actions. Judgement is multidimensional, and involves combining a range of inputs, often both legal and non-legal, through using a range of human skills such as experience, empathy and creativity. Judgement also involves an ethical component (moral judgement), as it gives rise to the consideration of consequences for the client"* (p. 37).

[125] Così G. Lusardi, *Esperimenti di tecnologie avanzate nella professione legale*, cit., pp. 411 e 251.

[126] G. Vaciago *Opportunità e cambiamenti dei servizi legal tech all'interno dei contesti italiano ed europeo*, cit., p. 247.

[127] J. Armour, R. Parnham e M. Sako, *Augmented Lawyering*, cit., p. 18; J. A. Flood, *Legal professionals of the future: Their ethos, role and skills*, 2019, SSRN: https://ssrn.com/abstract=3315855 or http://dx.doi.org/10.2139/ssrn.3315855.

l'esecuzione di prestazioni che non sono soggette ad essere ripetute e che possiedono un carattere di novità; quest'ultime rimangono, pertanto, di appannaggio esclusivo della creatività dei professionisti forensi [128].

Laddove la tecnologia è in grado di rimpiazzare attività professionali e processi di lavoro suscettibili di standardizzazione, il vantaggio che ne discende per l'avvocato non può essere circoscritto all'avveramento della logica del *"more for less"*: adattarsi al progresso tecnologico conferisce all'avvocato la possibilità di aumentare la propria produttività, fattore irrinunciabile nel sistema attuale, ove efficienza e flessibilità contribuiscono a delineare la qualità della prestazione. Al contempo, le tecnologie *disruptive* si spingono oltre, offrendo alle professioni inedite possibilità di valorizzazione del proprio capitale umano [129].

D'altra parte, dirottare l'esecuzione di compiti banali e routinari verso soluzioni automatizzate, permette all'avvocato di dedicare il proprio tempo ed impiegare le proprie competenze esclusivamente per l'esecuzione di compiti più significativi, creativi, strategici e di alto valore aggiunto [130].

Anche nel caso in cui l'attività risulti solo in parte soggetta ad automazione, il valore della prestazione altamente qualificata resa personalmente dal professionista legale risulta comunque accresciuto rispetto alla pratica tradizionale del diritto, in quanto può basarsi su *outcomes* generati da sistemi tecnologici, implementati per l'esecuzione di fasi prodromiche o ancillari [131], e beneficiare dell'affidabilità di tali soluzioni [132].

---

[128] Si tratta di quei servizi che la dottrina inglese definisce come *"Bespoke"*: così J. Armour, R. Parnham e M. Sako, *Augmented Lawyering*, cit., p. 18, ove il lavoro *"exclusively 'bespoke'"* viene caratterizzato come *"novel in character and unlikely to be repeated"*; R. Susskind, *L'avvocato di domani. Il futuro della professione legale tra rivoluzione tecnologica e intelligenza artificiale*, cit.

[129] J. Armour, R. Parnham e M. Sako, *Augmented Lawyering*, cit.; M. Legg e F. Bell, *Artificial Intelligence and the Legal Profession: Becoming The AI_Enhanced Lawyer*, cit.

[130] In generale, sull'effetto dell'avvento tecnologico sul mercato del lavoro e, in particolare, per un approfondimento della tesi secondo cui *"automation technology also increases productivity, and via this channel, (...), it contributes to the demand for labor in non-automated task"* si v. D. Acemoglu e P. Restrepo, *Automation and New Tasks: How Technology Displaces and Reinstates Labor*, in *J. Econ. Perspect.*, 2019, v. 33, n. 2, p. 3.

[131] J. Amour, R. Parnham e M. Sako, *Unlocking the potential of AI for English Law*, cit., i quali identificano tre distinte ipotesi di cambiamento legate all'avvento della tecnologia nei servizi legali: 1. la sostituzione delle macchine agli umani per lo svolgimento di taluni specifici compiti; 2. l'aumento di produttività dei lavoratori che svolgono prestazioni che non possono essere automatizzate, ma che si basano sull'automatizzazione della prima categoria di attività; 3. l'implementazione di sistemi automatizzati che creano nuovi ruoli per gli esperti (p. 67 ss.). Nel senso che la tecnologia possa migliorare le *performance* dei professionisti rispetto allo svolgimento anche delle prestazioni che allo stato non risultano automatizzabili si rinvia, su tutti, a D. H. Autor, F. Levy e F.J. Murnane, *The skill content of recent technological change: An empirical explotation*, in *Q. J. Econ.*, 2003, v. 118, n. 4, p. 1279 ss.; D.H. Autor, *Why are there still so many jobs? The history and future of workplace automation*, in *J. Econ. Perspect.*, 2015, v. 29, n. 3, p. 3 ss.

3. *Sviluppi nell'organizzazione del lavoro: l'avvocato nell'economia della piattaforma, tra nuovi* providers *e nuovi clienti*

L'ingresso di soluzioni tecnologiche che scardinano la tradizionale strutturazione del mercato dei servizi legali, si connettono indissolubilmente e amplificano gli effetti di cambiamenti già in atto e che coinvolgono ambedue gli attori della relazione, ovvero professionisti e clienti. Come già anticipato, infatti, l'ingresso della tecnologia nel mercato dei servizi legali investe con i propri effetti indistintamente sia il lato dell'offerta dei servizi, sia quello della domanda, modificandone in modo sostanziale i tratti classici e caratteristici.

Per quanto riguarda il lato dell'offerta, la figura unica dell'avvocato affermatasi tra l'Ottocento e il Novecento, che accorpa in sé le funzioni di rappresentanza e difesa, e domina il campo giuridico offrendo la propria opera in un regime di indiscusso monopolio (v. Parte I, cap. 1), nell'interesse del proprio cliente e della collettività, risulta ormai uno sbiadito ricordo. E con essa anche la visione conservatrice sul modo in cui i servizi legali possono essere forniti [133].

Il professionalismo classico, fondato sul "*monopolio della conoscenza, nell'ethos di servizio e nell'autonomia rispetto ai clienti*" [134], sembra sempre più sfumare e tra i vari modelli emergenti vi è quello del "*professionalismo commercializzato*" [135], dove la possibilità di creare profitto per i clienti diventa una priorità, e il nuovo paradigma etico si genera e forgia all'interno delle grandi realtà legali, *law firms* e *corporations*. La digitalizzazione si innesta, pertanto, in un processo più ampio già in atto, le cui forze trainanti si concretizzano nella "*'internalizzazione del principio della gerarchia, la standardizzazione dei processi di lavoro, la soggezione al controllo manageriale, l'appoggio a forme esterne di regolazione e il riferimento a sistemi di valutazione basati su obiettivi e legati al risultato*" [136].

---

[132] D.H. Autor, F. Levy e F.J. Murnane, *The skill content of recent technological change: An empirical explotation*, cit., spec. p. 1285, ed ivi il richiamo a P.F. Drucker, *The Practice of Management*, Harper Press, New York, 1954, che già negli anni '50 aveva sostenuto la tesi secondo cui: "*The technological changes now occurring will a big step further. They will not make human labor superfluous. On the contrary, they will require tremendous numbers of highly skilled and highly trained men—managers to think through and plan, highly trained technicians and workers to design the new tools, to produce them, to maintain them, to direct them*" (p. 22).

[133] R. Susskin, *L'avvocato di domani. Il futuro della professione legale tra rivoluzione tecnologica e intelligenza artificiale*, cit.

[134] Così A. Bellini e A. Tonarelli, *Studi legali digitali. Una «rivoluzione silenziosa», informale e dal basso*, in *Quad. Rass. Sind. – Lav.*, 2008, n. 2, p. 121 e spec. a 122.

[135] G. Hanlon, *«Casino Capitalism» and the Rise of the «Commercialised» Service Class – An Examination of the Accountant*, in *Crit. Perspect. Account.*, 1996, n. 7, p. 339 ss.; Id., *Professionalism as Enterprise: Service Class Politics and the Redefinition of Professionalism*, in *Sociology*, 1998, v. 32, n. 1, p. 43 ss.

[136] A. Bellini e A. Tonarelli, *Studi legali digitali. Una «rivoluzione silenziosa», informale e dal*

L'avvento tecnologico non fa altro che accelerare queste linee di sviluppo, al contempo creando nuovi margini di cambiamento in termini di organizzazione del lavoro. I parametri della flessibilità temporale e spaziale, che nelle realtà legali strutturate e nei dipartimenti 'Affari interni' delle grandi organizzazioni si riducono a una possibile rimodulazione degli orari degli avvocati dipendenti da tempo pieno a part time, secondo le tipiche logiche dei rapporti subordinati, acquistano una portata diversa e più marcata. Il netto sviluppo delle tecnologie di connessione, comunicazione e condivisione, consentono al professionista di prestare la propria opera anche al di fuori dello studio, e soprattutto da remoto, sostituendo la propria presenza fisica in ufficio ad una connettività potenzialmente ininterrotta [137]. A fronte dell'impossibilità per l'avvocato di disconnettersi completamente dal lavoro e dai clienti, la sua visibilità nei confronti dei clienti si fa esponenziale andando ad alimentare ed intensificare l'immagine che l'avvocato ha di sé, che gli impone una disponibilità, anche in termini di tempo, illimitata nei confronti del cliente e una dedizione completa al proprio lavoro.

Peraltro, non si può sottovalutare come l'emergenza pandemica Covid-19 abbia dato un'ulteriore spinta verso nuove modalità di organizzazione del lavoro, soprattutto mediante l'accettazione di forme di lavoro 'agile' e lo sviluppo di contesti lavorativi destrutturati e dematerializzati, mediante l'utilizzazione massiva della tecnologia [138].

3.1. *L'avvento delle* virtual law firms

Nel settore legale, la nuova forma di organizzazione del lavoro si traduce nell'avvento e nello sviluppo delle cc.dd. *virtual law firms*, ovvero di contesti interamente dematerializzati, costruiti sul modello della piatta-

---

basso, cit., p. 122 ss.; J. Faulconbridge e D. Muzio, *Re-inserting the Professional in the Study of PSFs*, in *Glob. Netw.*, 2008, v. 7, n. 3, p. 249 ss.; J. Evetts, *Similarities in Contexts and Theorizing: Professionalism and Inequity*, in *Prof. Prof.*, 2012, v. 2, n. 2, p. 1 ss.; Id., *Short Note: The Sociology of Professional Groups: New Directions, in Curr. Sociol.*, 2006, v. 54, n. 1, p. 133 ss.

[137] Cfr. R. Susskind, *L'avvocato di domani. Il futuro della professione legale tra rivoluzione tecnologica e intelligenza artificiale*, cit., a p. 57 che definisce il fenomeno degli avvocati che lavorano part time da casa come *home-sourcing*. Per quanto riguarda le conseguenze di questa flessibilità per le avvocate, con particolare riferimento al perdurare nel mondo dell'Avvocatura della differenziazione di genere sul piano qualitativo si v. *infra*, Parte II, cap. 4.

[138] Con riferimento alla normativa emergenziale italiana e allo *smart working* si v., *ex multis*, C. Alessi e M.L. Vallauri, *Il lavoro agile alla prova del Covid-19*, in O. Bonardi, U. Carabelli, M. d'Onghia e L. Zoppoli, *Covid-19 e diritti dei lavoratori*, Ediesse, Roma, 2020, p. 131 ss.; L.M. Munerati, *La normativa di emergenza in Italia nell'ambito del diritto del lavoro e della sicurezza sociale*, in *e-Revista Internacional de la Protección Social*, 2020, v. 1, n. 1, p. 39 ss.; F. Malzani, *Il lavoro agile tra opportunità e nuovi rischi per il lavoratore*, in *Dir. lav. merc.*, 2018, n. 1, p. 17 ss.

forma, in cui l'incontro tra professionisti con competenze distinte e complementari, si avvera in un ambiente collaborativo estremamente flessibile [139]. Più ampia e variegata risulta essere la comunità professionale, maggiore è la possibilità di offrire soluzioni personalizzate ai clienti, con tempi e costi contenuti e senza compromissione sul piano qualitativo.

In realtà, all'interno della categoria delle *virtual law firms* possono convogliare diverse esperienze, anche molto distanti fra loro. Ad uno degli antipodi si pone la riproposizione del contesto digitale dell'organizzazione classica e piramidale degli studi legali. In tale caso, è l'ambiente in cui la realtà professionale viene presentata, quello digitale appunto, che muta e si innova Per contro, l'organizzazione della struttura rimane sostanzialmente invariata, con un numero ristretto di soci al vertice e professionalità di variegato livello (associati, para-legali, praticanti e non avvocati), le quali si collocano nei segmenti gerarchici inferiori, numericamente più nutriti, e svolgono la propria opera in maniera più o meno tradizionale.

All'altro estremo del modello si collocano, invece, quelle realtà che, sfruttando il ruolo di intermediazione proprio dalla piattaforma, agevolano l'incontro tra offerta di servizi giuridici e domanda di supporto legale, oppure convogliano la ricerca da parte di professionisti legali verso altri avvocati, talvolta particolarmente specializzati, i quali si rendono disponibili per collaborazioni saltuarie e circoscritte, legate a specifiche esigenze o progetti definiti del richiedente. Queste soluzioni, gettando gli avvocati nella realtà delle piattaforme, scardinano e sovvertono le tradizionali logiche di incontro e relazione.

In particolare, le piattaforme che servono il mercato B2B, si occupano di mettere in contatto dipartimenti e studi legali con esperti giuridici, i quali, a seconda dei modelli, possono qualificarsi come dipendenti della piattaforma ovvero liberi professionisti. Questi ultimi si presentano solitamente ai potenziali datori di lavoro tramite profili personali, da cui è possibile cogliere le capacità e le competenze professionali, oltre al livello di gradimento espresso dai precedenti fruitori del servizio [140]. Ricorrendo

---

[139] M. Fenwick, W.A. Kaal e E.P.M. Vermeulen, *Legal Education in the Blockchain Revolution*, cit., spec. p. 360 ss.; M. Fenwick e E.P.M. Vermeulen, *The Lawyer of the Future as "Transaction Engineer": Digital Technologies and the Disruption of the Legal Profession*, cit., p. 256; M. Fenwick, W.A. Kaal e E.P.M. Vermeulen, *Future Lawyers: how to stay up to date with legal tech revolution*, in J. Madin (ed.), *Fintech. Law and Regulation*, Edward Elgar, Cheltenham, UK-Northampton, Mass., 2019, p. 418, e spec. p. 429 ss.

[140] P. Glock e A. Weiß, *Legal Service Platforms: Balancing Commercial and Common Interests*, in K. Jacob, D. Schindler e R. Strathausen, *Liquid Legal: Towards a Common Legal Platform*, Springer, Cham, 2020, p. 563, a p. 573. Si v., a titolo esemplificativo, la società olandese *LawyerlinQ* o la tedesca *Digitorney*, che offrono a studi o dipartimenti legali la possibilità di incontro con altri esperti del settore, così da garantire l'*insourcing* di conoscenze specialistiche e competenze particolari per affrontare progetti complessi (p. 430). Per un approfondimento sulla società tedesca v. Digitorney, *White Paper*, 2018, https://group.digitorney.com/wp-content/uploads/2018/12/Digitorney-STO-Whitepaper_20181214.pdf: *"On be-*

ad avvocati *on demand,* lo studio o il dipartimento legale che si avvale del servizio di intermediazione ha la possibilità di attingere alla competenza e conoscenza di esperti conformemente alle proprie esigenze in maniera agile e flessibile. A seconda del tipo di piattaforma, gli avvocati possono essere, infatti, a disposizione per sostituzioni temporanee, assunzioni definitive, ovvero per l'erogazione di prestazioni limitate per far fronte a incrementi di lavoro del richiedente o progetti specifici e circoscritti [141].

3.2. *L'emersione delle* 'online matching platform'

A fianco alle piattaforme di intermediazione B2B vanno diffondendosi quelle che governano le relazioni B2C, ovvero l'incontro tra avvocati e clienti potenziali.

In realtà, oltreoceano i primi tentativi di strutturazione di piattaforme per facilitare l'incontro tra clienti ed avvocati precedono l'avvento della quarta rivoluzione industriale. È *LegalMatch* [142] a guidare il cambiamento nel mercato dei servizi legali californiano, permettendo agli utenti di presentare il proprio caso online e individuando, tra i propri aderenti, in base a parametri di competenza e distribuzione geografica, gli avvocati potenzialmente adatti a trattare la questione giuridica sottoposta all'attenzione della piattaforma. I professionisti selezionati potranno presentarsi al potenziale cliente, condividendo il proprio profilo e indicando in maniera trasparente le tariffe applicate, per guidare ed agevolare il cliente nella scelta. L'attuale diffusione di *'online matching platform'* [143], in un contesto sempre più dematerializzato e flessibile, non sorprende. I benefici per i professionisti sono evidenti: i costi e tempi di ricerca di potenziali clienti,

---

half of companies, we identify and propose suitable lawyers for the individual case in a digital and unbiased manner based on predefined search criteria – worldwide and in all fields of business law". Si v. anche *UpCounsel,* che sul proprio sito descrive nei seguenti termini il servizio offerto: "*POST YOUR JOB. Get started by telling us about your business and legal needs. It only takes a minute and your information is strictly confidential. GET PROPOSAL. Our proprietary algorithm matches you with attorneys most qualified to handle your specific legal work. You can review proposals and schedule free consultations with no obligation. HIRE YOUR LAWYER. When you're ready, instantly hire the attorney that's right for you. Use our features to easily collaborate online and ensure your information stays safe and secure*": https://www.upcounsel.com/howitworks.

[141] Cfr. *Legal IO,* la piattaforma fondata alla Stanford University che offre tre soluzioni di impiego distinte: "*Legal Staffing, Flex Counsel, Recruitment*": https://www.legal.io/solutions#why-nav.

[142] https://www.legalmatch.com/.

[143] S. Achimalbe, *Will Client-Matching Services Turn Participating Lawyers into Uber Drivers?,* in *Above the Law,* 2014; J. Smith, *Online Matchmakers Offer New Way to Find Legal Help,* in *WSJ,* 2 dicembre 2013: https://www.wsj.com/articles/online-matchmakers-offer-small-firms-new-way-to-find-legal-helponline-matchmakers-give-small-firms-new-way-to-find-legal-help-1383852148.

notoriamente a carico del prestatore di servizio, nel meccanismo della piattaforma risultano assorbiti dall'intermediario. A fronte del pagamento di un canone mensile alla piattaforma, gli avvocati sono in grado di raggiungere i clienti in maniera più agile ed efficiente rispetto all'uso del tradizionale sistema pubblicitario; inoltre, la clientela risulta già selezionata dall'intermediario e, pertanto, all'avvocato verranno presentati solo casi rientranti nell'ambito di sua competenza ed interesse [144]. Gli effetti positivi in capo ai clienti che scelgono di ricorrere a meccanismi di '*marketplaces* per avvocati' sono altrettanto facilmente intuibili. Essi sono posti nella condizione di risparmiare tempo ed energia nella ricerca del professionista adatto e di perfezionare la propria scelta in maniera più informata e consapevole rispetto a quanto accadrebbe percorrendo le vie tradizionali di ricerca e selezione, ove l'accesso a profili verificati e costi trasparenti non è garantito.

In un'economia di mercato che pone sempre più al centro il cliente [145], l'assunto funzionalista, secondo cui solo i professionisti stessi possono giudicare la qualità dell'opera prestata, inizia a perdere di consistenza [146]. Nell'ambiente digitale, in generale, e nella realtà delle piattaforme, in particolare, la sovversione di tale paradigma si traduce nell'emersione dei meccanismi di *peer-review*, ove gli utenti che si sono avvalsi dell'opera del professionista sono chiamati a valutare la propria esperienza 'di consumo' e le recensioni verificate divengono valutazioni ufficiali idonee ad influenzare le scelte di futuri potenziali clienti.

Tuttavia, anche tale nuovo approccio di valutazione della qualità della professionalità non è immune da rischi; il principale fattore di pericolo risiede nel fatto che, sebbene tutti i clienti siano potenzialmente in grado di condividere la propria esperienza di consumo esprimendo un giudizio di valore sul servizio ricevuto con un'eco che si amplifica grazie alla rete, solo una ristretta cerchia possiede gli strumenti idonei per esprimere una valutazione oggettiva e razionale. L'accesso ai servizi legali in maniera ripetuta, condizione tipica, tra le altre, delle grandi realtà economico-commerciali o delle istituzioni pubbliche, così come la conoscenza del mondo giuridico, propria ad esempio dei dipartimenti legali interni che decidono di affidare all'esterno determinate attività legali, consentono al cliente di maturare metri di paragone per una valutazione obiettiva e ad ampio spettro della prestazione ricevuta, in termini di efficienza, efficacia, economicità ed esternalità positive generate in favore della collettività. Per contro, le piccole realtà commerciali o i clienti individuali, che si avvalgo-

---

[144] P. Glock e A. Weiß, *Legal Service Platforms: Balancing Commercial and Common Interests*, cit., spec. p. 571.

[145] N Sample, *Measuring Legal Service Value*, in *U.B.C. Law Review*, 2018, v. 52, n. 3, p. 943; J. Furlong, *Law is a Buyer's Market*, Law21 Press, Toronto, 2017, pp. 1-15.

[146] N. Sample, *Measuring Legal Service Value*, cit., a p. 963.

no in maniera occasionale dell'opera dei professionisti forensi e che non posseggono alcuna nozione del mondo legale, sono possessori di strumenti ridotti per valutare l'effettività dell'intervento professionale, la congruità del prezzo o gli effetti positivi generati sui terzi [147]. Essi saranno, presumibilmente, portati ad assumere come parametro di soddisfazione l'aspetto economico, inteso nella sua riduttiva accezione di costo contenuto; ovvero la corrispondenza di quanto ottenuto rispetto alle aspettative riposte nel supporto professionale [148]; aspettative che, tuttavia, possono essere facilmente manipolate e falsate dal comportamento del professionista stesso [149]. Tale tipologia di cliente può, eventualmente, rivelarsi una buona fonte di giudizio nella valutazione delle competenze comunicative proprie del professionista al quale si è affidato e della sua relativa capacità di interazione e coinvolgimento del cliente, in vista della costruzione di una relazione professionale trasparente e rispettosa [150]. Tuttavia, come anticipato, ciò integra uno solo dei possibili parametri intorno al quale il valore del servizio legale si struttura e si forgia.

3.3. *L'impatto di* outsourcing *e* opensourcing *nella pratica forense*

In entrambi i modelli sopra descritti, la piattaforma figura come intermediario tra professionisti distinti (B2B) nel primo caso, e tra clienti e

---

[147] A. Paterson, *Peer Review and Quality Assurance*, in *Clinical L. Rev.*, 2007, v. 13, n. 2, p. 757, spec. a p. 764: "*Rooted in the consumerist approach to quality, this measure relies on clients' perceptions of the quality of service that they have received. However, in the service quality field what the client perceives may differ from the conclusion that an objective specialist in the field would draw. Some key factors such as the proper price for the job, the length of time it should take, and what should constitute an acceptable outcome, are matters on which clients – especially first time or 'one-shot' clients – are peculiarly dependent on the advice of professionals*". H. Sommerlad, *English Perspectives on Quality: The Client-Led Model of Quality-A Third Way?*, in *U.B.C. Law Review*, 2000, v. 33, n. 2, p. 491 e spec. p. 505; C. D. Cunningham e W. L. Burge, *What do clients want from their lawyer*, Georgia State University College of Law, Legal Studies Research Paper n. 2010-04 e C. D. Cunningham, *What do clients want from their lawyer*, in *J. Disp. Resol.*, 2013, p. 143.

[148] A. Paterson, *Peer Review and Quality Assurance*, cit., spec. a p. 764; R. Moorhead, A. Sherr e A. Paterson, *What Clients Know: Client perspectives and legal competence*, in *Int'l J. Legal Prof.*, 2003, v. 10, n. 1, p. 5 ss.; "*Customer satisfaction is often a measure of customer expectations. Where expectations are low, satisfaction is likely to be high*": A. Paterson e National Consumer Council (UK), *Professional Competence in Legal Services: What is It and How Do You Measure It?*, National Consumer Council, London, 1990, p. 16.

[149] N. Sample, *Measuring Legal Service Value*, cit., a p. 965; A. Paterson, *Peer Review and Quality Assurance*, cit.: "*the ability of professionals to influence client perceptions through 'image management' renders them less useful as an objective measure of quality*" (p. 764).

[150] N. Sample, *Measuring Legal Service Value*, cit., a p. 965; A. Paterson e National Consumer Council (UK), *Professional Competence in Legal Services: What is It and How Do You Measure It?*, cit., p. 15; A. Sherr, *The Value of Experience in Legal Competence*, in *Int'l J. Legal Prof.*, 2000, v. 7, n. 2, p. 95, e spec. pp. 101-103.

avvocati (B2C) nel secondo: di conseguenza, non vi è alcuna rinuncia al ruolo dell'avvocato come prestatore del servizio legale, mutando solamente le modalità della sua selezione o del suo reclutamento. Tuttavia, l'*'uberization'* del settore legale [151], con l'emersione dei servizi di intermediazione, non rappresenta l'unica svolta nell'organizzazione del mercato giuridico secondo l'economia della piattaforma.

Il lato dell'offerta dei servizi legali si fa sempre più complesso e frammentario, con nuovi attori che si affacciano sulla scena, ora integrando, ora affiancando, talvolta sostituendo gli avvocati 'tradizionali'. La possibilità di scomporre e frazionare la prestazione in azioni e compiti dotati di una autonomia esecutiva (v. *supra*) ha accelerato il cambio di paradigma, promuovendo l'affermazione di pratiche *'multisourcing'*, ovvero la possibilità di combinare l'operato di fornitori legali diversi al fine di ottenere il miglior servizio per il cliente in termini di qualità, di efficienza e di costo[152]. In taluni casi, tuttavia, l'innovazione tende a sovvertire le logiche del patto sociale, rendendo l'intervento del professionista forense non necessario.

Sul finire degli anni '90 il fenomeno dell'*outsourcing* [153] che, a seguito dello slittamento verso un'economia basata sulla tecnologia, aveva già interessato varie realtà economiche e commerciali legate all'industria, tra cui quella manifatturiera [154], inizia a prendere piede anche tra le profes-

---

[151] Così S. Navas, *The Provision of Legal Services to Consumers Using LawTech Tools: From "Service" to "Legal Product"*, in *Open J. Soc. Sci.*, 2019, v. 7, p. 79, a p. 86.

[152] R. Susskind, *L'avvocato di domani. Il futuro della professione legale tra rivoluzione tecnologica e intelligenza artificiale*, cit., p. 59.

[153] A differenza dell'*outsourcing*, ove il lavoro viene trasferito ad un fornitore terzo, nell'*off-shoring* parte delle attività legali vengono delocalizzate in Paesi a basso costo, ma rimangono, tuttavia, gestite dalla stessa realtà professionale: così R. Susskind, *L'avvocato di domani. Il futuro della professione legale tra rivoluzione tecnologica e intelligenza artificiale*, cit., a p. 56 ss.; l'A. distingue, inoltre, dall'*off-shoring* il *near-shoring*, nel caso in cui la giurisdizione scelta per delocalizzare alcune attività legali sia collocata ad un fuso orario prossimo a quello della realtà legale che ha deciso di trasferire parte dei propri affari (p. 57).

[154] Per quanto attiene al mercato americano basti qui richiamare l'ingresso dell'*outsourcing* nell'organizzazione dell'industria manifatturiera sul finire degli anni '70, allorché si è assistito al passaggio da una economia industriale ad una economia basata sulla tecnologia: v. G.S. Clendenin, *Allaying the Outsourcing Tempest: A Candid Look at Outsourcing Vis-6-vis the Future of-American Jobs*, in *U. MIAMI Bus. L. Rev.*, 2006, v. 14, n. 12, p. 295, spec. p. 298; J. Spellman e J. Varrichio, *Bad Reputation: The Potential Negative Impact of Outsourcing on the Legal Profession*, in *Hofstra Labor Employ. Law J.*, 2012, v. 29, n. 2, p. 575 e spec. p. 576. L'*outsorcing*, dapprima sviluppatosi in riferimento a lavori manuali, si è poi diffuso nel contesto delle professioni intellettuali: con riferimento all'esperienza americana si v. M. B. Baker, *"The Technology Dog Ate My Job": The Dog-Eat-Dog World of Offshore Labor Outsourcing*, in *Fla. J. Int'l L.*, 2004, v. 16, n. 4, p. 807 e spec. p. 810 ss.; cfr. J.K. Holcombe, *Solutions for Regulating Offshore Outsourcing in the Service Sector: using the Law, Market, International Mechanisms, and Collective Organization as Building Blocks*, in *U. Pa. Journal of Labor and Employment Law*, 2005, v. 7, n. 3, p. 539 ss.

sioni intellettuali, in generale, e nel settore legale, in particolare [155]. Le continue crisi economiche, e le conseguenti necessità in tema di flessibilità e riduzione dei costi, nonché lo slittamento di prospettiva verso logiche imprenditoriali, hanno fatto da volano per un ulteriore ripensamento delle strutture e dei modelli di svolgimento del lavoro legale [156].

Tale fenomeno si è diffuso inizialmente nei paesi di *common law*, specialmente negli Stati Uniti e nel Regno Unito, ove le grandi *law firms* hanno iniziato a trasferire parte delle proprie attività legali – tra cui la revisione dei documenti o i processi di *due diligence* – a fornitori terzi, specializzati, localizzati in paesi con costi immobiliari e di forza lavoro inferiori, come l'India e le Filippine. L'*outsourcing* è successivamente penetrato anche nel mercato europeo, sebbene abbia mantenuto nei paesi *civilian* una portata maggiormente circoscritta, soprattutto in ragione delle esistenti barriere linguistiche, della presenza di regolamentazioni maggiormente protezionistiche, nonché in virtù della dimensione ancora marcatamente nazionale del diritto e della sua applicazione [157]. Il fenomeno non ha man-

---

[155] L'*outsourcing* nel settore dei servizi legali è conosciuto anche con l'acronimo LPO (*Legal Process Outsourcing*). Per un approfondimento sul tema si rinvia, su tutti, a L.A. Patterson III, *Outsourcing of Legal Services: A Brief Survey of the Practice and the Minimal Impact of Protectionist Legislation*, in *Rich. J. Global L. & Bus.*, 2008, v. 7, n. 2, p. 177; J.K. Krishnan, *Outsourcing and the Globalizing Legal Profession*, in *William Mary Law Rev.*, 2007, v. 48, p. 2189; D.V. Pollak, *"I'm Calling My Lawyer... in India!" Ethical Issues in International Legal Outsourcing*, in *UCLA J. Int'l L. & Foreign Aff.*, 2006, v. 11, n. 1, p. 99; C.I. Schultz, *Legal Offshoring: A Cost-Benefit Analysis*, in *J. Corp. L.*, 2010, v. 35, n. 3, p. 639 e spec. p. 645 ss.; J.I. Ham, *Ethical Considerations Relating to Outsourcing of Legal Services by Law Firms to Foreign Service Providers: Perspectives from the United States*, in *Penn St. Int'l L. Rev.*, 2008, v. 27, n. 2, p. 323; J. Spellman e J. Varrichio, *Bad Reputation?: The Potential Negative Impact of Outsourcing on the Legal Profession*, cit.

[156] T. Kendra e C. Bigelow-Nuttall, *France*, in D. Campbell, *Outsourcing Legal Services: Impact on National Law Practices*, Kluwer Law International, Alphen aan den Rijn, 2012, p. 131.

[157] In questo senso si v. M. Mazzeschi, *Italy*, in D. Campbell, *Outsourcing Legal Services: Impact on National Law Practices*, cit., p. 131; M. Mazzeschi e Y. Li, *The Legal Profession in Italy and the Rules for Outsourcing Legal Services*, in *US-China Law Rev.*, 2017, v. 14, n. 12, p. 821 e spec. p. 824 ss., che riconducono il ridotto successo dell'*outsourcing* nel contesto della professione forense italiana sia alle limitazioni linguistiche sia alle restrizioni regolamentari; si v., inoltre, T. Kendra e C. Bigelow-Nuttall, *France*, cit.; D. Jovanovič, P. Jankovič e B. Bratina, *Legal Process Outsourcing as Challenge for Lawyers and Archival Institutions in EU*, in *Atlanti*, 2015, v. 25, n. 2, p. 163 e spec. p. 167, che richiama come ulteriore freno allo sviluppo del LPO in Europa continentale *"the "wait-and-see" approach"* tipico della classe forense; cfr., inoltre, D. Chamberlin, *Sourcing Insight: LPO in Continental Europe*, Trestle Group, New York-London-Frankfurt-Zurich-Bangalore, 2013. Con riferimento al mercato legale francese cfr. 'Prada Report 2011' (Prada, *Rapport sur certains facteurs de renforcement de la compétitivité juridique de la place de Paris*, 2011) in cui viene rilevata la diffusione dell'*outsourcing* nel mercato dei servizi legali francesi come risposta alla crescente regolamentazione europea, all'espansione nell'utilizzo dell'inglese come lingua franca nel campo del diritto commerciale e alla crescente influenza del sistema di *common law*. In particolare, nel *Report* viene dato conto della diffusione dell'*outsourcing* soprattutto in riferimento alle attività giuridiche di minor valore.

cato, tuttavia, di attirare l'attenzione anche dell'avvocatura europea, tanto da spingere il CCBE all'adozione di linea guida per l'*outsourcing* dei servizi legali, nel tentativo di proteggere i valori fondanti l'avvocatura, tra cui la confidenzialità e la necessità di non incorrere in conflitto di interessi [158]. L'avvocato che si affida a *providers* di servizi legali esterni, al pari del collega che pratica nel proprio studio legale, risulta vincolato alle regole deontologiche ed ai principi etici della professione e, pertanto, deve utilizzare particolare cautela nella scelta del *provider* e nella gestione del rapporto di esternalizzazione [159].

Più recentemente, il profilo dei fornitori di servizi giuridici si è ulteriormente sfaccettato: la digitalizzazione legale ha, infatti, portato all'emersione del mondo Legal Tech e all'esplosione del fenomeno start-up per la realizzazione e commercializzazione di prodotti giuridici. Sempre più realtà aziendali hanno iniziato, infatti, ad investire le proprie energie e risorse, grazie al coinvolgimento di giuristi ed informatici, nella realizzazione di strumenti digitali innovativi, per rispondere ad esigenze di carattere giuridico in modo più efficiente, efficace ed economico [160].

Nei casi in cui professionisti legali si qualificano come destinatari dei

---

[158] CCBE, *Guidelines On Legal Outsourcing*, 2010, che definisce l'*outsourcing* nei servizi legali come *"a practice in which a regulated legal professional ('outsourcing lawyer') outsources legal work which is usually done by lawyers, trainee lawyers, paralegals e.g. research, due diligence, litigation discovery, etc. to a service provider in another country who is not a regulated legal service provider"* (p. 2). Per contro, taluni Autori individuano diversi modelli all'interno del macro-fenomeno del LPO. Si v., su tutti, D. Jovanovič, *Legal Services as Commodity: Reinventing the Lawyers' Services*, in M. Franco, *Positive and Negative Aspects of Outsourcing*, IntechOpen, London, 2018, p. 3 ss., con riferimento alla distinzione tra: *"external (foreign) LPO" (mainly across-ocean outsourcing, generally from related legal systems, leading to huge savings in terms of time and money due to obtaining cheaper services of the same quality); 2. as near LPO (nearsourcing) (meaning chiefly special knowledge gained through the division of work principle, where in-house lawyers retain enough time to work on special matters while the specialists in particular fields of law are hired); 3. as LPO executed by non-lawyers, which can be established as external LPO or nearsourcing (in these cases, LPO providers are performing especially the tasks of technical assistance and general legal work that can also be performed by non-lawyers)"* (p. 7). Cfr. A. Chambers, C. Lekahal, K. Nelson, J. Pyun e G. Wolny, *Transformative Change: Outsourcing the Practice of Law*, 2013, http://www.colorado.edu/law/sites/default/files/TransformativeChange-Outsourcing-2013.pdf.

Sullo specifico aspetto dell'impatto dell'*outsourcing* sulla circolazione degli avvocati in Europa si rinvia a Panteia, *Evaluation of the Legal Framework for the Free Movement of Lawyers, Final Report*, Maastricht University, Zoetermeer, 2012, spec. p. 222.

[159] CCBE, *Guidelines on Legal Outsourcing*, 2010, p. 2.

[160] Per quanto riguarda l'emersione delle start-up Legal Tech in Italia v. N. Di Molfetta, *Lex machine. Innovazione, tecnologia e avvocati: come cambia il mercato e cosa bisogna sapere per farcela*, LC Publishing Group, Milano, 2019, spec. p. 47 ss.; con riferimento al mercato tedesco si v. D. Tobschall, *The rise of 'LegalTech': a German market overview*, 2016, https://tobschall.de/2016/06/25/german-legaltech-overview/ e Id., *LegalTech landscape*, 2019, https://tobschall.de/legaltech/. Cfr. M. Hartung, M.-M. Bues e G. Halbleib, *Legal Tech: How Technology is Changing the Legal World*, Beck C.H., Monaco, 2018.

nuovi prodotti digitali, il cambiamento, endogeno alla categoria, si concretizza nel modo in cui tali soluzioni tecnologiche possono integrarsi con i tradizionali modelli di lavoro degli avvocati e come, di conseguenza, gli studi legali possono trasformarsi per sfruttare al massimo il potenziale di tali innovazioni (v. *retro*, § 2).

L'impatto della nuova realtà diventa, tuttavia, maggiormente dirompente nel caso in cui prodotti tecnologici vengano forniti direttamente ai clienti [161]. In tali contesti, infatti, si assiste non più ad un mutamento nelle modalità di esecuzione della prestazione professionale, bensì alla mortificazione del ruolo dell'avvocato. La domanda del cliente e la soluzione giuridica trovano il loro punto di contatto al di fuori dello studio legale e a prescindere dall'intervento di un professionista giuridico [162]. La disintermediazione tra i cittadini e il sapere tecnico-legale comporta per l'avvocato una riduzione del campo giuridico tradizionalmente dominato [163]. Si pensi alla possibilità per il cittadino di avvalersi di tecnologie che gli permettono di provvedere in autonomia alla redazione e/o revisione di documenti giuridici, tra cui i contratti di maggior diffusione [164], di ottenere in-

---

[161] S. Navas, *The Provision of Legal Services to Consumers Using LawTech Tools: From "Service" to "Legal Product"*, cit., spec. p. 81.

[162] Cfr. M. Palazzo, *Informatica e diritto. Un dialogo necessario*, cit., e ivi il riferimento a *"tempi di generalizzata disintermediazione"* in cui *"tende ad affermarsi la convinzione che la disponibilità delle informazioni renda chiunque capace di utilizzarle, sebbene sfornito di un'adeguata competenza di sostegno per assumere le decisioni; più in generale, è diffusa l'idea che i corpi intermedi della società (insegnanti, professionisti) e le loro funzioni di mediazione tecnica e culturale non siano più necessari"*.

[163] *Contra* v. S. Navas, *The Provision of Legal Services to Consumers Using LawTech Tools: From "Service" to "Legal Product"*, cit., secondo cui in questi casi non vi è erosione del mercato legale poiché si è dinnanzi a una domanda di giustizia latente e che rimane inespressa in assenza di alternative rispetto al dover ricorrere all'opera di un professionista forense: *"These are consumers that represent a "latent" or even "non-existent market" [24] for the legal services market. They are citizens who, due to their low incomes, cannot afford attorneys' fees nor to apply for legal aid, for claims that are not of particular worth. This request for small claims is not especially worthwhile and sometimes consumers do not have the training to write the document themselves and file the complaint. The legal services provided online, by companies, which are an alternative to the traditional law firm, means for these individuals an attractive choice because it enables the access to justice at low cost. Thus, they provide them directly with automated legal services or access to cloud services where they will find the necessary applications so that the consumer can carry out, himself, tasks that up to now are performed by legal practitioners, sometimes, with the help of a virtual assistant to successfully manage the proposed task"* (p. 82). L'A. conclude eloquentemente descrivendo l'evoluzione in atto nei seguenti termini: *"this transformation process is driving while "legal services are necessary, not always lawyers are needed"* (p. 98).

[164] Si passa da servizi di messa a disposizione di modelli e formulari (si pensi alla start-up italiana *Lexdo.it*: https://www.lexdo.it/) a software più avanzati in cui il contratto viene generato sulla base delle risposte date dall'utente ad una serie di domande intorno alle quali è strutturato il sistema, in modo da assicurare un prodotto già personalizzato anche nelle clausole.

formazioni giuridiche da *chatbots* senza dover ricorrere alla consulenza di un esperto o, ancora, di far valere personalmente i propri diritti con reclami diretti alle compagnie aeree [165], senza alcun conferimento di mandato all'avvocato [166]. In tali casi la conoscenza si tramuta in una *'commodity'*, le azioni legali in compiti e processi standardizzabili, a cui può accedere anche l'individuo a digiuno di una formazione giuridica, ma in possesso di una adeguata tecnologia [167].

L'*opensourcing*, ovvero la fornitura gratuita di documenti ed informazioni di natura giuridica facilmente accessibili grazie all'operatività della rete, amplia ulteriormente le possibilità di accesso al sapere esperto da parte dei laici. E lo scambio sociale tra professionisti e società non può che vacillare, alla ricerca di nuovi punti di equilibrio.

La crisi del monopolio della conoscenza, che non risulta più di esclusivo appannaggio dei professionisti, ma a cui in determinati casi può accedere direttamente anche il potenziale cliente o, più in generale, il professionista non avvocato, fino a contribuire alla creazione della stessa (*crowd-sourcing*) [168], sembra scardinare le basi del 'contratto sociale' tra società e professionisti legali che, per contro, basa la propria ragione d'essere nello scambio tra esercizio di funzioni di grande rilievo sotto il profilo del pubblico interesse e riconoscimenti significativi, in termini economici e di prestigio sociale [169].

---

[165] Si v., a titolo esemplificativo, *AirHelp*, azienda informatica fondata nel 2013 come start-up nella Silicon Valley, che fornisce assistenza diretta ai passeggeri aerei che hanno subito inconvenienti derivanti dal loro volo, quali ritardi, cancellazioni o fenomeni di *overbooking*.

[166] S. Navas, *The Provision of Legal Services to Consumers Using LawTech Tools: From "Service" to "Legal Product"*, cit., p. 81, che enfatizza la distinzione terminologica tra *"LegalTech"* e *"LawTech"*, facendo riferimento con il primo termine alle soluzioni tecnologiche adottate dagli avvocati (B2B *legal tools*), mentre con il secondo agli strumenti a disposizione diretta dei clienti (B2C *legal tools*) *"where the consumer is not properly a "customer", but is a user (current or potential) of automated legal services, under which, legal information is offered instead of legal advice for a small fee or even free of charge"*.

[167] S. Navas, *The Provision of Legal Services to Consumers Using LawTech Tools: From "Service" to "Legal Product"*, cit., p. 83.

[168] Si pensi, a titolo esemplificativo a *JurisWiki*, *"piattaforma collaborativa e open per l'informazione giuridica, grazie alla quale i provvedimenti giurisdizionali nonché i relativi commenti e massime sono raccolti in un unico contenitore virtuale liberamente fruibile via web senza vincoli di copyright o barriere di accesso come richieste di registrazione o sottoscrizione di abbonamenti. Si tratta di un database aperto e basato sul crowdsourcing, nel senso che chiunque può caricare nuove sentenze (oltre alle centinaia di migliaia già inserite dallo staff del sito e dai parser automatici installati sulla piattaforma); ma si tratta anche di un wiki a cui gli utenti possono contribuire perfezionando e commentando i provvedimenti, scrivendo massime, aggiungendo annotazioni e inserendo link ad altri provvedimenti o testi legislativi"*: S. Aliprandi, *Il progetto JurisWiki Qualche informazione di background sulla prima piattaforma aperta per l'informazione giuridica*, in *Inf. dir.*, 2014, v. 23, n. 2, p. 139.

[169] V. la posizione estremamente critica di J.O. McGinnis e R.G. Pearce, *The Great Di-*

4. *La risoluzione (alternativa) dei conflitti nell'era digitale e l'evolversi dell'attività dell'avvocato*

Come si è voluto dimostrare nelle pagine che precedono, l'applicazione delle nuove tecnologie nel settore legale sta inevitabilmente, ma inesorabilmente, trasformando la pratica del diritto, imponendo all'avvocato ora di aggiornare, ora di reinventare il proprio lavoro, nei contenuti, nelle procedure, nelle modalità di prestazione dell'opera professionale. L'informatizzazione e l'avvento dell'intelligenza artificiale nel campo legale non ha risparmiato neppure la tradizionale attività di assistenza difensiva propria degli avvocati, imponendone, in certi casi, una sorta di adattamento; in altri, addirittura un ripensamento.

Una prima importante chiave di volta nell'evoluzione dell'attività difensiva è rappresentata dalla crescente valorizzazione in Europa, sin dagli anni Novanta, dei metodi di risoluzione alternativi delle controversie (c.d. ADR, *Alternative Dispute Resolution*), a partire dalla mediazione civile e commerciale [170]. Strumenti di reazione all'inefficienza dei processi e mezzi a garanzia dell'accesso alla giustiziale, le ADR si sono progressivamente diffuse nel panorama europeo grazie ai costi e tempi contenuti e all'informalità delle procedure, imponendo all'avvocato, che non ne volesse rimanere escluso, una rivisitazione del proprio tradizionale armamentario pro-

---

sruption: How Machine Intelligence Will Transform the Role of Lawyers in the Delivery of Legal Services, cit., secondo cui l'intelligenza delle machine non solo sta scardinando il monopolio degli avvocati nella prassi, ma addirittura consente di mettere in discussione i fondamenti giustificativi di tale posizione di privilegio: "*Machine intelligence not only threatens lawyers' monopoly in practice, it also challenges the two elements that are necessary to justify lawyers' monopoly. The first element is the belief that legal expertise is inaccessible to nonlawyers. The second element is the belief that lawyers, in contrast to business people, work to serve the public good. Accordingly, even though the public does not have expertise necessary to regulate legal services, it can trust lawyers to regulate themselves in the public interest and need not fear that lawyers' monopoly will result in rent seeking. But if machine intelligence can provide services as expert as those lawyers could offer, or could provide nonlawyers with access to legal expertise, then the first ground for protecting lawyers' monopoly—inaccessible expertise—fails. The other primary justification for professional privilege is lawyers' commitment to, and protection of, the public good. The delivery of legal services by machine intelligence suggests that legal services are a commodity. The commodification of legal services highlights the reality that legal services, and therefore access to justice, are bought and sold. As with other commodities, more money can buy better quality. And better quality legal services translates into better outcomes, suggesting that justice is not equal under the law and that lawyers' monopoly does not function to promote the public good. As a result, the fear that machine intelligence will undermine the ideological foundations of lawyers' monopoly is a very real one*" (pp. 3064 e 3065).

[170] Per una ricostruzione dell'approccio europeo in tema di ADR, in generale, e di Mediazione, in particolare, e del relativo sviluppo storico si rinvia, su tutti, a I.U. Ianu e D. Ilie, *European Policies in Mediation as an Alternative in the Courts of Law*, in *Acta Universitatis Danubius*, 2014, n. 1, p. 28 ss.

fessionale, sviluppato sulla base di una preminente propensione avversariale e di una visione del processo come panacea di tutti i mali.

Se già la valorizzazione delle procedure di risoluzione alternativa delle controversie ha inciso in maniera profonda sull'attività e l'*habitus* dell'avvocato, spingendolo ad assumere nuovi ruoli e a ripensare le modalità di esecuzione delle proprie funzioni (v. *infra,* § 4.1), l'avvento della tecnologia nella risoluzione dei conflitti ha intensificato ulteriormente tale momento di svolta.

La tecnologia è, infatti, penetrata anche nel campo del processo e delle procedure di risoluzione delle controversie allo stesso alternative, e li ha trasportati, in tutto o in parte, nell'ambiente virtuale. In taluni casi la rete si è limitata ad ospitare quei procedimenti che tradizionalmente trovavano il loro terreno di elezione nelle aule fisiche, dei tribunali e degli organismi di conciliazione e mediazione, offrendo, senza tradire l'essenza delle procedure tradizionali, nuovi strumenti di funzionamento e richiedendo perlopiù opere di comprensione ed adattamento (v. *infra,* § 4.2.1). Sono i casi dell'avvento dell'*Online Dispute Resolution* (ODR), soprattutto nella loro più rudimentale forma, ove le tecnologie della comunicazione e dell'informazione (ICTs) sono impiegate per la conduzione delle tradizionali procedure stragiudiziali di risoluzione del conflitto, nonché dell'iniziale trasformazione telematica dei processi.

In casi più estremi, tuttavia, la tecnologia si è insinuata in maniera dirompente, scardinando le logiche di operatività originarie e i valori ontologici connessi a processi e procedure alternative di risoluzione del conflitto, proponendo nuovi modelli e paradigmi, che nell'automazione trovano la propria esistenza. Emblematici di tale cambio di prospettiva possono considerarsi i sistemi esperti di intelligenza artificiale che, assumendo il ruolo di terzi neutrali, agevolano le parti nella risoluzione diretta del conflitto oppure i recenti ed innovativi progetti tesi a creare meccanismi di risoluzione delle controversie che nella *blockchain* si sviluppano e alle cui logiche si rimettono (v. *infra,* § 4.2.2).

Non da ultimo, la crescente osmosi tra ODR e processo sta comportando una lenta ma significativa mutazione degli *itinera* della giustizia ordinaria, grazie all'integrazione tra sistemi ODR istituzionali e il sistema di giustizia civile. Il riferimento non è, dunque, tanto alla dematerializzazione del processo e al conseguente sacrificio del 'rito', in quel lento movimento che porta le procedure giudiziarie ad assumere i tratti propri dei metodi alternativi di risoluzione del conflitto, votati alla flessibilità e all'efficienza [171]; bensì a cambiamenti strutturali significativi che, sebbene in una fase di sperimentazione ancora embrionale, iniziano a mettere in luce la possibilità di profondi mutamenti nel sistema giurisdizionale. Il ri-

---

[171] Sul punto si rinvia a C. Gamba, *La smaterializzazione della giustizia e la demolizione del rituale del processo,* cit.

ferimento è sia all'avvento delle ODR istituzionali o pubbliche, ovvero a meccanismi di gestione e risoluzione del conflitto finalizzati alla conciliazione messi a disposizione direttamente dallo Stato, sia all'introduzione di veri e propri tribunali digitali integrati direttamente nel sistema della giustizia civile, che portano all'istituzionalizzazione di nuove procedure da celebrarsi nel non luogo delle piattaforme digitali e secondo schemi a conflittualità crescente.

Come si vedrà, dunque, nelle pagine che seguono, il mutamento di scenario circa le modalità di risoluzione dei conflitti, come affermatosi nell'era digitale, mette a fuoco la necessità di un ripensamento dei compiti e della competenza dall'avvocato e porta inevitabilmente ad interrogarsi sulla tenuta stessa degli spazi di operatività del giurista con riferimento al suo ruolo di rappresentante e difensore della parte in fase di composizione delle liti.

4.1. *Una nuova cultura per la risoluzione del conflitto: la valorizzazione delle ADR nell'Unione europea e l'impatto sul professionista forense*

L'Unione europea ha ormai da tempo iniziato una proficua attività di valorizzazione dei sistemi di risoluzione alternativa delle controversie[172], aumentando i margini per l'applicabilità di modalità a-giurisdizionali di soluzione del conflitto[173].

---

[172] I.U. Ianu e D. Ilie, *European Policies in Mediation as an Alternative in the Courts of Law*, cit.

[173] Sotto l'elegia dell'acronimo inglese ADR vengono raggruppati strumenti eterogenei volti alla soluzione extragiudiziale del contenzioso, tra cui figurano la negoziazione, la mediazione, la conciliazione e l'arbitrato. In considerazione della presenza o meno di un soggetto esterno ed imparziale al conflitto e del ruolo da questi assunto, ad un estremo dello spettro dei metodi ADR si colloca la negoziazione, in cui le parti, eventualmente assistite da professionisti, tentano direttamente di individuare una soluzione al conflitto, senza il coinvolgimento di un soggetto terzo neutrale; al capo opposto si pone, invece, l'arbitrato, ove il terzo non solo è presente, ma addirittura possiede poteri decisori. In posizione intermedia può inserirsi la mediazione, laddove il terzo, seppur presente, si limita a facilitare il raggiungimento di un accordo tra le parti (in questi termini si v. R. Beretta, *Le procedure negoziate nell'era digitale. La rete: una "quarta parte al tavolo del negoziato?*, in S. Dalla Bontà (a cura di), *Comunicare, negoziare e mediare in rete, Atti del Convegno Trento, 25 settembre 2020*, Università degli Studi di Trento, Quaderni della facoltà di giurisprudenza, n. 51, 2021, p. 81 ss. e spec. pp. 83 e 84).

Tuttavia, sui tratti distintivi dell'arbitrato rispetto agli altri sistemi di risoluzione delle controversie si v. G. Rosauer, *La risoluzione alternativa delle controversie*, cit.: "*contrariamente a tutti gli altri metodi in questione, tendenti in misura maggiore o minore a stemperare il tasso di litigiosità tra le parti – esso [l'arbitato] ricalca sostanzialmente l'approccio contenzioso ("adversarial") della controversia giudiziaria e si svolge con una procedura che in linea di massima la riproduce, sia pur con un minor formalismo, disciplinando udienze, scambi di memorie e di documenti nonché acquisizione di prove testimoniali e di perizie, ove necessaria, per demandare quindi la decisione della controversia ad uno o più terzi che rivestono la quali-*

Risalgono, infatti, alla fine degli anni Novanta del secolo scorso i primi moniti europei sull'importanza di potenziare a livello statale le procedure extragiudiziarie e alternative al fine di semplificare e migliorare l'accesso alla giustizia[174]. A seguito della pubblicazione, nell'aprile 2002, del Libro

---

tà di giudici, ancorché – com'è stato sottolineato – non statuali"; C. Punzi, *Relazioni fra l'arbitrato e le altre forme non giurisdizionali di soluzione delle liti*, in *Riv. arb.*, 2003, n. 3, p. 385, a p. 390, sottolinea che "(...) *mediante l'arbitrato la lite non viene superata per opera diretta delle parti, né con la ricerca o con il raggiungimento di una soluzione intermedia, poiché le parti 'apud arbitros' non dimettono mai le proprie pretese ed opinioni, ma postulano il raggiungimento di una soluzione giusta secondo diritto o secondo equità*". A. Briguglio, *Conciliazione e arbitrato. Conciliazione nell'arbitrato. appunti sparsi fra diritto, psicologia e prassi*, in *Giust. cons.*, 2021, v. 1, n. 1, p. 3, a p. 41, che enfatizza nei seguenti termini la peculiarità dell'arbitrato rispetto alla conciliazione: "(...) *la conciliazione è ADR non aggiudicativa, la soluzione della controversia passando per il consenso delle parti sul contenuto solutorio, con il terzo in funzione di semplice facilitatore, l'arbitrato è invece ADR aggiudicativa, la soluzione della controversia passando per la decisione del terzo con attribuzione di torto e ragione mediante applicazione di regulae iuris (diritto stretto o equità) a fatti accertati in contraddittorio*" (p. 42); A. Briguglio e G. Ruffini, *L'arbitrato e le altre forme non giurisdizionali di soluzione delle liti nell'ordinamento italiano*, in *Riv. arbitrato*, 2003, n. 3, p. 551 ss.: "*Nella cultura giuridica italiana arbitrato e conciliazione, pur essendo sovente coinvolti entrambi nei dibattiti intorno alle ADR, restano istituti nettamente distinti: il primo (anche nella forma del c.d. 'arbitrato irrituale') è un mezzo tipicamente «aggiudicativo» inteso alla soluzione della controversia attraverso un giudizio in contraddittorio, l'applicazione di norme giuridiche o di equità a fatti e la conseguente attribuzione di ragione e torto; la seconda si colloca fra i mezzi non aggiudicativi di composizione consensuale delle controversie, sebbene sia caratterizzata dall'intervento di un terzo conciliatore che, in varia misura a seconda dei casi, promuove o favorisce, e certifica l'accordo*" (p. 593).

[174] Consiglio europeo di Tampere, dedicato alla "*creazione di uno spazio di libertà, sicurezza e giustizia nell'Unione europea*", conclusioni della Presidenza, 15 e 16 ottobre 1999: "*Gli Stati membri dovrebbero inoltre istituire procedure extragiudiziali alternative*" (conclusioni, paragrafo 30); Vertice europeo di Lisbona sul tema "*l'occupazione e la società dell'informazione*", marzo 2000, ove il Consiglio europeo ha invitato "*la Commissione e il Consiglio ad analizzare in che modo si possa accrescere la fiducia dei consumatori nel commercio elettronico, in particolare attraverso sistemi alternativi per la soluzione delle controversie*" (Conclusioni della presidenza, punto 11); Consiglio europeo di Santa Maria da Feira, giugno 2000 in occasione dell'approvazione del "*piano d'azione globale eEurope 2002*", ove tale obiettivo è stato riaffermato (e spec. Conclusioni, punto 22); Consiglio europeo di Bruxelles-Laeken, dicembre 2001, ove si è enfatizzata "*l'importanza di prevenire e risolvere i conflitti sociali, e più specificamente i conflitti sociali transnazionali, mediante meccanismi volontari di mediazione*" (Conclusioni, paragrafo 25). Negli stessi anni, l'importanza dell'ADR è stata sottolineata, in modo esplicito o indiretto, anche in diversi strumenti comunitari: a titolo esemplificativo si richiama la seconda relazione della Commissione sull'attuazione della Direttiva 85/374/CEE 374 relativa alla responsabilità per danno da prodotti difettosi COM (2000) 893 def; art. 10 della Direttiva 97/5/CE sui bonifici transfrontalieri, in *GU* L 43 del 14 febbraio 1997, p. 25; art. 11 della Direttiva 97/7/CE riguardante la protezione dei consumatori in materia di contratti a distanza, in *GU* L 144 del 14 giugno 1997, p. 19; art. 12 della proposta di Direttiva concernente la vendita a distanza di servizi finanziari ai consumatori, COM (1998) 468 def. e art. 9 della proposta di Direttiva sulla intermediazione assicurativa COM (2000) 511 def.; art. 17 Direttiva 2000/31/CE dell'8 giugno 2000 relativa a taluni aspetti giuridici dei servizi della società dell'informazione, in particolare il commercio elettronico, nel mercato interno, in *GU* L 178 del 17 luglio 2000, p. 1 (v. *infra*).

Verde della Commissione europea relativo ai modi alternativi di risoluzione delle controversie in materia civile e commerciale – che ha rappresentato l'occasione per provvedere ad analizzare la situazione attuale della diffusione delle ADR nell'Unione europea e per avviare consultazioni con gli Stati membri e le parti interessate sulle possibili misure per promuovere l'utilizzo della mediazione [175] – ha visto la luce la Direttiva 2008/52/CE relativa a determinati aspetti della mediazione in materia civile e commerciale, segnando un significativo traguardo nell'opera di diffusione di metodi stragiudiziali per la composizione delle controversie [176].

L'affermazione delle ADR, in generale, e della mediazione civile e commerciale, in particolare, hanno costituito un rilevante aspetto di cambiamento ed innovazione per l'avvocatura, specialmente in quei contesti nazionali centrati sulla soluzione delle liti secondo una logica contenziosa

[175] Libro Verde relativo ai modi alternativi di risoluzione delle controversie in materia civile e commerciale (presentato dalla Commissione) del 19 aprile 2002, COM(2002) 196 def.

[176] Direttiva 2008/52/CE del Parlamento europeo e del Consiglio del 21 maggio 2008 relativa a determinati aspetti della mediazione in materia civile e commerciale, in *GU* L 136 del 24 maggio 2008, p. 3. In dottrina, sul processo europeo di valorizzazione di una regolamentazione europea della mediazione, sfociato nella Direttiva 2008/52/CE, si rimanda, senza pretesa di completezza, a C. Sticchi Damiani (a cura di), *ADR e mediazione*, Giappichelli, Torino, 2012; G. Autorino Stanzione, C. Troisi e D. Noviello, *Mediazione e conciliazione nelle controversie civili e commerciali*, Maggioli, Santarcangelo di Romagna, 2014; E. Zucconi Galli Fonseca, *La mediazione civile nella prospettiva europea: note a prima lettura*, in *Riv. trim. dir. proc. civ.*, 2010, p. 653. Sulla Direttiva 2008/52/CE tra i numerosissimi contributi pubblicati si v. M.F. Ghirga, *Strumenti alternativi di risoluzione della lite: fuga dal processo o dal diritto? (Riflessioni sulla mediazione in occasione della pubblicazione della Direttiva 2008/52/CE)*, in *Riv. dir. proc.*, 2009, n. 2, p. 357; M. Miceli, *La mediazione in materia civile e commerciale nella Direttiva 2008/52/CE*, in *Europa dir. priv.*, 2009, n. 3, p. 855; E. Minervini, *La Direttiva europea sulla conciliazione in materia civile e commerciale*, in *Contr. e impr. eur.*, 2009, n. 1, p. 41; V. Vigoriti, *Mito e realtà: processo e mediazione*, in *Nuova giur. civ. comm.*, 2010, n. 9, p. 429; Id., *La Direttiva europea sulla* mediation. *Quale attuazione?*, in *Riv. arb.*, 2009, f. 1, p. 1; E.M. Appiano, *I sistemi A.D.R. nell'ottica del legislatore comunitario*, in *Contr. e impr. eur.*, 2009, p. 59 ss.; C. Vaccà, *La Direttiva sulla conciliazione: un'occasione mancata?*, in *Contr.*, 2008, p. 857 ss.; D. Volpino, *La Direttiva 2008/52/CE del Parlamento europeo e del Consiglio, del 21 maggio 2008, relativa a determinati aspetti della mediazione in materia civile e commerciale*, in M. Taruffo e V. Varano (a cura di), *Manuale di diritto processuale civile europeo*, Giappichelli, Torino 2011, p. 383 ss. Per un commento e confronto sul recepimento della Direttiva in alcuni Stati Membri, si v. A. De Luca e N. Trocker, *La mediazione civile alla luce della Direttiva 2008/52/CE*, Firenze University Press, Firenze, 2011; A. De Luca, *La mediazione in Europa. Una questione di cultura e non di regole*, in *Riv. dir. civ.*, 2013, n. 6, p. 1451. Sulla precedente Proposta di Direttiva del Parlamento europeo e del Consiglio relativa a determinati aspetti della mediazione in materia civile e commerciale, COM(2004) 718 def., si rimanda a M.E. De Bonis, *La proposta di Direttiva sulla mediazione nell'ambito delle politiche comunitarie in tema di cooperazione giudiziaria*, in *Contr. e impr. eur.*, 2005, p. 439 ss.; E. Minervini, *La proposta di Direttiva comunitaria sulla conciliazione in materia civile e commerciale*, in *Contr. e impr. eur.*, 2005, p. 427 ss.; V. Vigoriti, *La proposta di Direttiva europea sulla* mediation, in *Rass. forense*, 2005, p. 359 ss.; M.F. Ghirga, *Conciliazione e mediazione alla luce della Proposta di Direttiva europea*, in *Riv. dir. proc.*, 2006, p. 463 ss.

ed *adversarial*. L'avvento delle ADR ha implicato, infatti, non solo una moltiplicazione degli *itinera* percorribili per risolvere una controversia, bensì, soprattutto, una svolta culturale, decretando il valore di ipotesi di risoluzione delle liti 'consensuale', in cui l'attribuzione di torti e ragioni in base al diritto cede il passo a mediazioni per interessi.

Archetipo di tale fenomeno è la mediazione civile e commerciale. In tale procedura, infatti, le posizioni giuridiche rimangono solo sullo sfondo per lasciare spazio ai bisogni effettivi delle parti in lite che trovano, nella buona riuscita della procedura, una composizione consensuale e pacificazione secondo la logica *win-win* [177]. La mediazione rappresenta, dunque, una possibilità di valorizzazione per l'individuo che, muovendosi in un contesto regolamentato e guidato da un mediatore imparziale, è posto nella condizione di confrontarsi con la propria controparte, ricostruendo i perduti canali comunicativi e facendo emergere i propri interessi più profondi e i bisogni essenziali, esercitando, in tal modo, la propria autonomia privata nella gestione del conflitto. Nella mediazione, si offre, dunque, alle parti la possibilità di decidere in autonomia, con l'aiuto di un terzo esperto, quale sia la miglior soluzione per dirimere il conflitto, senza precludere, in caso di fallimento della procedura, la possibilità di ricorrere ad un soggetto estraneo alla vicenda, a un giudice o ad un arbitro, che eserciti il proprio potere di decisione.

Dinnanzi a un cambio di paradigma così profondo, non sorprende, pertanto, la ritrosia manifestata in un primo momento da parte della categoria forense, in diversi contesti nazionali, nei confronti della crescente istituzionalizzazione delle ADR, alimentata dal timore che l'affermazione di

---

[177] Se nello schema *win-lose*, tipico della logica processuale *adversarial*, al soddisfacimento di una delle parti corrisponde una perdita per l'altra, nella logica *win-win*, alla base del negoziato per principi e non per posizioni, entrambe le parti in conflitto trovano nella soluzione rispecchiati i propri interessi e dunque soddisfacimento. A titolo esemplificativo si consideri il noto e suggestivo caso dell''arancia' mutuato dalla Scuola di negoziazione di Harvard: due sorelle litigano poiché entrambe vogliono l'ultima arancia rimasta in dispensa. L'una sostiene di averne diritto perché l'ha vista per prima, l'altra la pretende in quanto sorella maggiore. La madre (giudice) interviene per dirimere il contrasto proponendo di dividere il frutto in due parti uguali e di darne metà a ciascuna. Le due bambine però non sono soddisfatte poiché entrambe vogliono l'intero frutto e continuano nei litigi. La nonna (mediatore), che ha seguito con estrema attenzione la scena, si rivolge alle nipoti chiedendo per quale motivo desiderano l'arancia. La minore riferisce di avere sete e di volerla per farne una spremuta. La maggiore risponde di voler preparare una torta e di aver bisogno dell'arancia per fare i canditi. La nonna pertanto provvede a spremere la polpa del frutto per la bambina più piccola e a grattugiarne la buccia per la maggiore: tale soluzione si dimostra completamente soddisfacente per entrambe le nipoti e il contrasto viene di conseguenza definitivamente risolto: R. Fisher e W. Ury, *Getting to Yes*, Penguin, New York, 1981. Per una ricostruzione delle diverse tecniche di mediazione e negoziazione si rinvia, su tutti, a F. Cuomo Ulloa, *Modelli di conciliazione nell'esperienza nordamericana*, in *Riv. trim. proc. civ.*, 2000, n. 4, p. 1283 ss.; F. Diozzi, *Mediazione e negoziazione assistita. Tecniche di gestione delle controversie*, Giufffrè, Milano, 2017, e spec. pp. 17-81.

tali procedure a-giurisdizionali, che pongono al centro l'individuo e la sua autonomia nella gestione del conflitto, determinassero un'automatica compressione del campo giuridico dominato dal monopolio dagli avvocati [178]. L'ostracismo e la diffidenza hanno in un secondo momento ceduto il passo ad una maggior consapevolezza dei benefici connessi alla cultura della mediazione: 1. per i cittadini, in termini di allargamento dell'accesso alla giustizia, di efficienza delle procedure ed efficacia delle soluzioni basate non sulla distribuzione dei torti e delle ragioni, bensì sulla valorizzazione degli interessi personali e di cui le parti sono creatrici; 2. per l'amministrazione della giustizia, considerato il potenziale effetto deflattivo del contenzioso con diminuzione del carico giudiziario; 3. per gli avvocati, chiamati a rivestire l'inedito ruolo di mediatori equidistanti dalle parti, ovvero a scoprire una nuova professionalità, pur mantenendo la consueta veste di rappresentanti della parte.

L'emersione di una 'giustizia consensuale', in dialogo con quella giurisdizionale [179], ha imposto, pertanto, una rivalutazione del ruolo del giurista [180]. L'avvocato-difensore della parte è stato chiamato ad adottare nuovi contegni e ad assolvere nuovi compiti per poter esercitare la propria attività in un procedimento di mediazione [181].

---

[178] E. Autorino, *LE ADR. Profili generali*, in P. Stanzione (a cura di), *Comparazione e diritto civile. Annali 2010-2011*, Giappichelli, Torino, 2012, v. 1, p. 377 ss.

[179] Sul rapporto di complementarietà e non di antagonismo tra ADR e processo v. G. Rosauer, *La risoluzione alternativa delle controversie: conciliazione personale e telematica: evoluzione e prospettive*, Laterza, Bari, 2007; J. Resnik, *Risoluzione alternativa delle controversie e processo: uno sguardo alla situazione nordamericana*, in *Riv. trim. dir. proc. civ.*, 1997, n. 3, p. 699, e spec. p. 707 ss. Tale prospettiva risulta condivisa anche a livello europeo: cfr. Proposta di Direttiva del Parlamento europeo e del Consiglio relativa a determinati aspetti della mediazione in materia civile e commerciale, SEC(2004)1314, COM(2004) 718 definitivo – 2004/0251 (COD), ove si rileva esplicitamente che "*La Commissione non vede la mediazione come alternativa ai procedimenti giudiziari; essa è piuttosto uno dei diversi mezzi di risoluzione delle controversie disponibile in una società moderna e che può essere il più idoneo per alcuni tipi di controversie, ma certamente non per tutte*" (p. 4).

Cfr. l'intuizione di Cappelletti che aveva definito tali strumenti di soluzione del conflitto diversi dal processo come 'giustizia co-esistenziale': M. Cappelletti, *Alternative Dispute Resolution Process within the Framework of the World-Wide Access-to-justice Moviment*, in *Mod. L. Rev.*, 1993, v. 56, n. 3, p. 282 e in part. p. 287 ss.; più in generale sull'"*Access to Justice Movement*" si rinvia, su tutti, a M. Cappelletti e B. Garth, *Access to Justice, the World-wide Movement to Make Rights Effective – A General Report*, in M. Cappelletti e B. Garth (eds.), *Access to Justice – vol I: A World Survey*, Giuffrè-Sijthoff-Noordhoff, Milano-Alphen aan den Rijn, 1978.

[180] Così S. Dalla Bona, *Giustizia Consensuale*, in *Giust. cons.*, 2021, v. 1, n. 1, p. 3, a pp. 9 e 10.

[181] V. B.M. Harges, *The ABCS of effective ADR: Ten Practical Tips for Representing Clients in Mediations*, in *LA Bar Jnl.*, 1995, v. 43, p. 142; J.R. Coben, *Rethinking zealousness: A paradigm for Representation of Clients in Mediation*, in *Journal of ADR in Empl.*, 1999, p. 4 ss.; J.R. Sternlight, *Lawyers' Representation of Clients in Mediation: Using Economics and Psychology to Structure Advocacy in Nonadversarial Setting*, in *Ohio St. J. on Disp. Resol.*, 1999,

Partendo dal presupposto che le questioni giuridiche rimangono *a latere* della vicenda, al rappresentante della parte è richiesto di sapersi confrontare con la complessità della realtà del caso, senza cedere alla tentazione di ridurla al giuridicamente rilevante. Indagare gli interessi e i bisogni del cliente e affrontare le questioni personali, non razionalizzate attraverso il filtro del diritto, divengono attività imprescindibili per assicurare che anche la componente emotiva delle parti possa emergere nel conflitto e trovare il proprio spazio nella strutturazione di un'eventuale soluzione della controversia. La gestione della lite secondo logiche competitive ed antagoniste, che tanto si adatta al contesto processuale, nella mediazione cede il passo a meccanismi collaborativi, che consentono alle parti di ricostruire un dialogo ormai perduto e comprendere le reali reciproche esigenze da valorizzare in un possibile accordo che possa avvantaggiare entrambe e resistere nel tempo. È, infatti, nel confronto, nell'ascolto attivo, nell'empatia, nell'elaborazione di soluzioni creative che posizioni iniziali apparentemente antitetiche ed inconciliabili possono sfumare, lasciando emergere interessi e bisogni neutri o addirittura compatibili, preziosi appigli per una composizione consensuale della vicenda. Inoltre, l'avvocato, al fine di valorizzare la libertà di autodeterminazione del proprio assistito, deve riconoscere il ruolo di protagonista che quest'ultimo assume all'interno della procedura di mediazione, lavorando 'con' il cliente e non 'per' il cliente. Al professionista forense spetta, dunque, il delicato compito di guidare il proprio cliente nella procedura, facendogli comprendere l'importanza dello strumento azionato e le logiche e i meccanismi del suo funzionamento, affinché la parte si senta a proprio agio e sia in grado di partecipare attivamente ed in modo proficuo alla mediazione. L'avvocato in mediazione rappresenta, dunque, un tassello prezioso per consentire alla parte di non perdere quest'ultima *chance* di esercitare la propria volontà nella ricerca di un accordo paritetico così da ricostruire il rapporto umano e/o commerciale che, superato il contrasto, potrebbe essere destinato a protrarsi nel tempo.

Anche nell'era in cui la tecnologia tenta di prendere il sopravvento, automatizzando i processi e le azioni giuridiche e trasformando il diritto in *'commodities'*, nelle tradizionali procedure di risoluzione alternativa delle controversie il professionista forense può continuare a mantenere i propri

---

v. 14, p. 269 ss.; H. Abramson, *Problem-Solving Advocacy in Mediations: A Model of Client Representation*, in *Harv. Negotiation L. Rev.*, 2005, v. 10, p. 103; K.K. Klein, *Representing Clients in Mediation: a Twenty-Question Preparation Guide for Lawyers*, in *N. Dak. L. Rev.*, 2008, v. 84, p. 877; R. Gise, J. Melnick, V. Shelanski e J. Wilkinson, *Mediation starts from the First Phone Call - Practice Pointers and Helpful Hints for Lawyers going to Mediation*, in *Cardozo J. Conflict Resol.*, 2010, v. 11, p. 463; G. De Palo, L. D'Urso e R. Gabellini, *Il ruolo dell'avvocato nella mediazione: procedure e tecniche*, Giuffrè, Milano, 2011.

Sul requisito dell'obbligatorietà della difesa dell'avvocato nella procedura di mediazione civile e commerciale italiana v. L. Ieva, *Mediazione ed assistenza (non imperativa) dell'avvocato*, in *Corr. giur.*, 2014, n. 7, p. 949.

spazi di operatività. La capacità di individuare i bisogni e gli interessi latenti del proprio cliente, la valorizzazione di un rapporto empatico con le parti, le logiche di collaborazione su cui il dialogo si forgia, la comunicazione e l'ascolto che dominano la procedura, la propensione *al problem-solving* in situazioni non standardizzabili e l'individuazione di soluzioni creative, sono solo alcuni dei pilastri su cui la mediazione si erge che, con tutta evidenza, non sono suscettibili di replicabilità mediante strumenti tecnologici. Nel settore delle ADR, dunque, il ruolo dell'avvocato non solo si conserva, bensì risulta enfatizzato e accresciuto all'insegna del valore aggiunto della sua opera, nelle molteplici attività richieste all'avvocato in mediazione allo stato non automatizzabili attraverso l'impiego dell'intelligenza artificiale [182].

4.2. Online Dispute Resolution*: da versione telematica delle ADR a categoria* sui generis

Ciò non toglie che l'esigenza di implementare soluzioni tecnologiche, dettate da economicità, speditezza e a-territorialità, ha pervaso anche il campo dei mezzi di composizione alternativa delle liti. Il diritto nell'era digitale ha consentito, infatti, la possibile cancellazione delle barriere dello spazio anche nella fase di risoluzione extragiudiziale delle controversie, mediante l'emersione delle c.d. *Online Dispute Resolution* (ODR) [183].

---

[182] Si v. V.W. Schäfke-Zell e I.H. Asmussen, *The Legal Profession in the Age of Digitalisation*, in *Utrecht Law Rev.*, 2019, v. 15, n. 1, p. 65, e spec. pp. 69, 73 e 74, secondo cui: "*ADR can thus be an example for an irreducible human element in certain legal tasks. But what does this mean for the future development of the legal profession? As increasingly demanding legal tasks are outsourced to machines, ADR could be further professionalised, in the sense that it could also be conducted by legal professionals and could be integrated as a subject into law degree curricula (cf. pathway two, expanding the potential of ADR). Such an integration of professionalised ADR training for lawyers would root the 'artistic element' of the professional service in science, which may ensure 'consumer confidence' in the professional service*" (p. 69); e ancora: "*While the sale of routinisable legal services may mean that digitalisation forces some lawyers from the legal market, ADR may prove to be a refuge for the legal profession. For lawyers who develop the required further competencies, mediation and negotiation offer opportunities both for offering new services, thus expanding their market, and for improving their existing legal services*" (pp. 73 e 74).

[183] Senza pretesa di esaustività si rinvia, *ex multis*, a R.C. Bordone, *Electronic Online Dispute Resolution: A System Approach – Potential, Problems, and a Proposal*, in *Harv. Negotiation L. Rev.*, 1998, v. 3, p. 175; E. Katsh e J. Rifkin, *Online Dispute Resolution: Resolving Conflicts in Cyberspace*, Jossey-Bass, San Francisco, 2001; M. Wahab, E. Katsh e D. Rainey, *Online Dispute Resolution: Theory and Practice. A treatise on technology and dispute resolution*, Eleven International Publishing, The Hague, 2012; G. Kaufmann-Kohler e T. Schultz, *Online Dispute Resolution: Challenges for the Contemporary Justice*, Kluwer Law International, The Hague, 2004; H. Haloush, *Online alternative dispute resolution: a solution to cross-border electronic commercial disputes*, VDM, Saarbrucken, 2008; P. Cortés, *Online Dispute Resolution for Consumers in the European Union*, Routledge, London, 2010; Id., *The*

Se con il sintagma *Alternative Dispute Resolution* l'accento cade inevitabilmente sull'alternatività della procedura rispetto ai metodi tradizionali di risoluzione delle controversie, e segnatamente all'azione giudiziaria [184], è il mezzo con cui il rimedio viene offerto a conquistare la scena nelle procedure ODR[185]. Queste ultime, come particolare *species* dei metodi ADR [186], si caratterizzano, infatti, per il contesto esclusivamente virtuale in cui si sviluppano.

Law of Consumer Redress in an Evolving Digital Market: Upgrading from Alternative to Online Dispute Resolution, Cambridge University Press, Cambridge, 2017; F.R. Fantetti, *La disciplina dell'ODR (On line Dispute Resolution) nell'ordinamento comunitario e nazionale*, Grafikarte, Roma, 2011; E. Minervini (a cura di), *Le online dispute resolution* (ODR), cit.; A. Fachechi, *Le online dispute resolution*, in G. Bruno (a cura di), *Diritto delle comunicazioni*, Giappichelli, Torino, 2019, p. 457 ss.; Id., *La giustizia alternativa nel commercio elettronico: profili civilistici delle ODR*, Edizioni scientifiche italiane, Napoli, 2016; M.J. Catalan Chamorro, *El acceso a la justicia de consumidores: los nuevos instrumentos del ADR y ODR de consumo*, Tirant lo Blanch, Valencia, 2019; E.M. Appiano, *ADR e ODR per le liti consumeristiche nel diritto UE*, in *Contr. e impr. eur.*, 2013, v. 18, n. 2, p. 965.

La pandemia Covid-19 ha impresso un'ulteriore spinta verso l'utilizzo delle ODR, anche se con differenze nei diversi contesti nazionali: sul punto, con particolare riferimento all'impatto della pandemia sulla mediazione, si rimanda allo studio empirico di G. Matteucci e D. Shimoni, *ODR in 30 Countries, 2020, Mediation in the COVID-19 Era*, 2020.

[184] Cfr., tuttavia, la proposta di taluni Autori di tradurre la 'A' dell'acronimo 'ADR' con il vocabolo *'Adeguato'* (G. Cosi, *Invece di giudicare. Scritti sulla mediazione*, Giuffrè, Milano, 2007) ovvero *'Appropriate'* (K. Mackie, D. Miles e W. Marsh (eds.), *Commercial Dispute Resolution. An ADR Practice Guide*, Buttarworths, London, 1995; J.S. Wolfe, *the Ripple Of Time: The Future Of Alternative (Or, Is It "Appropriate?") Dispute Resolution*, in *Tulsa L. Rev.*, 2001, v. 36, n. 4, p. 785), rifuggendo il rischio di lasciare intendere una sussidiarietà dei mezzi di risoluzione extragiudiziali rispetto al processo.

[185] In questi stessi termini v. anche G. Rosauer, *La risoluzione alternativa delle controversie*, cit., pp. 93 e 94, che sottolinea come nelle ODR, rispetto alle ADR, venga messo *"a fuoco il contenitore, piuttosto che il contenuto"* e che di conseguenza, relegata in secondo piano la connotazione alternativa della procedura, anche il procedimento giudiziario, se si potesse svolgere in via esclusivamente telematica, sarebbe potenzialmente passibile di essere ricompreso nella categoria delle ODR.

[186] R. Caponi e G. Romualdi, *La conciliazione amministrata dalle Camere di Commercio*, in S. Giacomelli (a cura di), *La via della conciliazione*, Ipsoa, Milano, 2003, p. 163. *Contra* v. R. Koulu, *Three Quests for Justification in the ODR Era: Sovereignty, Contract and Quality Standards*, in *Lex Electronica*, 2014, v. 19, p. 43, spec. pp. 46 e 47: l'A. enfatizza le difficoltà a ricondurre le ODR nel fondamento teoretico proprio delle ADR stante l'assenza di qualsiasi comunicazione *face-to-face* che, per contro, caratterizza le ADR: *"ADR theory is poorly suited for an online environment due to its disregard of technology's role in ODR.7 ADR has rarely addressed technology in its procedures; instead, the emergence of technology has almost spontaneously led to establishing ODR as its own subdiscipline. It becomes apparent that ODR has evolved beyond online ADR since the integration of technology transforms dispute resolution significantly from face-to-face communication into technology-assisted or even fully automated dispute resolution procedures"* (p. 47). Il richiamo è a L. Wing e D. Rainey, *Online Dispute Resolution and the Development of Theory*, in M.S. Abdel Wahab, M.E. Katsh e D. Rainey, *Online Dispute Resolution: Theory and Practice: A Treatise on Technology and Dispute Resolution*, cit., p. 25. Cfr., altresì, S. Dalla Bontà, *Una giustizia «co-esistenziale» online nello spazio giuridico europeo? Spunti critici sul pacchetto ADR-ODR per i consumatori*, in *Giust. cons.*,

Invero, non sussiste alcuna definizione universalmente e ufficialmente condivisa di ODR [187], sebbene nella descrizione del fenomeno l'accento sia tradizionalmente riposto nell'uso della tecnologia ad integrazione, supporto o gestione di una procedura 'consensuale' [188] e, in particolare, sull'impiego di tecnologie della comunicazione e dell'informazione durante le procedure stragiudiziali di risoluzione del conflitto [189]. La sfuggevolezza di tale definizione trova, peraltro, la propria ragion d'essere nella costante evoluzione della tecnologia e delle sue applicazioni sul piano delle procedure rimediali. Un impianto definitorio rigido incontrerebbe nell'innovazione la sua immediata obsolescenza e inadeguatezza [190]. La dottrina

---

2021, v. 1, n. 1, p. 191, pp. 201 e 210, nota 53, con richiamo a E. Minervini, *I sistemi di ODR*, cit., a p. 9: "*(...) in Europa (ed in Italia) si parli di ODR intendendosi con tale termine, invero, le 'ADR online', ossia la riproposizione, adattata agli strumenti informatici o telematici, di ADR offline già ben note e diffuse. Si tratta, in altre parole, di ADR in cui gli strumenti informatici si limitano ad agevolare procedure per così dire classiche di ADR. Di qui l'idea, nel panorama euro-unitario (ed italiano), che le ODR siano solo una species del genus ADR, laddove, invece, in altri ordinamenti, quali ad esempio quello statunitense, esse sono intese e studiate come un qualcosa di affatto diverso. E, in effetti, lo sono*".

[187] R. Koulu, *Blockchains and Online Dispute Resolution: Smart Contracts as an Alternative to Enforcement*, in *SCRIPTed*, 2016, v. 13, n. 1, p. 40, a p. 42; K. Mania, *Online dispute resolution. The future of justice*, in *Int. Comp. Jurisprud.*, 2015, n. 1, p. 76, a p. 78.

[188] C. Rule, *Online Dispute Resolution for Businesses*, Jossey-Bass, San Francisco, 2002.

[189] In dottrina, in questi termini, v. a C. Rule, *Reinventing Justice with Online Dispute Resolution*, in *Giust. cons.*, 2021, v. 1, n. 1, p. 169 e spec. p. 176 ss.: "*Online Dispute Resolution (ODR) arose in the late 1990s as an outgrowth of ADR. It focuses on how to best use information or communications technology to help disputants resolve their disputes*" (p. 176); E. Katsh e C. Rule, *What we Know and Need to Know About Online Dispute Resolution*, in *S. C. Law Rev.*, 2016, v. 67, p. 329: "*Online Dispute Resolution (ODR) is the application of information and communications technology to the prevention, management, and resolution of disputes*"; E. Katsh e J. Rifkin, *Online Dispute Resolution: Resolving Conflicts in Cyberspace*, cit.; P. Cortés, *Online Dispute Resolution for Consumers in the European Union*, cit.: "*Online Dispute Resolution (ODR) mainly involves Alternative Dispute Resolution (ADR) processes, largely assisted by the speed and convenience of ICT and the internet, which are eminently suited to the needs of e-commerce*" (p. 2) e, ancora: "*Dispute resolution methods may be complemented with ICT. The process is referred to as ODR when it is conducted mainly online. This may include the initial filing, the neutral appointment, the evidentiary processes, oral hearings, discussions, and even the rendering of binding decisions. ODR is simply a different medium to resolve disputes, from beginning to end, while still respecting due process principles*" (p. 53); N. Creutzfeldt-Banda, *The origins and evolution of consumer dispute resolution systems in Europe*, in C. Hodges e A. Stadler, *Resolving Mass Disputes: ADR and Settlement of Mass Claims*, Edward Elgar, Cheltenham, 2013, p. 223: "*ODR developed out of, and is based on ADR (...). ODR represents the merging of IT and ADR*" (p. 241); E. Katsh, *Bringing Online Dispute Resolution to Virtual Worlds: Creating Processes through Code*, in *N.Y.L. Sch. L. Rev.*, 2005, v. 49, p. 271 ss. Tale è la prospettiva adottata, a livello ufficiale, anche dal Working Group III dell'UNCITRAL che, nel redigere le note tecniche riguardante l'utilizzo di ODR per risolvere controversie di modico valore relative al commercio elettronico, ha definito l'ODR come "*a mechanism for resolving disputes facilitated through the use of electronic communications and other information and communication technology*": UNCITRAL, *Technical Notes on Online Dispute Resolution*, United Nations, New York, 2017, section V, n. 24.

[190] P. Cortés, *The Law of Consumer Redress in an Evolving Digital Market: Upgrading from*

maggioritaria sembra, tuttavia, concorde nel ritenere che, se inizialmente l'ODR costituiva la versione 'telematica' delle ADR, oggi essa non si riduce ad una *"mera trasposizione in rete di quest'ultima"*, rappresentando una *"categoria dogmatica autonoma"* [191].

Nel suo primo stadio di sviluppo, sul finire degli anni '90, l'ODR tendeva, infatti, a costituire una replica dei meccanismi propri dell'analoga procedura offline, semplicemente adattati all'utilizzo di talune soluzioni tecnologiche; si pensi all'impiego di comunicazioni via e-mail, allo scambio digitale di documenti, all'implementazione di *chat-room* per comunicazioni sincroniche, ad incontri svolti attraverso video-conferenze e così via [192].

Alternative to Online Dispute Resolution, cit., p. 46; a prescindere dalla definizione, l'A. sottolinea, altresì, come allo stato attuale la forma di ODR maggiormente diffusa riguardi l'utilizzo di una piattaforma-web che consente alle parti di caricare informazioni sulla disputa e di comunicare tra loro, nonché tra loro e la terza parte neutrale alla lite. Cfr. P. Moro, *Intelligenza artificiale e professioni legali. La questione del metodo*, in *JELT*, 2019, v. 1, n. 1, p. 24, che definisce le ODR come *"piattaforme dedicate a tecniche automatizzate di composizione telematica delle liti"* (p. 27).

[191] Così P. Pacileo, *"On line dispute resolution". La "piattaforma Ue" come nuovo modello di "internet jurisdiction"*, in *Cult. dir.*, 2017, v. 1, p. 77, a p. 79; negli stessi termini v. E. Minervini, *I sistemi di ODR*, cit., pp. 8 e 9. Cfr. S. Dalla Bona, *Giustizia Consensuale*, cit.: *"Una Rete che, nel momento della soluzione del conflitto, per come oggi le ODR si stanno sviluppando ed imponendo su scala mondiale, non costituisce più mero mezzo di comunicazione a distanza – e così di trasposizione in linea delle classiche modalità di soluzione consensuale di gestione del conflitto – ma diventa essa stessa parte, nelle forme di semplificata intelligenza artificiale, della gestione del contenzioso"* (pp. 13 e 14); R. Mcmahon, *The Online Dispute Resolution Spectrum*, in *Int'l J. of Arb. Med. & Disp. Man.*, 2005, v. 71, n. 3, p. 218, che richiama come emblema di tale assunto *SmartSettle*, *"a stand-alone software application which creates a new way of handling disputes by using mathematical algorithms to suggest solutions"*; cfr. E. Katsh e C. Rule, *What we Know and Need to Know About Online Dispute Resolution*, cit., a p. 330: *"Once a process moves online, its very nature begins to change"*; L. Mingardo, *Amministrare la giustizia online: luci ed ombre della diffusione globale delle ODR*, in *Amministrazione in cammino*, 2020, che distingue tra "online *ADR, che sono ODR* human based, *in cui la tecnologia digitale è di semplice supporto all'attività di risoluzione, dalle* cyber *ADR, che sono ODR* machine based, *in cui il ruolo dell'intelligenza umana è vicariato da sistemi esperti e/o di intelligenza artificiale*" (pp. 2 e 3); R. Beretta, *Le procedure negoziate nell'era digitale. La rete: una "quarta parte al tavolo del negoziato?*, cit., p. 85, secondo cui le ODR possono essere ricondotte sia al concetto di *online* ADR, soprattutto con riferimento alle prime esperienze di applicazione della tecnologia nell'ambito della risoluzione alternativa delle controversie, ove *"la tecnologia non ha spiegato alcun impatto rivoluzionario sulle caratteristiche distintive delle procedure ADR, essendosi essa limitata a ricoprire una funzione prevalentemente ausiliaria, e cioè di miglioramento della qualità e dell'efficienza dello svolgimento della procedura"*, sia al concetto di *"ODR inteso come settore a sé stante e* sui generis". Sul punto si rimanda, altresì, a C. Menkel Meadow, *Is ODR ADR?*, in *Int'l J. online Disp. Resol.*, 2016, v. 3, n. 1, p. 4 ss. e C. Rule, *A Response to Carrie Menkel-Meadow*, in *Int'l J. online Disp. Resol.*, 2016, v. 3, p. 8 ss.

[192] Secondo il noto e generale meccanismo in base al quale "[w]*hen a new online technology is created for any process, the initial impulse is to create online mirror images of the 'live' or offline process*": così M.S. Abdel Wahab, E. Katsh e D. Rainey (eds.), *Online Dispute Reso-*

Attualmente, diverse piattaforme offrono servizi di composizione delle controversie che si basano sull'impiego della tecnologia in questi termini: innumerevoli procedure di mediazione, ad esempio, hanno conosciuto un'ibridazione allorché le ICTs sono penetrate nelle modalità di conduzione delle stesse contaminando i meccanismi di comunicazione e interazione tra le parti e tra queste e il mediatore, convertendo gli spazi fisici in stanze virtuali e determinato la possibilità di risoluzione delle controversie in via telematica. Il tasso di utilizzo delle procedure alternative online di risoluzione del conflitto è stato peraltro incrementato nell'ultimo periodo stante la diffusione del Covid-19, che ha fatto della distanza e delle interazioni online la normalità [193].

A livello europeo, si inseriscono nel solco così tracciato gli interventi delle Istituzioni europee nel campo delle ODR, tradottisi di recente nell'implementazione della Piattaforma europea ODR: attraverso la piattaforma le parti trovano inediti spazi di incontro e confronto e la possibilità di contatto con mediatori qualificati; per contro, all'opera umana continuano ad essere riservati i compiti di facilitazione ed elaborazione di soluzioni (v. *infra*, § 4.2.1).

Dalle prime esperienze di 'Online ADR' o 'e-ADR' si è successivamente assistito ad uno slittamento verso le c.d. ODR di seconda generazione, in cui il ruolo della tecnologia muta e si fa più pervasivo [194]. Attraverso l'im-

---

lution: Theory and Practice, cit., p. 248. V. R. Beretta, *Le procedure negoziate nell'era digitale. La rete: una "quarta parte al tavolo del negoziato?*, cit., p. 86 ss., che riporta quale primo incontro tra negoziazione e tecnologia i negoziati internazionali di Dayton tra le fazioni serbo-bosniaca, croata e musulmana (1995); il negoziato, pur svolto in un contesto offline, era stato agevolato dall'implementazione di soluzioni tecnologiche in funzione ausiliaria e, in particolare, dall'utilizzo di mappe virtuali interattive su cui i negoziatori potevano inserire direttamente le proprie proposte di divisione dei confini. Nello stesso senso si v. G. Kaufmann-Kohler e T. Schultz, *Online Dispute Resolution: Challenges for Contemporary Justice*, cit., spec. pp. 11 e 12. Per maggiori dettagli si rinvia a L. Hartwell, *Conflict Resolution: Lessons from the Dayton Peace Process*, in *Negotiation J.*, 2019, v. 35, p. 443 ss.; R.G. Johnson, *Negotiating the Dayton Peace Accords through digital maps*, Virtual diplomacy series n. 8, U.S. Institute of Peace, Washington DC, 1999.

Un'implementazione recente di ODR di prima generazione è rappresentata, a livello europeo, dalla Piattaforma ODR per la risoluzione delle controversie legate all'*e-commerce*: v. *infra*, in questo stesso capitolo, § 4.2.1.

[193] C.E. Papadimitriu, *Online dispute resolution: evoluzioni del fenomeno digitale*, in *Riv. dir. risp.*, 2021, n. 1, spec. p. 4.

[194] Per una ricostruzione di tale sviluppo si rinvia a E. Katsh e C. Rule, *What we Know and Need to Know About Online Dispute Resolution*, cit., a p. 329 ss. Dalle prime esperienze di 'Online ADR' o 'e-ADR' si assiste oggi anche ad uno scollamento delle ODR rispetto ai valori propri delle procedure ADR, che nel rapporto *face-to-face*, gestito con neutralità e nel rispetto della confidenzialità, continuano a trovare la loro essenza. L'implementazione della tecnologia e lo sfruttamento delle capacità delle macchine stanno dirottando le ODR verso nuove logiche, che spesso privilegiano la raccolta e il riutilizzo dei *data* per il costante miglioramento dei sistemi, più che la *privacy* delle parti.

piego dell'intelligenza artificiale, la tecnologia si appropria di specifiche attività mediativo-conciliative, intervenendo in una o più fasi del procedimento: analisi delle fattispecie, valutazione dei dati raccolti, configurazione di possibili soluzioni della controversia, redazione dell'eventuale accordo e così via [195]. Sebbene allo stato, nella maggior parte dei casi, l'impiego di soluzioni informatiche nelle procedure ODR si risolve in un supporto per l'esecuzione di compiti circoscritti, non mancano casi in cui la rete acquista un posto al tavolo di tutto rilievo, a fianco delle parti in lite, nella sua veste di c.d. *'Fourth Party'* [196], supportando l'opera degli esperti [197], sino a scardinare in taluni casi la necessità dell'intervento umano stesso [198]. In tali ipotesi, l'intelligenza artificiale convive e si ibrida con quella umana, fino a porsi come possibile sostituto dei quest'ultima (v. *infra*, § 4.2.2.).

4.2.1. *La piattaforma europea ODR per la risoluzione controversie B2C generate dal commercio elettronico*

L'Unione europea ha dedicato una significativa attenzione allo sviluppo delle ODR, soprattutto nel settore della mediazione. Sebbene nella Direttiva 2008/52/CE, volta a disciplinare la mediazione civile e commerciale, non è rinvenibile alcuna menzione espressa alla mediazione da svolgersi online (ivi si trova, infatti, solo un timido cenno alla non preclusa possibilità di utilizzare *"tecnologie moderne di comunicazione nei procedimenti di mediazione"* [199]), l'opportunità di apprestare una giustizia in rete, alterna-

---

[195] C.E. Papadimitriu, *Online dispute resolution: evoluzioni del fenomeno digitale*, cit., p. 6 ss.

[196] E. Katsch e J. Rifkin, *Online Dispute resolution: Resolving Conflicts in Cyberspace*, cit., 2001, p. 93; E. Katsh e C. Rule, *What we Know and Need to Know About Online Dispute Resolution*, cit., a p. 331 ss.; C. Rule, *Reinventing Justice With Online Dispute Resolution*, cit., p. 184 ss.; A. Gaitenby, *The Fourth Party Rises: Evolving Environments of Online Dispute Resolution*, in *U. Tol. L. Rev.*, 2006, v. 38, p. 372 ss.; E. Katsh, *Bringing Online Dispute Resolution to Virtual Worlds: Creating Processes through Code*, cit.; S. Dalla Bontà, *Una giustizia «co-esistenziale» online nello spazio giuridico europeo? Spunti critici sul pacchetto ADR-ODR per i consumatori*, cit., a p. 209, spec. nota 52: *"Ciò che consente di definire l'ODR come settore sui generis è la presenza di un intermediario tecnologico all'interno delle procedure di soluzione delle controversie, che, in qualità di c.d. quarta parte, consiste in una piattaforma online con lo scopo specifico di consentire e facilitare la risoluzione in rete delle controversie"*; R. Beretta, *Le procedure negoziate nell'era digitale. La rete: una "quarta parte" al tavolo del negoziato?*, cit., spec. p. 87 ss.

[197] Taluni Autori privilegiano l'utilizzo del sintagma *"Technology-Mediated Dispute Resolution (TMDR)"* per descrivere quelle situazioni in cui la tecnologia viene applicata alla risoluzione alternativa del conflitto: D. Larson, *Technology Mediated Dispute Resolution (TMDR): Opportunities and Dangers*, in *U. Tol. L. Rev.*, 2006, v. 38, p. 213 ss.

[198] C. Rule, *Reinventing Justice With Online Dispute Resolution*, cit., p. 184 ss., secondo cui: *"Once we start to think about the role of technology as a fourth party in our disputes we can envision a future where the expanding capabilities of the fourth party become indispensable in helping the human parties find fair and just outcomes to their cases with the assistance of technology"* (p. 185).

[199] Direttiva 2008/52/CE, Cons. 9.

tiva a quella delle corti statali, non è un'idea nuova per l'Unione europea. A seguito della diffusione del commercio elettronico si è avvertita, infatti, la pregnante necessità di continuare a proteggere la fiducia dei consumatori, adattando gli strumenti, anche in termini di procedure rimediali, alla nuova realtà digitalizzata [200]. Già la Raccomandazione 2001/310/CE, sui principi applicabili agli organi extragiudiziali che partecipano alla risoluzione consensuale delle controversie in materia di consumo al fine di suscitare la fiducia dei consumatori, così da assicurare il pieno sviluppo delle potenzialità del commercio elettronico, riconosceva la necessità di un *"accesso a mezzi pratici, efficaci e poco costosi di riparazione"*, ivi comprendendo l'accesso per via elettronica [201]. Una risoluzione efficace delle dispute che interessano diverse giurisdizioni si declina, infatti, anche nella possibilità di potersi confrontare con sistemi elettronici di composizione delle controversie che non postulano la necessaria comparizione fisica delle parti e che risultano sempre più perfettibili grazie all'implementazione delle nuove tecnologie [202]. La necessità di garantire l'accesso virtuale a procedure alternative di risoluzione delle controversie si sostanzia ulteriormente nella Direttiva 2000/31/CE sul commercio elettronico [203], che al suo art. 17 responsabilizza gli Stati membri *"affinché, in caso di dissenso tra prestatore e destinatario del servizio della società dell'informazione, la loro legislazione non ostacoli l'uso, anche per vie elettroniche adeguate, degli strumenti di composizione extragiudiziale delle controversie previsti dal diritto nazionale"* [204].

Con la diffusione dell'*e-commerce* sono emerse nuove categorie di liti caratterizzate, nella maggior parte dei casi, dal modico valore e dalla transnazionalità: due condizioni che si traducono, come noto, in un disincentivo per la parte danneggiata a cercare giustizia, soprattutto se intesa in senso restrittivo nella sua dimensione meramente processuale. La ne-

---

[200] V. A. Janssen e T.J. Vennmanns, *Smart Dispute Resolution in the Digital Age: The Potential of Smart Contracts and Online Dispute Resolution for Dispute Prevention and Resolution in Consumer Law Cases*, in *International Journal on Consumer Law and Practice*, 2021, v. 9, p. 52, secondo cui: *"ODR can be a promising option for improving the redress of consumers' claims, enhancing their confidence in the market, broadening access to justice/ conflict resolution and promoting the sustainable growth of e-commerce. ODR may offer the possibility of resolving domestic and cross-border disputes of limited financial significance, which otherwise could not be easily solved in the light of consumers' rational apathy"* (p. 63).

[201] Raccomandazione della Commissione, del 4 aprile 2001, sui principi applicabili agli organi extragiudiziali che partecipano alla risoluzione consensuale delle controversie in materia di consumo, 2001/310/CE, in *GU* CEE L 109 del 19 aprile 2001, p. 56 ss.

[202] Raccomandazione 2001/310/CE, spec. cons. 6, cons. 12 e *'II. Principi - C. Efficacia'*, spec. comma 2.

[203] Direttiva 2000/31/CE del Parlamento europeo e del Consiglio dell'8 giugno 2000 relativa a taluni aspetti giuridici dei servizi della società dell'informazione, in particolare il commercio elettronico, nel mercato interno, in *GU* L 178 del 17 luglio 2000, p. 1.

[204] Si v. altresì lo speculare considerando 51 della Direttiva 2000/31/CE.

cessità di trovare vie alternative per la gestione dei conflitti che nella rete trovano la propria genesi ha, pertanto, eletto il commercio elettronico a campo privilegiato per lo sviluppo delle ODR. L'ambiente virtuale, che nell'*e-commerce* connota il rapporto contrattuale sin dal momento genetico, si dilata sino ad abbracciare l'eventuale fase patologica determinata dal sorgere di una controversia. Il sistema di risoluzione delle liti per via elettronica mutua le logiche di esistenza del *e-commerce* stesso: costi contenuti o inesistenti, tempi ridotti, distanze annullate, tracciabilità digitale e asincronicità [205]. Tale osmosi tra rapporto online e servizi di risoluzione elettronica funge, pertanto, da premessa per l'espansione dei rapporti economici in rete, che si alimentano nell'informalità, nella duttilità, nell'ubiquità, nell'economicità e nella rapidità delle operazioni e delle relazioni [206], e che trovano nella fiducia del consumatore la condizione *sine qua non* per il loro sviluppo. Pionieristiche in tal senso le funzionalità implementate dalle grandi piattaforme di *e-commerce* private, prima su tutte *eBay*, seguita con successo da altre, tra cui *Amazon* e *PostePay*, per comporre le liti derivanti dalle vendite online di beni tra consumatori o con venditori professionali [207].

A livello europeo, i tentativi volti a imporre standard comuni per rendere le piattaforme interoperabili si sono rivelati di scarso successo anche a causa delle divergenze nazionali emerse anche nella costituzione delle reti europee extragiudiziale per la risoluzione delle controversie transfrontaliere [208]. La

---

[205] In questi stessi termini v. G. Pedrazzi, *Risolvere online le controversie del commercio online*, in *Professionalità*, 2019, v. 1, p. 6. Come sottolineato da C. Rule, *Reinventing Justice With Online Dispute Resolution*, cit.: "*What we need is a justice system that works the way the Internet works. In the future, resolution processes should not be dependent on geographic location, because the Internet makes determining a precise location for each interaction almost impossible. We need to design a new justice system that works at the speed of technology, enabling fast and fair resolutions anywhere within the reach of the Internet*" (p. 170).

[206] F. Mancini, *Mercato, regula iuris e giurisdizione nazionale nel fenomeno ODR*, in E. Minervini (a cura di), *Le online dispute resolution (ODR)*, cit., p. 15 ss.: "*l'offerta di un servizio di risoluzione delle controversie, ingenerate da negozi di commercio elettronico, che sia omogeneo al rapporto online è elemento essenziale nello svolgimento dei rapporti economici in rete*" (p. 27); S. Dalla Bontà, *Una giustizia «co-esistenziale» online nello spazio giuridico europeo? Spunti critici sul pacchetto ADR-ODR per i consumatori*, cit., spec. p. 195.

[207] Per un approfondimento si rinvia, su tutti, a C. Rule, *Reinventing Justice With Online Dispute Resolution*, cit., spec. p. 176 ss.; A.J. Schmitz, *Building Trust in eCommerce Through Online Dispute Resolution*, in J.A. Rothchild (ed.), *Research Handbook on Electronic Commerce Law*, Edward Elgar Publisher, Cheltenham-Northampton, 2016; L.F. Del Duca, C. Rule e K. Rimpfel, *eBay's De Facto Low Value High Volume Resolution Process: Lessons and Best Practices for ODR Systems Designers*, in *Arb. L. Rev.*, 2014, v. 6, n. 10, p. 2014 ss.; Z. Loebl, *Designing Online Courts: The Future of Justice Is Open to All*, Kluwer Law International, Alphen aan den Rijn, 2019, cap. 1. Per un *excursus* sui principali *ODR providers*, di natura privata e pubblica, si rinvia a P. Cortés, *The Law of Consumer Redress in an Evolving Digital Market: Upgrading from Alternative to Online Dispute Resolution*, cit., p. 49 ss.

[208] Si ricorda come l'Unione europea abbia promosso la costituzione di alcuni *Networks*

svolta è intervenuta con l'adozione del Regolamento europeo 524/2013, in tema di risoluzione extragiudiziale delle controversie tra consumatori e professionisti derivanti dagli acquisti di beni e servizi online, che ha previsto l'istituzione di una vera e propria Piattaforma ODR europea [209]. Tale intervento normativo risulta strettamente connesso alla Direttiva 2013/11/UE, sulla risoluzione alternativa delle controversie dei consumatori, che costituisce la base per l'applicazione del Regolamento stesso [210].

---

al fine di facilitare la risoluzione di controversie transnazionali; il riferimento è a *ECC-Net* (*European Consumer Center Network)* istituita con la Risoluzione 25 maggio 2000, relativa ad una rete comunitaria di organi nazionali per la risoluzione extragiudiziale delle controversie in materia di consumo, nonché a *FIN-NET* (*Financial Services Complaints Network*), rete per la risoluzione extragiudiziale delle liti transfrontaliere in materia di servizi finanziari. In dottrina, per un approfondimento, si rinvia a G. Gioia, *L'uniforme regolamentazione della risoluzione alternativa delle controversie con i consumatori*, in *Contr. impr. Eu.*, 2016, n. 2, p. 501, spec. p. 510 ss. e a C. Vaccà, *Il punto su ODR, online dispute resolution*, in *Contr.*, 2009, n. 11, p. 1072 ss.

[209] Regolamento (UE) n. 524/2013 del Parlamento europeo e del Consiglio, del 21 maggio 2013, relativo alla risoluzione delle controversie online dei consumatori e che modifica il regolamento (CE) n. 2006/2004 e la Direttiva 2009/22/CE (regolamento sull'ODR per i consumatori), in *GU* L 165 del 18 giugno 2013, p. 1. Si v., inoltre, Regolamento di esecuzione (UE) 2015/1051 della Commissione, del 1 luglio 2015, relativo alle modalità per l'esercizio delle funzioni della piattaforma di risoluzione delle controversie online, alle caratteristiche del modulo di reclamo elettronico e alle modalità della cooperazione tra i punti di contatto di cui al Regolamento (UE) n. 524/2013 del Parlamento europeo e del Consiglio relativo alla risoluzione delle controversie online dei consumatori, in *GU* L 171 del 2 luglio 2015, p. 1. Per un approfondimento dell'ambito oggettivo e soggettivo del Regolamento si rinvia, su tutti, a G.M. Ruotolo, *La soluzione delle controversie "online" dei consumatori nell'Unione europea tra armonizzazione e diritto internazionale privato*, in *Studi sull'integrazione europea*, 2015, v. 2, p. 359 e spec. pp. 365-371. Si v., inoltre, S. Dalla Bona, *Giustizia Consensuale*, cit., che rileva come il fatto che il commercio elettronico rappresenti il luogo eletto per la diffusione delle ODR non sia casuale atteso lo "*scenario schiuso dal vertiginoso sviluppo del contenzioso originato dal commercio elettronico, che non solo ha intensificato in modo esponenziale le classiche questioni sollevate dalle liti transfrontaliere, ma che per la stessa peculiarità del luogo-non luogo – la Rete – in cui quel commercio si svolge, ne ha affacciate molte di nuove ed inedite. Un ginepraio di questioni la cui soluzione, diversamente che nel tradizionale contenzioso transfrontaliero fuori Rete, patisce non poco l'assenza di quel criterio fisico della territorialità che è àncora storica, per non dire fondante, del diritto e della giurisdizione*" (p. 13).

[210] Direttiva 2013/11/UE del Parlamento europeo e del Consiglio, del 21 maggio 2013, sulla risoluzione alternativa delle controversie dei consumatori, che modifica il regolamento (CE) n. 2006/2004 e la Direttiva 2009/22/ CE (Direttiva sull'ADR per i consumatori), in *GU* L 165 del 18 giugno 2013, p. 63. In ossequio alla Direttiva gli Stati membri devono facilitare l'accesso ai consumatori alle procedure di risoluzione alternativa delle controversie, assicurando la presenza di organismi certificati in termini di qualità. La Direttiva stabilisce i principi di accessibilità, competenza, indipendenza, imparzialità, trasparenza, efficacia, equità, libertà e legalità (capo II, artt. 5-12), come requisiti di qualità vincolanti. È inoltre previsto un meccanismo di certificazione e monitoraggio che garantisca tale conformità. V. altresì da ultimo Comunicazione della Commissione UE al Parlamento, al Consiglio e al Comitato economico e sociale europeo, dell'11 aprile 2018, *Un "New Deal" per i consumatori*, COM(2018) 183 def., ove viene ribadita la priorità europea di "*Rafforzare gli strumenti*

La piattaforma europea ODR[211], divenuta operativa nel 2016, si traduce in un sito *web* interattivo multilingue che funziona da punto di contatto tra consumatore e professionista. A partire dal 2019, stante la preferenza di molti professionisti per le trattative dirette, è stata implementata nella piattaforma ODR una particolare funzionalità modulata sulla logica della negoziazione diretta. Il sistema consente a consumatore e professionista un confronto diretto e virtuale (cc.dd. *'direct talks'*), senza il coinvolgimento di alcun organismo ADR. Attraverso il pannello interattivo le parti possono, infatti, scambiarsi messaggi e *files*, immagini e documenti, eventualmente fissare una riunione in rete[212]. In alternativa, o in caso di esito non soddisfacente, il consumatore attraverso la piattaforma può inoltrare il proprio reclamo relativo all'acquisto effettuato online al professionista e verificare la disponibilità di quest'ultimo a devolvere la controversia ad un organismo ADR accreditato secondo la Direttiva 2013/11/UE[213]. In caso di adesione del professionista, il sistema trasmette la controversia all'organismo ADR, suggerito dal consumatore ovvero dal sistema e, da ultimo, confermato dalla comune volontà delle parti. La risoluzione alternativa della controversia potrà svolgersi offline oppure online, a seconda della modalità prescelta.

È evidente come in Europa, nell'ambito del contezioso contrattuale consumeristico, torna ad emergere una nozione primordiale di ODR, intesa come replica nel contesto della rete della procedura tradizionale di ADR, sviluppatasi in origine nel solo ambiente offline. Nella piattaforma europea ODR gli strumenti informatici si limitano, infatti, ad agevolare la comunicazione a distanza tra le parti e l'organismo ADR; non vi è, per contro, alcuna implementazione o contemplazione di meccanismi di intelligenza artificiale volti a favorire il ravvicinamento delle posizioni delle parti in conflitto al fine di comporre la controversia[214].

---

esistenti per i consumatori – risoluzione alternativa delle controversie e risoluzione delle controversie online".

Il Regolamento (UE) n. 524/2013 e la Direttiva 2013/11/UE sono stati definiti, stante il loro ontologico legame, come *"Pacchetto ADR-ODR"*: così S. Dalla Bona, *Una giustizia «co-esistenziale» online nello spazio giuridico europeo? Spunti critici sul pacchetto ADR-ODR per i consumatori*, cit., p. 191; per una ricostruzione dello sviluppo di tali iniziative si rinvia a G. Gioia, *L'uniforme regolamentazione della risoluzione alternativa delle controversie con i consumatori*, cit. In dottrina, fra i molteplici contributi che pongono l'accento sul pacchetto ADR-ODR a tutela dei consumatori, si v. P. Cortés, *The Law of Consumer Redress in an Evolving Digital Market: Upgrading from Alternative to Online Dispute Resolution*, cit., spec. p. 99 ss.

[211] https://ec.europa.eu/consumers/odr/main/?event=main.home.howitworks.

[212] S. Dalla Bona, *Una giustizia «co-esistenziale» online nello spazio giuridico europeo? Spunti critici sul pacchetto ADR-ODR per i consumatori*, cit., p. 214.

[213] Secondo le statistiche ufficiali 2020 sono attivi 468 organismi ADR accreditati: European Commission, *Functioning of the European ODR Platform Statistical report*, dicembre, 2020, https://ec.europa.eu/info/sites/default/files/odr_report_2020_clean_final.pdf.

[214] S. Dalla Bontà, *Una giustizia «co-esistenziale» online nello spazio giuridico europeo? Spunti critici sul pacchetto ADR-ODR per i consumatori*, cit., p. 210 ss.

Ciò non sminuisce il valore dell'iniziativa che, nonostante le criticità e i margini di perfezionamento[215], ben si innesta nel percorso di valorizzazione dei metodi di risoluzione consensuali delle controversie e che, anzi, merita di essere potenziata nella sua visibilità e nel suo accesso. Attualmente, il potenziale di utilizzo della piattaforma ODR risulta, infatti, ancora sottodimensionato[216] e l'obbligo per i professionisti che operano online di indicare il *link* alla piattaforma ODR nel sito *web* della propria attività professionale rimane spesso disatteso[217].

L'incremento dell'utilizzo delle procedure ADR, anche grazie alla piattaforma europea ODR e al meccanismo ivi implementato di devoluzione agli organismi *ad hoc* di quelle controversie che non trovano pacificazione in un contatto diretto tra consumatore e professionista, estende ulteriormente il margine di azione dell'avvocato, convogliandolo verso la risoluzione stragiudiziale di quelle dispute che, per il carattere transnazionale e per il modico valore, con tutta probabilità non raggiungerebbero mai gli studi degli avvocati e le aule dei tribunali, rimanendo semplici casi di giustizia negata. Se l'avvocato, grazie a tali sviluppi, si trova sempre più spesso coinvolto nelle procedure di risoluzione alternativa delle controversie, ciò non toglie la necessità di un adattamento delle proprie competenze qualora egli si trovi a prestare la propria opera in sistemi ODR per far sì che le opportunità dischiuse dall'implementazione delle ICTs non vengano vanificate da una scarsa attitudine all'utilizzo del mezzo tecnologico o frustrate da una mancata comprensione dello stesso.

---

[215] Per una dettagliata ricostruzione delle stesse si rinvia, su tutti, a S. Dalla Bontà, *Una giustizia «co-esistenziale» online nello spazio giuridico europeo? Spunti critici sul pacchetto ADR-ODR per i consumatori*, cit.

[216] Relazione della Commissione al Parlamento europeo, al Consiglio e al Comitato economico e sociale europeo sull'applicazione della Direttiva 2013/11/UE del Parlamento europeo e del Consiglio sulla risoluzione alternativa delle controversie dei consumatori e del Regolamento (UE) n. 524/2013 del Parlamento europeo e del Consiglio relativo alla risoluzione delle controversie online dei consumatori, COM (2019) 425 final, 25 settembre 2019, in cui la Commissione, sulla base dei dati 2017/18, pur dando conto di un discreto accesso alla piattaforma da parte dei consumatori, registra il problema dell'effettiva partecipazione dei professionisti. Tuttavia, non sono rari i casi in cui i professionisti, pur non risolvendo la controversia nella Piattaforma, a seguito del reclamo ricercano una proposta di accordo al di fuori della stessa. Da ultimo si rinvia altresì a: European Commission, *Functioning of the European ODR Platform Statistical report*, cit.

[217] Così G. Pedrazzi, *Risolvere online le controversie del commercio online*, cit. Cfr. S. Dalla Bontà, *Una giustizia «co-esistenziale» online nello spazio giuridico europeo? Spunti critici sul pacchetto ADR-ODR per i consumatori*, cit., pp. 211 e 212, che sottolinea come la menzione nel sito del professionista del *link* della piattaforma ODR, anche se presente, genera spesso confusione nel consumatore, inducendolo a credere che sussista un obbligo per il professionista di aderire ad una procedura ADR se richiesto dal consumatore.

4.2.2. *L'espansione delle ODR: meccanismi automatizzati e* blockchain

Come anticipato (v. *retro,* § 4.1) anche nel microcosmo delle ODR non mancano sistemi in cui la tecnologia si è insinuata in maniera maggiormente dirompente, scardinando le logiche di operatività originarie e i valori ontologici connessi alle originarie procedure e proponendo nuovi modelli e paradigmi, che nell'automazione trovano esistenza.

In tali sistemi, la tecnologia non aspira più a rivestire un ruolo ancillare, al fine di consentire un miglioramento della qualità e dell'efficienza nello svolgimento della procedura, proiettandola parzialmente o interamente in rete, ma appresta soluzioni nuove: *"parte del processo di risoluzione delle controversie è, in un modo o nell'altro, preso in carico dal sistema stesso"* [218].

L'applicazione di forme semplificate di intelligenza artificiale nella risoluzione dei conflitti ha, ad esempio, inciso in maniera significativa sulle procedure di negoziazione in rete [219], determinando la genesi e l'espansione della c.d. negoziazione assistita dalla tecnologia sino alla conciliazione automatizzata. Le due procedure, pur riconducibili entrambe al *genus* della negoziazione online, si caratterizzano per un ruolo diverso che la c.d. *'quarta parte'*, cioè la tecnologia, assume. Nella negoziazione assistita la tecnologia svolge un ruolo ausiliario, agevolando le parti nella ricerca dell'accordo. Essa, dunque, non funge da intermediario tra le parti, ma da supporto, guidandole *"nella procedura e facilitando l'individuazione di soluzioni della lite grazie all'impiego di varie funzioni, quali la predisposizione di tabelle per la registrazione dello storico delle offerte avanzate da ciascuna parte, strumenti di archiviazione intelligente della messaggistica intercorsa tra i contendenti, matrici per l'identificazione di possibili soluzioni alternative e scambi tra le parti (trade-off)"* [220], previsione di spazi protetti per lo scambio e l'archiviazione di documenti e così via. Pur in assenza di un soggetto neutrale alla lite, nella procedura di negoziazione assistita le ICTs possono, dunque, essere implementate anche per svolgere taluni compiti che in altre procedure, come ad esempio nella mediazione, sono propri del soggetto terzo ed imparziale incaricato di agevolare il raggiungimento dell'accordo: mostrare le proposte e le controproposte intercorse

---

[218] In questi stessi termini v. R. Susskind, *L'avvocato di domani. Il futuro della professione legale tra rivoluzione tecnologica e intelligenza artificiale*, cit., p. 127.

[219] Sull'espansione delle negoziazioni online a seguito dell'incremento del commercio elettronico si rimanda a R. Beretta, *Le procedure negoziate nell'era digitale. La rete: una "quarta parte al tavolo del negoziato?*, cit., p. 89 ss.

[220] Così R. Beretta, *Le procedure negoziate nell'era digitale. La rete: una "quarta parte al tavolo del negoziato?*, cit., p. 91 e S. Dalla Bontà, *Una giustizia «co-esistenziale» online nello spazio giuridico europeo? Spunti critici sul pacchetto ADR-ODR per i consumatori*, cit., p. 210, nota 52. Cfr. G. Kaufmann-Kohler and T. Schultz, *Online Dispute Resolution: Challenges for the Contemporary Justice*, cit., p. 12 ss.

registrando le ragioni avanzate dalle parti, avanzare soluzioni standard per aiutare le parti a comprendere quale potrebbe essere l'accordo per loro accettabile, sollecitare regolarmente le parti ad interrogarsi sui propri obiettivi ed interessi al fine di rivalutarli ed aggiornarli, inoltrare *reminders* alle parti per verificare regolarmente lo stato della negoziazione, sono solo alcune delle attività che oggi possono essere svolte direttamente dal supporto tecnologico [221].

Nella negoziazione automatizzata, per contro, le ICTs penetrano nella controversia svolgendo un ruolo attivo nella risoluzione della stessa. Paradigmatici di tale archetipo di ODR *machine based* sono i sistemi *'blind-bidding'*, in cui le parti si scambiano, entro un limitato arco temporale ovvero entro un numero definito di tentativi, proposte transattive 'alla cieca', inserendo nel sistema telematico il valore monetario al quale sarebbero disposte a concludere il proprio conflitto. Il software mediante algoritmi analizza e confronta le proposte e, se il valore dell'offerta e quello della controfferta rientrano all'interno di un determinato intervallo, elabora automaticamente una proposta [222]. Tali soluzioni automatizzate della con-

---

[221] G. Kaufmann-Kohler e T. Schultz, *Online Dispute Resolution: Challenges for Contemporary Justice*, cit., a pp. 13 e 14; R. Beretta, *Le procedure negoziate nell'era digitale. La rete: una "quarta parte al tavolo del negoziato?*, cit., pp. 91 e 92. Cfr., E. Katsh, *Online Dispute Resolution: The Next Phase*, in *Lex Electronica*, 2002, v. 7, n. 2, che, ripercorrendo l'esperienza di *Square Trade*, definisce le negoziazioni assistite online offerte da tale piattaforma come 'negoziazioni mediate', in ragione del ruolo incisivo ivi svolto dalla tecnologia: "*While a mediator does not participate in the 'direct negotiation' process, SquareTrade participates. What does it mean to say that 'SquareTrade participates'? The process is called "direct negotiation" but the reality is that it is 'mediated negotiation'. It is negotiation that takes place mostly through screens designed by SquareTrade, information supplied by SquareTrade, and a process structured by SquareTrade*".

[222] G.M. Riccio, *Appunti sulla mediazione on-line*, in *Comp. e dir. civ.*, 2011; C. Troisi, *La mediazione obbligatoria alla luce del D.Lgs. 28/2010*, in *Comp. e dir. civ.*, 2010, p. 1, a p. 27 ss.; Id., *La mediazione* on-line, in A. Pera e G.M. Riccio (a cura di), *Mediazione e Conciliazione. Diritto interno, comparato e internazionale*, Cedam, Padova, 2011, p. 211 ss.

Cyber Settle costituisce una delle realizzazioni pratiche di questo modello: si tratta di un software di negoziazione 'cieca' per risolvere liti di carattere monetario, sviluppato nell'ambito assicurativo statunitense. Per maggiori dettagli si rinvia a B. Deffains e Y. Gabuthy, *Efficiency of Online Dispute Resolution: A Case of Study*, in *Comm. & Strat.*, 2005, n. 60, p. 205. Servizi simili vengono offerti anche dalla società statunitense NAM (*National Arbitration and Mediation*) attraverso il servizio *blind bidding ClickNsettle* (CNS), per la risoluzione di controversie di valore pari inferiore a 25.000 $, oltre che dalla compagnia canadese *SmartSettle* (https://www.smartsettle.com/).

Più in generale, con riferimento ai sistemi ODR *'blind-bidding'*, si rimanda a L.M. Ponte, *Throwing Bad Money after Bad: Can Online Dispute Resolution (ODR) Really Deliver the Goods for the Unhappy Internet Shopper*, in *Tul. J. Tech. & Intell. Prop.*, 2001, v. 3, p. 55 e spec. p. 66 ss.; J.W. Goodman, *The Pros and Cons of Online Dispute Resolution: An Assessment of Cyber-Mediation Websites*, in *Duke L&Tech Rev*. 2003, v. 2, p. 1 e spec. p. 2 ss.; M.S. Donahey, *Current Developments in Online Dispute Resolution*, in *Int'l J. Arb.*, 1999, v. 16, n. 4, p. 115, spec. p. 116 ss.; N. Solovay e C.K. Reed, *The Internet and Dispute Resolution. Untangling the Web*, Law Journal Press, New York, 2003, pp. 2-48; A. Lisi e F. Bertoni, *Evolu-*

troversia ben si prestano in caso di controversie pecuniarie, ove in contestazione non vi è l'*an* bensì soltanto il *quantum* della vicenda.

In senso evolutivo si pongono da ultimo anche le c.d. *smart* ODR, legate al mondo della *blockchain* e alle sue diverse applicazioni. In un sistema che rifugge dai meccanismi tradizionali in fase esecutiva, prevedendo automatismi per l'adempimento con codici autoesecutivi, il momento della risoluzione di eventuali controversie inizia ad essere previsto ed incorporato a sua volta all'interno di *smart contract*. Paradigmatici sono i '*multi-sig arrangements*', ampiamente utilizzati nelle transazioni in *Bitcoin* o altra criptovaluta, che prevedono il completamento di un'azione solo in seguito all'ottenimento di almeno due firme (o utilizzo di due chiavi). Si pensi ad una compravendita in cui viene previsto il pagamento del corrispettivo al momento della consegna e previa verifica da parte dell'acquirente della conformità del bene al contratto. La somma in criptovaluta viene custodita in un *virtual wallet*, così creando fiducia nel venditore circa la possibilità di incassare il corrispettivo in seguito alla corretta esecuzione della propria prestazione. In assenza di contestazioni, la concorde volontà delle parti negoziali rappresenterà la condizione affinché il denaro possa essere definitivamente trasferito al venditore. Tuttavia, laddove il compratore non ritenga il bene conforme a quanto promesso e si rifiuti, pertanto, di convalidare l'azione, la firma di una terza parte (arbitro) si rivelerà necessaria affinché l'esecuzione possa avere luogo. L'arbitro, pertanto, avrà il potere di intervenire direttamente nella vicenda, accertare la qualità della merce e decidere di conseguenza sulla controversia autorizzando l'esecuzione solo laddove ritenga il bene conforme al contratto [223].

A ciò si aggiunge il fatto che la *blockchain*, in grado di assicurare l'esecuzione dei protocolli di intesa, tallone d'Achille degli attuali sistemi di risoluzione alternativa delle controversie [224], potrebbe costituire un *input* di sviluppo per nuove forme di ODR, votate ad essere estese alla risoluzione di controversie che si sviluppano anche al di fuori delle tecnologie a registro distribuito. Il riferimento è a sistemi come *Kleros* [225] che, am-

---

zione elettronica del commercio e dei sistemi di ADR, in A. Maggipinto (a cura di), *Sistemi alternativi di risoluzione delle controversie nella società dell'informazione. Internet per la gestione della conflittualità nel mercato virtuale*, Nyberg, Milano, 2006, p. 39 e spec. p. 66 ss.

[223] A. Martínez, *Smart Contracts: ¿El Futuro de la Contratación?*, in *Revista Notarial*, 2018, p. 399 e spec. p. 425 ss.; T. van der Linden, *Trust Me: Combining Online Dispute Resolution, Law and Blockchain Technology*, in *IJLT*, 2019, v. 15, n. 2, p. 454, a p. 467; P. Ortolani, *The impact of blockchain technologies and smart contracts on dispute resolution: arbitration and court litigation at the crossroads*, in *Rev. dr. unif.*, 2019, v. 24, p. 430; Id., *Self-Enforcing Online Dispute Resolution: Lessons from Bitcoin*, in *Oxf. J. Leg. Stud.*, 2016, v. 36, n. 3, p. 595.

[224] A. Garapon e J. Lasségue, *La giustizia digitale. Determinismo tecnologico e libertà*, cit., spec. p. 157 (ed. originale: *Justice digitale. Révolution graphique et rupture anthropologique*, Presses Universitaires de France, Paris, 2018).

[225] C. Lesaege, F. Ast e W. George, *Kleros*, 2019, https://kleros.io/whitepaper.pdf. Il caso d'uso scelto da *Kleros* per esemplificare il funzionamento della piattaforma è il seguente:

miccando alla celebre teoria dei giochi cara agli economisti[226], prevedono il coinvolgimento di una serie di individui che appartengono alla comunità *blockchain*, votati ad assumere la veste di giurati. La questione controversa viene loro sottoposta per la decisione: ogni giurato è chiamato a pronunciarsi individualmente e la lite viene risolta definitivamente secondo l'opinione condivisa dalla maggioranza. Effettuare la scelta che si rivelerà conforme a quella maggioritaria permetterà al giurato di ottenere un riconoscimento in termini economici (i.e. '*tokens*')[227].

Alice, imprenditrice francese, attraverso una piattaforma P2P incarica Bob, programmatore del Guatemala, di sviluppare un *website* per promuovere la propria attività. Stabilite le condizioni e il corrispettivo, Bob si mette al lavoro e dopo un paio di settimane consegna il *website* a Alice. Alice non è soddisfatta in quanto ritiene che il lavoro di Bob sia al di sotto delle aspettative; per contro Bob deduce di aver eseguito la prestazione come da accordi. Alice decide di avvalersi di "*Kleros Court*" e attiva la procedura per dirimere la controversia. Il sistema contatta alcuni esperti di programmazione, che nel tempo libero, magari mossi dall'esigenza di arrotondare lo stipendio, prestano la propria opera come giurati nella "*Website Quality subcourt*" di *Kleros*, possedendo le competenze specifiche richieste (html, javascript e *web design*) e avendo depositato a tal fine alcuni PNK (Pinakion, la criptovaluta di *Kleros* – maggiore è il numero di PNK investiti più alta è la possibilità di essere selezionati come giurati). La controversia di Alice e Bob, con le allegazioni del caso, viene sottoposta ai giurati selezionati, che sono chiamati a pronunciarsi entro tre giorni, scegliendo tra alcuni soluzioni alternative, tra cui, "Rimborsa Alice", "Concedi a Bob una settimana aggiuntiva per finire il *website*" e "Paga Bob". La decisione della maggioranza viene, dunque, notificata a Bob e Alice e l'esecuzione attivata: nel caso in cui, ad esempio, i giurati decidano che il sito non è conforme a quanto pattuito dalle parti, con uno *smart contract* i soldi verranno trasferiti a Alice. I giurati saranno remunerati per l'opera prestata: ai 'vincitori' verrà riconosciuta una somma in proporzione ai PNK depositati, mentre i giurati che hanno deciso nel senso non condiviso dalla maggioranza perderanno i propri PNK (pp. 2 e 3). Per un approfondimento su *Kleros* si rinvia, su tutti, a J. Metzger, *Decentralized Justice in the Era of Blockchain*, in *Int'l J. online Disp. Resol.*, 2018, v. 5, n. 1-2, p. 69.

Attualmente sono stati sviluppati altri sistemi con un funzionamento simile a *Kleros*, tra cui *JUR* (https://jur.io/) e *Aragon* (https://aragon.org/aragon-court/). Più in generale per un approfondimento sulle emergenti forme di *smart* ODR si rinvia su tutti alla recente ed esaustiva ricostruzione fornita da M. Durovic e F. Lech, *Legal Tech in ADR*, in L.A. Di Matteo, A. Janssen, P. Ortolani, F. De Elizalde, M. Cannarsa e M. Durovic, *The Cambridge Handbook of Lawyering in the Digital Age*, cit., p. 99 e spec. 113 ss.

[226] Sulle origini della teoria dei giochi v. J. von Neumann e O. Morgenstern, *Theory of Games and Economic Behavior*, Princeton University Press, Princeton, 1944; J.F. Nash, *Equilibrium points in n-person games*, in *Proceedings of the National Academy of the USA*, 1950, v. 36, n. 1, p. 48; Id., *The bargaining problem*, in *Econometrica*, 1950, v. 18, p. 155; Id., *Non-cooperative games*, in *Annals of Mathematics*, 1951, v. 54, p. 289. Si v., inoltre, T. C. Schelling, *The Strategy of Conflict*, Harvard University, Cambridge, 1960.

[227] "*(...) decentralized justice systems do not rely on any expectation of moral behavior of agents but on strict economic incentives achieved through mechanism design. Agents are not expected to act honestly (i.e., be neutral in their decisions) because of moral reasons but because they are part of a set of institutional rules where it is in their rational interest to act in such a way in order to optimize their economic gain*": in questi termini F. Ast e B. Deffains, *When Online Dispute Resolution Meets Blockchain: The Birth of Decentralized Justice*, in *Stanford J. Blockchain L & Pol'y*, 2021, v. 4, p. 1.

Il 'verdetto' della giuria potrà trovare automatica esecuzione attraverso uno *smart contract*.

Nonostante tali forme di *smart* ODR siano in via di espansione, esse non hanno ancora ricevuto la dovuta attenzione da parte dell'avvocatura che, allo stato, risulta pressoché assente nel dibattito sullo sviluppo di tali rivoluzionari meccanismi di risoluzione delle controversie [228].

Dal quadro tratteggiato nelle pagine che precedono emerge chiaramente come lo sviluppo del sistema di risoluzione delle controversie alternativo al contenzioso e la loro evoluzione tecnologica abbiano inciso in maniera profonda non solo sulle possibilità di risoluzione del conflitto, bensì anche sui ruoli e competenze dei professionisti legali che con tali procedure si sono trovati a confrontarsi, o perché direttamente coinvolti, come nel caso delle mediazioni e degli arbitrati condotti online ovvero offline, oppure in limitati casi perché definitivamente esclusi, come nell'ipotesi della negoziazione automatizzata. Tuttavia, il potenziale delle ODR, e dunque la relativa incidenza sul campo di attività degli avvocati, sembra destinato ad aumentare alla luce della crescente contaminazione tra ODR e giustizia processuale ordinaria. Risultano, infatti, in crescita le sperimentazioni basate sulla connessione tra i due mondi che, all'insegna della ricerca dell'efficienza e, soprattutto, del miglioramento dell'accesso alla giustizia, si incontrano e si ibridano (v. *infra*, § 4.3).

In generale sul tema delle *smart* ODR si rimanda, su tutti, a: Y. Aouidef, F. Ast e B Deffains, *Decentralized Justice: A Comparative Analysis of Blockchain Online Dispute Resolution Projects*, in *Fronties in Blockchain*, 2021; T. van der Linden, *Trust Me: Combining Online Dispute Resolution, Law and Blockchain Technology*, cit.; A. Palombo, R. Battaglini e L. Cantisani, *A blockchain-Based Smart Dispute Resolution Method*, in L.A. Di Matteo, A. Janssen, P. Ortolani, F. De Elizalde, M. Cannarsa e M. Durovic, *The Cambridge Handbook of Lawyering in the Digital Age*, cit., p. 124 ss.; M. Buchwald, *Smart Contract Dispute Resolution: The Inescapable Flaws of Blockchain based Arbitration*, in *U. Pa. L. Rev.*, 2020, v. 168, p. 1369; O. Rabinovich-Einy e E. Katsh, *Blockchain and the Inevitability of Disputes: The Role for Online Dispute Resolution*, in *J. Disp. Resol.*, 2019, v. 2, p. 47; P. Ortolani, *The impact of blockchain technologies and smart contracts on dispute resolution: arbitration and court litigation at the crossroads*, cit.; Id., *Smart Contracts, ODR and the New Landscape of the Dispute Resolution Market*, in B. Cappiello e G. Carullo (eds.), *Blockchain, Law and Governance*, Springer, Berlino, 2020; D.W.E. Allen, A.M. Lane e M. Poblet, *The Governance of Blockchain Dispute Resolution*, in *Harv. Negotiation L. Rev.*, 2019, v. 25, n. 1, p. 75; A. Schmitz e C. Rule, *Online Dispute Resolution for Smart Contracts*, in *J. Disp. Resol.*, 2019, n. 2, p. 103.

[228] Si v. in proposito P. Ortolani, *The impact of blockchain technologies and smart contracts on dispute resolution: arbitration and court litigation at the crossroads*, cit., a p. 435, che, con riferimento al meccanismo *multi-signature*, sottolinea come "*It is puzzling that the phenomenon at hand has been largely ignored by arbitration specialists and transnational lawyers*" nonostante esso sembri attualmente rappresentare "*a unique form of transnational arbitration, operating outside of the shadow of State law with a high degree of finality and self-sufficiency*". Più in generale, sull'assenza della voce dell'Avvocatura nel dibattito sulle ODR si v. N. Ebner e E.E. Greenberg, *Where Have All the Lawyers Gone? The Empty Chair at the ODR Justice Table*, in *Int'l J. online Disp. Resol.*, 2019, v. 6, n. 2, p. 154.

4.3. *ODR, tecnologia e contaminazione delle corti*

Il dialogo tra sistema giustizia e innovazione tecnologica non è nuovo.

A livello europeo particolare attenzione è stata dedicata all'applicazione di soluzioni informatiche all'amministrazione della giustizia a partire dalla fine degli anni Novanta. Le corti, una volta dotate delle attrezzature di base [229] e della connessione a Internet o a LAN (*local area network*) o WAN (*wide area network*), hanno iniziato la lenta transizione verso la dematerializzazione dei propri registri e la digitalizzazione dei propri processi. I registri elettronici hanno iniziato a cedere il passo a registri automatizzati, con possibilità di *data entry*, consultazioni contemporanee e dislocate, generazione di documenti attraverso la compilazione dei campi appartenenti a modelli preimpostati, funzioni di rielaborazione di dati [230]. La possibilità per i giudici e per il relativo personale amministrativo di lavorare a distanza in maniera sicura è diventata la normalità, anche grazie alla massiva diffusione di tecnologie di comunicazione a distanza, incluse le attrezzature per le videoconferenze [231].

Le nuove modalità di gestione documenti, compresa la loro generazione attraverso supporti informatici e il loro scambio telematico, e i nuovi applicativi a disposizione del comparto giustizia hanno determinano un forte impatto sull'organizzazione del lavoro delle corti e sui modelli di interazione tra tutti i soggetti coinvolti nel sistema giustizia, tra cui i cancellieri, i giudici, gli avvocati e le parti.

Lo sviluppo tecnologico ha successivamente dirottato molte amministrazioni giudiziarie europee verso veri e propri sistemi di *case management*. I procedimenti sono stati progressivamente trasferiti, in tutto o in parte, dalla carta al formato digitale. La pandemia Covid-19 ha inferto un'ulteriore spinta verso la digitalizzazione del lavoro delle corti e la dematerializzazione dei processi. Affinché l'interruzione degli spostamenti non si traducesse in una paralisi dei processi le corti – sebbene con portata diversa a seconda dell'esistente grado di digitalizzazione presente nel

---

[229] *"More specifically, the various technologies used by the courts can include IT equipment such as laptops, iPads, court recording, transcription and video/ audio conferencing technology; as well as administrative software such as case management systems, e- filing systems, e-libraries, case laws dataset and sentencing support systems (Donoghue 2017)"*: così D. Piana, *Legal Services and Digital Infrastructure. A New Compass for better Governance*, Routledge, London, 2020, a p. 22.

[230] M Velicogna, *Il processo telematico in Europa*, in *Inf. dir.*, 2007, XXXIII annata, v. XVI, n. 1-2, p. 40 e spec. p. 49 ss.

[231] European Commission, *Commission Staff Working Document Accompanying the Communication: Communication from the Commission to the European Parliament, the Council, the European Economic and Social Committee and the Committee of the Regions Digitalisation of justice in the European Union. A toolbox of opportunities {COM(2020) 710 final}*, SWD(2020) 540 final, 2 dicembre 2020.

sistema giudiziario, delle peculiarità dei singoli sistemi processuali e della gravità delle ripercussioni nazionali derivanti dal tasso dei contagi e dalle scelte politiche-economiche adottare dai vari Governi – hanno rafforzato l'utilizzo di strumenti delle tecnologie dell'informazione e della comunicazione, consentendo il deposito telematico degli atti e arrivando, in taluni casi, alla conduzione di processi da remoto, grazie alla possibilità di celebrare udienze a distanza [232]. In ogni caso, la pandemia Covid-19 ha messo in luce la necessità di continuare ad investire nella digitalizzazione della giustizia, *"di accelerare le riforme per digitalizzare la trattazione delle cause da parte delle istituzioni giudiziarie, lo scambio di informazioni e documenti tra le parti e gli avvocati e l'accesso costante e agevole alla giustizia per tutti"* [233].

Non solo la trasformazione dei processi in chiave telematica ha segnato la svolta nei sistemi di giustizia europei ed attirato l'attenzione delle istituzioni europee. Sotto i riflettori vi sono oggi anche le applicazioni basate sull'intelligenza artificiale, che lentamente, ma progressivamente, stanno penetrando nel settore giustizia, tra entusiasmi e timori di attenti osservatori. Tra le soluzioni attualmente di maggior rilievo, anche in termini di diffusione, si possono annoverare *"l'anonimizzazione*

---

[232] Per una ricognizione comparatistica della legislazione emergenziale adottata per contenere gli effetti della pandemia sulla giustizia civile in Europa si rimanda su tutti a B. Krans e A. Nylund (eds.), *Civil Courts Coping with Covid-19*, Eleven International Publishing, The Hague, 2021; P. Comoglio, *La diversa oralità dei processi civili nell'emergenza sanitaria. Brevi raffronti comparati*, in *DPCE online*, 2020, v. 43, n. 2, p. 2323 ss.: in particolare l'A. sottolinea come una direttiva che ha caratterizzato molti interventi emergenziali è costituita dal *"massivo ricorso alla digitalizzazione al fine di assicurare lo svolgimento delle attività processuali. Sembra certamente possibile parlare, a questo riguardo, di una vera e propria digitalizzazione emergenziale"*. Sul fatto che la dematerializzazione del processo possa essere letta come *"demolizione del rituale del processo"*, portando ciò che era rito ad assumere i tratti delle ADR, si rimanda a C. Gamba, *La smaterializzazione della giustizia e la demolizione del rituale del processo*, cit.

[233] Comunicazione della Commissione al Parlamento Europeo, al Consiglio, al Comitato Economico e Sociale Europeo e al Comitato Delle Regioni, Digitalizzazione della giustizia nell'Unione europea, Un pacchetto di opportunità, {SWD(2020) 540 final}, COM(2020) 710 final, 2 dicembre 2020. Sulla necessità di valorizzare la digitalizzazione al fine di modernizzare l'economia dell'Unione europea, cfr. Consiglio europeo, *Una tabella di marcia per la ripresa – Verso un'Europa più resiliente, sostenibile ed equa*, 23 aprile 2020; Risoluzione del Parlamento europeo, del 17 aprile 2020, sull'azione coordinata dell'Unione europea per lottare contro la pandemia di COVID-19 e le sue conseguenze. V., inoltre, Consiglio, *Accesso alla giustizia – Cogliere le opportunità della digitalizzazione*, del 13 ottobre 2020, in *GU* C 342I del 14 ottobre 2020, p. 1. In dottrina cfr. V. S. Whittam, *Navigating the New Normal: Civil Litigation in the Age of Pandemic and Beyond*, in *New Law Journal*, 2020: *"The pandemic has necessitated an unexpected crash course in remote justice that the legal system did not want, but definitely needed"*; *"In order to deal with this novel situation [the outbreak of the coronavirus (COVID-19) pandemic], the profession's response is largely going to focus on leveraging tech-based solutions to keep the wheels of justice moving"*: S. Rab, *Covid-19 & Virtual mediation*, in *New Law Journal*, 2020, p. 25.

delle decisioni degli organi giurisdizionali, la conversione da discorso a testo e la trascrizione, la traduzione automatica, i chatbot che sostengono l'accesso alla giustizia e l'automazione dei processi robotici"[234]. Tale elenco è tuttavia destinato ad arricchirsi nel medio periodo: nell'agenda europea non mancano, infatti, iniziative per implementare le nuove tecnologie basate sull'intelligenza artificiale e sulle tecnologie a registro distribuito (*blockchain*) nel settore giustizia, seppur nel rispetto del potere decisionale dei giudici, dell'imparzialità della magistratura e della salvaguardia dei diritti fondamentali[235].

Lo scenario di trasformazione della giustizia in chiave digitale sembra oggi abbracciare una nuova ed ulteriore dimensione. Alla dematerializzazione e speditezza delle procedure, che nella creazione di sistemi più efficienti ed economici trovano il proprio motore propulsore, si somma l'ambizione, anche degli attori pubblici, di impiegare soluzioni tecnologiche con il fine principale di migliorare l'accesso alla giustizia.

Possono ascriversi a tali aspirazioni taluni tentativi nazionali volti a ibridare gli *itinera* processuali ordinari con innesti provenienti dalla sfera delle ODR, sino ad approdare a schemi processuali totalmente nuovi, che traggono linfa dal contesto virtuale, dall'implementazione di soluzioni tecnologiche e dall'applicazione dell'intelligenza artificiale nel procedimento di risoluzione della lite. Non sono, infatti, mancate sperimentazioni in cui le ODR sono penetrate nella giustizia ordinaria, divenendo dei tasselli incorporati direttamente nel sistema giurisdizionale pubblico.

In Europa[236], tra i prototipi di *cyber*-ODR sostenute da Istituzioni pubbliche figura *Rechtwijzer uit elkaar*[237], piattaforma olandese, attivata per la

---

[234] V. COM(2020) 710 final, cit.; si v., altresì, Commissione europea, *Study on the use of innovative technologies in the justice field*, settembre 2020; Commissione europea, *White Paper on Artificial Intelligence – A European approach to excellence and trust*, COM(2020) 65 final, 19 febbraio 2020; e, più in generale, *e-Justice Strategy and Action Plan 2019-2023: 2019-2023 Action Plan European e-Justice*, in *OJ* C 96 del 13 marzo 2019, pp. 9-32; *2019-2023 Strategy on e-Justice*, in *OJ* C 96 del 13 marzo 2019, pp. 3-8.

In riferimento all'implementazione di sistemi di intelligenza artificiale nel settore giustizia si v., altresì, I principi etici predispoti dall'European Commission for the Efficiency of Justice of the Council of Europe (CEPEJ): CEPEJ, *European Ethical Charter on the Use of Artificial Intelligence in Judicial Systems and their environment*, Strasbourg, 3-4 December 2018; CEPEJ, 2022 – 2025 CEPEJ, *Action plan: Digitalisation for a better justice*, 9 dicembre 2021, CEPEJ(2021)12Final; CEPEJ, *Revised roadmap for ensuring an appropriate follow-up of the CEPEJ Ethical Charter on the use of artificial intelligence in judicial systems and their environment*, 9 dicembre 2021, CEPEJ(2021)16.

Sull'impatto dei sistemi algoritmici sulla tutela dei diritti umani si richiama, inoltre: Committee of Ministers, Recommendation CM/Rec(2020)1 of the Committee of Ministers to Member States on the human rights impacts of algorithmic systems, Council of Europe, Brussels, 8 aprile 2020.

[235] COM(2020) 710 final, cit.

[236] Oltreoceano non mancano esperienze di ODR *in-Courts:* per una recente ricostruzione generale si rinvia, su tutti, a: A.J. Schmitz e J. Martinez, *ODR and Innovation in the*

risoluzione stragiudiziale di alcune controversie di carattere civile, soprattutto nell'ambito del diritto della famiglia. L'innovatività di tale piattaforma, sviluppata in base alla collaborazione tra *Hague Institute on the Innovation of Law*, la *software company* americana *Modria* e, soprattutto, gra-

---

United States, in D. Rainey, M.S.A. Wahab e E. Katsh (eds.), *Online Dispute Resolution: Theory and Practice. A Treatise on Technology and Dispute Resolution*, Eleven International Publishing, The Hague, 2021, p. 611 ss.; A.J. Schmitz, *Expanding Access to Remedies through E-Court Initiatives*, in *Or. L. RevBuff. L. Rev.*, 2019, v. 67, p. 89 e spec. p. 104 ss. Tra le prime esperienze si richiama il sistema di ODR istituzionale adottato nel 2013 in Michigan, e successivamente esteso in altri stati federati: la piattaforma *Matterhorn* consente alle parti di comunicare con gli attori del sistema giustizia ed essere guidate, grazie a sistemi di autodiagnosi basati sull'intelligenza artificiale, verso una risoluzione online: per un approfondimento sul sistema si rinvia, su tutti, a J.J. Prescott, *Improving Access to Justice in State Courts with Platform Technology*, in *Vand. L. Rev.*, 2017, v. 70, p. 1993 e spec. 2020 ss. La piattaforma *Matterhorn* è stata successivamente implementata per l'avveramento di progetti ODR attivati in Ohio (con particolare riferimento agli *small claims* in materia di *'city tax'*): *Online Dispute Resolution Franklin County Municipal Court*, courtinnovations.com, https://www.courtinnovations.com/ohfcmc. Sulle recenti sperimentazioni attivate dallo Stato di New York si rinvia a D.A. Larson, *Designing and Implementing a State Court ODR System: From Disappointment to Celebration*, in *J. Disp. Resol.*, 2019, n. 2, p. 77; Id., *Designing a State Court Small Claims ODR System: Hitting a Moving Target in New York During a Pandemic*, in *Cardozo J. Disp. Resol.*, 2021, n. 22, p. 569. Anche altri Stati, tra cui Texas e Utah, hanno in corso delle sperimentazioni significative in tema di ODR istituzionali: A.J. Schmitz, *Expanding Access to Remedies through E-Court Initiatives*, cit., spec. p. 115 ss.

[237] Pe un approfondimento sull'esperienza olandese si rinvia, su tutti, a L. Kistemaker, *Rechtwijzer and Uitelkaar.nl. Dutch Experiences with ODR for Divorce*, in *Family Court Review*, 2021, v. 59, n. 2, p. 232 ss.; B. Dijksterhuis, *The Online Divorce Resolution Tool 'Rechtwijzer uit Elkaar' Examined*, in M. Maclean e B. Dijksterhuis (eds.), *Digital Family Justice: From Alternative Dispute Resolution to Online Dispute Resolution?*, Hart Publishing, Oxford, 2019, p. 193; E.A. Bickel, M.A.J. van Dijk e E. Giebels, *Online legal advice and conflict support: a Dutch experience*. Department Psychology of Conflict, Risk & Safety, University of Twente, 2015, https://ris.utwente.nl/ws/portalfiles/portal/5136912/Online+legal+advice+and+conflict+support_UTwente.pdf; R. Smith, *A review of 'Online Legal Advice and Conflict Support: a Dutch Experience'*, in The Legal Education Foundation, *Digital Delivery of Legal Services to People on Low Income, Quarterly Update*, 2015, p. 27, https://ris.utwente.nl/ws/portalfiles/portal/5952144/lef-spring2015.pdf; C. Castelli e D. Piana, *Giustizia predittiva. La qualità della giustizia in due tempi*, in *Quest. giust.*, 2018, n. 4, p. 154 ss.

Il predecessore di tale soluzione tecnologica può essere ravvisato nel website *Rechtwijzer*, fondato nel 2007 dal Legal Aid Board olandese, volto ad offrire informazioni legali soprattutto in tema di diritto dei consumatori e locazioni, con il fine di consentire agli utenti, attraverso sistemi di 'domanda&risposta' e percorsi di autovalutazione guidati, l'accesso a specifiche soluzioni giuridiche ovvero il riferimento a servizi giuridici mirati: v. la descrizione di tale evoluzione offerta da L. Kistemaker, *Rechtwijzer and Uitelkaar.nl. Dutch Experiences with ODR for Divorce*, cit.; B. Dijksterhuis, *The Online Divorce Resolution Tool 'Rechtwijzer uit Elkaar' Examined*, cit., p. 195; R. Smith, *A review of 'Online Legal Advice and Conflict Support: a Dutch Experience'*, cit.; R. Smith, *The Future of Law: Technology, Innovation and Access to Justice in Legal Services Around the World*, in S.P. De Souza e M. Spohr (eds.), *Technology, Innovation and Access to Justice. Dialogues on the Future of Law*, Edinburgh University Press, Edinburgh, 2021, p. 69 e spec. p. 73 ss.

zie all'appoggio del *Legal Aid Board* olandese, rimasta operativa sino al 2017 [238], risiedeva nell'offrire direttamente alle parti in fase di separazione un'assistenza strutturata, in un contesto dematerializzato e caratterizzato dallo scarso coinvolgimento della professionalità umana, ideato per agevolare il dialogo e facilitare le parti nel raggiungimento di un accordo di separazione, da sottoporre, al termine della procedura, ad un controllo finale di un avvocato neutrale alla vicenda [239]. Attraverso un percorso iniziale di autodiagnosi e il conferimento di informazioni giuridiche e pratiche rilevanti, le parti erano poste, infatti, nella miglior condizione per effettuare scelte consapevoli ed elaborare una soluzione condivisa, sottraendosi in tal modo all'attivazione necessaria di un procedimento giurisdizionale, certamente più impegnativo sotto il profilo economico, temporale ed emotivo, per raggiungere il medesimo risultato. Pioneristico nell'implementazione delle ODR istituzionali è anche il Regno Unito; nel 2002, infatti, il Ministero della Giustizia ha attivato la piattaforma *Money Claim Online* utilizzabile in caso di *Small Claims* (MCOL) che consente al creditore di ottenere, attraverso una procedura online semplificata, una sorta di ingiunzione di pagamento esecutiva nei confronti della controparte debitrice (sino ad un importo di 100,000 sterline) attestata la fondatezza della propria pretesa creditoria, salvo rinvio alle procedure tradizionali in caso di opposizione [240]. La pandemia Covid-19 ha, peraltro, inciso ulterior-

---

[238] La piattaforma è stata, infatti, completamente rivisitata nel 2017 e sostituita dalla piattaforma *Uitelkaar.nl* gestita dalla *software company* Justice42: L. Kistemaker, *Rechtwijzer and Uitelkaar.nl. Dutch Experiences with ODR for Divorce*, cit.

[239] In particolare, le parti guidate in un iniziale percorso di autodiagnosi e rese edotte delle informazioni di base necessarie per effettuare scelte consapevoli (tra cui, ad esempio, le regole che governano la divisione dei beni e il mantenimento dei figli ovvero il possibile contenuto di accordi standard per disciplinare il diritto di visita), si trovavano nella situazione ottimale per il raggiungimento di un accordo di separazione personale. Tuttavia, in caso di insuccesso della procedura, con un pagamento aggiuntivo di poche centinaia di euro, le parti potevano avvalersi del sistema per richiedere l'intervento di un mediatore o di un arbitro. Per un maggiore approfondimento sul funzionamento della piattaforma olandese si rinvia a F.E. de la Rosa e J. Zeleznikow, *Making Intelligent Online Dispute Resolution Tools available to Self-Represented Litigants in the Public Justice System. Towards and Ethical use of the AI technology in the administration of Justice*, ICAIL '21: Proceedings of the Eighteenth International Conference on Artificial Intelligence and Law, Association for Computing Machinery, New York, 2021, p. 195, spec. p. 196 e L. Kistemaker, *Rechtwijzer and Uitelkaar.nl. Dutch Experiences with ODR for Divorce*, cit.; cfr. E Smith, *A review of 'Online Legal Advice and Conflict Support: a Dutch Experience'*, cit., a parere del quale: "*Rechtwijzer 2.0 does inherently a different job than the first version: it is designed to go beyond signposting and provide a means of resolution itself*" (p. 28).

[240] www.moneyclaimonline.gov.uk. Per dettagli sulla procedura v. M. Velicogna, *Gli sviluppi dell'e-justice in Europa. Qualcosa da imparare?*, in D. Carnevali (a cura di), *Soggetti smarriti. Perché innovazione e giustizia non si incontrano (quasi) mai*, FrancoAngeli, Milano, 2010, p. 168 e spec. p. 185 ss.; G. Lupo, *The Case of Money Claim Online and Possession Claim Online in England and Wales*, in A. Resca, *Building Interoperability for European Civil Proceedings Online*, 2012; M. Fabri, *Some European and Australian e-Justice services*, IRSIG-

mente sullo sviluppo delle ODR all'interno del sistema giurisdizionale. Il Governo di Hong Kong, ad esempio, nel 2020, non solo ha incentivato soluzioni tecnologiche per la conduzione di udienze da remoto in taluni processi civili, ma, prevedendo un incremento del contenzioso dettato dalla situazione pandemica, ha introdotto una procedura online più snella e semplificata per la risoluzione delle controversie di modico valore (sotto la soglia dei 500.000 Hkd – poco meno di 60 euro) e legate allo stato emergenziale. Tale procedimento, gestito dalla e nella piattaforma *eBram International Online Dispute Resolution Center*, della durata complessiva massima di due mesi, prevede l'integrazione, in chiave consequenziale e rapida, di diverse soluzioni appartenenti allo spettro delle procedure ADR. L'*iter* si schiude con una prima fase di negoziazione a cui segue, in caso di mancato accordo, la seconda fase di mediazione con l'intervento di un terzo esterno alla controversia scelto dalle parti tra un elenco di nominativi proposti dalla piattaforma oppure, in assenza di nomina delle parti, selezionato in autonomia di *eBram* fuori lista; a seguito dell'eventuale fallimento del tentativo di mediazione, ha inizio la terza fase, dedicata all'arbitrato, che si conclude con una decisione vincolante e non appellabile dell'arbitro [241].

Dalle esperienze ora richiamate si può desumere un importante tratto comune di tali sistemi di ODR istituzionali o pubblici: i meccanismi di gestione e risoluzione del conflitto finalizzati alla conciliazione pur essendo messi a disposizione o supportati direttamente dallo Stato, e dunque integrati nel sistema giurisdizionale pubblico, rimangono percorsi alternativi e concorrenti rispetto ai procedimenti ordinari.

Non mancano, tuttavia, sperimentazioni in cui si è compiuto un ulteriore passo verso la completa integrazione tra ODR istituzionali e sistema di giustizia ordinario [242]. Il riferimento è, in particolare, alle corti digitali

---

CNR, Bologna, 2012, spec. p. 20 ss.; G. Lupo e J. Bailey, *Designing and Implementing e-Justice Systems: Some Lessons Learned from EU and Canadian Examples*, in *Laws*, 2014, n. 3, p. 353.

[241] Per maggiori dettagli sulla procedura si rinvia a eBram, *eBRAM Rules for the Covid-19 ODR Scheme*, https://www.ebram.org/download/Covid-19%20Rules_English.pdf. In dottrina si rimanda a G. Matteucci, *ODR-Online Dispute Resolution and Justice in the Post Covid-19*, in R. Pérez Martell (a cura di), *La Tecnología Y los Objetivos de Desarrollo Sostenible*, J.M. Bosh, Barcelona, 2020, p. 71 ss.; Id., *ODR in Hong Kong and Italy in the COVID 19 era*, 2020. Sulle iniziative del governo di Hong Kong in tema di promozione delle ADR e ODR, compresa la piattaforma eBram (c.d. *'COVID-19 ODR Scheme'*), si v. Legislative Council Panel on Administration of Justice and Legal Services, *Mediation Initiatives of the Department of Justice*, CB(4)956/20-21(03), 14 maggio 2021, https://www.legco.gov.hk/yr20-21/english/panels/ajls/papers/ajls20210514cb4-956-3-e.pdf.

[242] G. Lisella, *Istituzionalizzazione della giustizia digitale. Il caso paradigmatico del* Civil Resolution Tribunal, in i-*lex. Scienze Giuridiche, Scienze Cognitive e Intelligenza Artificiale*, 2019, v. 12, n. 1-3, p. 125 e spec. a p. 137.

completamente integrate nel sistema-giustizia, di cui il Canada e la Cina offrono valide realizzazioni.

Il *Civil Resolution Tribunal* (CRT)[243] implementato nella Columbia Britannica costituisce un Organismo para-gurisdizionale indipendente[244], che svolge la propria attività esclusivamente online e che risulta competente a decidere in materia di liti condominiali, *small claims* (sino al valore di 5.000 CAD), responsabilità da circolazione stradale (sino a 50.000 CAD) e alcune controversie relative alle persone giuridiche. Il procedimento è progressivo, strutturato in quattro fasi obbligatorie, supportate dall'utilizzo di soluzione tecnologiche: una prima fase di autoanalisi (c.d. '*Solution Explorer*') che permette alla parte di orientarsi nella controversia attraverso un percorso guidato, gestito da applicazioni tecnologiche strutturate ad alberi logici. Se la soluzione prospettata dal sistema non è considerata soddisfacente, si apre una fase collaborativa, condotta attraverso la piattaforma, che prende le sembianze, in un primo momento, di una negoziazione diretta tra le parti e, solo in caso di mancato accordo, prevede il successivo intervento di un terzo neutrale alla vicenda, nel ruolo di facilitatore. Se anche tale mediazione non si rivela risolutiva si schiude l'ultima fase del procedimento e la vertenza viene deferita al *Tribunal*. La fase aggiudicativa si svolge a distanza, tramite comunicazioni per lo più asincrone, e con l'intervento di un *plenum* costituito da avvocati specializzati. Tale fase si conclude con una decisione vincolante, impugnabile, che viene inoltrata alle parti via e-mail.

In Cina, la Corte Digitale di Hangzhou fondata nel 2017 e quelle di Pechino e Guangzhou, istituite nel 2018, stanno dando prova di successo nella definizione, in tempi rapidi e con costi contenuti, di un numero elevato di controversie legate al commercio elettronico[245]. Anche in tali corti

---

[243] Per un approfondimento *sul Civil Resolution Tribunal* si rinvia, su tutti, a S. Salter e D. Thompson, *Public-Centred Civil Justice Redesign: A Case Study of the British Columbia Civil Resolution Tribunal*, in *McGill J. Disp. Resol.*, 2016-2017, v. 3, p. 113 ss.; G. Lisella, *Istituzionalizzazione della giustizia digitale. Il caso paradigmatico del Civil Resolution Tribunal*, cit.; Id., *Corti digitali e giustizia civile progressiva*, in *Il giusto processo civile*, 2020, v. 1, p. 269 e spec. p. 280 ss.; S.P. De Souza e M. Spohr, *Technology, Innovation and Access to Justice*, Edinburgh University Press, Edinburgh, 2020, spec. p. 75 ss.; S. Salter, *ODR and Justice System Integration: British Columbia's Civil Resolution Tribunal*, in *Windsor Y.B. Access To Just.*, 2017, v. 34, p. 112.

[244] Sulla distinzione tra *Tribunal*, nel senso di organismo para-giurisdizionale, e la classica *Court* si v. G. Lisella, *Istituzionalizzazione della giustizia digitale. Il caso paradigmatico del Civil Resolution Tribunal*, cit.; Id., *Corti digitali e giustizia civile progressiva*, cit.

[245] In dottrina, sull'esperienza cinese, si v. Y. Lin, *China's Three Internet Courts, Amicus Curiae*, 2021, s. 2, v. 2, n. 3, p. 531; H. Zhu, *Zhejiang Experience": Problems and Countermeasures in the Construction of Internet Courts*, in *Advances in Economics, Business and Management Research*, 2019, v. 94, p. 480; A.J. Schmitz, *Expanding Access to Remedies through E-Court Initiatives*, cit., spec. p. 131 ss.

Con specifico riferimento alle riforme cinesi del sistema giudiziario e all'avvento delsono state implementate procedure totalmente digitalizzate che si basano su uno schema a conflittualità crescente: inizialmente la parte ha l'opportunità di compilare un'istanza online attraverso un formulario, di cui viene, successivamente, data notizia alla controparte. Le parti, dotate di codici di accesso al sistema informatico, interagiscono attraverso la piattaforma digitale ed entro quindici giorni vengono contattate da un mediatore, che ne tenta la conciliazione attraverso video-conferenze o conversazioni a distanza. In caso di insuccesso del tentativo di risoluzione stragiudiziale, ha inizio la fase processuale condotta online [246], che si conclude con una sentenza vincolante per le parti e da queste ultime impugnabile.

Seppur gli Organismi giurisdizionali o para-giurisdizionali completamente digitali, inseriti stabilmente nella piramide del sistema giudiziario tradizionale e con competenza esclusiva per materia e/o per valore, rappresentino oggi sparute eccezioni nel panorama mondiale, essi aprono, tuttavia, la breccia a rivoluzionarie forme di accesso alla giustizia che prescindono dall'intervento del professionista legale nella veste classica di difensore e rappresentante dalla parte in giudizio.

Il sapere giuridico esperto, tuttavia, non viene eluso, bensì entra attraverso canali diversi che, da un lato, si legano all'implementazione delle ODR e alla possibilità per il legale di prestare la propria opera nel diverso ruolo di facilitatore o mediatore, ove previsto dalla procedura collaborativa (v. *retro*) e, dall'altro, dipendono dalla necessità di ristrutturare il sapere giuridico per renderlo fruibile attraverso i sistemi basati sull'intelligenza artificiale. Basti qui richiamare i percorsi di autovalutazione che le parti sono chiamate ad intraprendere come primo *step* nella definizione della propria lite. Tali percorsi di autodiagnosi, che attraverso meccanismi di domanda e risposta conducono le parti a decifrare i profili rilevanti del proprio caso specifico e ad intravederne la possibile soluzione, si basano, infatti, su percorsi che derivano dalla ristrutturazione del sapere giuridico secondo le logiche della piattaforma tecnologica di riferimento [247]. E in ta-

---

l'"*intelligent court system*" si v. A. (Lu) Xu, *Chinese judicial justice on the cloud: a future call or a Pandora's box? An analysis of the 'intelligent court system' of China*, in *Inf. Commun. Technol. Law*, 2017, v. 26, n. 1, p. 59.

[246] Salvo i casi in cui una parte si oppone ovvero non ritiene di dover deferire il procedimento alle modalità ordinarie: G. Lisella, *Corti digitali e giustizia civile progressiva*, cit., p. 279.

[247] Cfr. Y. Lin, *China's Three Internet Courts*, cit., spec. p. 537, secondo cui uno degli innovativi compiti del *Judiciary*, al cospetto delle corti digitali cinesi, è quello di interrogarsi su "*how best to popularize and meet the needs of users—including provision of a user-friendly interface*"; si v. altresì A.J. Schmitz, *Expanding Access to Remedies through E-Court Initiatives*, cit., che, in riferimento all'implementazione del *Civil Resolution Tribunal* in Canada, rileva come "*The CRT process follows a stepped ODR process, thus beginning with a problem-solving wizard that helps complainants assess their problem and decide the best option for how to proceed in solving the issue. This can be compared to a Turbotax for legal disputes in that it provides guidance on likely options. The guided pathways are mapped with the assis-*

le opera di ristrutturazione della conoscenza giuridica il margine di azione dei professionisti forensi, irrimediabilmente compresso nel corso della procedura, può tornare a dilatarsi, seppur sconfinando in campi nuovi ed ancora per molti versi inesplorati, che implicano lo sviluppo di nuove competenze ed abilità e l'assunzione di nuovi ruoli.

5. *Alcuni rilievi conclusivi*

L'avvento della tecnologia nel settore legale impone significativi ripensamenti sia su ciò che gli avvocati fanno e come lo fanno sia sui modelli di organizzazione del loro lavoro.

Come sottolineato nelle pagine che precedono, il crescente impiego della tecnologia nella pratica del diritto sta conducendo ad una sempre più diffusa automazione delle attività legali, soprattutto con riguardo alle operazioni maggiormente ripetitive e routinarie. L'automazione documentale e la revisione assistita dalla tecnologia (TAR) costituiscono degli esempi lampanti: nel primo caso la tecnologia è in grado di supportare il professionista nella redazione dei contratti; nel secondo caso la macchina, allenata dall'uomo, si rivela idonea ad assistere i giuristi nella selezione e revisione di documenti, semplificando e velocizzando l'attività di analisi del legale.

Seppure l'intervento della tecnologia spesso sovverta le modalità classiche di esercizio di particolari prestazioni, tuttavia essa non giunge mai a sostituirsi completamente all'operato del sapere professionale. Attraverso l'impiego di tali tecnologie gli avvocati continuano, infatti, a svolgere mansioni tradizionali: per ritornare ai casi ora richiamati, sarà l'avvocato a dover provvedere alla stesura definitiva di un contratto o di un atto oppure a completare l'attività di *due diligence* o quella di *compliance*.

Tuttavia, è innegabile come la prestazione del servizio in tali casi cambi i propri connotati, diventando più rapida e precisa e conseguentemente meno dispendiosa, anche sul piano economico. Se da un lato la macchina sostituisce, dunque, il professionista agevolandolo in specifiche attività (l'analisi del documento, l'estrapolazione di informazioni rilevanti, l'individuazione di clausole contrattuali, la stesura della bozza di un contratto etc.), dall'altro i nuovi processi assegnano ai giuristi nuovi margini di azione. Ad esempio, i sistemi intelligenti di analisi presuppongono che i software vengano previamente allenati e successivamente supervisionati e guidati; spetta, dunque, ad esperti in carne ed ossa, e sicuramente anche a giuristi, il compito di istruire le macchine, supervisionarne l'operato e in

---

tance of subject matter experts and plain language 'knowledge engineers'" (pp. 127 e 128). Negli stessi termini, G. Lisella, *Corti digitali e giustizia civile progressiva*, cit., a p. 282.

ultima battuta perfezionarne i risultati. Del pari, l'automazione documentale, anche laddove spinta sino alla redazione di bozze di contratti, atti o addirittura pareri, permette all'avvocato di conservare un ampio margine di intervento: attraverso la peculiare e insostituibile sensibilità giuridica, il giurista avrà, infatti, sempre l'esclusiva nel saper ritagliare la bozza sull'effettiva volontà e sui precipui interessi del cliente, confezionandogli quell'abito dalla fattura sartoriale che solo l'artigiano può realizzare.

Ampliando l'orizzonte, si possono facilmente intravedere una serie di compiti e ruoli che, nonostante l'avvento tecnologico, rimangono di esclusivo appannaggio del giurista esperto, poiché si basano su specifiche umane che non risultano al momento replicabili dai sistemi intelligenti. Mentre la tecnologia guadagna spazi sul terreno dell'*'expertise'*, comprimendo in taluni campi la necessità di fare appello al sapere esperto del giurista, il professionista forense può conquistare terreno in quei territori che, almeno allo stato attuale, non sono suscettibili di penetrazione da parte dell'intelligenza artificiale: il riferimento è, ad esempio, al sapersi confrontare con i costanti mutamenti giuridici, alla capacità di sviluppo di soluzioni creative, all'impiego di discrezionalità nell'opera di discernimento, alla rappresentanza e difesa delle parti fuori e dentro il processo. Più in generale, il giurista esperto rimane protagonista in tutte quelle prestazioni che sono correlate all'impiego di *'humanity'* o *'human skills'*, come l'empatia, la comprensione, la fiducia: l'intelligenza emotiva e sociale costituiscono la base di numerose relazioni professionista-cliente e continuano a rappresentare, nella maggior parte dei casi, l'essenza della prestazione del giurista esperto.

Se è vero che, al cospetto di molte soluzioni tecnologiche applicate nel settore legale, l'avvocato è chiamato a sfruttare i nuovi strumenti per aumentare l'efficienza del proprio servizio (si pensi all'implementazione di sistemi gestionali), sino ad imparare a gestire le innovazioni più *disruptive* (ricerca intelligente, automazione documentale, *information retrieval*, analisi predittiva, e così via) integrandole nella pratica del diritto a beneficio anche della qualità dei risultati, sussistono casi in cui la penetrazione della tecnologia nel settore legale dischiude una possibilità di ampliamento del campo giuridico per quel professionista che intenda cimentarsi e specializzarsi nel nuovo. Il crescente utilizzo degli *smart legal contract* che girano sulla *blockchain* ne costituisce uno straordinario banco di prova. Nonostante il dichiarato intento delle tecnologie a registro distribuito di elidere l'opera di intermediazione, quest'ultima, in realtà, sembra continuare a rivestire un ruolo determinante allorché tale tecnologia risulti piegata al servizio del diritto. Il professionista forense, adeguatamente supportato da professionalità più tecniche, potrà, infatti, assumere ruoli inediti nella codifica degli accordi negoziali, partendo dalla consulenza sull'opportunità di utilizzo di un contratto intelligente, passando per la capacità di esprimere la volontà negoziale in un modo che risulti riversabile nel codice sino a garantire una traduzione affidabile del protocollo informatico che sia non solo *user friendly* per il cliente, ma che assicuri altresì un'aderenza alla volontà contrattuale e che ne garantisca, di conseguenza, una conforme esecuzione. Il tutto con un'attenzione particolare non solo alla conformità del codice alla volontà delle parti, bensì anche alla tenuta dell'accordo rispetto al sistema normativo di riferimento. Peraltro laddove il 'tech lawyer' si spingesse a tal punto nel campo informatico sino a divenire anche sviluppatore, l'obbligazione dallo stesso assunta potrebbe dilatarsi, ricomprendendo anche il corretto funzionamento tecnico dell'algoritmo: in tali casi più estremi, l'avvocato acquisirebbe, dunque, a tutti gli effetti, un'indubbia anima bivalente, con le conseguenti responsabilità.

L'invasione del 'tech lawyer' negli spazi che fino a poco tempo fa erano di esclusiva dei tecnici (ingegneri, programmatori, sviluppatori, e così via), si sposa con la crescente emersione del mondo Legal Tech e con l'esplosione del fenomeno start-up per la realizzazione e commercializzazione di prodotti giuridici

Che la tecnologia stia inesorabilmente contaminando anche il campo giuridico non è più una novità. Tuttavia, il fulcro del problema non è solo se l'intelligenza artificiale rimpiazzerà quella umana, ed in particolare quella dei legali, e in quali funzioni e competenze. Al centro del dibattito si pone la possibile incidenza dei nuovi strumenti tecnologici sull'identità del professionista stesso. La spinta digitale sta definitivamente traghettando l'avvocato verso il 'professionista razionale', chiamato ad offrire ai propri clienti prodotti finiti più che a tutelare il bene pubblico storicamente riconnesso al ruolo rivestito dai giuristi nella società? Invero, allo stato, le soluzioni tecnologiche generate dalle macchine e a diretta disposizione del cliente non sembrano sovrapponibili all'opera resa da un professionista forense. Nelle soluzioni giuridiche automatizzate non pare azzardato intravedere l'essenza di 'prodotti', erogati in maniera standardizzata e secondo una logica di produzione di massa, in cui la personalità del 'produttore' non ha alcuna rilevanza e i bisogni specifici del cliente risultano relegati in secondo piano. Per contro, i 'servizi legali', di esclusiva spettanza dei professionisti, continuano a caratterizzarsi per un alto grado di complessità che richiede l'agire esperto, a postulare una forte personalizzazione in ossequio alle peculiarità del caso concreto e una marcata sensibilità nei confronti delle esigenze del cliente, a imporre una particolare attenzione alle esternalità positive generate dall'erogazione del servizio e al bene pubblico ad esso connesso, ad implicare la strutturazione di un rapporto di fiducia tra le parti coinvolte e la personalità della prestazione, rendendo l'avvocato scelto non facilmente intercambiabile [248].

---

[248] V. M. Ebers, *Legal Tech and EU Consumer Law*, in M. Canarsa, M. Durovic, F.de Elizalde, L.A. Di Matteo, A. Janssen e P. Ortolani (eds.), *Lawyering in the Digital Age*, Cam-

Il mercato, dunque, si biforca, generando una breccia nel tradizionale monopolio professionale: talvolta la disponibilità di 'soluzioni informative', magari accessibili grazie al *web* in maniera gratuita, è sufficiente per soddisfare il bisogno del cliente, senza che lo stesso debba ambire ad opinioni argomentate, che esclusivamente professionisti qualificati sono in grado di elaborare e per le quali è necessario riconoscere un valore, anche in termini economici[249]. In altri casi, invece, il ricorso al sapere esperto rimane insostituibile. Ed è in riferimento solo a questa seconda ipotesi che il patto sociale ritrova i propri margini di salvezza.

La tecnologia non è solo sinonimo di erosione dei consueti spazi di operatività dei professionisti forensi in favore dell'emersione di prodotti giuridici: prestare servizi legali a prezzi maggiormente accessibili ed in maniera più efficiente e *smart,* anche attraverso le piattaforme, consente di raggiungere un segmento di potenziali clienti che, in condizioni tradizionali, non si sarebbero rivolti ad avvocati. Tale mancato accesso si giustifica non solo nel timore di incorrere in costi significativi, ma altresì alla luce dell'incapacità di comprendere i risvolti giuridici delle esperienze vissute da parte di numerosi clienti[250]. Nell'economia dell'informazione e della condivisione la consapevolezza dei propri diritti aumenta e la necessità di rivolgersi a professionisti legali si fa di conseguenza più urgente. La maggiore accessibilità nei costi e nelle forme amplifica, dunque, la richiesta di servizi legali, aprendo nuovi spiragli di esercizio per gli avvocati.

Nel solco ormai tracciato dall'innovazione si inseriscono anche gli sviluppi che riguardano la gestione del conflitto: dai processi telematici alle nuove modalità di risoluzione alternativa delle controversie, che si spo-

---

bridge University Press, Cambridge, 2021, che pone in luce la potenziale incidenza dell'evoluzione tecnologica sulla tenuta di tale dicotomia: *"The more sophisticated LT applications become, the more difficult it is to draw a sharp line between legal information and advice, between standardized and tailored forms of communication, and between products and services. As LT companies are increasingly likely to integrate AI powered and other smart decision-making tools into their services, it becomes more and more likely that this may begin to cross into the territory of giving legal advice. In view of these developments, state bar associations and regulators all over the world filed actions against LT companies for the "unauthorized practice of law".*

[249] G. Corasaniti, *Intelligenza artificiale e diritto: il nuovo ruolo del giurista*, cit., p. 398, che sottolinea come nella nuova era digitale *"Il posizionamento di opinioni argomentate, che poi è il modo attraverso il quale abbiamo sempre concepito il sapere giuridico, è sostituito dalla disponibilità immediata di informazioni o saperi preconfezionati o meglio di "soluzioni" informative, pronte a risolvere problemi o ad avviare ricerche o transazioni in modo automatico"*.

[250] P. Martinez, *The Future of Legal Services in the United States*, in M. Benichou (ed.), *Innovation and Future of the Legal Profession in Europe*, cit., p. 73. Cfr. anche C. Lemke, *Conclusion*, in M. Benichou (a cura di), *ult. op. cit.*, p. 81, che individua nelle piattaforme il mezzo maggiormente idoneo per estendere l'offerta dei servizi legali a quei soggetti che non disponendo di mezzi finanziari sufficienti ovvero di un'adeguata consapevolezza dei propri diritti non si sarebbero mai rivolti ad un avvocato 'tradizionale'.

stano anche nell'ambiente digitale, passando per corti virtuali e 'giurie' che si radicano nella *blockchain*. Lo stravolgimento di scenario affermatosi nell'era digitale, implica un necessario ripensamento dei compiti e della funzione dall'avvocato. È arrivato, dunque, il momento per i professionisti forensi di confrontarsi con i nuovi strumenti, interrogandosi sull'evoluzione del proprio tradizionale ruolo di rappresentanti e difensori della parte; per l'avvocatura, sino ad ora rimasta silente dinnanzi all'emersione dei sistemi ODR, di prendere parte al dibattito così da apprezzare i nuovi ambiti d'azione che le procedure alternative al conflitto riservano anche, o, meglio, soprattutto, per i giuristi.

CAPITOLO 4

IL MODELLO MASCHILE DELL'AVVOCATURA E L'INGRESSO DELLE DONNE

1. *L'avvocatura: una professione per soli uomini*

La donna, protagonista indiscussa nell'antica mitologia come incarnazione della Giustizia, ha conosciuto ben altro destino nella storia, ove, relegata al contesto familiare, ha faticato a ritagliarsi ruoli come rappresentante del diritto [1]. L'ingresso della donna nel mondo forense costituisce, pertanto, un fenomeno relativamente recente e di forte rottura con il passato e con la tradizione dell'avvocatura, da sempre caratterizzati dall'esclusione di genere e dal monopolio del sesso maschile nel campo della conoscenza giuridica [2]. In Europa, lo studio e la pratica del diritto sono rimasti, infatti, sino agli inizi del Novecento appannaggio maschile, nella convinzione che solo gli uomini e non le donne potessero prestarsi all'esercizio di un 'pubblico servizio' [3], assumendo funzioni pubbliche fon-

---

[1] G. Alpa, *L'ingresso della donna nelle professioni legali*, in *Soc. dir.*, 2001, n. 1, p. 7; Z. Algardi, *La donna e la toga*, Giuffrè, Milano, 1949, spec. p. 13.

[2] In tutta Europa, durante il XIX secolo, la stratificazione gerarchica interna alla professione giuridica non era dettata da logiche di genere, poiché il monopolio maschile non risultava minimamente in discussione; l'articolazione interna al mondo dell'avvocatura corrispondeva a gerarchie di *status* e funzioni, come testimonia la distinzione continentale tra avvocato, procuratore e notaio, ovvero l'anglosassone divisione del corpo degli avvocati in *solicitors* e *barristers*: così M. Malatesta, *Professionisti e gentiluomini*, cit., p. 309; Id., *Professional Men, Professional Women: The European Professions from the 19th Century until Today*, SAGE, London, 2010, p. 140.

[3] In riferimento alla connessione tra il supposto 'pubblico ufficio' dell'avvocatura e l'esclusione delle donne dalla professione in Italia, si rinvia, su tutti, a F. Tacchi, *Dall'esclu-*

damentali e rivestendo ruoli strettamente connessi, per certi aspetti, con la sfera civile e politica. D'altro canto, aprire la professione al sesso femminile non solo avrebbe stravolto la composizione di un corpo professionale già profondamente istituzionalizzato [4] e basato sull'esclusione di genere, ma avrebbe generato ripercussioni di ben più ampia portata. Esercitare la professione avrebbe significato per la donna: una definitiva emancipazione dall'uomo e nella società, a partire dall'inevitabile, quanto temuta, conquista del diritto al voto; la possibilità di rivestire un ruolo di spicco nella gestione dei conflitti e dei rapporti fra i cittadini e tra questi e lo Stato; nonché, in quegli Stati, come Italia e Francia, ove i professionisti forensi sedevano di sovente in Parlamento, la conquista di una posizione rilevante anche nella classe di governo [5]. Si sarebbe assistito, in ultima battuta, all'affermazione di una condizione della donna dinanzi ai diritti

---

sione all'inclusione. Il lungo cammino delle laureate in giurisprudenza, in *Società e storia*, 2003, p. 97, spec. p. 101; Id., *Gli avvocati italiani dall'Unità alla Repubblica*, cit., pp. 262-303; in questa ottica ragiona anche V. Olgiati, *Professional Body and Gender Difference in Court: the Case of the First (Failed) Women Lawyer*, in U. Schultz e G. Shaw (eds.), *Woman in the World's Legal Profession*, Hart Publishing, Oxford-Portland Or., 2003, p. 419, pp. 429-431.

[4] La *"forte e precoce istituzionalizzazione"* dell'avvocatura è stata interpretata come uno degli ostacoli all'ingresso delle donne nella professione: così Malatesta, *Professionisti e gentiluomini*, cit., p. 309; cfr., altresì, R. Stevens, *Law School: Legal Education in America from the 1850's to the 1980's*, Chapel Hiil, London, 1983, p. 82.

[5] Così M. Malatesta, *Professionisti e gentiluomini*, cit., p. 310; J.C. Albisetti, *Portia Ante Portas: Women and the Legal Profession in Europe, ca. 1870-1925*, in *J. Soc. Hist.*, 2000, v. 33, n. 4, p. 825, spec. pp. 832-833. Nello stesso senso v. F. Tacchi, *Eva Togata. Donne e professioni giuridiche in Italia dall'Unità a oggi*, Utet, Torino, 2009, pp. XXIII e XXIV, che descrive l'avvocato come la *"quintessenza del 'professionista della politica', non solo come protagonista assoluto del circuito della grande politica – nei parlamenti, nei governi, nei ruoli chiave dell'amministrazione pubblica –, ma anche come classico mediatore dei conflitti e degli interessi tra cittadini, e tra questi e lo Stato"*. Con riferimento all'avvocatura italiana tra Otto e Novecento, sottolineano la significativa presenza degli avvocati italiani nella classe politica, nonché il ruolo di *"mediatore sociale"* da questi rivestito, nel loro duplice ruolo di deputati e giuristi, anche S. Botta, F. Cammarano e M.S. Piretti, *Ministri, sottosegretari e deputati: quali professionisti e quali studi*, in M. Malatesta (a cura di), *Impegno e Potere. Le professioni italiane dall'Ottocento a oggi*, Bononia University Press, Bologna, 2011, p. 51 ss.: *"Tra le professioni liberali quella forense ha rappresentato nei centocinquant'anni di storia italiana la più diffusa tra gli eletti in parlamento. Ampiamente presenti in epoca liberale tra gli scranni della Camera, la folta pattuglia degli avvocati e giuristi non è venuta meno durante la dittatura fascista e si è riconfermata la più rappresentata anche in epoca repubblicana"* (p. 57); e ancora: *"la sovrarappresentanza durante l'età liberale è da interpretare come il segnale dell'esigenza di individuare un canale di comunicazione tra la società civile e lo Stato. Ruolo che, peraltro, si adattava perfettamente alle caratteristiche di questa figura professionale, divisa tra attività privata e funzione pubblica"* (p. 54) "(...) *La debolezza congenita degli enti pubblici intermedi (comune, provincia) e l'assenza di quelli provati (partiti, sindacati) in grado di fare proprie le istanze locali per poi portarle a conoscenza dell'amministrazione centrale, pose proprio l'avvocato, per così dire, all'incrocio tra lo Stato e la società civile"* (p. 58). Con riferimento all'avvocato deputato e alla funzione da questi rivestita *"di mediare capillarmente forze disorganiche fra di loro"* si rimanda, altresì, a G. Carrocci (a cura di), *Il parlamento nella storia d'Italia*, Laterza, Bari, 1964, p. VII.

sociali e civili equiparabile a quella degli uomini e alla conquista del medesimo potere politico e sociale.

2. *La giurisprudenza quale garante del monopolio maschile dell'avvocatura*

Fino a metà del Novecento, furono le corti nazionali a porsi come strenue garanti della *"cultura virile"* che connotava l'avvocatura [6], negando sistematicamente l'ammissione alla professione alle donne che ne facevano richiesta [7]. Come si vedrà, nelle pronunce dei giudici le argomentazioni giuridiche sfumano in rimandi alla tradizione e si intrecciano e si confondono con motivazioni di matrice culturale e di costume [8]. Inoltre, le motivazioni affondano spesso le radici e traggono linfa dai contesti normativi nazionali che decretano lo *status* minoritario della donna.

Emblematico il primo caso italiano in cui i giudici torinesi, chiamati a decidere sull'ammissione all'avvocatura di una donna, si pronunciarono in favore della sua esclusione. Lidia Poët, pioniera tra le laureate in giurisprudenza [9], terminato il percorso formativo imposto agli aspiranti avvo-

---

[6] Diversa è l'esperienza americana, ove la c.d. 'giurisprudenza dell'integrazione', a cavallo del Novecento (1888-1923), garantì in ventuno corti su trentuno, pronunce favorevoli all'ammissione delle donne nell'avvocatura. Per converso, gli Stati del Sud rimasero restii alla femminilizzazione della professione forense, sino all'inevitabile intervento legislativo.

[7] M. Malatesta, *Professionisti e gentiluomini,* cit., p. 309 ss.; Id., *Donne e professioni in Europa: le origini,* in G. Vicarelli (a cura di), *Donne e professioni nell'Italia del Novecento,* Il Mulino, Bologna, 2007, p. 29 e spec. p. 43.

[8] *Ex multis,* si rinvia a S. Bellassai, *Diversamente abili. Retoriche misogine e professioni in età contemporanea,* in M. Malatesta (a cura di), *Impegno e Potere. Le professioni italiane dall'Ottocento a oggi,* cit., p. 191 ss.

[9] In realtà, la prima laureata in legge (non solo in Italia, ma nell'intero panorama europeo) fu Maria Pellegrina Amoretti, avendo conseguito una laurea in *utroque iure* presso l'Università di Pavia nel 1777. Per una descrizione circa l'eccezionalità dell'evento e la solennità della relativa cerimonia si rinvia a V. Olgiati, *Professional Body and Gender Difference in Court: The Case of the First (Failed) Woman Lawyer in Modern Italy,* cit., spec. p. 423; Z. Algardi, *La donna e la toga,* cit., pp. 24 e 25. Cfr., altresì, G. Visintini, *La prima donna giurista in Italia,* in *Materiali per una storia della cultura giuridica,* 1998, n. 2, p. 317 ss., che oltre a sottolineare il fasto e il clamore che ne accompagnò la laurea, definisce Maria Pellegrina Amoretti come *"antesignana dei movimenti femministi"*, facendo riferimento al contenuto della dissertazione di laurea dal titolo *"Sul diritto delle doti presso i romani"* (per un approfondimento della tesi si rinvia a *Laurea della Signora M. Pellegrina Amoretti cittadina d'Oneglia,* presso gli Stampatori Porro e Bianchi, Pavia, 1777). In generale, si v. B. Mojon, *Amoretti Pellegrina,* in D. L. Grillo (a cura di), *Elogi di liguri illustri,* Fontana, Torino, 1846, v. III, p. 59 ss.; V. Osimo, *Una figura pariniana,* in *In memoria di Oddone Ravenna,* Gallina, Padova, 1904, p. 90; G. Natali (a cura di), *Il settecento,* in *Storia Letteraria d'Italia,* Vallardi, Milano, 1955, p. 160 ss.; M. Raicich, *Liceo, università, professioni: un percorso difficile,* in S.

cati, tra laurea in giurisprudenza (conseguita presso l'Università di Torino nel 1881) e pratica forense biennale (durante la quale si era dedicata agli studi pratici e aveva frequentato come uditrice le udienze in tribunale), superato con esito favorevole l'esame teorico-pratico di accesso alla professione, aveva chiesto ed ottenuto l'iscrizione all'albo presso l'Ordine degli avvocati e procuratori di Torino. Tale conquista si era rivelata, tuttavia, presto vana: a seguito del ricorso della Procura Generale del Re, sollecitato da alcuni consiglieri torinesi contrari alla decisione del proprio Consiglio [10], la Corte di appello torinese nel 1883 aveva revocato, senza indugi, tale iscrizione, a nulla valendo l'arguto controricorso presentato dalla Poët [11]. La Corte di Cassazione, l'anno successivo, avrebbe poi confermato tale pronuncia [12].

I giudici italiani, come fonte di giustificazione per difendere il monopolio degli uomini nella professione, facevano leva, *in primis*, sul forte richiamo alla dimensione di pubblico servizio dell'avvocatura [13]. L'impossibilità per le donne di esercitare tale 'ufficio pubblico' era fatta discendere, in prima battuta, dal dato letterario della legge professionale, che mai contemplava – quantomeno espressamente [14] – il sesso femminile come

---

Soldani (a cura di), *L'educazione delle donne: scuola e modelli di vita femminile nell'Italia dell'Ottocento*, FrancoAngeli, Milano 1989, p. 147 e spec. p. 152 ss.; F.P. Casavola, *Maria Pellegrina Amoretti*, in *Materiali per una storia della cultura giuridica,* 1998, n. 2, p. 307 ss.

[10] Tra tali consiglieri capeggiava il dimissionario Desiderato Chiaves, ex ministro dell'Interno, che reputava ridicolo l'esercizio della professione forense ad opera di una donna, e il dimissionario Federigo Spantigati, deputato della Sinistra, che sottolineava come *"nessuna legge ha mai pensato di distogliere le donne da quelle ordinarie occupazioni domestiche che loro sono proprie"*: cfr. F. Santoni De Sio, *La donna e l'avvocatura. Studio giuridico-sociale, I, La questione giuridica*, Tip. Nuova Roma, Roma, 1984, pp. 1 e 2, nota 1.

[11] Corte di appello di Torino, 11 novembre 1883, in *Giur. it.*, 1884, II, p. 9 ss.

[12] Corte di Cassazione di Torino, 18 aprile 1884, in *Giur. it.*, I, sez. 1, p. 295 ss.
In dottrina, per una ricostruzione della vicenda di Lidia Poët si rinvia, su tutti, a M. Fioravanzo, *Sull'autorizzazione maritale. Ricerche intorno alla condizione giuridica della Donna nell'Italia unita*, in *Clio*, 1994, n. 4, p. 641 ss. e spec. p. 704 ss.; S. Soldani, *Un cammino in salita. Donne, diritti e professioni in Italia alle soglie del Novecento*, in G. Vicarelli (a cura di), *Donne e professioni nell'Italia del Novecento*, Il Mulino, Bologna, 2007, p. 51 e spec. p. 61 ss.; F. Tacchi, *Gli avvocati italiani dall'Unità alla Repubblica*, cit., e Id., *Eva Togata*, cit.; P. Ronfani, *Donne con la toga*, in P. David e G. Vicarelli (a cura di), *Donne nelle professioni degli uomini*, FrancoAngeli, Milano, 1994, p. 57 e spec. p. 59 ss.; F. Santoni De Sio, *La donna e l'avvocatura. Studio giuridico-sociale*, v. I, *La questione giuridica*, cit., p. 2 ss.

[13] Corte di appello di Torino, 11 novembre 1883, cit., p. 12; Cassazione, 18 aprile 1884, cit., p. 297 e p. 300. Cfr. A. Meniconi, *Gli avvocati*, cit., e spec. p. 123: l'A. sottolinea come l'esclusione dagli albi professionali delle prime donne avvocate sia da riconnettere alla *"concezione per cui l'avvocatura era considerata un 'pubblico ufficio' e come tale inibita per legge alla presenza femminile. Il fatto che la legge del 1874 non definisse espressamente l'avvocatura 'pubblica funzione' non era considerato di rilievo: la professione aveva comunque – secondo la Cassazione – grande attinenza con l'ordine pubblico"*.

[14] La legge professionale del 1874 (legge 8 giugno 1874, n. 1938, che regola l'esercizio delle professioni di Avvocato e Procuratore, in *GU* del 15 giugno 1874, n. 141, e successivo

destinatario delle norme, con conseguente impossibilità per l'interprete di azzardare nel silenzio della legge un'interpretazione *ex adverso*. Al giudicante non rimaneva, dunque, che affidarsi alle *"antiche tradizioni storico-giuridiche"* [15] e alle *"pratiche e costumanza della nostra vita civile"* [16], riproponendo l'immagine di un'avvocatura di stampo esclusivamente maschile a cui esse rimandavano. La storia, infatti, riportava alla mente dei giudici il periodo romano, e la considerazione allora riposta nell'avvocatura [17], nonché, soprattutto, il diritto comune e la sua ultra-millenaria osservanza, che vietava l'avvocatura al sesso femminile tramite editto del Pretore [18].

Il principio di eguaglianza [19], svuotato di ogni significato sostanziale, e

---

regolamento n. 2012 del 27 luglio 1974) non si sbilanciava in favore dell'esclusione del sesso femminile dall'avvocatura, bensì si limitava, secondo una tecnica comune nella redazione di vari testi di legge, all'utilizzo di un vocabolario neutro. Tuttavia, la questione della femminilizzazione della professione era così acerba, che tanto bastava per poter affermare che, dove la legge taceva, era precluso al giurista, tramite la sua opera ermeneutica, concedere l'ingresso della donna nella professione.

In particolare, si legge nella sentenza di appello: *"non solamente nelle nostre leggi non trovasi alcuna disposizione, la quale in modo espresso ed esplicito acconsenta alla donna l'esercizio dell'avvocheria, ma ponderando attentamente la lettera e lo spirito di tutte quelle che possono avere rapporto con quella in esame, ne risulta evidente, essere sempre stato nel concetto del legislatore che l'avvocheria fosse un ufficio esercitabile soltanto dai maschi, e nel quale non dovevano punto immischiarsi le femmine"* (Corte di appello di Torino, 11 novembre 1883, cit., p.13).

In riferimento alle pronunce di rigetto della richiesta della Poët cfr. R. Bin, *La scarsa neutralità dei neologismi. Riflessioni attorno a* soft law *e a* Governance, in L. Desanti, P. Ferretti e A.D. Manfredini (a cura di), *Per il 70° compleanno di Pierpaolo Zamorani: scritti offerti dagli amici e dai colleghi di facoltà*, Giuffrè, Milano, 2009, p. 37, laddove sottolinea l'avvenuto *"rovesciamento del canone interpretativo, tipico della cultura giuridica liberale, secondo cui le limitazioni dei diritti debbono essere esplicite e tassative, e non "implicitamente" desumibili dallo "spirito della legislazione", da elementi storici e consuetudinari privi di solido fondamento giuridico"*.

[15] Corte di Cassazione, 18 aprile 1884, cit., p. 300.

[16] Corte di appello di Torino, 11 novembre 1883, cit., p. 13.

[17] Corte di appello di Torino, 11 novembre 1883, cit., p. 12: "(...) *l'avvocheria potrebbe qualificarsi un ufficio pubblico e necessario, siccome lo qualificava l'imperatore Anastasio nel proemio della Legge 4, Cod.* De advocatis diversorum judicum, *dicendola:* laudabile vitaque hominum necessarium ufficium. (...) *Il pretore diceva:* Si non habebunt advocatum ego dabo *(Leg. 1, § 4, De postulando); e questo principio proclamato dalla romana sapienza è stato rispettato costantemente da tutte le posteriori legislazioni, e si mantiene in piena osservanza per la legislazione che ci governa; Che questa nostra legislazione ha pure accettato e seguito gl'insegnamenti delle leggi romane in ordine alle distinzioni, ai favori, ai privilegi con cui l'esercizio dell'avvocatura merita di essere rimunerato (...)*".

[18] V. il richiamo che la Corte di appello di Torino, 11 novembre 1883, cit., p. 13 fa alla Legge 2, *De reg. jur*: *"Foeminae ab omnibus officiis civilibus et publicis remotae sunt, et ideo nec judices esse possunt, nec magistratum gerere, nec postulare, nec pro alio intervenire, nec procuratores existere"* (...) e alle ragioni dell'esclusione definite da Ulpiano (L I, § 1, *De postul.*). Cfr., *ex multis*, G. Alpa, *L'ingresso della donna nelle professioni legali*, cit., spec. pp. 16 e 17.

[19] Cfr. Statuto Albertino, art. 24: *"Tutti i regnicoli, qualunque sia il loro titolo o grado sono*

l'"*'universalità' dei principi rivendicata dal pensiero giusnaturalistico e dal costituzionalismo liberale*"[20] non elidevano la possibilità di rimarcare l'esistenza di 'diseguaglianze naturali' tra uomo e donna, di cui il diritto doveva farsi carico. Come affermato dalla Cassazione: "*L'uguaglianza promessa e guarentita dallo Statuto ai regnicoli dinanzi alla legge si sostanzia in una dichiarazione formale ed astratta, secondo cui ogni cittadino è considerato pari ad un altro, ed ha la stessa libertà di azione in ragione dei propri mezzi, capacità e condizione individuale [...]. Questo è quanto ha promesso il legislatore costituzionale seguendo il suo ufficio, cioè di non più ammettere, ed impedire che sorgano in avvenire, le disuguaglianze che non procedono dalla natura; ma non gli si poteva chiedere che togliesse le inegualità naturali, che costituiscono altrettanti stati e modi d'essere particolari nella condizione della personalità umana, anche dinanzi alla legge*"[21]. La differenza femminile, che riconosce alla donna il possesso di specifiche virtù e capacità e una dimensione materna e familiare, veniva dunque enfatizzata, secondo una lettura conservatrice, per rimarcare la necessità che il sesso femminile rimanesse confinato alla sfera privata, senza ambire a quella pubblica.

L'esclusione della donna dalle funzioni pubbliche trovava, peraltro, terreno fertile nel quadro normativo vigente in età liberale, che limitava le donne nel godimento dei diritti civili e le escludeva da quelli politici[22]. Lo *status* minoritario della donna nel sistema di diritto privato si articolava nell'impossibilità di testimoniare in giudizio, di assumere le cariche di tutore e curatore, di svolgere le funzioni di arbitro, di essere parte di un consiglio di famiglia e, soprattutto, nell'assoggettamento all'autorizzazione maritale[23]. Tali limitazioni sociali, codificate dal diritto civile, com-

---

eguali dinanzi alla legge. Tutti godono egualmente i diritti civili e politici e sono ammissibili alle cariche civili e militari, salve le eccezioni determinate dalle leggi".

[20] Così Tacchi, *Eva Togata*, cit., p. 11.

[21] Corte di Cassazione, 18 aprile 1884, cit., p. 298.

[22] "(...) *Le donne hanno sempre avuto una condizione più o meno disuguale da quella degli uomini di fronte ai diritti sociali e civili, ed anche riguardo a taluni diritti civili che hanno una qualche relazione colla capacità politica, finora negata alle donne, o che sono considerati di ragion pubblica perché dipendenti dal sistema generale delle cose e delle azioni, in quanto viene determinato dall'interesse di tutto il corpo politico; per conseguenza non è ancora ammessa la libera, assoluta concorrenza della donna in ogni genere di officio sociale, anzi è esclusa dalla diretta compartecipazione alla pubblica attività nelle cariche, funzioni ed offici pubblici. Lo Stato nella sua sociale e politica organizzazione, e l'amministrazione di quanto si attiene alla cosa pubblica, hanno sempre avuto, e mantengono tuttora per la loro essenza un carattere virile, prevalente così manifestamente decisivo, che le donne non vi possono avere una parte attiva troppo estesa*": così Corte di Cassazione, 18 aprile 1884, cit., p. 299.

[23] V. T. Bruno, *La condizione giuridica della donna nella legislazione italiana. Studio Teorico-pratico*, Barbèra, Firenze, 1984; G. Zincone, *Da sudditi a cittadini. Le vie dello stato e le vie della società civile*, Il Mulino, Bologna, 1992, p. 137 ss.; T. Bruno, *Diritti civili*, in *Digesto it.*, v. 9, II (1898-1901), p. 545 ss. e spec. pp. 546 e 547; A. Dallari, *Diritti politici*, in *ult.op. cit.*, p. 762 e spec. p. 766; C. Spalazzi, *Autorizzazione della donna maritata*, in *Digesto it.*, v. 4, II (1893-99), pp. 460-528.

portavano pertanto per le donne l'impossibilità di esercitare quelle funzioni che richiedevano una capacità giuridica piena, nonché, a maggior ragione, di ricoprire un ruolo dall'indubbia funzione sociale [24].

Le deboli argomentazioni giuridiche si intrecciavano alla riproposizione di taluni stereotipi alla base della dominanza maschile, tra cui l'idea secondo cui l'ingresso delle donne nella professione avrebbe comportato una sovversione dell'ordine naturale, la loro mascolinizzazione e la conseguente messa in ridicolo delle stesse. Non mancavano, nelle sentenze di rigetto della richiesta di Lidia Poët, gli appelli al senso comune, alla *pudicitia sexus*, nonché al *"trito perbenismo sociale"* [25]: *"sarebbe disdicevole e brutto veder le donne discendere nella forense palestra, agitarsi in mezzo allo strepito dei pubblici giudizi, accalorarsi in discussioni che facilmente trasmodano, e nelle quali anche, loro malgrado, potrebbero esser tratte oltre ai limiti che al sesso più gentile si conviene di osservare: costrette talvolta a trattare* ex professo *argomenti dei quali le buone regole della vita civile interdicono agli stessi uomini di fare motto alla presenza di donne oneste"* [26]. Tali deduzioni, già deplorevoli di per sé, sfociavano in ancor più frivole e misogine motivazioni, mediante la chiamata in causa dell'aspetto ridicolo di una donna con indosso vesti professionali e della possibilità che una donna potesse fare uso della seduzione per minare l'imparzialità del giudice. In particolare, sottolineavano i giudici di appello il *"rischio cui andrebbe incontro la serietà dei giudizi se, per non dir d'altro, si vedessero talvolta la toga o il tocco dell'avvocato sovrapposti ad abbigliamenti strani e bizzarri, che non di rado la moda impone alle donne, e ad acconciature non meno bizzarre; come non occorre neppure far cenno del pericolo gravissimo a cui rimarrebbe esposta la magistratura di essere fatta più che mai segno agli strali del sospetto e della calunnia ogni qualvolta la bilancia della giustizia piegasse in favore della parte per la quale ha perorata un'avvocatessa leggiadra ..."* [27].

Concludeva eloquentemente la Corte di appello invitando le donne a *"riflettere se sarebbe veramente un progresso e una conquista per loro quello di poter mettersi in concorrenza con gli uomini, di andarsene confuse fra es-*

---

[24] Tale qualificazione, pur non essendo presente nella legge professionale dell'8 giugno 1874, n. 1938, venne richiamata nell'ambito del procedimento Poët anche in Cassazione dal procuratore Lorenzo Eula, il quale sottolineò il *"carattere non dubbio di funzione sociale"* dell'avvocatura, che *"mentre giova ai privati interessi, ha la più stretta e considerevole attinenza coll'ordine giuridico pubblico"*. Cfr. altresì Corte di appello di Torino, 11 novembre 1883, cit., p. 12, secondo cui *"piucché una professione, l'avvocheria potrebbe qualificarsi un ufficio pubblico e necessario, siccome lo qualificava l'imperatore Anastasio nel proemio della Legge 4, Cod.* De advocatis diversorum judicum, *dicendola:* laudabile vitaeque hominum necessarium officium".

[25] Così R. Bin, *La scarsa neutralità dei neologismi. Riflessioni attorno a* soft law *e a* Governance, cit., p. 38.

[26] M. Malatesta, *Professional Men, Professional Women: The European Professions from the 19th Century until Today*, cit., p. 127.

[27] Corte di appello di Torino, 11 novembre 1883, cit., pp. 13-14.

si, di divenirne le eguali, anzi che le compagne, siccome la Provvidenza le ha destinate" [28].

Oltre il confine nazionale, il destino delle prime donne che aspiravano ad entrare nel corpo degli avvocati non è stato dissimile da quello delle pioniere italiane. In particolare, la *"tradizione giuridica maschile"* unitamente alla *"retorica dell'inadeguatezza della donna"* [29] hanno costituito i *leitmotiv* di varie sentenze emesse tanto dalle corti di *civil law* quanto da quelle di *common law*, nel comune intento di giustificare il mantenimento di un'avvocatura di stampo esclusivamente maschile, negando l'ammissione agli albi professionali alle prime donne che ne facevano richiesta.

Si trova, ad esempio, traccia della prima argomentazione nella pronuncia *Bebb v Law Society* 1914 [30], con la quale una corte inglese, confermando l'esclusione di Gwyneth Bebb dal registro della *Law Society*, guardava al passato e, appellandosi alla consuetudine, sottolineava come *"it is sufficient to rest this case upon the inveterate practice of the centuries that, ever since attorneys as a profession have existed, women have never been admitted to the office, and, (...), that shews what the law is and has been"* [31]. Non da meno, qualche anno prima, i giudici scozzesi, per respingere il ricorso di Margaret Hall, avevano fatto riferimento all'*Act* del 1873 volto a limitare e definire l'ammissione alla pratica forense [32], sottolineando come il termine 'persona' usato dalla legge dovesse essere interpretato in senso restrittivo, in ossequio al suo *"inveterate usage"*: dal momento che l'esercizio della professione in

---

[28] *Ivi*, p. 14.

[29] Così M. Malatesta, *Professionisti e gentiluomini*, cit., spec. p. 310.

[30] *Bebb* v. *the Law Society* [1914] 1 Ch 286. Già nel *"1903 le Inns of Court prima accettarono e poi respinsero la domanda d'ammissione di Bertha Cave e, nel 1912, la petizione in favore delle donne-avvocato dell'Associazione degli avvocati"*: così F. Tacchi, *Eva Togata*, cit., p. 36.

[31] V. l'*opinion* di Lord Justice Swinfen Eady, *Bebb v Law Society* 1914, cit., p. 297, Cfr., altresì, l'*opinion* del primo estensore, Master of the Rolls Cozens-Hardy che a sua volta richiama la tradizione e consuetudine alla base della *common law* a sostegno del rigetto dell'iscrizione alla *Law Society* di Bebb: "(...) *No woman has ever been an attorney-at-law. No woman has ever applied to be, or attempted to be, an attorney-at-law. There has been that long uniform and uninterrupted usage which is the foundation of the greater part of the common law of this country, and which we ought, beyond all doubt, to be very loth to depart from"* (Master of the Rolls Cozens-Hardy, *Bebb v Law Society* 1914, cit., p. 294).

In dottrina, si rinvia, su tutti, a C.M.S. McGlynn, *The Status of Woman Lawyers in The United Kingdom*, in U. Schultz e G. Shaw (eds.), *Woman in the World's Legal Profession*, cit., p. 141, che sottolinea come *"the common law's endorsement of custom and tradition, its tendency to look back rather than forward, was used as a justification for the continued exclusion of women"*. Cfr., infine, H. Sommerlad e P. Sanderson, *Gender, Choice and Commitment: Women Solicitors in England and Wales and the Struggle for Equal Status*, Aldershot, Aschgate, 1998 e M.J. Mossman, *Feminism and Legal Method*, in M. Fineman e N. Thomadsen, *At the Boundaries of Law – Feminism and Legal Theory*, Routledge, London, 1991, pp. 283-300. R. Auchmuty, *Recovering Lost Lives: Researching Women in Legal History*, in *J.L.&Soc.*, 2015, v. 42, n. 1, p. 34.

[32] In base al *Law-Agents Act*, 1873: *"from and after the passing of this Act no person shall be admitted as a law-agent in Scotland except in accordance with the provisions of this Act"*.

Scozia era stato, da sempre, limitato ai soli uomini, solo questi ultimi potevano essere ammessi come *law-agents* e questo almeno fin quando l'accesso delle donne all'avvocatura non fosse stato autorizzato espressamente attraverso un nuovo intervento legislativo [33].

Anche le corti francesi avevano liquidato la richiesta della prima aspirante avvocata, Jeanne Chauvin [34], facendo riferimento all'assenza di una legge che autorizzasse espressamente l'ammissione delle donne all'avvocatura, al fatto che in pratica l'avvocatura dovesse essere intesa come un ufficio maschile secondo il diritto romano [35], richiamando la connotazione ontologica di servizio pubblico dell'avvocatura [36], e rimettendosi, infine, al

---

[33] *Hall v The Incorporated Society of Law Agents in Scotland* (1901) 9 SLT 150. Nella sentenza, con espresso richiamo al la posizione della *Incorporated Society of Law-Agents in Scotland*, si sottolinea come: *"according to inveterate usage and custom in Scotland, that practice has in all departments of the law been hitherto confined exclusively to men .... [It did not] conceive it to be their interest or duty to maintain that women ought not to be enrolled as law-agents."* (p. 1060); I giudici arrivano, pertanto, ad affermare, rigettando la richiesta di ammissione di Margaret Hall, l'opinione secondo cui: " *Whatever power the Court may have had formerly of admitting persons to practice as law-agents in the Courts of Scotland, we think that the power of the Court in reference to such admission is now limited and defined by the Act of 1873, for by the Act it is provided that "no person shall be admitted as a law-agent in Scotland except in accordance with the provisions of this Act". The Court is authorized to admit "person", a term which, no doubt, is equally applicable to male and female. But in the case of an ambiguous term, that meaning must be assigned to it which is in accordance with inveterate usage. Accordingly we interpret the meaning 'male person' as no other has ever been admitted as a law-agent. If females are now to be admitted as law-agents, that must, in our view, be authorized by the Legislature"* (p. 1065).

[34] Sentenza 30 novembre 1897, in *Il Filangieri*, 23, 1898, disp. 1, pp. 135-137. Jeanne Chauvin (1862-1926), figlia di un notaio di provincia, ottenuta la *licence en droit* nel 1890, chiese nel 1897 di prestare giuramento come avvocata e di iscriversi presso l'Ordine di Parigi; tuttavia, tale richiesta venne respinta dal procuratore generale della Corte di appello, a cui era stata rimessa tale decisione e dinnanzi al quale l'aspirante avvocata aveva perorato la propria causa, senza tuttavia essere accompagnata come di consuetudine da un *bâtonnier*. Per essere ammessa all'esercizio della professione forense Chauvin dovrà attendere l'entrata in vigore della legge 7 dicembre 1900, con cui sono state ufficialmente aperte le porte dell'avvocatura anche alle donne. Sul caso Chauvin si rinvia, su tutti, a J. C. Albisetti, *Portia Ante Portas: Women and the Legal Profession in Europe, ca. 1870-1925*, cit., spec. p. 830 ss.; F. Tacchi, *Eva Togata*, cit., spec. p. 39 ss.; E. Ollandini, *La donna e l'avvocatura. Studio storico-giuridico-sociale*, Tipografia La Celere, Genova, 1913, p. 23 ss.; L. Frank, *En cause de Mlle Chauvin. La femme-avocat, exposé historique et critique de la question*, Giard et Brière, Paris, 1898, pp. 301-303.

[35] *"Ora è universalmente riconosciuto che nell'antico diritto, nei paesi retti da diritto scritto, come quelli retti dal diritto consuetudinario, tutti informati su questo punto dai principi del diritto romano, la professione di avvocato era formalmente interdetta alle persone di sesso femminile, le poche pretese eccezioni evocate dalla signorina Chauvin riferendosi non alla donna avvocato, ma alla donna munita di procura o difendendosi da sé, non potrebbero importare deroga a quelle regole assolute che non furono se non l'applicazione logica del principio in virtù del quale si è sempre considerata la professione di avvocato come un ufficio virile"*: sentenza 30 novembre 1897, cit., p. 136.

[36] L'avvocatura *"ha con la magistratura, dalla quale la donna è esclusa, la più grande affi-*

principio della divisione dei poteri secondo il quale spettava al legislatore modificare il dettame normativo e alla magistratura interpretare e applicare le regole [37].

L'appello alla tradizione maschile riecheggiava anche nelle aule giudiziarie di Bruxelles [38], ove si assistette al diniego di ammissione di Marie Popelin [39] nei ranghi professionali con un richiamo allo spirito della legge in vigore che, in ossequio al costume e alla tradizione del passato, doveva essere interpretata come preclusione per la donna all'esercizio della professione di avvocato. La Corte di appello di Bruxelles, tuttavia, si spingeva oltre e, similmente a quanto dedotto dai giudici italiani nel caso Poët, faceva altresì leva sulla posizione della donna nella società e nella famiglia per sottolineare la sua incompatibilità con i doveri della professione forense: *"attendu que la nature péculière de la femme, la faiblesse relative de sa constitution, la réserve inhérente à son sexe, la protection qui lui est nécessaire, sa mission spéciale dans l'humanité, les exigences et les sujétions de la maternité, l'éducation que les doit à ses enfants, la direction du ménage et du foyer domestique confiée à ses soins, la placent dans des conditions peu conciliables avec les devoirs de la profession d'avocat (...)"* [40]. Non mancavano neppure i riferimenti alla ridotta capacità giuridica in cui versavano anche le donne belghe, derivante soprattutto dall'assoggettamento alla potestà maritale e politica e scaturente dal mancato riconoscimento del diritto di voto[41].

---

nità", partecipando talora eventualmente, talora effettivamente, come la magistratura stessa, a un vero servizio pubblico: in questi termini sentenza 30 novembre 1897, cit., p. 136.

[37] *"La Corte fa osservare che al legislatore solo appartiene il diritto di modificare le leggi e di emanare delle nuove, mentre che il potere giudiziario non è chiamato che ad interpretare e applicare quelle esistenti"*: sentenza 30 aprile 1897, cit., pp. 136 e 137.

[38] Court d'Appel Bruxelles, 12 décembre 1888, in *Belgique judiciaire*, n. 1, janvier 1889, colonne 1-18.

[39] Per un approfondimento in merito al c.d. *"Affaire Popelin"* si rinvia, su tutti, a F. de Bueger-van Lierde, *Marie Popelin*, in *Biographie nationale*, 1976, v. 39, c. 733-42; Id., *A l'originedu mouvement feministe en Belgique: 'L'Affaire Popelin'*, in *Revue belge de philobgie et d'histoire*, 1972, v. 50, n. 4, p. 1128 ss.; Id., *Marie Popelin et les debuts du mouvement feministe belge (1892-1914)*, in L. Courtois, J. Pirotte e F. Rosart (éd.), *Femmes des années 80: Un sieck de condition feminine en Belgique, 1889-1989*, Academia-Crédit communal de Belgique, Louvain-la-Neuve-Bruxelles, 1989, p. 197 ss.; E. Schandevyl, *Woman and the Courts in Twentieth-Century Belgium. An Historical Perspective*, in S.L. Kimble e M. Röwekamp (eds.), *New Perspectives on European Women's Legal History*, Routledge, New York, 2017, p. 152 e spec. p. 155 ss.; J.C. Albisetti, *Portia Ante Portas: Women and the Legal Profession in Europe, ca. 1870-1925*, cit., spec. pp. 829 e 830. Più in generale, sul movimento di emancipazione femminile in Belgio e sulla figura di Popelin in tale contesto si v. É. Gubin, V. Piette e C. Jacques, *Les féminismes belges et français de 1830 à 1914 Une approche compare*, in *Le Mouvement social*, 1997, n. 178, p. 36 ss.

[40] Court d'Appel Bruxelles, 12 décembre 1888, cit., alla c. 15.

[41] Court d'Appel Bruxelles, 12 décembre 1888, cit., si ricorda come il Codice civile belga fosse fortemente ispirato al *Code Napoléon* del 1804; il Codice civile napoleonico, infatti, fu imposto dall'occupazione francese nell'Olanda de Sud (ora Belgio) e ivi rimase in vigore per

Fino agli inizi del Novecento, la magistratura nei diversi Paesi dell'Europa riuscì, dunque, mediante la sistematica esclusione delle donne, a preservare la mascolinità dell'avvocatura [42]. Essa godeva, peraltro, del sostegno da parte della dottrina [43]; beneficiava, inoltre, nell'Europa continentale del comportamento ambivalente degli Ordini professionali [44] e nel Regno Unito del ruolo esclusivo nella formazione e selezione esercitato dagli *Inns of Courts* e dalla *Law Society*, i quali riproponevano e favorivano una connotazione fortemente virile dell'avvocatura [45].

3. *La breccia legislativa verso la femminilizzazione*

È al potere legislativo [46] che va riconosciuto il merito di aver scalfitto il monopolio maschile della professione forense, facendosi portatore di un

---

tutto l'Ottocento.

[42] Il caso Poët (come, del resto, le analoghe vicende processuali decise dalle Corti dei diversi Stati in Europa) generò dibattiti, critiche e polemiche, senza però riuscire ad incidere sulla "*stazionarietà legislativa che pesa per più di mezzo secolo sui temi del diritto della famiglia e delle donne*" (così M. de Giorgio, *Donne e professioni*, in M. Malatesta (a cura di), *Storia d'Italia, Annali 10, I professionisti*, Einaudi, Torino, 1996, p. 464).

V. F. Tacchi, *Gli avvocati italiani dall'Unità alla Repubblica*, cit., che, in riferimento alla situazione italiana, sottolinea come " *la magistratura nel suo insieme, comunque, esprimeva una concezione dei rapporti sociali e giuridici profondamente «virile», a sua volta espressione di uno Stato ben deciso a sancire a lungo l'esclusione delle donne dal potere politico (...)*" (p. 268) e richiama, su tale ultimo aspetto, S. Soldani, *Lo Stato e il lavoro delle donne*, in *Passato e presente*, 1990, v. 9, n. 24, pp. 23-71, spec. p. 25.

[43] Per un approfondimento sulle diverse prese di posizione della dottrina italiana dell'epoca si rinvia a F. Tacchi, *Dall'esclusione all'inclusione. Il lungo cammino delle laureate in giurisprudenza*, cit., spec. p. 103.

[44] Il caso italiano rappresenta un chiaro esempio dell'ambiguità che connotava il comportamento degli Ordini: l'Ordine di Torino, infatti, permise l'iscrizione all'albo di Lidia Poët, per poi, tramite alcuni dei suoi consiglieri, denunciare la situazione alla Procura Generale; anche in Francia l'Ordine di Parigi, pur non contrastando formalmente l'ammissione di Jeanne Chauvin, non la sostenne, tant'è che la stessa dovette presentarsi dinnanzi alla Corte di Parigi per prestare giuramento senza il consueto *bâtonnier*, che non ne permise l'ammissione: cfr. M. Malatesta, *Professionisti e gentiluomini*, cit., pp. 311 e 312; Id., *Professional Men, Professional Women: The European Professions from the 19th Century until Today*, cit., p. 141.

[45] *Ibidem*.

[46] In vari ordinamenti giuridici, l'intervento del potere legislativo nella definizione della questione dell'ammissione delle donne all'avvocatura era stato, direttamente o indirettamente, sollecitato dalla giurisprudenza: con riferimento all'esperienza italiana si rinvia al caso di Teresa Labriola in cui la Corte di appello di Roma, respingendo il ricorso dell'aspirante avvocata che aveva tentato l'ingresso nel foro romano nel 1912, riconosceva "*che la odierna questione trova territorio proprio, non nel campo giudiziario, ma in quello legislativo, dove tutte possono essere vagliate le ragioni attinenti alla maturità dei tempi, alle condizioni dei nostri costumi, alla serietà dei giudizi, alla missione sociale della donna, ragioni le quali*

cambiamento ormai inevitabile[47]. *In primis*, furono i paesi del Nord Europa, a cavallo tra Ottocento e Novecento, ad aprire le porte della professione alle donne, mentre le stesse quasi di pari passo ottennero anche il diritto al voto.

In Finlandia, primo tra gli Stati europei ad introdurre il suffragio universale nel 1906, le donne conquistarono la possibilità di iscriversi negli albi forensi sin dal 1895[48] . Le colleghe svedesi ottennero l'accesso alla carriera forense nel 1897. Nel 1904 fu la volta della Norvegia e due anni

---

non è vero che siano estranee al poderoso problema, ma esorbitano senza dubbio dai confini in cui si svolge il potere interpretativo del giudice" (M. Siotto-Pintor, *Camera Di Consiglio; 31 Ottobre 1912; Pres. Cefalo, Est. Carretto, P. M. Tommasi (Concl. Conf.); Procuratore Gen. Della Corte d'app. Di Roma c. Labriola (Avv. Cogliolo)*, in *Foro it.*, 1913, v. 38, p. 43 ss. e spec. p. 49). Sul caso di Labriola si rimanda, su tutti, a F. Taricone, *Teresa Labriola. Biografia politica di un'intellettuale tra Ottocento e Novecento*, FrancoAngeli, Milano, 1994; G. Conti Odorisio, *La formazione di Teresa Labriola e la libera docenza in filosofia del diritto*, in *Materiali per una storia della cultura giuridica*, 1995, v. 1, p. 173 ss.; F. Tacchi, *Eva Togata*, cit. In termini simili, in Francia, si è espressa la corte nel caso Jeanne Chauvin sottolineando come "(...) *la Corte fa osservare che al legislatore solo appartiene il diritto di modificare le leggi e di emanarne di nuove, mentre che il potere giudiziario non è chiamato che ad interpretare e applicare quelle esistenti"* (sentenza 30 novembre 1897, cit., p. 135 e spec. pp. 136 e 137).

[47] Alla base la forte influenza dei movimenti femministi che a partire dal XIX secolo hanno iniziato ad influenzare le scelte politiche nel senso di una maggior inclusione delle donne. A ciò si aggiunga la creazione di sistemi formativi di accesso alla professione in cui le donne non solo hanno avuto la possibilità di iscriversi, ma grazie ai quali hanno dimostrato progressivamente tutta la loro capacità. Infine, non è di poco conto nel processo di femminilizzazione delle professioni l'intervenuta *"ascesa spettacolare, senza precedenti nella storia dal mondo antico ad oggi, dello statuto giuridico della donna"* verificatasi in Europa soprattutto a partire dalla seconda metà del Novecento. Il riferimento non è solo all'ammissione delle donne al suffragio universale, ma anche alle innovazioni legislative che, nei diversi Stati, hanno interessato il diritto delle persone e della famiglia. Come accuratamente sottolineato da attenta dottrina, è *"nel diritto di famiglia che i diritti della donna hanno ottenuto riconoscimenti di grande rilievo. La capacità di agire della moglie è stata pienamente ammessa, senza l'esistenza e il necessario consenso del marito come si richiedeva nella legislazione napoleonica e in altri codici ottocenteschi; ad esempio nei Paesi Bassi ciò è avvenuto con una legge del 1954, promossa da Eduard M. Majers e realizzata da van Oven. In Belgio ciò è avvenuto quattro anni più tardi. L'esercizio della patria potestà è stato attribuito congiuntamente ai due coniugi nella maggior parte delle legislazioni. La preminenza del marito come capo della famiglia ha resistito in Francia sino al 1970, mentre in Germania la norma del BGB (§ 1354) che affidava al marito le decisioni sulla vita comune è stata superata con una riforma legislativa del 1957, dopo che già la giurisprudenza l'aveva limitata per coerenza con l'equiparazione dei sessi espressa nella costituzione del 1948. Anche l'introduzione del divorzio nei paesi che non l'avevano ammesso nei rispettivi codici si lega soprattutto (ma non soltanto) al tema dell'emancipazione femminile* (...) *La depenalizzazione dell'adulterio* (...) *la legislazione sull'aborto* (...). *L'autonomia della donna è stata inoltre riconosciuta nelle sue scelte di lavoro e nell'esercizio delle professioni, eliminando i vincoli che legavano su questo terreno la condizione della donna maritata"*: così A. Padoa Schioppa, *Storia del diritto in Europa*, cit., pp. 632 e 633.

Più in generale si rinvia, *ex multis*, a U. Schultz e G. Shaw (ed.), *Women in the World's Legal Professions*, cit.; M. Malatesta., *Donne e professioni in Europa: le origini*, cit., p. 43 ss.

[48] M. Korpiola, *Attempting to Advocate. Women entering the Legal Profession in Finland, 1885-1915*, in S.L. Kimble e M. Röwekamp (ed.), *New Perspectives on European Women's Legal History*, cit., p. 292 ss.; F. Tacchi, *Eva Togata*, cit., p. 36.

dopo della Danimarca, che con legge 6 aprile 1906 consentì alla donna di penetrare nel campo delle attività giuridiche, seppur limitando il suo ruolo alla funzione di procuratrice dell'avvocato [49].

In realtà, allargando lo sguardo al contesto europeo, risulta evidente come non si possa, in via generale, inferire alcun collegamento diretto tra l'ottenimento da parte delle donne della tanto agognata cittadinanza politica e il conseguente riconoscimento dei diritti in ambito professionale. In molti Stati, infatti, il suffragio universale venne riconosciuto solo dopo la prima o la seconda guerra mondiale, ma le aspiranti avvocate riuscirono ugualmente a varcare prima le porte della professione. È il caso dell'Olanda, ove nel 1903 venne riconosciuto alla donna il diritto di esercitare l'avvocatura [50], e solo una quindicina di anni dopo la possibilità di voto. In Francia [51], sulla scia della pronuncia emessa a conclusione del citato caso Chauvin con rimando di ogni decisione al potere legislativo, in un momento di forte crisi di legittimità per la Terza Repubblica e di *"ridimensionamento del ruolo esercitato dagli avvocati sul sistema politico francese"* [52], vide la luce il primo dicembre 1900 la legge n. 1201 che riconobbe alle donne il potere di esercitare la professione legale [53]. Solo dopo il secondo conflitto mondiale venne istituito, invece, il suffragio universale. Attesero il 1944 per poter esercitare il proprio diritto di voto anche le donne svizzere, nonostante esse vennero ammesse legislativamente a praticare l'avvocatura, nei diversi cantoni svizzeri, tra il 1898 e il 1914 e tale diritto venne esteso successivamente anche a livello nazionale (1923) [54].

Dopo un momento di stasi nel movimento di femminilizzazione dei corpi professionali verificatosi durante la prima guerra mondiale, riuscirono ad ottenere l'ammissione al foro, oltre che, anche se con tempistiche nettamente diverse, il godimento dei diritti civili e politici, le avvocate portoghesi (1918), le lituane (1918) le jugoslave (1918), le tedesche (1918-1922), le italiane (1919), le inglesi (1919), le estoni (1920), le polacche (1921) e le belghe (1922).

In Portogallo con legge del 25 maggio 1918 le donne ottennero il diritto di essere avvocate [55]; tale diritto venne conquistato anche dalle donne li-

---

[49] Z. Algardi, *La donna e la toga*, cit., p. 33; F. Tacchi, *Eva Togata*, cit., p. 36.

[50] Z. Algardi, *La donna e la toga*, cit., p. 34.

[51] A. Boigeol, *French Women Lawyers (Avocates) and the Women's Cause in the First Half of the Twentieth Century*, in *Int'l J. Legal Prof.*, 2003, 10, p. 193, spec. pp. 195 e 196.

[52] Così M. Malatesta, *Professionisti e gentiluomini*, cit., p. 313.

[53] *Loi* 1 dicembre 1900 *ayant pour objet de permettre aux femmes munies des diplômes de licencié en droit de prêter le serment d'avocat et d'exercer cette*, abrogata dalla *Loi* 20 dicembre 2007, n. 2007-1787, *relative à la simplification du droit* – art. 27 (V), in *JORF* del 21 dicembre 2007, n. 0296.

[54] F. Tacchi, *Eva Togata*, cit., p. 36.

[55] J.C. Albisetti, *Portia Ante Portas: Women and the Legal Profession in Europe, ca. 1870-1925*, cit., p. 837.

tuane nel medesimo anno[56]. L'anno successivo, fu la volta della Jugoslavia, che con legge 17 marzo 1919 aprì l'avvocatura alle donne[57]. In Germania, sancita la parità dei diritti con la Repubblica di Weimar, nel 1919 venne consentito alle donne l'accesso alla seconda parte del praticantato, passaggio obbligato per intraprendere una carriera giuridica[58]. Tuttavia, nel 1933 il regime nazista le escluse dall'effettiva possibilità di intraprendere una carriera legale[59]. In Italia, il silenzio della prima regolamentazione dell'avvocatura (1874[60]) in merito al requisito del sesso per l'accesso ai ranghi professionali, a lungo interpretato come una tacita, quanto naturale, riserva per gli uomini, venne rotto con l'approvazione della legge n. 1176 del 17 luglio 1919: tale intervento legislativo non solo determinò l'abolizione dell'istituto dell'autorizzazione maritale, bensì sancì espressamente la possibilità per le donne di essere ammesse *"a pari titolo degli uomini, a esercitare tutte le professioni ed a coprire tutti i pubblici impieghi"* (art. 7)[61]. Nello stesso anno, in Gran Bretagna, il *Sex Discrimination (Removal) Act*[62] statuì che le donne erano da considerarsi 'persone' e pertanto, in quanto tali, potevano accedere agli uffici pubblici[63]. L'anno successivo iniziarono a praticare l'avvocatura anche le donne estoni[64]. Nel 1921

[56] Z. Algardi, *La donna e la toga*, cit., p. 31.

[57] *Ivi*, p. 34.

[58] Si rimanda, su tutti, a E. Ollandini, *La donna e l'avvocatura*, cit., e a Z. Algardi, *La donna e la toga*, cit., p. 30, cfr. U. Schultz, *The Status of Women Lawyers in Germany*, in U. Schultz e G. Shaw (eds.), *Women in the World's Legal Professions*, cit., p. 271, spec. pp. 272 e 273. Per un'approfondita ricostruzione storica dell'ammissione legislativa delle avvocate tedesche (1918-1922) si rimanda, su tutti, a M. Röwekamp, *Woman, Equal Rights, and the Legal Profession in Germany, 1895-1933*, in S. L. Kimble e M. Röwekamp (eds.), *New Perspectives on European Women's Legal History*, cit., p. 254 ss.

[59] M. Röwekamp, *Woman, Equal Rights, and the Legal Profession in Germany*, 1895-1933, cit., p. 248; Z. Algardi, *La donna e la toga*, cit., p. 30.

[60] Legge 8 giugno 1874, n. 1938, che regola l'esercizio delle professioni di Avvocato e Procuratore, in *GU* del 15 giugno 1874, n. 141, e successivo regolamento 27 luglio 1974, n. 2012.

[61] Art. 7 legge 17 luglio 1919, n. 1176, in *GU* del 19 luglio 1919, n. 172. Non mancò, tuttavia, l'imposizione di limitazioni: la legge del 1919 consentiva alle donne l'esercizio di tutte le professioni e impieghi pubblici (art. 7), eccezion fatta *"se non vi siano ammesse espressamente dalle leggi"*, quelli che implicano poteri pubblici giurisdizionali cui era conferita la dignità di ufficiale dello Stato: ad esempio, la carriera giudiziaria. L'esclusione riguardava anche impieghi che prevedessero l'esercizio di diritti e di podestà politiche, o attinenti alla difesa militare dello Stato, che furono specificati nel successivo regolamento del 4 gennaio 1920. In dottrina si v. M. Fioravanzo, *Sull'autorizzazione maritale. Ricerche intorno alla condizione giuridica della Donna nell'Italia unita*, cit., p. 725.

[62] 9 & 10 Geo. 5, ch. 71 (Eng.).

[63] C. M.S. McGlynn, *The Status of Women Lawyers in the United Kingdom*, in U. Schultz e G. Shaw (eds.), *Women in the World's Legal Professions*, cit., p. 139, spec. p. 141; C.A. Corcos, *Portia Goes to Parliament: Women and Their Admission to Memebership in the English Legal Profession*, in *Denv. U. L. Rev.*, 1998, v. 75, p. 307, spec. p. 383 ss.

[64] Z. Algardi, *La donna e la toga*, cit., p. 31.

la Costituzione polacca, emanata all'indomani dell'indipendenza del paese, garantì la piena equiparazione di tutti i cittadini polacchi dinnanzi alla legge [65], così confermando il principio di parità dei sessi nell'accesso al voto già sancito da un intervento legislativo del 1918 (artt. 1 e 7) [66]; ed è durante la Seconda repubblica che le donne ottennero, almeno da un punto di vista legislativo, l'accesso all'avvocatura [67]. Negli anni '20 poterono iniziare ad esercitare la professione forense anche le donne belghe, grazie alla legge votata all'unanimità del 7 aprile 1922 [68], e le donne rumene (1923) [69].

Successivamente, a cavallo degli anni Trenta, ulteriori legislazioni ammisero l'ingresso delle donne nella professione, a partire dalla Croazia nel 1926. In Jugoslavia, o meglio nel Regno delle SHS, solo nel 1929, in un contesto segnato dal ritorno al un regime di natura dittatoriale (*Six January Dictatorship – Šestojanuarska Diktatura*), entrò in vigore una legge che permise ufficialmente alle donne di esercitare l'avvocatura [70].

La Bulgaria e l'Albania furono gli unici due stati dei Balcani a ritardare ulteriormente l'ingresso delle avvocate: sfruttando a lungo la lettura delle leggi di riferimento [71] volta ad interpretare il silenzio del dettato normativo e l'utilizzo di vocaboli non connotati dal punto di vista del genere come una tacita esclusione del sesso femminile e facendo leva sulla ridotta capacità politica delle donne escluse dal diritto al voto. In Bulgaria, sino a

[65] Konstytucja Rzeczpospolitej Polskiej, Ustawa z dnia 17 marca 1921 roku in Dziennik Ustaw nr 44 poz. 267 (1921).

[66] Dekret o ordynacji wyborczej do Sejmu Ustawodawczego z 6 grudnia 1918 roku," Dziennik Praw Państwa Polskiego nr. 18, poz. 46, art. 1 (1918). In dottrina si rinvia, su tutti, a I. Dadej, *"The Napoleonic Civil Codeis to Blame for My Decision to Study Law". Female Law Students and Lawyers in the Second Polish Republic (1918-1939)*, in L. Kimble e M. Röwekamp (eds.), *New Perspectives on European Women's Legal History*, cit., p. 217 ss.; M. Fuszara, *Woman Lawyers in Poland under Impact of Post-1989 Trasformation*, in U. Schultz e G. Shaw (eds.), *Women in the World's Legal Professions*, cit., p. 371, spec. p. 374.

[67] Dekret w przedmiocie statutu tymczasowego Palestry Państwa Polskiego z dnia 30 grudnia 1918 roku in Dziennik Praw Państwa Polskiego, nr 22. poz. 75, art. 3.

[68] Z. Algardi, *La donna e la toga*, cit., pp. 28 e 29; S. Gibens, B. Hubeau, S. Rutten, J. Van Houtte e M. Van Leuvenhaege, *Belgium. A Law Degree Opens the Door to a Lot of Occupations, Even the Bar*, in R.L. Abel, O. Hammerslev, H. Sommerlad e U. Schultz, *Lawyers in 21st-Century Societies, Volume I: National Reports*, cit., p. 156 e spec p. 165; J.C. Albisetti, *Portia Ante Portas: Women and the Legal Profession in Europe, ca. 1870-1925*, cit., p. 830.

[69] Z. Algardi, *La donna e la toga*, cit., p. 36.

[70] G. Stojaković, *The First Lawyers and Attorneys: the Struggle for Professional Recognition of Women's rights in Yugoslavia (1918-1953)*, in S.L. Kimble e M. Röwekamp, *New Perspectives on European Women's Legal History*, cit., 2016, p. 174.

[71] Il riferimento è in particolare alla prima legge bulgara volta a regolamentare la professione forense emanata nel Novembre 1888, e successiva modifica intervenuta nel Dicembre del 1897, nonché la legge volta a disciplinare la struttura della corti del 1883 e il suo successivo emendamento intervenuto nel 1898.

metà degli anni Quaranta, nessuna donna poté esercitare la professione forense. Nell'ottobre del 1940 il Ministro della giustizia presentò una proposta di legge volta a modificare il primo articolo della legge sull'avvocatura, in favore dell'ammissione delle donne. Tuttavia, solo con la presa di potere del regime comunista, nell'ambito del governo antifascista del 1944, le donne ottennero effettivamente diritti parificabili a quelli dei colleghi maschi. Con un decreto del 13 ottobre del 1944[72] venne stabilita la completa equiparazione delle donne e degli uomini nelle diverse sfere dell'agire umano, incluse quella politica, economica, culturale, sociale e statale. La legge sull'avvocatura del 1947 sancì definitivamente l'ingresso anche delle donne nella professione. Similmente anche in Albania si dovette attendere l'emanazione di una legge *ad hoc* per vedere le prime donne varcare le soglie dei tribunali nel ruolo di avvocate.

In realtà, nonostante gli specifici interventi legislativi, l'inclusione delle donne nel corpo professionale rimase, in diversi Stati e per molto tempo, una mera possibilità. Soprattutto tra i grandi conflitti bellici il cammino di accettazione del sesso femminile nell'avvocatura e, più in generale, il processo di emancipazione delle donne che ne stava alla base, conobbero rallentamenti, momenti di stasi e a volte addirittura arretramenti. Non a caso, quella che doveva rappresentare l'era del definitivo cambiamento è stata definita *ex post* da diversi studiosi un'illusione[73] e ribattezzata come periodo delle *"nuove esclusioni"*[74].

4. *L'ascesa femminile nel campo forense: una questione solo numerica?*

Bisogna attendere le trasformazioni culturali e sociali degli anni Sessanta per iniziare ad invocare la vera femminilizzazione delle professioni giuridiche[75], quantomeno sotto il profilo quantitativo. L'entrata in massa delle donne nell'avvocatura accomuna le diverse esperienze europee, sep-

---

[72] Dŭrzhaven vestnik 227 (October 16, 1944).

[73] Si rinvia su tutti a M. Malatesta, *Professionisti e gentiluomini*, cit., p. 315.

[74] In questi termini definisce il periodo fascista F. Tacchi: v. F. Tacchi, *Eva Togata*, cit., p. 59 ss.; Id., *Dall'esclusione all'inclusione. Il lungo cammino delle laureate in giurisprudenza*, cit., spec. p. 100 e p. 112 ss. Cfr. altresì Id., *Gli avvocati italiani dall'Unità alla Repubblica*, cit., spec. p. 299 ss.; M. Malatesta, *Professionisti e gentiluomini*, cit., p. 325 ss.

[75] Cfr. M. Malatesta, *Professionisti e gentiluomini*, cit., p. 328, che collega il fenomeno di femminilizzazione al *"processo di trasformazione della divisione del lavoro che si è espresso attraverso una eccezionale partecipazione femminile al mercato dell'occupazione, della crescita del terziario e del* welfare state" e *"all'aumento generale del numero di professionisti che hanno consentito di far fronte alla domanda di servizi. Grazie alla straordinaria crescita della scolarità superiore, le donne sono state uno degli attori principali di questa trasformazione epocale"*.

pur tale fenomeno si sia manifestato con tempistiche leggermente differenti, in linea con i peculiari contesti nazionali di riferimento. In Italia, ad esempio, si è assistito ad un incremento significativo delle donne laureate in giurisprudenza soprattutto a partire dagli anni Ottanta: il numero di iscrizioni delle donne alla facoltà di legge è passato dal 3,4% nel 1969, al 12,9% nel 1979, al 19,1% nel 1993 [76]. A ciò è conseguito l'inarrestabile ingresso delle stesse nel mondo professionale, come magistrate e avvocate, avviato soprattutto dagli anni Novanta. In particolare, il numero delle donne iscritte all'albo forense è passato dal 10,5% nel 1989, al 22,1% nel 1993, al 33,6% nel 2000, al 45% nel 2010, al 47,8% nel 2017 [77], sino all'attuale 50% (2020) [78]. L'impulso femminile è stato determinante nella crescita esponenziale dell'avvocatura: il tasso di incremento maschile, infatti, seppur costante nel tempo non risulta parificabile a quello femminile [79].

La femminilizzazione della professione forense inglese ha conosciuto tempistiche simili a quelle italiane, nonostante il contesto, anche formativo, fosse in origine molto distante da quello continentale. Mentre quest'ultimo si basava, essenzialmente, sin dal Medioevo sugli studi giuridici universitari [80], la storica formazione degli aspiranti giuristi inglesi aveva luogo all'interno delle corporazioni professionali [81], che tendevano a favorire una selezione fortemente connotata dal punto di vista del genere, così da preservare la virilità dell'avvocatura inglese a discapito dell'ingresso della componente femminile [82]. Bisogna, dunque, attendere

---

[76] Così M. Malatesta, *Professionisti e gentiluomini*, cit., p. 331.

[77] Cfr. Censis, *Percorsi e scenari dell'avvocatura italiana. Rapporto 2018*, http://www.cassaforense.it/media/7191/rapporto-censis-2018.pdf, pp. 6 e 7. Il Rapporto 2018 evidenziava, inoltre, come nell'ultimo quinquennio il tasso di crescita delle nuove iscritte si era ridotto, attestandosi su un 47% (dal 47% nel 2013 sino al 47,8% nel 2017) – p. 5 ss. Tale trend rispecchiava una più generale inversione di tendenza rispetto alla parabola di incremento delineatasi nel lungo periodo, con una contrazione costante, a partire dal 2000, del numero di nuovi iscritti al corpo professionale (p. 7). Il tasso delle avvocate iscritte all'albo forense nel 2018 era pari al 47,9%: così Censis, *Avvocato nel quadro di innovazione della professione forense. Rapporto 2019*, Roma, giugno 2019, https://www.cassaforense.it/media/9474/rapporto_censis_-2019.pdf.

[78] Censis, *L'Impatto della pandemia sulla professione: le risposte all'esplosione dell'incertezza. Rapporto 2021*, Roma, febbraio 2021, https://www.cassaforense.it/media/9475/rapportocensis-2021.pdf.

[79] Cfr. Censis, *Percorsi e scenari dell'avvocatura italiana. Rapporto 2018*, cit., p. 5 ss.

[80] Cfr. M. Malatesta, *Professionisti e gentiluomini*, cit., pp. 332 e 333, che tra le ragioni dell'aumento delle donne nella professione inglese, oltre a richiamare *"l'universitarizzazione delle professioni legali britanniche e il loro adeguamento al modello continentale"*, fa riferimento altresì alla *"crescita del* welfare state *e dei servizi legali pagati dallo stato"* che avrebbero originato un aumento della domanda di *solicitors "fornendo lavoro anche al di fuori delle reti da cui le donne erano escluse"*.

[81] V. *retro*, Parte I, cap. 1, § 1.3.

[82] M. Malatesta *Professional Men, Professional Women: The European Professions from the 19th Century until Today*, cit., p. 141; Id., *Professionisti e gentiluomini*, cit., p. 332.

la presa di potere delle Università e lo sviluppo degli studi universitari, per poter invocare, a partire soprattutto dagli anni Novanta, un aumento significativo della presenza femminile anche nelle professioni legali inglesi[83]. Al maggior numero di donne in possesso della laurea[84], infatti, ha fatto da cartina al tornasole l'aumento delle donne *solicitors,* passate dal costituire meno del 10% del corpo professione negli anni Settanta e Ottanta[85] sino al 60,1% attuale (2018-19)[86].

In Germania, l'ingresso delle donne nell'avvocatura, dopo una crescita lenta durante le prime tre decadi successive al secondo conflitto mondiale, ha conosciuto un'accelerazione a partire dagli anni Ottanta[87]. Dal 2005 la componente femminile ha superato quella maschile negli studi giuridici e, in assonanza con tale trend, nel 2017, per la prima volta, la maggioranza dei nuovi iscritti all'albo forense era composta da donne (52%), sebbene alla fine dell'anno solo un 35% ne rimase iscritto[88].

---

[83] *"The growth in the number of female solicitors has been remarkable. Up to the 1980s, the proportion of female solicitors remained below 10%. As the implementation of sex discrimination legislation in the 1970s started to take effect (along with other social changes noted below), the participation of women in the legal profession increased rapidly, particularly from the 1990s onwards. Thus, accounting for 23% of the profession in 1990, there were just under 12,700 women solicitors with a PC. By 2015, this figure had increased by 413% to 65,000 with the effect that women now constitute almost half the profession (48.8%)"*: così S. Aulakh, A. Charlwood, D. Muzio, J. Tomlinson e D. Valizade, *Mapping advantages and disadvantages: Diversity in the legal profession in England and Wales*, Final Report for the Solicitors Regulation Authority, Birmingham, 2017, p. 12.

[84] Negli anni Settanta più del 50% dei *solicitors* non era laureato, mentre alla fine degli anni Ottanta i laureati rappresentavano circa il 90% degli iscritti alla professione forense; le donne laureate in legge sono passate dal 15% dei primi anni Settanta, al 44% nella metà degli anni Novanta: così M. Malatesta, *Professionisti e gentiluomini*, cit., p. 332. V., altresì, sul punto C. M.S. McGlynn, *The Status of Woman Lawyers in The United Kingdom*, in U. Schultz e G. Shaw (eds.), *Woman in the World's Legal Profession*, cit., pp. 145 e 146; N. Le Fauvre e P. Walters, *The legal profession in France and Britain*, in Y. Lucas e C. Dubar, *Genése et dynamique des groupes professionnels*, Presses Universitares de Lille, Lille, 1994, p. 343, spec. p. 348.

[85] S. Aulakh, A. Charlwood, D. Muzio, J. Tomlinson e D. Valizade, *Mapping advantages and disadvantages: Diversity in the legal profession in England and Wales*, cit., spec. p. 21; C. MS McGlynn, *The Status of Women Lawyers in the United Kingdom*, in U. Schultz e G. Shaw (ed.), *Women in the World's Legal Professions*, cit., pp. 150 e 153.

[86] The Law Society, *Trends in the solicitors' profession – Annual Statistics Report 2019*, October 2020, p. 49. In dottrina si rinvia, su tutti, a H. Sommerlad, A. Francis, J. Loughrey e S. Vaughan, *England and Wales. A Legal Profession in the Vanguard of Professional Trasformation?*, cit., spec. p. 104 ss.

[87] M. Kilian e U. Schultz, *Germany. Resistance and Reaction to Demands of Modernisation*, in R. L. Abel, O. Hammerslev, H. Sommerlad e U. Schultz, *Lawyers in 21st-Century Societies, Volume I: National Reports*, cit., p. 209, secondo cui ciò era legato anche al deteriorarsi delle prospettive di lavoro nel pubblico impiego alle quali le donne solitamente si rivolgevano (p. 221).

[88] Così M. Kilian e U. Schultz, *Germany. Resistance and Reaction to Demands of Modernisation*, cit., pp. 221 e 222.

Anche l'Olanda, dove la prima donna avvocata venne ammessa nel 1903, già dagli anni Cinquanta si inizia ad assistere ad un incremento significativo delle avvocate. Se alla fine del Novecento le donne avvocate costituivano circa un quarto dell'intera compagine professionale, all'inizio del 2017 esse rappresentavano il 43,6% dell'avvocatura [89].

Prescindendo dalle peculiarità nazionali che, come emerge dalle realtà esemplificative ore richiamate, hanno dettato tempi e modi distinti per l'ascesa femminile nel campo legale, le statistiche attuali rimandano ad un quadro europeo caratterizzato da una forte e generalizzata femminilizzazione dell'avvocatura [90]. Nella maggioranza degli Stati europei la percentuale di professioniste legali si aggira tra il 29% [91] e il 47% [92], e in alcuni Stati le donne hanno di fatto raggiunto [93], se non addirittura superato [94], la percentuale maschile di iscritti all'albo professionale.

---

[89] N. Doornbos e L. De Groot-Van Leeuwen, *Netherlands. Developments and Challenges*, in, in R.L. Abel, O. Hammerslev, H. Sommerlad e U. Schultz, *Lawyers in 21st-Century Societies, Volume I: National Reports*, cit., p. 253, a p. 260.

[90] V. CCBE, *Statistics, Number of lawyers in European Countries*, https://www.ccbe.eu/actions/statistics/; Per un'elaborazione dei dati forniti dal CCBE in merito all'accesso delle donne all'avvocatura in Europa nel periodo 2004/2005-2014/2015 si rinvia a Y. Galligan, R. Haupfleisch, L. Irvine, K. Korolkova, M. Natter, U. Schultz e S. Wheeler, *Mapping the Representation of Women and Men in Legal Professions Across the EU*, European Parliament, Policy Department for Citizen's Rights and Constitutional Affairs, European Union, Brussels, 2017, p. 62 ss.

[91] Considera la soglia del 30% di donne che accedono all'avvocatura come un importante traguardo per la femminilizzazione della professione legale E. Michelson, *Women in the Legal Profession, 1970-2010: A Study of the Global Supply of Lawyers*, in *Ind. J. Global Legal Stud.*, 2013, v. 20, n. 2, p. 1071, spec. pp. 1083 e 1084.

[92] Sul punto si rimanda, nello specifico, alle statistiche elaborate dal CCBE e pubblicate nel 2018: CCBE, *Statistics, Number of lawyers in European Countries*, 2018, https://www.ccbe.eu/fileadmin/speciality_distribution/public/documents/Statistics/EN_STAT_-2018_Number-of-lawyers-in-European-countries.pdf, da cui possono essere ricavate le seguenti percentuali relative alla partecipazione femminile al corpo dell'avvocatura: 29,25% in Svizzera; 31,12% in Islanda; 31,21% in Finlandia; 31,29% in Svezia; 34,37% in Germania; 34,98% in Repubblica Ceca; 35,17% in Danimarca; 38,12% in Irlanda; 38,51% In Lituania; 39,10% in Norvegia; 42,31% in Slovacchia; 43% in Spagna; 43,27% in Croazia; 44,04% in Olanda; 44,68% in Ungheria; 45,94% in Slovenia; 46,49% in Lussemburgo; 46,79% in Estonia.

Con riferimento all'esperienza tedesca si rinvia a U. Schultz, *The Status of Woman Lawyers in Germany*, in *Women in the World's Legal Professions*, cit., pp. 273-276, spec. p. 285.

[93] Tale il caso della Lettonia e quello della Romania dove le donne costituiscono, rispettivamente, il 49,82% e 49,86% dell'avvocatura: CCBE, *Statistics, Number of lawyers in European Countries*, 2018, cit.

Con riferimento alla situazione italiana: v. Censis, *Percorsi e scenari dell'avvocatura italiana. Rapporto 2018*, cit., che fa riferimento ad una "*progressiva femminilizzazione con una forte e costante crescita della proporzione di donne nel complesso degli avvocati iscritti agli albi e alla Cassa Forense*" (p. 4), registrando che "*Complessivamente tra il 1995 e il 2017 il numero di iscritti all'ordine degli avvocati è cresciuto poco meno di 160mila unità (con un tasso complessivo nel periodo pari al 192%), ma tale crescita ha riguardato in misura nettamente maggiore le donne che sono aumentate di quasi 95mila unità (con un tasso complessi-*

5. *Una rivoluzione copernicana a metà: una differenziazione di genere che permane*

Tale ingresso esponenziale delle donne nel corpo professionale, che indubbiamente rappresenta un dato di forte rottura con il passato, è stato definito, tuttavia, non a caso, come *"poco incoraggiante"* [95]. Ad accomunare le diverse esperienze giuridiche europee, infatti, vi è il permanere di una differenziazione di genere che, pur non ricadendo più sul parametro numerico, continua ad interessare il piano qualitativo [96]. Il mondo dell'avvocatura rimane sostanzialmente connotato in senso maschile, grazie al permanere di precise aree di specializzazione e ampie nicchie di potere e autorità, ove tutt'oggi si riscontra una forte monopolio degli uomini.

In primo luogo, le avvocate scontano una permanente 'segregazione orizzontale' sulla base del preconcetto che le vede maggiormente adatte ad operare in settori legati a competenze relazionali, anziché tecniche, quali, ad esempio, il diritto di famiglia e il diritto minorile. In generale, riecheggia l'idea che le avvocate debbano occupare dei ruoli che risultino più in linea con la loro femminilità [97]. In molti casi mantengono un profilo gene-

---

vo del 452%) rispetto all'incremento di 64.700 uomini (con un tasso di crescita complessivo del 104%). Ovviamente tutto ciò ha inciso in maniera netta sull'identità e la composizione di genere della professione che è passata da essere prevalentemente maschile a essere equidistribuita (nel 1995 le donne rappresentavano il 25% del totale degli avvocati mentre oggi costituiscono il 47,8%) e, in prospettiva, qualora i tassi di crescita delle donne avvocato continuassero ad essere superiori rispetto a quelli degli uomini, a prevalenza femminile" (p. 9).

[94] Il riferimento è alla Bulgaria (52,2%), a Ciprio (52,77%), alla Polonia (53,81%); al Portogallo (54,58%), alla Francia (55,44%) e alla Grecia (62,28%): CCBE, *Statistics, Number of lawyers in European Countries*, 2018, cit.; anche in Inghilterra nel 2019 le donne iscritte all'albo hanno superato la percentuale dei colleghi maschi: v. The Law Society, *Trends in the solicitors' profession – Annual Statistics Report 2019*, cit.: *"Women PC holders outnumbered men by over 4,500, a gap that has grown over the past two years"* (p. 4).

[95] In questi termini v. F. Tacchi, *Eva Togata*, cit., p. XIII; cfr. altresì P. Ronfani, *Donne con la toga*, cit.

[96] C. M.S. McGlynn, *The Status of Woman Lawyers in The United Kingdom*, cit., pp.151-153; Id., *Strategies for Reforming the English Solicitors' Profession: An Analysis of the Business Case for SEX equality*, in U. Schultz e G. Shaw (eds.), *Woman in the World's Legal Profession*, cit., p. 159 ss.; H. Sommerlad, A. Francis, J. Loughrey e S. Vaughan, *England and Wales. A Legal Profession in the Vanguard of Professional Trasformation?*, cit., spec. p. 104; O. Hammerslev, *Denmark, Sweden and Norway. Liberalisation, Differentiation and the Emerge of a Legal Services Market*, in R.L. Abel, O. Hammerslev, H. Sommerlad e U. Schultz, *Lawyers in 21st-Century Societies, Volume I: National Reports*, cit., 2020, p. 175 e spec. p. 184.

[97] In questi termini, con riferimento al contesto italiano, si rimanda su tutti a F. Tacchi, *Dall'esclusione all'inclusione. Il lungo cammino delle laureate in giurisprudenza*, cit., pp. 124 e 125; Id., *Eva Togata*, cit., spec. p. 187 ss.; P. Ronfani, *Donne con la toga*, cit., pp. 74 e 75; C. Gadea, *La liberalità delle libere professioni: una questione di genere?*, in M. Malatesta (a cura di), *Corpi e professioni tra passato e futuro*, cit., p. 137. V., altresì, in merito alla professione inglese, H. Sommerlad, L. Webley, L. Duff, D. Muzio e J. Tomlinson, *Diversity in the legal*

ralista[98] e in ogni caso faticano ad emergere in quei settori che, per tradizione nazionale, risultano maggiormente legati al prestigio della professione e che godono di massima considerazione tra l'opinione pubblica[99]. Non a caso in Francia e in Italia, ove l'avvocato penalista incarna l'emblema del professionista forense, si riscontra una scarsa presenza femminile nel campo penale; per contro, in Gran Bretagna, ove il settore penale gode di scarso prestigio e l'attività in tale ambito si giova di una ridotta remunerazione, principalmente connessa al sistema di *legal aid*, il numero delle avvocate è significativo[100]. Le avvocate stentano, inoltre, ad accedere alle specializzazioni connesse all'economia, che rimangono perlopiù appannaggio maschile[101]. Che tale propensione non sia sintomatica delle ambi-

---

profession in England and Wales: A qualitative study of barriers and individual choices, University of Westminster Law Press, London, 2010, spec. p. 25: "*the white female lawyers tended either to work in areas which are gendered female, such as residential property, personal injury, family or education law or on the 'softer side' of more atypically 'male' specialisms*"; D. Muzio e S. Bolton, *L'Esercito di Riserva: Femminizzazione e Profitto nella Professione Legale Inglese*, in *Econ. & Manag.*, 2006, n. 5, p. 107, p. 110; Id., *Can't live with 'em; Can't Live without 'em: Gender Segmentation in the Legal Profession*, in *Sociology*, 2007, v. 41, pp. 47-61; H. Sommerlad e P. Sanderson, *Gender, Choice and Commitment: Women Solicitors in England and Wales and the Struggle for Equal Status*, Routledge, London-New York, 2018 (I ed. 1998, Socio Legal Studies, Ashgate, London); C.M.S. McGlynn, *The Status of Woman Lawyers in The United Kingdom*, cit., p. 152. Cfr., per l'esperienza tedesca, U. Schultz, *The Status of Woman Lawyers in Germany*, cit., p. 286, che richiama tra i principali settori in cui operano le avvocate tedesche: "*family, social welfare, immigration and asylum law*". In riferimento alla segregazione orizzontale presente in Olanda si rinvia, su tutti, a L.E. De Groot-Van Leeuwen, *Women in the Dutch Legal Profession*, in U. Schultz e G. Shaw (ed.), *Women in the World's Legal Professions*, cit., spec. p. 346.

[98] Y. Galligan, R. Haupfleisch, L. Irvine, K. Korolkova, M. Natter, U. Schultz e S. Wheeler, *Mapping the Representation of Women and Men in Legal Professions Across the EU*, cit., spec. p. 23.

[99] Cfr U. Schultz, *The Status of Woman Lawyers in Germany*, cit., pp. 285-287, che sottolinea come le donne tendano ad occupare "*The less attractive, or at least the less well paid positions in the profession*"; "*woman prefer 'social' and less prestigious fields, such as family, social welfare, immigration and asylum law*".

[100] In questi termini, v. M. Malatesta, *Professionisti e gentiluomini*, cit., pp. 334 e 335.

[101] Così *ivi*, p. 335. In Italia, il rapporto Censis 2010, ha fotografato tale situazione nei seguenti termini: "*Le donne avvocato vengono contattate dalla clientela per questioni che hanno a che fare con la famiglia e i minori (68,5%), con la proprietà/locazioni e condomini (55,2%), con la contrattualistica (52,1%), l'infortunistica (50,25%) o le esecuzioni (46,5%). Solo un numero particolarmente esiguo risulta coinvolto per quanto riguarda i reati societari (2,6%), i reati "contro" o i conflitti "con" la P.A. (rispettivamente il 3,8% e l'8,2%), le questioni bancarie (8,0%) e le società in generale (12,0%)*". Con riferimento alla professione legale inglese v. D. Muzio e S. Bolton, *L'Esercito di Riserva: Femminizzazione e Profitto nella Professione Legale Inglese*, cit., pp. 107 e 110, che sottolinea come "*il 45 % [delle donne] aspira piuttosto a lavorare nel diritto societario. Tuttavia, solo il 33% riesce a realizzare questo desiderio*". V., altresì, C.M.S. McGlynn, *The Status of Woman Lawyers in The United Kingdom*, cit., pp. 152 e 153, che, richiamando lo studio di Cole (B. Cole, *Solicitors in private practice – Their Work and Expectation*, Law Society, London, 1997) sottolinea che: "(...) *personal injury and family work were relatively more important to women solicitors, and commercial prop-*

zioni personali delle professioniste donne è confermato da diversi studi che hanno individuato una significativa discrepanza tra le dichiarazioni di interesse delle donne e il loro effettivo settore di impiego [102].

Il processo di femminilizzazione della professione forense si caratterizza, altresì, per la forte 'stratificazione verticale' che confina le donne in ruoli subordinati e spesso salariati. Anche nell'avvocatura si riscontra, pertanto, il verificarsi del noto fenomeno del c.d. 'tetto di cristallo' [103], che impedisce alle donne di accedere alle posizioni apicali, riservando così privilegi lavorativi ed economici ad una *élite* di stampo principalmente maschile [104]. In Italia, ove l'avvocatura è largamente organizzata su base individuale [105], le

---

erty, housing law and probate work were relative more important to men (Cole 1997:x). This perhalps results from the fact that women were found to spend more time on personal injury and family work, with men spending more time on commercial affairs, residential conveyancing and crime (Cole 1997: x)". Per l'esperienza tedesca v. U. Schultz, *The Status of Woman Lawyers in Germany*, cit., spec. p. 286: *"Woman prefer 'social' and less prestigious fields (...). Men more often specialize in commercial, company and tax law"*. Simili considerazioni si rinvengono anche in riferimento alla professione forense olandese: v., su tutti, L.E. De Groot-Van Leeuwen, *Women in the Dutch Legal Profession*, cit., spec. p. 346.

[102] Si v. in questi termini anche D. Muzio e S. Bolton, *L'Esercito di Riserva: Femminizzazione e Profitto nella Professione Legale Inglese*, cit., che, analizzando il fenomeno della discriminazione di genere delle avvocate inglesi, sottolineano come la loro segregazione orizzontale non dipenda, nella maggior parte dei casi, da scelte autonome e attitudini particolari delle avvocate, ma rappresenti piuttosto il frutto del permanere di stereotipi di genere. In particolare, a fronte del 45% di donne che ambisce al settore societario, solo il 33% riesce a dedicarvisi professionalmente; per contro, a fronte di un 7% di neolaureate che dichiara di preferire il settore di diritto di famiglia, ben il 19% opera in tale campo. Cfr., altresì, L.E. De Groot-Van Leeuwen, *Women in the Dutch Legal Profession*, cit., spec. p. 346.

[103] V. J. Ellis e A. Buckett, *Women in Commercial Legal Practice*, IBA Legal Policy & Research Unit, London, dicembre 2017, che annoverano la presenza di: *"persistent gender stereotypes; discriminatory and biased mentoring processes and support networks; conservative workplace structures that are inhospitable to work-life concerns; and implicit, yet ingrained, instances of sexual harassment"* (p. 11) tra le cause dell'attuale esistenza del 'tetto di cristallo' che impedisce alle donne di progredire nelle posizioni di potere, soprattutto nella realtà dei grandi studi professionali. V., inoltre, E. Wald, *Glass Ceilings and Dead Ends: Professional Ideologies, Gender Stereotypes, and the Future of Women Lawyers at Large Law Firms*, in *Fordham L. Rev.*, 2010, p. 2245 e spec. p. 2255 ss.

[104] Cfr. i risultati della ricerca quantitativa e qualitativa condotta nel 2017 dall'International Bar Association – Legal Policy & Research Unit: J. Ellis e A. Buckett, *Women in Commercial Legal Practice*, cit., spec. p. 56, ove si sottolinea come *"twice the proportion of women were in associate/senior associate roles (22 per cent compared with ten per cent of men); and more than twice the proportion of men responding were equity partners, compared with women (35 per cent and 14 per cent respectively). A survey undertaken by the IBA Law Firm Management Committee provides further evidence of this difference in treatment. Some 40 per cent of respondents to that survey indicate that 25 per cent or less of equity partners in their respective firms are women"*.

[105] Censis, *Rapporto annuale sull'avvocatura italiana*, 2018, cit., p. 29, dal quale emerge come la composizione dello studio sia *"in buona parte, centrata sulla figura del titolare (il 40% degli intervistati coincide con l'unica persona che lavora nello studio)"*. La percentuale era del 66,6% nel 2016: Censis, *Rapporto annuale sull'avvocatura italiana*, 2016, p. 11, http://www.cassaforense.it/media/4240/rapporto_censis_marzo2016.pdf.

donne faticano a mettersi in proprio [106]. In Francia, per contro, le avvocate incontrano maggior ostacoli nell'accesso alla realtà dello studio associato, che prevale come forma organizzativa della professione sin dagli anni Settanta, rimanendo spesso confinate nella realtà dello studio monopersonale [107]. Nel Regno Unito la maggior parte delle donne risulta impiegata *in-house* (26,4% rispetto al 19,2% degli uomini) [108], mentre il numero di avvocati maschi eccede nella *private practice* [109]. In quest'ultimo settore, le avvocate inglesi risultano, in ogni caso, sottorappresentate sia nelle cariche più alte all'interno degli studi legali, ove i partner di sesso maschile rappresentano più del doppio delle donne [110], sia negli studi monopersonali [111]. Prevale, invece, la loro presenza in posizioni subordinate: circa il 25% delle avvocate riveste la carica di *assistant solici-*

---

[106] M. Malatesta, *Professionisti e gentiluomini*, cit., p. 334.

[107] C. Gadea, *La liberalità delle libere professioni: una questione di genere?*, cit., p. 137; M. Malatesta, *Professionisti e gentiluomini*, cit., p. 334.

[108] The Law Society, *Trends in the solicitors' profession – Annual Statistics Report 2019*, October 2020, https://www.lawsociety.org.uk/topics/research/annual-statistics-report-2019, a p. 17. Tale dato conferma quello degli anni precedenti: già nel report edito nel 2018 la Law Society rilevava come la maggior parte delle donne fosse impiegata *in-house* (25,9% rispetto al 18,5% degli uomini): The Law Society, *Trends in the solicitors' profession – Annual Statistics Report 2017*, 2018, https://www.lawsociety.org.uk/topics/research/annual-statistics-report-2017, p. 12.

[109] The Law Society, *Trends in the solicitors' profession – Annual Statistics Report 2017*, cit., pp. 33 e 12, ove si sottolinea espressamente come il numero di avvocati maschi eccedeva nella *private practice*, superando le donne di 3.800 unità. Cfr., altresì, The Law Society, *Trends in the solicitors' profession – Annual Statistics Report 2018*, 2019, https://www.lawsociety.org.uk/Topics/Research/Annual-Statistics-Report-2018, p. 13.

[110] C.M.S. McGlyn, *The Status of Women Lawyers in The United Kingdom*, cit., p. 139 e spec. p. 151, che, richiamando varie statistiche degli anni Novanta, sottolinea come le avvocate inglesi risultino sottorappresentate tra i partner degli studi legali. Più di recente, negli stessi termini, si v. lo studio pubblicato dalla Law Society nel 2018, secondo cui le donne partner rappresentano meno della metà (18,4%) rispetto al numero uomini nella stessa posizione (41%) (The Law Society, *Trends in the solicitors' profession – Annual Statistics Report 2017*, cit., p. 33); tale dato trova conferma anche nei *Reports* successivi: "*Men still outnumber women in private practice overall (...). The gap between proportions of men and women represented at partner level again declined marginally, but there remains more than twice the number of men at partnership level compared with women*" (The Law Society, *Trends in the solicitors' profession – Annual Statistics Report 2018*, cit., spec. p. 24); "*The position of a Partner or Partner equivalent (members, directors, shareholders), including salaried partners, is the highest proportion of positions held by male PCs at 40.2%*", mentre le donne che ricoprono la stessa posizione rappresentano il 18,5% dei professionisti (The Law Society, *Trends in the solicitors' profession – Annual Statistics Report 2019*, cit., spec. pp. 30 e 33).

[111] Tale dato si rivela costante negli ultimi anni: le donne negli studi monopersonali, costituivano il 3,3% rispetto al 5,8% dei colleghi maschi nel 2017; il 3,2% a fronte del 5,6% degli uomini nel 2018; il 3,1% rispetto alla percentuale maschile del 5,5% nel 2019: The Law Society, *Trends in the solicitors' profession – Annual Statistics Report 2017*, cit., p. 33; The Law Society, *Trends in the solicitors' profession – Annual Statistics Report 2018*, cit., spec. p. 26; The Law Society, *Trends in the solicitors' profession – Annual Statistics Report 2019*, cit., p. 33.

tors[112]. Tale trend trova conferma negli studi empirici di più ampia portata che, indipendentemente dalle specificità nazionali, rilevano come, in media, le donne rappresentino circa la metà degli uomini nella posizione di socio, mentre siano il doppio rispetto ai colleghi maschi nel ruolo di *associates*[113].

È, comunque, innegabile che certe tendenze, prima tra tutte la propensione a scegliere clienti privati e ad assumere posizioni dipendenti o atipiche in strutture organizzate, rispetto a rivestire il ruolo di socio o associa-

---

[112] The Law Society, *Trends in the solicitors' profession – Annual Statistics Report 2019*, cit., p. 33, ove risultano come *assistant solicitors* il 24,3% delle donne e l'11,5% degli uomini.

[113] Si v. S. Aulakh, A. Charlwood, D. Muzio, J. Tomlinson e D. Valizade, *Mapping advantages and disadvantages: Diversity in the legal profession in England and Wales*, cit., ove si rileva una discrepanza significativa tra il numero di avvocati uomini e avvocate donne negli studi legali, che tende ad espandersi con l'aumentare della dimensione dello studio: "*As the number of partners in a law firm goes up, the proportion of women decreases. In law firms with 1-4 partners, the average proportion of women in these positions is 41.1% and in law firms that have more than 40 partners, the average proportion is 18.4%. There are 26.4% of women partners in law firms with 5-10 principals, 19.4% in 11-20, 20.5% at 21-39, and 18.5% when there are 40 or more partners. The total average proportion of women is 25.2% of principals/partners*" (pp. 66 e 67). Tali dati si basano su un campione di 1.572 intervistati che praticano la professione principalmente in un Paese europeo, così distribuiti: Austria, 24; Belgio, 33; Croazia, 5; Cipro, 4; Repubblica Ceca, 26; Danimarca, 64; Finlandia, 51; Francia, 54; Germania, 105; Grecia, 7; Ungheria, 9; Irlanda, 3; Italia, 41; Lettonia, 9; Lituania, 10; Lussemburgo, 25; Malta, 22; Olanda, 181; Poland, 24; Portogallo, 14; Romania, 12; Slovacchia, 7; Slovenia, 4; Spania, 262; Svezia, 172; Regno Unito, 399.

È sulla base di tale situazione di discriminazione che D. Muzio e S. Bolton, *L'Esercito di Riserva: Femminizzazione e Profitto nella Professione Legale Inglese*, cit., p. 110, definiscono le donne avvocate "*il proletariato della professione legale inglese*". V., altresì, N. Le Fauvre e P. Walters, *The legal profession in France and Britain*, cit., p. 343; C.M.S. McGlyn, *The Status of Woman Lawyers in The United Kingdom*, cit. Con particolare riferimento al contesto tedesco si rinvia a U. Schultz, *The Status of Woman Lawyers in Germany*, cit., p. 285 ss.: "*more woman than men remain freelancers or in employment, the normal starting position for all young lawyer* (...) *while for men this represent a period of transition, this is not true for many woman*". In merito all'esperienza in Polonia si rimanda, su tutti, a M. Fuszara, *Woman Lawyers in Poland under Impact of Post-1989 Trasformation*, in U. Schultz e G. Shaw (ed.), *Women in the World's Legal Professions*, cit., p. 382 ss. O. Hammerslev, *Denmark, Sweden and Norway. Liberalisation, Differentiation and the Emerge of a Legal Services Market*, cit., a p. 184, sottolinea come in Danimarca: "*Gender inequality is even more striking in the ownerhip structures of the large law firms. A 2017 survey shows that after more than three decades of there being more female than male law students, 93 per cent of the owners of capital (ie partners) in the three largest law firms were men. In the rest of the largest law firms that replied to the survey, women were only 5-30 per cent of shareholders and were more than 15 per cent in just three*"; il richiamo è al contributo di V. Hyltolf, *Mænd sidder på magten I landets 20 største advokatfirmaer*, in *Berlingske Business*, 2017, v. 4, p. 18. La presenza del 'tetto di cristallo' che non consente alle donne avvocate di affermarsi nei ruoli di maggior prestigio negli studi legali viene rilevata nel contesto della professione forense esercitata in Svizzera da I. Boni-Le-Goff, E. Lépinard, G. Mallard e N. Le Feuvre, *Switzerland. The end of Prosperity in the Age of Globalisation?*, in R.L. Abel, O. Hammerslev, H. Sommerlad e U. Schultz, *Lawyers in 21st-Century Societies, Volume I: National Reports*, cit., p. 271, a p. 274.

to in realtà strutturate o di titolare in studi monopersonali, trovano spesso giustificazione anche nella difficoltà tutt'oggi esistente nel conciliare lavoro e famiglia e nella conseguente minor disposizione, reale o presunta, di tempo da dedicare esclusivamente all'esercizio della professione. Peraltro, la soluzione di favorire posizioni part time [114], inizialmente accolta dalle donne come un'opportunità, è presto degenerata in nuova forma di discriminazione [115]: una limitazione dell'orario lavorativo mal si concilia con l'immagine che la professione ha di sé, che richiede all'avvocato una disponibilità, anche in termini di tempo, illimitata nei confronti del cliente e una dedizione completa ed esclusiva alla carriera [116].

La frattura di genere trova testimonianza, altresì, nel divario tra i redditi percepiti: gli avvocati dichiarano un reddito di gran lunga superiore rispetto a quello delle colleghe donne [117]. In Italia, è stato registrato, recentemente, un differenziale negativo del reddito delle avvocate rispetto ai colleghi maschi che sfiora addirittura il 62,4% di quello riferito al totale [118]. La stratifi-

---

[114] Cfr. J. Ellis e A. Buckett, *Women in Commercial Legal Practice*, cit., ove viene sottolineata la maggior presenza femminile tra i professionisti legali che lavorano secondo il tempo parziale; in particolare: *"A higher proportion of women (17 per cent) than men (ten per cent) work part-time"* (p. 19).

Con riferimento alle specifiche esperienze nazionali si rimanda, a titolo esemplificativo, a S. Aulakh, A. Charlwood, D. Muzio, J. Tomlinson e D. Valizade, *Mapping advantages and disadvantages: Diversity in the legal profession in England and Wales*, cit., spec. p. 66, che rilevano come le donne che lavorano part time rispetto ai colleghi maschi impiegati con tempo parziale siano circa il doppio; U. Schultz, *The Status of Woman Lawyers in Germany*, cit., p. 286, che sottolinea come nel 1994 circa il 10% degli avvocati lavoravano part time e nella Germania dell'Ovest erano quasi tutte donne; H.F.P. Letswaart, *Life Histories of Women Lawyers in the Netherlands*, in U. Schultz e G. Shaw (ed.), *Women in the World's Legal Professions*, cit., spec. p. 360: *"In the Netherland, over 50 per cent of women in gainful employment work part-time. For woman with a higher education, such as lawyer, the figure is slightly lower"*.

[115] Non stupisce, in proposito, il riscontro empirico secondo cui le pozioni apicali negli studi legali sono rivestite da professionisti che non si avvalgono della flessibilità oraria: sul punto v. J. Ellis e A. Buckett, *Women in Commercial Legal Practice*, cit., ove si rileva come *"Almost 60 per cent of respondents overall said that no partners or principals worked parttime. This finding was reasonably consistent across all regions – Europe 55 per cent, Americas 56 per cent, Asia 67 per cent, the Middle East 72 per cent and Africa 77 per cent – with the exception of Oceania (…)"* (p. 23). V., altresì, I. Boni-Le-Goff, E. Lépinard, G. Mallard e N. Le Feuvre, *Switzerland. The end of Prosperity in the Age of Globalisation?*, cit., che sottolineano come nel 2016 il 15% delle avvocate a Losanna e il 35% a Ginevra svolgevano la professione part time, a fronte, rispettivamente, del 2% e del 10% degli avvocati; e ritengono che: *"The part-time work is likely to block women from partnerships and maintain them in subaltern positions in their practice"* (p. 275).

[116] U. Schultz e G. Shaw (ed.), *Women in the World's Legal Professions*, cit., p. xlv; H.F.P. Letswaart, *Life Histories of Women Lawyers in the Netherlands*, cit., spec. pp. 360 e 361.

[117] A. Bellini, *Gli avvocati e i paradossi della regolazione delle professioni. Un esercizio autoriflessivo*, in *Sociol. Lav.*, 2014, v. 135, p. 91.

[118] In particolare, il reddito professionale medio degli avvocati dichiarato ai fini IRPEF

cazione della professione, dal punto di vista retributivo, si replica costante anche negli altri Stati appartenenti alla tradizione di *civil law*: in Germania a fronte di un avvocato maschio che guadagnava circa 123.000 euro annui nel 2016, una collega donna ne percepiva 74.000 [119]; i compensi degli avvocati francesi superano quasi del doppio quelli delle colleghe donne: nel 2008 i primi guadagnavano in media 100.740 euro a fronte dei 51.101 euro percepiti dalle seconde [120]. Nei Paesi di *common law* la situazione non è dissimile: si consideri l'Inghilterra, ove la media salariale percepita da avvocati uomini rispetto alle colleghe donne rivela un notevole *gap* di genere, che, sebbene di entità ridotta rispetto ai paesi *civilian*, si replica costante in tutti le possibili posizioni ricoperte [121].

---

nel 2019 è pari a 54.496 euro (135,6% rispetto al dato totale); quello delle avvocate è 25.073 euro (ovvero, come sottolineato, il 62,4% rispetto al dato totale): Censis, *L'Impatto della pandemia sulla professione: le risposte all'esplosione dell'incertezza. Rapporto 2021*, cit., p. 7. Già nel Rapporto 2019, il Censis sottolineava come: "*Utilizzando come indicatore il reddito professionale medio dichiarato ai fini Irpef per il 2017, il valore di riferimento per l'insieme degli iscritti è di 38mila 620 euro (...). Questo importo varia in funzione delle principali caratteristiche dei professionisti. Fatto 100 il valore medio riferito al totale, il reddito di riferimento per gli uomini è del 34,2% superiore, mentre quello delle donne è inferiore di circa 40 punti percentuali. In termini assoluti la distanza fra uomini e donne è pari a 28mila 470 euro*" (Censis, *Avvocato nel quadro di innovazione della professione forense. Rapporto 2019*, cit., p. 5). Cfr., altresì, i dati raccolti in Censis, *Percorsi e scenari dell'avvocatura italiana. Rapporto 2018*, cit., p. 5 e p. 14 ss., che già delineavano tale divario.

[119] Così M. Kilian e U. Schultz, *Germany. Resistance and Reaction to Demands of Modernisation*, cit., pp. 223 e 224, secondo cui tale "*income gap has widened in recent years*". V., inoltre, U. Schultz, *Haben Frauen in der Anwaltschaft schlechte Karten? Eine rechtssoziologische Betrachtung, in BRAK-Mitteilungen*, 2018, p. 223 ss.; M. Kilian e H. Hoffmann, *Rechtsanwältinnen*, Anwaltverlag, Bonn, 2018.

[120] Così C. Bessy e B. Bastard, *France. The reconfiguration of a* Profession, in R. L. Abel, O. Hammerslev, H. Sommerlad e U. Schultz, *Lawyers in 21st-Century Societies, Volume I: National Reports*, cit., a p. 196.

[121] V. The Law Society, *Private Practice Salaries 2016*, 2017, https://www.lawsociety.org.uk/support-services/research-trends/solicitors-salaries-in-2016/: "*Men, on average, continued to earn more than women. The gender pay gap (the difference between men's and women's annual salaries as a percentage of men's salaries) based on average (median) annual salaries for assistant and associate solicitors was 6.3% – lower than the 10.3% reported in 2015. The gender pay gap across private practice solicitors (assistant/associates, equity and salaried partners) was 30% using the median, or 54% using the mean. The gender pay gaps for those at partnership level were wider, likely a reflection of women partners being better represented in smaller firms. 53% of female partners in the sample worked in small firms (1-4 partners) compared to 29% of male partners. Number of years post-qualification experience, tenure, size of firm, region, practice areas undertaken and hours worked are factors which explained a larger amount of variation in salaries than gender when other factors were controlled for (based on a standard OLS regression)*". Cfr. H. Sommerlad, A. Francis, J. Loughrey e S. Vaughan, *England and Wales. A Legal Profession in the Vanguard of Professional Trasformation?*, cit., p. 104: "*In 2016, woman assistant/associate solicitors were paid on average 6.3 per cent less than their male counterparts*". V., altresì, *The Law Society Group – Gender Pay Gap Report 2018*, https://www.lawsociety.org.uk/about-us/the-law-society-group-gender-pay-gap-report/: "*Our 2018 median pay gap is 9%, which is substantially lower than the current UK median pay gap*

Infine, le donne faticano a conquistare la sfera pubblica professionale ed istituzionale. Le avvocate risultano in molti casi sottorappresentate sia negli Ordini professionali locali sia, soprattutto, in quelli nazionali, e ciò, spesso, nonostante le eventuali politiche implementate a livello legislativo o autoregolamentare al fine di garantire un riequilibrio di genere negli organi rappresentativi [122].

L'ingresso delle donne nella professione legale è stato di sovente ricollegato, come momento genetico o concausale, alla sintomatica perdita di prestigio che ha caratterizzato la professione negli ultimi decenni. È, infatti, innegabile come, almeno in apparenza, la femminilizzazione del corpo professionale abbia inciso in maniera profonda sulla fisionomia dell'avvocatura, mettendo in crisi un'identità che per lungo tempo si è strutturata sull'esclusione di genere e sull'ideale del capitale intellettuale di prerogativa esclusivamente maschile. Nondimeno, alla luce di quanto sin qui argomentato, è arduo ipotizzare che l'ingresso in massa delle donne nel settore legale sia stato di per sé davvero foriero di cambiamenti idonei ad incidere, in maniera sostanziale e determinante, sulla connotazione virile dell'avvocatura. Il modello professionale pare, anzi, rimasto intatto nel tempo, richiedendo, per contro, alle donne di conformarsi alle aspettative e alle regole della 'maschia avvocatura'. Il successo delle donne non può di certo essere decretato nei casi in cui le avvocate siano riuscite nell'impresa di conformarsi alla mascolinità del modello, magari sacrificando la propria vita personale e familiare per una dedizione senza limite alla professione, ricalcando o acquisendo attitudini e approcci tipicamente maschili. Come eloquentemente sottolineato "*women who aim at assimilation may meet with the accusation of being rather masculine and hard,*

---

of 17.9% (Office of National Statistics 2018). The main reason for our gender pay gap is the continued imbalance of male and female staff in senior executive roles across the Group. Approximately 60% of our workforce is female and, as the pay quartile chart in this report demonstrates, females continue to be well represented at all levels, including many middle managers in the upper quartile. Yet fewer females are in senior executive roles. This also explains the bonus gap. In addition to this, more female than male staff take up salary sacrifice arrangements creating artificially lower rates of pay for these female staff compared to male staff". Più di recente cfr. *The Law Society Group – Gender Pay Gap Report 2021*, https://www.lawsociety.org.uk/about-us/our-governance/the-law-society-group-gender-pay-gap-report: "*Our 2021 median pay gap is 11.3 percent, which once again is lower than the current UK median pay gap of 15.4 percent (Office of National Statistics 2021)*".

[122] In riferimento agli sforzi dell'avvocatura italiana per garantire il riequilibrio di genere e una democrazia paritaria negli organi istituzionali, si richiamano le disposizioni contenute nella legge 247/2012: "*In attuazione dell'art. 51 della Costituzione, la presente legge tutela il genere meno rappresentato disciplinando al capo III le modalità di espressione del voto*" (art. 4, comma 2). È stata inoltre prevista, presso ogni Consiglio dell'Ordine, la costituzione di un comitato pari opportunità (art. 25) ed imposta la sanzione dell'invalidità delle elezioni del CNF ove non si rispetti l'equilibrio di genere garantendo la presenza di almeno un terzo del genere meno rappresentato.

and run the risk of penalties" [123]. Nondimeno, anche laddove le donne non si sono adattate al prototipo della professione declinata al maschile, esse non sono state comunque in grado di scalfirlo e rimodellarlo in ossequio alle proprie prerogative ed aspirazioni, imponendo dei cambiamenti degni di nota: piuttosto, le avvocate sono state confinate, secondo una logica evidentemente discriminatoria, a ricoprire nuove funzioni, ruoli e posizioni che, seppur indispensabili per l'esercizio della professione, risultano inappetibili per ragioni di prestigio e/o economiche agli occhi dei colleghi uomini. In entrambi i casi, all'insuccesso dell'integrazione femminile nella professione, fa da contraltare la loro impossibilità di aver inciso, soprattutto in negativo, sullo *status* e sull'immagine del corpo professionale.

[123] Così U. Schultz e G. Shaw (ed.), *Women in the World's Legal Professions*, cit., p. lii.

CONCLUSIONI

La ricostruzione, in chiave storico-comparatistica, del processo di affermazione dell'avvocatura nella tradizione giuridica occidentale, nel suo rapporto dialettico con lo Stato e la società civile – di cui si è cercato di dare uno spaccato nella Prima Parte di questo lavoro – consente di assaporare le origini antiche dell'ideale del professionista forense.

La storia si dipana lungo due direttive di sviluppo: da un lato è stata tracciata una linea ricostruttiva legata al prevalere di meccanismi interni all'avvocatura che le hanno consentito di strutturarsi come 'corpo' e 'comunità', acquisendo – soprattutto nei paesi di *civil law* – una certa compattezza e unitarietà (Parte I, cap. 1). Dall'altro lato, è stato proposto un percorso diretto ad evidenziare l'evolversi della rappresentanza collettiva del ceto forense, progressivamente consolidatasi grazie all'agire dei corpi intermedi (Parte II, cap. 2).

All'esito di tale evoluzione i lineamenti storici del professionista forense sono tutti tratteggiati: l'avvocato è rigorosamente uomo e di estrazione borghese, dotato di un alto capitale intellettuale acquisito grazie ad una elitaria istruzione superiore e messo successivamente al servizio della collettività secondo un'etica altruistica e disinteressata. Egli agisce per il bene collettivo e trova nello Stato il proprio agente di regolamentazione nella duplice forma di controllo e protezione, e nella rappresentanza collettiva la propria dimensione associativa ed istituzionale.

Tuttavia, una serie di fattori di mutamento, intercorsi a partire dal secolo scorso incidendo direttamente sull'avvocatura e sulle sue istituzioni, hanno progressivamente evidenziato la fragilità e l'instabilità di tale idealtipo di libero professionista, creando le premesse per la rivisitazione dei suoi lineamenti.

Tali importanti trasformazioni, tra cui troneggiano l'affermazione della libera circolazione dei professionisti in Europa, l'avvio del processo di liberalizzazione delle professioni regolamentate, la svolta tecnologica e la femminilizzazione dell'avvocatura, non rappresentano la battuta finale di uno sviluppo in via di assestamento, quanto piuttosto un punto di svolta sul quale iniziare a scrivere la nuova realtà della professione forense. Il dubbio lecito a questo punto della storia riguarda il futuro stesso dell'avvocatura: sarà sufficiente per il professionista forense riorganizzarsi e ridefinirsi ovvero, come preconizzato da alcuni autori, l'avvocato è destinato a ibridarsi e trasformarsi per non soccombere a un destino ormai già scritto?

La ristrutturazione delle professioni, anche quelle di più antica data, è un fenomeno ormai inevitabile e già in corso. Modellare alcune regolamentazioni professionali adattandole alla logica del nuovo è, dunque, un passaggio imprescindibile. L'avvocatura deve tornare ad essere protagonista in questo momento di crisi ed evoluzione, collaborando nello scrivere il proprio futuro, per non essere la prima vittima del proprio immobilismo e di un corporativismo ormai letargico.

La risposta destrutturata e spontanea al mondo nuovo che si affaccia sulla scena e stravolge e travolge anche il mondo delle libere professioni sta portando all'affermazione di alcune derive che non solo non rispondono alla salvaguardia della visione tradizionale del professionalismo di antica origine, ma rischiano di minarne i valori fondanti e distruggerne l'immagine e la reputazione stessa del corpo forense, inteso come baluardo di giustizia e garante dei diritti.

Basti pensare alla realtà italiana: mentre l'avvocatura si avvinghia ai proclami di indipendenza della professione e alla personalità della prestazione osteggiando nuove realtà organizzative e nuovi modelli di lavoro e cooperazione, il mondo professionale si reinventa e si adatta ad un mercato ormai profondamente mutato, segnato da crisi economiche e dall'emergere di nuovi *competitors* e di nuovi clienti. Il riferimento è al mondo sommerso di liberi professionisti trattati alla stregua di dipendenti a salario fisso che anima la compagine di diversi studi di piccole-medie dimensioni: avvocati con partita iva che gestiscono per la maggior parte (o esclusivamente) incarichi affidati dal *dominus* di studio, esclusivo (o quasi) referente economico; agli uffici interni di grandi realtà aziendali sorretti da avvocati, perlopiù ufficialmente assunti come lavoratori dipendenti, cancellati dagli albi per non incorrere in situazioni di incompatibilità; al diffondersi di realtà aziendali che assicurano una tutela completa alle imprese e che affidano la gestioni degli affari legali dei clienti, soprattutto per quanto attiene alla dimensione del recupero dei crediti, a consulenti interni *junior*, scarsamente remunerati, ma che, tuttavia, si interfacciano con clienti e si presentano nei tribunali (anche) attraverso il volto di avvocati compiacenti del libero foro. Mentre si grida allo scandalo della libera determinazione delle tariffe e alla mercificazione della professione, la crisi economica e del mondo professionale ha già portato molti studi ad essere ostaggio dei grandi clienti (in primis Banche ed Assicurazioni), costretti, perché ingabbiati in logiche di potere e dipendenza, ad accettare convenzioni 'forfettarie' al ribasso per la gestione completa degli affari legali del cliente-dominante, pur nel presunto rispetto dei minimi tabellari. In questi contesti distorti e distopici, come in altri in via di emersione, che ne è dell'antico prestigio dell'avvocatura?

Il patto sociale ormai compromesso necessita di nuove regolamentazioni per essere innovato e riscritto, affinché la rilevanza pubblica dell'avvocatura continui ad essere il perno focale dell'agire del giurista nella società e la professione forense non viva oscurata dall'ombra di forme di protezione difficilmente giustificabili se non in termini di privilegio. Nelle pagine che precedono il solco dell'evoluzione è delineato tra liberalizzazione, progresso tecnologico ed inclusione di genere.

Seppur con tempistiche ed intensità diverse, gli Stati membri dell'Unione europea, proiettati in una realtà sempre più europea e globalizzata, hanno trovato una propria giusta via di equilibrio tra istanze del libero mercato e salvaguardia dei valori etici della professione forense, nel rispetto del proprio sistema giuridico e della propria tradizione professionale. Si fa riferimento, tra gli altri, all'abbattimento generalizzato dei limiti massimi e minimi delle tariffe e all'introduzione di libere forme di determinazione del compenso; alla rivisitazione dei divieti e dei limiti con riferimento alla possibilità per il professionista di avvalersi dello strumento pubblicitario; all'introduzione di inedite forme organizzative per l'esercizio della professione legale.

Nei paesi di *civil law*, lo slittamento totale verso il mercato è, comunque, calmierato e frenato da una serie di correttivi, che riportano l'avvocatura alla propria natura, alla primaria funzione esercitata nel preminente interesse pubblico, ai valori fondanti che di tale ruolo sono garanzia. E diversamente non potrebbe essere, se non rinnegando il valore ontologico stesso dell'avvocatura e promuovendo un appiattimento incondizionato delle professioni sull'impresa, estendendo alle prime le logiche di funzionamento delle seconde ed assurgendo economicità ed efficienza ad unici parametri di qualità.

In realtà, come emerso nella Parte II, cap. 2, la tradizione del professionalismo rivive in alcune limitazioni che ancora permangono a valle del processo di liberalizzazione che ha investito l'Europa negli ultimi vent'anni: a titolo esemplificativo, basti qui il richiamo alle regole che impongono limiti alla pattuizione dei compensi ancorata al raggiungimento dei risultati, all'avvallamento di forme pubblicitarie che abbiano una connotazione principalmente o meramente informativa, all'apertura a nuove forme organizzative e nuovi modelli di cooperazione con le dovute riserve e cautele in riferimento all'ingresso di forme di capitali pure, estranee al microcosmo professionale.

Ed è proprio nel rispetto delle peculiarità storiche e culturali delle diverse tradizioni giuridiche che appare del tutto giustificato lo scatto in avanti verso logiche di apertura al mercato proprio del Regno Unito, che si destreggia ormai da alcuni anni tra *Alternative Business Structures* (ABSs) e nuovi enti regolatori e si spinge verso innovativi esami centralizzati d'accesso alla professione, sovvertendo le regole tradizionali a cui il continente europeo è abituato. Al contempo, il mantenimento di correttivi più strutturati nei paesi di *civil law* può oggi essere visto non come una forma di ritrosia al cambiamento ed immobilismo decontestualizzato, ma come l'epilogo maturo e ponderato di un percorso travagliato, sviluppatosi tra tensioni opposte costituite, da un lato, dalla necessaria apertura al mondo economico e, dall'altro, dall'irrinunciabile conservazione identitaria dell'avvocatura.

Tale approdo, tuttavia, non rappresenta una stabile conquista, quanto piuttosto una chiave di volta da cui partire per costruire il futuro della professione.

Come emerso nella Parte II, cap. 3, infatti, nuove tendenze legate alla digitalizzazione e allo sviluppo di tecnologie sempre più sofisticate stanno iniziando a riscrivere le logiche della società e le modalità di funzionamento del lavoro, anche professionale.

La recente evoluzione delle normative professionali in un'ottica liberalizzatrice (v. *retro*, Parte II, cap. 2) non ha fatto altro che creare progressivamente quelle premesse indispensabile per l'introduzione dell'innovazione tecnologica nel campo dei servizi legali.

La tecnologia sta dotando i professionisti di vari strumenti che consentono di rispondere ai bisogni dei clienti in modo tempestivo e con un contenimento significativo dei costi. La caduta dei minimi e dei massimi tariffari, che sta interessando il contesto europeo, letta alla luce di tale premessa, non si traduce in una triviale concorrenza al ribasso, indice di svilimento della professione, ma nella possibilità di consentire al professionista un effettivo allineamento delle tariffe al valore delle prestazioni legali rese in ogni singolo caso concreto. La possibilità di pattuire liberamente i compensi ben si presta, infatti, all'esigenza di riduzione delle tariffe in riferimento a quelle attività ove il genio giuridico cede il passo ad una conoscenza sistematizzata, razionalizzata in schemi predefiniti e fruibile secondo processi standardizzati e automatizzati, grazie anche all'applicazione delle nuove tecnologie. La libera determinazione delle tariffe consente, dunque, in ultima battura, di mantenere il mercato dei servizi legali altamente competitivo, assicurando al professionista forense la capacità di rispondere ad una domanda sempre più sofisticata, ma che al contempo non prescinde dalla pretesa di prezzi maggiormente accessibili.

In secondo luogo, la crescente flessibilità nella scelta delle forme di organizzazione si presta ad accogliere le nuove sfide di un mercato sempre più tecnologico, che richiede investimenti di capitali, modelli di organizzazione diversi, ristrutturazione dell'offerta dei servizi, ma anche il ripensamento della professionalità e la creazione di relazioni più strutturate con nuovi saperi e nuovi specialisti. Nel contempo, l'ammissibilità delle ABSs consente a nuovi attori di affacciarsi sul mercato e di offrire servizi legali in concorrenza con i tradizionali operatori del diritto: tali protagonisti spesso sono distanti dall'*habitus* tradizionale dei professionisti forensi, non ne sposano la sacralità delle procedure e l'artigianalità nell'approccio lavorativo, muovendosi in contesti che soggiacciono, per converso, alle logiche della flessibilità e dell'efficienza e posseggono una maggiore sensibilità verso il cambiamento e i metodi manageriali. La crescente competizione che caratterizza il campo giuridico non può essere ignorata, ma impone di essere compresa e affrontata.

Per far fronte ad una competizione non più solo intra-professionale, ma diramata sino a divenire esterna al ceto forense tradizionale, la possibilità di farsi pubblicità, o quantomeno diffondere informazioni sulla propria attività, diviene un tassello imprescindibile per immettersi sul mercato, sia esso digitale o fisico, comunicando in modo efficace al mondo la propria offerta di servizi legali. Tale facoltà, che si estende ormai anche ai mezzi informatici, consente inoltre al professionista di mantenere la propria posizione competitiva, anche alla luce dei nuovi meccanismi reputazionali, che in un'economia dell'informazione e della collaborazione si traducono sempre più spesso in recensioni scambiate dai clienti sulle piattaforme, anziché nei consigli basati sull'esperienza del vicino di casa.

La svolta tecnologica attribuisce all'avvocatura ampi margini per aprirsi al nuovo, senza tradire di fondo l'anima nobile e tradizionale della professione. Tra le più significative tendenze di cambiamento spiccano le nuove possibilità nell'organizzazione del lavoro, con *virtual law firms* che affiancano studi legali tradizionali, l'emersione di inediti spazi per i professionisti forensi nella realtà delle piattaforme, tra avvocati '*on-demand*' e '*online matching platform*' e l'avvento di pratiche *multi-sourcing*, ove i parametri della flessibilità temporale e spaziale sono valorizzati sino all'estremo.

In tale contesto destrutturato, il campo giuridico riscontra una crescente invasione da parte del micro-cosmo Legal Tech, costituito per lo più da start-up guidate da professionisti tecnici e giuristi, per la realizzazione e commercializzazione di prodotti tecnologici idonei a rispondere ad esigenze di carattere giuridico in modo più efficiente, efficace ed economico. Alcune soluzioni tech sono destinate agli avvocati stessi per 'efficientare' la gestione del lavoro (e.g. software per la gestione integrata dei casi e delle pratiche; piattaforme di *cloud management;* portali per la giustizia telematica, etc.): in tale caso, le questioni più urgenti per l'avvocato riguardano l'integrazione di tali prodotti con i tradizionali modelli di lavoro e la conseguente trasformazione dello studio legale per sfruttare al massimo il potenziale di tali innovazioni. Altre soluzioni, per contro, pur mantenendo come destinatario l'avvocato, non sono basate sul paradigma efficientista (o non solo): puntando direttamente sul livello cognitivo dell'innovazione, esse consentono un miglioramento qualitativo del *modus operandi* del giurista (e.g. revisione e automazione documentale; estrazione di informazioni, ricerca intelligente, analisi predittiva, etc.). In tali casi, il ruolo dell'avvocato non è messo in discussione, ma l'erogazione del servizio viene ripensata: la prestazione professionale si scompone in varie attività e compiti, alcuni dei quali, soprattutto in ragione della loro ripetitività intrinseca, possono essere standardizzati e automatizzati (si pensi all'analisi documentale in operazioni di *due diligence*); altri possono essere migliorati mediante l'utilizzo di soluzioni tecnologiche che conferiscono all'avvocato una capacità 'aumentata' (ad esempio, stesura di un contratto mediante sistemi di automazione documentale, redazione di un parere sulla base di ricerche condotte con nuovi strumenti di accesso alla conoscenza che si avvalgono di sofisticati sistemi di intelligenza artificiale); altri ulteriori compiti rimangono appannaggio esclusivo dell'avvocato, postulando manifestazioni di volontà, di creatività, di giudizio, oltre che l'impiego di intelligenza emozionale e sociale allo stato non replicabili dalle macchine (si pensi all'argomentazione difensiva in giudizio, alla costruzione di una relazione di fiducia ricercata dal cliente, etc.).

Non mancano, tuttavia, soluzioni tecnologiche pensate per un utilizzo diretto da parte del cliente, senza necessità dell'intermediazione del professionista legale: in tali casi si assiste ad una *commodification* dei servizi legali, che comportano la trasformazione di taluni servizi in beni di consumo fungibili, direttamente accessibili da parte del cliente ed erogati in maniera standardizzata e secondo una logica di produzione di massa, in cui la personalità del 'produttore' e i bisogni specifici del cliente non hanno alcuna rilevanza (ne costituiscono chiare esemplificazioni le "soluzioni informative" accessibili grazie al *web* in maniera gratuita; l'assistenza diretta ai passeggeri aerei che hanno subito inconvenienti derivanti dal loro; le modalità di negoziazione *blind-bidding*). Il mercato, dunque, tende a biforcarsi, generando una breccia nel tradizionale monopolio professionale: in taluni casi il bisogno del cliente risulta soddisfabile mediante l'accesso ad un servizio giuridico standardizzato e di massa, che a fronte della spersonalizzazione della prestazione implica un investimento economico ridotto o nullo; in altri casi, per contro, il ricorso al sapere esperto, erogato in maniera personalizzata e in un contesto relazionale di fiducia, a cui riconoscere un valore, anche in termini economici, rimane insostituibile. Ed è in riferimento a questa seconda ipotesi che il patto sociale ritrova i propri margini di salvezza.

La tecnologia non rappresenta solo una possibilità di accrescere il valore della prestazione altamente qualificata resa personalmente dal professionista legale che si avvale di soluzioni tecnologiche ovvero, al contrario, un'erosione dei consueti spazi di operatività dei professionisti forensi in favore dell'emersione di prodotti giuridici. La crescente contaminazione della realtà con il digitale e gli inevitabili riflessi che tale rivoluzione determina nella sfera giuridica degli individui comportano il dischiudersi di una nuova area di specializzazione per il giurista, che si forgia nell'innesto tra diritto e tecnologia: sempre più spesso i clienti necessiteranno del supporto di un giurista che, comprendendo il funzionamento e le applicazioni delle nuove tecnologie e il relativo impatto sul diritto, li possa guidare nel loro utilizzo e gestione (si pensi, a titolo esemplificativo, alla consulenza per il trasferimento *mortis causa* di un patrimonio virtuale, al supporto legale nell'utilizzo di un contratto intelligente, alla gestione *privacy* per l'utilizzo di applicazioni inerenti l'*Internet of Things*, etc.), sino alla possibilità per il 'Tech Lawyer' di spingersi oltre contribuendo, con la propria professionalità e rinnovate competenze, allo sviluppo di soluzioni tecnologiche, in quell'ibridazione di professionalità che il connubio tecnologia e diritto necessariamente postula. L'avvocato 4.0, dunque, lungi dal soccombere dinnanzi all'avvento delle macchine, rappresenta un tassello imprescindibile per la guida, la gestione e il controllo della nuova realtà digitalizzata.

Infine, lo stravolgimento di scenario affermatosi nell'era digitale implica un necessario ripensamento dei compiti e della funzione dall'avvocato anche nel campo della difesa dei diritti: si assiste oggi, infatti, alla lenta deriva del rito verso la procedura con l'emersione di processi telematici e tribunali virtuali; alla crescente valorizzazione delle procedure alternative di risoluzione del conflitto (ADR); nonché all'emergere dei sistemi di *Online Alternative Dispute Resolution* (ODR) che, con forza espansiva, tendono a penetrare direttamente nella giustizia ordinaria, così incidendo sul profilo strutturale del sistema giudiziale. Il mutamento di scenario circa le modalità di risoluzione dei conflitti incide sulla professionalità dell'avvocato, spinto ad assumere nuovi ruoli e a ripensare le modalità di esecuzione delle proprie funzioni di assistenza e difesa.

Sullo sfondo della rivoluzione tecnologica, si pone la rivisitazione dell'identità tradizionale dell'avvocatura in ragione del cambiamento endogeno in atto dato dalla femminilizzazione della professione forense. Le donne, storicamente osteggiate ed escluse, nella perdurante connotazione maschile del corpo professionale, riescono a fare breccia nel sistema professionale forense europeo solo a partire dall'inizio del Novecento del secolo scorso, andando a riscriverne uno dei tratti storici. La femminilizzazione del corpo ha, infatti, messo in discussione la classica ed antica fisionomia dell'avvocatura strutturatasi sull'ideale di un capitale intellettuale di prerogativa esclusivamente maschile.

La svolta è epocale, tanto da restituire, a livello europeo, l'attuale immagine di albi in cui la percentuale femminile è ampiamente comparabile a quella dei colleghi maschi, assumendo, in talune esperienze giuridiche, addirittura una portata numerica superiore rispetto a questi ultimi. Come conseguenza, alcune condizioni del mercato forense necessariamente vengono riscritte, con avvocate che guadagnano sempre più spazio in determinati ambiti del sapere giuridico, come il diritto di famiglia e il diritto minorile, e che vanno ad integrare principalmente la base della piramide organizzativa di molti studi legali.

Eppure, anche sotto questo angolo prospettico, il cambiamento dell'avvocatura è solo agli albori e la strada da percorrere ancora lunga. Il modello maschile dell'avvocatura, infatti, lungi dall'essere stato sovvertito e riscritto dall'ingresso delle donne, ha, per contro, imposto alla nuova componente di genere di conformarsi all'esistente: pur alla presenza di un volto nuovo per l'avvocatura, fatto di avvocati e avvocate, una profonda frattura nel corpo professionale permane. Si ripropone, di fatto, costante in tutti i paesi europei, l'idea di una segregazione di genere che si radica nella gerarchia delle qualifiche, nella redistribuzione dei redditi, nella spartizione di aree di interesse e potere. Affinché l'inclusione quantitativa delle donne non continui a tradursi, in ultima battuta, in una loro esclusione qualitativa, molti passi devono, dunque, essere compiuti nella direzione dell'abbattimento di quei muri invisibili che contribuiscono a perpetuare la segregazione orizzontale e verticale delle avvocate. Ed anche questo non può che costituire uno degli attuali e primari impegni dell'avvocatura, chiamata ad abbracciare il nuovo per preservare l'antico prestigio del corpo forense.

BIBLIOGRAFIA

AA.VV., *Symposium on Legal Origins*, in *Am. J. Comp. L.*, 2009, v. 57, n. 4, p. 765 ss.

AA.VV., *Symposium on Legal Origins*, in *Toronto Law Journal*, 2009, v. 59.

Abbott A.D., *The System of Profession: An Essay on the Division of Expert Labor*, University of Chicago Press, Chicago, 1988.

Abel R.L. e Lewis P., *Lawyers in Society: Comparative Theories*, University of California Press, Berkeley-Los Angeles-London, 1989.

Abel R.L., *The Legal Profession in England and Wales*, Blackwell, Oxford, 1988.

Abel R.L., *American Lawyers*, Oxford University Press, Oxford, 1989.

Abel R.L., *Compatative Sociology of Legal Professions*, in Id., *Lawyers in Society. Comparative Theories*, University of California Press, Berkeley-Los Angeles-London, 1989.

Abel-Smith B. e Stevens R., *Lawyers and the Courts: A Sociological Study of the English Legal System 1750-1965 (1967)*, Heinemann Educational, London, 1970.

Abramson H., *Problem-Solving Advocacy in Mediations: A Model of Client Representation*, in *Harv. Negotiation L. Rev.*, 2005, v. 10, p. 103 ss.

Acemoglu D. e Restrepo P., *Automation and New Tasks: How Technology Displaces and Reinstates Labor*, in *J. Econ. Perspect.*, 2019, v. 33, n. 2, p. 3 ss.

Achimalbe S., *Will Client-Matching Services Turn Participating Lawyers into Uber Drivers?*, in *Above the Law*, 2014.

Adam D., *Judenpolitik im Dritten Reich*, Helmute Schwanen, Düsseldorf, 1972.

Adamson H., *Free Moviment of Lawyers*, Butterworths, London-Dublin-Edinburgh-Brussels, 1992.

Adobati E., *Laurea ed accesso alla libera professione nell'Unione Europea*, in *Dir. comm. scambi int.*, 1995, n. 1, p. 91 ss.

Adobati E., *Differenza tra libera prestazione di servizi e libertà di stabilimento per l'esercizio della professione forense secondo la sentenza della Corte di giustizia nel caso "Gebhard"*, in *Dir. comm. scambi int.*, 1996, p. 293 ss.

Adobati E., *Pubblica amministrazione nazionale e accesso all'impiego di cittadini di altri Stati membri (II)*, in *Dir. comm. scambi int.*, 1996, p. 586 ss.

Adobati E., *Gli avvocati comunitari potranno esercitare con il proprio titolo d'origine in tutta l'Unione Europea*, in *Dir. comm. scambi int.*, 1998, p. 577 ss.

Afferni V., *La nozione di impresa comunitaria*, in F. Galgano (diretto da), *Trattato di diritto commerciale e diritto pubblico dell'economia*, II, Cedam, Padova, 1978, p. 134 ss.

Agrawal A., Goldfarb A. e Gans J., *Prediction Machines: The Simple Economics of Artificial Intelligence*, Harvard Business Review Press, Boston, 2018.

Akerlof G., *The Market for Lemons: Quality Uncertainty and the Market Mechanism*, in *Q. J. Econ.*, 1970, v. 84, p. 488 ss.

Al Khalil F., Ceci M., O'Brien L. e Butle T., *A Solution for the Problems of Translation and Transparency in Smart Contracts'*, Government Risk and Compliance Technology Center - GRCTC, 2017.

Albisetti J.C., *Portia Ante Portas: Women and the Legal Profession in Europe, ca. 1870-1925*, in *J. Soc. Hist.*, v. 33, n. 4, 2000, p. 825 ss.

Alessi C. e Vallauri M.L., *Il lavoro agile alla prova del Covid-19*, in Bonardi O., Carabelli U., d'Onghia M. e Zoppoli L., *Covid-19 e diritti dei lavoratori*, Ediesse, Roma, 2020, p. 131 ss.

Aletras N., Tsarapatsanis D., Preoţiuc-Pietro D. e Lampos V., *Predicting Judicial Decisions of the European Court of Human Rights: A Natural Language Processing Prospective*, in *PeerJ Comput. Sci.*, 2016, v. 2, p. 93 ss.

Algardi Z., *La donna e la toga*, Giuffrè, Milano, 1949.

Aliprandi S., *Il progetto JurisWiki Qualche informazione di background sulla prima piattaforma aperta per l'informazione giuridica*, in *Inf. dir.*, 2014, v. 23, n. 2, p. 139 ss.

Allegretti U., *Profilo di storia costituzionale italiana. Individualismo e assolutismo nello Stato liberale*, Il Mulino, Bologna, 1989.

Allen D.W.E., Lane A.M. e Poblet M., *The Governance of Blockchain Dispute Resolution*, in *Harv. Negotiation L. Rev.*, 2019, v. 25, n. 1, p. 75 ss.

Allen J.G., *Wrapped and Stacked: «Smart Contracts» and the Interaction of Natural and Formal Language*, in *Eur. Rev. Contract Law*, 2018, v. 14, p. 307 ss.

Alloghani M., Al-Jumeily D., Mustafina J., Hussaine A. e Aljaaf A.J., *A systematic Review on Supervised and Unsupervised Machine Learning Algorithms for Data Science*, in M.W. Berry, A. Mohamed e B. Wah Yap (eds.), *Supervised and Unsupervised Learning for Data Science*, Springer, Cham, 2020, p. 3 ss.

Aloisio R.G., *Diritto di stabilimento degli avvocati "europei"*, in *Riv. dir. priv.*, 1998, n. 4, p. 1 ss.

Alpa G., *L'ingresso della donna nelle professioni legali*, in *Soc. dir.*, 2001, n. 1, p. 7 ss.

Alpa G., *Il dibattito sulla riformadella disciplina delle professioni legali in Inghilterra e nel Galles*, in *Rass. forense*, 2004, p. 620 ss.

Alpa G. (a cura di), *Atti del primo Congresso giuridico italiano (25 novembre-8 dicembre 1872)*, Il Mulino, Bologna, 2006.

Alvazzi del Frate P., *Sulle origini dell'ordine degli avvocati dall'Ancien Régime all'Italia liberale*, in *Panorami, riflessioni, discussioni e proposte sul diritto e l'amministrazione*, VI, Rubbettino, Roma, 1994, p. 17 ss.

Alvazzi del Frate P., *Appunti di storia degli ordinamenti giudiziari. Dall'assolutismo francese all'Italia repubblicana*, Aracne, Roma, 2009.

Amato C., *Affidamento e responsabilità*, Giuffrè, Milano, 2012.

Amato C., *Dal diritto europeo dei contratti 1.0 agli smart contracts*, in R.E. Cerchia (a cura di), *Percorsi di diritto comparato*, Milano University Press, Milano, 2021, p. 33 ss.

Amato Mangiameli A.C., *Informatica giuridica*, Giappichelli, Torino, 2015.

Ambrosini E., *La nuova direttiva sul riconoscimento delle qualifiche professionali*, in *Dir. Un. eu.*, 2014, n. 1, p. 47 ss.

Amodio C., Au nom de la loi*: l'esperienza giuridica francese nel contesto europeo*, Giappichelli, Torino, 2012.

Amorese M., *Cases C-94/04, Cipolla & Macrino: The emergence of a political approach to the regulation of professionals in Europe?*, in *Colum. J. of Eur. L.*, 2007, p. 733 ss.

Amoretti U., *Forza e debolezza dell'avvocatura italiana,* in M. Bonanni (a cura di), *L'Ordine Inutile? Gli ordini professionali in Italia,* FrancoAngeli, Milano, 1998, p. 129 ss.
Amour J., Parnham R. e Sako M., *Unlocking the potential of AI for English Law,* in *Int'l J. Legal Prof.*, 2021, v. 29, n. 1, p. 65 ss.
Anand D. e Wagh R., *Effective deep learning approaches for summarization of legal texts,* in *J. King Saud Univ. - Comput. Inf. Sci.*, 2019.
Anastasiadis S., *How is Natural Language Search Changing The Face of Legal Research?,* Ross Intelligence Blog, 2019 https://blog.rossintelligence.com/post /how-natural-language-search-changing-face-of-legal-research.
Andreotti R., *Problemi della constitutio de postulando attribuita all'imperatore Giuliano e l'esercizio della professione forense nel tardo impero,* in *Revue Internationale des Droits de l'antiquitè,* 1972, n. 19, p. 181 ss.
Angelini P., *Il «procurator»*, Giuffrè, Milano, 1971.
Angelini R., *Intelligenza artificiale e governance. Alcune riflessioni di sistema,* in F. Pizzetti (a cura di), *Intelligenza artificiale, protezione dei dati personali e regolazione,* Giappichelli, Torino, 2018, p. 294 ss.
Antonacci N., *Avvocati. Tra borghesia e libera professione,* in *Riv. stor. Ital.*, 1999, n. 1, p. 265 ss.
Antoniolli Deflorian L., *La libera circolazione delle professioni liberali: il caso degli avvocati,* in *Lav. dir.*, 1997, XI, n. 3, p. 403 ss.
Antonopoulos A.M., *The Internet of Money,* I-III, Merkle Bloom LLC, Atlanta, 2016-2019.
Aouidef Y., Ast F. e Deffains B, *Decentralized Justice: A Comparative Analysis of Blockchain Online Dispute Resolution Projects,* in *Fronties in Blockchain,* 2021.
Apfel A., *Behind the Scenes of German Justice,* John Lane, London, 1935.
Appiano E.M., *I sistemi A.D.R. nell'ottica del legislatore comunitario,* in *Contr. e impr. Europa,* 2009, p. 59 ss.
Appiano E.M., *ADR e ODR per le liti consumeristiche nel diritto UE,* in *Contr. e impr. Eur.*, 2013, v. 18, n. 2, p. 965 s.
Appleton A., *Traité de la profession d'avocat (organisation – regles et usages – technique professionnelle),* Librairie Dalloz, Paris, 1928.
Aquarone A., *L'Organizzazione dello Stato totalitario,* Einaudi, Torino, 1965, rist. 2003.
Armour J., Parnham R. e Sako M., *Augmented Lawyering,* ECGI Working Paper Series in Law, Working Paper n. 558/2020, 2020.
Arruñada B., *The Economics of Notaries,* in *Eur. J. Law Econ.*, 1996, n. 3, p. 5 ss.
Arthurs H., *The Ormrod Report: A Canadian reaction,* in *Mod. L. Rev.*, 1971, v. 34, p. 642 ss.
Ascoli A., *Ordinamento delle professioni forensi,* in *Riv. dir. civ.*, 1933, p. 600.
Ashley K.D., *Artificial Intelligence and Legal Analytics – New Tools for Law Practice in the Digital Age,* Cambridge University Press, Cambridge, 2017.
Ashley K.D., *Automatically Extracting Meaning from Legal Texts: Opportunities and Challenges,* in *Ga. St. U. L. Rev.*, 2019, v. 35, n. 4, p. 1117 ss.
Ast F. e Deffains B., *When Online Dispute Resolution Meets Blockchain: The Birth of Decentralized Justice,* in *Stanford J. Blockchain L & Pol'y*, 2021, v. 4, p. 1 ss.
Astuti G., *Il* code Napoléon *in Italia e la sua influenza sui codici degli Stati italiani successori,* in *Annali di storia del diritto,* 1970-1973, n. 14-17, p. 60 ss.
Athanassiou E., Kanellopoulos N., Karagiannis R. e Kotsi A., *The Effects of Liber-*

alization of Professional Requirements in Greece, Centre for Planning and Economic Research (KEPE), Atene, 2015, p. 14.

Athanassiou E., Kotsi A., Nitsi E., Cholezas I., Karagiannis R., Koutroulis A., Lychnaras V., Papaioannou S. e Tsekeris T., *Structural Reforms in Grece, 2010-2018 – Final Report*, Centre for Planning and Economic Research (KEPE), Atene, 2019.

Attanasio J.B., *Lawyer Advertising in England and the United States*, in *The Am. J. Comp. L.*, 1984, v. 32, p. 493 ss.

Auchmuty R., *Recovering Lost Lives: Researching Women in Legal History*, in *J.L.&Soc.*, 2015, v. 42, n. 1, p. 34 ss.

Aulakh S., Charlwood A., Muzio D., Tomlinson J. e Valizade D., *Mapping advantages and disadvantages: Diversity in the legal profession in England and Wales*, Final Report for the Solicitors Regulation Authority, Birmingham, 2017.

Aulakh S. e Loughrey J., *Regulating the Law Firms from the Inside: The Role of Compliance Officers for Legal Practice in England and Wales*, in *J.L.&Soc.*, 2018, v. 45, n. 2, p. 254 ss.

Autor D.H., *Why are there still so many jobs? The history and future of workplace automation*, in *J. Econ. Perspect.*, 2015, v. 29, n. 3, p. 3 ss.

Autor D.H., Levy F. e Murnane F.J., *The skill content of recent technological change: An empirical explotation*, in *Q. J. Econ.*, 2003, v. 118, n. 4, p. 1279 ss.

Autorino E., *Le ADR. Profili generali*, in P. Stanzione (a cura di), *Comp. e dir. civ.. Annali 2010-2011*, Giappichelli, Torino, 2012, v. 1, p. 377 ss.

Autorino Stanzione G., Troisi C. e Noviello D., *Mediazione e conciliazione nelle controversie civili e commerciali*, Maggioli, Santarcangelo di Romagna, 2014.

Avagliano M., *La "nuova" società tra avvocati, alla luce della legge 4 agosto 2017, n. 124, e della Cassazione a sezioni unite 19 luglio 2018, n. 19282*, in *Riv. dir. commerciale e del diritto generale delle obbligazioni*, 2019, n. 1, p. 47 ss.

Azzolina U., *L'avvocatura nella giurisprudenza*, Cedam, Padova, 1974.

Backer J.H., *The Inns of Court and Chancery as voluntary association*, in *Quaderni fiorentini – Itinerari moderni della persona giuridica*, t. I, Giuffrè, Milano, 1982/1983, 11/12, p. 9 ss.

Backer K.M., *Costituzione*, in F. Furet e M. Ozouf (a cura di), *Dizionario Critico della Rivoluzione Francese*, Bompiani, Milano, 1988, p. 474 ss.

Badinter R., *Une Autre justice: contributions à l'histoire de la justice sous la Révolution française*, Fayard, Paris, 1989.

Baker J., *Inner Temple History*, reperibile all'URL https://www.innertemplelibrary.org.uk/inner-temple/history/.

Baker J., *Collected Papers on English Legal History*, Cambridge University Press, Cambridge, 2013.

Baker J., *Introduction to English Legal History*, V ed., Oxford University Press, Oxford, 2019.

Baker J.H., *Counsellors and Barristers. An Historical Study*, in *Cambridge L. J.*, 1969, v. 27, n. 2, p. 205.

Baker J.H. (ed.), *The Reports of Sir John Spelman*, Selden Society, London, 1977-78, v. 94, p. 129 ss.

Baker J.H., *The order of serjeants at law: a chronicle of creations, with related texts and a historical introduction*, Selden Society, London, 1984.

Baker J.H., *The Third University of England,* Selden Soc. lecture, London, 1990.

Baker M.B., *"The Technology Dog Ate My Job": The Dog-Eat-Dog World of Offshore Labor Outsourcing,* in *Fla. J. Int'l L.*, 2004, v. 16, n. 4, p. 807 ss.

Baldi R., *La liberalizzazione della professione forense nel quadro della direttiva comunitaria 21 Dicembre 1988 (89/48/CEE),* in *Riv. dir. internaz. priv. proc.*, 1991, p. 345 ss.

Ballerini M., Clerici A., De Pra M., Indovina B. e Pedrazzini G. (a cura di), *Informatica Giuridica,* Egea, Milano, 2019.

Banti A.M., *Borghesie delle «professioni». Avvocati e medici nell'Europa dell'Ottocento,* in *Meridiana*, 18, 1993, p. 13 ss.

Barani A., *Il caso "Gebhard": un avvocato tedesco in Italia,* in *Dir. comm. scambi int.*, 1996, p. 301 ss.

Baratta R., *Recenti sviluppi normativi e giurisprudenziali in tema di stabilimento e di servizi da parte degli avvocati,* in *Giust. civ.*, 1989, I, p. 1972.

Baratta R., *In tema di tariffe professionali e diritto comunitario,* in *Giust. civ.*, 2002, p. 538 ss.

Barbati S., *Studi sui* 'iudices' *nel diritto romano tardo antico,* Giuffrè, Milano, 2012.

Barendrecht M., Mulder J. e Giesen I., *How to Measure the Price and Quality of Access to Justice?,* 2006, SSRN: https://ssrn.com/abstract=949209 o http://dx.doi.org/10.2139/ssrn.949209.

Bargelli E. e Calderai V. (a cura di), *A Contract Law for the Age of Digital Platform?,* Pacini, Pisa, 2022.

Barocas S. e Selbst A.D., *Big Data's Disparate Impact,* in *Cal. L. Rev.*, 2016, v. 104, p. 671 ss.

Barsotti V. e Varano V., *La tradizione giuridica occidentale,* Giappichelli, Torino, 2010 (VII ed., 2021).

Barthélémy A., *Les avocats devant les tribunaux de commerce,* Librairie du recueil Sirey, Paris, 1934.

Barton L., *The study of Civil Law before 1380,* in Aston T.H., *The History of the University of Oxford: The Early Oxford Schools,* Claredon Press, Oxford, 1984, p. 519 ss.

Basile F., *Intelligenza artificiale e diritto penale: quattro possibili percorsi di indagine,* in *Dir. Pen. e Uomo*, 2019.

Bastianon S., *D.Lgs. n. 96/2001: avvocati stabiliti, avvocati integrati e società tra professionisti,* in *Corr. giur.*, 2001, n. 5, p. 602 ss.

Bastianon S., *Due pronunce, tanti problemi, nessuna soluzione: ovvero, gli avvocati e l'antitrust secondo la Corte di giustizia,* in *Foro it.*, 2002, c. 188 ss.

Bastianon S., *La Corte di Giustizia e il riconoscimento dei diplomi: recenti sviluppi,* in *Corr. giur.*, 2004, p. 741 ss.

Bastianon S. e Nascimbene B., *Avvocati, diritto comunitario e diritto nazionale: recenti orientamenti della Corte di Giustizia,* in *Corr. giur.*, 2002, p. 602 ss.

Battaglia G., *La difesa nei giudizi in Italia sotto la dominazione dei Longobardi,* Stabilimento Tipografico Virzì, Palermo, 1900, già pubblicato in *Circolo giuridico,* a. XXXI, v. 31, p. 189.

Battaglia G., *La difesa nei giudizi sotto la monarchia dei Franchi,* tip. C. Sciarrino, Palermo, 1900, estr. da *Riv. st. fil. dir.*, 1900, p. 5.

Battelli E., *Giustizia predittiva, decisione robotica e ruolo del giudice,* in *Giust. civ.*, 2020, n. 2, p. 281 ss.

Battini S. e Vesperini G., *I limiti globali ed europei alla disciplina nazionale dei servizi*, Giuffrè, Milano,2008.
Becker G.S., *A Theory of Competition Among Pressure Groups for Political Influence*, in *Q. J. Econ.*, 1983, v. 98, n. 3, p. 371 ss.
Beer U., *Versehrt, Verfolgt, Versohnt: Horst Berkowitz*, Jur. Fachbuchverl, Essen, 1979.
Beeser S., *Gebührenordnung für italienische Zollspediteure unzulässig – Verstoss ist Italien zurechenbar*, in *Eur. Law Rep.*, 1998, p. 316 ss.
Bentley A.F., *The Process of Government*, University of Chicago Press, Chicago, 1908.
Belfall D., *Creating Value for Members*, Canadian Society for Association Executives, Toronto, 1999.
Bell F. e Legg F.M., *Artificial Intelligence and the Legal Profession*, Hart, Oxford, 2020.
Bellassai S., *Diversamente abili. Retoriche misogine e professioni in età contemporanea*, in M. Malatesta (a cura di), *Impegno e Potere. Le professioni italiane dall'Ottocento a oggi*, Bononia University Press, Bologna, 2011, p. 191 ss.
Bellini A., *Gli avvocati e i paradossi della regolazione delle professioni. Un esercizio autoriflessivo*, in *Sociol. lav.*, 2014, v. 135, p. 91.
Bellini A. e Tonarelli A., *Studi legali digitali. Una «rivoluzione silenziosa», informale e dal basso*, in *Quad. rass. sind. – lav.*, 2008, n. 2, p. 121 ss.
Bellomo M., *I: Scholae, universitates, studia*, Il Cigno, Roma, 1988.
Belloni M.P., *La libera circolazione degli avvocati nella Comunità Europea*, Cedam, Padova, 1999.
Belloni V., *L'avvocatura lombarda nell'età della Restaurazione: un ceto in assoluto declino?*, Giuffrè, Milano, 2012.
Bellot H.L., *Exclusion of Attorneys from the Inns of Court*, in *Law Q. Rev.*, 1910, v. 26, p. 137 ss.
Benanti P., *Machina sapiens. Intelligenze artificiali e sfide tecniche*, in *Gnosis – Riv. ital. intellig.*, 2019, n. 2, p. 26 ss.
Benichou M., *L'Europe, les avocats & la concurrence*, in *Rass. forense*, 2007, p. 197 ss.
Bennett Moses L. e Chan J., *Using Big Data for Legal and Law Enforcement Decisions: Testing the New Tools*, in *U.N.S.W. Law Journal*, 2014, v. 37, n. 2, p. 643 ss.
Beretta R., *Le procedure negoziate nell'era digitale. La rete: una "quarta parte al tavolo del negoziato?*, in S. Dalla Bontà (a cura di), *Comunicare, negoziare e mediare in rete, Atti del Convegno Trento, 25 settembre 2020,* in Università degli Studi di Trento, *Quaderni della facoltà di giurisprudenza*, n. 51, 2021, p. 81 ss.
Bergamini E., *La concorrenza dei professionisti nel mercato interno dell'Unione europea*, Editoriale scientifica, Napoli, 2005, p. 274.
Bergamini E., *La posizione del praticante legale nel diritto comunitario fra riconoscimento accademico e riconoscimento professionale*, in *Dir. comm. scambi int.*, 2006, p. 265 ss.
Bergamini E., *La Corte di giustizia e le tariffe (massime) degli avvocati: ultime evoluzioni o ultimo round?*, in *Dir. comun. scambi int.*, 2011, p. 491 ss.
Bergamini E., *Avvocati e disciplina della professione nel diritto dell'Unione europea: il caso italiano*, in *Studi sull'integrazione europea*, 2018, n. 2, p. 299 ss.
Bergamini E. e Nascimbene B., *Libere professioni, servizi e concorrenza. Norme nazionali e diritto UE a confronto*, in *Dir. comm. int.*, 2019, n. 1, p. 14 ss.

Bergerès M.C., *L'organisation viti-vinicole française et le traité de Rome*, in *Rev. dr. rur.*, 1986, p. 153 ss.

Berlinguer A., *La liberalizzazione delle professioni legali*, in F. Pammolli, C. Cambini e A. Giannaccari (a cura di), *Politiche di liberalizzazione e concorrenza in Italia*, Il Mulino, Bologna, 2007, p. 368 ss.

Berlinguer A., *Professione forense, impresa e concorrenza*, Giuffrè, Milano, 2003.

Berlinguer A., *La* vexata quaestio *delle tariffe professionali forensi*, in *Mercato conc. reg.*, 2011, p. 65 ss.

Bernstein M., *Regulating Business by Independent Commission*, Princeton University Press, Princeton, 1955.

Bersanti E., *Prefazione*, in Collegio degli avvocati e dei procuratori di Firenze, *Legge Forense*, Stabilimenti Tipografici di A. Vallecchi, Firenze, 1926, p. 5 ss.

Berthet K., *Évolutions récentes dans la profession d'avocat*, in *Les Cahiers de la Justice*, 2017, v. 4, n. 4, p. 735 ss., disponibile all'URL: https://www.cairn.info /revue-les-cahiers-de-la-justice-2017-4-page-735.htm-.

Berti Arnoaldi Veli F. e G., *La storia dei sindacati forensi*, in *Rass. forense*, 1997, n. 1, p. 87.

Bertolotti A., *Una pronuncia della Corte di giustizia: lo spedizioniere doganale, libero professionista, esercita attività di impresa*, in *Giur. it.*, 1999, p. 555 ss.

Bertolotti A., *La Corte di Giustizia si (ri)pronuncia sulle tariffe professionali: nuove riflessioni sul tema*, in *Giur. it.*, 2002, p. 769 ss.

Bertolotti A., *Le libere professioni tra Corte di giustizia e Decreto Bersani: luci ed ombre (o, meglio, più ombre che luci)*, in *Giur. it.*, 2007, p. 3 ss.

Bertolotti G., *Società tra professionisti e società tra avvocati*, Giappichelli, Torino, 2013.

Berufswahlfürer V., *Der Jurist: Eine Übersicht über sämtliche auf Grund des juristischen Studium ergreifbaren Berufe innerhalb und au ßerhalb des Staatsdienstes*, Stuttgart, 1907.

Bessy C. e Bastard B., *France. The Reconfiguration of a Profession*, in R.L. Abel, O. Hammerslev, H. Sommerlad e U. Schultz, *Lawyers in 21st-Century Societies. Volume I: National Reports*,, Hart, Oxford, 2020, p. 192 ss.

Bestagno F. e Radicati Di Brozolo L.G. (a cura di), *il mercato unico dei servizi*, Giuffrè, Milano, 2007.

Betri L.M., *Il "lungo andare" delle professioni*, in *Passato e presente*, 2007, a. XXV, n. 71, p. 157 ss.

Betto B., *Il Collegio dei giudici e dottori di Treviso*, in P. Zerbi (a cura di), *Contributi dell'Istituto di storia medioevale dell'Università Cattolica del S. Cuore*, v. III, Vita e Pensiero, Milano, 1975, p. 29 ss.

Bianchi A., *Sull'esercizio delle professioni di avvocato e procuratore. Testo e commento della legge n. 1938, 8 giugno 1874 e del regolamento n. 2012, 26 giugno 1874*, in *Raccolta delle leggi speciali e convenzionali internazionali del Regno d'Italia*, v. II, serie VI, Unione Tip. Ed., Torino, 1886, p. 57 ss.

Bichi R., *Intelligenza Artificiale tra 'calcolabilità' del diritto e tutela dei diritti*, in *Giur. it.*, 2019, v. 7, p. 1773 ss.

Bickel E.A., van Dijk M.A.J. e Giebels E., *Online legal advice and conflict support: a Dutch experience*, Department Psychology of Conflict, Risk & Safety, University of Twente, 2015, https://ris.utwente.nl/ws/portalfiles/portal/5136912/Online+ legal+advice+and+conflict+support_UTwente.pdf.

Bidegaray C. e Emeri C., *La Costitution en France de 1789 à nos jours: études de droit politique et constitutionnel*, A. Collin, Paris, 1997.

Bigi E. (a cura di), *Direttiva 2005/36/CE del Parlamento europeo e del Consiglio relativa al riconoscimento delle qualifiche professionali,* in *Contr.*, 2005, 12, p. 1175 ss.
Bin R., *La scarsa neutralità dei neologismi. Riflessioni attorno a* soft law *e a* Governance, in L. Desanti, P. Ferretti e A.D. Manfredini (a cura di), *Per il 70° compleanno di Pierpaolo Zamorani: scritti offerti dagli amici e dai colleghi di facoltà,* Giuffrè, Milano, 2009, p. 37 ss.
Birks M., *Gentlemen of the Law*, Stevens & Son, London, 1960.
Birocchi I., *Alla ricerca dell'ordine. Fonti e cultura giuridica nell'età moderna*, Giappichelli, Torino, 2002.
Blacksell M. e Fussell C., *Barristers and the Growth of Local Justice in England and Wales,* in *Transactions of the Institute of British Geographers*, 1994, v. 19, n. 4, p. 482 ss.
Blackstones W., *Commentaries on the Laws of England in four Books*, I, 23-25, 1765.
Blankenburg E. e Schultz U., *German Advocates: A Higly Regulated Profession*, in R.L Abel e P.S.C. Lewis, *Lawyers in Society: An Overview*, University of California Press, Berkeley, 1995, p. 92 ss.
Bleek W., *Von der Kameralausbildung zum Juristenprivileg,* Colloquium, Berlin, 1972.
Blodgett N., *Artificial Intelligence Comes of Age*, in *ABA J.*, 1987, v. 73, p. 68 ss.
Boden M.A., *Artificial Intelligence: a very Short Introduction*, Oxford University Press, Oxford, 2018.
Böhm C., Jacopini G., *Flow Diagrams, Turing Machines, and Languages with Only Two Formation Rules*, in *Communications of the ACM*, 1966, v. 9, n. 5, p. 336 ss.
Boigeol A., *The French Bar: The Difficulties of Unifying a Divided Profession*, in R.L. Abel e P.C. Lewis (a cura di), *Lawyers in society, Civil Law*, University of California press, Berkeley-Los Angeles-London, 1989, p. 258 ss.
Boigeol A., *French Women Lawyers (Avocates) and the Women's Cause in the First Half of the Twentieth Century*, in *Int'l J. Legal Prof.*, 2003, 10, p. 193 ss.
Boigeol A. e Dezalay Y., *De l'agent d'affaires au barreau: les conseils juridiques et la construction d'un espace professionnel,* in *Genéses*, 1997, v. 27, p. 49 ss.
Boni-Le-Goff I., Lépinard E., Mallard G. e Le Feuvre N., *Switzerland. The end of Prosperity in the Age of Globalisation?*, in R.L. Abel e O. Hammerslev, Sommerlad H. e Schultz U., *Lawyers in 21st-Century Societies, Volume I: National Reports,*, Hart, Oxford, 2020, p. 271 ss.
Bonvesin della Riva, *De Magnalibus Mediolani*, 1288, nell'edizione a cura di P. Chiesa, *Le Meraviglie di Milano (De Magnalibus Mediolani)*, II ed., Fondazione Lorenzo Valla-Arnoldo Mondatori, Torino, 2011.
Bonzo A., *L'Ordinamento ordinistico forense fra tradizione e rinnovamento*, in G. Alpa (a cura di), *Ventottesimo Congresso nazionale dell'avvocatura italiana. I contributi del Consiglio nazionale forense (Milano, 11-12 novembre 2005; Roma, 22-24 settembre 2006)*, Giuffrè, Milano, 2007, p. 115 ss.
Boon A., *Professionalism under the Legal Services Act 2007,* in *Int'l J. Legal Prof.*, 2010, v. 17, n. 3, p. 195 ss.
Boon A., *The Ethics and Conduct of Lawyers in England and Wales*, Bloomsbury Publishing, London, 2014.
Boon A., *England and Wales: Cocktails of Logics—Reform of Legal Services Regula-*

tion in England and Wales, in Id. (a cura di), *International Perspectives on the Regulation of Lawyers and Legal Services*, Bloomsbury-Hart Publishing, Oxford-Portland, Or., 2017, p. 220 ss.

Boon A. e Webb J., *Legal Education and Training in England and Wales: Back to the Future?*, in *J. of Legal Educ.*, 2008, v. 58, p. 79 ss.

Bordone R.C., *Electronic Online Dispute Resolution: A System Approach – Potential, Problems, and a Proposal*, in *Harv. Negotiation L. Rev.*, 1998, v. 3, p 175 ss.

Borgogno O., *Usefulness and dangers of Smart Contracts in Consumer Transactions*, e Martin M., *Postscript: Smart Contracts and Lawyers*, in L.A. DiMatteo, M. Cannarsa e C. Poncibò, *The Cambridge Handbook of Smart Contracts, Blockchain Technology and Digital Platforms*, Cambridge University Press, Cambridge, 2020.

Borselli E., *Verso i maggiori compiti del sindacato*, in *Rass. sind. for.*, 1936, f. V, p. 219 ss.

Bortolotti B., *Quale regolazione per le libere professioni?*, in *PEJEP*, 2000, n. 2, p. 223 ss.

Bortolotti G., *Le Società tra avvocati*, Giappichelli, Torino, 2020.

Bosio M., *Prima applicazione della direttiva servizi e prime difficoltà interpretative*, in *Dir. comm. scambi int.*, 2011, p. 691 ss.

Botero J.C., Djankov S., La Porta R. e Lopez de Silanes F.C., *The Regulation of Labor*, in *Q. J. Econ.*, 2004, v. 119, p. 1339 ss.

Botta S., Cammarano F. e Piretti M.S., *Ministri, sottosegretari e deputati: quali professionisti e quali studi*, in M. Malatesta (a cura di), *Impegno e Potere. Le professioni italiane dall'Ottocento a oggi*, Bononia University Press, Bologna, 2011, p. 51 ss.

Bottoni F., *Il ritorno del morto presunto. Considerazioni sul divieto del patto di quota lite alla luce della nuova disciplina dell'ordinamento professionale*, in *Rass. forense*, 2013, v. 1, p. 27 ss.

Boucher P., Nascimento S. e Kritikos M., *How Blockchain Technology Could Change Our Lives. In-depth Analysis*, European Parliamentary Research Service, Scientific Foresight Unit, Brussels, 2017.

Boulton W.W., *The Legal profession in England: Its Organization, Histrory and Problems*, in *ABA J.*, 1957, v. 43, n. 6, p. 507 ss.

Brand P., *Courtroom and Schoolroom: The Education of Lawyers in England Prior to 1400*, in *Hist Res.*, 1987, v. 60, n. 142, p. 147 ss.

Brand P., *The Origins of the English Legal Profession*, Blackwell, Oxford-Cambridge, 1992.

Brand P., *The origins of the English legal profession*, in *Law & Hist. Rev.*, 1987, n. 5, p. 31 ss.

Brandileone F., *La rappresentanza nei giudizi secondo il diritto medievale italiano*, in *Studi e documenti di storia e diritto*, v. 11, Tipografia Vaticana, Roma, 1890, p. 3 ss.

Brealey M., *Fixed Minimum Prices and Article 85*, in *J. Bus. L.*, 1986, p. 414 ss.

Brezovnik B., Oplotnik Ž.J. e Mlinarič F., *Attorneys and Attorney Tariff in Slovenia*, IntechOpen, 2018.

Brignardello M., *Prospettive di utilizzo degli smart contracts per la tutela dei diritti dei passeggeri in caso di cancellazione o ritardo del volo*, in *Riv. dir. navig.*, 2019, p. 443 ss.

Briguglio A., *Conciliazione e arbitrato. Conciliazione nell'arbitrato. appunti sparsi fra diritto, psicologia e prassi*, in *Giust. cons.*, 2021, v. 1, n. 1, p. 3 ss.

Briguglio A. e Ruffini G., *L'arbitrato e le altre forme non giurisdizionali di soluzione delle liti nell'ordinamento italiano*, in *Riv. arbitrato*, 2003, n. 3, p. 551 ss.
Brix A., *Organisation der Advokatur in Preufien, Osterreich, Sachsen, Oldenburg, Braunschweig, Baden, Wurttemberg, Mecklenburg-Schwerin und Strelitz, Schweiz, Frankreich und England: nebst einer Einleitung, quellenmdfiig dargestellt*, Braumüller, Vienna, 1868.
Brooke H., *The History of Legal Aid 1945 to 2010,* Bach Commission on Access to Justice: appendix 6, September 2017, https://www.fabians.org.uk/wp-content/uploads/2017/09/Bach-Commission-Appendix-6-F-1.pdf.
Brooks C.W., *Interpersonal Conflict and Social Tension: Civil Litigation in England, 1640-1830,* in A.L. Beier, D. Cannadine e J.M. Rosenheim, *The First Modem Society. Essays in English History in Honour of Lawrence Stone*, Cambridge University Press, Cambridge, 1989, p. 357 ss.
Brooks C.W. e Lobban M., *Apprenticeship or Academy? The Idea of a Law University, 1830-1860,* in J.A. Bush e A. Wijffels (a cura di), *Learning the Law. Teaching and Transforming of Law in England 1150-1900,* The Hambledon Press, London-Rio Grande, 1999, p. 353 ss.
Brotski V.R., *European Community Law and the EC Lawyer's Right to Practice in France after the Enactment of Loi No. 90-1259*, in *Case W. Res. J. Int'l L.*, 1993, v. 25, p. 333 ss.
Brunner H., *Early History of the Attorney in English Law*, in *Ill. L. Rev.*, 1908-1909, v. 3, n. 5, p. 257 ss.
Bruno T., *Diritti civili*, in *Digesto it.*, 1898-1901, v. 9, II, p. 545 ss.
Bruno T., *La condizione giuridica della donna nella legislazione italiana. Studio Teorico-pratico*, Barbèra, Firenze, 1984.
Bruns A., *Die Zukunft des Notariats in Europa – Dienstleistung oder vorsorgende Rechtspflege?*, in *Europäische Zeitschrift für Wirtschaftsrecht*, 2010, p. 247 ss.
Buchanan J.M., Tollison R.D. e Tullock G., *Toward a Theory of the Rent-seeking Society*, Texas A&M University Press, College Station, Texas, 1980.
Buchanan J.M. e Tullock G., *The Calculus of Consent. Fondamenti logici della democrazia costituzionale,* University of Michigan Press, Ann Arbon, 1962.
Buchwald M., *Smart Contract Dispute Resolution: The Inescapable Flaws of Blockchain based Arbitration*, in *U. Pa. L. Rev.*, 2020, v. 168, p. 1369 ss.
Bues M. e Matthaei E., *LegalTech on the Rise: Technology Changes Legal Work Behaviours, But Does Not Replace Its Profession*, in K. Jacob, D. Schindler e R. Strathausen, *Liquid Legal. Transforming Legal into a Business Savvy, Information Enabled and Performance Driven Industry*, Springer, New York, 2016, p. 89 ss.
Bugatti L., *Legal Education in the next future*, in *Int. J. Clin. Leg. Ed.*, 2019, v. 26, n. 3, p. 3 ss.
Buonanno P. e Galizzi M.M., *"Advocatus, et non latro? Testing the Supplier-Induced-Demand Hypothesis for Italian Courts of Justice"*, in *Rev. Law Econ.*, 2014, v. 10, n. 3, p. 285 ss.
Burdese A., *Sul procurator (a proposito del volume di Piero Angelini)*, in *SDHI*, XXXVII, 1971, p. 307 ss.
Burrage M., *Revolution as a starting point for the comparative analysis of the French, American, and English legal professions*, in R.L. Abel e P.C. Lewis (a cura di), *Lawyers in society, III, Comparative theories*, University of California Press, Berkeley-Los Angeles-London, 1989.

Burrage M., *From a Gentlemen's to a Public Profession: Status and Politics in the History of English Solicitors*, in *Int'l J. Legal Prof.*, 1996, v. 3, n. 1/2, p. 45 ss.
Burrage M., *Ms Thatcher against the—little republics: ideology, precedents and reactions*, in T.C. Halliday e L. Karpik (eds.), *Lawyers and the rise of western political liberalism*, Clarendon Press, Oxford, 1997, p. 125 ss.
Burrage M., *Revolution and the making of the contemporary legal profession: England, France, and the United States*, Oxford University Press, Oxford, 2006, p. 51 ss.
Busani A., *Società multi-professionali legittime, ma con profonde contraddizioni* (nota a Cass. civ., 19 luglio 2018, n. 19282), in *Società*, 2018, p. 1119 ss.
Buterin V., *Ethereum White Paper, A Next-Generation Smart Contract and Decentralized Application Platform*, 2013, ethereum.org.

Cadiet L., *L'open data des decisions de justice, rapport de la Mission d'étude et de préfiguration sur l'ouverture au public des décisions de justice*, Ministére del La Justice, 2017.
Cagnasso O., *La disciplina residuale del modello "società tra avvocati*, in *Società*, 2001, p. 1180 ss.
Cagnasso O., *Soggetti ed oggetto della società tra professionisti*, in *Nuovo dir. soc.*, 2012, n. 3, p. 9 ss.
Cagnasso O., *L'oggetto sociale della società tra professionisti e della società tra avvocati*, in *Giur. comm.*, 2014, I, p. 297 ss.
Cahn G., *Pour les avocats et les avouds d'Alsace la reforme est ddjai faite*, in *Le Monde*, 21-22 giugno 1970, p. 15.
Calamandrei P., *Troppi avvocati!*, La Voce, Firenze, Quaderno 46, serie IV, 1921.
Calasso F., *Medioevo del diritto*, v. I, *Le fonti*, Giuffrè, Milano, 1954.
Caliskan A., Brysone J. e Narayanan A., *Semantics derived automatically from language corpora contain human-like biases*, in *Science*, 2017, p. 183 ss.
Calo R., *Artificial Intelligence Policy: a Primer and a Roadmap*, in *Univ. Bol. L. Rev.*, 2018, v. 3, n. 2, p. 180 ss.
Camillieri F., *Gli algoritmi predittivi alla luce dei principi delineati nella European Ethical Charter*, in A. Lo Calzo, L. Pace, G. Serges, C. Siccardi e P. Villaschi (a cura di), *Diritto e nuove tecnologie tra comparazione e interdisciplinarità. Atti del seminario di diritto comparato – 26 marzo 2021*, in *Gruppo di Pisa*, Quaderno n. 3, 2021, p. 313 ss.
Campagna M.F., *Gli scambi attraverso algoritmi e il problema del linguaggio. Appunti minimi*, in *An. giur. econ.*, 2019, v. 1, p. 153 ss.
Cananea G., *Diplomi di specializzazione e accesso alla professione forense*, in *Giorn. dir. amm.*, 2004, p. 869 ss.
Cantagalli A., *Professionisti fra tradizione e modernità*, in *Il Mulino*, 2011, f. 6, p. 989.
Canton E., Ciriaci D. e Solera I., *The Economic Impact of Professional Services Liberalisation*, in *Economic Papers 533*, European Union, 2014.
Capaccioli S., *Criptovalute e bitcoin: un'analisi giuridica*, Giuffrè, Milano, 2015.
Capelli F., *Liberalizzate nella CEE le prestazioni dei professionisti*, in *Dir. comm. scambi int.*, 1991, p. 383 ss.
Caponi R., *La formazione del giurista in Germania*, in V. Cerulli Irelli e O. Roselli (a cura di), *La riforma degli studi giuridici*, Edizioni scientifiche italiane, Napoli, 2005, p. 330 ss.

Caponi R. e Romualdi G., *La conciliazione amministrata dalle Camere di Commercio*, in S. Giacomelli (a cura di), *La via della conciliazione*, Ipsoa, Milano, 2003, p. 163 ss.
Capotorti F., *La vicenda degli abogados e l'incerto confine tra abuso del diritto e legittimo qualification shopping con riferimento alla direttiva 98/5*, in *Studi sull'integrazione europea*, 2014, p. 177 ss.
Capotorti F., Abogados *senza limiti?*, in *Riv. dir. int.*, 2014, p. 1175 ss.
Capotorti F., *La nuova direttiva sul riconoscimento delle qualifiche professionali tra liberalizzazione e trasparenza*, in *Riv. dir. int. priv. e proc.*, 2015, n. 1, p. 79 ss.
Cappelletti M., *Alternative Dispute Resolution Process within the Framework of the World-Wide Access-to-justice Moviment*, in *Mod. L. Rev.*, 1993, v. 56, n. 3, p. 282 ss.
Cappelletti M. e Garth B., *Access to Justice, the World-wide Movement to Make Rights Effective – A General* Report, in M. Cappelletti e B. Garth (eds.), *Access to Justice*, v. I, *A World Survey*, Giuffrè-Alphen aan den Rijn, Milano-Sijthoff-Noordhoff, 1978.
Cappello R., *Il cappio: perché gli ordini professionali soffocano l'economia italiana*, Rubettino, Soveria Mannelli, 2010.
Capps D., Stec V., Tighe M. e Tinkler H., *Training for the Bar: educational (r)evolution*, in *Law Teach.*, 2018, v. 52, n. 4, p. 499 ss.
Capuano V., *Attività notarile e libera circolazione dei servizi giuridici. Brevi note a margine della sentenza Piringer*, in *Osservatorio Europeo*, 2017.
Carbone L., *La nuova parcella degli avvocati e i parametri per la liquidazione*, Ipsoa, Milano, 2012.
Carbone L., *La parcella dell'avvocato: i parametri ministeriali*, in *Foro it.*, 2012, v. 5, c. 254 ss.
Carbone L., *Passaggio dalla tariffa forense ai parametri: le problematiche della disciplina transitoria*, in *Corr. giur.*, 2012, v. 11, p. 1319 ss.
Carbone S.M., *Diritto di stabilimento e libertà di prestazione di servizi degli operatori del diritto: esigenza di una loro preparazione e qualificazione omogenea programmata a livello europeo*, in *Riv. dir. eur.*, 1978, p. 496 ss.
Carbone S.M. e Taramasso A., *Libera prestazione di servizi, tariffe professionali e professione di avvocato*, in *Dir. comm. int.*, 2005, p. 231 ss.
Carbone V., *Avvocati e procuratori*, in *Corr. giur.*, 1999, n. 6, p. 690 ss.
Carbone V., *Illecito disciplinare dell'avvocato* (nota a Cass., Sez. Un., 10 agosto 2012, 14368), in *Corr. giur.*, 2012, p. 1152 ss.
Carcereri de Prati C., *Il Collegio dei giudici-avvocati di Verona*, Accademia di Agricoltura Scienze e Lettere di Verona, Verona, 2001.
Carleo A., *Calcolabilità giuridica*, Il Mulino, Bologna, 2017.
Carleo A., *Il vincolo giudiziale del passato – I precedenti*, Il Mulino, Bologna, 2018.
Carleo A. (a cura di), *Decisione robotica*, Il Mulino, Bologna, 2019.
Carlucci Aiello L. e Dapor M., *Intelligenza artificiale: i primi 50 anni*, in *Mondo Digitale*, 2004, n. 2, p. 3 ss.
Carmellino C., *Brevi note sulle interazioni tra la* artificial intelligence *e la classe forense*, in D. Dalfino (a cura di), *Scritti dedicati a Maurizio Converso*, RomaTre-Press, Roma, 2016, p. 77 ss.
Carmignani A. e Giacomelli S., *Too many lawyers? Litigation in Italian civil courts*, Temi di discussione n. 745, Banca d'Italia, 2010, https://www.bancaditalia.it/pubblicazioni/temi-discussione/2010/2010-0745/en_tema_745.pdf?language_id=1.

Carr J.L. e Mathewson G.F., *Unlimited Liability as a Barrier to Entry*, in *J. Polit. Econ.*, 1988, v. 6, n. 4, p. 766 ss.

Carrara F., *Il passato, il presente e l'avvenire degli avvocati in Italia*, in *Opuscoli di diritto criminale*, Tipografia di B. Canovetti, Lucca, 1876 (I ed. 1874), p. 51 ss.

Carrigan C. e Coglianese C., *George J. Stigler, "The Theory of Economic Regulation"*, in M. Lodge, E.C. Page e S.J. Balla, *The Oxford Handbook of Classics in Public Policy and Administration*, Oxford University Press, Oxford, 2015, p. 287 ss.

Carrocci G. (a cura di), *Il parlamento nella storia d'Italia*, Laterza, Bari, 1964.

Carrozza M.C., *I Robot e noi*, Il Mulino, Bologna, 2017.

Carr-Saunders A.M. e Wilson P.A., *The Professions*, The Clarendon Press, Oxford, 1933.

Casavola F.P., *Maria Pellegrina Amoretti*, in *Materiali per una storia della cultura giuridica*, 1998, n. 2, p. 307 ss.

Caselli A., *Dagli artifici dell'intelligenza all'intelligenza artificiale*, in F. Pizzetti (a cura di), *Intelligenza artificiale, protezione dei dati personali e regolazione*, Giappichelli, Torino, 2018, p. 201 ss.

Cassese S., *La nozione comunitaria di pubblica amministrazione*, in *Giorn. dir. amm.*, 1996, p. 920 ss.

Cassese S., *L'ordinamento delle professioni: problemi italiani e modelli stranieri*, in Id. (a cura di), *Professioni e ordini professionali in Europa. Confronto tra Italia, Francia e Inghilterra*, Il Sole 24 Ore, Milano, 1999.

Cassese S., *La riforma degli ordini professionali*, in M. Malatesta (a cura di), *Corpi e professioni tra passato e futuro*, Giuffrè, Milano, 2002, p. 15 ss.

Cassi A.A., *Il bravo funzionario absburgico tra Absolutismus e Aufklärung. La vita e l'opera di K.A. von Martini (1726-1800)*, Giuffrè, Milano, 1999.

Castellaneta M., *È contrario alla concorrenza il sistema di determinazione delle tariffe minime dei legali senza controllo pubblico* (nota a Corte di Giustizia, sent. 23 novembre 2017, cause riunite C-427/16 e C-428/16, *CHEZ Elektro Bulgaria AD v. Yordan Kotsev and FrontEx International EAD v. Emil Yanakiev*), in *Guida dir.*, 2018, f. 1, p. 96 ss.

Castelli C., *Giustizia Predittiva*, in *Quest. giust.*, on line, 2022.

Castelli C. e Piana D., *Giustizia predittiva. La qualità della giustizia in due tempi*, in *Quest. giust.*, 2018, n. 4, p. 154 ss.

Castelli C. e Piana D., *Giusto processo e intelligenza artificiale*, Maggioli Editore, Santarcangelo di Romagna, 2019.

Castronovo C. e Mazzamuto S., *L'impresa e la società*, in Id., *Manuale di diritto privato europeo*, Giuffrè, Milano, 2007.

Catalan Chamorro M.J., *El acceso a la justicia de consumidores: los nuevos instrumentos del ADR y ODR de consumo*, Tirant lo Blanch, Valencia, 2019.

Catelli V.G., *Le tariffe professionali come accordo di prezzo* (nota a Decisione della Commissione 30 gennaio 1995, 95/188/CEE, *COAPI –Colegio Oficial de Agentes de la Propiedad Industrial*), in *Dir. ind.*, 1996, p. 131 ss.

Cavagnari C. e Caldara E., *Avvocati e procuratori*, in *Digesto it.*, v. IV, II, Torino, 1926, p. 621 ss.

Cavanna A., *L'influence juridique française en Italie au XIXe siècle*, in *Rev. hist. fac. droit et sc. jurid.*, 1994, n. 15, p. 87 ss. (in italiano, *Influenze francesi e continuità di aperture europee nella cultura giuridica dell'Italia dell'Ottocento*, in Id., *Scritti (1968-2002)*, II, Jovene, Napoli, 2007, p. 1185 ss.

Cavanna M., *La gestione collettiva dell'attività professionale: un quadro normativo*, in *Giur. it.*, 2020, n. 5, p. 1247 ss.
Cazzetta G., *Scienza giuridica e trasformazioni sociali. Diritto e lavoro*, in *Italia tra Otto e Novecento*, Giuffrè, Milano, 2007, p. 360 ss.
Cazzetta G., *Codice civile e identità giuridica nazionale: percorsi e appunti per una storia delle codificazioni moderne*, II ed., Giappichelli, Torino, 2018.
Cerrato S.A., *Appunti su smart contract e diritto dei contratti*, in *Banca borsa, tit. cred.*, 2020, v. 3, p. 370 ss.
Cervone L., Palmirani M. e Vitali F., *The Intelligible Contract*, in *Proceedings of the 53rd Hawaii International Conference on System Sciences*, 2020, p. 1780 ss.
Chamberlin D., *Sourcing Insight: LPO in Continental Europe*, Trestle Group, New York-London-Frankfurt-Zurich-Bangalore, 2013.
Chambers A., Lekahal C., Nelson K., Pyun J. e Wolny, G. *Transformative Change: Outsourcing the Practice of Law*, 2013, http://www.colorado.edu/law/sites/default/ files/TransformativeChange-Outsourcing-2013.pdf.
Chiarelli M., *Decoro e libera determinazione del compenso professionale: ordinamento francese ed italiano a confronto*, in *Rass. forense*, 2012, n. 1-2, p. 89 ss.
Chiarelli M., *Consiglio nazionale forense e Autorità garante della concorrenza e del mercato Il Consiglio di Stato conferma l'insussistenza dell'inottemperanza*, in *Amministrazione in Cammino*, 2020, p. 1 ss.
Chierici M., *La blockchain: una lettura giuridica per uno sguardo verso il futuro*, in *Cib. dir.*, 2018, n. 3, p. 385 ss.
Chinappi C. e Napolillo E., *La promozione della professione forense*, La Tribuna, Piacenza, 2002.
Chiti E. e Screpanti S., *Libera prestazione di servizi*, in *Giorn. dir. amm.*, 2011, p. 650 ss.
Chohan U.W., *Web 3.0: The Future Architecture of the Internet?*, 2022, in SSRN: https://ssrn.com/abstract=4037693 or http://dx.doi.org/10.2139/ssrn.4037693.
Christian E.B.V., *A Short History of Solicitors*, Reeves and Turner, London, 1896.
Cian M., *La nuova società tra professionisti. Primi interrogativi e prime riflessioni*, in *Nuove leggi civ. comm.*, 2012, n. 1, p. 3 ss.
Cian M., *Il cantiere aperto delle società "tra professionisti": prime note sulle novità nella legge sulla concorrenza (legge n. 124 del 2017)*, in *Studium iuris*, 2017, n. 11, p. 1257 ss.
Ciani M., *Storia dell'avvocatura anconitana 1860-1980*, Il lavoro, Ancona, 1999.
Cipolla C.M., *Le professioni nel lungo andare*, in Id., *Le tre rivoluzioni e altri saggi di storia economica e sociale*, Il Mulino, Bologna, 1898, p. 276.
Clay T.S. e Seeger E.A., *2018 Law Firms in Transition: an Altman Weil Flash Survey*, Altman Weil, Willow Grove, Pa, 2018.
Clay T.S. e Seeger E.A., *2020 Law Firms in Transition: an Altman Weil Flash Survey*, Altman Weil, Willow Grove, Pa, 2020.
Clément M., *Smarts Contract and the Courts*, in L.A. DiMatteo, M. Cannarsa e C. Poncibò, *The Cambridge Handbook of Smart Contracts, Blockchain Technology and Digital Platform*, Cambridge University Press, Cambridge, 2020, p. 271 ss.
Clementi D., *Review of the Regulatory Framework for Legal Services in England and Wales*, 2004.
Clendenin G. S., *Allaying the Outsourcing Tempest: A Candid Look at Outsourcing Vis-6-vis the Future of-American Jobs*, in *U. MIAMI Bus. L. Rev.*, 2006, v. 14, n. 12, p. 295.

Coben J.R., *Rethinking zealousness: A paradigm for Representation of Clients in Mediation,* in *Journal of ADR in empl.*, 1999, p. 4 ss.

Cocceji S., *Novum systema iustitiae naturalis et romanae,* Halae, 1740, p. 667 ss. (*De processu naturali inter privatos*).

Cock R.C.J., *Sentencing at the Bar,* in *Kingston L. Rev.*, 1981, v. 11, n. 3, p. 332 ss.

Cocks R., *The Bar at Azzizes: Barristers on Three Nineteenth Century Circuits,* in *Kingston L. Rev.*, 1976, v. 6, p. 36 ss.

Cocks R., *Foundations of the Modern Bar,* Sweet & Maxwell, London, 1983.

Codazzi E., *Alcuni brevi commenti al Decreto legislativo 2 febbraio 2001, n. 96 in tema di società di avvocati,* in *Giur. comm.*, 2001, n. 3, p. 303 ss.

Codazzi E., *La società tra professionisti: l'oggetto sociale.*, in *Società*, 2012, n. 5, p. 5 ss.

Codazzi E., *La società tra professionisti e il regime di responsabilità dei soci per l'esercizio dell'attività professionale. Qualche considerazione sul tema alla luce dei principi sulle liberalizzazioni dei servizi professionali,* in *ODCC*, 2013, n. 2, p. 313 ss.

Codazzi E., *Le società per l'esercizio della professione forense: questioni aperte e prospettive,* in *Società*, 2019, n. 11, p. 1195 ss.

Condinanzi M. e Nascimbene B., *I Servizi,* in A. Tizzano (a cura di), *Il Diritto privato nell'Unione Europea,* Giappichelli, Torino, 1999, p. 307.

Cohen H., *A History of the english Bar and Attornatus to 1450,* Sweet & Maxwell, London, 1967.

Cohen H., *The Divided Legal Profession in England and Wales – Can Barrister and Solicitors Ever Be Fused,* in *J. Legal Prof.*, 1987, v. 12, p. 7 ss.

Colao F., *Procuratori e avvocati a Siena nel Settecento,* in *Studi senesi,* suppl. alla centesima annata, 1988, II, p. 630 ss.

Colavitti G., *Pratica forense e diploma di specializzazione,* in *Rass. forense*, 2005, p. 1367 ss.

Colavitti G., *Rappresentanza ed interessi organizzati. Contributo allo studio dei rapporti tra rappresentanza politica e rappresentanza di interessi,* Giuffrè, Milano, 2005.

Colavitti G., *Accesso alla professione forense e libertà di concorrenza: gli abogados italiani tra abuso del diritto europeo e libertà di stabilimento,* in *Rass. forense*, 2013, n. 3-4, p. 729 ss.

Colavitti G., *La direttiva Bolkestein e la liberalizzazione dei servizi professionali,* in *Rass. forense*, 2009, p. 481 ss.

Colavitti G. e Cambogi G., *Riforma forense,* Giuffrè, Milano, 2013.

Coldstream G., *Professional Standards, Ethics and Discipline in England,* in *ABA J.*, 1970, v. 56, n. 3, p. 237 ss.

Cole B., *Solicitors in private practice – Their Work and Expectation,* Law Society, London, 1997.

Colombo P., *Governo e costituzione. La trasformazione del regime politico nelle teorie dell'età rivoluzionaria francese,* Giuffrè, Milano, 1993.

Comandé G., *Intelligenza artifciale e responsabilità tra liability e accountability, in An. giur. econ.*, 2019, 1, p. 169 ss.

Commander Flynn, *The Background to the Inns of Court,* in *Bracton L. J.*, 1969, v. 5, n. 2, p. 60 ss.

Comoglio P., *La diversa oralità dei processi civili nell'emergenza sanitaria. Brevi raffronti comparati,* in *DPCE online*, 2020, v. 43, n. 2, p. 2323 ss.

Condello D., *L'informazione pubblicità dell'avvocato italiano mediante le reti telematiche*, in *Temi rom.*, 2000, p. 172 ss.
Condinanzi M., *L'avvocato comunitario tra... Corte di Giustizia e Corte Costituzionale*, in *Corr. giur.*, 1996, p. 1216 ss.
Condinanzi M., *La libertà di stabilimento*, in G. Strozzi, A. Adinolfi e R. Baratta (a cura di), *Diritto dell'Unione Europea*, Giappichelli, Torino, 2017, p. 175 ss.
Condinanzi M., Lang A. e Nascimbene B., *Cittadinanza dell'Unione e libera circolazione delle persone*, Giuffrè, Milano, 2006.
Condinanzi M. e Nascimbene B., *La libera prestazione dei servizi e delle professioni in generale*, in A. Tizzano (a cura di), *Il Diritto privato nell'Unione Europea*, Giappichelli, Torino, 2000, p. 283 ss. (II ed., 2006, p. 330 ss.)
Cone III S. M., *International Legal Practice Involving England and New York Following Adoption of the United Kingdom Legal Services Act 2007*, in *Nw. J. Int'l L. & Bus.*, 2008, v. 28, p. 415 ss.
Constantinesco V., *La libre circulation des personnes et des services*, in *JDI*, 1976, p. 221 ss.
Conte A., *Convegni e Congressi. Relazione Introduttiva*, in *Quaderni – Rivista Quadrimestrale dell'Ordine degli Avvicati di Brindisi*, 2005, p. ss.
Conti Odorisio G., *La formazione di Teresa Labriola e la libera docenza in filosofia del diritto*, in *Materiali per una storia della cultura giuridica*, 1995, v. 1, p. 173 ss.
Conti R. e Foglia R., *Esercizio della professione di avvocato in uno Stato membro diverso da quello in cui è stata acquisita la qualifica* (nota a Corte di Giustizia, 3 febbraio 2011, n. 359), in *Corr. giur.*, 2011, p. 454 ss.
Corasaniti G., *Intelligenza artificiale e diritto: il nuovo ruolo del giurista*, in P. Perri G. e Ziccardi, *Dizionario Legal Tech. Informatica giuridica, protezione dei dati, investigazioni digitali, criminalità informatica, cybersecurity e digital transformation law*, Giuffrè, Milano, 2020, p. 395 ss.
Corcos C. A., *Portia Goes to Parliament: Women and Their Admission to Memebership in the English Legal Profession*, in *Denv. U. L. Rev.*, 1998, v. 75, p. 307 ss.
Cordero F., *Esercizio retorico*, in *Procedura Penale*, Giuffrè, Milano, 2000.
Corea F., *AI knowledge map: how to classify AI technologies, a sketch of a new AI technology landscape*, in *Medium – artificial intelligence*, 2018, https://medium.com/@Francesco_AI/aiknowledge-map-how-to-classify-ai-technologies-6c073b969020.
Corfield P.J., *Power and the Professions in Britain 1700-1850*, Routledge, London, 1995.
Corfield P.J, *Eighteenth-Century Lawyers and the Advent of The Professional Ethos*, in P. Chassaigne e J.-P. Genet (eds.), *Droit et société en France et Grande Bretagne: Law and Society in France and England*, Sorbonne Publications, Paris, 2003, p. 103 ss.
Cornelissen C. e D'Ottavio G. (a cura di), *La Repubblica di Weimar: democrazia e modernità*, Il Mulino, Bologna, 2021.
Cornish W., Banks S., Mitchell C., Mitchell P. e Probert R., *Law and Society in England 1750-1950*, Hart Publishing, Oxford-Chicago, Ill., 2019.
Corrales M., Fenwick M. e Haapio H., *Digital Technologies, Legal Design and the Future of Legal Profession*, in M. Corrales, M. Fenwick e H. Haapio, *Legal Tech, Smart Contracts and Blockchain*, Springer, Singapore, 2020, p. 2 ss.
Corrales M., Fenwick M., Hapio H. e Vermeulen E.P.M., *Tomorrow's Lawyer To-*

day? Platform-Driven LegalTech, Smart Contracts & the New World of Legal Design, in *Journal of Internet Law*, 2019, p. 3 ss.
Cortés P., *Online Dispute Resolution for Consumers in the European Union*, Routledge, London, 2010.
Cortés P., *The Law of Consumer Redress in an Evolving Digital Market: Upgrading from Alternative to Online Dispute Resolution*, Cambridge University Press, Cambridge, 2017.
Cosi G., *L'avvocato e il suo cliente. Appunti storici e sociologici sulla professione legale*, in *Materiali per una storia della cultura giuridica*, 1986, XVI, n. 1, p. 12 ss.
Cosi G., *Invece di giudicare. Scritti sulla mediazione*, Giuffrè, Milano, 2007.
Costa E., *Profilo storico del processo civile romano*, Athenaeum, Roma, 1918.
Crespi R., *Le professioni legali in Inghilterra e Galles da Edoardo I al Court and Legal Service Act*, in *Le carte e la Storia*, 2005, p. 126 ss.
Crespolani R., *Codice delle professioni di avvocato e di procuratore,* Morpurgo, Roma, 1931.
Creutzfeldt-Banda N., *The origins and evolution of consumer dispute resolution systems in Europe,* in C. Hodges e A. Stadler, *Resolving Mass Disputes: ADR and Settlement of Mass Claims*, Edward Elgar, Cheltenham, 2013, p. 223 ss.
Criscuoli G., *Introduzione allo studio del diritto inglese. Le fonti*, Giuffrè, Milano, 2000.
Criscuoli G. e Serio M., *Nuova Introduzione allo studio del diritto inglese. Le fonti*, Giuffrè, Milano, 2021.
Crotti L., *Il preventivo dell'avvocato e il patto sul compenso. Il mandato e la procura* ad litem, in *Contr.*, 2019, v. 5, p. 568.
Cunningham A., James A.D., Taylor P. e Tether B., *Disruptive Technologies & Legal Service Provision in the UK: A Preliminary Study*, 7 dicembre 2018, SSRN: https://ssrn.com/abstract=3297074 o http://dx.doi.org/10.2139/ssrn.3297074.
Cunningham C.D., *What do clients want from their lawyer*, in *J. Disp. Resol.*, 2013, p. 143 ss.
Cunningham C.D. e Burge W.L., *What do clients want from their lawyer,* Georgia State University College of Law, Legal Studies Research Paper n. 2010-04.
Cuocci V., *Libera concorrenza e libera prestazione di servizi: le tariffe forensi italiane al vaglio del diritto comunitario*, in *Nuova giur. civ. comm.*, 2007, p. 944 ss.
Cuomo Ulloa F., *Modelli di conciliazione nell'esperienza nordamericana*, in *Riv. trim. proc. civ.*, 2000, n. 4, p. 1283 ss.
Curran V.G., *Comparative Law and Legal Origins Thesis: Non scholae sed vitae discimus*, in *Am. J. Comp. L.*, 2009, v. 57, n. 4, p. 863 ss.

D'Acunto S., *Direttiva Servizi (2006/123/CE): genesi obiettivi e contenuto*, Giuffrè, Milano, 2009.
D'Adda A., *Nullità parziale e tecniche di annullamento del contratto,* Cedam, Padova, 2008.
D'Aloia A., *Il diritto verso "il mondo nuovo". Le sfide dell'Intelligenza Artificiale*, in *BioDiritto*, 2019, p. 3 ss.
D'Aloia A., *Intelligenza Artificiale e diritto. Come regolare un nuovo mondo*, FrancoAngeli, Milano, 2021.
D'auria L., *Avvocati e pubblicità*, in *Prev. Forense*, 2000, p. 26 ss.
Dadej I., *"The Napoleonic Civil Codeis to Blame for My Decision to Study Law". Female Law Students and Lawyers in the Second Polish Republic (1918-1939)*, in

S.L. Kimble e M. Röwekamp (eds.), *New Perspectives on European Women's Legal History*, Routledge, New York, 2017, p. 217 ss.

Dale R., *Law and Word Order: NLP in Legal Tech*, in *Natural Language Engineering*, 2018, v. 25, n. 1, p. 211 ss.

Dalla Bontà S., *Una giustizia «co-esistenziale» online nello spazio giuridico europeo? Spunti critici sul pacchetto ADR-ODR per i consumatori*, in *Giust. cons.*, 2021, v. 1, n. 1, p. 191 ss.

Dallari A., *Diritti politici*, in *Digesto it.*, 1898-1901, v. 9, II, p. 762 ss.

Dalloz D., Dalloz A., Dalloz E., Griolet G., Koehler C. e Vergé C., *Supplemént au Répertoire méthodique et alphabétique de législation, de doctrine et de jurisprudence en matiére de droit civil, commercial, criminel, administratif, de droit des gens et the droit public*, Au Bureau de la jurisprudence générale, Paris, 1887, v. I, p. 713 ss.

Daly M.C., *Choosing Wise Men Wisely: The Risks and Rewards of Purchasing Legal Services from Lawyers in a Multidisciplinary Partnership*, in *Geo. J. Legal Ethics*, 2000, v. 13, p. 217 ss.

Damien A., *Avocats*, in J. Toulard (sous la direction de), *Dictionnaire Napoleon*, Fayard, Paris, 1989, p. 147 ss.

Daniele L., *L'ordinamento forense italiano tra Corte di giustizia comunitaria e Corte costituzionale*, in *Diritto dell'Unione Europea*, 1997, p. 183 ss.

Danovi R., *Il fondamento della potestà disciplinare nell'ordinamento deontologico*, in Id., *L'indipendenza dell'avvocato*, Giuffrè, Milano, 1990, p. 23 ss.

Danovi R., *Il codice deontologico degli avvocati*, in *Foro it.*, 1997, v. 120, X, c. 333 ss.

Danovi R., *La pubblicità, la doppia deontologia e le modifiche al codice deontologico forense*, in *Rass. forense*, 2000, p. 41 ss.

Danovi R., *Il procedimento disciplinare e il giusto processo*, in *Rass. forense*, 2003, p. 15 ss.

Danovi R., *Il patto quota lite e l'onorario di risultato nella giurisprudenza francese*, in Id. (a cura di), *Compenso professionale e patto quota lite*, Giuffrè, Milano, 2009, p. 129 ss.

Danovi R., *La nuova legge professionale forense*, Giuffrè, Milano, 2014.

Danovi R., *L'onorario dell'avvocato tra parametri ed equo compenso*, in *Corr. giur.*, 2018, v. 5, p. 589 ss.

Darby M.R. e Karni E., *Free Competition and the Optimal Amount of Fraud*, in *J. L. & Econ.*, 1973, v. 16, p. 67 ss.

Davies M., *Changes to the training of English and Welsh lawyers: implications for the future of university law schools*, in *Law Teach.*, 2018, v. 52, p. 100 ss.

Dawson J.P., *The Oracles of the Law*, University of Michigan Law School, Westport Ct., 1968.

De Angelis L., *Noterelle (in libertà) sulle società tra professionisti, ed in particolare sulle società tra avvocati*, in *Riv. dir. impr.*, 2002, n. 3, p. 513 ss.

De Berti G., *Professione e formazione legali in Inghilterra*, in *Foro it.*, 1973, v. 96, I, c. 27 ss.

De Bonis M.E., *La proposta di direttiva sulla mediazione nell'ambito delle politiche comunitarie in tema di cooperazione giudiziaria*, in *Contr. imp. Europa*, 2005, p. 439 ss.

de Bueger-van Lierde F., *A I'originedu mouvement feministe en Belgique: 'L'Affaire Popelin'*, in *Revue belge de philobgie et d'histoire*, 1972, v. 50, n. 4, p 1128 ss.

de Bueger-van Lierde F., *Marie Popelin*, in *Biographie nationale*, 1976, v. 39, col. 733 ss.

de Bueger-van Lierde F., *Marie Popelin et les debuts du mouvement feministe belge (1892-1914)*, in L. Courtois, J. Pirotte e F. Rosart (a cura di), *Femmes des années 80: Un sieck de condition feminine en Belgique, 1889-1989*, Academia-Crédit communal de Belgique, Louvain-la-Neuve-Bruxelles, 1989, p. 197 ss.

De Filippi P. e Hassan S., *The Expansion of Algorithmic Governance: From Code is Law to Law is Code*, in *Field Actions Science Reports*, 2017, Special Issue 17, p. 88 ss.

de Giorgio M., *Donne e professioni*, in M. Malatesta (a cura di), *Storia d'Italia, Annali 10, I professionisti*, Einaudi, Torino, 1996, p. 464 ss.

de Glanvill R., *The Treatise On The Laws And Customs Of The Realm Of England*, J. Byrne & co., Washington, 1900.

De Groot-Van Leeuwen L.E, *Women in the Dutch Legal Profession*, in Schultz U. e Shaw G. (eds.), *Woman in the World's Legal Profession*, Hart Publishing, Oxford-Portland, Or., 2003.

De La Quadra-Salcedo Janini T., *¿Quo Vadis, Bolkestein? ¿Armonización o mera dersregulación de la prestación de servicios?*, in *Rev. Esp. Der. Eur.*, 2007, p. 237 ss.

de la Rosa F.E. e Zeleznikow J., *Making Intelligent Online Dispute Resolution Tools available to Self-Represented Litigants in the Public Justice System. Towards and Ethical use of the AI technology in the administration of Justice,* ICAIL '21: Proceedings of the Eighteenth International Conference on Artificial Intelligence and Law, Association for Computing Machinery, New York, 2021 p. 195 ss.

De Luca A., *La mediazione in Europa. Una questione di cultura e non di regole*, in *Riv. dir. civ.*, 2013, n. 6, p. 1451 ss.

De Luca A., *Una rivoluzione all'inglese. La giustizia a dieci anni dal Costitutional Reform Act*, Giappichelli, Torino, 2016.

De Luca A. e Trocker N., *La mediazione civile alla luce della direttiva 2008/52/CE*, Firenze University Press, Firenze, 2011.

De Luca G.B., *Il dottor volgare, ovvero Il compendio di tutta la legge civile, canonica, feudale e municipale*, coi tipi di V. Batelli e compagni, Firenze, 1843.

De Luca P. e Puglia M., *Cronache della giurisprudenza dell'Unione europea (gennaio-giugno 2011)*, in *Dir. Un. Eu.*, 2011, p. 781 ss.

De Palo G., D'Urso L. e Gabellini R., *Il ruolo dell'avvocato nella mediazione: procedure e tecniche,* Giuffrè, Milano, 2011.

De Rosa R., *Le professioni liberali: le attività mediche, paramediche e farmaceutiche*, in A. Tizzano (a cura di), *Professioni e servizi nella CEE*, Cedam, Padova, 1985, 277 ss.

De Souza S.P. e Spohr M., *Technology, Innovation and Access to Justice*, Edinburgh University Press, Edinburgh, 2020.

De Tilla M., *La professione di avvocato,* II ed., Giuffrè, Milano, 1998, 2 voll.

De Waele S., *Liberal Professions and Recommended Prices: the Belgian Architects Case*, Competition Policy Newsletter, 2004.

Debosque B., *Relazioni: Rtica Professionale e responsabilità sociale dell'avvocato europeo*, in G. Alpa e A. Mariani Marini (a cura di), *Etica Professionale e responsabilità sociale dell'avvocato europeo: atti del convegno promosso dal Consiglio Nazionale forense e dalla Scuola Superiore dell'Avvocatura con l'altro patronato del Presidente della Repubblica*, Roma, 15-16 novembre 2012, Pisa University Press, Pisa, 2013, p. 71 ss.

Decker C. e Yarrow G., *Understanding the economic rationale for legal services regulation (A report for the Legal Services Board)*, Regulatory Policy Institute, 2010, https://www.legalservicesboard.org.uk/Projects/rationalising_scope_of_regulation/pdf/economic_rationale_for_Legal_Services_Regulation_Final.pdf.

Deffains B. e Gabuthy Y., *Efficiency of Online Dispute Resolution: A Case of Study*, in *Comm. & Strat.*, 2005, n. 60, p. 205 ss.

Defois S., *Les avocats nantais au XXe siècle: Socio-histoire d'une profession*, Presses universitaires de Rennes, Rennes, 2007.

Del Duca L.F., Rule C. e Rimpfel K., *eBay's De Facto Low Value High Volume Resolution Process: Lessons and Best Practices for ODR Systems Designers*, in *Arb. L. Rev.*, 2014, v. 6, n. 10, p. 2014 ss.

Delacroix S., *Computer systems fit for the legal profession?*, in *Legal Ethics*, 2018, v. 21, n. 2, p. 119 ss.

Den Hertog J., *General Theories of Regulation*, in B. Bouckaert e G. De Geest (ed.), *Encyclopedia Of Law And Economics*, v. III, *The Regulation of Contracts*, Edward Elgar, Cheltenham, 2000, p. 223 ss.

Den Hortog J.A., *General Theories of Regulation*, Discussion Paper Series n. 10-18, Utrecht School of Economics, 2010.

Denis D., *A propos de l'arrêt du 30 janvier 1985 de la Cour de justice des Communautés européennes. Valeur des accords interprofessionnels dans le secteur des AOC*, in *Rev. dr. rur.*, 1985, p. 155 ss.

Desana E., *Società fra professionisti – l'impervio cammino delle società fra professionisti*, in *Giur. it.*, 2018, n. 8-9, p. 1925 ss.

Di Federico G., *La libera circolazione degli avvocati nell'unione europea, tra abuso del diritto e identità nazionale. Il caso degli Abogados dinanzi alla Corte di giustizia*, in *Dir. comm. scambi int.*, 2014, p. 553 ss.

Di Giambattista L., *La direttiva 2013/55/Ue: novità legislative in materia di riconoscimento delle qualifiche professionali e casi pratici*, in *Ist. fed.*, 2015, n. 1, p. 145 ss.

Di Majo A. e De Chiara A., *Il mutar delle metodologie nelle scienze sociali: il caso delle analisi economiche delle scienze pubbliche*, Working Paper n. 616, Società Italiana di Economia Pubblica, 2009.

Di Molfetta N., *Lex machine. Innovazione, tecnologia e avvocati: come cambia il mercato e cosa bisogna sapere per farcela*, LC Publishing Group, Milano, 2019.

Di Porto V., *Il 1938 in Italia e Germania. Spuni per una comparazione*, in *La Rassegna Mensile di Israel*, 2007, v. 73, n. 2, p. 225 ss.

Di Stefano B., Pocher N. e Zichichi M., *MOATcoin: Exploring Challenges and Legal Implications of Smart Contracts Through a Gamelike DApp Experiment*, in *CryBlock '20: Proceedings of the 3rd Workshop on Cryptocurrencies and Blockchains for Distributed Systems*, ACM Association for Computing Machinery, New York, 2020, p. 53 ss.

Di Via L., *Brevi note sul criterio di economicità e l'impresa rilevante per il diritto della concorrenza nella recente giurisprudenza della Corte di Giustizia*, in *Foro it.*, 1994, IV, c. 297 ss.

Di Via L., *Ancora sul principio di solidarietà e la nozione di impresa rilevante per il diritto comunitario della concorrenza*, in *Foro it.*, 1996, IV, c. 67 ss.

Di Via L., *L'impresa*, in N. Lipari (a cura di), *Diritto privato Europeo*, Cedam, Padova, 1997, p. 252 ss.

Dicey A.V., *Legal Etiquette*, in *Fortn. Rev.*, 1867, p. 169 ss.

Dicey A.V., *Introduction to the Study of the Law of the Constitution*, Macmillan, London, 1962.
Diedrich H., *Ethereum: Blockchains, Digital Assets, Smart Contracts, Decentralized Autonomous Organizations*, Wildfire, London, 2016.
Dijksterhuis B., *The Online Divorce Resolution Tool 'Rechtwijzer uit Elkaar' Examined*, in M. Maclean e B. Dijksterhuis (eds.), *Digital Family Justice: From Alternative Dispute Resolution to Online Dispute Resolution?*, Hart Publishing, Oxford, 2019, p. 193 ss.
Dinovitzer R. e Dawe M., *Canada: Continuity and Change in a Modern Legal Profession*, in R.L. Abel, O. Hammerslev, H. Sommerlad e U. Schultz, *Lawyers in 21st-Century Societies, Volume I: National Reports*, Hart, Oxford, 2020, p. 65 ss.
Diozzi F., *Mediazione e negoziazione assistita. Tecniche di gestione delle controversie*, Giufffrè, Milano, 2017.
Dittrich L., *Profili applicativi del patto quota lite*, in *Riv. dir. proc.*, 2007, p. 1141 ss.
Djankov S., Hart O., Mc Leish C. e Shleifer A., *Debt Enforcement Around the World*, in *J. Polit. Econ.*, 2008, v. 116, p. 1105 ss.
Djankov S., La Porta R., Lopez de Silanes F.C. e Shleifer A., *The Regulation of Entry*, in *Q. J. Econ.*, 2002, v. 117, p. 1 ss.
Djankov S., La Porta R., Lopez de Silanes F.C. e Shleifer A., *Courts*, in *Q. J. Econ.*, 2003, v. 118, p. 453.
Djankov S., La Porta R., Lopez de Silanes F.C. e Shleifer A., *Legal Origin, Juridical Form and Industrialisation in Historical Perspective: The Case of the Employment Contract and the JointStock Company*, Center for Business Research, Cambridge, Working Paper n. 369, 2008.
Dohring E., *Geschichte der deutschen Rechtspflege*, Duncker & Humblot, Berlin, 1953.
Donahey M.S., *Current Developments in Online Dispute Resolution*, in *Int'l J. Arb.*, 1999, v. 16, n. 4, p. 115 ss.
Donati F., *Intelligenza Artificiale e giustizia*, in *Rivista AIC*, 2020, n. 1, p. 415 ss.
Dondi A., *Il regolamento istitutivo delle scuole forensi*, in *Dir. pen. e processo*, 2000, p. 800 ss.
Donzelli G., *La legittimità delle tariffe minime nella giurisprudenza della Corte di Giustizia*, in *Nuova giur. civ. comm.*, 2018, v. 5, p. 620 ss.
Donzelli G., *La legittimità delle tariffe minime nella giurisprudenza della Corte di giustizia: tra libera concorrenza e tutela del lavoro autonomo*, in *Cult. dir. per una Formazione Giuridica*, 2018, n. 1/2, p. 169 ss.
Donzelli G., *Le tariffe professionali alla luce dei "motivi imperativi di interesse generale" nella giurisprudenza della Corte di Giustizia*, in *Nuova giur. civ. comm.*, 2019, n. 6, p. 1234 ss.
Doornbos N. e De Groot-Van Leeuwen L., *Netherlands. Developments and Challenges*, in R.L. Abel, O. Hammerslev, H. Sommerlad e U. Schultz, *Lawyers in 21st-Century Societies, Volume I: National Reports*, Hart, Oxford, 2020, p. 253 ss.
Dore F.M., *Professioni e impresa tra diritto interno e comunitario: il problema delle tariffe*, in *Corr. giur.*, 1999, p. 45 ss.
Douglas Walker J. e Roxburgh R. (eds.), *Records of the Honorable Society of Lincoln's Inn. The Black Books*, vol. I, 1422-1586, Lincoln's Inn, London, 1897.
Drinker H.S., *The Ethical Lawyer*, in *University of Florida Law Review*, 1954, v. 7, n. 4, p. 375 ss.

Drucker P.F., *The Practice of Management*, Harper Press, New York, 1954.
Druesne G., *La liberté de circulation des personnes dans la Cee et les emplois dans l'administration publique*, in *Rev. trim. droit eur.*, 1981, n. 1, p. 287 ss.
Dubouis L., *La notion d'emplois dans l'Administration publique (art. 48.4 traité Cee) et l'acces des ressortissants communautaires aux emplois publics*, in *Rev. fr. droit adm.*, 1987, n. 6, p. 949 ss.
Duman D., *Pathway to Professionalism: The English Bar in the Eighteenth and Nineteenth Centuries*, in *J. Soc. Hist.*, 1980, v. 13, n. 4, p. 615 ss.
Duman D., *The English and Colonial Bars in the Nineteenth Century*, Croom Hell, London, 1983.
Durante M., *Potere computazionale: l'impatto delle ICT su diritto, società e sapere*, Meltemi, Milano, 2019.
Durovic M. e Janssen A., *The Formation of Blockchain-based Smart Contracts in the Light of Contract Law*, in *ERPL*, 2019, n. 6, p. 754 ss.
Durovic M. e Lech F., *Legal Tech in ADR*, in L.A. Di Matteo, A. Janssen, P. Ortolani, F. De Elizalde, M. Cannarsa e M. Durovic, *The Cambridge Handbook of Lawyering in the Digital Age*, Cambridge University Press, Cambridge, 2021, p. 99 ss.
Durox S., *Des robots testés à la place des juges dans les cours d'appel de Rennes et Douai*, in www.leparisien.fr, 2017.

Ebers M., *Legal Tech and EU Consumer Law*, in M. Canarsa, M. Durovic , F.de Elizalde, L.A. Di Matteo, A. Janssen e P. Ortolani (eds.), *Lawyering in the Digital Age*, Cambridge University Press, Cambridge, 2021.
Ebner N. e Greenberg E.E., *Where Have All the Lawyers Gone? The Empty Chair at the ODR Justice Table*, in *Int'l J. online Disp. Resol.*, 2019, v. 6, n. 2, p. 154 ss.
Edigati D., *L'esame di accesso alla professione di procuratore e di avvocato nella Firenze leopoldina (1777-1784)*, in *Quaderni stefaniani. Studi di storia, economia e istituzioni*, 2016, p. 11 ss.
Ehlermann C.-D. e Atanasiu I., *European Competition Law Annual 2004: The Relationship Between Competition Law and the (Liberal) Professions*, Hart Publishing, Oxford-Portland, 2006.
Eisele F., *Cognitur und Procuratur. Untersuchungen zur Geschichte der processualen Stellvertretung*, Mohr, Freiburg-Tübingen, 1881.
Elbers N.A., van Wees K.A.P.C., Akkermans A.J., Cuijpers P. e Bruinvels D.J., *Exploring Lawyer-Client Interaction: A Qualitative Study of Positive Lawyer Characteristics*, in *Psychol Inj. Law*, 2012, v. 5, n. 1, p. 89 ss.
Ellis V.J. e Buckett A., *Women in Commercial Legal Practice*, IBA Legal Policy & Research Unit, London, dicembre 2017.
Evetts J., *Short Note: The Sociology of Professional Groups: New Directions, in Curr. Sociol.*, 2006, v. 54, n. 1, p. 133 ss.
Evetts J., *Similarities in Contexts and Theorizing: Professionalism and Inequity*, in *Prof. Prof.*, 2012, v. 2, n. 2, p. 1 ss.
Ewer W., *Anwaltliche Unabha¨ngigkeit zwischen Interessenvertretung und Gemeinwohlorientierung*, in *Anwaltsblatt*, 2009, n. 10, p. 657 ss.

Fabri M., *Some European and Australian e-Justice services*, IRSIG-CNR, Bologna, 2012.
Fachechi A., *La giustizia alternativa nel commercio elettronico: profili civilistici delle ODR*, Edizioni scientifiche italiane, Napoli, 2016.

Fachechi A., *Le online dispute resolution*, in G. Bruno (a cura di), *Diritto delle comunicazioni*, Giappichelli, Torino, 2019, p. 457 ss.

Fama E.F. e Jensen M.C., *Agency Problems and Residual Claims*, in *J. L. & Econ.*, 1983, v. 26, p. 327 ss.

Fama E.F. e Jensen M.C., *Separation of Ownership and Control*, in *J. L. & Econ.*, 1983, v. 26, p. 301 ss.

Fantetti F.R., *La disciplina dell'ODR (On line Dispute Resolution) nell'ordinamento comunitario e nazionale*, Grafikarte, Roma, 2011.

Fantin A., *La giuridificazione degli ordini professionali*, in Marchetti B. e Renna M., *La giuridificazione, v. III*, in L. Ferrara e D. Sorace, *A 150 anni dall'unificazione amministrativa italiana.*, Firenze University Press, Firenze, 2016, p. 230 ss.

Fantin A., *La giuridificazione dello sport e degli ordini professionali – la giuridificazione degli ordini professionali*, in *Giur. it.*, 2016, n. 2, p. 484.

Faranda F., *Ancora sulla giurisdizione disciplinare dei Consigli dell'Ordine*, in *Temi Zanclea*, 1875, 5, n. 7, p. 50 ss.

Fasan M., *L'intelligenza artificiale nella dimensione giudiziaria. Primi profili giuridici e spunti dall'esperienza francese per una disciplina dell'AI nel settore della giustizia*, in A. Lo Calzo, L. Pace, G. Serges, C. Siccardi e P. Villaschi (a cura di), *Diritto e nuove tecnologie tra comparazione e interdisciplinarità. Atti del seminario di diritto comparato – 26 marzo 2021*, in *Gruppo di Pisa*, Quaderno n. 3, 2021, p. 325 ss.

Faulconbridge J. e Muzio D., *Re-inserting the Professional in the Study of PSFs*, in *Glob. Netw.*, 2008, v. 7, n. 3, p. 249 ss.

Faure M.G., Fisinger J., Siegers J. e Van den Bergh R., *Regulation of Professions*, Maklu, Antwerp, 1993.

Fenn P., Gray A. e Rickmanz N., *Standard fees for legal aid: an empirical analysis of incentives and contracts*, Oxford Economic Papers, 2007, v. 59, n. 4, p. 662 ss.

Fenwick M., Kaal W.A. e Vermeulen E.P.M., *Legal Education in the Blockchain Revolution*, in *Vand. J. Ent. & Tech. L.*, 2017, v. 20, p. 351 ss.

Fenwick M. e Jurcys P., *The Contested Meaning of Web3 and Why it Matters for (IP) Lawyers*, 2022, http://copyrightblog.kluweriplaw.com/2022/01/27/the-contested-meaning-of-web3-why-it-matters-for-ip-lawyers/.

Fenwick M. e Vermeulen E.P.M., *eTechnology and Corporate Governance: Blockchain, Crypto, and Artificial Intelligence*, ECGI Working Paper Series in Law, Working Paper n. 424/2018, 2018.

Fenwick M. e Vermeulen E.P.M., *The Lawyer of the Future as "Transaction Engineer": Digital Technologies and the Disruption of the Legal Profession*, in Corrales M., Fenwick M. e Haapio H., Legal Tech, *Smart Contracts and Blockchain*, Springer, Singapore, 2020, p. 254 ss.

Ferrante R., *Il "governo delle cause": la professione del causidico nell'esperienza genovese (XV-XVIII secolo)*, in *Riv. storia dir. it.*, 1989, v. 62, p. 181 ss.

Ferrante R., *Codificazione e cultura giuridica*, seconda ed., Giappichelli, Torino, 2011.

Ferrante R., *Il problema della codificazione*, in *Enciclopedia Italiana. Il Contributo italiano alla storia del Pensiero – Diritto*, Istituto della Enciclopedia Italiana - Treccani, Roma, 2012, p. 277.

Ferrante W., *La Corte di giustizia salva le tariffe forensi massime*, in *Rass. avv. Stato*, 2011, III, p. 64 ss.
Ferrari F., *La pesca di Frodo. Riflessioni critiche in materia di prova esplorativa*, Giappichelli, Torino, 2020.
Ferraro F., *Professioni e concorrenza nel diritto comunitario*, in *Riv. dir. impr.*, 2000, p. 81 ss.
Ferraro F., *Avvocati: cronaca di una condanna da tempo annunciata per l'Italia*, in *Dir. pubb. comp. eur.*, 2002, p. 1270 ss.
Ferraro F., *L'avvocato comunitario. Contributo allo studio della libertà di circolazione e di concorrenza dei professionisti*, Editoriale scientifica, Napoli, 2005.
Ferretti C., *Procedimento disciplinare contro il sig. avv. Cesare Ferretti, imputato di contravvenzione all'art. 340 del regolamento generale giudiziario, Ai miei Colleghi*, Cappelli, Poggibonsi-Siena, 1885.
Feuchtwanger S., *Die freien Berufe. Im besonderen: Die Anwaltschafl. Versuch einer allgemeinen Kulturwirtschaftslehre*, Derlag von Duncker & Humblot, Munich-Leipzig, 1922.
Fezza F., *Alcuni brevi commenti al Decreto legislativo 2 febbraio 2001, n. 96 in tema di società di avvocati*, in *Giur. comm.*, 2001, n. 3, p. 290 ss.
Finocchiaro G., *Intelligenza Artificiale e protezione dei dati personali*, in *Giur. It.*, 2019, v. 7, p. 1557 ss.
Fioravanti C., *L'esercizio delle professioni legali in Italia nell'ottica del diritto comunitario*, in *Nuove leggi civ.*, 2004, n. 1-2, p. 3 ss.
Fioravanzo M., *Sull'autorizzazione maritale. Ricerche intorno alla condizione giuridica della Donna nell'Italia unita*, in *Clio*, 1994, n. 4, p. 641 ss.
Fiorelli P., *Avvocato (diritto romano ed intermedio)*, in *Enc. dir.*, v. IV, Giuffrè, Milano 1959, p. 646.
Fiorenza C., *Professioni e ordini professionali in Francia*, in S. Cassese (a cura di), *Professioni e ordini professionali in Europa. Confronto tra Italia, Francia e Inghilterra*, Il Sole 24 Ore, Milano, 1999, p. 120 ss.
Fisher R. e Ury W., *Getting to Yes*, Penguin, New York, 1981.
Fisichella D., *Il riconoscimento dei titoli professionali nell'Unione Europea*, Cacucci, Bari, 1996.
Fitzsimmons M.P., *The Parisian Order of Barristers and the French Revolution*, Harvard University Press, Cambridge, Mass.-London, 1987.
Fletcher R., *Legal education and proposed regulation of the legal profession in England and Wales: a transformation or a tragedy?*, in *Law Teach.*, 2016, v. 50, p. 371 ss.
Flood J.A., *Legal professionals of the future: Their ethos, role and skills*, 2019, reperibile in SSRN: https://ssrn.com/abstract=3315855 or http://dx.doi.org/10.2139/ssrn.3315855.
Flood J., *Legal Education in the Global Context. Challenges from Globalization, Technology and Changes in Government Regulation*, U. of Westminster School of Law Research Paper No. 11-16., 2011.
Flood J., *Will there be fallout from Clementi? The repercussions for the Legal Profession after the Legal Services Act 2007*, in *Mich. St. L. Rev.*, 2012, p. 537 ss.
Floridi L., *What the Near Future of Artificial Intelligence Could Be*, in *Phil. & Tech.*, 2019, v. 32, n. 1, p. 1 ss.
Ford M., *Architects Of Intelligence: The Truth about AI from the People building it*, Packt, Birmingham, 2018.

Fortescue J., *De Laudibus Legum Anglie,* John Selden, London, 1616.

Fortesque J., *De Laudibus Legum Angliae,* 1471, (trad. di S.B. Chrimes), Cambridge University Press, Cambridge, 1949, p. 121.

Foster J., *Man-at-the-Bar, Hazell,* Watson, and Viney, London, 1880.

Frank L., *En cause de Mlle Chauvin. La femme-avocat, exposé historique et critique de la question,* Giard et Brière, Paris, 1898.

Freda D., Stare Decisis? *Il giudice assediato nell'Inghilterra dell'Ottocento,* in *Giudici e giuristi. Il problema del diritto giurisprudenziale fra Otto e Novecento – Quaderni Fiorentini,* t. I, Giuffrè, Milano, 2011, p. 469 ss.

Frese B., *Prokurator und negotiorum gestio in römischen Recht,* in *Mélanges de droit romain dédiés à George Cornil,* I, Vanderpoorten-Sirey, Gand-Paris, 1926, p. 325.

Freudentheil G.W., *Zur Geschichte des Advocatenstandes des Königreichs Hannover bis zum Jahre 1837* , Stade, A. Pockwitz, 1903.

Frezza G., *Tariffe professionali forensi fra ordinamento interno e ordinamento comunitario,* in *Giust. civ.,* 2002, p. 1139 ss.

Fried J., *Die Entstehung des Juristenstandes im 12. Jahrhundert, zur sozialen Stellung und politishen Bedeutung gelehrter Juristen in Bologna und Modena,* Böhlau Verlag, Köln-Wien, 1974.

Friedländer A. e Friedländer M., *Kommentar zur Rechtsanwaltsordnung vom 1. Juli 1878,* J. Schweitzer, Munchen-Berlin-Leipzig, 1930.

Friedson E., *Metodo e contenuto per uno studio comparato delle professioni,* in M. Giannini e E. Minardi, *I gruppi professionali,* FrancoAngeli, Milano, 1999, p. 51.

Frosini V., *La giuritecnica: problemi e proposte,* in *Inf. dir.,* 1975, n. 1.

Fry E. e Wakeford R., *Can we really have confidence in a centralised Solicitors Qualifying Exam? The example of the Qualified Lawyers Transfer Scheme,* in *Law Teach.,* 2017, v. 51, p. 98 ss.

Fuller P., *The French Bar,* in *Yale L.J.,* 1907, v. 16, n. 7, p. 457 ss.

Fuller P., *The French Bar. II,* in *Yale L.J.,* 1914, v. 23, n. 3, p. 248 ss.

Furlong J., *Law is a Buyer's Market,* Law21 Press, Toronto, 2017, pp. 1-15.

Fusaro A., *Le società per l'esercizio di attività professionali in Italia e all'Estero,* in *Riv. trim. dir. proc. civ.,* 2013, n. 3, p. 69 ss.

Fusaro A., *La pubblicità degli avvocati. Linee di un'analisi comparata,* in Id., *Tendenze di diritto privato in prospettiva comparatista,* Giappichelli, Torino, 2015.

Fuszara M., *Women Lawyers in Poland under Impact of Post-1989 Trasformation,* in U. Schultz e G. Shaw (eds.), *Woman in the World's Legal Profession,* Hart Publishing, Oxford-Portland, Or., 2003, p. 382 ss.

Gadea C., *La liberalità delle libere professioni: una questione di genere?,* in M. Malatesta (a cura di), *Corpi e professioni tra passato e futuro,* Giuffrè, Milano 2002, p. 137 ss.

Gaitenby A., *The Fourth Party Rises: Evolving Environments of Online Dispute Resolution,* in *U. Tol. L. Rev.,* 2006, v. 38, p. 372 ss.

Galgano F., *Professioni intellettuali, impresa, società,* in *Contr. impr.,* 1991, p. 4 ss.

Galgano F., *Le professioni intellettuali e il concetto comunitario d'impresa,* in *Contr. e impr. Europa,* 1997, p. 3 ss.

Galligan Y., Haupfleisch R., Irvine L., Korolkova K., Natter M., Schultz U. e Wheeler S., *Mapping the Representation of Women and Men in Legal Professions*

Across the EU, European Parliament, Policy Department for Citizen's Rights and Constitutional Affairs, European Union, Brussels, 2017.
Galmot Y. e Biancarelli J., *Les réglementations nationales en matière de prix au regard du droit communautaire*, in *Revue trimestrielle de droit européen*, 1985, p. 269 ss.
Gamba C., *La smaterializzazione della giustizia e la demolizione del rituale del processo*, in *Soc. dir.*, 2021, n. 11, p. 102 ss.
Gambaro A., *Common law e civil law: evoluzione e metodi di confronto*, in AA.VV., *Quaderni della Riv. trim. dir. proc. civ. – Due iceberg a confronto: le derive del Common Law e Civil Law*, Giuffrè, Milano, 2009, v. 12, p. 7 ss.
Garapon A. e Lasségue J., *La giustizia digitale. Determinismo tecnologico e libertà*, Il Mulino, Bologna, 2021 (ed. or. *Justice digitale. Révolution graphique et rupture anthropologique*, Presses Universitaires de France, Paris, 2018).
Garçon M., *De l'indépendance de l'avocat*, in *Revue Des Deux Mondes (1829-1971)*, 1961, p. 321 ss.
Gawley C.J., *Protecting Professionals from Competition: the Necessity of a Limited Antitrust Exemption for Professionals*, in *SDL Rev.*, 2002, v. 47, p. 233 ss.
Gazzaniga J.-L., *Le barreau de Tarbes aux xixe-xxe siècles*, in *Études d'histoire de la profession d'avocat: Défendre par la parole et par l'écrit*, Presses de l'Université Toulouse, Toulouse, 2004.
Gentili A., *Lodi delle accademie di Perugia e Oxford*, nella versione italiana con note di G. Ermini, Libreria Universitaria, Perugia, 1968.
Gerber D.J., *Transformation of European Community Competition Law*, in *Harv. Int'l L.J.*, 1994, v. 1, p. 97.
Ghirga M.F., *Conciliazione e mediazione alla luce della Proposta di Direttiva europea*, in *Riv. dir. proc.*, 2006, p. 463 ss.
Ghirga M.F., *Strumenti alternativi di risoluzione della lite: fuga dal processo o dal diritto? (Riflessioni sulla mediazione in occasione della pubblicazione della Direttiva 2008/52/CE)*, in *Riv. dir. proc.*, 2009, n. 2, p. 357 ss.
Giaccaglia M., *Considerazioni su blockchain e smart contracts (oltre le criptovalute)*, in *Contr. impr.*, 2019, v. 3, p. 941 ss.
Giaccaglia M., *Gli* smart contracts. *Vecchi e nuovi(?) paradigmi contrattuali nella prospettiva della protezione dei consumatori*, in *DIMT*, 2020, p. 1 ss.
Giangiacomo B., *Scuole di specializzazione per le professioni legali: bilancio e prospettive*, in *Quest. giust.*, 2004, p. 663 ss.
Gibbons J., *Policy recontextualisation: the proposed introduction of a multiple-choice test for the entry-level assessment of the legal knowledge of prospective solicitors in England and Wales, and the potential effect on university-level legal education*, in *Int'l J. Legal Prof.*, 2017, v. 24, p. 227 ss.
Gibens S., Hubeau B., Rutten S., Van Houtte J. e Van Leuvenhaege M., *Belgium. A Law Degree Opens the Door to a Lot of Occupations, Even the Bar*, in R.L. Abel, O. Hammerslev, H. Sommerlad e U. Schultz, *Lawyers in 21st-Century Societies, Volume I: National Reports*, Hart, Oxford, 2020, p. 156 ss.
Gillanders D., Love J., Paterson A. e Stephen F., *Spatial Aspects of Deregulation in the Market for Legal Services*, in *Reg. Stud.*, 1992, v. 26, p. 127 ss.
Gilligan C., *La formazione dell'avvocato in Inghilterra e Galles: qualità professionale, deontologia e mercato*, in G. Alpa e A. Mariani Marini (a cura di), *La formazione dell'avvocato in Europa*, Plus, Pisa, 2009, p. 113 ss.

Gioia G., *L'uniforme regolamentazione della risoluzione alternativa delle controversie con i consumatori*, in *Contr. e impr. Europa*, 2016, n. 2, p. 501 ss.
Gise R., Melnick J., Shelanski V. e Wilkinson J., *Mediation starts from the First Phone Call--Practice Pointers and Helpful Hints for Lawyers going to Mediation*, in *Cardozo J. Conflict Resol.*, 2010, v. 11, p. 463 ss.
Giuffrida R., *La professione forense in Europa: la libera prestazione di servizi*, in *Temi rom.*, 1982, 3-4, p. 542 ss.
Giuliano M., *La blockchain e gli smart contracts nell'innovazione del diritto nel terzo millennio*, in *Dir. inform. inf.*, 2018, f. 6, p. 989 ss.
Glock P. e Weiß A., *Legal Service Platforms: Balancing Commercial and Common Interests*, in K. Jacob, D. Schindler e R. Strathausen, *Liquid Legal: Towards a Common Legal Platform*, Springer, Cham, 2020, p. 563 ss.
Gneist R., *Freie Advocatur. Die erste Forderung aller Justizreform in Preußen*, Springer Berlin Heidelberg, Berlin, 1867.
Gnes M., *Le professioni intellettuali tra tutela nazionale e concorrenza*, in *Giorn. dir. amm.*, 2002, p. 611 ss.
Goebel R.J., *Lawyers in the European Community: Progress Towards Community-wide Rights of Practice*, in *Fordham Int'l L.J.*, 1992, v. 15, p. 556 ss.
Goldsmith J., *The Core Values Of The Legal Profession For Lawyers Today And Tomorrow*, in *Nw. J. Int'l L. & Bus.*, 2008, v. 28, p. 441 ss.
González Díaz F.E., *Algunas reflexiones sobre las recientes sentencias del Tribunal de Justicia en los asuntos Ladbroke y Comisión contra Italia*, in *Gaceta Jurídica de la C.E. y de la Competencia – Serie B*, 1999, 200, p. 81 ss.
Goode W.J., *Community within a Community: the Professions*, in *Am. Sociol. Rev.*, 1957, v. 22, n. 2, p. 194 ss.
Goodman J.W., *The Pros and Cons of Online Dispute Resolution: An Assessment of Cyber-Mediation Websites*, in *Duke L&Tech Rev.*, 2003, v. 2, p. 1 ss.
Goodrich P., *Eating Law: Commons, Common Land, Common Law*, in *J. Legal Hist.*, 1991, v. 12, n. 3, p. 246 ss.
Göran P. e Hägg T., *Theories on the Economics of Regulation: A Survey of the Literature from a European Perspective*, in *Eur. J. Law Econ.*, 1997, v. 4, p. 337 ss.
Gormley L., *Freedom to Practise at the Bar in More than One Member State*, in *Eur. Law Rev.*, 1984, p. 439 ss.
Graham R.N.M., *Legal Ethics: Theories, Cases, and Professional Regulation*, III ed., Emond Montgomery Publications, Toronto, 2014.
Grahl C., *Die Abschaffung der Advokatur unter Friedrich dem Grossen: Prozessbetrieb und Parteibeistand im preussischen Zivilgerichtsverfahren bis zum Ende des 18. Jahrhunderts unter besonderer Berücksichtigung der Materialien zum Corpus Juris Fridericianum von 1781*, Wallstein, Gottingen, 1994.
Granara D., *Tutela della concorrenza e tutela della professione forense nell'ordinamento italiano: divergenza o coincidenza con il diritto europeo? (a margine della sentenza del Consiglio di Stato, Sez. VI, 30 aprile 2020 n. 2764)*, in *Federalismi.it*, 2020, n. 30, p. 119 ss.
Graziadei E., *La condizione della professione legale nella Cee: un passo avanti*, in *Foro it.*, 1974, IV, c. 243 ss.
Greenwood E., *The Attributes of a Profession*, in *Soc. Work*, 1957, v. 2, n. 3, p. 45 ss.
Greßmann M., *Die Reform der Juristenausbildung: Einführung, Texte, Materialien*, Bundesanzeiger, Köln, 2002.

Grigg I., *On the intersection of Ricardian and smart contracts*, 2015, https://iang.org/papers/intersection_ricardian_smart.html.
Grigg I., *The ricardian contract*, in *Proceedings of the First IEEE international workshop on electronic contracting*, 2004, p. 25 ss., doi: 10.1109/WEC.2004.1319505.
Grimaldi L., *Giustizia Predittiva e garanzie del giusto processo*, in A. Lo Calzo, L. Pace, G. Serges, C. Siccardi e P. Villaschi (a cura di), *Diritto e nuove tecnologie tra comparazione e interdisciplinarità. Atti del seminario di diritto comparato – 26 marzo 2021*, in *Gruppo di Pisa*, Quaderno n. 3, 2021, p. 353 ss.
Grimes J.M., *Une Et Indivisible - The Reform of the Legal Profession in France: The Effect on U.S. Attorneys*, in *N.Y.U. J. Int'l L. & Pol. Soc. Work*, 1992, v. 24, n. 4, p. 1757 ss.
Grisoli A., voce *Impresa comunitaria*, in *Enc. giur. Treccani*, Roma, 1989, p. 4 ss.
Grossi P., *La cultura del civilista italiano. Un profilo storico*, Giuffrè, Milano, 2002.
Grossi P., *Le comunità intermedie tra moderno e pos- moderno*, a cura di M. Rosboch, Marietti 1820, Genova, 2015.
Grossman M.R. e Cormack G.V., *Technology-Assised-Review in Eletronic Discovery*, in E. Walters (ed.), *Data Analysis in Law*, Taylor & Francis Group, Abingdon, 2017.
Grossman M.R. e Cormack G.V., *Technology-Assisted Review in E-Discovery Can Be More Effective and More Efficient Than Exhaustive Manual Review*, in *Rich. J.L. & Tech.*, 2011, v. 17, n. 3, p. 1 ss.
Grubel F., *"Martin Drucker", Festschrift Martin Drucker*, Scientia, Aalen, 1983.
Guarino A., *I contenuti della nozione di impresa*, in *Conc. merc.*, 1995, p. 303 ss.
Gubin É., Piette V. e Jacques C., *Les féminismes belges et français de 1830 à 1914 Une approche compare*, in *Le Mouvement social*, 1997, n. 178, p. 36 ss.
Guercio R., *La società tra avvocati di cui all'art. 4 bis della L. n. 247/2012*, in *Giur. it.*, 2020, n. 5, p. 1271 ss.
Guizzi G., *Il concetto d'impresa tra diritto comunitario, legge antitrust e codice civile*, in *Riv. dir. comm.*, 1993, I, p. 277 ss.

Hadfield Gillian K., T*he Cost of Law: Promoting Access to Justice through the (un)corporate Practice of Law*, in *Int'l Rev. L. & Econ.*, 2014, v. 38, p. 43 ss.
Hägg P.G.T., *Theories of Economic Regulation, A Survey of the Literature from a European Perspective*, in *Eur. J. Law Econ.*, 1997, v. 4, p. 4, p. 337 ss.
Halevy A., Norvig P. e Pereira F., *The unreasonable effectiveness of data*, in *IIEEE Intell. Syst.*, 2009, v. 24, n. 2, p. 8 ss.
Hall E., *Notes on the SRA report of the consultation on the Solicitors Qualifying Exam: "Comment is free, but facts are sacred"*, in *Law Teach.*, 2017, v. 51, p. 364 ss.
Haloush H., *Online alternative dispute resolution: a solution to cross-border electronic commercial disputes*, VDM, Saarbrucken, 2008.
Halperin J.L., *La legislation de Vichy relative aux avocats et aux droits de la défesense*, in *Rev. Historique*, 1991, p. 143 ss.
Halperin J.L., *Avocats et notaires en Europe: les professions judiciaires et juridiques dans l'histoire contemporaine*, L.G.D.J, Paris, 1996.
Halperin J.L., *L'avvocatura francese e il mondo degli affari: la costruzione dell'identità professionale tra l'avvocato e il giurista d'impresa*, in M. Malatesta (a cura di), *Corpi e professioni tra passato e futuro*, Giuffrè, Milano, 2002, p. 115 ss.
Ham J.I., *Ethical Considerations Relating to Outsourcing of Legal Services by Law*

Firms to Foreign Service Providers: Perspectives from the United States, in *Penn St. Int'l L. Rev.*, 2008, v. 27, n. 2, p. 323 ss.

Hamilton N. Monson e V., *The Positive Empirical Relationship of Professionalism to Effectiveness in the Practice of Law*, in *Geo. J. Legal Ethics*, 2011, v. 24, p. 139 ss.

Hammerslev O., *Denmark, Sweden and Norway. Liberalisation, Differentiation and the Emerge of a Legal Services Market*, in R.L. Abel, O. Hammerslev, H. Sommerlad e U. Schultz., *Lawyers in 21st-Century Societies, Volume I: National Reports*, Hart, Oxford, 2020, p. 175 e spec. p. 184 ss.

Hamza G., *Aspetti della rappresentanza negoziale in diritto romano*, in *Index*, IX, 1980, p. 193 ss.

Handoll J., *Article 48(4) EEC and Non-National Access to Public Employment*, in *Eur. Law Rev.*, 1988, p. 223 ss.

Hanlon G. e Jackson J.D., *Last Orders at the Bar? Competition, Choice and Justice for All: The Impact of Solicitor-Advocacy*, in *Oxf. J. Leg. Stud.*, 1999, v. 19, n. 4, p. 555 ss.

Hanlon G., *«Casino Capitalism» and the Rise of the «Commercialised» Service Class – An Examination of the Accountant*, in *Crit. Perspect. Account.*, 1996, n. 7, p. 339 ss.

Hanlon G., *Professionalism as Enterprise: Service Class Politics and the Redefinition of Professionalism*, in *Sociology*, 1998, v. 32, n. 1, p. 43 ss.

Hantke-Domas M., *The Public Interest Theory of Regulation: Non-Existence or Misinterpretation?*, in *Eur. J. Law Econ.*, 2003, v. 15, p. 165 ss.

Harding A., *A social history of English law*, Penguin books, London, 1966.

Harding A., *England in the thirteenth century*, Cambridge University Press, Cambridge, 1993.

Haremans T., *Professional Services in the EU Internal Market. Quality Regulation and Self-regulation*, Hart Publishing, Oxford-Portland, Or., 2012.

Harges B.M., *The ABCS of effective ADR: Ten Practical Tips for Representing Clients in Mediations*, in *LA Bar Jnl.*, 1995, v. 43, p. 142 ss.

Harrison W., *The Description of England, 1577*, ed. G. Edelen, Ithaca, 1968.

Harstang G., *Der Deutsche Rechtsanwalt. Rechhtsstellung und Funktion in Vergangenheit und Gegenwart*, CFMüller, Heidelberg, 1986.

Hartung M., Bues M.-M. e Halbleib G., *Legal Tech: How Technology is Changing the Legal World*, Beck C.H., Monaco, 2018.

Hartwell L., *Conflict Resolution: Lessons from the Dayton Peace Process*, in *Negotiation J.*, 2019, v. 35, p. 443 ss.

Hatcher M., *The General Council of the Bar: a Note on its History*, in *Leg. Inf. Manag.*, 2019, v. 19, p. 16 ss.

Hatzopoulos V., *Recent developments of the case law of the ECJ in the field of services*, in *Common Mark. Law Rev.*, 2000, v. 37, n. 1, p. 43.

Haupt J., *Neuordnung im Schulwesen und Hochschulwesen i Das Recht der nationalen Revolution*, 5, Heymann, Berlino 1933.

Hazard G. C, Perce R.e Stempel J., *Perché agli avvocati dovrebbe essere consentito l'uso della pubblicità*, in *Riv. dir. civ.*, 1986, II, p. 277 ss.

Heaven D. (a cura di), *Macchine che pensano. La nuova era dell'intelligenza artificiale*, Edizioni Dedalo, Bari, 2018.

Heinz G. e Ritter T., *Deutsche Notare und Europäische Grundrechte – Grenzüberschreitende notarielle Dienstleistungen vor dem Durchbruch*, in *Europäische Zeitschrift für Wirtschaftsrecht*, 2009, p. 599 ss.

Hendry K., *Quasi-administrative Bodies and the High Price of Cognac*, in *EUR. Law Rev.*, 1986, p. 150 ss.

Henssler M., *Höchstsätze für Rechtsanwaltsgebühren a Marktzugangsbeschränkung*, in *Neue juristische Wochenschrift*, 2011, p. 1577 ss.

Henssler M., *Glindemann, Jan: Berufsrecht: Eintragung im Anwaltsverzeichnis in anderem EU-Mitgliedstaat bei kurzer Anwaltszulassung kein Rechtsmissbrauch*, in *Europäische Zeitschrift für Wirtschaftsrecht*, 2014, p. 785 ss.

Henssler M., *The Organisation of Legal Professions*, in Schauer M. e Verschraegen B. (eds.), *General Reports of the XIXth Congress of the International Academy of Comparative Law Rapports Généraux du XIXème Congrès de l'Académie Internationale de Droit Comparé. Ius Comparatum—Global Studies in Comparative Law*, Springer, Dordrecht, 2017, v. 24, p. 261 ss.

Henssler M. e Kilian M., *Position Paper on the Study carried out by the Institute for Advanced Studies, Vienna, Economic Impact of Regulation in the Field of Liberal Professions in Different Member States*, commissioned by the Hans-Soldan-Stiftung, Institute for Employment and Business Law of the University of Cologne, Institute for the Law of the Legal Profession at the University of Cologne, Cologne, 2003.

Hepple B., *The renewal of the Liberal liberal Law Degree*, in *Cambridge L. J.*, 1996, v. 55, p. 470 ss.

Heremans D. e Heremans T., *Towards Evidence-based Professional regulation*, in M. Faure, W. Schreuders e L. Visscher, *Don't Take It Seriously. Essays in Law and Economics in honour of Roger Van den Bergh*, Intersentia, Cambridge-Antwerp-Portland, 2018, p. 167 ss.

Heremans T., *Professional Services in the EU Internal Market: Quality Regulation and Self-Regulation*, Hart Publishing, Oxford, 2012.

Herzog P. e Herzog B.E., *The Reform of the Legal Professions and of Legal Aid in France*, in *Int. Comp. Law Q.*, 1973, v. 22, n. 3, p. 462 ss.

Herzog P. e Weser M., *Civil Procedure in France*, Springer, The Hague, 1967.

Hill L.L., *Publicity Rules of the Legal Professions within the United Kingdom*, in *Ariz. j. int. comp. law*, 2003, v. 20, n. 2, p. 323 ss.

Hill L.L., *Alternative Business Structures for Lawyers and Law Firms: A View from the Global Legal Services Market*, in *Or. Rev. Int. Law*, 2017, v. 18, p. 135.

Hoffer G.E. e Pratt M.D., *Used vehicles, lemons markets, and Used Car Rules: Some empirical evidence*, in *J. Consum. Policy*, 1987, v. 10, p. 4 ss.

Hoffman R., *Why the Blockchain Matters*, in *WIRED*, 2015.

Hogan J.J., *Judicial Advocates and Procurators: An Historical Synopsis and Commentary*, Beard Books, Washington D.C., 2000 (I ed. 1941).

Holcombe J.K., *Solutions for Regulating Offshore Outsourcing in the Service Sector: using the Law, Market, International Mechanisms, and Collective Organization as Building Blocks*, in *U. Pa. Journal of Labor and Employment Law*, 2005, v. 7, n. 3, p. 539 ss.

Holdsworth W.S., *History of English Law*, Methuen & Co., London, 1909.

Holmes G.S., *Augustan England: Professions, State and Society 1680-1730*, Allen & Unwin, London, 1982.

Holmes O.W., *Agency*. II, in *Harv. Law Rev.*, 1891, v. 5, n. 1, p. 1.

Hoorn Barton B., *Why Do We Regulate Lawyers: An Economic Analysis of the Justifications for Entry and Conduct Regulation*, in *Ariz. State Law J.*, 2001, v. 33, p. 430 ss.

Horwitz H. e Bonfield L., *The "Lower Branches" of the Legal Profession: A London Society of Attorneys and Solicitors of the 1730s and its "Moots"*, in *Cambridge L. J.*, 1990, v. 49, n. 3, p. 461 ss.
Huffmann H., *Geschichte der rheinischen Rechtsanwaltschaft*, Bohlau, Köln-Wien, 1969.
Huntington S.P., *The Marasmus of the ICC: The Commission, the Railroads, and the Public Interest*, in P. Woll (ed.), *Public Administration and Policy: Selected Essays*, Harper & Row, New York, 1966.
Hyltolf V., *Mænd sidder på magten I landets 20 største advokatfirmaer*, in *Berlingske Business*, 2017, v. 4, p. 18 ss.

Ianu I.U. e Ilie D., *European Policies in Mediation as an Alternative in the Courts of Law*, in *Acta Universitatis Danubius*, 2014, n. 1, p. 28 ss.
Ibba C., *Le società tra professionisti: ancora una falsa partenza?*, in *Riv. notariato*, 2012, n. 1, p. 1 ss.
Iermano A., *Il favor della Corte di giustizia dell'Unione europea per gli abogados italiani: note a margine della sentenza Torresi del 17 luglio 2014*, in *Studi sull'integrazione europea*, 2015, n. 1, p. 135 ss.
Ieva L., *Mediazione ed assistenza (non imperativa) dell'avvocato*, in *Corr. giur.*, 2014, n. 7, p. 949 ss.
Illmer M., *Lawyers' Fees and Access to Justice – the Cipolla and Macrino judgment of the ECJ (Joined Cases C-94/04 and C-202/04)*, in *Civil Justice Quarterly*, 2007, p. 301 ss.
Irti N., *Un diritto incalcolabile*, Giappichelli, Torino, 2016.
Irti N., *Il tessitore di Goethe (per la decisione robotica)*, in *Riv. dir. proc.*, 2018, n. 4-5, p. 1177 ss.
Israël L., *Robes noires, années sombres. Avocats et magistrats en résistance pendant la Seconde Guerre mondiale*, Fayard, Paris, 2005.
Italiano G.F., *Intelligenza artificiale: passato, presente, futuro*, in F. Pizzetti (a cura di), *Intelligenza artificiale, protezione dei dati personali e regolazione*, Giappichelli, Torino, 2018, p. 207 ss.
Italiano G.F., *Le sfide interdisciplinari dell'intelligenza artificiale*, in *An. giur. Econ.*, 2019, f. 1, p. 9 ss.

Jaccard G.O.B., *Smart Contracts and the Role of Law*, in *Jusletter IT*, 2017, p. 23.
James C. e Koo J., *The EU law "core" module: surviving the perfect storm of Brexit and the SQE*, in *Law Teach.*, 2018, v. 52, p. 68 ss.
Jannarelli A. e Scannicchio N. (a cura di), *Recentissime dalle Corti Europee (pt. I) (Rassegna di giurisprudenza)*, in *Giur. it.*, 2004, 1, p. 29 ss.
Jannelli P., *Avvocati e procuratori*, in *Nuovo Digesto it.*, II, 1937, p. 43 ss.
Janssen A. e Vennmanns T.J., *Smart Dispute Resolution in the Digital Age: The Potential of Smart Contracts and Online Dispute Resolution for Dispute Prevention and Resolution in Consumer Law Cases*, in *International Journal on Consumer Law and Practice*, 2021, v. 9, p. 52 ss.
Janssen A.U. e Patti F.P., *Demistificare gli smart contracts*, in *ODCC*, 2020, v.1, p. 31 ss.
Jarausch K.H., *Deutsche Studenten 1800-1980*, Suhrkamp, Frankfurt am Main, 1984.
Jarausch K.H., *The German Professions in History and Theory*, in G. Cocks e K.H.

Jarausch (a cura di), *German Professions 1800-1950*, Oxford University Press, New York, 1990, p. 15 ss.
Jarausch K.H., *The Unfree Profession. German Lawyers, Teachers, and Engineers, 1900-1950*, Oxford University Press, New York-Oxford, 1990.
Jarausch K.H., *The Perils of Professionalism: Lawyers, Teachers, and Engineers in Nazi Germany*, in *Hist. Soc. Res.*, 2012, n. 24, p. 157 ss.
Jarvis J., *Freedom of establishment and freedom to provide services. Lawyers on the move?*, in *Eur. Law Rev.*, 1996, p. 252 ss.
Jaume L., *Le citoyen sans les corps intermédiaires: discours de Le Chapelier*, in *Les Cahiers du CEVIPOF (Centre de recherches politiques de Sciences Po)*, 2005.
Jessnitzer K., *Bundesrechtsanwaltsordnung, Kommentar*, C. Heymanns, Köln, 1990.
Jo T., *Machine Learning Foundations. Supervised, Unsupervised, and Advanced Learning*, Springer, Cham, 2021.
John M., *Between estate and profession: lawyers and the development of the legal profession in nineteenth century Germany*, in D. Blackbourn e R.J. Evans, *The German bourgeoisie: essays on the social history of the German middle class from the late eighteen to the early twentieth centuries*, Routledge, London, 1991, p. 170 ss.
Johnson H. C., *Frederick the Great and His Officials*, Yale University Press, New Haven, 1975.
Johnson R.G., *Negotiating the Dayton Peace Accords through digital maps*, Virtual diplomacy series n. 8, U.S. Institute of Peace, Washington D.C., 1999.
Johnson T., *Professions and Power*, Macmillan, London, 1972.
Jovanovič D., Jankovič P. e Bratina B., *Legal Process Outsourcing as Challenge for Lawyers and Archival Institutions in EU*, in *Atlanti*, 2015, v. 25, n. 2, p. 163 ss.
Jovanovič D., *Legal Services as Commodity: Reinventing the Lawyers' Services*, in M. Franco, *Positive and Negative Aspects of Outsourcing*, IntechOpen, London, 2018, p. 3 ss.

Kaplan J., *Intelligenza artificiale. Guida al futuro prossimo*, II ed., Luiss University Press, Roma, 2018.
Karpik L., *Les avocats entre l'Etat, le public et le marché, XIIIe-XXe siècles*, Gallimard, Paris, 1995.
Katsh E. e Rifkin J., *Online Dispute Resolution: Resolving Conflicts in Cyberspace*, Jossey-Bass, San Francisco, 2001.
Katsh E. e Rule C., *What we Know and Need to Know About Online Dispute Resolution*, in *S. C. Law Rev.*, 2016, v. 67, p. 329 ss.
Katsh E., *Bringing Online Dispute Resolution to Virtual Worlds: Creating Processes through Code*, in *N.Y.L. Sch. L. Rev.*, 2005, v. 49, p. 271 ss.
Katsh E., *Online Dispute Resolution: The Next Phase*, in *Lex Electronica*, 2002, v. 7, n. 2.
Katz D.M., *The Mit School Of Law? A Perspective on Legal Education in the 21st Century*, in *University Of Ill. L. Rev.*, 2014, p. 1431 ss.
Katz D.M., Bommarito II M.J. e Blackman J., *A general approach for predicting the behavior of the Supreme Court of the United States*, in *PloS One*, 2017, v. 12, n. 4.
Kaufmann-Kohler G. e Schultz T., *Online Dispute Resolution: Challenges for the Contemporary Justice*, Kluwer Law International, The Hague, 2004.
Keller J., *Alternative business structures bieten keine Alternative*, in *BRAK-Mitteilungen*, 2012, n. 1, p. 17 ss.

Kendra T. e Bigelow-Nuttall C., *France*, in D. Campbell, *Outsourcing Legal Services: Impact on National Law Practices*, Kluwer Law International, Alphen aan den Rijn, 2012, p. 131.
Kerhue A.J. e Fauvarque-Cosson B., *Is Law an Economic Contest? French reactions to the Doing Business World Bank Reports and Economic Analysis of the Law*, in *Am. J. Comp. L.*, 2009, v. 57, n. 4 p. 817 ss.
Kern C., *Zur Vereinbarkeit verbindlicher Anwaltsgebühren mit dem europäischen Wettbewerbsrecht und der Dienstleistungsfreiheit*, in *Zeitschrift für europäisches Privatrecht*, 2008 p. 411 ss.
Kern E., *Gerichtsverfassungsrecht*, C.H. Beck, München-Berlin, 1954.
Kilian M e Schultz U., *Germany. Resistance and Reactions to Demands of Modernisation*, in R.L. Abel, O. Hammerslev, H. Sommerlad e U. Schultz, *Lawyers in 21st-Century Societies, Volume I: National Reports*, Hart, Oxford, 2020, p. 209 ss.
Kilian M. e Hoffmann H., *Rechtsanwältinnen*, Anwaltverlag, Bonn, 2018.
Kilian M., *Germany: don't mess with Dr R – a Bar's living nightmare*, in *Legal Ethics*, 2015, v. 18 n. 2, p. 203 ss.
Kilian M., *Germany: The Costitutional Court as the Driver of Change in the Regulation of Legal Profession*, in A. Boon (a cura di), *International Perpectives on tje Regulation of Lawyers and Legal Services*, Hart Publishing, Oxford-Portland, Or., 2017, p. 185 ss.
Kilian M., *Imitation is the Sincerest Form of Flattery – The New German LLP*, in *Legal Ethics*, 2013, v.1, n. 16, p. 232 ss.
Kilian M., *Konzentration der Berufsgerichtsbarkeit der regulierten Freiberufe bei den Verwaltungsgerichten?*, in *Neue juristische Wochenschrift*, 2016, p. 137 ss.
King H., *After Racist Tweets, Microsoft Muzzles Teen Chat Bot Tay*, CNN, Mar. 24, 2016.
Kirk H., *Portrait of a Profession: A History of the Solicitor's Profession, 1100 to the Present Day*, Oyez Publishing, London, 1976.
Kirton-Darling E. e Layard A., *The Solicitors Qualifying Examination: Perspectives on the Proposed Changes to Legal Qualification*, SLSA, Kent Acedemic Repository (KAR id:83160), 2020, https://www.slsa.ac.uk/images/2020_summer/SQE_SLSA_Report_2020.pdf.
Kistemaker L., *Rechtwijzer and Uitelkaar.nl. Dutch Experiences with ODR for Divorce*, in *Family Court Review*, 2021, v. 59, n. 2 p. 232 ss.
Klein K. K., *Representing Clients in Mediation: a Twenty-Question Preparation Guide for Lawyers*, in *N. Dak. L. Rev.*, 2008, v. 84, p. 877 ss.
Kohleiss W. e Henn K., *Verordnung über die Ausbildung der Juristen (JAO) für Baden- Württenberg*, Kohlhammer, Stuttgart, 1956.
Kolko G., *Railroads and Regulation, 1877-1916*, Princeton University Press, Princeton, 1965.
Koo J., *Non-law graduates: an uncommon route to qualification?*, in *Law Teach.*, 2020, v. 54, n. 2, p. 222 ss.
Korpiola M., *Attempting to Advocate. Women entering the Legal Profession in Finland, 1885-1915*, in S.L. Kimble e M. Röwekamp (eds.), *New Perspectives on European Women's Legal History*, Routledge, New York, 2017, p. 292 ss.
Koulu R., *Three Quests for Justification in the ODR Era: Sovereignty, Contract and Quality Standards*, in *Lex Electronica*, 2014, v. 19, p. 43 ss.
Koulu R., *Blockchains and Online Dispute Resolution: Smart Contracts as an Alternative to Enforcement*, in *SCRIPTed*, 2016, v. 13, n. 1, p. 40 ss.

Krans B. e Nylund A. (eds.), *Civil Courts Coping with Covid-19*, Eleven International Publishing, The Hague, 2021.
Krause E.A., *Death of the Guilds: Professions, States, and the Advance of Capitalism, 1930 to the present*, Yale University press, New Haven-London, 1996, p. 107.
Krause V.P., *Geschichte der Justiz- und Verwaltungsausbildung in Preußen und Deutschland*, in C. Baldus, T. Finkenauer e T. Rüfner, *Juristenausbildung in Europa zwischen Tradition und Reform*, Mohr Siebeck, Tübingen, 2008, p. 95 ss.
Krishnan J.K., *Outsourcing and the Globalizing Legal Profession*, in *William Mary Law Rev.*, 2007, v. 48, p. 2189 ss.
Kroes N., *Better Regulation of Professional Service, Speech/05/711*, Brussels 21 Novembre 2005, reperibile all'URL http://ec.europa.eu/competition/sectors/professional_services/conferences/20051121/index.html.
Kurzweil R., *La singolarità è vicina*, Maggioli, Santarcangelo di Romagna, 2014.

La Porta R., Lopez-De-Silanes F., Shleifer A. e Vishny R., *Law and Finance*, in *J. Polit. Econ.*, 1998, p. 111 ss.
La Porta R., Lopez-De-Silanes F., Shleifer A. e Vishny R., *The Quality of Government*, in *J. Law Econ. Organ.*, 1999, v. 15, p. 222 ss.
La Porta R., Lopez-De-Silanes F. e Shleifer A., *The Economic Consequences of Legal Origins*, in *J. Econ. Lit.*, 2008, v. 46, n. 2, p. 285 ss.
Labella E., *Gli smart contract: riflessioni sulle prestazioni "autoesecutive" nel sistema di blockchain*, in *MediaLaws – Rivista del diritto dei media*, 2020, v. 3 p. 31 ss.
Lambdin L.C. e Lambdin R.T. (a cura di), *Chaucer's Pilgrims: An Historical Guide to the Pilgrims in The Canterbury Tales*, Greenwood Publishing Group, Westport, 1999.
Larret-Chahine L., *La Justice Prédictive*, in E. Calzolaio (a cura di), *La decisione nel prisma dell'intelligenza artificiale*, Cedam, Padova, 2020, p. 161 ss.
Larson A.J., Mattu S. e Kirchne L., *How We Analyzed the COMPAS Recidivism Algorithm*, in *ProPublica*, 2016.
Larson A.J., Mattu S. e Kirchne L., *Machine Bias: There's Software Used Across the Country to Predict Future Criminals. And It's Biased Against Blacks*, in *Propublica*, 2016.
Larson D., *Technology Mediated Dispute Resolution (TMDR): Opportunities and Dangers*, in *U. Tol. L. Rev.*, 2006, v. 38, p. 213 ss.
Larson D.A., *Designing and Implementing a State Court ODR System: From Disappointment to Celebration*, in *J. Disp. Resol.*, 2019, n. 2, p. 77 ss.
Larson D.A., *Designing a State Court Small Claims ODR System: Hitting a Moving Target in New York During a Pandemic*, in *Cardozo J. Disp. Resol.*, 2021, n. 22, p. 569 ss.
Latella D., *Le norme per l'esercizio della professione forense e la costituzione di società tra avvocati: brevi note di commento al d.lg. 2 febbraio 2001, n. 96*, in *Dir. form.*, 2002, n. 3, p. 325 ss.
Laurini G., *Al "via" le scuole comuni per le professioni legali*, in *Notariato*, 2000, p. 5 ss.
Le Breton J. e Nichols F.M., *Britton – An English Translation with Notes*, John Byrne & Co, Washington, 1901.
Le Fauvre N. e Walters P., *The legal profession in France and Britain*, in Lucas Y. e Dubar C., *Genése et dynamique des groupes professionnels*, Presses Universitares de Lille, Lille, 1994, p. 343 ss.

Leavit D., *L'uomo che sapeva troppo*, Codice edizioni, Torino, 2016.

Ledford F., *Lawyers, Liberalism, and Procedure: The German Imperial Justice Laws of 1877-79*, in *Cent. Eur. Hist.*, 1993, v. 26, p. 165 ss.

Ledford K.F., *Conflict Within the Legal Profession: Simultaneous Admission and the German Bar, 1903-1927*, in G. Cocks e K.H. Jarausch (a cura di), *German Profession 1800-1950*, Oxford University Press, Oxford, 1990.

Ledford K.F., *German Lawyers and the State in the Weimar Republic*, in *Law & Hist. Rev.*, 1995, v. 13, p. 317 ss.

Ledford K.F., *From General Estate to special Interest: German Lawyers 1878-1933*, Cambridge University Press, Cambridge, 1996.

Lee P., *Learning from Tay's Introduction*, in *Official Microsoft Blog*, Mar. 25, 2016.

Leffler K.B., *Physician Licensure: Competition and Monopoly in American Medicine*, in *J. L. & Econ.*, 1978, n. 21, p. 165, spec. p. 174.

Legg M. e Bell F., *Artificial Intelligence and the Legal Profession: Becoming the AI Enhanced Lawyer*, in *Univ. Tasman. Law Rev.*, 2019, v. 38, n. 2, p. 34 ss.

Legg M. e Bell F., *Artificial Intelligence and the Legal Profession*, Hart Publishing, Oxford, 2020.

Lehr D. e Ohm P., *Playing with the Data: What Legal Scholars Should Learn About Machine Learning*, in *U.C. Davis L. Rev.*, 2017, v. 51, p. 653 ss.

Leiserson A., *Interest Groups in Administration*, in F. Morstein Marx (ed.), *Elements of Public Administration*, Prentice-Hall, New York, 1946.

Leland H.E., *Quacks, Lemons, and Licensing: A Theory of Minimum Quality Standards*, in *J. Polit. Econ.*, 1979, v. 87, n. 6, p. 1328 ss.

Lemaire J., *Les règles de la profession d'avocat et les usages du barreau de Paris*, Libraire Générale de droit et de jurisprudence, Paris, rev. ed. 1966.

Lemke C., *Conclusion*, in M. Benichou (a cura di), *Innovation and Future of the Legal Profession in Europe*, Bruyland, Bruxelles, 2017, p. 81 ss.

Lemmings D., *Ritual, Majestry and Mystery: Collective Life and Culture among English Barristers, Serjants and Judges, c 1500-c1830*, in W. Pue e D. Sugarman (ed.), *Lawyers and Vampires: Cultural Histories of Legal Profession*, Hart, Oxford, 2003, p. 58 ss.

Lepaulle P.G., *Law Practice in France*, in *Colum. L. Rev.*, 1950, v. 50, n. 7, p. 945 ss.

Lesaege C., Ast F. e George W., *Kleros*, in https://kleros.io/whitepaper.pdf, 2019.

Lessing L., *Code and Other Laws of Cyberspace*, Basic Books, New York, 1999.

Letswaart H.F.P., *Life Histories of Women Lawyers in the Netherlands*, in U. Schultz e G. Shaw (eds.), *Woman in the World's Legal Profession*, Hart Publishing, Oxford-Portland, Or., 2003.

Leuwers H., *La fin des procureurs. Les incertitudes d'une recomposition professionnelle (1790-1791)*, in *Histoire, Économie et Société*, 2014, v. 33, n. 3, *Les Débuts de La Révolution Française*, p. 18 ss.

Lezzi L., *Principio di equivalenza, mutuo riconoscimento e libertà di circolazione delle professioni dell'unione europea*, in *Dir. comm. scambi int.*, 2003, p. 410 ss.

Liguori F., *Verso la figura dell'avvocato europeo? L'attuazione della direttiva 89/48/CEE relativa al reciproco riconoscimento dei diplomi e la sua influenza sulla professione legale*, in *Dir. comm. internaz.*, 1992, II, p. 371 ss.

Lin Y., *China's Three Internet Courts*, in *Amicus Curiae*, 2021, s. 2, v. 2, n. 3, p. 531 ss.

Lippman M., *They shoot lawyers don't they?: Law in the Third Reich and the Global Threat to the Independence of the Judiciary*, in *Cal. West. Int. L. J.*, 1993, v. 23, n. 2, p. 257 ss.
Lisella G., *Istituzionalizzazione della giustizia digitale. Il caso paradigmatico del* Civil Resolution Tribunal, in *i-lex. Scienze Giuridiche, Scienze Cognitive e Intelligenza Artificiale*, 2019, v. 12, n. 1-3, p. 125 ss.
Lisella G., *Corti digitali e Gius. civ. progressiva*, in *Il giusto processo civile*, 2020, v. 1, p. 269 ss.
Lisi A. e Bertoni F., *Evoluzione elettronica del commercio e dei sistemi di ADR*, in A. Maggipinto (a cura di), *Sistemi alternativi di risoluzione delle controversie nella società dell'informazione. Internet per la gestione della conflittualità nel mercato virtuale*, Nyberg, Milano 2006, p. 39 ss.
Liva A., *Le professioni liberali e i loro collegi: gli avvocati*, in C. Morelli e R. Pavoni (a cura di), *Milano fin de siècle e il caso Bagatti-Valsecchi. Memoria e progetto per la metropoli italiana*, Guerini, Milano, 1991, p. 320 ss.
Liva S., *Il 'Iudex Pedaneus 'nel processo Privato romano. Dalla procedura formulare alla 'cognitio extra ordinem'*, EduCatt, Milano, 2012.
Locré J.L., *Commentario e compimento dei codici francesi: 16: Tavola alfabetica generale*, G. Cioffi, Napoli, 1843.
Loebl Z., *Designing Online Courts: The Future of Justice Is Open to All*, Kluwer Law International, Alphen aan den Rijn, 2019.
Loevinger L., *Jurimetrics. The next step forward*, in *Minn. Law Rev.*, 1949, p. 455 ss.
Loewenstein K., *Law in the Third Reich*, in *Yale L.J.*, 1936, v. 45, p. 780 ss.
Lonbay J., *Cross-frontier Provision of Services by Lawyers*, in *Eur. Law Rev.*, 1988, p. 347 ss.
Lonbay J., *Free Movement for Professionals*, in *Eur. Law Rev.*, 1988, p. 275 ss.
Lonbay J., *Case C-55/94 Reinhard Gebhard v. Consiglio dell'ordine degli Avvocati e Procuratori di Milano*, in *Common Mark. Law Rev.*, 1996, v. 33, p. 1073 ss.
Lonbay J., *Lawyers bounding over the borders: the draft directive on lawyer's establishment*, in *Eur. Law Rev.*, 1996, p. 50 ss.
Lopez Sìmo P.F. e Torres Lana J.A., *The System of Costs in Spanish Civil Procedure*, in M. Reimann (eds.), *Cost and Fee Allocation in Civil Procedure: A Comparative Study: A Comparative Study*, Springer Netherlands, Dordrecht, 2011, p. 259 ss.
Losano M.G., *Cibernetica, diritto e società*, Giuffrè, Milano, 1968.
Losano M.G., *Giuscibernetica. Macchine e modelli cibernetici nel diritto*, Einaudi, Torino, 1969.
Loughrey L., *Accountability and the Regulation of the Large Law Firm Lawyer*, in *Mod. L. Rev.*, 2014, v. 77, p. 732 ss.
Lund T.G., *The Legal Profession in England and Wales*, in *Journal of the American Judicature Soc.*, 1952, v. 35, p. 134 ss. e in Association of American Law Schools, *Selected Readings on the Legal Profession*, West Publishing Co., St. Paul, 1962.
Lupo G., *The Case of Money Claim Online and Possession Claim Online in England and Wales*, in A. Resca, *Building Interoperability for European Civil Proceedings Online*, 2012.
Lupo G. e Bailey J., *Designing and Implementing e-Justice Systems: Some Lessons Learned from EU and Canadian Examples*, in *Laws*, 2014, n. 3, p. 353 ss.
Lusardi G., *Esperimenti di tecnologie avanzate nella professione legale*, in G. Zic-

cardi e P. Perri, *Tecnologia e Diritto, vol II, Informatica Giuridica. Data Governance, protezione dei dati e GDPR, mercato unico digitale, blockchain, Pubblica Amministrazione digitale*, Giuffrè, Milano, 2019, spec. p. 409 ss.

Lyon-Caen G., *Un arrêt d'une interpretation difficile: l'arrêt de la Cour de justice dans l'affaire des "chemins de fer belges" confronté au droit français*, in *Études de Droit des Communautés Européennes - Mélanges Offerts à Pierre-Henri Teitgen*, Pedone, Paris, 1984, p. 271 ss.

Mackie K., Miles D. e Marsh W. (eds.), *Commercial Dispute Resolution. An ADR Practice Guide*, Buttarworths, London, 1995.

Mailänder P., *Anwaltliches Gebührenrecht im europarechtlichen Aufwind*, in *Neue juristische Wochenschrift*, 2007, p. 883 ss.

Maitland F.W. e Montague F.C., *A Sketch of English Legal History*, G.P. Putnam's Sons, New York-London, 1915.

Makridou K., *Lawyers' Fees in Greece at a Turning Point: Recent Legislative Changes in Litigation Costs*, in M. Reimann (eds.), *Cost and Fee Allocation in Civil Procedure: A Comparative Study*, Springer Netherlands, Dordrecht, 2011, p. 163 ss.

Malatesta M., *Gli ordini professionali e la nazionalizzazione in Italia*, in M. Meriggi e P. Schiera (a cura di), *Dalla città alla nazione. Borghesie ottocentesche in Italia e in Germania*, in *Annali dell'Istituto storico italo-germanico*, Quaderno 36, Il Mulino, Bologna, 1993, p. 165 ss.

Malatesta M., *German Lawyers and the State in the Weimar Republic*, in *Law & Hist. Rev.*, 1995, v. 13, p. 317 ss.

Malatesta M., *L'Ordine professionale, ovvero l'espansione del paradigma avvocatizio*, in *Parole Chiave*, 1995, p. 267 ss.

Malatesta M., *L'ordine professionale, ovvero l'espansione del paradigma avvocatizio*, in *Parolechiave*, 7/8, 1995, p. 272 ss.

Malatesta M., *L'avvocatura europea tra autonomia e regolazione statale (XIX-XX secolo)*, in *Società e storia*, 2005, n. 108, p. 319 ss.

Malatesta M., *Professionisti e gentiluomini: storia delle professioni nell'Europa contemporanea*, Einaudi, Torino, 2006.

Malatesta M., *Donne e professioni in Europa: le origini*, in G. Vicarelli (a cura di), *Donne e professioni nell'Italia del Novecento*, Il Mulino, Bologna, 2007, p. 29 ss.

Malatesta M., *Professional Men, Professional Women: The European Professions from the 19th Century until Today*, SAGE, London, 2010.

Malcom R., *Freedom of establishment and freedom to provide services. Mutual recognition of professional qualifications*, in *Eur. Law Rev.*, 1984, p. 162.

Malzani F., *Il lavoro agile tra opportunità e nuovi rischi per il lavoratore*, in *Dir. lav. merc.*, 2018, n. 1, p. 17 ss.

Mancini F., *Mercato, regula iuris e giurisdizione nazionale nel fenomeno ODR*, in Minervini E. (a cura di), *Le online dispute resolution (ODR)*, Edizioni scientifiche italiane, Napoli, 2016, p. 15 ss.

Manfredi G., *Natura delle norme deontologiche e diritti dei cittadini*, in *Jus*, 2008, n. 2-3, p. 565 ss.

Manfredi M., *La libera circolazione dei servizi legali nell'Unione Europea: note a margine del caso Piringer*, in *DPCE online*, 2017, p. 713 ss.

Mania K., *Online dispute resolution: The future of justice*, in *Int. Comp. Jurisprud.*, 2015, n.1, p. 76 ss.

Marasà G., *I confini delle società tra professionisti*, in *Società*, 2012, n. 4, p. 398 ss.
Marasà G., *Società e associazioni forensi dopo le modifiche introdotte dall'art. 1, comma 141, l. 4 agosto 2017, n. 124: prime considerazioni e interrogativi*, in *Giur. comm.*, 2018, n. 1, p. 28 ss.
Marchant G.E., *Artificial Intelligence and the Future of Legal Practice*, in *ABA SciTech Lawyer*, 2017, v. 14, n. 1, p. 20 ss.
Marcos F., *Los precios de abogados y procuradores frente al derecho de la competencia: ¿un formalismo excesivo?*, in IE Working Paper / Derecho, AJ8-104, 2003.
Mari A., *Commento al caso Morgenbesser*, in *Giorn. dir. amm.*, 2003, p. 1041 ss.
Mari A., *La nuova direttiva sul riconoscimento delle qualifiche professionali*, in *Giorn. dir. amm.*, 2006, n. 4, p. 398.
Mari A., *La disciplina comunitaria delle tariffe nazionali per i servizi legali*, in *Giorn. dir. amm.*, 2008, p. 20 ss.
Marongiu D., *L'intelligenza artificiale "istituzionale": limiti (attuali) e potenzialità*, in *ERDAL*, 2020, v. 1, n. 1-2, p. 37 ss.
Maroni G., voce *Avvocato e procuratore*, in *Enc. giur.*, I, V/2, Milano, 1904, p. 871 ss.
Martin E.L., *Liberalization and Cravathism: how liberalization triggered the reorganization of the legal profession in Germany and Japan*, in *Stan. J. Int'l L.*, 2007, v. 43, n. 1, p. 169 ss.
Martínez A., *Smart Contracts: ¿El Futuro de la Contratación?*, in *Revista Notarial*, 2018, p. 399 ss.
Martinez P., *The Future of Legal Services in the United States*, in M. Benichou (a cura di), *Innovation and Future of the Legal Profession in Europe*, Bruyland, Bruxelles, 2017, p. 73 ss.
Martinez V., *Innovation and future of law firm*, in M. Benichou (a cura di), *Innovation and Future of the Legal Profession in Europe*, Bruyland, Bruxelles, 2017, pp. 98 ss.
Masieri C., *Associazione tra avvocati, società tra avvocati e responsabilità professionale nel diritto italiano e comparato*, in *Riv. trim. dir. proc. civ.*, 2020, n. 2, p. 629 ss.
Mastroianni R. e Arena A., *Free movement of lawyers and the Torresi judgment: a bridge too far?*, in *Eur. Const. Law Rev.*, 2015, v. 11, p. 373 ss.
Mastroianni R, *La libera prestazione di servizi*, in G. Strozzi, A. Adinolfi e R. Baratta (a cura di), *Diritto dell'Unione Europea*, Giappichelli, Torino, 2017, p. 241 ss.
Mattei U., *Common Law. Il diritto anglo-americano*, V ed., Giappichelli, Torino, 2018.
Mattei U. e Ariano E., *Il modello di Common Law*, V ed., Giappichelli, Torino, 2018.
Matteucci G., *ODR in Hong Kong and Italy in the COVID 19 era*, 2020.
Matteucci G., *ODR-Online Dispute Resolution and Justice in the Post Covid-19*, in R. Pérez Martell (a cura di), *La Tecnología Y los Objetivos de Desarrollo Sostenible*, J.M. Bosh, Barcelona, 2020, p. 71 ss.
Matteucci G. e Shimoni D., *ODR in 30 Countries, 2020. Mediation in the COVID-19 Era*, 2020.
Matthews R.C.O., *The Economics of professional Ethics: Should the Professions Be More like Businesses?*, in *Econ. J.*, 1991, v. 101, n. 407, p. 737.
Maugeri M., *Smart Contracts e disciplina dei contratti*, Il Mulino, Bologna, 2021.
Mauri E., *Motivi imperativi di carattere generale quali ostacoli alla libera circolazio-*

ne nell'Unione europea e strumenti di tutela della salute, in *Corti supreme e salute*, 2019, n. 3, p. 563 ss.

Mauro J., *La déontologie des avocats allemands très secouée*, in *Gaz. Pal.*, 31 gennaio-2 febbraio 1988, p. 5 ss.

Maute J.L., *Alice's Adventures in Wonderland: Preliminary Reflections on the History of the Split English Legal Profession and the Fusion Debate (1000-1900 A.D.)*, in *Fordham L. Rev.*, 2003, v. 71, n. 4, p. 1357 ss.

Maute J.L., *Bar Associations, Self-Regulation And Consumer Protection: Whither Thou Goest?*, in *J. prof. Lawyer*, 2008, p. 53 ss.

Maute J.L., *Global continental shifts to a new governance paradigm in lawyer regulation and consumer protection: riding the wave*, in R. Mortensen, F. Bartlett e K. Tranter, *Alternative Perspectives on Lawyers and Legal Ethics: Reimagining the Profession*, Routledge, London-New York, 2011.

Maxwell-Fyfe D., *Inns of Court and the Impact on the Legal Profession in England*, in *Sw. L. J.*, 1950, n. 4, p. 391 ss.

Mayson S., *Making Sense of Law Firms – Strategy, Structure & Ownership*, Blackstone Press Limited, London, 1997.

Mazzeschi M., *Italy*, in D. Campbell, *Outsourcing Legal Services: Impact on National Law Practices*, Kluwer Law International, Alphen aan den Rijn, 2012, p. 131 ss.

Mazzeschi M. e Li Y., *The Legal Profession in Italy and the Rules for Outsourcing Legal Services*, in *US-China Law Rev.*, 2017, v. 14, n. 12, p. 821 ss.

Mazzuca J., *L'arte del difendere. Prospettive storiche e ricostruttive della figura di avvocato*, in *TIGOR*, 2021, n.1. p. 64 ss.

Mc Clelland C.E., *The German experience of professionalization. Modern learned professions and their organizations from the early nineteenth century to the Hitler era*, Cambridge University press, Cambridge, 1991.

McCarthy J., *What is Artificial Intelligence*?, Stanford University Stanford, 2007.

McCarthy J., Minsky M., Rochester N. e Shannon C., *Proposal for the Dartmouth Summer Research Project on Artificial Intelligence*, 1955, reperibile all'URL http://jmc.stanford.edu/articles/dartmouth/dartmouth.pdf.

McGinnis J. e Pearce R., *The Great Disruption: How Machine Intelligence Will Transform the Role of Lawyers in the Delivery of Legal Services*, in *Fordham L. Rev.*, 2014, v. 82, p. 3041 ss.

McGlynn C.M.S., *Strategies for Reforming the English Solicitors' Profession: An Analysis of the Business Case for SEX equality*, in Schultz U. e Shaw G. (eds.), *Woman in the World's Legal Profession*, Hart Publishing, Oxford-Portland, Or., 2003, p. 159 ss.

McGlynn C.M.S., *The Status of Woman Lawyers in The United Kingdom*, in U. Schultz e G. Shaw (eds.), *Woman in the World's Legal Profession*, Hart Publishing, Oxford-Portland, Or., 2003, p. 141 ss.

McKay D., *American Politics & Society*, III ed., Blackwell, Cambridge, Mass., 1993.

McKee H.A. e Porter J.E., *Professional Communication and Network Interaction. A Rhetorical and Ethical Approach*, Routledge, New York, 2017.

McLaren J.G., *The Brief History of Wigs in the Legal Profession*, in *Int'l J. Legal Prof.*, 1999, v. 6, n. 2, p. 241 ss.

Mcmahon R., *The Online Dispute Resolution Spectrum*, in *Int'l J. of Arb. Med. & Disp. Man.*, 2005, v. 71, n. 3, p. 218 ss.

McMorrow J.A., *UK Alternative Business Structures for Legal Practice: Emerging Models and Lessons for the US*, in *Geo. J. Int'l L.*, 2016, v. 47, n. 2, p. 665 ss.

Mecke B., *Die Entwicklung des 'procurator ad litem'*, in *SDHI*, XXVIII, 1962, p. 100 ss.
Meniconi A., *Gli avvocati*, in *Nuova inf. bibl.*, 2005, n.1, p. 111 ss.
Meniconi A., *La storia degli avvocati: primi bilanci e prospettive di ricerca*, in *Le Carte e la Storia*, 2004, f. 2, p. 57 ss.
Meniconi A., *La «maschia avvocatura». Istituzioni e professione forense in epoca fascista (1922-1943)*, Il Mulino, Bologna, 2006.
Menkel Meadow C., *Is ODR ADR?*, in *Int'l J. online Disp. Resol.*, 2016, v. 3, n. 1, p. 4 ss.
Metzger J., *Decentralized Justice in the Era of Blockchain*, in *Int'l J. online Disp. Resol.*, 2018, v. 5, n. 1-2, p. 69 ss.
Meyer-Holz U., *Collegia Iudicum: uber die Form sozialer Gruppenbildung durch die gelehrten Berufsjuristen im Oberitalien des spaten Mittelalters, mit einem Vergleich zu Collegia Doctorum Iuris*, Nomos, Baden-Baden, 1989.
Miceli M., *Studi sulla "rappresentanza" nel diritto romano*, Giuffrè, Milano, 2008.
Miceli M., *La mediazione in materia civile e commerciale nella Direttiva 2008/52/CE*, in *Europa dir. priv.*, 2009, n. 3, p. 855 ss.
Michaels R., *Comparative Law by Numbers? Legal Origins Thesis, Doing Business Reports, and the Silence of Traditional Comparative Law*, in *Am. J. Comp. L.*, 2009, v. 57, p. 765 ss.
Michelson E., *Women in the Legal Profession, 1970-2010: A Study of the Global Supply of Lawyers*, in *Ind. J. Global Legal Stud.*, 2013, v. 20, n. 2, p. 1071 ss.
Miele G., *Associazione (diritto di)*, in *Nuovo dig.*, XVI, Unione Tipografico-editrice Torinese, Torino, 1937, p. 1016 ss.
Mik E., *Smart contracts: Terminology, technical limitations and real world complexity*, in *Law Innov. Technol.*, 2017, v. 9, n. 2, p. 269 ss.
Millar J., *Social Failure Modes in Technology and the Ethics of AI: An Engineering Perspective*, in M.D. Dubber, F. Pasquale e S. Das (a cura di), *The Oxford Handbook of Ethics of AI*, Oxford University Press, Oxford, 2020, p. 459 ss.
Millerson G., *The Qualifying Associations*, Routledge & Kegan, London, 1964.
Minervini E., *La società tra avvocati nel d.lg. 2 febbraio 2001, n. 96*, in *Società*, 2001, n. 9, p. 1029 ss.
Minervini E., *Conferimento, esecuzione ed inadempimento dell'incarico professionale nella nuova disciplina della società tra avvocati*, in *Contr. impr.*, 2002, n. 2, p. 617 ss.
Minervini E., *La proposta di direttiva comunitaria sulla conciliazione in materia civile e commerciale*, in *Contr. e impr. Europa*, 2005, p. 427 ss.
Minervini E., *La direttiva europea sulla conciliazione in materia civile e commerciale*, in *Contr. e impr. Europa*, 2009, n. 1, p. 41 ss.
Mingardo L., *Amministrare la giustizia online: luci ed ombre della diffusione globale delle ODR*, in *Amministrazione in cammino*, 2020.
Mistura R., *I giudici e i loro collegi, ricerche sul territorio veneto*, Cedam, Padova, 1986.
Mittermaier C.J.A., *Die künftige Stellung des Advokatenstandes*, in *AcP*, 1832, v. 15, p. 138 ss.
Moccia L., *Comparazione giuridica e Diritto europeo*, Giuffrè, Milano, 2005.
Mohnhaupt H., *Das* «Project des Codicis Fridericiani Marchici» *von 1748. Samuel von Coccejid Prozeßgesetz*, in N. Picardi, B. Sassani e F. Treggiari (a cura di), *Diritto e processo. Studi in memoria di Alessandro Giuliani*, Edizioni scientifiche italiane, Napoli, 2001, v. III, p. 447 ss.

Mojon B., *Amoretti Pellegrina*, in D.L. Grillo (a cura di), *Elogi di liguri illustri*, Fontana, Torino, 1846, v. III, p. 59 ss.
Mollot A., *Règles de la profession d'avocat*, II ed., Durand, Paris, 1866.
Monateri P.G., *La Costruzione giuridica del globale e lo scontro delle giustizie*, in *Riv. critica dir. civ.*, 2007, p. 690.
Monateri P.G. e Somma A., *Il modello di civil law*, Giappichelli, Torino, 2009.
Montagnani C., *Il "tipo" della società tra professionisti, denominato società tra avvocati*, in *Riv. soc.*, 2002, n. 4, p. 974 ss
Montalenti P., *La società tra avvocati*, in *Società*, 2001, n. 10, p. 1169 ss.
Montalenti P., *Società tra professionisti, società tra avvocati, associazioni professionali: la montagna e il topolino*, in *Giur. comm.*, 2014, parte II, p. 268 ss.
Monti M., *Competition in Professional Services: New Light and New Challenges*, Berlin, 21 marzo 2003, reperibile all'URL http://ec.europa.eu/competition/speeches/text/sp2003_070_en.pdf.
Moore G.E., *Cramming More Components onto Integrated Circuits*, in *Electronics*, 1965, v. 38, p. 114 ss.
Moore W.E., *The professions: Roles and Rules*, Russel Sage Foundation, New York, 1976.
Moorhead R., Sherr A. e Paterson A., *What Clients Know: Client perspectives and legal competence*, in *Int'l J. Legal Prof.*, 2003, v. 10, n. 1, p. 5 ss.
Morley G., *Legal Education in England and Wales*, in N. Picardi e R. Martino (a cura di), *L'educazione giuridica*, Tomo primo: *Modelli di Università e progetti di riforma*, Cacucci, Bari, 2008, p. 365 ss.
Moro P., *Intelligenza artificiale e professioni legali. La questione del metodo*, in *JELT*, 2019, v. 1, n. 1, p. 24 ss.
Morse G., *Direct Applicability of Main Treaty Provisions and Scope of Safeguard Clauses*, in *Eur. Law Rev.*, 1975, p. 67 ss.
Mossman M.J., *Feminism and Legal Method*, in M. Fineman e N. Thomadsen, *At the Boundaries of Law – Feminism and Legal Theory*, Routledge, London, 1991, p. 283 ss.
Mozzi B., *Le tariffe professionali: che cosa rimane?*, in *Lavoro Diritti Europa*, 2021, n. 4, p. 2 ss.
Mueller D.W., *Public Choice III*, Cambridge University Press, Cambridge, 2003.
Muller I., *Furchtbare Juristen: die unbewaltigte Vergangenheit unserer Justiz*, Kindler, München, 1987.
Mullerat R., *The Multidisciplinary Practice of Law in Europe*, in *J. of Legal Educ.*, 2000, v. 50, n. 4, p. 481 ss.
Mullerat R., *Law Practice in a Globalized World: The European Experience*, in *Miami-Florida European Union Center of Excellence*, 2013, v. 13, n.7, spec. p. 10.
Mullinger J.B. e Leader D.R., *A History of the University of Cambridge. Volume I: The University to 1546*, Cambridge University Press, Cambridge, 1988.
Münch J., *Die Neue Juristenausbildung. Chancen Perspektiven und Risiken*, Boorberg, Stuttgart, 2004, 87 ss.
Munerati L.M., *La normativa di emergenza in Italia nell'ambito del diritto del lavoro e della sicurezza sociale*, in *e-Revista Internacional de la Protección Social*, 2020, v. 1, n. 1, p. 39 ss.
Munzio D. e Suddaby R., *Theoretical Perspectives of the Professions*, in B. Hinings, D. Muzio, J. Broschak e L. Empson, *Oxford Handbook of Professional Service Firms*, Oxford University Press, Oxford, 2015, p. 26 ss.

Muscheler K., *Die Anwaltschaft in der preußischen Rechtsgeschichte*, Hagen 06. Mai 2009, reperibile all'URL https://www.ruhr-uni-bochum.de/ls-muscheler/downloads/seminar09/Lukas_Gruszewicz_Die_Anwaltschaft_in_der_preussischen_Rechtsgeschichte.pdf.
Muzio D. e Bolton S., *L'Esercito di Riserva: Femminizzazione e Profitto nella Professione Legale Inglese*, in *Econ. & Manag.*, 2006, n. 5, p. 107 ss.
Muzio D. e Bolton S., *Can't live with 'em; Can't Live without 'em: Gender Segmentation in the Legal Profession,* in *Sociology*, 2007, v. 41, p. 47 ss.

Nakamoto S., *Bitcoin: A peer-to-peer electronic cash system*, 2008, https://bitcoin.org/bitcoin.pdf.
Nardone F.G., *Prime note sulle società tra professionisti,* in *St. e Mat.*, 2012, n. 4, p. 1134 ss.
Nascimbene B., *Le eccezioni ai principi. Interesse generale di ordine pubblico*, in F. Bestagno e L.G. Radicati Di Brozolo (a cura di), *Il mercato unico dei servizi,* Giuffrè, Milano, 2007, p. 41 ss.
Nascimbene B., *La professione forense nell'Unione europea*, Ipsoa, Milano, 2010.
Nascimbene B., *Tariffe degli avvocati e Corte di Giustizia: un conflitto risolto?*, in *Corr. giur.*, 2011, p. 1041 ss.
Nascimbene B., *Avvocati e abogados. Norme di diritto UE e norme nazionali a confronto*, in *Riv. it. dir. pubb. comm.*, 2018, n. 2, p. 491 ss.
Nascimbene B., *Professionisti e ordini professionali nel diritto dell'Unione Europea,* in *Eurojus*, 2019, f. 3, p. 221 ss.
Nascimbene B. e Bastianon S., *Avvocati, diritto comunitario e diritto nazionale: recenti orientamenti della Corte di giustizia*, in *Corr. giur.*, 2002, p. 602 ss.
Nash J.F., *Equilibrium points in n-person games*, in *Proceedings of the National Academy of the USA*, 1950, v. 36, n. 1, p. 48; ss.
Nash J.F., *The bargaining problem*, in *Econometrica*, 1950, v. 18, p. 155 ss.
Nash J.F., *Non-cooperative games*, in *Annals of Mathematics*, 1951, v. 54, p. 289 ss.
Navas S., *The Provision of Legal Services to Consumers Using LawTech Tools: From "Service" to "Legal Product"*, in *Open J. Soc. Sci.*, 2019, v. 7, p. 79 ss.
Nazzaro D., *L'avvocato: storia e postmodernità. L'amministrativista*, in *Prev. Forense*, 2013, p. 177 ss.
Neergaard U.B., *State Action and European Competition Rules: A New Path?*, in *Maastricht JECL*, 1999, p. 380 ss.
Neergaard U., Nielsen R. e Roseberry L.M., *The Services Directive – Consequences for the Welfare State and the European Social Model*, Djøf Forlag, Copenhagen, 2008.
Nelson P., *Information and Consumer Behaviour*, in *J. Polit. Econ.*, 1970, n. 78, p. 311 ss.
Neri S., *Rassegna di giurisprudenza della Corte di giustizia delle Comunità Europee,* in *Riv. dir. eur.*, 1992, p. 114.
Niamh Dunne N., *Liberalisation and the legal professions in England and Wales,* in *Cambridge L. J.*, 2021 v. 80, n. 2, p. 274 ss.
Nicholson A., *The value of a law degree – part 2: a perspective from UK providers,* in *Law Teach.*, 2020, p. 1 ss.
Nissan E., *Computer Tools and Techniques for Lawyers and the Judiciary*, in *Cybern. Syst.*, 2018, v. 49, n. 4, p. 201 ss.
Nitti D., *Come cambia la professione forense inglese: spunti per una comparazione,* in *Contr. e impr. Europa*, 2006, p. 280 ss.

Nitti D., *Autorizzazioni e limiti alla prestazion*e di *servizi nel mercato interno: i motivi imperativi di interesse generale*, in *Contr. e impr. Europa*, 2007, p. 1050 ss.
Nitti D., *La professione forense in Inghilterra*, in Berlinguer A., *La professione forense: Modelli a confronto*, Giuffrè, Milano, 2008, p. 97 ss.
Nnona G.C., *Multidisciplinary Practice in the International Context: Realigning the Perspective on the European Union's Regulatory Regime*, in *Cornell Int. Law J.*, 2004, v. 37, n. 1, p. 115 ss.
Noll R.G., *Economic Perspectives on the Politics of Regulation*, in R. Schmalensee e R.D. Willing (eds.), *Handbook of Industrial Organisation II*, Elsevier, Amsterdam, 1989, p. 1253 ss.
Nordberg W., *A Systematic Mapping Study on Development of Blockchain-Based Smart Contracts*, Master Thesis Mälardalen University, Västerås, 2021, https://www.diva-portal.org/smash/get/diva2:1563233/FULLTEXT01.pdf.

O'Boyle L., *The Democratic Left in Germany, 1848*, in *J. Mod. Hist.*, 1961, v. 33, n. 4, p. 374 ss.
O'Sullivan C. e Beel J., *Predicting the Outcome of Judicial Decisions made by the European Court of Human Rights*, in *arXiv*, 2019, https://arxiv.org/abs/1912.10819.
Ofner H., *Staatsangehörigkeitserfordernis für den Notarberuf EU-widrig?*, in *Zeitschrift für Rechtsvergleichung, internationales Privatrecht und Europarecht*, 2010, V, p. 193 ss.
Ogus A., *Regulation: Legal Form and Economic Theory*, Clarendon Press, Oxford, 1994.
Old Inns of Court Customs, in *Green Bag*, March 1889, v. 1, n. 3, pp. 121-122 rispettivamente https://en.wikisource.org/wiki/Page:The_Green_Bag_(1889%E2%80%931914),_Volume_01.pdf/142, https://en.wikisource.org/wiki/Page:The_Green_Bag_(1889%E2%80%931914),_Volume_01.pdf/143
Olgiati V., *L'ordinamento professionale forense nel pensiero di Giuseppe Zanardelli*, in R. Chiarini (a cura di), *Giuseppe Zanardelli*, FrancoAngeli, Milano, 1985, p. 361 ss.
Olgiati V., *Avvocati e notai tra professionalismo e mutamento sociale*, in W. Tousjin (a cura di), *Le libere professioni in Italia*, Il Mulino, Bologna, 1987, p. 87 ss.
Olgiati V. e Pocar V., *The Italian Legal Profession: An Institutional Dilemma*, in R. Abel e P.S.C. Lewis (eds.), *The Civil Law World, Lawyers in Society, v. II*, University of California Press, Berkeley-Los Angeles-London, 1988, p. 341 ss.
Olgiati V., *Saggi sull'avvocatura. L'avvocato italiano tra diritto, potere e società*, Giuffrè, Milano, 1990.
Olgiati V., *Self-regulation of legal professions in contemporaney Italy*, in *Int'l J. Legal Prof.*, 1997, v.4, nn. 1-2, p. 89 ss.
Olgiati V., *Professional Body and Gender Difference in Court: the Case of the First (Failed) Women Lawyer*, in U. Schultz e G. Shaw (eds.), *Woman in the World's Legal Profession*, Hart Publishing, Oxford-Portland, Or., 2003, p. 419 ss.
Olivieri G., *La responsabilità del professionista – imprenditore tra concorrenza e regolamentazione*, in *An. giur. econ.*, 2005, n. 1, p. 67 ss.
Ollandini E., *La donna e l'avvocatura. Studio storico-giuridico-sociale*, Tipografia La Celere, Genova,1913.
Orbach B.Y., *The Antitrust Consumer Welfare Paradox*, in *J. Compet. Law Econ.*, 2011, v. 7, p. 133.
Orlandi F. e Tacchi F., *Appendice*, in G. Turi (a cura di), *Le libere professioni e il fascismo*, FrancoAngeli, Milano, 1994, p. 227 ss.

Orlandi M., *L'accesso al pubblico impiego di uno "straniero comunitario" e discriminazioni in base alla cittadinanza: la fine della controversia concernente i lettori di lingua straniera*, in *Giur. merito*, 1996, n. 3, v. 4, p. 544 ss.
Orsoni G., *L'ordinamento professionale forense*, Cedam, Padova, 2005.
Ortega Reinoso G., *Modificaciòn de la composiciòn de una sociedad profesional de abogados, a la vista de la Ley 2/2207, de 15 marzo, de sociedades professionales*, in *Revista jurídica del notariado*, 2007, p. 223 ss.
Ortolani P., *Self-Enforcing Online Dispute Resolution: Lessons from Bitcoin*, in *Oxf. J. Leg. Stud.*, 2016, v. 36, n. 3, p. 595 ss.
Ortolani P., *The impact of blockchain technologies and smart contracts on dispute resolution: arbitration and court litigation at the crossroads*, in *Rev. dr. unif.*, 2019, v. 24, p. 430 ss.
Ortolani P., *Smart Contracts, ODR and the New Landscape of the Dispute Resolution Market*, in B. Cappiello e G. Carullo (eds.), *Blockchain, Law and Governance*, Springer, Berlino, 2020.
Ortoleva C.L. e Grechi T., *L'evoluzione della normativa e della giurisprudenza europea con specifico riguardo all'esercizio della professione forense nel contesto europeo*, in F.Locatelli, *Gli avvocati oggi, tra U.E., studi di genere, A.D.R. e P.C.T.*, Pacini Giuridica, Pisa, 2018, p. 27 ss.
Osimo V., *Una figura pariniana*, in *In memoria di Oddone Ravenna,* Gallina, Padova, 1904.
Ostler F., *Die deutschen Rechtsanwälte 1871-1971*, Juristischer Verlag W. Ellinghaus, Essen, 1971.
Ostler F., *Deutsche Rechtsanwälte, 1871-1971*, II ed., Juristischer Verlag W. Ellinghaus, Essen, 1982.
Ostler F., *Rechtsanwalte in der NS-Zeit*, in *Anwaltsblatt*,1983, p. 50 ss.
Oustet T., *L'utilisation de l'outil Predictice déçoit la cour d'appel de Rennes*, in *Dalloz actualité*,16 oct. 2017.

Pacces A.M. e Van den Bergh R., *An introduction to the law and economics of regulation,* in A.M. Pacces e R. Van den Bergh (eds.) *Regulation And Economics: Second Edition Encyclopedia of Law And Economics*, Rotterdam Institute of Law and Economics (RILE) Working Paper n. 2011/03, Elgar, Cheltenham, 2012.
Paccoia M., *La società tra avvocati tra evoluzione normativa e prassi concreta*, in *Nuovo dir. soc.*, 2019, n. 2, p. 165 ss.
Pace L. e Lorenzo F., *Corte di giustizia dell'Unione europea, 29 marzo 2011, C-565/08*, in *Europa dir. priv.*, 2011, p. 1227 ss.
Pacileo P., *"On line dispute resolution". La "piattaforma Ue" come nuovo modello di "internet jurisdiction"*, in *Cult. dir.*, 2017, v. 1, 2017, p. 77 ss.
Padoa Schioppa A., *Brevi note sull'avvocatura nell'età del diritto comune,* in G. Alpa e R. Danovi, Un progetto di ricerca sulla storia dell'avvocatura, Il Mulino, Bologna, 2003, p. 41 ss.
Padoa Schioppa A., *Brevi note sull'avvocatura nell'età del diritto comune,* in G. Alpa e R. Danovi (a cura di), *Un progetto di ricerca sulla storia dell'avvocatura,* Il Mulino, Bologna, 2003, p. 41 ss.
Padoa Schioppa A., *Dal* Code Napoléon *al codice civile del 1942*, in *Il codice civile, Atti del Convegno del cinquantennio*, Bardi, Roma, 1994, ampliato in Id., *Italia ed Europa nella storia del diritto,* Il Mulino, Bologna, 2003.
Padoa Schioppa A., *Italia ed Europa nella storia del diritto,* Il Mulino, Bologna, 2003.

Padoa Schioppa A., *Storia del diritto in Europa. Dal medioevo all'età contemporanea*, Il Mulino, Bologna, 2007.

Padoa Schhioppa A., *Uno sguardo al passato di fronte ai problemi d'oggi*, in D. Cerini e F. Scarpelli, *L'avvocato nella società contemporanea*, Giappichelli, Torino, 2015, p. 13 ss.

Padoa Schioppa A., *A History of Law in Europe: From the Early Middle Ages to the Twentieth Century*, Cambridge University Press, Cambridge, 2017.

Pagano E., *Avvocati ed esercizio della professione legale in Lombardia nel secondo Settecento: i causidici collegiati di Milano*, in *Riv. storia dir. it.*, 2001, v. LXXIV-LXXV, p. 355.

Pajno A., Bassini M., De Gregorio G., Macchia M., Patti F.P., Pollicino O., Quattrocolo S., Simeoli D. e Sirena P., *AI: profili giuridici Intelligenza artificiale: criticità emergenti e sfide per il giurista*, in *BioDiritto*, 2019, v. 3.

Paladin L., *Legittimità costituzionale della modifica del Consiglio Nazionale Forense*, in *Rass. forense*, 1994, p. 227 ss.

Palazzo M., *Informatica e diritto. Un dialogo necessario*, in *Notariato*, 2019, v. 5, p. 497 ss.

Palma A., *L'ambiguo status del defensor civitatis: soggetto pubblico o privato difensore?*, in A. Trisciuoglio (a cura di), *Tribunado – Poder negativo y defensa de los derechos humanos*, Ledizioni, Milano, 2018, p. 97 ss.

Palmer R.C. e Robert C., *The Origins of the Legal Profession in England*, in *Irish Jurist*, 1976, v. 11, n. 1, p. 126 ss.

Palmirani M., *Lexdatafication: Italian Legal Knowledge Modelling in Akoma Ntoso*, in V. Rodríguez-Doncel, M. Palmirani, M. Araszkiewicz, P. Casanovas, U. Pagallo, G. Sartor (eds.), *AI Approaches to the Complexity of Legal Systems XI-XII*. Lecture Notes in Computer Science, v. 13048, Springer, Cham, 2021, p. 31 ss.

Palombo A., Battaglini R. e Cantisani L., *A blockchain-Based Smart Dispute Resolution Method*, in L.A. Di Matteo, A. Janssen, P. Ortolani, F. De Elizalde, M. Cannarsa e M. Durovic, *The Cambridge Handbook of Lawyering in the Digital Age*, Cambridge University Press, Cambridge, 2021, p. 124 ss.

Panebianco M., *La direttiva sulla prestazione dei servizi 2 Marzo 1977*, in *Dir. comm. scambi int.*, 1981, n. 4, p. 765 ss.

Paolini L., *Organizzazione della professione legale, tariffe e mercato: spunti giurisprudenziali*, in *Rivista di economia, cultura e ricerca sociale*, 2020, p. 451 ss.

Paolini L., *Organizzazione della professione legale, tariffe e mercato: spunti giurisprudenziali*, in *Studi Urbinati, A – Scienze giuridiche, politiche ed economiche*, 2000, v. 51, n. 4, p. 460 ss.

Papadimitriu C.E., *Online dispute resolution: evoluzioni del fenomeno digitale*, in *Riv. dir. risp.*, 2021, n.1, p. 1 ss.

Paperi O., *Considerazioni sull'origine del «procurator ad litem»*, in *Canabula Iuris. Studi storico giuridici per Gerardo Broggini*, Giuffrè, Milano, 2022, p. 343 ss. e in *Labeo*, XLVIII, 2002, p. 37 ss.

Parini Vincenti S., Ad Auxilium Vocatus. *Studi sul praticantato da Napoleone alla Legge professionale del 1874: l'esperienza normativa*, in Padoa Schioppa A. (a cura di), *Avvocati e avvocatura nell'Italia dell'Ottocento*, Il Mulino, Bologna, 2009, p. 674 ss.

Parola L., Merati P. e Gavotti G., *Blockchain e smart contract: questioni giuridiche aperte*, in *Contr.*, 2018, n. 6, p. 681 ss.

Parsons T., *A Sociologist Looks at the Legal Profession*, in Id., *Essays in Sociological Theory*, Free Press, New York, 1954, p. 382.
Parsons T., *The Social* System, Free Press, Glencoe, 1951.
Pasa B., voce *Common Law*, in R. Sacco (diretto da), *Digesto delle discipline privatistiche, Sezione civile, Aggiornamento*, Utet Giuridica, Torino, 2011, p. 172 ss.
Patanè V., voce *Processo penale inglese*, in A. Falzea, P. Grossi, E. Cheli e R. Costi (a cura di), *Enciclopedia del diritto*, v. 2, t. 1, Giuffrè, Milano, 2008, p. 744.
Paterson A. e National Consumer Council (UK), *Professional Competence in Legal Services: What is It and How Do You Measure It?*, National Consumer Council, London, 1990.
Paterson A., *Peer Review and Quality Assurance*, in *Clinical L. Rev.*, 2007, v. 13, n. 2, p. 757 ss.
Paterson I., Fink M. e Ogus A., *Economic impact of Regulation in the Field of the Liberal Professions in Different Member States: Regulation of Professional Services*, Institut für Höhere Studien (IHS), Vienna, 2003 e ristampato come European Network of Economic Policy Research Institutes Working Paper 52, February 2007.
Patterson III L.A., *Outsourcing of Legal Services: A Brief Survey of the Practice and the Minimal Impact of Protectionist Legislation*, in *Rich. J. Global L. & Bus.*, 2008, v. 7, n. 2, p. 177 ss.
Pauleau C., Collard C. e Roquilly C., *Key performance Indicators (KPIs): Run Legal with Business Metrics: Will the Legal of the Future Measure Everything It Does?*, in K. Jacob, D. Schindler e R. Strathausen, *Liquid Legal. Transforming Legal Into a Business Savvy, Information Enabled and Performance Driven Industry*, Springer, Cham, 2017, p. 11 ss.
Pearce R.R., *A History of the Inns of Court and Chancery: With Notices of Their Ancient Discipline, Rules, Orders, and Customs, Readings, Moots, Masques, Revels, and Entertainments; Including an Account of the Eminent Men of the Four Learned and Honourable Societies - Lincoln's Inn, the Inner Temple, the Middle Temple, and Gray's Inn & c*, R. Bentley, London, 1848.
Pederzoli P., *Selezione e formazione delle professioni legali in Germania*, Cedam, Padova, 1992.
Pedrazzi G., *Risolvere online le controversie del commercio online*, in *Professionalità*, 2019, v. 1, p. 6 ss.
Pelkmans J., Directorate General For Internal Policies Policy Department A: Economic And Scientific Policy, *The New Restrictiveness Indicator for Professional Services: An Assessment, Study*, settembre 2017, reperibile all'URL https://www.europarl.europa.eu/RegData/etudes/STUD/2017/607349/IPOL_STU(2017)607349_EN.pdf.
Pelkmans J., *The internal service market: between economics and political economy*, in *EIPAscope*, 2007, p. 9 ss.
Pellegrina Amoretti M., *Laurea della Signora M. Pellegrina Amoretti cittadina d'Oneglia*, presso gli Stampatori Porro e Bianchi, Pavia 1777, https://archive.org/details/laureadellasigno00amor/page/6.
Peltzman S., *Toward a More General Theory of Regulation*, in *Bell J. Econ. Manage. Sci.*, 1976, v. 19, p. 211 ss.
Perfetti U., *Deontologia dell'avvocato, ordinamento forense, amministrazione della Giustizia*, Giappichelli, Torino, 2013.
Perlat-Lopes C., *Honoraires d'avocats: la réglementation des tarifs en Italie. À propos de l'arrêt Cipolla et Macrino (CJCE, 5 décembre 2006)*, in *Gazette du Palais*, 2006 n. 351-353 II Doct. p. 2 ss.

Pertile A., *Storia del diritto italiano*, vol VI, parte I, Storia della procedura, Unione Tipografico-Editrice Torinese, Torino, 1900.

Petrillo P.L., *Democrazie sotto pressione: parlamenti e lobby nel diritto pubblico comparato*, Giuffrè, Milano, 2011.

Philip A.T. e Mungham G.M., *English Legal Education: A Commentary on the Ormrod Report*, in *Val. U. L. Rev.*, 1972, v. 7, n. 1, p. 87 ss.

Philipsen N.J., *Regulation of and by Pharmacists in the Netherlands and Belgium: an Economic Approach*, Intersentia, Antwerpen-Groningen, 2003.

Piana D., *Legal Services and Digital Infrastructure. A New Compass for better Governance*, Routledge, London, 2020.

Piana D. e Verzelloni L., *Intelligenze e garanzie. Quale Governance della conoscenza nella giustizia digitale?*, in *Quad. scienza pol.*, 2019, n. 3, p. 349 ss.

Piatti L., *Dal Codice Civile al codice binario: "blockchains" e "smart contracts"*, in *Cib. dir.*, 2016, v. 17, n. 56, 3, p. 325 ss.

Picardi N., *Considerazioni sull'insegnamento del diritto in Italia e Inghilterra*, in *Riv. giur. umbro-abruzz.*, 1957, p. 395 ss.

Picardi N. e Martino R. (a cura di), *L'educazione giuridica*, Cacucci, Bari, 2008.

Piscione P., *Ordini e collegi professionali*, Giuffrè, Milano,1959.

Pistor K., *Rethinking the "Law and Finance" Paradigm*, in *BYU L. Rev.*, 2009, n. 6, p. 1647 ss.

Plug P., Dekker A., van der Hurk S., Baarsma B. e Felsö F., *Mededinging versus domeinmonopolie en ministerieplicht. Over de gevolgen van marktwerking in het notariaat*, Berenschot/SEO, Den Haag, 2003.

Poillot-Peruzzetto S., *Droit européen des affaires*, in *Rev. trim. dr. com.*, 1998, p. 984 ss.

Pollak D.V., *"I'm Calling My Lawyer... in India!" Ethical Issues in International Legal Outsourcing*, in *UCLA J. Int'l L. & Foreign Aff.*, 2006, v. 11, n. 1, p. 99 ss.

Pollock F. e Maitland F.W., *The History of English Law before the time of Edward I*, Lawbook exchange, Union, New Jersey, 1898.

Poncibò C., *Il diritto comparato e la blockchain*, Memorie del Dipartimento di Giurisprudenza dell'Università di Torino-Edizioni scientifiche italiane-Università degli Studi di Torino, Napoli-Torino, 2020.

Poncibò C., *Smart Contract: un breve viaggio nel futuro dei diritti dei consumatori*, in *Annuario di Diritto Comparato e di Studi Legislativi*, Edizioni Scientifiche Italiane, Napoli, 2020, p. 1 ss.

Ponte L.M., *Throwing Bad Money after Bad: Can Online Dispute Resolution (ODR) Really Deliver the Goods for the Unhappy Internet Shopper*, in *Tul. J. Tech. & Intell. Prop.*, 2001, v. 3, p. 55 ss.

Ponzanelli G., *La responsabilità civile. Profili di diritto comparato*, Il Mulino, Bologna, 1992.

Posner R.A., *Theories of Economic Regulation*, in *Bell J. Econ. Manage. Sci.*, 1974, v. 5, n. 2., p. 335 ss.

Pound R., *Legal Profession in the Middle Ages*, in *Notre Dame Law.*, 1944, v. 19, n. 3, p. 229 ss.

Prescott J.J., *Improving Access to Justice in State Courts with Platform Technology*, in *Vand. L. Rev.*, 2017, v. 70, p. 1993 ss.

Prest W.R., *The Inns of Court under Elizabeth I and the early Stuarts 1590-1640*, Longman, London, 1972.

Priest G.L., *The Origins of Utility Regulation and the Theories of Regulation Debate*, in *J. L. & Econ.*, 1993, v. 36, p. 289 ss.

Prinz W. and Schulte A.T. (a cura di), *Blockchain und Smart Contracts: Technologien, Forschungsfragen und Anwendungen*, Fraunhofer Gesellschaft, Sankt Augustin, 2017.
Proni E., *Bologna la nascita dell'Ordine degli Avvocati e Procuratori, Storia dell'Ordine degli Avvocati di Bologna 1874-1945*, Fondazione forense bolognese-Grafiche A&B, Bologna, 2006.
Pugliese G., *Il processo civile romano*, v. II, *Il processo formulare*, Giuffrè, Milano, 1963.
Puliatti S., *Officium iudicis e certezza del diritto in età giustinianea*, in Puliatti S. e Sanguinetti A. (a cura di), *Legislazione, cultura giuridica, prassi dell'impero d'Oriente in età giustinianea tra passato e futuro (Atti del Convegno*. Modena, 21-22 maggio 1998), Giuffrè, Milano, 2000, p. 43.
Pulling A., *Order of the Coif*, William Clowes and Sons, London, 1884, p. 13 ss.
Punzi C., *Relazioni fra l'arbitrato e le altre forme non giurisdizionali di soluzione delle liti*, in *Riv. arb.*, 2003, n. 3, p. 385 ss.
Purpidge P., *La formazione professionale in Inghilterra e nel Galles*, in *Rass. forense*, 1995, p. 399 ss.

Quaia P., *Avvocati: Qualità o prezzo? In margine alla sentenza della corte di giustizia in cause riunite N. C-94/04 e n. C-202/04*, in *Dir. comm. scambi int.*, 2006, p.701 ss.
Quarta A. e Smorto G., *Diritto privato dei mercati digitali*, Le Monnier Università, Firenze, 2020.
Quinn J., *Multidisciplinary Services and PreventiveRegulation*, in R.M. Evans e M.J. Trebilcock (eds.), *Lawyers and the Consumer Interest*, Butterworths, Toronto, 1982.
Quinn M.J., *Reform of the Legal Profession in England and Wales*, in *NYLS J. Int'l & Comp. L.*, 1991, v. 12, n. 1, p. 277 ss.

Rab S., *Covid-19 & Virtual mediation*, in *New Law Journal*, 2020, p. 25 ss.
Rabinovich-Einy O. e Katsh E., *Blockchain and the Inevitability of Disputes: The Role for Online Dispute Resolution*, in *J. Disp. Resol.*, 2019, v. 2, p. 47 ss.
Rackwitz F. e Corveleyn F., *The Legal Innovation Matrix*, 2015, reperibile all'URL https://legalinnovationmatrix.com/2015/11/14/11/.
Raicich M., *Liceo, università, professioni: un percorso difficile*, in S. Soldani (a cura di), *L'educazione delle donne: scuola e modelli di vita femminile nell'Italia dell'Ottocento*, FrancoAngeli, Milano, 1989, p. 147 ss.
Rampone F., *Giuristi e informatici: the code is NOT law*, in *Cib. dir.*, 2020, n. 21, p. 2 ss.
Rasi P., *Avvocati e procuratori (Diritto romano)*, in *Noviss. dig. it.*, v. I, t. II, Torino, 1957, p. 1662 ss.
Rawlinson W., *Lawyers and Foreign Offices*, in *Int. Fin. Law Rev.*, 1984, p. 54 ss.
RBB Economics, *Economic Impact of Regulation in Liberal Professions: a critique of the IHS Report*, 2003, https://www.ccbe.eu/fileadmin/speciality_distribution/public/documents/COMPETITION/CPT_Position_papers/EN_CPT_20030909_CCBE_further_submission_with_regard_to_the_European_Commission_questionnaire_on_regulation_in_liberal_professions_and_its_effects.pdf.
Reardon J.R., *Alternative Business Structures: Good for the Public, Good for the Lawyers*, in *St. Mary's J. Legal Mal. & Ethics*, 2017, n. 7, p. 304 ss.

Redman T.C., *If Your Data is Bad, Your Machine Learning Tools are Useless*, in *Harv. Bus. Rev.*, online, 2018.
Reimann M. (ed.), *Cost and Fee Allocation in Civil Procedure: A Comparative Study: A Comparative Study*, Springer Netherlands, Dordrecht, 2011, p. 259 ss.
Relazione della Commissione per l'esame del progetto di legge professionale forense, in *Boll. forense*, 1925, 4, n. 3, p. 1 ss.
Remus D. e Levy F., *Can robots be lawyers? Computers, lawyers, and the practice of law*, in *Geo. J. Legal Ethics*, 2017, v. 30, n. 3, p. 501 ss.
René D. e Spinosi Camille J., *I grandi sistemi giuridici contemporanei* (trad. it. a cura di R. Sacco), Cedam, Padova, 2004.
Resnik J., *Risoluzione alternativa delle controversie e processo: uno sguardo alla situazione nordamericana*, in *Riv. trim. dir. proc. civ.*, 1997, n. 3, p. 699 ss.
Rheinstein M., *The case method of Legal Education: the First One-Hundred Years*, in N. Picardi e R. Martino (a cura di), *L'educazione giuridica*, Tomo primo: *Modelli di Università e progetti di riforma I*, Cacucci, Bari, 2008, p. 15.
Ribstein L.E., *Lawyers as Lawmakers: A Theory of Lawyer Licensing*, in *Mo. L. Rev.*, 2004, v. 69, p. 299 ss.
Ricciardi E., *Lineamenti dell'ordinamento professionale forense*, Giuffrè, Milano, 1990.
Riccio G.M., *Appunti sulla mediazione on-line*, in *Comp. e dir. civ.*, 2011.
Richter jr. M.S., *Prime riflessioni su costituzione, modificazione e nullità di società tra avvocati*, in *Foro it.*, 2001, V, c. 332 ss. e in *Studi e Materiali del Consiglio nazionale del notariato*, 2/2002, p. 384 ss.
Ridges E.W., *Constitutional law of England*, Stevens and Sons, London, 1905.
Riedel J., *The Reform of Legal Education in Germany*, in *Eur. J. of Legal Educ*, 2001, p. 3 ss.
Rinaldi G., *Smart contract: meccanizzazione del contratto nel paradigma della blockchain*, in G. Alpa (a cura di) *Diritto e intelligenza artificiale*, Pacini Giuridica, Pisa, 2020.
Rizzo M., *L'intelligenza artificiale e la predittività nella risoluzione delle controversie*, in S. Faro, T.E. Frosini e G. Peruginelli (a cura di), *Dati e algoritmi. Diritto e diritti nella società digitale*, Il Mulino, Bologna, 2020.
Robson R., *The Attorney in Eighteenth-Century England*, Cambridge University Press, Cambridge, 2013 (I ed. 1959).
Rodio L., *Brevi riflessioni sul funzionamento e potenzialità dell'intelligenza artificiale in ambito giudiziario*, in *Amministrazione in Cammino*, 2020, p. 1 ss.
Rodríguez Rodrigo J., *Aplicación del Derecho de la competencia a los baremos de honorarios de abogados: Arduino y Cipolla*, in A.L. Calvo Caravaca e E. Castellano Ruiz (a cura di), *La Unión Europea ante el derecho de la globalización*, Constitución y Leyes, COLEX, Majadahonda, 2008 p. 433 ss.
Roe M.J., *Legal Origin and Modern Stock Markets*, in *Harv. L. Rev.*, 2006, v. 120, p. 460 ss.
Roger K. e Gwynn D., *Reform of the Legal Profession: An Alternative 'Way Ahead'*, in *The Mod. L. Rev.*, 1999, v. 62, n. 6, p. 807 ss.
Romiti A. e Tosi G. (a cura di), *Statuti e matricole del Collegio dei giudici e notai della città di Lucca 1434, 1483, 1541*, Il Centro di Ricerca, Roma, 1978.
Ronco S., *Una forma societaria per l'esercizio della professione di avvocato*, in *Società*, 2001, n. 6, p. 736 ss.
Ronfani P., *Donne con la toga*, in P. David e G. Vicarelli (a cura di), *Donne nelle professioni degli uomini*, FrancoAngeli, Milano, 1994, p. 57 ss.

Rosauer G., *La risoluzione alternativa delle controversie: conciliazione personale e telematica: evoluzione e prospettive*, Laterza, Bari, 2007.
Rose J., *The Legal Profession in Medieval England: a History of Regulation*, in *Syracuse Law Rew.*, 1998, v. 48, p. 1 ss.
Rosebraugh W.A., *The English Inns of Court*, in *Or. L. Rev.*, 1926, v. 5, n. 2, p. 125 ss.
Rosenberg H., *Bureaucracy, Aristocracy, Autocracy, The Prussian Experience, 1660-1815*, Harvard University Press, Harvard, 1958.
Rossi L., *Procuratore alle Liti*, in *Digesto it.*, 1909, p. 511 ss.
Rossi R., *Observaciones sobre la figura del abogado en derecho romano*, in *Studi in Onore di Giuseppe Grosso*, III, Giappichelli, Torino, 1970, 280 ss.
Rossolillo G., *Ricorso proposto dalla Commissione contro la Repubblica italiana il 19 dicembre 2008, causa C-565/08*, in *Obbl. e contr.*, 2009, n. 5, p. 469 ss.
Rotelli E., *Forme di governo delle democrazie nascenti (1689-1799)*, Il Mulino, Bologna, 2005.
Roth M., *Litigating in Austria – Are Costs and Fees Worth It?*, in Reimann M. (eds.), *Cost and Fee Allocation in Civil Procedure*, Springer Netherlands, Dordrecht, 2012, p. 69 ss.
Rothbard M.N., *For a New Liberty: The Libertarian Manifesto*, Fox & Wilkes, San Francisco, 2006.
Rothbard M.N., *Potere e mercato. Lo Stato e l'economi*a, trad. it., IBL libri, Torino, 2017.
Rothenberger C., *Der deutsche Rechtswahrer am zehnten Jahrestage der nationalsozialisti– schen Revolution*, in *Deutsches Recht*, 1943, v. 13, p. 98 ss.
Röwekamp M., *Woman, Equal Rights, and the Legal Profession in Germany, 1895 – 1933*, in S.L. Kimble e M. Röwekamp (eds.), *New Perspectives on European Women's Legal History*, Routledge, New York, 2017, p. 254 ss.
Rüdiger Z., *Freier Dienstleistungsverkehr der Rechtsanwälte, Umsetzung der Richtlinie 77/249/EWG in innerstaatliches Recht*, in *Europarecht*, 1988, p. 186 ss.
Ruffolo U., *Intelligenza artificiale e diritto – Intelligenza artificiale,* machine learning *e responsabilità da algoritmo*, in *Giur. it.*, 2019, v. 7, p. 1689 ss.
Ruffolo U., *Per i fondamenti di un diritto della robotica self-learning; dalla machinery produttiva all'auto driverless: verso una "responsabilità da algoritmo"?*, in P. Perri e G. Ziccardi, *Dizionario Legal Tech. Informatica giuridica, protezione dei dati, investigazioni digitali, criminalità informatica, cybersecurity e digital transformation law*, Giuffrè, Milano, 2020.
Ruffolo U., *Giustizia predittiva e machina sapiens quale "ausiliario" del giudice umano,* in *Astrid*, 2021, n. 8.
Rule C., *A Response to Carrie Menkel-Meadow*, in *Int'l J. online Disp. Resol.*, 2016, v. 3, p. 8 ss.
Rule C., *Online Dispute Resolution for Businesses*, Jossey-Bass, San Francisco, 2002.
Rule C., *Reinventing Justice with Online Dispute Resolution*, in *Giust. cons.*, 2021, v. 1, n. 1, p. 169 ss.
Ruotolo G.M., *La soluzione delle controversie "online" dei consumatori nell'Unione europea tra armonizzazione e diritto internazionale privato*, in *Studi sull'integrazione europea*, 2015, v.2, p. 359 ss.
Russell P.G., Semple N. e Knake R.N., *A Taxonomy of Lawyer Regulation*, in *Legal Ethics*, 2014, v. 16, n. 2, p. 258 ss.

Russell S. e Norvig P., *Artificial Intelligence. A Modern Approach*, Fourth Ed., Global Edition, Pearson, 2021.

Sagri M.T., Agnoloni T. e Bacci L., *Tecniche di estrazione terminologica e classificazione automatica di corpora giurisprudenziali*, in *Inf. dir.*, 2014, v. 23, n. 1, p. 41 ss.
Saint-Esteben R., *Développements du droit communautaire de la concurrence*, in *Droit pratique comm. internat.*, 1985, p. 681 ss.
Sako M., Armour J. e Parnham R., *Lawtech Adoption and Training: Findings from a Survey of Solicitors in England and Wales*, Oxford University, Oxford, 2020.
Saks M., *Defining a Profession: The Role of Knowledge and Expertise*, in *Professions & Professionalism*, 2012, v. 2, n. 1, p. 2 ss.
Salazar M., *Le associazioni e le società tra avvocati dopo la legge 31 dicempre 2012, n. 247, di riforma dell'ordinamento forense: realtà e prospettive*, in *Rass. forense*, 2013, n. 3-4, p. 745 ss.
Salian I., *Supervize Me: What's the difference between supervised, unsupervised, semi-supervised and reinforcement learning?* , in blogs.nvidia.com, 2018.
Salter S. e Thompson D., *Public-Centred Civil Justice Redesign: A Case Study of the British Columbia Civil Resolution Tribunal*, in *McGill J. Disp. Resol.*, 2016-2017, v. 3, p. 113 ss.
Salter S., *ODR and Justice System Integration: British Columbia's Civil Resolution Tribunal*, in *Windsor Y.B. Access to Just.*, 2017, v. 34, p. 112 ss.
Salvemini G., *Sotto la scure del fascismo*, in *Scritti sul fascismo*, Feltrinelli, Milano, 1974, p. 80 ss.
Salvemini J., *La direttiva sulla libertà di stabilimento degli avvocati*, in *Riv. it. dir. pubb. com.*, 1999, p. 809 ss.
Salvi C., *Capitalismo e diritto civile. Itinerari giuridici dal Code civil ai Trattati europei*, Il Mulino, Bologna, 2015.
Sample N., *Legal Services Regulation at the Crossroad. Justitia's Legions*, Edward Elgar, Cheltenham, UK-Northampton, Mass., 2015.
Sample N., *Measuring Legal Service Value*, in *U.B.C. Law Review*, 2018, v. 52, n. 3, p. 943 ss.
Sandri G. (a cura di), *Gli statuti veronesi del 1276*, Deputazione di storia patria per le Venezie, Venezia, 1940, I, p. 123 ss.
Sangiovanni V., *La società a responsabilità limitata tra avvocati nel diritto tedesco*, in *Riv. soc.*, 1999, n. 4, p. 914 ss.
Sangiovanni V., *La professione forense in Germania*, in A. Berlinguer, *La professione forense: modelli a confronto*, Giuffrè, Milano, 2008, p. 75 ss.
Santoni De Sio F., *La donna e l'avvocatura. Studio giuridico-sociale, I, La questione giuridica*, Tip. Nuova Roma, Roma, 1984.
Santoro M., *Le trasformazioni del campo giuridico*, in M. Malatesta (a cura di), *I professionisti: storia delle professioni nell'Europa contemporanea*, Einaudi, Torino, 2006, p. 79 ss.
Sarfatti Larson M., *The Rise of Professionalism: A Sociological Analysis*, University of California Press, Berkeley, 1977.
Satta S., voce *Avvocato e procuratore (Il procuratore; L'ordinamento professionale degli avvocati e dei procuratori)* in *Enc. dir.*, IV, Milano, 1959, p. 649 ss.
Savelyev A., *Contract Law 2.0: «Smart» Contracts as the Beginning of the End of Classic Contract* Law, Higher School of Economics Research Paper n. WP BRP

71/LAW/2016, 2016, in https://ssrn.com/abstract=2885241 or http://dx.doi.org/10.2139/ssrn.2885241.
Scarpa R., *Libertà di stabilimento e professione forense,* in *Giust. civ.*, 1985, I, pp. 1266-1268.
Scarselli G., *Il decreto Bersani e le tariffe forensi*, in *Foro it.*, 2007, v. 130, I, c. 23 ss.
Scarselli G., *L'avvocato e il giusto processo disciplinare,* in *Foro it.*, 2009, I, c. 1548 ss.
Scarselli G., *Ordinamento giudiziario e forense,* Giuffrè, Milano, 2010.
Scarselli G., *Sul ruolo e la funzione del Consiglio Nazionale Forense,* in *Foro it.*, 2010, v. 133, II, c. 37 ss.
Scarselli G., *I compensi professionali forensi dopo il decreto sulle liberalizzazioni,* in *Corr. giur.*, 2012, p. 71 ss.
Scarselli G., *I parametri ministeriali per la liquidazione dei compensi forensi al tempo della crisi,* in *Foro it.*, 2012, v. 5, c. 257 ss.
Scarselli G., *L'Ordinamento giudiziario e forense*, Giuffrè, Milano, 2013.
Scarselli G., *Note sulla nuova disciplina dell'ordinamento della professione forense,* in *Corr. giur.*, 2013, n. 3, p. 301 ss.
Scarselli G., *Note sulla riforma degli ordinamenti professionali e sui parametri per la liquidazione dei compensi forensi,* in *Corr. giur.*, 2013, v. 1, p. 66 ss.
Scarselli G., *Ordinamento giudiziario e forense,* Giuffrè, Milano, 2013.
Scassellati Sforzolini G. e Rizza C., *La tensione fra le regole di concorrenza comunitarie e regole professionali e deontologiche nazionali*, in *Giur. comm.*, 2003, p. 8 ss.
Scassellati Sforzolini L.G., *La pubblicità degli avvocati nella UE,* in *Prev. forense,* 2000, p. 14 ss.
Scazzoso M., *Le Scuole Palatine a Milano nell'età delle riforme,* in A. De Maddalena, E. Rotelli, G. Barbarisi (a cura di), *Economia, istituzioni, cultura In Lombardia nell'età di Maria Teresa,* III, Il Mulino, Bologna, 1982, p. 887 ss.
Schäfke-Zell V.W. e Asmussen I.H., *The Legal Profession in the Age of Digitalisation,* in *Utrecht Law Rev.*, 2019, v. 15, n. 1, p. 65 ss.
Schandevyl E., *Woman and the Courts in Twentieth-Century Belgium. An Historical Perspective,* in S.L. Kimble e M. Röwekamp (eds.), *New Perspectives on European Women's Legal History*, Routledge, New York, 2017, p. 152 ss.
Schein E.H., *Professional Education: Some New Directions*, McGraw-Hill, New York, 1970.
Schelling T.C., *The Strategy of Conflict*, Harvard University, Cambridge, 1960.
Schiavo E. e Bertagnoni E., *L'avvocatura a Vicenza. Cenni storici,* Consiglio dell'ordine degli avvocati e dei procuratori, Vicenza, 1974.
Schlesinger P., *Le scuole forensi*, in *Corr. giur.*, 1999, p. 797 ss.
Schlesinger P., *La nuova disciplina dei compensi professionali per gli avvocati,* in *Corr. giur.*, 2007, p. 449 ss.
Schmidhuber J., *Deep learning in neural networks: An overview,* in *Neural Networks*, 2015, v. 61, p. 85 ss.
Schmitz A. e Rule C., *Online Dispute Resolution for Smart Contracts,* in *J. Disp. Resol.*, 2019, n. 2, p. 103 ss.
Schmitz A.J., *Building Trust in eCommerce Through Online Dispute Resolution,* in J.A. Rothchild (ed.), *Research Handbook on Electronic Commerce Law*, Edward Elgar Publisher, Cheltenham-Northampton, 2016.
Schmitz A.J., *Expanding Access to Remedies through E-Court Initiatives,* in *Buff. L. Rev.*, 2019, v. 67, p. 89 ss.

Schmitz A.J. e Martinez J., *ODR and Innovation in the United States*, in D. Rainey, M.S.A. Wahab e E. Katsh (eds.), *Online Dispute Resolution: Theory and Practice. A Treatise on Technology and Dispute Resolution*, Eleven, The Hague, 2021, p. 611 ss.

Schoonmaker IV S.V., *Withstanding Disruptive Innovation*, in *Fam. L.Q.*, 2017, v. 51, n. 2, p. 133 ss.

Schultz C.I., *Legal Offshoring: A Cost-Benefit Analysis*, in *J. Corp. L.*, 2010, v. 35, n. 3, p. 639 ss.

Schultz U., *The Status of Woman Lawyers in Germany*, in U. Schultz e G. Shaw (eds.), *Woman in the World's Legal Profession*, Hart Publishing, Oxford, Portland O., 2003, p. 271 e p. 286 ss.

Schultz U., *Germany. Regulated Deregulatio*, in W.L.F. Felstiner (ed.), *Reorganisation and Resistance. Legal Professions Confront a Changing World*, Hart Publishing, Portland, Or., 2005, p. 93 ss.

Schultz U., *Haben Frauen in der Anwaltschaft schlechte Karten? Eine rechtssoziologische Betrachtung*, in *BRAK-Mitteilungen*, 2018, p. 223 ss.

Schultz U. e Shaw G. (eds.), *Woman in the World's Legal Profession*, Hart Publishing, Oxford-Portland, Or., 2003.

Schultz U. e Source P.K., *The Practicing Lawyer in the Federal Republic of Germany*, in *Int. Lawyer*, 1980, v. 14, n. 3, p. 531 ss.

Schutzmann P.J., *La libera circolazione delle persone e la professione dell'avvocato. Una fondamentale sentenza della Corte di giustizia delle Comunità europee*, in *Temi rom*, 1974, VI, p. 505 ss.

Schwab K., *The Fourth Industrial Revolution*, World Economic Forum, Ginevra, 2016.

Schwarzenberg C., *La professione forense in Italia dal 1874 al 1944*, in *Studi in onore di Pietro Agostino d'Avack*, IV, Giuffrè, Milano, 1976, p. 630.

Schwarzschild M., *Class, National Character, and the Bar Reforms in Britain: Will There Always Be an England?*, in *Conn. J. Int'l L.*, 1994, v. 9, p. 185 ss.

Sciaccaluga E., *Albo, albi e preferenze*, in *Rass. sind. forense*, 1935, p. 66 ss.

Sciortino A., *Qualche osservazione sulla nozione di pubblica amministrazione nell'ordinamento comunitario (art. 48.4 trattato Cee)*, in *Riv. it. dir. pubbl. comp.*, 1994, n. 2, p. 388 ss.

Sciortino S., *Le costituzioni superflue del Codice di Giustiniano secondo Taleleo*, in *Annali del Seminario Giuridico (AUPA)*, Giappichelli, Torino, 2019, p. 219.

Scordamaglia V., *La Direttiva CEE sul riconoscimento dei diplomi*, in *Foro It.*, 1990, IV, c. 393 ss.

Scudiero L., *La nozione di impresa nella giurisprudenza della Corte di Giustizia*, in *Foro it.*, 1994, IV, c. 113 ss.

Scudiero M., *Le scuole di specializzazione per le professioni legali al secondo anno di attività*, in *Notariato*, 2003, p. 5 ss.

Semple N., *Judicial Settlement-Seeking in Parenting Cases: A Mock Trial*, in *J. Disp. Resol.*, 2013, p. 301 ss.

Semple N., *Legal services regulation at the Crossroads: Justitia's Legionis*, Edward Elgar, Cheltenham, 2015.

Semple N., *Measuring Legal Service Value*, in *U.B.C. Law Review*, 2019, v. 52, n. 3, p. 943 ss.

Serrao F., *Il Procurator*, Giuffrè, Milano, 1974.

Sestan E., *La Costituente di Francoforte*, Istituto storico italiano per l'età moderna e contemporanea, Roma, 1986.

Shapiro C., *Investment, Moral Hazard, and Occupational Licensing*, in *Rev. Econ. Stud.*, 1986, v. 53, p. 843 ss.
Shaw J., Lonbay J., Wheeler S. e Hartley T., *The Common Market*, in *Eur. Law Rev.*, 1991, p. 501 ss.
Sherr A., *The Value of Experience in Legal Competence*, in *Int'l J. Legal Prof.*, 2000, v. 7, n. 2, p. 95 ss.
Shinnick E., Bruinsma F. e Parker C., *Aspects of Regulatory Reform in the Legal Profession: Australia, Ireland and the Netherlands*, in *Int'l J. Legal Prof.*, 2003, v. 10, p. 237 ss.
Sialelli J.-B., *Les avocats de 1920 à 1987: L'Association Nationale des Avocats, La Conféderation Syndicale des Avocats,* Litec, Paris, 1987.
Siegrist H., *Professionalization with the Brakes on: the Legal Profession in Switzerland, France and Germany in the Nineteenth and early Twentieth Centuries*, in *Comp. Soc. Res.*, 1986, v. 9, p. 267 ss.
Siegrist H., *Gli avvocati e la borghesia. Germania, Svizzera e Italia nel XIX secolo,* in J. Kocka e A.M. Banti, *Borghesie europee dell'Ottocento,* Marsilio, Venezia, 1989, p. 357 ss.
Siegrist H., *State and Legal Profession. France, Germany, Italy and Switzerland 18th to the Early 20th Centuries*, in *Annali della Facoltà di Giurisprudenza dell'Università degli Studi di Macerata*, 1989/II, *Storia del diritto e teoria politica*, p. 861 ss.
Siegrist H., *Professionalization is a Process: Patterns, Progression and Discontinuity*, in M. Burrage e R. Torstendahl (a cura di), *Professions in Theory and History: Rethinking the Study of Professions*, Sage, London, 1990, p. 177 ss.
Siegrist H., *Public Office or Free Profession? German Attorneys in the Nineteenth and Early Twentieth Centuries,* in G. Cocks and K.H. Jarausch (eds.), *German Professions, 1800-1950,* Oxford University Press, New York, 1990, p. 46 ss.
Siegrist H., *Gli avvocati nell'Italia del XIX secolo. Provenienze e matrimoni, titolo e prestigio*, in *Meridiana*, 1992, n. 14, p. 145 ss.
Siegrist H., *Profilo degli avvocati italiani dal 1870 al 1930. Omogeneità istituzionalizzata ed eterogeneità reale della professione classica*, in *Polis*, 1994, n. 8, p. 223 ss.
Siegrist H., *Advokat, Bürger und Staat, Sizialgeschichte der Rech Advokat, Buïger und Staat, Sozialgeschichte der Rechtsanwälte in Deutschland, Italien und der Schweiz. 18.-20. Jahrhundert*, 2 voll., VittorioKlostermann Verlag, Frankfurt am Main, 1996.
Siegrist H., *Advokat, Bürger und Staat, Sozialgeschiste der Rechtsanwälte in Deutschland, Italien und Sweiz (18-20 Jahrundert)*, Klostermann, Frankfurt am Main, 1996, v. 1, pp. 379 ss.
Simitis S., *La legge Le Chapelier tra storia e attualità*, in *Giorn. dir. lav. rel. ind.*, 1990, v. 48, p. 743 ss.
Simoncini A. *L'algoritmo incostituzionale: intelligenza artificiale e il futuro delle libertà*, in *BioDiritto*, 2019, n. 1, p. 63 ss.
Simpson A.W.B., *The Early Constitution of the Inns of Court,* in *The Cambridge L. J.*, 1970, v. 28, n. 2, p. 241 ss.
Simpson A.W.B., *Legal theory and legal history: essays on the common law,* The Hambledon Press, London-Ronceverte, 1987.
Sinagra A., *Attività forense e libera prestazione di servizi nella Comunità Europea,* in *Dir. comm. scambi int.*, 1983, p. 110 ss.
Smith A., *An Inquiry into the Nature and Causes of the Wealth of Nations*, in R.H.

Campbell, A.S. Skinner e W.B. Todd (eds.), Oxford University Press, Oxford, 1976.
Smith A., *Un'indagine sulla natura e le cause della ricchezza delle Nazioni,* Mondadori, Milano, 1977.
Smith A. e Spencer N., *Do Lawyers Need to Learn to Code? A Practitioner Perspective on the 'Polytechnic'Future of Legal Education*, in C. Denvir (ed.), *Modernizing Legal Education*, Cambridge University Press, Cambridge, 2020, p. 18 ss.
Smith J., *Online Matchmakers Offer New Way to Find Legal Help*, in *WSJ*, 2 dicembre, 2013.
Smith R., *Reports. The Green Papers and Legal Services*, in *The Mod. L. Rev.*, 1989, p. 527 ss.
Smith R., *A review of 'Online Legal Advice and Conflict Support: a Dutch Experience',* in The Legal Education Foundation, *Digital Delivery of Legal Services to People on Low Income, Quarterly Update,* 2015, p. 27, https://ris.utwente.nl/ws/portalfiles/portal/5952144/lef-spring2015.pdf.
Smith R., *The Future of Law: Technology, Innovation and Access to Justice in Legal Services Around the World,* in S.P. De Souza e M. Spohr (eds.), *Technology, Innovation and Access to Justice. Dialogues on the Future of Law*, Edinburgh University Press, Edinburgh, 2021, p. 69 ss.
Solazzi S., *Il «procurator ad litem» e la guerra al mandato*, in Id., *Scritti di diritto romano,* III, *1925-1937*, Jovene, Napoli, 1960, p. 601 ss.
Solazzi S., *«Procurator» ed «institor» in D. 14.3.5.10,* in *SDHI,* IX, 1943, p. 104 e ora in *Scritti di diritto romano,* VI, *Ultimi Scritti – Glosse a Gaio – «Notae»*, Jovene, Napoli, 1972, p. 548 ss.
Soldani S., *Lo stato e il lavoro delle donne*, in *Passato e presente*, 1990, v. 9, n. 24, p. 23 ss.
Soldani S., *Un cammino in salita. Donne, diritti e professioni in Italia alle soglie del Novecento,* in G. Vicarelli (a cura di), *Donne e professioni nell'Italia del Novecento*, Il Mulino, Bologna, 2007, p. 51.
Solovay N. e Reed C.K., *The Internet and Dispute Resolution. Untangling the Web*, Law Journal Press, New York, 2003.
Sommerlad H., *English Perspectives on Quality: The Client-Led Model of Quality-A Third Way?*, in *U.B.C. Law Review*, 2000, v. 33, n. 2, p. 491.
Sommerlad H. e Sanderson P., *Gender, Choice and Commitment: Women Solicitors in England and Wales and the Struggle for Equal Status,* Aldershot, Ashgate, 1998.
Sommerlad H. e Sanderson P., *Gender, Choice and Commitment: Women Solicitors in England and Wales and the Struggle for Equal Status,* Routledge, London-New York, 2018 (I ed. 1998, Socio Legal Studies, Ashgate, London).
Sommerlad H., Francis A., Loughrey J. e Vaughan S., *England and Wales. A Legal Profession in the Vanguard of Professional Trasformation?,* in R.L. Abel, O. Hammerslev, H. Sommerlad e U. Schultz., *Lawyers in 21st-Century Societies, Volume I: National Reports*, Hart, Oxford, 2020, p. 89 ss.
Sommerlad H., Webley L., Duff L., Muzio D. e Tomlinson J., *Diversity in the legal profession in England and Wales: A qualitative study of barriers and individual choices,* University of Westminster Law Press, London, 2010.
Spada P., *La società tra avvocati (d.lg. n. 96/2001),* in *Dir. form.*, 2002, n. 11, p. 1511 ss.
Spadafora A., *La nozione d'impresa nel diritto comunitario*, in *Giust. civ.*, II, 1990, p. 284 ss.

Spalazzi C., *Autorizzazione della donna maritata*, in *Digesto it.*, v. 4, II, 1893-1899, p. 460 ss.
Spellman J. e Varrichio J., *Bad Reputation: The Potential Negative Impact of Outsourcing on the Legal Profession*, in *Hofstra Labor Employ. Law J.*, 2012, v. 29, n. 2, p. 575 ss.
Speranza L., *Professioni e professionalismo*, in M. Bonanni (a cura di), *L'Ordine Inutile? Gli ordini professionali in Italia*, FrancoAngeli, Milano, 1998, p. 17 ss.
Spiegelfeld B., *Country Report: Austria*, in Albert J., *Study on the Transparency of Costs of Civil Judicial Proceedings in the European Union*, Hoche, Brussels, 2007, p. 33 ss.
Spinelli C., *Condizioni per l'accesso alla professione in altro Stato membro* (nota a Corte di Giustizia, 3 febbraio 2011, n. 359), in *Lav. giur.*, 2011, p. 728 ss.
Stanchi A., *La professione forense, come lavoro intellettuale nel sistema costituzionale ed i principi della concorrenza tra imprese*, in *Lav. giur.*, 2009, p. 459 ss.
Stazi A., *Automazione contrattuale e "contratti intelligenti". Gli smart contracts nel diritto comparato*, Giappichelli, Torino, 2019.
Stein R.M., *The Path of Legal Education from Edward I to Langdell: a History of Insular Reaction*, in *Chi. Kent L. Rev.*, 1981, p. 429 ss.
Stein T., nota a sentenza, in *Common Mark. Law Rev.*, 1992, p. 625 ss.
Stein V.P., *Legal Theory and the Reform of Legal Education in Mid-Nineteenth Century England*, in Giuliani A. e Picardi N., *L'Educazione giuridica II: profili storici*, Cacucci, Bari, 2008, p. 185 ss.
Stephen F.H., *Lawyers, Markets and Regulation*, Edward Elgar, Cheltenham-Northampton, 2013.
Stephen F.H., *Regulation of the Legal Professions or Regulation of Markets for Legal Services: Potential Implications of the Legal Services Act 2007*, in *Eur. Bus. Law Rev.*, 2008, v. 19, p. 1130 ss.
Stephen F.H. e Love J.H., *5860: Regulation of the Legal Profession*, in B. Bouckaert e G. De Geest (ed.), *Encyclopedia of Law and Economics, Volume V: The Regulation of Contracts*, Edward Elgar, Cheltenham, 2000, p. 987 ss.
Stephen F.H., Love J.H. e Paterson A., *Deregulation of Conveyancing Markets in England and Wales*, in *Fiscal Studies*, 1994, v. 15, n. 4, p. 102 ss.
Stephen F.H., Love J.H. e Rickman N., *Regulation of the Legal Profession*, in R. Van den Bergh e A.M. Paces (eds.), *Regulation and Economics*, Edward Elgar, Cheltenham, 2012.
Stephenson J., *Girls'Higher Education in Germany of the 1930s*, in *J. Contemp. Hist.*, 1975, v. 10, n. 1, p. 41 ss.
Sterlacchini A., *La regolamentazione delle professioni in Italia: evidenze empiriche e proposte di modifica*, in *Industria*, 2002, n. 4, p. 745 ss.
Stern S., *Storia del popolo tedesco negli anni 1848 e 1849 in dodici lezioni (tenute in Berlino)*, Tipografia della Svizzera italiana, Lugano, 1851.
Sternlight J.R., *Lawyers' Representation of Clients in Mediation: Using Economics and Psychology to Structure Advocacy in Nonadversarial Setting*, in *Ohio St. J. on Disp. Resol.*, 1999, v. 14, p. 269 ss.
Stevens R., *American Legal Education: Reflection in the light of Ormrod*, in *Mod. L. Rev.*, 1972, v. 35, p. 242 ss.
Stevens R., *Law School: Legal Education in America from the 1850's to the 1980's*, Chapel Hiil, London, 1983.
Sticchi Damiani C. (a cura di), *ADR e mediazione*, Giappichelli, Torino, 2012.

Stigler G.J., *The Theory of Economic Regulation*, in *Bell J. Econ. Manage. Sci.*, 1971, v. 2, n. 1, p. 3 ss.

Stojaković G., *The First Lawyers and Attorneys: the Struggle for Professional Recognition of Women's rights in Yugoslavia (1918-1953)*, in S.L. Kimble e M. Röwekamp, *New Perspectives on European Women's Legal History*, Routledge, New York, 2017, p. 174.

Stolfi F. e Papamakariou N., *Border clashes: the distributive politics of professional liberalisation in Greece, 2010-2018*, in *J. Public Policy*, v. 41, n. 1, 2021, p. 90 ss.

Suarez C.A., *Disruptive Legal Technology, Covid-19, and Resilience in the Profession*, in *S. C. Law Rev.*, 2020, v. 72, n. 2, p. 393 ss.

Sugarman D., *Bourgeois Collectivism, Professional Power and the Boundaries of the State – The Private and Public Life of the Law Society, 1825 to 1914*, in *Int'l J. Legal Prof.*, 1996, v. 3, n. 1/2, p. 81 ss.

Sulea O.M., Zampieri M., Vela M. e van Genabith J., *Predicting the law area and decisions of french supreme court cases, in Proceedings of the International Conference Recent Advances in Natural Language Processing*, INCOMA, Varna, 2017.

Surdeanu M., Nallapati R., Gregory G., Walker J. e Manning C.D., *Risk Analysis for Intellectual Property Litigation, 2011. Risk analysis for intellectual property* litigation, in *Proceedings of the 13th International Conference on Artificial Intelligence and Law (ICAIL '11)*, Association for Computing Machinery, New York, 2011.

Surden H., *Machine Learning and Law*, in *Wash. L. Rev.*, 2014, v. 89, n. 1, p. 87 ss.

Susskind R., *Expert Systems in Law a Jurisprudential Inquiry*, Oxford University Press, Clarendon, 1987.

Susskind R., *Transforming the Law: Essays on Technology, Justice and the Legal Marketplace*, Oxford University Press, Oxford, 2000.

Susskind R., *The end of lawyers? Rethinking the nature of legal services*, Oxford University Press, Oxford 2008.

Susskind R., *Tomorrow's Lawyers: An Introduction to your Future*, Oxford University Press, Oxford, 2013.

Susskind R., *L'avvocato di domani. Il futuro della professione legale tra rivoluzione tecnologica e intelligenza artificiale*, Guerini Next, Milano, 2019.

Susskind R. e Susskind D., *The Future of the Professions: How Technology will Transform the Work of Human Experts*, Oxford University Press, Oxford, 2015.

Svorny S., *Licensing, Market Entry Regulation*, in B. Bouckaert e G. De Geest (ed.), *Encyclopedia of Law and Economics*, v. III, *The Regulation of Contracts*, Edward Elgar, Cheltenham, 2000.

Szabo N., *Smart Contract*, 1994, https://www.fon.hum.uva.nl/rob/Courses/InformationInSpeech/CDROM/Literature/LOTwinterschool2006/szabo.best.vwh.net/smart.contracts.html.

Szabo N., *Smart Contracts Building Blocks for Digital Markets*, in *EXTROPY: The Journal of Transhumanist Thought*, 1996, v. 18, n. 2, p. 6.

Szabo N., *Formalizing and Securing Relationships on Public Networks*, in *First Monday*, 1997.

Szabo N., *The idea of Smart contracts*, 1997, https://www.fon.hum.uva.nl/rob/Courses/InformationInSpeech/CDROM/Literature/LOTwinterschool2006/szabo.best.vwh.net/idea.html.

Szabo N., *Secure property Titles with Owner Authority*, 1998, https://www.fon.hum.uva.nl/rob/Courses/InformationInSpeech/CDROM/Literature/LOTwinterschool2006/szabo.best.vwh.net/securetitle.html.

Tacchi F., *Gli avvocati italiani dall'Unità alla Repubblica*, Il Mulino, Bologna, 2002.

Tacchi F., *Dall'esclusione all'inclusione. Il lungo cammino delle laureate in giurisprudenza*, in *Società e storia*, 2003, p. 97 ss.

Tacchi F., *Eva Togata. Donne e professioni giuridiche in Italia dall'Unità a oggi*, Utet, Torino, 2009.

Tacchi F., *I circoli giuridici,* in M. Malatesta (a cura di), *Atlante delle Professioni*, Bononia University Press, Bologna, 2009, p. 61 ss.

Tacchi F., *Il fascismo e le professioni liberali: il caso degli avvocati negli anni Venti*, in M. Malatesta (a cura di), *Atlante delle professioni*, Bononia University Press, Bologna, 2009, p. 71 ss.

Tapscott D., *Platform Revolution*, Barlow Publishing, Toronto, 2021.

Tapscott D. e Tapscott A., *Blockchain Revolution. How the Technology Behind Bitcoin is Changing Money, Business, and the World,* Portfolio, London, 2018 (I ed. 2016).

Taricone F., *Teresa Labriola. Biografia politica di un'intellettuale tra Ottocento e Novecento*, FrancoAngeli, Milano, 1994.

Tassoni G., *La pubblicità commerciale tra autogoverno degli ordini professionali e regole del mercato dei servizi*, in *Riv. dir. ind.*, 2011, p. 200 ss.

Taylor N., *The Guide to the Professional Conduct of Solicitors*, Law Society, London, 1999.

Tedoldi L., *"Occhiali per litiganti", Le professioni legali dagli antichi Stati italiani al Regno d'Italia napoleonico (1750-1815)*, in *Le carte e la storia*, a. VII, 2001, n. 2, p. 35 ss.

Templin S., *Blocked-Chain: The Application of the Unauthorized Practice of Law to Smart Contracts,* in *The Geo. J. Legal Ethics*, 2019, v. 32, p. 957 ss.

Teresi F., *Ordini e Collegi professionali*, in *Dig. Pubbl., X,* Utet, Torino, 1997, p. 449 ss.

Terry L.S., *German MDPs: Lessons to Learn*, in *Minn. L. Rev.*, 2000, v. 84, p. 1547 ss.

Terry L.S., *The Bologna Process and its Impact in Europe: It's So Much More Than Degree Changes*, in *Vanderbilt J. Transant'l L.*, 2008, v. 41, p. 107.

Terry L.S., *The European Commission Project Regarding Competition in Professional Services*, in *Nw. J. Int'l L. & Bus.*, 2009, v. 29, n. 1., p. 1 ss.

The Province of the Bar in England, in *L Rev & QJ Brit & Foreign Jurisprudence*, 1858, v. 9, n. 1, p. 89

Timbs J., *Clubs and Club Life of London*, John Camden Hotten, London, 1872.

Tizzano A., *Stabilimento e prestazione dei servizi nella giurisprudenza comunitaria*, in *Foro it.*, 1977, v. 100, V, c. 345 ss.

Tizzano A., *Professioni e servizi nella CEE. Profili generali*, in Id. (a cura di), *Professioni e servizi nella CEE*, Cedam, Padova, 1985

Tjong Tjin Tai E., *Force Majeure and Excuses in Smart Contracts*, in *ERPL*, 2018, v. 26, n. 6, p. 787 ss.

Tobschall D., *The rise of 'LegalTech': a German market overview*, https://tobschall.de/2016/06/25/german-legaltech-overview/, 2016.

Tobschall D., *LegalTech landscape*, https://tobschall.de/legaltech/, 2019.

Toffoletti L., *Società tra professionisti e diritto della concorrenza*, in *Società*, 2012, n. 5, p. 55 ss.

Toffoletto A., *Società tra professionisti*, in *Società*, 2012, n. 1, p. 30 ss.

Tommasi S., *Algoritmi e nuove forme di discriminazione: uno sguardo al diritto europeo*, in *Rev. Dir. Bras.*, 2020 v. 27, n. 10, p. 112 ss.

Toms C., *Associations of Lawyers in the European Union*, in *Eur. Bus. Law Rev.*, 2005, v.1, p. 113 ss.

Tonarelli A., *Organizzare la professione: lo studio legale nel mutamento*, in A. Bellini, F. Alacevich e A. Tonrelli, *Una professione al plurale. Il caso dell'avvocatura fiorentina*, Firenze University Press, Firenze, 2017, p. 133 ss.

Tonneau J.-P., *Les avocats d'extrême-gauche dans les années 1968 du Mouvement d'Action Judiciaire au Syndicat des Avocats des France*, in *Revue d'histoire des facultés de droit et de la culture juridique*, 2018, n. 38 p. 637 ss.

Toriello F., *Libertà di prestazione di servizi legali, interessi degli utenti e compiti del legislatore nazionale*, in *Nuova Giur. civ. e commentata*, 1996, I, pp. 440-448.

Tousijn W., *Professioni*, in *Enciclopedia delle scienze sociali*, 1997.

Trabucchi A., *L'esercizio dell'avvocatura non subordinato in Europa alla cittadina nazionale*, in *Riv. dir. civ.*, 1974, II, p. 317 ss.

Traina D.M., *Libertà di circolazione nella Comunità economica europea e pubblico impiego in Italia*, in *Riv. trim. dir. pubb.*, 1991, n. 2, p. 329 ss.

Traversa E., *Arrêt important de la Cour de justice sur l'application des articles 5 et 85 du traité aux barêmes des honoraires des ordres professionnels*, in *Competition Policy Newsletter*, 1998, III, p. 17 ss.

Trebilcock M. e Csorgo L., *Multi-Disciplinary Professional Practices: A Consumer Welfare Perspective*, in *Dalhousie L.J.*, 2001, v. 24, p. 1 ss.

Treggiani F., *'Pericle e l'idraulico'. La formazione e la professione del giurista nelle giurisdizioni anglofone*, in O. Roselli (a cura di), *Osservatorio sulla formazione giuridica 2006*, Edizioni scientifiche italiane, Napoli, 2007, p. 153 ss.

Trezza R., *Diritto e intelligenza artificiale. Etica, Privacy, Responsabilità, Decisione*, Pacini, Pisa, 2020.

Trezza R., *Il contratto nell'era del digitale e dell'intelligenza artificiale*, in *Dir. econ.*, 2021, v. 2, n. 105, p. 287 ss.

Troisi C., *La mediazione obbligatoria alla luce del D. Lgs. 28/2010*, in *Comp. e dir. civ.*, 2010, p. 1 ss.

Troisi C., *La mediazione* on-line, in A. Pera e G.M. Riccio (a cura di), *Mediazione e Conciliazione. Diritto interno, comparato e internazionale*, Cedam, Padova, 2011, p. 211 ss.

Truman D.B., *The Government Process: Political Interests and Public Opinion*, Knopf, New York, 1951.

Tuo C., *La "professione" del praticante avvocato secondo la Corte di Giustizia: alcuni rilievi sul caso Morgenbesser*, in *Dir. comm. Internaz.*, 2005, p. 435 ss.

Turchi F., *Natural Language Processing: modelli e applicazioni in ambito giuridico*, in G. Peruginelli e M. Ragona (a cura di), L' *informatica giuridica in Italia. Cinquant'anni di studi, ricerche ed esperienze*, Collana ITTIG-CNR, Serie "Studi e documenti", n. 12, Edizioni scientifiche italiane, Napoli, 2014, p. 521 ss.

Turi G., *La presenza del fascismo e le professioni liberali*, in *Belfagor*, 1986, v. 41, n. 2, p. 143 ss.

Turi G., *Fascismo e cultura ieri e oggi*, in A. Del Boca, M. Legnani e G. Rossi (a cura di), *Il regime fascista*, Laterza, Roma-Bari, 1995, p. 529, a p. 544.

Turing A.M., *Computer Machinery and intelligence*, in *Mind*, 1950, v. 49, n. 236, p. 433 ss.

Vaccà C., *La direttiva sulla conciliazione: un'occasione mancata?*, in *Contr.*, 2008, p. 857 ss.

Vaccà C., *Il punto su ODR, online dispute resolution*, in *Contr.*, 2009, n.11, p. 1072 ss.

Vaciago G., *Opportunità e cambiamenti dei servizi legal tech all'interno dei contesti italiano ed europeo*, in G. Cassano e S. Previti (a cura di), *Il Diritto di Internet nell'Era Digitale*, Giuffrè, Milano, 2020, p. 241 ss.

Valentin V., *Geschichte der deutschen Revolution 1848-49*, Ullstein, Berlin, 1930-1931.

Valentino L., *La vigilanza dello Stato membro in settori particolari non è senza limiti: su di essa "vigila" la Commissione*, in *Dir. pubbl. comp. eur.*, 2001, p. 1489 ss.

Valsecchi A., *La spersonalizzazione della funzione giudicante: un primo sguardo sulla giustizia algoritmica*, in A. Lo Calzo, L. Pace, G. Serges, C. Siccardi e P. Villaschi (a cura di), *Diritto e nuove tecnologie tra comparazione e interdisciplinarità. Atti del seminario di diritto comparato – 26 marzo 2021*, in *Gruppo di Pisa*, Quaderno n. 3, 2021, p. 625 ss.

Van Caenegem R.C., *English Lawsuits from William I to Richard I*, v. II, *Henry II and Richard I*, Selden Society, London, 1991.

Van Caenegem R.C., *I signori del diritto. Giudici, legislatori e professori nella storia europea*, a cura di M. Ascheri, trad. di L. Ascheri Lazzari, Giuffrè, Milano, 1991.

Van den Bergh R. e Faure M., *Self-Regulation of the Professions in Belgium*, in *Int'l Rev. L. & Econ.*, 1991, v. 11, p. 165 ss.

Van den Bergh R. e Montangie Y., *Competition in Professional Services Markets: Are Latin Notaries Different?*, in *J. Compet. Law Econ.*, 2006, v. 2, p. 189 ss.

Van den Bergh R., *Self-regulation of the Medical and Legal Professions: remaining Barriers to Competition and EC-Law*, Universities of Hamburg, Antwerpen and Utrecht, Paper prepared for the Conference *"Pressure Groups, Self-Regulation and Enforcement Mechanisms"*, Milano, 10-11 gennaio 1997, reperibile all'URL https://feem-media.s3.eu-central-1.amazonaws.com/wp-content/uploads/NDL1997-031.pdf.

Van den Bergh R., *Towards Better Regulation Of The Legal Professions In The European Union*, Rile Working Paper Series, N. 2008/7.

Van den Bergh R., *Verso una migliore regolazione delle professioni legali nell'Unione Europea*, in *Mercato conc. reg.*, 2008, n. 1, p. 41.

van der Linden T., *Trust Me: Combining Online Dispute Resolution, Law and Blockchain Technology*, in *IJLT*, 2019, v. 15, n. 2 p. 454 ss.

Varano V., *Commento alla legge 9 Febbraio 1982, n. 31. Libera prestazione di servizi da parte degli avvocati cittadini degli Stati membri delle Comunità europee*, in *Nuove leggi civ.*, 1983, p. 47 ss.

Varano V., *Organizzazione e garanzie della Gius. civ. nell'Inghilterra moderna*, Giuffrè, Milano, 1973.

Varano V., *La libera circolazione degli avvocati nella Cee e l'ordinamento italiano: problemi e prospettive*, in *Foro it.*, 1981, V, c. 137 ss.

Velicogna M., *Il processo telematico in Europa*, in *Inf. dir.*, 2007, a. XXXIII, v. XVI, n. 1-2, p. 40 ss.

Velicogna M., *Gli sviluppi dell'e-justice in Europa. Qualcosa da imparare?*, in D. Carnevali (a cura di), *Soggetti smarriti. Perché innovazione e giustizia non si incontrano (quasi) mai*, FrancoAngeli, Milano, 2010, p. 168 ss.

Veljanovski C.G. e Whelan C.J., *Professional Negligence and the Quality of Legal Services. An Economic Perspective*, in *Mod. L. Rev.*, 1983, v. 46, n. 6, p. 700 ss.

Veljanovski C.G., *Economic Principles of Law*, Cambridge University Press, Cambridge, 2007.

Verde G., *Le scuole forensi*, in *Legalità e giustizia*, 2001, p. 102 ss.

Vermeulen E., Fenwick M. e Kaal W., *Future Lawyers: how to stay up to date with legal tech revolution*, in J. Madin (ed.), *Fintech. Law and Regulation*, Edward Elgar, Cheltenham, UK-Northampton, Mass., 2019, p. 418 ss.

Verna G., *La disciplina sulle società professionali: novità, conferme, osservazioni critiche*, in *Giur. comm.*, 2014, n. 4, parte I, p. 724 ss.

Viciconte G. (a cura di), *L'Avvocato in Europa*, Giuffrè, Milano, 1999.

Viglione F., *Lo sviluppo attraverso il diritto ai tempi della crisi: teorie comparatistiche nella costruzione di un ordine giuridico globale*, in *Comp. e dir. civ.*, 2012.

Vigoriti V., *Wouters, Arduino, Nova II, Tesco: professione legale e concorrenza*, in *Rass. forense*, 2002, p. 775 ss.

Vigoriti V., *La proposta di direttiva europea sulla* mediation, in *Rass. forense*, 2005, p. 359 ss.

Vigoriti V., *La direttiva europea sulla* mediation. *Quale attuazione?*, in *Riv. arb.*, 2009, v. 1, p. 1 ss.

Vigoriti V., *Mito e realtà: processo e mediazione*, in *Nuova giur. civ. comm.*, 2010, n. 9, p. 429 ss.

Vilà Costa B., *Jurisprudencia del Tribunal de Justicia de las Comunidades Europeas*, in *Rev. Jur. Catlunya*, 1987, p. 250 ss.

Vincenzi F., *Intelligenza Artificiale, Machine Learning, Deep Learning*, in Ziccardi G.e Perri P., *Tecnologia e Diritto, vol II, Informatica Giuridica. Data Governance, protezione dei dati e GDPR, mercato unico digitale, blockchain, Pubblica Amministrazione digitale*, Giuffrè, Milano, 2019, p. 397 ss.

Vinci S., *Una regola per i* 'paglietta'. *L'esercizio della professione forense durante il fascismo*, in *Annali della Facoltà di giurisprudenza di Taranto*, a. I, n. 2, 2008, p. 525 ss. e in AA.VV., *Spomenica Valtazara Bogisica o stogodisnjici njegove smrti*, a cura di L. Breneselovic, JP Sluzbeni glasnik, Belgrado, 2011, v. 2, p. 119 ss.

Visco A., *L'Avvocato nell'ordinamento professionale e nel processo civile e penale*, Leonardo da Vinci, Bari,1957.

Visintini G., *La prima donna giurista in Italia*, in *Materiali per una storia della cultura giuridica*,1998, n. 2, 317 ss.

Vitale C., Moiso C. e Wanner, I. *Product Market Regulation. A detailed explanation of the methodology used to build the OECD PMR indicators*, OECD, ECO/WKP(2020)00.

Volpino D., *La direttiva 2008/52/CE del Parlamento europeo e del Consiglio, del 21 maggio 2008, relativa a determinati aspetti della mediazione in materia civile e commerciale*, in M. Taruffo e V. (Varano a cura di), *Manuale di diritto processuale civile europeo*, Giappichelli, Torino 2011, p. 383 ss.

von Neumann J. e Morgenstern O., *Theory of Games and Economic Behavior*, Princeton University Press, Princeton, 1944.

von Olenhusen A.G., *Die 'nicht-arischen' Studenten an den deutschen Hochschulen, Zur nationalsozialistischen Rassenpolitik 1935-1945*, in *Vierteljahrshefte für Zeitgeschichte*, 1966, v. 14, p. 175 ss.

Von Preuschen A., *La formazione dell'avvocato in Germania: qualità professionale, deontologia e mercato*, in G. Alpa e A. Mariani Marini (a cura di), *La formazione dell'avvocato in Europa*, Plus, Pisa, 2009, p. 110 ss.

Voshmgir S., *Token Economy: How the Web3 reinvents the Internet*, Token Kitchen, Berlin, 2020.

Wahab M., Katsh E. e Rainey D., *Online Dispute Resolution: Theory and Practice. A treatise on technology and dispute resolution*, Eleven International Publishing, The Hague, 2012.
Walch A., *In Code(rs) We Trust: Software Developers as Fiduciaries in Public Blockchains*, in P. Hacker, I. Lianos, G. Dimitropoulos e S. Eich, *Regulating Blockchain: Techno-Social and Legal Challenges*, Oxford University Press, Oxford, 2019.
Wald E., *Glass Ceilings and Dead Ends: Professional Ideologies, Gender Stereotypes, and the Future of Women Lawyers at Large Law Firms*, in *Fordham L. Rev.*, 2010, p. 2245 ss.
Walters D.B., *Uncertain steps towards an european legal profession*, in *Eur. Law Rev.*, 1978, p. 265 ss.
Warren E.H., *Serjeants-At-Law; the Order of the Coif*, in *Va Law Rev.*, 1941-1942, v. 28, n. 7, p. 911 ss.
Webb J., *Turf Wars and Market Control: Competition and Complexity in the Market for Legal Services*, in *Int'l J. Legal Prof.*, 2004, v. 11, p. 81 ss.
Webb J., *Regulating Lawyers in a Liberalized Legal Services Market*, in *Stan. L. & Pol'y Rev.*, 2013, v. 24, p. 533 ss.
Weber M., *Economy and Society: An Outline of Interpretive Sociology*, Bedminster Press, New York, 1968.
Weber M., *Economy and law (sociology of law)*, in G. Roth e C. Wittich (eds.), *Economy and Society*, University of California Press, Berkeley, 1978.
Weberstaedt J., *English Alternative Business Structures and the European single market*, in *Int'l J. Legal Prof.*, 2014, v. 21, n. 1, p. 103 ss.
Weil H., *Schon wieder: englische ABS*, in *BRAK Mitteilungen*, 2013, n. 2, p. 54 ss.
Weißler A., *Geschichte der Rechtsanwaltschaft*, Pfeffer, Leipzig, 1905.
Werbac K. h, *Trust, But Verify: Why the Blockchain Needs the Law*, in *Berkeley Tech. L.J.*, 2018, v. 33, p. 489 ss.
Werthmann B., *Legal Drafting and Automation*, in L.A. Di Matteo, A. Janssen, P. Ortolani, F. De Elizalde, M. Cannarsa e M. Durovic, *The Cambridge Handbook of Lawyering in the Digital Age*, Cambridge University Press, Cambridge, 2021, p. 57 ss.
Whishaw J., *A Synopsis of the Members of the English Bar*, Stevens and Sons, London, 1835.
White R., *A Round-up of Cases on Free Movement of Workers*, in *Eur. Law Rev.*, 1987, p. 147 ss.
Whittam S., *Navigating the New Normal: Civil Litigation in the Age of Pandemic and Beyond*, in *New Law Journal*, 2020.
Wiedemann A.W., *Preußische Justizreformen und die Entwicklung zum Anwaltsnotariat in Altpreußen (1700-1849)*, Verlag Dr.Otto Schmidt, Köln, 2003.
Wiener N., *La cibernetica. Controllo e comunicazione nell'animale e nella macchina*, Giuffrè, Milano, 1968.
Willig K.C.H., *The Bar in the Third Reich*, in *The American J. Legal Hist.*, 1976, v. 20, n. 1, p. 1 ss.
Wilson G.P., *Some Reflection on the Ormrod Report*, *Mod. L. Rev.*, 1971, v. 34, p. 635 ss.
Wing L. e Rainey D., *Online Dispute Resolution and the Development of Theory*, in Abdel Wahab M.S., Katsh M.E. e Rainey D., *Online Dispute Resolution: Theory and Practice: A Treatise on Technology and Dispute Resolution*, Eleven International Publishing, The Hague, 2012, p. 25 ss.

Witz A., *Professions and Patriarchy*, Routledge, London-New York, 1992.
Woebbeking M.K., *The Impact of Smart Contracts on Traditional Concepts of Contract Law*, in *JIPITEC*, 2019, n. 10, p. 106 ss.
Wolfe J.S., *the Ripple Of Time: The Future Of Alternative (Or, Is It "Appropriate?") Dispute Resolution*, in *Tulsa L. Rev.*, 2001, v. 36, n. 4, p. 785 ss.
Wolff H.A., *Bar Examinations and Cram Schools in Germany*, in *Wisc. Int'l L .J.*, 2006, v. 24, p. 110 ss.
Wooldridge F., *The German Rules Governing the Professional Conduct of Rechtsanwälte*, in *ICLQ*, 1990, v. 39, n. 3, p. 683ss
Wooldridge M.J., *The Road to Conscious Machines: the Story of AI*, Pelican, London, 2020.
Woolley A., *Imperfect Duty: Lawyers'Obligation to Foster Access to Justice*, in *Alta. Law Rev.*, 2008, v. 45, p. 107 ss.

Xu A. (Lu), *Chinese judicial justice on the cloud: a future call or a Pandora's box? An analysis of the 'intelligent court system' of China*, in *Inf. Commun. Technol. Law*, 2017, v. 26, n. 1, p. 59 ss.

Yamane N., *Artificial Intelligence in the Legal Field and the Indispensable Human Element Legal Ethics Demands*, in *The Geo. J. Legal Ethics*, 2020, v. 33, p. 877 ss.
Yanes Yanes P., *Comentario a la Ley de Sociedades Profesionales*, Tirant lo Blanch, Valencia, 2007.
Yardeni M., *L'Ordre des Avocats et la gréve du barreau Parisien en 1602*, in *Rev. Hist. Econ. Soc.*, 1966, v. 44, n. 4, p. 481 ss.
Yeung K., *Algorithmic regulation: A critical interrogation*, in *Regulation and Governance*, 2018, v. 12, n. 4, p. 505 ss.
Yoon A.H., *The Post-Modern Lawyer: Technology and the democratization of Legal Representation*, in *Univ. Tor. L. J.*, 2016, v. 66, n. 4, p. 456 ss.
Young A., *An Historical Sketch of the French Bar from Its Origin to the Present Day*, Edmonston and Douglas, Edinburgh, 1869.

Zaccheo M., *Società tra professionisti e professioni protette*, in *Le Società*, 2012, n. 5, p. 15 ss.
Zacharias F., *Lawyers as Gatekeepers*, in *San Diego L. Rev.*, 2004, v. 41, p. 1387 ss.
Zanardelli G., *L'avvocatura. Discorsi (con alcuni inediti)*, Giuffrè, Milano, 2003.
Zancan G.P., *Pubblicità e informazione*, in *Prev. Forense*, 2000, p. 18 ss.
Zander M., *The Thatcher Government's Onslaught on the Lawyers: Who Won?*, in *Int. Lawyer*, 1990, v. 24, n. 3, p. 753 ss.
Zhu H., *Zhejiang Experience": Problems and Countermeasures in the Construction of Internet Courts*, in *Advances in Economics, Business and Management Research*, 2019, v. 94, p. 480 ss.
Ziegler H., *Interest Groups in American Society*, N.J. Prentice-Hall, Englewood Cliffs, 1964.
Zilioli C., *L'apertura delle frontiere intracomunitarie ai professionisti: la direttiva 89/48/CEE*, in *Dir. comm. scambi int.*, 1989, p. 422 ss.
Zimerman N. e Tyler T.R., *Between Access to Counsel and Access to Justice: A Psychological Perspective*, in *Fordham Urb. L.J.*, 2010, v. 37, p. 473 ss.

Zincone G., *Da sudditi a cittadini. Le vie dello stato e le vie della società civile*, Il Mulino, Bologna, 1992.
Zorzoli M.C., *La formazione dei giuristi lombardi nell'età di Maria Teresa: il ruolo dell'Università*, in *Materiali per una storia della cultura giuridica*, 1982, v. XII, n. 1, p. 3 ss.
Zorzoli M.C., *Alcune considerazioni sui collegi dei giuristi nella Lombardia d'antico regime*, in *Annali di storia moderna e contemporanea*, 2001, v. 7, p. 450 ss.
Zucconi Galli Fonseca E., *La mediazione civile nella prospettiva europea: note a prima lettura,* in *Riv. trim. dir. proc. civ.*, 2010, p. 653 ss.
Zuddas P., *Intelligenza artificiale e discriminazioni*, in *Consulta online*, 2020, p. 1 ss.
Zuliani M., *Professioni intellettuali ed equo compenso: che cosa viola il principio di concorrenza?*, in *Resp. civ. prev.*, 2019, f. 5, p. 1747 ss.

COLLANA DEL DIPARTIMENTO DI GIURISPRUDENZA
UNIVERSITÀ DEGLI STUDI DI BRESCIA

Per i tipi Giuffrè:

VINCENZO ALLEGRI, *Impresa artigiana e legislazione speciale.*

MARIA ALESSANDRA SANDULLI, *L'autorizzazione al commercio di vendita a posto fisso.*

ELISABETTA BERTACCHINI, *La "responsabilità illimitata" nel fallimento per estensione.*

MARZIA BARBERA, *Discriminazioni ed eguaglianza nel rapporto di lavoro.*

ANTONELLO CALORE (a cura di), *Seminari di Storia e di Diritto.*

ELISABETTA BERTACCHINI, *Oggetto sociale e interesse tutelato nelle società per azioni.*

VERA PARISIO, *I silenzi della pubblica amministrazione.*

ANTONELLO CALORE (a cura di), *Seminari di storia e di diritto. II - Studi sul giuramento nel mondo antico.*

VERA PARISIO (a cura di), *Potere discrezionale e controllo giudiziario.*

VERA PARISIO (a cura di), *Semplificazione dell'azione amministrativa e procedimento amministrativo alla luce della legge 15 maggio 1997 n. 127.*

ANTONIO D'ANDREA (a cura di), *Verso l'incerto bipolarismo. Il sistema parlamentare italiano nella transizione (1987-1999), presentazione di Valerio Onida.*

ALDO ANDREA CASSI, *Il "bravo funzionario" absburgico tra* absolutismus *e* aufklärung. *Il pensiero e l'opera di Karl Anton von Martini (1726-1800).*

VERA PARISIO (a cura di), *Il ruolo della giustizia amministrativa in uno stato democratico.*

ANTONELLO CALORE, *"Per Iovem lapidem" alle origini del giuramento. Sulla presenza del 'sacro' nell'esperienza giuridica romana.*

FRANCESCO VIGANÒ, *Stato di necessità e conflitti di doveri. Contributo alla teoria delle cause di giustificazione e delle scusanti.*

MARIO MISTRETTA, *La conversione del capitale in euro nelle società per azioni e nelle società a responsabilità limitata.*

CLAUDIO DORDI, *La discriminazione commerciale nel diritto internazionale.*

VERA PARISIO (a cura di), *Inerzia della Pubblica Amministrazione e tutela giurisdizionale. Una prospettiva comparata.*

FRANCESCO VIGANÒ, *La tutela penale della libertà individuale. I - L'offesa mediante violenza.*

ANTONELLO CALORE (a cura di), *Seminari di storia e di diritto. III - Guerra giusta? - Le metamorfosi di un concetto antico.*

VERA PARISIO, *Pubblici servizi e funzione di garanzia del giudice amministrativo.*

CRISTINA AMATO, *Per un diritto europeo dei contratti con i consumatori. Problemi e tecniche di attuazione della legislazione comunitaria nell'ordinamento italiano e nel Regno Unito.*

ROBERTO FIORI, Ea res agatur. *I due modelli del processo formulare repubblicano.*

ANTONIO D'ANDREA (a cura di), *Lo sviluppo bipolare della forma di governo italiana. Le vicende politico-parlamentari successive all'elezione del Presidente della Repubblica Carlo Azeglio Ciampi ed il mutamento della maggioranza nella XIV legislatura.*

ALDO ANDREA CASSI, Ius commune *tra vecchio e nuovo mondo. Mari, terre, oro nel diritto della Conquista (1492-1680).*

MARIO MISTRETTA, *Partecipazioni sociali e comunione legale dei beni: l'interpretazione come governo della complessità.*

CRISTINA ALESSI, *Professionalità e contratto di lavoro.*

MARIO GORLANI, *Articolazioni territoriali dello Stato e dinamiche costituzionali.*

VERA PARISIO (a cura di), *Vizi formali, procedimento e processo amministrativo.*

Antonio D'Andrea, *Autonomia costituzionale delle Camere e principio di legalità.*

Adriana Apostoli, *L'ambivalenza costituzionale del lavoro tra libertà individuale e diritto sociale.*

Alba Fondrieschi, *La prestazione parziale.*

Nadia Maccabiani, *La legge delegata. Vincoli costituzionali e discrezionalità del governo.*

Chiara Minelli Zagra, *Matrimonio e cultura giuridica. Il giudice dello Stato di fronte all'ordinamento canonico.*

Alessandra Veronelli, *L'organo amministrativo nel sistema monistico. Amministratori indipendenti e funzioni di controllo.*

Fabio Addis (a cura di), *Ricerche sull'eccezione di insicurezza.*

Marzia Barbera (a cura di), *Nuove forme di regolamentazione: il metodo aperto di coordinamento delle politiche sociali.*

Alessandro Bernasconi (a cura di), *Il processo penale* de societate.

Vera Parisio (a cura di), *Silenzio e procedimento amministrativo in Europa: una comparazione tra diverse esperienze.*

Vera Parisio (a cura di), *I servizi locali di interesse economico generale nella legge regionale della Lombardia del 12 dicembre 2003 n. 26.*

Elisabetta Fusar Poli, *«La causa della conservazione del bello». Modelli teorici e statuti giuridici per il patrimonio storico-artistico italiano nel secondo Ottocento.*

Luciana Guaglianone-Francesca Malzani (a cura di), *Come cambia l'ambiente di lavoro: regole, rischi, tecnologie.*

Luca Masera, *Accertamento alternativo ed evidenza epidemiologica nel diritto penale. Gestione del dubbio e profili causali.*

Saverio F. Regasto, *La forma di governo parlamentare fra «tradizione» e «innovazione».*

Antonio Saccoccio, *Aliud pro alio consentiente creditore in solutum dare.*

Fabio Addis (a cura di), *Le clausole di forma nelle condizioni generali di contratto.*

Mario Notari (a cura di), *Dialoghi tra giuristi e aziendalisti in tema di operazioni straordinarie.*

Vera Parisio (a cura di), *I processi amministrativi in Europa tra celerità e garanzia.*

Adriana Apostoli, *Implicazioni costituzionali della responsabilità disciplinare dei magistrati.*

Vera Parisio (a cura di), *Diritti interni, diritto comunitario e principi sovranazionali. Profili amministrativistici.*

Nadia Maccabiani, *Codeterminare senza controllare. La via futura delle assemblee elettive regionali.*

Chiara di Stasio, *La lotta multilivello al terrorismo internazionale. Garanzia di sicurezza* versus *tutela dei diritti fondamentali.*

Vera Parisio (a cura di), *La fruizione dell'acqua e del suolo e la protezione dell'ambiente tra diritto interno e principi sovranazionali.*

Edoardo Ales-Marzia Barbera-Fausta Guarriello (a cura di), *Lavoro,* welfare *e democrazia deliberativa. Edizione aggiornata.*

Roberto Leonardi, *La tutela cautelare nel processo amministrativo. Dalla L. n. 205/2000 al Codice del processo amministrativo.*

Giovanni Turelli, *«Audi Iuppiter». Il collegio dei feziali nell'esperienza giuridica romana.*

Vera Parisio (a cura di), *Demanio idrico e gestione del servizio idrico in una prospettiva comparata: una riflessione a più voci.*

Paola Lombardi, *Il governo del territorio tra politica e amministrazione.*

Giuseppe Finocchiaro, *L'arbitro bancario finanziario tra funzioni di tutela e di vigilanza.*

Elisabetta Fusar Poli, *Centro dinamico di forze. I giuristi e l'innovazione scientifico-tecnologica fra liberismo e autarchia.*

Adriana Apostoli, *La svalutazione del principio di solidarietà. Crisi di un valore fondamentale per la democrazia.*

Mario Gorlani, *Libertà di esternazione e sovraesposizione funzionale del Capo dello Stato. Ricadute recenti sulla forma di governo italiana.*

Cristina Amato, *Affidamento e responsabilità.*

Vera Parisio (edited by), *The water supply service in Europe: austrian, british, dutch, finnish, german, italian and romanian experiences.*

Alberto Sciumè-Elisabetta Fusar Poli (a cura di), *«Afferrare ... l'inafferrabile». I giuristi e il diritto della nuova economia industriale fra otto e novecento.*

Antonello Calore-Alberto Sciumè (a cura di), *La funzione della pena in prospettiva storica e attuale.*

FABIO ADDIS, *Il «mutamento» nelle condizioni patrimoniali dei contraenti.*

ALBERTO VENTURELLI, *Il rifiuto anticipato dell'adempimento.*

VALERIO PESCATORE, *Reviviscenza. Vicenda di obbligazioni e garanzie.*

FRANCESCA MALZANI, *Ambiente di lavoro e tutela della persona. Diritti e rimedi.*

VERA PARISIO (edited by), *Services of general economic interest, administrative courts and courts of audit.*

☆☆☆

Per i tipi Giappichelli:

Seconda Serie

1. CHIARA MINELLI, Rationabilitas *e codificazione canonica. Alla ricerca di un linguaggio condiviso*, 2015.
2. VERA PARISIO (edited by), *Food Safety and Quality Law: a Transnational Perspective*, 2016.
3. PAOLA PAROLARI, *Culture, diritto, diritti. Diversità culturale e diritti fondamentali negli stati costituzionali di diritto*, 2016.
4. LUIGI FOLLIERI, *Esecuzione forzata e autonomia privata*, 2016.
5. VERA PARISIO-VICENÇ AGUADO I CUDOLÀ-BELÉN NAGUERA DE LA MUELA (dirección), *Servicios de interés general, colaboración público-privada y sectores específicos*, 2017.
6. LUCA PASSANANTE, *La prova illecita nel processo civile*, 2017.
7. SIMONA CACACE, *Autodeterminazione in Salute*, 2017.
8. CHIARA MINELLI (a cura di), *Certezza del diritto e ordinamento canonico. Percorsi di ricerca nel centenario del Codice piobenedettino, in memoria di Maria Vismara Missiroli*, 2017.
9. STEFANO LIVA, Temere appellare. *Rimedi e sanzioni contro le impugnazioni dilatorie*, 2017.
10. FABIO RAVELLI, *Il reddito minimo. Tra universalismo e selettività delle tutele*, 2018.
11. LUCA PASSANANTE, *Il precedente impossibile. Contributo allo studio del diritto giurisprudenziale nel processo civile*, 2018.
12. VERONICA MONTANI, *Il* project financing. *Inquadramento giuridico e logiche manutentive*, 2018.
13. LUCA MASERA, *La nozione costituzionale di materia penale*, 2018.

Terza Serie

14. ANTONIO SACCOCCIO-SIMONA CACACE (a cura di), *Sistema giuridico latinoamericano.* Summer School *(Brescia, 9-13 luglio 2018)*, 2019.
15. SIMONA CACACE-ADELAIDE CONTI-PAOLA DELBON, *La Volontà e la Scienza. Relazione di cura e disposizioni anticipate di trattamento*, 2019.
16. LUISA PASCUCCI, *Usura e oneri eventuali*, 2019.
17. ANTONIO SACCOCCIO, *Il mutuo nel sistema giuridico romanistico. Profili di consensualità nel mutuo reale*, 2020.
18. GIOVANNI TURELLI, Transferre iudicium. *Linee ricostruttive di uno strumento pretorio*, 2020.
19. ALAN SANDONÀ, *Della tutela dei diritti. Storia del VI libro del Codice civile italiano*, 2020.
20. ANTONIO SACCOCCIO-SIMONA CACACE (a cura di), *Europa e America latina. Due continenti, un solo diritto. Unità e specificità del sistema giuridico latinoamericano*, 2020.
21. IVAN LIBERO NOCERA, *La tutela dei creditori del legittimario*, 2020.
22. ALBERTO VENTURELLI, *L'indicazione falsa o erronea nell'esecuzione della volontà testamentaria*, 2020.
23. STEFANO PORCELLI, Hetong e Contractus. *Per*

una riscoperta dell'idea di reciprocità nel dialogo tra diritto cinese e diritto romano*, 2020.

24. Carlo de Cores, *La teoria generale del contratto: una prospettiva storica*, con un saggio su *Europa ed America Latina* di A. Saccoccio, ed. it. a cura di A. Sciumè, trad. di A. Sandonà e S. Cauli, 2020.
25. Alberto Aimi, *Le fattispecie di durata. Contributo alla teoria dell'unità o pluralità di reato*, Seconda edizione, 2020.
26. Isabella Bolgiani, *Gli effetti della riforma del Terzo settore in materia di «enti religiosi civilmente riconosciuti». Normativa, buone prassi ed esigenze del tessuto sociale*, 2021.
27. Valerio Pescatore (a cura di), *Identità sessuale e auto-percezione di sè. Riflessioni a margine della legge tedesca sui «trattamenti di conversione»*, 2021.
28. Maurizio Onza-Antonio Saccoccio (edit by), *Production and circulation of whealth. Problems, principles and models*. Summer school, *Brescia 8-12 luglio 2019*, 2022.
29. Francesca Bertelli, *Le dichiarazioni di sostenibilità nella fornitura di beni di consumo*, 2022.
30. Laura Bugatti, *La professione forense tra tradizione e innovazione. Un'analisi storico-comparatistica*, 2022.

I Quaderni

1. Antonello Calore-Francesco Mezzetti (a cura di), *I confini mobili della cittadinanza*, 2019 (LaCIS - I).
2. Elisabetta Fusar Poli, *Relativo e plurale. Dinamiche, processi e fonti di diritto in Terraferma veneta (secc. XVI-XVIII)*, 2020.
3. Giovanni Turelli, Fetialis religio, 2020.
4. Alberto Sciumè-Aldo A. Cassi-Elisabetta Fusar Poli (a cura di), *History&Law Encounters. Lezioni per pensare da giurista*, 2021.
5. Adriana Apostoli (a cura di), *Donne, corpo e mercato di fronte alle categorie del diritto costituzionale*, 2021.
6. Antonello Calore-Patrizia De Cesari (a cura di), *Schiavi. Presente e passato*. Summer School *(Brescia, 8-12 luglio 2019)*, 2021 (LaCIS - II).
7. Aldo Andrea Cassi-Elisabetta Fusar Poli-Federica Paletti (a cura di), *History&Law Encounters. Lezioni per pensare da giurista, II*, 2022.
8. Adriana-Apostoli-Mario Gorlani (a cura di), *Il primo settennato di Sergio Mattarella. Dentro la Presidenza della Repubblica: fatti, atti, considerazioni*, 2022.

Scritti scelti

1. Chiara Minelli (a cura di), *Scuola, religione, nuove generazioni. Esperienza giuridica e risorse del futuro*, 2020.
2. François Ancel-Bénédicte Fauvarque-Cosson, *Il nuovo diritto francese dei contratti*, traduzione di C. Perfumi con saggio introduttivo di C. Amato, 2021.
3. Aldo Andrea Cassi-Elisabetta Fusar Poli, Jus Brixiae et alibi. *Scritti scelti offerti ad Alberto Sciumè*, 2022.